山右叢書·三編

山右歷史文化研究院　編

上海古籍出版社

十

目　録

兩臺疏草

〔明〕孫居相　撰

田同旭　趙建斌　馬豔　點校

張鳳翼兵部奏疏

〔明〕張鳳翼　撰

李　蹊　點校

吴侍御奏疏

〔明〕吴　玉　撰

張志江　點校

兩臺疏草

〔明〕孫居相　撰

田同旭　趙建斌　馬豔　點校

點校説明

《兩臺疏草》，明孫居相撰。

孫居相（1560—1634），字伯輔，一字拱陽（一説爲號），明山西沁水相谷村（今山西沁水鄭村鎮湘峪村）人，萬曆二十年（1592）中進士，除山東恩縣令，庶務畢舉，物阜民安，頗有政績，并編纂《恩縣志》六卷，至今猶存。去職後，恩縣民爲建生祠，立"去思碑"。

萬曆二十六年，孫居相升南京御史臺御史。《明史・孫居相傳》："時中外多缺官，居相兼攝七差，署諸道印，事皆辦治。"奉旨督察吏政，負氣敢言，屢屢上奏，彈劾懲治貪墨奸佞惡吏，至彈劾劉伯温十一世孫誠意伯劉世延，"居相疏發其奸并及南京勳臣子弟暴橫狀，得旨下世延吏，安遠、東寧、忻城諸侯伯子弟悉按問，強暴爲戢"。再彈劾首輔沈一貫，"居相力詆其奸貪植黨，一貫乃去，居相亦奪禄一年"。至於直言朝政之弊，竟與皇上據理以爭，卷一《乞容諸臣盡職疏》等奏疏可證。

萬曆四十一年，孫居相終丁内外艱，起任巡漕御史。四十五年，遷江西參政，引疾不就。天啓元年，孫居相進光禄寺少卿，改太僕寺少卿，升右僉都御史巡撫陝西，召拜兵部右侍郎。時魏忠賢專權，孫居相與弟鼎相共爲東林黨名流，被列入《東林點將録》。魏黨擬水滸一百單八將綽號，稱孫居相爲"天暴星兩頭蛇兵部右侍郎孫居相"，鼎相爲"天哭星雙尾蠍左副都御史孫鼎相"。孫氏兄弟因此被迫辭官，後再被罷官。清雍正《澤州府志・人物志・節行・孫鼎相》："説及今澤之登（東林黨）榜者，有孫居相、孫鼎相、王允成、張慎言、翟學程、張鵬雲、楊新期、張道濬，三百十九人中有八人焉。一隅之地，乃載多賢。元祐奸籍碑，千載一轍，千載同慨，亦千載同仰，赫然安民，石工今猶在版末也。因志之，見澤之名賢與太行同其崎，莫謂澤人物惟指陵川郝文忠也。"

崇禎帝即位，清除魏黨，爲東林黨平反昭雪，孫居相起任戶部右侍郎，改吏部，進左侍郎，晉戶部尚書總督倉場。高平知縣喬淳貪虐，爲給事中楊時化所劾。"淳家京師，有奧援，乞移法司覆訊，且訐時化請囑致隙。時化方憂居，通書居相，報書有'國事日非，邪氣益惡'語，爲偵事者所得，聞於朝。帝大怒，下居相獄，謫戍邊"。崇禎七年（1634），孫居相被貶山西潞州，終卒於戍所，歸葬鄉里。清代談遷《總督倉場戶部尚書拱陽孫公墓志銘》稱孫居相："惟是英氣勃露，遇事奮厲，擊權護正，有任無讓。悠悠之徒，望之目懾"，將其與"汲黯之戇直寢謀淮南，田錫之諫書留閟中禁"相提并論，稱其"太行巑業，天崎我土。鍾爲豪賢，特立今古。"

孫居相一生關注朝政得失、官員清濁，忠於職守，傾心疏奏，似乎無暇詩文，故其無個人文集，只有少量詩文散存於世。孫居相著述，見有《恩縣志》，另有《兩臺疏草》流傳於世，今存萬曆四十年（1612）刻本，2014 年國家圖書館出版社《原國立北平圖書館甲庫善本叢書》曾予影印。

《兩臺疏草》原書不分卷，頁碼亦非一以貫終，而是分作七組：一組，原書"上一"至"上六十四"頁；二組，原書"中一"至"中七十五"頁；三組，原書一至八十七頁；四組，原書四十七至一百三十四頁，闕前四十六頁；五組，原書四十二至一百一頁，闕前四十一頁；六組，原書二十九至二百八十四頁，闕前二十八頁；七組，原書一至四十九頁。疑原書爲逐批分印成書，中間又常見缺頁，今見者已非原書全貌。

　　《兩臺疏草》萬曆四十年刻本之前，孫居相奏議已被《留臺奏議》收載。《留臺奏議》所載奏疏，起自正德，終於萬曆，皆爲明朝中後期南京御史所作奏疏彙編，其内容共分二十門，包括君道、修省、好尚、儲貳、宗藩、厘正、臣職、國紀、時政、用人、援直、民隱、財儲、礦税、兵防、漕河、爵諡、舉劾、近幸、權奸等，史料彌足珍貴，可補正史之不足。萬曆三十三年（1605）所刻《留臺奏議》，爲朱吾弼、李雲鵠、孫居相奏議合輯，收録孫居相奏議九篇，均見於《兩臺疏草》。該書影印收入《四庫全書存目叢書》。萬曆三十五年所刻《留臺奏議》本，由明代蕭如松在萬曆三十三年所刻《留臺奏議》原版基礎上增補，增補孫居相奏議八篇，共收録孫居相奏議十七篇，均見於《兩臺疏草》。該書影印收入《續修四庫全書》。其中將萬曆三十三年本卷七"臣職類"之《爲諸臣争職掌疏》一疏移至卷一"君道類"，題目改作《乞容諸臣盡職疏》。

　　《兩臺疏草》彙集孫居相在朝奏疏一百二十二篇，其内容大致同於《留臺奏議》之二十門，或有側重不一。孫居相一身正氣，性格激烈，遇事必奏，嫉惡如仇，言極憤激。尤其彈劾南京誠意伯劉世延奏疏，致使坐罪論死，參與彈劾内閣首輔權相沈一貫，使之被迫辭官諸事，最有影響。孫居相也因此遭受政敵攻擊，"因遣戍潞州，竟歿戍所"。

　　此次整理，即以《原國立北平圖書館甲庫善本叢書》所收《兩臺疏草》萬曆四十年所刻本爲底本，參校《續修四庫全書》所收萬曆三十五年刻本《留臺奏議》所收孫居相奏疏。篇次一仍底本之舊，按照原頁碼起始，將底本原分七組改爲七卷編排，闕頁處校記注明所缺頁數。底本無目録，今悉據底本篇次標題編出目録，原無標題者據文意酌擬，并出校記説明。正文以《兩臺疏草》與《留臺奏議》互見奏疏參校，《兩臺疏草》中無互見奏疏可參校者，遇明顯錯訛之處，酌情校正。凡校改之處，均出校記。

　　卷末另設"附録"，"詩文輯佚"彙集孫居相佚文四篇，較爲難得。孫居相可能還有諸多詩文碑銘散存於世，切望好事者提供綫索，使一代名臣孫居相更多著述不致於湮没不傳。

《兩臺疏草》序

夫君臣遇合之際有道哉？在《易·蹇》之"六二"曰："王臣蹇蹇，匪躬之故。"《比》之"初六"曰："有孚比之，有孚盈缶，終來有他吉。"蓋言藎臣矢志陳謨，必本精白爲感格，夫是能上下孚應，轉圜如流，成明良喜起之盛耳。直指孫公先任留臺，侃直著聲，丰裁凛若，墨吏望風而解綬，大憝俯首而伏辜。所上封事皆關宗社、生靈大計，不屑毛舉苛索以見功，上每嘉納焉。當四明柄政，專擅威福，廣樹私人，紊亂國家之彝典，竄逐朝士之方正，賄賂滋章，豪杰短氣，宇内幾黯然無色。公抗疏列其罪狀以聞，有旨切責奪俸，已而上竟用公言罷四明相，輿情大快。夫數年以來，皇上端拱，内廷一切章奏，多所吐棄，而獨于公借劍批鱗及敷陳時政，委心以從。即四明勢焰薰灼，根蒂最深，羽翼甚盛，勝之不啻拔山，而一言悟主，元奸頓黜。此豈偶然哉？則以公捐軀報主，無愧王臣匪躬之誼，勿欺而犯，獨抱有孚盈缶之誠耳。

公讀禮家居，服闋召用，奉簡書來視漕政。會邇年轉輸愆期，厪廟堂憂。公受命悉心諮求，殫力振刷，規畫條議，動中肯綮，當寧業采而行焉。漕務焕然一新，而軍國久遠之計，其有攸賴乎哉！公先後章牘若干首，讀之炳炳烺烺，揭日月而光天壤，是可以傳同志者，請匯梓之，名曰《兩臺疏草》。

余惟公亮節鴻才，卓然名世。聖天子眷倚方隆，駸駸大用，掀揭事業，中外拭目，而立言不朽，于茲集見一斑矣。不佞與公舉同籍，官同方，而又竊附同心。所願執鞭而欣慕者，遂不揣蕪陋，援筆序之。

萬曆壬子仲夏望後三日，治年弟金士衡頓首拜書

《兩臺疏草》序

古稱臺諫與宰相埒，以司朝廷耳目，通壅蔽，定國是，任至重也。肩其任者，所條上封事，不貴立名貴識體，不在敢言在中機，非有大涵養、大識力，安能以謦咳指顧之間，坐照利害安危之變，而倉卒幾微之際，動符疾徐輕重之宜，易若承蜩，捷若轉樞哉？直指孫公《兩臺疏草》，率是道已。公之言曰："臺臣職在進言，大臣在使臺諫得進其言，人主兼收其美，方爲相成盛事，識體也。在上者博長厚之名，政多姑息；在下者狙苟且之習，事樂因循，識機也。"先任留臺，謇謇諤諤，高風勁節，望而知其爲世鳳麟，毋論諸所建白，激揚悉凜然樹諫臣幟，至於力糾權相，溉植善類，一時中外無不煩頌而心儀之。

蓋數年以來，時事多艱，煩言如沸，章奏一切寢閣，妄謂聖意淵微，疑于釜鬲。自公疏一出，批鱗回天，仰日月而震雷霆，天子多嘉納焉。嘗考歐陽永叔與蔡、王、余、尹并以諫顯，而皇佑中[一]，唐子方等，紛紛坐忤時相。視公默察天地山川，呵護仁愛之意，而力爲之圖，毋蹈悲憤之轍，卒能一言距脫而躋吾君於堯舜，不亦光照史乘哉？范公鎮曰："使天下受其害而吾享其名，何忍焉？"韓公琦曰："盡力事君，死生以之，顧是非何如耳？"噫！惟公當之矣。

頃者，讀禮從吉，再奉璽書視漕事。適屆運艘積馳之後，嘔心累疏，爲國計民艱，娓娓不遺餘力，舳艫飛挽，頓紓主上南顧之憂。此《疏草》之實經濟皆"識體"、"中機"之明驗也。詎直以言論，風采顯名當世而已乎？不佞式自慚駑淺，追隨白下，共事吳門，前後締交最久，辱金蘭契最深。讀公疏，知公心，真古社稷臣也，敢辭以不文而無一言贅之末簡？

　　賜進士第、中憲大夫、奉敕總理糧儲、提督軍務兼巡撫應天等府地方、都察院右僉都御史浦城徐民式頓首撰

校勘記

〔一〕"皇佑"，據文意當作"皇祐"。

兩臺疏草卷一

請補南都大臣疏〔一〕

南京福建道監察御史臣孫居相謹奏，爲留都肇基地重，大臣缺員數多，懇乞聖明厪遠慮，需綸音，催已用之臣補久懸之缺，以固根本，以保治安事。

臣惟張官置輔者，宰世之具也；控要扼衡者，保治之謨也。故明主不以神聖而廢股肱之佐，盛世不以泰寧而忘根本之憂。古之帝王，所以久安長治，而無土崩瓦解之患〔二〕者，凡以加意官僚之任，而能制輕重之勢也。乃今所稱地之最重，而重臣最不可缺者，孰有過於留都者乎？

蓋當我太祖之起淮甸也，首議取金陵，而其時陶安贊之曰："龍盤虎踞，此帝王之都也。據以臨天下，何向不克？"太祖如其言，竟由此肇萬世之業，豈非以地跨中原，瓜連數省，防江備海，誠握其要，則天下可不勞而定哉？

我成祖再造區宇，定鼎燕京。至於設官置吏，南與北未嘗不相埒。夫以成祖之睿聖，豈不知省官之爲便而必不省者，誠見夫祖宗之陵寢在焉，國家之咽喉係焉，非衆建庶官則不足以控制遐方，彈壓重地耳。

我皇上初登大寶，虛懷任人，大小相維，南北并重，維時庶政修舉，海內乂安，治幾與二祖比隆濟美矣。

邇年以來，嗜好少偏，登用弗廣，以猜疑成壅滯，以壅滯成廢格。在皇上方謂慎於用人，在諸臣亦且澹於用世，或缺而不補，或補而不來，或來而輒去。有一署缺至數官者，有一官缺至數年者。凡官皆然而大臣尤甚，兩京皆然而南京尤甚。以南京大臣之缺而歷數之，如吏部缺矣，總督倉場缺矣，禮部缺矣，兵部缺矣，工部缺矣，都察院掌院缺矣，通政使缺矣，大理寺正卿缺矣。即其間有一二已點已任者，又屢辭未至，久歸未旋矣。夫吏部缺，則統百官者爲誰？總倉缺，則理軍儲者爲誰？禮部缺，則司典禮者爲誰？兵部缺，則詰戎兵者爲誰？工部缺，則富邦國者爲誰？都察院都御史缺，則掌風紀者爲誰？大理寺正卿缺，則平冤抑者爲誰？通政使缺，則達幽隱者爲誰？優遊家園者尚抵任之無期，遷延不補者又懸缺而廢事。徒使一户部尚書張夢男[三]也，既管本部矣，又管倉場矣，又管吏部、禮部矣；一刑部侍郎王基也，既管本部矣，又管兵部、工部矣；一操江僉都御史耿定力也，既管操江矣，又管都察院矣，大理寺矣。

夫設官分職，各有司存。聖明之朝，原不乏士。今乃使一官而兼數官，一人而攝數篆，縱使諸臣之才力固足以勝之，然事非專制，官屬代庖，能保人心之不玩，政事之不弛乎？況今采榷之擾遍及閭閻，稅契之議洶洶未息；農夫怨於野，商賈怨於途；生民之顯禍，國家之隱憂，真有不可勝言者。倘有陳勝、吳廣之徒，乘積玩積怨之民心因而鼓煽其間，而傑黠者誘之，脅衆以窺兹土，臣恐二三大臣顧東則遺西，支左則漏右，而祖宗二百年創業之地，亦大可爲寒心矣。昔寧庶人南昌造變，意在直搗金陵，然竟趑趄安慶而不敢下者，非當時南京兵部尚書喬宇威名智略，有以奪其氣而屈其謀哉？

由此言之，留都之大臣，胡可忽也？胡可缺也？且也任用大臣，非但用才，亦以養才。蓋其素所豎立表見者，習熟於人主之耳目，一有軍國緩急，簡而補之，如探囊而取挈券，而求無不如意。不然無事而忽之，有事而求之，不亦難乎？

我皇上誠爲養才計，爲根本計，爲祖宗之陵寢宮闕計，則夢卜延訪，正惟其時，烏得視留都爲剩地，視大臣爲贅員，顧乃置而不念哉？

臣新入陪京，值大僚多缺，其蕭條寥落之狀，不忍見聞，故首言及之。伏惟皇上穆然深思，逖然遠覽，審輕重之勢，察安危之源，敕下吏部，令已點用者速來到任，未推補者速爲推補，其托故久歸未旋者勒令嚴限復職。庶在位有師師濟濟之風，而國家享磐石苞桑之固矣。留都幸甚，宗社幸甚[四]。

乞宥言官疏[五]

臣孫居相奏，爲聖度原自優容，辨疏無心激怒，懇乞矜宥言官，以安大臣，以全納諫令名事。

臣待罪留臺，接閱邸報，見山東道試御史劉九經疏論刑部侍郎董裕、通政使沈子木、詹事范醇敬不堪銓貳，因及工部尚書姚繼可推舉市恩。

蓋風聞言事，有見必陳，諫官之職宜然耳。我皇上留中不發，業已置之度外，初非有心以處九經也。比繼可具疏自陳，惟欲辨明心迹，亦非有心激皇上之處之也。顧我皇上優禮大臣，不欲以一言斥去，慰留繼可，而於九經重加降調。蓋以爲不如是，不足以安繼可之心耳。乃臣竊謂臺臣之職在於進言，大臣之分在使臺諫得進其言，人主兼收其美，方爲相成盛事。今以繼可自辨之故，而降謫九經，是我皇上本有優容之意，而翻蒙斥逐言官之名；繼可雖無報復之心，而竟負鉗制言官之罪。無論繼可之心不能自安，即董裕等之心亦何能安？是以連章累牘，各求引去。非但有激於人言，亦謂以己之故，致譴言官，仰累聖德，實無顏立於朝端之上耳。故矜宥九經，不獨存言官之體，亦所以安四臣之心；降謫九經，不獨拆言官之氣，適所以速四臣之去。況御史乃朝廷之耳目，凡國家利弊，時政得失，百官邪正，皆得言之。是以古之帝王及我祖宗建立言官，必選直諒敢言之士以充厥職。言之而當則用其言而顯其身，言之不當則略其言而寬其罪，未有官之使言而又禁之使不得言者。今九經職列臺班，言非出位，彈論方脫於口而貶謫隨及其身，其無乃非設官求言之初意乎？

臣竊有感於先朝之事矣，洪熙初，大理少卿戈謙言事頻數，仁宗將罪之。楊士奇對曰：“主聖則臣直，惟陛下容之，不然進言者將懼矣。”仁宗遂不罪謙，特免其朝參，專令坐司視事。自是月餘，言事者少。仁宗諭士奇曰：“自免戈謙，言者不至，豈果無事可言？”遂令士奇就前草敕引過，命戈謙如舊朝參，令百官言，勿以謙爲戒。此祖宗盛德明訓，皇上所當祖述憲章者也。若因九經論人而遽罪之，臣恐罪一言官，而人皆以言爲諱。倘後日有大奸巨惡蠧國害民，誰肯復爲皇上言者？臣不敢爲九經惜一官，而言路從此遂壅，誠可惜也。

伏願皇上反優容之初意，察辯者之無心，寬宥言官，免其降調。則不惟九經感激圖報，而四臣由此少安其位，諫官由此益矢其謨，君臣都俞，大小協恭。四遠傳之，以爲盛事；青史書之，以爲美譚。其聖德令聞，寧不與祖宗濟美，帝王匹休哉！臣不勝懇切祝望之至。

星變陳言疏[六]

臣孫居相奏，爲异常災變疊見兩京，懇乞聖明加意修省，以祈天永命事。

臣惟我太祖建都金陵，我成祖定鼎燕國，所稱重地，非耶？地重則災祥形見，治亂攸關，是不可以泛常視之者。臣誤蒙簡用，備員留都。本年十月初四日夜五更時分，流星起於中天，飛往東北，光芒燭地，有聲如雷。少頃，天鼓鳴響。初八日未時分，應天府牌坊柱孔突然出烟，一刻方熄。本日申時分，孝陵第一尖忽然火起，莫詰從來。嗣是，每夜見西南方一星甚明，散光七道，爍爍射人。方草疏[七]奏聞間，隨於初十日接邸報，見內靈臺奏，稱九月二十三日，東北方有星如椀大，自參入宿，後有二小星隨之，又有大小流星數百千枚，四面紛紛交錯而行。此皆異常災變也。

夫變不虛生，必有所以感之者。今旬日之間災異數見，而且見於兩京都會之地，此豈無因而至者？意者今日之政，或有以感召之歟？臣聞谷永有言："王者躬行道德，則五徵時序，祥符并降；違道妄行，則咎徵著郵，妖孽并見。此天地之常經，百王之所同矣。"我皇上邇年以來，尊生靜攝，未有勝政，郊廟不親，朝講不御。召對罕聞於便殿，宴遊遞見於山園。土木繁興而不休，珠寶宣索而無節。宦官無功而冒蟒玉之榮，臺諫無罪而蒙譴摘之罰。聽言利之臣，則小民之骨髓幾空；信讒邪之口，則國家之忠良繫獄。參隨賤隸也，逼殺命官而聽其漏網；閹豎廝役也，毆辱爵宗而若罔聞知。生者愁歎於朝野，死者悲號於宛爹。傷天地之和氣，重祖宗之隱憂。夫是以天象見異，山陵示警。在天地宗祖，若以此儆悟皇上，而俾之懼恐修省者。

《詩》曰："敬天之怒，無敢戲豫。敬天之渝，無敢馳驅。"言恐懼也。《易》曰："山上有水，蹇，君子以反身修德。"言修省也。故古有遇災而祇懼者，則天意即回；有謂"天變不足畏"者，則禍亂踵至。此治亂安危之大機，欲保世弭變者，若之何而可忽哉？

伏願皇上念天變之可畏，思人事之當修，痛懲前愆，嘉與海內更始。時享即不能俱舉也，獨不可間一親承以修仁孝之實歟？常朝即不能盡復也，獨不可稍勤臨御，以答臣民之望歟？宮殿雖有不得已之役，獨不可及時告完，以省漏卮之費歟？珠寶雖有不得已之用，獨不可少為樽節，以免竭澤之憂歟？礦稅雖有停止之日，獨不可先撤內使，逐棍弁，而以額貢之數責撫按歟？由是而修召對之典，由是而節無益之遊，由是而慎賞罰之施，由是而釋忠良之獄。其逼殺縣官、毆辱宗藩者，各置之於理。則人事既修，而天心自順。禳禍爲福，返災爲祥。星辰有不順軌，山川有不效靈者，臣不信也。臣猥以庸愚備員言責，既不能蚤見預言，以弭災咎，復不能因變陳説以裨聖修。倘將來災禍或不止此，臣雖萬死不足贖其罪矣。是用不避忌諱，昧死披陳。伏惟聖明垂察，臣謹熏沐祈禱之至。

糾漏網河臣疏 [八]

臣孫居相奏，爲勘河久無定議，機會坐失可憂，懇乞聖明大奮乾斷，處漏網之臣，示將來之戒，以杜觀望，以重陵運事。

臣惟黄河一衣帶水耳，南關祖陵之安危，北關運道之通塞，所係爲甚重也。我國家設督河大臣總理於上，而又設治河司、道等官分理於下，豈徒備員而已哉？蓋無事則資其築濬，有事則賴其挽回。事效則同其功賞，不效則同其罪罰。此責成之重典，而勸懲之大權也。

向者工部尚書楊一魁治河失策，皇上褫職爲民，彼誠無所辭其罪矣。獨念當時同功共事者，不有司、道、府、佐等官乎？獨奈何聽其漏網，而不一爲處分也？夫大臣之體原自優隆，而會議行勘率由司道。即如近日，河臣曾如春勘河之疏，亦必稱據某道府查議云何，據某分司查議云何。此不獨文移之體，亦大臣之體宜爾也。

方萬曆二十一年，黄堌口始決，塞之甚易，彼時查議，諸臣皆以不塞爲便。延及二十三年，水逼祖陵，而分黄導淮之説起矣。於時議河者剿襲雷同之文，勘河者不聞參駁之疏。比及河工告成也，則或升卿，或升級，或加服俸，或賞賚，紀錄優渥，恩私小大均被。今前功盡廢而官級猶新，大臣罷歸而小臣無恙。此所謂事成則冒其功，事敗則逃其罪，將何以明賞罰而激人心也？

蓋惟前此獨處河臣舒應龍而不及諸臣，故後來諸臣效尤；後此獨處河臣楊一魁而不及諸臣，故今日諸臣觀望。今欲杜觀望而儆將來，則漏網諸臣當議也。

抑臣猶有說焉，萬曆二十九年，河決河南歸德府蒙牆寺，而該省撫臣曾如春則有兼理之責者也，司、道、府、縣管河諸臣各有分理之責者也，未經一處，何以示懲？惟是如春今升督河侍郎，查勘方新。臣姑不過求以撓銳志，然當策勵立功以責後效。至於水利道以及府、縣管河各官，臣不能悉其姓名，亦當酌量罰治，以儆後人。

蓋邇來居上者博長厚之名而政多姑息，在下者狃苟且之習而事樂因循。國家受病，政坐於此，雖不止治河一事，而治河則尤其中之膏肓者，自非大加懲創，何以激勵將來？故曰："車之不前，馬不力也。不策馬而策車者，坐困之道也。"河之不治，人不力也；不議人而議河者，道旁之譚也。

今河流衝決二載，而祖陵、運道兩妨。民田之漂沒者不知幾千萬頃，民之葬身魚腹者不知幾千萬人，而議者猶畏首畏尾，莫決適從。夫督臣不決，更待何人？二年不決，更待何時？此臣所以扼腕時事有感於衷，不避嫌怨而輒敢冒陳者也。萬一臣言可采，伏乞敕下吏、工二部，移咨總河部院。除年遠不究外，其萬曆二十三年在河勘議諸臣，及二十九年河南該管河官，不論大小，備查職名，分別議處，以明國法，庶罰罪可以勸功，懲前可以儆後，其於今日，河務或未必無小補矣。祖陵幸甚，運道幸甚。

乞容諸臣盡職疏 [九]

臣孫居相奏，爲臣職盡廢，世道可憂，懇乞聖明思祖宗設官之意，鑒諸臣敬共之忠，俯容各率其職，以自爲社稷計事。

臣惟國家衆建庶官，凡以共衛社稷，故官得其職則事治而社稷安，官失其職則事廢而社稷危，此古今不易之理也。我太祖高皇帝甫定天下，即諭群臣曰："自古君臣本同一體，若君獨用則臣職廢，臣不任則君事勞。君臣之間，貴在一德一心，以共濟天下。"大哉王言，真萬世人主之龜鑒也。

我皇上初登大寶，虛懷用人，一時官備職舉，事治民安。說者謂萬曆初治，媲美祖宗，豈非任人之明效歟？嗣是深居靜攝，稍稍倦勤，心有所獨嗜，于是有輕視天下之心；意有所偏信，于是有過疑群臣之意。舉內外大小諸臣，無一足當聖心者。是故缺者不補，補者止令備員；廢者不用，用者僅取充位。職業不修，政事盡廢，未有甚於此時者。

臣請得而備言之，如閣臣以論思爲職者也，自詔對不行，疏揭不報，堂陛之地，若隔九閽，是閣臣不得其職矣。吏部以用人爲職者也，自野多遺賢，官懸空位，內外壅滯，有如積薪，是吏部不得其職矣。戶部以理財爲職者也，自武弁言利，閹豎持籌，官民匱竭，有如懸磬，是戶部不得其職矣。禮部職在典禮，自郊廟襲代攝之文，山陵乏拜掃之儀，大祭大禮，竟成闕典，禮部之職何在乎？兵部職在詰戎，自權璫弄禁兵於西郊，懦臬殺屬夷於滇南，煽亂損威，僅同兒戲，兵部之職何在乎？刑部職在平冤，自忠臣繫無罪之獄，殺人逃天討之誅，是刑罰之用不得其平，而刑部之職何在乎？工部職在營建，自前殿無臨御之地，後宮侈傳造之役，是工用之興不得其當，而工部之職何在乎？都察院以紀綱爲職者也，邇來僕隸下賤辱殺命官，掃除厮役，毆傷宗室，都察院曾不得執法問罪，以振揚風紀，是可謂得紀綱之職乎？臺省以諫諍爲職者也，邇來忠鯁之言百發不收，立仗之馬一鳴輒斥，臺省曾不得明目張膽言天下事，是可謂得諫諍之職乎？撫按以彈壓爲職者也，邇來刑餘銅臭，擅行參劾，虎翼猴冠，吮民膏髓，撫按曾不得詰奸鋤暴以信此簡書，是可謂得彈壓之職乎？藩臬以承宣爲職者也，邇來銳意調停者指爲阻撓，苦心節愛者動見掣肘，藩臬曾不得宣德達情，以惠此屬邑，是可謂得承宣之職乎？守令以牧民爲職者也，邇來勞心撫字者以逋稅蒙參，實心爲民者以讒言被逮，守令曾不敢任勞任怨爲窮民作主，是可謂得牧民之職乎？

夫內自閣部、臺省，外自撫按、藩臬以及守令，則盡乎天下之官矣，今求得盡其職者無一人焉。然則祖宗稽古建官，豈其慢無責成而徒爲是冗員乎？我皇上重祿養士，亦豈其縻大官之祿而徒養無用之人乎？必不然矣。故諸臣有職而不能盡，是諸臣負陛下，諸臣之罪也；諸臣欲盡職而不得盡，是陛下負諸臣，不獨諸臣之罪也，恐於聖德亦未必無少累矣。矧政事日見廢缺，治道日見乖違，天變於上，人怨於下，究且土崩瓦裂，不可收拾，即使金玉珠寶亘地彌天，竟何救於危亂之勢哉？

夫諸臣幸際風雲，光依日月，類欲致明主於三代之隆，以少副其幼學壯行之志。今乃以職業不修之故，仰累聖德，兼損聖治，則諸臣之罪益大矣。臣之憂滋深矣，用是不避忌諱，輒爲諸臣爭職掌，然非爲諸臣計也。蓋區區赤心，知爲皇上之社稷計耳。萬一臣心可亮，臣言可采。伏祈亟降敕旨，明諭內外大小臣工各修厥職，勿從中格，勿使外撓，勿迹信而心疑，勿陽予而陰奪，勿失祖宗設官之意，勿虛陛下養賢之心，勿貽諸臣素餐之羞，勿釀庶政廢弛之患。悉予便宜，聽其展布，亦非爲諸臣計也。

蓋任人圖治，乃我皇上自爲社稷計耳。臣思及此，臣心良苦；臣言及此，臣心欲吐。臣知無能爲也，所恃社稷有靈，或能默啓聖衷，頓悟理道，庶幾君臣一德，大小協恭。宗社之慶，永綿於億萬禩後；萬曆之治，愈光於二十年前矣[一〇]。

參罪勳劉世延疏〔一〕

臣孫居相奏，爲罪勳抗旨，久據陪京，忽稱星變，遣牌赴闕，人心驚异，根本動搖，懇乞聖明亟賜究處，以杜邪萌，以彰國法事。

臣聞大君以制命爲義，人臣以從命爲恭。故命之來則來，則擅赴闕者啓陵逼之漸；命之去則去，而據重地者蹈跋扈之嫌。此臣節所深忌而王法所必誅者也。孰意今日有弁髦明旨，恣無忌憚，如誠意伯劉世延者乎？

蓋世延嘗爲南京科道王蔚、朱吾弼等所參論，蒙聖恩兩次免死，發回原籍爲民。前歲忽發牌馳驛，徑赴南京。隨該浙江巡撫尹應元劾奏，覆奉聖旨：“劉世延屢蒙恩宥，全不悛改，本當重治，姑念伊祖佐命元勳，權且再饒這遭。著該撫按衙門，仍令本管各官，遵照前旨，嚴加鈐制，餘俱依擬。欽此。”

夫世延屢犯死罪，我皇上屢免其死，不啻再造之恩矣。爲世延者，當何如感激，何如改圖，何如斂戢恭順，蘄無負聖恩？夫何抗違嚴旨，盤據南京，挾官騙民，恣肆愈甚？延都司俞允中爲幕賓，凡事聽其撥置；收逃徒葛荆山爲心腹，詐騙遂爾公行；縱子劉尚仁率領多人，打死陸漢而抗不赴審，竟令死者含冤；縱僕王科執持朱票嚇詐王卿而占恡不發，至使罪人漏網。任槐謁選，與世胄何干？乃聽吳煉勒咨詐銀五百兩，任弼可審。費域宿娼，於勳府何與？乃令吳階持票詐麥四百石，沈綱可證。吳壇，遊棍也，收爲假子，奸其乳母施氏，殺其夫沈貴，占其子郎兒，且竟將施氏賣與孫敬川爲妻，是尚知有王法乎？忻太華，術士也，令刻假印，一詐朱國賓，再詐周慕庵，三詐朱前樓，且又將國賓妻縱令葉明圓污辱，是尚知有天理乎？周玉峰工人縊死，拘拿到府，嚇銀四十五兩而始釋，見證者徐綱、周奉泉也。姜志苞犯罪在逃，藏匿在府，詐銀一百二十兩而始放，過付者李遵、劉四禿也。奪汪校田四百畝，莊戶李清見今耕種。騙江梅銀二百兩，假孫余六悉與瓜分。其尤可異者，訪知六合縣民人沈二家道頗裕，差家人沈四、鮑忠等四十餘人，各執刀槍，口稱奉旨，將沈二捉拿墩鎖，勒銀一百兩放回，一縣軍民皆爲痛心。其最可恨者，聞得瓜埠住人朱義女有國色，令惡僕倪容、李思軒等五十餘人，各執器械，圍繞朱義家，將女搶送本府，奸宿半月，索銀二十五兩放回，一鎮居民靡不切齒。其他惡迹類此者，種種盈帙。

臣方欲具疏參論間，忽於七月初三日，接到上元縣抄送世延傳牌一紙，爲急趨借箸製器滅胡，以彌星變，以救阽危事。丁丑，長星起箕止昂，請移於虜而身任滅之，乃爲妨賢病國，反污成命，止造竹煩，竟遲十年。今虜又增火器，虎而翼矣，舉朝竟無一言，豈以和夷爲恃歟？和若可恃，宋不亡矣。本爵的於本月二十三日辰時，自儀真起馬，由揚州陸路前赴闕廷，借箸爲畫，以救華夏生靈。所用夫馬、吹皂、軍牢預撥接替，毋得臨期違誤，不便依准繳查牌，由揭州、濟寧、德州至固節驛繳，上用誠意伯劉關防。夫世延奉旨錮籍人犯也，年來潛住南京，被御史李雲鵠論劾不歸，人猶曰：“其心或畏，皇上知而誅之耳。”今乃遣牌馳驛，公然赴闕，假星變搖惑人心，藉滅胡誇示海內，曾不思國家方晏然無事，奚云急救阽危？和夷縱終至敗盟，何至遽如亡宋？擅製兵器，假雕關防，騷擾驛遞，甚至以救華夏生靈自任，怨望恣睢，無人臣禮，彼其心視皇上爲何如主而狂悖若此？將無以聖恩爲可狎乎？

臣聞小人爲惡，始焉猶畏上之人知之，惟既知而不問，則彼遂無所忌憚矣。今世延敢於狂逞，意正如此，乃皇上屢寬其死而不誅者，豈以其爲功臣之裔乎？嘗觀太祖之待功臣也，厚之以恩而未始不繩之以法。李善長開國元勳也，以胡惟庸之波及，遂賜從子李伸等死，善長亦自不免。藍玉之叛，功臣張翼、趙庸等貳拾餘人，爵列侯伯，俱以株連，置之重辟。夫諸臣身親汗馬，功勒鼎彝，太祖尚不少假借若此，矧後代遠裔，恃先世功矯命橫行，罪惡盈貫，若之何可置而不問乎？所以然者，非徒以法不容廢，亦以漸不可長也。

蓋南都爲太祖肇基之地，元勳、戚畹較他處最多。彼其貴倨之性本自難馴，又習見極惡如世延屢蒙寬假，則相尤相效，驕橫成風。于是有搶妓詐財，如安遠侯弟柳懋績者矣；于是有對奕殺人，如東寧伯弟焦夢兆者矣；于是有路辱大臣，如忻城伯弟趙世明者矣；于是有乘輿率衆搶奪罪人，如罷閑南京錦衣衛都指揮梅應魁者矣；其他貪縱不檢未易更僕。總之，皆聞世延之風而起者。世延不懲則惡黨愈熾。當斯時，儻有草澤奸雄[一二]倡亂於外，群奸響應於內，而國家豐鎬重地，不亦大可寒心哉？參看得罪勳劉世延毒似蝮蛇，惡同檮杌。據南京而故違明旨，負聖主不殺之恩；赴北闕而包藏禍心，犯人臣無將之戒，所當急議重處，以杜邪萌者也。

伏乞皇上軫根本之慮，謹微漸之防。敕令錦衣衛差官，將劉世延逮至闕廷，究問如律。儻謂牽連人衆，仍乞敕下法司轉行南京法司，將本內有名人犯嚴提鞫審，從實具奏，仰候聖裁。庶國家無不伸之法，而世胄無恣肆之奸，所裨於根本重地匪淺眇矣。臣不勝悚仄待命之至[一三]。

乙巳京察糾大臣自辯疏[一四]

臣孫居相題，爲言官遵例拾遺，邪臣違例摭辯，大犯公論，有傷國體，懇乞聖明特賜處分，以重計典，以尊朝廷事。

臣惟我朝令甲，六年一計內吏，而以大僚之不肖者，付南北科道糾合之。一經論列，靜聽處分，不聞有違例强辯者。蓋祖宗明例森嚴，無敢輕犯。總之，重計典以尊朝廷耳。

頃該臣等遵例糾拾兩京四品以上官，而南京總督倉場、户部尚書王基[一五]與焉。臣等蓋質諸南中大小臣工，無一滿其生平，遂據事論劾，毫無私意於其間者。乃基不勝幸幸之忿，輒露章自辯，辯之冀其留之也，獨不思品卑望薄，不厭衆心，哆口横争，益增醜態。

今姑就其辯疏折之，其不通者有七：蓋被論被察官員捏情展辯，明例所禁，基獨敢於犯禁，略無忌心，一不通也。大計糾拾同臺，博采公評，無私怨惡，與單章論人者不同，基獨歸恨於首事之臣，二不通也。御史於本衙門堂上官，有統無屬，例得糾其闕失，基以總督倉場而謂兼南京都察院右副都御史銜，遂欲假此節制南道諸臣，以圖箝口，三不通也。御史奉敕巡倉，職在發奸察弊，今基歷任頗久，碌碌如故，倉場利弊有何申明而猥云觸怒？四不通也。臺臣遇部堂，避馬僉坐，自是相沿舊禮，素不爲嫌，而基獨謂有嫌於己，五不通也。臣等疏糾十人，總屬秉公，基乃詆爲修怨，彼九人者豈皆有怨耶？六不通也。往時被論大臣，誰不杜門引咎？基獨日坐私衙，公然行事，恬不爲意，人人駭訝，七不通也。

且臣等發疏之後，衆心大快，基之遺議隨而踵至。有謂其在刑部進貨財，而累户部包賠色數者；有謂其發帖於各衙門，囑事半出己手半出衙内人，盜用圖書，全無關防者；有謂其久病健忘，覿面不識屬官名姓，對張凌雲問張凌雲，而合部掩口者。此之敗檢傷廉，病忘喪心。人方謂臣等前疏遺其劣狀，基乃罔思省愆，肆逞胸臆，巧爲飾辯，妄自誇張，謬比處女。不知人心之不滿於基者，正謂其工於逢迎鑽刺，從來無丈夫皎皎之行，而甘爲妾婦媚世以取容也。最可笑者，被論之日，輿皂走卒喜其易與相向泣下，基乃重加賞犒，抆泪慰之，曰："我有辯疏，可保無事。"卑卑情態，盡露於此。即群小可欺，寧不玷士林羞八座，而遺譏於天下萬世也乎哉？此而不處，人皆效尤。是以言官糾邪之舉，爲邪臣作反射之媒；國家黜幽之典，與幽人以幸脱之地，其所關係誠非渺小。若基者，所當亟行罷斥，以示邪臣違例之戒者也。

臣等因是又有感焉，大臣事君有義，持身有禮，難進易退，所從來矣。邇年禮義風微，廉耻道喪，一被論列，輒起忿爭，以撝辯托之乎自陳，以戀位托之乎求去。幸蒙慰留，靦顔就位，且陽以語人曰："吾固欲去而不得去也。"嗟嗟！皇上本重大臣而大臣顧不自重若此，何怪乎自取厭薄而事功罔效也？

臣等願今後大臣被論，一惟引咎自陳，勿仍托詞巧辯。又望皇上俯聽其去，以全晚節。倘聖恩垂念簪履，不妨待其修省，徐議起用，則皇上之處大臣，與大臣之自處，不亦兩得其道矣。伏乞皇上大奮乾斷，亟將王基罷斥，仍諭令諸大臣僉以基爲戒，庶計典重而朝廷尊，隆古之休風，可再見於今日矣？臣等不勝悚仄待命之至。

乙巳京察申救直臣疏[一六]

臣孫居相奏，爲莊誦嚴旨，願效樸忠，懇乞聖慈矜宥直臣，以平輿情，以安元輔事。

臣惟[一七]今歲計事，半年始完，雖其間不無背違[一八]祖制，然聖主獨斷於上，群情怖懾[一九]於下，夫既聊且稱結局矣。頃從邸報讀聖諭，知劉元珍、龐時雍兩奉嚴旨處分。輔臣救之不聽也，臺省救之不聽也。豈惟不聽，反加重焉，救者且罰俸有差焉。赫赫天威，中外震疊，小臣何敢復置一喙？

竊思言官[二○]以言爲職，雖斧鑕在前，猶不敢避。矧上有明君，下有公論[二一]，又何敢以言爲諱者？臣聞宋臣蘇軾曰："天下治亂，出於下情之通塞；至治之極，至於小民皆能自達。”姑無[二二]遠引前代，即我太祖高皇帝御極，自文武群臣以及軍民、匠役諸色人等，應有可言之事，許直至御前陳說。其言中理，即爲施行，且或與之官，或給之賞；其不中理者，亦置而不問。故當時閭閻無不達之情，廟廊無不究之澤，治成化洽，有由然也。

今元珍、時雍雖非言官，然列爵郎署，似與軍民、匠役人等不同。彼其目擊時事，各效讜言，雖言人人殊，意在納忠則一。我皇上默察其忠，潛行其意，決數月不決之疑，了半年未了之局，說者謂已略用其言矣。語曰：“用其言而顯其身。”非今日之謂乎！乃不惟不顯庸之，且降黜加焉。臣想二臣建言時，已置功名於度外，今茲之處，適足遂其初心，可無遺恨矣。獨念賞罰不當則是非不明，是非不明則勸懲無策。祖制從此陵夷，臣工從此解體，毋乃不可乎？況優容直臣，非但容賢，亦以養賢。昔人謂：“平居無直言敢諫之士，則臨難無仗節死義之臣。”邇來國家多事，皇上數以爲言，幸有直言敢諫如元珍、時雍者，正宜多方培植，以需異日緩急之用。乃切責而降黜之，則人將習爲諛佞詭隨，儻遇國家有事，竟將何所倚藉乎？

司馬光曰：“切直之言，非人臣之利，乃國家之福也。”是可深長思矣。夫衆臣皆謂二臣可原，我皇上排衆言而必欲處者，豈以不如是不足以安元輔之心乎？臣竊以爲過矣。蓋輔相之道貴於集思廣益，休休有容。即元輔亦自誓不傷言者一毛，又曰不傷一人。今因二臣直言而重處之，則所傷奚啻一人一毛？是元輔之言不信於人，而元輔之心滋不安矣。況二臣之言亦輔臣之所常言者，如元珍謂“察臣宜去”，而輔臣亦謂宜去；時雍謂“時政宜更”，而輔臣亦謂宜更。如以二臣爲結黨、爲挾私，則輔臣亦結黨挾私乎？於此可以明二臣之無罪矣。

臣恭繹聖旨，有曰：“閣臣職在密勿，時進獻替之忠言，其可否行止，出朕裁斷。"又，若將以此重二臣罪而爲閣臣解嘲者，獨不思皇上居萬乘之尊，爲四海臣民主，言則左史書之，行則右史書之，天下萬世且從而評議之。臣等誠不知閣臣之在密勿所獻替者何事？但據邇來耳目之所睹記，亂政疊行，常政俱廢，并未有一善言善動，可以光史册而垂美名者，豈以閣臣之所不居而皇上獨居之乎？天下後世將以皇上爲何如主而甘冒不美之名也？

竊爲皇上惜之，臣謂廟堂舉動，當論臧否，不必辨有無。政果臧歟，君任之可也，臣任之亦可也。果未臧歟，臣居之不可也，君居之尤不可也。今明知其不可，而陰避之，欲令[二三]聖主獨當其咎，輔臣之心安乎？不安乎？故臣謂欲安元輔之心，當行元輔之言；欲行元輔之言，又當自宥二臣始。蓋宥二臣，即所以留輔臣也。不然，忠直被黜，議論叢生。元輔雖有救揭，人且疑爲陽救陰排；元輔雖有敷陳，人且目爲文過掩失[二四]。皇上安能人喻户説而爲元輔白心迹？元輔亦安能以不白之心迹而强顔立於百官萬民之上也乎哉？

臣謬列言責，願效朴忠若此，非爲二臣計，爲元輔也；非爲元輔計，爲皇上也。伏乞皇上弘天地之量，霽雷霆之威，矜宥直臣，免其降調，或薄罰其俸，少示裁抑。則不惟二臣感激聖恩，益圖報稱，即二三輔臣以及内外大小諸臣亦莫不鼓舞歡忻，共襄化理。明旨所謂"維新庶政、協和萬邦"者，意者其在斯乎？意者其在斯乎？臣等不勝懇悃候命之至。

比例請恩疏

臣孫居相奏，爲比例陳情，懇乞天恩俯准改封，以光孝治事。

臣由萬曆二十年進士任山東東昌府高唐州恩縣知縣，三年考滿，過徼聖恩，封臣父母如臣官，至榮也。又三年，蒙恩行取，待命國門，凡三期。選授南京福建道試監察御史，履任到今，又二年有半矣。每思得當以報聖恩，顧無片言可裨化理，臣之罪也，亦臣之羞也，尚敢妄有希冀哉？

獨念崇尚徽號乃國家非常之盛典，大詔覃恩乃臣子希世之奇逢。二十九年，我皇上舉行大典，諸臣幸際奇逢。上自九列大臣，下至倉官衛幕，皆得以其官榮其親，恩至普也。臣當時旅食京華，亦隨諸臣拜舞班行，蒙詔允授官之日，給與應得敕命。以故與臣同取，如科臣曹于汴等已於三十年春頒給敕命矣，道臣沈時來等已於三十一年冬頒給敕命矣；即與臣同官南臺，如李雲鵠、胡鶚，亦各奏請改封，蒙恩下部議覆矣。獨臣向因在假，未敢援例以請，今已復任供役矣。竊思臣與諸臣同取、同選，又同爲皇上侍從之臣，乃諸臣父母榮膺新命，獨臣父母株守舊封。雖皇上一視同仁，終有俞允之日，但臣父母風燭餘年，蚤蒙恩一日，則多享受一日。是臣幼而誦讀，長而馳驅，日夜碎心，所仰望於皇上而未敢即安者也。

伏乞皇上憐臣十年犬馬之苦，察臣一念烏鳥之情，敕下吏部復議上請，准以臣今官改給敕命，則皇上優渥之恩愈隆於前，而小臣捐糜之報當益勵於後矣。臣不勝懇切待命之至。

丙午軍政拾遺疏

臣孫居相題，爲循例糾拾漏網武臣，以贊計典事。

竊惟我朝令甲，五年一大計軍政，以考察屬之樞臣，以拾遺屬之科道，期於汰黜貪殘，作新將吏，以佐我皇上安攘之治，典至重也。況邇來中外多事，擇將宜嚴，而諸將貪黷成風，人不勝拾。臣等謹以漏網大奸物議最著者，爲我皇上陳之。

訪得原任延綏總兵、今升中府僉書都督同知李如樟，鬼蜮行藏，虎狼氣性。三年鎮廣，贓私業已盈囊；一旦入秦，怨聲轟然載道。本鎮開立市口，參將吳世登雖貪也，胡百計搜求，送銀五百兩、金鞍二副、夷婦一口，方才獲免。撫道議分墩堡操守，鄭潔忠奚罪也？乃千方尋索，建安堡三百兩，高家堡二百兩，始得放饒。孤山達虜猖獗，始而托疾不出，繼而觀望遷延。偵知賊退消息，遂恐嚇伍堡官千五百兩，何懦而益肆其貪？各營更番升轉，大而操守中軍，小而千總把總委用署事等項，因索要各將領數百餘金，何官不受其害？建造花園，拆毀趙應春等房五十餘間，杖死陸天佑等二十餘命，男婦之悲號何忍？強占官場，則奪孔士和草灣地百餘處，徵馬軍草料銀七千兩。軍民之唾罵，何堪憑城社以爲奸，營苞苴以自潤？一籌莫展，三褫允宜。

左府僉書鎮遠侯顧大禮，剛愎傲物，貪饕剝人。買房賃住娼優，致人有"顧鎮遠巢窩"之謠；發遣酷拷罪人，故人有"不願見顧瞎子"之誚。夜光暗投，尚且按劍，奚爲局騙侯駙馬貓睛胡珠，返勒沙回子代賠，天理何在？一介至微，猶難苟取，胡爲揹賴商人木價銀百兩，仍喝軍牢捆打，商旅何幸？包妓宋大兒寵以爲妾，已爲非禮，又買妓接客於城外，甘自同於玄夫之流。取衛千百戶服役於家，已爲非體，且縱令出入於臥內，奚怪乎致醜聲之播？官軍納月錢而免差，計一年何止千金？仍指點閘以科斂，真是絕流而漁。直軍解銷號而勒錢，至未時方升公座。又按公文以吹求，務期一網打盡。封王，國憲也。謀鑽東魯美差，坐索銀器、幣帛、鞍馬等項，多方行騙，已大辱使命矣，而所過郡縣，咸被荼毒，不幾以差爲市乎？附廓，官田也。強占南城腴田，縱令管莊家人石龍等百般嚇詐，已肆害一方矣。而放債追償，鎖拿刑究，又非以酷濟貪乎？胸次真有錢癖，家門大愧簪纓。已戾官常，難逃計典。

原提督巡逴，見任後府僉書、都督同知陳汝忠，智足文奸，力能使鬼。任中軍趙燁爲心腹，凡事聽其撥置；縱豪奴陳欒爲爪牙，詐騙遂爾公行。無主盜贓不以賞功而以變價，計每年有千金之入。額設操賞，什九潤橐，什一給軍，總八年扣二千之多。受馬軍之賄賂，不行批查。于是冒領者有一軍二馬，剋製造之錢糧，不除戎器，于是見在者止悶棍、骨朵。緝獲毛有爲，唆使咬攀善類，幾起大獄，豈非殺人以媚人？捕獲真強盜，拷令誣招李二，大肆挾騙，真是禦寇而爲寇。管轄把總十八員，每員歲索常例數十金，總之數至盈千，則親倅陳廷和其收受之人也。占役巡軍五百名，每名月納班銀五六錢，計之約有三百，則書識龍回子其過付之手也。孳孳爲利，黔中之故態復萌；碌碌當官，禁裏之兵防奚賴？大犯公論，允宜黜幽。

雲南副總兵陳寅，目不識丁，心惟懷詐，鑽刺真同登壟，貪婪不耻攫金。選補營官，親索把總朱邦瑞等或二百兩，或三百兩。奪彼與此，遂起買官之謠。給散軍餉，暗諭奸識丘一復等，或造輕等，或假軍器，關多散少，大興剜肉之謗。防範當嚴也，令旗牌官王惟誠選擇官娟田奇哥等數人，每夜進衙，輪流奸宿，則王可成接送，可據功罪宜核也。令哨官王文帶兵徐大等二十餘名，暗向中路潛頂陣亡，則海防道發覺甚明。任薊州，而營兵三千所部署也，每一兵扣安家銀一兩，名曰"見面"，主帥之體謂何？住朝鮮，而查核糧草其職事也，每郡縣索茶果銀五十兩，名曰"免駁"，字小之仁安在？始攻島山，私投贊畫之揭，以致參論多官而東事幾壞；今總滇戎，重索土司之賄，以致苗夷多怨而南釁漸開。三窟是營，寸功未豎，前察已掛彈章，今次難容漏網。

廣東總兵官孟宗文，才本樗櫟，景逼桑榆。延稅棍裴宗翰爲上賓，不惜官箴掃地；任中軍趙如龍爲謀主，遂致物怨衝天。半年副戎，驟升五嶺大帥，全憑王密暮金；七十老翁，繼娶二八幼女，豈真馬援矍鑠？生辰有賀，逢節有貨，副參遊三十兩，都守把二十兩，哨衛所十餘兩，歲有三千金之入矣。又建坊牌，起花園，迎公子，接家眷，冠婚喪祭，因時種種生端，何貪得之無厭乎？新官贄禮，升任謝別，厚者二百餘金，薄者一百金，最薄者三五十金，所進已不貲矣。又取潮紬，索雷葛，買真珠，覓沉香、燕窩、海味，隨地般般苛督，何算利之無遺乎？督撫縱閩人販海通番，本非法也。本官不以海防爲重，阿承意旨，反爲給照護送，以致海寇充斥，是誰之過歟？稅監縱參隨剝商害民，理宜禁也。本官不以民瘼關心，受其賄賂，反爲給牌應付，以致稅棍橫行，已與有罪焉。分盈量滿，曾無知止之心；漏盡鐘鳴，甘犯在得之戒。欲全晚節，當令投閑。

四川永寧參將周敦吉，狡同鬼蜮，惡若豺狼。霸金氏爲妾，而撥兵七百酬其夫，則帥府爲易淫之門？買戲女自娛，而宅分兩院棄其妻，致閨門有賣奸之醜。鑽求非官箴也，況爲土官隴澄代幹，實授誆金銀二千餘兩，非指官詐騙乎？貿易非官體也，剏分運皇木二根，解枋貨賣得價銀五百餘兩，非欺公取財乎？徐參議與劉知府有隙，解之可也，何串同江萬化攢捏訪單？甚至撥兵圍衙，逼劉知府自經以死，至今有逼殺郡守之名。楊酋既滅，其祖先無罪，置之可也，何縱令標兵盡掘其冢？甚至取其金寶，而屍骸悉以暴露，夷種有虐及枯骨之恨？土婦奢世續與奢世統爭印，彼自爭耳，乃聽劉國用教唆撥置，故捏奢世續反叛重情，其造計亦何毒也？閻宗傳與閻宗襲赴訴，彼自訴耳，乃聽舒自清把截要路，指稱奸細，擒拿打死，其操心抑何忍也？扣剋新兵七百名月糧三年，通計一千三百五十兩，羅勝等斂送足證。騙受奢氏夷財三千兩，又得筴寶金手鐲一副重二十兩，嚴世才過付不虛。凶淫暴橫，一方盡被鯨吞；機變饕餮，兩川悉苦蠶食。亟宜褫職，以清戎行。

大同陽和鎮副總兵劉汝，貪婪有聲，恣睢無忌。與虜互市，致令嘵嘵然邀求不已，大損中國之威；代虜進馬，每至揚揚然擁帶多姬，重遺驛遞之擾。家丁犯強盜，與將官奚涉？而指稱知情，詐銀三百兩，張萬邦之被害可查。夷人易馬匹禁擅買，何爲而賤買貴給？獲利數千金，各城堡之關領有據。指以進貢爲名，求曹參將之駿馬，仍復以私換官，貪黷其何厭乎？假稱上司取物，托鄒中軍之科斂，分明剝軍肥己，溪壑其能滿乎？按季種蔬菜三千餘畦，軍給地壹畦，畦納價一錢五分，歲得菜銀四百餘兩，王惟一、張堯卿其斂送也。每年定打牲手一千餘名，人納皮一張，無皮納價五錢，歲得皮銀五百餘兩，王廷鳳、陳雄其經收也。和戎講市，未收五利之功；剝衆肥家，徒滋三鎮之擾。急當議處，以重疆場。

南京守備、掌中軍都督府事成山伯王允中，向督操江，彌縫猶工；今叨守備，醜態畢露。取各鋪行紬絹貨物，僅給半價，遂使商賈吞聲；索巡鑼營，寬限常例，不嚴比較，致令盜賊接踵。拜太監邢隆爲乾父，百計取其銀幣，任其名下唾罵而付若罔聞；納司房童謙吉爲幕賓，凡事聽其過付，縱使指官詐騙而置之不問。放告不論日期，受陳應節錢三千文，即田土細故概爲准理；問事不辨是非，受宋昇銀二十五兩，雖人命重情漫不追究。查補各營衛總等官，專以餽送有無爲去留。故范天佑等銀各五兩，姜文明等銀各十兩，陳文道等銀各十五兩，皆家人王小山爲之接受。每遇端陽、中秋等節，專視職事煩簡爲厚薄，故坐營官每員十兩，把總官每員五兩，衛總官每員三兩，皆司房馮世恩爲之斂收。指送表查點不到，嚇詐衛官展奇才等一百餘金，人謂"衣冠穿窬"窺金。商徵有微利，挾騙商人戴良等二百餘兩。真是簪纓壟斷，籩簋不修，大爲勳庸之玷；武備盡廢，徒遺根本之憂。宜令退閑，用資儆省。

原任神樞營參將、今調廣東東山參將傅良橋，志行貪淫，心術狡詐。非出奇之陳平，而奸嬙遣戍事同盜嫂；非好色之吳起，而携妓征倭，侈擬攘苴〔二五〕。方其初入遼陽也，請帶太僕寺馬，價八萬兩。途遇達虜，殺兵千名，朦朧不報，冒破銀三萬餘兩，竟無下落。及其營轉東山也，帶家僮傅文贊等百餘人，名寄尺籍，身居私家，冒餉三年，共計銀三千餘兩，作何支銷？遊擊罷矣，旋報升防；參將斥矣，又復遊擊。猶不知足，而賄改東山，帶管肇慶，鑽刺何通神也？兵器不利，怒欲革矣；百金既入，議即罷焉。至班師，而衆兵搘轎喧噪，還銀始散，名節何掃地也？兵法貴秋毫無犯，本官往征思明，途遇耕牛，輒并執牛主，牛充賞而主贖還，將民間雞犬不寧矣。軍職貴盤詰奸盜，本官受脱獄強盜劉應龍四十金，納爲旗牌，又受三百金，遷爲把總，非軍中貓鼠同眠乎？卑卑干進，豈是分閫之才？營營謀家，何堪專城之寄？既已犯贓而犯奸，難容使貪而使過。

以上九臣事迹，雖各不同，物議均爲大著，所當革任回衛，以儆官邪者也。

宣府西路參將方時春，狼貪橫肆，誅求狐媚，尤工鑽刺。始求上西路署守，方期月而酷索無厭，或屬官，或員役，或富户，約有千金；次補下西路參將，甫任事而假借爲名，或守備，或守操，或把總，共索數百。販馬本壟斷賤行，乃買夷馬千匹而給軍士，每匹扣價十七兩，固不能掩哨長王國之耳。其他折旗牌李讓等五十二名油醬菜銀，人各一兩，不更可鄙乎？驗馬誠明例宜然，乃先索受賄賂，而後准驗，每匹要銀一二兩，俱不能逃旗牌賈國之目。其他將暗門所進夷馬、夷鹽等項，獨專其利，不尤可羞乎？沿邊墩臺之設，原爲保障，豈爲繭絲？胡爲索青草，索麻菇，索杏仁？墩臺七十二座，座座苛求，如喬世福、石山等，皆被害之家也。官署公館之修，當用公費，豈可殃民？胡爲要松樹，要柏樹，要榆木？軍士一千餘名，人人科斂，如張大林、李信等，皆交納之人也。屯田一概占種，每年約利五百餘金，枵腹之苦已罔知矣。至占邊軍，納月錢，而仍復做工，不幾於重役疊擾矣乎？布花百計折算，每季剋銀百十餘兩，挾纊之仁已不聞矣。至造桌椅，扣月糧，而公然無忌，不幾於巧取橫斂矣乎？禦戎無策，黷貨有聲，似茲豺虎貪殘，安勝貔貅重寄？

原任高家營參將、今升洮岷副總兵吳世登，未聞出奇以籌邊，敢為營私而挑釁。藉到任，用弓給散眾軍，扣弓價七百五十金。已為戎首，仍又索月錢於二千餘軍，每月扣糧銀百十餘兩，何錙銖之不遺？假修城，令軍打柴燒磚，索工銀三百三十兩，已為利媒，仍又捏詭名一百五十餘人，每月扣糧銀百八十金，胡漁獵之太甚？積青草以養馬，本是地利，乃每次折草價二百餘金，盡入私囊。其他向建安等堡大肆誅求，或三十，或四十，殆無虛日。撥軍卒以耕田，孰非人力？乃每年要稻米三百餘石，悉貯私倉。其他向柏林等堡無端苛索，或二十，或四十，幾無寧時。點查軍士，雖云公務，每隊索常例銀二十兩，四季共約有八百之多矣，而總計五年，不既充囊乎？偷盜夷馬，原有明禁，令家人吳把兒等公然觸扞，今家奴且究以死矣，而誰為主使？可終漏網乎？甚至屢次通夷，盜竊達馬，致酋長沙計之重怒，因潛寫私書，許增歲賞，致沙計藉口以徵求彌縫。術巧，變詐，機深，留之恐遂啓釁於邊疆，調之或可策勳於腹裏。

以上二臣，物議雖已沸騰，年力尚堪驅策，所當重加降調，以示懲創者也。

夫臣等幸逢計典，職司糾彈。知而不言，臣等罪也；言而不處，國家之憂也。今武臣之不職者，臣等業已言之矣。惟是貪將善交，奧援難拔。儻或終遺法網，竟將何所勸懲？振刷將吏，係此一舉，是在皇上加之意耳。伏乞敕下兵部，再加查訪。如果臣等所言不謬，將李如樟等亟賜罷斥，方時春等從重降調。庶法無遺奸，朝有公論。皇靈宣暢於邊海，軍政整肅於廟廊矣。臣等不勝屏息待命之至。

校勘記

〔一〕底本原無標題，據《留臺奏議》卷十《用人類》補。

〔二〕"患"，《留臺奏議》作"禍"。

〔三〕"張夢男"，《留臺奏議》《明史》作"張孟男"。

〔四〕"留都幸甚"，據《留臺奏議》補作"留都幸甚，臣不勝悚息待命之至"。

〔五〕此文《留臺奏議》卷十一《援直類》題作"《救言官疏》"。

〔六〕此文又見《留臺奏議》卷二《修省類》。

〔七〕"方草疏"，《留臺奏議》作"方具本奏"。

〔八〕此文《留臺奏議》卷十六《漕河類》題作"《追論漏網河臣疏》"。

〔九〕此文又見《留臺奏議》卷一《君道類》。

〔一〇〕"二十年前矣"，據《留臺奏議》補作"二十年前矣。臣不勝瀝血焚香，叩頭懇祈之至"。

〔一一〕此文《留臺奏議》卷二十《權奸類》題作"《劾罪勳抗旨疏》"。

〔一二〕"草澤奸雄"，據《留臺奏議》補作"草澤奸雄睥睨南都，如楚叛宗者"。

〔一三〕"待命之至"，據《留臺奏議》補作"待命之至。奉聖旨：劉世延屢犯國法，朝廷待以不死，禁錮原籍，已是寬政，如何全不悛改，抗住南京？今又遣牌赴闕，意欲何爲？好生狂悖，三法司便會議來説"。

〔一四〕此文《留臺奏議》卷二十《權奸類》題作"《論大臣自辯疏》"。

〔一五〕"王基"，《留臺奏議》作"某人"。後文"基"，《留臺奏議》均作"某"。

〔一六〕此文《留臺奏議》卷十一《援直類》題作"《請宥直臣疏》"。

〔一七〕“臣惟”，《留臺奏議》作“臣等竊惟”。後文自稱之“臣”，《留臺奏議》均作“臣等”。

〔一八〕“背違”，《留臺奏議》作“少違”。

〔一九〕“怖懾”，《留臺奏議》作“懾服”。

〔二〇〕“言官”，《留臺奏議》作“臣等”。

〔二一〕“明君下有公論”，《留臺奏議》作“明明之君下有休休之相”。

〔二二〕“姑無”，《留臺奏議》作“臣等姑無”。

〔二三〕“欲令”，《留臺奏議》作“致今”。

〔二四〕“文過掩失”，《留臺奏議》作“空言無補”。

〔二五〕“攘苴”，據文意當作“穰苴”。

兩臺疏草卷二

劾奸貪輔臣納賄植黨疏

臣孫居相題，爲奸貪輔臣納賄植黨，重負主恩，懇乞亟賜罷免，以清政本，以自爲社稷計事。

臣惟首輔沈一貫秉政數年，無一善狀。民失其業，官失其職；天變於上，人怨於下。舉皇上金甌無缺之天下，破壞已極。曩者，屢疏乞休，大禮不出，臣以爲無復再出之理矣。及細察近日之情形與中外之公議，則有大謬不然者。蓋其贓私狼藉，奸詐萬端，即事涉隱微者，臣姑不具論，特就其彰明較著、天下共見共聞者言之。

麻承勳、麻承恩各覓總兵員缺，承恩送銀五千兩，一貫業已許之矣。次日，承勳送銀萬兩，遂改以與承勳。是受賄行私者一也。西征播酋與江鐸合謀，凡楊應龍歷代所積奇寶異玩，俱輸一貫之家，金銀不可勝計，因許陳、劉二總兵以封拜，後爲科道以他賄參破，至今兩人怨入骨髓。是受賄行私者二也。王惟忠、程守訓貪贓百萬，一貫與王惟忠爲親，受惟忠等銀十萬兩，曲爲庇護，以致數惡百萬之贓全無下落，應死之罪竟得保全。是受賄行私者三也。先年，考內閣中書，有山陰監生陳汝元者，送一貫三千金，即得考中上疏矣。繼而旨從中格，汝元遣人向一貫索金，一貫曰："姑留金，明年償他一舉人。"次年，授意同邑考官，汝元果得中式。是受賄行私者四也。進士項鼎鉉用銀三千兩送一貫，買庶吉士，一貫授意典試馮琦取爲第一。後該科閱鼎鉉試卷，字迹與廷試不同，疏請覆試。鼎鉉竟稱病不出，例當革退爲民，乃一貫僅擬降調，曾不思科場關節，只止降調可乎？是受賄行私者五也。受廣東總兵官孟宗文銀五千兩，聽其虛冒功級，囑兵部覆升都督。是受賄行私者六也。受調簡知縣潘大復金臺盞伍十副，不待其考滿，囑吏部升刑部主事，復調工部。邇因京察降外，又受其三千金，令上本誇河工，許復故物。是受賄行私者七也。遵化縣侍郎賈應元營謀起官，初約先送五千金，而一貫決要滿萬，爲故御史馬經綸所知，逢人指罵，應元竟未起官，輒揩前銀不返。是受賄行私者八也。各處礦稅內官、參隨、司房，一貫俱用家人并鄉里無籍之徒跟隨。每遇解銀入京，各有餽送，歲可數萬金。如浙人沈士問營投陳奉送一貫二萬金，後士問犯事，打死其妻，至京到一貫宅挾要上本，將銀五千兩買回。是受賄行私者九也。沈子木者，一貫之姻親也，前巡撫無狀被論家居。及一貫蒙召赴京，餽銀一千兩，仍親送伍日程，即得起南太常，調通政，今累推吏部。子木在通政，凡天下章疏有關一貫者，匿不以聞，其不得不聞者，必先封副本報知一貫，俾預爲營幹。是植黨行私者十也。又天下朝覲進表考滿官，送一貫多者百金，少者五十金，皆寵僕李四接受。其門生故吏滿天下，每年寒溫禮節，不下數萬。曾遣子尚寶沈泰鴻歸家，以半夜般運行李，有車數百輛，用“天”、“地”、“玄”、“黃”等字作號，每字百號。前車已到崇文門，而後車尚未出灰場。此非招權納賄，從何得來？

夫一貫起家書生，致位宰相，懷麟垂玉，任子蔭孫，富貴極矣。曾不聞爲朝廷興一利革一弊，舉一賢退一不肖。而徒竊弄政柄，私潤身家，陰設陽施，內謀外陷。以故患得患失之念橫於胸中，瞻前顧後之圖計之身後，誠恐今日一出都門，明日奸貪畢露，是以千方萬計一割爲難。陽爲退遜以塞人言，陰爲彌縫以固祿位。玩其詞若陳乞太苦，探其志實欲罷不能。

昔王安石疏辭十餘上，不得旨，從筮卜之，筮者曰：“相公自卜，何用筮爲？”由是安石去志始決。次日，有旨罷免。夫疏十上而不得罷，一自決而遂陛辭。由此觀之，進而休政，不若退而休心。一貫心不肯休，則七十疏爲少；一貫心肯休，則片語爲多矣。有不了之隱衷，習逃罪之故智。于是，過則歸君，善則歸己；利歸私室，怨歸朝廷。使人徒知皇上不停稅務，而不知一貫正利其不停，以遂其貪；使人徒知皇上不補缺官，而不知一貫正利其不補，以勒其賄；使人徒知內外章奏，皇上留中不發，而不知一貫正欲其不發，以巧弄其機關；使人徒知南北科道，皇上遲疑不選，而不知一貫正欲其不選，以少緩於彈墨。蓋彼孳孳爲身家計，故嚮也惟知謀利，今也惟知慮患，何嘗有一念一事，爲皇上計哉？是在皇上自爲社稷計耳。夫臣於一貫爲座師之師，欲草疏而中輟者屢矣。第一貫奸貪頑鈍，誤國誤君，將遺社稷憂。臣私念之，君恩爲重，則友誼爲輕；社稷爲重，則禄位爲輕。夫是以一念樸忠終不能已，所恨聞見短隘，無能發其贓私萬分一耳。

伏乞皇上鑒臣樸忠，密行體訪，亟爲罷斥，以清政源。庶君側亟除一日之奸，而朝廷亟得一日清明，天下亟得一日寧謐矣。宗社幸甚，臣民幸甚！臣不勝懇悃待命之至。

奉聖旨："元輔贊政多年，平播驅倭，劻勷籌畫，懋著勳勞。孫居相雖以言職論事，不思存惜國體，何乃誣衊大臣至此？以致詞辨不休，好生逞臆狂肆！本當重處，姑且罰俸一年。若再有以無影虛詞，淆亂國是，的重治不宥。該部知道。"

催請考選以信詔旨疏〔一〕

臣孫居相奏，爲留臺缺人至急，諸政廢弛可虞，懇乞聖明亟允選補，以濟急用，以信詔旨以光新政事。

臣惟爲政在人，先聖之明訓也；任人圖治，哲王之令軌也。頃者，我皇上煥發德音，維新庶政。一時大小臣工，靡不奮揚淬勵，以劻勷盛美。獨臣才識短淺，職任繁多，巡視鳳陽倉矣，又帶管屯田；巡視京營矣，又兼管京倉；巡視中城矣，又兼巡東城；巡視門禁矣，又兼督抽分；兼攝七差矣，又署掌七道。

夫臣一人之身耳，身軀有所到，便有所不到；臣一人之心耳，心思有所及，便有所不及。志欲奮而力不足，事欲兼而勢不能。于是簿書填委，諸務幾廢。以倉儲則數十萬積逋，臣不能爲皇上催理；以屯田則數十年埋没，臣不能爲皇上清查；以營務則十數萬甲兵日削日弱，臣不能爲皇上振揚；以城務則數百萬生齒相聚相爭，臣不能爲皇上禁戢。足不能遍三十一門，何以盤奸詰盜？身不得到上下兩關，何以察弊防欺？各道建白之牌空懸，微臣補牘之忠久闕，臣之罪于是乎不容逭矣。儻皇上憐臣而宥之乎？臣不敢知；即罪臣而斥之乎？臣不敢辭。

惟是臣精力已竭，伎倆已窮，曾無補於國事之毫毛，而諸事且日就叢脞，臣用是不敢自文自諱，亦不敢言苦言勞，而特以庶政廢弛之狀，實控於皇上之前也。夫臣衙門如此，想他衙門亦然；南京如此，想北京亦然。皇上縱不爲諸臣計，獨不思今日所廢之政事，誰之政事也？將來貽患於國家，誰之國家也？矧當庶政維新之時，何可令聖政有闕而不舉之處？方詔書既頒之後，何可令聖躬有出而不踐之言？臣謂皇上不得不爲聖德計，爲聖政計，兼爲宗廟、社稷計矣。伏祈敕下吏部、都察院再加查議，萬一臣言不虛，將行取待命諸臣剋期考選，抑或先改數員，以救目前之急。則群賢效力，庶績惟熙，不但無背詔書，抑且有光新政。豈非大聖人之作爲，超出尋常萬萬者乎！臣不勝懇切待命之至。

奉聖旨："吏部知道"。

請添南畿學院疏[二]

臣孫居相題，爲添差南畿督學憲臣，以重考課，以振人文事。

臣惟國家設學校爲人才所自出之地，而憲臣董學政尤人才所培養之樞。至於畿輔學校，與他方不同，往例必會推御史之堪任者提衡其間，誠重之也。第按部勤，非特校藝密，而士行且由之日敦；按部疏，非特校藝弛，而士行且由之日敝。近日禮臣建議，欲督學使者歲考一周，毋得類考，良有深意。

南畿爲聖祖開基，教澤首善，其人文視各省爲獨盛。先是，學臣必兩載始歲考一周，時迫賓興，輒草草以類考結局。倘到任稍遲，又或有升遷事故，即類考不能完，勢不得不借先任學臣一二年前考案以塞責。以故有一郡六七年未經歲考者，亡論力學青衿靡以自見，即功令疏闊，士風日澆，動恣淫蕩，習成浮靡，攘臂公庭，把持曲直，捏造蜚語，淆恩是非，甚至聚衆而效號澤脫巾之舉者。流敝至此，世道之憂也。今雖日勤考校，猶慮無以甄別人才，整頓士習。顧學臣白楊宏科，任甫期年請告後。今歲適當大比，而黃升又且以憂去矣。士心皇皇，莫知嚮往。及今不爲酌議，恐國家雖有一歲一考之令，而南畿或迫於時之有限，或阻於勢之難周，此必不可得之數也。

臣謬謂今日爲權宜計，則有按臣分校之說；爲永遠計，則有添設學臣之說。

何謂按臣分校？蓋目下去秋闈僅半年耳。當此臺臣寥寥，若他省改遣，時日固不給。即將見在南畿按臣改爲督學，朝拜命而夕視事，半年之間，欲其將黃御史未考之十府四州而遍試之，亦難矣。合無暫令三按臣分校所轄，士則身不出封域，而歲校可周，科場不誤，計莫便於此者。

何謂添設學臣？蓋按臣行部有察吏慮因諸務[三]，與學臣一意校閱者不同，茲議分校，亦目前應卒之權。先年淮揚巡按曾帶理學政，旋即議罷，爲其不專故耳。南畿地方遼闊，人才濟濟，難泥常格。合無添設一學臣，分搭管理，一管應、安、廬、鳳、

徽、寧、池、太、滁、和、廣、德，一管蘇、松、常、鎮、淮、
揚、徐州各學政。俾之分馳校閱，歲一告完，則考課既勤，稽行
亦密，庶文教振興，而士風大有裨益乎？倘謂增一差則增一差之
費，添設學臣，未可輕議。臣則謂南畿人文雖盛，乃吏事僅可當
大省之二，或將三按臣損一爲督學。其地方各照前議分轄，是一
更置間，吏治無損於前，士習更新於後，亦一議也。若以撫臣參
差未便，則一按臣與兩撫臣共事者，如順天，如宣大，比比皆
是，何獨至於南畿而疑之乎？

臣待罪留臺，謬有建白之司，祇役南畿兼膺地方之責。目睹
時事，諮之輿論，皆以學臣添設爲便，不敢不竭其愚，以備聖明
采擇。伏乞敕下部院，再爲酌義。萬一臣言可采，亟爲覆請施
行。臣無任屏息待命之至。

論科場懷挾疏

臣孫居相題，爲科舉事。

臣等竊惟典莫重於選舉人才，弊莫大於懷挾文字。是以我朝
令甲，凡入場懷挾者，必罪不宥，蓋重之也。

今年八月，應天府復當舉士於鄉，臣居相偕臣李雲鵠，奉札
往監試事。諸所爲防奸察弊者，靡不殫厥心力，謬謂累年積弊，
或可一洗而新之矣。乃於本年八月初八日夜，臣等點名進諸生，
因面督官兵，嚴爲搜檢。隨據第玖對弓兵曾海、馬文，搜獲挾帶
文字監生一名查允亮。臣等驗得本生挾筆四枝，筆皆重管，每筆
小管上纏金箔紙數片，每片寫毛樣小字文章十數篇，共計一百二
十餘篇。隨將文筆封發上元縣，將本生照例枷示訖。未幾，又點
入監生一名查允先。臣等見其姓名，與前犯生相似。當即索其筆
親視之，見其筆管內挾帶之弊，與查允亮一一相同，共計文八十
有四篇。亦將文筆封發上元縣，將本生照例枷示訖，嗣是貳場搜

檢幸無弊。比及叁場進完，鎖闈，散題間，隨有"雨"字三十八號，守號軍人張建、徐文道，拿獲挾帶監生一名董鍾瓚。臣等當同提調官應天府府尹徐申，驗得本生挾帶金箔紙一幅，上寫《治河時務》、《宗藩策》各一篇，其《宗藩策》不全。因審得軍人張建等，皆稱本生挾帶原有數紙，因事發，拋棄四外，止奪獲一紙等情。本生亦俯首直認無詞，惟叩首求免責免枷而已。於時題紙已散，臣等恐放出洩露未便，第令巡緝官同本軍押本犯在二門下等候。至申時，開門放諸生，始枷號發出示衆訖。該臣等看得查允亮等，銅臭資身，錢神用事。行險而圖徼幸，不齒士人之林。欺世以取功名，甘心衣冠之盜。得罪名教，大犯王章。所當依律問革，以重大典者也。

然臣等猶有說焉，蓋應天府每科中"皿"字號監生二十八名，雖多不過三十名，以令甲每二十名中一名計之，止應取入場監生九百名。乃邇來各衙門考送入場者，至一千九百餘名。歲復一歲，沿以爲常，往往名數不足，甚至取塞白塗烏之士以充數。于是此輩既幸入場，便謀入彀，或爲挾帶，或爲傳遞，或倩人代筆，或割人卷面。錢能使鬼，贗可亂真，相效相尤所從來也。儻防察少疏，幾何而不妨賢路、辱鄉書也乎哉？

伏乞敕下南京法司，將查允亮等究問如律。仍望聖諭南京部院等衙門，今後科舉年分，必考選監生精通三場者，方許入場。不得濫取充數，致生弊端，或亦清本澄源之道乎？臣等無任悚息待命之至。

直述科場情形疏[四]

臣孫居相題，爲直述科場情形，以遏流言，以重大典事。

臣待罪留臺，去年八月，應天府復當鄉試之期，臣承乏往監試事，凡所爲革弊防奸者靡不殫厥心力。比事竣出場，南都人士咸謂此番關防視昔加愼，而登拔亦稱得人。臣私竊自幸，以爲是役也可不負皇上任使矣。

忽于秋冬之交，傳聞江北諸生因中試人少，謬謂江南諸生有私。臣隨遺書按臣黃吉士問之，吉士回臣書云："士子紛紛之議誠有之，但門下在事，弊端何自而生？矧南北自不相敵而尤人乎哉？"臣又密察諸生之言，原無指實，不過下第者倡爲此說，以欺鄉里妻孥云耳。不謂吉士竟信其言，登之于疏。夫吉士言官也，臣亦言官也，使場內果有弊，臣豈不能自發，直待江北按臣發之耶〔五〕？

大抵場屋之弊，多起於彌封，未有不通同彌封所而能作弊者。今科彌封所二官，一爲廬州府同知劉師朱，一爲鳳陽府同知馬協，皆江北官也，又皆精明有執，臣取而用之〔六〕，良有深意。向使彌封書手先江南而後江北，又有摺角點記等弊，無論臣等必究，即二官或亦不肯無言也。其彌封所已封之卷，臣無由識其姓名，亦無由辨其南北，今不具論。第查該所呈堂貼出違式試卷，除監生外，初十日貼出生員共五十八名，內有江北贛榆等縣董宗宣等二十四名。十一、十二日貼出生員共五十六名，內有江北六安等州縣徐慶等二十名。使先送者皆江南卷，而何先貼者有江北人乎？此必不通之論也。及彌封之後，便屬謄錄。使謄錄書手果以南北高下其手，必謄錄者皆江南人而後可。臣查各役點名簿，有揚州府謄錄書手白承芳等七十一名，滁州書手安守道等五十六名，和州書手薛志緒等四十六名，此皆江北人也。謂江北人而亦偏私江南士子，有之乎？且所謄之卷已中者見在禮部，未中者發回各府，其有無弊端，今固可覆而按也。及謄錄之後，尚有對讀。對讀之後，復送受卷，皆由臣掛號銷號，查對相同，然後送入內簾。今謂謄錄所將前賄買暗記摺角遞入內簾，其有投之水火者，則是對讀、受卷二所皆爲虛設，監臨、提調等官漫不稽查，不幾于說夢乎？

臣入場時，數與主考二臣馮有經、傅新德及房老諸臣韓光祜等相約，雖落卷亦檢閱數四，且調房互閱，遵新旨也。如江南者先，江北者後，先送者取，後送者遺，則是場中有不閱之卷矣。不思以按臣視江南北猶有分屬，若以臣所屬視之，則兩江皆吾子弟；以內簾諸臣視之，則兩江皆可門生。果何厚於江南？何薄於江北？而肯聽人爲先後抑揚之事哉？況各房考入簾，志在得士，又孰肯舍良玉而寶燕石也？即使江南房考私其子弟，而江北房考在鳳陽府有懷遠知縣王存敬，在廬州府有霍山知縣吳之皥，在淮安府有山陽知縣楊師孔，在滁州有全椒知縣關驥，彼亦安肯舍其子弟而反錄他人也？科場賄買、代倩、傳遞等弊，臣等條約，諄諄言之，不敢謂歷科必無。若謂每科必有，有必江南人，則宜乎江南賢者未必中，中者未必賢也。夫何名卿碩輔相耀後先，鼎甲、魁元累累不乏，豈會試場彌封謄錄員役，亦預來江南納賄乎？此一恒人能知其必無也。

臣簿查江北進場正考遺才諸生凡一千二百九十六人，而中式止七人，若爲甚少。及查諸生違式貼出者數至一百六十二名，幾與江南相垺，則不爲不多。其間有真草全無者，有真草不備者，有請客者，有錯落命題字句者，有有文無結者。其卷見在，歷歷可考，則江北文學大略可睹已，安得輕信無稽之言，而重誣江南多士哉？又安得以江南人文之盛，而謬謂臣墮其術中哉？臣等非爲諸生辨，蓋諸生作弊，即臣不能察弊，是謂負職，因以負皇上，用是不敢不出一言自白耳。

伏乞敕下禮部，再加查訪，議覆施行。臣等不勝激切待命之至。

題明鳳陽倉糧疏[七]

臣孫居相題，爲軍儲不繼，脫巾可虞，懇乞嚴旨申飭，以振積玩，以濟軍需，以保陵寢重地事。

頃蒙皇上不以臣爲不肖，敕令巡視鳳陽等處倉糧。受事以來，日惴惴焉，惟恐催查不效，仰負皇上任使是懼。隨於本年十一月初三日，巡歷鳳陽、滁、泗地方，因移手本於鳳陽管倉戶部分司，煩查各倉，見貯糧米若干，每年應放若干，見在糧米可足官軍幾年支用。并查直隸所屬府州縣衛，及河南布政司所屬州縣，各起運鳳陽倉夏麥秋米，除已完外，其三十二年以前年分未完錢糧各若干，希數過院，以憑查理等因。

隨准該司主事劉克勤手本，回稱除各府州縣衛所未完錢糧數目另冊開送外，查得見在倉廒糧米四萬一千八百六十三石，鳳陽中等九衛所官軍每月約支米六千六百餘石，前項所貯米石僅足六個月支放等情，到臣。該臣不覺錯愕失色，以爲昔人謂"國無三年之儲者，國非其國"，今且無終歲之儲矣，是尚可以爲國乎？因查閱該司送到未完錢糧書冊，自萬曆二十七年起，至三十二年終止，鳳陽府屬未完夏麥五千三百八十石零，未完秋米二萬一千二百八十石零；淮安府屬未完夏麥一十八萬三千二百四十石零，未完秋米一十二萬八千八十石零；揚州府屬未完秋米一十八萬六千七百三十石零；留守司所屬鳳陽中等九衛所未完夏麥一十三萬八千一百六十石零，未完秋米一十五萬七千四百八十石零；廬州府英山縣未完秋米三千一百八十石零；常州府無錫縣未完夏麥三千六百二十石零；河南布政司所屬未完折色麥二千三百一十石零[八]，總計直隸河南未完麥米共八十二萬九千四百六十石零。

夫由二十七年至三十二年，才六年耳，曾額派錢糧幾何？而積欠乃至八十餘萬，是已完者不若未完者之多，見在者不當掛欠者之半。雖曰年穀不登，是亦有司怠緩。蓋歲遇水旱災傷，臣等不得不題請改折停徵，以蘇民困。然所謂改折者，改本色而爲折色，非并折色而不徵也。所謂停徵者，遇災暫爲停緩，遇豐仍當帶徵，亦非盡蠲免而不徵也。乃有司一獲改停之令，遂視爲不急之需，藉口災傷，漫不爲意。于是有拖欠在軍民者，有包收在排甲者，有續徵在官而那移別用者，甚至有埋沒册卷巧潤私囊者。種種弊端，莫可究詰；歲歲相仍，率以爲常。

其始也，慮災民難於本色而議折色；其究也，不但無本色，且并折色而無之矣。其始也，慮災民艱於輸納而議停徵；其究也，不但停徵者未見帶徵，即見徵者亦歸停徵矣。計紙上之開載億萬有餘，核倉中之積儲百十不足。今幸宇內無事，猶可勉强支持。倘一旦有急，而數萬之衆，國家何以給之？又幾幸過歲豐稔，或可措處接濟。倘不幸又值方數千里水旱，而數十萬之餉，國家又何以辦之？凡此雖皆未必然之事，而謀國者不得不深思而遠慮也。

臣今受事之初，適值地方大歉。國計在念，貧民堪憐，固不能以數年之逋，取盈於一旦，亦何忍以數十萬石之糧，求多於災民？但恐各該有司視鳳倉爲緩圖，以負欠爲得計，因仍故習，致誤軍需。他日以白簡糾之於後，而勢已無及；不若今日請明旨，申之於先，而時猶可爲。用是不避瑣瀆，冒昧陳言，懇乞敕下户部查議。如果臣言可采，更乞俯賜嚴旨，申諭管糧司道及府州縣衛各官查照。撫按二臣近題災傷事例，除三十一年以前積欠姑准停徵外，其本年見徵錢糧及三十二年帶徵錢糧，照例徵完折色，限來歲三月以裏，解赴鳳陽倉，接濟軍儲。如有過期不完者，容臣分別疏請處分。嗣後再不得如前逋欠，致損軍儲。庶積玩之風可振，而陵寢重地，亦可永保無虞矣。臣不勝懇悃待命之至。

舉劾兵馬疏

臣孫居相題，爲循例舉劾兵馬官員，以昭勸懲事。

臣奉南京都察院札付巡視五城兵馬司，凡各城官員賢否，得於隨事考成，兼以臨時諮訪，知之最真。兹當年終，例應舉劾。除北城兵馬指揮張賞、中兵馬司副指揮羅世傳，見今給由各永終譽；中兵馬司指揮王三近賢聲甫著，俸未及期，臣等不敢概叙外，謹以賢不肖之尤者爲我皇上陳之。

訪得北城兵馬司副指揮劉在中，清節茹檗飲冰，勤巡披霜戴月。北門鎖鑰，南國保障。南城兵馬司指揮吳文精，剖事如流，褆躬若浼。緝盜風清綠藪，發奸譽滿白門。東城兵馬司指揮李大受，溫文粹雅，德器精詳，諳練才猷。庭有懸魚，城無市虎。西城兵馬司副指揮杜廣，古貌古心，任勞任怨。閭閻咸稱平恕，豪右素憚威嚴。以上諸臣，雖才品不同，均之各能其職，有稗地方，相應薦揚以備優擢者也。

又訪得原任東城兵馬司吏目、今升浙江金華府知事夏朝綸，在任頗善彌縫，升後遽彰穢迹。上坊門易思齊塘內浮屍，塘主不知也，乃嚇思齊銀十二兩，方免究責。長安街饒秀才義男縊死槽房，無干也，乃詐卜三銀二十兩，始准領埋。樂工最爲下賤，賊犯王清供，攀機兵李全、王禮等，共挾五十金，是何取也，何所不取也？寡婦最可矜憐，安慶府差人縊於曹寡婦店內，嚇銀十五兩，是可忍也，孰不可忍也？以盜牛盜馬爲利媒，故獲竊盜王倉等，受妄攀馬回子銀十兩，窩家孫阿銀二十兩，止將王倉擬徒，文卷可證。視私鹽私豬爲奇貨，故獲私販戴顯疇等，索顯疇銀十兩，王大銀五兩，徑將私販釋放，法度何存？江麻打死人命，訪拿到司而不究，非以十金之先入乎？王武鬥毆傷人，供攀易三而竟釋，皆謂八兩之爲容也。獲盜朱二，淹禁三月，攀報多人，得銀二十餘兩。又匿贓卓二張，致告法司，令直堂王科代認擬徒，豈非知法而犯法？拷賊蕭二，備極苦刑，招餘當鋪送銀五兩。又匿贓履一雙，致告外守備，將賊犯蕭二遣配結卷，真是禦寇而爲寇？其尤可鄙者，署中城五牌事，槽房葉明湖家縊死工人，受明湖銀二十兩。事完，懼其倒臟，投刺往拜，明湖置酒留飲，極歡而退，官箴不掃地乎？此一臣者，在任不滿二年，招議已盈衆口，即褫其職亦不爲過。但年青才敏，棄之可惜。所當重加降調，以示懲創者也。

西城兵馬司吏目方植，初任頗著能聲，履久遂滋物議。任書役黎曦爲謀主，凡事聽其撥置，以積兵鄭科爲心腹，賄賂任其公行。王國斌爲盜被獲，株連娼婦周三，受銀五兩，得不見官。邵三私販事發，供報同夥張二，得錢四千，遂爾寢合。票拘木作，廣造卓椅，而令保家供飯，大有怨聲。批差弓兵，押解强賊，而縱積書賣放，全無紀法。私鹽當盡報也，索蘇仁銀六兩，止報一半，呂門子過付可據。私猪當嚴禁也，受史鬍子錢七千，止報二口，鄭弓兵傳送足憑。張三木植漏稅，嚇以入官，而竟止納鈔者，則以十金爲之買脫。何元私貨焰硝，嚇以犯禁，而竟止量報者，則以五兩入其私囊。媚內璫代買香料，勒其價數十兩，致李繼耀等赴告察院，是亦不可以已乎？聽賊口誣攀平人，被害者十七家，致張承祖等赴愬江院，畢竟貪心所使也。此一臣者，訾議雖已沸騰，賊私未甚狼藉，且緝獲功多，年力亦壯，所當量調外任，以全器使者也。

伏乞敕下吏部再加查議，如果臣等所言不謬，將劉在中等循資擢用，夏朝綸等分別降調。庶勸懲昭明，而人心競奮，所禆於留都重地匪淺鮮矣。臣等無任屏息待命之至。

丁未大計備察疏

臣孫居相奏，爲循例糾劾方面官員，以備考察事。

照得萬曆三十五年，復當大計天下吏，臣等例宜糾方面之不職者以備考察。多方諮訪，凡得三十人焉，謹據實爲我皇上陳之。

訪得原任陝西按察司按察使李徽猷，滑稽閃爍，恣肆貪淫。
狎妓雲中，頓令廉耻掃地；備兵甘肅，益致穢迹彰聞。濫受軍民
詞狀，每年罪銀數千。同知馮世福，仍將庫銀三千抵解贖鍰，物
議難掩。索受各鎮禮儀，共計數逾萬金。副將馮時止，因呈送禮
薄，逼令告病，公道難容。柴國柱，武弁也。利其財物，令子拜
爲乾兒，收禮伍佰金，上色大馬一匹，好弓箭一副。不時衙內置
酒招飲，因酒酣辱罵毆打，殊失體統。王林，閹宦也。資其貨
賄，與之結爲密友，營得五百金，大紅姑絨十匹，金首飾一副，
令林義子冒功列薦，旋得升嘉峪守備，大壞官常。涼州被虜搶擄
居民數萬家，比及申報，不曰“失事”，而曰“無事”，是不能
禦虜而反匿虜也。出巡，遇盜劫掠行旅數千金，比及追獲，不以
給主而以賞兵，是不能禦寇而反爲寇也。畜戲子，送各路將領，
每處賞五六十金，共計得千餘金，孰非由貪心所使？聞訃音，送
家眷，損擡用夫至三百名，包馬至四十匹。摠之從貪內得來，擢
發難數其贓私，首創始愜乎輿論。

原任福建延平府知府徐震，猥鄙全無卓志，侵漁大壞官箴。
豀腹已盈，怨聲載道。給散站銀歲有常額矣，每百兩扣除四兩，
每年約得五百，衝繁之費何支？吏役參撥各有定序矣，每名索銀
三十，每歲不止千金，廉隅之飭安在？楊監生被人訐告，內多揑
誣，縱子嚇索銀一百，而後得免罪，豈以平反爲利藪乎？楊知縣
貪暴害民，一方切齒，及得五百兩之饋，而反注上考，豈以品騭
爲金穴乎？監生街上騎馬，亦常事也，聽總甲妄呈，而受銀二
百，無之非攘利之途？舉人入衙拜見，亦常禮也，責家人二十，
而枷號一月，安往非恣睢之地？分盈量滿，曾無知止之心；漏盡
鍾鳴，甘犯在得之戒。允宜亟黜，以儆官邪。

湖廣漢陽府知府王宗本，志以宦成而怠，守以志怠而污。嫌
疑最當遠也，乃縱鄉親出入後門，說事過錢，會瓜李之不避；物

價宜全給也，乃票取各行貨物，直多給少，惟苟且之是營。遠年田地，一概准理，問罪贖三兩六錢，不可勝計，仍私受賄數千金，徒以長民間告訐之風。各鎮下帖，一概更易，上、中、下分作三等，等等有差，共計科罰數百兩，幾曾惜市廛貿易之苦？問理詞狀，原在得情，本官不論曲直俱要罪贖，稱有力而免責，號無力而重笞，蕭九皋等非被害之人乎？考滿官員，自有公評，本官索送幣帛方肯注考，賄賂多而優注，財貨少而下抑，羅金良其受累之官乎？揹監生以給文，賣童生以入學，隘士途，辟幸竇，靡非網利之資；勒房主以稅契，搜渡口以船租，稅間架，榷關津，要皆流毒之計。知前途之已盡，因末路之逾閑。囊橐充盈，官常大壞。

以上三臣，所當照貪例革職爲民者也。

原任湖廣副使周應治，倚恃門第，好恣睢以驕人；憑藉冰山，任孟浪而釀禍。原任驛傳道，將節省銀兩充囊，至於加添夫馬等項，全憑吏書；帶管鹽法道，將應解鹽贖入已，至於科罰商人罪名，尤極苛濫。進表入京，宜却餽也，乃各屬送長夫俱爲收受，人皆目爲「貪夫」；各道篆務，宜分署也，乃一人兼四道不肯推讓，人俱嘲曰「癡子」。行法太過，致生意外之虞；逾垣而逃，大損憲臣之體。比及被論，宜重斥矣，乃止調外道，遵何法也？既得調用，已厚幸矣，乃復與叙功，又何説也？最可笑者，已棄印私逃，猶以字達兩司，欲得善地；尤可恨者，既丁憂守制，更以書求撫臣，冀居首功。至今楚人謂，多命含冤，因彼一激以胎禍亂；災眚屢告，實彼一人而干天和。既爲禍首，當爲罪魁。

四川兵備副使杜華先，所至輒遺穢迹，入蜀更著貪聲。百户許定國，激番生變，被番告發，宜正法矣，乃受其二百金，遂置不問，何以服遠夷之心？營官趙良貴，爲事被革，不許管事，有明示矣，乃受其一百金，輒准復用，奚以起武人之憚？搜括庫藏，則茂州空丁銀四百八十兩，茂州衛空丁銀二百五十兩，悉入私囊，過付者庫吏鄒述孔也。扣剋倉糧，則茂州倉折價銀一百五十兩，威灌等處共攢銀九百兩，盡收入己，知證者倉識黃世昌也。受疊路劉指揮豹皮四張，白銀二百兩，雖已革任者竟得留任；索松藩龔指揮白銀百兩，黃金二十兩，雖不待茶者輒至待茶。皁康門外，每年收稅銀一千二百餘兩，止報三十二兩，計入己者已逾千金，皆顏經歷爲之徵收。伍路軍中，每年餉銀六萬餘兩，每軍月扣三分，計一年內幾滿二千，皆紀知州爲之扣送。製長梯二架，每每逾垣夜行，豈是監司之體？娶媵妾九人，往往出堂相訴，大遺閨閫之羞。已壞官箴，難逃計典。

　　原任廣東廣州府知府沈鳴雷，賦才不逾中人，對客時作昏睡。寵門子尹尚勳爲耳目，詐騙任其公行；托禮吏陳建忠爲腹心，賄賂聽其過付。准狀宜有節也，乃每放告准狀百張，投文亦准五七十張，豈非利贖鍰之多？采珠應有禁也，乃每民船索銀百兩，又索使費銀二十兩，積之有數萬之入。今日取紫檀，明日覓花梨，桌椅櫥櫃製造常週四時；此處求珠玉，彼處買珊瑚，犀角象牙苛索幾遍百粵。陳經歷擅受民詞，告發宜重懲矣，乃受其賂遺，代爲承認，不幾貓鼠同眠乎？李犯婦越獄而逃，釜甑已生塵矣，乃月余始覺，竟不跟緝，毋乃虎兕出柙乎？梁氏告爭田產，受李見龍八十金，致令嫠婦含冤；倭儆虛傳聲息，拆居民房八百間，忍見老幼露宿？一籌莫展，三褫允宜。

　　原任湖廣副使陳鳴華，胸饒鱗甲，舌有機鋒。提督廣東學校，賄賂公行；及轉楚中少參，愈多卑鄙。接見屬官，輒稱呼"老先生"，全無監臨之體；查取贖鍰，括及府佐首領，大長貪黷之風。乘楚事邀功，則先傾李廉使，及彼有揭辯，即嫁禍於董參政，致令撫臣面相詆詰；因勘問互异，則愚弄薛布政，及得其手札，則暗報於當事者，致使本官甘心掛冠。將厚賂遺長安要路，許以叙功疏至超升三級，因持書誇示僚屬，略無忌憚。將珍奇媚守備內官，托以鑽求近侍冀得美轉，及至拒絶，嗤笑不知赧羞。報轉江防，即濫受州縣賀儀，視爲交際之常。聞報丁憂，即索取蘄州方物，大爲地方之累。半歲之內，由少參而憲副，由憲副而參藩，干求費數百金。逢人揚揚得意，在坐之間，不曰“某相公愛我”，即云“某銓部知我”。請托殆無虛日，一味逐逐狗人。鑽刺通神，廉隅盡喪。

　　原任浙江温州府知府陳公相，才本庸常，行更貪鄙。問詞訟曲直倒置，惟視賄賂之有無；兑錢糧明暗扣除，不顧遠邇之唾罵。以税官爲奇貨，每季受謝儀銀三百兩，又索紙贖銀一百兩，計四季奚啻盈千？視軍餉爲私藏，每年剋正項三千兩，又剋汰兵銀二百兩，計三年當已滿萬。批委廖主簿爲鄉親林義貰縠，已爲非禮矣，而又縱差役逼死小船夫，三命含冤誰伸？牌調邵把總率五營兵赴海防汛，已有定期矣，而竟以索勒，故致流倭焚掠萬家，貽禍甚烈！朝覲回南，夾帶牙硝數百石，沿途發賣，是以官爲市也。聞報升遷，票取綢絹數百匹，止給半價，非以身爲壑乎？徐門子以美色被寵，突然家起千金；江縣丞以貪官得釋，人謂賄投八百。有愧郡守，豈堪臬司？

　　原任河南管糧道副使何大化，貌若樸而心則險，才甚庸而守亦虧。先刺朝歌，穢迹已盈河朔；後升糧道，貪聲更著大梁。小灘兑糧，縱萬門子指稱常例，需索解官，共計約有千金。票取貨物，寵王門子指稱驗看，刁勒行户，實價不及一半。余士元回話激切，罪不至死，而二十板斃之杖下，是視人命爲草菅也。張思敬誆收屯糧，自有正法，而三百金收入囊中，是以催科爲騙局也。發銀糴穀備賑，名非不美矣。事完，大縣二百，小縣一百，各令照數償還。爲民乎，爲官乎？而各屬已窺其微矣。監兑臨德錢糧，事非不公矣，兌時明加五，暗加五，隨令照數扣送，爲公乎，爲私乎？而君子已議其後矣。大梁前道遺贖八百餘金，帶管未逾一年，票取殆盡，豈皆充公用之需？兌軍大戶問罪一千餘名，每名三兩六錢，不問米色，祇以供囊橐之潤。其揭害同官也，則王知府、趙推官，皆暗遭其毒手；其不滿人意也，則姚布政、劉知縣，皆明數其贓私。貪險異常，黜革難逭。

寧國府知府史起欽，卑卑無能，營營多欲。批詞訟於佐貳首領，任其濫行科罰而莫知禁戢，故民間有“七知府”之謠；寄心腹于吏書門快，聽其橫行詐騙而民無控訴，故廟中有“拜城隍”之哭。扣剋解官，則黎典史三百兩，張百戶一百五十兩，黃知事三百八十兩。或致其揭債賠補，或致其掛欠壞官，是何徒知利己而不顧損人若此也？需索小官，則楊縣丞三百兩，王典史四百兩，謝縣丞五百兩。或許以署印看顧，或許以考察扶持，是何籠之賂己而縱之剝民若此也？每歲收段，價六萬兩，每百兩重銀二兩，共計重一千二百兩，以三年通計之，積有三千六百兩，不知作何支銷？每歲支段，價六萬兩，每千兩扣銀二百兩，共計扣一萬二千兩，以三年通計之，積有三萬六千兩，不知竟何下落？視饋遺之厚薄，爲注考之優劣，于是或五百，或七百，靡不收受，如太平縣舊尹則被騙之人也。視賄賂之有無，爲問斷之曲直，于是或一百，或數百，公然送人，如賃房主姚寵則受害之家也。取鋪行湯秀林等之貨，無論全價半價，分毫不給。嚇指揮李遇武等之財，無論金杯金飾，一概盡收。民怨已深，輿論共棄。

以上七臣，所當照不謹例冠帶閑住者也。

分守遼海東寧右布政使張中鴻，才本樗櫟，景逼桑榆。以稅監高淮爲薦主，廉恥掃地；結山人孫雲居爲密友，賄賂公行。正兵營馬價三千分，每分侵銀一兩，計三年約侵萬金；撫夷貨額買二萬金，每歲扣銀一千二百，計三年幾滿四千。虜犯西清河等處，搶掠幾數萬家，乃受龔參將金銀、皮幣，遂掩敗以爲功；民居金口臺等處，耕種已百餘年，乃受夷人珠寶、貂參，輒奪民以與虜。生辰有賀，令節有賀，如王琚以金寶首飾進，白璜以金銀盃盤進，楊茂都等以金壺、東珠進，歲入已不貲矣。又今日家眷西去，明日家眷東來，賻儀程儀，所到處處苛求，何貪黷之無厭乎？開薦有禮，委用有禮，如趙千總二百金，楊中軍三百金，佟守備五百金，歲以數萬計矣。又此處送土儀，彼處送時物，人參、貂皮，隨在般般接受，何溪壑之難填乎？稅使陵辱生員，代爲昭雪可也，乃酷責劉三才斃于獄中，衆訝殺士以媚人。稅棍流毒地方，嚴爲禁戢可也，乃阿庇宋希曾橫行遼左，人謂容奸而播惡。濫詞科罰贖金，雖遇赦不宥，故民有“雪獅子”之謠；取物揯勒價直，雖減半不給，故民有“張打劫”之號。據其治行，雖褫奪猶遲；念其年勞，惟休致爲當。

　　廣西布政使司右布政鄒墀，心頗忠厚，年已衰頹。備兵東吳，致激姑蘇之變；協藩西粤，何勝紫薇之司？到任，各官贄儀一物不辭；入京，閽屬夫價概行受納。收鹽價重入輕出，物議紛紜；買小菜取多與少，人心怨恨。藥材不給價，致關商人之閉門；貨物不與錢，俾秦防夫而賣屋。賚捧起行之日，損八十擡，轎二十乘，夫四百名，馬五十匹。水路船隻絡繹，猶可應承；陸路答應不前，鞭朴何益？風塵自老，已當入暮之年；血氣既衰，不持在得之戒。

　　山東布政使司左布政劉尚志，貪縱不檢，淫穢异常。浙中庇武弁，致王知縣掛冠而去，竟何解于人言？揚州招十妓，同李監生聚麀而處，大貽羞于士類。其任海右道也，扣除馬步兵空月工食，每年三千餘兩，三年不下萬金，張指揮扣送可據。及升布政司也，重兌各州縣解納錢糧，每百外加三兩，一年約有數萬，秦庫吏秤兌足憑。受高密唐知縣銀五百兩，及金臺盞等物，許代申保留，比事不諧，銀物不還，致唐知縣逢人唾罵。收備倭朱參將銀八百兩，及膃肭臍等物，許咨升副將。及事未成，銀物不退，致朱參將飲恨吞聲。國家擇賢而起，非擇不賢而起也，賢如王巡撫尚爾家居，不肖如本官反得先用。使非鑽刺通神，曷能令死灰復燃？國家爲地擇官，非爲官擇地也。本官初任廣西，未奉俞旨，改升山東，旋奉綸音。使非結納奧援，誰肯令擇官而仕？承宣未見何狀，竟日酩酊；政事漫無主裁，通宵淫樂。老而無恥，勒致爲宜。

浙江杭嚴道右參政葉煒，才識昏庸，年力老邁。舉動惟憑撥弄，施爲一任糊塗。文移不自裁定，聽積書沈世斌上下其手而鮮覺察，詎虞政柄下移？呈狀漫無可否，承行吏受賄稟准而後批行，豈非事權旁落？武生王佐才具揭按院，條陳者武舉士也，一時誤聽人言，而嚴拿到官，復不知何事何差？則發號出令者誰乎？通都傳笑矣。賭犯沈紹章被訐，該道發縣究問，懲積惡也，業已擬罪歸結，而申請到日，且不知誰准誰問？則閱招批答者誰乎？左右掩口矣。操守雖無瑕玷，精神久已衰疲。百姓有“睡生夢死”之謠，群僚興“木偶泥人”之誚。

以上四臣，所當照年老例致仕者也。

四川布政使司右布政張文耀，狙詐异常，機械獨巧。逢人使術使智，到處爭名爭功。初任川東，濫支重慶府庫銀三百兩，致累史同知曲處補庫；後署藩司，發送原籍損二百擡，致苦李驛丞稱貸募夫。挾監軍之勢嚇騙劉綎，所得已盈千矣，而又索冰盤入己，勒田價入官，皆腹吏周世禄爲之居間；丈播州之田挾詐安氏，所入已不貲矣，而又計畝定價，縱役索銀，皆黜生陳大務爲之撥置。總兵萬鏊助播爲虐，已經擬斬繫獄，則受其金杯盤肆副、銀執壺一把、彩幣八對、大捧盒内物一件，因而末減擬徒，何以服土司馬千乘之心？知縣譚應夢殘刻寡恩，已經告發會問，則受其赤金二十兩、大珊瑚六枝、銀手盒一副、五彩胙力麻二件，遂爾多方庇護，豈能鉗生員王賓等之口？蜀藩庫積往歲頗饒，本官利取羨餘，預支王糧二歲，括取羨金二千，則積貯安得不虛？地方物力所產有限，本官巧索方物，墊江葛布三百匹，保寧上綾五百匹，則商人安得不怨？取紙贖于臬司，每年約二千金，猶云「協濟公費也」，乃藩司五千金之取，作何支用乎？取紫金于州縣，每歲約百餘兩，猶云「川扇釘角也」。乃樣金各二兩之解，是何名色乎？自知國典難逃，久棲家園觀望。

原任廣東副使何偉，先守惠州，僅有能聲。比升臬司，頓移初步。縱庫吏廖朝憲出入私衙，嫌疑不避；任門子胡杰用事左右，關節潛通。未老而衰，凡視學閱操之際，常被睡魔蔽目，性浮而躁，舉語言動作之間，悉是謔浪形容。賫捧遍取紙贖，人已議其貪矣。甚至方批未納之銀，俱令借解，何搜括之無遺？起行收受長夫，人已議其濫矣。甚至花幣土物之類，一概接受，何漁獵之太甚？祝通判考試儒童受賄，業已嘖有煩言，乃因胡杰送銀三百兩，付若罔聞，所謂正己率屬者，不如是也。各衙門暗送吏書常例，已經爭嚷首發，乃指公費沒其七十金，置之不問。所謂防奸革弊者，豈其然乎？剋減四營兵糧，曾不恤軍士枕戈之苦；揹勒各行物價，何嘗念商賈航海之艱？物怨已深，降懲宜畣。

霸州兵備副使劉卿，殘忍酷刻，一殺數千人恬不爲意；貪婪放肆，生平備諸惡了不改圖。居鄉則武斷鄉曲，暴橫吞噬，靡不人人切齒；遇事則挾制官長，恃氣凌人，靡不在在寒心。饑民搶奪，原非敢于作亂，奈何膴仕中州，逞恣睢而妄殺？等人命如草菅，范仲淹安忍見也？誅一不辜，然且仁者不爲，奈何筦樞四川，肆凶殘而尤甚？輕民生若鴻毛，張釋之奚忍聞也？受屬官之禮儀，不論表裏下程，概行收納，于是霸州等處苦供應之艱難。送過客書帕，不論有贖無贖，濫行取送，于是良鄉等處憂賠償之無策。因分稅而索委官羨餘，何以戢奸？是閹宦之後又一閹宦也。取民膏以潤私囊，不幾于民賊乎？指閱視而挾將官賂遺，何以率屬？是債帥之外又一債帥也。剝軍餉以充溪壑，何甘心戎首乎？暴虐每動殺機，貪殘不愜輿論。

陽和兵備副使劉汝康，誅求充橐，夤緣起家。受晉王之重幣，撥民地六十頃以報恩，因怒地民武仲孝等赴院訴冤，遂用重刑拷死，真是殺人媚人！受劉汶之厚賄，薦軍門中軍以酬私，且與遊擊張萬邦獵射賭馬，令鼓手作標致死，奚忍殺人射利？奸究木商韓福增被撫院拿問，已擬充軍矣，乃假作無辜減等，竟批太原府改徒，致蓄蠱以傷人，二百兩之饋居多也；椎魯參將曹國勳，因啓發皮襖而不悟，乃揑稱有病，方逐回衛矣，即以王士弘補任，奪諸彼以與此，五百金之力不少也。奔競鑽刺，已爲可恥，矧陽和道乃軍門耳目？銓曹不肯輕假，恐有煬灶蔽明之害，彼則用百計營謀，志得意滿，橫肆吞噬，剝削軍民巨萬，無論敗壞官常，倘竊軍門以行胸臆，國家之慘禍曷有極耶？鬻爵賣官，已爲可恨。矧麻承恩乃邊境强族，奉旨永不叙用，恐有尾大不掉之患。彼則受千二百金，委署冒功，妄稱邊釁，申調官軍數萬。無論糜費糧儲，倘握兵權以報私憤，邊疆之隱憂詎可測耶？舉動乖張，操守染議。

雲南按察司按察使孟紹慶，刻薄從事，貪婪營私。以聽斷爲生涯，視評品爲奇貨。委搜稅監資財，侵匿珠寶無數。收用楊榮小戲，晝夜淫樂不休。托易門知縣楊成性訪騙各屬，賢否倒置，聞者寒心矣。彼同鄉傅悌雖升任，能不動念于恐嚇乎？故饋銀五百，而成性即經手之人。差心腹皂隸韓自榮遍詐富民，遠邇震動，雞犬不寧矣，彼王在昆、朱廷俊等，能無損貲以求脱乎？故各送百金，而自榮實過付之役。遊擊劉素建屋司前，有何罪過？本官誣其剋落兵糧，蓋造違禁，辱其弟，監其子，必送銀一千而後免，士庶之訾議不恤也。鄉官遺妻與弟通奸，事干風化，本官先欲正刑，後受銀三千，令縊者縊，溺者溺，竟得全軀而免于法，風俗之頹敗弗顧矣。利令智昏，酷爲貪使。

以上五臣，所當照浮躁例重加降調者也。

山東海防道右參政董朱儒，性行褊急，操履卑污。以曠兵工食爲奇貨，百計搜索，致營中有包納扣剋之名；以比較號件爲正事，一味苛求，致各屬有重賄請托之費。解審人犯張才勝等十餘名，一言觸犯，多者六十板，少者四十板，俱斃杖下，是謂用酷以濟貪；中軍等官李先榮等十數員，指稱公用，取綢葛百匹，取海味二車，是謂假公以濟私。皂快頂首，非公物也，革役則没其六十金，告退則扣其二十金，毋乃瘠人肥己乎？把哨補官，乃公事也，受孫千總一百兩，受徐把總二百兩，將毋政以賄成乎？生子舉賀，則花幣、器皿一概濫收；家眷回籍，則府縣、佐領無物不納。嚇方龍銀四百兩，盡入私囊；剋家丁銀三千金，豈曰公用？才守俱劣，降調宜先。

雲南按察司副使趙楷，貌既龍鍾，守復狼狽。延遊棍而入衙燒煉，雖媵妾恬不避忌，廉隅爲之盡喪；接娼婦而進衙歇宿，雖僕隸亦得戲謔，聚麀實屬可羞。貓鼠同眠，凡一切政柄，悉聽左右主持。致令吏胥丁惟恕、楊子達等盜取官銀，累損富户數十家，抱屈無伸。苞苴時入，即捕獲真盜，俱索賄賂賣放，致令強盜何小七、沈大河等橫肆鄉村，殺死良民數十口，含冤莫訴。元惡大憨，剪除宜速，省祭徐寧爲積蠹，人心共憤。民方幸沈院之訪拿，乃受賄而庇脱，橫行抵觸，過誰歸也？貪官污吏，罷斥宜亟。知縣陳其要爲巨奸，天理難容。伊方畏本府之箝束，乃受金而寬縱，大肆吞噬，屬誰階也？經歷許一善賄公子趙煦，委署縣印，逞淫刑以濟貪欲，因多致人死地。硐頭彭均六媚知縣陳其要，侵欺國課，明拿獲而暗賣放，致令罪惡滔天。蓋惟形衰而志怠，是以敗檢而逾閑。

原任河澗府知府馮偉，碌碌無奇，孳孳爲利。收放軍餉，則重而入輕而出，計每年約得千金。收支站銀，則明加一暗加一，總一歲何止數百？屬官饋送，非禮也，乃因壽日，受金銀器皿數百兩，五彩幃幔數十件，是豈交際之常乎？指公科罰，非法也，乃罰援例，監生蘇成銀四十兩，戴世茂銀一百兩，又豈師帥之體乎？編審民房數萬間，名曰公費，實則私潤身家；催取市稅千餘兩，名曰濟邊，實則括入囊橐。庫吏郭養民封禮不足，責之是矣，却罰穀五十石，折銀五十兩，是則何名？民壯張良才奉差誤事，革之可矣，却罰穀無償，追逼身死，心則何忍？據其行政，雖革黜亦不爲過；念其年力，姑降處亦足示懲。

原任雲南姚安府知府楊應需，險詐深情，機鋒利口。用皂隸陳東華、門子俣二月爲腹心；托邵巡檢、汪巡檢、梅吏目爲鷹犬。科罰大濫，每批屬一詞，贖鍰非十三四兩，不成招，反將小事親提，或趕出，或免罪，冀以塗人之耳目。淫刑以逞，每竹板一塊必秤驗，非十二斤不留用，因而杖斃多命，如李成林、孫守謙等，永作地下之冤魂。驛丞李仲登被馬户楊華具告，審明多贓矣，登以銀壺、盤盞數副，求母舅之書，遂覆審翻案，而楊華反坐招誣，非錢神之有靈乎？知縣宋鈇被縣民王金生告院，行府密查矣，鈇差唐禁子假解，贖銀有三百兩之饋，遂回繳原詞，而金生竟屬無籲，非孔方之有用乎？通判劉廷贊因公溺水，聞者酸鼻也，本官匿其寄庫四箱金銀器皿，所得無算。而猶欲嫁其妾以與歐鵬舉，清晝攫金，士民切齒矣。府吏彭德相年未弱冠，富室子弟也，本官強僉管庫，打造首飾，賠費不貲，而猶嚇送銀一百七十，衣冠網利，胥吏交謫矣！勒土官高光裕金、銀各二百兩，始容到任，何異賣官鬻爵？嚇陸厚、楊淇銀各三百兩，方得免刑，不啻攘臂穿窬！雖有小才，已壞大節。

　　湖廣下湖南道副使沈子來，當古稀之年，忘在得之戒。因耳軟而致吏書之弄權，以錢之有無定詳之允否，人犯含冤。因帶道而受屬官之禮儀，以物之多寡爲情之疏密，僚庶騰謗。詞狀批行州縣似矣，乃未問理而先支紙贖，遵何法紀？僕從出騎驛馬似矣，乃先折乾而後上馬，奉何明文？進表，則收各屬花幣、臺盞，不止千金，債主與錢神日相交接，庫官戴指揮非收受之人乎？生日，則受諸屬金帛、玩好，約有千兩，財星與壽星迭爲賓主，委吏范典史非交納之官乎？假注考以挾詐，文職與武職未曾放過一人。空官衙以載歸，民物與官物未嘗留下一件。精神已倦於鼓舞，操守遂至於縱弛。

　　山東東兗道副使劉不息，心粗性傲，量小欲深。奮臂以毆同僚，禮讓何在？嫚罵以臨縣令，體統全無。攜諸僕隸出巡，縱令索騙驛遞；舉許運同共事，通同冒破錢糧。中動買皁繩銀四千兩，事完剩銀一千五百，不知竟何下落？奉委賞河夫銀二萬兩，每百扣留五兩，不知作何支銷？紙贖不論有無，每票取，動至百金，致累各州縣賠補，單縣吏陳五音可證。准狀不論曲直，每放告，輒准七十，必問有力方肯詳允，地方民戴星等皆知。趙家圈甫開而旋淤，乃濫升四品服俸，是無功而爲有功也。太行堤方築而隨決，乃獨推山東任罰，是有罪而爲無罪也。術工躲閃，計善彌縫。

　　原任福建汀漳兵備副使程達，制行矯激，存心卑污。曩按廣東，貪聲大著于括贖；後任閩海，穢迹更彰于攫金。取沉檀薰室薰衣，將以挹芬也，而不知反以遺臭；用剪絨鋪地鋪牆，將以適己也，而不知反以害人。公子郭宗寶扛屍率衆，攄掠蕭監生家財一空，則受銀一千二百兩，竟從寬釋，富室毋乃含冤乎？餉官歐千戶指稱通番，嚇詐衆海商銀物數萬，則得銀五千兩，竟置不究，商人將何控訴乎？批詞問罪宜協情法之中，乃重則依擬，輕則多駁，以致下官承望風旨，率爲苛刻，誰實示之意也？錢糧出入自有公平之體，乃入則加重，出則加輕，以致軍民不堪剝削，相聚爲亂，誰實階之禍也？取王段鋪之貨物，指半價不給，以致閉門逃匿；納羅同知之重賄，雖兩目失明，猶容在任貪求。向也，西臺之選既非其據；今也，東隅之失未見改圖。

陝西驛傳道副使張應鳳，年已近邁，耳亦不聰。裁決惟憑吏書，事權旁落；囑托一聽鄉宦，法紀廢弛。潼關道積贖五百，將以供公用也，本官帶管本道，盡行提解入己，則書吏工食將安所取給乎？西安衛每季一比，所以稽軍籍也，本官誤聽門書，悉爲免其比較，則尺籍盈耗將何從稽查乎？自稅使撤還，商賈方額手以慶更生矣，乃縱令守關軍士查驗行旅，凡貨物之多寡，稅銀之重輕，任其需索，是稅棍雖去而稅害猶存也。凡人犯解道，兩造方翹首以聽質成矣，乃縱令積滑吏書預粘浮帖，其罪之輕重，責之多寡，惟言是從，是官寄虛名而吏收實利也。胡來化與胡佩告爭家財，受銀一千兩，而後爲准行，則有門子黃科爲之先容。韓望溪與安寧告領站銀，勒其二百金，而後爲掛號，則托鄉官送禮以爲名色。似茲闒茸之品，曷勝風憲之司？

原任貴州驛傳道副使韓光曙，才質平常，在任無所表見；性行迂緩，去後致有煩言。驛遞衝繁，例當節省也，乃縱指揮李永忠等糾軍鼓噪，令過客趨避而步行，本官復坐視不能處分，若非貴陽吳知府調停，則龍里走馬之軍，幾成跳梁跋扈之勢。衛所疲敝，政當振刷也，乃聽夫頭雷鳴遠等鳴鑼齊衆，將御杠停閣而稽留，本官復尸位不能區處，若非普安杜守備招撫，則普安走遞之衆，將作斬木揭竿之徒。清理軍人，雖曰重典，百戶陳尚禮假指揮關文，擅往湖廣、衡山等處苛察軍籍，致該縣具詳趙布政提回正罪，彼皆置之不問，聽其肆虐於他鄉。勾逃故軍，亦系正務，百戶唐自然恃自己強悍，徑往道州、寧遠等處提拘故軍，致該州參呈吳御史題請降級，彼猶不能禁止，任其流毒於异省。雖舉動恬然，持身原非不檢，而約束寬矣，招議亦自有因。望以大成，應加小創。

　　廣西桂林府知府李甫文，心本真誠，行多乖舛。先任平樂，嘖有煩言；既調桂林，尤滋多口。工食係民皂之命，每年扣一半自肥，何以服衆？吏書乃服役之人，每名索見面三兩，能無汗顏？給散軍糧則傾換成色，以致兵士鼓噪，非許都司賠補三十金，幾釀脱巾之變。揣勒鋪户則詐取原票，以致各行無憑，揣龍念池等銀五百兩，曷稱師帥之司？礦稅歸之有司，普天胥慶，乃一果一菜之微，亦不輕免，宜乎？商賈有前人仁慈之思，書籍原不徵稅，亘古舊規，乃索書客饒讓益等書稅五十金，宜乎？士類有聖人難免之誚，雖素不諧于武弁，難謂謗讟無因。然政不滿于士紳，或亦高抗自取，不堪繁調，仍宜簡投。

　　雲南金騰兵備道副使華存禮，心雖長厚，才乏精明。運籌未裕當機，迂緩殊難應變。整飭兵戎，此備邊急務也，乃處置失宜，致騰營之兵一歲而三鼓噪，則馭兵之才疏矣。核實兵餉，此足食要略也，乃各營請糧，惟憑將領開報，不能察其虛實，則清餉之才疏矣。弭盜所以安民，盜賊縱横，甚至劫殺進貢夷人而不知緝捕，居民尚得安枕而卧乎？禦夷惟憑長策，緬夷入犯，止議布鐵蒺藜，積草放火，而不能出一奇計，國家尚得晏然無慮乎？至於指揮侯世賢闒茸無能，而反爲之延譽，難乎免公論之猜疑。把總劉漢虛冒被訐，而反爲之開罪，何以起武弁之嚴憚？頗知自愛，亦有積勞。第衝邊委非，所宜簡僻，或可自效。

　　以上十一臣，所當照不及例分別降調者也。

　　抑臣等更有説焉，三年大察，意在黜幽。知而不言，臣等之罪也；言而不處，功司之責也；處而不當，選司之責也。今臣等矢公矢慎，如例糾彈，雖不敢謂無隱惡遺奸，乃所聞所見者亦庶幾知無不言矣。倘或處分不當，有如大奸大貪黃似華、阮自華、倪涷其人者。一則以福州調簡，竟得汝寧，是調簡而反調繁也；一則以司李被論，旋轉南刑，是參疏反爲薦疏也；一則奉旨閑住，徑得先諸賢起用，是糠秕居前，碔砆亂玉，而明旨反爲弁髦也。則亦烏用部院考察爲哉？又烏用臣等糾劾爲哉？賢否進退治亂攸關，是在皇上一加意申飭之耳。臣等恭逢大典，願效樸忠若此。

伏乞敕下部院，再加查議。如果臣等所言不謬，將李徽猷等甄別處分。庶官邪知儆，吏治一新，而計典爲有光矣。臣等不勝悚息待命之至。

丁未催發冒濫疏

臣孫居相奏，爲冒濫京堂，處分宜急，懇乞聖明蚤發部疏，以杜幸門，以重計典事。

我朝令甲，三年一計外吏，而以方面冒升京堂者，付臣等南京科道糾劾之。所以汰黜貪庸，作新吏治，典至鉅也。今年正月，復當外察之期，臣等與科臣金士衡等，遵例廉得：

原任河南布政使、今升湖廣巡撫易登瀛，原任福建布政使、今升本省巡撫徐學聚，原任永平兵備道布政使、今升南京太常寺卿顧雲程，原任河南布政使、今升大同巡撫霍鵬，皆有干清議，交章糾彈。隨蒙敕下部院，處分有差。總之，議之者與處之者，皆非有心求多於諸臣。凡以公論所在，不得不議，不得不處耳。顧疏上兩月，候旨未下，而諸臣進退無據。觀望生心，歎死灰之難燃，棄破甑於一擲。于是有虧損鋪行以殖貨者矣，于是有搜括贖鍰以潤囊者矣。

夫郡邑有司被論者，近例不許管事，誠防之也。撫臣開府一方，視郡邑有司何如者？撫臣以匪人流毒地方，視郡邑有司之害，又何如者？乃嚴于有司而獨寬于督撫，詳于郡邑而獨略於封疆，則廟堂之爲計左矣。又明例被察官員不許捏辯，若有捏情展辯者，不論有無冠帶，俱發口外爲民，例至嚴也。今諸臣中獨徐學聚敢弁髦明例，露章强辯，不知一己之心可昧，而天下之人心難欺；一人之口説可騰，而天下之耳目難掩。凡若此者，蓋由考察之典，一壞于陳用賓，再壞于戴耀。以故掛議之輩，外不慊于公論，内私幸其留中。好官自爲，任人唾罵，士氣掃地，民怨衝天。及有起而議之者，則又不勝其悻悻之忿，而急急自明。壞心術者，侈口誇心術；壞名檢者，侈口譚名檢。甚至頑鈍無耻之極，而亦儼然以忠義自許，以貞女自况，是何异淫奔之女虧節辱身，而猶强顔號於人曰："我貞潔也。"人心世道至此，不亦可爲痛哭流涕長太息也哉？今徐學聚即不以違例重處，而部院考察諸臣之疏，固在御前也。

伏乞聖明速爲檢發，分別處分。庶諸臣去者不至盡壞其晚節，留者蚤得殫力於封疆。而地方商民靡不額手焚香，祝聖壽於無疆矣。臣等不勝懇切待命之至。

校勘記

〔一〕此文又見《留臺奏議》卷七《臣職類》。

〔二〕此文又見《留臺奏議》卷十《用人類》，題作《請添設南畿學院疏》；又見明吳亮《萬曆疏鈔》卷三十四《制科類》，題作《酌議南畿督學憲臣以新文教疏》，注曰："南京福建道御史，萬曆三十四年二月。"

〔三〕"慮因"，據文意當作"慮囚"。

〔四〕此文又見《留臺奏議》卷八《國紀類》，題作《直述科場情形以遏流言疏》；又見明吳亮《萬曆疏鈔》卷三十四《制科類》，題作《直述科場情形遏流言以重大典疏》，注曰："南京福建道御史，萬曆三十五年正月。"

〔五〕"臣豈不能自發，直待江北按臣發之耶"，《留臺奏議》作"臣等豈其不能自發，而必待江北按臣發之耶”。

〔六〕“臣取而用之”，《留臺奏議》作“臣等用之”。

〔七〕此文又見《留臺奏議》卷十三《財儲類》，題作《請旨申飭積玩疏》。

〔八〕“鳳陽府屬未完夏麥五千三百八十石零”至“河南布政司所屬未完折色麥二千三百一十石零”，《留臺奏議》作“鳳陽府屬未完夏麥若干，未完秋米若干；淮安府屬未完夏麥若干，未完秋米若干；揚州府屬未完秋米若干；留守司所屬鳳陽中等九衛所未完夏麥若干，未完秋米若干；廬州府英山縣未完秋米若干；常州府無錫縣未完夏麥若干；河南布政司所屬未完折色麥若干”。

劾兵部劉職方疏

臣孫居相題，爲部臣背旨窮追，致傷多命，人心愁怨，根本動搖，乞賜處分，以雪公憤，以保重地事。

臣惟國家有必行之法，故戎首不得不殲者，所以戢禍亂也；帝王有法外之仁，故脅從不得不宥者，所以安反側也。故播雖異域，不究餘黨；滇雖遠方，悉赦爲從。我皇上定亂之道往往如此，曾未聞有既恩宥而復捕者，亦未聞有既蒙恩宥而又叛者。此無他，蓋法行則人知畏，恩在則人知感故也。矧南都爲祖宗肇基帝業之地，而南都之民爲祖宗加惠保釐之民，視遠方異域，更不相侔，其宜安輯而不宜激動，不待智者而後知者。乃近日南京兵部職方司郎中劉宇，窮追妖黨，結怨地方，則有大可异者矣。

去冬，南都妖人劉天緒等妖言倡亂，當時發覺，擒獲渠魁，已經臣等偕部院諸臣具狀上聞，奉聖旨："這妖犯結黨謀逆，仰仗天地祖宗洪佑威靈，內外各官同心戮力，真犯旋即就擒。既已會審的確，脅從俱免追治，便着法司擬罪正法。禮宜告謝，具儀來行。留都根本重地，近來法久弊生，其禁約安撫事宜，還着嚴行申飭，務保無虞。該衙門知道。欽此。"臣莊誦綸音，仰見我皇上戢亂之義、解網之仁并行而不悖矣。惟是臣等既題之後，明旨未下之先，妖黨恫疑，流言疊出，其悖慢之狀，臣不敢備述以瀆至尊而損威重。總之，此反側子之常態，第鎮之以静，彼當自息耳。夫何職方司郎中劉宇，志在邀功，故違明旨，下令七營數萬官軍人人得擒妖見功，軍民市棍人等人人得告密受賞。以故捕風逐影，蔓引株連。自京城內外，以及大江南北方數百里，但係持齋念佛之家，素有齋公、道人之號者，無一人得免。輕則立馨其家，重則旋斃其命。其拷斃監斃，折足斷指，投河自縊，以及被騙、被搶、被奸之類，臣等不能悉知，特就所知者言之。

楊廷爵被人仇報拷訊，死矣。周京林以十一夾棍數百扛，死矣。趙真被管隊軍人擒獲，吊打負傷，死矣。曹子富之妻許氏因拿被嚇，死矣。姜槐因眾兵追逼，投滄波門外董家塘，死矣。顧近峰係顧尚書之孫，聞拿懼刑，登樓自縊，死矣。錢欽素有道人之名，被選鋒夏朝等趕拿，投王清塘，死矣。江墅被小教場教師楊岡等嚇騙銀錢，投郭顯洪塘，死矣。胡金被選鋒陳和等劈門搶財，捆打送獄，保出，死矣。陳友信因其侄陳富吃齋在逃，干連繫獄，死矣。楊欽之妻被高文舉等嚇騙財物，自縊，死矣。楊鳳子婦劉氏被巡軍朱衣等指拿妖黨，輪流強奸，致本婦羞憤自縊，并其三月嬰兒饑餓，死矣。又縱放軍兵，四出搜羅，真贋莫辨。楊勤等騙戴留子、馬道人錢八十千文，余志文等騙熊鬍子錢七千文，馮繼先騙楊富、田光祿等錢十千文。盧洪等捕曾應科不獲，因將其家衣物、稻穀、牛驢、豬雞等物搶擄一空。他如姚坊門外華山、灣營等處，江北朱龍橋、浦口等處，居民袁大露、張大化、楊惠、藍奇、徐梅、劉鰲、黃見、徐文等數百家，非遭其詐騙，則被其搶掠，在在含冤，人人重足。夫南京水陸營兵素稱驕橫難制，今又縱之使橫，所謂"教猱升木"也。釀禍開釁，莫此為甚。兵曹所司何事？何不念此？且前獲劉天緒等皆首惡也，然止刑及其身，而不及其妻孥；止明正其罪，而不沒其家私。猶得拘繫待命，緩死須臾；不至搒掠逼抑，斃命頃刻。今楊廷爵等罹毒若此，則是首惡之罪反輕，而為從之罪反重也；則是明旨曰"脅從免追"，彼則不但追之，而且殺之也；明旨曰"禁約安撫"，彼則不惟不撫，而且用剿也。嗟嗟！南國舊京，所稱帝鄉戚里者，其民一不幸，為妖人所惑，竟蒙宥不宥，俾我皇上赦過之恩，不得與异域遠方均沾而共被之，猶且囚繫累累，冤叫烏烏。慘目傷心，未聞悛悔，若劉宇者，罪可勝誅乎哉？

臣參看得，南京兵部職方司郎中劉宇，暴戾寡恩，剛愎自用，厭偃蹇而圖速化，不難殺人以媚人，戕民命以博功，名何异禦暴而爲暴？人心共憤，公論不容。所當亟議究處，以示背旨殃民之戒者也。

伏乞敕下吏部，再加查訪。萬一臣言不謬，將劉宇議處施行。庶冤憤可雪，而重地可保無虞矣。臣不勝翹企候命之至。

劾泰州李知州疏

臣孫居相題，爲庫藏關係軍儲，據報情形可异，乞賜查究，以重國計，以儆官邪事。

臣憂親成疾，呈堂代題。方杜門候旨間，忽於本年三月二十一日，據揚州府推官吳一杸稟稱：職蒙委署泰州印務原任知州李存信入覲，期迫徑行，庫內錢糧俱未交代。職憑衆官秤兌，庫內見存銀四千九百兩零，收管。外查得庫吏陳一科，經收萬曆二十八年分鳳陽倉米銀二千三百六十兩；又庫吏張應登，經收三十三年分鳳米銀二千二十兩零，俱各花費無存。該職嚴追，今甫得完，解赴鳳陽倉交納訖。其陳一科、張應登各有經管雜項錢糧，侵費亦未交明。新庫吏徐國賓告鳴，查出陳一科侵銀四千二百五十兩，張應登侵銀一千一百七兩。職審明勒限，嚴迫陳一科完過盤纏等銀九百八十六兩，仍未完銀三千二百六十九兩。內門子唐士弘親供，分用銀一百五十九兩八錢見追未還外，陳一科實欠銀三千一百餘兩；張應登、徐門子、唐士弘分用銀一百四十一兩。近據李知州遣第四子齎銀一千二百五十兩到州，內除四百九十兩代張應登補完鳳米銀兩，餘作張應登補庫，應登仍實欠銀三百八十四兩七錢。二犯各欠多銀，執出李知州在任陸續借銀帳簿，共伍千餘兩，嘵嘵有詞。須得行關李知州前來，與二犯對質，庶杜二犯借口耽延等情，到臣。

又據揚州海防兵備副使張鳴鶚呈報相同。據此查得泰州知州李存信，一向嘖有煩言。臣姑不一一具論，特就事關倉糧者言之。有謂其將鳳倉節年躡停錢糧，背旨混徵，巧為乾沒，以致民間有"十可死"之謠者。有謂鳳米加一徵銀，所得不貲，仍又出示，令厫頭、里長每米一石納脚價銀二錢三分六釐，歲計徵銀八千四百六十兩入己者。有謂歲荒過糶，乃將應解鳳倉米銀一萬餘兩，付厫頭沈藻，腹吏陳一科、朱堯年收買稻穀，賤買貴賣，得利數千金，如販夫之為者。有謂令糧房吏書朱堯年、高拱宸假稱起解，冒領鳳米銀三千二百兩，五年不納；比及行查，借四、五、六、七甲條鞭銀二千兩，尚欠一千餘兩，刑拷戶糧吏王良樞、王建邦、沈志學、臧應登代賠，各吏可證者。有謂縱庫吏陳一科、張應登侵費鳳米銀五千餘兩，娶妾宿娼，明知不敢究問者。有謂寵門子唐士弘，侵分鳳倉米銀起家萬金，以致火焚盜劫，乃誣指平民沈元等五人為盜，拷斃黑獄者。有謂指稱餽送之用，令庫吏張應登打造銀龜鶴壺四把、壽字壺二把、銀盆二面、銀臺盞三十副、銀挑杯三十個，又買赤金五十兩，共費鳳倉米銀一千二百兩者。有謂臨入覲時，指稱補償鳳倉錢糧，遍請當鋪葉正茂等二十七家，設席後堂，親為行酒，勒借葉正茂銀五百兩，王澄源、程遜庵、朱蘭臺、景哲各銀三百兩，王永盛、曹紹芳各銀二百五十兩，程海日、朱梓、盧世美、佘淳之、陳繡、黃承燁各銀二百兩，其餘不知名、不知數。各本人可審者，紛紛議論，殊駭聽聞。臣前此猶未敢信本官敗壞至此，今據道廳近日之所報，質以臣前日之所聞，若合符節，然又不止如所報之數而已也。

臣查得，去年六月內臣出巡揚州府，閱該州錢糧文冊，有每年混稱奉例，停徵一半，曾不言是否永停者；有冊開報完未解若干，既不在倉，又不在庫者；有已經掛號起解，日久不獲批收，漫不追查者。臣當即牌行揚州海防道張副使查報，去後又行催數次，至今不見回報。臣今據出巡文冊查得，該州鳳倉錢糧，除年遠不計外，自萬曆二十九年起至三十三年止，共停徵米四萬九千七百四十二石有奇，未知是否奉例永停，果否如例停徵？其派徵未完米四千六百一十石有奇，未完米銀一千二百五十三兩有奇，未知是否拖欠在民？其節經報完未解米一萬五千一百七十八石有奇，不知因何并無下落？其節經起解本色米一萬四千二百五十七石有奇，折色銀四千六百二兩有奇，歷三四年，不獲批收，不知是否解役侵欺？軍儲事重，錢糧數多，既經該道廳發覺前來，相應一并查勘。但李存信原係州官，例應參奏。

臣謹會同鳳陽巡撫左副都御史李□、巡按御史黃□參看得，原任泰州知州、今聽降李存信，才足行詐，酷以濟貪。視庫藏若私財，暗侵明償，不顧瓜李之迹。托門吏爲心腹，攘上剝下，甘同猫鼠之眠。計贓已至盈萬盈千，論法不分爲首爲從。所當并行提問，以儆官邪者也。查得，臣欽奉敕書："凡各該司府、州縣、衛所掌印、管糧、管屯等官，如有徵收延遲、解納違限等項情弊，俱聽爾究治。應提問者，就便提問。應參奏者，逕自參奏。欽此。"今李存信等侵費軍儲，不啻延遲違限而已者。

伏乞敕下部院，再加查訪。萬一臣言有據，行臣究問明白，題覆施行。臣不勝屏息待命之至。

因國學號房被焚請旨申飭疏 [一]

臣孫居相題，爲國學號房被焚，軍官坐視不救，懇乞嚴旨申飭，以振積玩，以重根本重地事。

本年八月十四日，據南京金吾後衛左所三鋪總甲林二呈稱，本月十三日未時分，有國子監外西號監生姚虞良失火燒燬號房三連，係干地方，理合呈報等因到院。該臣批行北兵馬司[二]查報，續又行牌催報。

照得國子監號房被火，已行該城查報去後，數日未見報到。事屬違玩，擬合行催。爲此仰城官吏即查國子監前地方，的係該城某牌某官所管，巡邏把總等官爲誰？起火之家爲誰？巡緝軍兵爲誰？牌甲、火夫爲誰？因何起火？火起之時因何不行撥救[三]？實燒號房若干間有無傷人？作速查明，限三日内回報，以憑參處施行，毋得遺漏隱諱等因，隨准該兵馬司回稱：

查得本月十三日，國子監前外西號房内監生姚虞良失火處所，係本城副兵馬劉在中分管二牌金吾後衛左所三鋪地方。本日係該本司夜巡弓兵徐文舉、張學、王舉；本方總甲林二，火夫黃安、趙宗、夏忠等巡守。其本日輪該監前巡邏把總，及巡捕官軍班次職名，係屬巡邏姜坐營管轄，本司無從開報。

及查監生姚虞良所住監外西邊“格”字號房，左連本號房屋及圍牆總門，右連本號房屋相抵射圃廳，其前後俱鄰本監“致”字等號各房内皆監生寓所，原無十家牌甲。又經行拘姚監生家人姚成、總甲林二、火夫黃安等到司。查得姚成稱：伊本主監生姚虞良，原籍福建人，近年帶有成等來京坐監肄業，一向寓住監外“格”字號房三間。今年八月十三日未時分，姚虞良偶出會文，因成在寓炊爨，陡失小心，遺落火星在於柴内，被風吹着。不期天意不測，大風驟起，火焰熾盛，以致延燒本主寓所“格”字號房一連十四間，又“致”字號房一連十二間。彼時本監各廳督該坊甲、夫人等協力擁救不息。本監恐致遍燒別房，即隨命各役將緊鄰“誠”字號房六間，“正”字號房七間，射圃廳三間，扛幫俱各搯倒，其火方息，并未傷人等情。據此覆查相同，除失火監生姚虞良聽該監重加壓罰，家人姚成、甲夫林二等，容臣分別參送責治外。

竊謂國子監號房，創自先朝，所以儲養人才，關係爲最重也。今突然被火，延燒多間。火起雖曰有因，撲救豈容無策？乃地方各官法令疏弛，平日鮮曲突徙薪之計；赴救不蚤，臨時無焦頭爛額之功。即概從重懲，亦不爲過。但火起白晝，夜巡官軍罪若可原。至該城副兵馬劉在中，練才潔守，臣等嘗首薦之。今地方忽有此變，實出意外。且旋起旋滅，計無所施，似當量爲罰治，以示懲戒。再照南京地方遼闊，保伍最難聯絡，而五方雜處，情誼不相維持。且法紀久弛，人心怠玩。每遇地方有火盜之警，軍民保甲杜門旁觀，文武各官互相推諉。臣雖百相告誡，百相叮嚀，曾未睹臂指相使之勢也。自非仰藉嚴旨，何能振起積玩？

伏乞皇上軫念根本，降旨申飭。倘今後京城内外，突有火盜生發，該巡邏、巡捕、兵馬等官，有不上緊赴救者，容臣等參論重處。庶累年之廢弛可振，而地方緩急亦有攸賴矣。臣不勝激切待命之至[四]。

劾奸璫縱道士毆府官疏[五]

臣孫居相奏，爲惡璫故縱惡道毆辱府官，大乖法紀，懇乞聖明獨斷，亟敕處分，以振紀綱，以杜亂萌事。

臣等近閱邸報，見鄖陽巡撫胡心得疏稱，提督太和山太監黃勳主使惡道趙本深等群毆府官，及分守下荆南道王嗣美奉兩撫臣憲牌查究首惡，而黃勳竟占怪不發。臣等不覺相對歎曰：“方今聖明維新庶政，群臣斤斤奉法，何物閹豎，敢鼓衆倡亂，縱惡庇奸若此？”彼其恣肆之狀，撫臣言之詳矣，臣等姑不贅論，特按狀而數其罪，後及處置之法，可乎？

蓋該監香火職事，掃除廝役，行至辱也。且提督太和山，未始兼督府州縣，逆欲藉此屬視府官，妄自尊大，是紊朝廷之官制，其罪一。知府秩列四品，師帥一方，官非小也。該監主使惡道，群聚毆辱，至破頭流血，是辱朝廷之命官，其罪二。知府恭謁玄帝，進止有常度，導引有禮生，禮至蕭也。該監誣稱乘轎入宮，蔑視龍牌，欲激聖怒，是謂説謊欺君，其罪三。知府古刺史之職，凡部內權豪巨室皆得繩之以法，體至隆也。今朴責一道士，遂謂責打職官，因而起釁，是謂阻撓國法，其罪四。分守道奉敕提督太和山兼管撫民，夫以撫民爲兼管，則提督其專職也。乃該監謬謂查點道衆，不與相干，是謂矯悖敕命，抗違朝廷，其罪五。八宮屯聚道士不下十餘萬，該監指稱入京使用，每名斂銀五兩，共計數十萬兩，宮禁邃密，何所用之？是謂指詐騙財，污蔑聖德，其罪六。道士鳴鐘擊鼓，號衆毆官，狀同反叛，該監乃庇護罪人，占恡不發，是謂招亡納叛，包藏禍心，其罪七。

夫該監有此七罪，皇上尚遲疑而未即置之法者，得非以中貴爲可倚，羽流不足畏乎？昔劉瑾建玄明宮，聚衆謀亂。今黃勳提督八宮，擁衆十萬，較劉瑾之勢尤便也。石和尚左道惑民，據襄以叛。今趙本深等招集亡命，盤據山谷，較石和尚之黨尤多也。語曰：「涓涓不塞，流爲江河。萌芽不剪，將尋斧柯。」今日之勢，不啻涓滴萌芽已也，皇上安得不熟慮而審處之乎？

臣等又考《周禮》，先王每用刑人，必令公卿大夫以統之，凡此輩陰險貪昧，易與爲亂耳。國初命太監提督太和山，而必兼用道臣者，意正如此。後因裁革鄖陽巡撫，令道臣移鎮鄖中，而提督之權稍稍歸監。今鄖陽巡臣既復，則道臣仍宜回駐均州協同行事，以復祖宗之舊，以杜專恣之漸可也。永樂十六年，武當山宮觀成，成祖文皇帝命選道士二百名，嗣後額設五百五十名，以供灑掃。嘉靖十年，奉世宗肅皇帝敕諭，僧道除正額，府不過四十名，州不過三十名，縣不過二十名，餘悉令化正還俗。今太和山羅列八宮，私自披簪者十餘萬[六]。居常則奸淫人婦女，詐騙人財[七]。一忽發覺，輒投奸璫，希圖脱罪。及今不爲清理，竊恐今日抛磚投石之奸，爲他日斬木揭竿之衆，故沙汰不可不嚴也。

《大明律》開僧道官，係京官具奏提問，在外依律逕自提問。今趙本深等以部民毆知府，正院道所得逕自提問者。乃黄勳把持不發，公然爲逋逃主，自非明旨切責速發就理，則世界成何景象？國家有何紀綱？賤凌貴衆脇寡者，比比而是。皇上且孤立於上矣，不亦大可寒心哉？故發問不可不速也。

臣等備員留臺，去楚最近，聞見最真，輒敢效其款款之愚若此。伏乞敕下部院，再加查議。如果臣等所言不謬，將黄勳挐取回京，别選廉慎内官一員，以代厥任。趙本深等，行令該省撫按嚴提究問。其分守下荆南道仍令移駐均州，會同該監，嚴查道士來歷不明者，發回原籍爲民當差。庶紀綱幾廢而復振，職掌幾晦而復明，奸宄不萌，蘖孽永杜矣。地方幸甚，世道幸甚。臣等無任激切待命之至[八]。

緣係惡璫，故縱惡道，毆辱府官，大乖法紀。懇乞聖明獨斷，亟敕處分，以振紀綱，以杜亂萌。事理爲此，具本專差舍人楊良棟齎捧，謹具奏聞。

因滇變請停榷稅疏[九]

臣孫居相題，爲税監罷變有因，人心怨恚方切，懇乞速撤税使，以定禍亂，以保治安事。

臣等伏閲邸報，見雲南巡撫陳用賓疏稱，税監楊榮激變官民，被指揮賀世勳等殺死，投屍烈焰。臣等不覺相顧驚愕，竊思自有榷采以來，税使之激變者歲不絶報，而惟楊榮居多焉。如一激變於鹽井，一激變於騰衝，一激變於寶川，一激變於阿迷州，一激變於昆明縣。然猶旋起旋滅，幸以身免。今且至於殺其身矣，焚其屍矣。此雖楊榮之不戢自焚哉，而元謀起釁之人，固知國法所必加者。然事在遠方，變由憤激。我皇上明見萬里，慮周隱微，必且弘解網之仁，寬脅從之罰，以平定安戢之，無俟臣等之喋喋矣。惟是稅使播虐，在在皆然，不獨楊榮之於雲南也。人怨稅使，久欲甘心，亦在在皆然，不獨滇民之於楊榮也。邇來稅務雖歸有司，而稅權猶在內使。彼其舉動恣睢，程督慘刻，草菅民命，略奪民財。民之怨之，入於骨髓，皆思食其肉而寢其皮非一日矣。今見滇民蠢動，觀望生心，榷采之使人人自危。使其變起旋滅猶可言也，此起彼滅猶可救也。倘或一夫作難，四方景從，撫之不定，剿之不克。徵調有所不應，餽餉有所不給，即欲發內帑供軍興，又遠莫能卒致。土崩瓦裂，形見勢成，將無重厪皇上之憂乎？語云：「勿曰無傷，其禍將長。勿曰無害，其禍將大。」正今日之謂也。

臣等謂今日欲安天下，當安全滇；欲安全滇，當收人心。所謂收人心者，要在我皇上降尺一之詔，熟數楊榮激變之罪，以暴於天下。然後將稅使盡撤，稅務盡停，使天下曉然知我皇上不欲加派小民，開礦徵稅乃愛民固本德意。茲者稅使激變，雖死不惜。于是可以安滇民反側之心，可以杜天下窺伺之釁。撥亂反正，在此一舉，豈不休哉？至於雲南巡撫陳用賓，貪庸頑鈍，久失民心。即平居尚乏調停，今遇變何能綏輯？觀其遲遲往救，碌碌因人，不曰若何安民，若何定變，而曰傾煎金銀，重整玩器，解進馬匹。當救焚拯溺之時，爲閹寺孝順之態。如此舉動，大拂輿情。以此弭變，必至生變。即用賓亦云：「恐楚撫臣之事再及於臣之身矣。」豈非自揣其才略之不堪，而不覺其真情之畢露哉？故速簡撫臣以安全滇，是今日濟變第一急務也。

伏祈敕下吏、戶二部及都察院，再加查議。萬一臣等之言可采，將各處稅務盡行停免。如欲藉此少助大工，亦先撤回稅使，暫令有司徵解。仍亟選才望之士，兼程而往，以代用賓之任。庶人心既渙而復收，禍亂甫起而即定，而金甌無缺之天下，亦可永保無虞矣。臣等不勝激切待命之至。

告病乞放疏

　　臣孫居相奏，爲親病告危，身病頓劇，命懸頃刻，勢難久延，謹碎首籲天，乞恩允放，以救父子生命事。

　　臣父辰今年八十二歲，感半身不遂之證已二年矣。臣思親憂親遂以成疾，具呈告疾者五，堂官爲臣代題者二，皆蒙留中。然前此臣父雖疾，猶健飲食。臣雖杜門告疾，猶未臨危。是以臣堂官屢趣臣出，臣亦能勉出視事。凡可爲官守言責計者，臣不揣庸愚直以身任之，不敢自愛其生，以負陛下。詎知力小任劇，福過災生。忽於去歲七月偶感危證，伏枕半年，未有起色。隨經臣堂官勘實，照例代題。奉聖旨：「吏部知道。欽此欽遵，該吏部議覆養病。」又與臣堂官相繼催請，臣方忍死候命間，無奈臣父又以病危告矣。據臣弟鼎相手書道：臣父入春以來，病勢日甚一日。正月十八日，昏暈一次。已沐浴，更衣冠，移於正寢。半晌少蘇，連呼臣名，已而昏睡。臣閱書未竟，號天仆地，吐血數升，病體不支，幾至殞絕。即欲勉留待命，又恐臣父不能待臣，臣病不得見父。臣心益苦，臣病益危。多留一日，徒多臥蓐一日，於國家何有分毫之益？蚤放一日，或蚤得生一日，於私情可殺終天之痛。查得令甲，臺臣有疾，應堂官勘實代題，惟出巡於外者率得自題。臣之真疾，自部院題覆之後，業已勘明，似不必又勘矣。臣之請告，自奉旨下部之後，業已渡江養疾，候命境內，似與在外事體相同矣。且人情急則呼天，疾痛則呼父母。今臣父子命并懸絲，不啻急與疾痛而已者，臣安得不自陳情實，哀鳴於君父之前？

懇乞皇上俯垂矜憫，亟允部覆，容臣回籍調理；或照有疾事例，容臣休致。儻得歸見垂危之親，少延須臾之命，臣當偕闔家老幼以及世世子孫共祝聖壽於無疆矣。臣謹叩頭流血懇切祈禱之至。

請補缺官疏〔一〇〕

巡按直隸監察御史臣孫居相謹題，為感恩圖報，觸事效忠，懇乞聖明及時用人，以信明旨，以慰輿情，以自為社稷計事。

臣惟天下猶人身然，天子，元首也；大臣，股肱也；臺諫，耳目也；諸司、庶府，則四肢百骸也。一體不備，不可以為人；一官不備，不可以成治，往古無論已。我二祖稽古建官，設內閣、六部、九卿、六科、十三道，以及在外藩臬、諸司，守巡各道，載在官制，皆有定員。分之則各一其司，合之則共成其治。非若冗員剩職，可有可無，可多可少，可聽其久缺而不補者。故明興二百餘年，無官不備，有缺即填，內外相維，大小相制，事治民安，而無顛隮覆販之患者，用此道也。即我皇上二十年前，亦率由不易。

頃十數年來，憚於臨朝，亦遂倦於檢發。吏部除書，十不報一。即閣臣揭請，亦每留中。一署至缺數官，一官至缺數年。故輔弼重地止葉向高一人，九卿大臣止孫丕揚等八人，小九卿無論也，六科十三道見在止曹于汴等十數人在差無論也。南京寥落之狀，亦與北京同。至在外藩臬、司道，或有長而無貳，或有左而無右，或有守而無巡，在在告缺，事事露肘，其寥落之狀又與兩京同。夫全盛之朝原不乏人，顧有可用之人而置之無用，有可補之官而聽其無人，官署蕭條，士氣消索，未有甚於此時者。閣部臺省諸臣不忍睹此景象，于是單詞以請，不聽；合詞以請，不聽；婉言以請，不聽；直言以請，又不聽。在皇上，或曰數年缺官，未見致亂，此群臣欺我也。曾不思雖未遽至於亂，而苟且闊略之處常多，倘或一至於亂，則破綻決裂之禍必大。語曰：「勿謂無傷，其禍將長；勿謂無害，其禍將大。」是不可爲寒心乎？且諸臣緘口結舌，盡可躧膴希榮；而逆耳苦口，豈其安危樂險？其心蓋曰：「吾儕幸生盛世，得爲王臣。當與海內英俊協贊吾王，永保社稷，吾儕亦得有其身家。不然缺人釀禍，則社稷不可知，身家於何有？」夫是以陳苦口之說，批逆耳之鱗，甘心躧之而不恤也。皇上縱不爲臣民計，獨不自爲社稷計乎？

臣新來自草野，感我皇上起用之恩，方不勝狗馬報主之意。適見閣臣以缺人爲請，皇上已許其檢發，而竟未見施行。故感事觸衷，冒昧以請。倘皇上過疑朝臣爲雷同之見，則宜信臣言爲野人之芹。

懇祈敕下吏部會同九卿科道，矢慎矢公，推舉閣臣，其黜用大僚，選補臺諫，以及內外藩臬等官，悉檢疏批發。如前疏久而遺失，即就催疏中票行。在皇上不過捐片刻之閑，批一字之是，而上可以信九重絲綸之命，下可以答四海仰望之心，豈不休哉？奈何久疑而不決也？臣忠義激切，罔識忌諱。伏惟聖慈原宥，臣謹叩頭流血懇悃籲禱之至。

理漕疏草

巡按直隸監察御史臣孫居相謹題，爲運事敝壞已極，微臣任事方新，懇乞嚴旨申飭，以復漕規，以振積玩，以重萬年國計事。

臣留臺陸載，連丁貳艱，哀毀之餘，甘心淪廢，不謂皇上破例起臣，且破例差用。臣受此厚恩，能不感奮？況漕政敝壞之秋，正微臣報效之日。于是聞命趨赴，業於歲前念九日到任視事矣。時即欲有所條陳，以速新運。因遍閱漕運議單，節經總漕、巡漕、臺省諸臣建議，部臣覆奉欽依，靡不井井有條，鑿鑿可據。臣即更爲條議，當不能有加於諸臣之外。伏而思之，則惟有申飭議單，懇請嚴旨，或可少裨新運之萬一乎？

臣查得議單一款，隆慶肆年題准，每年漕糧俱限拾月開倉，拾貳月終完兌開幫。如拾貳月終，有司無糧，軍衛無船，督糧司道及府州縣掌印、管糧官，并領運把總、指揮、千百户，各罰俸半年。過正月者，各罰俸壹年。過貳月者，各降貳級，布政司掌印官降壹級。叁月終不過淮者，督押司道等官及領運把總以下，各降壹級。肆月終不過洪者，一體參究。夫開兌、開幫有期，過淮、過洪有限，違期限者有參有罰，議單立法若斯之嚴且備矣。使年年守而勿替，即不幸而有旱乾、水溢之患，弗能一一如期，然遲違不過月餘而止，何至大壞極遲如今日乎？所以然者，蓋由數年以來，有薦舉而無參罰，有例參而無處分，一官不處則眾官觀望，今歲不處則來歲效尤。夫是以歲復一歲，遲而又遲，以至此極也。頃者，漕臣彭端吾露章參處，誠爲有激之言。今臣奉有專敕，例得便宜行事，故到任次日，即照議單開載，遍檄諸司奉行矣。但柒省地方遼闊，軍民心志不齊，又係期會約束於人心久玩之後，非藉皇上威靈，必且玩視如昨。臣他日即有參處，顧期限已過，日月虛擲，何益於事？與其參處於違誤之後而無益運事，孰若申飭於兌運之初，猶可警惕人心乎？此臣所以不厭瑣瀆而謬有請也。

伏乞皇上念軍國重事係於漕運，敕賜嚴旨申明議單，其自司道以及文武掌印、管糧、管河、總運等官，但有沿襲舊弊、兌運違期者，臣得據例參劾，該部據例處分，即有他長，寧可後日優敘，不可今日姑容。蓋臣漕臣也，知有漕而已矣，不問其他也。儻諸臣因此儆戒，共濟時艱，不至違例太甚，臣亦何樂於求多爲哉？

再照總漕督臣關係尤重，新簡陳薦尚爾家居，不久漕艘過淮，數拾萬軍民誰爲彈壓？此不可不早計而預圖也。更乞敕下吏部，馬上差人催令到任，務不誤過淮之期，則運事托重亦不淺矣。臣臨疏不勝懇恓候命之至。

奉聖旨："漕糧重務，屢經申飭，再有違玩不遵的，都着照議單參奏處治，不得縱容。陳薦，着催他到任。該部知道。"

議募民船疏

臣孫居相題，爲運事屆期，運艘多缺，敬陳議募之策，以便軍、便民、便商、便國事。

臣惟今之談漕事者，皆云大壞極敝，不可救藥，乃其最害事者莫大乎無船，無船是無漕也，臣竊有憂之。行據淮安府管河同知陳所立揭報，舊歲北上重運船柒千捌百捌拾伍隻，已回空者肆千壹百肆拾隻，未回空者叁千柒百肆拾伍隻，是已回者較多叁百餘隻。然其中尚有拾年已滿例應改造者，大約已回、未回數相半也。夫未回之船數，至叁千餘隻，催之則難縮地而來，舍之又難無米而炊，于是乎不得不議雇募矣。查得上歲雇募民船貳千有奇，此項原未派有腳價，惟憑有司設處，然不及拾之貳叁也。是以沿途典衣被賣器物，甚至有鬻妻子者。比及抵壩，止存赤身敝船，旋且併船賣之矣，賣而不售則棄船而走矣。如此景象，則已雇者尚堪再雇否乎？即在家未經雇募者，風聞今歲缺船，魂驚有司拘攝，又預相率逃去，甚有沉舟水底者。如此人情，則未雇之船能強必爲我用否乎？夫民間之船止有此數，上歲用過貳千餘隻，計今歲借用更當過之。若不預處工食，少從優給，竊恐船戶非逃則死耳。夫公家從來未有無工食之役，何獨使船戶代軍苦役而又重累若此？亦可憐矣！臣以爲雇船工食還宜取給於船，不難處也。蓋官船原設有行月糧、耗腳米以及過江過湖等銀，今既缺官船而用民船代運，則此項銀米宜給民領無疑。至於清江廠，每船壹隻額設料價銀壹百貳拾柒兩，約拾年壹造，是每年每船應減銀壹拾貳兩柒錢矣。今該廠數年積缺船至貳千叁拾陸隻，則年例未造料價應在廠也。遠年者姑不論，只以今昔貳年缺船計之，每年該減銀貳萬伍千捌百餘兩，貳年共該減銀伍萬壹千陸百餘兩。若通論以前年分，尚不止此。儻再以此補募船工食之不足者，船戶必且樂從。不然今昔貳年既雇民船，以補缺船之數，即使明歲缺船造完，自應以明歲起算。往後，順挨拾年，則前數年空缺料價不歸烏有乎？儻謂原不以年分論，則亦當以船數論，如缺船貳千叁拾陸隻，每船額料壹百貳拾柒兩，共計該有缺船銀貳拾伍萬餘兩，即少捐以助運，亦不爲過。當此國用匱乏之秋，安得聽其冒破，不一清查乎？顧今運事急矣，必待查明發銀而後雇船，恐西江之水無救涸轍之魚。合無行令各該撫按預查堪，借官銀設法雇募，酌量遠近，優給腳價，大約與商賈雇值不大徑庭。事完報數，或令該廠解還，或徑扣工部料匠等價抵補，則在廠不損於額料之中，在民不加於正賦之外。是謂以漕治漕，以船募船，計無便於此者。如此則民不苦於完兌之無日，故曰“民便”；軍不苦於覓船之無資，故曰“軍便”；船商得少資賃值以糊口，故曰“商便”；國家得暫借民船以完運，故曰“國便”。一舉而上下便宜，若可爲也。

抑臣猶有説焉。臣，攢臣也。能攢有糧之船，而不能攢無船之糧；能躬親料理於既到瓜儀之後，而不能分身料理於未至瓜儀之前；則前此募船給價，各該撫按應分任其責。如上歲湖廣兩院預募民船過洪獨早，可爲明效。若失時誤運，漫不留心，則誤事之罰臣當與撫按共之。至司道以下違限各官，則有臣之白簡在，寧負諸臣，不敢負皇上也。萬一臣言可采，伏乞敕下戶、工貳部，議覆施行。儻迂僻無當，亦當別講長便之方，以濟燃眉之急。蓋今歲必不得不雇船，雇船必不可無腳價。科臣馬從龍等明以爲言當事者，未見議行，或者爲無堪動錢糧之故，曾不思工部之船料，戶部之輕齎，皆爲漕而設者。議單開載甚明，獨不可少割拾之壹貳以濟漕乎？若計不出此，則年年必至阻凍，年年將有一番盤剝，陸運等費耗國蠹民，何所底止？儻及今不惜小費，早爲募船，臣亦不辭怨勞嚴加催攢，仰仗朝廷威福，今歲運事或不至遲誤如往歲之甚，明歲第少加調度，便可復漕規之舊。小損而大益，暫費而永省，是在善謀國者加之意耳。臣，小臣也，何足與議國家大事？然不敢不畢其愚也。伏惟聖明垂察。

奉聖旨：“該部知道。”

請放回空疏

臣孫居相題，爲缺船缺官勢必誤運，懇請速放回空，以濟燃眉事。

臣惟漕運必資船艘，船艘必候回空，所從來矣。先是，臣因運事屆期，一面投揭戶部催發空船，一面行令各該衛所先督已回官船，并雇募民船領兌去後。今據各衛回呈到臣，有云缺船數多，民船稀少，無從雇覓者；有云舊運指揮未回，接印無人，不得赴兌者；有云雖覓得民船，而運軍未回，無人撐駕者。紛紛呈請，似屬真情。且網必有綱而後可舉，衣必有領而後可挈。省直拾叁總，夫固漕運之綱領也，今拾叁運糧把總俱在通灣，則提綱挈領者誰乎？既無總運，勢不得不責成指揮，而指揮急公者少，貪玩者多。即居恒有官接印，往往占戀不舍。今接印無官，彼肯辭印赴兌乎？則藉口推延，乃其常態也。官船阻凍，責令旗甲雇船，已苦陪累；若再責之募夫，是以壹身而應數役，彼枵腹貧軍何能堪此？儻相率而逃，不幾誤運乎？總之，回空一遲，不止缺船，而缺官、缺軍皆由於此，則回空船艘關係亦甚重矣。然又匪特關壹歲運事而已者，蓋今日之回空，即後日之糧艘也；今歲之糧艘，即明歲之回空也。今日之回空遲，則後日之糧艘不得不遲；今歲之糧艘遲，則明歲之回空不能不凍。其凍也，計數則壹年多於壹年，計程則壹年遠於壹年，如此數歲，必至誤壹年之運。夫京邊數拾萬官軍，嗷嗷待餉。壹年無運，則壹年無餉，彼數拾萬荷戈之士，肯束手待斃否乎？興念及此，良可寒心。故今日爲運事計，斷無新舊兩全之策。必不得已，而酌量於輕重緩急之間，則惟有略近而圖遠，略少而圖多。蓋凍阻之糧，雖曰未抵京倉，然猶近者也，不有遠在數千里之外者乎？雖數至百萬，然猶少者也，不有多至肆百萬者乎？區區守此百萬於跬步間，而置數百萬於數千里之外，徒以無米之炊責之漕臣，曾不思漕臣之法，能加於勢之所可行，而不能加於勢之所難强？如把總、指揮俱羈通灣，則鞭長豈能及馬腹乎？旗甲有人，且苦無船，而況并人無之也？則寧有神輸鬼運之術乎？

臣自竭蹶履任以來，數數行文，督責把總等官者，雖不因未回而少有寬假，但文移之往返動逾月餘，武弁之互推，終難禁絕。故欲得各官一臂之力，則不得不催回空矣。凡以回空早，則各官之領運亦早。各官之領運早，而運事未有不早完者。今歲之運事既完，而明歲之空船亦未有不早歸者。一回空之早暮，關漕政之廢興。臣是以既望其早而猶虞其遲也，既揭催戶部而又疏請於皇上也。蓋運期迫近，缺船缺人，欲已而竟不能已焉耳。

懇祈皇上念軍國重務，察微臣苦心。速敕戶部將在船糧米，暫起近地，酌議運放。其賸空[一]船隻刻期放回，如再稽延必蹈故轍，後當有任其責者，勿謂臣今日不言也。臣情急詞促，不知所裁，伏惟聖明原宥。

奉聖旨："這回空糧船，着戶部作速催發。"

闢議改折以杜觀望疏

臣孫居相題，爲運事迫過淮之期，旁囂掣當事之肘，成議幾廢，人心頓弛，懇乞聖明亟賜裁斷，以杜觀望，以重國計事。

臣念漕政廢壞，殫心料理。幸院道諸臣同心，文武各官用命。自貳月貳拾日以來，如通州等衛所千戶等官常有功等，押重運糧船貳百肆拾玖隻，則報過淮矣；鎮江等衛指揮等官關建元等，押重運糧船貳百伍拾叁隻，則報過揚矣；驍騎等衛指揮等官李廷芳等，押重運糧船叁百壹拾伍隻，則報過江矣；旗手等衛千戶等官李逢春等，領兌省直等處漕糧，則報開兌開幫無虛日矣。臣方謂今歲有船，糧運可不違淮洪之期。獨凍阻空船未回，臣數次差官迎接，又發單檄沿河印河官稽查催趲。遠而如江西、湖廣空船，則自貳月貳拾日以後截留瓜儀，肆月初壹日以後截留淮安，俾該省雇船迎載，已有成議。其浙江上下江尚令陸續放回，謂此中糧多船少，而地稍近，但多回壹隻便得壹隻之用。其係上下江者，欲將來盡數放回；係浙江者，欲待叁月終回至過半，始議截留。其缺船少者，酌議灑帶。其灑帶船旗，亦量給缺糧叁分之壹，扣存貳分，搭配其餘缺船糧銀，合併雇船。所謂以壹船糧銀雇壹船則不足，以兩船糧銀雇壹船則有餘也。又令有司會同運官雇募，政防運官擾民耳，臣用心亦頗苦矣。儻後日空船未回，雇募不足，臣當另有權宜之計，請命於朝。如主計者，執不予臣矣，不敢累民、累軍、累船戶，惟有以身待罪已耳。此臣報皇上區區之一念，不敢語諸人也。

忽於叁月初肆日，從邸報中讀光祿寺少卿徐必達疏議募船壹事，其語意若褒而實貶，其存心似公而實私。想長安自有公論，臣可置不言。既而思之，昔年船至中途，緣有截留之議，遂致官軍逗遛。今歲糧已兌發，又有改折之議，必令人心觀望，觀望則逗遛，將復蹈昔年之轍。是臣職掌所關，似乎不得不言矣。

臣查議單，萬曆柒年題准：「漕司及巡撫嚴督各糧儲道，催行該廠補造，足額應用，不許仍前雇覓民船。如不足額及有雇募民船者，將該廠督工官并糧儲等官，照例參奏。」是其意在責成造船也。今必達删去前後文而但曰「有雇募民船者照例參究」，是巧借單例而陰肆阻撓也。議單又不有擅議改折者，許倉臣參論之禁乎？均之非議單也，何改折則可經常，而雇船獨不可濟變乎？且從來必有此事，方設此禁。議單明言「不許仍前雇覓民船」，味「仍前」貳字，可見前此亦雇覓矣。必達乃曰「并無以軍運雇民船者」，將誰欺乎？又臣前疏備陳往歲民船之苦，意在懇請官銀照商給值，政欲爲民抒此苦楚耳。曾總括之曰「今歲必不可不雇船，雇船必不可無脚價」，何曾謂民船必不可雇，且不能雇乎？必達乃反其意造爲此言，欲下禁止之令。曾不思舟民指舟覓食，攬載惟恐不得，若厚其值，自然嚮應。顧謂厚值豈能招徠？果人情乎？兩浙前此白糧，每每雇大船裝載，有至千石以上者。臣今歲因有白糧編入漕幫之例，恐大小遲速相礙，預檄浙江督糧道，止許雇募伍百石小船裝運，遵單例也。

近據該道造送糧冊到臣，查得嘉興府嘉興縣糧長趙義等船拾陸隻，每船裝糧伍百叁拾壹石有零；平湖等縣糧長王尚仁等船陸拾伍隻，每船裝糧陸百伍石有零，其食米土宜尚不入數。此嘉興大船也，他府姑無論也。必達乃云：「浙中離江窵遠，無百料大船。」此果從天降，從地出乎？京邊百萬官軍取給東南，恃此衣帶運道，灌輸接濟，少或愆期，便虞不接。臣是以僭擬賞罰，嚴檄督催。今計見在糧船開幫者什三，見兌者强半，計不日可盡開行。即空船未歸，料必不遲至過歲叁月入倉。必達乃曰：「客歲之米，須兌以伍陸月，仍凍以拾壹貳月，入倉必來歲之叁月。」何越俎妄談也？豈必達能侵於職掌之外，臣獨不能盡於職掌之中？不幾自視太高而輕視天下無人乎？必達又云："如彼議折貳分，則該府今歲之米，兌於拾壹月以前，入倉不在來歲肆月以後是矣。"不思肆月以後，空船方歸，度幾月可抵水次？及至年終，再能運壹次否？是分明少壹年糧運也。夫入有多少，則國用盈縮因之，乃謬謂"折之未必不受盈，不折未必不受虧"，此言不可欺三尺童子而可以欺皇上乎？又謂："每歲漕糧量折貳分，伍年爲遍，計每年當折糧捌拾萬石矣；每石只以伍錢計之，該銀肆拾萬兩矣。"不知令富民領米輸銀乎？令商人領米變價乎？抑令花户各照原數領回而納折色乎？臣恐捌拾萬糧非易散之物，肆拾萬價非易辦之銀。商領則病商，民領則病民，意必達所謂"商絶於江湖，民亂於隴畝"者，政在此不在彼乎？況據報缺船叁千餘艘，該糧壹百伍拾餘萬，改折必俱折而後可計銀，又不但肆拾萬而止者，此何可輕議？且江南米賤，北京米貴，折多則米少，米少則益貴，竟不知壹石之折能充壹石之用否？此亦不可不持籌而長慮也。

臣度必達之意，原在援天順貳年派單事例，爲該府衛所擇便利，殊未查該省額糧陸拾叁萬，計用船壹千柒百捌拾捌隻。該省貳總，除本省兌用外，尚餘船肆拾柒隻。例該撥發附近地方，而海寧衛離松江較他處則最近者，至嘉興所船肆拾壹隻，原隸下江總管，則以此貳衛所撥兌松江府糧，政所謂以近派近，合例而非違例也。果如必達之意，以嘉興所屬衛所派本府，則必將以台嚴等處衛所兌松江，將毋益遠乎？均之桑梓也，於此則以近就近，於彼則以遠益遠，何异視也？然必達即爲其桑梓計，亦未爲得策，何也？臣查浙省漕糧，總計陸拾叁萬，如必達量折貳分之説行，例該折糧捌拾萬石，則浙糧尚不足當壹歲改折之數。其浙東、浙西兩總船隻官軍，便當改撥江廣等省，彼其長江風波水程迂遠，視松江不啻拾倍，求近而反遠，擇易而反難，得非爲名之心勝，故爲國爲鄉兩無當乎？夫在朝諸臣，孰無鄉曲也？孰不欲圖便利也？使人人皆爲其鄉，誰爲國者？況人持壹議，各便己私，則書疏頻煩，紛如聚訟，部科撫按，疑於贅疣。在主上覽閱無暇，在民部應答不給，亂政體而瀆至尊，毋乃不可乎？

　　然疏中亦略有可采者，如"漕運總兵之設有損無益"，臣真見其當裁，緣時方拮据運事，未及草疏。今必達以爲宜裁，可謂得臣心之同然矣。臣今姑不言其當裁之狀，第裁之便。如謂淮陰重鎮，不可無人鎮守。第設壹參將，與沿河參遊畫地而守，糧船盛行，各照信地護送，免其赴京，所省官軍驛遞金錢，亦不貲矣。是在勤恤軍民者早決之耳。夫必達所言之疵，臣不敢諱也；所言之是，臣不敢掩也。蓋必達於臣爲年友，誼自不薄，第公事則公言，無嫌上殿之爭，相勸而相規，何損如蘭之好？此臣之所以效忠告於必達，而報皇上之職分也。臣職、友誼兩無所逃，知臣罪臣，何敢計焉？萬一臣言不謬，乞敕下戶部公虛議覆，倉廩果實則量行改折，甚便於臣；積貯果虛則照舊兌運，可補於國。雇船應否可行？此外有何良策？一一行臣遵奉。仍明諭必達，當廣其見，而爲國家懷永圖；勿隘其心，而爲鄉曲計小利。臣在漕言漕，不覺喋喋。伏惟聖明鑒察。

　　奉聖旨："戶部知道。"

請速雇募以恤窮商疏

　　臣孫居相題，爲船缺宜募，商困堪憐，乞敕當事諸臣，速雇募，恤窮商，以完國運，以復漕規事。

　　臣惟今歲運事所最苦者莫如無船，而募船所最難者莫如無銀。續閱邸報，知臣募船之疏節經戶、工貳部先後議覆，行令撫按諸臣，設法雇募，議給工食，毋令虧累。除動支缺船、行月、耗脚，及過江、過湖等項銀米不敷外，則聽其措處。臣諒諸臣軫念國計，必且殫心料理。臣第計船攢行按期報命已耳，似不必更爲饒舌。但念雇船之議既起於臣，則船商之苦亦臣所當爲之計者。蓋當空船未回而先雇之，則缺船多而雇募亦多，恐地方之物力不給。必待空船盡回而後雇之，則開行遲而回空亦遲，恐民船之阻凍不免。一至阻凍，則若輩所得工食不足償其守凍之費。竊恐往年賣舟鬻兒之慘，將復見於後日矣。合無行令撫按諸臣，無俟空船盡歸，預期設法雇覓，務與續回船隻挨幫開行，俱於伏水未漲之前盡過淮洪，則不但毋往毋復，可以免守凍之苦，而水平風順，亦所以保糧運之全，計莫善於此者。

　　臣計諸臣爲地方計，必曰：候官船多回壹隻，則地方少雇壹隻，此愛惜帑金之説也，豈曰非策？但今歲回空船隻，仰藉聖明嚴旨及該部條陳，臣因發單稽查，入境出境日時必書，到關過關日時必書，有稅無稅緣由必書。是以河官奉令惟謹，榷臣同心體國。聞回船晝夜兼行，并無遲留停泊之弊，計肆月初拾以前可以續到水次，即有拖落後至者諒亦零星不多。似宜斷自肆月初拾爲期，其前此回水次者速兑速開，責令剋期趕幫。其後此回水次者留之修艌，爲下年重運首幫之用，如此則每縣雖不免多雇數船。然今日缺船多雇壹隻，即有空船壹隻之留，後日空船毋回數日，便挽累年阻凍之弊，一舉而兩年運事咸賴焉。是優恤商困之中即寓恢復漕規之意，此雇募所以宜速也。

　　乃船商之苦又不止此者，臣訪得往年漕船經過關閘，猶間或免稅，至旗軍雇募民船則無壹船獲免者，且鎖項吊拷，靡所不至。夫船商梯航數千里，爲國輸將，又非其本等差役，何苦至於此極也？竊念此輩雖係民船，既裝漕糧，即與漕船無異，似應一體免稅。即或帶有食米、土宜，不出陸拾石之外，亦宜照例免其盤詰。如慮客船假托，臣當給以印票備照。至於把總、指揮等官，不得視爲部軍，倚勢凌虐；內外衙門人役，不得視爲奇貨，需索常例。民船運米到壩，查無竊取、插和等弊，特准先爲起剝，聽原領官旗赴倉上納，船戶即刻放回，不得勒令交糧，扳出使費，多方羈留。其回檣南下也，果有攬載商貨，經過鈔關照例納稅。如係空船，驗票放行，不得留難索稅。違者，許船戶明注票後，容臣彙收指名參處。夫既優給其賃值而又曲體其私情，則榜人棹卒有不鼓栧歡呼、好義趨事者，臣不信也。

凡此數者，皆臣職掌關心，業已會同行事，第恐未奉明旨，則不尊不信。臣是以不厭瑣瀆，冒昧以請。蓋恤民船政所以速國運也。萬一臣言不謬，伏乞敕下戶部，亟爲議覆，以及時募船，責之撫按以嚴限攢行，責之於臣庶事有專任而運可亟完矣。臣不勝悚息候命之至。

奉聖旨："戶部知道。"

請廣造缺船疏

臣孫居相題，爲糧船積缺數多，當事籌謀宜亟，乞敕工部，破拘攣，廣營造，以重國計，以垂永久事。

臣惟國家歲漕東南粟肆百萬石以實京師，而額設漕艘萬貳千柁以資轉運。廠造有定式，歲造有定數，行之貳百餘年，船不乏用，運不後時，制稱善已。數拾年來，歲造漸不如額，歲運漸不如期，積而至於今日，則缺船貳千有奇，凍船叄千有奇；而回空到次者僅拾之肆，内年滿改造者居叄之壹，漕幾無船矣。

臣奉命理漕，適值其乏，于是不得已議雇民船，厚與傭值。然權宜補苴，僅可苟完壹歲運事已耳。若爲千百年計，則缺船必不可不補，而累年積缺之數，恐亦非壹年壹處所能辦者。似宜大破常調，亟講便宜。或復南京工部船廠，或照萬曆元年事例，於瓜儀設廠；或照蘇浙見行事例，令各府清軍管糧府佐，隨便分造，各定以數，務期冬末春初盡補累年之缺。雖一時不免煩費，然船完運畚，所省實多。由此隨缺隨造，守以爲常，此萬世之利也。乃船廠夙弊多端，則有更僕未易數者，臣姑言其略。

臣先是取道淮陰，首詢船政，據淮安府推官汪增揭報，南京總造船州同尹濂，於叁拾玖年正月內領銀叁萬兩，解往湖廣買木，未回。山東總造船吏目涂宗澄，於叁拾柒年柒月內領銀貳萬兩，解往湖廣買木，未回。又造船吏目董廷言於叁拾玖年捌月內領銀肆萬兩，解往湖廣買木，未回。夫清廠官止肆員耳，原爲造船而設者也。今領銀買木，且去其叁，遠者貳年，近者壹年，皆未還任。則此壹貳年額船，孰爲督造？即云帶管有官，而此壹貳年木料安所取給？固宜其日缺日減，以至於今矣。臣謂今後發銀買木，宜令總督漕臣精選州縣廉能佐貳官差用，廠官不得營委，此則買者不造，造者不買，庶幾兩相濟而兩不相妨乎？故差官不可不議也。

臣又查得，清江廠歲額該造船陸百捌隻肆分，今叁拾玖年，止造完船貳百捌拾陸隻，尚欠船叁百貳拾貳隻肆分。此雖由廠料偶缺，亦緣勸懲未行。今後合無比照赴次押空參罰事例，每年終令總漕部院查各廠官，造船欠拾隻者罰俸壹月，欠貳拾隻者罰俸貳月，欠叁拾隻者降壹級，肆拾隻者降貳級，伍拾隻者褫革；其有能如期如數完造者，叁年滿日，特薦優擢。如此則賞罰嚴明，人心淬礪，有不各備料完船者，臣不信也，故賞罰不可不嚴也。

糧船之式，定於國初。板之厚薄，釘之稀稠，修艌油麻之多寡，各有分寸斤兩。邇來虛冒多而實用少，板薄釘稀，油麻減削，或塗飾舊板以眩觀，或攙用雜材以了事，體制不堅，遇溜輒壞。官軍沉溺，糧米漂流，殊可憫惻。至於浙船，近且易平洞爲卷樓，意在裝貨，不顧違式，故規制不可不講也。

廠例，造船壹隻，額設料銀壹百貳拾柒兩伍錢，不爲不多矣。乃廠官猶以爲不足，遇旗軍納底板到廠，則勒銀壹貳拾兩而後收。及旗軍領船出廠，則又勒銀壹貳拾兩而後給。其書識、工匠需索不與焉，以致富者爲壹船而傾家，貧者畏使費而逃匿，蠹軍妨運，莫此爲甚，故勒索不可不禁也。

漕關國家大計，而造船又爲漕運首務，其宜擇賢而使，甚明矣。乃往例恒以銅臭、刀筆之流注選廠官，此輩原非無因而來，皆用重賄托貴人有氣力而後得者也。故一受事，不問船制而問常例，不督工匠而剝旗軍。或營求買木，則拴通牙商以攘利；或鑽謀帶廠，則剋減料價以病商。種種弊端，難以縷指。今後造船經歷州同員缺，似應擇州縣佐貳廉幹者充之。至於提舉壹官，尤爲造船綱領，如其可更則易以府同知壹員，如不可改則注選科貢之有才守者帶銜管事，統俟三年有成，特加優叙，以酬其勞。如此，則官得其人而前弊自革。此尤今日船政之至要至要，所當亟講者乎？臣視事三月，廣詢博訪，頗悉船政梗概。輒不自量力，欲以壹時而周千百年之慮。故謬陳一得若此。萬一芻蕘可采，伏乞敕下工部，議覆施行，則船政修而漕政亦永賴矣。

奉聖旨："清江廠專管造船，如何虧欠許多，致違糧運？這所奏，着工部作速看議來説。務使明歲有船，以免雇募。"

述理漕情形以杜邪謀疏

臣孫居相題，爲敬述理漕情形，以明臣職，以杜邪謀事。

臣前因漕糧正在兑發，忽有寺臣徐必達改折之疏，致官軍觀望遷延，故出壹疏駁之，然無壹字及於疏之外也。近讀必達辯疏，刺刺數百言，皆非臣疏所有。如臣未嘗言民船可常雇，而彼曰"民船聽其常雇募"；臣未嘗言漕船可不造，而彼曰"漕船聽其不補造"；臣未嘗言加賦，而彼曰"加賦"；臣未嘗言民運，而彼曰"民運"。此皆必達自爲言而自闢之，於臣無與，臣不任受也。惟是臣發前疏後，又續發貳疏，壹則恤民船，壹則廣營造，要皆臣前此所已行者。今特恐諸司奉行不力，故請明旨申飭之耳。想必達見此貳疏，必哆口號於人，曰"此皆因吾疏而後有也"，則臣數月營職之心幾不白矣？

簿查臣移會各鈔關免稅手本，則正月貳拾柒日行壹次，貳月初拾日行壹次，其手本見在臨清、揚州、滸墅等關存案可據。臣示諭各民船免稅告示，除行各省出示外，則貳月初壹日發拾伍張，叁月拾柒日發貳拾張，其告示見在京口、瓜儀、淮揚等處張掛可據。臣印給民船免稅小票，則發淮安汪推官壹百張，發儀真歐知縣叁百張，發瓜洲毛同知柒百張，其小票見在彼處給散可據。是臣恤民船之疏，非因彼疏而後有也，明矣。

簿查臣催造船、查船料各牌票行淮安府汪推官者，自正月拾捌以至今凡陸次；行清江廠提舉司者，自正月貳拾壹以至今凡柒次；行淮徐道者，白貳月初伍以至今凡捌次。其牌票有已回報者，有未回報者。臣原行查拾年船隻、船料，初欲俟查明而後題請。近因提舉李存仁申稱銀船數多，文卷浩繁，一時便查不明，求寬限查報。臣批行外，始上"廣營造"之疏，是臣行在疏前，而此疏亦非因彼疏而後有也，明矣。

必達又曰："已缺之故不問，缺船之價不問，又不聞，作何嚴督？作何催行？"夫臣受事叁個月，催查貳拾壹次，果問乎，不問乎？催乎，不催乎？今將節次催查月日并略節緣由錄揭送工部，可覆按也。

必達又曰："不聞作何參奏？"竊謂船政之壞非壹年，亦非壹人，欲參造船經歷同知，則此輩官卑，不足辱白簡；欲參督船分司，則今日督船主事，非歷年缺船主事。即缺船主事，亦必查明缺船若何，侵料若何？而後可參處。未經查明，而遽以無據之詞，輕瀆君父。儻有起而駁之者，如臺部之駁必達，臣何所施其面目乎？必達又謂"嚴催""參奏"，臣不能其職。夫嚴催之檄，臣不啻百數，各屬自知之，臣不必辯。至所謂參奏者，不知當參奏何官？將參道府州縣乎？則有司有米在倉矣，不可參也；將參指揮千百戶乎？則今年領運之指揮千百戶，非昔年誤運之指揮千百戶，彼未誤運，安得遽參？此或刻薄如必達者爲之，臣不爲也。

至於截留回空之說，臣初有此意而未果，繼因楚撫以此會稿於總漕，總漕以此會稿於臣，臣因同總漕會行於省直。然江廣盡留，爲其遠也；上下江盡放，爲其近也；兩浙俟大幫過而後留，爲其在遠近之間也。其心以爲必一截留，可省往還貳月程，庶幾今歲回空不至阻凍，來歲運事可以如期。此政臣不欲以其患貽國家與後人一點苦心處。而必達乃曰：“苟且目前，弛擔以去。”夫以三月漕臣欲去，將安之乎？況漕政原有緩急，不能并時而舉，施爲自有次第，未可躐等而求。臣今日雖有未及言者，安知他日終不言？今日雖有未及爲者，安知他日終不爲？況未嘗不言不爲，何相扼之急也？設使臣果爲目前計，則今日但坐候回空，即極遲，料陸月終亦可到次。後日重運北上，即極遲，料拾月終亦可到京。縱使船有凍阻，但不至如往歲之多。當事者或亦援往例原宥，臣盡可塞責了事。但明歲運船必凍，後歲運船又凍，則國家盤剝之費，軍士守凍之苦，糧長守候之苦，文武大小官僚催船、雇船、被參、打凍之苦，將何時而已乎？此臣所以不得已而議截留，亦如必達無可奈何之說也。

然至今，則吳越之船尚未截留矣。蓋前此臣見臨清州揭報，本州過閘空船，貳拾日遂出瓜、儀等閘，故臣慶其回空之速。疏擬肆月初拾截留，乃近日臨清揭報，過閘者壹月有餘，此中尚無消息。問之，則曰“緣有改折話説”，則撐者、催者俱懈弛也。

又如南京廣洋等衛指揮戴希文等，派兌松江、太倉等處糧米。據太倉、華亭等處申稱，各官到次，聞有改折之信，輒相率逃去。臣初差千户眭忠彦赴南京提取，則逃之水次。臣又差千户夏應昌赴水次提取，則逃之南京。臣不得已，差壹官壹舍赴南京，壹官壹舍赴水次并提，始提獲到臣。臣責發水次，是臣竭叁月心力理之而不足，必達以貳字改折壞之而有餘。臣職掌所關干繫重大，安得無一言相駁也？乃必達始終執“民船必不可雇”以難臣。夫論時則改折無及矣，論勢則造船無及矣，論國庾空虛則糧又不得不運矣。必達既言“船必不可雇”，則必有神謨妙算在雇船之外者，曷不公言於朝？使人皆知其明而諳於計，非臣淺暗所能幾乎？今空船既被必達一言延遲若多時日，則肆月初拾大幫必不能過江時，亦不敢遽議截留。合無將浙中船隻盡數放回，令瓜洲江防毛同知置簿壹扇，將逐日船旗過閘姓名登記於簿。後日自肆月初拾以前出閘者，有凍阻風波等事責在臣；自肆月初拾以後出閘者，有凍阻風波等事責在必達。臣得稍從末減，庶使後日言事者不敢妄言，任事者不敢怠事，不亦可乎？

臣查雇船之事，年年有之。但前此不題知，臣必題知，以明不欺之義；前此不給價，臣議給價，以恤民船之私。臣始不知有灑帶之例，故止議將行月糧、過江等銀給價。既而查明舊有此例其灑帶過糧銀，盡被運官乾没，運軍不得沾絲毫之惠。因僭擬以壹分給軍，貳分扣庫，搭配缺船糧銀爲募船脚價。今計兑完陸拾餘衛所，其中缺船雇值，皆取之此貳項而自足，并未聞有請動帑金者。且如溧水等縣，尚有用不盡而詳請貯庫者。看來，將來即有缺船多而賃費不足者，除以有餘補不足外，所費帑金諒亦無幾。即今院文明准，應開銷者開銷，應調補者調補，并不累及縣官，何至累及百姓？既不累及百姓，何遽比之殺人？夫律誠禁殺人，然不禁殺殺人者，凡以應變之道宜爾也。果如必達之意，是當攻殺擊刺之時，尚講雍容揖讓之節，將不與弓兵伴送饑民之説，均之供人掩口乎？且臣所稱雇船兑運者，乃軍自雇船赴次領兑而自撐運，有空船者前途復載，無空船者徑運到京。第令有司監之，恐其強拉民船而不給價耳，即給價而或抑勒虧累耳。夫不忍虧累船戶，而顧忍加賦小民乎？以必達明決，必知無此，然昧心造爲此言者，意念深矣。

臣昔年監試南闈，本無弊也。黃吉士疏陳弊端，無何即有邵庶之申飭。臣昔年糾劾奸相，本言官體也，熊鳴夏疏諷失體，無何即有陳治則等之駁矣。今必達無故突造此段議論，計不久必有起而應之者，曰雇船果爲官累也，若此爲民累也若此，爲船戶累也又若此。則必達之言驗矣，臣之罪案成矣。夫臣第求職業之無愧耳，第願皇上能察臣之樸忠耳。宵蕫邪謀，又何畏焉？如謂必達無心，則臣到任今始叁月，方必達貳月中上疏時，才壹月有半，而走鳳泗謁陵者且誤貳拾餘日，是實理事僅貳拾日耳。以貳拾日之漕臣，而遽責以造數拾年積缺之漕艘，即周、滕貳臣當年造福地方，或亦不能若是之速矣。少有人心不應至是，即如必達獨無職掌乎？必達到任，不幾叁年乎？臣聞司膳弊孔，不減司漕，不知必達貳叁年來，清理過錢糧若干，裁省過冒濫若干，查革過積厨若干，參處過署官若干，條陳過便宜事款若干，獨不可數而言乎？夫不自營其職，而每每妄議他人之職。今日壹人駁之而辯焉，明日壹人駁之而辯焉，豈非宣尼所謂“禦人以口給，屢憎於人”者乎？夫以堂堂寺卿，多言招侮，曾不悔訟，而徒強辯飾非，巧言亂政，若必達者，幾無良心矣。漢臣周文爲光禄凝重不泄，杜林爲光禄周密敬慎，必達何不取以自況？而區區以周、滕責人耶？臣不難爲周、滕，亦望必達爲周、杜，勿效喋喋利口爲也。

臣職掌所在，萬不容默。倘臣言不謬，伏乞敕下戶、工貳部，從公議覆，是非邪正，務有定評，不得依違兩可，致亂朝政。則漕事從今猶可爲乎！臣不勝懇切候命之至。

奉聖旨："該部知道。"

闢寺臣巧辯伏機疏

臣孫居相題，爲寺臣借端飾辯，巧語伏機，懇乞聖明亟賜乾斷，以杜邪謀，以重明旨事。

臣爲運事焦勞，寢食幾廢，殊無暇與人爭論。無奈寺臣徐必達近辯按臣荆養喬等之疏，而語復波及於臣，其借端甚巧而伏機甚深，臣又不得不言矣。

蓋漕運議單，原以催徵兌發責之撫按，即臣今春建議，户部題覆，亦明以雇船給價責撫按，凡以漕臣壹人，不能遍歷柒省，事體不得不然耳。比必達突造江南民運加賦之説，是意在攻臣而不知實攻撫按，臣不受也。彼撫按身當事任，安得無言？故蘇松按臣房壯麗、應天按臣荆養喬各出疏駁之，以自明無民運加賦之事。即其中有詆及必達生平者，言官論人，各據聞見，臣曷與焉？乃必達辯疏始終侵臣，不思先是臣讀禮家居，必達曾被臺臣徐鑒論列，彼時亦臣爲之耶？況壯麗、養喬，其識見丰采，挺然特出，又豈待臣指授者耶？

臣昔年劾奸相沈一貫，不一而足。然熊鳴夏所諷者實非論察之疏，乃必達必撦乙巳考察爲言，是欲借此以自誇其考察之公耳。臣伏而思之，必達當日所處故相撲路親知。臣寡昧不能知，獨於察後聞故相撲路私人，如汪冀夔、江起鵬、徐大用、譚繼統、王之機等多人，皆藉奧援漏網。不壹月，而汪冀夔等叁人，相繼暴卒。時有識者爲之誚曰："南中考察雖不公，而神道頗靈。"此乙巳南察之大略也。必達即不自誇，其誰不知之耶？又必達自言與沈一貫絶不相識，臣亦不能知，獨憶曩在南中，有一言官發疏，論一貫奸狀，必達聞之，懇求趕回，竟寢其疏。不相識而驟相援，何用情若斯之殷厚也？

一貫奸之最大者，誠如必達所言妖書、楚事。及乙巳京察，夫造妖書，以謀殺清貞大臣，受楚賄以羅殺無罪宗室，留私人以破壞黜幽大典，此其關係之重，視鈔關、饑民何如者？以必達今之侃侃，固不宜昔之默默。況計典係其職掌，何竟無一言，而反惜臣言之不盡耶？舊例，撫按共事地方，每有疏，各互送揭帖。前荆養喬發疏後，遞致揭帖於臣。臣見其中有“揆路”字，因疑而移書問之。養喬答云：“揆路，蓋承上文‘故相’而言，指晉江也。”今必達拋却李廷機不道，而獨認爲沈一貫，得非陰逃護法之名，而反明蹈護法之實乎？養喬疏謂必達暗刺明譏，攻其所忌。臣雖不敢謂其專指臣，獨計必達而非忌臣，則初疏猶可藉口泛論時事，即臣亦未嘗過求必達；至於貳疏，突造民運加賦之言，不憚說謊欺君；至於叁疏，又爲關弓伏弩之計，巧於假虞伐虢，謂不忌而然乎哉？必達又引先臣陳獻章語録，責臣不能受言。夫漕事艱難，臣肩責任，方思集忠廣益，何難舍己從人？惟是事外言之姑以取名，事內行之足以僨事者，臣必不能相從耳。不然泥獻章之說，則孔子所謂“擇善而從”者非耶？夫此壹漕事也，旁人得以逞臆而譚，漕臣曾不得據事而論，寺臣得以旁醫壞漕政，漕臣曾不得以職掌駁寺臣；果臣求多於寺臣乎？抑寺臣求多於臣乎？果寺臣不幸而遇臣乎？抑臣不幸而遇寺臣乎？其是非邪正，想聖明自有洞矚矣。

伏乞敕下吏部，會同戶、工貳部，將臣與必達累疏從公議覆。如屈在臣，則處臣以爲溺職之戒；如屈在必達，則處必達以爲妄言之戒。庶乾斷昭而人心惕，繁嚚息而明旨尊，所裨聖治匪細已。臣不勝屏息待罪之至。

校勘記

〔一〕此文又見《留臺奏議》卷九《時政類》，題作《地方火災疏》。

〔二〕"北兵馬司",《留臺奏議》作"北城兵馬司"。

〔三〕"撥救",據文意當作"撲救"。

〔四〕"待命之至"後,《留臺奏議》本有補文:"奉聖旨:姚虞良著該監壓罰,姚成等參送法司究治,劉在中姑罰俸二個月。留都地方遼闊,人心怠玩,偶有火盜,輒袖手旁觀,不以救護,是何法紀?著嚴加申飭,有仍前推諉的,參來重處,都察院知道。"

〔五〕此文又見《留臺奏議》卷十九《近幸類》,題作《劾奸璫縱道士毆辱府官疏》。

〔六〕"十餘萬",《留臺奏議》本作"十餘萬計"。

〔七〕"詐騙人財",《留臺奏議》本作"詐騙人財物"。

〔八〕"待命之至"後,《留臺奏議》本有補文:"緣係惡璫,故縱惡道,毆辱府官,大乖法紀。懇乞聖明獨斷,亟敕處分,以振紀綱,以杜亂萌。事理爲此,具本專差舍人楊良棟齎捧,謹具奏聞。"

〔九〕此文又見《留臺奏議》卷三《好尚類并差遺》。

〔一〇〕此文原失題,據文意補。

〔一一〕"謄空",據文意當作"騰空"。

兩臺疏草卷四

報糧船過淮疏

臣孫居相題，爲恭報糧船過淮事。

案查：萬曆貳拾年捌月內，奉都察院勘札，准戶部咨，以後運船過淮、過洪數目、日期，總河、總漕、巡漕等衙門俱據實奏報，毋得聽憑運官先期虛揑等因，題奉欽依，移咨備札前來，節年遵行在卷。爲照萬曆肆拾年起運叁拾玖年分漕糧肆百萬石，內除舊例并見年災傷改折，及山東、河南、淮北船糧不開外，實該過淮糧貳百玖拾壹萬柒千叁百伍拾貳石捌斗貳升貳合。

先該帶管總漕都御史劉士忠，於去年拾等月內派發全單，督行各該糧儲兵備等道徵兌開幫。及臣蒞任，又經嚴催各道總運官星速兌發去後。今據管理漕務右參政施爾志呈稱，各總衛所運船，去歲抵灣日遲，以致凍阻者強半，今先回之船隨到隨兌。計自萬曆肆拾年貳月貳拾日起，節據揚州等總、通州等衛所運官常有功等，管押重運糧船，陸續到淮。至本年肆月貳拾伍日太倉衛運官田見龍止，計船肆千貳百壹拾叁隻俱已過淮。其凍阻續到之船內，有已至水次領兌者，有議留瓜儀修艙與軍雇民船復載者，俟到淮盡日另報等因，并將先過淮船數揭報到臣。該臣因漕運總兵官尚未回淮，先會同總督漕撫右都御史陳薦議，照漕糧過淮原有例限，何敢逾越？但去歲運船抵灣甚遲，糧未起完，白河冰結，被凍阻者數幾叁千，而空船沿途守凍者在在皆有。先經部覆臣疏，蒙允雇募民船，厚給腳價，期於交兌早完，轉輸無誤。蓋一時權宜，不得不爾，正在奉行，急于星火，而今先回空船陸續兌完過淮。臣各定限前進，其續到船隻，有詣水次兌運者，有留瓜儀修艙復載者，欲照往例通完會奏。而船回零星，雇修費力，既不得與昔日比，則通完期限，亦自難與昔日同。

臣等期紓聖懷，敢復膠執除？又嚴行各糧道總運官員剋期催攢，候過淮盡完之日另行具題外。所據該道揭報，過淮船數至肆月貳拾伍日止，已肆千貳百壹拾叄隻。若并山東、河南計之，數蓋陸千有奇。茲豈臣與漕司院道諸臣區區期會約束遽能致此乎？

蓋由數月以來，我皇上留心國計，凡臣等理漕之疏無疏不票，無票不發。是以臣等仰藉威靈，俯修職業，雖當漕事敝壞之秋，猶得少效拮据之力。夫漕事業已如此，他事何獨不然？儻皇上事事不靳綸音，則事事無難底績，引伸觸類，聖心洞然，想無待臣言之畢矣。臣區區芹曝之忱，敢因報過淮之期而附陳之？統祈聖明鑒察，臣不勝懇款待命之至。

奉聖旨[一]。

續報糧船盡數過淮疏

臣孫居相題，爲恭報糧船盡數過淮事。

據專管漕務右參政施爾志呈稱，萬曆肆拾年起運叄拾玖年分漕糧，過淮重運船共柒千柒百玖拾柒隻，內去年未被凍阻先回船肆千貳百壹拾叄隻，兌完糧米開行。於本年貳月貳拾日陸續到淮，至肆月貳拾伍日俱已過完，先經呈報會題。其被凍阻續到之船，節經催行各該總衛運官勒限修僱兌運，今自本年肆月貳拾陸日水軍左衛運官張氏德起，至柒月初玖日尾幫臺州衛運官李懋功止，計船三千伍百捌拾肆隻，俱已接續過淮訖等因，并將衛所船數揭報到臣。

據此案查，舊例每年重運糧船過淮畢日，漕運都御史、總兵官與巡漕御史會疏題知：萬曆貳拾年捌月內，奉都察院勘札，准戶部咨，以後運船過淮過洪數目、日期，總河、總漕、巡漕等衙門，俱據實奏報，毋得聽憑運官先期虛捏等因，題奉欽依，移咨備札，前來遵行在卷。今據前因，該臣會同總督漕撫右都御史陳薦議，照漕運糧船過淮舊例，通完而後具報。昨欲虔紓聖念，故查將淮南漕糧并各已兌過淮船數，先疏以聞。然而拜疏之後，凍阻船隻亦陸續到。臣等節次飛檄各該督糧等道，上緊嚴催，或速赴水次，或留泊瓜儀，或酌雇民船，隨兌隨開，限時前進，計貳閱月而叁千伍百餘艘，無不渡江過淮矣。除候過洪完日，另行具題外。所據該道揭開前因，理合馳報。

奉聖旨："户部知道。"

題徐州河決疏

臣孫居相題，爲緊急河患事。

行據署淮徐兵河道事、淮安府知府詹士龍呈，蒙臣憲牌，照得黃河自邳、宿以上水勢，柒月初肆日以後，漸耗數尺。問之，知徐州南貳拾里三山頭縷堤決口，初貳拾丈，漸至百餘丈。水由決口出者拾分之柒，前往西南去訖。

竊思泗州祖陵正在西南，地勢最下，若無阻隔，水必歸焉，所關匪細。爲此牌發本道，照牌事理，速查決口黃水的由某州縣經過，於祖陵有無妨礙，有無淹没人口田廬？今自何處出口，泛濫若干里？即今河水不時舉發，宜作何堵塞？倘逼近祖陵，宜作何防護？關礙職官者，并查職名，具由馬上差人馳報，以憑題請施行等因，蒙此隨經行。

據淮安府分管徐屬河務同知呂諤呈稱，柒月初叁日，徐州黃河南岸三山大王廟迆東縷堤漫一口，相去數步又決一口。水勢洶湧，見將玄字鋪遙堤衝開貳丈有餘，水徑南奔。至初肆日，又衝開遙堤荒字鋪涵洞一處，水勢大漲，難定丈尺。等因續又報稱：查得三山黎林鋪縷堤，水口衝開闊貳百餘丈，深壹丈伍尺；衝入南遙堤玄字鋪，量闊壹百叁拾丈，深壹丈壹貳尺不等；荒字鋪水口闊肆拾丈，深伍陸尺不等。自遥堤口出水，由東南劉孤莊、鐵匠營、馬蘭湖、夏家湖、房上、楊莊、蘇家湖、桂家山，迤東下瞳水勢周圍胡山，總向東南流至宿州地方。往西至蕭縣界安水寺、朱家莊，東南至刁山，迤北至林家湖，東北黃瞳，又向東南至時村集并三村，黃水往南接有清水貳叁里至陵子村。接至靈璧縣地方土山寺，往東又至孟山桐郡，俱入小河。向東接至睢寧縣地方毛竹岡，至高座集，由沙家口水勢南歸埠字湖，由歸仁堤根東歸白洋河出口，仍入正河。一股自沙家口、東耿車，水出小河口，歸黃河。

以上黃水往南，惟由宿州、靈璧、虹縣北界止，俱離該州縣叁肆拾里。歸仁堤黃水往南，離泗州約壹百捌拾餘里，去陵甚遠，俱是乾地。即今邳州泇河一帶，水雖稍減，猶幸決水至宿遷界，仍歸正河。泇河一路，見今糧船通行等因。據此，又據桃源縣，申蒙臣憲牌，仰縣官吏，即查歸仁堤外，尚離祖陵若干里，中間有無高岡堤岸可以障水？再查本堤果否高闊堅完堪以捍禦？速查明白，馬上飛報。

蒙此，隨該本縣知縣張鉉查看得，歸仁堤離祖陵相去壹百捌拾里有奇，本堤原砌石工柒層，上加高土工貳尺，頂闊貳丈伍尺，即今水浸石工肆層。已該本縣督率官夫，培築防護以保無虞等因。據此，該臣看得徐邳之間，河身漸高，堤外稍下，故縷堤一決，勢若建瓴，水注決口者居拾之柒，留正河者僅拾之三，若非急講便宜，亟爲築浚，恐決口日刷日深，全河歸焉；正河日淤日塞，全河去焉。雖祖陵尚有歸仁障隔，然水歸西南，於祖陵則漸近矣。雖運道幸有泇河接濟，然水去西北，於泇河則漸遠矣。萬一歸仁失守，則憂在祖陵；泇水淺澀，則憂在運道，此不可不亟見而預圖也。

臣聞決口既寬，水勢必淺，尚可施堵塞之力。正河有水三分，借水之勢，施其扒刷，相地之宜，施其利導，猶可圖挽回之功。除臣一面行分管徐屬河務同知呂諤，督率官夫，速將決口兩頭裹護，仍將正河中流疏浚；一面行分管邳宿河務同知陳所立，展闊白洋河、小河口下流，以便出水。去後，查得帶管中河戶部署員外郎事主事李廷訓，事屬代庖，河非專責。至若管河同知呂諤、徐州管河判官宋一范，平時疏先事之防，臨時乏堵塞之術，本當議處。念時方用人，姑容戴罪立功，俟築浚完日，聽河臣酌議處分。

擬合先行題報，伏乞敕下工部，速爲議覆，責成諸臣遵奉施行。

奉聖旨："該部知道。"

題糧船過洪疏

臣孫居相題，爲恭報糧船過洪，以慰聖懷事。

據專管漕務右參政施爾志、署淮徐兵河道事淮安府知府詹士龍呈報，各總衛所運萬曆叁拾玖年分，實該過洪糧貳百玖拾陸萬柒千捌百肆拾叁石叁斗捌升貳合。今先兑發者，除前報過淮外，又經嚴催前進，至伍月貳拾肆日止，已入直河，准過洪船肆千叁百捌拾隻，緣由到臣。該臣看得，漕糧爲軍國重計，凡有轉運之責者，皆當竭力經理，以冀蚤實天庾。顧時值漕政敝壞，在在缺旗、缺船、缺官，而又連遭凍阻之患，遂致空船不能先期蚤還，重運不能依期北上，下虞脱巾，上厪宸慮，臣等不能辭其責也。今幸院道諸臣同心戮力，文武百官翕然用命，是以先兑先發者陸續過淮入直。

夫自清口以至直河一帶，河道僅僅貳百肆拾里耳。但原係黃河逆流而上，挽拽撐駕，較諸瓜儀以達淮清者稍稍稱難，以故年年極爲費力。惟今入直肆千叁百餘艘，幸已脱險就夷，皆仰仗朝廷福力，是以河伯效靈，臣等區區敢貪天功以爲己力哉？倘自兹以往，永無旱溢之虞，則繼此而上之漕艘，皆可必其銜尾而北矣。然而非臣等之所能逆睹也，除新回船隻見在續兑續發，攢過淮洪，另報外。臣謹會同總督漕撫右都御史陳薦、總理河道右僉都御史劉士忠，先將過洪船艘具數上聞，仰紆聖懷。

然臣猶有説焉，蓋前幫過洪船隻，目下計當抵灣，而嗣是接幫來者，且源源不絶矣。倘起剥稍遲，亦足誤事。且如漕糧肆百萬石，每日起巳萬石計，該起肆個半月。若遇飆霾雨雪，非伍個月餘不可。於時已入拾貳月矣，則回空安得不凍？後運安得如期？

伏乞敕下户部，行令管倉管剥諸臣，多備剥船口袋，務足議單額數，每日石壩照例起足三萬石，土壩照例起足壹萬石，定限拾月初旬起完。其不完者，責有所歸，則責成專而輸納速。不但今歲空船無凍阻之患，即來歲運事有反正之機矣。此臣厚望諸臣共濟之誼，敢因疏報過洪而併陳之，懇惟聖明鑒察。

奉聖旨：“漕糧到日，著作速起剥，以便回空。户部知道。”

續題糧船盡數過洪疏

臣孫居相題，爲恭報糧船盡數過洪，仰慰聖衷事。

據專管漕務右參政施爾志，署淮徐兵河道事淮安府知府詹士龍呈報，各總衛所運萬曆叁拾玖年分，原該過洪糧貳百玖拾陸萬柒千捌百肆拾叁石叁斗捌升貳合，内除續奉文改折糧壹萬叁千柒百捌石玖斗壹升，實該過洪糧貳百玖拾伍萬肆千壹百叁拾肆石肆斗柒升貳合，共該船柒千玖百肆拾伍隻。除自本年叁月貳拾日起至伍月貳拾肆日止，先入直河，遵例准過洪糧船肆千叁百捌拾隻，已經呈報會題訖。今續催入直河，自本年伍月貳拾伍日水軍左衛運官張氏德起，至柒月貳拾肆日臺州衛運官李懋功止，計船叁千伍百陸拾伍隻，理合呈報等因到臣。該臣查得，漕運關軍國大計，而過洪稱漕運安流。今歲回空太遲，則重運必遲，以致仰厪聖慮。故臣等於過淮、過洪，各分貳次題報，欲以少紓聖懷。除先次報過入直河，准過洪糧船肆千叁百捌拾隻，今又續報入直河，准過洪糧船叁千伍百陸拾伍隻。合之，得船柒千玖百肆拾伍隻，則今歲糧船蓋已盡數過洪矣。

從此舳艫相望，銜尾而前，抵壩登庾，計日可待。此豈臣一手一足之力所能致哉？而各該部院分司同心共濟之功，不可誣也。除濟墅鈔關戶部主事張銓催空催運，雅意急公，臨清鈔關戶部主事杜文煥、磚廠工部主事曹震陽，放船發磚，悉心革弊，有功於漕，無例列薦，臣不敢概叙外，如：

總督漕撫右都御史陳薦，經綸大手，文武壯猷。亮節精忠，夙仰鳴陽之鳳；宣威耀德，新蟠夾日之龍。運數萬甲兵，河海之烟氛立凈；借前籌帷幄，淮陽之壁壘重新。漕艘千里揚帆，神器萬年磐石。臺衡望重，鐘鼎勳崇。

總理河道右僉都御史劉士忠，許國丹心，回瀾砥柱。膚功久奏夫平成，勞勷方勤乎荒度。鞏半壁金湯之勢，泇浚黃疏，并借訏謀而底績；行萬艘枕席之上，河清海晏，共禀節制以安瀾。春煬秋蕭兼施，國計民生俱賴。康時霖雨，濟世慈航。

管理南河工部郎中何慶元，運經營之力，以保障東南。沉璧負薪，縮陽侯之洶湧。

張秋管河工部郎中沈朝煠，竭區畫之才，以維持輪轉。高梁峻阜，登上國之調餗。

漕運理刑刑部主事路周，道懸三尺以示恩威，肺石蒲鞭，犀甲黃頭咸震疊。

淮安管廠工部郎中王莅，飭五材而宏轉濟，橖金鳴籟，青鳧赤雁盡飛颺。

淮安管倉户部員外郎王建屏、徐州管倉户部員外郎李廷訓，綜理盈縮，勤克中乎機宜，廩羨庾盈，積貯佐三軍之緩急。

揚州鈔關南京户部主事柯昶、淮安鈔關南京户部主事林世都，譏察往來，心屢勤於啓閉，商謡旅曲，仁風播千里之聲名。

南旺管閘工部主事周士顯，細納涓流，寶惜天地之藏，而平分瀲澤，績茂上游；汪涵大潴，蓄縮山川之潤，而均節源泉，功宏兩利。

以上諸臣，才品不同，職司各异，均於漕務有裨。臣聞見既確，職事相聯，敢不循例上聞，以俟簡拔？除遵奉敕諭，將過洪船糧數目、日期造册報部外。

奉聖旨："户部知道。"

議處回空漕船疏

臣孫居相題，爲議處回空漕船，以速新運事。

臣惟漕運必資船艘，無船是無運也；船艘必待回空，無空勢無船也，則回空所繫顧不重歟？臣自奉命視漕以來，叁月京口以催兌發，叁月舟居以催挽運，總之，爲速回空計也。蓋以回空者，今歲運事之終，來歲運事之始。回空之遲速，關漕政之廢興，於此最宜置力焉耳。

今臣催攢事竣，業於捌月拾玖日抵通灣矣。自河西務以達通灣，糧艘鱗次，檣櫓如林，總計河西務過關船已柒千餘艘，在後雖尚有貳千，然皆迤邐而來，已過臨德、天津等處，非久皆可陸續到灣，不誤剥運。至於起剥稽遲，臣當會同部臣嚴督之；上納多弊，臣當會同各衙門禁戢之；白糧多帶私米，久占剥船，致誤糧運，臣當遵照議單稽察之。此皆不敢煩聖慮也，獨押空之法紀久弛，人心之積玩難振。如上歲户部條押空之法非不嚴矣，比臣差官沿途迎催，直至天津、楊村等處，並無一官在船尾押者。問之，不曰"在京伺候考察"，則曰"在京掣取通關"，其實已由陸路先回也。後雖提責數員，然人衆不可勝提，只得姑置了事。

今爲新運計，宜嚴押空之罰。凡起糧完日，每幫議隨幫官壹員，押空先回；其餘運官，俟交納明白，該倉速給通關，勿聽吏書刁難。臣與倉臣亦陸續考察，即陸續放回，不拘往年通完考察之例，以致藉口稽留。且回空雖待新運之用，而實完舊運之局，若必待新漕臣料理，往往誤事。今歲請自臣始，一面督察上納，一面催發空船。各給以限票，限以時日，令沿途管河官稽查填注。有違限者，候到淮委官查票，酌量責治。押空官及掣通關各運官，務要親赴總漕衙門，齎通關報完，候委官查空船數目明白，給完票照回，方爲完一年之運，方得更番掌印管事。如有踵襲舊弊，私逃歸家者，聽總漕嚴提究革。庶法紀嚴明，人心警惕。空船之南旋必亟，而重運之北上如期矣。臣區區一念急公之心，不敢以弛擔在邇而頓忘之。然非奉明旨，則人不尊信，爲此冒昧上請。

伏乞敕下户部覆議行，臣等遵奉施行，臣不勝悚息俟命之至。

奉聖旨："户部知道。"

查報造船錢糧疏

臣孫居相題，爲查報造船錢糧，乞賜嚴責補造未完船隻，以裨漕務事。

行據署淮徐兵河道事、淮安府知府詹士龍呈：蒙臣憲牌，爲清查船料銀兩，以便會題事。會同總督漕撫右都御史陳薦，照得清江工部造船，各有年分；照各官到廠之月日，計船數之盈縮；又照造船之多寡，論用料之虛實，則有無缺額，有無冒破，便可立見。乃該道近送各船料文册，雜然混開，莫可查詰，相應覆查。爲此牌發本道，即查清江廠自萬曆貳拾玖年起至叁拾年終止，要見中間某主事，自某年月日管起至某年月日止，計該額造船若干，實造若干，有無缺額。其實造船該用大小料銀若干，今實支若干，有無冒破。各挨年順月，造冊呈送，覆核會題等因。蒙此，又蒙臣案驗：爲糧船積缺數多，當事籌謀宜畫。乞敕工部破拘攣，廣營造，以重國計，以垂永久事。奉都察院勘札，准工部咨，該臣具題，本部覆議，内款開漕庫匱乏之故，當吹求明白。若有侵漁，指實參究。若係那借，因何不還，并見貯拖欠銀數，合敕總漕、巡漕二臣，嚴核奏報等因。覆奉欽依，移咨備札，案行到道。

今該本道行，據該廠提舉等官造送各年船數錢糧文冊，擬合轉報等因，到臣。該臣按冊查得，自萬曆貳拾玖年起至叁拾玖年終，并肆拾年春季止，每年該額造淺船、海船、遮洋船，大小共伍百捌拾玖隻捌分，各年共該造船柒千柒拾捌隻貳分。各船大小料價不等，共例該用銀柒拾捌萬伍千捌百貳兩陸錢陸分柒釐伍毫柒絲肆忽。舊管萬曆貳拾捌年終止，存廠并一應大小料什物，及楠木抵算舊欠，共銀陸萬肆千貳拾玖兩壹錢壹分貳釐陸毫肆忽伍微。新收萬曆貳拾玖年起至三拾玖年終止，大小料什物等銀陸拾肆萬玖千柒百捌拾兩柒錢捌分三釐貳毫壹絲，共計造完船伍千壹隻。開除用過料價什物等銀，共伍拾伍萬伍千捌百肆拾肆兩貳錢捌分陸毫伍絲，仍存實在銀壹拾伍萬柒千玖百陸拾伍兩陸錢壹分伍釐壹毫陸絲肆忽伍微。

主事周訓，自萬曆貳拾玖年正月起至本年玖月初柒日止，額該造船伍百捌拾玖隻捌分伍釐，俱造完。額外預造次年船壹百叁拾陸隻，共造過船柒百貳拾陸隻。舊管大小料價、什物等銀陸萬肆千貳拾玖兩壹錢壹分貳釐陸毫肆忽伍微，新收銀捌萬壹千肆百壹拾玖兩壹錢柒分肆釐玖毫，又各旗交廠舊底板銀陸百兩，開除用過銀捌萬叁千玖百叁兩壹錢伍分玖釐叁毫，仍存實在銀陸萬貳千壹百肆拾伍兩壹錢貳分捌釐貳毫肆忽伍微。

主事王宗義并帶管戶部員外郎羅文綱，自萬曆貳拾玖年玖月起至叁拾年陸月貳拾壹日止，該額造船伍百捌拾玖隻捌分伍釐，已造完船肆百壹拾捌隻，又前司預造本年分船壹百叁拾陸隻，未造船叁拾伍隻捌分伍釐。舊管銀陸萬貳千壹百肆拾伍兩壹錢貳分捌釐貳毫肆忽伍微，新收銀伍萬壹千叁百叁拾壹兩捌錢叁分玖釐捌毫。開除除[二]前司預造船隻已經開銷外，今支用過銀肆萬柒千壹百柒拾壹兩玖錢陸分玖釐捌毫，仍存實在銀陸萬陸千叁百肆兩玖錢玖分捌釐貳毫肆忽伍微。

主事沈孝征，自萬曆叁拾年陸月貳拾貳日起至叁拾叁年柒月初玖日止，共該額造船壹千柒百陸拾玖隻伍分伍釐，已造完船壹千壹百捌拾玖隻，未造船伍百捌拾隻伍分伍釐。舊管銀陸萬陸千叁百肆兩玖錢玖分捌釐貳毫肆忽伍微，新收銀壹拾陸萬叁千陸百捌拾壹兩玖錢壹分壹釐捌毫陸絲。開除用過銀壹拾叁萬捌千捌百伍拾玖兩捌錢叁分柒釐柒毫伍絲，仍存實在銀玖萬壹千壹百貳拾柒兩柒分貳釐叁毫壹絲肆忽伍微。

主事魏時應，自萬曆叁拾叁年柒月初拾日起至叁拾伍年貳月初玖日止，共該額造船柒百叁拾柒隻叁分壹釐，已造完船肆百肆拾伍隻，未造船貳百玖拾貳隻叁分壹釐。舊管銀玖萬壹千壹百貳拾柒兩柒分貳釐叁毫壹絲肆忽伍微，新收銀捌萬捌千貳百捌拾玖兩貳錢柒分肆釐陸毫。開除用過銀肆萬玖千肆百陸拾伍兩伍錢捌分肆釐陸毫壹絲，仍存實在銀壹拾貳萬玖千玖百伍拾兩柒錢陸分貳釐叁毫肆忽伍微。

主事楊櫃，自萬曆叁拾伍年貳月初拾日起至本年拾貳月貳拾叁日止，共該額造船肆百肆拾貳隻叁分玖釐，已造完船貳百陸拾肆隻，未造船壹百柒拾捌隻叁分玖釐。舊管銀壹拾貳萬玖千玖百伍拾兩柒錢陸分貳釐叁毫肆忽伍微，新收銀伍萬捌千叁百壹兩伍錢肆分玖釐壹毫叁絲。開除用過銀叁萬肆百玖兩叁錢肆分貳釐玖毫玖絲，仍存實在銀壹拾伍萬柒千捌百肆拾貳兩玖錢陸分捌釐肆毫肆絲肆忽伍微。

主事周之龍，自萬曆叁拾伍年拾貳月貳拾肆日起至叁拾捌年捌月拾柒日止，共該額造船壹千柒百陸拾玖隻伍分伍釐，已造完船壹千貳百捌拾陸隻，未造船肆百捌拾叁隻。舊管銀壹拾伍萬柒千捌百肆拾貳兩玖錢陸分捌釐肆毫肆絲肆忽伍微，新收銀壹拾貳萬壹百伍拾玖兩捌錢伍分壹釐壹毫貳絲。開除用過銀壹拾肆萬玖百玖拾玖兩壹錢肆分伍毫壹絲，仍存實在銀壹拾叁萬柒千叁兩陸錢柒分玖釐伍絲肆忽伍微。

主事高惟岡，自萬曆叁拾捌年捌月拾捌日起至叁拾玖年拾月初柒日止，該額造船伍百捌拾玖隻捌分伍釐，已造完船叁百捌拾柒隻，未造船貳百貳隻捌分伍釐。舊管銀壹拾叁萬柒千叁兩陸錢柒分玖釐伍絲肆忽伍微，新收銀捌萬伍千玖百玖拾柒兩壹錢捌分壹釐捌毫。開除用過銀叁萬玖千捌百柒拾陸兩柒錢玖分伍釐肆毫壹絲，仍存實在銀壹拾捌萬叁千壹百貳拾肆兩陸分伍釐肆毫肆絲肆忽伍微。

帶管戶部員外王建屏，自萬曆叁拾玖年拾月初捌日起至肆拾年貳月拾柒日止。并見任郎中王蕊，自萬曆肆拾年貳月拾捌日起至叁月終止，計本年該額造船伍百捌拾玖隻捌分伍釐，已造完船貳百捌拾陸隻，續造完給旗船貳百玖隻，又造完未領船玖拾伍隻。用過在廠錢糧候夏季開銷。舊管銀壹拾捌萬叁千壹百貳拾肆兩陸分伍釐肆毫肆絲肆忽伍微，新收銀無。先開除造船貳百捌拾陸隻，用過銀貳萬伍千壹百伍拾捌兩肆錢伍分貳毫捌絲，仍存實在銀并買木銀壹拾伍萬柒千玖百陸拾伍兩陸錢壹分伍釐壹毫陸絲肆忽伍微。

又據別冊開報，節年各衛所借支運軍行糧，及修艙輕賫等項，未還大料銀叁萬壹千壹百玖拾陸兩壹錢貳分，此拾年支存料銀之實數也。其未造船貳千柒拾柒隻貳分，例該扣剩銀貳拾貳萬玖千玖百伍拾捌兩叁錢捌分陸釐玖毫貳絲肆忽。今以實在銀壹拾伍萬柒千玖百陸拾伍兩零，并借支銀叁萬壹千壹百玖拾陸兩零，及蕪、杭兩關，蘇、淮、揚叁府，河南、山東貳省各衛所，拖欠料價銀柒萬壹千玖百玖拾貳兩零。總計之共銀貳拾陸萬壹千壹百伍拾叁兩。即以備補造缺船之用，尚充然而有餘。其肆拾年該造船伍百捌拾玖隻捌分，業已造完。而未造船內仍該除去續造給旗并造完未領船，共叁百肆隻。實未造船止壹千柒百柒拾叁隻貳分。今應以實在之銀并借支及拖欠前銀剋期解補，定限貳年，補造完足以後。年造壹年，不得分毫欠缺。其各項料價亦年完壹年，不得分毫拖負。此今日理漕第一急務也。

夫漕船缺數甚多，議者皆疑料價之不明，即臣亦不能無疑。今再四駁查，額船造者雖少，然支銀亦僅僅如其所造而止。臣誠無所庸其參處。至於缺船之多，非盡不造之故，則造船不堅之故耳；非盡該廠不欲造，亦旗甲不以送廠耳。何也？蓋廠例，漕船拾年一造，此必成造如式而後可。乃近年釘稀板薄，體制不堅，有叁伍年即壞者，有柒捌年即壞者。叁年壞則缺柒年，伍年壞則缺伍年，柒年壞則缺叁年，此船之所以日缺也。又廠例，旗甲送舊船到廠，則造給新船。若舊船不到，即欲造給而無人領也。近年因使費太重，旗軍苦不能辦。是以寧甘缺船，而不敢送廠；寧枵腹備雇船之費，而不願罄家充造船之費，此缺船之所以日多也。今議補造缺船，當先革使費，以招徠之。又省試以時，釘板如式，俾繼造船隻，堅厚久遠，一如議單之式，則廠無一試輒壞之船，國無一壞不復之運，而國家億萬年精神命脉，端在此矣。

臣謹會同總督漕撫右都御史陳薦，因查報造船錢糧，敢并及造船法制。萬一臣言可采，伏乞敕下工部，速爲覆議施行。

奉聖旨："工部知道。"

催遣漕臣以催考選疏

臣孫居相題，爲漕糧關係匪輕，新運料理宜急，懇乞聖明俯循舊制，蚤遣漕臣，以便接管，以復久壞漕規事。

臣惟國家至重而最急者莫如漕運，今日大壞而極敝者亦莫如漕運。故臣拜命視事以來，凡拾閱月，其於漕事興廢之故，回空遲速之由，亦略有概於衷矣。若知而不言，是謂負職以負皇上，臣不敢也。

臣查得，拾年以前，漕臣差遣在捌月，到任在玖月，開倉在拾月，開兌、開幫在拾壹貳月，運完復命又在次年捌月，是差遣一蚤則無所不蚤也。數年以來，漕臣差遣在仲冬，或在歲杪，或在來春，開倉、開兌、開幫因而遞遲，完運復命又至過歲，是差遣一遲則無所不遲也。然使遲而無害於事，即聽其遲亦無不可，孰知遲之爲害，有不可勝言者乎？蓋祖制，叁月過淮，肆月過洪；原爲叁肆月間，水平風順，揚帆無虞。

比入伏秋，河水泛漲，風颸叵測，漂流糧米動至數拾萬石，淹沒官軍動至數拾百人，此風波之險可念也。且河發水湧，挽拽艱難，過閘過溜，每船必用夫叁肆百名。人行泥淖中，赤足裸體，一步一陷，淺者沒膝，深者沒腰，行不數里，氣盡力竭，僵僕難前，此挽拽之苦可念也。抵壩既遲，勢必阻凍，由冬徂春，履雪臥冰，徹夜達旦，防火防盜，一有不測，身家隨之，此守凍之苦可念也。且凍糧百萬計，船叁千計，軍叁萬，每軍日食糧米貳升，便是陸百石。加以盜賣插和，浪費種種，歷冬叁月，非拾數萬不可，此耗蠹之寶可念也。

今歲，既至守凍，明春必須雇船。運官指稱雇船剝削旗軍，旗軍指稱雇船刁勒糧里，軍民俱費，又非拾數萬不可，此朘削之敝可念也。至於遞遲之極，必至誤壹年之運；國家壹年無運，則官軍壹年無餉。枵腹操戈勢必不能，鼓噪脫巾形且立見。京城內外，尚得晏然無事已乎？此其害又將移之國家。總之，一漕臣差遣之遲成之也。

目今臺員雖乏，然候命有人，諸臣服官內外，已歷多年，而旅食京華，又逾叁歲。堅忍既久，練習必精。即其中有被奸人捏造惡名以相污蔑者，而諸君子之名今且益重。蓋邪正原不并立，是非久而自明。此事理之必然，亦聖心所洞照也。第試用之，則諸臣必有嘉謀嘉猷，以報皇上。誰肯甘以其人品功名，而聽奸人搖惑誑誘乎哉？

夫漕臣不可遲，而諸臣又可用。伏乞敕下吏部，令候命諸臣剋期到任，仍敕都察院即擬應差漕臣，上請候旨點用。俾之星馳赴任，以料理新運。庶微臣拾數月之經營，不至幾成而又壞；我國家貳百年之漕規，雖至幾壞而旋復矣。國計民生幸甚，宗廟社稷幸甚。臣不勝懇悃籲禱悚息候命之至。

奉聖旨〔三〕。

薦舉方面疏

臣孫居相題，爲薦舉效勞方面官員，以裨漕政事。

臣奉命催攢漕糧兼理河道，適值回空阻凍，官旗羈留。庸劣如臣，豈能以一手一足之力，收全漕反正之功哉？蓋分猷共濟，實惟藩臬、漕河諸臣是賴。今當事竣，例應薦揚。除原任河南帶管糧儲右布政使黃承玄，督兌通完，調停備極苦心。原任浙江帶管糧儲右布政使竇子偁，督兌過半，釐剔不辭勞怨。原任山東濟寧兵河副使王國禎，督運將完，催攢必親跋涉。在黃承玄、王國禎以升遷離任，在竇子偁以有激掛冠，臣俱不敢概叙外，查得：

專管漕務右參政施爾志，才裕經邦體國，心周遠慮訏謀。萬艘利涉功高，三載經營獨苦。

潁州兵備左布政使趙彥，勳猷震世，才望匡時。舞干名滿西陲，振旅威行南服。

河南帶管糧儲右布政使劉汝康，峻節嵩岳齊高，偉績河星并麗。中原良翰，海內具瞻。

常鎮兵糧按察使臧爾勸，才雄識練，品粹心真。詰戎令肅吳門，轉饟恩覃澤國。

浙江帶管糧儲杭嚴兵備右參政王在晉，文藻奎聯璧耀，才華玉瑩金精。薇省推高，臺垣倚重。

山東糧儲右參政靳于中，博學長才，貞心邃識。士庶醇還鄒魯，軍儲裕若坻京。

湖廣糧儲右參政周維京，品格凌霄孤鶴，仁恩在囿祥麟。歸鴻獲中澤之安，徵鸛無長江之滯。

江西糧儲右參政沈蒸，璞玉渾金雅度，爲霖作楫真才。足國功高，裕民政美。

兗東兵河右參政盧夢麟，高標玉潤金輝，偉績飆馳日麗。文武爲憲，安攘堪資。

密雲兵備右參政張樸，忠讜飛霜貫日，雄猷掣電奔星。左輔歸心，北門壯鑰。

霸州兵備右參政孟成己，長劍倚天才韜，明珠照秉風猷。瑣闈名高，郊圻政肅。

寧太兵備右參政饒景曜，勵節行同皎日，飭兵政比秋霜。青箇傳家，丹誠許國。

天津兵備副使高邦佐，凌霄峻節，挾電雄才。令肅津門保障，望隆北極長城。

徽安兵備副使張九德，品格冰輪瑩徹，器度玉尺端方。淞亭之棠樹猶新，歙婺之萑苻粃靖。

武德兵備副使陳亮采，驍爾善刀批窾，皎然玉樹臨風。憲節霜飛，兵威嶽重。

東昌兵巡副使霍鎮方，正大情通灝氣，揮霍才御罡風。節制慎飭五兵，開濟澤覃九里。

揚州海防兵備右參議熊尚文，經濟真儒作用，猷爲名碩規恢。笑比河清，功成海晏。

河南管河右參議張三聘，志節千尋插漢，經綸萬斛逢源。舟楫長才，岩廊偉望。

兗西兵巡僉事張爾基，武庫胸藏萬甲，星源才注九河。執法曜高，詰戎風凜。

以上諸臣，才品雖各不同，均之有裨漕務。內劉汝康、孟成己、饒景曜、張九德、霍鎮方，雖乏壹年之俸，然已完壹年之運。且有轉自臣屬者，例得一體薦揚，以備擢用者也。

至於竇子偁，雖掛冠去矣，然功在漕運，臣甚惜之。蓋往歲浙運獨遲，全幫阻凍，而新運幾不可爲矣。子偁代庖糧道，慨然以恢復漕規爲己任，凡所爲，查料造船，選官僉旗者，無一不任怨任勞，悉心料理。以故查出節年官軍侵匿船料數千金，新造及補修糧船數百艘，清出投托隱占軍士數千名。浙于是無船而有船，無旗而有旗。叁月未終，頭運兌發叁拾餘萬，貳運又將兌發貳拾萬。偶因訪拿貳奸胥忤按臣意，揭薦參藩後，非體也。本官義不受辱，遂拂衣去，纔圖書二笈耳。去之日，浙中士庶擁道遮留，幾不能前。此其德澤在人心，勤勞在國計，章章不容泯也。臣嘗謂國家最難得者才品兼全之士，本官有才有品而又有用，此之謂全才也，真品也。乃竟以執法不阿，抑之使去，其無乃灰任事之心，而阻豪杰之氣乎？臣謂本官雖以病告，未可遽以病棄，所當及時推用，以展其猷者也。

伏乞敕下吏部，再加查訪。如果臣言不謬，將施爾志等，紀録擢用。寶子俏及時推補，庶監司競勸，而漕事永有賴矣。

奉聖旨[四]。

舉劾有司疏

臣孫居相題，爲舉劾有司官員，以肅漕政，以風吏治事。

臣奉命催攢漕糧兼理河道，兹已竣事。所據按屬有司官員聞見頗真，例應舉劾，除蘇州府知府趙世禄、松江府同知方應明、鄒縣知縣胡繼先、慶雲縣知縣王之寀，峻節益勵於宦成，芳名并垂於去後。雖經完運，皆已升遷。

鎮江府知府康應乾、淮安府知府詹士龍、東昌府知府沈琉、河間府知府杜應芳、蘇州府同知郭堯濂、鎮江府同知藥濟泉、淮安府同知劉復初、永平府同知管通州事楊忠裕、徐州知州張正綱、任丘縣知縣賈繼春、武進縣知縣楊所蘊、平原縣知縣馮三元、武清縣知縣孫織錦、夏津縣知縣栗儲棟，敏才若新刀發硎，沃澤沛隨車甘雨，雖已歷任，尚未及期，臣俱不敢概叙外，查得：

常州府知府杜承式，清貞直亮，仁恕精詳。展采天際風雲，率屬人倫山斗。

盧州府知府李克敏，勁節千尋嶙峻，大度萬頃汪洋。金斗名高，藩臬望重。

兗州府知府吳汝顯，卓識徹猷，雄才潔守，大棗真堪師帥，魯國可對聖賢。

淮安府同知陳所立，心源澡潔，才識練明。防河冒險衝波，督運披星戴月。

揚州府同知毛炯，精明博大之才，端亮真誠之品。防江盜息，攢運軍歡。

松江府推官吳之甲，明如秋月當空，潔似冰壺映雪。才品無雙，清貞第一。

濟南府推官王安舜，映日丰姿，履冰心事。讞鞫幽情立剖，查核宿弊頓清。

常州府推官王命新，英標鷔鳳，定力屠龍。祥刑露覆三吳，秉鑒明周四郡。

揚州府推官林一柱，丰姿玉潤，才識珠圓。品騭較若持衡，讞決明同觀火。

東昌府推官郭彥聖，明懸玉鏡，清湛金莖。折獄執法如山，程材平衡似水。

河間府推官簡麒，麟鳳英標，冰玉潔操。平反恩流肺石，威嚴法逮憑城。

兗州府推官夏應臺，清凝止水，仁泣下車。震風不襲齊臺，朗月如懸秦鏡。

鳳陽府推官趙弘道，犀然牛渚，玉映冰壺。月旦評高汝南，陰霾霧清江北。

曹州知州周燝，冰壺濯魄，玉樹臨風。化行俗美絲騌，澤普民沾膏雨。

邳州知州林銘鼎，雅度金輝玉潤，雄文霞燦雲流。民牧表儀，人倫冠冕。

濟寧州知州唐世桂，刃陸剚而水割，畫左方而右圓。經理周詳，精神凝定。

海州知州楊鳳，心勤撫字，能令蔀屋回春。力振頹弛，會見海邦生色。

臨清州知州盛以進，處水陸交衝之地，得緩急調劑之宜。政布陽春，操澄秋水。

沂州知州李再白，春滿艾山之境，文挹澤筆之波。室有懸魚，庭無社鼠。

無錫縣知縣陳以聞，心事粹白真誠，猷爲精詳妥練，恩覃兩邑，治最三吳。

江都縣知縣姚祚端，青年妙品，潔守閎才。淮南卓异推先，江北循良獨步。

常熟縣知縣楊漣，清操人間獨鶴，遠韻天末孤鴻。品重一時，政成三异。

山陽縣知縣張師孟，操履清貞，才猷爽練。利刃無難錯節，輕車可駕長途。

聊城縣知縣韋蕃，才優守潔，政和民安。賢聲卓冠三齊，循績可追兩漢。

江陰縣知縣許達道，操品冰清玉潔，才華霞變雲蒸。野静鴻歸，庭空鶴舞。

歷城縣知縣黃衷，清操一泓秋水，湛恩兩地春風。花滿四封，頌騰萬口。

丹陽縣知縣曠鳴鸞，提躬捧玉，展采運斤。四載茹蘗盟心，百里流膏浹髓。

臨淮縣知縣劉思誨，四知介守，八面長才。嚴明玉案凝冰，惠澤金莖湆露。

東阿縣知縣鄭國昌，標格嶙峋，才華卓犖。恤凋罷野有馴雉，應衝劇目無全牛。

昆山縣知縣祝耀祖，英概壁立千尋，敏才泉湧萬斛。治追漢吏，惠洽吳儂。

密雲縣知縣徐光前，玉瑩卓品，冰潔貞心。萬家皎月高懸，三輔清流獨步。

德平縣知縣賈先春，潔守餐冰茹蘗，雄才掣電凌風。百里祥鸞，三齊威鳳。

金壇縣知縣郭如楚，連城粹璧，照乘明珠。才長迎刃風生，惠洽吹律春暖。

陽信縣知縣路升，犀利長才，冰清粹品。振刷塵清六案，拊摩春滿四封。

華亭縣知縣聶紹昌，才雄守潔，養定神閑。吏凛六月嚴霜，民愛三冬煦日。

金鄉縣知縣彭鯤化，衝度金和玉潤，練才雷厲風行。節矢羔羊，祥呈鸞鳳。

泰興縣知縣馮英，倚馬長才，承蜩妙手。三尺威行豪右，四知節媲前修。

肥城縣知縣王槐秀，英標雅度，朗識徽猷。寒冰不着纖塵，甘雨覃敷四境。

長洲縣知縣韓原善，光風霽月襟度，行雲流水才情。卓异蜚聲，循良奏績。

曹縣知縣李支揚，利刃剚犀，冰心映玉。霜月寒邊吏立，春風暖處民居。

合肥縣知縣方應庚，真品長才，純衷亮節。拊循春融萬井，振飭風肅三刀。

章丘縣知縣張應吾，豐棱璧峭，操履冰凝。一簾明月常懸，四境仁風廣被。

吳江縣知縣馮任，春容雅度，諳練通才。琴鶴秋月一庭，桑麻春風滿地。

巨野縣知縣李焞，清不要名，政不炫俗。民享和平之福，庭絕弄法之奸。

鄒平縣知縣王點，惆愊無華，清嚴有守。藹藹情同就日，乾乾慮惕戴星。

儀真縣知縣歐陽照，炯識照乘明珠，英猷發硎新刃。一庭秋肅，四野春温。

壽張縣知縣張慎言，粹品琮璜并重，雄文雲漢齊耀。枳棘鳳鸞，康莊騏驥。

蒙城縣知縣王伉，昂然聳壑之標，粹矣絶塵之品。六牘風清，四郊露湛。

嘉定縣知縣胡士容，雄文墨花噴露，清標玉樹凌風。百務聿新，一塵不染。

寶坻縣知縣劉惟忠，虛懷朗識，素節純衷。藻思擅步班揚，循績方駕召杜。

棠邑縣知縣馮一經，白玉凝冰之節，青霜紫電之才。頌起五絝，政成三善。

獻縣知縣劉重慶，干莫英資，瑚璉美器。牧愛祥雲覆野，剔蠆明月當空。

吳縣知縣周爾發，衝襟玉潤，朗識犀然。拊摩露覆千村，摘發風清三窟。

潞縣知縣賈克忠，冰心懸市，愛日臨冬。望而知爲端人，課之雅稱循吏。

淄川縣知縣王時和，諳練驊騮就馭，貞清冰月爲飧。歌繼兩岐，歡騰四境。

交河縣知縣黨中疇，逸度洋洋千頃，循聲嘖嘖萬家。案牘風清，琴書日永。

冠縣知縣田珍，清卓凌霄翠幹，精瑩映月明珠。化起維新，民歌來暮。

南皮縣知縣徐殷，風清積案之塵，電掃累年之蠹。美錦新製，小鮮大烹。

長清縣知縣王振熙，英才青萍出匣，粹品白璧連城。擘畫一新，謳歌四起。

肅寧縣知縣白所行，粹白纖塵不染，明練百廢俱興。春滿花封，露覆棠市。

鹽城縣知縣孫鳳翔，謹凜禔躬，精詳措事。素履矢盟白日，實心可對蒼天。

館陶縣知縣吳峻，才猷百煉如金，操持一清似水。化行樸械，澤被桑麻。

虹縣知縣王一鵲，政成製錦，節擬素絲。一腔保赤心真，三尺繩奸令肅。

以上諸臣，廉勤公謹，皆一時有司之良，所當薦揚，以備擢用行取之選者也。

再照今歲缺船雇募，有司之拮据倍勞，徵辟遲留，仕路之積薪更苦。臣念其勞苦，則不得不恤其功名。故於叁省直多薦叁人，稍示風勵。然賢而遺於所薦之外者尚多也，有司不負臣，臣負有司，固無如額例何耳。

又訪得：宜興縣知縣陳翼飛，貪婪淫穢，暴戾恣睢。以幼吏李國禎爲弄童，賄賂聽其關說；以門子王鳳爲寵倖，過付任其公行。

一、初任，令農民屠成等遍訪概縣富户，列爲三等。上等借銀壹千兩，中等借銀伍百兩，下等借銀叁百兩，共銀叁萬餘兩。納銀富户吳時宗等證。

一、審編用書手潘漢卿等，遍查錢糧册，凡田過叁百畝者記經折中，或招仇家告害，或嚇以點白糧，解户送銀伍柒拾兩，或百兩，然後饒免，共銀叁千餘兩。通賄吏書朱奉山等證。

一、起解白糧，每糧長扣價脚貳拾兩，共伍拾陸名，計扣銀壹千餘兩。又派白米壹百包，山炭壹百簍，小書陸百部，見寄宦僕吳曉之家。

一、驗印官布，每解户罰銀伍拾兩，共拾肆名，計罰銀柒百餘兩。又派三白酒貳百包、火腿壹百條、銀硃拾兩，俱經解户史雲津之手。

一、六房吏逢節送禮，段匹、金銀、器皿一概收受。如禮房吏朱良輔、刑房吏張明玄送禮值百金，喜甚，任爲耳目，縱其害人，闔邑切齒。

一、候缺農民屠中行，謀充直案，送紫金冠壹項，批照候用。及張來用、李世榮垂涎，各送銀伍拾兩，亦批，准管半年。中行執批爭競，則曰：「將來另有看顧。」滿堂掩口。

一、知印杜振錫不肯饋送。一日，因其揮扇出示，令人投告，受狀叁拾張，明白分付，尋某人分上來。因移書同年鄒之麟云：「非革車之數不可。」蓋言叁伯也，此項銀皆平分。又訪其親叔杜思耕及杜牡，借事夾打，各送銀壹千兩，操總李世芳過送可證。

一、欠同年初中時賭錢，邀至本縣，明教説事，貳日内説完賭債壹千伍百兩。嗣後，鄉親、山人、詞客來者不絶，寺觀常寓壹貳拾人，得銀多寡以爲官詞勝負。如犯人陸炳、萬象熙等數百家，各饋銀數百兩不等，庫吏錢大鼻説合可證。

一、訪知吳漢源家富，因漢源投治生帖進拜，不容見。漢源托本官同年先饋銀壹千兩、紫檀文具壹架，内金玉古銅器皿俱全，一見大喜。後家人羅册打死族中有服主人，曲爲庇護，操院發狀不審，賴操院吊狀親審伏辜，原卷可查。

一、本縣造塔，派各鋪户助工，追比入庫。凡詞訟問杖之外，又罰穀、罰銀以爲塔費。比管工陳君弼出領狀領銀，嚇以他事。凡各助塔銀貳千餘兩，盡入私囊。君弼自備銀完塔，本人可審。

一、收糧以農民管糧，每名先令納銀貳百兩，縱令加三收耗。公然説：「費過本錢，來的其所。」得耗羨，仍與瓜分。故民間有"官加貳，私加壹"之謠。

一、糧吏魯立役滿，惡其謝禮稍薄，假指宿娼爲名，嚇要問革，得銀貳百兩，因而釋放。故民間有"吏宿娼，官作鴇"之誚。

一、比狎粟官吳時宗等，日夜喧飲。每飲聚四方珍異，妖童謔浪，以結其歡。一日，借時宗銀壹千兩，又送金首飾壹副、金盤盞貳副、金鐲壹雙，以送公子爲名，盡數收受。比答拜，時宗云："天寒，有貂帽套壹個奉送。"恬不知恥，收入袖中，遂成莫逆交。徵租逼債，甘爲錢虜驅使，其卑鄙無恥類如此。

一、暮夜拜生員俞應臺，嚇以賭博申革。應臺懼，饋銀伍百兩，遠避杭州。思不遂其欲，拿家人金忠等收監逼要。俞應臺央王門子又送銀伍百兩、金臺盞肆副、珠冠壹頂，事釋後遂成忘分交。說事過錢，不顧士民唾罵，其嚇詐反復類如此。

一、揚州娶妾，在宅蹴踘，歌唱，聲聞於外。後因懼內，送寄瓜洲民家，每托謁見上司，渡江密聚數日。又付銀肆拾兩，托操總王明境內馬安山娶妾，常州舟中宿三晚，不合意，發出，減價貳拾兩，王明賠拾兩，妾父張仁賠拾兩。其淫縱不檢類如此。

一、富民許文煒，謀占弟婦田產。因婦家人蔣曉不從，枉盜酷拷，垂死。禀縣，立有保辜。不日，曉死，索銀壹千貳百兩，反坐屍兄。蔣大、蔣二不應，各責貳拾板。其聽斷任情類如此。

一、徵錢糧，自叁拾伍年至肆拾年，一并齊追，致小民鬻妻賣子不能供其求，少壹錢者責壹板。顧任、張明等死於杖下者數拾人。又一夕，打死押區民壯拾名。有壹名邵懷，打至壹百，氣絕，又打叁拾以滿未完之數。其殘忍酷刻類如此。

一、曹珍與嫂路氏通奸，本官拿獲鎖禁，索銀貳千兩，過付門子貳百兩，遂釋放。因見物議沸騰，又拿曹珍送監，討病狀，又得銀壹千兩，提至倉中。差人逼路氏自盡，又得銀壹千兩。後因物議復騰，將曹珍送訪以掩其失。其貪黷無厭類如此。其問詞嚇取也，則受生員杜廷鉉叄百金，公子蔣如奇伍百金，豪奴凌充壹千金，許秉廉兄弟貳千金，皆與説合山人林古渡叄柒分用。其指公科斂也，則索徽棍程相如叄百金，寡婦潘氏叄百金，生員談起莘壹千金，犯人陳經濟壹千金，皆係心腹庫吏李國禎暮夜暗投。

此外事款尚多，罄竹難書。見今又指稱朝覲，票取鋪户段絹等物，值貳千餘金，各鋪備送未完。此壹臣者，酷以濟貪，忍剜心頭之肉；官以爲市，幾卷地上之皮。故民爲之歌曰："陳中堂忒手長，説事李七娘，過付王三藏。千百布袋進，零星升斗量。可憐是賣妻的斷腸，鬻產的淚汪汪，盡説宜興地皮光。"蓋李七娘指李國禎，王三藏指王鳳也。總之，贓私狼藉，怨讟沸騰，爲貳百年來所未有之貪。若不據例處分，何以懲一警百？所當照會例革職爲民者也。

通州知州王芮，性本貪污，才尤卑暗。寵積書顔應禎爲腹心，潛通關節，用積皂咎仕爲牙爪，大肆誅求。

一、奉委查海門縣兵船，當將該縣陳門子留宿，事畢，帶回本州，出入私衙，全無忌憚。後陳門子在穿堂自刎，穢議遠近傳聞。

一、着落地方拶指僉報門子，報行良家幼男小孫、小陳等共肆拾餘人，輪班伺候。每至退堂，環列數層，恬不知恥，致令士民唾罵。

一、本州額設條鞭貳萬，漕折捌千，每壹兩加貳徵收，每年得銀伍千餘兩，皆寵用里長張彬等照數扣送。

一、支解各項錢糧，每百兩扣銀貳兩，每年得銀肆百餘兩，致解銀里長史銑等賠累罄家。

一、概州當鋪拾貳家，違禁取利，州民連名具告。驅逐各鋪，斂銀壹千兩，央托咨仕過送，本官准給免照，仍答以侍生帖，殊失體統。

一、庫貯應解房稅銀貳千餘兩，新增兵餉銀壹千捌百餘兩，令腹吏賄通府吏揑假庫收，將前銀不解分毫，盡入私囊。

一、監生王履亨，因奸庶母曹氏，被族王履貞告州，審亨情真，擬絞。托顏應禎過送葉金肆拾兩、玉杯貳隻，前事遂寢。包仕等證。

一、監生溫維新，霸侵溫三義家財，被兄溫大告州，嚇索銀貳百柒拾兩、金鑲玉花捌枝，即免，改罰。白燁等證。

一、州民丁檀妻曹氏年少有色，豪民張堆謀奸不從，凶毆身死，告道行州，檢驗多傷，法應抵償。堆央吏楊海川過送銀伍百兩，捺案不申。卷證。

一、土豪沙訓父子，恃強賣戲，向朱三索討戲錢，爭競打死，告州，夾打收監。訓托吏顏九芝過付銀伍百兩，免究，沉閣，卷證。

一、大小海船伍百餘隻，俱係民灶下海採取魚鮮。本官令顏應禎坐船截住廖角觜，每船給帖壹張，納銀貳兩，任其販鹽殺商，人不敢問。每年得銀壹千餘兩，經收顏應禎可審。

一、各行經紀周懷山等行帖，每帖納稻伍石，共計伍千餘石。本官令折銀壹千伍百餘兩，盡入私囊。經收江潮海可審。

一、本州收糧，分爲伍櫃。每令節，索櫃頭折杯盤銀伍拾兩，綾綢紗段拾陸匹，斂送者櫃頭程士智、王松齡也。

一、本州厫里壹百伍里，每里常例伍兩，每年伍百貳拾餘兩。經收者厫頭戴葉、顧祥也。

一、指倚均派里甲，令虎里王朝立向富戶錢階等家，嚇說要僉上戶，每家索銀壹百兩，饒免。皂頭咨仕證。

一、舉人王會海認爲門生，終日講分上，本官令腹書顏應禎每事知會王舉人來説，其禮貳分與王，捌分交送衙内，每年不下數千金。腹吏顔九芝證。

一、令顔應禎賄通府吏行假票，提取叁拾年以前停徵錢糧，徵入私囊。叁年不下叁千餘兩，百姓閧然怨謗。

一、聽顔應禎計，假刻軍門契尾，凡民間買田房者，嚇以入官，盡令稅契納銀，叁年不下叁肆千兩。士民嘖有煩言。

一、令禮房韋外郎將槩州監生富户藉名在册，但遇令節，及本官生日、家眷兒子生日，皆照册收禮。每年所得金玉、首飾、杯盤、段匹，不下貳千金。有壹人不到者，福禍立見。

一、本官嫁三女，皆在通州。製辦妝奩，取各鋪户金玉、珠翠、尺頭不下貳千金；仍復借言陪送相府，要用渾金、珠寶、宫妝、袍服，令各富户及櫃頭鬥辦，有辦不如意者，利害不測。

一、把總司捉獲江洋大盜郭良等解州，各盜懼死，將劫得官宦金帶貳條、金臺盞肆副、犀杯拾隻、銀伍百兩，付顔應禎過送，竟以非盜釋放。失主華安證。

一、呂四場漂到浮海商船數隻，載有倭絨、人參、冰片等物，被土豪秦浩等百餘人搶虜一空，殺傷人數口。事犯，本州不報上司，止將前貨物追出入官，不下萬餘金，福商陳紹證。

此壹臣者，碌碌當官，黔驢之技莫展；孳孳爲利，鼸鼠之量已盈。即繩以貪例，亦不爲過。但比之陳翼飛猶少殺焉，所當照不謹例冠帶閑住者也。

河間府泊頭管河通判施化光，才質昏庸，操持濡染。

一、本官所轄河道陸百餘里，沿河居民賈良才等，穿井灌園，名爲通杆井，一里有壹貳眼不等，共井千有餘眼。本官指鑿壞堤岸爲名，每眼索銀貳兩，每年約得銀貳千餘兩。差虎快潘近池押追不完者，將劉天祥手指拶折，各本人證。

一、本官所轄地方柒拾貳淺，每淺額設夫拾名，共淺夫楊春等柒百貳拾名。本官聽信積書柳和宇撥置，每年兩次盤查，每淺壹處，索常例銀貳拾兩許[五]，每年得銀壹千肆百餘兩，各淺夫證。

一、本鎮當鋪茶客馮權吾等肆拾餘家，本官聽高門子畫計，驅逐不容在鎮居住，每家送銀拾伍兩，共銀陸百餘兩。因喜高門子合意，見賞快手應役，何異教猱升木？

一、本鎮發賣綢段、布匹、雜貨客商俞少溪等叁拾餘家，每年苦取布帛等物，揹勒價值貳叁百兩，不與分文，致俞少溪等敢怒而不敢言，真類入市攫金。

一、本管河道遇有往來商貨，委李主簿查驗，指以掛號爲由，每日叁伍起不等，每起索商客田鳳岡等壹貳兩不等，每年約銀陸柒百兩，不知竟何下落？

一、泊頭鎮市日有大小商販，差積蠹老人梁寧宇徵收浮稅，每名叁伍分不等，每日約有壹兩餘，每年約得銀叁百餘兩，不知作何支銷？

一、聽信積書柳和宇，查河岸官地，蓋房富民劉明吾等叁拾餘家，差快手董乾拿究，嚇要拆房。明吾等惶懼，共攢銀叁百餘兩。柳書辦過送證。

一、指送賢否冊，差心腹高門子向趙主簿嚇詐，趙主簿即求伊引，送銀壺壹把、臺盞肆副，共重肆拾兩，段綢捌匹、貂鼠帽套并牙笏等物，共值柒拾餘兩，高門子過送證。

一、官民船隻經過泊頭鎮，無論有無帶貨，縱積役吳登科指稱，查鹽查稅，無壹船不需索銀錢、土宜者，致過者人人自危。

一、民間詞狀，每日投文濫收，無論大事小事，俱問不應罪名。每年贖鍰，計不下肆伍百金，致居者家家飲恨。

此壹臣者，才不足以戡奸，而衙役縱橫；守不足以自淑，而貨賂滋章。即律以不謹，亦不爲過。但查其歷俸甫及貳年，所當照不及，例降調閑散者也。

伏乞敕下吏部，再加查訪。如果臣言不謬，將杜承式等擢用，行取陳翼飛革職爲民，王芮冠帶閑住，施化光降調閑散。庶人心知所競勸，而吏治漕政均有裨益矣。

奉聖旨："吏部知道。"

薦舉部運白糧官員疏

臣孫居相題，爲甄叙部運白糧官員，以勵勞臣，以重供應事。

案查接管卷：奉都察院勘札，爲白糧弊極難堪，部運玩縱當議。懇祈聖明特賜查處，以肅法紀，以重供應事。准戶部咨，該本部題覆，光禄寺卿孫瑋題，前事内稱民運白糧至瓜洲，并過淮過洪，聽巡漕御史查催，遷延者一并參究。至京完糧違限者，聽巡倉御史查照近題事例查參。倉漕御史各於差完之日，仍將總押部官分別舉劾，以昭勸懲等因。題奉欽依，遵行在卷。

今照萬曆肆拾年起運叁拾玖年分供應本色白糧，該臣嚴行催督，令其遵照新例，剋期徵完，攢入軍幇，一體挨行，不許遲延去後。續據專管漕務右參政施爾志册報，嘉、湖、蘇、松、常伍府，應運本年分本色白熟細糙粳稬正米，共貳拾壹萬陸千玖百柒拾叁石壹斗壹合玖抄叁撮陸圭，已經遵依徵完，責委總部協部官督押糧解等役，各於本年正貳等月不等日，俱經開行。又該臣給以限票，限以時日，嚴令依期前進。

今臣抵通州，行據石壩委官把總楊維垣、通州判官閔濟美呈報，俱於玖月初叁日盡數起剥完納訖。據此，該臣看得，白糧干係内供，運納皆有定期，祗因年來部運官營帶別委，由陸赴京，各糧解多帶私貨，遷延貿易，而阻凍逾期，所由來矣。頃該部議，速徵速解，攢入軍幇。臣因嚴禁帶差，惕以薦劾，各官親押催攢，頗效勤勞。今幸事竣，相應甄叙。除協部官，容臣徑行獎勵，不敢概瀆外，查得：

蘇州府同知龐源，節操清嚴，猷爲練達。勞績屢隆輸挽，頌聲夙著吳閶。

嘉興府通判劉慎，措事毫無粉飾，存心一味真誠。轉運功高，佐郡績著。

常州府通判張五美，氣度溫醇，才猷妥練。已勤撫綏之職，更饒轉輸之勞。

松江府通判馬應禎，頤昂器宇，誠坦襟期。却例略見清操，督運尤覘懇烈。

以上諸臣，部運争先，雅有急公之義；承委惟一，更見任事之專。完納以時，勤勞難泯，所當一并薦揚，以備擢用者也。

伏乞敕下户部，再加查訪。如果臣言不謬，將龐源等移咨吏部，紀録擢用，庶人心益奮，而供應不致後期矣。

奉聖旨："户部知道。"

叙別徵折完欠官員疏

臣孫居相題，爲歲運事竣，遵例甄別徵折完欠各官，以重國計事。

案查接管卷：奉都察院勘札，准户部咨，該本部題稱，巡漕御史自萬曆貳拾叁年爲始，將見徵災折銀兩，悉照本色漕糧事例督行，各該司府州縣務要當年完徵，差官起解，一并催攢，與漕糧同日赴部完納。以後年完壹年，不許分釐拖逋。如有司抗阻，解官途路耽延，悉聽巡漕御史指名題參，請旨重治，無得徇情容縱，致誤國計等因。

爲照漕折銀兩原係國家惟正之供，其因災改折者，所以恤民艱也。其嚴限徵解者，所以裕國賦也。且又立爲叙薦查參之格，以聽臣稽核完欠，其法最爲詳密。臣奉命督漕，即屢行各屬，嚴限催徵，依期完解。今徵完者已及玖分之上，而未完不及壹分。所據完解各官，既有叙録往例，相應列名上請。除地方例得薦揚，及完解後期與治行未純，升遷去任者，不敢概叙。外如：

開封府知府王之都、歸德府知府閻溥、武昌府知府馬人龍、承天府知府馮勞謙、荆州府知府吳維東、黄州府知府孫好古、漢陽府知府馬御丙、彰德府署印同知李景登、濟南府署印同知王在公。

以上諸臣，心存體國，志切匡時。端表樹儀，寮屬咸爲競勸；布恩施惠，黎民共效輸將。檐帷并表一時，卓異直追兩漢。

禹州知州陳騰鳳、鄭州知州吳澄時、汝州知州璩光岳、許州知州李化春、磁州知州趙國璧、陝州知州龍爲光、泰安州知州盛治征、濱州知州吳邦靖、高唐州知州師心、濮州知州楊礐、泗州知州屈仰之、宿州知州熊鍾弘、祥符縣知縣王鶴齡、陳留縣知縣譚性教、中牟縣知縣石維岳、安陽縣知縣高推、河内縣知縣趙天宿、永寧縣知縣賈宗悌、嵩縣知縣洪時蕃、永城縣知縣張斗樞、蘭陽縣知縣陳賢才、滎澤縣知縣胡宗漢、滎陽縣知縣張邃、河陰縣知縣苗有土、氾水縣知縣張應春、鹿邑縣知縣劉必逵、湯陰縣知縣張基命、武安縣知縣李春茂、汲縣知縣崔廷試、新鄉縣知縣劉夢熊、輝縣知縣王來蘇、孟縣知縣盧養浩、洛陽縣知縣杜汝亮、偃師縣知縣孫日嚴、鞏縣知縣程宇鹿、宜陽縣知縣牟道行、登封縣知縣傅梅、孟津縣知縣程嗣明、靈寶縣知縣王桂、閺鄉縣知縣張正化、寶豐縣知縣邵建封、虞城縣知縣盧仕、化林縣知縣王新知、修武縣知縣楊楠、胙城縣知縣邢登雲、獲嘉縣知縣鄧學古、臨邑縣知縣張熟、齊東縣知縣姜時敏、齊河縣知縣劉世卿、青城縣知縣王儀、陵縣知縣劉征松、新泰縣知縣高如山、利津縣知縣李瀚、滕縣知縣張金榜、滋陽縣知縣楊光啓、單縣知縣劉天惠、嘉祥縣知縣劉之亮、汝上縣知縣任光裕、恩縣知縣劉仁啓、武城縣知縣王家卿、博平縣知縣趙懋德、荏平縣知縣李鳳翔、朝城縣知縣周士元、清平縣知縣王溥、丘縣知縣張相、范縣知縣薛之屏、江夏縣知縣瞿溥、黃梅縣知縣武圖功、潛江縣知縣傅相殷、蒲圻縣知縣張光前、江陵縣知縣石應嵩、石首縣知縣唐謙吉、景陵縣知縣李守廉、安仁縣知縣郭修德、黃安縣知縣李充榮、祁陽縣知縣熊惟卿、懷遠縣知縣高懿、潁上縣知縣張大業、沭陽縣知縣蔣繼昌、安東縣知縣黃成章、宿遷縣知縣李繼志、睢寧縣知縣魯佶、興化縣知縣陳宇、盱眙縣知縣許經世。

以上諸臣，有學有用，憂國憂民，以撫字寓催科而輸將恐後，以率作兼勸課而轉運爭先，真是國之循良，不媿民之父母。所當照例叙薦，以示激勸者也。

其前項未完銀兩，係河南布政司衛輝府淇縣欠壹千叄百肆拾陸兩柒錢，懷慶府溫縣欠伍百玖拾肆兩貳錢肆分，山東布政司濟南府商河縣欠陸千肆百兩叄千[六]肆分捌釐叄毫陸絲伍忽，樂陵縣欠壹千柒百叄拾陸兩壹錢壹分壹釐壹毫叄絲，新城縣欠肆百兩，濟陽縣欠陸百玖拾陸兩，萊蕪縣欠玖百陸拾兩，沾化縣欠壹千壹拾陸兩貳錢貳分，禹城縣欠柒百貳拾兩，湖廣布政司黃州府廣濟縣欠貳千貳百陸拾捌兩玖錢肆分伍釐，岳州府華容縣欠壹千叄百壹拾玖兩壹錢捌分伍釐。似此逋負，俱應參治。除廣濟縣知縣蔡洪輝丁憂去任，沾化縣知縣苗進忠到任未久，相應免議外，溫縣知縣楊允京、淇縣知縣諸希獻、華容縣知縣李雲階、商河縣知縣張士選、樂陵縣知縣沈中虛、濟陽縣知縣郭承祚、萊蕪縣知縣謝懋官、禹城縣知縣胡守經、新城縣署印、蒲臺縣縣丞郭應宿。

以上各官，心本慈仁，政多寬縱。徒知繭絲不如保障，罔念撫字不廢催科。課政無奇，署考宜下。但謝懋官、胡守經皆治行表表，擬在薦列，止以漕折未完，已登薦列而竟削之。今即與楊允京等照例并處，彼示何詞？但該道送册於臣，已逾兩叄月。臣今歲報命，比往歲又蚤兩叄月。諸臣習見往歲之遲，而不知今歲之早。是臣以一人之蚤而成諸之遲也。臣與諸臣同功一體，假令臣居其功，諸臣當其罪，臣何忍焉？況湖廣、河南、山東去京貳叄千里，即此時續完，卒難報到，臣亦有不及知者。合無暫停罰治，姑寬以貳月之限，勒令通完，後不爲例。如過限不完者，然後如例處之。如是而諸臣有不感奮徵輸以佐國家之急者，臣不信也。

伏乞敕下户部，酌議上請，將王之都等照例移咨吏部紀録，仍行臣等優加獎勸楊允京等，勒限完報，或酌量議處，庶勸懲明而額賦不致逋負矣。

奉聖旨："户部知道。"

舉劾總運官員疏

臣孫居相題，爲舉刺總運官員，以昭勸懲，以飭漕政事。

臣奉命催攢該年糧運，回駐通州，稽察奸弊，兹已竣事。所據總運官員，職業克修，貪污不檢。臣考核既真，例應分別舉刺。查得：

淮大把總楊維垣，謀略潛窺九地，雄才高壓三江。千樯立致關中，尺劍堪行塞外。

揚州把總朱兆紳，長技能穿七札，清操不染一塵。恬然緩帶輕裘，捷若鬼輸神運。

中都把總劉文耀，勁氣直搖山嶽，忠肝可質神明。蘭橈桂楫如雲，挽粟飛芻若雨。

下江把總劉芳遠，雍容大樹羽儀，嚴明細柳紀律。一點丹心向日，千艘青雀追風。

湖廣把總張振先，丰儀俊爽，氣格宏深。龍旗能掣江雲，鵲印佇搖邊月。

錦衣把總金裕國，才堪任重，力善挽強。飛輓舟楫如風，專閫旌旗指日。

上江把總伯承宗，雄姿虎視，壯志鷹揚。投醪士比飲河，轉運令如撼嶽。

以上諸臣，到次雖遲，督運盡力，均應薦揚，以備擢用者也。又查得：

壽州衛指揮陸允升，一腔忠義，滿腹韜鈐。轉漕獨冠七藩，推轂允宜九塞。

虎賁右衛指揮董用威，兜鍪名將威風，跗注儒者氣象。隼旂欲舞，鵾舸如飛。

驍騎右衛指揮李廷芳，清標玉立，偉抱珠涵。詰戎春動柳營，督儲風生蘭楫。

建陽衛指揮蕭凌雲，義膽可冠三軍，奇謀堪分六出。令嚴若電，粟運如流。

鎮江衛指揮關建元，技略優閑，襟期爽豁。佈陣旌旗改色，揚帆舳艫爭先。

天津衛指揮楊大慶，器度沉雄，謀猷宏遠。說劍橫吞山嶽，綜漕迅發艨艟。

應天衛指揮王及時，操弧能穿七札，飛芻立積千廂。望冠韜鈐，品超紈袴。

杭州右衛指揮白繼高，標儀凝遠，技略沉雄。令馳萬道舳艫，色動三軍旗幟。

永新所指揮唐欽中，馭下恩同挾纊，投艱捷若承蜩。運冠西江，聲馳北塞。

新安衛指揮、今升貴州壩陽守備穆興周，映玉奇標，凌雲偉志。擊楫共推飛將，擁旄堪擬冠軍。

武昌衛指揮謝三錫，虬須天策上將，猿臂羽林壯夫。績著漕中，望隆閫外。

德州衛指揮李如松，技擅穿楊，力堪扛鼎。尺劍鋩寒星斗，片帆影動龍蛇。

淮安衛指揮、今升湖廣鎮竿守備金有聲，英標指顧風生，偉略轉輸雲集。三湘良將，八面雄才。

饒州所指揮高雲豸，八尺瑰姿，萬夫雄略。號令旌旗振色，指揮樓櫓生風。

濟寧衛指揮文星耀，矯矯請纓壯志，桓桓標柱雄才。號令風行，轉輸雲集。

蘇州衛指揮、今刂三江會口把總王廉善，一劍芒寒星斗，六韜囊隱珠璣。漕中勞臣，江上猛將。

高郵衛指揮王貞度，標銅壯志，破浪雄風。談兵九地可窺，部運一巵不漏。

蘇州衛指揮楊照，桓桓武貌，奕奕雄姿。鳴劍志欲吞胡，揚帆功成破浪。

鷹揚衛指揮吳嘉慶，胸中素饒兵甲，馬上不廢詩書。漕奪先標，望隆大樹。

鎮江衛指揮沈世勳，學富六韜，守嚴二卵。雄風已征破浪，偉略可冀登壇。

留守右衛指揮嚴有翼，雄標駿爽，壯志鷹揚。督稇千艘星馳，振旋三軍霜肅。

橫海衛指揮劉縉，胸饒韜略，腹笥甲兵。膚功茂著轉漕，夙望顒俟推轂。

豹韜衛指揮毛邦憲，入轂英雄，請纓壯士。治伍恩孚耡耟，輸漕令肅江湖。

杭州前衛指揮趙維新，驕驕武貌，赳赳雄風。飛芻獨擅江南，推轂允堪塞外。

武德衛指揮周之庠，氣雄殄兒，技富屠龍。分甘部伍歸心，董運舳艫銜尾。

荊州衛指揮劉文炌，赳赳熊心，桓桓豹略。唱籌千軍雷動，擊枻百艘風馳。

大河衛指揮韋如江，年資英妙，才氣發揚。近功初試飛艎，遠略佇期標柱。

南昌衛指揮謝世庸，冲齡雅度，潔守宏才。督運百艘俱馳，兌糧一塵不染。

通州所千户常有功，一腔壯志，七尺雄軀。挽漕獨冠諸幫，禦侮可當一面。

海寧所千户楊懋忠，豐標都雅，猷略朗明。鳴劍氣吐虹霓，擊楫風生畫艦。

松江所千户顧永昌，壯氣超倫，清操邁衆。韜略夙推海上，舳艫獨冠雲間。

金華所千户周之翰，儀度超群，才華出衆。談兵風生樽俎，綜運日耀艅艎。

撫州所千户司定元，氣偉渾身是膽，才雄滿腹皆兵。馳譽戎行，宣勞運務。

以上諸臣，統運分運，各效其能。領幫隨幫，皆勤其職。內穆興周、金有聲、王廉善雖已升轉，尚在完糧，所當一并薦揚，以俟叙擢者也。

又訪得：江西把總文化成，外美豐儀，中藏敗絮。歷官未及期歲，黷貨已離衆心。

一、初到任，每衛受下程銀貳兩，賀禮銀拾兩，修衙舍銀貳拾兩，皆各幫運官斂送。

一、奉全單，每幫索修座船銀叁兩，折土宜銀貳拾兩，公費銀叁拾兩，俱旗軍月糧扣除。其縱放下役也，則門識差頭，或貳叁兩，或肆伍兩，靡不人人苛求；其科取土物也，則羅段扇履，或稱送人，或稱公用，無不船船勒索。

一、催船陸百餘隻，每船受常規銀叁兩，共計壹千捌百餘兩。孫門子過送可證。

一、水手行月糧銀陸百餘兩，每名止散銀叁肆錢，餘者侵剋入已，李書辦扣除可查，然此猶取之本總者耳。至委清江閘催攢，各衛官因其新任，具有套禮相賀，乃接受紹興衛運官杜肇勳銀貳兩；九江衛運官徐元奎紗壹匹、白米壹石；溫州衛運官胡桂芳折程壹兩、綾韈、棋子等物；龍虎左衛運官陸天衢白米壹石，瓶酒貳包；寧波衛運官顧尚堯禮銀壹兩，金酒、白鯗等物，幫次甚多，難以枚舉。

此壹臣者，以營升之故而負債於人，以償債之故而失守於己。操修有玷，物議沸騰。所當革任回衛，以示懲創者也。

伏乞敕下户部，再加查訪。如果臣言不謬，將楊維垣等移咨兵部，紀錄擢用。文化成等革任回衛，庶功罪明而人心肅，賞罰當而運事舉矣。

舉劾防運將領疏

臣孫居相題，為舉劾防運將領官員，以裨漕政事。

臣奉命催攢漕糧，業已竣事。所據省直防運將領官員，勤惰貪廉，見聞頗確。除平常微疵不列舉刺以俟警省外，查得：

通州副總兵王之都，儀標果毅，幹濟沉雄。揚舲瀚海波恬，樹閫郊圻勢壯。

浙江押運都司僉書黃朝聘，定遠長才，汾陽偉略。淡泊雅稱廉將，沉雄足任元戎。

永生洲參將錢中選，技擅穿楊，功高飛鶲。雅稱三江保障，竚看萬里長城。

揚州遊擊趙燁，貌類虎頭，胸羅豹略。一劍橫當午道，千艘飛渡邗關。

淮安坐營遊擊蕭大仁，壯氣騫翔，英猷凝遠。仗鉞風生旗鼓，攢艚色動帆檣。

通津營遊擊王朝棟，幹姿矯健，謀略深沉。郊原久息鳴戈，旗鼓時嚴對壘。

臨清守備王象豐，標儀鶚舉，品格鷹揚。攢運飛渡萬柁，分閫坐當一面。

德州守備陳善政，操修廉潔，猷幹沉雄。韜鈐素裕甲兵，裘帶雅稱儒將。

崔黃口守備高所學，矯矯投戈壯略，錚錚出匣雄鋒。閥閱名流，干城華選。

舊州守備張應奎，偉幹雄才，壯猷遠志。巧力堪誇百中，驍勇足敵萬夫。

漕河把總毛有倫，器度軒昂，才諝警敏。籌邊緩急有備，行運疏浚獨勞。

鎮江衛催空指揮楊應武，入彀英才，請纓壯志。練兵旌旗日麗，催空舳艫飆馳。

以上諸臣，職業雖有不同，勞勩均不可泯，所當薦揚，以備擢用者也。

又訪得沙溝守備盧升，攢運頗勤，持身多議。以糧舡爲奇貨，橫肆誅求；以催船爲名色，多方箕斂。有土宜者，則索土宜，如受德安所指揮何頓土宜壹分，荊州衛指揮劉文炌土宜壹分，荊州右衛指揮毛國楨土宜壹分，廣信所千户桑以蕃土宜壹分，多者可值貳兩，少者可值壹兩伍錢，各本官證。無土宜者，則索折乾，如受蘇州衛指揮楊照折儀貳兩，武昌衛指揮陳堯道折儀貳兩，杭州右衛指揮白繼高等折儀貳兩，揚州衛指揮張夢征等折儀叁兩；又衙役或貳叁錢，或肆伍錢，各本官證。又索太倉衛指揮陳玗冬米貳包、蘇酒貳包、刮布壹匹、金扇肆柄、手巾肆條、又銀壹兩。即衙役亦索銀肆錢，不有原送旗甲朱錢岳可問乎？又索袁州衛指揮李茂元油綠綺羅壹匹、藍段壹匹、錢絹壹匹、葛布貳匹、紗韈壹雙、絲履壹雙、書儀伍兩、姑酒貳尊、茶盂貳拾，且并其氈包受之，不有本官之開揭可據乎？然此特取之運官者耳，又特各官已揭報者耳。且每糧舡一隻，索旗甲銀貳錢，有多至叁伍錢者，蓋貨有多寡，故銀因之多寡。雖江廣截留舡隻，未回鄉土，安有土宜？亦一概勒索，共過迦舡捌千餘隻，總計所得銀數亦不貲矣。此一臣者，虎頭猿臂，頗有敵愾之風；鷹攫狼貪，略無若況之意。所當革任回衛，以爲需索之戒者也。

伏乞敕下兵部，再加查訪。如果臣言不謬，將王之都等紀錄擢用。盧升革任回衛，庶勸懲行而人心惕，所裨漕務匪細矣。

條陳漕運未盡事宜疏

臣孫居相題，爲條陳漕運未盡事宜，以備聖明采擇事。

該臣攢運事竣，業已回道。所有漕運事宜，頗窺梗概。除已經總漕條議及臣等所得逕自舉行者，不敢贅陳外。所有未盡事宜，謹抒一得，條議上請。萬一有可采擇，伏乞敕下吏、户、工三部，覆議施行。計開：

一、覈官評。照得吏治之激揚率由於舉刺，而各院之舉刺，取憑於監司。邇來，司道郡守博長厚之名，狃姑息之愛。往往於大貪大酷，匿不以報，且開薦開獎，曲徇人情。比各院索之太急，則取一二鄉貢庸庸者塞責，以致舉者不足以示勸，刺者不足以示懲。賢否混淆，吏治日偷，所由來也。矧漕臣遥制七省，輿地遼闊，耳目難周，所需於道府開報者更切。合無申明連坐之法，若地方守令有貪酷著聞者，道府推官隱匿不報，無論有無受賄受囑等情，酌量減等，與論劾官同時處分，庶舉刺當而勸懲行，所裨於吏治民生者，匪渺小矣。伏祈聖裁。

一、議驗米。照得各省直舊設監兑部臣，原有查驗米色之責。今監兑既裁，而以其事統于督糧道，則查驗米色，即督糧道事也。但人情狃於故常，難於慮始。似宜申明議單，每年拾月開倉，拾壹月報完。報完之後，各該督糧道遵照監兑出巡舊例，遍歷各該水次抽驗糧數多寡，米色美惡。如本未完而捏報已完，及雖已完而色粒不佳者，責在有司；如米色佳而揢勒不兑，遷延需索者，責在軍衛。如此則稽查有人，而米色精好，交兑如期，所裨運事匪渺小矣。伏祈聖裁。

一、議糧銀。照得運軍月支糧捌斗，歲支行糧叁石。欽准全單內開，如有司無糧，許以庫貯堪動銀兩，定限拾月以裏給放等因。但邇年往往兑完，漕糧開行之後，尚無行月糧給發，直守至五六月者有之。不知軍行糧從，自古已然。若無食而驅之挽運，未免蠶食漕糧，起納掛欠所自來也。合無自今以後，行月二糧，船到時先行給發，不得後期。其折色糧銀，尤宜徵收放給，不許派發兑支，致累官旗守候。如此，則軍食自足，而無起納掛欠之虞矣。伏祈聖裁。

一、禁官户。照得江南世宦大家，好義急公者固多，而抗令自便者亦往往有之。糧米不輸於倉庾，有司不敢問，官軍不能强，只得就家領兑。有米者攪糠使水，無米者勒令折乾，官軍無可奈何而又貪其小利，每每曲意從之。行至中途，自知米色不佳及米數不足。于是鑿船沉溺，捏患漂流所不免也。合無申嚴議單，所開一欵，各處徵糧，勢豪大户敢有不運赴官倉、逼軍私兑者，比照不納秋糧事例，問擬充軍。掌印管糧官，不即申達區處、縱容遲誤者，各照例降罰。如此則私兌之奸絕，而插和之弊亦可免矣。伏祈聖裁。

一、革常例。照得國家所最急者莫如漕運，而力役最苦者莫如運軍。蓋其衝波冒險，梯航萬里，始完一運。舊運甫完，新運又至，終歲勤動，無時休息。以故國初運軍設有行月糧，修船過江簹纜犒賞等銀，蓋念其苦而恤之也。嗣後，法紀漸廢，剝削多端。故省直官軍一奉全單，自督府、都司、把總、指揮、千百户以及沿河將領、府佐，到京起納，各衙門無一處不要錢，無一人不索賄。以後[七]各軍所領糧銀不充所費，甚至賣妻鬻子以償之，若之何而不逃且死也？合無自今申嚴禁約，各軍行月糧等銀，悉令有司鏨碎包封，唱名支放，不許復入運官之手。其糧船自起脚以至完納，無論文武衙門，官職崇卑，但有索受常例及縱役剝軍者，許各旗甲到京揭報，部院查實參處。即各部院吏書不得庇護，第嚴挾私妄報之法以禁刁風。如此則煩費省而軍困紓，所裨運務匪渺小矣。伏祈聖裁。

一、議剝船。照得運事之壞固由水次兌發延緩，亦由通灣起剝稽遲。而起剝稽遲，則外河之缺船未補，而內河之剝船敝壞也。合無行令通州坐糧廳及河西務鈔關督率各該有司，將河條二剝船户清審一番，逃者補，貧者代，船之敝漏者修。惟明惟公，嚴禁索詐等弊。至於伍壩船隻，預支脚價，着落經紀，速造新船，以待後運。不得沿襲往弊，塗飾舊船，虛應了事。如此則船備而剝運不誤，船堅而盛載必多，所裨運務匪渺小矣。伏祈聖裁。

一、覈廠造。照得清江廠造船，歲有定數，制有定式，載在議單，可考鏡也。邇年冒破相沿，稽查無法，以致歲造不及數，製造不如式，缺者不補，補者易壞，所自來矣。合無自今以平日督驗責之總漕，以運完稽查責之巡漕，其監督主事以及分造各官，一聽總漕節制。凡錢糧之出入必請，舡工之完缺必報。比及報完，總漕親詣驗視，必釘板如式，然後印烙給軍，一切打點煩費盡行裁革。每歲運事告竣，巡漕查其歲額之完欠多寡，如職前疏，分別舉刺。庶勤惰分而人心勸，所裨於船政匪淺小矣。伏祈聖裁。

一、議建閘。照得泇、黃貳河重運回空，兩路分行，已有成規。但每年玖月運畢，在夏鎮、李家巷築壩斷流，直口、月河亦築壩遏黃，以便修築。泇河乃將呂公堂大壩開放回空。直待次年叁月間，新運經臨之時，方開李家巷、直口貳壩，而呂公堂壩復行築塞。壹歲之間，開築貳次，頗費工力，且誤時日。爲今之計，合無於李家巷、直口、呂公堂，各建閘壹座，以時啓閉。其閘口皆順水而向下，時當由泇，則開李家巷、直口閘，而閉呂公堂。時當由黃，則開呂公堂，而閉李家巷、直口閘。由泇由黃，隨時便宜，一啓一閉，易如反掌。兩河無阻滯之患，運船免守候之虞矣。及查直口、泇河，見有壹閘，因河勢變遷廢棄無用。呂公堂迤南，舊有滿家閘壹座，離河不遠。若將貳閘拆改，爲力易易耳。惟李家巷創建壹閘，所費無幾，則一勞永逸而泇黃兩便矣。伏祈聖裁。

校勘記

〔一〕"奉聖旨"，後缺無文。

〔二〕"除除"，疑多一"除"字，衍文。

〔三〕"奉聖旨"，後缺無文。

〔四〕"奉聖旨"，後缺無文。

〔五〕"貳拾兩許"，據文意當作"貳拾兩計"。

〔六〕"三千"，據文意當作"三錢"。

〔七〕"以後"，據文意當作"以致"。

兩臺疏草卷五

因代藩廢立劾奸臣亂制疏

臣孫居相題，爲親藩封典最重，奸臣亂制堪憂，懇乞聖斷折群言，斥邪佞，以杜亂萌事。

臣惟國家懿親莫重於宗藩，而大禮莫重於封建。故我太祖高皇帝即位之初，即封建諸王，維時創制立法於嫡庶長幼之間更加詳焉，蓋其重哉。迄今貳百肆拾餘年，宗派雖繁，條例畫一，未聞敢以私意增減於其間者。有之，自萬曆叁拾貳年始，彼時該部受賄行私，廢長立少，人言固已嘖嘖，至於今則更彰明較著矣。乃原任部臣、今營謀入閣李廷機不知悔過，强欲飾非，將使祖宗貳百餘年大經大典及我皇上之身一旦倒置，兹豈聖明之世所宜有哉？除《宗藩條要》貳例及秦府惟燿等事例，屢經科道諸臣韓光祐、彭惟成、馬孟禎等具疏辯晰，明如指掌，臣不敢復贅外。

臣按往例，嘉靖拾肆年肆月，禮部題稱，襄府陽山王府鎮國將軍祐櫍奏：祖襄定王選到周盛祥長女周氏與父陽山王爲妃，無出。父恐絶後，又娶嫡妹周氏，生臣，要得承襲父爵等因。本部查得：襄府陽山恭和王病故時，原無嫡生之子，止有庶長子祐桄，已卒；庶第〔一〕貳子祐楬，係從侍嚴氏生；庶第叁子祐梭，係從侍錢氏生；庶第肆子祐櫍，係妾周氏生。已照親郡王無嫡子者長子承襲事例，將祐楬題奉武宗皇帝，欽依准襲。今祐櫍妄行争襲，議得周盛祥長女已配陽山王爲妃，又將次女進與爲妾，雖奉特恩俞允，終涉投獻之嫌。已經題奉武宗皇帝欽依，通行各王府禁約，立爲定制，以爲萬世不易之規。今祐櫍違例具奏，合行湖廣巡按御史訪拿賫本撥置之人，從重問遣，仍行長史司啓王。將祐櫍切責等因。奉世宗皇帝聖旨："是！祐櫍違例驀越妄奏，好生不安分，便行該府長史司啓王，嚴加切責。撥置并賚本的，都着巡按御史從重問擬來說。欽此。"

夫親郡王，一例也。内助、侍從與妾媵，异名而皆妾也。襄府周氏以嫡妃之妹奉命入宫，其所生之子，尚不得以弟加兄。今張氏以内助之妾，挾幸恃寵，其所生之子，遂賄謀以少奪長，視武宗皇帝禁約，世宗皇帝聖旨，竟何如乎？在廷機固曰："鼎渭之母裴氏，陪從也，濫妾也。"臣查《條例》"妾媵"款内，并無"濫妾"之説。雖"濫妾"款内帶有"陪從"之文，然"陪從"與"侍從"同，豈襄府郡王"侍從"不謂之"濫"，而代府親王"侍從"反謂之"濫"乎？豈陽山王"侍從"生子無礙承襲，而代王"侍從"生子獨礙承襲乎？如或以裴氏未經請婚而謂之濫也，則天下王府未請婚而先娶者拾常捌玖，皆將謂之濫妻乎？其所生子女皆將不得請封乎？如以其未經題選而謂之濫也，則選與封孰重？按《條例》，親郡王妾媵已未加封且不論，而顧論區區選擇乎？如以其未奉勘合而謂之濫也，則是不論册封而論部札，豈秩宗半印尺幅，反重於朝廷煌煌寶册乎？如以例前非濫，而例後謂之濫也。臣竊譬之，宗藩有《條例》，問刑亦有《條例》。假如司寇立法於此，曰："犯某法者，得某罪，此例也。"此例一立，必待後有犯者而後罪之，諒不追既往之人而罪之也，況追既死之人而罪之乎？

今引萬曆拾年之要例，而律隆慶肆年之裴氏，是欲追論於已故肆拾年之後，此必不通之論也。且《條例》明説，親郡王娶有内助、妾媵所生之子，皆爲庶子。如嫡子有故，庶子襲封父爵，定以庶長承襲。由此觀之，親郡王之子，非嫡則庶，再無別樣名色。其承襲王爵也，非立嫡則立長，亦無別樣家法。今廷機乃曰："鼎沙可稱庶，鼎渭不可稱庶。"不知將加之以何名乎？臣謂天下即有濫妾而無濫子，故有嫡立嫡者，子以母貴，所以嚴嫡庶之防；無嫡立長者，子承父爵，所以明長幼之序。此天下之通義，萬世之常經也。未聞欲廢其子，而遂加其母以濫名者也；未聞以濫名加人之母，遂使其子不得稱長，又不得稱庶，而竟至於無可名者也。從來無無父之子，亦無無名之子，詎意當聖明之世，輒敢創爲此言乎？況此壹裴氏也，代王前疏，明以爲娶，而廷機則以爲濫；此壹鼎渭也，代王報名，明以爲庶，而廷機則以爲非庶。執一己之見，必欲廢在人父子兄弟之倫；護一時之短，必欲壞萬古綱常倫理之義，是誠何心哉？

　　人謂廷機包藏禍心，故司屬乘機納賄。臣雖不敢知，第念廢立非可嘗試之事，祖制非可輕更之法。今廷機增減條例，變亂藩封。壹藩既開其端，他藩遂援爲例，恐將來稱濫者不止壹裴氏，將來廢置者不止壹鼎渭。瀆倫亂分，長此安窮？是可不爲深念乎？臣察廷機本意，明知昔年廢立未妥，於今敗露，遂援引新例，曲爲文飾，曾不思禮以義起，即使《條例》未善，尚當酌議改正，況條例本善而故刪之，要例未妥而故入之，豈非以舊例不便於己，新例可援於後，遂任意更張爲今日地乎？壞祖宗傳家之法，傷聖明睦族之仁，遂亂臣賊子貪殘斁倫之計，若廷機者，罪可勝誅乎哉？夫莫親於藩王而且索其賄，尚何有於諸宗？莫重於藩封而且行其私，尚何有於它事？如此賣國大奸，儻或置而不問，則奸輩視受賕枉法爲常事，謂變制亂倫爲無傷，禍流金枝玉葉，憂遺聖子神孫，無已時也。我皇上縱不念諸宗藩，得不念其爲高皇帝子孫乎？縱不念高皇帝子孫，得不自念萬萬世子孫而預爲杜禍亂乎？

　　臣草疏及此，肝膽欲罄，毛髮盡豎。恨不即詣闕廷，請尚方劍，斬佞臣頭，何可聽其狃恃溫旨，亟還舊居，夤緣奧援，復希柄用，以釀國家無窮之患也？萬一臣言可采，伏祈敕下禮部，將諸臣前後諸疏并臣今疏，持平秉公，詳爲議覆。例未畫一，無論條例要例，務參伍以求其當；事未妥確，無難刻印銷印，務不遠以成其復。冒封，必明其罰；受賄，必窮其源。持三尺無私之法，立萬世不刊之典。至於李廷機執拗頑鈍，迂僻不情，似宜亟允其去，以絕群小依附，以杜國家亂萌。宗藩幸甚，社稷幸甚。臣不勝懇款籲禱候命之至。

摘陳科場要務以備采擇疏

臣孫居相題，爲摘陳科場要務，以備采擇事。

臣惟今天下極大最重者莫如科舉，而極弊當講者亦莫如科舉。臣於此有概於中久矣，向緣拮据漕事不遑草疏，今漕事稍有次第，而科場亦漸伊邇，謹撮其最要者，列爲肆款。萬一有可采擇，伏祈敕下禮部，速爲議覆施行，其於掄才大典，或未必無小補矣。緣係摘陳科場要務，以備采擇事理，未敢擅便，爲此具本。專差承差賈義賫捧，謹題請旨。計開：

一、慎選用內簾。臣惟取士之法，總裁在主考，分閱在經房，則經房與主考，蓋并重也。邇來人心不古，賄賂公行，于是有潛通關節而營求入簾者矣，于是有明做人情而曲樹私交者矣。故觀近日門生之私其座主，則座主之私其門生可知也。臣謂今後不問鄉試、會試，其監臨官於分簾時，當熟察各官平日操行，不必拘泥才學。如幸而得才行兼優之士而用之，上也。儻難其人，與其用才吏，不如用清吏。何者？才吏每每營私，而清吏獨能秉公故也。若有誤用匪人，致生弊竇者，其監臨官聽該部科，一并參究。伏祈聖裁。

一、禁隔房取士。臣惟試卷分房之後，各有字號，各有簿籍。分考官第從本房分定試卷，反覆搜閱，自可得士。乃庚戌會試，隔房中式者凡拾捌人，提調官號簿一一可據，此豈無因而取者哉？臣謂今後鄉試、會試，一經分卷，同考試官不得隔房取士。即有互閱之例，如翻出佳卷，第聽本房自取，別房不得擅動筆迹，以防妝點粉飾，失其本來面目。俟主考去取既定，提調監臨官一一查對號簿。若有隔房取中者，不許填榜。其主考、分考官，仍聽監臨官參處。伏祈聖裁。

一、禁邇年弊端。臣惟我朝取士之法夙稱無私，但邇來人心狡詐，百弊叢生。有傳遞者，有割換者，有懷挾者，有買號倩人者，有預埋伏場中者，有安意宿場，賄通供事員役，乘夜取名士卷而抄謄者，種種弊竇，在在皆然。即臣鄉夙稱淳朴，近亦有之。臣謂宜令内外監臨官留心稽察，痛革前弊。其在内供事員役，務擇老成忠實之人，不得以積年慣入場者充之。揭曉既畢，提調官將未取各卷，查貯壹處，照數分發各府州縣，散給本生收閱。若有割換等弊，聽其呈首，亦革弊之壹端也。伏祈聖裁。

一、實反正文體。臣惟我朝取士之制，本六經、《語》、《孟》之文，宗濂洛、關閩之說，故科目得人爲盛。後來浮靡勝，雅道衰，士習漸不如古。于是禮部科道之臣，歲歲建議，事事條陳，不啻詳且盡矣。然而議論徒繁，文體日壞。凡以所議者非其所行，所取者即其所禁，上無必行之法，下習玩愒之風故也。臣謂今後科場取卷，一以純正典雅，明白通暢爲主。彼吊詭抉奇、譚禪說偈者，黜無録取。不如式者，降罰有差，則法在必行，人知所守，文體不期正而自正矣。伏祈聖裁。

明公道以杜奸謀疏

臣孫居相題，爲縣令因薦被言，臺臣爲親修怨，乞賜查勘，以明公道，以杜奸謀事。

臣初奉命摧攢糧運，苦心調停，不辭勞怨，意在恢復漕規之舊。時有寺臣徐必達從旁阻撓，架空造謗，已經臣露章辯明，必達結舌而退，此皇上之所知也。時又有新選臺臣彭宗孟，係徐必達內親，欲戶部於覆本內帶出"加派民運"等語，倚恃言官，擅撰本稿，迫挾部臣，已經按臣荊養喬參入疏中，宗孟不敢置辯，此亦皇上之所知也。夫宗孟雖恨臣，欲爲其親報復，臣猶以爲有待而發耳。今初入臺班，未聞讜論，乃遽以無錫縣知縣陳以聞爲言。夫以聞，小吏也，今天下大奸大惡出縣令上者豈少哉？而宗孟必首論以聞者，非攻以聞，正巧於攻臣也。蓋以聞，臣所薦也，所薦既非，則薦人者有隙可乘矣。又非獨明攻以聞以撼臣，實暗救宜興也。蓋宜興縣知縣陳翼飛，臣所參也，所薦既非，則所參不得爲是矣。夫參一縣令，內爲其親修怨，外爲貪吏解嘲，宗孟之用計亦深矣哉！顧臣所憑者道府之開報，所詢者道路之口碑。據冊開陳，以聞經薦十有五次。遠者姑無無[二]論，只就今歲計之，河臣劉士忠薦矣，鹽臣張惟任薦矣，前漕臣彭端吾薦矣。即使臣薦爲非，諸臣豈盡非耶？又自道府揭冊論之，則兵糧道臧爾勸開薦矣，知府杜承式開薦矣，推官王命新開薦矣。即使臣薦爲錯，則道府豈盡錯乎？將以救陳翼飛，則翼飛貪酷實迹累牘盈篇，人人能道之，即有蘇、張之口，不能曲爲解也。

臣數日前訪得，陳翼飛令該縣官布船戶杜義，帶扛箱七十餘擡來京打點。牌行常州府部糧通判張五美查訪回稱，查得杜義船內，有陳知縣進京物件，自"天"字號起至"收"字號止，共二十二擡，外書五擡，俱自刻刷。察院及河南道封條封記，其餘不知寄囤何處。杜義開揭見在可證。審若此，則宜乎有人借參爲救矣。不然陳以聞令吳已五年矣，歷年撫按道府豈盡聾瞶耶？且推吏部年餘矣，楚中鄉紳以及內外公論無不推服，豈盡如宗孟之所指爲邪徑耶？乃并無一人議及。今突出一徐必達之腹親，巧肆醜詆，其微意不可見耶？臣逆知宗孟必謀同翼飛，捏造事端污蔑以聞。

顧造言誣謗，不勘不明；假公行私，不懲不息。伏乞敕下部院，嚴行查勘，要見彭宗孟是否徐必達内親？曾否擅撰本稿迫挾部司爲必達題覆？陳以聞果否貪穢？該道府如何開薦？陳翼飛果否寄扛於杜義之船？意欲何爲？一一勘明，據實覆奏，顓候聖明處分。庶是非明而賢否辯，所裨臺綱吏治匪淺鮮已。臣不勝懇悃俟命之至。

奉聖旨〔三〕。

請查勘以綜吏治疏

臣孫居相題，爲謹據見聞，平心評論，懇乞聖明速敕查勘，以綜核吏治事。

邇者考選命下，昌言盈庭，諸臣濟濟，各攄忠赤。間有風聞之誤，絕無互爭之私。即彭宗孟昨見臣疏，便出遜詞相謝，臣相似可以無言矣。然反覆思之，政體臺綱，於此攸係。臣即不自爲辯，因臣之故而累及臣所薦之人，則不得不辯也。臣即不爲一縣令辯，因薦一縣令之故，突至同官參駁，使皇上從今謂巡方之薦牘不足憑，則不得不辯也。請先以臣之見聞質之公論，而後及辯折之故，可乎？

臣督漕故事，駐京口可數月。其地則江南咽喉，四民之所群聚而旅處者也。其時則舟車絡繹，士大夫之所輻輳而往來者也。吏治之不振，民生之凋敝，在臣有概于中久矣。以故悉心廉訪，貪吏必懲。雖百足用命之陳翼飛，臣不少貸，豈其首薦一人焉？以冠冕循良而不是諟是慎者，臣以衆好衆惡，善者好而不善者惡，然後可以得真士。而清濁混於東郭之吹，灰志士砥礪之氣，開豪猾傾陷之門，若之何可不察也？

臣觀以聞，雍容溫粹，已心許其爲君子。徐考其行，稔知其在吳縣時，不徇上官閉糴之禁，察設救荒之方。卒之郡邑騷然，禁且稱屬，搶劫四起，法令滋殘。而獨吳縣境内，通工易事，有無相濟，安生樂業，雞犬不驚，可不謂通變之才乎？賈俠翁啓陽挾有百萬之貲，交結鄉紳，吳越之間無不受其餌，而與之稱親稱友，因武斷犯法，莫敢誰何。以聞揮其萬金之賄請于中丞，以法繩之，可不謂介石之守乎？其調無錫也，執法如山，持身若浼。如故孫少宰等家人，稍不守法，立加之杖，而復不操成心以扼林下之賢，其視權貴蔑如也。他不具論，即客夏文選郎過河下，以聞以試事未往謁，直遣一吏持二金折程饋之，雖逢其怒，不恤也，可不謂卓立之品乎？諸如道府之所開列，輿人之所傳誦，又□未可縷指也。夫臣非不知握選之雌黃可以顛倒人也，又非不知翁氏之金穴可以鼓動人也。然臣參之好惡，以定其衡，正以爲此，而後爲真士耳。獨不虞其釁不出于以聞之仇，而出于臣之見忌也。

據宗孟謂前疏未嘗一字涉臣似矣，然使首薦一貪吏，於臣有涉乎？無涉乎？宗孟又謂："不爲徐必達修怨。"似矣，然而新咨陸柒拾人，未聞有議臣薦陳以聞之非者，而僅出於徐必達內親之彭宗孟，是因徐必達乎？非因徐必達乎？宗孟即謂必達之親不當緘忌諱之口似矣，然而方今朝政缺失，人才凋落，豺狼當前，咆哮不休，豈其皆不足以關宗孟之心者？而就中獨點掇一州一縣，一則出於臣之首薦，一則以刑科之事而責吏科不參駁也，是爲有心乎？爲無心乎？

近日談吏治者多矣，如董元儒等疏，正大光明，誰不欽服？何獨宗孟巧以中臣耶？是爲通國之輿情乎？抑專爲睚眥之隙乎？且所云外吏舉刺，一人幾更者，蓋爲共事地方各司，糾察間有外貌粉飾而根本狼狽，或淬勵於始而變節於終，故有彼失察而此綜核，亦有前見舉而後見刺。未聞奉命特發當面考核，察之于數月之久，課之以五年之政，符合于地方士民之口，而後報命于天子。忽有一人焉，從旁倉皇突起，而議其後者也，果若宗孟甲是乙非之説，然則地方之撫按不必問，道府之開報不足憑，而直徇毁譽之口，以爲殿最之階，成何政體乎？它日宗孟出而巡方，間有不善宗孟者，旁嗾一人，借事設端，尋節生枝，薦墨未乾，謗訴族至[四]，成何臺綱乎？然且曰：確有所聞，曰習於衆口之同。不知聞自何氏？同者何人？豈翁氏之流謗可信乎？選郎之風旨可承乎？臣不能爲宗孟解矣。大抵邇來建言者，不明白條陳，率含沙射影，受者欲不言，則暗中其毒；稍一言之，則彼之巧借題目，厚自文飾，甚且大言招之，曰：即不言，天下獨無言之者？夫有呼有應，言亦何難？臣固知非宗孟其人，必宗孟其見者也。總之，惟有一勘，可以息群囂耳。

伏乞皇上允臣前請，速行查勘。仍明諭諸臣，今後論事論人，務要真知實見，不得捉影捕風；務要明白直陳，不得含糊射覆。庶堂堂正正，建白稱大雅之章；而濟濟師師，臣工收協恭之效矣。臣不勝悚息候命之至。

奉聖旨[五]。

發庚戌科場積弊疏[六]

臣孫居相題，爲謹據見聞直發科場積弊，懇乞聖明獨斷，亟敕處分，以翦奸邪，以塞弊竇，以重大典事。

臣惟國家之治亂係人才，而人才之進退係選舉，故三年舉士於鄉，典至鉅也，亦至公也。從來他事庸有弊而科場最無私，亦恃朝廷法紀嚴明耳。頃年，法以寬廢，政以賄成。于是舉至鉅至公之典，反爲小人受賄行私之地。臣有概於衷久矣，政欲有待而言。

方臣在江南時，據驛單報稱，韓敬乘小舟，往來於京口之間。人言因嘖嘖，謂敬與其座師湯賓尹攢謀攢賄，爲打點彌縫計，臣未之信也。已而，常州府進士鄒之麟過京口，謁臣。臣禮遇之，去。人言又嘖嘖，謂之麟受死罪犯人潘廷珪貳萬金，韓敬叁千金，各率其數僕入京；行間又受富監夏徵元等多金，爲營內簾賣舉人，臣亦未之信也。然臣雖不信，而不能不疑。故於時有《條陳科場》一疏，謂宜慎內簾之選，嚴隔房取卷之禁，微點庚戌往事而未指其名，蓋防之也。

今從邸報閱御史馬孟禎疏，及主考郭淐等疏，乃知順天房考，鄒之麟果隔房薦不通文理監生童學賢。其事甚怪，明是行私。夫元魁可私，則元魁之後者可知；科場可私，則自科場之外者又可知。臣于是始信前日江南所聞之言果不虛矣，請得而畢其說。

蓋鄒之麟者，湯賓尹、韓敬死友也。曩賓尹逼死節婦，鄉人恨欲殺之，望門投止，無地可容，因逃匿韓敬家。韓敬富甲天下，遂從賓尹受學而優禮焉。賓尹于是深德韓敬，每欲報之無繇也。先是，韓敬己酉鄉試通關節，事幾敗，計非會試巍科不足以壓服人心。庚戌之春，賓尹當分校，敬又以貳萬金、貳玉帶爲壽，故賓尹以經書題預通關節。至二月初一，將入簾矣，敬猶潛住賓尹寓三晝夜，初四乃出，外論譁然。及入闈而題出，賓尹所擬者果奇中，敬已置大物於掌中。故事，各房分卷，例不相借。賓尹求敬卷不得，遍索各房，而敬卷業爲徐鑾抹置。乃向鑾乞卷洗補，大加藻飾，首薦於主者。賓尹雖無行，然素以文名，主者亦不疑其貪譎若此，竟用以大魁天下。其餘彼此互換，不一而足，同事諸臣，歷歷能言之。如謂本房無佳卷，不得不搜及別房，何爲却以本房佳卷送別房替中？謂非關節可乎？科場何等大事，而乃私相交換，若其家私物然？彼其目中寧知有朝廷法紀乎？故揭曉後，長安沸然。吳道南有"木偶部臣"之疏。聞制將歸，尚墨縗面閣臣曰："故事，例不入辭。"然道南叨知貢舉，今科號簿涸淆，關節大露，未能直發，負罪朝廷，不得不一面白之。今號簿爲道南携歸，試一問之，可知也。時長安爲之謠曰："萬金要湯，一元答敬。"人以爲實録云。

自是賓尹以察處，而敬猶冀全已破之甑。以鄒之麟凶邪可用，因其赴選，爲具舟楫、供帳、器用，無一不備。仍授以三千金，托之入京彌縫。又爲其甥夏徵元買中式，賄以多金。故之麟到京，寓東城僻處。凡所爲營謀入場擠人便己者，無所不至。比得入場，分閱《禮記》，悒悒不悦。蓋苦與夏徵元經不相投矣。于是遍搜各房，得童學賢卷於于發藻房，其文理荒謬，已塗抹矣。之麟誤認，以爲夏徵元卷。不覺喜形於色，曰："此夏徵元卷，名士也。若不中，何以見韓求仲？"求仲，蓋韓敬字也。因洗改圈點，薦之主考，弗售。之麟復用靛筆謄一册，藻飾復薦，批語大爲譏訕，有"俗子肉眼"等語，以相逼脅，且極力争置第一。主考不得已，置以第二，而猶以爲未足也。説者謂今科百弊，神出鬼没，賴主考嚴密，什七不售。即如沈麟禎者，慣通關節，事已大露。臨場改名"沈德符"，以塗人耳目。主考預知之，拆卷果得"沈德符"之名，即時斥落，聞者大快。獨無奈鄒之麟之梟雄何也？大抵主考之權不重，則房考之弊難防。蓋外省推知分考，而以按臣董之，故人有所嚴憚。獨京師鄉、會兩試，皆用翰林京秩，體統既不相下，意氣易於相凌。故庚戌會試，則有湯賓尹、韓敬之事；今壬子鄉試，又有鄒之麟、童學賢之事。皇上試觀其奸譎行徑，有一之不相符者乎？況之麟受潘廷珪、韓敬數萬金，意在行賄，反間以顛倒是非，變亂黑白，爲謀叵測。臣姑不發其隱，第以掄才大典，而此輩輒敢恣意行私，倘不與韓敬從重褫斥，則轉盻明春會試，届期各房考又皆翰林科部，各據權要，横恣無忌。朝廷之制科，盡爲奸人之利藪，天下聞風，轉相慕效，惟賄是圖。俚詞穢語，獎爲大雅之章；市魁惡少，被以青黄之飾。誰肯潛心學業，修飾行誼乎？又何怪其瀹詖噂沓，胥而爲亂也哉？

士風世道盡系於此，伏祈敕下吏、禮二部，將鄒之麟重處，童學賢議革。其庚戌年湯賓尹與韓敬等交通關節，并乞明諭原知貢舉吳道南明白指出，一并議處。則國法昭明，奸邪落膽，而天下事庶幾猶可爲乎？臣孑然孤踪，屢犯衆忌，不知諸奸何如恨臣？何如謀臣？然分在觸邪，義無可避，所恃皇上能鑒臣心耳。臨疏不勝披衷瀝血，懇悃祈禱之至。

參逆孽誠意伯劉藎臣疏

臣孫居相題，爲逆孽濟惡庇奸，附邪害正，懇乞聖明亟敕勘處，以杜奸萌，以彰紀法事。

臣惟國家之患莫大於邪正不分，蓋邪正不分則小人翻指君子爲邪，于是是非不明，用舍倒置，而其禍將中於國家。此忠臣所爲疾首痛心，而英主所宜蚤見預圖者也。

臣讀逆孽誠意伯劉藎臣一疏，見其中稱述乃祖劉世延功德，誇示族棍劉世學行誼，大言不慚，旁若無人；且詆辱言官，滿口污穢，國法朝綱陵夷殆盡。此豈聖明之世所宜有哉？臣請先言藎臣等世濟之惡，而後及其附邪害正之罪，可乎？

臣憶藎臣監故祖劉世延之在留都也，與其家人劉世學、劉尚質、劉尚仁、劉藎臣等，擅造兵器，聚衆殺人。被御史朱吾弼等參論，奉旨：“令其羈禁原籍。”乃世延等，抗住南京如故也，騙人財物如故也，奪人房產如故也，虜人妻女如故也，戕人性命如故也。

忽一日，遣牌赴闕，“爲急趨借箸，制器滅胡，以彌星變，以救阽危事”，內有“急救華夏生靈”等語。臣於時承乏留臺，抄牌馳奏，奉聖旨：“劉世延屢犯國法，朝廷待以不死，禁錮原籍，已是寬政。如何全不悛改，抗住南京？今又遣牌赴闕，意欲何爲？好生狂悖，三法司便會議來説。欽此。”此蓋臣父子祖孫濟惡之實録也。果爲奸乎？抑斥奸乎？果臣等忌世延乎？抑世延自罹法網乎？今幾何時，想聖心猶能記憶，何蓋臣敢於面謾若此也？其罪一。

凡官爵必奉朝命，凡請告必奉俞旨。今劉世學之授官告病，臣不知果否請命於朝？而輒公然稱勳官、稱告病於陛下之前。是進退用舍可不由朝廷，官爵予告可濫及遊棍，何其敢於專擅若此也？其罪二。

向者，奸邪忌嫉正人，而更於其中之表表者，揑造五鬼之號，人方疑其出於劉世學之口。今世學假蓋臣疏，果述鬼語以誣衊正人，且推及於五君子之外。審如此，則凡異己者何人不可誣？何名不可加？何其敢於僞造妖言若此也？其罪三。

劉世學無賴棍徒，賣卦打坐以爲本業，造言探事以爲生涯，真小人之尤者。有何學問而猥云“講學”？冒此美名，何其敢於説謊若此也？其罪四。

嘗聞士君子不得於朝，則山林而已矣；又其不幸者，則賫志以没而已矣。今詆及高攀龍，是弋及冥鴻矣；詆及顧憲成，是搜及泉壤矣。夫既不容於朝，又不容於野；既不容於生，又不容於死。臣不知士君子宜何所托身而後可？且呼朋引類，合算攢謀，此唱彼和，若出一口。果如所言，則觸權忤勢者爲邪，其將以媚權附勢者爲正乎？起天下奔競之風，壞士人廉耻之節，何其敢於交結朋黨，紊亂朝政若此也？其罪五。

夫蓋臣、世學負此五大罪，誠不容於死，乃猶含血噴人，毫無顧忌，甚至援閣臣、銓臣以自解。皇上何不即舉以問閣臣葉向高、銓臣趙焕，俾其分别邪正，具實以聞？臣想二臣感皇上知遇之恩，必不敢枉是非之實也。如是，則邪正既分，黜陟皆當，群奸由此屏迹，世道從此太平，豈非大聖人之作爲，超出尋常萬萬者哉？奈何一概留中，曾不省發？聽其搖唇鼓舌，淆亂是非，而胎國家無窮之患也？臣知劉氏惡迹最真，睹此狂妄，不得不言。

萬一臣言可采，伏乞敕下部院，將劉蓋臣削奪爵級，劉世學枷號究遣。庶紀法明而邪謀息，宗社億萬年無疆之福將在是矣。

參韓敬父子强辯疏

臣孫居相題，爲罪臣撼詞巧辯，隱語伏機，謹據實糾參，以杜邪謀，以存國法事。

臣惟設科羅賢國家之巨典也，交通關節人臣之大罪也。壞國家之鉅典，冒天下之大罪，此人心所共憤而王法所必加者。故遠如陳郟等之戮於市，盡黜一榜，再行校試者不具論。近世翟汝儉、汝孝、張嗣修、申用懋、張甲徵，雖父爲宰執，參處不貸。又如壬午南京狄獻明等，丁酉順天丘夢周等，或革或罰；庚午[七]趙維寰之解元，辛丑項鼎鉉之館元，或罰或降，彼時一奉明旨，議論帖然。曾未聞有飾詞强辯，反噬言官者，有之自韓敬父子始。蓋韓敬，淫賭無賴，其父韓紹，貪黷有聲，雄貨甲於江南，行誼不齒鄉里。其庚戌交通關節，濫中會元，見於南北臺省之彈論，及部院諸臣之會議者，極詳且確，臣無容復贅矣。獨以科場之事搖及東林淮撫，則風牛馬之不相及也。又謂關節之說起於丁元薦，不知元薦未入京之前，長安即有“萬金要湯，一元答敬”之謠，亦元薦爲之否耶？

又謂關節之所從來，起於臣駐札鎮江。不知臣駐鎮江在壬子之春，彼當庚戌放榜，即有副考之後序，知貢舉之自陳，亦來自鎮江否耶？又引科臣不分房之說，以自文臣閱《科場條例》一款云：“各房考識見既殊，而好卷多寡亦異。若曲徇體面，一例均派，是明收魚目而遺珠也。”科臣不許分房之說，良爲有見，味此言也，是特不拘房定多寡云耳，豈真謂不分房而彼此互換，如湯賓尹等所爲耶？又引禮部互閲之説，以自解臣閲《科場條例》一款云：“分卷者止照數平分，而卷面不標房分，閲卷者止信心圈點，而卷頭不加批語。俟總裁閲定去取，然後認房加批。”夫味“認房加批”四字，是仍歸中於本房也。昔湯賓尹搜獲韓敬之卷，即自加批。自中本房，於認房加批之例竟何如？今乃曰：“遵例”，是公然御前説謊也，其罪可勝誅乎？又謂：“文理原無疵謬”，且“無字面”可據，不知以字面通關節者其弊小，以全文通關節者其奸神。韓敬墨卷，皆湯賓尹爲之夙構，人人所知也。韓敬丙午入場，只有三篇草稿，竝無一字謄真，頭場即被貼出。即己酉第八名真卷，中多不通語，與刻出假卷迥然不同。坊間刻稿，皆出四方名士之手，亦人人所知也。安得大言欺世，而且欺皇上乎？

聞殿試時閣臣葉向高因韓敬有關節之議，不肯進呈其卷，無奈湯賓尹力懇，然後勉置第三，而不虞其竟日跬階，千金媚寵，竟得遂其私也。今乃曰：“賓尹未嘗囑托閣臣。”不可問乎？古有誅奸賊於既往者。臣論韓敬通關節事，近在二年之前，且因其死友鄒之麟賣科事露，前後一轍，故并論之。今韓敬遂謂：“不當因鄉場，而論三年前之會場。”則誅奸賊於既往者非乎？去歲仲冬，湯賓尹寄一書於劉世學，而鄒之麟批評其上。凡海内賢人君子羅織幾盡，誣衊幾遍。嗣後論事論人者，多宗其説，此與妖言惑衆者何异？安可實而不問乎？臣聞韓敬辯疏，入長安者三次，經竄易者數手，而未敢遽上者，誠懼皇上察其奸而誅之耳。今因閣臣入場，又值邪説横行之際，突然封進，意者營謀已定，羽翼已成，冀翻已定之案而然既死之灰。此皇上紀綱法度所繫，不可不密察而謹防之也。

臣聞法强則國强，法弱則國弱。今天下法紀陵夷，百弊叢起。即如科場關節，法應遣戍韓敬，會議僉同，僅擬冠帶閑住，不音幸矣！彼猶曉曉置辯，隱語伏機，在朝在野，一網打盡。從此公論可滅，善類可殺，遷謫諸臣可以禁錮，奸人邪說可以橫行，所關消長治亂之機豈其微乎？近日南科臣張篤敬直陳所見，感憤有言，正有見於此也。

伏乞皇上念科場非徇私之地，關節非可縱之奸。敕下部院，據律究遣，即鄒之麟、劉世學潛住京師，造言挑釁，并議重處。庶國法昭明，人心警惕，所裨於士風世道良非細已。臣不勝懇悃候命之至。

請補密雲邊道疏

臣孫居相題，爲虜謀叵測，邊道難虛，懇乞聖明亟允部推，仍令剋期到任，以料理緊急邊情事。

臣按屬如密雲、薊州、永平三道，皆逼近虜穴，稱衝邊要地。若密雲一道，爲神京左臂，尤爲吃緊。頃因密道未補，臣與督撫諸臣，雖會委薊州道右參議袁和暫攝其事。近據該道并協路各報稱，夷婦滿旦因挾賞未遂，聚達賊百餘，突至掛甲嶺烽，射傷家丁屠得化等三名，捉去烽軍張士元等因，已經督撫塘報關臣奏聞，臣無容復贅矣。臣頃暫駐三河，據東協副總兵劉孔胤揭報，有西虜頭目伯彥台吉要來講賞，如不依，即選差達子前往義院口、喜峰路東西犯搶等情。又據松棚路遊擊尚攉言報稱，據洪山口提調邵永福稟，據原差尖哨打探得，夷酋阿拜台吉與抽扣兒商議，要聚達子五百餘騎，前來羅文谷、馬蘭路講賞，不遂，即乘空作歹等因，各報到臣。

據此看得，前項夷情，非密雲即薊、永，而羅文、馬蘭又係薊屬衝邊節。據各報情形，必欲狂逞。我之隄備，誠不可須臾懈者。況密雲一道延矛[八]五百餘里，統轄石、古、曹、牆四路，凡整頓兵馬，約束將士，籌畫邊情，全於道臣是賴。薊屬喜松、馬太一帶，亦有三百餘里，邊情孔棘，與密相同。今以一道臣兼攝衝邊八百餘里，萬一狡虜聲東擊西，該道未免顧此失彼。彼八百里邊牆，何處不可挖掘？何地不可搶剽？由此長驅而入，陵寢、京師皆爲震動。竊恐庚戌蹂躪之變，近在眉睫，是不可爲寒心哉？臣見今巡歷密屬地方，目擊甚真，輒敢冒昧上請。

伏乞皇上俯念密鎮重地，難以代庖，將史部原推李養質亟賜點用，仍勒令剋期任事，庶衝邊有人，而疆圉可保無虞矣。

參橫瑺把持行市疏

臣孫居相題，爲橫瑺把持行市爲害地方，懇乞聖明亟救逮問以救畿民，以彌禍亂事。

據順天府通州申稱，通灣爲都會咽喉，糧食所聚，向來買賣市價惟平。近有潞府內官徐永安，載到麥子數拾餘船，高打黃旗，遍鋪龍袱，乘坐八轎，據住察院，稱賣皇糧，來住本灣。舊年本處頗收，即今新麥已熟，照常時價，每石不過值銀四錢以下，平斛平等，交易爲常。本官高擡麥價，每石勒要銀四錢八分，小斛量貨，重等[九]收銀。大率用銀五錢五六分不等，方得朽雜不堪麥子一石。況兼壓捺牙行，驅逐眾客，一時罷市，萬眾怨聲。

因而查得，先年潞府亦有內官曾來，未有如此瑺之暴橫者。且聞諸船賣麥完後，即赴天津關領食鹽，徑入閘河，沿途興販，官莫能禁。非惟流毒小民，抑且大撓鹽法。竊惟潞府之富過於秦晉，潞王之賢邁於間平。此等弊端，必經瞞隱。況今朝廷方藩玉葉，屢剪桐圭。長此不窮，將恐通灣之區，盡歸藩府之市。爲此據實具報。伏乞軫念關係匪輕，特行禁戢，嚴究撥置棍徒，或乞具題以除永害等因，到臣。

據此該臣看得，通灣爲舟車輻輳之地，軍民雜處之區。先是，因封藩大典拘繫軍民船隻，人心洶洶，幾至激變。旋賴明旨特准暫放，是以人心稍安。近乃忽有藩瑠徐永安者，肆虐其間。據報，載麥數十餘船，高打黃旗，遍鋪龍袱，乘坐八轎，據住察院，人心已自驚惶。且又稱賣皇糧，高擡麥價，每麥一石，時價不過四錢，而永安勒索四錢八分，又小斛量麥，重等秤銀，大率用銀五錢五六分，方得朽雜不堪小麥一石。使民糴者裹足，不敢入市；糶者懼拿，不敢開門，白晝大都，蕭然罷市。夫無市則民無食，無食則民無生。彼數百萬熙熙穰穰之衆，誰肯枵腹待斃者？自非速爲禁戢，竊恐禍起門庭。郊坼近地，關係匪輕。況潞王衣租食稅，豈其敵國之富，而更羨刀錐之利？南面稱孤，何可以天子之弟，而下同販賈之行？或謂麥爲永安私物，而非潞府官租；或謂半係潞府官租，半係永安假托，皆不可知。獨計此一事也，使潞王知而使之，是爲撥置；不知而假之，是爲詐冒。撥置、詐冒，皆祖制所嚴禁而國法所必誅者也。除臣一面禁戢，一面行州羈留撥置之人另議外。所有橫瑠徐永安，恣肆不法，恐激變地方。

伏乞聖明大奮乾斷，令廠衛衙門速差的當番校逮繫入京，究問如律。即使果係潞王租麥，亦令照依時價，與民兩平交易，不得任意低昂，致激他變，則地方幸甚矣。

參遵化營遊擊白邦安疏

臣孫居相題，爲營兵鼓噪有因，劣將馭兵無法，懇乞聖明敕部酌議料價，并易庸將，以安衆志，以固邊防事。

本月二十五日，准巡撫順天右僉都御史吳□□揭稱，職於本月二十日辰時，據旗鼓官張繡稟稱，遵化左營馬兵聚集于城西五里橋，欲往薊州管餉戶部郎中衙門，討領四月、五月喂馬黑豆。職一聞之，不勝駭異，以爲各營錢糧，向係委官總領，至營分散。今乃聚衆同往，意欲何爲？因令中軍參將朱天煒查問禁諭。各兵口稱，兩月料豆未給，市價每石將近四錢，今止給價二錢，且令商人兌支，虧減不足養馬之用，欲同赴餉司親稟，乞照時估全給，原無別情等語。

職以爲，各兵雖有洶洶之意，尚未敢出狂悖之言，可急撫而安也。少遲，萬一別生事端，則恐至於不可收拾。遂一面諭令各軍入城，一面行令遵化縣何知縣，暫借庫銀分給各軍，以爲馬料之需。待餉司查將正項料價算明，照數補還，此不過以其應得之物一轉移之間而已。職知計短淺，原乏應變之才，倉卒呼吸之際，欲以消彌意外之虞。揆之事勢，似有不得不如此者。職既忝封疆之寄，罪何容辭？惟是據事實報，則毫不敢隱也等因，送揭到臣。又准總督薊遼、保定等處軍務，兵部右侍郎薛□□揭稱相同。

又據薊州道兵備右參議袁和稟稱，本月二十日，遵化左營兵變，結聚城外，燒香說誓，要脅糧餉。本道酉刻聞信，即于二十一日馳赴彼中，共圖消弭。至則事已定矣，蓋撫臺鎮之以靜，授意何知縣相機處分。旋將四月、五月馬乾料草，暫借庫貯保河民兵銀兩給散，始各歸營。本道亦於二十三日還薊，并無別項情形等因。

據此該臣看得，邊疆所恃以捍禦者兵，而兵之所恃以衝突者馬。馬有草料，所當及時優給。價有貴賤，亦當隨時酌擬。據揭，前任管餉郎中王于陛議定料價每石二錢，呈明部堂支給。不知始于何年月日？或亦照依時估酌議者。前此支領無嘩，日來漸次稱苦，呶呶衆口，亮非一朝，則斟酌量增，明白申呈，獨非該營官事乎？乃該營遊擊白邦安，昏昏馭衆，碌碌籌邊。平日殊乏撫循之方，恩鮮挾纊；臨時未聞安戢之略，變幾脫巾。衆志既已乖違，營務必難振舉。似茲庸將，允宜投閑，所當革任回衛，以示懲創者也。

伏乞敕下户、兵二部，從長酌議料豆，或給本色，或給折色，作何定價，務求至當，永遠可行。并將白邦安革任回衛，速選智勇之將代之，則軍心永戢而邊防無虞矣。

爲畿民請賑疏

臣孫居相題，爲畿民罹災最重，微臣目擊甚真，懇乞聖慈破格捐賑，以救孑遺，以固邦本事。

臣惟國以民爲本，無民是無國也；民以食爲天，無食是無民也。故豐稔之歲，出賦稅以給公上者，固小民之分；凶荒之歲，發倉帑以賑災黎者，實大君之仁。臣姑無援引前代賢君，亦無追頌遠年聖政。即萬曆三十八年，北直、山東、河南等省災，我皇上捐內帑銀十萬兩，又御前積餘稅銀五萬兩，米三十萬石，發給各該撫按，分賑之。故當時饑民藉以全活者數百萬人，至今省直之民稱皇上之仁不衰。

今近郊之地，不啻山東、河南，而霪雨彌月，没稼漂屋，較之三十八年畿甸之災，又更慘也。先是，各州縣陸續報到災傷，臣隨批行該道，作速查報。仍令一面選委精明州縣正印官，分投被災地方，覆勘明實回報。其各州縣被災緣由，已經撫臣遵例具題，臣亦屢催各道速報被災分數。去後近據回稱，洪水彌天，風波不測。各奉委之官，或乘木筏，或乘漁舟，隨風漂蕩，難定日期。除臣馬上飛檄嚴催另題外，臣今巡歷河間府，所過良鄉、涿州、新城、雄縣、任丘、河間等州縣，見民田淹没，一望巨浸。即間有菰秫殘穗，漂搖水面，而穎實則索然也。民房坍塌，蕩如平地，即間存一二破屋，水漬數尺，而竈釜則產蛙也。淹死壓死者無瘞葬之地，山居巢居者無棲身之所。流離之狀令人目不欲視，號哭之聲令人耳不欲聞。

臣於斯時也，彷徨四顧，慘目傷心，將欲議糶，則存留原自無多，而在貧民者更少，彼涓滴之水，何救於涸轍之鮒？將以議賑，則頻年疊罹凶荒，而庫藏發賑如洗，彼主饋雖巧，豈能爲無米之炊？輾轉思維，無策可施。竊聞之語曰：「人急則呼天，饑餓則呼父母。」我皇上固萬民之天也，亦萬民之父母也。畿民陷溺若此，臣猶不代爲呼天呼父母，致皇上昔年所救活之民，今復轉而爲溝中之瘠，則安所稱巡方安民之使乎哉？用是不避煩瀆，輒敢爲民請命。

懇乞皇上本天地父母之心，溥博施濟衆之澤。敕下戶部議發臨德、天津倉米數萬石，仍發帑金數萬兩，或暫留四府稅銀一年，行臣等酌量被災輕重，仍盡括贖金，搭配分發賑濟。庶皇上加惠畿民者彌久而彌渥，而小民釐祝聖壽者彌遠而彌長矣。臣無任懇切籲禱候命之至。

保留永平道武參議疏

臣孫居相題，爲邊警時聞，秋防正急，懇乞聖明俞留衝邊道臣，以慰輿情，以固邊陲事。

查得，永平道兵備右參議武之望，推升山東曹濮道兵備副使。屬內將吏、軍民同聲借寇，臣與督撫、巡關諸臣會疏保留。夫山東腹裏之地，而曹濮又膏沃之區也。以視永平當遼海之衝，窮瘠之鄉，其險夷難易不啻霄壤。然而臣等必靳其夷且易，而留於險且難者，蓋爲地方擇賢，故不暇爲本官擇地也。乃候旨日久，未蒙俞允。即該部近據督臣咨揭催請，亦竟留中。在該道求去之揭頻來，在軍民攀留之情轉切，則民情不可拂也。況狡虜冰兔撥計窺伺於邊外，伯彥脫盔構殺於桃林。警報日聞，烽燧時舉，則虜情不可忽也。

臣等內覘民情，外察虜情，中酌本官之才品，竊以爲留之便。蓋人惟用舊，迎送不煩，其便一。人與地相宜，上與下相習，其便二。輕車熟路，禁止令行，其便三。悉四路之情形，規萬年之長利，其便四。綜核素明，軍儲指諸掌上；閱歷既久，全虜盡在目中。儼然左輔金湯，屹乎東方保障，其便五。有此五便，此臣等所以合疏保留，亟亟乎惟恐失之也。不然，釋此衝邊，移之內地；離此窮壤，擢之奧區。於本官得矣，其如秋防邊計何哉？

萬一臣言不虛，伏乞檢發吏部覆留原疏，令本官以新升職銜，照舊管事。而曹濮道員缺，另議填補。邊疆幸甚，臣愚幸甚。

校勘記

〔一〕“庶第”，據文意當作“庶弟”，後同。

〔二〕“無無”，疑多一“無”字，衍文。

〔三〕“奉聖旨”，後缺無文。

〔四〕“族至”，據文意當作“旋至”。

〔五〕“奉聖旨”，後缺無文。

〔六〕此文又見明吳亮《萬曆疏鈔》卷三十四《制科類》，題作《謹據見聞直發科場積弊疏》。

〔七〕“庚午”，據文意當作“庚子”，“丁酉”與“辛丑”之間，乃“庚子”年而非“庚午”年。

〔八〕“延矛”，據文意當作“延亥”。

〔九〕“重等”，據文意當作“重戥”，後文“重戥秤銀”同。

爲都察院爭職掌疏

臣孫居相題，爲學差仍宜會推年例，未可輕擅，懇乞聖明諭令仍舊，以遵祖制，以息囂爭，以存二百年臺規事。

臣節閱邸報，見銓臣趙焕爲學差年例與臣衙門互爭不息。始猶論理，既則動氣；始猶謂憲臣宜與聞其事，今則直任爲吏部之事。且動輒以年例嚇人，使人皆緘口結舌而不敢言。即間有言者，又巧爲附和，希脫例轉。臣堂官爭之不得，業已出城求去，不復置喙矣。臣，臺臣也，安敢畏勢不言，坐視祖宗二百年臺規至今日而遽廢乎？臣惟六部各一衙門，則各一職掌，如用人、理財、議禮、詰戎、明刑、營建之類，不相侵軼是也。都察院有專職，又有兼職，如考察、考選、考滿、會推、會議、會審之類，皆得參預是也。夫以別衙門最巨、最重事，臣衙門皆得與聞，豈以本衙門學差年例反謂不得與聞乎？

且以祖制論，則《大明會典》載"都察院職掌"一款云："凡兩直隸提調學校御史，本院會吏、禮二部推舉學行、政事俱優者奏差。"以近旨論，則萬曆三十六年，奉聖旨："年例係祖宗舊制，所宜遵行。以後院、科官，着從公議擬協贊。其斟酌主持，自是你部職掌，不得侵越。欽此。"是舊制與新旨，原未嘗不許都察院與聞也。以往例論，則從來學臣差缺皆部院會舉文行兼優者題差。姑無論遠年，即近年黄升、熊廷弼、陳宗契等，可歷歷數也。從來應轉年例皆部院會議才望稍劣者外轉。亦無論遠年，即近年應朝卿、周懋相、楊廷筠等，可屈指計也。此在朝大小諸臣共見共聞，耳目難掩。是歷年往例亦未嘗不令都察院與聞也。即以今歲初推時論之，銓臣謂："推吕圖南督學，曾再三問之憲臣。推蘇惟霖等年例，曾就榻問之憲臣。」又曰：「先期詢問，臨時畫題，何嘗不會？」是銓臣初問，亦未嘗不令都察院與聞也。

惟是掌院不言，尚有副院；副院不言，尚有河南道。即謂銓宰體尊，不宜下問道臣，獨不可令文選司一言乎？乃竟獨斷獨行，於「會同」之義謂何？及掌河南道御史湯兆京以衙門職掌爲言，遂改口硬認爲吏部事，若謂與都察院不相干者。所言違其所行，前言不達後語。老成如銓臣舉動若是，將何以服人心乎？夫惟人心不服，是以疑議叢生。有謂銓臣初激於議論，不合不覺失言於先，既忿其爭執不已，遂欲求勝於後，是謂其有成心也。有謂銓臣惑於三至之言，狃於一偏之見，欲借年例處二三正人，爲人報復。恐憲臣與聞，或掣其肘，故預謀專權，以便行事，是謂其有私心也。夫成心、私心，臣不敢謂銓臣必有，但見前後疏詞自相矛盾，若非一人一手之爲者，即臣亦不能無疑。不然，銓臣起家臺員，歷歷部院，其於銓政臺綱，想不待今日而始洞然矣。

當呂圖南推舉時，既謂事屬該部，何不極力主持？如不知圖南不堪而誤用之，是謂不明；如知其不堪而竟用之，是謂無執；如明知其堪爲師表，業已主持題差矣，及科臣參駁，則又反面不認，而獨認推舉爲自己事，權欲歸己，罪欲推人，是謂反復。銓臣將安居乎？

至於年例一事，不照應歷年舊規，不恪遵皇上新旨，乃猥引顧憲成之言爲解。不思士君子著書立言，自有深意，或因時而發，或因人而發。彼一時也，若非孫丕揚爲冢卿，詹沂爲副院，則憲成必不爲此言。此一時也，使冢卿猶若丕揚，院臣猶然詹沂，即銓臣間一爲此事，亦無不可者。孰知時异人更，差之毫釐，謬以千里，有不可執一而論者乎？況處士之藏書，不確於祖宗之規制；朋友之竿牘，不赫於君父之明綸。於此則輕若弁髦，於彼則信若耆蔡。是朝廷之令典，不得與野史并傳；而部院之職司，反盡舉而委之草野也，有是理哉？

臣查《皇明條例備考》隆慶四年十月內，奉旨“考察科道官，該吏部‘題爲欽奉聖諭事’內稱，查得京官六年考察，皆是吏部、都察院同行。蓋欲參酌衆論，而務得其當也。惟是嘉靖丙辰春，大學士李本管理部事，考察科道係奉旨專行，與都察院無與。今臣等奉命考察科道官，雖與李本事例相同，然竊思考察貴精，耳目貴廣，似宜與都察院同行爲當。題奉穆宗皇帝聖旨是。欽此。”

夫奉特旨考察科道，猶必令部院會同，豈謂平日例推臺臣，反可令該部獨主？果若所言，是前此秉銓之臣所謙退而不敢專者，今突然欲專之；前此權奸用事所僅有而不再見者，今恬然任之而不爲异也。繼自今六科十三道將唯唯吏部之命是聽，其誰敢明目張膽糾其闕失也乎哉？此一舉也，關消長理亂之機最鉅，我皇上必不可不深思而遠慮已。

臣竊見邇來銓部交通內外，取旨如寄。臣自揣螳臂不可以當轍，蚍力不可以撼山。顧衙門職掌所關，臣堂官孫瑋既求去不言，臣同官湯兆京雖有言不報。其新資臺僚才欲啓口，便曰：“此畏年例也。”臣環視十三道掌道御史，止有臣一人，臣安能默默而處於此？此臣之所以不得已而有言也。其自矢蓋曰：“臣官可黜，臣身可戮，臣衙門職掌必不可奪也。”

臣回憶去冬入京時，見銓臣直亮謙虛，心甚重之；近聞其爲人所誤，意見頓迷，將蹈趙世卿覆轍，又甚惜之。所幸議論雖偏，施爲未顯，則猶可急反也。因念其爲臣衙門前輩，輒敢效其忠告若此。倘銓臣由此翻然悟乎，爲臣衙門愛禮存羊，臣之願也，臣不敢必也。倘由此赫然怒乎，將臣衙門驅除遂盡，臣之遇也,臣不敢避也。

伏惟聖明裁斷施行,臣不勝屛息待命之至。

闢門户以破邪謀疏

臣孫居相題,爲敬據名賢之論,直闢門户之非,懇祈聖明亟破邪謀,預防黨禍,以保綦隆盛治事。

臣聞宋臣歐陽修論曰:"小人欲空人之國而去其君子者,必進朋黨之説;欲孤人主之勢而蔽其耳目者,必進朋黨之説。"嗣後蘇軾續其論曰:"禍莫大於權之移人,而君莫危於國之有黨。有黨則必爭,爭則小人者必勝,而權之所歸也,君安得而不危哉?"蓋宋自慶厤、皇祐來,朋黨之説漸盛,故二臣每致意焉。無奈忠言不用,黨禍遂成。其後章惇、蔡京之徒,盡驅一時君子,而宋卒以北轅,朋黨之禍可畏也!

夫我皇上誠有味乎二臣之言,則今日小人之情狀可得而論矣。蓋今天下小人亦夥矣,其設心以爲非盡驅君子,不足以行其志;非坐以朋黨之罪,不能盡君子而驅之。但朋黨之禍業被宋臣歷歷道破,若不別立名色而仍襲其説,則皇上未有不燭其奸而誅之者,于是變朋黨之説爲門户之説。蓋門户即朋黨之別名也,此其用意誠深,爲謀最毒,而胎禍國家者亦甚不細矣。獨不思人臣比肩事主,議論雖各不同,意念總歸爲國,蓋迹若相悖而道實相成。譬之五味相濟而後成其調也,五音相雜而後成其和也,亦何門户之與有?若於異己者目之曰門户,同己者目之曰非門户,則即此黨同伐異,便是別户分門,安得獨謂非一門户乎?且天下有君子、有小人,即門户亦自有邪、有正。歐陽修曰:"小人有黨,君子無黨。"然則孰爲有門户,孰爲無門户乎?又曰:"君子與君子,同道爲朋;小人與小人,同利爲朋。"然則孰爲正門户?孰爲邪門户乎?故就門户而遡其從來,其源流原自有説;就門户而探其微意，其黨護各自有人。惟是君子包荒涵垢，口欲言而三緘；小人嫉賢妒能，術每工於一網。自非詳爲辯而嚴爲防，則彼其呼朋引類，以門户之説陷人，又以門户之説救人者，紛紛將無已時。臣恐漢、唐、宋黨錮之禍，將復見於今日矣，可不念哉？歐陽修曰："朋黨之説自古有之，惟幸人君辨其君子小人而已。"

今閣部大臣主調停者，畏小人甚於畏公論。主先入者，聽邪説不肯聽忠言。然則今日辨別賢奸，主張黜陟，非我皇上之望而誰望哉？此臣所以甘犯衆忌，而仰瀆宸聰也。至於原任宜興縣知縣陳翼飛之貪，人人知之，亦人人能言之。即翼飛有孝子慈孫，不能曲爲之諱。先是，微聞其行賄數千，欲買一勘以希幸脱，臣不之信。今果有臺臣過庭訓，不顧公論，明白出其身，爲貪吏開門路矣。觀其以翼飛爲門户外人，則彼其門户中人，皆陳翼飛之流也。皇上果以爲止耶？邪耶？黨耶？非耶？此其公然黨救同類，視彼微言暗救者，尤爲出其下矣，臣不足與之辨也。臣嘗謂天下無五年不白之是非，無十年不明之邪正。今諸臣勢衆權歸，號叫自雄，動輒推人於門户，而以君子自居，獨不思君子、小人自有真也。遠者姑無論，即如五七年前，大臣如沈一貫、趙世卿、沈子木等，臺省如錢夢皋、熊鳴夏、張似渠等，彼其時得權得勢，豈不儼然自以爲君子，目人爲小人？由今觀之，果何如哉？善乎！孔子之言曰："誰能出不由户？何莫由斯道也？"臣願諸臣勿以門户陷人，亦勿以門户救人。第虚心以邪正反觀，而又平心以邪正觀人，則得之矣。不然一時之意氣可憑，後日之公論難掩。不出三五年間，蒼素自分，名實俱敗，在朝在野，何以自容？是在諸臣之自擇，亦望我皇上精察而嚴禁之耳。臣自揣微誠不足以格君，輶言不足以動主，輒敢援前賢之言，以破門户之説若此。

伏惟聖明垂察施行。不勝披瀝懇切祝望之至。

糾銓宰背旨擅權疏

臣孫居相題，爲銓宰背旨擅權，掃除异己，臺綱大壞，臺僚幾空，仰懇聖明亟賜褫斥，以扶正氣，以杜亂萌事。

臣嘗讀《名臣傳》，見宣德三年宣宗章皇帝《賜都察院右副都御史顧佐璽書》曰：“都察院，朝廷耳目，國家紀綱。得其人則庶政清平，群僚警肅；否則百職怠弛，小人橫恣。爾佐剛直廉正，簡在朕心。其竭誠盡力，恪恭夙夜，毋憚勤勞。彈劾愆謬，毋避權要，毋枉良善，毋縱奸宄。各道御史即宜審擇，凡廉勤公正、老成惇厚者留用。不達政體，貪淫無恥，及曾犯贓罪者送吏部降黜。公差給假丁憂者亦如之。御史缺，行吏部慎選，不得濫授。欽哉。”由斯以觀，是祖宗明以甄別御史之權與都察院也。又查，萬曆三十六年聖旨：“年例係祖宗舊制，所宜遵行。以後院、科官，着從公擬議協贊。其斟酌主持，自是你部職掌，不得侵越。欽此。”由斯以譚，是皇上亦明以協贊年例之權與都察院也。煌煌祖制，赫赫明旨，載在方冊，炳若日星，詎非部院大臣所宜恪遵者哉？

乃吏部尚書趙煥，惡都察院左都御史孫瑋權位逼己，而又忌其品望在己上也，唆其鄉人逐之出城，而已且侵奪其權，迫之使去。于是獨行年例，驅除异己，遠違祖制，近背明旨，彼其專權之罪，可勝誅乎？故掌河南道御史湯兆京爭之不得，露章糾彈，掛冠長往。蓋其忠憤所激拼官報主，亦出於無可奈何耳。乃煥無以自解，巧爲之説，曰：“院科擬議，信有前旨。然有掌院則可擬議，今既無人，向誰擬議？”不思年例舊係二八月舉行，近遲至九月以後者以爲不可遲，則八月內總院尚在也，何以不急行？以爲不必急，則九月內署院且下也，何以不少待？乘機弄權，庇邪害正，不幾掩耳盜鈴乎？孫瑋之杜門請告也，始雖激於行勘之横噬，然猶在寓候命也。及煥謀奪職掌，則憤然移次，旋因爭執不已，則拂衣而行。第其爭職掌疏意隱詞微，不欲明攄吏部以存大臣之體。乃煥遂謂言不及己，謬引其疏語云：“不忍見言者力庇同鄉。”横噬憲臣，是欲卸罪於己，委咎楚人，不思楚非藉齊勢，詎至是哉？御史湯兆京爲都察院爭職掌，非爲河南道爭年例也。即煥疏亦曰：“臣始終與爭者，湯兆京也，非總憲也。”然則兆京爭之不得，遂以竟行，非煥逐之而誰乎？却又爲之解曰：“要挾獻諛爲言者糾發而去。”是借言者以釋己，又挑言者以助己。閃爍變詐，無大臣體，廉恥不掃地乎？

又恨御史李邦華之有言，則曰：“邦華與年例，三人臭味素合，意氣相高。一見外轉，不勝憤憤，遂欲劖刃於臣，臣固先拼此一官以待之矣。”是明以年例陷人，而又以拼官嚇人，不知言官而果畏年例惜官爵也？則亦鄙夫患得患失之流已耳，安所稱鬚眉丈夫乎哉？蓋煥始而驅逐總憲，正爲專擅年例之地，既而所推年例之人，即總憲同心共濟之人。故驅逐者年例之先聲，年例者驅逐之左券。事若不同，機實一貫，安得以己之不欲去，而遂逃其逐之之名哉？至於二臣所論事款，煥不能辯而第委之揑造，不思諂事江陵，焚疏賣兄，欲兄告病調外，此其兄親以語人者，豈其兄亦揑造乎？代藩之議承李廷機風旨，主立鼎沙。及見公論不合，不敢出單，此在朝諸臣所共知者，豈人人皆揑造乎？其會推冢宰也，左顧右盼，臺省無人應聲，忸怩羞沮，幾難爲容。止因孫瑋“推讓”一語，銓郎急趨署名，時會推諸臣相視掩口。即無論其生平，第就此入銓一節，業已畢具醜態，寧堪長百僚而稱統均之任乎？況其結黨行私，烏在逆得順守？臣先是謂煥攬權害正，爲人報復，煥謂無是。今三臣之邪正，應聽公論，姑置勿言。抑考三臣，則嘗論科場，論勘問，論銓郎者也。今皆橫被劣處，非爲韓敬、熊廷弼、周應秋報讎而何？夫庇私人以處敢言之士，借公法以逞報復之私，致慷慨論列者不得安其位，入幕掃門者得以容其奸，豪杰因而喪氣，讒邪聚而彈冠，寧非忠臣義士所爲痛心扼腕者哉？

臣嘗考皇上在宥四十餘年矣，國家大權夙爲奸輔所據。然奸輔能據票擬之權而不能據奏請之權，則必授意於吏部。往吏部諸臣若孫鑨、陸光祖、陳有年、蔡國珍、孫丕揚等，守正不阿，故奸輔流毒猶僅爾爾。今焕以美缺結權璫，以掃門悅政府，日來吏部内降之旨，每每層見疊出，焕之神通已十倍於昔時奸輔，而閣臣之正色，又不敢望當年之吏部。是焕以一人而擅古今未有之奇權，從此天下人心，惟焕所歸。焕不知有皇上，天下安知有皇上？皇上之勢安得不孤？此豈非陰陽消長一大關，而社稷安危視之者耶？噫！先臣太宰楊巍，人目之爲河間婦，巍被論，給事中齊世臣、臺臣鍾化民抗章保之，其時有“齊保鍾保”之謠。今之受太宰卵翼，而願爲齊、鍾二臣者豈少乎哉？顧臣，臺臣也，目睹臺長被逐，臺僚幾空，不得不言，即犯權黨之鋒所不辭矣。

伏乞皇上特奮乾斷，將趙焕立賜罷斥，以爲大臣媢嫉妒賢之戒。至於孫振基等年例之推，上違皇上明旨，下非院科公議，明是群小陰謀，曷言國家典制應否？令九卿、科道從公會議，以定去留。即趙焕持有奸人造捏之單，亦不妨公同勘議。庶擬議當而人心服，明旨信而朝廷尊，所裨銓政臺綱匪眇小矣。

辨吳給事有心致疑疏

臣孫居相題，爲微臣無心草疏，科臣有心致疑，謹據事直陳，以明心迹，以息紛囂事。

臣前因太宰趙焕專權自恣，侵奪臺職，驅逐臺員，不忍坐視風憲之地無職無官，故出疏糾之，蓋職在則然也。其疏内雖有“楚藉齊勢”一語，蓋因太宰欲以驅逐總憲，委罪楚人，故臣以此語相駁，以歸咎太宰。詞雖稍欠斟酌，然信筆揮去，臣實無心。乃兵科給事中吳亮嗣，不辯太宰之扳楚，反辨臣之駁太宰者。使其疏詞亦僅僅如官應震之自明，不節外生枝，則臣可置弗辯。

今讀其疏，意狠詞激，若深有憾于臣而不能旦夕容者。向非"藉齊勢"，何以參選郎？則劾參太宰，則駁以"無心黏帶"之數字，發衝天怨憤之浮氣，若惟恐東人之勢散，太宰之權輕，爲皇皇剪其所忌，曾不自愛其鼎者。亮嗣即無"藉勢"之心，已不幸有其事矣。臣即無實指亮嗣"藉齊勢"之心，已不幸言而驗矣。

方今時事鼎沸，伐异黨同，大臣蒫旨鋤正，私人植黨背公，即有破壞成例以營京堂者。止向同官遍乞曲全，哀告曲議，便叫藉口會單掩耳盜鈴。而亮嗣尚欲爲此輩善後作計，又自解於人曰："於齊無所憑藉，其誰信之？臣亦不謂亮嗣以不孤不弱自命，肯爲此妾婦之行，無奈亮嗣之自招何也？今而後，知亮嗣之爭仁義，乃在爲太宰發憤；而觸犯太宰者，乃爲爭爵祿也。"立論亦奇矣哉！

又舊太宰孫丕揚之出山，在臣既丁憂之後；而其去國，又在臣未入京之先，蓋風牛馬不相及也。丕揚雖曾起臣，而未奉旨；其坐差起臣者，實舊副院許弘綱也。亮嗣無端突入"孫丕揚"一段，臣誠不得其解。

至謂臣"驟列清要，不無他端"，尤爲夢中囈語。夫臣二十一年甲科，十六年行取，十二年臺咨，八年臺俸，猶然守一故職。即以臣爲"清要"，恐蘭臺不要於青瑣；即以臣爲"驟獵"，恐壬辰不驟於甲辰。何以攻臣而連及臣弟也？此其故，臣不忍盡言矣。無諸己而後非諸人，亮嗣何以自解乎？臣不欲效亮嗣惡語相加，僅平心質證若此。

伏乞聖明裁察施行，臣不任屏息候命之至。

糾科臣恃勢逐憲臣疏

臣孫居相題，爲科臣恃銓宰之勢，逐風憲之臣，臺僚幾空，刈除未息，仰懇聖斷亟賜處分，以稍存臺綱，以預杜禍亂事。

臣惟國家設六卿以分治，而又設都察院統十三道御史以共持風紀，蓋其重也。自吏部尚書趙煥竊據銓地，物望素輕，日夕慮憲臣孫瑋之逼己，密約其鄉人及其私人謀逐之，故周永春借學差以發難，而一二宵人附和齮齕。于是學臣呂圖南去矣，憲臣孫瑋去矣，道臣湯兆京去矣。王時熙、魏雲中忠直敢言，又借年例處矣。一時風憲之臣，驅逐殆盡；二百年紀綱之地，黯慘無光。臣待罪臺班，羞憤欲死，故不能不恨趙煥之怙勢妒賢，又不能坐視國家之風紀掃地，露章糾劾，職在則然。不謂周永春辯漕臣之疏暗及於臣，而且明及於臣之弟也。臣弟鼎相之調吏部，實由太宰趙煥。今臣既以公議而忤太宰，太宰豈不能以私憤而證臣弟。其有無鑽刺？煥自知之，天下人自知之，臣不必辯。惟是永春所稱由南補北者，臣考南京部寺臺省等官，凡丁憂起復者，皆補北缺，不獨臣也。遠者姑無論，他衙門亦無論，即舉近年臺省與臣同咨及永春同鄉者言之，如韓介原選南京浙江道御史，後起復則補山西道矣；馬從龍原選南科給事中未任，後起復則補刑科矣；周懋相原選南京山東道御史未任，後起復則補廣東道矣；史弼原選南京陝西道御史，任僅數月，後起復則補廣西道矣，此皆已行之例也。豈在人則爲例，在臣獨非例乎？在山東人則爲例，在山西人獨非例乎？在俸淺未任者則爲例，在俸深任久者獨非例乎？以遵行成例而謂破壞成例，若永春者，蓋以己度人，又撧人以蓋己也，孰知歷年科升成例，有可指而言者乎？

蓋辰戌、丑未爲大計之年，自壬辰至今歲癸丑，則辰戌、丑未再周矣。抑考壬辰鍾羽正計完，削籍未推矣；乙未楊東明正月始過，吏垣未經行事不推矣；戊戌劉爲楫内轉無陪，旋降雜職矣；辛丑王士昌原以禮科散給事署印不推矣；甲辰項應祥内轉無陪矣；丁未陳治則内轉無陪矣；庚戌曹于汴内轉無陪矣。將謂於時掌印無人可陪，則甲辰掌科有張問達、田大益、楊應文、姚文蔚，張雖經内推，楊、姚雖經外推，然田可陪而不陪也；丁未掌科有梁有年、宋一韓、姚文蔚、邵庶、姚邵等，雖經外推，然宋可陪而不陪也。夫歷年計後内轉皆無陪，而癸丑則有之，是銓宰欲以京堂私鄉人，不難破歷年之成例，而科臣欲爲銓宰驅异己，頓欲空一時之臺班。然驅一總憲、四御史若可已矣，又欲驅及於臣乎？

　　古人云："君子以小人爲邪，小人亦以君子爲邪。"臣與永春角口爭邪正，各無憑據，第核其孰爲破壞成例，孰爲非破壞成例，則邪正自分而是非立見。至於冢宰應否驅逐總憲、科臣，應否驅逐道臣，冢宰應否與言官合力合謀驅逐臺省直言之臣？并乞敕令冢宰明言諸臣所以可逐之故，仍敕下九卿科道，從公會議。如破例在臣而臣所執者又非，即將臣罷斥，以謝永春；如破例在永春而永春所執者又非，亦當與權宰并罷，以爲人臣徇私黨邪，壞銓法之戒，臣不勝激切待命之至。

論科臣内推成例疏

　　臣孫居相題，爲科臣理曲詞遁，狂噬不休，謹平心剖明成例，以俟公論自定事。

　　竊惟我朝兩都并峙，三途并用，仕於北者不必皆賢，則亦不必皆京堂；仕於南者不必皆不肖，則亦不必皆外轉，惟視其品望功業若何耳。先是，科臣周永春《辨漕臣周起元疏》有"由南補北，破壞成例，鑽升京堂"語以侵臣。臣歷舉由南補北成例爲言，其心以爲補北即北耳，應否内推？自有往例，自有公論。臣實羞言京堂，是以置而不論。今永春視京堂爲性命，津津言之不已，反以臣不辨京堂爲非，則臣不得不言矣。

蓋臣生也晚，嘉靖以前，南臺省升京堂者，臣不及知，亦無從考。第就臣平日所聞知者言之，則嘉靖年，南臺御史徐錦升南大理矣；南户科給事中張焕升南尚寶矣；隆慶年，南湖廣道御史胡用賓起復，補北湖廣道，升北尚寶矣；南户科給事中余戀學升南尚寶矣，南吏科給事中傅作舟升南尚寶矣，南廣東道御史林應訓升南尚寶矣；南浙江道御史朱鴻謨起復，補北河南道，升北光禄矣。

以與臣同時共事，爲臣所見知者言之，則萬曆三十二三年，南河南道御史蕭如松升南光禄矣，南吏科給事中祝世禄升南尚寶矣，南浙江道御史朱吾弼升南光禄矣，南工科給事中金士衡升南通參矣。夫南臺省升京堂者纍纍，且中多名臣。

今永春乃謂自徐錦升南大理外，餘俱外轉，無一人升京堂者，何敢於御前說謊若此？臣即庸愚，觸犯時忌，第謂臣不堪内推則可，若南中臺諫諸臣錚錚立名，當不乏二朱之選，安得以臣一人之不肖而遂格二百年之成例乎？至於管察科臣内推，不用陪行之已久，臣前疏第舉二十餘年成例爲證，豈二十餘年皆無一人可陪者？今永春强辨當日無陪之故，俱屬支吾，臣姑不一一與辨。

第就其所稱三十二年推升之例言之，據稱是年掌印科臣凡四人，除張問達俸在項應祥前，先三十年八月二十二日已推太常少卿不計外，時見在科臣掌印，止有三人。以俸論之，項應祥爲一，侯慶遠爲二，田大益爲三。若以正升之例論之，則項應祥一俸管計應内，侯慶遠二俸應外，田大益三俸應内。今據永春言，侯慶遠已陪張問達應内矣，田大益論俸應外矣。由此言之，則項應祥分明爲閏升，所以無陪，所以侯内田外。若項爲正升，而侯又應内，是京堂之後又一京堂，於一内一外之例，竟何如？夫項應祥既以首俸管計閏升，豈翁憲祥首俸管計，獨非閏乎？侯慶遠二俸可内，豈周曰庠二俸，獨不應内，而必援遠年城工乎？田大益三俸應外，豈周永春三俸，獨當陪内，以預爲後日京堂之地乎？即欲諱閏言正，又托言無人可陪，當時除田大益外，尚有侯慶遠在，豈慶遠可陪，隔年之問達而獨不可陪見年之應祥乎？蓋非正即爲閏，非先正而後閏，臺中尚襲此名，省中安得獨异於此？知永春之自辨乃其所以自招，而謂人破壞成例者，乃己之自破成例也。至於六科議單各有意見，臣不謂非；翁憲祥正閏總升常少，臣不謂舛。但數十年見行之成例，一旦欲更，亦當題知。即不具題，亦當先議，豈有上不請於至尊，下不謀於同列，破格壞例，朦朧與推？比致人言，然後行議，借央求附會之説，行掩耳盜鈴之謀，不思天下之耳目豈可盡塗？萬世之公論，豈能盡滅也乎哉？

臣疏成將發，接邸報，見永春疏辯賀烺，復以丙午南場事中臣。夫江北江南士子文學優劣，此天下之所知也。丙午江北中式頗少，黄吉士聽下第諸生流言，遂出疏，謂江南卷先送閱，江北卷後送閱，是以南多北少，故臣有遏流言一疏以折之。然皆非爲賀烺而發，而烺以名士中式，亦未聞有异議。此南中鄉士大夫及今御史吳之皋，主事常高繼、楊若予等，當時俱在場屋，可問也。止因上年臣發鄒之麟科場關節，故之麟恨臣，因造爲此言，批於湯賓尹私書，其親手筆迹見在臣處。不謂永春遂拾其唾餘以相污蔑，此蓋小人睚眦必報，下水拖人常態，臣不屑於辯。至於兵科給事中吳亮嗣，向也首攻總憲，爭爲趙焕效首功；今也連疏攻臣，明爲趙焕作後勁，使非感其免推年例之恩，何以甘爲權宰吠人之犬？使非前日藉其勢若泰山嵩嶽，何以今日尊其人爲韓琦、仲淹哉？臣不意齊世臣之後，又一世臣也。夫周永春數月之間，害一呂圖南，錮一鄧漾，累一韓浚，逐一湯兆京；又借年例處直臣王時熙等三人，又攻臣兄弟，又波及史𡷫，又盡詆在朝在野多人。世有如此人，命之曰"非奸非邪"，願以俟之後日。吳亮嗣數月之間，保選郎，保太宰，逐總憲，庇同鄉；今又毀舊太宰，倒翻京察，助周永春攻臣兄弟，若忿忿然，有求弗得，深有憾於臣弟而無端連及者，且儼然自命曰"聖賢豪杰"，亦願以俟之後日。言官有體，終恥與角市兒之口。第看此兩人者，操此術以創新例升京堂，使天下人知，取富貴者，有此捷徑耳。臣言止矣，再有言亦污齒頰矣。

伏乞敕下九卿科道，將臣前後疏及永春、亮嗣諸疏一并會議，評其是非邪正，以聽聖明處分施行。臣不勝懇款屏息待命之至。

糾科臣強辨臺臣附權疏

臣孫居相題，為科臣強辯飾非，臺臣附權溺職，謹據實糾發，以聽聖明裁斷事。

臣愚戇無似，不自量力，誤與吏部爭職掌，其疏有"齊保"、"鍾保"等語，蓋尚論往事，匪有他也。乃科臣趙興邦、吳亮嗣、常保，太宰趙煥者，疑臣譏己，遂相繼攻臣，一疏再疏，刺刺不休。在興邦不以臣爭職掌為是，而硬執臣爭年例為非，使臣果區區為年例爭也，則誠非矣。然以視興邦輩呈身保銓宰者，其品猶為有間，而況乎不專為年例也？品格高下，在朝諸臣自有公論，臣不必辯。

惟是亮嗣以臣居憂時絕不相干之事，造言誣衊，不論情理，鑿空懸坐，然猶曰此以報臣"藉齊"之語也。至于臣弟鼎相無端連及，既曰"素寡交遊"，何六月初八日持刺及門懇切求見？

坐譚之間，其所請托者五人，除大僚外，內有一調簡副使爲求近地，有一俸深知州爲求大府同知，有一擬升知州爲求速補善地。臣弟以上有堂官，下有選郎，不能自主爲辭。亮嗣復懇以轉達，臣弟亦弗之許，亮嗣遂悻悻而去。凡此各有主名，臣不難指出以與九卿百僚共質之。但恐遺累多人，終不明言以傷雅道。亮嗣當自知之，勿徒曰"白晝非暮夜，語言口説非竿牘居間"，而遂欲昧心白賴也，蓋自心可昧而天地神明不可欺矣。至其所欲擁爲少宰之人，亮嗣前疏已自言之，肝膽畢露，乃復佯爲不知以問臣耶？其設心亦甚譎矣。

然亮嗣雖挾私誣詆，猶曰："此別衙門也。"若貴州道御史黃彥士，則與臣皆臺僚也，共守此臺綱者也。彼即恐失歡吏部，不爲衙門爭職掌則亦已耳，乃反以衙門職掌爲質於吏部；不曰"已悖明旨"，而曰"明旨已信"；不曰"已奪職掌"，而曰"職掌已明"，創新奇之説，極獻媚之工。果如所言，則祖宗二百餘年相沿之舊章可以不守？皇上三十六年所頒之明旨可以不遵。同己者進，異己者退，可任吏部獨行其權，言者取辱，默者取榮，竟令臺諫各緘其口？其於振揚風紀，糾劾百僚之義竟何如？臣嘗見緇衣黃冠之流，猶知呵護其法不使失墜，今彥士以臺臣而壞臺綱，且昔攻臺長，今詆臺僚，入室操戈，閉門延寇，將緇衣黃冠之不若，不知異日何面目入都察院，而稱峩冠豸繡之使哉？是不獨齊世臣之疊出，抑且鍾化民之再見也，天下後世豈遂無公論耶？

臣焚香草疏，顧影傷心，以爲臣子然一身耳。其所爭之事，非臣之私事，乃皇上之臺綱也。臣爲臺綱任怨，臣自甘心。然蒙皇上恩宥，亦既旬餘矣，乃諸臣合謀攻臣，曾無虛日。今理曲詞窮者將退，而黃彥士又相繼而起矣。彼雖萃百鏑以相加，臣不難拼一官以相待。蓋此官可罷，此身可殺，而嫉惡剛腸必不可以衆劫，必不可以勢奪。此臣孤忠自許以報皇上之一念也。然衆寡之間，其黨與之有無，人品之邪正，亦自可見。我皇上試虛心觀之，果以臣孑然一人自爲黨乎？抑以諸臣爲結黨害臣乎？果以臣獨立獨行爲邪乎？抑以諸臣黨同伐异爲邪乎？想聖明於此必有洞照，若之何可任其日囂日橫而不一加剖斷乎哉？

伏乞聖明分別邪正，立賜處分。至吳亮嗣應否倚恃言官濫行囑托？及囑托不遂應否挾仇誣害？一并從重議處。庶徑竇可塞邪謀自寢，所裨銓政臺綱匪淺小已。臣不勝激切懇禱延頸候命之至。

參科臣囑官喪檢疏

臣孫居相題，爲科臣囑官喪檢，飾説欺君，懇乞聖明亟賜議處，以塞徑竇，以儆官邪事。

臣惟國家之法，莫大於銓序流品；人臣之罪，莫大於囑托官僚。至於囑托事露，不自悔罪，而猶含糊轉換，飾説於君父之前，則人臣之大戮而王法所不容者也。何兵科給事中吳亮嗣，輒敢冒焉犯之而不顧乎？蓋亮嗣阿附權勢，囑托營私，在京大小諸臣誰不聞見？乃反以臣觸權忤勢者爲登場舞女，此亮嗣之自道，臣不必辯也。亮嗣趨承舊宰，則必逢迎新宰，乃反謂臣扼腕總憲之去，垂涎新宰之來，亦亮嗣之自道，臣不必辯也。

去冬，臣參鄒之麟科場關節，之麟亦以關節誣臣，親筆批於湯賓尹私書，長安傳播。臣數擬抄録原書原批封進御覽，但因書語戲謔，懼褻至尊而止。此其謗之由來，舉朝共知，臣亦不必辯也。惟是亮嗣倚恃言官，慣行請托。吏部畏之如虎狼，奉之如流水。臣弟鼎相輒敢面拒，亦恃聖明在上，公論在朝耳。乃亮嗣深銜臣弟，因攻臣而連及之，此其故路，人所知也。臣初疏問之，亮嗣不答；再疏問之，亮嗣不答；及三疏問之，亮嗣不得不答，而又不能置答，却乃有托而逃曰："銓法壅滯。"

臣等得而問焉，夫既曰"銓法壅滯"，何不具疏公言於朝廷，而必投刺密言於私室乎？何不問之太宰選郎，而必問之不能專主之員外乎？何不泛言海內官僚，乃除侍郎、巡撫二大僚外，止言蜀中一憲副、兩知州乎？何不聽憑該部從公推補，而必爲調簡者求近地？俸深者求大府同知？擬升者求睢州、求廣德州乎？在臣以囑托爲私情，故不指其名，恐累多人。在亮嗣以往說爲公事，宜無所忌諱者，何不直指其姓名，直述當日所言某地某缺係某官應得之物，而乃半吞半吐、左支右吾於皇上之前乎？以指名指地爲泛常之談，以未同而言爲往來之常，以囑托官爵爲問答之常，公然以囑托自認，而又公然以囑托爲無傷。觀其在皇上前略無忌憚如此，則其平日把持吏部，納賄招權，當無所不至。使臺省諸臣而皆亮嗣若也，將人人擇官，處處擇地，賄賂可以公行，銓法必至大壞，若之何？可置而个問乎哉？

該臣參照兵科給事中吳亮嗣，媚骨似狐，吠聲如豹。阿權附勢曲盡鄙夫之容，露爪張牙偏作正人之敵。護法選郎之門，無異孝子之事父母；攘臂冢卿之去，詎殊寵奴之翼主人。干請不嫌於未同，乞哀閽豎，是可忍孰不可忍？囑托無擇於小吏，驕人白日，此不羞那復知羞？空具鬚眉，徒逞血氣，微究其貪利無恥，則爲名教所不容；極論其說謊欺君，則爲王法所必戮。重玷青瑣，孔污華班。所當亟行褫斥以儆官邪者也。

伏乞勅下部院，從公查議，要見言官於素無交往之人往拜言事是否囑托？於素所共事之人求地求缺是否行私？言官囑托行私當作何處分？人臣說謊欺君果犯何法律？一并議覆，仰候聖裁。臣不勝屏息待命之至。

參科臣結黨狂噬疏

臣孫居相題，爲科臣結黨狂噬不休，謹據理駁參，以祈聖斷事。

臣惟天下有君子有小人，從來舊矣。君子以小人爲小人，小人亦以君子爲小人，亦從來舊矣。臣自登籍事皇上二十有二年，其承乏爲御史，亦十有二年矣。彈劾權奸，屢蒙俞可，則臣爲君子爲小人，皇上豈有不知者？今因爲衙門爭職掌，觸忤吏部，而阿奉吏部如給事中趙興邦等，遂謂臣借職掌之名力爭年例。不思臣所爭之職掌，即年例之職掌也，原非二事。奸輩諱言職掌，單言年例，以開辨駁之端，此其機械之巧，將屬之誰乎？乃反謂臣爲小人，不知君子、小人自有真也。

論理者爲君子，恃勢者爲小人；獨立者爲君子，挾衆者爲小人；發奸者爲君子，媚權者爲小人。臣論劾太宰，以其背明旨而奪職掌也，此論理也，興邦敢謂未悖明旨未奪職掌乎？臣犯太宰，一身之外，無援也；興邦幫人出疏，攛人助己，非挾衆乎？臣參太宰，所謂見無禮於其君者，如鷹鸇之逐鳥爵也；興邦倒身逢迎，曲盡醜態，猶曰太宰既去，獨不思前日無溪徑，有明作之稱，非太宰炎炎之時乎？又興邦夏間曾對其鄉人曰："我論過太宰，今番年例必處我。"未幾，即有詆太宰之疏，非明媚權勢而陰逃年例乎？持此以論君子、小人，想三尺童子類能辨之。曾不自羞其小人之實，反加臣以小人之名。臣據興邦作縣行取，以及考選得科，倚名流，媚當路，種種鑽營反復之狀，即數以百小人亦無難者，臣不屑也。但有一小人以復興邦，亦曰"鍾保""齊保"之後，今又有一"趙保"傳之天下後世，相與并垂不朽，如是而已矣。

昔梁成大以真德秀爲真小人，魏了翁爲僞君子，雖李知孝之貪狡，與之共爲史彌遠羽翼，猶深鄙之曰："所不堪者，他日與成大同傳。"然則以小人之口，詆人爲小人者，何足輕重？衹自定其萬年遺臭耳。至如給事中吳亮嗣，士評"識昏守劣"，民歌"有口無天"。前疏以囑托自認，略無瓜李之嫌；今疏以囑托爲公，妄附古人之誼。而所囑托之人，竟不明言於皇上之前，不知國朝先正諸臺諫以所得譽髦汲引於揆銓之路，亦皆無姓名否耶？果皆爲臺諫私人而非博舉海内名賢否耶？臣本欲爲朝廷明法，亮嗣衹爲知交市恩，國家從此可廢請托之律，言官從此可長黷貨之風。倘以亮嗣所言爲是，乞下亮嗣疏爲例，臣請掛冠以謝之。如以爲非，乞命亮嗣從實回話，以聽聖明處分，抑臣因是而重有感於今之世焉。

語曰："群言淆亂折諸聖。"今群言淆亂極矣，計必聖明辨其孰是孰非，孰邪孰正，而黜陟加焉，然後言者不敢妄言。今不論當否，一概留中，使媚權者知有吏部而不知有朝廷，囑托者知有朋友而不知有君父。掖垣列樹私交之諫官，西臺多賣衙門之御史。夫賣衙門，固賣國之漸也，此而不懲，釀禍何極？臣憂國有懷，回天無術，惟有痛哭流涕，籲禱於聖明之前。

懇乞大奮乾斷，一并處分，以存臺綱，以重言體。臣亦從此請返初服，必不願守此無職掌之空署，甘與小人共事矣。臣忠憤所激，言無所裁，伏惟聖明照察。臣不勝懇切候命之至。

辨南疏以明職掌疏

臣孫居相題，爲職掌自明，南疏復淆，仰懇聖斷，申飭明旨，以息囂紛，以保善類事。

臣惟御史臺之職在於操是非以振紀綱，故吏部黜陟之公，必協於都察院。是非之定，諸凡考察看議大小庶官，皆部院頡頏行事。而況御史爲本衙門之官，都察院不聞其非，吏部可擅操其黜耶？乃舊銓宰趙焕背旨擅權，黨同驅异，遂致中外駭愕，議論沸騰，業經臣等露章糾參，公論大明矣。不謂南京四川道御史汪有功之疏與趙焕之揭，同時而至。其疏内之言，即趙焕之自爲言，亦皆諸臣之所以言，臣可置勿論。惟是公論已明而復淆，職掌已明而復溷，即使後來握銓者鑒空衡平，不至如焕之昏眊妒正，一擲而盡喪其生平，萬一爲遊言所搖，專擅如故，其如祖宗二百年臺綱何哉？

臣惟我朝有《大明會典》，亦有見行事例，部院會推御史，雖不載於《會典》，然考之《皇明大政紀》《條例備考》，以及《吾學編》諸書，則凡奉特旨考察科道，皆係部院會行，豈以平常推升御史而獨不然？故歷年春秋年例之推，必取憑於都察院，即近時許弘綱之開送潘珙等，亦此意也，正所謂見行事例也。夫以見行事例，而又屢奉明旨，吏部一旦專之以行其私，則違制悖旨，莫此爲甚。致老成臺臣感憤掛冠，公論韙之；在臺諸臣相繼發憤，臺綱賴之。而獨不快於二三見仇者之口，何耶？如謂推升年例必當吏部專主，則從今南北臺諫惟有拱手結舌，以聽吏部殿最，安望有明目張膽以糾吏部闕失者乎？即使有之，如三臣暗刺明譏，不避忌諱，其不爲三臣之續者幾希。臣政恐吏部之威立而臺臣箝口，不意從而爲吏部辭者又出臺臣也。

嗟乎！各衙門皆有職掌，獨西臺之職掌，臺長不得守，臺僚不得爭，吏部公然攘之，以專言官進退之權；言官翕然和之，以成吏部欹重之勢。無論典制未有，恐亦事理難通。臣六年南臺，曾未聞如此清議也，不亦一時奇論乎哉？語曰："群言淆亂折諸聖。"今群言淆亂極矣折衷，此其時矣。

伏乞皇上穆然深思，毅然獨斷。如謂年例當部院會行，則申明前旨，以剖疑關；如謂年例當吏部獨行，則從今著爲令，永爲遵守。庶規制定而議論息，明旨信而朝廷尊矣。臣不勝激切懇款候命之至。

參科道造言反噬疏

臣孫居相題，爲無恥科臣造言反噬，謹據實參駁，以聽聖明裁斷事。

臣惟廉恥者士人之美節，正直者立朝之芳規。若既無廉恥，又不正直，則鄙夫妾婦之流不齒於人世者也。乃兵科給事中吳亮嗣，兩者皆譏。臣謹先折其昧心造言之非，而後及其寡廉鮮恥之行，可乎？

亮嗣謂臣在南臺藉王元翰為内援，結蔣貴為死黨，以李三才為聖人。夫臣壬寅春授南臺，王元翰乙巳始改掖垣。彼時臣已服官四載，亦已站定脚跟，況進用不同時，居處不同方，南北不同事，臣何所藉於新進元翰而顧以之為内援耶？蔣貴戊申八月考選南臺，不知何月到任，臣時憂歸已一年矣。及臣壬子巡漕，蔣貴被辛亥察處，去任亦一年矣。臣與蔣貴原非同時，何從結為死黨？李三才為淮撫時，臣巡鳳陽倉，雖則同事，然臣參泰州知州李存信，不謀於二才，徐兆魁參三才疏曾引以為證。今謂臣以三才為聖人，果向誰言之耶？此其昧心造言者一。

又謂臣居艱在里，畏史繼偕之執法，則縱于玉立為外援；懼朱一桂之正直，則藉孫丕揚為内重。夫繼偕、一桂皆臣同年，交誼不薄，彼能執法正直，臣方席寵分榮，況臣既居艱在里，何畏？何懼？又何求？而必藉數千里不識面之人為外援為内重耶？其昧心造言者二。

又謂臣投身總憲，東南一役，何嘗有片語及於窮理盡性之事？但孜孜以徂詐為仁義，以邪謀為濟世，以交通為力量。欲勘熊廷弼，則廷弼革任；欲斥許弘綱，則弘綱遠避；欲逐趙煥，則趙煥欲仰藥以死。夫總憲為諸御史綱領，臣旅進旅退，誠不能自外。東南一役，臣手口拮据，猶恐不給，誠無暇譚窮理盡性之事。至勘熊廷弼事則總憲自主，職在則然。雖同時掌道有余懋衡、湯兆京、史弼，皆俸在臣前，皆不與聞，臣何能欲勘則勘耶？副院許弘綱知臣起臣，臣不勝知己之感，方愧無能為報，乃謂臣欲斥之，此病狂喪心語從何處得來耶？趙煥背旨侵職，擅權自恣，臣露章糾彈，煥聞言引退，在臣爲言官常職，在煥爲大臣定體，人雖甚愛官，何至以身命殉之？其云「仰藥以死」，乃奸宰激怒皇上之詞，非實事也。亮嗣引之欲何爲乎？其昧心造言者三。

夫人臣面謾説謊，皆法所必誅，今亮嗣昧心造言，甘犯面謾説謊之條而不顧者，則恨臣之抉其隱耳。嘗聞人惟無是事，則雖有是言而若罔聞知。惟其實有是事，而人因有是言，則聞而愧，愧而怒，囂凌詬誶，不勝不休，臣今不幸實觸其怒矣。蓋亮嗣首攻總憲，結歡冢宰，正畏人知，而臣一語發之，此所以一疏再疏，必甘心於臣而後已也。況冢宰去則失所憑依，于是移其乞憐取寵之態，以逢迎將來當路之人。近聞糾合朋儕，欲擁一人爲少宰。臣尚不信，今果情見乎詞矣。且其攻臣也，猶曰有「藉齊」一語。至其所以攻臣弟之故，臣兩言而兩不答，豈其以祖田三百不足贍母？而情事隱微有不欲與人知者耶？不意六垣清華之地，有此千層甲顏之人，真足辱諫垣而羞朝廷也。

至於與亮嗣同科給事中趙興邦者，亦侈口談官品。夫官品自有真，非興邦一言所能抹殺，臣不必辯。第就興邦歷來章疏評之，其生平行徑已可概見。方太宰趙煥輕處卜履吉也，出疏糾正，豈不甚壯？既而心折於太宰，則托周永春以交歡焉。及見湯兆京與太宰爭職掌，則又力擊兆京爲太宰泄忿，何前倨而後恭也？至其詆太宰無蹊徑，且謂倘於邪正之間、進退之際，事事如此，職且服其明作。今例處三臣，可謂事事如此矣，興邦宜服其明作矣。既無當於臣，必有當於興邦，興邦應自喜。顧人各有見，臣即出一言爭之。蓋爲職掌也，非爲三臣也。「立賜三臣仍入班行」，皇上試查臣累疏，何嘗有是言？興邦乃效亮嗣捏造以誣臣耶？於此知捐廉恥喪聲名，正興邦自道，臣非其人也。夫朝廷設立臺諫，將以議論國家大政。臣爲衙門爭職掌，此是公事。偶觸凶焰，四面皆兵，豈欲禁臣使勿言乎？抑以内旨罰俸猶爲未愜，必欲借外庭狂噪逐之而後快於心乎？邪類甚衆，直道難容，臣不去大勢不合，必又有起而攻臣者。

伏乞皇上將臣罷斥，以爲人臣不量力爭職掌之戒。至於吳亮嗣、趙興邦造言誣臣，結黨亂政，并乞亟賜裁處，以寢邪謀。臣不勝惶恐流汗屏息待罪之至。

辨科臣誣賴嗾使疏

臣孫居相題，爲辯明心迹，以祈聖鑒事。

臣先是以爭職掌之故，觸忤時忌，移疾求去，幾兩閱月。無奈前後署院二臣，堅不代題札，催視事。臣不得已，力疾陛辭，出巡霸州。忽於月之十二日接邸報，知科臣姚宗文等《辯戶部郎中李朴疏》，復波及於臣矣。夫科臣所以疑臣者，不過因臣曾與爭辯，遂欲借事殺臣耳。不知臣與李朴原非同鄉同年，又非同官同事。即渠數年前曾仕臣省，臣時正官南中，未有識也。惟臣去年償運至通州，渠偕戶工二部臣來拜，臣亦往拜之。然旅進旅退，并未私交一語。迄今一年有四月，亦未相通一字，此書吏、班皂可問而知者。今渠突出建言，於臣何與？乃謂臣嗾使之耶？蓋嗾人而使人聽者，必其無關利害者也。若教人拼官拼命以徼幸萬一，人非至愚，孰肯聽從？豈惟不從，且勢位熏心，性命自愛，旋必起而怨詈之矣。彼嗾人者，詎不慮其洩露乎？況臣與諸臣以公事相質，原非有不共戴天之讐。臣叨爲言官，又有可自陳言之責，果何憾於諸臣，何借於部臣，而乃嗾彼攻此，以自損其言路鄭重之體哉？此人情事理之所必無者，科臣豈不知之？而顧以此誣臣，毋亦成心之未化乎？古稱不信乎友，臣實不幸蹈之，計惟有一去，可以謝諸臣耳。

伏乞皇上先將臣罷黜，仍嚴命李朴從實回話。如臣有一字嗾使，即斬臣首，以爲言官嗾人之戒。想李朴惕於皇上明威，必不敢不以實對矣。臣不勝激切候命之至。

再爲災民請賑疏

臣孫居相題，爲災民待賑正急，有司無米難炊，懇乞聖慈俯允發粟，以救孑遺，以固邦本事。

臣聞國以民爲本，民以食爲天。無食，是無民也；無民，是無國也。故自古聖帝明王不寶珠玉而寶人民，凡所爲救災恤患者靡所不至。而至於王畿近地尤加惠焉，誠重之也。遠者姑無論，即如我皇上三十八年目睹畿輔荒歉，民不聊生，慨然發帑金四萬兩，通倉米二十萬石以賑救之。是以畿民得亡轉死溝壑，散之四方，皆我皇上生全之也。乃今歲水溢爲患，視昔旱蝗爲尤烈。蓋旱蝗之歲，五穀雖不登，然尚有柴薪可以供炊爨，衣廬可以禦風寒。若大水之後，敝衣舊絮漂蕩無餘，野草村廬淹没殆盡。小民不但無米，而且無柴；不但無衣，而且無居。值兹隆冬嚴寒，颶風積雪，其餓死凍死者不知幾千萬人。此孰非皇上生全之衆，而一旦痛楚至此，則昔年不靳數十萬銀米而賑救之者何心？今日立視其死而不救者又何心？臣固知聖心必有所不忍者。但臣等前此拘報災、勘災常套，未及以民死之故爲皇上言之耳。

今據密雲、霸州、昌平、天津、薊州五道報到，被災貧民十七萬三千有奇，尚有易州一道見查未報。總之，當不下二十萬人計，其中死者日以數十計，逃者日以數百計。臣與督撫諸臣久候部覆未下，每思拯救之，而苦無長策。于是暫行各州縣，先盡見在倉穀并臣等紙贖，煮粥賑濟。顧連歲災祲之後，積穀無多，紙贖解部之餘，搜括有限。自非皇上大沛浩蕩之恩，速發太倉之粟，則勺水何救於車薪？秸稈何補於大旱哉？

臣等前此猶請皇上發內帑、留稅銀各數萬兩以賑濟之。今見皇上遲疑不發，臣亦不敢過望也。但願皇上念王畿係根本重地，宜安靜不宜動搖；畿民爲救活遺黎，宜生聚不宜捐棄。速檢發戶部覆疏，仍敕該部發通倉米十萬石，行臣等分賑順、天、保、河所屬諸郡邑，庶目前數百萬枵腹之衆幾死而復生，歷年數十萬賑濟之功有始而有卒矣。臣不勝懇切籲禱，爲民請命之至。

題修胡良巨馬二橋疏

臣孫居相題，爲修復畿南衝要橋梁，工程宏巨，費用浩繁，懇乞聖明大賜捐施，仍敕及時興工，以圖萬年永濟事。

據霸州道兵備右參政孟成己呈稱，蒙本院憲牌，照得胡良、巨馬二橋，係省直赴京孔道。自洪水衝塌，行人病涉，每遇河水泛漲，漂溺不可勝計。今該州民人李興梁等具奏，欲募化修築，不動帑藏分毫。此固地方良民善念，但二橋工程浩大，費用繁多，恐非民力可以成功，合行查議等因。

又蒙本院批，據涿州土民李興梁等告，爲懇天利國便民，主修要緊橋梁事，內稱：本州胡良、巨馬二橋，自萬曆元年民人王復元等奏准募化，蒙聖母老祖娘娘頒銀差官蓋造，見有龍碑垂示，士民稱便到今。不意三十二、五、九等年，綿雨水洶，將橋衝塌，往來仕旅過渡，水急遇溜，常遭喪命，不計其數。本州向已申明，協濟設處，務將二橋完成，未蒙題請，苦極日久。梁等各願效力募化，具本哀懇，未蒙命下。伏乞俯念二橋天下通衢，萬邦要路，爲國爲民，批州查議等情。蒙批霸州道并查議速報，蒙此遵即牌行涿州，逐一詳查，酌量停妥，速詳以憑覆核轉報去後。

今據該州知州左之似查得，涿鹿咽喉，天下皆取道於涿。畿南諸水，自燕山背腹派而東走，絡於孔道，以會天津，若襟帶焉。巨馬距涿門北越二里，胡良距涿門北越七里。二河每至春暮，雨瀑水發，波濤洶湧，倏忽即數十丈。民苦而聞之上，恭遇蕭皇太后憫而捐鍰數萬餘，建胡良石橋，以濟病涉，此在萬曆年之元矣。後洪水驟至，漂木決石，病涉如故。太后復發鍰九萬五千餘，建巨馬橋以利往來，此又萬曆年之十七矣。胡良橋原設五門，連南北橋頭，通長一十五丈五尺，闊三丈一尺。巨馬橋原設九門，連南北橋頭，通長三十一丈陸尺，闊三丈一尺。陡於三十五年間，大小爲祟，將胡良橋衝塌二門，其二門崩裂，止存一門；巨馬橋，衝塌六門，止存三門，俱已崩裂。比時前任丁知州申明院道，欲爲修舉，苦錢糧不敷，因而中止。七八年來，鑿舟而渡，墊木而行，俱無坦途之安矣。

　　卑州抵任在五月二十七日，政值山水驟發，波浪滔天，不爲逐流者幾希。身履是苦，肺焦頭然，亟欲議建而度勢不能，將欲循舊而悵道阻隔，用是多造舡隻，以濟絡繹。又恐水手病濟，櫛沐督率，恨不得身作長年爲行者利，憂勞苦楚不求人知。今幸洪水安瀾，百流就緒，擇建土橋，接通車馬。然此猶溺之心發而欲狂。初不意今日涿民有李興梁之議也，據其議曰：「募化修築，不動帑藏分毫。」其不動與否，且不暇計，請以工程言之。

　　先年造巨馬橋，河道不闊，南北俱皆堤路，設以九門，可通兩岸。今卑州逐一丈量，自南至北，連原橋身共計三百一十七丈，則先年所闊者三十一丈，今之所闊者又更幾倍矣。先年所費者九萬五千有奇，今之所費者又不貲矣。然本橋易以決者因沙底木梗椿腳腐爛，兼之外石內磚年久易蘇，以故衝而即塌。今若重建，必橋門底下用大樣松杉椿木長丈餘者，密排深釘；橋底之外各鋪定椿石長四五丈者，鑄以生鐵。又橋北岸，南以石砌至念頭，北以石砌至張村，縱水泛濫，岸爲遮攔，搖扤不動。然仍依舊基，寬闊無涯，卒難爲力。莫若於迤南水之下，稍近東窄狹去處另立脚樁，則水歸一處，設立橋座，可省工費。又有舊石取而幫用，以此程工前所量丈尺多寡，可無論也。至胡良，止衝二門，雖二門崩裂，基址不必移動，勢猶易辦。較於巨馬，大懸絶矣。

先年，有司有欲議留胡良、琉璃等稅者，有欲議請順、保、河三府贖鍰者，又欲議請内帑給發者，均之不能行。今若議建，恐非民力之可就，恐非募化之可成，恐非不請内帑之可舉。然興梁以孑然之身，創赫然之議，必非無見而然。以卑州度之，蓋欲仿昔日建橋王復元故智也。復元因橋不就，以募化爲名見知於内，内之貂璫從中維掖，感動太后，得有此舉。今之興梁毋亦是心，故敢聞之憲臺，考之本州，否則事非眇小，言可孟浪哉？

蓋建無前之業，舉無前之心，必不可阻而使抑。合無令其募化爲名，或天啓良機如當日聖母之發，未可亮也。以小民而尚懷博施，可守土而不思濟衆？果得不請而發，則錢糧一動，有所主持，外之往來未必無助，再於議稅、議贖等類之中通長酌處，百世功德，其或在於此舉矣。雖然募化之事權聽於人，遲速不可期必。今橋之待造，如逾廩望梯，浚井望挈，必至募而始就，不幾失時乎？況草野之議，難動王公。今蒙本院悉心查訪，合無題請，不必執數多寡，但得明綸，望風而應者不知凡幾，合募化之功而總歸於一矣，此真援溺之急、救蹈之策也。錢糧歸出，責委賢能督理其事，即一石一木、一錢一粒，不令虛糜。今日驚耳之談，未必非他日便足之道矣。若優遊濡緩，聽其募化，猶是望梅空負咨訪之心。卑州雖有舟楫、土橋，不過精衛之徒勞，終非扛梁之大政也等因，申請到道。

據此爲照，巨馬、胡良二橋，神京孔道，被水衝塌，病涉數年。查勘得巨馬一河，水勢洶湧，鳴湍沙磧，橫亘三百餘丈，石料工費，約用十有餘萬。胡良之河，水勢頗緩，基址尚存，工費石料不下萬計。是二橋之建所費之數十餘萬兩，工程宏集巨，錢糧浩繁。守土之官，率多因循重發。今李興梁以一氓而有是舉，豈有點化神輸之術哉？縱有四方樂助，所得幾何？不過欲以募化爲名聲傳大內，得蒙欽發，圖僥倖于百一耳。倘綸綍未得，何以成功？合無特疏題請，由而聞之聖母，大賜捐施，估計鳩工，分頭修建。于是而選委廉能，嚴禁冒濫。議留稅銀并請贖鍰，因而聽其募化，畢其成功。庶利涉之頌可興而濟川之功可指日而待矣等因，議詳到臣。

該臣會同巡撫順天右僉都御史吳崇禮看得，涿州爲畿南首郡，州城之北有巨馬、胡良二橋，路當天下要衝。凡天下之人朝貢觀光者，無不假道於涿，則亦無不藉此二橋，以免馮河陷溺之患，是二橋關係，誠非僻隅溪徑可比。邇年以來，洪水不時泛濫，大道倏變江河，二橋門洞多被衝塌。即以小舟載渡，波濤洶湧，艱險異常，彼望都門以會歸者，不能飛越此渡以他適，則隨波漂溺者又何可勝計哉？守土之官心雖惓切，屢議建修，顧工費浩繁，旋議旋止。即土民李興梁等之具奏，不煩帑藏云者。誠如該道所云，不過欲效昔民王復元之故事，冀圖徼幸聖惠於萬一耳。不然，數十萬金錢，千百年事業，豈編氓所能就緒哉？此必不可得之數也。

竊謂此一役也，利衝途之病涉則勢不容已，乘水勢之消涸則時不可遲。且聖母臻稀齡之壽，皇上稱萬年之觴，太子懋日就月將之學，諸王開維屏維翰之基，則國家吉祥善事，未有切於修橋濟渡者。既經該道復議，前來相應具題。

伏祈皇上俯念二橋爲天下朝宗孔道，爲先朝普濟洪恩，允發帑金十餘萬，仍敕工部差官督率，該道及地方官各董其事，鳩工興作，計日告成。則普天之下往者來者，咸頌祝我皇明萬萬年無疆之祚矣。如內帑未可多發，亦祈皇上量施數萬，仍留胡良、琉璃等橋稅銀，及臣等督撫贖鍰，其餘聽善民李興梁等募化完工。至於選委廉能員役，禁戢冒濫侵欺及設處帮助等項，臣等當次第備行該道，悉心料理，務畢濟川之功，永著興梁之績。臣等無任翹企仰望之至。

饑卒鼓噪請發額餉疏

臣孫居相題，爲饑卒鼓噪，旋即解散，乞敕户部速發額餉，以收軍心，以重邊疆事。

正月初一日，據永平道兵備副使武之望稟稱，臺頭營軍士因錢糧三月不給，于二十八日，聚有千人，齊往永平，向户部討要錢糧。節經各官于二十九日卯時馳報到道，隨該本道一面申報，一面書寫白牌，差官張世功等持令旗宣諭禁止，去後。至本日辰時分，王協守疾馳到府，面會本道及户部議處間。尋據張世功等回稟，各軍士不聽諭止，行已近城。嗣據署永平守備事永平衛指揮李盡忠稟稱，各軍已至東門外，披戴盔甲，手持弓刀，札營于東嶽廟前，傳稟協守講的話：“何如即早分付出來？”該協再三苦央，欲那借一營二三月之糧，令其解散。本道復差人傳諭各軍士：“三月無糧，誰不憫念？但京運久不至，源頭已匱，部道有何神術設處？即欲那借，亦須好言商量，豈得聚衆逼城，肆其要脅？既作如此舉動，即有錢糧也，不好與汝。一路挾而得之，則他路又將效尤。今日挾而得遂，則後來又將復然。此端何可開？此風何可長也？我輩恩信待下，原不負汝，況朝廷法紀亦自不輕。若汝等不顧恩義，不畏法紀，任爾搶掠，吾不汝禁。只恐數日後，汝輩定不能北走胡南走粵，不知何處安頓此身也。須熟思之。”

至午後，各軍移住南城看花樓下，有盧龍縣謝知縣同王協守臨城宣諭，賞他酒肉、燒餅，軍士不領，復稟説：“我們又不作

夕，又不搶奪，此來只爲錢糧。"該本道即將謝知縣、王協守使
人喚回，復差官齎持令旗傳諭："若要錢糧，須各歸營伍。旬日
後，當爲設處。若結聚不散，即守候十日，決不與汝分文。汝敢
搶動民間一草，將來梟斬示衆，決不汝貸。"隨據李盡忠稟稱，
衆軍稟說："宣府軍馬回家，恐有邊事。如本道肯討賜一二月銀
兩，與同王協守連夜上邊防守，討本道'招安無事'字樣。"該
本道復使人傳諭："錢糧目前定無，但汝等安靜回去，自然無事。
若三日不散，將來捆打亦所不免。"隨又據各軍稟稱："既無錢
糧，討王協守令箭，著千總劉恩領我們回營。"王協守隨差劉恩
持令箭一枝，各軍遂跟隨，於日夕時分回營去訖。

本月初六日，又據該道稟稱，據石門路楊參將差把總張光
前、劉應魁馳報，石門勇壯聞臺頭軍齊下永平，即從一片石駐防
處所約會，一齊下來，聚於教場內，放炮，吶喊，齊往永平討
糧。該本道即令本官傳諭各軍："户部京運不到，齊來永平何爲？
臺頭軍聚守一日，空手散歸。汝等又來何用？本道亦不差人攔
阻，任汝來嚷，但後來按法處治，勿悔也。"又該王協守隨差千
總馬思順齎執令旗宣諭各軍："庫內分文錢糧無有，州縣那借又
空。你們要脅徒然，自干憲典。臺頭軍士告討一番，只等錢糧到
了，一同發給你，今告討何益？"各軍遂散歸去訖，又協守薊鎮
東路副總兵官王弘爵稟報相同。

據此該臣看得，國家所恃以防邊者軍，而軍士所資以養生者
餉，故自古足兵必先足食，未有無食而軍不嘩者也。永平一鎮，
歲該京運二十九萬。今已改歲，前後才發十萬八千，而所欠之數
至十八萬有奇。雖未給三月，而實所拖欠則八個月之數也。軍士
各以其身爲國戍邊，別無治家資身之策。餉臣特藉京運爲國養
士，更無神輪鬼運之方。京運不至，則餉庫遂空，餉庫既空，則
軍士枵腹。計非脫巾而呼，必至棄甲而走。然使發於一路，猶可

言也。萬一諸路一時併發，九邊效尤而起。招之不來，撫之不聽，將何計以銷弭之乎？

又當此諸夷窺伺之時，邊疆多事之日，萬一軍士潰散，防守無人，狡虜乘隙而動，又何計以收拾之乎？在今日固曰："太倉空虛也。"獨不思軍變於內，虜變於外，計銷弭收拾，非數十萬不可，亦可藉口空虛，而坐視其大壞否乎？總之，餉不缺而制馭無法，責在撫鎮道將；餉不足而經理無法，則主計者不能辭其責。今餉缺軍嘩，業已數數見告矣。雖旋發旋定，不至大亂，然損威蕩紀，漸不可長。除倡首軍士容臣等查實議處外，伏乞敕下戶部，將三鎮已題未發額餉，速爲措處給發。仍令大集九卿科道，博講理財之法。不但九邊額餉不可虧缺，即太倉亦當稍有存積，以待內外不時之需，勿待事變猝臨而束手無策也。臣不勝懇切祝望之至。

又爲饑民請賑疏

臣孫居相題，爲節令更新，饑民可憫，仰懇聖慈發粟施惠，以救孑遺，以保畿輔重地事。

臣聞聖王對時育物，每遇一番令節，必有一番新政，雖昆蟲草木，使必遂生，而況於民乎？又況於畿輔之民乎？查得三十八等年，畿輔告災，我皇上發銀米數十萬以拯救之。故郊坼災黎得無散之四方，轉死溝壑，至今頌我皇上之仁不衰。

去年霸州、天津等六道相繼報災，說者謂今番災傷視前數年爲尤甚。臣與督撫諸臣相繼題《請蠲賑疏》，亡慮數十上，俱未蒙票發，即戶部據揭覆奏，亦竟未發。臣等靜聽數月，未敢復請。以爲履端在邇，聖政維新，我皇上必慨然下發粟之令，以惠此畿甸饑民。不謂近日止應天、蘇松、河南、四川等處報災之疏，相繼得請，而臣等前疏猶然留中。此豈我皇上視近畿之民不及遠方之民乎哉？則以臣誠不足以格君，言不足以悟主？臣實有罪，民則何辜？臣聞人情急則呼天，饑餓則呼父母。今民饑且死不啻急也，正臣代爲呼天、呼父母時也，輒敢不避瑣瀆補牘再請？

懇祈皇上念近畿根本重地，不可獨後于遠方，昔年救活遺黎，不可復棄於今日。亟敕戶部發倉粟十萬石分賑之，俾桁腹垂斃之民得叨升斗以度新年。仍檢發戶部酌議蠲緩前疏，俾有司知所奉行，百姓便於遵守，即古帝王茂對之政不加于此矣。臣不勝懇款候命之至。

劾璫使騷擾驛遞疏

臣孫居相題，爲璫使箱盛土坯，騷擾驛遞，乞敕勘問，以禁冒濫，以蘇疲困事。

臣按屬四府環衛神京，爲天下第一衝疲之地，加以數年水旱頻仍，民不聊生；郡邑正賦，苦不能辦；驛遞正差，苦不能支。臣等凡可爲裁革冒濫以少蘇驛傳者，靡所不至。幸諸縉紳經過其地，亦各仰體聖心，俯恤民隱，曾未聞有恣肆無節者。孰意突有指稱上供，裝載土坯，騷擾驛遞，如南京內守備差官郭天壽其人者乎？

正月十七日，據保定府雄縣申稱，萬曆四十一年十二月二十九日，有南京內守備差掌司郭天壽，前站何文學、朱棟三人，賫"溫"字一百八號勘合一道，用小車三十五輛，裝載薑果等物一百五十箱箐，行至本縣公館住止。本縣照前隨拘車輛應付，至本年正月初二日，車完裝運間，不期車倒，跌破五箱箐，內所盛盡是土坯。本縣親驗的實，將箐并盛土坯，收貯官庫。其餘原封箱箐，恐稽遲進貢，取有本官郭天壽等三人甘結，裝運前途，交割明白去訖。

看得驛遞困苦疲累，尤爲貂璫所擾。而郭天壽至土塊裝盛筐筐，騷害郵傳，其他假借冒濫如天壽者，不知凡幾。使非車倒土出，亦何由而知其爲大塊耶？事關冒濫驛遞重事，卑縣未敢擅便，合行申詳等因到臣。據此，隨批行易州道查報外，該臣看得，畿南當水陸之衝，值災祲之後，民之富者日貧，貧者日逃。民貧則無從覓車，民逃則無從覓夫。一遇上供，扛攘塞途。夫動用數百名，車動用數十輛，供應浩繁，需索無厭，驛遞苦此久矣。

今據申南京内守備差掌司郭天壽等賫勘合一道，用車三十五輛，裝載薑果等物一百五十箱筩。夫此一百五十箱筩也，以爲數必不可少，則實以薑果等物，昭惟正之供可也。以爲數必不能盈，則少減其箱筩，以昭皇上儉德可也，胡爲以薑果爲名而以土坯爲實？況跌破止五箱筩，所盛皆土坯，則其餘未跌未破者，尚不知裝盛何物。由南京至北京，計路二千餘里，計程四十二站，不知用幾許車輛，費幾許金錢。竭百姓之汗血，運無用之土坯。臣按其事以誅其心，非虛其數以冒破錢糧，則多其數以科索驛遞。又不然則欲以盜換土坯，騙賴經過地方各官，事未及發而天先發之也。於此不究，弊將何極？

伏乞皇上光昭日月之明，大奮雷霆之斷，敕下廠衛，將郭天壽等拿送法司，嚴行究問。要見進上薑果等物，果否一百五十箱筩？其實以土坯者，的係何意？自南京起至雄縣止，行過驛站若干，用過車輛若干，費過顧車金錢若干，需索過夫馬、廩糧、無名使費各若干，除正數准銷外，其餘計贓科罪。至於南京守備太監劉朝用有無知情故縱，行令明白回話，以聽聖明處分。庶幾城社無依憑之奸，驛遞無糜濫之費矣。臣不勝悚息候命之至。

請賑弭盜疏

臣孫居相題，爲民饑盜起，禍亂可虞，懇祈聖恩發粟賑濟以收人心，以保畿輔重地事。

　臣上歲因畿民重罹水災，會同督撫諸臣爲民請命，疏凡數十上，非敢爲再三之瀆也。蓋深慮民之逃且死耳，然猶未慮及爲盜也。今據天津道兵備右參政景昉呈，據河間府呈，蒙臣等批詳，查得寧津縣強賊爲首的係羅克明，號小槐，山東樂陵縣人，二弟羅克誠，又賊首孫准兒、孫小溪、王二秦，原起自五月內，并從賊李二青、李三青、孫小狗兒而下，約有一百餘人。每次宴飲坐椅者三十六人，坐凳者七十二人，其坐地者不知其幾。盤踞于楊盤鎮，贓物俱匿頓于曹家寨。

　賊首羅小槐、孫小溪，先糾合楊守福等二十八人，打劫謝家莊謝王家銀三百餘兩、首飾等物；又劫張官店于道人，用瓷瓦刺割肚腹，劫出銀錢、衣物；又劫張大材家黃錢一吊，因失主逃避，火燒牛棚一座，燒死牛五隻；并陸續又劫梅鎮王家、新莊王家、劉寡婦家、劉葛達、果子園張家、里四里李守成各家財物。將謝王家救護人何四砍死，又殺死不知名番子一名，及公然強要富民老苑家銀五十兩，又乘喪劫一喪家。生員任之翰并賊首孫小溪，與該縣刑房舒質相通，每月每人攢銀一兩三錢送與。舒質嫌少多索，欲要稟官申詳擒拿。衆賊嗔恨，隨將舒質哄出城外殺死等因，到臣。據此，除寧津縣知縣李仲元縱盜殃民，已經臣與撫臣會參外。

　竊思民窮盜起，諺有恒言；財散民聚，傳有明訓。畿輔自上歲夏秋之間，洪水橫流，民遭陷溺。臣等請蠲不報，請賑不報，請發帑金不報，請發倉粟不報。臣等搜括庫倉，雖少有賑恤，然升斗之糧，何救饑寒之衆？是以自冬徂春，老弱轉於溝壑，強者聚於綠林，殺人劫財，日見郵報。蓋不止羅克明等一起，而此則其中之最猖獗者耳。即今雖已解散，然出没無常，延蔓未已。職考唐乾符中，黃巢、王仙芝之徒，因被水災，聚衆爲盜，災民從之者數十萬，幾移唐祚。然則今日之事，皇上勿曰"鼠竊狗偷不足慮也。"況邇來餉缺兵驕，人無固志。萬一大盜嘯聚於內，饑卒響應於外，狡虜又乘虛而入，則天下事未可知也。是不可爲寒心哉？故爲今日計，惟有速發倉粟，可以暫救目前耳。乃臣等屢請而屢格，得非左右逢迎聖意，謂水災未遍，不足煩聖慮乎？

昔貞元八年，河南北諸州災，陸贄請遣使賑撫之。德宗曰："聞所損者少，即議優恤，恐生奸欺。"贄上奏，其略曰："流俗之弊多徇諂諛，揣所悅意則侈其言，度所惡聞則小其事。制備失所，恒病於斯。"又曰："所費者財用，所收者人心。苟不失人，何憂乏用？"德宗遂遣中書舍人奚涉等賑撫諸道。今洪水之災雖未遍畿以內，然水所到之處，漂廬没稼，寸草不留，視昔旱蝗之災爲尤烈。臣等即乏陸贄之讜論，皇上當陋德宗於下風。蓋散財發粟，弭盜安民，乃聖主自爲社稷計，豈俟臣等諄諄言之哉？臣代狩畿甸，於地方水旱盜賊例得報聞。爲此不憚煩聒，輒再補牘上請。

伏祈敕下户部亟發倉粟十萬石，分賑左輔饑民，仍揀發户部復議蠲緩前疏，俾有司知所奉行。庶盜息民安，禍亂不作，而國家常享清寧之治矣。

催户部復議蠲緩疏

臣孫居相題，爲蠲緩未奉明綸，觀望反稽正賦，懇乞檢發户部覆疏，以便催徵，以重國計事。

頃者，臣因民饑盜起，據實上聞，蒙皇上慨然發倉米五萬石以賑濟之，仰見我皇上憫念饑民，雖在憂戚中未嘗忘也。彼畿輔之民受我皇上活命之恩，獨不當出正賦以佐公家之急乎？顧其所以觀望，不即完納，亦有可得而言者矣。蓋□歲霖雨爲災，臣隨撫臣後據實勘報，户部據疏覆請。其間議蠲、議緩、議停、議留，雖各不同。總之，計災傷之重輕，酌錢糧之緩急，然後定議。其議蠲者[一]必其可蠲，議緩者必其可緩，然其所不蠲不緩者則尚多也；議停者必其可停，議留者必其可留，然其所不停不留者則尚多也。

今邊餉告匱，軍士脫巾。户部催解之文日下，臣等催徵之檄加嚴。顧檄行於郡縣，郡縣每藉口候旨而不肯速徵；即郡縣急催徵，百姓又藉口候旨而不肯速納。然使其所不納者，止於原議蠲緩、停留之數猶可言也。乃明旨未頒，人心觀望，每每并所未議及者一概吝悋，是皇上雖未下蠲緩之令，而百姓已先自蠲緩矣；皇上雖未下停留之令，而百姓已先自停留矣。且户部原議蠲緩、停留者，不過不急之賦，而百姓所自蠲緩、停留者，類多軍國之需。户部所議蠲緩、停留者，止於災傷之處，而百姓所自蠲緩、停留者，猥及豐稔之鄉。上不爲惠，下不見德，所惜者少，所妨者多。在臣等雖有查參之例，安能盡官而參之？在有司雖有催科之刑，安能盡民而刑之？則臣等之法于是乎窮，不敢不以小民觀望之故，實控於聖明之前也。

伏祈檢發户部覆疏，容臣等遵照原議，除不急之賦蠲緩、停留外，其餘不在蠲緩、停留之數者，可據以嚴檄催徵。庶官民不得藉口候旨觀望稽延，所裨國計匪渺小已。如部疏日久難查，乞命該部補牘，或容臣等如議查案遵行。臣不勝懇切候命之至。

聞升請告疏

臣孫居相奏，爲微臣移疾候題，聞推轉劇，仰懇聖恩俯容回籍，以便調理事。

臣由萬曆貳拾年進士除授山東恩縣知縣歷俸六年，取選南京福建道御史又六年。連丁父母憂，服滿，起補福建道御史，差贊糧運，事完回道。復差巡按順天，前後糜禄凡八年零四個月。每矢捐縻此身以報聖主，第因臣曩任南中，水土不習，遂感濕證。然前此猶時發時愈，可以勉完差事。自入春以來，脾土爲濕痰所傷，飲食減少，肢體尫羸，已於前月廿一日具呈告疾。杜門候題間，忽聞吏部推臣太僕寺少卿，是該部不知臣有疾在告而誤有此推也。

臣聞報驚惶，前疾轉劇。查得御史告疾例，應都察院代題。今署院部臣亦抱痾靜攝，臣病不能待，只得以危急至情，自控於聖明之前。

伏乞敕下吏部，查臣告病在前，容臣回籍調理。倘不遽先犬馬填溝壑，則捐縻圖報，尚自有日矣。臣不勝懇切籲禱候命之至。

因科臣巧詆再懇放歸疏

臣孫居相奏，爲科臣挾仇巧詆，微臣抱病當歸，仰懇聖恩俯允回籍，以杜紛囂，以全臣節事。

臣前月廿一日具呈告疾，遵例候題間，廿九日夜忽聞吏部推臣太僕寺少卿，隨於三十日草疏，初一日拜發。蓋因署院部臣時亦寢疾，故臣不得已，冒罪自陳也。不意臣疏方投通政司，而兵科給事中趙興邦亦于是日有疏論臣，不宜與周永春并升矣。夫興邦惟知冢宰可媚，同官可悅，於以騁妒婦之口，以報趙保之誚已耳，是何足與譚人品者？且臣等之人品，各見於論列，在聖明自有洞鑒，在滿朝自有公評，亦非興邦一人所能抹殺，又何足與置辯者？

惟是臣與永春所爭之事，原自不同；臣衙門與科臣升轉之規，亦各有異。興邦必比而同之，又從而軒輊之，此其心路人所知也，夫豈無意而爲此言耶？但臣自揣才氣、力量委不如人，姑無論其他，即如臺職被人侵奪，臣不能力爭；臺規被人淆亂，臣不能糾正。八年縻祿，毫無建明，一意歸田，聊明素志。自知極審，自處頗確，銓部同寅之推，非但不知時，亦不知臣；非但累臣，亦以自累。其銓衡不審，真如興邦所言，雖曰讐口，實合臣心。臣孑然孤踪，尩然病體。倘藉此得脫虎口，孰非興邦之賜？臣不但毫無怨於興邦，且當拜興邦為益友矣。

伏乞敕下吏部，將臣停推，仍檢發告疾前疏，容臣回籍調理。庶不因臣一人屢來人言，仰煩聖聽。臣雖跧伏農畝，猶勝於一歲九遷矣。臣謹薰沐焚香叩頭懇禱之至。謹具奏。

請告第三疏

臣孫居相奏，為臥病阽危，曠官滋懼，仰懇聖恩俯允放回，以冀生全事。

臣臥病幾二旬，乞恩求放者再，日望旦暮奉旨，便可扶掖登途。不謂候命數日，俞旨杳然。使臣狗馬之恙，或日愈一日，猶可勉留邸舍，徐圖調理。孰意受病已深，中毒已久，二豎為祟，百邪交攻。日延醫士郭禹錫診視，每望之驚異，謂：「邪氣浸入腠理，正氣幾斷。非謝事靜攝，必不能愈。」臣因私念之，致身報主，臣之分也，亦臣之心也。然必有是身，始可有是報。今病既阽危，將此身之不保，何報效之敢冀？此臣所以力疾補牘，以乞放於聖明之前也。

伏乞敕下吏部，容臣回籍調理。倘從此苟延殘喘，皆我皇上再造之恩。臣感激圖報，寧敢後于諸臣哉？臣謹懇切籲禱候命之至。

告疾第四疏

臣孫居相題，為微臣力疾護送福藩，仰懇聖恩允放，以便回籍調理事。

臣於前月十八日偶感賤恙，廿一日具呈都察院，懇爲代題。時因署院部臣亦病不視事，臣不得已，於初一日自題，初三日、初九日又相繼催請，俱未蒙批發。臣杜門調理月餘，雖微有起色，然前疾每不時頻發也。今值福王之國，開維翰之鴻基，慰貽謀之燕喜，朝野臣民，誰不歡頌？況臣代狩畿甸，有方之責，安敢稱疾堅臥，不一護送？除已報名辭朝，爲王前驅外，謹再具疏，懇申前請。

伏乞聖恩念臣多病之軀，不堪策勵，俯允送王出境，就便回籍調理。不然，亦乞檢發都察院題差顔思忠順天巡按前疏，俾臣蚤得交代，然後另疏懇恩放歸，庶地方無廢事之虞而臣且有勿藥之望矣。臣謹屏息待命之至。謹題請旨。

再劾科場營勘疏〔二〕

臣孫居相題，爲場弊會議已明，營勘意在求脱，仰懇聖斷蚤爲歸結，以破奸謀，以申國法，以重制科事。

臣惟我朝設科二百餘年，并未聞有隔房取卷者。有之，自庚戌會試始，蓋由湯賓尹之於韓敬也。十年師弟，數萬餽遺，臨場代撰文義，隔房搜中會元。方搜獲時，不覺大喜，失言曰：「此浙中名士韓敬卷也。」比拆卷果如其言。一時長安人士嘖有煩言，雖婦女兒童無不知其爲關節者。前歲，南北臺省諸臣孫振基、張篤敬、馬孟禎、劉策、王時熙及臣居相交章論劾，即有善敬庇敬者，不能曲爲之諱也。後奉旨集部院、科道會議，關節已真，法當論遣，乃當事者僅擬冠帶閑住，則慴於敬之財力不敢盡其法耳。臣等亦謬謂苟可爲國法存什一於千萬，可無過求。及部疏已上，微聞敬遣家人持書二十封，載金數萬兩，營干中旨，冀得瓦全。既而又慮無故旨從中出，不足服人，復營謀再勘以希幸脱。今禮部覆疏，果奉旨敕法司覆勘矣。

夫事必可疑而後勘，又或議不決而始勘，未聞情真事確，毫無可疑。議處之疏久在御前、議勘之文復行司寇者，豈部院、科道之會議皆不足信，而惟刑曹之獨斷爲可據乎？六十多人之公論皆不足憑，而惟二三私人之偏護爲可徇乎？要不過假勘問之謀，行出脫之計已耳。不知他人容可出脫，而韓敬則公論所不容；他事容可出脫，而關節則王法所不宥。此在韓敬固非善爲謀，而在諸人亦非善爲韓敬謀矣。且所謂勘者，其意何居？將以勘交情乎？則賓尹避難於宋家，韓敬投拜於蕭寺，寺臣余懋衡有確據也。將以勘隔房乎？則卷分於《易》五房，搜中於《易》一房，賓尹辨真草所自序也。將以勘文章乎？則題係預泄，文係夙構，三宿而出，一目即知，又同寓同場，諸人所共見也。將以勘賄賂乎？則過付不露主名，竿牘不立文案，雖嚴刑拷訊，猶苦不招承，況文移往來，詎能得情實乎？

臣竊謂祖宗立法，所以防奸。人臣作奸，即是犯法。如科場有彌封之法，正防主司識其名也；科場有謄録之法，正防主司職[三]其名也。今雖彌封、謄録，竟能識其姓名文字，賓尹非神非幻，何以能然？即此便是關節之潛通，何論賄賂之有無？借曰識名識字，無妨鑒衡，則謄録、彌封可無多事。夫何祖宗立法，必糊名易書之爲兢兢哉？況臨場用賄者，必其素無交情者也。素無交情，則必待字眼之暗記，如周士皋輩，是謂拙於通關節者也；不待臨場用賄者，必其交情素密者也，交情素密，則必以題文相授受，如韓敬輩，是謂神於通關節者也。今以神於通關節者，必欲與拙者同類而并勘之，不幾使大奸漏網乎？善乎科臣翁憲祥有言曰："行賄賂者，固謂之關節。即無賄賂，但場中認得文字，有心中了，難道不是關節？"彼賓尹隔房搜尋敬卷，入目即知，可不謂有心乎？有心，即關節也。又明旨亦云："科場大典，豈容奸弊？若原無私心的，不必過求。"今賓尹隔房遍搜敬卷，力薦會元，可謂無心乎？有私心，即關節也。關節既真，何須勘問？不觀我朝之往事乎？

臣考高皇帝時，劉三吾等與陳郊等，止以私情取中，未聞有行賄實迹也。事發，誅夷、遣戍，曾不少貸。即我皇上初年，張懋修、張嗣修藉其父勢，冒中狀元、榜眼，後被論列，戍者戍，削者削，亦不聞勘有何賄也。今韓敬搜自越房中自落卷，明係關節，無論有賄無賄，例當編發為民。乃當處而久不處，不必勘而又行勘。臣固知此非皇上意也，必有貴戚貂璫納其重賄而潛為之地者。大弊所關，不可不察。臣不知此一勘也，將欲求重乎？抑欲求輕乎？倘欲如法求重，第敕刑部查例覆請，便可結局；如欲廢法求輕，竊恐祖宗之法不可廢，關節之竇不可開。臣請借部疏而以訟喻，湯賓尹、韓敬即被告也，臣與馬孟禎、劉策等即原告也，張篤敬、余懋衡，以及杭州宋氏、延慶寺僧即見證也。兩造不備，不可以質成。

懇乞皇上亟敕刑部，將湯賓尹、韓敬先行革職，嚴提到部。一面行浙江巡按御史查提宋姓者及寺僧，審情郵報。仍容臣等各陳所見，以聽刑部從公質審，據法處分。庶科場之凤弊可清，而奸人之巧計罔售矣。臣愚戇忤時，甚無樂於有言，惟是師弟隔房搜取，為二百年未有大奸。先是禮臣不敢議，而必會同憲院、科道；今日禮臣不敢處，而又推之刑部勘詳。則湯、韓之財力手段，真足以震地翻天，而皇上之威命靈爽，反藉以養奸滋弊。倘皇上不自為宗社主持，臣恐韓敬之勘，終將與十七人之勘，同歸於苟且了事。而制科濫觴之弊，竟不知何所底止矣。臣不勝瀝血披衷懇禱候命之至。

劾陵監縱番詐財疏

臣孫居相題，為陵監縱番詐財，偏詞激怒，仰懇聖恩俯允并問，以重民命，以存國法事。

臣等三月二十七日護送福王至張家灣，接閱邸報，見天壽山守備太監潘朝用一本“爲夥賊違禁盜砍皇陵樹木等事”。奉聖旨：“祖宗陵寢重地，慎宜安靜，禁山樹木，豈容夥賊砍伐？本內有名賊犯，都著錦衣衛便差的當官校杻解來京，拿送鎮撫司，嚴刑究問，脫逃的務在得獲。該衙門知道。欽此。”

臣因伏而思之，我皇上從來不輕遣緹騎，不輕逮小民。今聽潘朝用偏詞，忽然震怒，逮繫多人，此必大夥強賊，爲臣等所不敢拿，所不能問，故特敕大金吾逮問若斯耳。及二十八日，獲睹全報，始知朝用所參者，即投狀臣衙門告積番抄殺者也。簿查二月十六日，據昌平州民冒籍密雲縣人王進忠告稱，忠住孤鄉牛攔山，切近皇陵，遭讐鄰尹文禮挾戳。廠番張成等去年八月初九日，將忠男鐲鎖。十二日黑夜，統番三十餘人，口稱捉賊，勢如夷虜，擁圍門室，驚散男婦，平抄家產，一家拋業，罄身逃命。兩鄰皆是讐人，後鄰王朝忠等證。詐劉弘基等共銀十兩餘，俱被害可證。似此讐惡，駕串虎番，抄奪世業，玩法滔天，告乞准批縣廉究，剿讐惡，歸業救命正法上告等情，到臣。

臣隨批密雲縣究報，該縣隨具文，申請昌平州拘提張成等去後。隨蒙本州紙牌稱，蒙提督潘太監批，據頭班番役張成、張九卿稟，爲駕揑誣害事。蒙批看得，賊人王進忠等屢次盜伐，懼罪脫逃。見今案拿未獲，反揑告擾，法律何在？仰州住提呈詳繳。查得張成等委係本廠番役，無憑拘發。又查衆犯俱住牛攔山，係順義縣地方，即本州亦難徑拘等因，到縣。蒙此，即差快手賁文順義縣拘提，去後。隨准關，稱張成、張黑魁等係昌平州住人，不係本縣牛攔山居民，無憑拘拿等因，關覆前來。准此，該本縣看得，王進忠所告張成等抄產情詞，已經本縣再四關提。隨准空文回覆，若無被犯，礙難審究，合無請乞改批等因。據此，臣批云：張成等如果抄殺是真，豈得以陵番曲庇？如係被誣，何難昭雪？昌平道提究報，隨准該廠移手本到臣，臣亦牌行該道，從公并查。

蓋臣等素聞該廠番校，倚勢橫行，凡民間有負束薪、持尺棒、易一椽檁者，即指爲陵木，借言搜贓，搶物詐財，奸妻逼命，靡所不至，臣等姑不暇臚列。但兩造俱備，曲直始分。今張成等報王玉景等爲盜砍陵木，臣即不敢懸度其虛實。然既未到官，何以知其盜情之必真也？王進忠告張成等抄殺詐財，臣即不能逆料其有無。然未經對質，何以知其告情之必虛也？況盜木詐財，一有司能治之，何必仰干聖聽？乃朝用庇役不發，偏詞瀆奏，徒知張己之威權，曾不思煢煢無告，捶斃於嚴刑之下，則慘矣！徒知縱己之爪牙，曾不思赫赫天威，輕加於微賤之民，則褻矣！且使天下後世，謂我皇上重番校而輕民命，厚內臣而薄外臣，其虧損聖德不亦多乎？不謂潘朝用老成宦豎，一旦輕舉妄動，遂至此也？

臣謹會同總督薊遼、保定等處軍務兼理糧餉，經略禦倭，兵部右侍郎兼都察院右僉都御史薛三才，整飭薊州等處邊備兼巡撫順天等府地方都察院右僉都御史吳崇禮，合疏上請。伏乞聖明少霽威嚴，暫從寬緩，將王玉景等及張成、張九卿等各犯，并發刑部從公究問。如王玉景等盜情是實，即坐以盜伐陵木之罪；如張成等詐情是實，即坐以枉法詐財之罪。庶番民有一視之仁，而內外無偏重之勢矣。臣不勝悚栗待命之至，謹題請旨。

參近侍李朝雲等疏

臣孫居相題，爲潑惡宦官吞噬官民，謾罵巡撫，國法掃地，憲體陵夷，懇乞聖明大奮乾斷，特敕逮問，以彰朝廷法紀，以全藩王令名事。

頃者，福王之國，道經臣屬，凡一切膳饈、廩糧、舟車、夫馬之類，臣與撫臣靡不先事戒備，臨事督催，期有光大典，無累小民。臣等自分心力已竭，可逭罪戾矣。孰意有貪橫宦官，吞噬官民，謾罵巡撫，背聖明安靜之旨，損福王徽懿之名，如承奉樊用、近侍李朝雲其人者乎。臣忝居耳目之班，更有地方之責，謹據耳聞目見，并道府開報者，爲皇上陳之。

方樊用之初至通灣也，百般勒索，臣姑不毫舉其細者，如潞河、和合二驛，進折膳七分，每分該銀五十六兩，共該正銀三百九十二兩。除正數外，仍索鋪墊銀五百兩。河西、楊村二驛，進折膳五分，每分該銀五十六兩，共該正銀二百八十兩，除正數外，仍索鋪墊銀三百五十兩，各有解銀印批及收鋪墊銀圖書帖存證。

比至天津，去天漸遠，咆哮尤甚。如廩糧業已折乾矣，又移手本橫索下程小菜、心紅紙札、門厨、快皂等項。兵部刊定廩糧業有定數矣，又移手本分外添討三十八分，比及支領，又混領五十二分。

此輩多欲如溪壑難填，暴橫如虎狼難近。夫已折矣，而又索夫；馬已折矣，而又索馬；有夫有馬矣，而又索惜馬錢、惜夫錢、趲緯錢、神符錢、管家船頭禮錢。少不遂意，棰楚橫加，或夾或桚，或吊綁桅杆，或墩鎖船頭，或剝脫衣服推入河中。如：

一、到楊青驛，索要冒濫勘合廩糧銀五十八兩；騎馬一百匹，每匹折銀二錢五分，共得銀二十五兩；長夫一千名，每名折銀三四錢不等，共得銀三四百兩。復嗔驛丞李如梅遲滯，將房門掇開，搶銅鑼、衣服等物，逼迫驛丞之子跳屋拔刀欲刎。李如梅等證。

一、到奉新、流河、乾寧、磚河、新橋等驛，每驛索要冒濫勘合廩糧銀五十八兩餘，外使用銀各二十餘兩，騎馬各一百匹，折乾馬各三四百匹，每驛得銀三五十兩不等。驛丞程文元等證。

一、到連窩驛，需索廩糧五十八兩。又明甲唐貴、張國太、陸遂、劉朝進一二百人，要見馬二百八十餘匹，折乾馬六百餘匹，每匹硬要折銀二三錢不等。勢如夷虜，不敢不與，共使過折馬銀二百餘兩。又高雲鳳等私索耗銀十五兩，尚有多人蜂擁，未經打發，將馬夫劉虎、書手季衍緒，打傷頭腦垂死，馬夫吕得忠鎖去，至今未回。各本人證。

一、"選"字二十一號船，用河間縣夫三十名，行至静海縣雙堂村，被不知名内監求索不遂，將夫胡守科、朱棒槌、羅尚禮三名俱打落水中，止撈救二名，羅尚禮淹死無踪。胡守科等證。

一、樊用家人李龍指稱本内相，索要驛遞轎乘、傘扇、皂隸、轎夫、鼓手、執事等項，凌虐驛丞，每驛嚇詐銀三兩。有新橋驛驛丞馮時盛等證。

一、縱令"宫"字五號船户楊奇春，將静海縣生員王應精母小座船一隻奪去，將伊母同家人趕打下船，將茶壺二把、酒壺二把、紅氈二條、卓子一張、衣服等物，連船盡行奪去，稍在本船尾。後本生萬分着急，有御前近侍金内相看見，同上船，親自盡數認去。本生親證。

一、御馬八匹，有管馬王内相、劉内相，將私馬五匹假充御馬，共十三匹，每匹每驛要黄米一石、菉豆八斗、黑豆一石五斗、麩子一石五斗、蜀秫五斗、草十簍。二内相分外每驛嚇詐銀三兩，養馬人役要使用錢六百文。少有遲緩，即令驛丞親自牽馬看喂。有磚河驛趙驛丞等證。

一、樊用每一驛各内相廩給一分口糧，一分共要銀六錢。彼每驛指稱王用廩給口糧，要銀一兩二錢。家人分外要銀五錢。奉新驛程驛丞等證。

一、静海縣夫役馬自才、陳應科等，拽"宫"字一百八十三號船，被内監何義差家人杜茂鎖拿，將自才二次共打四十板，陳應科打四十板，詐錢一千文。本人證。

一、靜海縣馬户，除騎坐馬匹外，折乾馬二百匹，每匹要二錢五分，約共詐銀五十兩。馬夫頭劉邦彦等證。

一、南皮縣見馬一百三十匹，折乾馬二百一十匹，共折銀四十二兩。把旗内官王克先等，將馬夫門希愛、周計苦打，索黃錢二千一百文、銀七錢。本人證。

一、内使李朝雲，率領家人李二及班校人等，指督催船隻，向天津右營軍人隨才等二千六百四十名，每名要錢一百文，説“由你急緩，此錢非我自用，與承奉樊公公分用”等語。無錢而被害者，“校”字號軍張文貴、劉上中、孫四兒、陳沛米、顔中軍、單子雲、劉才，“軍”字號劉常、劉應德、李强、劉伯金、李春、魏外兒、鮑才、周仲玉、詹守征、王世禄、單用、郭書、郝四漢等，百般拷打。人皆赤身散髮，血流滿面，冤聲衝天。又指稱鄒王親船夫，原派二十名，强掣右營軍人陳叫驢等十名，要錢二千文徑放去。各本人證。

一、“官”字一百三十三號船頭夏汝魁，先在天津向夫霍秀等索神符、燒酒十斤、猪肉四斤，給迄。行至地名楊柳青，復向秀等每夫索趲緯銀一錢。彼時每夫止給二分，嫌少，用槁將夫霍秀、楊明福打落水中，有同緯夫宇文雍等下水撈出，幾死。本人證。

一、楊青等七驛，共折膳二千兩，聞止以五百兩進王，其餘樊用等剋落均分。

一、初至天津，姓韓不知名内官，問拽船夫頭要錢，吊打幾死。臣差官袁永壽諭令解放，該内官反將差官鎖拿。及差官掙脱來稟，該内官亦與同來，反混賴差官搇伊衣服。臣欲啓王，始去。

一、“官”字二百四十六號内相李朝雲，每夫要錢五十文，二十五名夫，共要錢一千二百五十文。家人李二分外要錢二百文，不遂，唆本官將夫孫莽捹指，擷一百擷，責二十板，用大鐵鎖鎖在船頭。衆拽船夫來禀，撫臣諭令釋放。本内相貪心不遂，恃酒上船，且嚷且罵。有本船受害夫役孫莽等，并兩岸觀者數萬人見證。

夫宦官陰狠無良，貪饕無厭，欺上剥下，自其常性。獨念福王謙恭折節，盡可追踪左賢王。止因樊用、李朝雲輔佐匪人，剥民斂怨，臣等纔差人一問，遂致亂嚷胡罵，憲體謂何，屑越至此？縱臣等不足惜，以聖明在宥，而有受侮宦豎之撫按，則辱朝廷；以福王賢明，而有謾罵撫臣之内使，則損盛德。辱朝廷而損盛德，誰實爲之？然則樊用、李朝雲之罪，可勝誅哉？伏乞皇上光照日月之明，大奮雷霆之斷，將樊用、李朝雲革其管事，逮問如律。庶匪人去而王德益光，國法申而憲體亦肅矣。

抑臣更有説焉，竊憶我皇上數年前，法度嚴明，近習斂手。近來手弄王章、口銜天憲者稍稍疊見，不止樊用輩也。臣姑無遠引，即如臣奉命巡方，非徒使傳食諸郡邑，將責以爲民興利而除害也。顧興利之大者，莫如開墾荒田；除害之大者，莫如禁戢積番打詐。頃臣方准金祥等開荒之狀，行霸州道查勘，尚未回報也；方准王進忠告積番之狀，行昌平道問理，尚未對質也；乃盧受、潘朝用之疏一入輒取旨如寄，而臣與督撫、關院、科道諸臣之疏則置若罔聞。在王進忠等猶可藉口曰“盜伐陵木也”，乃金祥等告墾荒田則何罪之有？除王進忠等果否盜伐陵木，聽法司問理，而積番張成等原非應奏職官，臣得徑行該道，照前狀從公問結，不敢煩瀆聖聽外。至於金祥等，以浙人聞墾荒之令，不遠數千里而來，蓋良民也亦勤民也。即有罪，猶當十世宥之者，況無罪而下之理，將無阻貧民開荒之願，拂遠人向化之心乎？

伏乞聖恩俯將金祥等釋放，如謂罪不可釋，請罷臣官，以贖愚民之罪。蓋准狀者臣，行查者臣，即先是遍行各道、招民墾荒者亦臣。彼愚民何知？亦何與也？臣寢疾不能另疏，敬附所欲言，統候聖明裁察，臣不勝屏息候命之至。

緣係潑惡宦官吞噬官民，謾罵巡撫，國法掃地，憲體陵夷。懇乞聖明大奮乾斷，特敕逮問，以彰朝廷法紀，以全藩王令名。事理未敢擅便，爲此具本專差承差賷捧。謹題請旨。

糾處不職州官以肅吏治疏

臣孫居相題，爲糾處不職州官，以除民害，以肅吏治事。

臣視事之初，分發《禁約十二條》，令州縣刊豎衙前，著實遵守。凡嚴刑重斂，以及科派商民之類，靡不禁革。以故年來，有司斤斤奉法，類多自愛。即間有一二不職者，將待報命參之。不謂有自知不免，預申謀脫，如安州知州張遂其人者，是尚可一日留於地方哉？蓋張遂暴戾不檢，該臣廉得其狀久矣。忽於本月二十日，投一申文，懇求加銜致仕。臣欲批行查議，則叢議之官萬無晉秩之理。欲存案不發，則機緘已露，益長不肖之心。臣參處之疏，于是乎不容少待矣。謹以本官不檢之狀，爲我皇上陳之。

查得本官才頗揮霍，政乏和平。更換櫃頭，每賣富而差貧；徵收錢糧，率十分而加一。盜禾自有正法，乃柳之城中，令亂人拷之就斃，是何法也？比糧自有常刑，輒懸之樹上，將男婦鞭之俱傷，是何刑也？張庫吏失盜庫貯銀三百兩，已責令包賠矣，何原賊吐贓而賠銀未見退還？陳快手失落送禮銀五十兩，已攤派完償矣，何原物追出各役未蒙補給？富民薛逢春爲人命牽連，始怒而終釋，有言因郭快手以三十金求解者；富吏尚登選爲犯奸被首，未審而還役，有言因呂門子以三十兩暗投者。軍犯張貢罪不至死，止因貢族張進禮連累之禀，竟取命於城東，證者不有壯丁趙尚賓乎？小偷李朝選情尚可原，止因選父李才羞愧之訴，令綵死於樹杪，證者不有地方米得祿乎？地方李橘禀事稍强，假以揑詞，夾打問罪，則衆地方之怨有因。櫃頭馮吉會火耗不足，假以盜櫃重責罰贖，則衆櫃頭之恨莫釋。買備荒穀，每社發富民糴解，及李金佩等禀領脚價，則原銀竟屬烏有，富民能無觖望？造大軍册，每社派工食攢造，及孟容世等領造册銀，則大半多被扣剋，貧胥何以聊生？胖襖既派大户出銀幫解矣，復票取行户布匹，後堂親做短勒，價值不幾算悉錙銖？蘆席既派客人出税完課矣，復計物重科，每年約二百餘兩，止解五十兩，無乃術工聚斂？此一官者，舉動乖張，操持狠戾；刻礉全無渾厚，殘忍殊欠慈祥；斂怨已深，解組宜速。所當照浮躁例，酌議降調，以示懲創者也。

伏乞敕下吏部，再加查訪。如果臣言不謬，將張遂酌量降調，覆請定奪施行。臣不勝屏息候命之至。

參内豎剋銀誤事疏

臣孫居相題，爲梓宮夜行非禮，内監誤事當究，仰懇聖明亟行查處，以重大典，以隆聖孝事。

臣等仰窺我皇上孝事聖母，雖薨猶生，凡可以盡志盡物者，靡所不至。則爲内外臣子者，當何如恪供乃事，以少抒皇上孝思於萬一？孰意有乾没錢糧，稽遲靈輿，如内官監諸宦豎者乎？臣等不能悉其姓名，獨念聖母梓宮以本月初玖日發京師，臣等奉命供執紼之役。每見進發稽遲，頻行頻止。初猶以爲路途泥濘之故，乃行不數里而哄然輒止矣。問之，則曰："扛木折也。"又行不數步而截然又止矣，問之，則曰："繩索斷也。"及繩扛既易，可以行矣，乃濡滯遷延，移跬步若數里，問之，則曰："夫役數少，努力不前也。」臣等因相顧驚疑，以爲我國家凡遇大典禮皆額設重費，豈其於聖母襄事之禮而顧有靳焉？

因移字工部，問繩扛之價，乃知小扛麻繩以及冥器之類，該內官監領銀二萬一千兩有奇。夫此二萬一千金也，繩扛能用幾何？乃僅以朽木糵麻充用，若之何不折且斷也？又移字京營，問官軍之數，乃知擡輦輿、葬儀等項，共撥官軍九千員名。除儀仗外，內派擡輦輿三千二百名。夫此三千二百名也，使其盡數供役，不折乾不包攬，即手昇而前無難者，乃僅以一百餘名充數，若之何能迅發無阻也？

臣訪得該監，每軍五十名爲一隊，折夫價七兩，共計折銀四百四十八兩。彼固以爲營軍不慣扛擡，折價另行雇覓。今竟以夫少誤事，則所謂慣熟者，何在也？況有一夫則有一夫口糧、犒賞、孝衣等項。軍夫既少，此項錢糧歸於誰手？見小利而誤大事，可謂膽大包天矣！

伏查禮部題准欽依儀注，初九日晚，當至清河止宿，乃初十日未刻始至焉。初十日晚當至沙河止宿，乃十一日卯刻始至焉。向非部院諸臣王象乾、張問達、孫慎行、李汝華、林如楚等共商募夫，懸賞督發，必至遲留道路，違誤吉期，不知該監將何詞以自解也？臣等習見我皇上每每信任內臣而厭薄外臣，今爲皇上襄大禮成大孝者，竟惟外臣是賴。然則孰爲可任，孰爲不可任？不亦可深長思也哉？

夫禮莫大於送終，所謂於此不盡其誠，烏乎盡其誠者是也。今該監於此侵牟，則何事不可侵牟？孝莫篤於皇上，所謂必誠必信，不使少有後日之悔者是也。今該監於此輕忽，則何人不可輕忽？臣思聖母深居大內幾七十年，一旦離深宮臨曠野，誰不潸焉淚下？而該監獨因之爲利，致使梓宮露次宵征，不得妥其靈；皇上晝思夜慮，不得寧其處。臣等文武百執事前導後擁，風餐露宿，竟不能使靈輿至止如期，以仰稱皇上之任使。然則該監誤事之罪，可勝誅哉？臣等在途即欲有言，時方執紼倥傯，無暇搦管。今幸聖母梓宮已於十五日巳時襄事矣，是日天氣晴明，安厝停妥，計聖母之靈安而皇上之心亦安，即臣等區區報主之心亦始藉以少安矣。用是追論遲延之由，仰答明主之遭。

伏乞敕下兵、工二部，會同司禮監，查確回報，以聽聖明處分。庶大典益重，而聖孝益光矣。

請告第七疏

臣孫居相奏，為臣疾復發，勢難久延，七懇天恩，免臣候代，放臣還鄉，以便調攝事。

臣稟賦脆弱，夙抱沉疴，自春徂夏，六疏求去。無奈天聽彌高，予告無曰。頃者，恭遇聖母梓宮大行山陵，臣一息尚存，此身無敢即安。于是力疾見朝，勉效執紼之役。幸藉皇上寵靈，不至委頓道路。今同諸臣共襄大事，業已歸報闕廷矣。

惟是人之常情，靜以養之，雖病亦平，動以勞之，無病不發。臣今往來營平，雖不敢言勞，然而無如病體何矣。是以廿四日同諸臣陛見，隨同詣文華殿門，上奉慰疏。甫歸私寓，頭暈目眩，忽然仆地，吐瀉交作，昏然不醒人事。家人急呼醫生郭禹錫，用藥灌救。少頃，始蘇。臣因問禹錫，以臣病狀何如，答曰：「先是，原係濕氣傷脾，其疾猶在脾胃間，可以藥餌調之。今則血氣尚虛，腠理不密。濕氣與暑氣熏烝，乘虛深入膏肓，非藥餌所能到矣。」臣聞之，愕然色變，津然汗流。功名之念都忘，首丘之心轉切。為是不憚煩瀆，輒敢補牘再懇於聖明之前。

伏乞聖恩念臣病非假托，情非得已，敕下部院復議上請，容臣回籍調理。或照有疾事例，准臣致仕。倘不先犬馬填溝壑，則自今有生之年，皆祝釐聖壽之日矣。

參稅監違詔徵橋稅疏

臣孫居相題，爲稅監違背詔書，朦徵小稅，仰懇聖明亟諭停免，以信聖母遺詔，以成皇上大孝事。

臣惟自言利之説進，海内苦榷稅之害，蓋二十年於兹矣。雖稅有小大，而小者遺害更無微而不及；雖害無遠近，而近者望恩更最切而最先。頃者，聖母賓天，我皇上追念徽音，慨發遺詔，免天下稅額三分之一，而於近京零星重疊小稅，特准豁免。一時畿内外軍民、商賈以及婦女、兒童，靡不途歌巷舞，歡若更生。臣與撫臣隨將胡良橋稅停重，仍牌行各道查議，未報。間而巡視蘆溝橋御史駱駪曾、董定策，相繼以本橋稅銀蠲免，緣由具題，一面檄行停徵矣。臣等誠謂蘆溝橋離京僅三十里，胡良橋離京僅九十里，是謂近京之地也。蘆溝橋徵灰、煤、炭、草四稅，銀止七千八百有奇；胡良橋徵煤、灰、炭三稅，銀止一百七十兩有奇，是謂零星小稅也。胡良、蘆溝二橋，南北并峙，而五口、十六口左右羅列，是謂重徵叠收也。聖母既有遺言，皇上必難反汗；恩詔既已宣布，臣等自宜奉行。止因稅款多端，駁查未確，政俟議確會疏題知。

忽於本月初九日接邸報，通灣稅監張燁一本“爲橋稅奉詔減免，臺臣特疏題蠲，懇乞蚤賜綸音，以便遵守事”。奉聖旨：“這所奏蘆溝橋等處額稅銀兩，遵詔減免三分之一。其餘照舊如數徵收，解進應用。該部知道。欽此。”臣莊誦綸音，恭繹詔旨。以爲二橋之稅，若果如該監所言，止免三分之一也，則當日詔書，亦第止列各省直額進稅課，每年以三分爲率蠲免一分足矣。何以又有近京重疊小稅，准與豁免一款？豈二橋之外尚有近京之地？四稅之外尚有零小之稅乎？詔書明開二條，而遵奉止行一款。在該監之心，不過以爲多一分稅銀，則多一分鋪墊使費，且其司房長隨多受收稅員役賄賂，委曲朦蔽，多方阻撓。故該監唯利是徇，又惟書役之言是聽。不曰「橋稅奉旨蠲免」，而曰「奉旨減免」，是以近京零星之稅，混入省直額稅之條；以詔書已蠲之數，混作三分減一之數。彼其心，蓋以二橋非近京，四稅非小稅也。倘皇上還以詰燁曰：「二橋非近京，果孰爲近京？四稅非小稅，果孰爲小稅？二橋小稅不當蠲，果孰爲當蠲？他處蠲之，恐未有近於二橋者概不蠲之？恐詔免近京小稅一款，竟無著落？」臣不知燁將何以置對乎？背聖母之遺言，虧皇上之大孝，貪一己之小利，致萬姓之怨嗟。若該監者，罪可勝誅乎哉？

況橋稅之例，一驢抽錢四文，一車抽錢五文，若減一徵二，則驢應抽錢二文六分有奇，車應抽錢三文三分有奇。如此，則必破壞制錢而後可，恐國家從來無此稅法；錙錙而算，銖銖而取，恐國家從來無此政體。停之數月，復之一旦，恐國家從來無此朝三暮四之術。在該監固藉口曰：「此係七萬額數，不可蠲免。」獨不思皇上富有天下，所少非財；即於七萬中減此八千有奇，不過太倉之稊米耳，有何不可，而必爲此拘拘取盈乎？以聖母之恩詔而竟阻格不行，於聖母爲不孝，於皇上爲不忠，於朘民爲不仁，於濫取爲不義。皇上亦安藉此不忠、不孝、不仁、不義之人，而惟其言而莫之違乎？

臣謂二橋之稅不蠲，則必削去詔內「近京」一條而後可。如謂詔書必不可削，則二橋之稅必不可不蠲。何者？聖母之遺詔在，即聖母之音容在。屑越遺詔，是即目中無聖母也。夫聖母升遐曾幾何時，而可置之若遺乎？書曰：「事死如事生，事亡如事存，孝之至也。」臣謂皇上今日縱不念詔書，自不得不念聖母；念聖母而思其徽音，則首罷二橋之稅，以慰在天之靈，當無俟臣言之畢矣。萬一臣言可采，伏乞敕下戶部議覆施行。

題旌烈節疏

臣孫居相題，爲遵例表揚烈節以勵風化事。

據易州等道兵備右參政等官解經邦等呈報，查勘過烈節婦楊氏等各緣由，取具各該官吏師生人等不扶甘結，呈報到臣，據此簿查。先據按屬州縣各申前事，該臣批行各道覆勘去後。今據前因爲照，聖明御世首重綱常，臺使觀風必先節烈。矧京師首善之地，涵濡聖化尤深。畿輔，四方之樞，沾被德教更切。其間閨閣幽貞，委巷嫠婦，往往負正氣而植綱常，視他省不啻倍之。臣觀風茲土，據各屬申到烈節不可勝紀。除年歲未協，議論未定，各分別獎賞以示激勸外。所據後開烈節，皆實稱其名，年如其例。既經該道覆勘，明確開報前來，相應循例題請。伏乞敕下禮部，再加查議，上請表揚，庶幽德不泯而風教有裨矣。緣係遵例，表揚烈節，以勵風化事理，未敢擅便，爲此理合開坐，具本謹題請旨。計開：

烈婦一口楊氏，係清苑縣童生劉壽昌妻，舉人楊廷謨室女。萬曆三十五年三月内適壽昌。本年八月内，壽昌病故。氏年方十五歲，即欲以死殉夫，不飲食者十五日，幾無生氣。於時，姑因哭子亦病甚，好語謂婦曰：“爾死因烈[四]，吾今病劇，無人侍湯藥，亦死矣。”烈婦感泣，遂食。後其姑病癒，事之極其孝養。三年服滿，謂姑曰：“兒今可以死矣。”遂不食，姑強之食，舉手推去。至七八日後，力憊不能推食，姑以米飲強灌之，遂延二十日。後知其志不可奪，因聽其餓死，氏年甫一十九歲。里鄰高鎮等、閭學生員張道立等，保結到縣，覆勘相同，備申到道，轉呈到臣。看得楊氏鳳侶方偕五月，鸞儔忽訣千秋。矢一死以殉夫，雖十九歲芳齡，視生若浼；忍三年而侍姑，總二十日絕粒，嗜死如飴。丹心可照日星，正氣猶存河岳。結勘既真，相應旌表。

烈婦一口沈氏，係宛平縣當該吏林士茂妻，浙江山陰縣沈權室女，年十五適士茂。萬曆四十年六月內，茂邁奇疾，氏晝夜侍奉湯藥，衣不解帶者歲餘。每焚香籲天，願以身代。茂延至四十一年七月初八日，將死，與氏永訣，氏即誓以死殉，茂遂瞑目而逝。後復口目俱張，氏跪而祝曰："汝口目不閉，得無慮我？第先行，吾當相見於地下。"茂遂目閉口合。氏痛絕復蘇，躬執殯殮。迨襄事，淚乾，繼之以血，滴水不入口者三日。諸親環跪泣勸，氏不爲動。第云："吾事畢矣。"嗣後竟不吐一語，共餓十三日，至本月十八日，索水漱浴，服冥衣而逝，年僅二十四歲。地方劉臣、鄰佑張太等，保結到縣，覆勘相同，備申到道，轉呈到臣。看得沈氏三綱獨重，一死靡他。矢志殉夫，有慷慨殺身之節；襄事絕粒，有從容就義之風。正氣凛凛如生，芳名烈烈不毀。結勘既真，相應旌表。

烈婦一口包氏，係大興縣已故監生吳守智妻，羽林衛指揮包繼志室女。氏年二十三歲，智倏病篤，氏即籲天請代，與之永訣，誓以死殉。及智於萬曆四十年十二月十六日病逝，氏即水漿不入於口。偶值姑翁俱病，緩死須臾。後翁姑稍有起色，氏即於本月二十三日縊於柩側，去夫故期凡七日。內外感動，聲徹京邸。闔學生員時可大等、地方孫洪、鄰佑張國垣等，保結到縣，覆勘相同，備申到道，轉呈到臣。看得包氏心同金石，操凛冰霜。矢志靡他，甘捐生以就義；投繯殉節，誓必死以相從。蘭蕙而挺介石之貞，閨閫而負丈夫之氣。綱常托重，名教增光。結勘既真，相應旌表。

烈婦一口田氏，係安肅縣民劉天爵妻，田時亨室女。萬曆三十年十月內，天爵病故，遺未歲幼子。氏立志撫孤守節，不料翁姑貪圖聘財，於三十一年四月二十一日，逼令改嫁，不從。又於二十五日攢逼，氏無奈，是夜遂懸梁自縊。似此慷慨赴死，即丈夫不易及也。里鄰王堯封等、闔學生員王康濟等，保結到縣，覆勘相同，備申到道，轉呈到臣。看得田氏剛腸烈日，潔操秋霜。忍九死以撫孤，矢百年以明節。胡乃堂中逼嫁，幽貞不念鸞悽；遂爾梁上投繯，孤節甘同璧碎。似兹貞烈，輿論咸推。結勘既真，相應旌表。

烈婦一口于氏，係交河縣儒士及櫓妻。氏年十六歲適櫓，萬曆三十六年四月，櫓故，誓以身從。因姑郭氏號泣苦勸，遂爲姑緩死，然而殉夫之心未嘗一日忘也。三十七年四月，鄰媼田氏因王成裒妻勸之改適。氏即大憤，決意死節。絕食數日，莫可轉移，至五月初九日身死，年方二十歲。闔學生員蘇養民等、里鄰崔靠等，保結到縣，覆勘相同，備申到道，轉呈到臣。看得于氏廿年矢志，一死明貞。冉冉青春，膝無三尺之胤；煢煢白首，堂有二毛之姑。爲夫輕生，爲姑緩死。因愚婦之不諒，遂絕粒以捐軀。可謂慷慨殺身，兼之從容就義。結勘既真，相應旌表。

烈婦一口徐氏，係涿州徐有春室女，十七歲于歸徽州府故民吳文正爲妻，向住定興縣生理。文正染疾，於四十二年七月二十三日病故。氏哀痛不已，即欲以死殉夫。父母諸親力勸看守，因絕食飲水，勉強扶柩安葬。本月二十八日，從夫墓所奠哀封土歸，謝諸親。至三十日，淨室焚香，著衣坐坑，自縊身死。定興縣通學生員劉三星等，鄉官薛一鶚等，保舉到縣，覆勘相同，備申到道，轉呈到臣。看得徐氏淑媛天授，貞烈性生。同穴盟心，甘殉夫於地下；靡他矢志，植大節於宇中。正氣與日月爭光，芳名并天壤不朽。似兹節烈，士類共推。彼爲人臣懷二心，以至負君賣國而不羞者，真婦人之不如也。結勘既真，相應旌表。

節婦一口李氏，係雄縣已故生員吳謙益妻，李春芳室女。嘉靖四十三年六月内夫故，氏年二十三歲。至今守節五十年，見今七十三歲。夫死時，翁姑年皆七旬，每以精鑿奉親，糠糲自饜。翁姑病，親嘗湯藥；比故，拮握[五]營葬，哀毀如禮。撫養一歲遺孤吳文淵，成立，遊庠。聘蘇民性女蘇氏爲妻。至萬曆二十一年十一月內，淵以力學病故。蘇氏年二十九歲，遺孤吳元昌甫二歲。至今守節二十一年，見年五十歲。姑婦相依爲命，晝夜并作自給。迨元昌長成，聘蘇州牧室女蘇氏爲妻，生子聞哥。至三十九年六月內，元昌又故。一時三嫠婦，撫兩歲孤兒，相視環泣。李氏哭盡，繼之以血，雙目乾枯。兒婦、孫婦奄奄待盡，苦不可言，曾無异志。里鄰崔邦成等、閭學生員張九州等，保結到縣，覆勘相同，備申到道，轉呈到臣。看得李氏介石貞操，柏舟苦節。痛橋礎之就死，孝不替於姑嫜。守洴澼以聊生，志益堅於藜藿。且也存藐孤於三世，罹古今未有之艱辛；揭壼儀於千秋，備天地獨宗之正氣。況是一門三節，皆出九死一生。結勘既真，相應旌表。

　　節婦一口温氏，係瀋陽中屯衛生員孫自强妻，温儒室女。嘉靖四十四年適自强，時年十四歲，生子永年。萬曆七年，自强病故，氏年二十八歲，永年一十四歲。隨娶妻，亦温氏，年一十七歲，至萬曆八年，生子孫貞。萬曆九年，永年亦故，貞始周歲。姑媳痛兩世之夭傷，扃户績紡，以供朝夕。足迹不履户外，里婦鮮見其面。三十五年，地方大疫，十亡八九。孫貞病已危而忽蘇，姑温雖病疫而無恙，鄉人僉以爲貞節之報云。姑温今年六十有一，守節三十六年；總温[六]今年五十一歲，守節三十四年。鄰佑孫敷錫等、閭學生員黃嘉會等，保結到縣，覆勘相同，備申到道，轉呈到臣。看得孫自强妻温氏與其媳温氏，青鬓喪夫，白首砥節。姑温以未亡之身，垂母儀而盡婦道；媳温矢靡他之志，事姑孝而恤孤慈。閉户紡績，比鄰鮮見一面；課兒向學，擇鄰不异三遷。郡中縉紳士庶聚首而談，憐其姑并憐其媳；過廬而式，重其媳益重其姑。孤貞萃於一門，雙節真足千古。結勘既真，相應旌表。

節婦一口居氏，係安州民劉朝俠妻。夫故，氏年一十九歲，欲縊以殉。其母及親戚苦勸嚴防之，乃止。上無翁姑，下無子女，孑身無倚，女紅自給。歷艱辛而芳聲益著，躬織紝而雅操彌堅。守節四十餘年，見年六十八歲。里鄰張用中等、闔學生員張攀龍等，保結到州，覆勘相同，備申到道，轉呈到臣。看得居氏坤維正氣，閨黛杰標。青年失依，即堅化石之心；白髮明操，不老碎瓊之志。矧饑與寒而交累，五十年茹茶如飴；子與女以俱無，七十歲孤燈自照。結勘既真，相應旌表。

節氏[七]一口甄氏，係束鹿縣民劉一攀妻。夫故，氏年一十九歲。夫存日失目且病，氏侍湯藥，經年不懈。及疾革，憐氏無嗣，令爲自便許。氏以死矢之，夫死即絕粒求盡。族人憐之，爲之立嗣，乃止。相瞽夫，婦德已彰；立嗣子，夫祀不絕。守節五十九年，見年七十八歲。里鄰馮世重等、闔學生員孫好禮等，保結到縣，覆勘相同，備申到道，轉呈到臣。看得甄氏內德含章，中閨自守。初舉齊眉之案，敬事瞽夫；繼堅剔眸之操，同芳烈女。苦與霜而俱寒，情比茶而更苦。結勘既真，相應旌表。

節婦一口劉氏，係順義縣民靳於仁妻。夫故，氏年二十一歲，遺嬰方在襁褓，公姑俱就衰殘。氏親操井臼，備悉艱辛。上事舅姑，下撫孤子以及孤侄女，各就成立。守節四十餘年，見年六十四歲，毫無异議。里鄰陳大保等、闔學生員田柏鶴等，保結到縣，覆勘相同，備申到道，轉呈到臣。看得劉氏伉儷甫及三年，輒傷薄命；花甲已逾六袠，獨守孤貞。仰事舅姑，奉甘旨於庭闈；俯育孤兒，登姓名於黌序。孝行克孚月旦，正氣堪泣鬼神。欲維頹風，應表婦範。結勘既真，相應旌表。

節婦一口張氏，係密雲縣民陶大倫妻。倫於萬曆元年二月內

病故，氏年二十五歲。家道貧寒，苦守清節，撫養遺孤陶長哥至
於成立。孀守四十二年，見年六十七歲，鄉黨稱賢。闔學生員王
志遠等，保結到縣，覆勘相同，備申到道，轉呈到臣。看得張氏
貞心獨矢，苦節自甘。霧露摧殘，蚤傷鳳鸞之侶；冰霜凜烈，彌
堅松柏之操。藐孤賴以有成，孰非醫瘡剜肉？内外皆無异議，總
是滴淚崩城。結勘既真，相應旌表。

　　節婦一口易氏，順天府已故生員苑學詩妻。夫故，氏年甫十
八歲，止生一女，方兩月。氏毀形絶食，即欲自盡。舅姑苦勸以
育女延嗣，始有生念。及父母因氏芳齡，促之更嫁，氏以死自
誓，百折不回。家道消乏，氏惟辛苦紡績，孝奉公姑，撫育孤
女，有始有卒，毫無怨言。見年七十一歲，守節五十三年。本府
通學生員沈繼綬等、鄰佑張仁等，保結到縣，覆勘相同，備申到
道，轉呈到臣。看得易氏青年勵節，白首靡他。事七旬之舅姑，
家貧而孝愈篤；撫兩月之孤女，日久而志不渝。孀守歷五十載，
棱棱月明孤竹；芳名留千百世，皎皎淚灑蒼梧。節孝雙高，慈貞
并著。結勘既真，相應旌表。

　　節婦一口王氏，係懷柔縣故民石棟妻。氏姑紀氏，年十八
歲，產子石棟。夫亡，棟在襁褓，立志守節。家道貧窘，比氏適
棟，惟事針指，供養寡姑。後棟病故，氏年二十六歲，效姑堅
守，秉節不移。迄今守節五十餘年，見年七十三歲，人無間言。
里鄰趙廷秀等、闔學生員王樂等，保結到縣，覆勘相同，備申到
道，轉呈到臣。看得，王氏芳謝紅顏，守堅白髮。一門雙節，先
後各五十年；百歲孤操，稱頌合億萬口。光争日月，名震乾坤。
結勘既真，相應旌表。

　　節婦一口王氏，係淶水縣民龐佃妻。夫故，氏年二十三歲。
籲天欲殉，踊地幾絶。止遺孤子，倏遭摧折，子身無倚。婦紅自
給，食惟一簞之薄，衣有百結之苦。堅守四十五春，迄今六十八

歲。里鄰王崇甫等、闔學生員鄭崇胤等，保結到縣，覆勘相同，備申到道，轉呈到臣。看得王氏結髮情深，矢髦義重。感時供祀，泪含秋水到重泉；孤闈辟纑，氣逼清霜飛五月。家徒四壁，誰憐畢世艱辛？晝無兼辰，獨仗一身節義。結勘既真，相應旌表。

薦舉兵備疏

臣孫居相題，爲循例薦舉兵備官員事。

臣奉命巡按順天，已逾一年，茲當報竣。所有兵備官員例應薦舉。除原任昌平道兵備右布政使、今升雲南巡撫曹愈參，旬宣久樹偉略，節鉞佇看新猷，已經離任，不敢概叙外。訪得：

易州道兵備右參政解經邦，明徹秋空皎月，潔濯易水澄波。關西名流，畿南良翰。

天津道兵備右參政景昉，品端識練，守潔才優。詰武令肅津門，賑災恩覃澤國。

霸州道兵備右參政孟成已，氣局雍容博大，才猷諳練周詳。薇省推高，臺垣倚重。

永平道兵備副使武之望，峻節孤竹齊芳，深仁灤流比潤。士仰卿月，民戴福星。

密雲道兵備副使李養質，才兼經文緯武，政先察吏安民。左輔金湯，北門鎖鑰。

薊州道兵備副使袁和，真心亮節，卓識雄才。政起數年弛廢，望隆八面風猷。

以上諸臣，皆一時方面之良，均當薦揚，以備擢用。又訪得：

長蘆都轉運鹽使司運使張雲翼，茹茶齧櫱清操，璞玉渾金雅度。功在軍國，望重參藩。此一臣者，例得附薦方面之後，一體優擢者也。

再照有舉有刺者，巡方報命之常，顧臣按屬凡七道，皆極一時之選。而武之望發迹銓曹，積薪更久。觀當日同時調南之人，皆陟臁躋要，而本官猶株守外藩，毫無別念，其品可知；觀邇年軍民鋪平之法，沿革衰益，各適其宜，纖悉細微，靡不周到，其才可知；觀歲杪營路饑卒之變，聚衆要脅幾至大哄，而本官以尺檄定之，士卒無嘩，亦其恩威信義，有以素服其心故也，其功可知。雖前按臣及關臣曾亟稱其賢，而淹滯如故，臣故表而出之，以俟憐才者察焉。

伏乞敕下吏部，再加查訪。如果臣言不謬，將解經邦等分別擢用。庶監司之激勸既明，而畿輔之屏翰益固矣。

舉劾有司疏

臣孫居相題，爲循例舉劾有司官員事。

臣奉命巡按順天，已逾一年，兹當報竣。所有按屬有司官員例應舉劾。除留部候考推升已久者，臣不敢列名。其新任主事，如永平府推官喻守初、固安縣知縣孫延長、文安縣知縣崔儒秀、豐潤縣知縣齊君榮；新升知州，如密雲管餉通判陳諫、大城縣知縣梁綱、淶水縣知縣柳白卿，皆實副其名，德稱其位。其新任，如永平府知府劉澤深、清軍同知薛國彥、易州知州程玉潤、滄州知州李騰蛟、蠡縣知縣潘士良、寶坻縣知縣鍾英、寧津縣知縣張修德、良鄉縣知縣楊瀚，福星近聚於一方，膏雨均沾於萬户。其調任，如博野縣知縣吳淳夫，鴻猷已試於偏僻，驥足堪騁於康莊，臣皆不敢概叙外。訪得：

河間府知府杜應芳，經世閎才，絕塵清節。治行瀛洲獨步，循聲渤海同符。

保定府知府張養心，政事祥鸞瑞鳳，操持隨鶴懸魚。列屬表儀，人倫冠冕。

河間府同知章謨，廉直五絲媺節，沉涵百練鴻猷。棲棘非宜，遷喬應速。

薊鎮管餉永平府同知張名坤，閎才飆發，苦節霜凝。應務捷若轉圜，餉軍恩同挾纊。

保定府同知姚光祚，質比璞玉渾金，節擬喬松勁柏。明周察吏，威肅清戎。

永平府管糧同知羅世美，丰姿峻整，才識閎深。褆躬守絕一塵，督餉恩沾四路。

河間府海防同知李喬嶽，皎皎冰心，亭亭玉宇。已著領郡茂迹，佇看防海新猷。

保定府推官夏嘉遇，清操雪映冰壺，峻節霜凝玉案。吏歸朗鑒，民頌祥刑。

河間府推官簡麒，度藹春風，操澄秋水。折獄案無密網，程材心有平衡。

涿州知州左之似，擘畫髋髀立解，拊循呼吸皆通。治媲四龍，功高五馬。

昌平州知州趙庭琰，嶙峋標格，卓犖才華。應劇氣定神閑，撫疲心勞力瘁。

霸州知州楊澗，褆躬濯濯清修，應務恢恢妙手。澤覃兩郡，鋒淬三刀。

交河縣知縣黨中疇，英標朗識，潔守宏猷。政治卓冠一時，循良直追兩漢。

任丘縣知縣買繼春，雄才雲流電掣，媺節玉潤冰清。閭左歸心，豪右斂手。

遵化縣知縣何顯宗，逸度蹁躚，長才磊落。砥礪無瑕操履，條陳有用文章。

獻縣知縣劉重慶，壁立千尋氣概，斤揮八極風猷。月映琴堂，春生弦邑。

原任武清縣、今調繁固安縣知縣孫織錦，才以誠運，威自廉生。浩氣一鵠橫空，英裁雙龍出匣。

滿城縣知縣冀懋中，瑩徹朝霞映彩，惠鮮冬日噓溫。易水流恩，祁山比節。

昌黎縣知縣王漢杰，函牛大器，倚馬長才。砥操潔凛冰霜，執法力移山嶽。

南皮縣知縣徐殷，守同精金潔玉，才和錯節盤根。小試牛刀，終展驥足。

東光縣知縣俞思衝，才精百練，守絕纖塵。堂簾夜月高懸，蔀屋春曦廣被。

密雲縣知縣尹同皋，英齡粹品，卓識宏猷。期月調劑一新，萬姓謳歌四起。

清苑縣知縣堵天顏，節操一腔冰雪，經綸萬斛珠璣。千里神駒，一方瑞鳳。

雄縣知縣王則古，璠璵德器，干鏌才華。清瑩映月寒潭，潤澤隨車甘雨。

河間縣知縣牛象坤，棱棱峻節，藹藹真心。馭衆執玉捧盈，當衝駕輕就熟。

束鹿縣知縣袁夢庚，清修練達，沉靜端方。緝盜警息萑苻，治河民安袵席。

盧龍縣知縣謝廷贊，清卓凌霄翠幹，晶瑩映月明珠。比古循良，真民父母。

高陽縣知縣周之藩，襟度爽明，才華煥發。撫摩融融春雨，澡飭淡淡秋雲。

東安縣知縣戴之二，操修水鏡同清，調劑鸞和合節。恩流蔀屋，譽滿花封。

永清縣知縣楊夢熊，精勤勵政，謹凜裋褐。除奸手握神阿，布澤家嘘暖律。

容城縣知縣徐廷松，銛才利若南金，粹質瑩如趙璧。琴調六律，花爛四封。

慶都縣知縣劉天與，廉靜有守，悃幅無華。辟荒禾黍成疇，恤災瘡痍起色。

完縣知縣張保民，剔弊風行草上，恤災瘠起溝中。勤勵戴星，守甘吸露。

靜海縣知縣胡裘，氣象儼然有道，操修嚼爾不滓。可對神明，無慚衾影。

深澤縣知縣陳來朝，慈仁萬井甘霖，朗潔一天湛露。澤鴻濡沫，社鼠銷魂。

唐縣知縣陳于堯，真誠心事，謹恪操持。噢咻藹若陽春，瑩徹朗如秋月。

樂亭縣知縣桑高，丰節棱棱邁衆，設施鑿鑿宜人。質有其文，威而能惠。

蕭寧縣知縣張嗣謨，臨事如捧拱璧，撫民若保嬰兒。恩流四郊，威肅六案。

以上諸臣，皆一時有司之良。内李喬岳、孫織錦升調皆在臣屬。袁夢庚雖已報升任，然士民合詞借寇道府，具文保留。王則古雖任僅十月，然居衝調停最苦，救災全活甚多。所當一體薦揚，以備擢用行取之選者也。又訪得：

原任順義縣知縣、今升山東莒州知州葉會，才本柔懦，守復卑污。以趨承要路爲護身之符，以朘削小民爲肥家之計。趙九成毆單三身死，因周宗仁過送七十金，徑從輕釋。王福生打仇進言折膊，因國萬廠過付一百金，竟免論徒。分領内帑銀八百兩以賑貧，止放三百餘兩，餘銀盡入私囊，老人馬文田其知證也。申允在倉穀四千石以救荒，止放一千餘石，餘穀盡令變價，户吏王之昺其經手也。徵收錢糧，自有正數，乃條鞭加一，屯丁加二，河淤地加一五，計五年不啻巨萬，納户董思敬等不可問乎？各役工食，原有定數，乃快手有扣，壯皂有扣，槽頭車價有扣，計歲入奚止千金，庫吏張進忠等不與知乎？福府謁陵，尚未有期也，以協濟昌平爲名，派上户段松等二十家，次户李相等八十家，各納銀五兩、三兩不等，共銀三百餘兩寄庫，不知作何支銷？各院訪察并未有行也，以訪拿土豪爲名，將富民王三父子四人送監拷打，王三托民壯李文學送銀一百兩釋放，不知是何法紀？富民趙德光娶娼婦過門爲妾，因妻作嚷，重毆身死，受銀一百五十兩，遂不加刑，幾令罪人漏網。生員喬質茂與工人易妻而奸，因妻不從，共毆身死，受其二百五十金，遂置不問，忍使貞婦含冤？

以前各款是臣得於開報，以後二款是臣得於親審。蓋本官柔媚足以文奸，鑽刺可以延譽，故譽言日聞於上，怨聲日騰於下。今彌縫之術漸露，溪壑之欲已盈，雖經升遷，難容漏網。所當以浮躁例重加降處，以示懲創者也。

溮縣知縣陳荀産，才具頗優，簠簋未飭。曩令武陵，已多舊染之污；今調溮邑，未有圖新之志。條鞭銀兩應徵正數，乃每兩加耗一錢，歲計一千餘金，何輕重之相懸？錢糧收錢本以便民，乃每錢六十八文收，六十二文放，何出入之互异？指皇木夫工食，派銀一千三百兩，内扣五百兩入己，則老人楊桂軒等嘖有煩言；指福王拽船夫，派夫七百名，内折二百名充囊，則夫頭于綱等紛然巷議。董二縊死幼童，於婦女乎何與？勒令其妻出官，得銀一百兩而始免，真是以官爲市！李朝仕逼縊其叔，於律自有正條，嚇要究招抵償，得銀二百兩而輕釋，豈非假法行私？借貸富民有禁，乃向董三借銀六十兩，范七借銀九十兩，沈監生借銀二百兩，經手者非李景春乎？科派里甲有禁，乃科馬頭銀二百兩，派膳馐銀三百兩，派課程銀三百兩，知證者非楊開泰乎？詞狀批於捕衙，喜其鍰金之多；罰穀加於罪外，利其折價之易。蓋本官才可濟貪，力能飾詐。據其贓私累累，即重處亦不爲過；睹其才華燁燁，遽廢置不無可惜。所當照浮躁例降調閑散，以全器使者也。

再照臣衙門舊例，薦凡三十八人，論凡三人。今臣所薦者，僅如其數而止。論雖止於二人，然臣前此曾論安州知州張遂。蓋張遂者，即臣所諮確以備復命之用者也。既因其請加服色，遂露章先彈。今臣非不欲更求加於張遂之外，但屢檄道府諮訪，皆以無可搜索爲詞，臣于是乎不能爲破例事矣。

伏乞敕下吏部，再加查訪。如果臣言不謬，將杜應芳等循資擢用，行取葉會等分别降調。庶勸懲昭而人心勵，其於吏治民生大有裨矣。

薦舉教職疏

臣孫居相題，爲循例薦舉教職官員事。

臣奉命巡按順天，已逾一年，兹當報竣，所有教職官員例應薦舉。訪得：

清苑縣儒學教諭梅獨早，詞華允擅雕龍，厚養佇看起鳳。

南皮縣儒學教諭張文德，襟度瓊臺積雪，文章錦浪流霞。

密雲縣儒學教諭姚希烈，掞藻詞同吐鳳，乘風力可搏鵬。

涿州儒學學正湯師炎，文吐千葩秀色，胸藏萬斛奇珍。

豐潤縣儒學教諭楊弘備，媚澤靈珠雅抱，臨風玉樹清標。

通州儒學學正張天德，垂模已重絳紗，掞藻佇光黄甲。

河間縣儒學教諭蕭服采，學漱六經芳潤，文掞五緯菁華。

實坻縣儒學教諭田京源，茹古通今學識，鳴琴制錦才華。

灤州儒學學正袁大德，菁華早擅詞壇，才識仍宜民社。

獻縣儒學教諭李勝之，學擅二酉之奇，文漱百家之潤。

容城縣儒學教諭劉芳名，粹質冰瑩玉潤，藻思霞燦雲流。

盧龍縣儒學教諭馬文衡，七襄錦絢天孫，八斗才弘海岱。

房山縣儒學教諭李庭芳，厚抱胸藏萬斛，真修品重雙南。

霸州儒學學正王紹翰，玉潤金相器宇，鳳毛麟角文章。

故城縣儒學教諭沈元昌，霞文業露一班，風力佇摩九漢。

唐縣儒學教調周沃身，南金價重芹宮，北闕香飄杏苑。

蠡縣儒學教諭曾守身，德器渾然璞玉，文章郁爾天葩。

寧津縣儒學教諭陳士彥，玉立冰凝德器，龍翔鳳翥才華。

良鄉縣儒學教諭常道立，邃學堪燃藜火，俊才卓裕潘花。

玉田縣儒學教諭賀君恩，清節寒潭秋月，藻思陽谷春花。

任丘縣儒學教諭張茂芹，雅抱淵然玉潤，鴻裁燁爾金鏗。

新安縣儒學教諭黃榜，端嚴士仰斗山，雅粹品成珪璧。

順義縣儒學教諭孔之學，文章足範青衿，經濟尤宜赤社。

遷安縣儒學教諭王家璋，邃學淵珠吐潤，雄才劍匣騰光。

永清縣儒學教諭葉汝欽，問學澤藏珠玉，才華筆走龍蛇。

樂亭縣儒學教諭蘇茂祺，揮毫星應七襄，振羽雲垂六翮。

香河縣儒學教諭沈萬鈳，教沛一天化雨，文成五色蒸雲。

武清縣儒學教諭趙九真，搦管南宮增價，程行北冀空群。

鹽山縣儒學教諭徐允陟，談經春風滿座，砥節秋水澄波。

完縣儒學教諭楊作材，揮毫時蜚霞藻，奮志直上青雲。

滿城縣儒學教諭胡來臣，論道風清皋比，橫經譽擅龍門。

景州儒學學正李鏡，雅操率先多士，雄文鼓吹六經。

樂亭縣儒學訓導白爾心，潔守獨苦青氈，宏才自優赤社。

滄州儒學訓導金世臣，振鐸已濡化雨，鳴琴可播春風。

涿州儒學訓導賈杰，操修雅稱師模，文學足飭吏治。

祁州儒學訓導雷應科，學徵鱣堂振鐸，才堪花裏鳴琴。

以上諸臣學行兼優，才守并茂，皆一時教職之良，所當薦揚以備六館、有司之選者也。再照臣衙門舊例，薦教職三十二人。臣今薦三十六人，緣近年舉人就教者多，而就近畿之教者尤多，只論臣按屬四府舉人教諭歷俸及期者凡三十六人。臣因私念之，舉人俸淺者，不薦猶可補于後日；貢士俸深者，不薦遂日逼于窮途。故臣於舉人教諭俸淺者如韓東明等，雖賢聲已著，俸又及期，寧且不錄；而於貢士中之表表者量薦四員，以示風勵。然賢而遺於所薦之外者，尚多也。

伏乞敕下吏部，再加查訪。如果臣言不謬，將梅獨早等酌量擢用。庶經術之士不阻於冷局，將人各思奮而風教有裨矣。

薦舉佐貳首領疏

臣孫居相題，爲薦舉佐貳首領官員事。

臣奉命巡按順天，已逾一年，茲當報竣，所有佐貳首領等官例應薦舉。訪得：

河間府照磨桂凌雲，守甘飲冰茹蘗，才優制錦鳴琴。

長蘆運司經歷姜文聘，純粹無瑕操履，揮霍有用才華。

涿州同知許弘綸，榷稅毫無濡染，督傳綽有擔當。

雄縣縣丞王禹卿，定節不染纖塵，通才堪肩百里。

密雲縣縣丞劉憲，佐邑久著賢聲，專城堪樹偉迹。

樂亭縣縣丞楊文昭，澡修不愧儒流，敏練允堪民牧。

定興縣縣丞李世榮，澹泊雅有儒風，勤敏更優吏事。

安肅縣縣丞賈徵，雅度儒生自若，練才老吏不如。

任丘縣縣丞萬一誠，守一介而必嚴，事百冗而能辦。

固安縣主簿王紀，廉靜恪守官箴，明達雅抱儒術。

大寧都司斷事陳君善，當機有卻輒批，遇事無棼不理。

營州右屯衛經歷呂一元，廉幹優於治旅，仁明足以長人。

盧龍衛經歷喬天賜，砥節床懸幕壁，縮符刀驫庖牛。

以上諸臣皆佐貳首領之賢，所當薦揚以備擢用者也。

伏乞敕下吏部，再加查訪。如果臣言不謬，將桂凌雲等酌量擢用。庶甄拔不遺於末秩，而庶寮因之競勸矣。

薦舉地方人材疏

臣孫居相題，爲薦舉地方人材事。

臣奉命巡按順天，已逾一年，茲當報竣，所有地方人材例應舉薦。除丁憂、聽調可自出者，臣遵例不敢概叙外。訪得：

原任總督漕運、户部尚書李三才，正直不阿，强毅有執。當權相薰灼之會，而首要其鋒；值税壙横噬之時，血力扼其吭。功在淮南尸祝，望隆冀北月評。

原任詹事府掌府事、吏部左侍郎劉元震，休休雅量，斷斷純衷。侍幄當年，忠攄帝裳之斧藻；承歡此日，念結子舍之斑斕。東山物望久歸，北闕征書宜下。

原任光禄寺少卿趙拱極，一腔經濟，滿腹甲兵。叙流品平若持衡，策邊防洞如觀火。績懋睢鳩之署，光生維月之垣。

原任兵科都給事中吳文燦，正色諫垣，雅著朝端，丰采逸神，蘅芷彌高，物外烟霞，輿望素孚，環召宜亟。

原任工科都給事中白瑜，價重詞林，聲騰瑣闥。誼高孤竹，娉修絶迹公廷；教比燕山，世德聯翩甲第。屢膺薦牘，宜擁蒲輪。

原任陝西固原道兵備按察使徐雲逵，匡時偉抱，濟世弘猷。關西望重斗山，畿左行高月旦。暫且移忠爲孝，佇看報國憂民。

原任陝西按察使邢雲路，穎異通神，直究天人之奥；學問該博，深探象緯之源，南正可司，北辰宜近。

原任山東按察司副使李日茂，勁節神羊特聳，高標野鶴橫空。蒿目民艱，不啻己饑己溺；留心世務，還期作楫作霖。

原任山西按察司副使曹爾楨，孝養三公不易，忠猷百練益精。文章飭吏治，早登作者之壇；學術爲經綸，宜促在公之駕。

原任四川按察司僉事張光緒，天趣冲夷，世情超脱。孤行一意，宏施未竟於埋輪；息交念年，譽望尤騰於漱石。

原任江西按察司僉事王國祚，道襟冲邃，神韻孤高。持斧澄清山右，風裁猶著；杜門恬養瀛南，月旦獨高。

以上諸臣才品崇隆，聞望閎碩，皆左輔一時耆彦，所當薦揚以備録用者也。

伏乞敕下吏部，再加查訪。如果臣言不謬，將李三才等分別起用。庶野無遺佚，士并感奮，而於聖治亦與有光矣。

舉刺武職疏

臣孫居相題，爲循例舉刺武職官員事。

臣奉命巡按順天，已逾一年，兹當報竣，所有按屬將領等官例應舉刺。訪得：

協守西路副總兵沈弘猷，雄姿卓識，妙算神機。堪作八面金湯，寧直一方屏翰。

協守中路副總兵高策，識嫻七略，腹司五兵。雅負掃穴雄心，可備登壇上選。

協守東路副總兵王弘爵，劍氣芒寒星斗，筆陣迅掃風雲。夙負龍韜，堪懸鵲印。

密雲標下中軍副總兵衛元康，目涉七書，胸蟠萬甲。傳宣風生虎帳，運籌霜肅龍沙。

遵化標下中軍副總兵朱天煒，干城籌裕，帷幄功高。指揮號令星飛，訓練旌旗霜曉。

鎮邊路副總兵管參將事張純臣，持已有嚴有翼，馭軍克愛克威。左輔干城，衝邊鎖鑰。

燕河路副總兵管參將事楊茂春，雄略風生，廉操霜凛。鐵騎欲追右校，金羈思係左賢。

紫荆關副總兵管參將事張學省，器度沉雄，謀猷宏遠。借箸功高帷幄，折棰威震邊關。

以上諸臣堪備大將之選者也。

山海路參將蔺登瀛，雄姿虎視，武略鷹揚。綢繆功著榆關，簡練風生鐵壘。

天津海防營參將管遊擊事張彥芳，強毅威行羆虎，公忠氣懾鯨鯢。迹著三津，名馳九塞。

保定騎營參將管遊擊事張應武，七尺雄軀，一腔忠膽。振武威生營壘，折衝望重干城。

馬水口參將杜逢春，家藏黃石一編，手穿養由七札。雍雍儒將，矯矯虎臣。

建昌路參將公光國，謀足料敵設奇，勇可摧鋒陷陣。細柳紀律，大樹雄標。

以上諸臣堪備副將之選者也。

古北路遊擊管參將事趙宗德，高標聳壑，雄略犁庭。恤士挾纊分甘，振旅揚威超距。

石塘路遊擊管參將事巢丕振，躍馬弓開邊月，譚兵劍倚胡天。奪標武闈，樹幟將苑。

瀋陽營遊擊郭登選，胸蟠六韜，手貫七札。借箸談孫吳神略，提戈建劉岳奇功。

昌鎮右車營春班遊擊秦仁義，氣概驍雄，精神彪發。振揚貔貅霜肅，撫綏帷幄風恬。

遵化輜重營遊擊錢大經，渾身是膽，滿腹皆兵。沉機虜在目中，勝算功收掌上。

河間營遊擊王詡，膽略沉雄，謀猷凝遠。令肅營中虎隊，風清海上鯨波。

昌鎮左車營遊擊陳鳴鳳，馭伍恩威并著，譚兵奇正互生。兔罝奇英，虎帳妙選。

通津營遊擊鄭紹勳，挺挺英標，桓桓壯略。保障計周戶牖，詰戎威肅郊圻。

牆子路遊擊管參將事王國梁，沉涵胸富龍韜，忠貞心矢馬革。一時名將，萬里長城。

石匣營都司管遊擊事秦震夷，勇能拔幟，智足籌邊。行營掌運八門，譚兵口傾三峽。

大寧掌印都司包良栻，武略奇奇正正，英標赳赳桓桓。分閫功高，秉鉞望重。

中路南兵營都司管遊擊事王之寵，雄貔虎視，壯略龍驤。推赤棘韔投醪，運籌貔犺生色。

昌鎮標下坐營孫承志，才優八陣風雲，惠溥三軍雨露。武闈杰品，將苑名流。

昌鎮右騎營都司管遊擊事劉尚仁，丹衷許國，黃石傳心。訓練壁壘生威，撫愛醪纊見德。

昌鎮右軍營秋班都司管遊擊事楊鎮，壯猷霜鍔橫秋，清操冰壺貯露。長城偉器，大樹雄風。

以上諸臣堪備參將之選者也。

天壽山守備朱國彥，說禮敦詩雅度，處囊脫穎長才。功著陵園，望隆保障。

遵化標下旗鼓守備張繡，操嚴二卯，勇冠三軍。龍旗欲掣邊雲，虎帳直搖山色。

密雲守備徐永壽，丰姿秀爽，謀略深沉；澹泊雅有儒風，威愛堪稱良將。

寬佃峪守備萬繼倫，英標磊落，逸度蹁躚。指揮陣卷風雲，簡閱光生組練。

浮圖峪守備何其愚，遠識長才，雄心偉貌。治旅威伸紫塞，勤捕警絕綠林。

崔黃口守備高所學，機智炯如照乘，才華捷若轉丸。閥閱名流，干城偉望。

冷口關守備周于才，英敏才華，雄豪氣概。譚兵風生四座，守塞烟斷重關。

懷柔城守備萬煥，雅志究心墳典，壯懷肆力疆場。足帥三軍，堪當一面。

青山口提調吳弘學，武闈入彀，智囊超群。揮戈星斗芒寒，說劍風雲色變。

董家口提調李成龍，劍氣凌雲，筆鋒掣電。雅負膚揚〔八〕壯志，行看燕勒奇功。

以上諸臣堪備遊都之選者也。內秦仁義，雖經推升，然尚未離任。陳鳴鳳、秦震夷，今任雖淺，然升自臣屬，例得并薦者也。

又訪得黃花路參將黃應詔，檢柙盡喪其生平，贓迹已至於盈牘。

一、標下內丁五十名，原設防援，今止有親丁二十名，外三十名係有糧無人。每名每月扣銀伍錢，計一年共得銀二百餘兩。崔士貴扣送可證。

一、內丁下戰馬四十三匹，因內丁無人，乃令步軍梁仲銀等餵養，其馬每匹每月該支銀八錢七分，計一年共冒銀肆百餘兩。家人黃進等催收可證。

一、私占各營司軍一百五十名，作爲旗執等名色，每名每月納銀五錢、米一石，共計一年約有六百餘兩。識字董那憲出票催證。

一、增添薪水，巧立幫貼名色，除正數外，仍占軍二十名，每名每月納銀五錢，一月計得銀十兩，一年共得銀一百二十兩。管隊郭文舉交證。

一、需索邊臺七十三座，每臺要銀二錢。管臺軍把總樊九成等八名，每名要銀五錢，千總趙官保共湊銀二十兩。司應元送證。

一、索規例銀兩，標下家丁豐承恩等，每月行糧內共扣除銀十五兩，外李千五錢，趙伴當五錢，作爲常規月禮。尤金可審。

一、索防邊家丁張各林等湊送銀二十兩，隨准輪流班次。黃花鎮家丁未有前禮，至今常川防邊，不准輪班，中軍等官可審。

一、索柴價，鎖拿識字王江等，要銀二十八兩，方准饒打。楊月、沈廷臣等可證。

一、浸漁軍士糧銀，指稱各項使用，每軍扣銀五分。又將各營曠役軍曹臣等扣下糧銀，收在木匣，假稱公用，任意花銷。張祖德經收證。

一、指稱工部廠春秋兩次巡視地方，乘機科斂鋪戶趙尚義等七名，各要五六兩不等，徑行入己。趙五收交證。

一、索過堂禮，八月初十日，秋班軍過堂管隊南召全等十名，共湊銀十五兩。李千可審。

一、炮傷人命，四月初十日，無故差旗牌房松各口擅放火炮，將萬澗口臺軍王受斯炸炮打死，屍親聲言陳告，立病故文案，買免不言。石增可證。

此一臣者，獨當一面，不聞戰守奇功；巧剝三軍，大著貪婪穢迹。馬蘭路遊擊趙燁，視事甫及期年，叢議已盈衆口。

一、初到任，所轄四守提萬繼倫等謁見，各送折儀銀二十兩，中軍、坐營、千總官各十兩，把總官各五兩，共銀一百四十兩。書紀王宗堯收付可證。

一、四十一年十一月，把總張起龍委領本路月糧，舊在薊州包驗，到路給散。本官差家人趙學前去薊州，向張起龍借銀五十兩，就在月糧內扣還。張起龍未允，本官嗔恨，就說張起龍在薊州嫖賭，不由分辯，捆一繩，重責二十棍。張起龍可證。

一、到任日，有買辦旗牌李寧等，逐日買辦并擺酒，所用物件通不發銀。向本營賣錢行戶張三等借用，累數五十餘兩，久不給發。張三著急稟討。本官嗔恨，重責二十棍。至今未完。錢戶張三證。

一、到任受坐營張國振銀三十兩，委查將黃二提下沿邊樓臺、火器，共烽八十三座。任由張國振索詐，致南北臺兵怨聲載道。南兵千總王有大證。

一、中軍王國士，原係武舉。四十一年九月內，應赴京會試。本官緣王國士拖欠搽銀，刁揢不放起行，索銀五十兩，方許起行。長案書記蕭承恩過付可證。

一、家丁二百餘名，騎徵馬四十餘匹，令在府內餵養，責令伍兵納草，每馬一匹每月草料乾銀八錢三分，計一年共銀三百八十餘兩。糧銀到日，盡在委官處扣提。委官張起龍可證。

一、本路原設巡路家丁二十名，晝夜巡緝。自到任後摯回，每月每丁納銀五錢，買求在閑，不著行伍，每月得銀十兩，計一年共得銀一百二十兩。家丁頭孫四等證。

一、本年三月內，將軍關缺提調，本官申請，委坐營官張國振署事，索銀五十兩。書記蕭承恩等證。

一、到任以來，按月向四守提索取公攤銀，每月每提攤銀十兩，各守提俱撥烽臺兵樵采變價交納，計一年共得銀四百八十餘兩，致邊軍屢被夷人拿去。四守提書記司尚文等可證。

一、湯泉浴池，凡遇過往香客到彼沐浴，每會三二錢不等。原係溫泉寺僧人守依收支，修蓋本寺殿宇。本官到任後，將此項錢糧奪去，委人收受。寺僧守依不服，批中軍責二十棍，計一年得銀六十餘兩。旗牌伴當張萬里等可證。

此一臣者，賦性暴戾，全無輕緩之風；立志卑污，致滋貪黷之議。

司馬臺提調劉應官，年力尚屬富強，操持業已大壞。

一、管烽候十八座，將幼小孩童招募八九十名，應當每一座烽候軍人六名，每一幼丁扣銀二錢，共扣銀一百餘兩。馮四等知證。

一、烽候六人之內，認班二名，每一名每月該銀四錢五分，共十八烽，認班軍三十六名，共銀一百五十餘兩。趙朝卿送證。

一、四十一年七月，糧銀每軍該銀四錢五分，止與軍銀一半，其餘提調自收。掌房王登科證。

一、八月布花銀，實在軍各該銀八錢四分，每軍止給銀八錢，扣銀四分。亦王登科證。

一、所管墩、樓、臺一百一十一座，三個千總，一千總分管臺三十四座，每一千總下樓臺軍認班八名，共軍二十四名，糧銀與墩頭。趙朝卿過送可證。

一、要四時節禮并壽日禮，每軍各項門下人役并烽候，每一節要銀一錢。王登科斂送可證。

一、逃走家丁，徑不開報，自行收補。每一丁補上，要銀五錢方准。各本人證。

此一臣者，庸庸在事，無修防固圉之功；逐逐營私，多剝軍自肥之計。所當與黃應詔、趙燁一并革任回衛，以儆官邪者也。

伏乞敕下兵部，再加查訪。如果臣言不謬，將沈弘猷等循資擢用。黃應詔等亟行革斥，庶勸懲之典既明，而疆圉之臣益知奮勵矣。

議薦將材疏

臣孫居相題，爲議薦將材以備擢用事。

卷查："先奉都察院勘札，准兵部咨，該本部題稱，邊方録用乏人，合行各邊督撫，會行各該巡按御史，將所屬衛所營路等官，加意諮訪。如果年力精强、才猷諳練、謀勇兼長、緩急可恃者，酌量奏薦等因題。"奉聖旨："是。各衛所武官材勇堪任的，著督撫等官博訪精核，從公奏薦，與武舉相兼備用，不許冒濫。欽此。"欽遵咨札，前來遵行在卷，該臣訪得：

密雲標下旗牌官、中式武舉鎮撫巢丕昌，名門將種，武闈人龍。控弦九欠無虛，賈勇萬人必往。

保定中衛指揮杜燁，筆底珠璣錯落，胸中甲冑森羅。儒將之風，專城之選。

河間衛指揮孫從高，慷慨任事，清介提躬。譚兵知正知奇，馭衆克威克愛。

永平道中軍、撫寧衛鎮撫李天培，胸藏六韜之秘，射擅百步之奇。令肅柳營，威行榆塞。

昌平道中軍、茂陵衛指揮劉璽，落雕妙手，挽日長戈。傳宣色動旌旗，指顧風生壁壘。

密雲左營千總、密雲中衛鎮撫柳大藩，文能拾芥，武可穿楊。絕技已見超群，壯猷終當秉鉞。

易州道中軍、三科武舉官賀虎臣，令肅傳宣，籌精擘畫。沉機足以制虜，雄略無愧冠軍。

密雲道中軍、密雲中衛指揮宗維城，操修捧持圭璧，號令叱吒風雲。勞著軍中，望隆闃外。

薊州道中軍、鎮朔衛指揮毛鷃翔，美如冠玉，矯若游龍。投醪恩洽三軍，應敵威生八面。

馬水口左哨千總、保定左衛鎮撫牛荷重，昂霄偉度，皎月清操。胸饒豹略龍韜，氣猛鷹揚虎距。

天津道中軍、保定右衛納級鎮撫商喬松，雄才可當八面，介節不染纖塵。武闈奇英，將苑上選。

霸州道中軍、興州中屯衛百戶張奇卿，廉勤任事，慷慨談兵。賈勇可敵萬人，分闔足當一面。

密雲標下提塘官、武功衛鎮撫來佳祥，請纓壯志，脫穎奇才。傳塘能捷羽書，分闔可任鎖鑰。

天津武舉科正、武舉林有實，恂恂緩帶輕裘，斐斐譚兵說劍。雅稱儒將，不負科名。

永平武學科正、三科武舉官李茂先，英姿立玉，絕技揮雲。緩帶雅有儒風，登壇可稱國士。

遵化武學科正、中式武舉鎮撫王應詔，貌雄似虎，氣矯若龍。壯志不愧科名，雅抱尤閑將略。

涿鹿左衛指揮楊永泰，俠氣英英欲飛，赤膽累累若斗。戎行赤幟，世冑白眉。

密雲戶部中軍、永清右衛納級鎮撫茅國英，雅操處囊白璧，雄才出匣青萍，功著轉輸，望隆偏裨。

遵化左營中軍、東勝左衛總旗許國輔，妙技翩翩入彀，壯懷烈烈昂霄。雅稱冠軍，當爲名將。

居庸路中軍、茂陵衛千戶張九功，姿貌不群，才華出衆。可稱衝鋒猛將，堪作絕塞長城。

密雲標下旗牌官、三江所鎮撫高應岳，彈鋏宏謨，標銅壯志。說劍橫吞山嶽，搴旗直掣風雲。

泰陵衛指揮胡學詩，恤士冰檗爲操，譚兵風雲合變。陵園保障，邊塞長城。

永平户部中軍、山海衛指揮周天胤，儀容雄偉，機智深沉。傳宣號令能嚴，承委出納惟允。

天津右衛指揮倪天寵，丰神峻爽，智略深沉。威清海上鯨鯢，惠洽津門貔虎。

興州中屯衛指揮唐斯盛，才猷倜儻，氣概沉雄。譚兵氣掃胡塵，撫士恩沾戎伍。

遵化標下提塘通州衛納級指揮毛尚質，胸饒將略，識諳邊情。郵傳令捷風雲，籌畫機符神鬼。

三屯左營千總、榆林衛百户房寬，驍健雄才，沉深義膽。素嫻營中紀律，更悉塞外情形。

密雲道聽用密雲中衛納級鎮撫楊聲遠，技能穿楊貫蝨，勇可斷蛟剚兕。有數真才，無雙國士。

三屯標下督工千總、潼關衛鎮撫南紹仲，儀容温雅，技藝精閑。恂恂禮樂之英，矯矯熊羆之選。

以上諸臣，皆營衛武職之良，所當薦揚以備擢用。内巢丕昌等十二員，宜於衝邊；來佳祥等十七員，宜於次衝者也。再照納級一途，近年奔趨獨多，臣意在抑競，故所甄録獨少。然其中有勇略出群，才具可用者，未敢概以納級棄之，故拔其尤者四人，與世職、武舉一體薦揚，此亦部議分别之意也。

伏乞敕下兵部，再加查訪。如果臣言不謬，將巢丕昌等分别擢用。庶材官各思向用，而任使亦不患乏人矣。

特薦將材疏

臣孫居相題，爲遵奉明旨特薦將材以備擢用事。

卷查："先奉都察院勘札，准兵部咨，該科臣建議要行，在廷諸臣各將内外武臣，無論尊卑顯晦，從實推薦録用等因，該本部覆題節。"奉聖旨:"將材難得,非曾經戰陣試有成效的,何由識別?只著各該總督撫按官,加意訪求,據實推薦。果有异材,許于例薦外特舉,破格擢用。各衙門會薦且罷。欽此。"咨札前來,欽遵在卷,該臣訪得:

原任廣東東山副總兵劉炳文,報國一腔忠義,臨戎滿腹甲兵。屢騰薦章,應還故物。

原任潮漳協守副總兵潘廷試,養銳隱藏虎豹,譚兵變化風雲。老將壯猷,長城偉望。

原任大同遊擊鄭源,長技堪投雁塞,雄心欲騁龍沙。朱轂可推,丹心未老。

原任石匣營遊擊陳懋功,橫戈意氣飛揚,躍馬精神矍鑠。金城可倚,銅柱可標。

原任保定遊擊郝三聘,身是山西將種,家傳汜上兵書。一劍常磨,三軍可寄。

原任瀋陽營遊擊張永清,筆陣千軍可掃,雄風八面堪當。禦侮長才,衝鋒猛將。

原任中都留守司副留守李希泌,沉雄夙嫻將略,英毅堪奏戰功。志切請纓,行看借箸。

原任備兵營坐營都司丁應元,弱冠登名上國,壯猷未展當年。久遭萋菲,亟宜拔擢。

原任京營坐營金光祖,學富剩有六韜,囊空曾無二卯。允宜推轂,未許懸車。

原任大水峪守備王胤賢,官以病歸,品緣歸重,宜授三軍之寄,佇看一面之勳。

原任威武城守備王琚,伏櫪志欲昂霄,驚餒力期破浪。懲創已久,搜羅宜先。

原任董家口提調石國珍,壯心久鬱,髀肉復生。當年亟欲請纓，此日不忘褁革。

以上諸臣皆廢閑將領之良，所當特薦以備擢用者也。伏乞敕下兵部，再加查議。如果臣言不謬，將劉炳文等遇缺推用。庶諸臣感激思奮，而疆場大有裨益矣。

揭薦京府佐縣正首佐

揭：爲揭薦賢能官員事。

照得按屬文武官員，業經循例疏薦，其順天府佐領及大、宛二縣正官，內有才守俱優、賢能茂著者，例應揭薦。按得：

順天府治中許志文，溫如荊璞，利若吳鈎。清修不愧家聲，敏練真同老吏。

馬政通判葉世俟，丰標嶽峙，器識淵涵。剸裁目無全牛，摘發政去害馬。

軍匠通判韓逢禧，爽朗才猷，精明識見。剔發埋没盡息，清勾尺籍皆盈。

推官施三捷，真誠貫日，峻節凝霜。評才朗鑒高懸，讞獄覆盆畢照。

宛平縣知縣杜冠時，才力驅風掣電，操修傲雪凌霜。六案塵清，四郊露湛。

大興縣知縣周三錫，才精百練，守嚴四知。執法狐鼠潛踪，敷恩鸞鳳振譽。

順天府儒學教授張正學，氣凌霄漢，筆染烟雲。宮牆暫借羽儀，廊廟預期鍾鼎。

訓導楊尚禮，婍修久孚振鐸，長才自裕鳴琴。

順天府經歷楊師皋，雅度本自儒流，長才更堪吏治。

宛平縣縣丞高日章，砥節心忘蘗苦，揮斤才若風生。

大興縣主簿熊僑，端方不阿品格，精勤有用才華。

以上十一員皆京府佐領、縣正、教職之良，所當揭薦以備擢用者也。

揭薦有司揭

揭：爲揭薦賢能有司官員事。

照得職奉命巡按順天，已逾一年，兹當報竣。按屬有司除已舉薦外，所有名實已著而拘於額者，相應揭薦，訪得：

昌鎮管餉同知常夢龍，温文氣度，謹恪操持。榷關惠洽行商，督餉恩流部伍。

楊村管河通判杜汝棟，才猷妥練，識見精詳。孜孜治河如家，凛凛操心若水。

保定府通判趙志行，冲和氣韻，敏練才情。督關弊絶風清，恤士醲醇續暖。

祁州知州趙會禎，慈祥兼之妥練，恬静濟以安詳。士樂春風，民熙化日。

薊州知州戚延齡，冲度金和玉節，練才電掣雲流。德媲羔羊，祥呈鸑鳳。

安肅縣知縣寇光裕，志節端貞，才猷揮霍。撫摩民煦冬日，摘發吏凛秋霜。

玉田縣知縣徐允薦，丰姿美如卞玉，剸裁捷若吳鈎。黎庶傾心，豪猾斂手。

懷柔縣知縣王天運，才猷百鍊精金，朗識一圓明鏡。閭閻春滿，案牘塵清。

順義縣知縣張六行，精勤任事，謹凛飭身。法行六掾霜嚴，惠普四民春藹。

鹽山縣知縣劉子誠，晶瑩朗識，敏練長才。招徠野静鴻歸，清肅庭空鶴舞。

阜城縣知縣曹懋時，清嚴操履，明練才猷。撫民惻怛滿腔，行政劃裁應手。

以上十一員皆一時有司之良，應列薦剡，特爲薦額所拘，所當揭薦以備擢用者也。

順天差滿條陳疏

臣孫居相題，爲敬陳一得，以備聖明採擇事。

臣奉命巡按順天，凡一年零十個月，其於地方利弊，隨其轍迹所到，令地方有司各陳所見以備採擇。除可徑行者，臣悉見施行，不敢概瀆聖聽外。其間有可行於一時而仍可行之永久、可行於一隅而更可通之天下者，非藉明旨申飭不可。臣謹據一得，條爲四款，并附原議之人於後，以見不没人善之意。伏乞聖明采擇施行，臣謹屏息候命之至，謹題請旨。計開：

一、進表注考宜慎。照得各省直進表官送部考語，吏部據之以行黜陟，所關非細故也。顧各省用藩臬大吏，其注考猶必取憑於本道、本府，商確於藩長、憲長，禀承于巡撫、巡按，經幾許衙門，經幾番商確而始定，所以不至大謬。獨直隸進表考語，在順天府所屬，則徑注於各州，在永平、保河、真順、廣大所屬，則徑注于本府。任一人之意見，輕爲低昂，所以官評每至失真，以致吏部處分未當。如先年無極縣知縣張士濂，近年撫寧縣知縣曹司禮，青縣知縣孫允第，保定縣知縣田龍，皆以賢令劣轉王官，禁其終身，較之論察降調者，吃虧更甚，公論至今惜之。然則進表考語安可忽焉已也？合無自今以後，每年進表考語，各道先一月取之於府，如薊、密、昌、霸不便行府者，亦必取之於分管府廳以及本州，然後酌以已見，注定的確考語，各呈送兩院，會送吏部。庶各官之考語得實，而吏部之優升劣處皆得其當矣。此臣一得之見，已經檄行四府，似宜通行兩直各府者也。伏乞聖裁。

一、佐領重刑宜禁。照得夾棍，重刑也，小則可以致人於病，大則可以致人於死，所關天地之和，非細故也。牧民正官，率由正途。尚有學道一脉，其振乳虎之威，而逞蒼鷹之擊者，或不數數。惟是州縣佐貳、首領等官，起自名法者多，且衙役易於撥置，或狠不曉事，或猛以濟貪，往往輕視。夾棍，雖有從堂請下之一法，然一請到手，便恣睢任意。于是無辜赤子，有被夾而落脚者，有被夾而殘疾者，有被夾而即死者。五刑惟此最爲慘毒，若之何而可輕用也？合無行令刑部覆確，遍行天下州縣佐貳、首領官，不得擅用此刑。如遇重大事情，如盜賊、人命等事，須用刑嚴審者，即時呈堂聽理。其夾棍重刑，不但懸而勿用，亦且禁勿使設。如掌印官有坐視佐領擅用者，以罷軟注考，庶毒痛或有瘳乎？此保定府推官夏嘉遇建議。臣已行之四府，似可通行天下者也。伏乞聖裁。

一、罪人生脉宜衍。照得殺人抵命，固國家繩奸之法；而恤孤繼絶，實帝王法外之仁。臣遍歷四府，審錄罪囚，見有强劫殺人、放火殺人，與夫謀殺、故殺，雖覆宗絶嗣，亦何可恤？獨其中有少不更事，逞血氣、發酒狂，一擊傷人，後悔無及者，且上有垂老之親，下有少年之媳，孑然孤身，于嗣未育，彼其罪固當死。而其祖宗以來之脉，竟斬焉不續，此亦仁人君子所甚隱也。況其妻往往因無子嗣，改適他人，喪節傷風，莫此爲甚。合無行令刑部覆確，通行天下郡邑，各於監內隙地量構小房一二間，除强劫重情凌遲重犯，與夫謀殺故殺外，其鬥毆殺人，三犯竊盜之類，審其有妻無子又無兄弟者，聽其妻月一次供送牢食，得與其夫在小房內相聚片時。各該印捕官責令刑吏、禁子，謹其扃鐍，嚴其隄防，仍禁其挾詐勒索。第不許過夜，亦不許有子有兄弟者冒入。庶仁行於法之中，不但可以延人之宗祀，亦可以保人之名節。此遵化縣知縣何顯宗建議，臣以行之四府，似可通行天下者也。伏乞聖裁。

一、馬戶偏累宜議。照得囷寺之馬所以備軍實、壯國威，不可缺也。顧種馬地方每苦俵解使費之多端，養馬地方又苦倒失賠償之不易。近日，臣等目擊民艱，檄行種馬地方各該掌印官，自用官銀招買合式大馬，就令馬科吏及快壯等役起解，坐僉、駒頭盡革不用，上戶頗得息肩，此無容再議。惟是近京地方寄養馬戶，計地編僉。如某州縣原額該養馬若干匹，總計地若干畝該養馬一匹，各有定數。近聞囷庫空虛，間有改折，而養馬額數未減也，故馬常不足而馬戶常有餘，其見領者苦累不堪，未發者虛懸無用。如遵化縣寄養戶九百四十匹，而每歲所發實不滿九百之數，則其他州縣見養空戶大率類此。與其寄空名而實未領馬，孰若減其馬而并去其名？合無行令兵部覆議，查近年曾否改折，果否若干，總計寄養地方，每地若干畝該養馬一匹，仍察其土脉肥瘠，差役煩簡，酌量損益，立爲定數。縱使馬數歲有增減，而馬戶撥地亦歲因之多寡，實不必另審一番，以滋煩擾。如此則編一名，國家即得一名之用，不至無馬而占地；減一匹，則百姓即受一匹之惠，且得那地以養馬，豈不馬政、民生兩有裨焉？近日，太僕寺有"馬政漸隳，民困已極"之疏，意亦如此。此近京百姓第一苦累之差，亦今日國家所宜亟講之政。未可以爲牧事之小而忽之也。伏乞聖裁。

劾銓宰背旨擅權疏

臣孫居相題，爲銓宰背旨擅權，芟除異己，懇乞聖明諭令，捐私心布公道，以佐平明之理事。

臣惟國家以察奸發弊之權特寄之臺省，而不以進退臺省之權專委之吏部者，凡以吏部權勢所歸，奸弊易叢，必吏部不專其黜陟，而後臺省得申其議論。祖宗立法其意良深，行之二百餘年未有改也。遠者不具論，萬曆三十六年，奉聖旨："年例係祖宗舊制，所宜遵行。以後院科官，著從公擬議協贊，其斟酌主持，自是你部職掌，不得侵越。欽此。"即去年，銓宰趙煥故違明旨，擅處直臣。臣等援引前旨，累數糾駁。即煥亦無以自解，不過曲爲之説曰："院科擬議信有前旨，然有掌院則可擬議。今既無人，與誰擬議？"後奉聖旨："年例主持係卿部職掌，原旨已明，卿但遵行，河南道豈得侵越？"

夫明旨止以主持歸吏部，分明以擬議歸院科也。第言河南道不得侵越，未嘗言都察院不得干預也。前後明旨，昭如日星，寧非該部所當遵行者乎？乃今歲年例推科臣一人，臺臣二人。其推科臣也，臣不知曾否與聞於該科；而推臺臣也，實未與聞於署院。在趙煥，昔年雖云專擅，然猶藉口無掌院也。今署院有張問達在，可謂無人乎？乃新宰鄭繼之竟不與聞，將置署院於何地乎？其處之當與不當，姑不暇論。第即此背旨專擅，目中不但無院科，亦不知有皇上矣。

夫吏部不知有皇上，故天下止知有吏部。試觀近日考選一事，以奉旨候選科道之人，忌其抗直不回，輒將五人改置部曹，署院不得關其説，臺省不敢糾其非，則是考察非考選矣。在該部固曰："五人單中有議。"然送單不外臺省。臣查臺省見在者凡三十人，五人即有异議，計不過數單耳，其餘訪單加圈許可者當亦不少也。均之爲臺省，均之爲訪單，何於彼則奉若蓍蔡，於此則置若弁髦也？於彼則入疏上聞，於此則隱匿不言也？此其有意無意，爲公爲私？恐不可以欺天下，而欲以欺皇上乎？

夫臺省七品官耳，皇上寄之以言責，雖有大奸雄、大權幸皆得直言無隱，非吏部所得擅自去留者。有如見任之臺省，有不當吏部意者，則處以年例；候考之臺省，有不當吏部意者，則處以閑曹。雖有旨擬議而竟不擬議，有旨考選而竟爾別用。臣恐吏部之權重於皇上，臺省之勢同於庶僚。從此爲臺省者將降心抑志，以聽吏部約束。倘吏部有納賄鬻官、招權植黨，誰復爲皇上言者？壞祖宗相制互持之法，啓權臣凌逼專擅之端，阻言官忠直敢言之氣，老成謀國當不其然。臣願皇上熟思之也，亦願冢宰熟思之也。

臣明知往者不可諫，竊意來者猶可追。懇乞聖明洞觀理亂之原，預杜專擅之漸。明諭新宰鄭繼之，捐私心布公道，勿主先入之見而獨任成蔽，勿惑告密之言而偏聽生奸，庶不負皇上簡用之意，不孤海內仰望之心，天下或可幾而理乎！其不然者，臣不知其所終矣。臣求去之人，甚無樂於有言。第事關臺綱，歷旬餘未有言者。臣忠憤所激，不能隱默，苟可爲國家存此一綫，即言出禍隨所甘心矣。伏惟聖明鑒察，臣不勝披衷瀝血懇款候命之至。

論臺臣趨媚銓部疏

臣孫居相題，爲臺臣自捐職守，趨媚銓部，大壞臺綱，貽羞言職，懇祈聖斷亟賜處分，以稍存西臺風紀事。

臣考國家凡遇考選考察，吏部必發訪單於科道。科，則吏科受之以分發六科；道，則河南道受之以分發十三道。仍各約日會收於公署，然後匯送於部司。其不由吏科河南道送者，謂之私單。私單，萬曆十五年明旨之所禁也。即吏部司官間，有另送單於科道者，然不過擇相知者送之耳。在部司有送有不送，即受者亦有繳有不繳，此諮訪之常，未聞遂以爲例也。

臣南臺六年，掌河南道幾三年，遇京察一次，外察二次，及補北臺協理外察一次，皆是如此。即昔年亦有人欲開單送部者，其中老成人云：吾輩非銓部之官，私送非禮，遂止。並不聞科道有徑送銓部之單，亦不聞有開送事款之例。今吏部背違明旨，徇私滅公。臣等據例糾駁，在該部理屈，無能置辯，而御史唐世濟輒代爲之辯，則亦任彼自爲之已耳。乃欲以科道之職掌爲質於銓部，何爲也哉？據其言曰：“銓司送單於臺省，臺省各送於銓部。夫既有類送之單，又有各送之單，不幾重複乎？”此不知起自何時？出何典故？誰誤世濟而創爲此説也？然此亦特自往例言之耳。

若今次考選，實與往年异。蓋往年未經甄別，於大衆中考選，故有授部之事。乃今歲于奉旨堪備臺省人數中考選，不過分臺、分省、分北與南耳。即吏部發單，亦止云：考選各官諮詢已定，但原單不存臺省，南北之間須用分別，正此意也。及送單突列五臣事款，此豈一時所爲者？

蓋世濟輩平日妄加揣摩，懼五臣鯁直，捏造單款而謀害之。故借送單而行私揭以誤銓司，銓司又以誤銓宰。比及考選害人之計已行，議論沸騰，恐銓部歸怨於己，則又出疏代爲之辯。吁！若世濟者亦心勞而日拙矣。據其藉口臺省公單，非不可以惑人。獨不思所謂公單者，必其無一人不知而後可，必其無一人不列名而後可，必其無一人有异議而後可。今世濟輩數人送單而衆臺省不知也，世濟輩數人列名而衆臺省不與也，世濟輩數人私議雖同而衆臺省加圈許可者尚多也，且送河南道止四單而吏部突有五單也，凡此果可謂之公單否乎？不可謂之公單，果可謂之公論否乎？既云可以告吏部，奚爲獨不可以告同列乎？既云可以告君父，奚爲不明白露章，如昔年科臣王若霖故事，而乃私揭害人乎？既云嘉與之多者爲公，而五臣與者多單，正公論所歸也，何吏部不并采入疏，而信私揭爲公單乎？但信私揭而滅公單，又獨不可以白簡隨其後乎？以絕美之盛事，無端而生極惡之殺機，五臣未嘗閔閔皇皇，正見其品，世濟輩何爲閔閔皇皇而欲去之乎？南臺省皆屬言官，采其本無議而被誣者以處之，正委曲祗奉明旨，誰謂五臣果有議？又誰謂有議者當置之南乎？如此强辯飾非，又且代吏部解銷，豈知吏部爲世濟輩所誤，信讒抑正，業已盡喪其生平。想天下自有公論，恐非世濟一人之口所能抹殺也。臣欲銓宰勿惑告密之言，正爲忠告世濟，若無告密事，必當自信，奚爲忿懟橫激，若恨臣發其隱者乎？未於私揭可以觀心術，於代辯可以觀人品，世濟心術、人品，業自一盤托出示人矣，西臺風紀不掃地乎？乃猶侈口號於人曰："吾爲衙門守此法度也。"其誰信哉？

夫世濟以臺臣滅臺綱，公然阿附吏部而不羞者，凡以邇來臺諫章疏，多至留中，漫無處分，故肆無忌憚若此耳。今年例、考選二事，實邪正進退所關。懇乞皇上穆然深思，毅然獨斷。查年例、考選果否奉有明旨？吏部擅推年例，徇私考選，是否背違明旨？世濟等捏揭害人是何心腸？言官阿附吏部是何人品？分別邪正，亟賜處分，庶聖斷既行而奸邪知警矣。臣明知世濟黨與之衆，出揭者必將皆出疏，然出疏者必其出揭者也。智術可以籠絡吏部，恐不可以瞞昧天下之人心；勢力可以把持一時，恐不可以磨滅萬世之公論。臣亦俟之而已，更何言哉？

劾臺臣捏單害人疏

臣孫居相題，爲臺臣捏單害人，被發橫噬，良心盡喪，公論不容，懇乞聖明亟下廷議，以破奸謀，以明公道事。

臣惟人臣之立朝也，所不容昧者是非之良心，所不可無者廉恥之大節。倘昧其良心，捐其大節，結黨害正，潑口噬人，如江西道監察御史唐世濟者，可一日容於堯舜之世乎？

頃者，吏部年例、考選二事，背違明旨，臣據旨駁參，所尊在君命，所爭在臺綱，説者頗以臣言爲是矣。乃唐世濟上挾權要以爲重，下恃同黨以爲援，突出駁臣，意在媚吏部而飾己非。及臣發其隱微，遂不勝忿忿之恨，撒潑橫噬，幾無人理。彼其猥瑣訹詈之譚，如市兒里婦角口反脣，姑置不論。獨其所以結黨報復之由，挫單害人之實，則有可得而言者。

蓋世濟，沈一貫之門人，韓敬之鄉人也。一貫受賄殺楚宗之罪雖著，至今未正典刑；韓敬行賄買科場之罪雖著，至今未盡戍法。故世濟與其同鄉、同年，召集勳棍劉世學等，日夜攢謀造單，以芟除正人爲事。如昔年論沈論韓者，前後摧殘已盡，見在止有臣一人。前歲徐必達與臣爲難，去歲彭宗孟與臣爲難，今歲唐世濟輩又與臣爲難，皆沈、韓之鄉人、門人也。

皇上試思如此尋釁，有一之不爲沈、韓報仇者乎？又如與臣同論韓敬者，孫振基以發場弊而處，王時熙以糾場弊而處，張篤敬以證場弊而處；其在禮部，則翁正春、孫慎行皆以復議場弊而逐。作奸者安然無恙，發奸者駢首遭殃。皇上試觀如此殺機，有一之不爲湯、韓報仇者乎？然不但已也，去年題准堪備科道諸臣，內有張光房者，京秩家居，爲故户部侍郎張養蒙之子，曾與一貫爲敵，則因其父而疑其子。曠鳴鸞者，江南循吏，爲湯賓尹私書連及之人，明爲韓敬所忌，則因其地而棄其人。至濮中玉、趙昌運、張廷拱等，皆無可指摘，妄生揣摩，害五臣以立威於衆，籍黨與而陰行其私。

總之皆爲一貫、韓敬張機布阱，總之皆世濟輩造謀操戈。不然，何以送私單者非它人，皆世濟之同鄉、同年，及韓敬之親戚李徵儀也？又不然何以發訪單之日，世濟尚未得旨補官，而遽爾越俎投單，則是管道事者不必到道，亦不必奉旨，有是理乎？又不然何以收單之日，李徵儀捧拜匣到署，高聲招搖於衆曰：「文選司王爺單在此收。」則是御史爲文選委任之官，有是體乎？言言皆露本色，事事皆係安排。皇上試觀如此舉動，公乎？私乎？有心乎？無心乎？夫考選科道，爲國家登明選公之典，而奸人反借爲妒賢害正之資，空國之禍將成，讒説之行可畏，是安可置而不問乎？若世濟獻媚吏部，匪特有章疏而後見也。方八月初旬，銓宰蒞任時，世濟尚候命未補，不衣錦繡，例也而世濟獨衣繡往賀之，説者謂與昔年陳瑞媚江陵之態略同。然則世濟所謂懷刺叩頭，乞憐無骨者，將屬之忤吏部者乎？抑屬之媚吏部者乎？在至尊前輒敢昧心出此惡詈語，真小人而無忌憚者也。

至其以受賄誣臣，亦係揑單故智。蓋良鄉縣爲畿南極衝極疲之邑，人不樂就，誰肯營求？今春舊縣官物故，臣與督臣薛三才初議，調河間牛知縣，爲天津道請留而止。繼議調博野吴知縣，爲良鄉非甲科之缺而止。臣當日與督撫諸臣往復商確，即原任吏科都給事中翁憲祥亦備知之。時有原任陝西寧遠縣知縣楊瀚起復候補，臣夙知其賢，適今學臣徐養量曾按甘肅，亦向臣亟贊其賢，若謂良鄉非本官不可者。臣因商之督撫，移印信手本於吏部，求討本官。臣與督撫、督學諸臣何心？總之，爲地方擇賢意也。厥後吏部備述臣手本入疏，請旨補用。想部科自有抄案，可覆按而知也。世濟乃謂臣受賄營求，銓司未具題請旨，矇矓聽信。此事可以誣臣，則何事不可誣乎？世濟果更欲列別款以相殘，當開胸以納刃不懼也。夫世濟輩揑單以害五人，今又造言以害臣，且害一賢令，若丕查勘，則忠良蒙不白之冤，僉壬遂排陷之計，所關世道人心，非細故矣。

伏乞敕下九卿、科道，從公勘議，要見五人之單，果否出世濟之黨？其揑造私單，是否結黨害人？李徵儀非掌河南道，何以代選司收單？唐世濟未奉旨補官，何以即越俎投單，候命而穿錦繡，是否有心媚人？并行舊副院許弘綱查，昔年題臣漕差，有無營求；再行吏部及吏科查，今春補用楊瀚曾否請旨？庶諸臣之冤誣可明，而臣與世濟之曲直自見，惟皇上生死之。至臣七疏告疾，兩次呈堂，緣署院臣張問達亦方在告，未即代題，特望皇上察臣真疾，憐臣孤踪，徑允放回，俾脫苦海，則自今以往之年，皆皇上生全之德。臣即跧伏終身，當率兄弟、妻孥共祝聖壽於無疆矣。

臣疏寫完將發，復見御史劉光復再疏相駁，總論光復二疏旨歸，原與臣同，即其間反覆辯駁，不過人情求勝之常。上有聖明照鑒，下有朝野公評，夫亦聽之而已，又何言？臣謹屏息候命之至。

催講學婚禮疏

臣孫居相題，爲陽氣初復，聖政宜新，懇乞聖明急修家政，以廣慈孝，以邕輿情事。

臣惟天子以天下爲家，聖人以錫類爲孝。然欲平天下，未有不先於齊家者；欲齊其家，未有不先於廣孝者。曩者聖母升遐，拳拳以皇太子、皇孫講學及諸王婚禮爲言，蓋真有見於齊家，急務在是，治平要務在是，不可一日緩也。嗣後，大小諸臣相繼催請，幾於禿穎敝舌而竟未蒙俞允。中外惶惑，莫得其解。臣竊謂皇上孝事聖母，慈愛皇太子、皇孫以及諸王，豈聖母詔之而皇上顧忘之？諸臣急之而皇上顧緩之？或者役神於天下之遠而偶遺其近，凝精於黷貨之末而偶遺其本耳？則何不反而自其切近者圖之也？切近維何？其莫先於齊家乎？齊家維何？其莫急於婚講乎？臣嘗見人情莫不欲其子之爲聖賢，然聖賢工夫必始於學問，故古帝王曰"學古有獲"，曰"學有緝熙於光明"，未有舍學以成其德者。

今皇太子、皇孫睿質雖美，而古今得失之林，治亂興衰之故，非藉講讀，何由旁通？況前此虛曠已誤，豈可再誤？則預戒吉期以修久曠之學者，惟此爲最重也。人情莫不欲其子之有室家，而室家偕樂必始於婚姻，故祖宗定制，宗藩十五歲請婚，過期者有罰，從來諸王未有逾二旬始婚者。今瑞王睿齡二十有四，淑女選入亦逾數年，桃夭之期屢邁，伉儷之願未偕，既違祖制，亦非人情。即目下成婚已遲，豈可再遲？則亟定吉期以舉久曠之禮者，惟此為最急也。

然講學匪獨皇太子、皇孫當務，即諸王亦然。蓋古者八歲而入小學，十五而入大學，無貴賤一也。今瑞王、惠王、桂王各逾大學之期，未聞講官之設，即能穎悟自得，終恐麗澤無資。臣姑無暇遠引，即如福王，雖嘗學問，功稍未純。以故之國以來，亂政亟行，令名頓損，此務學不力之驗也。然則諸王講學若之何而可緩耶？

婚禮亦匪獨瑞王當急，即諸王亦然。蓋男子生而願為之有室，女子生而願為之有家，此父母之心也。今惠王、桂王各逾選婚之期，未聞選婚之舉。無論非父母之心，亦恐非昌後之道。臣亦無暇遠引，即如福王，婚姻以時，禎祥協應，以故出府以來，誕育多男，屏藩攸賴，此匹配及時之效也。然則諸王婚禮若之何而可緩耶？

凡此皆皇上家事，亦皆聖母未及目睹之事。即今舉行，猶可慰聖母在天之靈，成其孝并成其慈，臣等有同願也。失今不舉，將仰負聖母臨終之詔，妨其慈并妨其孝，臣等有同憂也。故臣隨諸臣後轍，效其款款之愚若此。

懇乞聖明乘茲一陽之復，獨觀萬化之原，急修家政，亟賜施行。臣不勝拳切懇禱候命之至。

請完葬祭疏

臣孫居相題，為歲事將暮，祓除宜新，仰懇聖慈亟完喪禮，以迓休祉事。

臣惟國家所最喜者吉祥善慶，所最忌者喪葬憂虞。故遇慶典則舉之惟恐其不速也，遇喪事則除之惟恐其不蚤也。況聖母大事久襄，天道歲時漸徂，辟凶趨吉，人情皆然，除舊迎新，正惟今日。乃國家喪祭之禮，尚有久闕而未舉者，臣竊惑之。

臣聞溫肅端靜純懿皇妃王氏殿工久竣，神位未遷。方今風雪淒其，皇太子之心必不安，皇上之心安乎？似宜推念聖母之心，以體皇太子之心，而諏吉安神，遣官致祭，不容一日緩也。又如皇太子之妃郭氏，捐帷已久，瘞玉無期。年來靈梓暴露，皇太子、皇孫之心必不樂，皇上之心樂乎？似宜推愛皇太子之心，以成皇孫之孝，而諏吉興工，克期襄事，不可一日待也。此二事皆國家年來未完典禮，亦今日歲暮所宜急完時務。況神位蚤安一日，則省一日之靡費；葬事蚤竣一日，則迎一日之吉祥。事匪難辨〔九〕，禮有固然，特在皇上一舉筆間耳。

伏乞敕下禮、工二部，乘茲萬彙更新之期，蚤完二年未舉之禮，袚除一新，百祥駢集。庶皇太子、皇孫之心安，而皇上之心亦安，即天下臣民之心舉安矣。臣不勝懇切祈禱願望之至。

校勘記

〔一〕"蠲蠲"，據前後文及文意當作"議蠲"。

〔二〕此文又見明吳亮《萬曆疏鈔》卷三十四《制科類》，題作《場弊會議已明營勘意在求脫疏》。

〔三〕"職"，據文意當作"識"。

〔四〕"因烈"，據文意當作"固烈"。

〔五〕"拮握"，據文意當作"拮据"。

〔六〕"總溫"，據文意當作"媳溫"。

〔七〕"節氏"，據前後文及文意當作"節婦"。

〔八〕"膺揚"，據文意當作"鷹揚"。

〔九〕"辨"，據文意當作"辦"。

兩臺疏草卷七

明奸人捏造邸報揭

爲奸人捵造[一]邸報，用意叵測，謹明科場、察典不相干之故，及京報、省報不相符之由，以白心迹，以杜陰謀事。

上歲六月，職因鄉試伊邇，懼踵宿弊，故條陳，疏内一款"欲禁隔房取卷"。其疏雖有十八人之説，然并不知十八人爲誰何氏也。及九月行次通州，因鄒之麟隔房取中童學顔，文理紕繆，物議沸騰，故特疏論劾。因而追論湯賓尹、韓敬庚戌故事。蓋感時觸事而有憾於作俑之人，要亦因事論事而止耳，即并十八人之説無之也。及十一月，職奉委協理大計，與掌河南道余少源收單，公同檢閲，覿面編號。内有原任太原府推官唐公靖單八扣，計十五張，不知何人所投。然考察自考察，科場自科場，其事原不相干也。

今年四月内，職家寄到家報道：敝省各州縣邸報内黏一浮帖云：推官唐公靖調簡，因前日參湯賓尹本内，有唐推官十七人，俱係他門生。恐唐推官日後行取兩衙門復仇之慮，今御史孫居相等四五位論一揭帖送吏部，説"唐推官三關等處查盤，各營堡武官處要銀千兩"，還有許多話講"這個官該降"等語，有"布政郭爺力講，此官能幹清正，事屬誣枉"等語，有"吏部趙爺説，既如此，將本官調罷了"。故唐推官二月十五日因察回籍，道經澤州，不會別客，止與宗室會飲。因知該宗因去冬越關事發，中城拿獲，怨職不爲救解，遂托之查訪寒家事，發牌二十一日起馬，繼而差役露言，風聲大著。不便久居，遂于十八日南發。

夫寒家世業耕讀，幸無過舉。彼即有所造捵，天下豈無公論？此無論有無，可不辯者。至于邸報所云，即職亦不敢遽信。

今特差人往家鄉查獲抄報，果有此浮帖。夫邸報所以示信，考察所以黜幽，關係最重。使職果有私揭，則必難瞞共事之人。今掌河南道余少源、吏科翁完虛、考功李玄白，皆在京也。試問三兄，職果曾有私揭否乎？再問余少源，職與公署相對四十餘日，果有一言詆及唐推官否乎？再問吏科功司，職與朝房會議三次，果有一言指及唐推官否乎？

職非畏人，亦非避事。緣職家去太原七百餘里，上年攢運江南去太原三千餘里。唐之官評，職實不知，故不敢妄言耳。今無端突有此報，則其故可思已。蓋敝省院道之報發于京，而各州縣之報抄于省。必京中有此報，然後省城有此抄；亦必省城有此抄，然後州縣有此報。今職呼寓京山西塘報官吳重陽問之，謂京中并無此報也。又向舊公祖來自省城者問之，謂途中曾見晉報，亦并未有此說也。

夫京中無此報，而晉報又無此說，獨到省城及傳播各州縣則有之，其爲揑造何疑？然其倪造〔二〕也，或爲途中竊入，或爲到省添出，皆不可知，似不必辯。獨念私揭害人，非君子之道。況唐係鄰邦，公祖又係南中故人，即使職果以科場之故，不能忘情，則何以置十七人不言，而獨汲汲求公祖故人而揭之？果人情乎？竊恐今日此報傳于晉省，倘仕于晉者，不知報之所從來，遂謂職果有此事；他日此言播于海內，倘海內人士不知言之所由起，遂謂京果有此報，則職雖有口，安能人喻而戶說之乎？此職人品心術所係，故不得不一言，以白心迹，以杜陰謀。知我罪我聽之而已。爲此具揭，須至揭者。

又揭辨〔三〕周姚商三掌科

職前發疏闕周毓陽掌科，以爲發揮既明，毓陽當咋舌退矣，不謂又曉曉置辯，職欲不言則成例不明，請再言之。

查得《大明會典》一款，隆慶六年議准，都左右給事中得遷太常、太僕少卿、尚寶卿等官；年深大差御史得升太僕少卿、大理寺丞、光祿寺少卿等官；南京給事中、御史，若資俸相等，亦得視在京升轉。

今毓陽明知有例，卻又變其説曰："職疏就南臺補北者言之，與南臺升南京堂者何與？與南省又何與？"夫臺省一體，南北一體，豈南臺省可升京堂，而由南補北名爲優處者，反不得升京堂乎？況有徐錦、胡用賓、朱鴻謨已升之例在，職即建言未被廷杖，不宜內轉，或亦不可因人誣例也。職不羨京堂，止因毓陽屢言相逼，不得不申明耳。

至于科轉成例，據毓陽言，三十二年六月初十日，項東鰲推太常少卿，彼時有禮科都給事中張誠宇，俸在東鰲前，先於三十年八月二十三日，已推太常少卿，則相去幾二年。誠宇三十年應內人數，不應扯作三十二年人數，明矣。今毓陽欲以誠宇作三十二年一俸，東鰲作二俸，樂庵作三俸，皆升京堂，毋乃一連三京堂乎？所謂一內一外者何在乎？毓陽謂："樂庵應陪一俸，不宜陪二俸。"職則謂樂庵應陪當年，不宜陪隔年。要之陪推所係者小，首推所係者大，則陪推可置勿論。第不拘先正後閏，先閏後正，則一俸二俸自當內推，三俸自當外推。今完虛內矣，文所內矣，毓陽非外而何？如謂毓陽不宜外，則必文所亦不內，而後可奪人利己，毓陽之心安乎？職聞毓陽二年告病，每以其應外實情告其同年、同鄉，蓋已有心爲規避計也。及趙吉老轉太宰，而毓陽病，遂霍然謀之數年，壞之一旦，宜毓陽之不能忘情也。然此無與職事，何相扼之急耶？

至姚益成掌科爲毓陽代辯，亦大苦心。若夫職無毓陽之勢力，又不屑爲毓陽之干求，安能使同臺之人衆口一詞哉？則益成爲職計過矣，敬謝不敏。

揭成，將發抄，從邸報讀商等軒掌科疏，有"買科名，則武進令之入簾，可換"語，是即毓陽南場流言之説也，亦即鄒之麟批湯書造捏之詞也，想等軒或未知南場事規耳。蓋他省入簾官，皆監臨取用，獨南場則操江會同學院取用，監臨絶不與聞。丙午，操江爲丁敬宇老先生，下江按院，帶學院爲楊漪園道長。若果有更換簾官事，則必二公換之，即換非二公，亦必二公知之。二公皆浙産，當不欺等軒。請一問而可知也。爲此具揭，須至揭帖者。

又揭辯周掌科

職頃閲邸報，見周毓陽掌科"辯賀郎中"之揭，有云"第問賀郎中臨場袖中之書，倪知縣何以拒而不納？何以已定入場而復更易？何以已轉南刑曹而復察處？江北士子何以譁然不平？黄直指何以露章？孫道長何以上疏自明？去歲臺省商等軒、董景越有'曰賀曰李'之言。孫道長何以慌上《條陳科場》之疏，處處回護，時時掩蓋"云云。蓋指職也，職又不得不言矣。除倪知縣果否"已定入場而復更易"，當問操江及帶管學院；其"已轉南刑曹而復察處"，當問吏部吏科河南道。

總之，考察根於科場，科場弊在更換，其更換之有無既明，則袖書之虛實自見。且所袖之書既拒而弗納，書中之事何從而即知？明係造捏，皆不必辯。獨職當日《辯黄直指疏》，草刻於《留臺奏議》，今録出發抄，是疏果否爲賀郎中而發？一閲可知。及查職投本批回及抄傳邸報，職《條陳科場疏》於六月十八日發行，七月初四日投通政司，即日發抄，而商等軒、董景越"曰賀曰李"之説，則發於閏十一月二十七日也，相去幾半年。今乃詰職曰"去歲商等軒等有'曰賀曰李'之言，何以慌上《條陳科場》之疏？"是若謂職《條陳科場》反在科場之後，不亦夢中說夢也哉？夫日月可以更換，則何情不可更？科場可以誣人，則何事不可誣？求職罪于起補不得，則轉而求之監試；索賀弊于會場不得，則歸而索之鄉場；于人則硬坐以所無，於已則強推其所有，若毓陽存心，亦大不恕矣哉？

揭成，將發抄，見毓陽又有一揭辯職，其言之公私，總聽公論。但每一揭出，輒揹一人，如董昆星、周文所、張翼真皆浸浸及之。其意又欲激六科與職爲難，其拖累猶不多乎？職從此不屑與之辯矣。所有職在南臺遏流言疏，謹附臺覽。

又揭辯周掌科

職於周毓陽掌科屢不肖與辯，無奈掌科之不休也，謹再一言質之。

職去冬協理河南道，夫"協理"云者，原無專主之責，故於官評不知者則不言，議論大同者則不言，惟知之最真而議論互异者，間出一言相質，此定體也。

昔唐推官之賢否？職實不知，亦安得強以爲知？倪知縣之有議，職止知其在武進者，實不知其在南靖者。方會單時，三衙門因南靖單同議處，職安得強以爲不宜處？今三衙門各出揭相證，則非職一人私意可知，何毓陽必欲硬相坐也？

至南場一事，其說起于鄒之麟，職疏揭屢言之詳矣。若因嫉一監試官，必欲誣本科舉人，則彼一百三十五人，誰不可坐以關節？若因仇一提學子孫，必欲連及乃祖所校士，則晉省巨萬諸生，孰不可坐以扶同？吁！亦刻矣。

憶昔丙午南場拆卷時，拆出賀郎中名。丹陽知縣韓春宇因賀係治民，堅持不欲填榜。時常州府推官韓簪嶺稱，本生歲試觀風屢冠多士，又內簾各官亦有知其名者，故主考及職等監試官，皆以爲既係名士，糊名易書，何從知其爲治民？且如此類中式者歷來頗多，不必避也，于是始填榜。想此段情節，當日内簾諸公猶有能記憶者，天日在上，何可誣也？假使放榜後，賀生果有物議黃雲蛟爲職參駁，豈肯隱忍不言？必待毓陽今日始代爲之言耶？即湯霍林初造私書時，豈肯不指出職名？必待鄒之麟爲之注脚，始指出耶？

職去年四月内，“敬述理漕情形疏”内插入“南場”一語，若謂職本無民運加賦事，徐光禄以爲有之。正猶昔年南場本無弊，而黃雲蛟以爲有弊云耳，有何隱情可窺？至七月間，摘陳科場弊端，據所見聞成疏，此亦言官常事。其疏見在，内并無“更換考官”等語，安得謂“惟恐人以此弊議己，故預先言之也”？想毓陽每有條陳，皆係掩飾己事，不幾以小人之腹相度乎？且前疏中謂庚戌會試，隔房取者凡十八人，蓋彼時韓敬尚未被處，故帶韓敬而言。今號簿查出十七人，再加韓敬一人，非十八人而何？言官許風聞言事，即有失真，不聞詰責。職所言真確若此，毓陽猶爾齮齕，又何怪其造不根之言以誣人乎？

至賀郎中會場事，則有主考蕭玄圃、王袞白及本房胡泰六在，請毓陽向彼問之。職非庚戌監試，勿勞相質也。謹揭。

揭辯吳掌科

職於吳浮玉掌科疏已有疏折之，顧渠疏中所誣詆者，有事雖瑣屑而實關職名節。疏辯則嫌於瀆君，不言則難甘受誣，敢具揭微言其略。

如浮玉疏云：“業已受堂官汲引之恩，及其得志，輒一疏逐之，以自固其圍。”不知此何所指？竊思職衙門二堂官之去，各有冤對，於職無與。此舉朝所共知，安得謂職“逐之”也？又云：“内倚奥密之援，外竊輕浮之譽。”夫職輕浮與否自有公論，職不必辯。至所謂“奧密”者，必係宫瑤閣部。今宫瑤閣部當時用事者，職皆曾糾及，亦舉朝所共知，安得謂職"倚"之也？又云："欲爲國家興大獄，而假手於醉夢之臣。"或即趙澹含所稱"授意荆鍾陽，則殺人媚人疏上"之説也。不知荆係同鄉，熊係年家，職皆契厚，皆未識面，初非有厚薄於其間也。即使如他人私其同鄉，而吳燕相去幾三千里，何以知其有無"殺媚"事而預"授"之"意"乎？此必不通之論也。又云："欲爲門生除隱患，而委責于同事之友。"或即周毓陽所稱"倪知縣何以既轉南刑而復察處"之説也。竊思倪知縣察處之故，職實無與，亦且不紀。

前毓陽言及職走字，向李考功問之，答云："倪令之察，弟亦猝記不真。查係以南靖處，似會單之時，翁完老、余少老俱言不好。雖經升去，不容不處，亦似有單，容再問之"云云。味此書語，則本官被察果出職意否乎？職前一次揭中不敢述此言者，懼迹涉推委；今諸掌科數以此污職名節，則不得終隱矣。即同事三兄，亦當亮職不得已之心矣。於此見職無私憾于倪令，則無投書更換之事可知。何可因仇人鄒之麟之誣，遂成市虎不可解之疑乎？

職所辯止此，其他猥瑣之言，不關大體，惟有俟之公論已耳，從此不復更置喙矣。謹揭。

揭辯彭道長

爲臺僚意主偏護，借詞發難，謹據理直剖，以存風紀事。

職惟國家設一衙門，則有一衙門職掌；人臣必守其職掌，始成其爲衙門。況都察院爲風紀重地，掌院爲風紀重臣，而諸御史則與掌院共守此風紀，以共成其衙門者也。

頃吏部爲年例一事，不與聞於掌院。舉都察院二百餘年相守之職掌，一旦奪去，遠違祖制，近背明旨。掌院以此去位，掌道以此掛冠。職意凡在衙門中者慮，無不痛心扼腕，故不揣螳臂觸仵權勢，以爭衙門如綫之緒。其在他衙門見攻，或自有説，不意本衙門亦隨有起而排擠者，暗刺明譏，屢形章疏。似乎殿最御史之權可鬻之吏部，而吏部之違制背旨，掃滅臺綱，反不以爲仇而以爲德者，亦何視吏部則擬於朝市？視都察院則如日夕之掉臂耶？

職因慨風紀之掃地，衙門之空懸，故於"駁辯兩兵垣疏"末，有"賣衙門"一語。其人其事，夫誰不知？職詞雖戇，職理甚正也，乃彭天承又與職爲難矣。夫天承，初入衙門便嫉職如仇，其借詞修隙，亦何足恠[四]？惟是衙門之必不可賣，大義之必不可犯，天承亦既知之矣。職言未指天承，天承何不自處於旁觀不賣衙門之列？而乃急急皇皇出身相駁。若有隱衷微意爲人所窺而不能自安者，豈非欲陰逃其名而反明蹈其實乎哉？至若全臺僚友守正不阿者自不乏人，聞天承欲假"多"之一字，號召同類，與職爲難，孰知此等事，一之即爲多矣，庸可至再、至三耶？

職正恐天承未必能修舊怨，又新添一重公案耳。職前疏云"賣衙門，爲賣國之漸"，亦非臆説。蓋天下事未有不積漸而成者，譬有人於此，前日若賣年友，今日必賣衙門矣；今日既賣衙門，他日必賣國家矣。《易》曰："履霜，堅冰至。"其所由來者漸也，由辨之不早辨也。故職前疏之言，亦欲皇上早辨而預防之耳，豈過計哉？嗟夫！人欲保功名，則甘捐衙門之職掌；職欲存職掌，而反叢同室之戈矛。職誠拙矣！愚矣！然信心信理，安必長夜之不旦也？願與天承共待之。

業草疏欲上，適聞藩府未定，中外駭然。竊念斯時也，非臣子瀆聒之時，有心憂國，無意鬥私。故改疏爲揭，以付公論，須至揭者。

揭辯姚掌科

職昨從邸報中見姚益成掌科"請勘私書"一疏，若爲"涂考功黨附"之説，欲職發湯宣城私書以與廷臣共質，此不特藉以自明，亦欲藉以發奸，甚盛心也。但查此書，宣城以憤恚之私而行其誣衊之計，自宮府以及山林，自耆舊以至庶僚，無不羅織醜詆，明托同心，代爲發憤。乃狂邪鄒之麟又妄加批評，畫添蛇足。如書中本無涂考功名，則批云"何不學涂一榛，與他結兄弟？今已吏部了，賀郎中科場"一段，本無職姓名，則批云："當時原聘武進知縣倪承課，賀烺以孫某書囑倪，倪不受，改聘今禮部韓萬象。"倪可問也。其他譸浪裝誣，讀者至不忍竟。然長安縉紳，亦已家傳而户見之矣。

掌科曾否見此書？職个敢知。但宣城書原無涂考功，而以掌科之論，考功爲附宣城，宜掌科之不受也。然原書言科場處亦無職名，而鄒之麟批於其傍，明係報復，安能強職獨受之？以斯知職之不發此書，非有所畏也，亦非有所避也。實念湯宣城以京察閑住官，交結亡命山人、犯科進士，密通私書，構污宮闈，傾陷朝臣，能使人應之如響，其事情重大，罪犯不輕，故未敢輕發耳。今掌科既見，以爲當發，請掌科先將長安所傳別本封進御覽，俟奉旨勘問，而後以職所獲鄒之麟批評封送對質，不亦可乎？不然以長安流傳之書，而徒欲蠶開自職，恐他日又將以職爲生事也。職本欲省事，何敢生事？故躑躅累日，所以復掌科者止此，惟掌科裁之。謹揭。

又揭辯彭道長

職近見彭天承道長復發一揭，并不辯如何未"賣衙門"，若有認之之意。第謂職"賣"之一字，非臺綱之光；又謂職"多"

之一字，爲訓解未當，是則然矣。但“賣衙門”爲大詬大辱，誰不知之？既知之矣，何若勿賣？既賣之矣，何能禁人使勿言？且都察院僅一衙門耳，以一人賣之，而有餘者又何以多爲？職前“多”之云者，見非一人之謂也。天承猶以爲未多，而必欲以己益之乎？然亦聽天承之以類相從己耳。昔何以搉同臺，而謂之“皆賣衙門”也？今又何以護同類，而謂之“皆不賣衙門”也？其云“皆賣衙門”者，蓋欲爲職樹敵；其云“皆不賣衙門”者，蓋欲爲己飾非。不知其人而果“賣衙門”耶？天下自知之，即巧辯者不能飾之以爲無；其人而果非“賣衙門”耶？天下自知之，即善援者不能扳之以爲有。今之以爲未嘗賣者，不過謂其未立券交易耳。孰知呈身巧售，即賣也？今之以爲未嘗多者，不過謂其未盡乎其人耳。孰知由一而再，由再而三，即多也？是衙門何不幸而有若輩，頓使本有之職掌，一旦爲其竊負而去；又何幸而不皆若輩，將使己侵之職掌，猶可望其力爭而存。

總之，職與天承原不同趨，所以屢見攻擊，蓋不攻職不足以爲天承，不見攻於天承不足以爲職也。此其公私邪正，想長安自有公論。職從此不屑與駔儈之徒角市兒之舌也。謹揭。

又揭辯彭道長

職頃見彭天承道長又出一揭，其中巧言飾説，總屬支吾。如職前揭云“衙門不幸而有若輩”，明有所指，非指全臺也，而天承則強拉全臺以自蓋。前揭云“衙門守正不阿”，亦明有所指，非指天承也，而天承則巧附正士以希榮。第恐天承以爲榮，而臺僚又以爲辱，此不可不自量也。職已説不辯，應俟公評，惟是揭稱“掃門密議，席勢借聲”，不知何所指。竊意天承疏揭頻繁，所以持職者，已無所不至；今何愛於職而猶有不盡言者乎？《語》云：“言及之而不言謂之隱。”願天承盡言勿隱。假令職果有之，願以首領謝天承。至於職因"賣衙門"一事，而推本於"賣友"，又推極於"賣國"。其"賣國"云者，係未來事，應俟後日。其"賣友"云者，則已往事，頗有確證，亦請借箸爲天承竟其説，可乎？職與天承操趨雖殊，僚誼自在，終不忍先發以傷雅道。特候天承教之。謹揭。

辨過成山揭

爲臺僚疏詞互異，巧語飾非，謹陳兩疏異同之概，以質公論事。

職先是巡行瀛海，見臺友過成山疏，稱："宜興縣知縣陳翼飛躍出門户之外，而以不檢論罷。"因伏而思曰：翼飛，職所論也。被論者既躍出門户之外，則論人者何逃門户之譏？此其明救暗攻，一怛人能辨之。第時方巡事，匆匆未遑草疏。比移駐易水，始出疏，直闢其非。

今成山謂："前疏原以翼飛爲不屑。"果若所言，則職前論劾亦庶乎不差矣。雖巧詆者不得以門户陷職矣，職似可以無言。然締觀成山前後二疏，語意自相矛盾，殊有不能爲之解者。蓋成山初以門户立論，分明以門户爲非，而以躍出門户爲是也。今突變其説曰："原以生平論，不以門户論。"果如所言，以翼飛躍出門户者爲不肖，則將以徐培植竄入門户者爲賢乎？是所論非其本旨。其不可解者一。

恭繹聖諭，所謂門户者，原兼君子、小人而言。今獨指氣節較著、學行純備者，爲門户之所自來。是分明以君子爲門户，而以小人爲非門户也。聖諭果若是偏枯否乎？其不可解者二。

"門户"二字，乃今日害正陷穽，世俗借以逐君子非一日矣。乃舉而委之皇上，謂非自彼創爲之。不思果皇上創爲之否乎？歸過皇上以掩己之非，借言聖諭以激君之怒，用心亦甚險毒矣。其不可解者三。

又謂：“門户偏見，原起于在朝與在野合而爲一。在朝者欲借在野之聲望以爲重，在野者又欲借在朝之權勢以爲援。”是分明舉在朝在野，一網收之門户中矣。恰又以翼飛躍出門户者爲不肖，是門内、門外無一可置足者，何刺謬也？其不可解者四。

職之小疏總因成山門户之説而發，又因成山出脱陳翼飛而發。故始終闢門户之非，而中間微點翼飛數語，以示不足置辨意。其前後語意何嘗不相貫？其與成山原疏何嘗不相蒙？而輒昧其良心，謬爲譏訕，何爲者乎？其不可解者五。

據成山疏贊東林諸賢，以不得遊其門牆爲恨。又云“謂翼飛爲躍出門户外者，指其醜詆講學而言也”。果若所言，則不醜詆講學者宜莫如成山。乃其前疏，或云：“借權勢以爲援。”或曰：“枚卜操於山林。”此其巧言醜詆，將不與翼飛同一見乎？其不可解者六。

東林諸賢，職素切向慕，頗與成山同，然多未識面。成山即醜詆東林乎於職何與？乃云：“職恨其指出東林，故借陳翼飛與之爲難。”是又若以東林爲不肖，而陷職以附東林之名者，何前後之支離乎？其不可解者七。

大凡按臣畏人議者，必其舉劾之未妥。成山既以陳翼飛爲貪，又以職劾陳翼飛爲發貪，則不畏人者宜莫如職。乃又謂：“職自劾翼飛之後，恐人之議，其後視風聲鶴唳，莫非敵己之兵。”是何以小人之腹相度也？其不可解者八。

陳翼飛滿載而歸，艤舟西湖，百計營脱，而入京二十七扛，俱被職差官驗明，各解户、船户開單及委官申文見在，此行賄之明證也。乃謂：“行賄爲常譚套語。”則西湖之艤舟數月，果何營干？而通灣之二十七扛，竟何歸著乎？其不可解者九。

成山之生平，職即不知，自有人知之。翼飛之行賄，成山即不受，自有人受之。今謂："職不論其生平，不查其疏語，止以異己相加遺。"夫成山前以己疏爲同職，今又以職爲異己，職誠不知所異者，何事也？其不可解者十。

夫成山有此十不可解，則職出一言相駁，正亦不爲過。乃理屈詞遁，巧言飾非，則隱而難窺，幻而難測。與夫含沙射人者，當在成山，不在職也。時方裁抑吾臺，而爲臺僚者，不能同心禦侮，反操戈內向，若成山者，真可异矣。職不願與人角口語，又不敢以小事瀆聖聽，特具揭帖以俟公論。須至揭者。

又應過成山揭

頃因同臺過成山兩疏自相矛盾，職以爲有十不可解，成山以爲無一不可解。此其可解與否？應聽公論。但其言巧而辯，其機險而深，如首末數語，關職人品，職有不得不一言者。

蓋職入京幾一年，在外理事接客不及兩月，即同鄉同臺，僅一再面。至於權要之門，一投刺相見外，不復置足，則孤子莫如職。乃成山謂："逞赫奕之勢，或者固自有人。"而非職乎？自入京，臺省濟濟，嘉言盈庭，職自謂可以無言。即間有言者，皆敵加於己，不得已而應之。乃成山謂："開羅織之局，或者固自有人。"而非職乎？職與成山，僚友相與，款接甚歡，并無一言之嫌，何怨之有？乃成山謂："或因夙怨而生。"此或成山有怨於職，匿怨而友，而職實不知乎？

又成山揭末總結云："職原以生平論人也，而坐以驅門戶之罪；明指翼飛爲不肖也，而坐以庇貪之罪。"今反復成山首疏，始終皆以門戶立論，并無"人品"字，職安得不以驅門戶疑之？其論陳翼飛也，止云"躍出門戶之外"，始終無一"不肖"字，職又安不以庇貪疑之？今成山自謂："能附正矣，非庇貪矣。"則成山大旨誠與職合，其疏詞之同异，可無論已。職願與成山各捐成心，共偕大道，期勿負孔門之訓，以勿負主上之恩，可乎？

如成山有怨於職，亦望明白見教，勿復暗中相攻，令人謂成山笑中有刀也。謹揭。

辨掌科誤解時事揭

揭爲掌科誤解時事，有意求多，謹直述本情，以聽公論事。

職本月十三日祗役霸州，披閱邸報，見姚掌科“辯李郎中疏”，疑及於職。職隨草疏自辯，業已繕寫，發行矣。繼思疏末有論及“掌道職掌”數語，雖因掌科之言相侵而及，實可付之不辯。于是削去此段，又更置數語，另謄一疏，差役趕前疏易之。比趕至京，前疏候通政司進署方投，而前役恐責其慢事，已將發抄揭帖送報房矣。雖旋即換回，然已被人伺知。此自差役不諳事常態，無足置喙。獨念斟酌疏草，求其平和妥當以上對君父，下質僚友。此職區區慎重之心謂可幸無罪，而乃以爲罪案乎？

查職前稿中委有“偶感時事”四字，然實指爭職掌而言也。今掌科周毓陽，誤認爲指説事要錢，遂欲革職勘職。磋嗟[五]！説事要錢，果可爲時事乎哉？“偶感時事”四字，果可爲嗾使確證乎哉？此理甚明，此文易曉，不謂掌科誤解若此，豈其無意？不過洗索文致以成職之罪耳，獨不思以部郎而詆罵言官，以一部郎而詆罵衆言官，自分不勝，先請斬首。此等所爲，恐君不能强之臣，父不能强之子，官長不能强之僚屬。職何人斯？遽能必得之素不稔交之人乎？如以繼白曾仕敝鄉，則近日別衙門建言者，不止繼白，果皆仕敝鄉否耶？果皆受職嗾使否耶？況職與臺省諸兄，雖或意見不同，然而僚誼不薄，遇事不難爲上殿之争，事過則歸於同盟之好，豈其有私憾焉？又況劉芳瀛、田鍾衡、亓静初諸兄，從來未有一語相抵牾乎？人非病狂，斷不爲此矣。且年例之職掌自明，不必借部郎以爲重，而部郎謾罵臺省，又職等言官所共痛者，職豈效毓陽代吏部爭職掌，而反挫抑言官乎哉？職聞毓陽，自逐吕、湯二道長後，心不自安，切欲求去，又欲拉職同去。夫欲同去，則同去已耳，言官有體，何必於語言文字間穿鑿附會，爲人硬證，輒欲加人重罪也？人情至此，亦可慨已。

職辯疏已具，候投通政司類上，因新奉聖諭，輒改疏爲揭，以聽長安士大夫公評，果謂"爭職掌"爲時事乎？抑謂"説事要錢"爲時事乎？職"偶感時事"四字，果可爲唆使確證乎？抑毓陽有意求多乎？文理可繹，公道自明，當無俟職之曉曉矣。爲此具揭，須至揭者。

辨河南道劉貞一

職孫居相揭，爲掌道持論未平，人心未服，謹虛心質正，以俟公論自定事。

職惟河南道爲十三道之首，故事關臺綱，掌河南道者必先諸道建議，誠重之也。本月二十三日申刻，閱小報見掌河南道劉貞一公祖有"公論年例考選以平輿情"一疏，以爲是疏也，必爲衙門振臺綱、爲至當不易之論，是吾臺之光也。及入夜見全抄，始知意有所偏護，詞有所偏著，而其見亦唐存憶道長之見也，職心于是乎不肯服矣。時即欲具疏上聞，因自惟戇直之性，不能委婉其詞，萬一觸忤公祖，則罪滋大矣。謹平心具揭，以質輿論，可乎？

蓋其疏首引于啓庵、李修吾立論，以爲是可以壓人也。不知人之求富貴者，必于有權勢之人求之，如趨媚吏部之流是也。若于、李闋然家食，不能富貴其身，而能富貴他人乎？則此不能鈐人口矣。職所不心服者一。

又謂："年例事，署院張老先生已丢下，職不宜有言。"不知職之有言，政因衙門無人言也。若謂署院言，吾輩始當有言；署院默，吾輩宜與俱默。則隨聲依附之徒，妾婦事人之道，是安得爲言官乎？職所不心服者二。

又引前署院劉老先生之言，謂："年例不宜聞於都察院。"夫劉阿附四明，天下誰不知之？比及署院，將臺規破壞幾盡，如未回道而先注差，已回道而不予差，或序應外而留之內，或序應內而置之外，或不應掌道而予以掌道，以致臺規大壞，漫無主裁，此其言果足信否？如以不與聞之言爲是，則將以擬議協贊之旨爲非乎？如以爭職掌爲非，則將以背旨擅權爲是乎？職所不心服者三。

又謂："質以原旨，鄭太宰謂一時不曾查得，毫無成心，便該丟下。"嗟嗟！是何言也？年例當否，關邪正消長，言路通塞，國家治亂，是何等事而可以不查原旨？可以認誤了事？況昔年爭年例，疏不下數十上，至逐一總憲，去一掌道，走一給諫；即今次年例，處二持平臺諫，亦爲是也？此有耳目者所共聞見，而謂一時不曾查得，毫無成心，將誰欺乎？職所不心服者四。

又謂："考選五人，意向皈依于李。"夫五人果否皈依于李？職不能知。其單內果否列五人皈依事款？職亦不必論。獨念五人官箴，數經評駁，亮無大垢。況已經奉旨，堪備臺諫人數，未幾輒以議聞，將不自相矛盾而啓聖心之疑乎？何不姑照原議試以言職？俟其議論果得罪公論，然後處以年例考察，亦未爲晚，奚爲設不必然之疑而遽行腹誹之法？以此爲防微杜漸，亦太畚矣？職所不心服者五。

又謂："部、院、吏科、河南道俱有單，便可爲公。"不知四處之單，總不外數人之手，其餘無單者尚多也。獨不憶孟子之言乎？"左右皆曰不可，勿聽；諸大夫皆曰不可，勿聽；國人皆曰不可，然後察之；見不可焉，然後去之。"今言不可者未遍於諸大夫、國人，安可不一加察也？察之而未真，見其不可，安可遽議別用也？該部如此舉動，尚以無私心，代爲之解，其誰信之？職所不心服者六。

又謂："諮訪直書各見，不尚雷同。"是則然矣。至謂繳單已出從前，非今作俑。或者貞一公祖掌道未久，未及詢確往規耳。此臺綱、國體所係，未可輕以奉吏部也。職所不心服者七。

又謂："發單之先，稱者愈力，疑者愈深。"欲以歸罪於職，不知職自告疾以來，杜門謝客，接譚者少。及九月十五日閉者[六]造册，十月初二日始出，并未接一人。果向何人稱揚五人，以致"疑者愈深"？獨不可指而言乎？職所不心服者八。

職疏謂："五臣抗直不回。"是誠有之，原抄見在，何嘗有一"阿"字？今改"不回"爲"不阿"，遂謂將以四十八人爲"阿"，曾不思鏌鋣雖利，安能一割而殺萬人？吏部雖專擅，安能盡抗直數十人而皆置之部曹？此挑激之譚，識者已覘其心術之險矣。職于貞一公祖爲年家，又互爲舊治，素相愛敬，果何怨何仇，乃一旦用此毒計也？職所不心服者九。

又謂："職爲努力以退關東諸侯，設駕奉迎董太師。"職不知董太師爲誰，掩卷深思，或者即前于、李之謂乎？夫職當四明權勢熏灼、炙手可熱之時，不難抗疏論列，以除君側大奸。今乃觸忤權勢，以奉迎必不能出之廢臣。孰若諸人奉承見任銓宰，以希眼前富貴爲得計乎？職所不心服者十。

夫有此十不服，即欲鈐職之口，不能矣。持平者，顧當如是耶？嘗聞朝廷設立言官，將使之言也，非欲其默也。倘以安靜無事之説進，儘可逢迎皇上厭惡言官之心。然於臺諫之職，毋乃曠乎？且言官論人論事，費幾多心思，惹幾多仇怨，豈曰好之？蓋不得已也。若謂可已而不已，則天下事豈更有大於背旨擅權者，而遂將無所不已乎？此職之心所以滋戚，職之言所以欲已而又不容已也。噫！天下事非一家私事，做者自做，言者自言，評者自評，姑各留於世，以聽公論之自定而已。職行且去矣，略不相妨，勿相逼也。謹揭。

理漕呈揭附

巡按直隷監察御史爲償運糧儲事。

照得漕運糧船，皆以過淮掛號，挨定幫次，以防攙越脱幫之弊。但近來偶有一船失事，除本幫守候撈曬外，而後幫皆靜待不行。詰之，則曰："序不得紊也。"凡此耽延必須數日，一船不行，衆船皆阻，是以貿易、淫蕩之徒，得藉以爲詞，誤運不淺。已經牌行各道，轉行所屬各總運等官：今後糧船過淮，挨序之後。凡遇一船損失，或有別故，止許本幫守候，後幫即時前進。假如損失幫船，原序在一幫前；撈曬完日，倘在五幫之後，即序在五幫之後。各幫官取所在管河官印信執照報院，以憑類報户部，轉發監收官查照施行等因。備行去後，今照各該重運糧船業已次第開行，不日抵通起納。若候報到轉報，不無誤事，理合先行知會。凡遇船糧到灣，內有損失，守幫在後，及後幫乘便前行者，俱即照船起納，不必拘定幫次。

爲此具呈，伏乞照驗，轉咨户部及總督、倉場衙門，查照施行。

爲請乞移文部倉嚴革夙弊，以速起納，以恤窮軍事。

照得衛所編審旗甲，往往賣富差貧，故旗甲多係窮軍，而節因阻凍賠累，則窮者益窮矣。彼運官不恤其軍，每將行月糧及修艙、過江等銀，總領到手，指稱各衙門使費，百般扣除，至耗其强半。職訪知此弊，今歲行月糧等銀，令各府清軍官及州縣掌印官，計其總撒數目，每一軍鏊爲一封，逐名唱散，運官不得經手，并未扣除使費銀兩。倘各衙門人役及官攢、經紀、船户等項照舊需索，則運官必無以應。或且指乾圓爲使水，誣潔净爲插和，踢斛淋漓，高蕩抛撒，無所不至。竟致運官掛欠包賠，是將以恤軍反以累官。不但於職心未安，恐各衙門之心亦弗忍也。

爲此不厭煩瀆，具呈本院。伏乞照驗，轉咨户部札行各司屬驗糧、收糧衙門，并咨總督倉場及札巡倉御史，各一體嚴禁衙門人役以及官攢、經紀、船户等項，勿得沿襲舊弊需索官軍，亦勿因需索不遂，故生刁蹬。違者容職等體訪，會文拿究。務期夙弊頓清，官軍無累，而運事早完斯可矣，爲此理合具呈。

揭爲運事已迫，運艘未歸，懇乞速發回空，以濟新運事。

職發疏後二日，披閱邸報，見户部覆前巡漕彭御史疏，不准起運，欲總運等官安心守凍，若以起運多弊且多費而爲是省事之説者。竊謂以此計目前則可，若計長久則未也。蓋漕糧原與白糧不同，白糧每年換一番糧長，而漕糧則仍用舊運軍；白糧每年換一番糧艘，而漕運則仍候舊糧艘。故白糧阻凍無妨後運，而漕艘回遲，則新運必遲，此自然之理也。如三十八年凍阻五十萬石，則三十九年遂凍阻百萬石；三十八年凍阻五十里，三十九年遂凍阻百餘里。雖云押空無人，亦由水大難挽。然上歲凍阻者則猶陸運矣，未及開凍而船已騰空[七]矣。比春融冰解，即刻揚帆南下矣。今歲糧猶在船，待冰解而後起運，即使一日起三萬石，計日亦費月餘；一日起六萬石，計日亦費半月。此半月雖不甚久，若上歲未冱凍時，再得半月工夫，何京倉不可到？何運事不可完？

故職爲今歲運事計，視日如年，恒兢兢也。今空船未回，凡可爲催空計者，布置不遺餘法。但恐水旱不常，人謀或爽，回空稍遲於上歲，則運事必更遲於上歲。萬一凍阻未及天津，爲數不止百萬。彼時管運文武各官，功名身命都不論，第論該部將起運乎？不起運乎？不起運則數十萬官軍糧餉無從取給，起運則糧更多，地更遠，所費更當不貲，毋乃今日回空之遲實階之厲乎？故今日爲回空計，即不起運，亦當從中南倉李主事預先起崖之議，其議剥運、議寄通、議支放月糧，皆鑿鑿可行。如謂通倉厫窄，則但以充軔爲期，不拘以數。其不能容者，計應放之數，寄囤倉場，旋議支放，即預支亦不爲遽。如謂四升二合之尖不足，償各軍途路之費，再量捐運價之半以優之，彼必樂從。何者？既預且多，彼心厭足故也。如謂京軍雜集，慮生他虞，則預示放糧之期，如某日放某衛，某衛止令該衛指揮千百户，先一日領軍到齊，次日隨放，隨令押行，不少停集，亦預防之一策也。如此行之，則入京倉之糧料亦不多，所費運價亦不多。謀大事者，不惜小費，或亦該部所不吝乎？至於糧艘，則冰未泮之先，業已騰空，冰一泮之際，即令回棹。如謂糧未交明，姑留旗甲交糧，令運軍駕舟先回。或有四人者令三人歸，有三人者令二人歸，庶回空不至太遲，即雇船不至太多，而新運庶幾猶可爲乎？然押空無官，猶慮沿途遷延也，合無於總鎮、漕道，議一先回以押空船，亦濟變之微權也。是在該部裁奪，職引領回空，不啻饑渴。故睏邸報，惟恐少稽時日，輒復喋喋以請。要之爲公非爲私也，爲此除揭閣部外，理合具揭。

揭爲敬陳完運三策，以備采擇事。

照得運事大壞于今極矣，若拘守常規，終難反正。本職視事以來，廣詢博訪，蒿目焦心，其于運事，頗窺顛末。除可徑行者，節見行事，不敢贅陳外。所有時當變通，事關題請者列爲三款，惟貴部擇一行之。

一在議量折以完運。看得徐光禄改折之議，原不大差，惟是言之非時，遂致官軍觀望，阻壞運事匪細，所以爲大差耳。即職前疏權變之説，亦是此意，然隱而不發，政慮及此。今據報，山東、河南、湖廣、江西，各已兑完發行；江北、上江，以及鎮江，已兑發者十分之八；蘇、常已兑發者三分之二。其未兑者計空船回盡，酌雇補缺，料五月中亦可完兌。惟浙江已兌發者僅十之五，松江已兌發者才十之一。蓋由昔年松、浙糧運，北上獨遲，所以今歲回空亦遲。若不變通，必又阻凍，合無容職相時斟酌？如回空到不甚遲，又能雇船接濟，當照常全運；如回空甚遲，民船又少，除儘有船者盡數兌發外，料存剩只可三五萬而止。夫三五萬雖爲數不多，然雇船裝運非二百隻不可。脚價猶易處，而民船則難求矣。合無姑准將此剩糧照時折價，解部搭放。如謂江南米賤，所折之價不足充北京支放之數，則將折糧耗脚，或行月糧銀并扣，解京搭配支放，庶國餉無虧，軍民兩便，而運事亦得蚤完矣。

倘改折不可行，則有議量留以完運。看得昔年截留之議不可從者，爲其糧數太多耳。今合無且無露截留意，待省直糧運，盡發北上，容職查其最後者，或三五萬，或六七萬，明示以自某幫止。在前者嚴限督令前進，在後者截留臨德、天津。或慮虧損額餉，則趁此水平風恬，預覓民船，將臨德倉米先運五七萬進京，後以截留南糧抵補，期如數而止。如慮雇船脚價難處，則新米僅抵臨德，爲地稍近，而耗脚月糧宜少扣減，以補入京脚價之費。其押運入京各官，許以薦獎以酬其勞。如此則太倉無虧額，而尾幫可盡回矣。

如謂量折量留俱未可從，則有變通派單以完運。蓋各總衛所派兌原有定處，歷年守而不變，以故遠者常遠，近者常近，而軍旗每嘆勞逸不均。軍馴則糧里常受其福，軍悍則糧里常受其殃，而民間亦謂苦樂不一。況近者蚤歸而新運又得蚤赴，遠者凍阻而新運復至愆期，是近者蚤而益蚤，而遠者遲而又遲矣。若不變通，終屬膠柱。合無咨行總漕，今秋派單，以地近而回空蚤者撥發遠方，以地遠而回船凍者撥發近地。則蚤發者可無虞于遠，而近兌者可少補其遲。由此，船不阻凍，運不後時，而國運長久之計，意者其在斯乎？其在斯乎？

凡此三款，非特爲今歲運事計，乃爲將來運事計也。顧行役遠，臣不識京儲虛實，不敢具疏，亦不敢發抄。且兑運方半，而改留之説亦未可遽宣于外。謹具揭帖，聊抒一得。伏乞貴部詳議，如有一可採擇。一面密示遵行，一面據揭題請。職不勝屏息待命之至。

爲請乞移咨，速爲起納，以免阻凍事。

照得新運漕糧，在山東、河南者，計當漸次抵壩。在江廣、吳越者，頭幫已及臨濟，尾幫已過淮清，計不久皆可次第抵壩，慮挽拽之難；船既抵壩，則慮起剝之緩，兩者皆足以誤運也。近據旗手等總把總徐光祖等稟稱：凍糧百萬，露囤河干，自貳月拾柒日剝起，至今肆月拾貳日，共計起過米柒拾伍萬，尚有貳拾餘萬石未起。剝船口袋輪轉不及，耽延時日，計伍月終，方可納完等因。據此該本職看得，前此幾兩個月，止起米柒拾伍萬，計每日僅起米壹萬貳叁千石耳。若以全糧肆百萬計之，净得叁百日方可起完。儻遇陰雨風雪阻誤，便是壹年光景，則船糧需次于壩，猶之乎遷延于途也。運事遲緩，此亦一端。

懇乞本院移咨户部并總督倉場，轉行通糧廳等衙門，本院再札行巡倉御史知會。凡遇新運糧船抵壩，即便督責委官經紀，隨到隨行起剝，仍多方預備剝船口袋，以便更番輪轉，每日定起叁萬餘石方可。如經紀、船户延捱怠緩，不妨嚴加比責。不然運者源源而來，起者泄泄而視，則糧船有復凍之患，運事無反正之期。兹豈獨行漕者之咎乎哉？爲此理合呈，乞照驗施行。

校勘記

〔一〕"捝造"，據後文及文意當作"捏造"，以下同，後不出校。

〔二〕"倪造"，據後文及文意當作"捏造"，以下同，後不出校。

〔三〕"辨"，據文意當作"辯"，以下同，後不出校。

〔四〕"慳"，據文意當作"怪"。

〔五〕"磋嗟"，據後文及文意當作"嗟嗟"。

〔六〕"閉者"，據文意當作"閉門"。

〔七〕"膌空"，據文意當作"騰空"，以下同，後不出校。

附　錄

詩文輯佚

司理張公傳

　　張鋐，字念茲，別字見本，大司馬五典之第五子也。生而奇穎，甫六歲即能作驚人語，總角補博士弟子員，食廩餼。丰姿秀爽，神采奕奕，目光如電閃，襟懷磊落。雖生長富貴家，絕無膏粱氣習。上下千古，惟以不能盡讀古人書爲憾。典墳秘奧，無不窺。興酣落筆，千言立就。而識高氣古，直抉天根而探月窟。學使孫公肇與侍御王公昌孕，咸以國士目之，名嘖嘖起人寰矣。

　　年二十六，中丙戌鄉試亞魁，以數奇七上春官不第。己丑，卷分春坊王公紫綬房，有"大者爲經，小者爲史，惜謄錄多訛字"之批。戊戌，已收，復見落。公既抱璞不售，念太夫人春秋高，遂以司李謁選。壬寅秋，得永州。永俗強悍難制，公則察而斷，廉而有爲，不阿豪貴，不借叢胥役，時有"吏行冰上"之謠。新例，司李分直審欽件，訟獄繁滋，案牘山積。公聽決神敏，奸弊悉絕，其間昭雪全活者多。自奉儉約，從無重帛兼味。遇屬吏務持大體，時以道義相勖，不責禮幣於所轄。事大吏，亦第戔戔束帛，從事或以不腆進，戒曰："若輩苞苴，取給於家耶？胺民膏脂，轉相獻媚，我忍效尤哉？"以故大吏殊不見悅。然重其才品，忍弗發也。

　　癸卯，分校楚闈，拔士人，盡知名士，一時翕然，有公門桃李之譽。初赴永，以山川修阻，單騎就道。抵任一載，念母情切，遂迎養太夫人于官署，一堂融泄然。每當直審，輒淹留數月，歲在署僅十之三，加以吏治刑名，動多掣肘，公一身調劑其間，心血幾瘁。太夫人憂之，遂感嘔吐症，久之劇甚。公倉皇失措，而大吏調取之檄踵至。太夫人强起促公曰："我固無恙，且忠孝不能兩全。爾今寧得以母故，廢朝廷事乎？"公不獲己，馳赴湘口，以實白大吏。星歸，未抵永，而太夫人已棄世，時丁未七月也。公慟哭幾絶。一切含斂如禮。永屬吏士民，感公德政，吊慰匝月。去永，甫過洞庭，而大吏以素不媚己，借莫須有事誣之，羈留年餘，以不能扶柩歸里爲恨。己酉，抵家，而孟冬遂不起矣，年僅四十有九。

公少負奇氣，闊略崖岸，不修小文，及積學日久，恂恂油油，饒有曲江風度。侍御王公重公望，禮致幕中。公品藻優絀，毫無私假。當在永也，公餘退食，太夫人問有何平反，公以所治文書跪進。太夫人喜，公亦喜。

弟明經鑰早逝，未有子，公取職方公次子爲嗣。童而撫之，迄于成立，曰："不忍吾弟之不祀也"。其孝友人倫，均有足傳者矣。

尤工於詩。有《越吟》《蓬園筆暇》《漫亭詩稿》藏於家。吾邑自常樓居先生後，蓋指不多屈云。

清光緒《沁水縣志》卷八

地藏殿記

竊聞幽明之分雖殊，善惡之報則一。何也？蓋爲善之人，生既獲之以福矣，及其終也，往生净土，受諸快樂，又有我佛以薦引之。此所謂明以善報，而幽亦以善報也。至若爲惡之人，生既遭之以禍矣，及其亡也，墮落三途，受諸厄難，則有冥王以主治之。此所謂明以惡報，而幽亦以惡報也。伏觀明孝慈皇后勸善書集，則知冥司果報之説，信不誣矣。是以自古及今，凡建寺宇，則必繪此十大冥王，列于地藏菩薩之次，以其四生六道之科，勸善懲惡之事，益於我佛相爲表裏故也。

茲者梴山大雲禪院，自大魏初創立精舍，歷世相承，或修釋迦紺殿，或造經藏齋樓，應有堂廡，無一不備。惟是十王法像，間缺歲久，欲建無能。時有大德比丘義蓮，俗姓楊氏，乃古端西之名家裔也。立志孤高，早年脱俗，形識達乎物理，見性澈于泉源，檀越諸人，罔不敬服。一旦謹啟誠心，誓願建塑地藏菩薩、十大冥王聖像。既而内竭衣盂，外化信識，募匠鳩工，無少或懈。于是改構堂宇，繪飾尊儀。經營於宣德庚戌之春，落成於大歲壬子之夏時也。神光儼偉，金碧輝煌，足以資景麗于梵宮，而勤敬信于人望矣。俾緇流俗子，游觀於斯者，孰不有以興起善心，杜絶夫惡念，而悉遵夫如來之覺路哉？是知蓮公勝事之舉，其有功於佛者深矣，有利於人者多矣。此皆善果所積，即修行之實也，奚必捐軀殞命而爲修行乎？

今功告成，法春緇屬，僉議刊石，特請余志其年代爾。

山西沁水梴山寺碑（《沁水歷代文存》）

《恩縣志》引

孫居相曰：《恩志》創於天順，庠博丁君琰嘉靖丁酉始繕成之。粤萬曆乙亥、己丑，韓、吳二公咸有事增輯，各以陟秩登朝去，未臻。厥成志之新，豈固有待乎哉？歲癸巳，余受命符兹，問文獻之修缺，乃詢諸學博士及二三弟子，考圖史，探故實，益舊衷新，訂爲六卷五十三目，各有論著。雖政由谷黄，事因時改。然今昔梗概，此其大都。若夫行遠徵信，尚俟于博雅君子。

明萬曆《恩縣志》卷首

《留臺奏議》序

今之論諍臣者，動曰：古之遺直，直于人爲心，即於臣爲節，故乾以直而生，坤以直而利。匪直則枉，枉則負此生矣。矧臺臣任天子耳目，而比周焉，甘爲妾婦可乎？人即不肖，誰甘以妾婦自居？匿于中而張於口，避影於溰涊，而假宿於篇牘，且將逃枉沽直，而奏議種種雜出矣。則兹集也，其精白之符乎？其緒餘乎？亦顧所爲議何如耳？

余嘗歷稽往古，諱言之朝，天下方難於議。能易其難者，始足振國家之神氣，而收之既渙。盡言之朝，天下方易於議，能難其易者，始足培國家之元氣，而安之已萃。非難非易之間，按其時，核其事，以差等奏議，而臣道可鏡也。

我祖宗并建兩京，南北臺兼重。南中于耳目最近，尤清議所聚。國初，靖難諸臣，及議禮被逮者，此中未暇更僕，惜不得其全疏讀之耳。分宜當國，動以刑僇劫，鈐諫臣口，至默而無所控持。當時，首發其奸，搜捕其黨，至戍之系之，磔而屍之，由南臺也。嗣是感憤輸赤者，相繼紛紛，其他增補主德，掃除奸凶，與夫國計、邊儲、民風、吏治，所爲爭自刮剔，以庶幾於裨益朝廷之一二。至今，讀其疏，凜凜有生氣。夫古稱遺直，南臺豈謂無人？顧余猶有説焉。

蓋直之分於枉也，固矣。抗一論以自高，震之爲名，直於外者也。矯矯焉，惟國是恤，於義若嗜，而峻之爲坊，直於内者也。直於外者，中有所殉；直於内者，直而自有，難乎爲參和矣。乾動直而悔在亢，坤主直而章在含。夫直也，而可自有乎？自有則亢而不含。是惟栗而寬，温而厲，誾誾侃侃，合併以出，而我不有也。夫是之爲真直，諸君子必有合矣。則是奏議之刻，亦有而不有，可也。睹其有者，以爲直防也。繹其不有者，以與直忘也。正直壹歸於忠厚，以躋國家蕩蕩平平之治，是我同事兄弟梓而布之之意乎？若曰：一鳴驚人，姑藉之以號於世，非其好也。石無當於玉，而玉可攻；麻無當於蓬，而蓬可直。三人行，而得師者二。況濟濟諸君之成步在，不佞何敢自恕？其將以是刻爲韋弦矣。

　　時萬曆乙巳長至日，賜進士第、文林郎、欽差巡按直隸、巡視鳳陽等倉、帶管屯田馬政、南京福建道監察御史、沁水孫居相書於留臺公署。

　　　　明朱吾弼、李雲鵠等輯《皇明留臺奏議》

張鳳翼兵部奏疏

〔明〕張鳳翼　撰

李　蹊　點校

點校説明

本書録自廣西師範大學出版社 2001 年 6 月出版之中國第一歷史檔案館、遼寧省檔案館合編影印本《中國明朝檔案總匯》（下文簡稱《總匯》）第 13 至 22 册，爲張鳳翼任兵部尚書期間（崇禎五年至崇禎九年）所上奏疏。因不見於張鳳翼著作本集（包括已編入《二編》之《樞政録》），故從《總匯》中摘出，匯爲一書。

關於張鳳翼生平，見《二編》所收《句注山房集》點校説明，此從略。本書内容主要是張鳳翼以兵部尚書名義，代表兵部上奏給崇禎帝有關西南、北部、東北邊疆地區的平叛、邊疆軍事衝突、邊將任免以及補修長城（邊墙）等情況的題行和咨行稿。這對於瞭解明代晚期中央對西南、北部和東北邊疆地區的政策以及所謂"九邊"的駐軍、防守、用兵策略等情況，較之其他史書所載，更爲具體和實際。其中也有少量奏疏，是兵部對如何鎮壓"流寇"向崇禎帝提出的建議，因《樞政録》漏録，今一併録入。

所謂"具體和實際"，是指有些奏疏要準確援引最底層的地方官員逐級上報的實際情況，尤其是援引身處最前綫地帶的偵察士兵的報告，對於明朝邊堡的具體設置（明烽、城堡、墩臺、邊口、暗門之類）、士兵的成分（夷丁、家丁之類），以及他們的日常駐扎、軍事活動（尤其是偵察）細節，都會有比較清晰的了解。

還有，對於明長城的破壞和修補是如何進行的，向來比較模糊，但是在崇禎年間却是曾經大規模地修築過，其中軍築、民築，石築、土築、磚包築的區別，每一丈長需要多少銀子，甚至負責築城的軍人的給養待遇都有明白的報告。至於長城被流沙逐年擁蓋，以致在面臨北方插部反叛和東北滿族軍隊繞道北方入侵的嚴重局勢下，需要調集軍隊進行緊急"扒沙"防務活動，不獨使我們知道了長城在防衛中原穩定中的意義，更讓我們了解到沙漠南移的具體情况。而這些細節在正史甚至在明人的筆記類著作中都不屑於記載。

當然，閱讀這些奏疏，對於明王朝軍政腐敗到何種程度，從高級將領至於底層軍官都有具體的揭發及其處置辦法，都讓我們有一個十分生動的了解。

對於崇禎帝在明王朝最後的日子裏是如何工作的，他的認真、嚴肅、勤苦、細緻，在歷代皇帝中是少有的，尤其是明察秋毫、整肅貪腐、勵精圖治、企圖挽回明王朝的頹勢的志向也是尠見的——從他處理張鳳翼以個人名義上奏的這部分奏疏的速度、處理問題的准確度中，可以得到具體的感受（至於他的剛愎自用和極端多疑這裏雖没有具體表現，但從他處理較爲底層事故的多次疑問得到證實的情况看來，可以想象到他的多疑實在是下面太多的敷衍塞責亦即軍政腐敗造成的）。

對於西南少數民族，朝廷與其關係是微妙的。《微臣遵限等事疏》所引考察官員的建議："説者謂聯屬諸司，以夷攻夷，其策甚善。不知蠻夷之性，畏强侮弱，必我有隱然虎豹之勢，而後操縱有權，恩威可用。不然，我用其强，彼見我弱，要脅桀驁，無所不至。即懸賞破格，愈長戎心。一時視爲效力之土司，轉盼便成作亂之土司，如普名聲可鑒也……自今以後，宜從頭整頓。收全滇之殘局，酌通者之要隘，訓練萬人，分布諸路，選將列營，首尾相顧。如現在陳謙、温如珍、何天衢所用之兵，皆當簡其精鋭，覈其實數，永作額兵，而又於省會迤西，各練勁兵一旅，以壯威固本……使實實有用，實實可恃，然後約束諸土司，結之以恩，威之以法。諸夷見中國之有備也，必延頸效順，喙息恐後，則滇庶幾可保無事。"而另一方面，明政府在安定西南地區的過程中，也付出了慘重的代價："副將范邦雄，戰功俱載叙案，先年發守安莊，一家二十七口俱被殺戮。遊擊彭應魁，戰功俱載叙案，先年發守安莊，一家三十六口盡被殺食。"（《遵旨回奏疏》，崇禎六年三月二十六日題行稿）類似的情形還不知有多少。血與火的衝突自是民族融合的一種形式，但是，更多的還是和平建設："臣以崇禎五年四月十一日入黔，隨奉都察院勘札，爲列城、扼險、善後、世守等事……臣隨沿路諮訪，稔聞建列新城，詳議世守，俱督臣親入水西，馳驅山箐，上下千餘里，經年閱月，相度規制，剪棘披霜，路人俱能言之，臣尚未盡信也。比入省城，即吊取各處列城冊報詳閱。星羅棋置，心甚服之。六月十三日，督臣約臣首閱省會新建連城一座，隨閱守城兵衛無不一可當百，城外屯種稻田如雲。"城鎮的創建，始則爲軍事，終則安百姓（主要是隨軍家屬、家族），推而廣之，内地先進的民房居室建築技術，還有改變"刀耕火種"局面的内地農業技術，造成了西南地區"建列新城""星羅棋置""屯種稻田如雲"的繁榮景象。足見明代西南開發的經過，是軍隊和他們的家族屯田、築城等一系列活動開發了大西南。毫無疑問，内地文化也隨之傳播到了那裏。這些來自中原地區的戰士，辛苦异常："查得水外一帶地方，本夷賊窟穴，自被兵以來，髑髏載道，荆棘成林，絕無土著餘民可以徵發。獨賴有功各將士，分營駐屯，既殫勞於版築，且盡力於耕耘，冒瘴披蓁，互相守望，其勞苦實倍於戰，且給土作俸，以耕代禄，既無原籍畫錦之榮，又非省會安閒之地，咫尺夷巢，枕戈爲業，即議延世，亦非各將之所覬覦也。"（《遵旨回奏疏》）

從人類文化學的角度看，亦可見其地區多民族融和的形式及過程。

　　此次整理，因這些文獻從未正式出版過點校本，只能照録原稿。我們發現，明人版刻中的簡筆字（或稱簡體字），原來就在明人權威的國家機構文件中大量使用著，説明這些字已經爲社會交往所廣泛使用，不再成爲交流的障礙，并且以進入中央行政機構公文的方式予以合法化。有些簡筆字在檔案中出現的頻率非常高，是非常穩定的標誌。那些被中華人民共和國文字改革委員會采用爲簡化字的簡筆字，尤其説明在社會生活節奏加快的歷史進程中，簡化字用於公文，可能是一種社會趨勢，正如先秦的篆書發展爲秦漢時期的隸書那樣。這種現象可能與明代社會趨於商業化有一定的關係，尤其不要忘記明代接續的是蒙元人的百年統治，其種種社會現象，都不是偶然的，包括商業的發展和漢唐傳統的遺忘。

　　我們本來想保留手抄本古籍原貌，可以引起更廣泛的讀者的興趣（如給文字史、文化史學者留下更直接更方便的讀本），盡量照録原稿用字，但是有些簡筆字，特別難於辨識，爲方便讀者，今一律改爲常用的正字。有些簡筆字比較荒唐，如把“部”字簡筆爲“卩”，則直接改爲通用繁體字。有些簡筆字容易誤解，如“來”字，有時用“來”，但很多情況下簡筆爲“耒”，極易與規範字“耒耜”之“耒”相混。又一書之内，尤其是一篇之内，所用字本該統一，如“唯諾惟謹”，一句兩“唯”，本該一律，而原稿却兩種寫法，這也是明人一大特點，也可以看出明人的文化風習。還有些字故作出奇，如“天”字寫作“芡”，而“極”字作“上極下木”結構，無論從簡化筆畫的角度看，還是從字形美化的角度看，都毫無意義，但却與衆不同，這就是人們常説的“明人好奇”之表現。當然，也許我們可能還没有發現其中隱含的文化意義。更讓我們驚訝的是，在上奏給皇帝欽閱的奏疏中，且爲手寫，本以爲不會出錯，西漢石家謹慎的故事，是盡人皆知的，然而明人的奏疏中居然出現錯字。如："商量""參商"之"商"字，多寫作"商"字；而"國憲之難容"，居然寫作"國憲之鷄容"，足見明末政府公職人員的工作心態——可否看作是亡國（其實是"亡朝"）的徵兆？

本來我們的整理原稿是比較嚴格地照抄原件用字的，爲了找到原件的用字，頗花去了一些時間（有時候爲了查找一個字，往往用去一兩個小時，有時候實在找不到，只好用"截圖"的方式）；到統稿時，爲了照顧到全書"統一的用字規範"，又不得不下了一番"統一規範的"工夫，把原件中那些表現明代文人文化內涵的用字統統改了回來，這就是如今讀者看到的這個樣子了。

還需要說明的是，《總匯》編者把奏疏與隨後的咨行或移行文稿（即朝廷對某事件的處理決定，以兵部奉旨的名義下發）統稱爲"題行稿"，且編在一個題目下，今爲明確起見，將"題稿"與"行稿（咨行稿）"各加題目，分開抄錄。

《總匯》內尚有許多兵部上奏皇帝的奏疏和"題行"稿，但未署張鳳翼名字，作爲兵部主官，他是要對這些奏疏負責的，起碼是他同意的，本來也可以看作是屬於張鳳翼的著作，因沒有明確題署張鳳翼的名字，就沒有收入本集。

至於各篇奏疏的題目，依照明版《樞政錄》的成例，各奏疏標題一律照錄原件兵科給事中呈報皇帝前，在奏疏首頁所蓋版印空白處填寫的本奏疏的一句主要內容作爲本書的標題，而在校勘記中照錄《總匯》編者所加的題目[一]，以及所在冊次、編號、頁碼——便於有些研究者查閱、對照。校勘記中還將奏疏首頁明廷檔案編號、兵科或內閣、通政司所題寫的"題稿""題行"等字跡以及書辦職名，一併全部照錄，爲讀者提供有關各奏疏原件的最大信息量。題，奏、行和咨行，從這些字能够看出某奏疏在上奏過程中，經歷的機構，即文件的實際流程以及實際在某機構允許保存的時間等信息。這些信息對於研究明代政府各個機構及其互相之間的實際關係，是非常有用的。

這些内容其實是每篇奏疏的首頁都有兩種帶有空格的刻版（類似書版）的版印格式框（有時候是兩種版印，兵部的版印字小，蓋印在前；兵科的版印字大，蓋印在後。因爲兵部的奏疏是要先送到兵科或内閣檢查的，兵科接到兵部送來的文件後蓋章，認可後才能上報給皇帝手中）：就是把下級送來的公文和上奏給皇帝的奏疏之主要内容（我們就是把那句話當作奏疏題目的）、公文到部的時間、限制必須上奏的時間、來文留在部内的時間以及是“題稿”、“題行”還是“咨行稿”、是誰承辦的等等，全部格式化，刻在一個木版上，蓋在每篇奏疏的首頁，公務員把應該填寫的内容一律填寫到版印的空格上。這樣既省時間，加快了辦公效率，又對有關内容一目了然。但這些内容多因版印墨迹淺淡，年深日久而銷蝕了痕迹，作爲整理者，我們只能整理還看得清楚的字迹——此亦保存我們所見古籍真實原貌之一法也。讀者和研究者完全可以從大量重複的首頁所有版印和手工填寫的字迹中參照比較完整的首頁字迹，整合出每頁完整的内容。

也許是商業業務流通格式化或工業生産程式化批量生産的情形，給了國家公務制度以啓發，這也絕然可以算是明朝人的一大發明，讓我們想到了他們還發明了科舉考試的八股文，也與格式化有關。這也應該算是明朝資本主義因素萌生，并向國家各個生活領域滲透的表現之一吧。

本次整理各疏，不分類別，一律按時間先後（年月日）依次排列。一些奏疏還附錄了兵科或内閣上報皇帝時，爲節省皇帝閱讀時間，給某些較長的奏疏所寫的提要（奏疏首頁標“有貼黄”

提示），附在奏疏之後，今一併録於每篇奏疏有關題目的校勘記中。

　　凡是因原件損壞漶漫不清之處，除有必要處出校勘記外（如據殘留字迹和文意猜測其當爲某字），一律以"□"符號標出，不一一出校。凡明人忌諱朱常洛（泰昌帝名字）的"常"字，原件一般作"嘗"，首見處出校記説明，後面重出者一律徑改，不再出校。

校勘記

　　〔一〕《總匯》編者所加題目有時亦與原奏疏内容有出入，如第13册第1100號奏疏，乃兵部會同多部門、多官員審問温理後所上奏疏，《總匯》所加題目僅爲"兵部尚書張鳳翼等"（應做"兵部等部"）；又，《總匯》編者認爲本奏疏重在"温理侵貪銀糧"，但明臣則認爲重在"謀翻軍政"，明代朝廷認爲"就其中所最辣爲改塘報一事"，足見"謀翻軍政"較比"侵吞公款"更其嚴重。且《總匯》編者所擬標題一般較長，我們認爲不如原標題（其實是爲兵部閲讀主官或皇帝節省時間所概括的某奏疏的一句主要内容）更能看出明代中央政府重視本案的角度。所以才一律换爲原件標題，似乎更接近歷史真實。

第一三冊

遵旨查奏事疏〔一〕

兵部尚書臣張〔二〕等謹題，爲遵旨查奏事：

職方清吏司案呈，奉本部送，兵科抄出，該本部覆雲貴督撫、鎮守等官朱燮元等題爲《道將計殺元凶等事》一疏，於崇禎五年十二月初三日奉聖旨："普酋作逆，法應赤族，若黨與諸人擒斬來歸，自當論功優叙。今謀出妻僕，事理有殊，念知悔禍，姑免從坐，仍准襲哨職，以彰特恩。鎮巡官職任封疆，幺麽小醜，不能撲滅，卒至假手內變，何尚誇詡！還著將善後事宜詳計速奏。該酋原非世州，先年朦朧准襲，其中必有情弊。著該部查明，并開寫奏覆情節來看。"欽此欽遵。本月初四日抄出，到部送司，案呈到部。除咨行督撫鎮按等官遵旨外，案查天啓五年七月間，該前部臣尚書等官高等覆貴州總督蔡復一題爲兩省討逆獲功等事，內稱，據雲南臨安府阿迷州守備、奉調援黔土官普名聲呈前事，竊照名聲始祖普龍勛，原係元朝阿寧萬戶府土官，生普寧和、普龍矮、阿買三子。洪武初年，兄弟首先歸附從徵，普寧和授阿迷州知州，子孫世襲，領屬納樓、虧容、思陀、落恐、溪處、左能、教化、王弄、安南九長官司。和生長子普救、次子普旦，救生普哲，哲生普寧，寧生普〔三〕

塘報事疏〔四〕

兵部尚書臣張等謹題，爲塘報事：

職方清吏司案呈，奉本部送，准雲南巡撫蔡侃塘報內稱，崇禎五年九月初五日，據分守臨元道副使閔謹報稱，據委官監紀臨安府推官周莫儀揭報，本年八月二十九日據新化州報稱，據本州

摩沙勒土官巡簡普從化報稱：蒙賞密票，令緝越獄重犯攻劫州縣
夭賊方維翰，於本月二十一日，據泥苴臘喬報稱，方維翰前去他
郎，令往戛寨回來，即親督目兵普光胤、擦勒、徐芳、保得、擦
地、波者罵等三十餘人，當捐備賞手銀三十兩，於二十四日，維
翰帶領隨黨二十騎，與兵對敵，目兵普光胤等跟至南木龍河口，
光胤奮勇當先，一槍正中維翰左臂，保得又砍左腳一刀，遂倒在
地，斬獲小功俱全等因，具報到職。據此，該本職查得方維翰乃
新化一大盜，攻劫州縣，其惡無兩。今李知州不大聲色，以密計
擒，可謂得緝盜之方，而地方從此可安枕矣等因到道，轉報到
院。據此，十一月十七日，又據該道報稱，據加銜都司餘鯤報
稱，本月十二日，據本營加銜守備楊曰正稟，據哨官李中元稟
稱，賊首欺母捏投往他郎，曰正所領兵勇勒向那崧解獻，母捏知
覺，帶領賊黨，即據阿墨寨江邊札營。曰正因帶兵少，許崧賞銀
三百兩，與崧借兵二百名，崧令伊弟那崙隨正往擒母捏。即出拒
敵，曰正率衆奮勇，銳鏢齊舉，當陣將母捏并從賊二名鏢落下
馬，餘賊潰散。正即斬此三級并母捏盔甲、腰刀全副，一并呈
解。等情到職，轉報到院。據此，十二月初五日，又據臨安衛經
歷鄭弘勛報稱，賊首魯之龍倡衆攻州劫縣，奉本院軫念地方，委
職招安，單騎入穴，親詣撫安，之龍等遂出投見。多方化誨，諸
夷拱手歸降，各散回巢，已無更易。入冬以來，之龍叛萌復生，
又欲覬望他郡出劫。本年十一月二十七日，據塘報，李貴、馬登
雲飛報，之龍帶馬百騎，統領部夷野賊，不知要去攻劫何處。稟
報到職，隨於本日具稟申報，一面整齊兵馬，奉本院賞發密令一
道，許賞格銀三百兩。卑職即親督提調戴天成家丁鄭□〔五〕壽、
鄭朋興等領所部兵爲前鋒，催各隊馬步兵奮勇拼死追趕，圍之龍
於祿家莊。兩相交手，被提調戴天成一刀砍落下馬，黃良能、黃
廷輔斬去左右兩手。乘勝追趕，傷死無數。本營傷兵楊二、張希

賢、潘三等六名。恐窮寇有變，即收兵回營。星夜背級前赴省城投報，請乞驗視等因。

本日又據該道報，據嶍峨縣恩選貢生禄增稟稱，蒙本院憲諭，向將□〔六〕之龍責成頭目王榮關防已久，於十一月初三日會□〔七〕鄭弘勛擒斬，已將功級當交鄭弘勛轉解，合就飛報等因，各報到職。該職會同貴州總督朱燮元、鎮守雲南總兵官黔國公沐天波，看得魯之龍、欺母捏、方維翰、郭之文、田國腴與通寇矣巴計乃嶍、新巨寇，凶狡剽悍，劫掠爲生，迤東一帶受氣荼毒久矣。此賊乘普逆猖獗，遂爲逆。黨羽煽聚，流劫於石嶍南廣之間，攻城破邑，罪惡滔天。職初擬爲剿巢之役，恐此輩聚則賊，散則民。□□〔八〕未必遽得，而民已受玉石俱焚之慘。且普逆方張，□〔九〕難分兵以應也。故速行招撫之，令以解散之，而地方獲以稍安。臣先以有《剿撫并行賊踪屏息》之疏矣，然賊魁未除，終無以泄地方之憤，而此輩尚暗自疑猜，陽順陰逆。其鳩集嘯聚之念，終未忘也。職密授方略，委參謀經歷鄭弘勛、遊擊王聘選、都司餘鯤，前後將渠魁購擒，如田國腴、郭之文已縛正法矣。而方維翰、魯之龍、欺母捏或遁過江外，或負嵎內地，皆擁兵處險爲穴，人莫敢攖。職責成將吏，務在必獲。渡江搜□〔一〇〕，而三賊以次薙殪，當陣斬首，傳首各州縣，士民無不鼓舞踴躍、欲啖其肉者，亦地方一快事也。

除矣巴計潛據者樂甸、楊梅村，職檄令該土司刀晟計擒以獻外，理合塘報等因。又准鎮守雲南總兵官黔國公沐天波報同前事等因，各到部送司，案呈到部。看得魯之龍等皆劇賊通寇，爲害於迤東，一旦相繼授首，惟餘矣巴計尚在兔脫，而釜魚終難漏網。經歷鄭弘勛、游擊王聘選、都司餘鯤購緝有方，及血戰斬級如戴天成等，俱應紀録獎賞者也。

既經各塘報前來，理合具本題知〔一一〕。

兵部爲塘報事奉旨咨行稿[一二]

兵部爲塘報事：該本部題云云等因，崇禎六年二月十一日，本部尚書張等具題。十三日奉聖旨："是。"欽此欽遵，擬合就行。爲此：

一、咨雲南巡撫、貴州總督、黔國公沐[一三]，合咨前去。煩照本部題奉明旨內事理，欽遵施行。

一、咨都察院，合咨貴院，煩爲轉行雲南巡按御史，照依本部題奉明旨內事理，欽遵施行。

崇禎六年二月十五[一四]日　尚寶司卿管司事李繼貞

協讚司事郎中胡鍾麟

管理冊庫員外郎王永祚[一五]

請補撫夷官員等事疏[一六]

兵部尚書臣張等謹題，爲請補撫夷官員，以備講讋事：

職方清吏司案呈，奉本部送，准宣府巡撫焦源清咨稱：據分守口北道右參政、今降三級戴罪管事范鑛呈，蒙本院批，據標下中軍游擊趙之蘭呈稱，切照夷情叵測，講讋需人。舊例，標下不拘參、游、都司，或一員，或二員熟於虜情者以資商確。近自都司甄祥緣事，標下虛無一人，雖有守備尹來春，未經實授，難以展布。目今東西多事，此缺不宜久懸。伏乞本院轉行守道衙門，將久歷疆場[一七]、威望素著者選補前缺，庶狡虜帖服而撫賞有賴矣等情俱呈到院，蒙批，仰分守道速議堪任官員，五日內報。蒙此，隨行在城同知張守約查議去後，今據本官呈稱，今謹擇堪補撫夷官員二人：其撫夷都司則郝效忠可，矯矯龍驤之志，耽耽虎視之風，胸藏甲兵，掌弄胡虜也；其撫夷守備，則尹來春可，禦虜能握勝算，簡衆俱成甲兵，謀閑《六韜》，守嚴一介也。擬合呈請咨補等因到道，轉呈到職。據此，查得本院標下原設有撫夷將官一員，守備一員，凡遇夷人赴鎮講折，必得一練達事務、操縱合宜之人，而又須熟知虜地道路語音者，與之參酌調劑，剛柔緩急之間，隨機諭譬。其關係綦重，其職任未易稱也。自甄祥被論，遺缺久懸，雖有尹來春以加銜守備料理撫夷事務，然未曾實授，難以彈壓，且頓疊酌量，一人未便互施。職細加采訪，并據道廳公舉，有總鎮門下管理內丁、實授守備郝效忠，狀貌驍雄，才識爽敏，嚮理營務，威望夙騰，應授以都司職銜，令總任其事。尹來春撫虜有年，忠誠恪慎，且慣曉夷地情形語言，應與以實授守備，令其協同管理。此時兩夷思逞，而插復漸近宣界，急需講諭，未可一日遲緩也。伏乞兵部速爲題奉欽依，庶責成得人，而諭譬攸賴矣。

既經該道具呈前來，相應極爲咨請，查照施行等因，到部送司，案呈到部。看得宣撫標下原有撫夷都司、守備二員，自甄祥參處，而代之者甚難其選。今據該撫臣焦源清咨稱，守備郝效忠曉暢夷情，堪補撫夷都司，更請以尹來春補守備之缺，協同料理。該撫初任，劑量程材，必有攸當。似宜如議准用，以資料理者也。

既經咨議前來，相應題請。合候命下，將郝效忠以守備管撫夷都司事，尹來春量加守備銜，協管撫夷事[一八]。

崇禎六年二月廿三[一九]日　尚寶司卿管司事李繼貞

協贊司事郎中胡鍾麟

管理册庫員外郎王永祚

兵部請補撫夷官員等事奉旨咨行稿

兵部請補撫夷官員等事，該本部題云云等因，崇禎六年二月二十六日，本部尚書張等具題。三月初五日奉聖旨："是。"欽此欽遵，擬合就行。爲此：

一、咨宣大總督、宣府巡撫，合咨前去，煩照本部題、奉欽依事理，行令各官欽遵任事施行。

一、札付郝效忠、尹來春，合札各官，遵照欽依事理，定限本年本[二〇]月廿[二一]日到任。仍將到任日期同原奉本部札付，呈報巡撫衙門，繳部查考施行。

崇禎六年三月二十[二二]日　尚寶卿管司事李維貞

協贊司事郎中胡鍾麟

管理冊庫員外郎王永祚

積勞遘疾等事疏[二三]

兵部尚書臣張等謹題，爲積勞遘疾，懇賜題請恩准回衙調治事：

職方清吏司案呈，奉本部送，據今升分守廣西潯梧地方參將、原任北洋游擊將軍、署都指揮使僉事彭宗周呈稱，竊照卑職幼叨庠序，緣嫡長兄彭宗孟中式辛丑科進士，任河南道御史。不敢久虛祖職，本衙保送赴京，替授海寧衛指揮同知。歷官二十餘年，恪守父兄家教，冰兢自持，循規蹈矩，實心任事，常懷報國之衷；加意撫綏，久切靖氛之志。承乏寧嘉游擊，拮据從事。上年，海寇充斥，從三月中旬奉撫院發汛南北，游巡督飭迅防。至七月初七日，親督官兵，生擒巨寇劉香老、嚮導[二四]陳壽卿等二十五名，及溺死多賊并所獲船械，就經詳解撫院，見蒙叙錄在案。於七月初十日，劉賊突犯昌、石，繼犯溫、台等處，毀船喪師，大肆猖獗。隨奉督撫軍門羅汝元檄，行統督大兵，三區合剿。卑職奮不顧身，恨不滅此朝食。晝夜兼程，星馳浙閩界地。設計偵探，仰藉威稜，狡寇聞風遠遁。燒烽舉燧之塲，旦爲耕耨海堧之所。十月十五日，接見邸報，蒙本部推升廣西潯梧參將，正欲赴任，其奈魚服在躬，督剿之檄星下，結縷之救戒嚴。至十二月二十六日，方與新任北洋游兵游擊周乃武交代訖。竊念卑職經年枕戈瀚海，遠涉鯨濤，身親虎穴，時無寧晷，遭颶壞船，一日三易其舟，幾葬魚腹者七次。雖裹革之軀，奚敢趨避？誠萬死一生，遂致積勞邁疾，寢食俱廢。當經具詳三院呈報外，不謂病與日積，勢莫能支。西粵首衝，卑職自揣，國家焉用此輩爲哉？合無呈請本部，念職積勞邁疾，俯賜具題，恩准回衛調治，另推賢官赴任。卑職殘喘，儻不即填溝壑，或效用异日，圖報於將來也。

擬合呈請，爲此，合備前緣，伏乞照驗施行等因，到部送司，案呈到部。看得彭宗周原於去年九月間，推升廣西潯梧參將，今據稱積勞邁疾，不能赴任。粵西荒徼，寇警時聞，豈容卧理？合無准其回衛，遺下員缺，容臣部另行推補，而宗周果否真病，有無規避，仍應敕下該撫按，查明奏奪者也。

相應題請，合候命下，遵奉施行[二五]。

崇禎六年三月初一[二六]日　尚寶司卿管司事李繼貞

協贊司事郎中胡鍾麟

管理册庫員外郎王永祚

兵部爲積勞邁疾等事奉旨咨行稿

兵部爲積勞邁疾等事，該本部題云云等因，崇禎六年四月初四日本部尚書張等具題。初七日奉聖旨："是。"欽此欽遵，擬合就行。爲此：

一、咨浙江、廣西巡撫，煩照本部題、奉欽依內事理欽遵施行。

一、咨都察院，合咨貴院，煩爲轉行浙江、廣西巡按御史，照依本部題、奉欽依內事理欽遵施行。

崇禎六年四月十一[二七]日　尚寶司卿管司事李繼貞
　　　　　　　　　　　　協贊司事郎中胡鍾麟
　　　　　　　　　　　　管理册庫員外郎王永祚

斬獲交功事疏[二八]

兵部尚書臣張等謹題，爲斬獲交功事：

職方清吏司案呈，奉本部送，該巡按雲南監察御史姜思睿塘報，准撫院會稿，崇禎五年十二月二十日據分巡臨元道呈，具監紀、加銜同知李嗣泌報稱，本月初六日准八寨土官龍上登關報稱：交太保、岳國公、良郡公等領兵象萬衆，攻圍教化司，地方不勝驚駭。本職督率部兵竭力堵殺，斬獲交功，造册開報。十月初七日，加銜守備馬惠、普者等交戰，斬級十三顆。古木加銜守備龍登高等斬級五顆。董耳寨加銜都司龍桐等斬級三顆。十五日，馬惠等交戰，斬級十九顆，龍登高斬級七顆，銃手楊哥銃死良郡公，已斬首級。龍桐等斬級六顆。十九日加銜都司龍祚長等斬級三十八顆。二十日，加銜守備龍崇等斬級七顆。其首級，路遠，難以通解，謹將交官良郡公首級一顆、交傘一把、交盔十頂，解報到職。該職案奉撫院并本道牌行卑職，催令各土司截交情緤，遵奉移文，龍上登上心把截，以交路必經龍地去處，果交酉分發兵將象馬入犯八寨，首攻教化。教化雖係八寨屬境，實係我全滇門戶。卑職聞八寨報緊，即會同加銜參將何天衢、州判李器議爲應援之計。乃龍上登捐金犒衆，請鄰接應，而龍祚長并龍登高、龍崇、龍桐及沙漢等兵，互援堵截。又遣阿糯龍、普訥領兵協援維摩，阿哈伏路，發土龍，是該仰仗天威，獲兹大捷，足寒交奴之膽，大申天朝之威。除應賞功次，另爲分別叙請，所有獲功傘蓋、盔器并功册申解本道，合請轉解驗實紀叙，至於水溺死者不計外，其斬獲多功，因途遙路塞，不便盡解，卑職已驗明是實等因，呈報到道。該本道詳，看得普酋慮撫旨不俞，預約交兵於九月以後入阿迷助兵，以備著也。而交兵果至，不意逆普伏天誅矣。本道諭令何天衢與二李相機應援堵截，而龍上登、龍祚長、龍登高、龍崇、龍桐及沙漢、普納[二九]、普諾[三○]、阿哈等，果得連捷，此非仗上臺之德威，端不至是。今交兵雖懷恨未已，而膽已破矣。今將交功解獻等因。

同日，又據該道呈，據加銜州判李嶨報稱，本月初八日，據彌勒州逃出難民王四稟稱：在交阯南丹地方逃出，眼見沿途交尸滿地，又見交兵大集，口稱八寨殺死他兩個王子，心實不甘，茲盡來報仇等情。據此，查得八寨解來良郡公首級，乃武公懿親弟二王，其三王溺水，未獲功級。今武公懿長子、岳國公次子、太保東郡公，漢夷傳報領兵果來是實，除移書龍上登整兵以待，而溫諭激勵收功，又在憲臺相應揭報，等情，具揭到道。據此，該本道看得交兵之來，原爲助普，即盡行剪滅，夫亦何惜？今者，斬獲多級，未必非天假之手，以鋤兹逆也。但彼不自爲罪，而整兵圖報，料夷情之所必然者。除一面移文龍上登處，令預以兵待而應援堵截等因移會到職。該職會同貴州總督朱燮元、雲南巡撫蔡侃、鎮守雲南總兵官黔國公沐天波看得，教化司係八寨轄屬，交夷犯滇出入所必經之地，實全滇門戶也。交自受普勾引，與普連婚而後，其來頗密，而來路歸路恨八寨或爲之梗，此眼中所必拔之釘也。普名聲方乞撫時，慮撫旨不允，預約交兵，以爲天[三一]做一塲之計。職等密偵其機括，嚴檄監紀李嗣泌，聯絡沙何等兵，與龍上登應援，預爲率然之勢以待之，而上登又獎率其轄屬龍登高等，畫地而守，不容過界。及名聲既斃，內莫爲應，而交夷一到教化司，諸司犄角，用命甚力。連戰半月餘，馘渠帥而斬多級，枕籍水中者不與焉，此亦足以寒交奴之膽而褫[三二]其魄矣。第其覆兵敗將之耻志懷必報，而通普窺滇之計圖謀甚奢，堤防堵截之兵，後一著尤倍吃緊也。除嚴行各土司預兵以待，彼此互援外，理合塘報等因，到部送司，案呈到部。

看得交兵助逆前來，教化司在必爭之地，該撫按等能先期密偵，聯絡沙何等土司與龍上登犄角應援，諸司用命，半月三捷，斬首近百顆。而所馘良郡公，實武酉親弟。此舉真足固土司之心而寒交賊之膽矣。應敕下該按臣，查明升賞，以鼓遠方士氣。至賊衆雖挫，而整兵圖報，勢所必然。乘其憤逞而大殲之，該撫鎮按倍加吃緊，不待言也。既經塘報前來，理合具本題知。

　　　　崇禎六年三月初四〔三三〕日　　尚寶司卿管司事李繼貞
　　　　　　　　　　　　　　　　　贊司事郎中胡鍾麟
　　　　　　　　　　　　　　　　　管理冊庫員外郎王永祚

兵部斬獲交功事奉旨咨行稿

兵部爲斬獲交功事，該本部題云云等因，崇禎六年三月初五日本部尚書張等具題。初八日奉聖旨："這斬獲交酉漢土各官并有功人役，著巡按御史查明叙賞，一、面通行申飭，嚴防憤逞，鼓勵奮銳，以收全績。"欽此欽遵，擬合就行。爲此：

一、咨廣西巡撫、雲南巡撫、貴州總督、黔國公沐〔三四〕，煩爲遵照明旨內事理，務宜鼓勵道將，以防憤逞施行。

一、咨都察院，合咨貴院〔三五〕，煩爲轉行雲南巡按御史，遵照明旨內事理，即將在事漢土各官并有功人役，定限本年七月〔三六〕終確覈具奏，以憑叙賚施行。

　　　　崇禎六年三月初十〔三七〕日　　尚寶司卿管司事李繼貞
　　　　　　　　　　　　　　　　　協贊司事郎中胡鍾麟
　　　　　　　　　　　　　　　　　管理冊庫員外郎王永祚

兵部題山東膠州知州王献吉申爲緊急軍機事疏^[三八]

兵部尚書臣張鳳翼等謹題，爲緊急軍機事：

職方司案呈，覆膠州知州王獻吉申。崇禎六年三月初七日奉聖旨："淮師夾剿，屢奉明旨。王三重等領兵擅回，殊干軍紀，著該撫按提問具奏。是否繇淮撫調撤，并著奏明^[三九]。"

兵部覆登島太監呂題爲颶傷船隻事疏^[四〇]

兵部尚書臣張鳳翼等謹題，爲颶傷船隻事：

職方司案呈，覆登島太監呂直本。崇禎六年三月十五日奉聖旨："吳安邦，著革任回衛。陶曾齡革職回籍。彭有謨姑免議。楊御蕃依議署鎮。即著董帥舟師相機襲扼，賈銳殲渠，以膺懋賞^[四一]。"

兵部覆援兵太監高題爲惡病相纏等事疏^[四二]

兵部尚書臣張等謹題，爲惡病相纏醫藥難痊，懇乞代題放歸調理，以保餘生事：

職方司案呈，覆太監高起潛本。崇禎六年三月十五日奉聖旨："靳國臣准暫回籍調理，仍與優給。痊日，該撫監按即報部起用。領兵員缺，著該監鎮就便遣委^[四三]。"

塘報夷情事疏^[四四]

兵部尚書臣張等謹題，爲塘報夷情事：

職方清吏司案呈，奉本部送，據宣府總兵、今降三級戴罪管事董繼舒塘報，崇禎六年三月十二日申時據下西路管參將事、副總兵查國寧稟稱，本月十二日辰時，據洗馬林堡守備徐自紳稟稱，據原差通哨楊登、沈有貴等十名報稱，十一日哨至二譃堆，離邊七十餘里。巳飯時見有馬夷人二百餘名，背黑纓大坐纛一桿，俱戴紅纓帽，内穿柳葉明甲，瓣子盔。約有一半在前，從東往西城水灘，離譃堆五十餘里。各夷勒馬登高，四面瞭望，無事。行至青山尾，下馬解鞍晾放。至未時，又有步行夷人三百餘名，只戴紅纓帽，無盔甲，趕有牛羊四群，約有二百餘隻，亦至城水灘做飯吃。至日沉西時分，有馬者先起，步行者後起，俱往西行走。役等見他行畢，天晚，方敢露身走回。到暗門邊，有四更時分進口。各役先在彼處拾有破熟鐵鍋半隻，看來夷却是西夷形狀等情。具稟到路，轉報到職。據此看得夷衆西往，馬步相兼，且隨帶盔甲牛羊，雖向西北而去，但不知果爲奴來遁走，或別有掩伏狡謀，情似可虞。除遣哨不時聯絡遠偵，仍行沿邊將領等官飭備嚴防，屬秣以待外，係干夷情，理合塘報。等情到部送司，案呈到部。看得插部西行，屢屢見報，兹本月十二日，洗馬林堡出哨，至二譃堆，見有馬夷人二百餘名，往西行走，又有步行夷人三百餘名亦西至城水灘造飯，仍往西北行走，其爲避奴之狀顯然。插之哨奴必遠必真，我防插掩伏於西，而更宜防奴突逞於東，萬分戒嚴，其容一刻弛乎？

既經塘報前來，理合具本題知。

崇[四五]禎六年三月十六[四六]日　尚寶司卿管司事李繼貞

協贊司事郎中胡鍾麟

管理册庫員外郎王永祚

兵部爲塘報夷情事奉旨咨行稿

兵部爲塘報夷情事：該本部題云云等因，崇禎六年三月十六日本部尚書張等具題。十七日奉聖旨：「夷情叵測，在我東西，總宜嚴防。還著確探愍備，不得輕信避奴，致墮狡謀。爾部速行馳餉。"欽此欽遵，恭捧到部送司，案呈到部，擬合就行。爲此：

一、咨薊、遼總督、宣大總督、大同巡撫、宣府巡撫、宣鎮監視，札董繼舒，合咨札手本[四七]前去，煩照明旨内事理嚴防確探，不得輕信避奴，致墮狡謀。

崇禎六年三月十八[四八]日　尚寶司卿管司事李繼貞

協贊司事郎中胡鍾麟

管理册庫員外郎王永祚

微臣遵限等事疏[四九]

兵部尚書臣張等謹題，爲微臣遵限入滇，地方情事可慮，敬陳急切之著，以策久安事：

職方清吏司案呈，奉本部送，兵科抄出，雲南巡按御史姜思睿題稱：臣迂疏屚劣，無足比數，誤蒙皇上簡任，俾按遐方，具疏陛辭。仰荷恩貸，勵以悉心綏靖。臣悚惶感激，寢食靡寧，即於崇禎五年九月初三日單車就道，至本年十二月二十八日始抵滇雲。涉歷三冬，逾越萬里，雨雪載塗，衝烟突瘴，艱阻備受，何敢言勞？惟是滇南自普名聲發難一隅，群盜四起。破城掠野，所過殘滅。兼之大浸傷禾，米價踴貴，流離饑餓，灾害并臻。家無自固之謀，人鮮更生之計。幸徼皇上天威，逆酋殄絶，風鶴稍寧。而部黨盤踞，形勢難圖。句連約結，洶洶思動，解散輯寧，大費收拾。臣所尤鰓鰓深慮者，全滇數千里封疆，土夷牙錯而居，據其大半。一普名聲爲孽，遂已莫可如何，從此觀望生心，誰受要束？將來爲名聲者多矣。説者謂聯屬諸司，以夷攻夷，其策甚善。不知蠻夷之性，畏强侮弱，必我有隱然虎豹之勢，而後操縱有權，恩威可用。不然，我用其强，彼見吾弱，要挾桀驁，靡所不至。即懸賞破格，愈長戎心。一時視爲效力之土司，轉盻便成作亂之土司，如普名聲可鑒也。臣聞，圖近者必及於遠，制小者務規其大。滇土損威挫重，蹶不復起，今其改而更張之時矣。自今以後，急宜從頭整頓。收全滇之殘局，酌通者之要隘。訓練萬人，分布諸路。選將列營，首尾相顧。如現在陳謙、溫如珍、何天衢所用之兵，皆當簡其精銳，覈其實數，永作額兵，而又於省會迆西各練勁兵一旅，以壯威固本。明賞罰，精器械，勤較習，鼓義勇，使實實有用，實實可恃，然後約束諸土司，結之以恩，威之以法。諸夷見中國之有備也，必延頸效順，喙息恐後，則滇庶幾可保無事。若因循苟且，夷急亦急，夷緩亦緩，兵制不定，籌略罔聞，懈將士之心，仍衰馳之弊，臣恐滇南塊土不待一二年，復大煩聖慮耳。臣道過貴陽，山高路窄，四面阻夷。土人謂四五年前無日無劫殺之事，今督臣訓練布置，哨望棋列，營寨星屯，關[五〇]蓁莽爲膏腴，化險厄爲坦道。豈有他哉？兵強而勢壯也。夫增兵萬人，費餉十萬，滇力已盡，望救鄰封，此誠計臣所不樂聞，亦微臣所不敢告。然廟堂窮兵累年，費餉千萬，收復夜郎一綫之路，而多方守之，爲滇南通門户耳。知守黔而忘所以守滇，不爽於本末輕重之數也？臣故未暇他及，首以增兵定制爲安滇第一義，伏乞皇上敕下兵部，覈議速行，全滇幸甚等因。

崇禎六年三月初五日，奉聖旨："該部酌議具奏。"欽此。正覆疏[五一]，又該雲南巡撫蔡侃題，爲滇患未平，滇兵難撤，滇帑無措，萬不得已，乞仍請原撥之楚餉，以救危疆事，內稱：崇禎五年十二月二十七日，准督臣咨，據湖廣督餉道呈報，本道督催協滇餉銀已解到滇者八萬三千兩，見交黔庫及起解在途者二萬七千兩，并支給解官盤纏、解餉木鞘、鐵箍等價共二十五兩一錢，嗣後銀兩聽候明旨定奪，請乞移咨滇院，并知會藩司等因。據此，案查協滇楚餉，本部院疏題時已解到滇者八萬三千兩，自疏題之後，督餉道二次差官，共解到黔者二萬七千兩。若欲解滇，業經見疏，未奉明旨；若欲發轉還沅，崎嶇險道，夫馬繁難。故暫行貴州藩司秤收，候奉明旨另議。合行咨移，煩爲查照施行等因到臣。准此，案仰布政司照依咨案內事理查照施行以後，隨據該司呈詳，案照先爲逆酋凶焰彌張等事，鄉紳閃仲儼題，奉俞旨"准撥餉銀一十七萬兩餉滇"，遵候解發。業奉差官押解到滇四次，收過楚餉銀八萬三千兩。除收庫接濟外，照依俞允一十七萬，仍應解發銀八萬七千兩。今奉本院案驗，准制院諮文，續據湖廣督餉道差官田玉源解發餉銀二萬七千兩，收貯黔庫，候奉明旨另議。此因撫局已成，料多兵可撤，應以濟滇之餉改濟各邊，總之爲封疆慮也。而豈知滇中變態，當撫局既成，普逆既殞之後，又更有不可言者乎？

節據監紀維摩、加從五品服俸州同李嗣泌，維摩委官任滿，巡簡李器揭帖稱，交夷傾國盡來，約到石硐會合。阿迷兵先攻八寨，後攻如圻并何天衢，要將八寨地占與普堉住。又據副總兵陳謙揭帖，今牛羊之兵已到阿迷，爲普守城。普將一路出拐甸，一路出曲江，與祿爭搆。見聞的確，事不可已矣。此等情形屢得之偵報者，日新月盛，皆邊徼緊急之著，不得不應者也。普酋既死，兵頭之助惡者，次第就戮，正可幸太平之有象，而舊孽甫剪，新孽復興。諸孽於普酋存日習於攻劫，諭之以安靜，則必不從。普妻萬氏僅一無知女流，日聽諸孽之播煽，以兵權付之，又有從中糾結，欲藉普以自雄者。目下各營兵馬分防要隘，十不能撤二三，爲此故也。總之，自後溯前，當剿事方殷。每月費餉幾於四萬，即撫局方就，每月費餉尚三萬有奇。至今撫局已成，普酋已死，而月費尚二萬五千餘兩，則以土酋反覆之狀，不止普孽一家，而交釁頻仍，相尋未已耳。滇中秋糧夏稅并屯糧，每歲額徵起解，實到司庫者不過五萬五千餘兩；鹽課徵銀，每歲實到司庫者不過四萬餘兩；塌硐徵銀，每歲實到不過一萬餘兩。出多於入，盈虛之數顯然，何以應每月二萬五千餘兩之支乎？此不待職言之畢，而一目出入之數，可立卜其顛危者也。合無請乞本院，將普酋死後土酋變幻之情、兵馬難撤之故，急爲會疏題請，仍將原奉俞旨之楚餉，照數仍乞餉滇，則緩急得應，而於以彈壓消弭之策庶乎可施矣等因，通詳到臣，該臣會同雲南巡按姜思睿看得：滇南土司情形詭秘，駕馭最難。勢耦互軋，而勢孤則旋相附；爭利如仇，而得利則旋相親。彼既視利爲向背，我須藉餉以牢籠，非空文之所能鼓舞也。逆酋斃後，逆黨懼其勢之孤立，而我之借撫以剿也，始依附於沙，益依附於交。沙遂收之以爲利，且藉其力，以謀剪其同室而鬥之如圻矣。交遂救之以爲名，且貪其利，因以謀剪其當户，必鋤之龍上登矣。幸如圻死地求生，大挫沙普之狂鋒，上登竭力用命，殺敗交寇之兵將。而其懷必報之心，則愈挫敗而愈憤激也。且其舊兵頭如龍得、者邪、劉阿黑，我既用間，令酋婦以次而剪除，而餘黨益疑萬氏。一畝田之李阿奴已矢心爲我用，拐甸之季問政近日亦令之投禄以相救。洪與普既不并立，而季問政之投普，益藉以爲兵端，且彼既剪舊目，復用新目，新者自雄，其智力又不能挽〔五二〕首於撫局之中。此亦窮則變，變則通之局也。夫我仍撫局，每月二萬五千金尚窘於不可繼，儻撫局變而剿局興，彼降目與土司之爲我用者，將令之裹糧以從乎？況見在主客之兵尤不能使之枵腹而荷戈也。臣頃問督臣，還楚餉之請，已有《議撫未可撤兵留兵邊難裁餉》一疏，將土司變幻情形，已縷陳其梗概，今其變幻又不止於前之所陳，如司詳所載，則兵當愈增，餉當愈廣矣。而庫僅萬餘之積，不能當用兵數日之需。即有機會，亦以無餉而坐失；即有急著，姑以無餉而且緩。臣等實無以爲封疆地，計臣、督臣將何以爲臣等地也？臣前疏計必得旨，但萬里待命，往返幾乎半年，脱巾呼庚，旦夕急不能待。適按臣入滇，問臣以庫貯幾何，月費幾何，臣又行藩司，將滇庫每年額解額支幾何，添出川黔各兵幾何，額外支餉幾何，該司一一開具手冊，互相披閱，惟有相對攢眉，仰屋長嘆。以爲十萬金額支額解之滇帑，而值臨廣兵荒之縮額，又復添出萬兵之食於額外，且調發土司降目之數不與焉。索寠兒以繁費，并禁其沿門持缽，有坐已待斃已耳，何及其他？事勢窮迫，不得不合詞叩閽以請。與其緘口束手而誤封疆，异日言之無及，寧甘眊矂之誅所不避也。伏惟聖明憐察，仍敕督臣照原奉旨，楚餉催撥接濟，庶或撫或剿，而防普、防交與防土司之通交、普者，均可相機以應也等因。

崇禎六年三月十三日，奉聖旨："該部看議速奏。"欽此。又該雲南巡按姜思睿題同前事等因，同日奉聖旨："已有旨了，該部知道。"欽此欽遵。本月初六等日，通抄到部送司，案呈到部。看得滇疆千里，土夷錯壤，原非無事之地，近普逆雖自斃，而祿、沙鬩於內，交兵搆於外，人情洶洶叵測。該按臣欲從頭整頓，練兵選將，爲一勞永逸之計，慮誠深遠。先是，撫臣蔡侃以兵未可撤，餉難遽裁，激切以請户部酌議，留六年分額餉十萬餘兩，未蒙俞允。今該撫按合詞呼籲，更不啻急矣。按臣單疏區畫，在設兵以圖善後，而撫按合疏籲請，在留餉以救目前，皆爲地方計，不容已者。但撫局搖搖靡定，方大費收拾，則救目前又急於圖日後。今且勿言額外增兵，若現在陳謙、温如珍、何天衢諸兵，必不可撤者。有必不可撤之兵，則有必不可缺之餉。撫臣以月費尚二萬五千餘兩，除十萬金額支額解之滇帑外，尚須添出萬人之食，而調發之土司降目不與焉，是猶以十萬爲見少，而不知其并弗蒙俞允也。庚癸之呼可慮，垂成之局更可惜。似當酌量存留，以濟枵腹。斷難歇手者，應再聽户部酌處。其陳謙仍留滇地，用資彈壓。俟境內帖然寧謐，方可另議撤用。至於額兵定制雖不可少，亦不能如萬人之多，俟事定撤兵之日，該撫按再行酌議。并一切布置事宜，仰候聖裁可也。若五年分未解楚餉七萬七千內，酌分三萬八千，爲滇中善後地，已奉明旨。茲督臣將解發餉銀二萬七千留黔，或未見計部條議耳，相應催發接濟者也。

既經各具題前來，相應一并覆請，伏乞敕下計部，酌議施行。

崇禎六年三月十七^{〔五三〕}日　尚寶司卿管司事李繼貞
　　　　　　　　　　　協贊司事郎中胡鍾麟
　　　　　　　　　　　管理冊庫員外郎王永祚

兵部爲微臣遵限入滇奉旨咨行稿

兵部爲微臣遵限入滇等事，該本部題云云等因，崇禎六年三月十九日本部尚書張等具題。二十二日奉聖旨：“奏內留兵措餉事情，還著會同戶部酌議具奏。”楚餉奉旨：“分解的著該督速發接濟。陳謙依議留用。”欽此欽遵，擬合就行。爲此：

一、咨黔國公沐、貴州總督、雲南巡撫、湖廣巡撫，合咨前去，煩照本部覆奉明旨內事理，欽遵施行。

一、咨都察院，合咨貴院，煩爲轉行雲南巡按御史，照依本部覆奉明旨內事理欽遵施行。

一、咨戶部，合咨貴部，煩照本部覆奉明旨內事理，即將留兵措餉事情確酌過部，以憑會覆，希勿遲滯施行。

崇禎六年三月廿三^{〔五四〕}日　尚寶司卿管司事李繼貞
　　　　　　　　　　　協贊司事郎中胡鍾麟
　　　　　　　　　　　管理冊庫員外郎王永祚

黜弁謀翻軍政等事疏^{〔五五〕}

兵部等部、尚書等官臣張等謹題，爲黜弁謀翻軍政、私揭橫誣，謹據實剖陳，伏乞聖明處分，以昭體統，以嚴法紀，以警奸邪，以明臣節事：

職方清吏司案呈，崇禎六年二月初四日奉本部送，兵科抄出，宣府巡撫焦源清題稱：崇禎四年十二月二十八日准兵部咨，該宣府總兵官董繼舒題前事，奉聖旨："溫理著兵部看議。董繼舒職任嚴疆，不必因此陳請。"欽此欽遵，煩照來文事理，即將溫理原揭及見糾事款逐一詳查明確，以文到十日內回文，以憑看議等因，備咨到臣衙門。該前撫臣、今被逮沈棨，案行分守口北道，會同巡、懷二道，行提溫理一干人犯，會勘究擬去後，今據分守口北兵備道右參政、今降三級、戴罪管事范鑛，懷隆兵備道副使劉嘉遇，分巡口北兵備道右參議、今降三級戴罪管事劉象瑤會呈：

一、問得一名溫理，年四十七歲，係直隸保定府安肅縣人，繇中式武進士，原非世襲。狀招：理於天啓六年，蒙督撫按三院明文，管理宣府東路周四溝操守，本年十一月十五日到任。本堡原有逃故軍李剛、梁生、唐月、孟虎、黃寶共五名，理不合不行呈報開除，朦朧冒領月糧。自到任日起，至天啓七年五月終止，計六個月零十五日，每月每名糧銀一兩一錢九分，共侵冒銀三十八兩六錢七分五厘入己。原無六十五兩錢[五六]五分情繇，在官馮宣證。

本堡軍人李俊、張徇[五七]兒、董柱、李安、王彥嗣、於紀、秦天禄馬七匹，於天啓六年十一月十三日等日倒死，隨即申報，原無侵扣銀四十兩八錢情繇，在官刁榮證。

又，本堡軍士五百五十名，應支天啓七年月糧，除預支八月、十月本色，又五月青黃不接，并六月、七月糧銀，各軍照數支領訖，尚該七個月糧銀，理又不合指以往來禮儀，每名每月扣銀三分，共銀一百一十五兩五錢入己。原無三百三十兩情繇，在官侯子奇證。

又，在官管隊祝國卿，將扣存天啓六年九月、十一月、十二月并七年正、二、三、四共七個月馬價銀三百兩交與理經收，聽備買馬，理又不合故遠宣府沿邊去處監收盜銀二十兩。

以上問發邊衛永遠充軍事例内，侵欺銀一百兩入己。後將理革任，伊止還回銀二百兩。在官郭顯忠證。

理所管邊牆塌毁一千二百丈，伊又不合不行修理。在官楊一枝證。

理又不合指稱賣炭應用，將本城邊軍殷成等一十四名應支月糧侵扣，内食糧一石七斗，軍四名食糧一石四斗，軍四名食糧一石三斗，軍六名每月共糧二十石二斗，每石折銀七錢，計扣二個月，共扣銀二十八兩二錢八分。不在官家人童祥收銀，交理入己。原無五個月七十七兩情縣，在官劉體乾證。

又領出崇禎三年分軍士冬衣布花銀内，軍人殷成等五十七名，每名該銀一兩二錢七分五厘，理又不合每名止給銀九錢七分五厘，每名侵扣銀三錢，共銀一十七兩一錢入己。原無四十兩情縣。劉體乾證。

理於崇禎四年二月内，蒙軍政考察革任，伊不思自己不職，懷恨董總兵平素嚴責，疑伊讎害，輒又不合妄捏改寫塘報等項虚情，刊揭滿布，欲行陷害。董總兵知得，將理備開贓款，於崇禎四年十二月内題，奉聖旨：“溫理著兵部看議。董繼舒職任嚴疆，不必因此陳請。”

此^{〔五八〕}欽遵抄出，蒙兵部移文宣府沈巡撫處，於十二月二十九日，案行分守口北道范參政，案仰署在城事胡知州提審，遵蒙屢提比，理又不合潛縣躲不行赴審。續蒙撫院咨覆兵部内稱，據分守口北道范參政呈稱，據溫理刊揭，其中臚列多端，關係最大者，則夷賊擄掠金家莊，逼令改登塘報及違軍門節制，出邊殺守口夷人，假級冒功兩事也。查得金家莊被掠，係崇禎三年四月二十三日事，路將龐永祿據溫理稟，塘報到鎮在二十六日，該鎮轉報軍門，亦在二十六日。該弁揭稱，另改塘報在二十九日，豈該鎮轉報在先，逼令改登反在後耶？三院當日再四行查巡口道問擬，招詳見在本院，可覆按也。敖目勾奴，奉旨殲剿，該鎮與協禦孫鎮同日出邊，斬獲多級，曾是堂堂正正，乃謂"鼠竊狗偷"，按院核實題叙，會揭見在本院，可覆按也。捏稱董正官避調徵流，假報夷情。夷情何似，報何衙門，豈無確據？防守趙蕙芳失傳烽火，殺掠青泉，守備不設，奉旨遣戍。見有招詳，固不得憑空肆詰，且可咨部簡查者也。至若各道中軍，於本年正月始有裁革之文。

又云"威逼屬禮至二三百兩"，率皆撒潑之語。豈該弁偶以語言之憤，遂成不解之仇乎？不然，何以揭內有"借端凌辱，令人難當"等語，自露睚眦也？

以上揭內各款，有事隸懷道者，有案存巡道者，更祈本院行兩道，覆查徹底，以杜該弁之口，服該弁之心。該鎮疏內見糾事款，本道祕查無枉，再行在城署印知州胡士棟提審。事內有名人證口供鑿鑿有憑，詳文登答在案，該弁未陳兩造，猶得藉口"單詞"，不敢具贅。且部文止云"該弁前揭向未投部"，是以移查遵具前繇，同原來刊揭一并呈報。其鎮疏所云"謀翻軍政，違禁揭誣"，飭法明分關係大典，自有憲裁，非本道所敢擅專也。緣繇具呈本院，蒙批"仰候咨部，行繳"。備蒙案仰在城同知遵照去後，續該本院爲照溫理之誣董總鎮也。謂"逼改塘報"，乃賊夷入犯金家莊事。該鎮通行塘報在二十六日，而溫理揭誣逼改日期。夫既先發，何用改爲？但即據彼揭中所刊塘報凡三上墩，倖免自認怯逃。不知家丁從何知鎮兵在鎮乎？及查鎮兵戰獲器具與陣傷軍民數目甚詳，覆查續報，固是定體，何云"逼改"？即如奉旨剿敖，尚云"違制""鼠竊"，聞警移駐，尚云"假報夷情"，若失誤傳烽，已有操防問罪；威逼屬弁，何無被害指名？不過因道經龍門，一番庭誚，遂爾銜仇，假道驛騷之謗，豈溫理穢聲載道，不欲該鎮過而問乎？恨父而及其子董正官也。從腹調衝，原非升擢；引嫌就冷，返爲神通；兵道中軍近仍舊例，何曾抗旨哉？

總之，溫理無計燃灰，惟思噴血耳。若彼逃軍倒馬，盡入貪囊，賣閑曠工，大弛邊備，前參誠有未盡之辜，反因軍政之處無端怒及總兵，尚猶石曹失事，議褫詰害本將杜維棟之故智也。敗類貪人逞其狂噬，不知有察處之大典、禁揭之明綸與上下相維之體統也，盈庭之口豈虛？頹圮之工見據，贓款尚須面質，無奈其匿影何也。爲此，合咨兵部酌處具題，以懲貪險等因到部。看得原任龍門城守備溫理，以軍政察處而攻詰鎮臣董繼舒，該鎮具疏剖陳，奉有"看議"明旨，臣部隨移文宣府沈巡撫，查原揭而確勘之。誠以事在彼中，真贋曲直無敢懸度也。乃該撫回咨，則溫理之貪險橫誣，計翻大典，有堪痛恨者。據其所誣，如塘報日期，則鎮臣從實通報，曾經撫道駁詳，鑿鑿可據；"逼改"一說，真同捕影耳。至奉旨剿敵、聞警移駐，則所稱"違制""鼠竊"、"假報夷情"，又絕不相蒙矣。他如操防之失誤伏辜，屬弁之威逼無證，該道中軍之近仍舊例，董正官之引嫌調衡，總不得以潑口顛倒也。即其"借端凌辱"一語，情見乎詞，爲挾仇逞臆明矣。似此刁潑，即照阻撓察典例重處之亦不爲枉，姑念私揭未經奏聞，典以末減，革職永錮可也。

既經奉旨"看議"及咨議前來，相應覆請，該本部題，奉聖旨："溫理既有多贓，便當質問虛實，何遽處分？著再確議具奏。"欽此欽遵。移咨撫院，案行分守道，牌仰署事胡知州，即將發去真定撫院咨一角，速差的當官一員，賫赴投下守，提溫理，仍將原參款內有名干證一并行提到官，研審明確呈解，以憑覆審轉解。續蒙兵部看得溫理前以軍政察處，而詰鎮臣董繼舒，及鎮臣疏剖，奉旨"看議"，臣部業咨宣府沈巡撫詳查，隨據該撫回文，則溫理俱屬挾仇憤逞之詞，本當議處，但念係私揭，尚未奏聞，且覼啓互詰，恐鎮臣疏中摭拾贓款不無風影，又屬察處以前之譽，是以僅擬革職永錮。奉有"質問虛實，著再確議"之旨，則贓款真贋事在彼中，臣部懸斷難服其心，宜敕下撫按，嚴訊處分，毋[五九]縱可也。

既經奉旨"確議"，相應覆請等因。崇禎五年四月二十二日，本部題，奉旨："溫理，著宣府撫按提問，具奏。"欽此欽遵，移咨撫院，案仰署事胡知州，會同理刑廳查照題、奉明旨內事理，即將溫理一案查照原參贓款研審明確，依律議擬，招解本道，以憑轉解。行間，五月初九日，蒙巡按胡御史案驗，奉都察院巡按口北三千八百六十六號勘札，備行分巡道劉參議，查得溫理已蒙撫院行文分守道問理。隨具繇呈詳按院，蒙批"守口道并問，速招報"。備蒙案仰在城張同知會同理刑廳，即將溫理速提人犯到官，嚴行勘問，入律具招，連人解道，以憑覆審，轉詳施行。依蒙行提理等一干犯證到官，會同理刑張推官，逐款細加研審前情明白。

看得武官必有不愛錢之心，而後收不怕死之功。有如雄膽不用之以掃胡，而用之以剝軍；奇計不用之以衛國，而用之以肥家。則有溫理其人，起家甲第，獨不可矯矯自飭，糾糾自奮與？而二百九十多金，是非慘淡風沙，悲涼鼓角，人所藉以收隴月之淚乎？而據鞍之勇忍作策肥之游，庚癸之資忍作潤囊之私！溫理有面，眾軍有口，兩兩對勘，一一無語者誰何？失身之婦善按，飽污之蠅善點。飛語橫中辨布朝市，蓋慮董總兵彈文爲攻心之鏑[六〇]，而先發爲浪戰之鋒。就其中所最辣爲改塘報一事。夫金家莊之事，何必諱塘報？又何必改也？日期昭若，首功纍若。已不能破長風之浪，而舲人以摧先登之呼也？可憐理乎！既不修飲水之操，又不嚴守牷之防。何如速自省圖，以完贓作悔過，以城旦代永戍，可乎？問擬溫理，監守自盜四十貫，律斬，係雜犯，准徒五年，照例免徒僉妻定發邊衛[六一]，永遠充軍。若照新例，一月內果能盡數完贓，依本律發落。仍追贓銀二百九十九兩五錢五分五厘，抵充軍餉，招解到道。該本道恪遵新例，不敢以弁備質讞於聽官，遽稱信案。於是進各證佐，再四細鞫之，贓私狼藉，咸無異詞，而溫理尚呶呶置辯不休，事關欽案，須歸帖服。

該弁初任周四溝，隸在懷道；再任龍門城，隸在巡道。地近則耳目更真，事親則卷案可覈。合無呈請憲批，兩道覆加會審，以服其心。緣繇通呈，蒙本院批："該道移會巡、懷兩道，火速究明通詳。"備蒙移文巡、懷二道會勘去後，續蒙前任馬巡撫批："仰巡口道會同懷隆道確究，速報。"該巡、懷兩道會同，隨即行據宣府在城同知張守約，提取溫理等一干人犯，於本年十月二十二日呈解到道。隨該兩道親詣鎮城，會審得人雖捍甚，執法據理，以直繩之，未有不怵然服者；人雖迷甚，虛心平情以婉諭之，未有不瞿然悔者。從未有置天理人情於不顧而獨強，以"無贓"二字爲忤衆、抗官之符，如溫理其人者。當守道親自細鞫，贓私狼藉，咸無異詞，業成定案。但因理尚呶呶不休，遂請改委覆審。謂周四溝屬懷道，龍門城屬巡道，地方事迹可就近再一質訊。及兩道面訊，周四溝之證佐，約贓纚纚可數，既已如彼面訊；龍門城之證佐，約贓纚纚可數，又復如此。衆口之確證難逃，三窟之狡踪偏熟，習於呶呶之故智，轉作洶洶之譸張。厲舌狂吻，東吠西噬，蓋明知多贓難完，故作一味死抵，其一時狰獰撒潑之狀，真宇宙之怪物而邊鄙之頑凶也。原係守道請改覆審事理，即兩道未敢擅專，伏乞憲批，守道仍前主案，俾得早結欽件。緣繇具呈按院，蒙批："惡弁咆哮，法難輕貸，守口道仍會同懷、巡兩道嚴鞫，招報以憑題參。"依蒙，一面移文巡、懷兩道，約期會審；一面牌行在城同知張守約，提取溫理等一干人犯，聽候會審去後，今年十二月初七日，三道齊赴書院，當堂逐件會審，前情是的。會看得溫理毒如蛇蠍，貪類豺狼，繕垣飭備之罔聞，吸髓胺膏之是事。邊塞以飽騰禦虜，乃偏快逃，故爲潤囊之資；士卒以花布禦寒，復慣借截支作扣剋之路。買官馬俱堪漁利，指私炭并用剥軍。穢不勝書，衆實有口。初訊倚其撒潑，若謂曾列衣冠，承問衙門，無可加之法；歷審露其行徑，轉稱昔年科歛，隨手花費，無可追之贓。閃爍遁詞，狰獰故智。三道凜遵彰癉，共矢虛公，以服其心。屢□□〔六二〕見肺肝，愈悉污橫而定其案。多贓既確，一成何辭！將理取問罪犯外，結得銀每兩值鈔八十貫。招結是實十一名：楊一枝年四十四歲，李剛三十三歲，馮宣五十八歲，李俊五十一歲，刁榮三十八歲，侯子奇六十二歲，郭顯忠四十六歲，何召通六十歲，俱東路周四溝軍；王良佐五十六歲，殷成二十八歲，祝國卿三十九歲，俱係中路龍門城軍。各供同一。議得溫理所犯，除常人盜庫錢并科歛軍人錢糧若等違制輕罪，不□□依監守自盜四十貫，律斬，係雜犯，准徒五年，照例□□□〔六三〕妻定發邊衛，永遠充軍。若照新例，一月内果能盡數完贓，依本律，改擬發落，緣關欽依提問人犯，恭候請旨。

一、照出溫理犯充軍免紙，本犯名下應追侵冒逃故軍李剛等糧銀三十八兩六錢七分五厘，又扣軍士七個月糧銀一百一十五兩五錢，又侵欺馬價銀一百兩，又指買炭扣過軍人殷成等銀二十八兩二錢八分，又扣布花銀一十七兩一錢。以上共銀二百九十九兩五錢五分五厘。案發在城同知張守約，照數追□〔六四〕，解交萬億庫，充作軍餉。取實收收管繳報，餘無照等因，招解到臣，覆審無異。謹會同巡按直隸監察御史、今降三級、戴罪管事胡志藩，看得溫理奉職不聞善狀，剝軍夙著穢聲，逃故糧銀用充私橐，伍籍不漸空乎？交際禮儀，取給窮軍，千人將共指矣。一柴炭也，兩月扣糧過四十石，彼數家待以舉火，將何賴焉？一布花也，每名短銀至三錢，欲三軍感同挾纊，不可得已。更可恨者，公帑馬□□〔六五〕沒百餘兩，真是見其金不見其人！嚴塞邊墻傾□□□〔六六〕丈，不啻受若值而怠若事。撓察典而含沙，至云"借端凌辱"，則又自吐其真情矣；抗問官而鼓舌，至云"原贓花費"，則又自具一供狀矣。眾證有口，一成無詞。

既經各道問擬前來，相應具題，伏乞敕下兵部，再加查議，上請行臣等發落施行等因。崇禎六年二月初三日奉聖旨："該部覈擬具奏。"欽此。

又該直隸巡按、今降三級戴罪管事胡志藩題同前事，二月初七日奉聖旨："已有旨了，該部知道。"欽此欽遵。通抄到部送司，案呈到部。該臣等會同刑部尚書胡等議："照溫理出身武科，自甘菲薄，按道再四研審，剝軍侵餉，惟利是圖，若柴炭布花之入肥，馬價邊墻之尅誤，劣狀種種，尚爾肆含沙而撓察典，鼓簧舌而抗問官，真是廉恥道喪，恣睢無忌者也。贓雖隨手花費，然審證既確，引監守自盜之律，遣戍何辭！"

既經具題前來，相應合詞覆請。合候命下，行原問衙門，將溫理發邊衛，永遠充軍。仍追贓銀二百九十九兩五錢五分五厘，照新例一月內果能盡數完贓，依本律改擬發落施行。查溫理係會武舉。

崇禎六年三月十八〔六七〕日　尚寶司卿管司事李繼貞
　　　　　　　　　　　　　　協贊司事郎中胡鍾麟
　　　　　　　　　　　　　　管理冊庫員外郎王永祚

刑部尚書胡題

左侍郎程題

右侍郎馮題

兵部尚書張

左侍郎楊

右侍郎彭〔六八〕

兵部爲黜弁謀翻軍政等事咨行稿

兵部爲黜弁謀翻軍政等事，該本部題云云等因。崇禎六年四月初二日本部尚書張等具題，初六日奉聖旨："溫理著發邊衛，永遠充軍。贓著嚴追完贓改擬，明係徇法縱奸，該部以後不得引用。"欽此欽遵，擬合就行。爲此：

一咨宣府巡撫，都察院轉行宣、大巡按御史，合咨前去，煩照覆奉明旨內事理欽遵施行。

崇禎六年四月初十〔六九〕日　尚寶司卿管司事李繼貞

協贊司事郎中胡鍾麟

管理册庫員外郎王永祚

校勘記

〔一〕此爲影印本《中國明朝檔案總匯》（以下簡稱《總匯》）第13册，第1062號，第206頁。編者擬題爲"兵部尚書張鳳翼等爲遵旨查奏妻僕計殺普酋題稿（尾缺）　崇禎五年十二月初九日"，今依影印原件原題擬爲正文題目。原件題目上有明廷檔案編號"字字四十號止"，其右側有"字字又卅九"。題目下有小字"上訖"，又有"堂稿寫訖"等字。又有一行大字"補題稿""題"等字。"補題""題"爲手寫字，"稿"爲版刻字，左面還有"二月初九日上""封訖""胡其俊承"等字，其中"日上"亦爲版刻字。以下各件題目皆如此處，但注明編者所擬題目，并其編號、頁碼等。又原件標目無"疏"字，今依照國家圖書館藏本《樞政録·策寇録》明刻本所擬標題例加“疏”字。

〔二〕原稿“張”字下面空一格，爲明代奏疏通例，今改爲連排。下同，不再出校。不書名字，蓋起稿者諱書上司名字，正式上奏時當書全名。下文同此，不再出校。

〔三〕以下原件闕失。

〔四〕此爲影印本《總匯》第 13 册，第 1069 號，第 222 頁。編者擬題爲“兵部尚書張鳳翼等爲密緝越獄雲南攻劫州縣大盜方維翰等人事題行稿　崇禎六年二月初九日”，原件首頁首行有明廷兵部檔案號：“宙字十二號。”其左側有“四”字。“四”字左下有小字“有貼黄”，再下即原稿題目，其上有大字“行”字。下一行有小字“題稿”、大字“題”字、“行”字。最下有“堂稿寫訖”“行訖”兩行小字。再下一行又有“行”字。再下一行有版印字“主事（後空）封訖”“限日上”。最下是人名“胡其俊”，與上雙行小字“吏書”之“書”字對應，當爲抄寫人員。又，本疏最後有小字提要，但前面的日期和提要的前半部分皆已闕失，今將其殘餘部分附録於此：“王聘選都司餘鯤及血戰斬級如戴天成等，俱應紀録獎賞者也。既經各塘報前來，理合具本題（下闕）。”緊接下頁，又有一提要，亦附録於此：“兵部尚書臣張等謹題，爲塘報事：雲南撫鎮等官蔡侃等各塘報前事，臣部看得魯之龍等皆劇賊逋寇，一旦相繼授首，惟餘矣巴計尚在兔脱，鄭弘勛、王聘選、余鯤購緝有方，及戴天成等俱應紀録獎賞。謹題。”

〔五〕“□”，該字漫漶不清，據殘餘右下角及文意，疑當作“天”。

〔六〕“□”，該字漫漶不清，據上文當作“魯”。

〔七〕“□”，據文意當作“同”。

〔八〕“□□”，原件漫漶不清，據文意與殘餘部分推考，當作“誠恐”。

〔九〕“□”，據文意當作“殊”。

〔一〇〕“□”，按文意當作“箐”。

〔一一〕本疏最後缺日期。

〔一二〕本疏後面緊接兵部咨行公文，蓋《總匯》編者以爲不能獨立於前奏疏之外，故附録於後，未作奏疏正文處理，亦不見編號和目録。今以咨文爲題單獨抄録。下文凡此類一律同此處理，不再出校。

〔一三〕"雲南巡撫、貴州總督、黔國公沐"，原件此三個職官爲三行并列小字。下文凡此類不再出校。

〔一四〕"十五"二字右側有小字"十四"二字。蓋爲記員（書辦）抄寫奏疏抄報日期，該日期與最後簽發日期有時相同，有時并不一致，看出書辦責任所在的謹慎態度，也能看出兵部對某奏疏上奏的態度。

〔一五〕"尚寶司卿管司事李繼貞、協贊司事郎中胡鍾麟、管理册庫員外郎王永祚"，原件三個職官爲平列三行小字。又，"崇禎六年二月十五日"上覆蓋大印章。下文凡此類不再出校。

〔一六〕此爲影印本《總匯》第13册第1070號，第233頁。編者擬題爲"兵部尚書張鳳翼等爲薦郝效忠任宣府撫夷都司守備事題行稿，崇禎六年二月二十三日"。原件首行爲明廷檔案號"辰字十七號"。題目下有"上録訖"、"寫訖"五字。另行前有小字"題"字、大字"題""行"。再下一行大字"題""行"。又一行有"即"字，下書"有貼黄"三字，其下有小字"廿六日上"，該行最下是人名"王言"。

〔一七〕"塲"，疑當爲"場"字之誤，緣其所請乃類似今之邊疆處理外事之官員，此類官員當熟悉邊事，故曰"疆場"，非指邊疆戰塲事。

〔一八〕原文"將郝效忠"下面空出，但有小字在空白右側"以守備管撫夷都司事"，至"尹來春"前，"尹來春"以下又空出，但有小字在空白右側"量加守備銜協管撫夷事"，空白處大字爲後來照小字填寫。

〔一九〕"廿三"二字右側有小字"廿二"。

〔二〇〕"本"字右側有小字"本"字。

〔二一〕"廿"字右側旁有小字"二十"。

〔二二〕"二十"右側有小字"初九"。

〔二三〕此爲影印本《總匯》第13册第1073號，第252頁。編者擬題爲"兵部尚書張鳳翼等爲新升廣西潯梧參將彭宗勞邁疾請准回衛調治事題行稿　崇禎六年三月初一日"，明廷檔案"宙字廿五行"。第一行題目上面有大字"題"字，"題"下有小字"第一"，其下有大字"行"字。第三行又有小字"題"字、大字"題"字、"行"字，其下有小字"行訖"二字。第四行有"四月十一""初三""速"等字。

〔二四〕"劉香、老嚮導","老嚮導"突兀,然"劉香老"亦與前疏所言"劉香"不類,待考。

〔二五〕奏疏至此當終了,但緊接有小字"緣係積勞遘疾,懇賜題請恩准回衙調治事理,未敢",語義未完,不明何意,待考。

〔二六〕"初一"右側有小字"卅"。

〔二七〕"十一"二字右側有小字"初十"。

〔二八〕此爲影印本第 13 册,第 1076 號,第 297 頁。編者擬題爲"兵部尚書張鳳翼等爲斬獲雲南八寨犯滇夷人并交功事題行稿　崇禎六年三月初四日"。本頁首行明廷檔案號"宙字十八號",其右側有小字"七"字。其下有小字"行"字、大字"題"字。下一行有小字"題"字、大字"題"字、"行"字,最下有雙行小字"行訖"、"堂稿寫訖",第三行有大字"題"字、"行"字。第四行有"六年三月初十"等字,該行最下事人名"胡其俊"。

〔二九〕"納"字,上文作"訥"。

〔三〇〕"諾"字,上文作"糯"。此兩處人名前後爲同一個人,而書寫不同,乃其人爲西南少數民族人名音譯。

〔三一〕"天",疑當作"大"。

〔三二〕"褫",於文意欠通,當作"裰"。

〔三三〕"初四"二字右側有小字"初四"。

〔三四〕以上四官員原件爲小字四行并列,今改爲接排。下文此類行文并如此處理,不再出校。

〔三五〕"貴院"右側有小字"僉限",未知何意,姑此說明。

〔三六〕"七"字爲草體,"七"右側又旁注楷書"七"。

〔三七〕"初十"二字右側有小字"初九"。

〔三八〕此爲影印本《總匯》第 13 册,第 1080 號,第 321 頁。編者擬題爲"兵部尚書張鳳翼等爲山東膠州緊急軍機事題本奉旨　崇禎六年三月初六日"。本件無明廷檔案號。首頁第一行爲題目,該行最下有"抄訖"二字。第二行有"不應抄傳"四字,第三行靠下有"崇禎六年三月初八日抄送,奉旨:五日爲期,應本月初九日咨行"。第六行有大字"初九"二字。

第七行上有"兵部呈於"四字，本行最下有人名"嚴日垣"。第八行最上有"兵科抄出"四字，下接正文。應與"兵部呈於兵科抄出"相連。以下與此相同或類似者，不再具體說明。

〔三九〕本疏最後無日期，亦無簽押者職名。

〔四〇〕此爲影印本《總匯》第13冊，第1090號，第359頁。編者擬題爲"兵部尚書張鳳翼等爲颶傷船隻事題本奉旨　崇禎六年三月十五日"。首頁分上下兩欄，無明廷檔案號。題目在上欄，左一行有小字"題"字，左邊一行爲版印大字"崇禎六年三月"六字，下最右側有"速速"二字，其左側版印小字"崇禎六年三月十六日抄送奉旨五日爲期應本月十七日咨行"，其中數字與"本月"之"本"、"咨行"皆爲毛筆填寫字，"咨行"亦爲手寫字，其下有"十六"手寫大字。其下則爲原刻印陰文大字"日到"。與上文連起來，就是一個爲節省時間事先刻好的有如印章似的奏疏所到達的日期："崇禎六年三月十六日到。"其中日期爲手寫，且比較潦草。但未注明本應十七日咨行的事情，何以十八日才到達兵部或兵科。轉行最上則爲"兵部呈於""兵科抄出"，"兵部呈於"一行最下有人名"方惠"。

〔四一〕本疏最後無日期，亦無簽押者職名。

〔四二〕此爲影印本《總匯》第13冊，第1091號，第360頁。編者擬題爲"兵部尚書張鳳翼等爲患病難痊請放歸調理事題本奉旨　崇禎六年三月十五日"。除正文外，其餘字迹與上文第1090號同。

〔四三〕本疏最後無日期，亦無簽押者職名。

〔四四〕此爲影印本《總匯》第13冊，第1096號，第379頁。編者擬題爲"兵部尚書張鳳翼等爲宣府二虜堆處有往西北行走夷人事題行稿　崇禎六年三月十六日"。本疏明廷檔案號爲"辰字卅六號"。原題目後一行有小字"題"字、大字"題""題""行"三字，第三行有"紅本"二字，最下有人名"王言"。本疏後面附有提要，今一併附錄於此："兵部題，爲塘報夷情事：該宣府總兵、今降三級戴罪管事董繼舒塘報前事，臣部看得二虜堆有馬夷二百餘名，又有步行夷人三百餘名，俱往西北行走。其爲避奴之狀顯然。插之哨奴必遠必真，我防插掩伏於西，更宜防奴突逞於東。謹題。"

〔四五〕"崇"，原件缺損，據行文慣例補。

〔四六〕"十六"爲後填草書右側有小字"十六"二字。

〔四七〕"咨札手本"，原疏爲雙行小字，與上文職官人名排列格式相同。以下此類情形不再出校。

〔四八〕"十八"二字右側有小字"十八"二字。

〔四九〕此爲在影印本《總匯》第 13 册，第 1099 號，第 392 頁。編者擬題爲"兵部尚書張鳳翼等爲續平滇患留兵措餉事題行稿　崇禎六年三月十七日"。原件明廷檔案號爲"宙字十一號"。題目上面有大字"題"字、"行"字，再下一行有小字"題"字、大字"題"字、"行"字，下一行又有大字"題"字。再下一行有"六年三月廿三日""十八""速"等字，本行最下小字人名"胡其俊"。又，本疏後附有小字提要，今附録於此："兵部題，爲微臣遵限入滇等事：該雲南巡按姜思睿題前事，又該雲南撫按等官蔡侃等題爲滇患未平等事，臣部看得滇疆禄沙、交兵爲難，人情叵測，按臣欲練兵選將，慮誠深遠。先是，蔡侃以兵未可撤，餉難遽裁，户部議留額餉十萬餘兩，未蒙俞允。按臣區劃，設兵以圖善後，但撫局靡定，則救目前更急，且勿言增兵。若現在兵必不可撤，命撫臣以月費尚二萬五千餘兩，除十萬金額解外，尚須添出萬人之食，似當酌量存留，應聽户部酌處。陳謙仍留滇地，若五年分未解，楚餉內酌分三萬八千爲滇中善後。已奉明旨：'兹督臣將解發銀二萬七千留黔，應催發接濟。'乞敕計部酌議，謹題。"又，本提要後面有小字草書"十五行"三字。

〔五〇〕"關"，據文意當作"開"。

〔五一〕"正覆疏"三字，原件爲後加小字（有加字符號），在該行右側，今補入正文。此句後當脱一"間"字。

〔五二〕"挽"字，疑當爲"俛"字，形近而誤。

〔五三〕"十七"二字右側有小字"十七"二字。

〔五四〕"廿三"二字右側有小字"廿三"二字。

〔五五〕此爲影印本《總匯》第 13 册，第 1100 號，第 419 頁。編者擬題爲"兵部尚書張鳳翼等爲遵旨察覈原任宣府龍門城守備温理侵貪銀糧事題行稿　崇禎六年三月十八日"。原件首行明廷檔案號"辰字廿一號"。題目上有大字"題"字。下一行有小字"會題"二字、大字"題"字、"行"字。第三行有大字"題"字,第四行有小字"廿一"二字。其下有小字"有貼黄"三字。最下是人名"王言"。

〔五六〕"錢"字前面,原件空出一格。

〔五七〕"徇",疑當爲"狗"字,形近而誤。

〔五八〕"此"字前據文意當奪一"欽"字。

〔五九〕"毋",原文作"毌",據文意改。

〔六○〕"鏑"字,原文作"鏑",據文意改。明人書寫多誤以"商"作"商"。下文凡此類徑改,不再出校。

〔六一〕本句疑有誤。

〔六二〕"□□",原件漫漶,據文意并參殘餘字迹疑當作"讞如"二字。

〔六三〕"□□□",漫漶不清,依上文當爲"免徒僉"。

〔六四〕"□",據文意當作"索"。

〔六五〕"價乾",原件漫漶殘缺,據文意迹殘餘部分可確認爲"價乾"。

〔六六〕"□□□",原件損毁,據文意及殘餘字迹當作"圮千餘"。

〔六七〕"十八"二字右側有小字"十四"二字。

〔六八〕以上職官、姓氏一律照原題行稿格式排列。

〔六九〕"初十"二字右側有小字"初九"二字。

第一四册

遵旨回奏疏〔一〕

兵部尚書臣張等謹題，爲遵旨回奏事：

職方清吏司案呈，奉本部送，兵科抄出，貴州總督朱燮元題稱，本年六月二十九日，准兵部咨，爲列城扼險，守禦粗備，敬陳善後，設建衛所，久任世守，以□〔二〕邊圉事。職方清吏司案呈，奉本部送，兵科抄出，貴州總督朱燮元題前事等因。崇禎五年四月十二日奉聖旨："兵部覆議具奏。"欽此欽遵。本月十三日抄出，到部送司，案呈到部。看得水外六目九司之地一旦入我版圖，諸將領十年血戰之功誠不可泯。今既建城開屯，大小相錯，世其官以守其土，隱然於賞功中寓善後之意，督臣籌之熟矣。獨是世官一事，祖宗朝所最慎重，況指揮使則居然三品矣。藉令諸將續有奇功，將何官以賞之？應再加酌量擬授指揮使者授以指揮僉事；□〔三〕授指揮同、僉者授以正千户，擬授正副千户者□□〔四〕以實授百户，留餘地以觀後效，庶幾無靳無濫也。而督臣所列三等中，亦似有可商者。夫三等以築城開屯之多寡爲各將等差是矣。林兆鼎建城不過經始，而開屯止二千畝，較王國禎、楊正芳諸人似未可同日而語，乃序爵獨先之，是一可議也。世官不第酬其開築，即爲他日叙功之按，凡有事於茲土者，豈容泯没？乃許成名、牟文綬等豈得以入衛獨遺？而胡從儀、任先覺或勞苦功高，或有功戰殁，惡得以其物故不在世爵之中？是二可議也。水外膏腴，聞有遠過中土者，今據各開數目，已十萬餘畝，除養軍之外，作何徵輸？賦有定額，□〔五〕官有常俸，而官軍禄入之餘，須解至省城，作正餉支銷，始見開疆闢土之益。若今日費金錢以開築，而他日又費徵輸以給軍，恐非永遠之利。是三可議也。一二等世官矣，而其餘三等俱屬有功，且見在開種，督臣業已紀録鼓舞之，但其地利未盡闢者尚多。應明懸以賞格，開種若干畝，則授以若何官，庶人知競勸，而冒濫之端可杜。此四可議也。在地方爲安土樂業之始，在國家爲久安長治之圖，名器宜重，功賞宜明。督臣請敕下該巡按御史，通行查點，似應令督按會同，再加酌議，務得鼓勵之權，更盡經久之策，方爲長便。

既經具題前來，相應覆請，合候命下，遵奉施行等因。崇禎五年四月二十三日本部尚書熊等具題。二十柒日奉聖旨："世官原屬上賞，非有懋功，殊難輕授。這本内所列，既説衡量，尚多未平，并輸賦開屯等事，還著該督按官酌議妥確具奏。"欽此欽遵，備咨，煩照本部覆。奉明旨内事理，即會同巡按御史酌議妥確回奏等因，備移到臣。該臣會同貴州巡按[六]梁炳并藩臬臣朱芹等，三覆酌議。看得朝廷名器最宜慎重，而邊境新開之土，責成駐防，與腹裏大不相侔，有難以常格拘者。查得水外一帶地方，本夷賊窟穴，自被兵以來，髑髏載道，荆棘成林，絶無土著餘民可以徵發。獨賴有功各將士分營駐屯，既殫勞於版築，且盡力於耕耘，冒瘴披蓁，互相守望，其勞苦實倍於戰。且給土作俸，以耕代禄，既無原籍晝錦之榮，又非省會安閑之地，咫尺夷巢，枕戈爲業，即議延世，亦非各將之所覬覦也。惟是開以功名之路，鼓其奮勵之心，則人知嚮往，可以督責。臣前疏二衛八所設官一節，已經部覆，奉旨俞允，似應仍照原議。其指揮以下，部議欲遞省一級，留餘地以待後舉，最爲有見，另開四可議，并見詳慎。大抵此局雖首，論戰功而爲善後計，所重實在屯築，如林兆鼎主將首創鴨池、新城二工，又躬涼傘之役，實爲功首。其所開屯雖止二千畝，祇因調發不常，故部兵所開，多改并於各將之下，譬如賞操舟者，必首舵師，似屬非冒。許成名、胡從儀等皆大著戰功，而實未屯築，本部論叙自有成例。若謂兆鼎等先議世及，覺有偏枯，自當於總叙案內劑量盈縮，非臣所敢擅議也。新開之土，腥毒荒涼，人不樂居。查例，三年後方議起科。今分給養兵，尚苦不足。俟漸充漸廣，得省額餉，其利自倍於納賦，未便輕議。至於各將已授者，開得二千畝，擬晋一階。各紀錄將官開得六千畝者擬授千户，三千畝者擬授百户，統候巡按御史踏勘明白，會疏上請。大抵人情戀土方可驅使，受爵方可責成。今營域外之地，養無俸之官，責以效力干敀，永固磐石，非藉進取一途，實難鼓舞。臣區區之愚，總爲地方計長久，不敢有私於各將士也。相應題請，伏乞敕下該部，酌議具覆，行臣遵奉施行等因。崇禎六年二月二十九日奉聖旨："兵部確議具覆。"欽此。

又該貴州巡按梁炳題，爲列城扼險，守禦粗備，敬陳善後，設建衛所，久任世守，以固邊圉事，內稱：據貴州按察司呈，據經歷司呈抄，蒙臣案驗前事，崇禎五年六月二十九日，奉都察院勘札，准兵部咨，職方司案呈，奉本部送，兵科抄出，貴州總督朱燮元題前事內稱：看得水外六目九司之地既入職方，一時招回仳離之衆，即敗址殘阡，尚未能戢，安能驅之危險之衝，以供干敀之役？必須設將設兵，到處棋布，且屯且守，漸漸生聚，則捍禦之力有餘，而金湯之勢自固。該兵部就臣疏條議上覆，業已詳明。至於世守各官，朝廷名器，毫不可濫。而鼓舞激勸，於法宜覈，於途宜寬，謹條爲三等：第一等爲主將，勞苦而功高者；第二等爲偏裨，血戰而多功者；第三等爲衝鋒各將，功苦素超，而尚應責成以俟再叙者。三等之中，首論戰功，再論版築、論開屯，必須事事俱有顯據，乃敢匯入。謹條列於左：

一、總兵官林兆鼎，戰功俱載叙案，鴨池一城，實其經始，又助築省會新城，獨造涼傘一城，開屯二千餘畝，應廳鎮西衛指揮使。

一、總兵官王國禎，戰功俱載叙案，築敷勇一城，再兼督六廣、虎場、札佐三城，又築省城北門、新城，開屯一萬五千畝，應廕敷勇衛指揮使。

一、副將楊正芳，戰功俱載叙案，本官築鎮西衛一城，又築乾溝、鴨池二城，開屯二萬五千畝，應廕鎮西衛指揮使。

一、副將范邦雄，戰功俱載叙案，先年發守安莊，一家二十七口，俱被殺戮，今建定南所一城，又重修普定衛城，開屯二萬三千畝有零，應廕定南所指揮同知。

一、參將陳謙，戰功俱載叙案，首創建築省會新城四百叁十丈，又造洪邊門城樓一座，月城一座，又築廣順州城一座，開田二千畝，應廕敷勇衛指揮僉事。

以上爲一等，若總兵許成名戰功最著，有修復畢節、赤水二衛、普市所，共三城，今見發入衛。已故總兵胡從儀戰功最著，而今物故。參將牟文綬、冉天胤、段喬森俱有斬級築城之績而未開屯，都司任先覺有功，而今戰歿，俱應照叙案，另候覆議，不再此款。

一、參將方國安，又督造省城新城九十二丈，劉鎮藩又築長寧新城五百丈，共開屯一萬畝，應廕敷勇正千戶。

一、游擊彭應魁，戰功俱載叙案，先年發守安莊，一家三十六口盡被殺食。今築省會新城一百五十六丈，又築水硐門樓一座，開屯一千畝。應廕鎮西衛正千戶。

一、游擊金良田，戰功俱載叙案，親築柔遠所城一座，開屯六千五百畝，應廕本所正千戶。

都司僉書袁桂芳，戰功俱載叙案，親築修文所城一座，又築息烽所城一座，開屯八千畝，應廕修文所正千戶。

鎮西一路守備毛禮、李守文、龍鳳麟，敷勇一路游擊溫如珍，守備周民望、盧仲勛，定南所一路守備王天寵，息烽所一路守備牟海奇，連雲等城守備朱朝遠，以上俱隨主將斬功最多，載在叙案，且繕城開屯，苦勞最首。毛禮、李守文、温如珍、周民望、王天寵應廳本所副千户；龍鳳麟、盧仲勛、牟海奇、朱朝遠應廳本所實授百户。以上爲二等。

其次則敷勇衛之張順、黄河清、曹瑞麟、錢應科、李應甲、王貴龍、陳斌，鎮西衛之戴尚貴、王輔、高友茂、楊忠、況元賞、張才、王可定，南守禦所之趙良臣、華宗明、吴國棟、向起俸、歐倫、王國勝，息烽守禦所之劉安邊、嚴奇，省城標下各營之楊雲、丁顯爵、朱文慶、沈芳、安普，十一新城之李芳先、曹正邦、許盡忠、李世芳、施國顏、陸逢春、馬振邦，斬級繕城之功俱歷載叙案，而開屯未多，仍應責成盡力，合先紀録，聽候續叙。是爲三等。

查祖制，設衛指揮則有印、屯、操、補四項，又正副千户、實授百户、試百户、鎮撫、總、小旗，常一衛多者百數，少亦數十員。今臣新設二衛、二直隸所，又附衛共八所，擬指揮五員，正副千户各五員，實授百户四員，較部覆稍增，而實不及一衛之額。顧朝廷名器最宜愛惜，寧刻毋濫，人始知榮。且此舉不惟酬其既往，實欲勵其將來，懸示一的，使人共赴。已叙者安土樂業，屯築有加，自可漸晋；而未及延世者，效有成績，又當續叙爵級。既無濫及，功苦無不甄收，實鼓勵忠義，計安邊境之法也。仍乞敕下巡按御史，將新設二衛、二直隸守禦所并附衛八所，共新城二十七座通行查閲，點試各兵有無精鋭，城垣有無堅固，開墾有無加增。每遇報命，會同臣衙門，將應晋級、應補廳與玩肆不及格者，分别上請，以彰勸懲，其於危邊定有小補矣。等因。

崇禎五年四月十二日奉聖旨："兵部覆議具奏。"欽此欽遵。本月十三日抄出，到部送司，案呈到部。看得水外六目九司之地一旦入我版圖，諸將領十年血戰之功，誠不可泯。今既建城開屯，大小相錯，世其官以守其土，隱然於賞功中寓善後之意，督臣籌之熟矣。獨是世官一事，祖宗朝所最慎重，況指揮則居然三品矣。藉令諸將續有奇功，將何官以賞之？應再加酌量：授^{〔七〕}指揮使者，授以指揮僉事；擬授指揮同、僉者，授以正千戶；擬授正千戶者，概授以實授百戶。留餘地以觀後效，庶幾無靳無濫也。而督臣所列三等中，亦似有可商者。夫三等以築城開屯之多寡爲各將等差，是矣。林兆鼎建城不過經始，而開屯止二千畝，較王國禎、楊正芳諸人似未可同日而語，乃序爵獨先之，是一可議也。世官不第酬其開築，即爲他日叙功之案，凡有事於兹土者豈容泯没？乃許成名、牟文綬等豈得以入衛獨遺？而胡從儀、任先覺，或勞苦功高，或有功戰殁，惡得以其物故不在世爵之中？是二可議也。水外膏腴，聞有遠過中土者，今據各開數目，已十萬餘畝，除養軍之外，作何徵輸？賦有定額，使官有常俸，而官軍禄入之餘，須解至省城，作正餉支銷，始見開疆闢土之益。若今日費金錢以開築，而他日又費徵輸以給軍，恐非永遠之利。是三可議也。一二等世官矣，而其餘三等俱屬有功，且現在開種督臣業已紀録皷舞之，但其地利未盡闢者尚多，應明懸以賞格，開種若干畝，則授以何官，庶人知競勸，而冒濫之端可杜，此四可議也。在地方爲安土樂業之始，在國家爲久安長治之圖。名器宜重，功賞宜明，督臣請敕下該巡按御史，通行查點，似應令督按會同，再加酌議，務得皷勵之權更畫經久之策，方爲長便。

　　既經具題前來，相應覆請，合候命下，遵奉施行等因。崇禎五年四月二十三日本部尚書熊等具題，二十七日奉聖旨："世官原屬上賞，非有懋功，殊難輕授。這本内所列既說衡量尚多未平，并輸賦開屯等事，還著該督按官酌議妥確具奏。"欽此欽遵，移咨到院。准此，札仰本官照依兵部覆奉明旨内事理，即會同總督酌議妥確具奏等因，奉此，又准貴州總督朱燮元手本，移准兵部咨同前事，備移到院。准此，案仰經歷司呈堂，即便會同布政司并各該守巡監軍道，查照部覆列城事理，逐一從公確議明白，限十日内呈報，以憑酌議妥確具奏，毋視泛常遲滯等因，抄呈到司。蒙此，遵依移行各司道查議，移覆前來。該本司按察使朱家民會同布政司朱芹等查議，呈詳到臣。該臣會同貴州總督朱燮元，三覆酌議。據督臣看得，朝廷名器最宜慎重，而邊境新開之土，責成駐防，與腹裏天[八]不相侔，有難以常格拘者。查得水外一帶地方，本夷賊窟穴，自被兵以來，髑髏載道，荆棘成林，絕無土著餘民可以徵發，獨有功各將士分營札屯，既殫勞於版築，且盡力於耕耘。冒瘴披蓁，互相守望，其勞苦實倍於戰。且給土作俸，以耕代祿，既無原籍晝錦之榮，又非省會安閑之地，咫尺夷巢，枕戈爲業，即議延世，亦非各將之所覬覦也。惟是開以功名之路，鼓其奮勵之心，則人知嚮往，可以督責。臣前疏二衛八所設官一節，已經部覆，奉旨俞允，仍照原議，其指揮以下，部議欲遞減一級，留餘地以待後舉，最爲有見。另開四可議，并見詳慎。大抵此局雖首論戰功，而爲善後計，所重實在屯築。如林兆鼎主將，首創鴨池、新城二工，又躬涼傘之役，實爲功首。其所開屯雖止二千畝，祇因調發不常，故部兵所開，多改并於各將之下，譬如賞操舟者必首舵師，似屬非冒。其許成名、胡從儀等皆大著戰功，而實未屯築，本部論叙，自有成例。若謂兆鼎等先議世及，覺有偏枯，自當於總叙案内劑量盈縮，非臣所敢擅議也。新開之土腥毒荒涼，人不樂居。查例，三年後方議起科。今分給養兵，尚苦不足，似漸充漸廣，得省額餉，其利自倍於納賦，未便輕議。至於各將已授者開得二千畝，擬晋一階，各紀錄將官開得六千畝者擬授千户，三千畝者擬授百户，統候巡按御史踏勘明白，會疏上請。大抵人情戀土方可驅使、受爵，方可責成。今營域外之地，養無俸之官，責以效力干陬，永固磐石，非藉進取一途實難鼓舞。臣區區之愚，總爲地方計長久，不敢有私於各將也等因到臣。

隨該臣看得天下事，任事者當以實心，議事者當以平心。實心任事，一勞可以永逸；平心議事，百聞不如一見。若督臣，不惟勞心，兼勞力矣。若臣，則不但習聞，兼習見矣。臣以崇禎五年四月十一日入黔，隨奉都察院勘札，爲列城扼險、善後世守等事，遵有明旨："著督按官酌議妥確，具奏。"臣隨沿路諮訪，稔聞建列新城，詳議世守，俱督臣親入水西，馳驅山箐，上下千餘里，經年閱月，相度規制，剪棘披霜，路人俱能言之，臣尚未盡信也。比入省城，即吊取各處列城冊報詳閱。星羅棋置，心甚服之。六月十三日，督臣約臣首閱省會新建連城一座，隨閱守城兵衛，無不一可當百，城外屯種稻田如雲。臣此時冒雨登城，四望擊節，實同督臣祝頌皇上洪福，內安外威，已臻厥成，宴如也。七月內，臣即牌行新建水西地方各城，逐一身親查閱。繇威清衛、平壩衛至安順府普定衛。此衛係滇黔蜀陝之衝，前經安酋殘破，後爲督臣遣副將范邦雄等重築石城，遂成西南一保障。臣閱城、閱兵，兼以考察府州縣衛所，越半月事竣。遂經安莊衛地方，至定南所，至高寨兩城，俱係范邦雄率同部將屯築，西界水酋止隔一河耳。越二日，至柔遠所；又二日，至威武所；又二日，至鎮西衛。以上俱石城，係楊正芳、金良田及部將屯築，俱與水酋爲鄰者也。又越三日，始至敷勇衛，石城高厚，係總兵王國禎督率部將修城，開屯最多，此其一也。貴州北門鎖鑰，實賴此城。距貴州不過百里，距水西亦不過百里。表裏濯靈，所倚爲外護，須移本省文武大吏各一員以彈壓之。并新設衛所世職，以及首領學宮，不可不全議，以固華夷之防也。又行數日，至詰戎所、息烽所、修文所、於襄所，以上石城係參將劉鎮藩、游擊方國安、袁桂芳、守備盧仲勛等屯築者也。又越三日，至長寧所，石城已完，月城方建，係劉鎮藩部兵屯築，正在增修，實貴州東北一鎖鑰也。緣洪邊門進新城，遍閱陳謙等所築所屯，與戰功並懋。以至逐衛、逐所閱城、閱兵，俱親身經驗，城堅可備守禦，兵精可備折衝，屯種可備糧餉者也。且臣晝夜巡行，四望苗寨，雞犬不驚，西望水內漠然，山高水清，逆酋不敢出鼻息一聲。止於入境之始，安位差人道傍叩迎，又屢次差人呈稟，惟有感天朝大赦之恩，祈臣等寬以餘息而已。此貴州近日情形，臣得於查覈者，萬身萬目所共睹聞者也。雖然，安不忘危，治不忘亂。酋實犬羊叵測，苗實桀驁負固，兼以漢奸勾引，土司觀望，斷不可不設建衛所，久任世官。如督臣前疏貳衛、貳直隸所，并附衛捌所，世守善後，似應可從。即部覆四議，自是據理正論，但遵旨"酌議"，又不敢不求其"妥確"也。

首議"指揮使以下遞減一二級，留餘地以觀後效"是矣，第名器當惜，懋功宜賞。如功懋而不懋賞，將何以激勵邊臣也？但論功定賞，有應減者，有不應減者。臣非謂盡不當遞減也，如王國禎、林兆鼎、陳謙，戰功築屯俱懋，即世廕指揮使與僉事非過，似不必議減也。況敷勇、鎮西二衛逼近水西，今安位既襲宣慰使從三品之職，非得指揮使三品以臨之，將體統倒置，何以責成臨馭也？至許成名、牟文綬、胡從儀、任先覺，應以戰功敘廕，但不在屯築之列，俟核功已定，分別議廕，自不容泯沒也。餘議俱詳列督臣會同疏中，鑿鑿有據，無容臣議。總俟部覆酌定減否，庶幾妥確，謹會同督臣朱燮元合詞具奏，伏乞敕下該部，酌議具覆，行臣等遵奉施行等因。

崇禎六年三月十七日奉聖旨："該部酌議具覆。"欽此欽遵。本月初一等日，通抄到部送司，案呈到部。看得水外地方本賊夷窟穴，今入我版圖，建城開屯，星羅棋布，誠屹然貴陽保障也。惟是世官一節，臣部以名器宜重，功賞宜明，請更畫經久，奉有"督按酌議妥確"之明旨。今該督按以新開之土，責成駐防，難拘常格[九]。各有功將士，始則冒瘴披荆，既築且屯，今則給土作俸，以耕代祿，闢土誠係首功，延世尚非樂土，委應稍示優异，用資彈壓。林兆鼎、王國禎、楊正芳各廳指揮使，范邦雄、陳謙而下各廳指揮同知、僉事及千、百户等官，均如原議。屯築既已優叙，他日論戰功，自不得復與未叙者等。至於餘地尚多，應更開廣，已授職者二千畝而進一階，紀録者六千畝而授千户，三千畝而授百户，均應如議，加至指揮使止。此外，應照六千、三千例，另廳其次子弟。其每年開屯若干，養兵若干，除各官常俸之外，自應做正支銷。原議三年起科，今已其時矣。此亦不可不綜覈者也。

既經各具題前來，相應覆請，合候命下：將林兆鼎廳鎮西衛指揮使[一〇]，王國禎廳敷勇衛指揮使，楊正芳廳鎮西衛指揮使，范邦雄廳定南所指揮同知，陳謙廳敷勇衛指揮僉事，方國安、劉鎮藩各廳敷勇衛正千户，彭應魁廳鎮西衛正千户，金良田廳柔遠所正千户，袁桂芳廳修文所正千户，毛禮、李守文各廳鎮西衛副千户，温如珍、周民望各廳敷勇衛副千户，王天寵廳定南所副千户，龍鳳麟廳鎮西衛實授百户，盧仲勛廳敷勇衛實授百户，牟海奇、朱朝遠各廳息烽所實授百户。

崇禎六年三月廿六[一一]日　尚寶司卿管司事李繼貞
　　　　　　　　　　　協贊司事郎中胡鍾麟
　　　　　　　　　　　管理册庫員外郎王永祚

兵部爲遵旨回奏奉旨咨行稿

兵部爲遵旨回奏事，該本部題云云等因，崇禎六年四月十一日本部尚書張等具題。十六日奉聖旨："是。世職懋賞，特因遏方善後，屯築駐防，朝廷不靳，破格鼓勵。還著該督按不時查飭，并以後開荒授廳及起科事宜，務期確覈奏報，不得虛飾溷冒。"欽此欽遵，擬合就行。爲此：

一、咨貴州總督，合咨前去，煩照本部題、奉明旨内事理欽遵施行。

一、咨都察院，合咨貴院，煩爲轉行貴州巡按御史，照依本部覆奉明旨内事理欽遵施行。

一、連送武選司。

崇禎六年四月[一二]　尚寶司卿管司事李繼貞

協贊司事郎中胡鍾麟

管理册庫員外郎王永祚

題援兵太監高咨爲極請智勇邊將等事疏[一三]

兵部尚書臣張鳳翼等謹題，爲極請智勇邊將，以補協任事：

職方司案呈，覆高起潛咨。崇禎六年三月二十七日，奉聖旨："是。"

兵部題山東巡撫朱塘報爲再搗曹南賊巢等事疏[一四]

兵部尚書臣張鳳翼等謹題，爲再搗曹南賊巢大夥[一五]全勝塘報事：

職方清吏司案呈，覆山東巡撫朱大典塘報。崇禎六年三月三十日奉聖旨："曹南擒斬群盜亦見銳略，但暫逸保無復聚，勢窮黨且益堅，尚非攻心清窟之法。還自殲渠宥脅，解散消殲，務令循分安業，永作良民。著該撫按責成道府有司，悉心籌畫，以靖地方，毋得玩視，釀釁流毒[一六]。"

兵部題山東巡撫朱題爲登土廓清援師
還鎮等事疏〔一七〕

兵部尚書臣張鳳翼等謹題，爲飛報异常大盜事：

職方清吏司案呈，覆山東巡撫朱大典塘報。崇禎六年三月三十日奉聖旨："據奏，武德巨盜焚劫橫行，向來地方官何無擒緝？且隱匿不報，明係縱賊釀禍，殊可痛恨！今先郡縣各官通自詳查奏奪，賊首尚未盡擒，糾逐可虞。還著撫按嚴飭道將及有司，勒限嚴緝，務在必獲。仍一面解散脅從，申嚴備禦，以銷孽萌。如再玩泄，重治不貸。李一鰲准與紀録，前有功員役聽該撫查明獎賞。"

兵部會覆關寧援兵太監高題爲尅城掃
穴搜島靖亂事疏〔一八〕

兵部等部、尚書等官臣張鳳翼等謹題，爲尅城掃穴、搜島靖亂，恭報擒斬逆渠脅從，收得器械各數目，謹據實奏聞，以慰聖懷事：

職方清吏司案呈，覆關寧援兵太監高起潛本。崇禎六年四月初三日奉聖旨："奏内叛賊僞員王秉忠等四十九名，著該撫監按確審，分別磔梟。陳丙等三十二名，韓五等五十七名，一并梟示。其餘的審酌輕重，并脅從熊國禎等，研究有無從賊實情，另行具奏定奪。"

本部等部會覆登島太監吕題爲登郡爲
極衝要地等事疏〔一九〕

兵部等部、尚書等官臣張鳳翼等謹題，爲登郡爲極衝要地，設防宜水陸周全，謹因時條議，以固藩屏，以圖善後事：

職方司案呈，覆登島太監呂直本。崇禎六年四月初六日奉聖旨："俱依議。其設撫事宜還著該撫監從長確酌具奏。"

滇撫曲謹無術等事疏[二〇]

兵部尚書臣張等謹題，爲滇撫曲謹，無術迤方，善後宜周，謹據實特糾，仰祈聖鑒事：

職方清吏司案呈，奉本部送，兵科抄出，刑科給事中鍾斗題稱：竊惟滇南遠在天末，延袤數千里，城郭人民，夷居什七，時恬則蜂屯蟻聚，有事則禽駭獸奔。兼之諸土酋以兵力稱桀，向背靡常。真有變生，呼吸未易控制者。頃雖普酋惡稔，自速其斃，然聞其子福遠與沙如玉迭爲婚媾，以深相結。則沙普之勢，昔分而今合矣。交兵又不時出入，猶未懷我好音，此尚非滇南高枕之日也。非得一周詳明斷之撫臣，圓應起於咄嗟、英風流於俯仰者以彈壓其間，豈能勝其任哉！而若今之蔡侃何如耶？侃亦久歷藩司、夙稱清謹者，臣何忍苛摘其生平，但就其撫滇數年，半籌莫展，逡巡夫飾能已見於天下矣。他不具論，即如寧州土司祿洪者，世代忠順，爲全省之左臂，緩急可恃者也。侃既謂普酋就撫，即宜恪遵朝廷法紀，以圖自新，何又聽其讎殺效順之鄰司，而不能一禁耶？然猶曰："讎殺爲土司之故態，姑置之法外可耳。"若祿洪爲我外藩，覆巢可憫。如他奔，則當招而慰其部落；來歸，則當納而還其故土，以庶幾興滅繼絕之義。侃顧一味瞻徇而置不敢問，是畏普如虎，何以服諸酋耶？然又猶曰："姑俟撫解既定，徐議安置可耳。"最可異者，既不能聲普之罪，又不能存祿之忠，而突以張周者爲之請攝其司事，然則洪何罪而失土？周何功而食地？鵲巢鳩居，豈其夢夢囈語耶？及奉明旨謂："舍酋不問，反議代洪居守。"又謂："張周何人何職？顯與張繼孟料理地方城守、軍兵、撫解、招徠等事，輒請授官酬勞，是否有符典制?"煌煌天語,蓋已明照萬里矣。至普名聲以出花班病死,實天厭亂而陰殛之,乃其妻藉口大義滅親,以謬作搖尾之態,原屬狡甚,而侃乃於諸凡善後事宜茫然不問,猥貪天功爲己力,靦顏稱叙,識者羞之。侃將無以擒縱之餘,南人不復反耶?觀普福遠手本"職父雖死,一切舊人好漢樂爲狂逞"之說,則猶以兵劫中國,而逆豎之雄心尚在。且逆女嫁交,聲勢相倚,將來羽翼養成,寧保其不再逞耶?恐名聲死而沙普之兵勢反合,祿洪逃而內地之藩籬頓除,滇且岌岌乎殆哉!伏乞皇上留睿遐方,嚴敕該部,速行申飭,令該撫於彼中善後情形,熟計遠慮,毅然振發其暮氣,毋徒狃孤雛而玩寇遺患,庶遐方不致再殘,而百萬生靈共手額鴻造矣等因。

崇禎六年三月十七日奉聖旨:"該部看議具奏。"欽此欽遵。本月十八日抄出,到部送司,案呈到部。看得滇事近報稍平,而隱憂正自叵測。普名聲雖死,酋婦孤雛內牽制於目把,變故橫生;外結援於交沙,羽翼未剪。撫局尚大費收拾,爲撫臣者,自應振發以圖聯絡順夷,相機調度,俾殘局蓋結,永保敉寧。信有如科臣鍾斗所責備者。至於祿洪蕩析,張周攝篆一事,委屬無名,臣部已奉明旨查飭。今洪已回故土,與季問政等厚相依附,江外地方漸次復業,庶幾桑榆之收矣。若夫普酋之斃,先經督臣朱燮元報稱毒斃,續據該撫鎮同時并報臣部,因之題覆。萬里天末,勢難遙度,不得不憑督撫鎮入告。今科臣疏稱自斃,或自有因。自斃之與毒斃,非關戰伐,固不得矜發縱指使之功,然亦未嘗有亡矢遺鏃之費,但責成善後,免復苛求可也。

既經具題前來,相應覆請,合候命下,遵奉施行。

崇禎六年四月初六[二一]日　尚寶司卿管司事李繼貞
　　　　　　　　　　　　協贊司事郎中胡鍾麟
　　　　　　　　　　　　管理册庫員外郎王永祚

兵部爲滇撫曲謹無術等事奉旨咨行稿

兵部爲滇撫曲謹等事，該本部題云云等因，崇禎六年四月初八日本部尚書張等具題。二十三日奉聖旨："滇省善後事宜著蔡侃策勵料理，如再玩泄疏誤，一并論治。"欽此欽遵，擬合就行。爲此：

一、咨雲南巡撫，合咨前去。煩照明旨內事理欽遵施行。

崇禎六年四月廿七[二二]日　尚寶司卿管司事李繼貞

協贊司事郎中胡鍾麟

管理册庫員外郎王永祚

兵部題東江總兵黃龍呈爲島惡群謀生釁等事疏[二三]

兵部尚書臣張鳳翼等謹題，爲島惡群謀生釁，幾致不測事：

職方司案呈，覆黃龍呈。崇禎六年四月初七日奉聖旨："知道了。江定國准與紀錄。崔天泰著即審明正法。島餉速催接濟，已有旨了[二四]。"

兵部覆浙江巡撫羅題爲缺官事疏[二五]

兵部尚書臣張鳳翼等謹題，爲缺官事：

職方司案呈，覆浙江巡撫羅汝元本，守備張儒違制罰俸緣繇。崇禎六年四月初八日奉聖旨："是[二六]。"

兵部等部會覆山東巡撫謝爲逃兵之將宜易等事疏[二七]

兵部等部、尚書等官臣張鳳翼等謹題，爲逃兵之將宜易，逃將之法宜明，伏乞聖斷，立賜施行，以肅軍法事：

職方司案呈，覆山東巡按謝三賓本。崇禎六年四月十六日，奉聖旨：“俱依擬[二八]。”

本部題爲缺官事疏[二九]

兵部尚書臣張鳳翼等謹題，爲缺官事：

職方清吏司案呈，遼東興水堡缺備禦，推周元慶；大同守口堡缺守備，推郭彦明；大同懷仁城缺守備，推趙四極；廣東廣海地方缺守備，推周一誠；大同練兵營缺遊擊，推白受顏；延綏大柏油堡缺守備，推尤捷。崇禎六年四月二十四日奉聖旨：“有點的依擬用[三〇]。”

兵部題遼東巡撫方塘報爲塘報事疏[三一]

兵部尚書臣張鳳翼等謹題，爲塘報事：

職方司案呈，覆遼東巡撫方一藻塘報。崇禎六年四月二十五日奉聖旨：“奏內將士剿獲情形亦見勇奮，逆党垂盡。著諸將協同奮擊，速擒賊首，以净海氛，不得彼此諉卸。蘇有功押解來京正法，歸順的姑開一面，以示寬宥。如有縛渠來獻的，仍與叙賚。爾部速行傳諭[三二]。”

兵部題山東巡撫朱爲塘報事疏[三三]

兵部尚書臣張鳳翼等謹題，爲塘報事：

職方司案呈，覆朱大典塘報。崇禎六年四月二十八日奉聖旨：“賊勢甚窘，水師畢集，如各將不能協力殲渠，致有疏縱，罪無可逭。著該撫監按嚴行督飭，速奏全功，以膺懋賞，毋得玩延[三四]。”

兵部題爲備陳津撫徐看循因等事疏[三五]

兵部尚書臣張鳳翼等謹題，爲備陳津撫徐看情因，乞恩認罪，仰祈聖鑒事：

本部奏。崇禎六年四月二十八日奉聖旨："已有旨了。卿等職任中樞，提衡邊鎮，还宜確覈功罪，飭玩振弛，不得瞻徇，亦不必代列官引咎〔三六〕。"

本部酌人地之宜等事疏〔三七〕

兵部尚書臣張鳳翼等謹題，爲酌人地之宜，別邊腹之用，以昭器使，以奠巖疆事：

職方司案呈，覆宣府巡撫焦源清本。崇禎六年五月十六日奉聖旨："是〔三八〕。"

本部循例入境等事疏〔三九〕

兵部尚書臣張鳳翼等謹題，爲循例入境，糾劾貪庸武弁，以挽陋習，以飭邊備事：

職方清吏司案呈，覆宣府巡撫焦源清本。崇禎六年五月十六日奉聖旨："聶澄著革了任，該撫按提問，具奏〔四〇〕。"

門禁疏防等事疏〔四一〕

兵部尚書臣張等謹題，爲門禁疏防，賊犯越獄，謹據實糾參，以嚴飭邊備事：

職方清吏司案呈，崇禎六年四月十四日奉本部送兵科抄出，監視宣鎮太監、今降級戴罪管事王坤題稱：切照宣府一百户、鎮撫等官，以司掌篆、屯捕、刑禁諸務。仍設守備、同知，以司城守、糧餉。復分守參將駐扎一城，控制邊堡。其責蓋綦重焉。其所爲城守邊備之計，靡不以"安内攘外"申戒之矣。忽於崇禎六年四月初八日，據上西路參將王浚稟稱：職於本月初六日，前往寧遠站堡查看挑挖城壕，并查左衛補修城工。初七日辰時，據右衛城守備劉三錫稟，據掌印指揮蔣名臣呈，據鎮撫魏振剛報稱，初六日夜二更時分，強賊宋尚選、宋希孔、白印其、張印恩、石四、張禄、沈官、張丙孝、常友伏、趙平、季友明等一十一名，從監西牆踏櫃越獄，自本城北門掣鎖脱逃。守備與坐營掌印一面四散緝拿，一面申報署同知事、都事賈應召，親詣監禁城門查看，將門軍并貼門家丁及禁卒，責治羈候外，具稟到職。即從寧遠站分兵四散搜尋，午後回到右衛。審得門軍王奴兒吐稱，初六日夜至二更，有不知名人分爲兩夥，一從西來，一從南來，齊至門洞。比役盤問，被賊飛石亂打，見有唇牙傷證。其餘門軍不敢向前，賊將裏外門鎖打折，掣關脱走。報知守備等官，捉獲二名，内一名季友明，在監牆下將腿跌傷，一名張印恩被援兵軍人杜奴兒等在空房搜獲等情。據此，時方多事，屢奉申飭，而掌印不行稽查監禁，鎮撫、禁卒又不上刑，致賊越獄，而守備係守土之官，漫無嚴查，門禁、守把官軍怠玩不謹，致賊劫門脱走。守備、掌印罪均難逭。除行令各官四散緝獲外，稟報到臣。

據此，該臣看得：右衛之設同知，雖曰管糧、理刑，并有城池、鹽盜之寄；其守備雖係治戎，而有戰守、盤詰之責：本衛鎮撫乃專司獄囚，實嚴擊柝、巡風之任。一旦縱兇出柙，逾牆斬關，事屬夢魂莫覺之時，而典守疏閑之罪奚辭？法應褫[四二]斥，仍令限内盡獲酌議。門軍分別懲處，禁卒牢固監候。本路參將王浚，雖值遠出查工之頃，難免平日不慎之愆，相應紀過待贖。除移會撫鎮道臣，嚴行各官，刻限訪拿賊犯，務在全獲外等因。崇禎六年四月十三日奉聖旨：“嚴邊城守宜如何嚴慼，乃縱強賊越獄劫門，全無防剿，好生玩泄！賈應召、劉三錫等都著該部從重議處，仍一面勒限緝獲。王浚也著戴罪自贖，門軍禁卒通行重懲。該衙門知道。”欽此欽遵。抄出到部送司，案呈到部。看得萬全右衛強盜越獄之變，該衛印捕官實其顯責。蔣名臣、魏振剛平時不戒，臨變無獲，致賊斬關而越，疏玩之罪其居首矣。應從降級之例，仍勒限擒賊。劉三錫緝盜之未能，安能禦虜？應照守巡官駐札處所失事之例，罰治而從重，亦應降級。王浚查工遠出，雖鞭長不及，然忝司路將，未免爲法受過，應照公事他出，減主守之人罪一等例，責令戴罪自贖。門軍禁卒聽該撫按重懲。署同知都事賈應召，聽吏部議處。

　　既經具題前來，相應覆請，合候命下：將蔣名臣、魏振剛、劉三錫各降乙級[四三]，限三月以裏，盡數拿獲，不獲另議。王浚戴罪。門軍禁卒聽該撫按重懲。賈應召聽吏部議處。

　　崇禎六年五月十六[四四]日　　尚寶司卿管司事李繼貞

　　　　　　　　　　　　　　協贊司事郎中胡鍾麟

兵部爲門禁疏防等事咨行稿

　　兵部爲門禁疏防等事，該本部題云云等因，崇禎六年五月十九日本部尚書張等具題。二十一日奉聖旨："蔣名臣等城守疏玩，致賊劫門越逃，本當重處，姑著降一級，依限緝賊務獲。"欽此欽遵，擬合就行[四五]。爲此：

　　一、咨都察院，轉行宣、大巡按、宣府巡撫，手本宣鎮監視，合咨手本前去，煩照明旨內事理行令各官依限緝賊，過限另行議處施行。

　　崇禎六年五月廿四[四六]日　　尚寶司卿管司事李繼貞

　　　　　　　　　　　　　　協贊司事郎中胡鍾麟

本部題門禁疏防等事疏[四七]

　　兵部尚書臣張鳳翼等謹題，爲門禁疏防，賊犯越獄，據實糾參，以嚴飭邊備事：

　　職方清吏司案呈，覆宣鎮太監王坤本。崇禎六年五月二十一日奉聖旨："蔣名臣等城守疏玩，致賊劫門越逃，本當重處，姑自降一級，依限緝賊務獲[四八]。"

本部缺官事疏[四九]

兵部尚書臣張鳳翼等謹題，爲缺官事：

職方司案呈，宣府岔道城缺守備，推閻師龍。崇禎六年五月二十二日奉聖旨："有點的依擬用[五〇]。"

酌人地之宜等事疏[五一]

兵部尚書臣張等謹題，爲酌人地之宜，別邊腹之用，以昭器使，以奠巖疆事：

職方清吏司案呈，崇禎六年五月初二日，奉本部送，兵科抄出，宣府巡撫焦源清題稱，據分守口北兵備道右參政、今降三級戴罪管事范鑛呈稱：照得張家口堡既係市口，且屬衝邊，極須得人料理。前任守備扈陛不勝厥職，蒙題參革，旋以賈承宗推補。承宗受事未幾，雖無過端可摘，而迹其行徑，尚非應變之材。目下夷部遠徙，市易未開，猶可藏拙以待。儻虜騎突來，便窮五技。嘗試非策，債事可虞。查得深井堡守備張道興，臥病不出，事物全弛。屢呈哀懇，情詞迫切。勘察委係真病，似應准其辭任。所遺員缺，合無以賈承宗調補深井。蓋深井地近腹裏，恰與承宗相宜。而張家口堡，查得標下聽用、原任功升、實授守備高進忠，謀勇兼長，夙著斬功，以之填補，庶幾艱巨有托。伏乞裁酌具題等因，通詳到臣。

該臣看得上西路張家口一垣之外，即爲毳帳。且互市撫賞，皆在此地，所關係亦極重矣。守備一官，諸務叢集，整理兵馬，詟憺夷酋，修茸邊垣，約束商民，非得謀勇素著、才[五二]幹優長者，不能勝其任而愉快。今見任守備賈承宗莅任雖僅兩月，拘曲略無寸展，醇誠有餘，英敏不足，衝邊重地，難容久據，議調間邊^[五三]有南路深井堡守備張道興，臥病不出，屢控情真，似難强其供職，相應准令歸休。即以承宗就近調補，實與其地兩宜。再查原任守備高進忠，騎射超人，智謀出衆，曾經戰陣，歷有斬獲。節經山海合院題叙功績，今春比試到遲，未獲登入御覽，不免有遺珠之嘆。衝口重地，必得此人，方可倚爲保障。況今奴信甚急，不可一日無人料理，合將本弁填補承宗遺缺，俾速受事，其新猷必有可觀也。臣僅會同宣大總督、今降三級戴罪管事張宗衡、宣、大巡按、降一級照舊管事白士麟，合詞上請，伏乞勅下兵部，查議酌覆等因。又該宣、大巡按白士麟題同前事，崇禎六年五月初一等日俱奉聖旨：“兵部知道。”欽此欽遵。抄出到部送司，案呈到部。

看得張家口乃市賞要地，前部推賈承宗，乃指揮世職，督臣張宗衡稱其潔己恤軍，捐貲飭備，是以用之。而今據撫臣焦源清又稱承宗局曲無奇，衝邊非據，欲移調深井，以高進忠補之。查進忠未經就試，其騎射智謀，臣部不能知，但恢復叙功，在優賞之列，量加空銜者，撫臣察能授任，必非無當，宜即推補張家口。而賈承宗既欠英敏，則深井亦豈藏拙之地？宜與臥病廢事之張道興俱解任回衛可也。

既經具題前來，相應覆請，合候命下，將賈承宗、張道興俱解任回衛^[五四]。查係世職。高進忠量加署指揮僉事，補張家口守備。深井員缺另推^[五五]

本部夷情事疏^[五六]

兵部尚書臣張鳳翼等謹題，爲夷情事：

職方司案呈，覆宣府巡撫焦源清塘報。崇禎六年六月十三日奉聖旨：“已有旨了。既獲活夷夷婦，著彼處審明口詞來説^[五七]。”

本部題劉文程等補中軍守備缺官疏^{〔五八〕}

兵部尚書臣張鳳翼等謹題，爲缺官事：

職方司案呈，宣府右翼營遊擊標下缺中軍守備，推趙完璧；宣府中權營參將標下缺中軍守備，推劉文程；大同中權營參將標下缺中軍守備，推韓斗；宣府左翼營遊擊標下缺中軍守備，推徐躍雷。

崇禎六年七月初四日奉聖旨："有點的依擬用。"

缺官事新設宣府中權營參將標下練兵
守備員缺疏^{〔五九〕}

兵部尚書臣張等謹題，爲缺官事：

職方清吏司案呈，照得新設宣府中權營參將標下練兵守備員缺，已經本部題，奉欽依訖。所有前缺，合當推補，案呈到部。臣等從公推舉，得宣府前衛付千户葉淩雲、宣府前衛百户郭一葵^{〔六〇〕}，俱各堪任，伏乞聖明於内簡命一員，量升署指揮僉事，充前項守備。候命下之日，本部札令欽遵任事。

計開擬堪新設宣府中權營參將標下練兵守備官二員：

葉淩雲，年三十五歲，係宣府前衛付千户，崇禎五年秋試技優等^{〔六一〕}。

郭一蔡^{〔六二〕}，年三十一歲，係宣府前衛百户，崇禎六年等該宣、大撫按官胡志藩等薦四次。

崇禎六年七月初四日　署司事員外郎包鳳起

缺官事新設宣府中權營參將標下守備員缺疏^{〔六三〕}

兵部尚書臣張等謹題，爲缺官事：

職方清吏司案呈，照得新設宣府中權營參將標下練兵守備員缺，已經本部題、奉欽依訖。所有前缺，合當推補，案呈得到部。臣等從公推舉，得_{宣府左衛百户}陳萬善^{〔六四〕}、_{宣府開平衛前指揮僉事}耿思誠^{〔六五〕}，俱各堪任。伏乞聖明於内簡命一員，如用陳萬善，量升署指揮僉事，充前項守備，候命下之日，本部札令欽遵任事。

計開擬堪新設宣府中權營參將標下練兵守備官二員：

陳萬善，_{年三十一歲，係宣府左衛百户，崇禎六年該宣府巡撫焦源清薦一次，春試技勇優等。}

耿思誠，_{年四十一歲，係宣府開平衛指揮僉事，崇禎二年等該宣府督撫官郭言琮等薦五次。}

崇禎六年七月初四日　署司事員外郎包鳳起

管理册庫員外郎蔡澄

缺員事新設宣府左翼營游擊標下練兵守備員缺疏^{〔六六〕}

兵部尚書臣張等謹題，爲缺官事：

職方清吏司案呈，照得新設宣府左翼營游擊標下練兵守備員缺，已經本部題、奉欽依訖。所有前缺，合當推補，案呈到部。臣等從公推舉，得_{大同後衛正千户}周世德、_{宣府長安所副千户}張承恩，俱各堪任。伏乞聖明於内簡命一員，量升署指揮僉事，充前項守備。候命下之日，本部札令欽遵任事。

計開擬堪新設宣府左翼營游擊標下練兵守備官二員：

周世德，_{年三十三歲，係大同後衛正千户，崇禎四年等該大同巡撫張廷拱等薦三次。}

張承恩，_{年三十五歲，係宣府長安所副千户，崇禎六年等該宣府巡撫焦源清等薦四次。}

崇禎六年七月初四日　署司事員外郎包鳳起

缺員事新設宣府右翼營游擊標下練兵守備員缺疏^{〔六七〕}

兵部尚書臣張等謹題，爲缺官事：

職方清吏司案呈，照得新設宣府右翼營游擊標下練兵守備員缺，已經本部題，奉欽依訖。所有前缺合當推補，案呈到部。臣等從公推舉，得江西府撫州所鎮撫戴惟節^{〔六八〕}、延綏綏德衛百户劉廷杰，俱各堪任。伏乞聖明於內簡命一員，量升署指揮僉事，充前項守備。候命下之日，本部札令欽遵任事。

計開擬堪新設宣府右翼營游擊標下練兵守備官二員：

戴維節^{〔六九〕}，年四十歲，係江西撫州所鎮撫，崇禎四年等該宣、大督撫官張宗衡等薦六次。

劉廷杰，年三十九歲，係延綏綏德衛百户，崇禎四年等該大同巡撫張廷拱等薦三次。

崇禎六年七月初四日　署司事員外郎包鳳起

缺官事新設右翼營游擊標下練兵守備員缺疏^{〔七〇〕}

兵部尚書臣張等謹題，爲缺官事：

職方清吏司案呈，照得新設宣府右翼營游擊標下練兵守備員缺，已經本部題，奉欽依訖。所有前缺合當推補，案呈到部。臣等從公推舉，得大同前衛百户楊一杰、浙江臨山衛鎮撫胡升，俱各堪任。伏乞聖明於內簡命一員，量升署指揮僉事，充前項守備。候命下之日，本部札令欽遵任事。

計開擬堪新設宣府右翼營游擊標下練兵守備官二員：

楊一杰，年三十一歲，係大同前衛百户，崇禎四年等該大同巡撫胡沾恩等薦六次。

胡升，<small>年二十七歲，係浙江臨山衛鎮撫，崇禎六年等該宣府巡撫焦源清等薦四次。</small>

崇禎六年八月初四日　署司事員外郎包鳳起

兵部爲缺官事題本奉旨咨行稿〔七一〕

兵部爲缺官事，該本部題云云等因，崇禎六年八月初五日本部尚書張等具題。初八日奉聖旨："有點的依擬用。"欽此。内周世德、戴惟節、楊一杰各有點，抄出到部送司，案呈到部，擬合就行。爲此，除札仰周世德定限本年八月廿五日〔七二〕，戴惟德定限本年八月廿五日，楊一杰定限本年八月廿五日，各到任外：

一、咨宣大總督，合咨前去，煩照本部題、奉欽依事理欽遵查照施行。

一、咨宣府巡撫，合咨前去，煩照本部題、奉欽依事理行令各官，依限到任。仍將到任日期同原奉本部札付并履歷緣繇呈報巡撫衙門，繳部查考。如過限不到及不繳部札，定照近題事例參究施行。

一、咨都察院，合咨貴院，煩爲轉行宣、大巡按御史，照依本部題、奉欽依事理，行令各官，依限到任，如或過違，照例參究施行。

一、札付周世德、戴惟節、楊一杰。

崇禎六年八月十二日　署司事協贊郎中包鳳起

管理册庫員外郎湯一湛

缺官事新設宣府左翼營游擊標下練兵守備員缺疏〔七三〕

兵部尚書臣張等謹題，爲缺官事：

職方清吏司案呈，照得新設宣府左翼營游擊標下練兵守備員缺，已經本部題、奉欽依訖。所有前缺合當推補，案呈到部。臣等從公推舉，得宣府延慶右衛指揮僉事李國棟、山西太原衛百户郭之輔，俱各堪任。伏乞聖明於内簡命一員，充前項守備。如用李國棟，照例以都指揮體統行事；如用郭之輔，量升署指揮僉事，候命下之日，本部札令欽遵任事。

計開擬堪新設宣府左翼營游擊標下練兵守備官二員：

李國棟，年三十六歲，係宣府延慶右衛指揮僉事，崇禎四年等該宣、大巡按胡志藩等薦四次。

郭之輔，年三十六歲，係山西太原衛百户，崇禎四年等該山西撫按官章俊殷等薦三次。

崇禎六年七月初四日　署司事員外郎包鳳起

兵部爲夷情事奉旨咨行稿〔七四〕

兵部爲夷情事，該本部題云云等因，崇禎六年七月〔七五〕初三日尚書張等具題。初四日酉時奉聖旨：“已有旨了。賊奴甚狡，奸謀豈必專用東夷？即所供亦未必確情。還著沿邊各鎮上緊嚴備，不得刻懈。”欽此欽遵。到部送司，案呈到部，擬合就行。爲此：

一、咨宣、大、薊、遼〔七六〕各督撫，手本宣鎮監視，札付張懋功，合咨札前去，煩照明旨内事理，嚴飭沿邊將領，一體上緊愍備，不得刻懈。

崇禎六年七月初五日　尚寶司卿管司事李繼貞
　　　　　　　　　　管理册庫員外郎蔡澄

缺官事推廣西興安守備樂嗣功疏〔七七〕

兵部尚書臣張等謹題，爲缺官事：

職方清吏司案呈，照得守備廣西興安地方樂嗣功，近該本部題奉欽依，推升都司僉書職銜，管廣東總兵標下中軍坐營事，所有員缺合當推補，案呈到部。臣等從公推舉，得辛未科第三甲第三十六名武進士、南京錦衣衛衣右所署實授百户華斌[七八]，辛未科第三甲第六十六名武進士、浙江紹興衛中所署實授百户包希貴，俱各堪任。伏乞聖明於內簡命一員，量升署指揮僉事，照例以都指揮體統行事，守備前項地方。候命下之日，本部備查原擬責任，札令欽遵任事。

計開擬堪守備廣西興安地方官二員：

華斌，年三十二歲，係南京錦衣衛武舉中辛未科第三甲第三十六名武進士，授本衛衣右所署實授百户。

包希貴，年二十七歲，係浙江紹興衛武舉中辛未科第三甲第六十六名武進士，授本衛中所署實授百户。

崇禎六年七月初七日　署司事員外郎包鳳起

管理册庫員外郎蔡澄

缺官事推廣西昭平參將潘應奎員缺并興安守備樂嗣功員缺疏[七九]

兵部尚書臣張等謹題，爲缺官事：

職方清吏司案呈，照得分守廣西昭平等處地方參將潘映奎，近該廣西巡按戴相題參不職，本部覆奉欽依革職回籍。所有員缺，合當推補，案呈到部。臣等從公推舉，得湖廣都司掌印署都指揮僉事[八〇]王之藎，尤[八一]吉將軍職職銜、管南京神機營坐營事、署都指揮僉事王國冪。俱各堪□[八二]。伏乞[八三]聖明於內簡命一員，充前項地方參將。候命下之日，本部備查原擬責任，請敕一道，賫付本官，欽遵任事。合用符驗旗牌，照例就彼交代，具繇回奏。

計開擬堪分守廣西昭平等處地方參將官二員：

王之藎，年三十七歲，係保鎮真定衛武舉。崇禎二年閏四月，□[八四]宣府團操坐營。五月告病，七月咨□□中□□守司僉書，統領京操春班官軍。三年，□□營城守叙功，題加尤吉管事。四年五月，改調湖广都司掌印，歷俸三年一個月。

王國鼐，年四十一歲，係武驤右衛三科武舉。天啓七年十□〔八五〕，□〔八六〕京城西南右哨巡捕把總。崇禎二年三月，類奏巡捕功次，題加守備。三年五月，覃恩，題加都司僉書。十月，京營城守叙功，題加尤吉。十一月，調管南京神機營坐營事。該南京兵部尚書傅振商等薦四次。歷俸二年十一個月。

崇禎六年七月初七日　署司事員外郎包鳳起
　　　　　　　　　　管理册庫員外郎蔡澄

哨探夷情事疏[八七]

兵部等部尚書等官臣張等謹題，爲哨探夷情事：

職方清吏司案呈，崇禎六年六月初四日奉本部送，兵科抄出，宣府巡撫焦源清題稱，據分巡口北道右參議、今降三級戴罪管事劉象瑤呈：問得犯人楊如，年五十五歲，係下北路長伸地堡軍，狀招：如應充本堡尖哨，在官黃成、劉英俱充本堡哨夜，在官龍門衛世襲實授百户夏承胤，見委本邊提調，在官雲州所世襲所鎮撫汪汝漢，見任本堡操守，近因敖酋餘孽住牧深林，屢奉明旨森嚴，上司行文，設立橫直二哨四十名，分爲兩班，每班二十名，五日一換，出口哨探夷情。每逢五日，將哨過夷情申報上司。

崇禎六年三月十二日，輪該直哨先未被賊夷殺死孟計春、閏四、李杰、孫虎、邢大章、杜友才、劉俊、劉林，共八名；橫哨見在黃成、田道士、查受、張見、孟彪、孫興、朱名、劉澤、馮鐸、劉旺、馬伴兒、潘璽，共十二名。因該堡操守奉文往上北路鎮寧堡防範，夏承胤兼理堡中事務，遂差如統領衆哨夜，即於本日從本邊出口。橫哨黃成等哨至瓦房嵯，見直哨先未被賊夷箭射傷重身死李杰，慌跑前來，口稱"我等哨至石背兒溝叢林内，忽然撲出步行夷賊十餘名，箭刃交加，認是敖目下遺賊，將孟計春等七名登時殺死"等語，李杰傷重，亦於次日在邊身死。橫哨黃成等十二名，即於本日進口，報知提調夏承胤。比如既係統領尖哨，不合失於接應。夏承胤既委提調兼理堡務，亦不合失於調度。操守汪汝漢雖奉文在於鎮寧堡出防，方纔回堡，亦不合平日不能整理停當，以致賊夷射死哨役八名。本路參將管鳴珂奉文出防雲州是實，并無別項情弊，各供證。比該操守隨將出口哨探并殺死哨夜情繇稟報路將，遂具爲哨探夷情事，於本月十四日，會報分巡道劉參議處，通報撫院及監視衙門外，本年三月十九日，蒙本院憲牌，備仰本道即查該堡李杰等八名是否哨夜，果否奉差出邊哨探，其被傷是否止於八名，有無隱匿別弊；再查報內，止稱賊夷，未顯馬步，亦未明説係某夷部落，況屢奉明旨："哨丁遠出，必須接應"，緣何不行救援，以致被戕，一并查明詳院，以憑報部，毋得徇庇。

本年三月二十七日，准監視王太監手本，送准兵部手本，職方清吏司案呈，奉本部送，准宣府焦巡撫塘報到部，題奉聖旨："哨法屢經申飭，何故漫無接應，差役輒被戕害？該將領弛玩可知，著行查處。其係何部落，并插夷西徙係何情形，俱偵探明確具奏。仍遵屢旨，嚴加譻禦，毋墮狡謀。"欽此欽遵。恭捧到部，緣繇到監，移會到道。又本年四月初二日，蒙本院案驗前事，備仰本道查照明旨內事理，轉行各路將領等官，以後差遣哨丁務務[八八]要接續，免被戕害。速將該管弛玩員役查明議處，仍查係何部落，并插夷西徙情形，偵探明確，作速詳報兩院及監視，以憑會稿具奏。仍遵屢旨，嚴加譻禦，毋墮狡謀。蒙此，牌行下北路通判李日新，嚴查詳報去後，遵該李通判查，看得長伸哨役孟計春等之被殺也，原因地臨極邊，墻外山巒層疊，林木鬱葱，十步之外即目不能見，與別路平原廣川，一望瞭然者迥異。從古云"莽有伏戎"，長伸政坐此患也。該操守官汪汝漢責令夜役出哨，勒限每五日一報上司。汪汝漢奉文出防上北路鎮寧堡，夏承胤兼理堡務，遂差孟計春等出口哨探，不料敖酋遣孼竄伏山林之中，遇計春等經過，突出，不待交鋒，而已盡被傷斃矣。即接應，其能及乎？但接應原係尖哨楊如之責，而提調夏承胤兼理堡務，亦與有責焉。至操守汪汝漢奉調出防，方旋本堡，然哨役既多傷殞，安能辭平日疏忽之咎？惟是路將先已奉令出防雲州，且相距遙遠，則罪似難加耳。

呈詳到道，該本道覆將一干弛玩員役細加嚴審，前情明白。看得自入春以來，插部臨邊，奴警頻報，無日不申嚴各弁，遠行偵探。長伸之出哨，不謂非奉法惟謹，但原係小堡，哨丁既少，接應又遲，而邊外半是叢林，敖孼敖餘伏莽，以至孟計春等突被射傷，并死邊外。尖哨楊如、提調夏承胤安所辭罪？在操守汪汝漢雖經奉調出防，方纔回堡，若平日果有成算，何至倉猝受此賊傷？應加罰治，以警將來，并出銀以恤死者。至該將管鳴珂，委係出防雲州，勢難難[八九]及，情并可原，量應免罰。再照部落，實未盡之敖孼。插夷已經西徙後，嚴行該路，倍加防禦。并除操守汪汝漢、提調夏承胤另參外，今將楊如取問，罪犯二員名：汪汝漢，係雲州所鎮撫，夏承胤係龍門衛實授百戶，俱世襲。各招同四名：於海，年三十三歲；黃成，五十七歲；劉英，五十五歲；姚伏，四十四歲。各供同。議得楊如所犯，合依“不應得爲而爲之”事理，重者律杖八十，有大誥減等，杖七十。係哨夜，審稍有力，照例贖罪。與汪汝漢、夏承胤罰米。緣係奉旨勘查事理，伏候題請施行。照出汪汝漢、夏承胤各該官紙銀二錢五分。楊如該民紙銀一錢。汪汝漢雙該米折銀三兩五錢。夏承胤該米折銀一兩五錢。楊如有該工價銀一兩三錢五分。俱追貯萬億庫，抵充軍餉。仍於操守汪汝漢名下追銀二十四兩，分給死者各家屬，以示優恤。通取實收領狀繳報。操守汪汝漢、提調夏承胤候參，另行參照雲州所、世襲所鎮撫、今任長伸地堡操守汪汝漢奉調出防，雖是日方旋回堡，然哨役既多傷殞，該操難辭其咎。龍門衛世襲實授百户夏承胤，既司本邊提調，兼理堡中事務，哨夜出口，當設法應援，乃任其孤軍在外，殺傷八名，責亦難推。合將二官量加罰治，以贖前愆。仍令戴罪策勵，以圖後效。汪汝漢、夏承胤俱係軍職，合照陳言邊務事例，汪汝漢量罰米七石，夏承胤量罰米三石，折納助餉。本道未敢擅專，伏候詳奪等因到臣。

臣謹會同監視宣鎮太監、今降級戴罪管事王坤，看得長伸地雖云小堡，哨役每班二十名，雖亦各分横直，出邊遠哨，然不可不續發兵丁，協力應援，方保無虞。奈尖哨楊如、提調夏承胤見不及此，以至孟計春等八名竟斃於賊夷之手，雖云叢林突出，實緣接應無人，終難道疏略之愆。分别擬罰，允稱不枉。操守汪汝漢專司堡務，素乏謀畫。伏莽遺孽，力既不能早殲；哨探策應，計又不能預設。安得以出防甫旋脱卸已罪也？薄罰示懲，冀圖後效。仍令捐金，以恤衆魂。參將管鳴珂駐防鄰境，勢難分身，姑從寬免議。仍領兵設法密圖，殄滅遺種。其插夷業已避奴西徙，除嚴加偵探讐禦事宜，備行道將欽遵外，既經該道問擬前來，相應題請。伏乞敕下兵部，再加查議上請，行臣等發落施行等因。

崇禎六年六月初三日奉聖旨："兵部知道。"欽此欽遵，抄出到部送司，案呈到部。臣等謹會同刑部尚書胡等議，照得長伸堡哨役出邊，爲伏莽之虜射斃者八人，雖緣尖哨楊如失於接應，而提調之夏承胤與操守之汪汝漢各有疏略之咎，業已分别罰懲，允當其辜。其參將管鳴珂實係出防，宜從免議。據查，虜係敖孽，敢肆跳梁，應敕該撫鎮，嚴加偵探，設法剿禦，以防叵測者也。

既經具題前來，相應覆請，合候命下，行原問衙門，將楊如杖七十，係尖哨。汪汝漢罰米七石，夏承胤罰米三石，俱折納充餉。俱係世職，管鳴珂免議。

崇禎六年七月十九〔九〇〕日

刑部尚書胡題

左侍郎程題

右侍郎馮題

兵部尚書張

左侍郎楊

右侍郎彭

兵部爲哨探夷情事奉旨議處咨行稿

兵部爲哨探夷情事，該本部題云云等因，崇禎六年八月初二日本部等部尚書等官張等會題。初五日奉聖旨："俱依擬。管鳴珂姑免議。"欽此欽遵，擬合就行。爲此：

一、咨宣府巡撫，手本宣府監視，合咨、用手本前去，煩照本部會題奉明旨內事理欽遵發落施行。

崇禎六年七月初七日　署司事員外郎包鳳起

校勘記

〔一〕此爲影印本《總匯》第 14 冊，第 1112 號，第 3 頁。編者擬題爲"兵部尚書張鳳翼等爲遵旨確覈貴州開荒授蔭世官事題行稿　崇禎六年三月二十六日"。原件首頁第一行爲明廷兵部檔案編號"宙字廿二號"，其右側有"十五"二字。題目上有大字"題"字、"行"字，下一行有小字"題稿"二字、大字"題"字、"行"字。第三行有大字"題"字、"行"字。其餘應有之字皆磨損。

〔二〕"□"，漫漶不清，據文意當爲"固"。

〔三〕“□”，漫漶不清，據文意當爲“擬”。

〔四〕“□□”，漫漶不清，據殘餘字迹及文意疑當爲“概授”。

〔五〕“□”，據文意并參殘餘字迹疑當作“始”。

〔六〕原件“巡按”後有“監察御史”四字，用墨筆圈掉。

〔七〕從下面排比句式看，“授”字前當奪一“擬”字。

〔八〕“天”，於文意不符，當與“大”字形似而誤。

〔九〕“常”，原件作“嘗”，當爲明末人避諱光宗朱常洛字，今據改，下文此類情況徑改，不再出校。

〔一〇〕以下各所廢官職，皆爲大字，旁邊注有同樣官職的小字，小字蓋爲兵部或兵科上報皇帝時，爲提示皇帝之用。又，原稿每個人都分別提行書寫，一人占一行，今一律接排。

〔一一〕“廿六”二字右側有小字“廿六”二字。

〔一二〕“四月”下空白，日期缺損，空白右側有小字“十八”二字。

〔一三〕此爲影印本《總匯》第14册，第1113號，第46頁。編者擬題爲“兵部尚書張鳳翼等爲亟請智勇邊將以補協任事題本奉旨　崇禎六年三月二十七日”。原件題目下一行有版印大字“崇禎六年三月廿八日到”等字，又有草書“行”字。下一行抬頭有“兵部呈於”四字，再提行“兵科抄出”，下接本疏正文。“兵部呈於”下一行是人名“嚴曰坦”。此類情況下文只作簡要説明。

〔一四〕此爲影印本《總匯》第14册，第1117號，第53頁。編者擬題爲“兵部尚書張鳳翼等爲再搗曹南賊巢獲勝事題本奉旨　崇禎六年三月三十日”。原件題目前有“報曹南擒斬群盜”“初三日行山東巡撫都察院訖”兩句話。題目後一行有小字“題”字。其下有版印小字“崇禎六年四月初一日抄送，奉旨五日爲期本月初二日咨行”（日期數字及“咨行”二字爲手寫後填字，下文不再注出），後有依稀可辨版印大字“崇禎六年四月初一日到”。正文前有“兵部呈於兵科抄出”八字。該行最下是人名“方惠”。

〔一五〕“夥”，據文意似當爲“獲”字，音似而誤。

〔一六〕本疏最後無日期，亦無簽押者職名。

〔一七〕此爲影印本《總匯》第14册，第1118號，第54頁。編者擬題爲“兵部尚書張鳳翼等爲飛報异常大盜事題本奉旨 崇禎六年三月三十日”。“飛報异常大盜事”七字在原件標題下一行，且字體較小，而張鳳翼題本内的主題句則爲“爲飛報异常大盜事”。又左側有“題”字。又，原件題目左下方有長方形黑框版印三行字：“崇禎六年四月初一日抄送，奉旨：‘五日爲期。’應本月初二日咨行查奏。”另有有大字版印字，漫漶不清，參考前文，當是“崇禎四年四月初一日到”。正文前有抬頭“兵部呈於”四字，又另起行“兵科抄出”四字，下空一字接正文。最下有人名“方惠”。

〔一八〕此爲影印本《總匯》第14冊，第1129號，第102頁。編者擬題爲“兵部尚書張鳳翼等爲尅城掃穴搜島靖亂等事題本奉旨 崇禎六年三月初三日”。原件題目下一行有“不得抄傳”四字，又下一行有“題”字，“題”字下黑框内有：“崇禎六年四月初四日抄送，奉旨‘五日爲期’，應本月初五日咨行另奏。”其版印大字磨損無存。正文前有“兵部呈於兵科抄出”八字。“兵部呈於”行最下有人名“胡軒”。

〔一九〕此爲影印本《總匯》第14冊，第1133號，第110頁。編者擬題爲“兵部尚書張鳳翼等爲登郡設防事題本奉旨 崇禎六年四月初六日”。原件題目下一行有“不得抄傳”四字，又下一行有“題”字，“題”字下有版印：“崇禎六年四月初七日抄送，奉旨：‘五日爲期。’應本月初八日咨行。”其下有大字草書“初七”二字，蓋爲版印大字“限某日上”手寫填空之字，其餘版印字俱已磨損。正文前有“兵部呈於兵科抄出”八字。該行最下是人名“方應春”。

〔二〇〕此爲影印本《總匯》第14冊，第1136號，第118頁。編者擬題爲“兵部尚書張鳳翼等爲藩司蔡侃撫滇無術責其善後事題行稿 崇禎六年四月初六日”。首頁首行有明廷兵部檔案號“宙字卅一號”。其左側有“又十號”三字。其下爲大字“行”字，其下是題目。題目下右側有小字“上號訖”三字。下一行有大字“題”字。下一行有小字“題稿”二字、大字“題”字、“行”字。又下一行有大字“題”字。再下一行頂格有“四月廿七”四字，下面空兩格有“初七日上”四字（“日上”爲版印字）。再下面有版印字“主事”“封訖”四字。下面還有漫漶不清數字，當爲起稿、抄寫官員（書辦）職名。

〔二一〕“初六”爲後填草書，右側有預批楷書小字“初五”。

〔二二〕“廿七”爲後填草書，右側有預批楷書小字“廿五”。

〔二三〕此爲影印本《總匯》第 14 册，第 1137 號，第 130 頁。編者擬題爲“兵部尚書張鳳翼等爲島惡群謀生釁事題本奉旨　崇禎六年四月初七日”。原件題目下一行有版印大字“崇禎六年四月初八日到”。又有版印小字“崇禎六年四月初八日抄送，奉旨五日爲期，應本月初九日咨行”。下一行爲正文前“兵部呈於兵科抄出”八字。該行最下爲人名“季茂”。

〔二四〕本疏最後無日期，亦無簽押者職名。

〔二五〕此爲影印本《總匯》第 14 册，第 1143 號，第 157 頁。編者擬題爲“兵部尚書張鳳翼等爲缺官事題本奉旨　崇禎六年四月初八日”。原件題目下一行有版印大字“崇禎六年四月初九日到”等字。再下一行有草書“行”字。再下一行爲正文前“兵部呈於兵科抄出”八字。該行最下爲人名“胡軒”。

〔二六〕本疏最後無日期，亦無簽押者職名。

〔二七〕此爲影印本《總匯》第 14 册，第 1162 號，第 260 頁。編者擬題爲“兵部尚書張鳳翼等爲逃兵之將宜易等事題本奉旨　崇禎六年四月十六日”。原件題目下一行有“不准抄傳”四字，再下一行黑框内有“崇禎六年四月十七日抄送，奉旨五日爲期，本月十六日咨行”等字，再下一行有草書“十七”字。再下一行爲抬頭“兵部呈於”四字，又下行抬頭爲“兵科抄出”四字，下接正文。“兵部呈於”行最下爲人名“方應春”。

〔二八〕本疏最後無日期，亦無簽押者職名。

〔二九〕此爲影印本《總匯》第 14 册，第 1178 號，第 317 頁。編者擬題爲“兵部尚書張鳳翼等爲缺官推補事題本　崇禎六年四月二十四日”。原件題目下一行有版印大字“崇禎六年四月廿五日到”等字。再下一行有草書“行”字。再下一行正文前有“兵部呈於兵科抄出”八字。該行最下爲人名“繆瑞英”。

〔三〇〕本疏最後無日期，亦無簽押者職名。

〔三一〕此爲影印本《總匯》第 14 册，第 1181 號，第 329 頁。編者擬題爲“兵部尚書張鳳翼等爲塘報事題本奉旨　崇禎六年四月二十五日”。原件題目右側下有"將士剿獲"四字，其下又有小字"月下旬將士蘇有功押解來京正法，并札□兵黃龍到□。廿六日行登島太監、山東撫按、遼東巡撫限次"兩行文字。"正法"下右側有"□周文郁□"五字。題目左下有"速行"二字，再下行有小字"題"字，其下有版印小字"崇禎六年四月二十六日抄送，奉旨五日爲期，應本月廿七日咨行"等字。"題"字右側有版印大字，雖漫漶不清，據前文尚可辨識爲"崇禎六年四月廿六日到"。再下一行爲正文前"兵部呈於兵科抄出"八字。該行最下爲人名"胡軒"。

〔三二〕本疏最後無日期，亦無簽押者職名。

〔三三〕此爲影印本《總匯》第 14 冊，第 1190 號，第 356 頁。編者擬題爲"兵部尚書張鳳翼等爲塘報事題本奉旨　崇禎六年四月二十八日"。原件題目左側有小字"題"字，其下有版印小字，雖漫漶不清，依據前文文例，仍可辨識爲"崇禎六年四月二十九日抄送，奉旨五日爲期，應本月卅日咨行"等字。其左側有大字版印字亦漫漶不清，仍依前文文例辨識，其文爲"崇禎六年四月廿九日到"。再下一行爲正文前"兵部呈於兵科抄出"八字。該行最下爲人名"李茂"。

〔三四〕本疏最後無日期，亦無簽押者職名。

〔三五〕此爲影印本《總匯》第 14 冊，第 1191 號，第 357 頁。編者擬題爲"兵部尚書張鳳翼等爲備陳津撫徐看事奏本　崇禎六年四月二十八日"。原件題目左側有版印大字"崇禎六年四月廿九日到"等字，其中"廿九"二字爲手寫草書。再下一行爲正文前"兵部呈於兵科抄出"八字。該行最下爲人名"方應春"。

〔三六〕本疏最後無日期，亦無簽押者職名。

〔三七〕此爲影印本《總匯》第 14 冊，第 1194 號，第 371 頁。編者擬題爲"兵部尚書張鳳翼等爲酌人地之宜等事題本奉旨　崇禎六年五月十六日"。原件題目下左一行有草書"行"字。左側有版印大字"崇禎六年五月十七日到"等字。其左側有小字"十八日行訖"等字。再下一行爲"兵部呈於兵科抄出"八字。該行最下爲人名"方惠"。

〔三八〕本疏最後無日期，亦無簽押者職名。

〔三九〕此爲影印本《總匯》第 14 冊，第 1195 號，第 372 頁。編者擬題爲"兵部尚書張鳳翼等爲循例入境糾劾貪庸武弁等事題本奉旨　崇禎六年五月十六日"。原件題目下左一行有小字"題"字。再下一行有版印大字"崇禎六年五月十七日到"等字。其下有版印小字"崇禎六年五月十七日抄送，奉旨五日爲期，應本月十八日咨行"等字。其左側有"十八日行訖"五字。再下一行爲正文前"兵部呈於兵科抄出"八字，該行最下爲人名"方惠"。

〔四〇〕本疏最後無日期，亦無簽押者職名。

〔四一〕此爲影印本《總匯》第 14 冊，第 1196 號，第 373 頁。編者擬題爲"兵部尚書張鳳翼等爲請降級重處疏防宣府門禁致賊越獄之官員事題行稿　崇禎六年五月十六日"。原件首頁首行有明廷兵部檔案號"辰字六十三號"。題目上有小字"式"字，緊挨"式"字左側有大字"行"字。左一行有小字"題"字，其下有行書大字"題"字、"行"字。再下一行又有大字"題"字、"行"字。再下一行有"十七"，其下有"有貼黃"三字。該行最下爲人名"王言"。

〔四二〕"襬"，據文意當作"襬"，形似而誤。

〔四三〕"各降乙級"，原件該四字旁有小字"各降壹級"，當爲兵部上奏或兵科抄送上報時所提建議。故"乙"字當同"一"或"壹"。

〔四四〕"十八"爲後填草書，右側有預批楷書小字"十五"。

〔四五〕"行"後衍一"行"，據文意刪。

〔四六〕"廿四"爲後填草書，右側有預批楷書小字"廿三"。

〔四七〕此爲影印本《總匯》第 14 冊，第 1198 號，第 388 頁。編者擬題爲"兵部尚書張鳳翼等爲門禁疏防等事題本奉旨　崇禎六年五月二十一日"。原件題目下有"廿四日行訖"五字，下一行有小字"題"字。又有版印大字"崇禎六年五月廿二日到"等字。其下爲版印小字"崇禎六年五月廿二日抄送，奉旨五日爲期，應本月廿三日咨行。"再下一行爲正文前"兵部呈於兵科抄出"八字，該行最下爲人名"方惠"。

〔四八〕本疏最後無日期，亦無簽押人職名。

〔四九〕此爲影印本《總匯》第 14 冊，第 1199 號，第 389 頁。編者擬題爲"兵部尚書張鳳翼等爲缺官事題本奉旨　崇禎六年五月二十二日"。原件題目下有“廿五日行訖”五字。再下一行有草書“行”字。再下一行有版印大字“崇禎六年五月廿三日到”等字。再下一行正文前有“兵部呈於兵科抄出”八字，該行最下爲人名“方應春”。

〔五〇〕本疏最後無日期，亦無簽押人職名。

〔五一〕此爲影印本《總匯》第 14 册，第 1202 號，第 395 頁。編者擬題爲“兵部尚書張鳳翼等爲薦高進忠任張家口深井守備事題行稿（尾缺）〔崇禎六年五月〕”。原件首頁首行有明廷兵部檔案號“辰字六十一號”。其下有大字“題”字。再下是題目。題目下一行有小字“題”字、大字“題”字、“行”字。其下有“高進忠”名字。再下一行有“即”字，蓋爲版印“限（某）日上”填空字。其下有“有貼黃”三字、“十四日上訖”五字。最下爲人名“王言”。

〔五二〕“才”字，原件爲後改字，此據文意察辨確認。

〔五三〕“議調間邊”，此四字疑有脱誤。

〔五四〕“俱解任回衛”五字原件字體不同，爲較大字且潦草，當爲原稿空出，由兵部尚書張鳳翼填寫。下文“張家口守備”五字同此。下文此類情形不再出校。

〔五五〕以下原件闕。

〔五六〕此爲影印本《總匯》第 14 册，第 1206 號，第 417 頁。編者擬題爲“兵部尚書張鳳翼等爲塘報夷情事題本奉旨　崇禎六年六月十三日”。原件題目下左一行有小字“題”字。其左下方有版印小字“崇禎六年六月十四日抄送，奉旨五日爲期，應本月十五日咨行”等字。其左側有版印大字“崇禎六年六月十四日到”。又下一行有“十五日行訖”五字。再下一行爲正文前“兵部呈於兵科抄出”八字（“部呈”二字缺損，據前文文例補）。該行最下爲人名“方應春”。

〔五七〕本疏最後無日期，亦無簽押者職名。

〔五八〕此爲影印本《總匯》第 14 册，第 1213 號，第 436 頁。編者擬題爲“兵部尚書張鳳翼等爲缺官推補趙完璧等爲中軍守備事題本　崇禎六年七月初四日”。原題左側有版印大字，雖已漫漶難辨，據前文文例，尚可確認爲“崇禎六年七月初五日到”等字。又下一行有草書“行”字。再下一行爲正文前"兵部呈於兵科抄出"八字。該行最下爲人名"李茂"。

〔五九〕此爲影印本《總匯》第 14 册，第 1214 號，第 437 頁。編者擬題爲"兵部尚書張鳳翼等爲推薦葉凌雲、郭一葵補宣府中權營參將標下練兵守備缺題行稿　崇禎六年七月初四日"。原件首頁首行有明廷兵部檔案編號"辰字又九十七"。題目上部有"題一件"（"一件"爲版印）三字。左一行有小字"題稿"二字和大字"題"字。再下一行又有一大字"題"字。再下一行有版印字"日上""主事""封訖"等字，最下是人名"王言"。

〔六〇〕"郭一葵"，原件正文中書寫爲行書，其上頂格有"陪郭一葵"四字。按下文文例，"葉凌雲"上面當有"正葉凌雲"四字，今俱剝蝕。又，兩人名前職銜俱係小字，今依原式以小五號字排出。下文類似情況准此，不再出校。

〔六一〕"葉凌雲"後原件爲雙行小字，類似注解說明文字，故依本叢書體例以小五號字排出。下文重出類似情況，不再出校。

〔六二〕"蔡"，據前文當是"葵"字之誤。

〔六三〕此爲影印本《總匯》第 14 册，第 1215 號，第 441 頁。編者擬題爲"兵部尚書張鳳翼等爲推陳萬善耿思誠補宣府中權營參將標下練兵守備缺事題稿　崇禎六年七月初四日"。原件首頁缺明廷檔案編號。題目上方有"題"字。左一行有小字"題"與大字"題"二字。再下一行又有"題"字。又下行爲人名"王言"。

〔六四〕"陳萬善"上面頂格有"正陳萬善"四字。

〔六五〕"耿思誠"上面頂格有"陪耿思誠"四字。

〔六六〕此爲影印本《總匯》第 14 册，第 1216 號，第 445 頁。編者擬題爲"兵部尚書張鳳翼等爲薦周世德等頂補宣府左右翼營練兵守備員缺事題行稿　崇禎六年七月初四日"。今按，此疏只言"左翼營"員缺事，無關右翼營事，右翼營事見下面又二疏，但兵部將本疏及以下二疏經崇禎帝俞允後，於同一咨行文下發地方行政機構，故編者將三疏編爲一個號碼。今仍按原件分題録入。首頁首行有明廷兵部檔案編號"辰字九十六號"。原件題目上方有大字"題"字。左一行有大字"題"字、"行"字。該行最下有并列三人名字："周世德、戴惟節、楊一杰"。再下一書辦當亦爲

"王言"。

〔六七〕此爲影印本《總匯》第 14 册，第 449 頁，無編號。《總匯》編者蓋將以下三疏全部作爲一疏處理，今據《總匯》影印件分別録出，以見原來兵部對三人任職推薦之經過。原件題目上方有"題"字。左一行有小字"題"、大字"題"二字。再下一行又有"題"字。又下一行最下有人名"王言"。

〔六八〕"戴維節"之"維"字，上下文皆作"惟"，此處顯誤。

〔六九〕"戴惟節"上面有"戴惟節"三字。按前文文例"戴惟節"上應有"正"字。又下面"劉廷杰"上面應有"陪劉廷杰"四字，今并缺損。

〔七〇〕此爲影印本《總匯》第 14 册，無編號。説明見上校勘記〔六六〕。原件題目上方有"題"字。左一行有小字"題"、大字"題"二字。再下一行又有"題"字。又下一行最下有人名"王言"。

〔七一〕此爲影印本《總匯》第 14 册，無編號，情況見前校勘記〔六六〕。

〔七二〕"八"，"廿五"右側分別有預批小字"八"、"二十五"。以下戴惟節、楊一杰同此。

〔七三〕此爲影印本《總匯》第 14 册，第 1217 號，第 459 頁。編者擬題爲"兵部尚書張鳳翼等爲薦李國棟等堪補宣府左翼營練兵守備員缺事題行稿（缺行稿） 崇禎六年七月初四日"。原件首頁首行有明廷兵部檔案號"辰字九十七號"。題目上方有"題"字。左一行有小字"題"字、大字"題"字。下一行又有"題"字。兩"題"字之間下有"行"字。再下一行最下爲人名"王言"。

〔七四〕此爲影印本《總匯》第 14 册，第 1218 號，第 463 頁。編者擬題爲"兵部爲著沿邊各鎮嚴備奉旨事行稿（首缺） 崇禎六年七月初五日"。按編者所謂"首缺"，即指缺此前之向崇禎帝上奏關於夷情之疏。

〔七五〕"七"，原件破損，據落款補。

〔七六〕"宣、大薊、遼"原件爲雙行小字，非注解文字，今按正文字號接排。下文"手本宣鎮監視札付張懋功"同此。

〔七七〕此爲影印本《總匯》第 14 冊，第 1220 號，第 474 頁。編者擬題爲"兵部尚書張鳳翼等爲推華斌包希貴補廣西興安守備缺事題稿 崇禎六年七月初七日"。原件無明廷檔案號。題目中"功員缺"三字缺損，據疏内名字補。題目左側一行有小字、大字"題"字各一。又下一行有大字"題"字。又下一行最下有人名"朱國柱"。

〔七八〕"華斌"上面頂格有"正華斌"三字。按前文文例，"包希貴"上面當有"陪包希貴"四字，今缺損。

〔七九〕此爲影印本《總匯》第 14 冊，第 1221 號，第 475 頁。編者擬題爲"兵部尚書張鳳翼等爲薦王之蓋等堪補廣西昭平參將員缺事題行稿（缺行稿） 崇禎六年七月初七日"。原件首頁首行有明廷兵部檔案號"字廿三號"。題目左側一行有小字"題"字及大字"題""行"二字，其下又有"八月十九日行訖"一行字。又下一行頂格有"八月"二字。

〔八〇〕本行小字原文與正文同等字號，今依前後文行篇慣例，改爲小五號字。

〔八一〕"尤"，原件手稿該字一點在橫下，當爲"尤"字，非"尤（龍）"字。即"遊擊"之"遊"的習慣別寫，見本書下文所錄《缺官事推五軍四營游擊將軍趙應魁員缺》，奏疏前題目作"游擊"，而正文則作"尤吉"可證。此外還有"尤兵"，并是此字。而"擊"字則寫作"吉"，時或又寫作"擊"。至於爲何把"游擊"寫作"尤吉"，待考。

〔八二〕"□"，原件漫漶不清，據文意并參殘留字迹當作"任"。

〔八三〕"□□"，前一字漫漶不清，後一字缺，據文意并參殘留字迹當作"伏乞"。

〔八四〕"□"，原件有缺損，據文意并參殘留字迹當作"推"。

〔八五〕"□"，原文漫漶不清，據文意當作"月"。

〔八六〕"□"，原文漫漶不清，據文意當作"推"。

〔八七〕此爲影印本《總匯》第 14 冊，第 1223 號，第 482 頁。編者擬題爲"兵部尚書張鳳翼等爲請罰懲致使哨探被戕之宣府疏虞將官事題行稿 崇禎六年七月初十九日"。原件首頁首行有明廷兵部檔案號"辰字九十二號"。題目上面有"題"字，下一行有"會題"二字，其下有大字"題"

“行”二字。又下一行有“題”字。再下一行有“廿一”二字。再下一行最下有書辦人名“王言”。

〔八八〕“務務”，衍一“務”字。

〔八九〕“難難”，衍一“難”字。

〔九〇〕“十九”二字右側有小字“十四”。

閩兵會剿流賊等事疏 [一]

兵部尚書臣張等謹題，爲閩兵會剿流賊，擒獲渠魁親屬，謹據實報，以結剿局事：

職方清吏司案呈，崇禎六年七月二十日奉本部送，兵科抄出，福建巡撫鄒維璉題稱，崇禎六年五月二十八日，據委西徵原任潮漳副總兵陳廷對報稱：卑職奉令在廣東程鄉與粵將搜剿，廷對督兵向松口而進。賊見粵閩兵驟至，東奔西竄。時衝鋒兵先行，賊欺我兵少，乃伏於險徑，各持凶械，趨前交鋒。當有親兵程夢龍奮勇赴敵，身負重傷。嗣而大兵繼至，斬賊兩級，遂各奔匿。五月初三日夜，粵兵札藍坊，閩兵札高思、松源二處，彼此聲息相通。遍山搜捕間，廷對又遵廣東巡按錢御史憲牌，恐賊繇程平而走閩、虔，乃將分進松原一枝官兵右營守備傅隨、后營守備劉儔馳回羅岡、象洞防守，原派信地左營守備吳獻奎令其帶領抽選精兵隨徵。廷對見督備總鄧良藩等緊搜緊追，初四、初五兩日，搜擒真賊三十五名，器械十八件，白旗一面，牛五頭等因。又據廷對報稱，五月初九日，移兵磜頭，督鄉總劉聯魁在羊稠樟高坑裏搜捕，獲鍾復秀之弟即鍾五舍，又獲鍾復秀之妻張氏一口，幼男一名等因。又報，五月十五日，督劉聯魁於胡椒逕擒獲賊犯一名何三仔，係何四孜族弟，挑米接濟。又於中都搜獲賊犯一名陳七滿，原爲賊中劊子手等因。

各報到臣，該臣會同按臣路振飛，看得流賊大勢之衰出於粵將黃牛峒之一捷，然逃粵以後，一則屯聚銅鼓嶂，負固不服；一則雜處員子山石窟寨，良賊混淆。臣遣廢將陳廷對統兵會剿，又檄漳南道臣顧元鏡，監軍徑進，始掃銅鼓，繼清石窟。蓋知

"撫"之一字，從爲養癰之漸，畢竟用兵乃得平定。此一役也，客兵遠戍，長年山栖，餐風宿露，染瘴衝嵐，無城可憑，無房可居。其進剿也，搜山剔穴，扳木緣崖，勞苦多病，過於海戰之水兵。臣因調入武平城中，稍令休息。不過一月，又以張文斌、何四總、湯豹虎之蠢動，檄催入粵，兼以防虔。然兵即勞死病死，無一逃者。閩帑蕭然，豈有厚犒？臣不過恃此區區忠信以感動之耳。兹又報有斬俘，臣不敢沒其勞苦，據實上陳。此時諸渠盡殲，止餘湯豹虎一賊，無迹可覓，諒無足憂，閩師似可撤回，并力海寇矣。伏乞勅下該部，查覈施行等因。崇禎六年七月十九日奉聖旨："這擒獲賊屬，著該撫按審明處治。閩兵應否撤回，兵部酌議奏奪。" 欽此欽遵，抄出到部送司，案呈到部。除擒獲賊屬，已行該撫按處治外，看得海寇之猖獗較山寇而倍甚。山寇怵於黃牛峒一戰，竄伏銅鼓、石窟，已漸成拉朽之勢。該撫遣將會剿，業殲諸渠，止餘湯豹虎一賊，計粵將自足以辦此，無庸客兵遠戍爲也。惟是海寇劉香尚未授首，餘夥肉齒老、薩子馬等類聚竊發，實爲隱憂。即合全閩兵力以圖之，猶恐未能掃蕩，安得分兵境外，使内地空虛？則該撫之請撤回閩師，并力海上，誠爲地方急務，所當允從者也。謹奉旨酌議，相應覆請，合候命下，遵奉施行〔二〕。

崇禎六年七月廿五〔三〕日　署司事員外郎包鳳起

管理册庫員外郎蔡澄

兵部爲閩兵會剿流賊等事咨行稿

兵部爲閩兵會剿流賊等事，該本部題云云等因，崇禎六年八月初一日本部尚書張等具題。初五日奉聖旨："閩兵著撤回信地，協力防海。湯豹虎著廣東道將嚴搜務獲。" 欽此欽遵抄出到部送司，案呈到部，擬合就行。爲此：

一、咨福建巡撫，合咨前去，煩照本部覆奉明旨内事理欽遵施行。

一、咨兩廣總督，合咨前去，煩照本部覆奉明旨内事理督勵道將，將山賊湯豹虎嚴搜務獲，刻期蕩平施行。

一、咨都察院，轉行福建、廣東巡按御史。

崇禎六年八月初七[四]日　署司事員外郎包鳳起

署冊庫事主事湯一湛

爲塘報地方夷情事疏[五]

兵部尚書臣張等謹題，爲塘報地方夷情事：

該本部題，職方清吏司案呈，奉本部送兵科抄出，雲南巡按御史姜思睿題前事内稱，崇禎六年三月十九日據曲靖兵備道報稱，本月十五日准霑平游擊朱永年塘報，十二日據霑益州土舍安其禄報稱，本月十一日申時分據故干營長者阿報稱：水西叛目阿烏密、楊愛强、怒哉等統兵數營，於初十日未時分過歹納河，至我界。彼時，守河兵一面堵截，一面回報，齊兵防禦。十二日巳時分，已抄殺阿志寨、平川一帶地方。本日又據防守儻塘站加銜守備吴騰龍報稱，本月初十日有鹽倉、白歹、杓恩、產得姑烏等四頭目，領兵二千有餘，將儻塘附近洒瓜塘夷寨燒劫，繇龍硐出乾海哨，直抵後海子扎營，僅離霑城十五里，以後不知所向何去。據此。十二日亥時分又據安其禄報稱，據探夷入沙克回報，水西賊兵繇故干札、平川、青水塘，領兵係家奴者布許。十三日五鼓至河東北關窰上，與其禄相殺，是的據此。隨據霑益守備李鎮芳報同前事，據此。該本職查看得逋寇安邊借力水西，以爭官爲詞，縱兵越境，頻年仇殺，擾亂霑土，軍民震驚，無不欲携家遠竄者。且霑益夷僰聞西兵之來，心懷携二，以致衆畔親離，而其禄一日三五驚，泣訴將妻孥寄城作質，乞援東川。是夜，其禄自焚河東營房，帶馬騎百餘，與阿佐宵遁，未審意欲何爲。本職見夷情狡詐，變幻不測，即一面申飭霑、炎、平、白衛堡營哨嚴加備禦，一面躬督守備李鎮芳，統領防霑官兵銃手，并切責後所旗軍、土著士民人等分城堅壁固守，以觀其變。設購開賞，相機戰守外，事關地方夷情等因到道。准此，除差守備王承錫等賫文前往，諭止退兵外，理合塘報。

本月二十六日，又據防守可渡加銜游擊白宗凱報稱：本月十七日，據烏撒夷人報稱，安其爵母子攜大小夷人於十二日潛逃馬寶奈施地方，與東川地界相連住札。又云水西頭目阿烏謎等統領軍馬二十餘營，運六年糧飯，隨帶匠作等役，搬木蓋房，屯住鹽倉，離烏撒二十餘里。又褒雄子，名哥助，投邊處，於本月十四日領馬兵二百餘騎，將爵住的房屋盡行燒毀，復轉鹽倉去。又西兵頭目怯瞎子等，領軍十四營，住霑益、河東等處，而其祿奔寓車洪江矣。有安位親札鹽倉，邊氏已在黑張，地名洗菜河。安氏於本月初七日生一子，小名叫奮得，大名安九鼎。安位見安氏生子，著實歡喜。安位揚言，我輔我姐甥做烏知府，立安邊做霑知州，必要追其爵母子兄弟要印，滅盡方休等情各報到凱。該凱看得水西占烏撒、霸霑益，虎踞鯨吞，威志洋洋，亦凶凶可虞。若水西是平等念頭，或住霑益，或住鹽倉，留一著而俟後人解和。今鹽、霑兩跨，禍心顯然，誠恐滇黔之患不遠矣。且其爵兄弟無一栖身，浪迹他鄉，又豈甘心？豈無地方之禍害？則封疆生靈何日得枕席也等因。

本月二十六日，又據曲靖道稟稱：安邊雖暫退，猶欲追逐其祿於車洪，安位復屯兵鹽倉，即其建房，則志在鹽倉，而其爵已願割地，復追殺其爵，則志又在烏撒，而邊又迫挾霑益，且欲兼并州府，兩著不留餘地，當何策以平其願也？而安其爵兄弟又豈偃然俛首已耶？黃游擊兵力之輕，不足鎮壓，而以滇官居黔地，反擔一重負於滇。此地行人劫掠，居民泣控，不堪聽聞，非鞭之不及腹，實心之窮於勢也。蜀遠黔近，而制院之權更重，尚可得安位之遵從。請乞移文制臺商確，度可急救此一方民於水火中也，合就轉報等因。

四月初一日又據烏撒游擊黃世俊稟稱：前報霑益歸之安邊，鹽倉歸之爵、禄。安位之意猶持兩可，何幸天厭淫狐，安氏聞於三月二十四日產後病亡。前之狡黠，今减去其二三矣。然母死子存，位猶言仍以堂妹妻邊，此中不無費乎[六]等因到職。

該職會同貴州總督朱燮元、鎮守雲南總兵官黔國公沐天波、雲南巡撫蔡侃看得：安邊，霑益之土舍也，其兄安遠死後，序應邊承襲，只因豈霑益故土，入贅水西而結配安氏。時方議剿水西，以邊爲助叛，奉旨剿捕，而烏撒土舍安其爵、安其禄以安氏原配伊父效良與其母設白勢不并栖，出奔抱渡，素懷必報之志。因此遂借滇力恢復烏撒，仍居鹽倉，與邊氏爲仇。前督臣張鶴鳴題其爵爲烏撒知府，奉旨已經數年，爲其不附水西也。邊既離霑，前撫臣王伉札令其禄管理，爲霑之夷目營火無主，乃亂也。及水西既撫，安位并欲爲其姊安氏與邊求一安插，督臣題議，於掌印知府外，立邊爲答應知府，或分管上下四目，蓋爲邊氏欲依水西自固，故於烏之近水西者令割地而與之抵換霑益。夫曰"抵"，則得烏之四目，即不可得霑矣。

職如督臣議，行曲靖兵備道副使王紹旦、烏撒游擊黃世俊，往復諭處，乃安邊潛伏水西，竟無回文。而安其禄又不肯還霑益，政移黔蜀議處間，而安邊突挾水西兵以來，安位亦駐兵於鹽倉，毋乃欲并霑、烏而有之乎？蓋安氏當配效良時，烏撒各目惟其頤指，兹又以財務曲結衆歡，各目翕然心歸之，而其爵父資盡歸安氏，僅守空印，賞需無所從出，則其爵之守烏也，其勢實難。其禄向亦爲霑之各目所附，近因霑目中有願迎邊回霑者，各目遂携志於禄，而禄曾取烏目媽姑之婦莫氏爲妾，莫氏即水西目把女也。媽姑與水西遂借此爲口實以逐禄，則禄之守霑也，其勢又難。今其爵母子怵位兵威，潛逃馬寶箐，其禄亦潛逃車洪江，皆東川連界，以東川土官禄千鍾之妻與爵、禄同胞，欲恃彼爲援耳。

職商之司道與曲靖府廳及霑益州，或云霑益實邊故土，衆目又願歸邊，乘其來而以霑安插之便；或云我既先以霑札其禄管理，禄已視爲故物，今西兵不能爲邊久住，而禄倚東川之援，必與之爭，儻邊站脚不穩，復逃水西，禄必挾我收邊之怨爲地方害，且觀彼此之情形而徐應之便。顧情形難定於一時，而彼之安插即欲取决於我之一言以爲動静，則我將何以應之？不許邊以霑，則以霑舍管霑土，彼固有辭；欲許邊以霑，而位仍踞烏撒，則水西氣脉直通於霑，滇與水西無藩籬之限，何得不爲鰓鰓然慮者？如督臣之議，二安换地而居，此上策也。不然，惟有烏舍歸烏，霑舍歸霑已耳。

夫邊之歸霑，職能言之。烏，蜀府、黔衛。其爵，蜀之土舍也，烏舍歸烏，仍禁黔之土司不得而侵烏，此惟督臣與蜀撫爲政，職得而主之乎？兹幸安氏已物故矣，計其資材必爲水西所有，邊於彼既無所戀，於霑彌不能割，而水西復爲之助，及今不爲之安插，走險，終何了日？然徒爲邊安插，而不爲其爵、其禄安插，争搆亦何了日？此職之爲滇慮，故并爲爵、禄慮，非敢越爼也。再照烏撒游擊一員，原非舊制，因安邊贅水西時方議剿水西，而責滇以協剿，前撫臣王伉故爲黔復烏撒而守之，題設烏撒游擊，而以步上達充之，此以前協剿之局也。今水西已撫，烏撒已復，宜還之黔，或還之蜀，使自爲守，即游擊一員裁之亦可，安得以蜀府、黔衛之游擊而仍挂名雲南之將官，令之措廩費、措兵餉，置此贅庬之官於兩不相關之地耶？則見在游擊黄世俊，或改選，或候二安安插之後，爲之叙其功、遷其秩而裁其缺，亦以通舊制而正疆界也。謹就今日情形據實具報，伏乞敕下該部，從長酌議處分，三省之紛可解，遺患可消，不獨滇也。

職草疏臨拜發，忽據烏撒游擊黃世俊報稱，安位已於四月十七日自鹽倉撤兵而歸。位去則邊孤，計亦將自去。而霑之四十八目迎邊而來者，恐其禄之泄恨，尚擁留而不使去。職等相機制馭緩急操縱之宜，因而應之已耳等因。

崇禎六年七月二十一日奉聖旨："該部看議具奏。"欽此。

又該雲南巡撫蔡侃、總兵官黔國公沐天波各題同前事等因，同日奉聖旨："已有旨了，該部知道。"欽此。

又該雲南巡撫蔡侃等報，爲塘報事，內稱：崇禎六年五月十一日據雲南曲靖兵備道副使王紹旦稟，本月初九日據土舍安邊稟，蒙本道憲牌、奉巡撫蔡侃憲牌，照得安邊與安其爵、其禄弟兄原係同祖一脉，承襲之枝派分明，經管之疆界素定，儘可相安無事，只緣安氏從中作祟，遂致爾家參商。今安氏死矣，正爾同堂兄弟言歸於好之日也。其爵爲烏撒知府，奉有明旨，其不得更易變置，此無論已。邊執故土之義，欲還於霑，當思所以爲其禄地；其禄執前院之委，欲仍管霑，當思所以爲邊地。此皆可設身以處，平心相照者也。如制院換職而居之議，則安邊爲烏撒答應知府，其禄仍管霑益，彼此易地，儘皆得所。如謂疆土不容相易，則烏撒答應當以予其禄，而霑益即還之邊。此二說者，於情於理於法各有攸當，爾兄弟宜何從焉？如必欲并霑、烏而有之，豈但其爵、其禄勢不能行，即邊亦決不能行也。前以此二說勸諭其爵兄弟，不即遵依，致西兵一入，兄弟逃竄。今以此二說勸諭邊，儻亦執拗不遵，西兵豈能爲爾長守霑土乎？西兵一撤，爾能站住得穩乎？此時宜各念一脉骨肉，勿靠他人牆壁。急辭西兵回巢，弟兄立一定約，各具甘結以報，本院據理與法與情，爲爾兄

弟從公剖斷，皆一片爲爾家德，意無一念偏護，無一字不出於肝
鬲者也。合行曉諭牌，仰曲靖道差官傳諭烏撒府土官安其爵，即
與安其禄商議妥當，互相勸解，共念一脉源流、同堂兄弟，言歸
於好。并諭安邊，急撤西兵回巢，仍立定約，各具甘結，申報三
省兩院，以憑施行。勿得偏執，自貽後悔等因。奉此，該本道看
得爾兄弟操戈，即祖宗怨恫，況國憲之雞容〔七〕，爾兄弟修好，
即世土各保，雖上司亦不能易。請軍門諭牌，情、理、法兼至，
止欲爾與其禄、其爵思一脉之原，自悔自悟，相面相商，弟兄各
得其所而干戈永息，豈不自息，保祖宗爵土之長計也？絶不可如
安位，欲立安邊所生子安九鼎爲鹽倉知府，不但安其爵、其禄必
爭，在朝廷豈能容此無道也？且襁褓赤子，豈可妄想做官！況爾
祖名九鼎，而以孫襲祖名，有此理乎？想安位不知，而爾心必有
不安者。急急退兵，無誤爾百姓春耕，并速遞霑、烏不兩據甘
結，兩臺即日具題，而事便定矣。合抄原牌傳諭撤兵。

奉此，竊照〔八〕卑職與其禄同係一脉源流，豈不知言歸於好
之爲美，皆緣惡叔效良父子日逐謀殺，使卑職弟兄糊口無所。自
天啓二年兵變，苦守曲交，亦惟知矢心朝廷，不敢二三。後奉謝
撫院差撫水西，原因奉公，非爲烏撒而往。今之回霑，恢復故
土，亦非爲烏撒而來。既蒙安插於霑，烏撒之事，應聽三省安置
其爵、其禄弟兄，卑職寧敢望烏撒，自罷厥罪？抵霑以來，一意
静聽，望恩安插，懇請孟同知坐鎮霑益，開通西路，以報天恩。
頃蒙差官王佑至營，傳宣軍門并本道德意，知恩出自天矣。但卑
職在營，西兵斷不肯撤。麻〔九〕姑等人因莫氏在城，嗔恨騷擾，
難以制服，獲罪賈戾，日以深重，只得於本月初五日遵奉憲行，
隨帶霑益大小營火，暫撤霑益邊界，歸集地方，聽候具題，安插
其阿紀父子。卑職念及百姓，一見即勞以金鐲大馬，豈期阿紀叛
心不改，安置子阿佐、阿播於其禄，以爲外援。阿紀、聶扯親帶

硬手，束甲入營，約爲行刺内應，故亦同各營帶隨邊界，伏望天恩，念及地方，嚴諭其禄回烏，卑職願具“不敢希望烏撒”甘結投報，如其禄不遵憲諭，聽奸垂涎霑益，卑職必提兵跟追。其禄禍亂相尋，不無續擾上臺，地方之静何日？并甘結，理合具禀等因到道。據此，合就禀報。

續於十三日，據烏撒游擊黄世俊禀報稱，邊於本月初五日丑、寅二時同西目撒兵，往東山寺後而去。當差塘兵偵探回禀，邊同西兵路縣哈馬谷地方去訖。又據曲靖府同知孟紹孔禀稱，安邊撒兵去後，隨差役偵探，邊帶霑益營長阿紀、郗思孝等繇雞營至歸集地方札營，此地乃霑、水、藺接壤之處也。等因到職，該職會同貴州總督朱燮元、鎮守雲南總兵黔國公沐天波、巡按雲南監察御史姜思睿，看得安邊之來霑益，所恃者水西之助耳。安位以郎舅之故，欲爲邊求安插，安邊報故土之説，欲自爲求安插，且力請給冠帶，札付者數四。職以安其禄先經前院札委，今後遽從位與邊之請，儻邊不能久住於霑，是徒開怨於其禄也。儻邊已得霑益，而水西又欲并得鹽倉，以立安氏生髮未燥之安九鼎，是遂其兼并於霑、烏也。故屢檄曉諭，取安邊不領鹽倉之甘結。今邊已遞甘結，不願鹽食〔一〇〕矣。又力辭以霑益之冠帶，札付必奉旨而後准給。今邊又退兵，待命於水、霑之界，地名歸集矣。惟是安邊既去，其禄必來，向之迎邊者，其禄必以禍中之，則禍猶未已也。職等謂安邊一歸霑，而爵、禄兄弟之在烏，始不貽水西以口實；其禄一歸烏，而安邊之歸霑，始可絶其禄之争端。其禄欲歸烏，必使之得答應之職名，而其禄之棄霑，始可望其決於一割。見行曲靖道副使王紹旦、烏撒游擊黄世俊諭其爵、其禄以兄弟同住烏撒，尋一穩局，而棄霑以于〔一一〕邊，亦欲得其甘結，方絶後釁。而蜀舍、黔衛，職之令未必能行，則惟制院蜀撫爲其禄安插停妥。非换地而居，則各歸其故地而已。理合塘報各等因，各到部送司，案呈到部。看得安邊、安其爵、其禄雖係同祖兄弟，而夷性叵測，未易以倫理諭，惟有安插得宜，各歸故土，無相侵奪而已。安其爵爲烏撒知府，奉有明旨，毋庸更議。若霑益向爲安邊故土，爵既得烏，而胞弟其禄又并霑而有之，將焉置邊？宜其曉曉有詞也。但邊亦當爲其爵、其禄地，如徒倚安氏以爲重，屯聚鹽倉，席捲霑、烏，豈獨不知有爵、禄？顯不知有紀法矣。今安氏既死，邊亦撒回西兵，又甘心悔衬，無復他覬，則以烏撒歸爵，以霑益還邊，庶情理兩愜。而該撫猶鰓鰓於其禄之未有寧宇也？欲并處其禄於烏撒，予以答應之職名，以杜後患，誠爲便計。第禄蜀之土舍，而烏撒則蜀府而黔衛，皆滇撫所得徑行。合敕黔蜀督撫諸臣，從長處置，共襄厥成。其烏撒游擊據稱爲三省贅員，似應裁革。并會議妥確，以聽聖裁可也。既經各題報前來，相應覆請，合候命下，遵奉施行。

崇禎六年七月二十九日　署司事員外郎包鳳起

管理册庫員外郎蔡澄

兵部爲地方夷情奉旨咨行稿

兵部爲塘報地方夷情，該本部題云云等因，崇禎六年八月初八日本部尚書張等具題。十一日奉聖旨："這霑、烏處置事宜，著黔、蜀該督撫從長酌議妥確，務使各夷畏威懷德，永杜紛争。并烏、撒游擊應否裁革，通作速奏奪。"欽此欽遵，擬合就行。爲此：

一、咨黔蜀督撫、黔國公沐、雲南巡撫蔡[一二]，合咨前去，煩照明旨内事理，即將霑、烏處置事宜作速從長酌議，永杜紛争。其烏撒游擊應否裁革，定限本年二月終回奏。

一、咨都察院。

崇禎六年八月十六[一三]日　署司事郎中包鳳起

管理册庫員外郎湯一湛

極糾貪功妄殺等事疏^[一四]

兵部尚書臣張等謹題，爲極糾貪功妄殺，立加顯戮，以安邊境，□□^[一五]群弁事：

職方清吏司案呈，崇禎六年六月十七日奉本部送，兵科抄出，監視宣鎮太監、今降級戴罪管事王坤題稱：臣於本月初九日申時，接署懷道僉事劉象瑤手本，據東路參將張國威報稱，四海長生口□^[一六]夷竊去驢、騾，該臣批查間，國威遂於本月初四日差把總張得勝、馬騰友，帶領夷漢兵丁二百七十名出邊，隨於初八日據四海守備張鷹揚禀稱，初七日有本路原差把總張得勝，同夷漢兵丁從四海口進境，斬級八顆，活夷一名，活婦一口等情到臣，臣即奏聞。因見其情可疑，差役密訪去後，一面行提活夷審質，而國威稱二夷有病，不發，其情可知矣。又於十三日接薊門小報，内云，六月初八日抄石塘參將曹存性報稱，據大水谷守備潘文光禀稱，帶軍出關，趕至峰兒谷，看見夷尸二軀。又至段伏嶺，有男婦夷尸五名口，縛去撥夜^[一七]，又燒夷房三間緣繇。臣讀之未竟，不覺髮指齦露。夫該弁擅動官兵，致生邊釁，而張得勝等妄殺屬夷，結釁臨鎮，其罪豈勝誅哉！前報斬級固爲可疑，今國威等奸欺畢露，具徵臣初疑之不爽也。特此據實糾參，伏乞皇上勑部議罪，用彰法紀，庶奸弁不至效尤生事，而邊政欺冒可肅矣等因。

崇禎六年六月十六日奉聖旨："兵部看議具奏。"欽此。又該宣府巡撫焦源清奏，爲遵旨審明夷婦口詞具奏事，内稱，崇禎六年六月十七日，准兵部咨，爲塘報夷情事，該監視宣鎮太監王坤題前事，奉聖旨："近薊鎮西協報，四海冶官丁擅殺屬夷，這斬獲明有欺冒，著速查具奏。該部知道。"欽此。本日，又准兵部咨，爲夷情事，該臣塘報前事，本部題，奉聖旨："已有旨了。既獲活夷、夷婦，著彼處審明口詞來説。"欽此。備咨前來，隨飛檄署懷隆兵備、分巡口北道右邊參議、今降三級戴罪管事劉象瑤審確速解，以便據實回奏去後，卷查，未准部咨之先，本月初九日臣曾牌行該道，嚴查把總張得勝等出邊斬獲夷級始末根因，未見說明，中間有無隱匿別情，作速查確詳覆，尚未回報。行催間，本月十八日，據永寧參將張國威具稟，爲賊夷偷奪騾、驢，跟踪找至地名打虎奈，見有夷人住居，隨撲砍斬級，并生擒外，從夷帳搜獲騾、驢籠頭二個，馱鹽口袋一條。存證重傷活夷撒泥行至永寧背後，箭眼發腫氣絕，割級等情。隨有監視衙門差役，止提解到夷婦一口，譯審畢，送臣衙門，當堂令撫夷守備尹來春在傍譯審，得夷婦供稱，名吳班住，夫名擺言兔，係敖目下夷人，住居夷地速下兒哈，有班住來地名打虎奈，看父阿利。正吃早飯，忽有步兵將父砍割首級，班住跪下討饒，隨即活拿進口等情。臣復詰問在前劫掠騾、驢，是否打虎奈地方夷人，其四海冶官兵果否在於帳夷搜獲籠頭、口袋，吳班住供稱，并不知有劫掠騾、驢情繇，亦未見搜獲籠頭、口袋，所供口詞大略與監視委官譯供相同。據此看得，張國威在前雖報有賊夷在於四海冶長生口掠去劉三等騾、驢五頭，臣聞此邊口外皆深山大箐，不便搜剿，隨移札該道，令其暗設伏兵，俟伊再來，即爲擒斬，不意該堡把總張得勝等竟加兵於二百里之外也。其所斬縛未必真是在前竊劫之人，即云搜獲籠頭、口袋，然無原失騾、驢，亦未知果屬劉三等故物否。況初報斬獲之時，何未言及搜出籠頭、口袋也？雖夷婦口供難以盡信，欲俟該道勘明回奏，但供奉明旨"令審明口詞來說"，誠恐稽遲，謹將夷婦吳班住所供口詞先行據實具奏，伏惟聖明裁察等因。

崇禎六年七月初三日奉聖旨："兵部知道。"欽此欽遵。通抄到部送司，案呈到部。看得四海冶官兵擅殺屬夷，嚮經西協監視臣糾參，奉旨察處。臣部已移咨宣撫，查詢統兵擅殺銜名，該撫未經咨覆。茲據宣鎮監臣再糾，并撫臣所奏口詞，始知帶領夷漢兵丁出邊者爲把總張得勝、馬騰友，而差遣得勝、騰友者，爲參將張國威。國威身爲主將，當遣哨之時，必無授以□□[一八]之言，但得勝等倖功，爲此加兵二百里外，國威既之[一九]之後，便應明白認過，而提審活夷，占恡不發，則護短之情顯然。念素有賢聲，姑令降級管事。本管守備張鷹揚約束無法，似難逭罪，念已經革職，姑免再議。若張得勝、馬騰友擅殺無辜，開釁夷屬，應敕下提問究罪者也。既經奉旨"看議"，相應覆請，合候命下，將張得勝、馬騰友該撫按提問，俱查係札委官，張國威降乙級管事[二〇]。

崇禎六年八月初一日　署司事員外郎包鳳起

管理册庫員外郎蔡澄

兵部極糾貪功妄殺等事咨行稿

兵部極糾貪功妄殺等事，該本部題云云等因，崇禎六年八月十一日本部尚書張等具題。十五日奉聖旨："張國威著降一級，照舊管事。張得勝、馬騰友，該撫按提問具奏。"欽此欽遵，擬合就行。爲此：

一、咨宣府巡撫，合咨前去，煩照本部題奉[二一]。

一、咨都察院，合咨貴院，煩爲轉行宣、大巡按御史，照依本部題奉明旨内事理，即將張得勝、馬騰友提問，限本年九月終旬具奏。

一、手本宣府監視，合用手本前去，煩照明旨内事理欽遵施行[二二]。

地方盜息民安事疏[二三]

兵部尚書臣張等謹題，爲地方盜息民安事：

職方清吏司案呈，崇禎六年六月三十日奉本部送，兵科抄出，宣府巡撫焦源清奏前事，内稱：卷查先准兵部咨，爲歲終類報江洋盜賊、叙錄文武職官，以飭江防事，該本部覆議，各省直撫按衙門督行所屬地方各官，遵照節經題奉欽依事理，凡有盜賊生發，事情重大者，不時奏聞，設法剿捕。其餘强竊盜賊，通計一年之内，照依捕盜條格事例，類於《地方盜息民安疏》内，備將軍、衛有司、掌印、巡捕及守備、兵巡等官分别功罪，會本具奏。總兵官不必會題，守備官不必自奏，其本内有功當叙者，止列拿獲盜賊起數、名數，不必另爲薦語。其功罪相準者，止開已獲、未獲盜賊起數、名數。其當參者，止開城内、城外及無城去處各起數。分别應降、應調、應罰治，不必另爲參語。其已、未拿獲盜賊起數簡明文册，止造某府州縣或某衛所，城内若干起，城外若干起，無城去處若干起，每起各若干名，係某月日掌印某官、巡捕某官。已盡獲若干起，通未獲若干起。某起内，已獲若干名，未獲若干名，各於某月日，係某官拿獲，年終查核明實，照本部發來册式類造，隨本奏繳清册，送部查考，不得概列奏疏，徒滋煩瑣。尤不得隱匿不報，致生欺玩等因。題奉欽依，備咨前來，通行遵照在卷。

今據守巡口北、懷、隆兵備道右參政、降三級戴罪管事范鑛、右參議、今降三級戴罪管事劉象瑶呈稱：遵照節行明文，嚴督各該守備、操防、掌印、巡捕官兵、地方保甲，晝夜巡邏緝捕。仍令各路將領，沿途安設窩鋪，派撥軍士，來巡警。但聞盜賊竊發，即行分投訪拿。除拿獲者按法問擬，未獲者勒限嚴緝。今時崇禎四年分，各城堡、衛所强盜已獲起數、名數，并各官職名，開報到臣。謹會同巡按宣、大等處監察御史、降一級照舊管事白士麟議，照宣鎮設在極邊，村落寥闊，居民稀少，干楯[二四]之令雖嚴，而崔苻之警時有。據各道會報，一年之内，各城堡衛所强盜起數，已、未獲名數前來。臣等查得捕盜條格一：各處民間被賊打劫，即時擒獲者，不分城內城外，各掌印、巡捕等官，俱免罪。一月之外不獲，通行住俸，候拿獲一半以上，方准開支。若中間能獲別起及別府州縣真正強盜，及各越獄重囚，亦准抵數，但不許將照捕名數朦朧捉獲，以圖抵飾。仍通計一年之內，除盡數拿獲及拿獲一半以上免罪者不計外，城內積至五起，城外及無城去處至十起以上，不分軍、衛、有司、掌印、巡捕等官，參究問罪，俱降一級。文官送部，武官於本衛所各調用兵備守巡官，分別罰治等因。已經通行欽遵外，今照各該官員，分守口北兵備道右參政范鑛所屬地方城外強盜三起七名盡獲，懷安城調任守備司進惠、見任掌印指揮僉事安長治、見任巡捕指揮僉事沈繼武下，城外強盜二起六名盡獲。西陽河堡見任守備王國臣下，城外強盜一起一名，拿獲。懷隆兵備道調任按察司副使馮師孔所屬地方，城外強盜四起一十六名盡獲。懷來城升任守備王之屏、延慶右衛見任掌印指揮同知宋鴻勛、升任巡捕指揮僉事李光祖下，城外強盜一起五名盡獲。保安舊城見任守備徐國泰、巡捕鎮撫朱元魁下，城外強盜三起一十一名盡獲。分巡北口〔二五〕兵備道右參議劉象瑤所屬地方，城外強盜一起未〔二六〕獲，不知名數。貓兒峪堡見任防守、鄉試武舉解紹祖下，城外強盜一起，未獲，不知名數。

以上各官，始雖設防欠嚴，以致盜賊生發，然隨犯隨捕，功過亦足相準，例應免究。惟貓兒峪堡防守備〔二七〕紹祖下一起未獲，本官限外，不能獲賊，但查止一起，不及城內五起、城外一〔二八〕起之數，例應住俸緝拿。再查，本官係鄉試武舉，無俸可住，合應革去管事。

伏乞敕下兵部，再加查議。覆請范鑛等一十二員照例免究，解紹祖一員，行令該道革去管事。其未獲強盜，仍令該地方官軍上緊緝拿，務在盡獲，庶勸懲昭明而人心知儆，盜賊寧息而地方少安矣。爲此，今將查過各城堡衛所，城外強盜起數，已、未獲名數及應免、應革官員職名，遵照原發册式備造文册一本，具本進繳等因。崇禎六年六月二十九日奉聖旨："兵部知道。"欽此欽遵。抄出到部送司，案呈到部。看得宣撫遵例匯奏所屬地方失盗、獲盗情節，如范鑛、司進惠、安長治、沈繼武、王國臣、馮師孔、王之屏、宋鴻勛、李光祖、徐國泰、朱元魁、劉象瑶，俱功過相準，應行免議。惟解紹祖防守貓兒峪堡失事一起，過限未獲，例應住俸候緝。查紹祖係委用武舉，無俸可罰，合無革去管事，其未獲之盗，仍責令該管官弁嚴緝務獲，以靖地方者也。既經具題前來，相應覆請，伏候命下，將解紹祖革去管事[二九]。查係札委流官。

崇禎六年八月初七日　署司事員外郎包鳳起

署册庫事主事湯一湛

兵部爲地方盗息民安事咨行稿

兵部爲地方盗息民安事，該本部題云云等因，崇禎六年八月十五日本部尚書張等具題。十八日奉聖旨："是。"欽此欽遵，擬合就行。爲此：

一、咨宣府巡撫，合咨前去，煩照本部題、奉[三〇]

一、咨都察院，合咨貴院，煩爲轉行宣、大巡按御史，照依本部題奉欽依内事理欽遵查照施行。

崇禎六年八月廿[三一]日　署司事協贊郎中包鳳起

管理册庫員外郎湯一湛

缺官事推補新設宣府左翼營游擊將軍

馮大棟員缺疏[三二]

兵部尚書臣張等謹題，爲缺官事：

職方清吏司案呈，照得[三三]宣府左翼營游擊將軍馮大棟，近該監視登島太監呂直題，留登州水中營游擊將軍，本部覆奉欽依訖。所有員缺合當推補，案呈到部。臣等從公推舉，得原任尤吉將軍職銜、管宣府永寧參將事、署都指揮僉事起補杜維棟[三四]，京營城守叙功題加尤吉將軍、署都指揮僉事候補張邦謨，俱各堪任，伏乞聖明於內簡命一員，充前項尤吉將軍。候命下之日，本部札令，欽遵任事。

計開擬堪宣府左翼營游擊將軍官二員：

杜維棟。年三十六歲，係宣府龍門守禦所百户。天啓四年九月，推宣府洗馬林守備。七年六月，該宣府巡撫張曉□[三五]推都司僉書，管宣府永寧參將事。八月，□□□題加尤吉管事。崇禎元□□月，該宣、大巡按葉成章參革。續該宣府巡撫焦源清薦二次。六年春試，技勇優等。今巡撫焦源清移文討補。

張邦謨。年三十五歲，金營左衛指揮僉事。天啓四年十二月，推守備，管京城西南頭班巡捕把總事。七年正月，題加都司僉書管事。六月，調管大同入衛尤吉事。崇禎二年十二月，本部軍政參革。四年三月，京營城守叙功，題加尤吉。該巡視京營科道常自裕等薦二次。六年春試，技勇優等。

崇禎六年八月廿一日　署司事協贊郎中包鳳起

　　　　　　　　　管理册庫員外郎湯一湛

兵部爲缺官事題奉咨行稿

兵部爲缺官事，該本部題云云等因，崇禎六年八月十三日本部尚書張等具題。十五日奉聖旨："有點的依擬用。"欽此。內杜維棟有點，抄出到部送司，案呈到部，擬合就行。爲此，除札仰

一、咨宣大總督，合咨前去，煩照本部題奉欽依內事理欽遵查照施行，杜維棟定限本年八月二七[三六]日到任外。

一、咨宣府巡撫，合咨前去，煩照本部題奉欽依事理行令本官依限到任，仍將到任日期同原奉本部札付并履歷緣繇呈報巡撫衙門，繳部查考。如過限不到及不繳部札，定照近題事例參究施行。

一、咨都察院，合咨貴院，煩爲轉行宣、大巡按御史，照依本部題奉欽依事理行令本官依限到任，如或過違，照例參究施行。

一、札付棟[三七]維棟。

崇禎六年八月十七[三八]日　署司事協贊郎中包鳳起

　　　　　　　　　　　管理册庫員外郎湯一湛

摘參稱病將領事疏[三九]

兵部尚書臣張等謹題，爲摘參稱病將領事：

職方清吏司案呈，奉本部送，據原任薊鎮西協副總兵翟從義呈，爲夙疾久發，懇恩准免赴任，以重封疆事。切照卑職春仲考試之後，自幸起用有機，不期入夏以來，舊病遂發，至今兩月有餘，調理未痊。忽睹邸報，陪推參將，即思具文乞求暫緩，不意報至，已正推宣府中權營參將矣。卑職不勝頂感！如果無疾，惟任任事恐後，豈有反辭之理？但數日之内，飲食未進，身不卧席，命在呼吸，僅存皮骨。閣邑共知，毫未敢假。懇乞憐念真疾，准免赴任。儻有餘生，再效犬馬。爲此迫切懇恩具呈等情。又據本官呈，爲夙疾久發，再懇洪恩，准免赴任，以重封疆事等情。又據本官呈，爲病危待斃，生難再存，乞免赴任，以重封疆事等情到部送司，案呈到部。看得翟從義歷任薊、宣，頗習軍務。本年春試，技勇優等。臣部以衝邊需才，推補新設宣鎮中權營參將，冀得其一臂之用，乃頻催不行赴任，而請病之呈踵至矣。當此奴插交窺，召募選練，不啻救焚拯溺，豈容此怯懦病廢之人遷延時日，以爲地方誤乎？合行革職回籍，遺下員缺臣部另行推補，刻期受事，速行料理可也。既經具呈前來，相應題請，伏候命下，將翟從義革職[四○]回籍。查係流官。

崇禎六年八月十三[四一]日　署司事協贊郎中包鳳起

　　　　　　　　　　　管理册庫員外郎湯一湛

兵部爲摘參稱病將領事奉旨咨行稿

兵部爲摘參稱病將領事，該本部題云云等因。崇禎六年八月十五日，本部尚書張等具題。十八日奉聖旨："是。"欽此欽遵，擬合就行。爲此：

一、咨宣府巡撫，合咨前去，煩照本部題奉[四二]

兵部爲缺官事疏[四三]

兵部爲缺官事：該本部題云云等因。崇禎六年八月初六日，本部尚書張等具題。初九日奉聖旨："有點的依擬用。"欽此。内李國棟、葉凌雲、陳萬善各有點，抄出到部送司，案呈到部。擬合就行，爲此，除札仰：

李國棟定限本年八月廿五日、

葉凌雲定限本年八月廿五日、

陳萬善定限本年八月廿五日[四四]，各到任外。

一、咨宣大總督，合咨前去，煩照本部題奉欽依事理，欽遵查照施行。

一、咨宣府巡撫，合咨前去，煩照本部題奉欽依事理，行令各官，依限到任。仍將到任日期同原奉本部札付并履歷緣繇，呈報巡撫衙門，繳部查考。如過限不到及不繳部札，定照近題事例參究施行。

一、咨都察院，合咨貴院，煩爲轉行宣、大巡按御史，照依本部題、奉欽依事理，行令各官，依限到任，如或過違，照例參究施行。

一、札付李國棟、葉凌雲、陳萬善。

崇禎六年八月十三[四五]日　署司事協贊郎中包鳳起

管理册庫員外郎湯一湛

兵部爲缺官事奉旨咨行稿[四六]

　　兵部爲缺官事，該本部題云云等因。崇禎六年八月初八日本部尚書張等具題。十一日奉聖旨："是。有□[四七]的依擬用。"欽此。内王之蓋、華斌各有點。抄捧送司，案呈到部，擬合就行。爲此，除札仰王之蓋、華斌，定限本年九月廿五日到任外：

　　一、合具揭帖，差主事魏肯構，賫赴内府翰林院，請寫敕書施行。

　　計開：請敕官一員。分守廣西昭平等處、駐札北陀地方參將、署都指揮僉事王之蓋。查得本官責任專一，駐札北陀，來昭平等處，巡緝、操練堡兵，管攝各縣僮村，兼制桂、平二府兩岸、三峒、永荔一帶，新設土司營堡及守備千户所哨守官兵悉聽調度。平時訓練軍士，稽察營堡，嚴謹哨探，禁戢勾通，開治道路。新設土司民夷雜居，務要處置得宜，加意撫綏，令其樂業。如有瑶僮竊發，就便督率堡兵，相機撲剿，毋致滋蔓。凡軍中一應事宜，須與兵備道同心協慮，計議而行。本官仍聽督撫及鎮守總兵官節制。本官須持廉奉公，正己率下，務使威武振揚，瑶僮攝伏，斯副委任。如或貪縱玩法，輕率寡謀，遺患地方，罪不輕貸。

　　一、咨兩廣總督、廣西巡撫，合咨前去，煩照本部題奉欽依事理行令各官依限到任，不許遲延。仍將到任日期同原奉本部札付并履歷緣繇繳部查考，如或過違及不繳部札，定照近題事理參究施行。

　　一、咨都察□[四八]。

　　一、札付王之蓋、華斌。

崇禎六年八月十六日　　署司事郎中包鳳起[四九]

　　　　　　　　　　　管理册庫員外郎湯一湛[五〇]

注銷事疏〔五一〕

兵部尚書臣張等謹題，爲注銷事：

職方清吏司案呈到部，案查崇禎三年九月內，該刑科都給事中李覺斯題，爲遵旨按月奏報事，奉聖旨："這奏報事件知道了。內多未完，不獨刑部，俱速行催結。部院衛事體分繁，且多重復，宜立簡明規則，以便省覽。首當列綱，一曰已完，一曰未過限未完，一曰已過限未完，各若干件。末當分目，於已過限未完內摘出款項，如某某事難完而不完，尚須寬限；某某事易完而不完，極宜議懲。其重復的如已見刑部內，則下注都察院；同於都察院內，則先注與刑部同，已、未完若干。如此則頭緒不棼，處分亦易。各科俱仿此法，行該衛門知道。"欽此欽遵在案。又於崇禎五年三月三十日，兵科抄出，該太子太保户部尚書畢自嚴等題，爲遵旨酌議月奏事等因。崇禎五年三月二十八日奉聖旨："部科報參未完，正欲課功董玩，近來仍多蒙閣，何取沿套？今後各部已完事件，不必開列。其未完的分別奏報。及該科摘參，照舊行各部，仍將罰過何人、定過限期奏明。如有事款朦涷隱漏者，查出經管官重治。俱著一體飭行，其該部責成司官依議。"欽此。又該本部題，爲仰遵明旨，設法清厘，以完積案事，崇禎六年四月二十五日奉聖旨："樞務宜急奉行，豈得遷延計月？其責成撫按事件酌量立限。議罰原係成例，何又申請？在部積案，果室礙難行及已經別覆的明白奏銷，不得朦涷。"欽此欽遵在案。該臣部於本年八月初六日，題開崇禎六年四月分未完事件緣繇，八月初九日，奉聖旨："邊務軍情豈宜延緩？況屬易完，何復違限？這摘款俱著例罰嚴催。"欽此欽遵。除將應罰事件遵旨嚴限，各該督撫按開報經管職名照例議罰外，今查崇禎六年五月初一日起，至本月終止，在部在外未完事件，恪遵新旨，俱應開報部。

未完共十二件，各督撫按未過限未完共八件，已過限未完共三十七件。内摘出難完不完及用兵處所，尚須寬限者，共二十六件。易完不完，宜行查經管職名議罰者共十一件，俱於前件項下填注明白，開列進覽。合候命下，遵奉施行〔五二〕。計開部未完共十二件：

一件，武制凌夷日甚等事。神樞一營左副將王璞奏，條陳邊務緣繇，奉聖旨："這本説邊方利弊頗切事情，并體貌一節著與看議來説。該部知道。"

前件，崇禎六年五月初三日抄出到部，見在議覆。

一件，謹陳班軍未盡事宜等事。兵部覆保定巡撫丁魁楚題選鋒幫貼各緣繇，奉聖旨："保鎮選鋒經制既定，即著將見支額餉直截銷算，不得仍借幫貼名色，反滋溷淆。營兵逃亡事故，即使旋行勾捕，亦必有空曠日期，如何左營自三年十月起并無查扣？其中顯有隱冒情弊。每年曠銀支給等項，户部通無覆覈，但據該餉司回文轉咨兵部，是何緣故？還著會同總理，詳查明白具奏。"

前件，崇禎六年五月初七日抄出到部。初十日行户部會同總理，覆覈詳明具奏。

一件，撫賞之局面雖更等事。監視薊鎮東協署理關寧御馬監太監張國元題，查回撫賞□□□□□□〔五三〕聖旨："這三年内，撫賞銀貸、給發、支銷、實存、追補等項，該部科會同總理，并取留部原單詳查明確具奏。"

前件，崇禎六年五月初十日抄出到部，係户科外抄。二十日行户部會奏。

一件，循職備陳邊計等事。福建巡撫鄒維璉題開洋禁緣繇，奉聖旨："該部覆議具奏。"

前件，崇禎六年五月十七日抄出到部，見在會同户部議覆。

一件，奴謀萬不可忽等事。宣、大巡按白士麟題修邊之費、養馬之法緣繇，奉聖旨："該部看議具奏。"

前件，崇禎六年五月十七日抄出到部，見在匯覆。

一件，飛報血戰大捷事。兵部題保定總兵梁甫塘報緣繇，奉聖旨："據報，該鎮剿賊連獲三捷，具見該撫調度將士勇奮。著查明匯叙。賊既遁入山中，著一面扼隘堵截，一面馳約鄧玘、張應昌等兵協力合謀，設奇誘擊，務期一鼓盡殲，以膺懋賞。不許彼此諉卸，致失事機。爾部速行傳餉。"

前件，崇禎六年五月二十三日抄出到部。即行保定撫按，有功員役候查明匯叙。并札總兵梁甫、張應昌、鄧玘訖。

一件，違禁興販等事。兵部覆天津巡撫、今戴罪鄭宗周題，問師繼宗等招繇，奉聖旨："嚴禁邊販，正在先事譏防，何得以尚未出海爲辭？還著遵諭確擬具奏。"

前件，崇禎六年五月二十三日抄出到部，見在議奏。

一件，塘報事。雲南巡按姜思睿題勘回普福遠緣繇，奉聖旨："兵部知道。"

前件，崇禎六年五月二十六日抄出到部，案候。

一件，胞弟血戰身亡等事。雲南巡按姜思睿題勘回秦拱明功次緣繇，奉聖旨："該部知道。"

前件，崇禎六年五月二十六日抄出到部，候普酉功次勘到并覆。

一件，滇事方殷等事。雲南巡撫姜思睿題陳謙加銜緣繇，奉聖旨："兵部知道。"

前件，崇禎六年五月二十六日抄出到部，見在議覆。

一件，遵旨會剿海盜等事。應天巡撫莊祖誨題海寇猖獗緣繇，奉聖旨："海寇聚散不常，南北二撫，各申嚴哨探擒剿，不得以零獲弛卸。前時失事各官著覈議具奏。陳華宇等作速審明正法。該部知道。"

前件，崇禎六年五月二十六日抄出到部，二十八日行應天撫按訖。其前時失事各官見在議覆。

一件，再瀝血忱，仰釋聖明南顧事。錦衣衛帶俸指揮同知、誠意伯、勳衛劉蕡奏請，設立鎮臣緣繇，奉聖旨："該部知道。"

前件，崇禎六年五月二十九日抄出到部，見在議覆。

在外督撫按未過限未完共八件：

一件，類報斬獲虜級等事。延綏巡撫陳奇瑜題報延綏斬獲零虜五十八顆緣繇，奉聖旨："兵部知道。"

前件，崇禎六年五月初五日抄出到部，初七日行陝西巡撫查勘，限八月終具奏。

一件，恭報續到班軍事。監視薊鎮西協、御馬監太監鄧希詔題參德州秋班游擊崔堯臣戴罪督工各緣繇，奉聖旨："崔堯臣虛冒宜懲，姑著戴罪督工，完日覆議奏奪。餘已有旨了，該部知道。"

前件，崇禎六年五月初三日抄出到部。初八日行薊、遼總督，定限九月中工完，并行西協監視訖。

一件，海戰再勝等事。福建巡撫鄒維璉題擒獲海賊凶黨緣繇，奉聖旨："該部知道。"

前件，崇禎六年五月十一日抄出到部，十三日行福建撫按，限九月中勘功具奏。

一件，循例舉刻[五四]武職官員事。兵部覆福建巡按劉調羹勘回王夢熊修城贓銀緣繇，奉聖旨："王夢熊著監候處決。"

前件，崇禎六年五月十四日抄出到部。十七日行福建撫按，限十月中追贓報完。

一件，會查班軍數目事。監視薊鎮東協、署理關寧、御馬監太監張國元題報派修工軍士數目各緣繇，奉聖旨："知道了。還著該管道將嚴督詳覈，務期堅整速竣。據查，山東中都班軍缺額數多，領班官殊屬玩泄。姑勒令照數雇補，工完議奪。該部知道。"

前件，崇禎六年五月十九日抄出到部，二十三日行山永巡撫，定限九月中工完，并行東協監視訖。

一件，循例舉劾將領官員事。兵部覆陝西茶馬御史汪應元題參守備趙仰高等贓款緣繇，奉聖旨："趙仰高、王家棟著革了任，該撫按提問追擬，具奏。史開先革任回衙。"

前件，崇禎六年五月二十五日抄出到部，二十七日行甘肅撫按茶馬御史提問追擬，限十月中具奏。

一件，遵旨回奏事。四川巡按劉宗祥題，回奏□〔五五〕僕狂逞緣繇，奉聖旨："鄉紳投獻，亂民狂逞，撫按官即分別參處，如縱奸釀釁，一體論治。聶睿心等，著從重究擬。李□新隱匿實情，并著查議。該部知道。"

前件，崇禎六年五月二十七日抄出到部，二十九日行四川撫按查議，限十月中回奏。

一件，巨奸擅開鞘封等事。兵部等部會題陝西甘肅巡按張應星題勘回千户魯宗周等盜銀緣繇，奉聖旨："魯宗周著發邊衛，永遠充軍，原職照例降襲，餘俱依議，贓著嚴追。魯定緝獲另結。"

前件，崇禎六年五月二十八日抄出到部，二十九日行甘肅巡按，限文到一月內嚴緝具奏，并行武選司訖。

在外督撫按已過限未完共三十七件，內難完不完及用兵處所應量行寬限共二十六件。易完不完應議罰者共十一件：

一件，假弁犯罪當伸等事。巡視京營浙江道御史王之良題吏目薛良標輕縱重犯緣繇，奉聖旨："薛良標輕縱重犯，是何情弊？著該部查明議處。仍勒限緝獲奏奪。"

前件，崇禎六年五月初七日抄出到部，初十日札付提督并咨都察院，轉行該城御史，勒限一月内嚴緝務獲。薛良標行吏部議處。

一件，捉獲殺人劫財大夥强賊事。兵部題捉獲强賊牛宗成緣繇，奉聖旨："各犯著錦衣衛拿送鎮撫司究問，并拿咨近臺同訊。未獲夥盜，仍行嚴緝。"

前件，崇禎六年五月初七日抄出到部，係刑科外抄。初八日札巡捕提督，限十日緝獲。

一件，當時擒獲强賊事。巡捕提督宋守義題内東把總胡從明擒獲强賊王三等緣繇，奉聖旨："各犯著送刑部究擬，未獲的速行嚴緝。胡從明准與紀録。"

前件，崇禎六年五月初八日抄出到部，係刑科外抄。初十日行提督，轉行該總，勒限一月獲賊。

一件，直糾劣弁等事。兵部覆薊、遼總督傅宗龍題問回范正斗招繇，奉聖旨："依擬。贓著嚴追。"

前件，崇禎六年五月初十日抄出到部，十五日行薊、遼總督巡關御史，限六月内追完。

一件，緝獲事。刑部尚書胡應台題强賊王忠等擬罪緣繇，奉聖旨："王忠著監候處決。未獲的仍行嚴緝。"

前件，崇禎六年五月十三日抄出到部，十五日行都察院，轉行各城御史，并札巡捕督〔五六〕，限一月務獲。

一件，黑夜越獄事。山東巡撫朱大典題盜賊越獄、勒限緝獲緣繇，奉聖旨："盜賊越獄，印捕各官何辭疏玩？據稱，旋擒五犯，尚逸其一。姑著戴罪，勒限嚴緝，獲日奏奪。該部知道。"

前件，崇禎六年五月十五日，抄出到部。十七日行山東巡按，將城武失事印捕各官戴罪嚴緝，限六月内獲日奏奪。

一件，查提領解遲誤等事。戶部題參宿州衛印糧各官折班銀兩兌解遲誤緣繇，奉聖旨："折班急需，遲延不解，且以空文挂號欺玩殊甚。曹鍾英、金多助、張承祖，著各降三級，并萬民戴通著戴罪督催，依限完解。再違，重治。"

前件，崇禎六年五月十一日抄出到部，係户科抄。十八日行鳳陽撫按并武選司訖。

一件，門禁疏防等事。兵部題強賊越獄、各官降級、依限緝獲緣繇，奉聖旨："蔣名臣等城守疏玩，致賊劫門越逃。本當重處，姑著降一級，依限緝賊，務獲。"

前件，崇禎六年五月二十二日抄出到部，二十四日行宣府巡撫監按，限三月以裏盡獲。

一件，欽奉上傳事。兵部覆順天巡撫張鵬雲題擬馮鳴高〔五七〕等盜硝黃緣繇，奉聖旨："馮鳴、高曉山著發邊遠衛分，充軍終身。餘俱依擬。陳經術等及博野縣經管官俱免議。許良貴等嚴緝另結。"

前件，崇禎六年五月二十二日抄出到部，二十五日，馮鳴、高曉山移付右司定衛發落，并行順、保二撫，勒限一月內務獲。

一件，功令甚嚴等事。兵部覆監視薊鎮西協太監鄧希詔題參雷起蛟緣繇，奉聖旨："雷起蛟著革了任，并本內有名人犯該撫按提問，追擬具奏。"

前件，崇禎陸年五月十七日抄出到部，二十七日行薊、遼順天督撫、巡關御史提問，限六月中旬具奏。

一件，休息外衛京操官軍事。兵部覆京營總提協、科道等官李守琦等題休息崇禎五年秋班官軍緣繇，奉聖旨："這各衛所掌印、領操及解遲班糧、印糧各官分別賞罰，俱依議。其糧銀未到，各州縣衛所管糧官都著住俸速催，依限解部完銷。以後點發、選汰、解糧等項事宜具嚴行申飭。"

前件，崇禎六年五月二十二日抄出到部，六月初四日行山東、鳳陽、應天、河南各撫按并京營總提協、科道訖。

以上十一件，俱係過限難完，應行寬限者。

一件，山城被陷，即日賊去等事。山西巡撫許鼎臣等題平順縣失陷、賊聞官兵東向、拔寨奔突緣繇，奉聖旨："平順失陷，該地方官全無備禦。王愃暗阻軍機，尤爲可惡，并陶進、王國彦都著革了職，該撫按提問具奏。道府各官亦難辭責，著分別議處。錢應登緝獲另議，許鼎臣著飭勵諸將，殄寇圖功。該部知道。"

前件，崇禎六年五月初二日抄出到部，初四日行山西巡按提問，限六月初旬具奏，并行宣大總督、山西監視訖。

一件，兩河亢旱爲災等事。河南巡撫玄默題飢民、礦徒之亂緣繇，奉聖旨："飢民聚掠，總繇地方有司失於撫循，著詳查確實情形具奏。仍一面速行綏戢。戴東旻、李春旺等已有旨了。該部知道。"

前件，崇禎六年五月初五日，抄出到部，初七日行河南撫按詳查，限六月中具奏。

一件，臣鄉之劫數甚慘等事。户部都給事中許世蓋等題發昌兵并撫臣移鎮緣繇，奉聖旨："昌兵已有旨了。并本内該撫移鎮事宜，該部即日議覆。楊作楫嚴催到任，不許刻延。左良玉及毛兵失利情形，著巡按御史查明馳奏。該衙門知道。"

前件，崇禎六年五月初五日抄出到部，初六日行河南巡按，限本月終查明馳奏。其移鎮事宜，即日覆訖。

一件，廢弁違例等事。兵部等部覆山西巡撫許鼎臣題，問回吳重陽等追賊停襲降級緣繇，奉聖旨："吳重陽、劉遷隱占侵尅，情罪深重，且引律俱屬未協，還著確擬具奏。"

前件，崇禎六年五月初五日抄出到部，初六日行山西撫按確擬，限六月中旬咨部會奏。

一件，狡賊糾衆橫肆等事。監視太監劉允中題曹文詔等在周村鎮擒斬賊級緣繇，奉聖旨："據報周村鎮斬獲情形，該將士具見勇奮，著查明匯叙。流賊屯聚處所，著州縣有司遴遣機智鄉兵確偵密報，以便設奇扼剿，不許玩泄隱飾，亦不得張皇，致賊狡遁。其糧芻輸運事宜已有屢旨，著該撫按悉心料理，設法接濟。如仍前匱乏，致誤軍機，責有所歸，該部速行馳飭。"

前件，崇禎六年五月初六日抄出到部，初七日行山西巡按，限六月中旬，查明匯叙。并行山西巡撫、監視，札曹文詔訖。

一件，塘報賊情事。兵部題河南巡撫玄默塘報毛兵被戕緣繇，奉聖旨："毛兵被戕數多，該縣隱匿不報，撫按漫無稽查，如此朦玩，何以辦賊？著曾偶確查失事情形，據實速奏。左良玉擒斬功次，事平匯叙。"

前件，崇禎六年五月初九日抄出到部，即日行河南撫按，限六月初旬，查確速奏，并札左良玉訖。

一件，遵旨回奏事。河南巡撫玄默題回奏趙寨失事情形緣繇，奉聖旨："懷屬失事甚慘，玄默到任後，便應詳查馳報，何待鄉紳公呈，方行奏聞？本內事情著巡按御史確覈速奏。援兵既集，著鼓勵諸將分信殲剿。擒渠散脅，急圖戡定，毋再延玩取罪。該部知道。"

前件，崇禎六年五月初十日抄出到部，十二日行河南撫按，限六月初旬覆奏，并咨巡撫訖。

一件，塘報賊情事。兵部覆河南巡撫玄默塘報互异緣繇，奉聖旨："前丁魁楚報稱，孫弘謨等馳援境外，斬醜殲渠，又稱，據弘謨塘報，左良玉策應適至，賊兵却回，我兵所傷僅三十餘人，與此報情形迥异。著該巡按御史確查速奏，不許挾同隱飾。鄧玘兵何日入豫，著該部差官先行馳報。昌兵也著刻期前發，一面著玄默鼓勵道將極圖剿禦，毋得但事呼籲，致賊蔓延。"

前件，崇禎六年五月十一日抄出到部，即日行北直撫按，限六月初旬確查速奏。并行保定河南各巡撫及咨昌鎮督治，札付鄧玘訖。

一件，申報流賊等事。兵部等部覆山西巡按李嵩題勘回張名儒等處決各緣繇，奉聖旨："張名儒并任閔中等五犯俱著監候處決。張膽獻、張文羲、宋木林通賊陷城，豈容緩死？著即於軍前正法，仍照例梟示。餘依擬。未獲的嚴緝另結。"

前件，崇禎六年五月十一日抄出到部，十四日行山西巡按，限八月中旬緝獲具奏。

一件，塘報賊情事。兵部題河南巡撫玄默塘報緣繇，奉聖旨："會剿已有屢旨，務期奮銳殲賊，不得退怯自保。涉縣放回奸細事情，著查明具奏。"

前件，崇禎六年五月初二十一日抄出到部，即日行河南按撫，限六月初旬查明具奏。

一件，塘報事。兵部題總兵官鄧玘塘報緣繇，奉聖旨："據報，鄧玘兵遇賊，未見追擊，何輒藉口回磁，坐失事機？還著鼓勵將士，約會左良玉奮銳夾剿，速奏奇功，不得以賊眾兵寡諉卸。玄默，前有旨，視賊緩急，來調度。賊既屯聚武、涉，如何遠駐懷郡？軍機呼吸，豈容延誤？爾部再行馳飭，并署道州官輕阻進兵，是何情繇？仍著查明回奏。"

前件，崇禎六年五月二十一日，抄出到部。即日行河南撫按，限六月初旬查明具奏，并札鄧玘、左良玉訖。

一件，塘報捉獲賊首等事。兵部[五八]題河南巡撫玄默塘報獲賊劉小山俘獻緣繇，奉聖旨："賊首豈肯自認？且既擒何復縱逃？既逃何無擁附，仍得就縛？中多可疑。著再審明，磔梟具奏，不必俘解。真賊原不多人，剿戮凶渠，餘零自可解散。還著該撫鎮按道各官，速圖戡定，毋再玩延。"

前件，崇禎六年五月二十四日抄出到部，即日行河南撫按，限六月中審明礫梟具奏。

一件，延軍忍饑安分等事。延綏巡撫陳奇瑜題延鎮逃軍發晋剿賊緣繇，奉聖旨："延兵仍發從徵，知道了。宋全著山西撫按訪拿，但不得縱役搜索生事，擾惑軍心。兵部知道。"

前件，崇禎六年五月二十五日抄出到部，二十六日行山西撫按，限七月中旬具奏，并行延綏巡撫訖。

一件，據報近日賊情事。兵部題山西巡按李嵩塘報流賊在和順縣等處焚劫、官軍傷亡并斬賊級緣繇，奉聖旨："據報，流賊縱橫焚劫，薄有斬獲，傷亡甚多。諸將見在何處？全無剿援，且地方情形久未見奏報，是何緣故？著許鼎臣自行回奏。一面調度速發，分路殲擊，遵限蕩平。再有玩誤，罪坐所繇。其失事情形著李嵩詳查的確，據實明奏。"

前件，崇禎六年五月二十六日抄出到部，二十七日行山西巡按，限六月中旬，據實速奏，并行山西巡撫自行回奏訖。

一件，議修緊要工程等事。兵部覆監視山西太監劉允中題修廣武等處邊工緣繇，奉聖旨："是。著該督撫監按嚴飭該管各官加意稽覈，務刻期早竣，費省工堅。如有縱奸冒破、疏率誤事的，參來重治。工完，仍將用過錢糧開名報部，以憑覈算。"

前件，崇禎六年五月二十七日抄出到部，二十九日行宣大總督、山西巡撫、監視、巡按，工完，報部覈算。

以上十五件，係用兵處所，俱應量寬限者。

一件，遵旨詳查具奏事。兵部覆山東巡按謝三賓題參守備朱世康提問緣繇，奉聖旨："朱世康著該撫按提問正罪。張孟儀准贈都司僉書。"

前件，崇禎六年五月初一日抄出到部，初三日行山東撫按提問，限六月下旬，據實具奏。

一件，極議并舉邊工等事。監視宣鎮太監王坤題修邊工或借遼賞、或部議接濟緣繇，奉聖旨："該部酌議具覆。邊墻屢旨嚴飭，如何全無修葺，此時方議興工？著該撫鎮道遵旨速行回奏。該鎮歷年班價作何支銷，輒議借遼賞？又，攬頭必係積棍，本年稱三年分領銀至今侵欠，是否應責包修？還著查明奏來。該衙門知道。"

前件，崇禎六年五月初四日抄出到部，初七日行宣府撫鎮各道查明，定限本年五月下旬回奏。其方議興工及攬頭領銀侵欠、包修等事，宣府巡撫同守巡各道，俱於六月初一日回奏訖。其歷年班價作何支銷，尚未回奏。

一件，恭報修完邊工等事。兵部覆順天巡撫傅宗龍咨問回馮一元贖徒、王之貴罰米緣繇，奉聖旨："依擬。"

前件，崇禎六年五月初五日抄出到部，初九日行薊、遼總督、順天巡撫，俱限六月中追完。

一件，白晝縛馬劫鞘事。兵部覆山東巡撫朱大典題參指揮管和勛等降級并吏目陳國橡住俸緣繇，奉聖旨："管和勛等并陳國橡降級住俸，戴罪嚴限緝賊，依議。失鞘銀兩仍著照數勒賠。方允中逃陣尅餉事情，著該撫按速查奏奪。"

前件，崇禎六年五月初八日抄出到部，初十日行山東撫按，設法緝賊，限一月内盡獲。其方允中逃陣尅餉，限六月中旬速奏。

一件，特糾貪肆劣弁等事。兵部覆大同巡撫胡沾恩題程君賜等革任緣繇，奉聖旨："程君賜著革了任，該撫按問明奏奪。吳啓、虞希賢革任回衛。朱應捷革職爲民。許平虜等依擬用。"

前件，崇禎六年五月初九日抄出到部，十二日行大同撫按問明，限六月中旬奏奪。

一件，遵旨會查，從實具奏事。兵部覆監視薊鎮西協太監鄧希詔題問回薛光胤招繇，奉聖旨："薛光胤依擬配贖，革任回衛。"

前件，崇禎六年五月初九日抄出到部，十四日行巡關御史，限六月追完，并行薊、遼總督、西協太監訖。

一件，奸盜形迹漸章等事。山東巡撫朱大典題報金鄉縣妖孽竊發嚴緝緣繇，奉聖旨：“金鄉妖孽已獲的著即審明正法，其未獲有名渠魁仍著密行嚴緝。一面解散脅從，以静地方。各道將有司，通行申飭愍備，毋致疏虞。其營兵分信防禦及標兵策應等事宜知道了。該部知道。”

前件，崇禎六年五月十四日抄出到部，十六日行山東巡撫，將妖賊審明正法。未獲的密行嚴緝，限七月中旬盡獲具奏。

一件，循例入境等事。兵部題守備聶澄革任提問緣繇，奉聖旨：“聶澄著革了任。該撫按提問具奏。”

前件，崇禎六年五月十七日抄出到部，十八日行宣府巡按提問，限六月中旬具奏。

一件，嚴究冒魁等事。兵部覆登島太監吕直題參李楠提問緣繇，奉聖旨：“李楠著革去管事，該撫按提問追擬具奏。”

前件，崇禎六年五月十九日抄出到部，二十一日行山東巡按追擬，限七月中旬具奏。

一件，塘報事。監視登島太監吕直題蘇砣擊賊傷失船兵緣繇，奉聖旨：“這蘇砣水陸擊賊傷失船兵事情，著會同該撫按詳查確實具奏。報内稱，周文郁等參差傾軋，已有屢旨，責成協心辦賊。朝廷指日課功罪，如有償誤，俱難辭責，兵部再嚴行馳飭。”

前件，崇禎六年五月二十一日抄出到部，二十三日行山東撫按詳查，限六月中旬具奏。

一件，火燒闡樓事。監視薊鎮中協太監王之心題火燒闡樓緣繇，奉聖旨：“衝關防護宜如何嚴愍，乃漫不經心，致樓臺焚毁。該路道將平時飭備何在？馮相著嚴緝重究，宋堯典及李四該撫按通提究問。其失火必有别情，并所焚樓貯餼、器若干，還著詳查具奏。仍一面作速修葺整補，以資捍禦。該部知道。”

前件，崇禎六年五月二十七日抄出到部，二十九日行順天巡撫、直隸巡按御史嚴緝，并查失火情形，限六月初旬具奏。

以上共十一件，俱係易完不完，宜議罰者。

崇禎六年八月卅[五九]日　署司事協贊郎中包鳳起

理冊庫員外郎湯一湛

兵部爲注銷事奉旨咨行稿

兵部爲注銷事，該本部題云云等因，崇禎六年九月初九日本部尚書張等具題。十一日奉聖旨："知道了。内易完不完的例罰催結。"欽此欽遵。抄出到部送司。查未過限事件應嚴催刻期報完，内有難完并用兵處所各事件准與量寬。如三邊總督、陝西、應天、鳳陽改限十二月内奏報，宣、大、山西、順、保、河南、兩關東中西協巡捕營，改限十月内奏報。其易完不完、經承職名，合應咨取定限，文到十五日内作速報部，以憑議罰具奏。案呈到部，擬合就行。爲此：

一、咨都察院，合咨貴院，煩爲轉行各該巡按御史，照依本部題奉明旨内事理，即將易完不完、經承職名確查，依限報部，以憑議罰。其未完事件，各照各定限期作速歸結。

一、咨各省直督撫、監視、巡捕提督。

崇禎六年九月十四日　協贊司事郎中包鳳起

署司事[六〇]管理冊庫員外郎湯一湛

缺官事會推福建總兵官魯應魁員缺疏[六一]

兵部等衙門題，爲缺官事：

照得鎮守福建等處地方總兵官魯應魁，近該兵科給事中等官蔣德璟等題參不職，本部覆奉欽依革任回衛。所有員缺合當照例會官推補。臣等會同後軍都督府掌府事、太傅、成國公臣朱純臣等，太子少保、禮部尚書兼翰林院學士、加俸一級臣李康先等從公推舉，得提督南直隸狼山地方付總兵、署都指揮僉事裴希度、鎮守南直隸江南地方付總兵、署都指揮僉事許自強，俱各堪任。伏乞聖明於内簡命一員，量升署都督僉事，充總兵官，鎮守前項地方。候命下之日，兵部備查原擬責任，請敕一道賚付本官，欽遵任事。合用符驗旗牌關防照例就彼交代，具繇回奏。遺下員缺兵部另行推補。

計開擬堪鎮守福建等處地方總兵官二員：

裴希度，年四十五歲，係南直隸建陽衛指揮僉事。萬曆四十四年十二月，推南京三江會口把總。天啓元年九月，推浙江定海把總。四年二月，推山東京操秋班都司僉書。六年三月，推登萊巡撫操下中軍尤吉；七月，調管山東臨淸參將事。七年三月，調管南直隸永生洲參將事；十月，推四川松潘東路參將事。崇禎五年七月，推提督南直良山[六二]付總兵。

許自強，年四十九歲，係湖廣襄陽衛會武署正千户。天啓元年正月，咨推鄖陽撫治標下中軍坐營。二年八月，咨加都司僉書管事。三年四月，推尤吉，管湖廣鎮篔參將事。五年十一月，推四川松潘東路參將。六年三月，題留。崇禎元年六月，四川三案叙功，題加付總兵管事。四年十二月，推南京錦衣衛掌印。五年十二月，推鎮守南直隸江南付總兵。

崇禎六年八月□日[六三]　署司事協贊郎中包鳳起
管理册庫員外郎湯一湛

兵部爲缺官事奉旨咨行稿

兵部爲缺官事，該本部等衙門會題云云等因，崇禎六年八月二十九日本部尚書張等具題。三十日奉聖旨："裴希度升署都督僉事，充總兵官，鎮守福建等[六四]。"

缺官事推補中權營參將翟從義員缺疏[六五]

兵部尚書臣張等謹題，爲缺官事：

職方清吏司案呈，照得宣府中權營參將翟從義，近該本部題奉欽依革職回籍，所有員缺合當推補，案呈到部。臣等從公推舉，得原任分守大同北東路參將、署都指揮僉事孔登科，大同巡撫標下右營尤吉將軍、署都指揮僉事張守印[六六]，俱各堪任。伏乞聖明於内簡命一員。如用孔登科，起補前項參將；如用張守印，仍以原官管事。候命下之日，本部札令欽遵任事。

計開擬堪宣府中權營參將官二員：

孔登科，年四十歲，係宣府開平衛指揮僉事。天啓三年二月，咨推宣府洗馬林守備。四年七月，閣部孫承宗題取赴闕。七年九月，宣大總督張曉咨推標下撫夷都司。崇禎二年閏四月，題推尤吉，管大同北東路參將事。四年八月，題加參將。五年七月，該大總督張宗衡題稱患病回衛。該宣府巡撫焦源清薦一次，近准該撫咨討推用。

張守印，年四十二歲，係大同前衛百户。崇禎元年四月，督師尚書王之臣題補標下六營都司僉書。三年十月，宣大總督魏云中題，調管大同正兵營尤吉事。五年九月，推大同巡撫標下右營尤吉。該宣、大巡按志藩薦一次，歷俸一年一個月。

崇禎六年九月初六日　署司事協贊郎中包鳳起

兵部爲缺官事奉旨咨行稿

兵部爲缺官事，該本部題云云等因，崇禎六年九月初七日本部尚書張等具題。初十日奉聖旨："有點的依擬用。"欽此。内孔登科有點，抄出到部送司，案呈到部。擬合就行。爲此，除札仰孔登科定限本年九月廿五[六七]日到任外，

一、咨宣大總督，合咨前去，煩照本部題奉欽依内事理，欽遵查照施行。

一、咨宣府巡撫，合咨前去，煩照本部題奉欽依内事理，行令本官依限到任。仍將到任日期同原奉本部札付并履歷緣繇呈報巡撫衙門，繳部查考。如過限不到及不繳部札，定照近題事例參究施行。

一、咨都察院，合咨貴院，煩爲轉行宣、大巡按御史，照依

本部題奉欽依内事理，行令本官依限到任，如或過違，照例參究施行。

一、札付孔登科〔六八〕。

邊海將領人地不宜等事疏〔六九〕

兵部尚書臣張等謹題，爲邊海將領人地不宜，謹照例題請改調，以奠疆圉事：

職方清吏司案呈，崇禎六年八月十四日奉本部送，兵科抄出，兩廣總督熊文燦題前□〔七〇〕内稱：卷查先據分守廣東潿洲遊擊將軍、署都指揮事秦衍祚呈稱，職產自中州，世襲祖廕。天啓二年統領援師入川，歷任桐梓參將，改補今職，於崇禎四年六月二十四日到任。適值寇盜竊發，整率舟師，先後擒獲巨盜周經、吳汝春等四百八十四名，俱經解報。但職北人，弓馬素所慣習，舟楫波濤實未經歷。今漸以水土氣殊，釀成腫患。先以汛候戒嚴，恐涉規避，今海甸稍清，且奉明文《通行查覈將領守把春冬貳汛事迹功罪》内開："如有水陸异習，地不相宜者，酌量議調。"職以北人司海，正與改調事例符，懇乞俯念櫛沐西川十有餘年，於陸地相宜名缺，無論衝邊極苦，願效捐糜，以報朝廷。遺下員缺，另調熟知海務者填補。庶海防有賴，水陸相安等情。該前督臣王業浩查得，潿洲遊擊秦衍祚沉毅有謀，勇敢無敵，陸將之選，但潿洲海寨，水土未宜，具咨於崇禎五年三月十九日移報兵部外，本年八月内該臣受事。九月十八日據廣東布政司呈，蒙巡按梁御史批，據洲遊擊秦衍祚呈詳前縣，批司查報，行准分巡海北道□〔七一〕稱，據廉州府申稱，該本府知府張其孝看得，潿洲遊擊秦衍祚到任以來，當海寇竊發，擒獲多功，宏才巨略，誠當借寇，奈人地不宜，積勞成瘁，呈請調用，情出真懇。既經軍門准移調用，無容別議。緣縣具詳本道，該副使劉之柱看得，潿洲遊擊秦衍祚生長中州，受任瀾海，嚴重地之堤防，兵若民悉皆安堵；壯邊方之保障，池與海并覺波恬。正須借寇廉陽，藉爲金湯鞏固，第水地异習，人地不宜，情切改調[七二]。經奉軍門准咨調用，似無容議等因，移報到司。該本司署印右布□[七三]使孫朝肅看得，瀾洲遊擊秦衍祚産自兩河，素嫻弓馬之技，分付東粤，尤著安攘之功。彼都人士，靡不願借寇以彈壓廉陽者，第該地屬在炎荒，北人水土不習，業經前軍門移咨別調，無容另議矣。緣繇到臣，當批“秦遊擊自稱水土不習，前軍門業於三月具咨達部，未知如何題覆。仰該司再會同海北巡道妥議，此事必當具題。目前惟有責成秦遊擊照舊管事，一日未離，便有一日之擔，不能借口前情，其以身而致誤封疆者。并速確議，以便會題”去後，崇禎六年□月十七日，據該司呈詳，奉臣批，據分巡海北道副使劉之柱呈詳看得，瀾洲乃廉郡衝險要區，鎮壓防禦貴在得人，該遊擊秦衍祚受事以來，皆實心圖報，前後擒斬巨寇多功，祇緣水土不服，呈蒙咨部改調，未奉部覆。見值汛防，需人爲急，似應仍留在任防守，候部覆允日方行交代。緣繇批司并議，隨該本司左布政使王世德，看得瀾洲遊擊秦衍祚自受事以來，宣勞盡瘁，執訊□[七四]醜，足稱閫寄。祇緣水土不服，兼之波濤不習，遂有懇□[七五]調陸之請，業奉前總督王侍郎咨部矣。但未奉部覆，不便徑行。本官有守土之責，應悉心保障，不致懈弛矣。但接本官手書，及詢之來人，負病情真，求改情切，或本地有陸缺調補，或咨部改用。緣繇前來，該臣會同廣東巡按錢守廉看得，瀾洲遊擊秦衍祚勤勞原有可紀，功次亦足相當，祇以水土不宜，急於求調，此前督臣王業浩已具咨達部。今經臣等覆查，道臣初欲留其防汛，司□[七六]既亦窺其病真，不如更調於相應地方，使水陸各因材授，南北皆適用咸宜矣。既經司道查確前來，相應具題，伏乞敕下兵部，再加查核，將秦衍祚另調。瀾洲員缺別推慣海一將，勒限到任，海邦真有賴矣等因。崇禎六年八月十三日奉聖旨："兵部知道。"欽此欽遵。抄出到部送司，案呈到部。看得秦衍祚生長中土，防守粤汛，舍素習之騎射，涉未經之波濤，人地原不相宜。今以水土不調之病，□[七七]乞改陸，雖經咨部，尚未允題。兹該司道查其素能勤事，病非假托，該督特請改陸，以竟厥用。查督疏未到之先，臣部已將衍祚推升福建北路參將，但本官既不宜於粤，亦必不宜於閩。相應准其回籍調理。其北路員缺，容臣部另爲推補可也。既經具題前來，相應覆請，合候命下，將秦衍祚回籍調理[七八]。

　　崇禎六年九月初九[七九]日　協贊司事郎中包鳳起

　　　　　　　　　　　署司事管理册庫員外郎湯一湛

兵部爲邊海將領人地不宜等事奉旨咨行稿

　　兵部爲邊海將領人地不宜等事，該本部題云云等因，崇禎六年九月十四日本部尚書張等具題. 十六日奉聖旨："是。"欽此欽遵，抄出到部送司，案呈到部，擬命就行。爲此：

　　一、咨兩廣總督、福建巡撫，合咨前去，煩照本部覆，奉欽依内事理欽遵查照施行。

　　一、咨都察院，轉行廣東巡按御史[八〇]。

　　崇禎六年九月十八[八一]日　協贊司事郎中包鳳起

　　　　　　　　　　　署司事管理册庫員外郎湯一湛

地方盗息民安事疏[八二]

　　兵部尚書臣張等謹題，爲地方盗息民安事：

　　職方清吏司案呈，崇禎六年八月二十九日奉本部送兵科抄出，貴州巡按梁炳題稱：據貴州按察司、經歷司呈，據貴陽、安順等十府，鎮、寧、新貴等州縣各造送崇禎五年分緝捕過境内盗賊起數册縣到司，該司逐一細加查覈，分別應叙録、應功罪相准及應罰治等項，備造册縣，呈詳到臣。據此，卷查先奉都察院勘札，准兵部咨送捕盜條格款開一：各處民間被賊打劫，即時擒獲者，不拘城内外掌印官、巡捕官，俱免罪。一月之外不獲，通行住俸，候拿獲一半以上，方准開支。若中間能獲別起及別府州縣真正强盜，及各越獄重囚，亦准抵數，但不許將照捕名數矇朧抵飾。仍通計一年之内，除盡數拿獲及拿獲一半以上免罪者不計外，城内積至五起，城外及無城去處至十起以上，不分軍衛、有司、掌印、巡捕等官，參究問罪，俱降一級。文官送部，武官於衛所各調用等因。

又該本部題，覆前任撫臣郭維賢條陳，責土司之擔承一款，議行湖廣撫按官，今後責令保、靖、永、順等各宣慰司，鈐束屬苗，不許侵掠，如果安靖無擾，即爲約束有功，其或恣肆不悛，即以故縱論罪。仍每年於《盜息民安》疏内一并叙録、查參，以定賞罰等因。各題奉欽依咨院，備札前來，俱經通行遵照去後，今據前因，該臣會同貴州總督朱爕元覆加查劾明實。除功罪相准，即獲賊不及格，不敢概録，以瀆天聽，仍行各司道，將已獲盜賊究問招擬，監候會審。未獲者，嚴限緝挐外，查得黄平州知州陳虞熙獲賊三起，吳紹裕[八三]、陶上進、宋魯等十二名。施秉縣知縣姚載典協同管靖鎮守備事、都司李上進獲賊四起，老遮、老崖、同保、老拗等十二名。湄潭縣署印、平越府推官李延芳獲賊三起，吳興華、田古、蹇化龍、冉文魁等十名。管銅仁參將事、遊擊陶弘謨獲賊三起，龍老四、龍老喬、石永順、石老課、龍老遮等十名。以上各官，賊發能獲，俱有功次，相應叙録者也。貴定縣知縣林士講、署捕大使蒙廣學未獲劫殺賊一起，安順府土知州張繩未獲殺虜寨民强賊一起。以上三官俱有備禦之責，全無緝捕之能，相應量加罰治者也。再照貴州賊盜與別省不同，貴州多係苗賊，出没無常，聚則魚貫，散則獸奔，無數目，無漢人名姓。凡緝賊者止據當陣擒獲多寡，分別賞罰，惟論獲賊起數，不論獲賊額數者也。若賊動稱千百，抗拒山箐，是又非有司衙役之所能制。全籍官兵相機鵰剿，若有斬獲，臣等另行查明題叙，又不在緝盜之例者也。伏乞皇上敕下兵部，再加查議。如果臣等所言不謬，將文武官陳虞熙等分別叙録，罰治施行等因。

崇禎六年八月二十八日奉聖旨："兵部知道。"欽此欽遵。抄出到部送司，案呈到部。看得黔地荒崖深箐，盜賊出没不常，非多方緝禦，何以使黎民安枕？此勸懲之法所宜加慇也。今知州陳虞熙等五員賊發能獲，相應紀録。若知縣林士講等三員緝捕無能，例應量加罰治。

既經具題前來，相應覆請，合候命下，將陳虞熙、姚載典、李延芳吏部紀録。李上進、陶弘謨本部附簿紀録，士講、張繩各罰俸三月。署捕大使蒙廣學無俸可罰，行該撫戒飭[八四]。

崇禎六年九月初九[八五]日　協贊司事郎中包鳳起
　　　　　　　　　　　署司事管理册庫員外郎湯一湛[八六]

兵部爲地方盜息民安事奉旨咨行稿

兵部爲盜息民安事，該本部題云云等因，崇禎六年九月二十八日本部尚書張等具題。二十九日奉聖旨："是。"欽此欽遵，擬合就行。爲此：

一、咨貴州總督，合咨前去，煩照欽依内事理欽遵查照施行。

一、咨都察院，合咨貴院，煩爲轉行貴州巡按，照依欽依内事理欽遵查照施行。

崇禎六年十月初一[八七]日　協贊司事郎中包鳳起
　　　　　　　　　　　署司事員外郎湯一湛

奉旨檄諭安南等事疏[八八]

兵部尚書臣張等謹題，爲奉旨檄諭安南，謹述黎、莫二酋恭順情形，據實上聞，仰慰聖懷事：

職方清吏司案呈，崇禎六年八月十四日奉本部送，兵科抄出，廣西巡撫許如蘭奏稱：前因逆酋普明聲[八九]侵犯滇界交崗，武公懿助逆煽禍，臣於崇禎五年四月初八日遵奉明旨："馳檄安南國，令彼鈐束武公懿，退回助逆兵象。"隨據安南都統使黎維祺申文，請以誅討高平莫敬寬爲詞，臣隨具有《直剖黎莫情形密切奏聞仰祈聖鑒以安地方》一疏，奉旨："部科會議具覆。"該兵部於崇禎五年八月二十九日具題，九月初二日奉聖旨："奏內情形知道了。其移文獎諭曉誠依議行。還著該撫按詳籌駕馭機宜，詰戒飭備，務令遠人懷德畏威。不得疏泄。"欽此欽遵。到部於本年十一月初八日，移咨到臣。該臣隨與按臣戴相詳籌飭備。緣係微臣密奏，事關臣衙門職掌，故即於本月十二日牌行分巡左江道差官馳檄。一諭安南國都統使李維祺[九〇]并頭目鄭枏，仰體朝廷德意，獎其忠順，不得遽起兵端，如莫敬寬此後再敢不遵禁飭，該國興師未晚，一諭高平府莫敬寬，宣布皇恩，暫寬誅討，令其悔禍自新，擄忠效順去後，今崇禎六年五月十二等日，節據安南黎維祺、鄭枏各申報情繇，仰遵天朝宣諭，不敢遽興師旅，各守疆界，仍禁戢交崗武公懿，不得助兵以爲滇患。區區恭順之情，不能盡述，來文足有可據也。又據莫敬寬申稱，深荷天朝安插，以存完祀，業知悔悟自新等情到臣。該臣看得安南越在南海，爲中國一大屏翰也。先年叛服不常，祖宗朝曾費幾許徵討，今請剿莫酋，雖爲報復世讎，亦欲效力中國。捧檄唯唯，忠順可嘉。至莫敬寬，夙與黎氏爲難。及後黎氏日強，敬寬勢蹙，播遷海上，無枝可栖。於萬曆二十五年，蒙皇祖安插高平，微寓牽制，亦中國一小藩籬也。但敬寬素懷狡詐，跋扈跳梁，鄰近土司屢遭荼毒。即歸順一州，受其吞噬，致岑氏二孤流泊賓州，土地人民不能自有。今奉旨宣諭，開陳先朝安插之恩，曉示安南請討之舉，并諭以皇仁浩蕩，不即加誅戮，彼乃畏威懷德，喘息靡寧。故臣得遣官安置岑氏孤兒，以結歸順州之局。從此各土司，弱者免侵掠之苦，強者亦魂銷膽折，不敢借口勾夷，互相欺謾。天威震疊，殊方炎徼，悉荷無疆之庥。亦可少寬聖懷南顧於萬一也。除歸順情形容臣會疏具題外，謹將安南黎維祺并頭目鄭梡及高平莫敬寬來文三紙，固封進呈。但蠻夷荒陋，紙張醜惡，字畫潦草，兼文理粗謬，不堪睿覽。緣事屬邊情，又不敢另行抄寫，伏乞聖明洞鑒，原宥施行等因。

崇禎六年八月十三日奉聖旨："該部看議具覆。"欽此欽遵。抄出到部送司，案呈到部。看得莫酋荷天朝安插之恩，宜恪遵王化。乃恣其梟悍，吞噬孤岑，以致安南假濟弱之名，欲興兵問罪，儻互相讐殺，海邦從此多虞矣。今莫酋悔禍自新，稽首聽命，而安南捧檄惟謹，岑氏孤雛亦安置得所，則於朝廷服舍之仁、鋤強之典，均有當者。該撫第以浩蕩皇恩、森嚴國法，時與各酋申諭，使之彌縫善後，永爲外藩可也。既經具奏前來，相應覆請，合候命下遵奉施行。

崇禎六年九月十四日　協贊司事郎中包鳳起

署司事員外郎湯一湛

兵部爲奉旨檄諭安南等事咨行稿

兵部爲奉旨檄諭安南等事該本部題云云等因，崇禎六年九月二十九日本部尚書張等具題。十月初一日奉聖旨："行與該撫按知道。"欽此欽遵，擬合就行。爲此：

一、咨廣西巡撫，合咨前去，煩照明旨內事理欽遵查照施行。

一、咨都察院，合咨貴院，煩爲轉行廣西巡按，照依明旨内事理欽遵查照施行。

崇禎六年十月初八〔九一〕日　協贊司事郎中包鳳起
署司事員外郎湯一湛

循例補牘議薦將材以備擢用疏〔九二〕

兵部尚書臣張鳳翼等謹題，爲循例補牘議薦將材，以備擢用事：

職方司案呈，覆宣府巡撫焦源清本。崇禎六年九月二十七日，奉聖旨：“是。”

乞恩保補官員等事疏〔九三〕

兵部尚書臣張等謹題，爲乞恩保補官員以便書辦事：

武選清吏司案呈，奉本部送，兵科抄出，趙王慈憿奏稱：臣府書辦官白文義、田穎俱已病故，遺有員缺未補。查得先年選到儀衛司較尉葛自勉、吳應登在府謄寫表、箋、奏、啓，已經二十餘年，歷事既久，練達老成，堪以舉用。伏望皇上垂念親親，乞賜兵部查照臣府保官事例，將葛自勉頂補白文義員缺，吳應登頂補田穎員缺。各敕給書辦冠帶，與臣辦事，以勵將來等因。崇禎六年九月初九日奉聖旨：“兵部知道。”欽此欽遵。於本月初十日抄出，到部送司。

查得趙府冠帶書辦白文義、田穎，俱已病故，所遺員缺，該王照例將葛自勉頂補白文義員缺，吳應登頂補田穎員缺，各給冠帶，在府辦事。奏請前來，查與例符，相應具題，案呈到部。看得該府書辦白文義等病故員缺，將葛自勉等頂補一節，既經本王奏請前來，該司查有前例，相應覆請，合候命下，將葛自勉頂補白文義，吳應登頂補田穎各員缺，仍咨行河南巡撫轉行該府長史司，啓王知會施行。

緣係乞恩保補官員，以便書辦事理，未敢擅便，謹題請旨。

崇禎六年九月廿八[九四]日　郎中潘有功[九五]

兵部爲乞恩保補官員等事奉旨咨行稿

兵部爲乞恩保補官員等事，該本部題云云等因，崇禎六年十月初五日本部尚書張等具題。初八日奉聖旨："是。"欽此欽遵，擬合就行。爲此，合咨前去，煩照本部題奉欽依內事理轉行該府長史司，啓王知會施行。

一、咨河南巡撫。

崇禎六年十月廿一[九六]日　郎中潘有功

塘報事疏[九七]

兵部尚書臣張等謹題，爲塘報事：

職方清吏司案呈，奉本部送，准雲南巡撫蔡侃報稱，崇禎六年五月二十七日據曲靖兵備道稟帖，據防守交水營守備李萬鵬報稱：本月二十日午時，阿佐領夷兵從炎方後山落腳塘與安之化仇殺，即時阿佐率夷兵往衝北山寺屯札，即行堅閉四門，不許夷人入城。仍傳諭阿佐、安其祿、安之化、郗思孝速退兵，靜候處分。先是，安之化殺死阿播，恐阿佐報復，屯兵太平橋，去交城三里許。屢次行牌，驅之歸巢，彼尚欲依城自衛，兼以郗思孝助兵合營，故有所恃而不去。聞阿佐多兵，其祿兵亦在其內，恐安邊聞之，不無長驅深入，地方又脊脊[九八]多事也等因。又據曲靖府同知孟紹孔稟稱，聞安之化殺死阿播，其兄阿佐搆烏撒、東川、霑益等處兵馬，追安之化、郗思孝等至太平橋，去交水所城止三里許，勢甚危急，蒙監軍道與本府速諭卑職至彼防禦，於二十日抵交城。阿佐兵馬屯扎北山，安之化、郗思孝兵馬屯扎太平橋，攻殺甚急。之化等欲奔入城，職恐阿佐藉口狂逞，於地方大有不便，會同楊知州，隨閉四門，調附近官兵入城護守。仍差鄉導蘇萬國戒諭阿佐，差李節先戒諭安之化，不許臨城搆殺，妄擾軍民。至二十一日，阿佐親來城下投見，泣云伊父阿紀、弟力扯，俱被安之化、郗思孝等陷入水西，又將伊弟阿播殺死。不共之仇，誓死必報。如動軍民，願甘梟示等語。安之化勢急，先焚太平橋草房，欲尋自盡。夷玀婦女難以存扎，被阿佐夷兵將安之化妻子并夷婦牲畜虜去。之化等領殘兵二十餘騎殺出重圍。阿佐見二酋逃脫，撤兵回至北山。之化嗔玉光村軍民久停，欲焚房屋，職差役往，諭以“焚毀民房，定發官兵進剿”，且阿佐救兵已主〔九九〕，再不撤去，必遭屠戮。阿佐將擄去軍民、牛隻退給原主。李光顏等撤兵，繇松林回巢去訖。太平橋被焚，居民僅十六家爲郗思孝等挑釁，欲焚剩民房屋，以泄其忿。職嚴加禁諭，始寢其事。安之化與郗思孝雖逃，必將搆結安邊，以圖報復，互相攻擊，禍無已時，不能不爲地方抱憂矣。各報到院，移會到職。

會同貴州總督朱燮元、雲南巡按姜思睿、鎮守雲南總兵官黔國公沐天波看得，安之化、郗思孝與阿佐俱霑益夷目也。之化、思孝糾諸營長，以迎安邊，而阿佐父子兄弟心安其禄，各自擁戴，互相仇殺。阿佐之弟阿播既爲之化等所戮，而其父阿紀又爲安邊綁去，傷心之痛，誓在必報。遂乘安邊之退，與其禄勾兵長驅，格鬥於交城之外，而之化寡不敵衆，踉蹌奔逃矣。阿佐雖聽諭撤兵，然二比仇恨已深，焉能忘情？在之化必搆安邊兵以圖報復，在阿佐必糾烏撒、東川以爲應兵，□〔一〇〇〕釁連結，情形叵測。惟在廟堂之上，安插邊、禄停妥，使之各得其所，纔可杜此爭端。且除行該道嚴兵固守關城隘口，并檄諭令靜聽明旨處分外，理合塘報等因。

又該雲南巡按姜思睿、鎮守雲南總兵官黔國公沐天波各報同前事等因，各到部送司，案呈到部。看得安邊、安其爵、其禄攘地搆兵，讐殺已久，督撫按鎮諸臣題報到部。臣部於本年八月間《爲塘報地方夷情》一疏，議以烏撒歸其爵，霑益還安邊，其禄并處於烏撒，予以答應職名；又以禄爲蜀之土舍，烏撒則蜀府而黔衛，請敕黔、蜀督撫從長酌議去訖。夫何霑益夷目安之化、郗思孝欲自附於安邊，而阿佐父子兄弟又心向其禄？以致互相攻擊，而佐之弟阿播與其父阿紀俱遭屠戮，則勾兵報復勢所必至。交城之戰，其能寢乎？據報，化雖奔潰，佐雖撤兵，而中心各有所恃，邊、禄又未必不各顧其私。興兵搆怨，尚屬可虞。應極敕在事文武諸臣理諭威懾，早爲銷弭，以慰聖明南顧[一〇一]。臣部不能陬度以掣事機也。既經各塘報前來，相應題請，合候命下，遵奉施行。

崇禎六年九月初二[一〇二]日　　協贊司事郎中包鳳起

署司事員外郎湯一湛

兵部爲塘報事奉旨咨行稿

兵部爲塘報事，該本部題云云等因，崇禎六年十月初四日本部尚書張等具題。十月初七日奉聖旨："夷黨互相讎殺，釁不可開。著督撫各官速行諭戢，以奠遐荒。其安插事宜酌議妥確速奏。"欽此欽遵，擬合就行。爲此：

一、咨貴州總督，合咨前去，煩爲遵照明旨內事理，即將夷黨讎殺事情速行諭戢。其安插事宜，照依前定限期會同蜀撫確議，速奏施行。

一、咨雲南巡撫、黔國公，煩爲遵照明旨內事理欽遵查照施行。

一、咨四川巡撫，煩爲遵照明旨內事理，即將安插事宜照依前定限期，速議具奏施行。

一、咨都察院，煩爲轉行雲南巡按御史，遵照明旨内事理欽遵查照施行。

崇禎六年十月初八[一〇三]日　協贊司事郎中包鳳起

署司事員外郎湯一湛

悍弁貪淫無法等事疏[一〇四]

兵部尚書臣張等謹題，爲悍弁貪淫無法，怨聲沸騰，謹據實題參，伏乞聖明敕部處分，以明法紀，以安巖邊事：

職方清吏司案呈，奉本部送，兵科抄出，雲南巡撫蔡侃題稱：去歲春初，普逆攻圍臨安，流賊乘機紛起，嵩、峨兩新之夷渡江而西，楚雄所屬州邑，如南安、廣通焚劫之禍烈矣。督臣朱燮元義切纓冠，遣參將段[一〇五]喬森，督兵二千援滇，臣當孤危之候，得一將赴援，何啻中流一壺！時臨圍已解，流賊方熾。臣以流賊爲急，立促之驅剿，而彼但以守省會爲辭，臣危言迫之，始受令而行。至晉寧，與賊格鬥，手刃其手[一〇六]十四人而还，臣壯而獎之，而本弁已足高氣揚，自誇爲不世之功矣。旋報楚城賊急，臣强之行。賊聞兵至，先解圍而去，本弁遽欲撤兵而回，云：“我黔將，奉令援省城，流賊非吾事也。”士民固留之，而需索鄉紳富民之犒賞，遂乘其急而要之矣。及入安南，娶楊自芳女爲妾，索其陪嫁莊田甚厚，借言招撫，置酒高會。分守道副使竇鎧只得先期往妥甸崗，而彼始以兵會也，獲賊贜牛羊數百餘隻，分寄法甸各佃，代爲喂養，變價入己。指揮張相宸詰報，臣行瀾滄道查究，而彼則以犒賞開銷也。其餘貪淫之狀種種有聞，楚人雖暫資其兵力，而怨之已沁骨髓矣。援楚後，臣方欲發回黔，適永、騰缺出，該部以本官升補。竊意本弁前以援將自待，今已官於滇，飛揚跋扈之習或可稍以文法戢也。西入永昌，臣諄諄然戒以窮邊蠢夷舉動當慎，彼唯諾惟謹，乃至永而冥悍之積習猶不改也。兵失鈐束，騷擾閭閻，道府各官事事掣肘，騰越州知州孟登一與之相抗，幾飽其毒手，賴同知蕭獻瑞之調停而後止。春間無故出關，致各夷驚恐如干崖者，已騎象欲走緬矣，得守備劉先祚多方諭之而還。騰衝而西有一種野夷，未聞侵犯我內地，本弁利其地産黃連，每有誅口〔一〇七〕野人之說，中外震恐，金騰道副使徐維藩去冬力勸止之。今不請命於臣等，又宣傳八月進兵矣。臣等嚴行開邊之禁，師即未動，而先聲所至，萬一諸夷挺而走險，迤西之禍可勝言哉！大抵本弁賈勇衝鋒，雖可備行間之用，而驕蹇鷙悍，到處爲地方之殃。永、騰與緬接壤，干、盞二夷日稱兵搆隙，此何地何時而可以悍弁耽逐於其間，開邊釁而貽民害哉！臣謹會同貴州總督朱燮元、雲南巡撫姜思睿，伏乞敕下該部，將本弁斥逐回籍，員缺急選廉能之將以充之。庶弁流有所儆省，而邊地得以稍蘇矣等因。崇禎六年九月二十九日，奉聖旨："兵部知道。"欽此。

　　又該雲南巡撫姜思睿題，爲特參囂凌貪庋之將，以安地方，以祈聖斷事，臣觀滇自用兵已來，民之死於兵火，死於輪輓，死於賊，死於疫，死於荒者，不知幾十萬命矣，乃欲借兵於救命，而反并未盡之命又伏死於兵，此其慘可忍言哉！夫兵聽於將，將潔己則可以嚴馭下，將奉令則可以法繩人，不意有暴悍凌屬，因亂爲利，如永、騰參將段喬森者。臣初入境，即聞其任性驕縱，與地方不相安，而未得其確據。嗣後臣東往臨安，招伏流移，指括二千餘金賑貧掩骼，緩徵代課，而適當潰亂，冒險孤持者四十餘日。幸即收拾，暫安枕席，始敢西巡。自省會而楚雄，而永、騰，往返三千餘里，高山大箐，崎嶇跋涉。臣每於道路所過，輒咨詢村夷野叟以地方所苦，莫不言"賊在苦賊，賊去苦兵"。問以何將何兵，莫不言若段參將之兵，因爲細搜確訪。有言其見賊不追，縱兵橫掠於楚雄、南安之間攘奪公行，莫之敢攖者；有言其尅糧入己，令兵以擾掠供口，鄉村無不受害者；有言其聘娶南安州楊聯芳、楊自芳家女爲妾，以五苴平地等處田作妝奩，此處皆賊巢，借親庇護，逗遛不進，聽守道挺身獨往者；有言其受賊私賄，置買田莊，即以佃户充兵冒餉者；有言其賊劫密此村不急追堵，止在路奸淫人妻女，次日賊聞風遁去，邀獲牛羊三百餘，止報牛四十條、羊五十隻者；有言其奪易門縣軍水牛四十五條，寄養法甸，該縣詳取不發者；有言其私受六納賄頭新化你起三等賄餌多金，頓兵李海營，差人往返挾索，闔營證者；有言其從軍中回，受賊巢被虜有姿少婦十餘口，以兵擁護至營，徑作婢妾，聞者無不飲恨者；有言其移鎮騰越州，縱兵強掠，致有“楚人何幸，騰人何辜”之説者；有言其帶兵出關，希索諸司饋送，致干崖騎象欲往投緬，劉守備力諭始安，後喬森自知不妥，假稱調和干、盞以收局，幾釀地方大變者；有言極邊夷種有號野人地産黄連，私往竊之者輒爲所拘，欲借此興兵，致地方驚恐，咸畏其桀鷔抗厲，無人敢阻之者。

以上諸款多崇禎五年三四月間事，而臣以所聞質之所訪，雖經隔歲，而痛定思痛，衆口有據。臣謹會同貴州總督朱燮元、雲南巡撫蔡侃看得，參將段喬森在黔間有戰將之名，而觀其體貌粗豪，行止驕倨，自視爲人所待援，遂旁若無人，而鈐束不嚴不問，營兵之擾掠貨色未除，致使下流之衆歸處亂則，人雖怒而不敢言。事定則恨切齒而必雪，而況騰衝絶徼，鞭長難及，若復縱其喜事開釁，則所害地方者更難言矣。如以蹄齧之馬惜其善走，則亦宜裁抑其浮氣，洗滌器穢腸，而後可驅之奔走也。今日滇方何能堪此？臣志切救民命、安地方，所奉者三尺而已，他非所顧也。伏乞敕下該部，議處速覆，上請聖明裁奪，行臣等遵奉施行等因。

崇禎六年九月三十日，奉聖旨：“兵部知道。”欽此欽遵。九月三十等日通抄到部送司，案呈到部。看得段喬森，以黔將援滇，狃於晋寧之捷，不思蕩寇樹功，惟以需索犒賞、貪得子女爲事。及移守永、騰，驕肆猶昔。蠻夷何罪？動稱兵以肆誅求；法紀尚存，乃攘臂而侵命吏：是貪淫而濟之以横者也。留之地方，釀禍非細，允宜革職回籍，以爲悍弁無忌之戒。既經各具題前來，相應覆請，合候〔一〇八〕，將段喬森革職回籍〔一〇九〕。係流官。

崇禎六年十月初七〔一一〇〕日　協贊司事郎中包鳳起

署司事員外郎湯一湛

兵部爲悍弁貪淫無法等事奉旨咨行稿

兵部爲悍弁貪淫無法等事，該本部題六六等因，禎六年十月十七日奉聖旨：“段喬森著革職回籍，員缺速行推補。”欽此欽遵，擬合就行。爲此：

一、咨雲南巡撫、貴州總督，合咨前去，煩照明旨内事理欽遵施行。

一、咨都察院。

崇禎六年十月廿八〔一一一〕日　署司事員外郎湯一湛

署册庫事主事仲嘉

偵探夷情等事疏〔一一二〕

兵部尚書臣張等謹題，爲偵探夷情獲印解報事：

武選清吏司案呈，准職方清吏司□本開稱，奉本部送，兵科抄出，監視薊鎮中協御馬監太監王之心奏前事内稱，本月初二日據標下步右營貼防龍井關都司趙良將呈，據把總姚三受，哨探千總沈騰雲，前鋒哨官羅鎮國、容世廣、陳其進、丁爲高報稱：於三月二十六日蒙諭，會同南兵前營丁都司差官楊進才等出關，至大東谷五十里，至防家谷九十里，至小領兒八十里，至車河川五十里，過三道□□至常谷八十里，至天寧寺六十里，至五郎機三十里，至□□塢十里，至桃溝兔十里。二十八日會遇差官丁宗統、康世會，潘家口尖夜張任道，漢兒莊前哨千總翟朝用等，口稱"二十四日出關，二十七日到天寧寺谷住宿，二十八日登高瞭望，見有夷賊二十餘人"等語。午時，受等議同丁宗統等未時時[一一三]同下烏狼機山，且哨且追。過河，將至板城，見有夷賊窩棚三間，養馬牛欄四間，碾盤二個，種地數片，藏糧食空窖二十個。突出夷賊二十餘人，受等挺身趕殺，各賊騰山逃奔，受等□部止數十人，恐深入重地，不敢窮追，隨於賊巢內搜□□毀。姚三受獲得銅印一顆，鑄有洪武年間字號；沈騰雲獲得鐵索一條，手扭一副；羅鎮國獲得破鍋一口，陳其進獲□手槍一根等情到職，轉報到臣，該臣看得奴賊屢報西行，臣等彭[一一四]舞哨丁多方遠探，今果哨至烏狼機地方，離邊五百餘里，瞭有夷賊二十餘人，祇緣逼近夷巢，未敢深入進剿。然得獲銅印一顆，驗係遵化衛後千戶所管軍之印，不知從何入於夷。今幸得獲，理合奏聞。除一面申飭主客官兵，仍行遠偵嚴備外，謹會同順天巡□□[一一五]合詞具奏。爲此具本謹具奏聞等因。崇禎六年四月初四日奉聖旨："兵部知道。該所失印，曾否補給，著查明具奏。"欽此。

又該順天巡撫張奏同前事等因。本年四月初七日奉聖旨："已有旨了。兵部知道。"欽此欽遵，抄出到部。隨行順天巡撫查明去後，今准該撫回咨前事內稱，准此就經牌行遵化道備查去後，今據該道右參議王繼謨呈稱，蒙此備行遵化□□去後，今據該縣知縣劉開文申稱，遵即移會□□□□□去後，復准守備李時華會據遵化衛掌印指[一一六]戴維藩□□[一一七]，查得本衛後所印信，自崇禎二年，掌所印百戶范節臣因□□十一月初三日虜犯遵城，本官敵虜死難，印信遂致遺失。第□虜□□即闔衛經歷司、鎮撫司并伍所印，共計失五十八顆。□[一八]印各官俱死虜難。於崇禎三年五月十四日恢復遵城，該先任指揮同[一九]。

從周申報院道，業蒙前任撫院劉□咨部，止鑄給指揮衛印壹顆，經歷司印收獲見在，其餘鎮撫所□□印未蒙頒給，今各所官俱無印信等情會覆到縣，擬□□等情到道，據此擬合呈報等因到職。據此案查崇禎三年十一月二十六日准禮部咨，爲永地全復等事備咨，煩將永、盧、東、興四衛并遵、東二衛印信每顆字樣查明，開送前來，以便題鑄等因。該前院劉□行據薊、永二道，將各衛所遺失印信開具字樣揭帖，於四年二月十六日咨報禮部訖等因在卷。今行據該道查報前來，查得各所印信遭虜遺失，已經咨請禮部題鑄，尚未補給。今准前因，相應移會具□□□於本年五月初九日送司。隨該本司行文禮部儀制司□□去後，隨准該司手本回稱，案查崇禎三年六月該順天巡撫題補盧龍、遵化、東勝右三衛印信字樣，并每衛左右中前後五千户所、鎮撫司及每所百户伍印俱開具字樣，各乞補鑄等情咨部。查得遵化、盧龍、東勝右三衛印三顆，先經該撫具奏，奉旨到部。又經覆查明白，本部隨即題鑄訖。其餘止送揭到部，未經題奏，於例不合，本部不便越例具題等因到司。

□□□司查得該撫院咨稱，止云補給遵化指揮衛印一顆，□□所印信遭虜遺失，已咨請禮部題鑄，尚未補給。今禮部回稱，遵化、盧龍、東勝右三衛印三顆，先准該撫具奏，奉旨到部，已經題鑄訖。其餘未經題奏，於例不合，不便具題。本司因事關回奏，隨復呈堂，咨行該撫院查確去後，今准回稱，看得禮部儀制司查回遵化、盧龍、東勝右衛印三顆俱經題鑄者，此概言三衛也。本職前咨止鑄□□[一二〇]衛印一顆者，時係遵化一衛之申文耳，而未及他衛。□□遵、東二衛覆稱俱於崇禎四年十二月間赴禮部賷領印信到衛，雖未查及盧龍，而舉此二衛，則三衛之同鑄給可知矣。其餘各所并鎮撫司印俱未鑄給，原與禮部回文不相互異。除未鑄各所并鎮撫司印信先咨開報，及經咨禮部補鑄外，擬合咨覆等因。於本年十月初八日到部送司，案呈到部。看得遵化衛自被虜以後，其衛所伍印俱失於崇禎三年，該撫院具題，已經禮部將遵化指□□□〔一二一〕一顆先行題補訖。至所、伍各印，雖該撫院請補□□□未題給，今所獲遵化衛後千户所遺失印信失而獲得，相應覆原印照舊存用，不必另行補鑄。既經該撫院查明前來，相應覆請，合候命下臣部行文各該衙門遵奉施行。

緣係偵探夷情獲印解報事理，未敢擅便，謹題請旨。

崇禎六年十月廿五〔一二二〕日　郎中潘有功〔一二三〕

兵部爲偵探夷情獲印解報事奉旨咨行稿

兵部爲偵探夷情獲印解報事，該本部題云云等〔一二四〕，崇禎〔一二五〕六年十一月初四日本部尚書張等具題。初七日奉聖旨："是。"欽此欽遵。擬合就行，爲此，合咨貴部，煩照本部題奉欽依内事理欽遵查照施行。

一、咨禮部、順天巡撫。

崇禎六年十一月十五〔一二六〕日　郎中潘有功

糾參觀望違限將領等事疏〔一二七〕

兵部等部尚書等官臣張等謹題，爲糾參觀望違限將領并募兵騙餉、虚冒之尤者，乞賜重處，以肅軍紀事：

職方清吏司案呈，奉本部送，兵科抄出，貴州巡按梁炳題稱，案查天啓三年十月内前任按臣侯恂奉都察院勘札，准兵部咨，該本部題，職方清吏司案呈，奉本部送，兵科抄出，貴州巡按侯恂題前事等因。奉熹宗皇帝聖旨："金章著監軍御史提問重處，馬倫等著會同總督官嚴查追究。該部知道。"欽此欽遵，抄出到部送司，案呈到部。爲照清平參將金章，才非橫草，念切全軀。有意逗遛，不顧簡書可畏。臨事規避，按以顯罰何辭！委官馬倫、張琳，志在狼貪，行惟狗苟。共營召募，尺籍皆屬子虛；平吸軍需，金錢悉歸烏有。相應遵照明旨，將三弁分別究處者也等因。天啓三年七月十九日，該本部具題，奉熹宗皇帝聖旨："是。"欽此欽遵。咨院備札前來，遵奉在卷。向因隔省，催提未結。該臣於崇禎五年四月接管，逐一清查，按行貴州按察司，嚴行原籍提解，依律究擬招解，以憑覆審具奏施行等因去後，隨據按察司、經歷司呈，蒙本司帖文，該按察使朱家民差人原籍湖廣再三嚴提犯官金章到官，發貴陽軍民府，將金章究擬確招，并嚴追究馬倫、張琳二犯去后。

今據該府知府陳鴻恩將犯官金章招詳前來，覆加研審，前情無異。合就依擬，具詳招呈，問得一名金章，年四十五歲，係原推清平參將。狀招：章先任興都副留守都司，天啓二年十月內蒙部推前職，札限本年十一月二十一日到任。時因賫捧到京接札，見限期促逼，隨執札赴部，改限天啓三年二月初六日抵任。不料沿途抱病，至沅州，扶病具呈先任總督楊述中，乞假養病。奉批："再寬限二十日調治，即出赴任，毋再瑣陳。"遵奉批示養病，至本年四月，病痊入黔。五月初八日至鎮遠，謁見總督，銷假訖，自合徑來清平到任，爲是不合稱清平參將係新設，無兵役，無衙門，願隨標下聽用，不行到任，致蒙察院侯御史行查，章稱病沅州，逗遛規避，具疏"爲糾參觀望違限將領，并募兵騙餉，虛冒之尤者。乞賜重處，以肅軍紀事"內稱：臣觀今天下軍實之日𧆠，武功之日弛者，總繇不肖弁流人人惜死，人人愛錢，是以見害而避，見利而趨。釀成一頑鈍景象，而黔中爲甚。如金章、馬倫、張琳其人者，臣能默默而已乎？金章者，部推清平參將也。方西河之失利也，清平一帶弄寇縱橫，道途梗塞，日夕望有一重將焉。簡兵蒐乘，彈壓其間。乃章聞黔圍之幸解，則趨駕赴沅；無何，黔兵告敗，遂以臥病稱矣。臣行牌催之，不應；飛檄直促之，不應。迨至路苗就撫，就□孫□之間，共荷清吉，章始翹足引□〔一二八〕，規便於清平。而仍以衙門淺破，從役凋零，徘徊而不肯即來。甚矣其優遊全軀之念重，而慷慨報國之心短也！故尋□〔一二九〕違限，查或出緣病，或出緣事，而章之違限則規避之真情也，不得為章辭也。尋常違限者，可以計日問罪，可以附過還職，而章之違限，則逗遛之本律也，不得為章寬也。臣查簡部札，章奉欽依實在去冬，遷延逾期，已過半載。據章自陳，改限曾寬三月，然黔地何時，黔將何官，可以任意逍遙三月，猶未為久耶？此所當從重議處者也。至於馬倫，臣不知其何許人，然非奉督臣之憲委，領銀二萬，募兵於巴邑者耶？今其兵安在？一卒半伍曾不可得，而二萬之金錢付之流水矣。張琳者，臣又不知其何許人，然非奉督臣之憲委，領銀五千餘兩，募於楚地者耶？今其兵安在？一卒半伍曾不可得，而五千餘之金錢亦委之逝波矣。此二人者，前督臣札委，原未知會於臣，其領銀之月日、徵兵之額數，臣不及知。惟知有一餉當收一餉之兵，有一兵方支一兵之餉，而兵餉兩空，動至以萬千計，若不盡法追究，耗蠹相仍，黔事其克濟乎？伏乞敕下該部，再加查議，即將金章從重議處。其馬倫、張琳，容臣移會督臣，兜底查覆，盡法追究等因。

蒙部札院前來，已經前按院張鑛案驗行司，即將金章提問，馬倫等查究。該司查照，發去原疏嚴究。三弁現在何處，有無存亡，作何歸結，速報，以憑回奏。繳該司，隨移文湖廣按察司，關拘金章到司。蒙本司審，看得金章奉推參將，又准改限，即當急趨王程，策蹇赴任。何得違二月初六之限，而以病赴總督衙門告假也？已寬二十日之假，何又延至五月，按院轉催之、直促之不至也？其參也，自致之辜也。夫軍旅不避難，而泄泄若此，難逃重法。第本官之根底，原以赴任違限，非以承調遣，不依期進兵策應，因而誤軍機者。查文官違限半年罷職，而軍官可知，況在用兵之時乎？則罷職又似未盡辜。合無於罷職之條以懲其違限，又於違限罪外，照陳言邊務再行問罪，罰米以懲之。庶人知有法紀，而庸弁無所逃於罪矣。呈詳到臣，該臣駁批金章，奉旨提問重處。逗遛、規避自有明條，該司另確招速報。并馬倫、張琳嚴查追究，具詳立等。又奉總督、朱都御史批，原疏內所摘馬倫、張琳騙餉一段情節尚未聲說明白，仰再查明報。又蒙本院憲票行司，即將金章究擬確招速報。其馬倫、張琳二犯，事同一體，問明附入。如不係一事，遽難結絕，即止將金章速確招報，立等具疏回奏。蒙此到司備牌，仰府先將金章究擬確招速報，并嚴查追究馬倫、張琳係何處人，如事同一體，問明附入招內。如不係一事，遽難速結，仍將二犯作何追究另結。限二日內招詳，毋遲。

　　該本府遵依行拘金章到官審，看得金章以丙辰武科歷升清平參將，正天啓三年，逆酋狂逞之日，謂宜如何同讐請纓，星言赴任，而顧羈遲辰沉之間，今日告調病，明日告寬限，情或出於非假，迹實類於遷延。且當是時黔中多事，司用人者望一將官如慰饑渴，而竟不能得其一臂之用，如之何不髮上指冠，正襟危論也？今詳參疏內違限逗遛，但違限者按事據實，逗遛者因事勘情，酌而論之。逗遛之律嚴在失誤軍機，本犯原未到任，未領一兵，未支一餉，并未奉有調遣，難與失誤軍機者同科，但本犯解職既久，未經還任，恐亦難責之效用行間，惟有就其違限本律而從重處之。本司前招斯亦極情法之至平，而參輕重之居要矣。至若馬倫、張琳，別有本末，巴邑、楚沅當得其概。即當日參疏俱未知何許人，非本府所敢臆度也。謹照金章原擬招詳等因到司，該本司覆。看得用兵之時，募一兵，選一將，若望歲然，無奈金章銜命赴任，稱疾矣，告假矣，院檄催之不致^{〔一三〇〕}矣。以逗遛觀望罪之，如是始足盡其法。第今據訴窮源，則當日參疏以不赴任之故也。又查本官尚未奉調遣領兵也。逗遛觀望以既領兵者言，今金章實在不赴任者，按以泄泄之狀則情爲極其重，律以愆期之任則法又可原。革職罰穀，適當其辜。又查張琳、馬倫二名，原未到黔，亦無招兵領銀案卷。一在湖廣招兵，一在蜀地巴縣招兵，二處必有確據，難與金章同一疏。然金章以不赴任被參，張琳、馬倫以冒餉無兵被參，金章應得摘審，張琳、馬倫俟楚、蜀查明另結。今將金章取問罪犯，議得金章除不應輕罪不坐外，合依官員赴任違限半年以上者律例罷職。仍再比照陳言邊務，凡軍職官所犯，酌量情罪輕重、罰穀備賑事例，照例折贖穀石、追紙完日，查發原籍爲民，遵候詳允施行。照出金章官紙銀二錢，又罰穀五十石，每石折銀三錢，共該折銀一十五兩。以上紙贖通共一十五兩二錢，遵候批詳允示，追收匯解布政司。仍候題覆，或充備賑銀，或充兵餉，先取庫收繳報。其馬倫、張琳，查事非與金章一起，照提另究，餘無照等因招詳到臣。該臣會同貴州總督朱燮元覆，看得金章一案，自挂彈章，十年於茲矣。初閱原案，似有逗遛觀望之情，嚴檄催提，一年始獲。今據司府再三鞫審，質之當日告寬限、告養病與赴黔銷假月日，則違限之情真。若律以逗遛，本犯似未肯心服。據擬褫^{〔一三一〕}革罰治，於本犯亦無剩罪矣。張琳、馬林同疏事异，已行該司，嚴提另結。金章既經司府究擬前來，相應題請，伏乞敕下該部，再加查覈擬議，覆請定奪，行臣遵照施行等因。

崇禎六年十月十一日奉聖旨："該部知道。"欽此欽遵。本月十二日抄出到部送司，案呈到部。該臣部會同刑部尚書胡等看得，金章當黔省多事之時，升清平參將，乃遷延不赴，屢以病假支吾，以致戎務久虛，觀望誠無所逃矣。第以赴任稽遲，非奉調遣，加以逗遛之律，情法尚未愜然。革職重懲，自不能爲本弁寬也。張琳、馬倫同疏事異，仍應嚴提另結。

既經具題前來，相應覆請，合候命下，將金章革職罰穀，折銀充餉[一三二]。係流官。張琳、馬倫，行該督按嚴提另結[一三三]。

崇禎六年十月二十五日　尚司事員外郎湯一湛

署册庫事主事仲嘉[一三四]

懇恩憐念久署等事疏[一三五]

兵部尚書臣張等謹題，爲懇恩憐念久署，俯賜公移咨推事：

職方清吏司案呈，奉本部送，准京營總提協李等手本内稱：據神樞營副號頭署掌號吳之振、署副號崔繼光呈稱，切照卑職等挨俸轉升遞遷今職，而其間櫛風沐雨、戴月披星之艱苦如飴者，亦惟是一官之轉遷是賴耳。今犬馬京營，久伏櫪下，進退維谷，心切向隅，俯念寸進階歷之艱，准賜公移咨部，得遂下情等因。據此，該爵等看得京營號頭之設，職司軍旅傳宣，掌管錢糧出納。每遇缺出，掌號必繇副號轉遷，副號必繇一六營中軍升補，營咨部推，此歷來戎政舊例也。前神樞營掌大號頭遊擊朱秀徵升任，遺下員缺，業該爵等從公咨舉，得本營副號吳之振，例應轉遷。其之振員缺，查有五軍六營資薦守備管中軍事崔繼光升補。移會去後，復經行催，未蒙具題。且貳官遷轉，俱於例相合，復奉有明旨，候推在卷。署事已久，委屬未便。今復具呈前來，相應再行咨會。爲此，合用手本前去兵部，煩爲查照先今事理，將吳之振加佐擊職銜管掌大號頭事，崔繼光加坐營職銜管副號頭事。極行題補，庶二官效力有階，傳宣無誤等因，到部送司，案呈到部。

照得京營號頭員缺，奉旨照例營咨推補，欽遵在案。今神樞營大號頭朱秀徵員缺，該京營總提協以見任神樞營火器副號頭坐營吳之振咨部，加銜推補；其所遺火器副號頭員缺，即以五軍六營守備管中軍事崔繼光頂補。查之振俸已三年，薦且五次，繼光薦已十四次。查與例符，相應依擬題請，合候命下，將吳之振以佐擊銜管神樞營大號頭事，崔繼光以坐營銜管神樞營副號頭事〔一三六〕。本部札令欽遵任事，緣係云云。

崇禎陸年拾貳月初五〔一三七〕日　郎中胡鍾麟

管理冊庫員外郎湯一湛

兵部爲懇恩憐念久署俯賜公移咨推事奉旨咨行稿

兵部爲懇恩憐念久署，俯賜公移咨推事，該本部題云云等因，崇禎六年十二月初九日本部尚書張等具題，十四日奉聖旨："是。"欽此欽遵。除札仰吳之振、崔繼光，定限本年十二月廿三日到任外：

一、行京營總提協，合用手本前去，煩照本部題奉欽依事理，行令各官依限到任施行。

一、札付吳之振、崔繼光。

崇禎陸年拾貳月十八〔一三八〕日　郎中胡鍾麟

管理冊庫員外郎湯一湛

本部缺官事疏〔一三九〕

兵部尚書臣張鳳翼等謹題，爲缺官事：

職方司案呈，覆宣府巡撫焦源清咨，崇禎六年十二月二十五日奉聖旨："楊一傑，姑免議。戴惟節，著革任回衛。嚴疆將領如此遲誤，何裨整旅？以後還確覈材勇、人地相當的勒限受事〔一四〇〕。"

門禁疏防等事疏〔一四一〕

兵部尚書臣張等謹題，爲門禁疏防，賊犯越獄，謹據實糾參，以嚴飭邊備事：

職方清吏司案呈，本部送，准宣府巡撫焦源清咨稱：崇禎六年五月二十六日，准兵部咨前事，煩照覆奉明旨内事理行令各官依限緝賊，過限令行議處施行等因，備咨前來。又准吏部咨同前事，煩爲查照本部題奉欽依内事理欽遵施行等因。准此隨行該道，備行各官，遵照限期緝賊去後，又於本年八月十六日准兵部咨，爲查催過限未完事内開一件前事。本部題強賊越獄，各官降級，依限緝獲緣繇，行宣府撫、監、按，限三月以裏盡獲，不獲另議等因。准此隨節行催督獲賊具報去後，續於九月内，據分守口北道右參政、今降三級戴罪管事范鑛呈，據上西路同知胡士棟呈稱，除門軍禁卒擬罪已經呈詳外，查得越獄賊犯宋希孔等十一名内，季友明因越墻跌傷身死，鎮撫魏振剛拿獲名張應恩，掌印蔣名臣差番役在天城地方將張丙孝、張禄拿獲監候，本職在保安州已將宋希孔、白應其拿獲，送右衛監候。以上共獲六名。仍該未獲五名：宋尚一選、石四、沈宦、常應伏、趙平，責差署巡捕指揮劉玉帶領番役人等，賫文前去四外，不分大小城堡、州縣去處，緝拿未獲。及查鎮撫魏振剛已經病故，其各官業已過限，應當另議通詳。但賊已獲六名，未獲五名，或姑准寬限，或另行議處，統候裁酌緣繇到道。爲照右衛越獄一案，守備劉三錫已革任回衛矣，魏振剛已物故矣。三月之限已滿，見在各官似應另議。但越獄賊犯十一名，已獲六名，未獲五名，或姑准展期，或即行達部議處，統俟裁度緣繇具呈到職。據此具咨問，於九月二十日准兵部咨爲注銷事，内開應寬限一件門禁疏防等事，強賊越獄，各官降級，改限十月内緝獲等因。

准此，該職仍復批詳，并按行該道，責令遵照寬限嚴緝去後。今復據分守口北道右參政范鑛呈，據該路同知胡士棟呈稱，竊照越獄一案，彼時見獲者四名：季友明、張應恩、張祿、張丙孝；後又續獲二名：宋希孔、白應其。據已獲賊宋希孔口供，夜晚扒山，跌死一名常應伏，及掌印蔣名臣搜尋賊尸，時日既久，已飽山狼之腹。既無證據，未敢呈報。迄今嚴限究比，并未緝獲，事委難完，何辭違限？遵將各官職名詳報，或姑准寬限，或聽候處分，總候裁奪緣繇到道。爲照右衛越獄一案，改限十月，今復逾期矣。見獲之宋希孔雖報常應伏跌死，而尸首未獲，敢輕信以懸報乎？則原逃一□□之□實止見獲六名，屢次嚴比，緝獲無期，何辭違限？遵將各官職名詳報，或再請展限，或達部議處，統候裁奪緣繇俱詳到職。據此，爲照右衛強賊越獄一案，除門軍禁卒，職等徑行懲究外，惟是兵部題覆，各官降級，緝獲始限三月以裏，繼又展限十月終，無非法外施仁，且欲其盡獲逃犯，使毋漏網也。今蔣名臣等止拿獲六名，仍有未獲五名尚無踪迹，雖據夥賊宋希孔口供，常應伏死於山中，然尸未起獲，終難准信。業蒙改限，仍未盡獲，似難再望寬假，所應照例議處者也。或念事中之守備劉三錫已經參革回衛，鎮撫魏振剛已經物故，逃犯十一名已獲多半，將各官姑從輕酌議處分，是在兵部主持，非職等所敢知也。合咨兵部，煩請裁酌，仍希咨示，遵奉施行。

計咨送各官職名：蔣名臣、劉三錫、王浚、賈應召等因，到部送司，案呈到部。看得萬全右衛強盜越獄一案，印官蔣名臣、獄官魏振剛、守備劉三錫，以疏玩失事，業經臣部題參，各降一級，勒限緝拿，令三月以內盡數擒獲，不獲另議。題奉欽依在案。今已兩次逾限，止獲六名，尚有五名未獲，則名臣玩誤之罪百喙奚辭？王浚權司路將，督率不嚴，已經戴罪，今應一并議處。都事賈應召先經吏部議降三級，今違限，亦難辭責。合無與蔣名臣、王浚俱住俸，嚴限盡數緝獲。獄官魏振剛已經物故，守備劉三錫别案革任，俱無容再議。

既經具咨前來，相應題請，合候命下，將蔣名臣、王浚、賈應召各住俸[一四二]，限本年三月内盡數拿獲。如再逾限，一并重議。

崇禎六年十二月廿五[一四三]日　郎中胡鍾麟

管理册庫員外郎湯一湛

兵部爲門禁疏防等事奉旨咨行稿

兵部爲門禁疏防等事，該本部題云云等因，崇禎七年正月初十日本部尚書張等具題。十三日奉聖旨："是。"欽此欽遵，擬合就行。爲此：

一、咨宣府巡撫，合咨前去，煩照題奉欽依事理行令各官住俸。於本年三月内盡數拿獲。如再違限，一并重議。

崇禎七年正月十八[一四四]日　郎中胡鍾麟

協贊司事郎中鄒毓祚

管理册庫員外郎湯一湛

兵部題山東巡撫朱咨爲緊急賊情事疏[一四五]

兵部尚書臣張鳳翼等謹題，爲緊急賊情事：

職方司案呈，覆山東巡撫朱大典咨，崇禎六年十二月二十八日，奉聖旨："姑免議。"[一四六]

校勘記

〔一〕此爲影印本《總匯》第 15 册，第 1224 號，第 1 頁。編者擬題爲"兵部尚書張鳳翼等爲流賊已會剿盡殲閩師可否撤回合力海寇請旨事題行稿崇禎六年七月二十五日”。原件首頁首行有明廷兵部檔案號“地字乙伯六號”。題目下右側有“上疏訖”三字。題目上面有“題”字。下一行有小字“題”字、大字“題”字、“行”字。再下行有大字“題”字、“行”字。又下一行有“六年八月初八日行訖”一行字。該行字左下側有草書“廿六”二字。再下一行最下有抄寫人名“李璞”。又本疏後附有提要，今附錄於此：“兵部題，爲閩兵會剿流賊等事：該福建巡撫鄒維璉題前事，臣部看得海寇猖獗較山賊倍甚。山賊怵黃牛硐之戰，勢成拉朽，該撫會剿，業殲諸渠，餘孽粵將足辦，無庸客戍。惟海寇劉香等類聚竊發，實爲隱憂。該撫撤回閩師，并力海上，所當允從。謹題。”其後有草書“寫訖”“七行”四字。

〔二〕原件此句下一行與此句并列頂格，又有一句“命下遵奉施行”，蓋爲重復。

〔三〕“廿五”二字右側有小字“廿二”二字。

〔四〕“初七”二字右側有小字“初七”二字。

〔五〕此爲影印本《總匯》第15冊，第1226號，第17頁。編者擬題爲“兵部尚書張鳳翼等爲剿撫雲南水西烏撒紛爭并請裁撤烏撒游擊事題行稿崇禎六年七月二十九日”。原件首頁首行爲明廷兵部檔案號“寅廿二號”。題目上面有“題”字，下一行有小字“題稿”二字、大字“題”字、“行”字。其下有“八月十七日行訖”一行字。再下一行又有“題”字。再下一行有草書“八月初三速”一行字。其下有人名“湯一湛”，該行最下是人名“朱國柱”。

〔六〕“此中不無費乎”，疑有脫誤。

〔七〕“鷄”，據文意當作“難”，形似而誤。

〔八〕此下突接安邊之語，疑有脫誤。

〔九〕“麻”，前文作“媽”，乃少數民族名字之音譯。

〔一〇〕“食”，當作“倉”，形似而誤，本疏屢屢出現“鹽倉”地名可證。

〔一一〕“于”，據文意當爲“予”字之誤。

〔一二〕此三職“黔蜀督撫、黔國公沐、雲南巡撫蔡”，原件“黔蜀督撫"居中大字，"黔國公沐"、"雲南巡撫蔡"爲小字，分居左右，當以"黔蜀督撫"爲主且職銜最高，故今排列於前。

〔一三〕"十六"二字右側有小字"十五"二字。

〔一四〕此爲影印本《總匯》第15冊，第1230號，第77頁。編者擬題爲"兵部尚書張鳳翼等爲請提問究罪妄殺無辜之宣府將官事題行稿（尾缺）崇禎六年八月初二日"。原件首頁首行爲明廷兵部檔案號"辰字九十九號"。題目上有"題"字。下一行有小字"題"字、大字"題"字、"行"字。又下一行有大字"題"字。再下一行有草書"初三"二字。其下有"有貼黄"三字。其下有人名"湯一湛"。本頁右下角有缺損，按常例，"湯一湛"下應有書辦姓名。

〔一五〕"□□"，該行從"境"字右下角"儿"開始破損，下闕。據本編前後文例，所闕二字當作"以肅"。

〔一六〕"□"，原件漫漶不清，據文意當作"賊"。

〔一七〕原文如此，疑有脱誤。

〔一八〕"□□"，據文意並參殘留字迹疑當作"妄殺"。

〔一九〕"之"，據文意當作"知"。

〔二〇〕"將張得勝"至此，中間"該撫按提問""降乙級管事"，與原件其他文字不同，爲大字草書，當爲最後填寫的處理意見。

〔二一〕此下當接"明旨内事理，即將張得勝、馬騰友提問。限本年九月終旬具奏"，起稿者簡化如此，與下文都察院之"照依本部題奉"共接"明旨内事理"。以下此類不再出校。

〔二二〕按咨行文通例，最後當有年月日及"署司事員外郎""管理册庫員外郎"等檔案官員職銜及名字，此下俱闕。

〔二三〕此爲影印本《總匯》第15冊，第1231號，第91頁。編者擬題爲"兵部尚書張鳳翼等爲遵例匯奏宣府獲盗情節并請將失事之解紹祖革職題行稿　崇禎六年八月十一日"。原件首頁首行爲明廷兵部檔案號"准字乙行〇〇四號"。題目下一行有小字"題"和大字"題""行"二字。再下一行有草書"即"字。該行最下有人名"王言"。

〔二四〕"椒"，據文意當作"掫"，形似而誤（語出《左傳·襄公二十五年》）。

〔二五〕"北口"，據上文疑當作"口北"。

〔二六〕"未"，據下文處分結果，當作"已"或"盡"。

〔二七〕"備"，據上文所述同一職官人名當作"解"，爲其人姓氏。此涉上而誤。

〔二八〕"一"，據上文所言"十起"，當是"十"字之誤。

〔二九〕"革去管事"四字爲大字行書，與其他正文筆迹不同，其右側當有相同小字，今只剩"事"字，其他三字已磨損。

〔三〇〕此下疑有脱文。

〔三一〕"廿"字右側有小字"廿"字。

〔三二〕此爲影印本《總匯》第 15 册，第 1232 號，第 105 頁。編者擬題爲"兵部尚書張鳳翼等爲薦杜維棟頂補宣府左翼營遊擊將軍員缺事題行稿　崇禎六年八月十一日"。原件首頁首行當有明廷檔案號，今該頁右上角殘缺，只餘"號"字。題目左一行有小字"題"字，其下有大字"題""行"二字。其下有小字"杜維棟"三字。再下一行有大字"題"字。該行最下爲人名"王言"。

〔三三〕"照得"二字後原稿有"新設"二字，上有墨點，當爲抹掉標記，然本疏題目有"新設"二字，今據墨點依抹掉處理，下文同此。

〔三四〕"杜維棟"頂格書寫，其上有"正杜維棟"四字。照例下文劉邦謨上面當有"陪劉邦謨"四字，今無，蓋已缺損。

〔三五〕"曉"字下原件殘損，因爲小字手書潦草，不知所闕字數，按文意當闕一字。本件下文所有"□"符，皆爲缺損處，不再出校。

〔三六〕"八""二七"，原件旁并有小字"八""二十七"，見得原件月日皆空，是閣臣或科臣所寫，爲皇帝批復時提供參考之用。

〔三七〕"棟"，據本疏前文所題名，當作"杜"。

〔三八〕"十七"二字右側下方有小字"十七"二字。

〔三九〕此爲影印本《總匯》第 15 册，第 1234 號，第 119 頁。編者擬題爲"兵部尚書張鳳翼等爲新任宣府中權營參將翟從義因病不能赴任事題行稿（尾缺）　崇禎六年八月十三日"。原件首頁首行有明廷兵部檔案號

"辰字一乙〇五號"。題目左一行有小字"題"字，其下有大字"題""行"二字。再下一行有草書"即""速速"三字。最下爲人名"王言"。

〔四〇〕"革職回籍"四字爲較大行書字，其右側有小字楷書"革職回籍"四字。

〔四一〕"十三"二字右下側有小字"十三"二字。

〔四二〕原件此後闕失。

〔四三〕原件闕前面給皇帝的奏疏，只餘得到皇帝批准後由兵部發往地方執行機構的咨行稿。《總匯》編者把此件編爲第15冊，第1235號，第124頁。編者所擬標題爲"兵部爲宣府李國棟葉凌雲陳萬善頂補官缺事行稿（首缺） 崇禎六年八月十三日"。

〔四四〕以上所定月日旁右側皆有小字"八""二十五"等字。

〔四五〕"十三"二字右側有小字"十三"二字。

〔四六〕此爲影印本《總匯》第15冊，第1237號，第132頁。編者擬題爲"兵部爲王之藎頂補廣西昭平參將員缺請寫敕書事行稿（首缺） 崇禎六年八月十六日"。但實際內容是請寫敕書以便施行咨行稿中的任命，且稿中有"本部尚書張等具題"語，本咨行稿當是張鳳翼先上疏皇帝（已闕失），得到崇禎帝批准後，方寫此咨行稿，所以本稿應屬張鳳翼名下之作。

〔四七〕"□"，原件該字模糊，參殘留字迹疑當作"有"，乃涉上而誤。

〔四八〕"□"字，原件殘損，據文意并參該類文例及殘留字迹當作"院"。

〔四九〕"鳳起"二字，原件缺損，今據前後文例補。

〔五〇〕"湛"字，原件缺損，今據前後文例補。

〔五一〕此爲影印本《總匯》第15冊，第1245號，第164頁。編者擬題爲"兵部尚書張鳳翼等爲遵旨開列易完未完事件題行稿 崇禎六年八月三十日"。原件首頁首行有明廷兵部檔案號"辰字一百十四號"。題目上面有"題"字，下一行有小字"題"字、大字"題""行"二字。再下一行有"題"字。再下一行有草書"初一"二字、"速"字。該行最下是人名"王言"。

〔五二〕此下有草書七個字，殊難辨識，今試隸釋爲"緣係注銷事理肅", 末一字又似"衛"。此數字似亦與正文無關——删除亦與正文無害。

〔五三〕以上六字殘缺, 最末一字疑當爲"奉"字。

〔五四〕"刻"字, 據文意當爲"劾"字之誤。前文、下文均有"循例舉劾"字, 可證。

〔五五〕"□", 原件漫漶不清, 據文意并參殘留字迹疑爲"宦"字。

〔五六〕"督"前, 據文意并參前文"札巡撫提督"等語疑當有"提"字。

〔五七〕"馮鳴高", 下文聖旨内言"馮鳴、高曉山", 此處當漏"曉山"二字。

〔五八〕"部"字, 原件作"阝", 今逕改。

〔五九〕"卅", 原件該字右側有小字"廿九"二字。

〔六〇〕"署司事", 前文此三字都在"協贊郎中包起鳳"前, 此處置於"管理册庫員外郎湯一湛"前, 下文亦有此類情形, 其中或有誤, 孰是, 待考。

〔六一〕原件題目末行"魯"字殘缺, 只剩上半"魚", 據疏内"魯應魁"補。又本疏首行題頭止書"兵部等衙門", 未屬尚書張鳳翼名字, 《總匯》編者蓋據奏疏後面所附咨行稿署名張鳳翼, 故置於張鳳翼名下, 今照《總匯》編者意見, 照録於此。此爲影印本《總匯》第15册, 第1246號, 第225頁。首頁首行有明廷兵部檔案號"二十二號"(數字前某字缺損)。編者擬題爲"兵部尚書張鳳翼等爲薦裴希度頂補福建總兵員缺事題行稿(尾缺)崇禎六年八月"。原件題目下一行有小字"會題"二字, 其下有大字"題""行"二字。再下一行有"六年九月初三日行訖"一行字。最下是人名"李璞"。

〔六二〕"良"字, 前文作"狼", 查《明史·職官志》有"提督狼山副總兵一人", 嘉靖三十一年添置, 駐地通州, 又見《江南通志·輿地志》, 且《明史》未見"良山", "狼"字是。

〔六三〕"日"字前應有具體日子, 但原件空白。此類情況下文多有, 不再出校。

〔六四〕原件下闕。

〔六五〕此爲影印本《總匯》第 15 冊，第 1251 號，第 252 頁。編者擬題爲“兵部尚書張鳳翼等爲薦孔登科頂補中權營參將員缺事題行稿　崇禎六年九月初八日”。原件首頁首行有明廷兵部檔案號“辰字一百十三號”。題目上有大字“題”“行”二字，下一行頂格有小字“題”字，其下有大字“題”“行”二字。再下一行又有大字“題”字。正文前一行最下有人名“王言”。

〔六六〕原件孔登科、張守印皆分別頂格大字書寫，其下對他們情況的介紹，同前文分別以單行小字書寫。又，“孔登科”之右側同樣字號寫有“起補”二字。“孔登科”上面有“正孔登科”四字，“張守印”上面有“陪　張守印”四字。

〔六七〕本句月前之數字“九”字右側有小字“九”字，“廿五”右側有小字“二十五”三字。

〔六八〕“□”，按奏疏常例，以下當有書辦職銜姓名，此處原缺。下文此類情形多有，不再出校。

〔六九〕此爲影印本《總匯》第 15 冊，第 1253 號，第 265 頁。編者擬題爲“兵部尚書張鳳翼等爲廣東瀾洲遊擊秦衍祚水土不調請命其回籍調理事題行稿　崇禎六年九月初九日”。原件首頁首行有明廷兵部檔案號“一十九號”（前缺某字）。題目上面有大字“題”字，下一行有小字“題”字、大字“題”“行”二字。再下一行有“題”字。又下一行有“六年九月廿日行訖”。其下有“十一”二字。其下有“員外郎湯一湛”等字。該行最下有人名“李璞”。

〔七〇〕“□”，原件殘缺，據殘缺部分及前文通例當爲“事”字。

〔七一〕“□”，據下文“道臣初欲留其防汛”云云，則此字當作“臣”。

〔七二〕“情切改調”四字，其中“情”“調”二字原件殘損，今據殘留字迹及文意補。

〔七三〕“□”，原件損壞，據文意當爲“政”字。

〔七四〕“□”，原件漫漶不清，據文意當爲“獲”字，蓋用《詩經》兩見之成語（《小雅‧出車》“執訊獲醜”，《小雅‧采芑》“執訊獲醜”）。

〔七五〕"□"，原件漫漶不清，據下文"懇乞改陸"語，此當作"乞"。

〔七六〕"□"，原件漫漶不清，據下文"司道查確前來"語疑當作"道"。

〔七七〕"□"，原件漫漶不清，據文意疑當作"懇"，下文有"懇乞改調"語，正係復述此情，兩參可知。

〔七八〕原件"合候"下、"回籍調理"右側有預批小字"回籍調理"。

〔七九〕"初九"左側有小字"初八"二字。

〔八〇〕原件下闕。

〔八一〕"十八"二字右側有小字"十八"二字。

〔八二〕此爲影印本《總匯》第15册，第1254號，第277頁。編者擬題爲"兵部尚書張鳳翼等請獎懲剿獲貴州盜賊官員事題行稿　崇禎六年九月初九日"。原件題目上面有"行"字，下一行有小字"題"字、大字"題""行"二字。其下有"十月十五日行訖"一行小字。再下一行有"二十八日上"數字。再下一行有"十月初一"四字、"仲嘉"二字。最下是人名"朱國柱"。本疏最後附有小字提要，今附録於此："兵部尚書臣張等謹題，爲地方盜息民安事：該貴州巡按梁炳題前事，臣部看得，知州陳虞熙等五員，賊發能獲，相應紀録。知縣林士講等三員，緝捕無能，例應量加罰治。謹題。"

〔八三〕"裕"字，原文從"礻"，誤，當從"衤"。此類情形下文重出者徑改，不再出校。

〔八四〕以上各句中"本部附簿紀録""三月""無倖可罰，行該撫戒飭""初九"，筆迹皆爲正文空出後填寫者，其右側有對應相同小字。

〔八五〕"初九"二字右側有小字"初九"二字。

〔八六〕本奏疏後有一段提要性文字，今録於此："兵部尚書臣張等謹題，爲地方盜息民安事：該貴州巡按梁炳題前事，臣部看得，知州陳虞熙等五員賊發能獲，相應紀録。知縣林士講等三員緝捕無能，例應量加罰治。謹題。"

〔八七〕"初一"二字右側有小字"初一"二字。

〔八八〕此爲影印本《總匯》第15册，第1257號，第303頁。編者擬題爲"兵部尚書張鳳翼等爲遵旨宣諭廣西黎、莫二酋感恩事題行稿　崇禎六年九月十四日"。首頁首行有明廷兵部檔案號"宙廿四號"。原件題目上面有大字"題"字，下一行有小字"題"字、大字"題""行"二字，其下有"十月初七日"。再下一行有大字"題"字。又下一行有"十月十八日上"、"仲嘉封訖"。准此，上文此類文字中"日上""封訖"等字，因首頁爲印好的固定格式紙張，上面字迹墨淺，日久銷蝕。下文仍以能看出者照録，無則闕如。最下爲人名"朱國柱"。

〔八九〕"普明聲"，前文作"普名聲"，少數民族名字音譯所致。

〔九〇〕"李維祺"，前文作"黎維祺"，皆爲安南都統使，必爲一人，亦必有一誤。觀下文又出現"黎維祺"，且言"黎氏"，則此處"李"字爲誤。或爲少數民族姓名音譯，起初尚未固定，但同一文内當統一，以防錯亂。

〔九一〕"初八"二字右側有小字"初五"二字。

〔九二〕此爲影印本《總匯》第15册，第1261號，第337頁。編者擬題爲"兵部尚書張鳳翼等爲循例補牘議薦將才事題本奉旨　崇禎六年九月二十七日"。原件無題，只有版印大字"崇禎六年九月廿八日"，其中"廿八"爲手寫所填。後面有"兵部呈於兵科抄出"兩行字，"兵部呈於"一行，下面另起"兵科抄出"。下接正文。下文格式同此。"兵部呈於"行最下有人名"胡軒"。

〔九三〕此爲影印本《總匯》第15册，第1262號，第338頁。編者擬題爲"兵部尚書張鳳翼等爲薦葛自勉等堪補武選清吏司書辦官身故員缺事題行稿　崇禎六年九月二十八日"。原件首頁首行明廷檔案號缺損。題目上有"題"字，下一行有小字"題稿"，其中"題"字爲手寫，"稿"字爲刻印字，蓋爲題本首頁固定格式版印稿紙。此前所有小字"題"字，均同此，其"稿"字爲日久損蝕。其下有大字"題""行"二字。下一行有大字"題"字。再下一行有"十月初五日上"一行字，其中"十月初五"爲手寫，"日上"爲刻印字。其下有刻印字"月日具稿武選司吏書"（月日前皆留空），緊接是"張瑞鯉承"，"張瑞鯉"爲手寫字"承"爲刻印字。則此前諸稿皆應如此，其中刻印字漫漶不清。下文仍照原件能見者照録。

〔九四〕"廿八"二字右側有小字"廿八"二字。

〔九五〕該奏疏後附有内容與本奏疏相同、類似摘要的小字奏疏，蓋爲兵科所爲，今附録於此："兵部尚書臣張等謹題，爲乞恩保補官員等事：照得趙王奏稱，本府書辦白文義等病故員缺，將葛自勉等頂補，各給冠帶，在府辦事，奏請前來。該臣部查與例符，合將葛自勉頂補白文義，吴應登頂補田頴各員缺謹題。"

〔九六〕"廿一"二字右側有小字"二十"二字。

〔九七〕此爲影印本《總匯》第 15 册，第 1263 號，第 344 頁。編者擬題爲"兵部尚書張鳳翼等爲雲南夷黨互相讎殺并請極敕震懾事題行稿　崇禎六年十月初二日"。原件首頁首行有明廷兵部檔案號"寅廿五號"。題目上面有"題"字，下一行有小字"題"字、大字"題""行"二字。再下一行有大字"題"字。其下有"初九日行"四字。再下一行有草書"十月初四早"五字，再下有"初五日上"三字。再下有人名"仲嘉"，最下又列人名"朱國柱"。

〔九八〕"脊脊"，原件該字下從"目"，不從"月（肉）"，誤。《莊子・在宥》："天下脊脊大亂。"

〔九九〕"主"，據文意當爲"至"字之誤。

〔一〇〇〕"□"，原件漫漶難識，據文意及殘留字迹疑當作"夷"。

〔一〇一〕"南顧"後，據文意當脱"之憂"或"之懷"一類詞語，前文已有成例。

〔一〇二〕"初二"右側有小字"廿九"二字。

〔一〇三〕"初八"右側有小字"初八"二字。

〔一〇四〕此爲影印本《總匯》第 15 册，第 1264 號，第 357 頁。編者擬題爲"兵部尚書張鳳翼等爲請將援滇之貪淫雲南參將段喬森革職回籍事題行稿　崇禎六年十月初七日"。原件題目上面有大字"題"字，下一行有小字"題"字、大字"題""行"二字，其下有"廿六日"三個小字。再下一行有大字"題"字。又下一行有"十月初十日上"六字，其下有"主事仲嘉封訖"六字，最下是人名"朱國柱"。

〔一〇五〕"叚喬森"，據姓氏用字當作"段喬森"，以下徑改，不再出校。

〔一〇六〕"手"，據文意并參此前圈去之"頸"字，疑當爲"首"之音訛。

〔一〇七〕"□"，原件作單人旁加戮，蓋訛字，據文意當作"僇"或"戮"。

〔一〇八〕"合候"後，原件缺損，據文意當有"命下"二字。

〔一〇九〕"革職回籍"爲後填大字，其右側有小字"革職回籍"。

〔一一〇〕"初七"二字右側有小字"初七"二字。

〔一一一〕"廿八"二字右側有小字"廿八"二字。

〔一一二〕此爲影印本《總匯》第15冊，第1270號，第388頁。編者擬題爲"兵部尚書張鳳翼等爲獲得宣府遵化衛所遭虜丟失印信事題行稿崇禎六年十月二十五日"。原件首頁首行明廷檔案號已磨損。題目前面有"題"字，下一行有小字"題稿"二字、大字"題""行"二字。再下一行有"十一月四""限廿八日上"等字。再下是刻印字"月日具稿武選司"，月日前皆空出。

〔一一三〕"時時"，疑衍一"時"字。

〔一一四〕"彭"，據文意當作"鼓"。

〔一一五〕"□□"，原件破損，據下文當爲"撫張"二字。

〔一一六〕"指"後據文意疑脫一"揮"字。

〔一一七〕"□□"，原件漫漶殘缺，據文意并參上文文例疑當作"申稱"。

〔一一八〕"□"，原件漫漶殘缺，據文意并參殘留字迹疑當作"掌"。

〔一一九〕原件以下缺損四行，近百字（各行字數不盡一致）。

〔一二〇〕"□"，原件殘缺，據前後文所述疑當作"遵化"。

〔一二一〕"□□□"，原件缺損，據前文所述疑當作"指揮印"。

〔一二二〕"廿五"二字右側有小字"廿五"二字。

〔一二三〕正文後附有小字提要，今録於此："兵部尚書臣張等謹題，爲偵探夷情等事：照得監視薊鎮太監王之心奏，獲衛後千户所印，奉旨查該所失印曾否補給，該臣部咨行該撫院查回，該所印未經鑄給等因，回復前來。看得遵化衛自被虜以後，衛所伍印俱失。崇禎三年，禮部已將遵化衛印一顆先行題補。該所、伍各印尚未題給。今所獲該所遺失印信，失而復得，相應將原印照舊存用，不必另行補鑄。合候命下臣部行文各該衛門遵奉施行。謹題。”其下一行有草書“十一行”三字。

〔一二四〕“□”，原件缺損，按文意并參文例當作“因”。

〔一二五〕“□□”，據文意及奏疏文例所缺當作“崇禎”。

〔一二六〕“十五”二字右側有小字“十五”二字。

〔一二七〕此爲影印本《總匯》第 15 冊，第 1271 號，第 401 頁。編者擬題爲“兵部尚書張鳳翼等爲請革職重罰遷延赴任之新升黔省清平參將金章事題行稿（缺行稿）　崇禎六年十月二十五日”。原件首頁首行有明廷兵部檔案號“宿字三十二號”。題目下一行有“會題”二字、大字“題”“行”二字。再下一行有“六年十二月十二日奉旨旨於七年五月覆本□”（其中蓋衍一“旨”字），另提行“五月初七奉旨”等字。其下有大字草書“廿八”。再下是“主事仲嘉”，最下是人名“朱國柱”。

〔一二八〕“□”，原件漫漶不清，據文意并參殘留字迹疑當作“躬”。

〔一二九〕“□”，原件漫漶不清，據文意當作“常”。

〔一三〇〕“致”，據文意并參前文當作“至”。

〔一三一〕“褫”，據文意當作“襫”，形似而誤。

〔一三二〕“革職……充餉”一句，旁有内容相同至小字。

〔一三三〕本句旁有“行該督按嚴提另結”下有小字“原係糾參”四字。下一行“觀望違限將領并募兵□□（原件殘缺，據本疏開頭所述當作“騙餉”），虛冒之尤者，乞賜重處，以肅軍紀。”

〔一三四〕本疏後有提要，今録於此：“題爲糾參觀望違限將領等事：該貴州巡撫梁炳題前事，該臣等看得金章當黔省多事之時，升清平參將，乃遷延以病假觀望。第赴任稽遲，非奉調遣，加以逗遛之罪，情法未慊然。革職重罰，自不能爲本弁寬也。張琳、馬倫同疏事異，仍應嚴提另結。謹題。”又，按文例下面應有奉旨咨行稿，原闕。

〔一三五〕此爲影印本《總匯》第 15 冊，第 1274 號，第 434 頁。編者擬題爲"兵部尚書張鳳翼等爲神樞營副號頭吳之振久署懇請咨部加銜并薦員補缺事題行稿　崇禎六年十二月初五日"。原件首頁首行有明廷兵部檔案號"京字六十八號"。題目下一行有小字"題稿"二字，"稿"字爲刻印字。其下有大字"題""行"二字。再下一行有"十二月初九日行訖"等字。最下是人名"馬兆基"。

〔一三六〕"以佐擊衘管神樞營大號頭事"與"以坐營衘管神樞營副號頭事"兩句，右側并有同樣小字。又，本奏疏後有小字提要，今録於此："兵部題爲懇恩憐念久署等事：該京營總提協李等手本前事，臣部照得神樞營大號頭朱秀徵員缺，該提協以見任神樞營副號頭坐營吳之振咨部加銜，推補其所遺員缺，以五軍六營守備管中軍事崔繼光頂補。查與例符，相應依擬。謹題。"

〔一三七〕"初五"二字右側有小字"初五"二字。

〔　二八〕"十八"二字右側有小字"十八"二字。

〔一三九〕此爲影印本《總匯》第15册，第1278號，第455頁。編者擬題爲"兵部爲缺官事題本奉旨　崇禎六年十二月二十五日"。似非張鳳翼之作，但奏疏內明稱"兵部尚書臣張鳳翼等謹題"，故録於此。原件題目下有"照行"二字。下一行有大字刻印字"崇禎六年十二月"。其下爲"崇禎六年十二月二十六日抄""本月二十七日咨行"等字，有些字明顯是原有的刻印字，此爲後來加印的（其中"崇禎""年月日"皆爲刻印字）。下一行頂格"兵部呈於兵科抄出"，"兵科抄出"爲另起一行頂格。"抄出"下緊接正文。

〔一四〇〕後缺"欽此欽遵"等及日期。

〔一四一〕此爲影印本《總匯》第15册，第1279號，第456頁。編者擬題爲"兵部尚書張鳳翼等爲議處逾期拿獲門禁疏防越獄賊犯之官員事題行稿　崇禎六年十二月二十五日"。原件首頁首行有明廷兵部檔案號"宿字五號"。題目下一行有小字"題"字、大字"題""行"二字。其下有"寫訖"二字。再下一行有"廿七"二字。其下有"有貼黃"三字。最下又是人名"王言"。

〔一四二〕"各住俸"三字右側有相應小字。

〔一四三〕“廿五”二字右側有小字“廿四”二字。

〔一四四〕“十八”二字右側有小字“十八”二字。

〔一四五〕此爲影印本《總匯》第 15 册，第 1280 號，第 468 頁。編者擬題爲“兵部尚書張鳳翼等爲緊急賊情事題本奉旨 崇禎六年十二月二十八日”。原件首頁無明廷檔案編號。題目下一行有刻印大字“崇禎六年十二月”等字，下有草書及刻印“廿九日到”四字（“廿九”爲草書，“日到”爲刻印）。正文前有“兵部呈於兵科抄出”等字，格式同前。

〔一四六〕下無簽書日期及簽押者職名。

微臣發兵赴援等事疏[一]

兵部尚書臣張等謹題，爲微臣發兵赴援，流賊入鄖境，還師自救，單窘難支，呼助，雖有同心，應手實無兵餉，急請聖斷，以保封疆事：

職方清吏司案呈，崇禎七年正月十九日戌時奉本部送，該鄖陽撫治蔣允儀題前事内稱：自流賊渡河，首犯内鄉，次及淅、鄧、光、均等地，欲窺鄖境情形，臣於崇禎六年十二月十四日已拜疏入告矣。自後，各屬儆報日每數至，具在塘報，而時下危急則鄖陽爲尤。十七日據分守下荆南道副使徐景麟爲飛報流賊事，十五日據領兵贊畫潘長庚、帶捕驛丞董學武呈稱，十三日辰時據本營塘報傅國金報，流賊在鶉鴿峪地方，職等督兵趕至孫家莊，賊見官兵已到，急奔黃河兒，騎馬往山而去，不敢輕進，止遺步賊，擒獲六名，殺傷一名，口稱賊有三千，扎營内鄉半川地方。賊頭李三坐扎老營，發衆哨探等情。二十日，准均州太監馬應辰手本，爲流賊深入州境，勢甚披猖事，内開：先准臣移會防守到監，本監俱行各宮觀提點官道，嚴加稽查，内必無患。於十四日夜二更，流賊突至槐樹關，焚燒民房，殺死男婦三人，重傷復[二]人，復回舊路。十五日晚，離城三十里，地名嵩坪、大白等村，燒房殺民無數。十六日，令管操千户褚元功[三]等并本監參隨馬存誠前去捕剿，殺死流賊二名。不期兵少賊多，殺傷官兵，一時未查的實，存誠存亡并無下落，居民心膽俱裂。今貴院遣張中軍前往南陽剿賊，路經均州，舍楚歷湯火之地，遠赴宛南，料以公心必不異視，合無將張中軍官兵留均剿賊。又據鄖縣報，十七日有安陽保長陳於貴報，十六日流賊不計其數，殺死游客人，擄去楊貢士并妾，又殺傷數人。即到楊溪鋪燒民房，百姓俱逃，離城八里，火焰衝天，請乞發兵急救。二十三日又據分守下荊南道徐景麟稟稱，十六日，流賊數千突自槐樹關至楊溪鋪，烟焰蔽天，頃刻之變，孤城危困。二十四日，又據臣標下中軍僉書張其猷稟稱，職奉令督兵援南，十九日，舟次蓼池，聞鄖縣差人赴院告急，賊盡趨鄖，勢必圍城，事在危急，根本為重，職即督兵還救。行間，見對山崛峪以至文筆峰一帶，或二三十騎，或四五十騎，在在焚劫。賊見我兵部署前來，即四處飛馳，有似期約者。職渡江扎營露宿，平明一望，山頭經過賊有七股，每股計一百五六十騎，意欲追剿，必再有一營接應，而選鋒守城不出，且我俱步兵，追奔不及。彼衆我寡，未敢輕鬥。伏路兵來君聘等擒賊一名，身穿紅綢戰衣，帶放或器具。審係真賊，當即梟示，以壯軍威。本日，又准兵部咨，為馳報賊情事，該本部題，准河南巡撫玄默咨前事等因。崇禎六年十二月初四日酉時奉聖旨：「賊既渡河，豫境鄰壤地方俱宜嚴防奔突秦、鄖。准各撫通著選調將士，扼要截剿。豫晉撫監極督左良玉等合力追擊。仍嚴飭道府州縣等官，鼓勵鄉兵，各圖堵禦，務刻期蕩掃。如再疏泄誤事，必不輕貸！爾部速行馳飭。餘已有旨了。」欽此欽遵。恭捧到部備咨，差官移行到臣。

　　先該臣於初七日聞儆，即飛檄調兵，欲赴南陽剿截。不意是日即報賊至內鄉，已過南陽之險要也。然猶幸鄖、襄無事，得以標下之少兵效一臂之用。而無何賊已從均、從淅兩路入鄖，自救不暇矣。夫鄖之事權，兵力不能當他處之拾壹，臣前疏已言之，經制具在，非敢飾說。今欲剿鄖賊，彼衆我寡，尚乞助於楚撫臣之辰兵。撫臣唐暉，同舟之誼，急檄總兵許成名、副將楊正芳前來策應，而途遙盼之不至，乃欲以援南，臣一身兩手，不特自量，人皆知其不能矣。而各撫監提兵追擊掩賊之後，賊盡奔而前，則鄰必爲壑，是郿、襄之患方始也。襄之物力已大不如前，雖有鋒軍六百，而日糧止於一分。雖有新兵三百，皆臣等近日設處，止堪防守，未可衝鋒。然村落猶有百家之聚，令鄉保團結自守，尚多鼓舞相應，故聲勢虛張，賊未敢輕犯。郿則人無宿儲，村皆十室，一有寇至，善良脫屣而去，無賴執鞭以從。且城中皆山，空虛强半，排門守垛猶苦不足，則郿之危更甚。至於萬山綿亘，連秦接豫，易爲窟穴，難於剿除，又地勢使然矣。故爲今日計，欲剿賊，勢必急於募兵，而楚兵柔脆尤甚於豫，惟有施州民土二兵頗稱勇猛，登崖涉嶺如履平地。則欲剿依山之賊，斷非此不可，臣已與撫臣定議調發矣。而需餉不貲，出於何項？前者，臣等合詞籲請增兵，欲動還部黔餉，時尚計爲徹桑，今則勢如原燎，恐不止於前此之數。中州、秦、晉事同一體，而楚爲湯沐重地，知皇上必尤垂注而慨發也。嗟乎！賊之禍深矣。自秦而晉，自晉而豫、而楚，已半天下矣。到一處焚劫一處，害已不堪。而一處焚劫，即有一處亡命之徒聞風響應，將率天下而盡爲流賊，尚有安堵之區乎？郿、襄爲秦、楚之咽喉，吳、蜀、滇、黔之樞紐，關係不小。臣以庸菲之材，處駢贅之任，兩載拮据，繕城積粟，製器練兵。如貧家有升斗之儲，便謂可支凶歲；破落藩籬稍葺，若可杜絶穿窬。而孰意遭此非常之變？奚啻杯水之救車薪？目擊生民湯火，方汲西江以潤涸轍[四]，臣不愧死，亦應憤死，然臣一身亦何足惜，所惜者皇上之封疆耳。此所以泪盡而繼之以血也。而郿之道司府縣各官率皆謹守繩墨之士，未有應變之才。至知府劉大川，先因題留同异恐誤大典，束裝就道，以聽部覆。而途中感冒，旦夕垂危。通判王袞，雖經備查在任，亦稱病篤。均州知州吳玄鍾，蒞任雖新，一籌莫展。此皆當作缺速補者，而臣屬止一上津知縣毛芬，頗有幹濟，欲酌量題升，又顧此失彼，臣且奈之何哉！至南召久缺印官，不知曾否除補，今徒事急呼天耳。臣本書生，未學軍旅，既苦無兵，尤苦無將。當此軍興，正欲得一曾經戰陣、曉暢兵機者，資其籌畫。適有原任貴州監軍副使楊世賞，客遊過襄，臣向接邸報，見貴州按臣梁炳查叙黔功，内稱本官身親五戰，生擒何中蔚，陣斬宋萬化兩大賊首等情，而許、楊二將皆其舊日共事。臣不勝欣幸，留以辦賊。欲俟有功次，另疏上聞。然不先具題，未可便宜委用，以資其力也。連日以來，邸報斷絶。臣前疏拜發已十餘日，而兵部差官猶遇臣差於裕州，述途中驚恐阻塞之苦萬狀，不知何日得達御前，臣益懼矣。除募兵措餉事宜，臣一面權宜，徑行城守鄉兵事宜，責成道府外，伏乞聖明軫念封疆危急，敕下該部議覆，立賜允行，并敕撫監道鎮等官，必須力剿，勿但窮追。儻逐程驅來，必致蔓流全楚。楚之伏莽聞風而起，一遇烏合，殲滅尤難。臣敢遠慮并陳之，雖目前已覺其遲，而日後猶有補救也。不然，臣惟有延頸待盡，束身候逮而已等因。

崇禎七年正月十九日戌時奉聖旨："流賊奔突數年，凡鄰境要害處所各宜繕備。蔣允儀任事已久，遇警輒稱兵力孤單，平時何無料理？本内調發、給餉、補官事情，并楊世賞履歷若何在閑，監司應否權宜委用，該部看議速覆。"欽此欽遵。恭捧到部送司，案呈到部。看得流賊入郧，處處風鶴。該撫蔣允儀有還師自救、單窘難支之請，因計及於施州民土二兵勇猛可用，是亦就近赴援之著，應如議檄調。至云郧之道司府縣未有應變之才，賊已臨門，遽議更弦，似屬未便。應責以悉心備禦，疏玩失事者立罪不赦。若楊世賞之投閑應否留以辦賊，南召之缺官應補，俱乞敕銓部查議速行。至黔餉還楚，咨戶部議留十萬，即□隨便動支，如不足，再行議處。謹奉旨看議，相應覆請，合候命下，遵奉施行[五]。

崇禎七年正月廿七日　　郎中胡鍾麟

協贊司事郎中鄒毓祚

管理册庫員外郎湯一湛

兵部爲微臣發兵赴援等事奉旨咨行稿

兵部爲微臣發兵赴援等事，該本部題云云，本年正月二十三日本部尚書張等具題。二十五日奉聖旨："施兵依議量調，但要擇能將統領，嚴明紀律，所過不得滋擾。郞屬郡邑官員有懸缺及不堪的，史部於該省就近酌量調補。楊世賞係察處監司，又稱客遊，豈便題用？楚餉已有旨了。"欽此欽遵，抄出到部送司。除調兵擇將事宜備行該撫遵照外，其調補懸缺及楊世賞緣繇，事屬銓部，相應咨會，案呈到部，擬合就行。爲此：

一、咨吏部，合咨貴部，煩照本部覆奉明旨事理希將郞屬懸缺速爲調補施行。

一、咨湖廣、郞陽巡撫，除調補懸缺及楊世賞事情，咨會銓部外，其調兵、擇將二項，應咨該撫飭行。案呈到部，擬合就行。爲此，合咨前去，煩照本部覆奉明旨内事理即便量撥施兵，選擇能將統領，速赴援剿，不得延逗施行〔六〕。

恭報東賊突犯情形疏〔七〕

兵部尚書臣張等謹題，爲恭報東賊突犯情形及防禦機宜，仰祈聖鑒事：

車駕清吏司案呈，崇禎七年正月二十三日准職方清吏司手本内稱，本月二十一日奉本部送，兵科抄出，陝西巡撫練國事題前事内稱：晋寇猖獗之甚，秦省相隔止盈盈一水，冰堅可渡，故設防頗嚴。尚不意其擁大衆，從澠池渡黄河而南，連陷二城，至屠掠鄉村，如入無人之境。河北大兵一時不能猝追，而商洛一帶又從來未經賊患，故望風逃竄，幾乎雞犬一空矣。至巡簡被傷，標兵失利，景村等處盡遭劫戮。而雒南之孤城愈危，非臣所發參將解文英、遊擊鄭嘉棟之兵星夜馳至，則雒南已不保矣。幸所發塘馬遇賊鋒即敢與賊死戰，殺强敵數級，奪馬數匹，賊始知邊兵至，乃退營出境外。以兵少，不便窮追，而又懼別賊續至，城守可慮，故仍以內固爲主。據東路探役口報，又言北賊從澠池渡河者未已。新安一帶行人斷絕，羽書不通。恐復犯商雒，臣復續發原任守備弭孚遠、領標兵中軍守備史大勳□〔八〕領奇兵共七千餘名，亦星夜馳赴商雒，與解文英、鄭嘉棟并道臣張光緒挑集杆兵，協張聲勢，遠設哨探，扼險拒堵，若得一賊不入，即地方之福，尚未敢越境以貪功也。俟督臣洪承疇再發邊兵至，臣當調度合剿，以助河南之一臂。然賊無可掠，不能久待，已有走內鄉、淅川之報，未敢遽信以爲遠遁也。閿、靈之賊未盡廓清，韓、宜之賊未及剪滅，臣居中調度，尚未敢輕離關門一步。按臣范復粹聞警即繇藍田出巡商州，此鎮定人心、鼓舞將士之第一義。而潼關雖係天險，原未設有將府。臣與道臣李燁然新爲拮据城守，晝夜不敢疏懈。又不得不別調兵，以壯虎豹當關□□〔九〕。然師行糧從，而秦地饑荒之甚，米價騰踴，措處無方。臣前疏留餉，止爲額設之防兵計，尚不意其突犯商雒一帶，東南半壁大費驅除，則遼餉驛站等銀不得不議多留也。統乞聖鑒施行等因。

崇禎七年正月二十一日奉聖旨：“流賊在處奔突，關陝鄰豫地方俱宜嚴密偵備，毋得稍有疏玩。所請銀餉該部酌議具覆。”欽此欽遵，擬合就行。煩爲呈堂，遵照明旨內事理，將所請站銀希速酌議，具覆施行等因到司，案呈到部。除遼餉等銀聽戶部覆奏外，爲照賊自澠池渡河而後，所至屠掠，漸及陝西商雒等處。該撫臣練國事居中調度，分布防守，自可保無虞矣。惟是師行糧從，措餉維艱，而以多留站銀爲請，事關急需，臣部豈容有靳焉？但念各省節裁銀兩歸諸冏寺，原爲買馬之資，目今庫藏匱乏，出浮於入。新奉明綸“杜借支，催外解”。臣部方咨直省，共爲祇遵，而旋已有該撫扣留之議也。夫扣留那用與借支無異。查該省每年節裁站銀捌萬肆千有奇，其四年分因西安設兵，留去肆萬貳千餘兩，又接濟文安、干谷等驛銀肆千兩，討賊蠲免，共去叁萬捌千餘兩。五年分二次賞功，留去叁萬兩，剿賊救荒留去伍萬肆千餘兩。六年分爲戰守需兵，留銀伍萬兩。茶馬料費壹萬貳千兩，又蠲免壹萬餘兩。冬春防禦兵餉，留銀壹萬壹千玖百玖拾貳兩。復將七年分撥留捌千捌兩，共湊貳萬兩。再除免扣極衝、次衝銀壹萬柒仟餘兩。總計三年之内共題留銀貳拾肆萬貳千叁拾餘兩，此亦孰非冏寺之額金？外解不入而延綏、寧夏每歲馬價肆萬餘兩山之冏帑者，按歲給發，曾無分毫短少。出入不符，率繇於此。矧該省屢次報功，刻下需賞功銀貳拾餘萬，亦當取給於冏寺，又將何以應之乎？臣部展轉計之，合無將該省驛站銀□□備該省賞功之用。其軍糈不足，仍聽該[一〇]另爲設處，庶於“杜借支”之明旨不悖，而信賞之典亦不至久稽矣。既經該撫臣具題前來，相應覆請，合候命下臣部遵奉施行[一一]。

恭謝天恩等事疏[一二]

兵部尚書臣張等謹題，爲恭謝天恩，臣病幸痊，感激浩蕩，極思報效事：

武選清吏司案呈，奉本部送，兵科抄出，右軍都督府僉書左都督、今病痊杜弘域奏稱：竊念臣世受國家豢養，各竭厥忠。臣故祖總兵杜桐履險臨危，宣力四鎮，叔祖贈少保杜松勤事三韓，前後血戰功績，昭載累朝實録，臣不敢復贅。臣父杜文煥向以勇敢著名，因任提督，執禮招尤，荷蒙聖明灼見幽隱。此臣父子感刻寸丹，誓圖銜結而有待也。至臣弘域猥以謭劣，志克繼述，戰守疆場，屢奏斬馘微功，蒙恩召自寧鎮，回府掌事。適當奴犯，突圍進京，面對平臺，賚以金幣，委令守禦，頗效微勞，此臣子分内事也，難報天恩之萬一，罔敢喋喋以自鳴。旋蒙叙録，加秩左都督，臣已膚髮不惜，何敢頃刻少忘皇上之隆眷乎！向因神賊戕臣六世家産，屠臣伯叔兄弟，憤激滿腔，兩具疏請，臣等兄弟共圖討賊。覆奉明旨："杜弘域同杜弘坊等各集家丁，以原官隨營聽調，有功一體查叙。"又曰："剿賊已有專帥，杜弘域果實心報效，聽部另行題用。"欽此。臣自謂圖功有地也。不幸臣因家破人亡，骨肉流離，感觸成疾，委難供職，又具疏請告，蒙允回籍調理，病痊起用。時臣家寧塞爲賊所據，暫寓京邸，就醫調治。仰仗覆幬，厥疾得瘳。當聞大凌之警，報效日切，業經揭報部科，聽候起用。奈因臣父前案未結，不敢輕黷。昨臣父幸蒙日月照徹覆盆，誠皇上浩蕩之仁。臣頂感無既，圖報益深。方兹東西交訌，致廑聖懷，正臣子戮力之日。況臣以强仕之年，懷壯烈之志，豈忍自負生平，晏安牖下已哉！臣謹齋沐，於二十一日見朝外，伏祈勅下該部，查照前旨，供職候用。即至險至難支委，臣恭聽聖明特遣，俾臣上能仰酬主德，下能俯竭赤忠等因。

崇禎七年正月二十三日奉聖旨："兵部知道。"欽此欽遵。於本月二十四日，抄出到部送司，案呈到部。查得杜弘域原係右軍都督府添注僉書，於崇禎四年五月内，因病疏請乞休，該本部覆准回籍調理，候病痊再議起用在案。今本官病既痊，可自思報效，赴闕奏請供職。相應照依原題，仍令本官添注右府僉書。既經具奏前來，相應題請，合候命下臣部遵奉施行。

緣係恭謝天恩，臣病幸痊癒，感激浩蕩，極思報效事理，未敢擅便，謹題請旨。

崇禎七年二月十八日　郎中謝雲虬[一三]

缺官事推補山西都司掌印李國英員缺疏 [一四]

兵部尚書臣張等謹題，爲缺官事：

武選清吏司案呈，照得山西都司軍政掌印李國英，近該本部題參不職，奉旨罷職不叙。所有員缺合當推補，案呈到部。臣等從公推舉，得山西都司軍政僉書、署都指揮僉事張國梁，湖廣興都留守司軍政僉書、署副留守吳選，俱各堪任。伏乞聖明於内簡命一員，銓注山西都司軍政掌印管事。遺下員缺另行推補。如用吳選，該授署都指揮僉事。緣係缺官事理，未敢擅便開坐，謹題請旨。

計開擬堪山西都司軍政掌印官二員：

張國梁。年三十三歲，係金吾右衛武舉，中辛未科第二甲第一名武進士，授本衛署副千户。先經題准，徑除都司僉書。崇禎四年閏十一月，推山西都司軍政僉書。該山西巡按李嵩奏保一次，歷俸二年四個月。

吳選。年三十七歲，係浙江紹興衛武舉，署所鎮撫。天啓四年四月，推南直隸常鎮道中軍守備。崇禎三年二月，推湖廣興都留守司軍政僉書，歷俸四年二個月。

崇禎七年二月十九日　郎中謝雲虬

缺官事推補山西都司掌印李國英
員缺奉旨咨行稿

兵部爲缺官事，該本部題云云等因，崇禎七年二月二十日本部尚書張等具題。二十三日奉聖旨："有點的依擬用。"欽此。張國梁有點，欽遵擬合就行。爲此，除仰本官定限本年四月十四日到任外，合咨前去，煩照本部題、奉欽依内事理欽遵查照施行。

一、咨山西巡撫。

崇禎七年三月初四日　郎中謝雲蚪

缺官事疏〔一五〕

兵部尚書臣張等謹題，爲缺官事：

職方清吏司案呈，奉本部送，准京營總提協李等手本内稱：照得神機營掌大號頭陳九皋，近該兵部推升神機三營遊擊，遺下員缺關係戎政傳宣首領，時不可缺。案查戎政事宜，京營大號頭遇有員缺，以火器副號頭挨次咨推。又火器號頭缺出，以副將營中軍年深有薦者升補。今查有神機營火器副號頭宋世惠，歷俸居首，資薦最深，應補神機營掌大號頭員缺。其世惠員缺，查得御覽已薦一等一名神機六營加銜佐擊、管中軍事劉天祐，久歷戎行，傳宣頗稱，例應升補火器副號頭員缺。此二官諳練行伍，資俸俱深，相應循例咨用。爲此，合用手本前去兵部，煩將火器副號頭宋世惠量加佐擊職銜，管神機營掌大號頭事。加銜佐擊、食守備俸中軍劉天祐，量加坐營職銜，管神機營火器副號頭事。希速查照，推用施行等因，到部送司，案呈到部。照得京營號頭員缺，奉旨："照例營咨推補。"欽遵在案。今神機營大號頭陳九皋員缺，該京營總提協以見任神機營火器副號頭、坐營宋世惠咨部加銜推補。其所遺火器副號頭員缺，即以神機六營守備、管中軍事劉天祐頂補。該臣部查與例符，相應依擬題請，合候命下，將宋世惠量加佐擊職銜，管神機營大號頭事。劉天祐量加坐營職銜，管神機營坐營副號頭事〔一六〕。

臣部札令欽遵任事。

崇禎柒年貳月廿三〔一七〕日　署司事協贊郎中鄒毓祚
　　　　　　　　　　　　管理册庫員外郎湯一湛

兵部爲缺官事奉旨行文稿

兵部爲缺官事，該本部題云云等因，崇禎七年二月二十五日本部尚書張等具題。三月初七日奉聖旨：“是。”欽此欽遵，抄出到部送司，案呈到部，擬合就行。爲此，除札仰各官定限本年三月十三日到任外，

一、行京營總提協，合用手本前去，煩照本部題奉欽依事理，行令各官，依限到任施行。

一、札付宋世惠、劉天祐。

崇禎柒年叁月初十[一八]日　署司事協贊郎中鄒毓祚

管理册庫員外郎湯一湛

恭報東賊突犯情形等事疏[一九]

兵部尚書臣張等謹奏，爲恭報東賊突犯情形及防禦機宜，仰祈聖鑒事：

車駕清吏司案呈，崇禎七年二月初七日該本部覆陝西巡撫練國事題前事等因。本月初十日奉聖旨：“該省驛站銀兩准與賞功留用，係何年分，著再奏明。”欽此欽遵，抄出到部送司，案呈到部。查得秦省節裁議充賞功之用者，蓋指七年分見存五萬八千九百六十九兩四錢三分七厘而言也。因該省屢報斬獲虜級三千八百有奇，賊級三萬六千六百有奇。除內願升願賞不同，約需銀二十餘萬兩，故以解同之節裁抵作秦省之賞功。不期近日賊勢披猖益甚，援剿芻糗措處倍艱。前議以崇禎七年見存站銀五萬八千九百六十九兩四錢零盡留賞功，今既軍餉告詘，合聽該撫於內通融一萬兩，以濟援剿之需，少佐計部之乏。事完，另册造報核銷。既經該司查明案呈前來，擬合具題，恭候命下，臣部遵奉施行。

崇禎柒年貳月廿九[二〇]日　郎中王裕心[二一]

兵部爲恭報東賊突犯情形等事奉旨行稿[二二]

兵部爲恭報東賊突犯情形及防禦機宜仰祈聖鑒事，該本部

題，車駕清吏司案呈，崇禎七年正月二十三日准職方司手本內稱，本月二十一日，奉本部送，兵科抄出，陝西巡撫練題前事云云等因。本年二月初七日本部尚書張等具題，初十日奉聖旨："該省驛站銀兩准與賞功留用，係何年分，著再奏明。"欽此。又於本年三月初五日題覆前事，內稱云云等因，本月初七日奉聖旨："是。"欽此欽遵，擬合就行。爲此，合咨貴院，煩爲遵照覆奉明旨內事理欽遵施行。

一、咨陝西巡撫、都察院。

崇禎柒年叁月十六日　郎中王裕心

缺官事疏〔二三〕

太子少保、兵部尚書、仍加俸一級張等謹題，爲缺官事：

武選清吏司案呈，照得錦衣衛南鎮撫司僉書餘輪已經病故，所有員缺合當推補，案呈到部。臣等從公推舉，得錦衣衛衣中所指揮同知鄭爾基、錦衣衛衣中所署都指揮僉事張世孫〔二四〕，俱各堪任。伏乞聖明於內簡命一員，銓注錦衣衛南鎮撫司僉書管事，移文該衛，遵奉施行。緣係缺官事理，未敢擅便開坐，謹題請旨。

計開擬堪錦衣衛南鎮撫司僉書官二員：

鄭爾基。年三十一歲，係直隸安肅縣人。恩廕衣中所指揮僉事，天啓元年承襲。五年，五門告成，加升指揮同知。

張世孫。年四十五歲，係四川銅梁縣人，東宮侍衛。泰昌元年，授衣中所署所鎮撫，歷升署旨軍〔二五〕同知。崇禎六年替恩廕副千户，并授署都指揮僉事。

崇禎七年三月廿五日　郎中謝雲虬〔二六〕

兵部爲缺官事奉旨移文稿

兵部爲缺官事，該本部題云云等因，崇禎七年三月二十五日太子少保、本部尚書、仍加俸一級張等具題。四月初二日奉聖旨："鄭爾基著錦衣衛南鎮撫司僉書管事。"欽此欽遵，擬合就行。爲此，速送該司，仰行錦衣衛經歷司呈衛，照依本部題奉欽依內事理欽遵查照施行。

　　崇禎七年四月初五日　郎中謝雲虬

兵部爲恭謝天恩奉旨移行稿[二七]

　　兵部爲恭謝天恩、臣病幸痊等事，謝[二八]本部題云云等因，崇禎七年二月二十三日本部尚書張等具題。二十六日奉聖旨而："是。"欽此欽遵，擬合就行。爲此，速送該司，仰行右府經歷司呈府，照依本部題奉欽依內事理欽遵查照施行。

　　崇禎七年三月日[二九]　郎中謝雲虬

本部題恭陳近日防禦情形等事疏[三〇]

　　太子少保、兵部尚書、仍加俸一級臣張鳳翼等謹題，爲恭陳近日防禦情形并報斬級數目，以祈聖鑒事：

　　職方司案呈，覆陝西巡撫練國事本，崇禎七年四月二十日奉聖旨："流賊奔突蔓延，屢奉會剿之旨，竟藐玩不遵，但以驅入鄰境輒便誇捷偷安，蕩平何日？陳奇瑜已有旨了。各撫鎮有藉口總督未至、玩寇流毒者，照地方失事情形一體論治。秦中土賊饑民煽動，極須剿撫。洪承疇著遵旨調度輯寧，以終前績，毋致疏虞。爾部通行嚴飭[三一]。"

粵東有三可憂三大蠹等事疏[三二]

　　太子少保、兵部尚書、仍加俸一級臣張等謹題，爲粵東有三可憂、三大蠹害，斯民日受荼毒，廟堂萬里難知，瀝訴[三三]剝膚，以祈敕救事：

職方清吏司案呈，崇禎七年四月初七日奉本部送，兵科抄出，陝西道監察御史胡平運題稱：竊惟今日之患，夷狄與流寇而已。然而九邊之夷虜一有犯搶，則必圖禦備之策，情形日得上聞，未有臣鄉澳夷日日殺擄，而置若罔顧者也。五省之流寇每有焚劫，則必圖擒剿之方，明旨時見切責，未有臣鄉海寇日日殺擄，而褎如充耳者也。臣鄉之人不言，無有為皇上言之者，亦何從知萬里之外受毒如斯甚哉！

其一在澳夷。彼占住濠境，而攔入之路不特在香山，凡番南東、新皆可揚帆直抵者也。其船高大如屋，上有樓棚，疊架番銃，人莫敢近。所到之處，硝黃刀鐵、子女玉帛、違禁之物，公然般載。沿海鄉村被其擄奪殺掠者莫敢誰何。官兵間或追之，每被殺傷，而上司亦莫之敢問，有掩耳盜鈴而已。往者番哨不過數隻，今打造至於近百，出入無忌，往來不絕。藐視漢法，挾制官司，居然有據防以叛之意矣。往者夷數不滿千人，近且報至數萬。試思此數萬人者日食若干，無非粵人之膏血，犬羊桀驁之倫肯貼然相安乎？人知澳夷叵測之為害大而且烈，不知其名為忠順，實則日日搶犯，害久且長也。一旦有事，此數萬夷人，何逞不得？此大可憂者也。而大蠹則在閩商，其聚食於粵，以澳為利者亦不下數萬人。凡私物通夷，勾引作歹，皆此輩為之祟。官兵盤獲其船，則以匿金匿寶誣捏反噬，財力所至，鬼神為通，官司亦被其播弄，甚而中國邊情邸報日與抄傳，況粵之虛實，不在其窺玩中也？

乞勑督臣，嚴責道將，設法禁制，不許容縱。番哨出入內地，仍行牌責令澳夷，將番哨盡行拆毀。凡通夷、勾夷者，拿獲審實，即行重典。庶犬羊稍戢乎！

其一在外洋寇。外洋者，粵自潮州而下，及於陽電一帶大海是也。沿海俱是鹽塲，臣鄉行鹽，通粵西一省、江西吉、南、贛三府及桂府王鹽。鹽商領引，用烏尾大船出洋，般運到省，盤驗而後發行。年來閩寇據截要路，每視鹽船大小，勒買路銀三百、五百不等，有不從者即時焚戮。其票□[三四]稱"寬平"年號，其偽銜稱"威鎮國"某官。夫商往運鹽則被賊擄而貨本盡，不往運鹽則致課虧而陪累深。傾身家、喪性命，非一人一日也。尤可慮者，賊來無時，乘風飄突，越虎門一限，可以直薄廣州城下。去年二月之役，非粵將陳照、李相焚斬大敵以保會城，朱可貞擒賊多舟以保陽電，則殘破不在秦晋楚豫之下矣。今賊耽耽憤憤，日夕圖粵，未肯忘情。卒然再至，何以為禦？此大可憂者也。而大蠹則在接濟。蓋賊聚洋海，動至萬人，不有接濟，何以為食？臣鄉穀米，向來嚴禁出海，自鄭芝龍到粵，假餉兵為興販，民情已自洶洶，又為潮船運鹽之說，其實借鹽為名，而夾帶私貨以入，重載糧米以出，射利之奸直以接濟海寇計。二年春間，賊犯新安境，商船并力截其歸路，食盡幾窮。閩奸夜濟以糧食、火藥，遂販[三五]商而遁。此明徵也。乞勅粵督臣整兵飭備，嚴禁米穀不許出海，以絕接濟之端，羽翼其稍殺乎？

其一在裏海賊。裏海者，番南新順、東香等縣一帶支通之小海也。其海皆郡邑鄉城農工商賈出入必經之路，其盜皆本地無賴強悍之徒，聚衆打劫。向者黨與不過數十人，船不過二三隻，今以近千為踪[三六]，近百為號矣。向者昏夜行劫，追補則散；今則白晝公行，與官兵為難矣。向者行劫於水上，今則攻圍鄉村，殺男擄女，良家被害死者不知幾千百矣。最可恨者，擄人勒贖，富者千金、百金，貧者亦十兩、五兩。或沉諸水，或試諸刀。刑威萬狀，使其人破家變產，典妻鬻子，饋[三七]之金而贖其命。破財得命猶幸也，得其財復殺其命，不亦大可憐也哉！今毋論在城在鄉，中產之家不敢出門一步。日日擄人，日日殺人。春農罷耕，行商絕迹。官司付之不聞，而賊黨布滿，雖衙門人役，各有其類。上司間或調哨調兵，彼已先知消息。及今不圖，則劫庫劫囚，城邑之灾立可見矣。此大可憂者也。而大蠹則在窩家。盜無窩主，則所劫之贓誰爲寄藏，誰爲轉賣？勒贖之人何處停留？而窩盜之家，其踪迹自不容掩，官司不知，而鄉保知之。間有一鄉一保，皆爲盜者，則鄰鄉鄰保亦必知之。各縣窩盜，必有主名，奚難查訪，奚難處治？恐未嘗以民命關心焉耳。乞勅粵東按臣，訪犯必以窩主爲先。考察之日，府縣必以獲賊多寡爲殿最，督臣必以盜之靖否爲功罪，守、巡二道，必以治兵治船之堅瑕爲黜陟。如此，則自今以後粵之億萬生靈皆受皇上再生之賜矣。

臣粵人，陳粵弊，言言真切，事事可行，不比浮泛條陳。伏乞皇上，俯念嶺外小民受此荼毒，采擇芻蕘，地方萬幸等因。

崇禎七年四月初六日奉聖旨："據奏，番哨裹外海寇及三大蠹情形，地方受害殊甚。該督按何無剿緝消弭？又未見報聞，所職何事？著自行回奏。其條飭事宜，該部即與看議具覆。"欽此欽遵。抄出到部送司，案呈到部。除地方受害情形備行督按回奏外，看得粵東僻在海隅，中朝耳目稍遠，法紀未免少寬，奸民狡夷相倚爲梗，時或有之，然未聞臺臣所稱大優大蠹若斯之甚也。以粵人談粵事，自言言真切可行。爲今之計，惟有驅蠹以弭憂而已。目前可憂之形已成必潰之勢，所幸種種弊原灼然可見，及今料理猶易爲力。澳夷所恃者，巍艦巨銃也，而以閩商之勾連、番哨之名目益肆無忌，爲害最深。第查該省沿海一帶，向有哨船分守，使能課其實用，足爲捍禦之資，又何藉於番哨？今欲絕弊源，宜禁閩商之勾引，裁番哨而不用，儻不遵守，立置三尺，則奸宄屏迹，澳夷之害杜矣。洋寇所恃者，內地奸民勾連接濟也。然興販之弊不革，則接濟之蠹不除。惟禁米穀之出海，可杜奸徒之興販。更不許假餉兵之名，爲射利之計。如有違犯，即行究處，則大盜食盡而自斃，洋寇之患彌矣。裹賊所恃者，窩家之寄藏、變賣、停留、隱匿也。然不嚴鄉保則踪迹不可得而詰，不重訪察則窩主不可得而知。今議考察有司，以所獲窩主之多寡，爲各官之殿最。窩家緝盡，賊計難施。該督按加意力行，則藏奸無藪，裏賊之蠱除矣。但澳夷盤踞，敢於横行殺掠者，非一朝一夕之故，而外洋大盜、内地無賴又實繁有徒，其蠱已深，則其根亦難猝拔。緩之必成養癰，急之恐又速其挺走。是在當事者細查地方情形，相機禦備。或速行擒挈，或徐爲整頓，使海邦之民陰受消彌之福，而不見張皇之迹。斯則策之最善者也。至於閩將鄭芝龍，向以剿寇赴粤，閩疆爲其信地，今後不得有逾南澳，致滋騷擾，亦應轉該撫按申飭可耳。謹奉旨看議，相應覆請，合候命下，遵奉施行。

崇禎七年四月廿二〔三八〕日　郎中張世第

協贊司事郎中鄒毓祚〔三九〕

兵部爲粤東有三可憂等事奉旨咨行稿

兵部爲粤東有三可憂等事，該本部題，職方清吏司案呈云云等因，崇禎七年五月初六日太子少保、本部尚書、仍加俸一級張等具題。本月初八日奉聖旨：“嶺外法弛吏玩，地方安得敉寧？奏内首禁番哨，嚴杜奸商。斷接濟以驅洋寇，治窩家以清内盜。著即大張榜示，申飭規條，府縣防捕官即以此定殿最。如有縱容衙猾通賄賣賊的，該撫按指實參處。失事匿不以聞，一體重論。俱著嚴飭。”欽此欽遵。抄出到部送司，案呈到部，擬合就行。爲此：

一、咨兩廣總督、福建巡撫，合咨前去，煩照本部覆奉明旨内事理，欽遵查照施行。

一、咨都察院，轉行福建廣東巡按御史。

崇禎七年五月十三日　郎中張士〔四○〕第

協贊司事郎中鄒毓祚

遺失公文疏〔四一〕

代士〔四二〕携奏，獨不思本章甘結甚大，動係性命身家，潘祥諒不若是之愚也。同夥潘祥帶進之説，蓋士美懼拷掠之極，希抵塞一時。李心芯之供稱，亦士美囑之，以嫁罪於潘祥無疑矣。遮飾支吾，殊可痛恨。本當重處，俱念木刻號記與鑄印不同。按大明律，凡遺失制書、聖旨、符驗、印信、巡牌者杖九十，徒二年半；若官文書，杖七十；事干軍機者，杖九十，徒二年半。今孫大爵完銷之呈，事係擅殺、科尅，即於軍機錢糧〔四三〕。士美因虜警失落，乃買僞刻號記，以圖掩蓋。照遺失官文書律，擬配何辭？追求圖書匠何人，士美稱京師乃五方叢集之所，遺忘姓名，無處尋覓也，姑免深究。潘祥無故被其扳擄，冤抑無辜。取供問擬，依遺失官文書、事干軍機錢糧者律減等，杖八十，徒二年。係承差，照例納米贖罪。已經具招解詳。

本司升任按察使潘曾紘，覆審得承差陳士美，崇禎二年十一月初二日，奉前巡按張御史遣齊〔四四〕送公文七十二件，往京赴都察院經歷廳投遞，内有已問結孫大爵完銷之呈。士美中途被寇搶掠，公文拋散在地，一時周章，簡點不全，以致遺失孫大爵銷單一件。當時即宜從實稟官，回閩補詳，其罪猶可末減。乃計不出此，竟用銀一兩，托京中刻圖書匠，徑刻經廳號記，私鈐七十一件銷單之中，希圖掩飾。前巡按張御史只以士美奉差而往，報竣而歸，銷呈查驗，鑿鑿可據，詎能逆億其中號記之僞哉！迨兵部咨院行查孫大爵一案曾否完銷，巡按羅御史遂以前院銷呈回奏，都察院又云："堂呈未至。"致塵宸聰，下部覆查。士美復於崇禎四年十月初五日，蒙巡按羅御史差賫別項公文進京，都察院遂行經廳，會同河南道，士美查勘遺失根因〔四五〕。士美捏稱被寇打搶，前項公文托同夥承差潘祥投遞。及刑館研鞫潘祥，乃崇禎二年十一月二十五日奉差，路繇山東，士美乃是年十一月初二日差出，路繇山西，真若風馬牛之不相及，豈可嫁禍他人而卸己罪哉！至若李心苾之妄供，潘祥代賫公文，亦士美紿之也。木刻號記與欽降鑄印不侔，陳士美應照遺失官文書律，擬徒不枉。然追究刻號記者何人，士美謂京中雜處之徒，忘識其姓字，理或然也，應免提究。潘祥與無涉，免擬非縱。具招轉詳巡按御史劉調羹。蒙批，依擬回復都察院。其陳士美仍行該縣監候，聽都察院題行繳，蒙批到司。案候間，又爲前事，崇禎五年六月十九日，據本司、經歷司呈，蒙巡按劉御史案驗，奉都察院勘札，五月初一日准兵部咨，該本部題，職方司案呈，奉本部送，兵科抄出，福建巡按羅御史題前事等因。崇禎四年九月初八日奉聖旨：「該部知道。據稱張三謨呈堂銷單，見在前都察都[四六]，又稱堂呈無據，是何緣故？并著查明具奏。」欽此欽遵。

　　隨該臣部咨行都察院酌議具奏去後，今於崇禎五年四月初二日准都察院咨前事等因，到部送司，案呈到部。該臣等會同都察院左都御史陳於庭等議照孫大爵一案，科斂已經究結，擅殺原無質對，故前按臣張三謨據撫按詳允，注銷文案，申請院堂題銷。不意陳士美中途遺失，懼罪，假刻鈐銷到銷單。見有印記，而院堂無呈可據，斯已目無三尺矣。及奉旨查問，復多方推卸，諉之潘祥，何閃爍之甚也！業經該省研鞫得情，按律擬徒非枉。潘祥係僞口妄牽，應從寬宥。孫大爵科斂、擅殺事情，有因者已行究革，無憑者難以深求，況屢行詳鞫，似非徇縱。事係部院未完欽件，合行會題，請乞注銷施行等因。崇禎五年四月二十四日該本部題，覆奉明旨内事理，即將前項情繇再加勘實，限一月内具文詳奪，以憑回奏施行等因。

　　蒙此，依蒙將孫大爵一案行漳州海防館，逐一再加查核，果否應銷，有無別情，取具確繇詳報。於中有無疑情未悉，該館不妨詳請，以便嚴行原籍拘提本弁赴審。其陳士美一案，行福州理刑館將前項情繇逐一再加勘實，取具確繇詳報，以憑轉詳去後，續於本年八月初五日，據漳州府海防同知吳震元呈稱，隨該本職細查得孫大爵科尅一宗已經究革，無容再議。獨是擅殺一宗，始於陳積宇一人之首告，繼於杜鳳墀十三處之通詳，而一段功罪至今未了。然經前官歷審數次，皆稱初七日并無洋商被劫之事。既初七日無被劫之洋商，則初八日安得有得〔四七〕擄之洋商三十餘人爲官兵所殺？此不待二十九人之家無一親屬出質而知其爲誣者。且始呈之陳積宇亦病故矣，今即欲再拘孫大爵赴審，安所得二十九家之親屬而質證之？徒稽憲卷，終無證明。合行請銷，似無情弊等緣繇到司。

據此，又催據福州府理刑館署館事、本司簡較陳其赤呈稱：該卑職審看得陳士美乃按院承差也。崇禎二年，前巡按張御史差賫公文赴京，凡七十二件，內一件則孫大爵完銷之呈也。事關欽件，士美間關道路，宜何如防護，不使疏虞，乃倏罹虜警，大爵一呈化爲烏有，此其咎將歸之，故敢巧計彌縫，私催刻匠，擅鈐呈單，自謂可抹殺前件矣。孰知縣堂無呈可據，經廳挂號足憑，牛鬼自昭，計莫能掩。臨審，且轉諉之潘祥。夫入奏重務，豈可諉之他人？即冒昧轉托，然計之日月，較之程途，了不相蒙，則代賫之說不幾說夢說幻乎？此馬走猾猾之故智也。罪責士美，業有定案。兹奉明旨煌煌，日星炳若，卑職敢詳加研鞫而反復推勘者如此。若孫大爵一案，查部咨，原擬注銷，而前卷貯存院署，卑職所不得而稽之。其擅刻鈐號，雖非僞印之科，然遺失公文，事關軍機錢糧，依律擬配，適當厥辜。潘祥、李心苾，局外受株，相應免擬。

具繇呈詳到司，隨該本司按察使申紹芳覆，看得陳士美一案，本司再四參詳，當日士美領賫公文七十二件，投遞都察院經廳，廳官必照數查核，一一對同，方始用號記鈐銷。宜乎孫大爵一件失落，立時即可糾舉，所以聖明委曲推情，務令平亭者，究竟此獄，誠哉炳離之照，不漏纖阿，臣子所共凜服也。乃據士美屢供，經府館再訊，到底以中途遇寇，拋散公文爲辭，且推諉於潘祥，招認其假刻，即刑鞠之俯首其罪，無以辯也。夫閩省距長安六於〔四八〕餘里，所據者只本犯見在之口耳。若必窮徹弊源，自當問之投收本衙門方得其實。如依稀遥斷，何以仰副明旨？至於孫大爵積案宜銷，有漳防館吳震元之覆詳可據。且前院已題銷在卷，似無所用其株索也。具繇呈詳，巡按劉御史批。陳士美賷文遇寇，何止遺失一件？聖明業洞照其隱。但當日果投經廳，即宜明白聲説，而推諉於潘祥，招認其假刻，又屬何意？至孫大爵一案，奉旨："詳核確奏，并招報。"蒙此，隨該本司將孫大爵始末緣繇及陳士美原擬招繇并叙再加覆。看得孫大爵原參科尅事情，業經分守漳南道未奉參題之先成招詳，奉兩院批允在卷。其擅殺一節，先據漳州海防同知范志琦詳司覆勘，具繇轉詳前巡按張御史批允題銷，并未成招。今奉明旨，又經備行漳防館同知吳震元確核覆詳，毋敢隱漏。若陳士美，具在前詳，無容再贅等緣繇，蒙本按院批，陳士美賷文遇寇，止遺孫大爵一件，其中顯有暗買情弊。且孫大爵未奉旨結局，何得回籍自便？仍拘本弁查究，確招另報。

　　蒙此，隨該本司差役前往原籍，拘到孫大爵到司，隨移分守漳南道審堪去後，隨准本道參政施邦曜手本回稱：審看得孫大爵一案，始以妄殺，繼以侵尅，二事兼并待讞。如事果真，則大爵應無死所矣。今細查其報妄殺一事，在天啓六年六月初八日，此時賊勢披猖，有賊船住泊流灣，登岸者二十八人，該備督兵盡擒而斬之。方自侈爲有斬級功，忽有泉人陳積宇稱係洋商，具詞赴告金石司巡簡丘道弘并把總張元龍等處，謂大爵妄殺邀功。遂通詳院道，迫發漳館按狀行提陳積宇，匿無出官。再行本籍關提，泉防館回稱，積宇貿易歸家，隨化爲异。再查在狀之王榮江，且杳無其人。然此猶疑曰：“或大爵之賄脫也。”乃查二十八人，積宇未曾確指有姓名。夫既爲同夥之商，何以無名可指？此處已屬可疑。乃被殺之家父母妻子於大爵爲必報之仇，又何以靜觀官府之訊，并無一人赴訴？若謂此二十八人俱一無親屬，此浮浪不根之人，當盜賊縱橫之時，同群飄泊，其爲賊較真，又何得指爲妄殺？該備疑水寨忌功而巧捏，雖無確據，儻或然與？妄殺之案，誠不能爲大爵周内者。此道府歷爲請銷，非縱也。至侵尅鼓譟事，即在本年之九月初八，此則誠有，難爲大爵解者。大爵原延有幕師陳經濟，隨任日久，囊積有銀六十五兩，兼各兵一時之急，發各哨生放以取利，哨官陳奎、張鼇柱，哨長丁亮、駱高等立券稱貸，許以按月加二之息。大爵不惟不行禁止，且親爲批照，已無居官之體矣。此時私謂糧縣已散，扣除得自爲政，不意夏季月糧防館親自給散，銀已入各兵之手，大爵乃著哨長每兵派銀一兩一錢一分三厘，追還經濟子母銀，不容少寬。夫身爲營總，縱容幕師放債取利，已辱干撦而玷軍政，況瓜李莫辨，安知借名幕師者，非出自大爵之囊乎？大爵實以蠅營之智，故作貓鼠之眠，各兵目中已無本官矣。欲其挖囊而償所逋，不免嘈嘈有聲。再有革役哨官楊龍、兵劉仁又原被大爵割耳，頑兵馬元從旁慫憑，各兵遂擁兵鼓譟，馬元則割其管班盛京一耳，以報夙怨。楊龍等群毆掌號官朱守用重傷，碎其門壁。又群圍守備之門，阻截其申文，一面分頭先告，一時擾嚷，幾成不測。雖龍等强悍不法哉，然不謂非大爵之債利扣尅有以致之也。即原銀當時懾於兵關，盡已交還，然已經扣入，吐出亦爲真贓。雖已經革任，仍照各該鎮守、總兵、副參、遊擊、守備、都司、衛所等官，科歛軍人財物及扣減月糧，計入己贓至三十兩以上例擬。夫豁其妄殺之罪，而正其扣減之罪，法如是平矣。楊龍以課革哨官挾和鼓釁，同力兵龔祥，照毆本營長官律擬徒。哨官陳奎、陳〔四九〕龕柱，哨長丁亮、駱高、丁高、馮惠等，主券借銀啓釁，查各擬杖罰，劉仁并杖。馬元挾仇割耳，法應與龍同擬，久已遠逃，照提另結。陳經濟已回籍身故，免擬等緣緜移伏到司。

准此，隨行福州府理刑館，提陳士美到官，將遺失孫大爵事件其中有無賄買情弊，逐一研審招詳去後，隨據署館事、簡較陳其赤呈詳，覆審得陳士美賫文往京，中途遇寇，遺失孫大爵銷呈，前後審詳，幾於筆秃矣。兹奉院批，差弁兩人中有賄買情弊，凛若風霜，卑職敢不矢慎矢公，嚴加覆訊？奈士美終初一口，大爵呼痛更深。美稱：“出差之時，院限嚴迫，即戴星飛騎，取道北行也。七十二件，有呈銷一件，則茫然罔曉也。”大爵則云：“疇昔與美并無把臂之知，況當日科尅之事業經守道成招詳，兩院批允。而擅殺一案，又經漳郡防館審確通詳，請銷之札正出死入生關頭，妄營疏失，以爲自害之媒，即强之而不敢爲者。”據兩人之説，可疑而亦可信，可罪而亦可矜。此卑職所以幾費躊躇，未敢遽落筆也。但大爵業有成案，賄買情弊似難懸坐。士美不行簡點，遺失官文書，照前發配，或當厥辜。事干題奏重務，期於得情，非可臆斷。具緜於本年三月十三日呈詳到司。隨批據審，陳士美與孫大爵素昧平生，就中茫然莫曉，且以情理揆之，亦無代彼請銷積案，而反行賄抛散者。是大爵非自當，乃自禍也，情弊實難懸坐。但士美刻印飾銷，雖經前館審確，本犯甘認無詞，究竟明旨一駁，曉然星日。凡爲臣子者，當以勿欺爲第一義，寧再詳鞠慎擬。仰府即提士美，覆加質訊，務得真情，立等招報。孫大爵已經漳守道定罪，并招速解。

隨將漳守道回覆孫大爵手本抄發該府查勘，本律叙入招内，解司覆勘轉詳去後，續據福州府知府熊士逵呈稱，覆審得陳士美賫文赴京，而失孫大爵銷一事，業經屢讞備悉，推求情景逼露矣。據其遺失出於非意，曾不明言而計以偽鈐飾之，蓋姑救目前，不慮其後，亦細人之常情，無足深訝者。於中尋端致疑，或以出於孫大爵之賄匿而已。然則就大爵所處，而窮其有無求匿之情，誠此案虛實之一關鍵也。隨提到孫大爵，取其原卷備詢之。本犯初蒙安殺之案，得准注銷，是其再生之年也。當銷單到京之時，度其望懸雲霄，惟恐不速。今謂其營求匿之，是自捐彼岸，求投深淵，雖狂惑不至此也。據士美之案而得其可信之景，參大爵之疑而不得其可疑之端。則士美之遺失非虛，而坐配非枉。蓋以情之易見者定之，不必以假鈐之難辨者定之也。至以孫大爵之罪論之，則非以債派軍，銀已扣出，不得謂贓未入己也，當坐尅扣至三十兩以上之律允宜矣。若安殺一案，則原告即怨家皆爲烏有，略無可坐之影響，應照原案准其注銷，取供問擬。士美依遺失官文書、事干軍機錢糧者律。孫大爵以監臨官，將自己物散與部民，多取利者，并計餘利，准不枉法論律，各徒罪納米。士美革役，大爵照例降一級，帶俸差操。

具招呈解到司，該本司按察使申紹芳覆，看得陳士美一案，奉旨駁議，職司莊誦明綸，仰窺聖意，殆謂司印鈐銷，是其失單別有情弊耳。因歷查先後文卷，并提士美等反覆詳鞫，其審係遇寇搶失，懼罪隱匿者，則都察院、廳、道初讞之情詞也。其審係偽刻號記鈐單飾銷者，則原任福州府推官王凝命再訊之供吐也。其審係巧計彌縫，初終一口，姑救目前，遺失非虛者，則署福州館簡較陳其赤、福州府知府熊士逵三覆、四覆之斷案也。御史臺執法之地，咫尺宸嚴，庭質豈容掩護？若承問官王凝命等經年屢勘，相戒勿欺，必祈慎擬，而始終之議獄不過如是。蓋就中情弊在六千餘里外無能懸斷，不得不據士美再四供吐以定。爰書其實，遵明旨推索之，種種皆可疑也。無已而深求之孫大爵之賄買。夫大爵事歷數載，僥倖結案，方且望慰[五〇]雲霓，豈其行金拋失，自遺不了之局？此不待辯而自明者。至於大爵業經參論，理應究結回奏，前院允其注銷。緣流澳妄殺茫無指據，科尅鼓譟先已審明發落，部覆亦止有提問之文也。

今奉明旨："查此案果否應銷。"前此，趙御史、張御史陸續允銷在案，即兵部覆請後，又部院會題，無不以爲應銷者。惟是職司以君命爲重，不敢不行原籍拘提，再擬罪名，以聽聖斷。若其本末情形，科尅緣於募兵之借貸，借貸起於多兵之赴審，所以致多兵來跋涉，資斧無措。啓此釁端者，全爲流澳斬級，水寨妬功，故在大爵居官不慎，罪律自取。按律坐之，亦不爲冤。或念其守禦有勞，嘔兵反噬，未奉參革之先，已經褫革治罪，法不重科，仍允部院題銷。是則聖明浩蕩之恩，非職司所敢擅縱也。楊龍等徒杖結證日久，革役星散，無可追求。馬元照提另結等因。

呈詳福建巡按路振飛，蒙批：聖明在上所不能欺，臣子分宜所不敢欺。陳士美一事已經明旨駁勘，所當明明白白，直道本末，不作一含糊語者也。今既謂之被盜矣，的在何處？有無告捕？從來本院注銷前件，不拘幾十件俱總一封袋，印鈐釘封，孫大爵一件何以獨失？既失矣，拆[五一]散之文，士美當日何以投？經歷廳當日何以收也？該司再虛公研審，務要真實明白，勿再致明旨詰問可也。速報批行到司。蒙此，隨該本司備牌行福州府，爲照本司官稱執法，義在尊君，自來不知"情面"兩字爲何物。如陳士美反覆嚴勘，明戒該府館確擬勿欺。而士美終隱原情，不肯真吐。豈謂事在數千里外，可以草草結局耶？聖明如日中天，此番駁勘，定須直窮到底。如有半字朦朧支飾，即爲上負朝廷。本司寧謝一官，決不敢依阿以自取戾也。仰即會同理刑館，照依院批事理，即弔陳士美到官，逐一細加研審，務要據實供吐真情明白，毋得仍前含糊回護。具繇解司覆審，轉詳回奏施行。事關

欽件，毋得遲延去後，今據該府知府熊士逵會同帶管理刑本司簡
較陳其赤，逐一細加覆審。得陳士美一案歷讞相沿，總以銷呈為
失於士美之手，迄奉憲司嚴駁，委悉究問，而士美之招承如故
也。詢所以然，蓋恐吐實扳連，禍將不測，故寧自甘其罪耳。即
職等相戒勿欺，原不欲徇前案，而前所奉者院札，院所憑者經廳
之呈，其情景既已宛然，而士美復緘口首服，有求其疑端而不得
者。迨今本院駁批，以總封鈐釘之一節窮其根底，而士美無所容
其回護，方供稱：崇禎二年冬月，奉按院差，同陳麒賫文，路繇
山西進京。其時近畿地方，沿途遇有劫掠是實。若所携文冊，一
切到京無異。及次年正月二十八日，文投都院經廳，當官驗封
折[五二]件，逐一對同，發回銷單二紙，一留本廳存案，一發本承
繳院無異。至四年八月內，士美又別差進京，適都院查失卷，時
蒙拘到經廳，審問取供，內稱，蒙按院差賫公文赴投明白，其公
文俱有釘封，領得銷單，又批回報公文，內事士美并不知等情。
經河南道判日，附卷見在經廳可證。據此，則當時封內之文若有
散失，應無封可驗，而拆對少孫大爵一件，應留批不發矣。此情
形之了然者，乃不早為實吐，至為偽鈐之說，以文妄作避禍之
想。謂取罪寧從其輕，抑何其詐而愚也！

今循此以推事所從起，明係經廳之役欲卸失卷之罪而然。至
其卷何以失，今當作何議處，亦非外遠所得而懸擬也。孫大爵銷
案原明，初以士美之失而疑之，前招已為之疏雪矣。今士美事
白，則大爵愈無可疑。前案仍准注銷，具繇呈解到司。該本司按
察使申紹芳覆。看得天下事無大小，各具本末，無必不可以造
有，偽亦豈容以混真？此在世法，平交寧從直道，況為臣子，躬
事聖明，敢昧寸心以徇三尺？如孫大爵注銷一案，揣情度理，宸
監昭然。止緣初時承問官信陳士美畏禍遊詞，誤認遺失公文、刻
印鈐銷是實。自職到任後，嚴檄確究，即成獄屢上而心竊疑之，

不謂然也。因請直窮弊源，不敢依稀遙斷。前院遂行司并提大爵到官，移漳守道參政施邦曜覆加勘擬，而大爵應得之罪既定，注銷之故亦明。職乃就館詳，再駁知府熊士逵，并招結證，凜凜戒以勿欺，士逵亦悉心辯問究竟。遺失偽銷之說，士美到底甘承，前院所疑大爵賄買情弊又復無可致猜，仍將士美等照前科斷，而就中種種可疑職終未敢信也。今奉憲摘，如揭覆盆。士美見情不可掩，士逵等又委曲導之使言，方供出沿途偶值寇警，未常[五三]損失公文。一時倉皇誣服之情，出於取咎寧輕之意。此其無知自阱，心縱可原，而隱情不吐，罪亦應議也。至於賚文赴投，供判附卷一段真情景遠在長安，職等亦何能懸斷？要以遵奉明綸，矢心推鞫，附於古人香告三更之義，則舍此別無以仰答清問矣。若大爵獲罪有緣，重科可貸，前詳已明。職司惟知有法，仍爲擬議上請，應否注銷，以沛浩蕩之恩。自有皇上獨斷，非職司所得擅定也等緣緣具詳到臣。該臣看得，陳士美一案歷讞多官，士美堅以遇盜遺失，用印飾銷爲詞，甘心服罪。此處即善訊者豈能於六千餘里外另生推測？不知其實不然也。奉明旨一駁，便已無微不彰。臣因誥責以總封印鈐之說，皁臣申紹芳復叮嚀以相戒勿欺之義，而福州府知府熊士逵始得士美實吐，恍然足述。乃知遇盜者其本情，而失文者其誣服也。但取經歷廳注銷存案單一對，可以立決。蓋士美能假印批廻之單，不能印存案之單也。明明經歷廳承行吏役失之，水落石出，終不能爲之諱矣。然則士美甘罪而不言者，何以故？因海濱貧役懼覆提質，往來萬餘里，贖罪之鑼以供盤纏而不足，而轉又深螳臂當車之慮焉，故寧代該吏認罪而不辯，其情可憐也。至孫大爵之案應否注銷，臣細閱爰書，反覆吹求，雖扣尅有因，而擅殺無據。已經久結，免其重科。此其聖思寬宥，非臣所敢擅議也。

既經該司具詳前來，相應具題。伏乞敕下該部覆議，行臣等遵照施行等因，謹題。七年正月三十日奉聖旨："孫大爵一案，該部院覆議來説。陳士美原日投院文書，著查經歷廳存案銷單，據實具奏。"欽此欽遵。該本部咨會都察院查明去後，隨准咨回前事，內稱：據經歷司呈奉本院札付到司，隨查本院承發科批文號簿。自崇禎二年十月起，至三年三月終止，逐一詳查，并無陳士美投前巡按張三謨銷孫大爵未完之堂呈。復查崇禎三年正月二十五日，投銷號札之單內，有奸弁蔑法科尅一件，乃銷本院札行二千五十二號勘合之單，非銷孫大爵之文也。其承差陳士美原未到，業經前任太子太保左都御史閔洪學詳查明白具覆，又經前任左都御史陳於庭批，前任經歷徐大儀會同前任河南道御史張應辰備查確覆，今又卑職研求始末，實無注銷之案，非有支飾之情等因，具呈到院。查勘間，又準兵部移咨前事，內開，即將孫大爵一案應否注銷及陳士美所賷堂呈有無遺失緣繇，并經歷廳原日存案銷單查勘明確，咨部以憑會覆等因到院。准此，看得孫大爵一案，已經該按勘明，扣尅有因，擅殺無據，請銷塵案緣繇前來，奉有"該部院覆議來説"之旨，但應否注銷，事在兵部，非本院擅專也。其陳士美所賷堂呈，詳查號簿，并無此件。及查存案銷單，乃銷本院札發號到之單，非呈銷大爵未完之文，今准前因相應咨覆。爲此，合咨兵部，煩爲查照，會覆施行等因。又該臣部再咨覆勘去後，續准都察院回稱，准兵部咨前事，內稱，看得陳士美銷單一案，先經多官詳議，擬罪題覆，似無別情。嗣奉明旨駁勘，該按加意深究，始得懼累誣服前文已投之説，則遺失又非士美，而浮沉已屬承行。是以該按疏稱明係經歷廳承行吏役失之，奉有"查單實奏"之旨，該廳承行正宜查單窮究。近該本部咨會回稱，無此單目，豈彼時一封七十餘件，竟無單簿可稽？而士美所賷回執證者盡僞飾也？恐涉遊疑，難以仰答明命，合行再咨覆勘等因到院，准此覆查，得孫大爵一案，先經札行彼處御史，并未完銷，承發科號簿原無陳士美呈賫公文到院，前咨移覆甚悉，士美遺失之情昭然。今准前因，并將該御史呈送完銷號數單合再咨送。爲此，合咨兵部查照，會議題覆等因到部送司，案呈到部。看得孫大爵一案，屢經詳鞫，撫按諸臣僉謂科尅有因，擅殺無據。已經久結，似應注銷，以清塵案者也。惟是陳士美沉匿公文一節，續據該按勘稱，經歷廳之存單可決真僞。奉有“查單據實具奏”之旨，兩經移咨都察院，對單窮究，據稱，崇禎二年内士美并未到京，逐查收文號簿，更無大爵呈件，且有前院臣審案確據，難以苛求。及查咨到揭單，雖有大爵事件，乃開報號札到彼數目，非請銷未完呈文，則遺失公文與經歷廳之承行無涉，典守之責又安能爲士美解乎？合無仍照原議，士美依遺失官文書律擬徒追贖，以懲疏玩，以完欽件可耳。謹奉旨覆〔五四〕議，臣等會同都察院左都御史張等合詞覆請，伏候命下，將陳士美二年徒贖。係承差。

崇禎七年四月廿六日　　郎中張士第
　　　　　協贊司事郎中鄒毓祚

都察院左都御史張諱延登　題
左副都御史田諱唯嘉　題
左僉都御史帥衆
太子少保兵部尚書仍加俸一級張
左侍郎汪

兵部爲遵旨查明具奏行文稿

兵部爲遵旨查明具奏事：

職方清吏司案呈，奉本部送，兵科抄出，該本部題前事等因。崇禎七年六月二十七日奉聖旨：“陳士美屢經多官詳鞫，内云，公文若有散失，應無^[五五]"

督臣業已臨戎等事疏^[五六]

太子少保、兵部尚書、仍加俸一級臣張鳳翼等謹題，爲督臣業已臨戎，方略應有成算，乞敕懲前毖後，僇力收功，以仰慰聖懷事：

職方司案呈，本部題。崇禎七年六月初六日奉圣旨："道臣隨營監覈功罪，府廳專管催運糧芻，先年用兵皆然，何至今方議及？此奏內三款，著即嚴飭行，盡革殺良貪餌及輸運不繼之弊。兵威所震，著遵屢諭，殲渠散黨，仰副朝廷靖亂安民之意^[五七]。"

插酋舉衆西犯等事疏^[五八]

太子少保、兵部尚書、仍加俸一級臣張鳳翼等謹題，爲插酋舉衆西犯，鎮臣赴援陣亡，謹據道將塘報，先行馳報，仰祈聖明敕部極議長策，以保危邊重地事：

職方司案呈，覆陝西總督洪承疇本，崇禎七年六月初七日奉聖旨："據奏，陝西三邊兵餉原額錢糧有餘，士馬反減。今欲實邊，止在補虛，不宜增募。著即於該鎮缺額內募足一萬之數，聽督臣酌派戍^[五九]防。其撫賞銀兩，姑念虜情緊急，准於戶、兵二部各發三萬，以濟軍需。以後，一應錢糧務要覈實節糜，不得輒事呼籲^[六○]。"

缺官事推補陝西行都司僉書顏圖慎員缺疏^[六一]

太子少保、兵部尚書、仍加俸一級臣張等謹題，爲缺官事：

武選清吏司案呈，照得陝西行都司軍政僉書顏圖慎，近該甘肅巡按賈題參不職，所有員缺合當推補，案呈到部。臣等從公推舉，得甘肅肅州道中軍守備、以都指揮體統行事、指揮僉事陳一魁、甘肅寧遠堡守備、以都指揮體統行事、指揮僉事彭國器〔六二〕，俱各堪任，伏乞聖明於內簡命一員，量升署都指揮僉事，詮注陝西行都司軍政僉書管事。遺下員缺另行推補。緣係缺官事理，未敢擅便開坐，謹題請旨。

計開擬堪陝西行都司軍政僉書官二員：

陳一魁。年五十一歲，係甘肅甘州〔六三〕左衛指揮僉事。崇禎元年四月，推以都指揮體統行事、甘肅肅州道中軍守備。六年六月，甘肅叙功，題加服俸一級。該甘肅撫按官白貽清等奏保七次。歷俸六年五個月。

彭國器。年三十七歲，係甘肅西寧衛指揮僉事。萬曆四十六年二月，推以都指揮體統行事、守備陝西西固城地方。天啓三年八月，該陝西督撫官李起元等題參，革任回衛。七年五月，該督延、寧統兵官馬允昇具呈，部覆以原官守備職衛督督防延、寧總兵標下坐營事，因員缺議裁。崇禎二年七月，補守備甘肅寧遠，撫〔六四〕李起元等參革回衛。七年五月，以〔六五〕守備職衛管督督防延、寧總兵標下坐營事，因員缺議裁。崇禎二年七月，補守備甘肅寧遠堡地方。六年六月，甘肅叙功，題加服俸一級。該甘肅撫按官白貽清等奏保四次，歷俸五年乙個月。

崇禎七年六月初十日　郎中謝雲虯〔六六〕

兵部爲缺官事奉旨行文稿

兵部爲缺官事，該本部題云云等因，崇禎七年六月十二日太子少保、本部尚書、仍加俸一級張等具題。十五日奉聖旨：“有點的依擬用。”欽此。陳一魁有點，欽遵擬合就行。爲此，除仰本官定限本年十月十三日到任外，合咨前去，煩照本部題奉〔六七〕

缺官事推神機四營佐擊王九臯員缺疏〔六八〕

太子少保、兵部尚書、仍加俸一級臣張等謹題，爲缺官事：

職方清吏司案呈，照得神機四營佐擊將軍王九臯，近該提督京營戎政司禮監秉筆太監曹題參不職，本部覆奉欽依革任回衛。所有員缺合當推補，案呈到部。臣等從公推舉，得河南叙功題加尤吉將軍、署都指揮僉事候補張文照〔六九〕、吳錦，俱各堪任。伏乞聖明於內簡命一員，仍以原官尤吉將軍職銜管神機四營佐擊將軍事，統領官軍操練行事。

計開擬堪神機四營佐擊將軍官二員：

張文照，年三十七歲，係通州衛指揮同知。崇禎三年九月京營城守叙功，題加守備。七年五月河南叙功，題加尤吉。近該京營總提協李守錡等咨用。

吳錦，年四十一歲，係瀋陽右衛百户。崇禎三年九月京營城守叙功，題加守備。五年秋試，技勇優等。七年五月河南叙功，題加尤吉。近該京營總提協李守錡等咨用。

崇禎柒年陸月十六〔七〇〕日　署司事協贊郎中鄒毓祚

缺官事推神樞七營練勇參將秦文炤員缺疏〔七一〕

太子少保、兵部尚書、仍加俸一級臣張等謹題，爲缺官事：

職方清吏司案呈，照得神樞七營練勇參將秦文炤，近該提督京營戎政司禮監秉筆太監曹題參不職，本部覆奉欽依，革任回衛。所有員缺，合當推補。案呈到部。臣等從公推舉，得五軍四營尤吉將軍、署都指揮僉事趙應魁、宣府舊尤兵尤吉將軍、署都都指揮僉事石應雷〔七二〕，俱各堪任。伏乞聖明於內簡命一員，充神樞七營練勇參將，統領官軍操練行事。

計開堪任神樞七營練勇參將官二員：

趙應魁。年四十一歲，係武驤左衛百户。崇禎三年二月，題推勇士二營坐營。五月，册立慶典，題加佐擊管事。五年十月，推五軍四營尤吉。該巡視京營科道王家彥等薦四次，歷俸一年九個月。

石應雷。年四十歲，係江西加銜官。崇禎元年二月，咨推都司僉書，管保定總兵標下中軍坐營事。三年八月，通州城守叙功，題加尤吉管事。四年八月，調宣府舊尤兵尤吉。後宣府撫按官焦源清等薦四次，歷俸四年。

崇禎柒年陸月十六日〔七三〕　署司事協贊郎中鄒毓祚

缺官事推神機二營練勇參將范應元員缺疏〔七四〕

太子少保、兵部尚書、仍加俸一級臣張等謹題，爲缺官事：

職方清吏司案呈，照得神機二營練勇參將范應元，近該提督京營戎政司禮監秉筆太監曹題參不職，本部覆奉欽依革職回籍。所有員缺合當推補，案呈到部。臣等從公推舉，得神樞五營佐吉將軍、署都指揮司僉事張鳳羽，萬全都司掌印、署都指揮僉事岳可〔七五〕，俱各堪任。伏乞聖明於内簡命一員。如用張鳳羽，量升尤吉將軍職銜，管神機二營練勇參將事。如用岳可，充參將，統領官軍操練行事。

計開擬堪神機二營練勇參將官二員：

張鳳羽。年四十一歲，係宣府前衛武舉，署所鎮撫。天啓五年二月，推昌平總兵標下旗鼓守備。崇禎四年三月，昌平城守叙功，題加都司僉書管事。五年正月，改調神樞五營左吉。該巡視京營科道王家彦等薦五次。歷俸三年五個月。

岳可。年四十三歲，係延綏延安衛武舉，署所鎮撫。天啓二年正月，推山西河會守備。五年正月，推都司僉書，管大同入衛尤吉事。六年四月，推薊鎮遵化威虜營尤吉。八月，該薊、遼總督閻鳴泰咨稱患病回籍。崇禎四年三月，改起萬全都司掌印，該宣府撫按官焦源清等薦四次。歷俸三年五個月。

崇禎柒年陸月十六日　署司事協賛郎中鄒毓祚

缺官事推神樞八營執事參將杜懋卿員缺疏〔七六〕

太子少保、兵部尚書、仍加俸一級臣張等謹題，爲缺官事：

職方清吏司案呈，照得神樞八營執事參將杜懋卿，近該京營總提協李守錡咨稱病故，所有員缺合當推補，案呈到部。臣等從公推舉，得薊鎮寧山春班遊吉將軍、署都指揮僉事朱秀徵，遊吉將軍職銜、管昌鎮鎮邊城參將事、署都指揮僉事丘守仁〔七七〕，俱各堪任。伏乞聖明於内簡命一員，充神樞八營執事參將，統領官軍操練行事。

計開擬堪神樞八營執事參將官二員：

朱秀徵。年三十九歲，係錦衣衛三科武舉。崇禎元年八月，咨推坐營，管五軍營副號頭事。三年三月，覃恩，題加佐吉將軍管事。十二月，咨調管神樞營大號頭事。五年五月，推薊鎮寧山春班遊吉。六年十一月，監視薊鎮中協太監王之心題加服俸一級。該保定巡撫丁魁楚等薦四次，歷俸二年二個月。

岳守仁。年三十九歲，係武德衛指揮僉事。天啓六年閏六月，題武左營坐營。崇禎三年五月，冊立慶典，題加佐吉管事。五年六月，推昌鎮左營尤吉。六年十一月，調管昌鎮鎮邊城參將事。該順天巡撫張鵬雲等薦三次，歷俸兩年一個月。

崇禎柒年陸月十六〔七八〕日　署司事協贊司事郎中鄒毓祚

管理冊庫員外郎鄭覲光

缺官事推神機七營練勇參將吳霜員缺疏〔七九〕

太子少保、兵部尚書、仍加俸一級臣張等謹題，爲缺官事：

職方清吏司案呈，照得神機七營練勇參將吳霜，近該提督京營戎政司禮監秉筆太監曹題參不職，本部覆奉欽依革任回衛。所有員缺合當推補，案呈到部。臣等從公推舉，得原任宣府獨石城參將、署都指揮僉事起補劉永壽，都司僉書職銜、管京城巡捕營旗鼓事、署都指揮僉事李國柱〔八〇〕，俱各堪任。伏乞聖明於內簡命一員。如用劉永壽，降起尤吉將軍職銜，管神機七營練勇參將事。如用李國柱，仍以原官都司僉書職銜管事。

計開擬堪神機七營練勇參將官二員：

劉永壽。年四十五歲，係金吾右衛指揮同知。天啓三年二月，咨推山海衛武營都司僉事。六年四月，告病回衛。七年十月，推尤吉，管山西北樓口參將事。十二月，咨加參將。崇禎元年五月，本部參革。九月，京營城守叙功，題加俸一級。四年十二月，起補宣府獨石城參將。六年四月，宣、大巡按胡志藩參革，該巡視京營科道王家彦等薦二次。七年春試，技勇優等。

李國柱。年三十五歲，係錦衣衛百戶應襲。天啓七年二月，咨推巡捕營旗鼓。崇禎三年三月，覃恩，題加守備管事。十二月，京營城守叙功，題加都司僉書管事。該巡視京營科道王家彦等薦四次。

崇禎柒年陸月十六日　署司事協贊郎中鄒毓祚

兵部爲缺官事奉旨咨行稿

兵部爲缺官事，該本部題云云等因，崇禎七年六月十八日太子少保、本部尚書、仍加俸一級張等具題。二十一日奉聖旨："有點的依擬用。"欽此欽遵。内趙應魁、張鳳羽、朱秀徵、劉永壽、張文照、孫尚鑒[八一]各有點，抄捧送司，案呈到部，擬合就行。爲此，除札仰各官俱定限本年七月初二日[八二]到任外，

一、行京營總提協，合用手本前去，煩照本部題奉欽依事理，行令各官依限到任施行。

一、札付趙應魁、張鳳羽、朱秀徵、劉永壽、張文照、孫尚鑒[八三]。

崇禎柒年陸月廿五日　郎中鄒毓祚

管理册庫員外郎鄭覲光

缺官事疏[八四]

太子少保、兵部尚書、仍加俸一級臣張等謹題，爲缺官事：

職方清吏司案呈，照得神樞營右副將董用文，近該本部等衙門會題，奉欽依推升鎮守保定總兵官。所有員缺合當推補，案呈到部。臣等從公推舉，得協守大同地方付總兵、署都指揮僉事婁可教，原任付總兵職銜、管神樞八營執事參將事、署都督同知起補韓兆元，俱各堪任。伏乞聖明於内簡命一員，充神樞營右付將。如用婁可教，量升署都督僉事；如用韓兆元，仍以原官管事，統領官軍操練□[八五]事。

計開擬堪神樞營右副將官二員：

婁可教。年三十五歲，係南直隸泰州所百户。天啓二年十月，通州巡撫王國禎題加都司僉書。三年四月，行邊尚書王象乾咨，以原官都司僉書管通州標營尤吉事。四年九月，調薊鎮尤兵尤吉。五年五月，推薊鎮德州秋班尤吉。六年十二月，推

五軍七營參將。七年五月，題加付總兵，領兵赴閩日，兵鼓譟，奉旨削去付總兵銜。崇禎元年七月，調大同新平參將。八月，題加付總兵管事。五年四月，調協守大同付總兵。該大同撫按官胡沾恩等薦七次，歷俸六年一個月。

韓兆元。年四十二歲，係濟陽都指揮同知。天啓二年五月，推真定守備。三年十月，推大寧都司僉書。五年十一月，推薊鎮德州秋班尤吉。六年二月，提調保鎮并大民兵營尤吉。十月，推參將，管通州付總兵兵[八六]事。七年二月，調神樞營執事參將。五月，題加付總兵管事。八月，題加署都督僉事。崇禎三年三月，覃恩，題加都指揮同知。九月，京營城守叙功，題加俸一級。十二月，本部軍政參革，該巡視京營科道王家彦等薦二次。

崇禎七年六月廿八[八七]日　　郎中鄒毓祚

　　　　　　　　管理册庫員外郎鄭覲光

兵部爲缺官事奉旨札行稿

兵部爲缺官事，該本部題云云等因，崇禎七年六月廿七日太子少保、兵部尚書、仍加俸一級張等具題。七月初一日奉聖旨："有點的依擬用。"欽此欽遵。內奏可教有點，抄捧送司，案呈到部，擬合就行。爲此，除札仰本官俱定限本年七月日[八八]到任外，

一、札行京營總提協，合用手本前去，煩照本部題奉欽依事理行令本官依限到任施行。

一、札付奏可教。

崇禎柒年柒月初二日[八九]　　郎中鄒毓祚

　　　　　　　　管理册庫員外郎鄭覲光

缺官事推五軍四營遊擊將軍趙應魁員缺疏[九〇]

太子少保、兵部尚書、仍加俸一級臣張等謹題，爲缺官事：

職方清吏司案呈，照得五軍四營游擊將軍趙應魁，近該本部題，奉欽依推升神樞七營練勇參將，所有員缺合當推補，案呈到

部。臣等從公推舉，得佐吉將軍職銜、官[九一]五軍營大號頭事、署都指揮僉事鄭道直、神機十營佐吉將軍、署都指揮僉事魏永福[九二]，俱各堪任，伏乞聖明於內簡命一員。如用鄭道直，充五軍四營尤吉將軍；如用魏永福，仍以原官管事，統領官軍操練行事。

計開擬堪五軍四營游擊將軍官二員：

鄭道直。年三十八歲，係燕山右衛指揮僉事。崇禎三年十二月，咨推坐營，管神機營付號頭事。五年九月，推佐吉將軍，管五軍營大號頭事。該巡視京營科道王家彥等薦四次，歷俸一年十一個月。

魏永福。年四十四歲，係濟陽衛指揮同知。崇禎三年十月，推京城西北左哨巡捕把總。六年二月，類題。三年，捕獲功次，加都司僉書管事。本月，改調神機十營佐吉將軍。該巡視京營科道王家彥等薦二次，歷俸一年六個月。

崇禎柒年陸月卅日　郎中鄒毓祚

　　　　管理冊庫員外郎鄭觀光

缺官事推神樞五營佐擊將軍張鳳羽員缺疏[九三]

太子少保、兵部尚書、仍加俸一級臣張等謹題，爲缺官事：

職方清吏司案呈，照得神機五營佐擊將軍張鳳羽，近該本部題，奉欽依推升游擊將軍職銜、管神機二營練勇參將事。所有員缺合當推補，案呈到部。臣等從公推舉。得守備職銜、管武左二營坐營事、以都指揮體統行事、署指揮僉事王埏，守備職銜、管五軍營付號頭事、以都指揮體統行事、指揮同知蘇時潤[九四]，俱各堪任。伏乞聖明於內簡命一員，量升署都指揮僉事，以都司僉書職銜管神樞五營佐吉將軍事，統領官軍，操練行事。

計開擬堪神樞五營佐擊將軍官二員：

王埏。年二十六歲，係錦衣衛指揮應襲武舉。崇禎三年九月，京營城守叙功，題加守備。五年二月，推大同新平堡守備。五月，該宣大總督張宗衡咨稱患病。八月，總督勇衛二營太監曹化淳咨起武、左二營坐營。該巡視京營科道王家彥等薦二次，歷俸二年。

蘇時潤。年三十三歲，係金吾左衛指揮同知。崇禎三年九月，京營城守敘功，題加守備。六年四月，該京營總提協李守錡等咨以原官守備管五軍營付號頭事。該巡視京營科道王家彥等薦二次，歷俸一年四個月。

崇禎柒年陸月卅日　　郎中鄒毓祚

　　　　管理冊庫員外郎鄭觀光

兵部爲缺官事奉旨行文稿

兵部爲缺官事，該本部題云云等因，崇禎七年七月初一日太子少保、兵部尚書、仍加俸一級張等具題。初四日奉聖旨："有點的依擬用。"欽此欽遵。内王埏、魏永福各有點，抄捧送司，案呈到部，擬合就行。爲此，除札仰各官俱定限本年七月日〔九五〕到任外，

一、行京營總提協，合用手本前去，煩照本部題奉欽依事理行令各官依限到任施行。

一、札付王埏、魏永福〔九六〕。

崇禎柒年柒月日〔九七〕　　郎中鄒毓祚

　　　　管理冊庫員外郎鄭觀光

注府事疏〔九八〕

太子少保、兵部尚書、仍加俸一級臣張等謹題，爲注府事：

武選清吏司案呈，奉本部送，准遼東撫院方一藻咨稱，關寧各營副總兵署都督同知張韜、金良棟〔九九〕，都督僉事祖大弼、吳三桂、柏永馥、祖寬，署都督僉事董克勤、王憲、張鳳翔〔一〇〇〕、劉邦域〔一〇一〕等呈稱：廟謨勝算，兼蒙指授方略，恢復登城，幸完援局。厚叨紀叙，獲晉府銜，感戴高深，矢圖裹革。惟是增秩，例有常祿列銜，合署府名。伏乞移咨内部，定府開俸，則盛典益光而人心愈加奮勵矣等情具呈到院。據此，該本院看得署都

督同知張韜、金良棟[一〇二]，都督僉事祖大弼、吳三桂[一〇三]、柏永馥、祖寬[一〇四]，署都督僉事董克勤、王憲、張鳳翔、劉邦域[一〇五]等，以恢復功績晋秩府銜，今各以定府開俸爲請，計必有一定之例，擬合轉爲咨請等因。又奉本部送，據署都督同知張時杰[一〇六]呈稱，於崇禎四年三月内，領兵剿賊，該本部題，覆直隷巡按張學周等勘報濃、濟、嶺、延、綏等功，加升署都督同知，奉有欽依，例應注府帶銜，批司照例題注，庶便供職等情。又據署都督僉事尤弘勛[一〇七]呈稱，職庸愚世弁，竭效疆場二十年，寧鎮叙功，叨升今職。查得武廳，凡係署都督僉事銜者俱得入府，今職亦蒙超拔，署都督僉事，與例相符，懇請照例准題入府，庶官無虚銜，而國典益昭矣等因到部送司。查得天啓四年四月内，該本部題議，邊腹總兵柴薪銀兩俱照督撫例，仕本鎮關支。其升俸原非軍功者，雖俸至一品，柴薪皂隷止依原授職級關支等因，題奉欽依在案。今照張韜等已經撫院移咨，并各具呈前來，查與職方司連送相同，應准照例注府帶銜。案呈到部，看得關寧副總兵等官張韜等注府帶銜一節，既經移咨，并具呈前來。該司查理明白，相應題請，合將張韜、金良棟、祖大弼、吳三桂注左軍都督府；柏永馥、劉邦域、祖寬、尤弘勛注前軍都督府；董克勤、王憲、張鳳羽、張時杰注後軍都督府，各帶銜。其柴薪銀兩，照依本部題奉准事例，在本鎮地方關支，其俸糧俱照原職於原衛所關支。仍移文各該衙門，遵奉施行。

緣係注府事理，未敢擅便，謹題請[一〇八]

兵部爲注府事移文稿

兵部爲注府事，該本部題云云等因，崇禎七年七月二十四日太子少保、兵部尚書、仍加俸一級張等具題。二十七日奉聖旨："是。"欽此欽遵，擬合就行。爲此，連[一〇九]送該司，仰行左、前等經歷司呈府，轉行該鎮地方知道，照依本部題奉欽依内事理欽遵查照施行。

崇禎七年八月初五日　郎中李若愚

年終類報零功事疏〔一一〇〕

太子少保、兵部尚書、仍加俸一級臣張等謹題，爲年終類報零功事：

武選清吏司案呈，奉本部送，兵科抄出，陝西巡按范復粹題稱，崇禎六年四月二十一日奉都察院勘札，準兵部咨，該前寧夏巡撫、今逮問耿好仁會同總督軍門洪承疇，類題崇禎四年分寧夏河西、東兩道屬地方軍丁陸續斬獲虜首二百五顆，擒獲奸細二名情繇。奉聖旨："兵部知道。" 欽此欽遵。該部看得寧撫題請内有轉行照例覆勘、分别升賞及地方有無失事重情，一并查議，徑自具奏。其小賞、優恤湯藥等項，於本鎮廣裕庫收貯撫賞銀、梭内照數開銷。合咨前去，煩爲轉行陝西巡按御史，前項有功員役作何賞賚，地方有無失事逐一查議，湯藥動給銀、布，明白開銷等因。移咨札行前來，依奉按行陝西布政司、分守河西道右參議朱純查勘去後，續據呈稱，督同平涼府推官鄭志親詣寧鎮各營堡查勘，得崇禎四年分酋首補打、大碗、衝合、收氣、包六、鐵雷等各部落陸續入犯，安定等地方官兵共斬首級一百五顆，内願升恰首二顆，據降丁猛克塞認識是真。强壯一百三顆，内願升一十一顆，願賞九十二顆。

及查：崇禎四年正月十七日，河東安定堡把總孫鳴鳳領兵斬首一顆。十八日，花馬營把總范愛衆等領兵斬首三顆。二十三日，石溝營民兵李世青等斬首二顆，活繫二名。二十九日，興武營中把官濮懷忠等領兵斬首四顆。二月初一日，河西洪廣、鎮北等堡中操官姜顯猷等領兵斬首三顆。初四日，古水堡把總周繼官領兵斬首二顆。十五日，河東永清堡設防遊兵營把總呂之翰等，領兵斬首三顆。二十日，花馬池高窑子地方民丁徐丑和斬首一顆。二十八日，河東金積堡百總温天佑斬首一顆。三月十六日，河西玉泉營中軍官遠士達領兵斬首二顆。二十八日，河東中營堡民兵馬文秀斬首一顆。二十八日，花馬營把[一一一]范愛衆等領兵斬首二顆。四月初八日，花馬營把總孫鳴鳳等領兵斬首三顆。初十日，花馬池地方鄉丁李國臣斬首一顆。十八日，河西金積、潘昶等堡地方平虜營中軍韓嘉爵領兵斬首二顆。五月初一日，河西金貴堡操守耿廣業領兵斬首二顆。初五日，興武、永清地方署靈州營事游擊呂學詩等領兵斬首六顆。十二日，永清堡操守馬文林領兵斬首一顆。本日，興武營守備李枝芳等領兵斬首五顆。六月初三日，興武營操把官濮懷忠領兵斬首四顆。初十日，紅山、鎮虜二堡設防正兵、游兵、清水各營先未陣亡守備戴堯天等領兵斬首四顆。二十一日，靈州營操把官陳學召等領兵斬首五顆。本日，興武營中把官濮懷忠等領兵斬首八顆，内恰首二顆。二十二日，花馬營摠[一一二]范愛衆等領兵斬首二顆。七月十二日，花馬營把總范愛衆領兵斬首七顆。本日，威鎮堡操守呂芳領軍丁斬首二顆。二十五日，棗園堡操守馬雲領兵斬首二顆。二十九日，鎮北堡操守錢國寶領兵斬首三顆。八月十二日，河西中衛營先未被論副將王家棟領官兵斬首六顆。十八日，中衛營中軍李琦領兵斬首二顆。二十二日，李綱堡操守朱緯領兵斬首一顆。二十七日，棗園堡操守馬雲領兵斬首一顆。二十九日，廣武營中軍鍾鳴陛領兵斬首二顆。九月二十八日，平虜營操守官呂芳領兵斬首二顆。十一月二十七日，李綱、王澄等堡操守朱緯領兵斬首二顆。閏十一月十七日，興武營守備李枝芳領兵斬首三顆。二十一日，大壩堡把總徐世顯領兵斬首二顆。又河西寨坐堡李先春同壯丁徐得才在本堡黑龍廟擒獲奸細二名。

以上領軍各官雖有部下獲功，但係零功，例不敘資。再查首一百五顆內恰首願升，爲首李正榮、李有年二名照例各升，實授二級。强壯願升爲首孟述孔、於諫、戴禄、徐丑和、李國臣、趙世英、趙延禧、郭衛民、徐成、程雲漢、姚禮一，以上十一名照例各升，實授一級。願賞强壯九十二顆、奸細二名。願賞陣亡軍丁九名，內願升一名，有父母妻子願賞八名。重傷四十二名，輕傷三十三名。射死馬四十六匹，奪獲馬駝六十四隻，內除抵補射死官馬外，餘馬駝并奪獲夷器共七百五件枝，給賞原獲人役訖。傷亡軍丁委止前數，并無失事、隱匿重大情弊。分別升、賞等項造册。

崇禎七年五月初一日呈報到臣，覆覈相同。除批候奪、請明文外，查得先後題准事例內：

一款，寧夏一帶虜賊二人，共擒斬一名顆。爲首升一級，驗係壯男與實授；爲從，俱給賞。每實授一級，賞銀五十兩。

一款，給賞陝西三邊旗軍舍餘、總小甲人等，每名賞銀二兩、布二匹折銀四錢。

一款，陣亡旗軍舍餘人等，有子有父願升者升，實授一級；不願升者，賞銀三十兩。無父子或有祖并祖母及母、妻、幼女，各賞銀十兩。

一款，各邊除係大敵決勝一鼓成功外，其陸續零斬功次覈驗之時，寧多擬賞，毋多擬升。

一款，議准近邊地方壯夫，若有斬獲功，照例升級。

一款，官軍陣傷，聽將沿身瘡口長闊深淺分寸，從實開報紀功官處，定議輕重，議賞。

又前按臣條議一款，不係本省、本鎮籍，於例有違，不升級，姑準改賞等因遵依外，查得原報願升程雲漢，直隸茂山衛人，不係本省、本鎮籍貫，於例有違，不准濫升，姑准改賞。

及查寧鎮陸續斬獲首級一百五顆内，恰首二顆願升，爲首李正榮、李有年照例各升，實授二級。又强壯願升一十顆，爲首孟述孔、於諫、戴禄、徐丑和、李國臣、趙世英、姚禮一、趙延禧、郭衛民、徐成，以上一十名，照例各升，實授一級。以上共一十二名升級，雖係零功，而奮勇血戰之功難泯，應升職級，聽部議覆。願賞：河東道屬六十四顆、河西道屬二十九顆，强壯爲首劉天雲等九十三名，每名照例賞銀五十兩，共銀四千六百五十兩。奸細二名，爲首李先春、徐得才各賞銀三十兩，共銀六十兩。

升、賞二項小賞并爲從，劉漢等小賞，共銀五百六十二兩二錢，梭布二百一十四。陣亡軍丁九名，棺木銀九兩。内有子[一一三]願升　名哈賽，照例升，實授一級。有父子願賞，溫國用、高進科、李思榮、周定、李江、李名、李上仁、周英，以上八名，照例每名賞優恤銀三十兩，共銀二百四十兩。重傷迭賣等四十二名，照例每名賞湯藥銀五錢，共銀二十一兩。輕傷必令等三十三名，每名賞湯藥銀三錢，共銀九兩九錢。

以上賞功、優恤、湯藥銀通共五千五百五十二兩一錢，内小賞、湯藥、棺木銀共三百五十四兩九錢，梭二百一十四。先於廣裕庫撫賞銀、梭内動賞訖，合准開銷。尚該未賞銀五千一百九十七兩二錢，候請發至日給賞。除升賞軍丁等項備造覈册，賫部聽候例議覆外，爲照寧鎮、兩河總計一年之内斬獲虜首一百五顆，擒獲奸細二名，皆賴軍丁用命，例應升賞，以示鼓勵。至於文武各官，雖申飭、守防、發縱、指示，但係零功，照例免叙，并地方亦無失事重情，相應具奏。伏乞敕下兵部，將册開獲功、升賞、陣亡等項覆議上請，行臣遵奉施行。賞過銀、梭照數開銷。未賞銀兩，乞賜照數解發該鎮給賞等因。

崇禎七年六月十九日奉聖旨："兵部知道。"欽此欽遵。於本月二十日抄出，到部送司，案呈到部。查得題准事例，內開陝西各邊官兵二人共擒斬一名顆，係強壯，爲首者升，實授一級。不願升者，每實授一級，賞銀五十兩，爲從俱給賞。又開旗軍舍餘陣亡，有子有父願升者升，實授一級。不願升者，賞銀三十兩優恤。又開二人共斬小頭目首級一顆，爲首願升應升，實授二級；不願升者，賞銀一百兩。又開軍功賞賜等格，在給賞旗軍人等，每名銀二兩、布二匹。又查，凡賞功銀兩奉有神宗皇帝聖旨"萬兩以下者，行禮部關請，內庫給發。"各等因在案。

今照寧夏鎮，崇禎四年分，河西、東兩道屬地方，陸續斬獲虜首一百五顆，擒獲奸細二名，該按臣覈勘，內恰首二顆願升，爲首李正榮、李有年應照例各升，實授二級。又強壯願升一十顆，爲首孟述孔、於諫、戴祿、徐丑和、李國臣、趙世英、姚禮一、趙延禧、郭衛民、徐成，以上一十名照例各升，實授一級。願賞河東道屬六十四顆，河西道屬二十九顆，爲首劉天璽[一一四]等共九十三名，每名照例賞銀五十兩，共銀四千六百五十兩。奸細二名，爲首李先春、徐得才各賞銀三十兩，共六十兩。升、賞二項小賞并爲從，劉漢等共該賞銀五百六十二兩二錢，梭布二百一十匹。陣亡軍丁九名，棺木銀九兩。內有一子願升一名哈賽，照例升，實授一級。有子[一一五]願賞，溫國用等八名，照例每名賞優恤三十兩，共銀二百四十兩。重傷迭賣等四十二名，每名湯藥銀五錢，共銀二十一兩。輕傷必令等三十三名，每名湯藥銀三錢，共銀九兩九錢。

以上賞功、優恤、湯藥銀通共五千五百五十二兩一錢，內小賞、湯藥、棺木銀共三百五十四兩九錢，梭布二百一十匹。先於廣裕庫撫賞銀內動賞訖，今准開銷外，尚該未賞銀五千一百九十七兩二錢。既經該臣覈勘明確，題請前來，相應覆請，合候命下，將李正榮、李有年照例升，實授二級，應各升總旗。孟述孔、於諫、戴禄、徐丑和、李國臣、趙世英、姚禮一、趙延禧、郭衛民、徐成、哈賽照例升，實授一級，應各升小旗。其應賞未賞銀五千一百九十七兩二錢，係萬兩以下，應咨禮部，關請內庫給發。緣係年終類報零功事理，未敢擅便，謹題請旨[一一六]。

恭報斬獲插套等事疏[一一七]

太子少保、兵部尚書、仍加俸一級臣張等謹題，爲恭報斬獲插套虜級，以少挫狂鋒，奠安邊圍事：

武選清吏司案呈，奉本部送，兵科抄出，陝西巡按范復粹奏稱，崇禎六年九月十六日奉都察院勘札，准兵部咨，該前延綏巡撫陳奇瑜具題，崇禎六年分月日不等，靖邊、神木等處官兵在於小菻澗等地方陸續斬獲首級四十三顆情繇。奉聖旨："兵部知道。"欽此欽遵。該部看得，延鎮插套交訌，煽禍無已。業經將士奮勇，先後斬級九百有餘，今又復斬四十三級，可謂大挫氈裘之膽。有功員役委應照例核勘以憑匯叙。合咨前去，煩爲轉行陝西巡按御史，將前項有功員役一并核奏，以憑覆叙等因。移咨札行前來。依奉案行陝西布政司分守關內道右參政樊一衡查勘去後，續據呈稱，督同延安府推官熊維翰親詣延綏鎮查勘，得崇禎六年月日不等，靖邊、神木、榆林三路地方虜賊陸續入犯，該靖邊鎮、靖孤山等營游擊都司常懷德、張天禮、卜應第等統領中[一一八]千把總燕翼、張應星、張永賢等兵馬，在於小菻澗等處地方陸續斬獲虜首共四十三顆。內願升爲首陳奇瑚、陳其璋、王朝宧、王宗本四名，各斬獲强壯虜首一顆，應照例升，實授一級。願賞爲首馮安等三十九名，各斬獲强壯虜首一顆。陣亡官軍丁九員名，內願升二員，中軍燕翼、千總張應星各應於子職上升，實授一級。有父子母妻願賞王廷什、馬朝羊、吳登高、王進禮、高佛加兒、李朝兒六名。無家屬家丁一名白素，照例追贈一級。重傷回營身故，郭名、余貴。重傷軍丁胡興等三十四名。輕傷軍丁孫虎等一十八名。

及查領兵，本年二月一十五日，靖邊營把總延安衛百户李閏領兵二百名，部下斬强壯虜首二顆。四月初五日，鎮靖營中軍燕翼等領兵，部下斬强壯虜首三顆。五月二十二、二十五兩日，寧塞游擊張天禮、柳樹澗守備白國印領官兵合營夾擊，斬强壯虜首四顆。七月初三日，寧塞營內司千總張應星、張永賢領健丁，部下斬强壯虜首七顆。神木路五月十一日，署孤山營事、參將卜應第領兵，斬强壯虜首二顆。十二日，駐防府谷縣標下旗鼓守備李國璋領兵，斬强壯虜首一顆。十七日，神木營張軍都司陳忠、旗鼓守備李呈祥領兵，斬强壯虜首六顆。十九日，神木縣民快郝希臯等斬强壯虜首二顆。二十六日，黃甫蕭營管參將事都司哈俊領官兵，斬强壯虜首一顆。六月初四、十二兩日，神木營中軍都司陳忠領兵，斬强壯虜首三顆。七月初一日，神木營中軍都司陳忠領兵，斬强壯虜六顆。初五日，鎮羌堡操守百户趙大威領兵，斬强壯虜首二顆。榆林中路，五月十一日，懷遠堡署事守備周一陽領親丁，斬强壯虜級三顆。六月二十四日，常樂堡署事守備王民熙領兵丁，斬强壯虜首一顆。其領兵官部下獲功不及數，照例給賞。賞功、優恤湯藥銀二千三百六兩二錢，於原發賞功銀內給賞訖，合准開銷。傷亡官丁委止前數，并無失事隱匿情弊，分別升賞造册等因。

崇禎七年五月初一日呈詳到臣，覆覈無异。除批候奏請明文外，查得先後題准事例內：

一款，敵殺達賊，參游守備以上不許開報領軍官功次，領軍官不許違例報功。

一款，延綏一帶虜賊，二人共擒斬一名顆，爲首升一級。驗係壯男，與實授。爲從給賞。不願升者，每實授一級，賞銀五十兩。二人共斬幼小賊一級，爲首者升署一級，爲從量賞。不願升者署職賞銀二十兩。陣亡及被賊殺夜不收墩軍人役，亦升，實授一級。不願升者，賞銀三十兩。重傷回營身故，願升者，升署一級。不願升者賞銀一十五兩。

一款，廩膳生員獲功，實授一級，準令入監。

一款，斬獲達賊，巡按御史詳加查核，如係真正聞名夷首頭目，方准照例升賞。若平時未聞姓名，止係斬後認出者，量升，實授二級。不願升者，賞銀一百兩。

一款，陣亡旗軍舍人等有子有父願升者升，實授一級。不願升者各量賞銀三十兩。無子或有祖并祖母及母妻幼女，各賞銀一十兩。願贈者聽。無子無家者追贈一級。

一款，把總領官軍五百人，部下擒斬達賊五名顆升一級，每五名顆加升一級。領軍一千人，十名顆升一級，每十名顆加一級。千總領官軍五百名，部下擒斬達賊十名顆升一級，每十名顆加一級。領軍一千人，二十名顆升一級，每二十名顆加一級。凡把總、千總加級俱至三級而止，二級實授一級。署職已升之外，功次更多并不及數止給賞，不升。

一款，兵部議覆寧夏巡撫楊應聘題一酌議升賞，今後不論零功大捷，凡有強壯男虜級照例升賞外，其男級至十五歲以上者准明開次壯，量賞銀三十兩。十五歲以下，仍照幼小例賞銀二十兩，願升者各升一級。婦女不分強幼，止賞銀十兩，不許議升。其非系大捷得級及零功，非系斬獲真正頭目及親信助惡者，不許一概議升。著爲定例，永遠遵行。

一款，各邊除系大敵決勝、一鼓成功外，其陸續零斬功次，核驗之時，寧多擬賞，毋多擬升。

一款，給賞陝西三邊指揮，每員銀三兩，彩段一表裏，折銀四兩。千百戶，每員銀二兩、絹二匹折銀二兩。旗軍舍餘、總小甲人等，每名銀二兩、布二匹，折銀四錢。

一款，四外軍民人等，不系本省本鎮真正籍貫，但無本部諮文，自投各鎮報功者，俱行查革，不得叙錄。

一款，凡遇奏捷，除文武將吏戰陣有功、籌畫得策者通行疏內叙錄外，其餘效用各官，雖在軍前，不與戰事，不得概叙。疏中等因遵依外，及查原報，願升陳奇璋、陳奇瑚，俱系德州廩增生員；王朝宦、王宗本，俱系保德所人，雖非本省本鎮籍貫，於例有違，但駁查回稱，系撫臣陳奇瑜隨任親丁及投充效力之人，奮勇當先，血戰之功難泯，似應擬升。及查斬獲虜首四十三顆俱強壯，內願升爲首陳其[一一九]璋、陳奇瑚、王朝宦、王宗本，以上四員各應照例升，實授一級。內廩增生員陳奇璋、陳奇瑚照例准令入監。願賞強壯爲首馮安等三十九名，照例每名賞銀五十兩，共銀一千九百五十兩。升、賞二項爲從杜世山等四十三名，照例每名賞銀二兩、布二匹折銀四錢，共銀一百三兩二錢。陣亡官丁九員名，內官二員，有子願升中軍燕翼、千總張應星各應於子職上升賞，實授一級。有父子母妻願賞王廷什、馬朝羊、吳登高、王進禮、高佛加兒、李朝兒六名，照例每名賞銀三十兩，共銀一百八十兩。全無家屬一名白素，照例追贈一級。重賞回營身故郭名、餘貴二名，每名照例賞銀一十五兩，共銀三十兩。重傷軍丁胡興等三十四名，每名照例賞銀一兩，共銀三十四兩。輕傷軍丁孫虎等一十八名，每名照例賞銀五錢，共銀九兩。其各營千把總李閏等部下獲功不及數，照例免議。領軍中千[一二〇]官燕翼，血濺於沙塲，忠義烈烈，各應於子職上升賞，實授一級，以勵士志。千總張永吳[一二一]部功七顆，照例賞銀二兩、布二匹折銀四錢，共銀二兩四錢。賞功、優恤、湯藥銀通共二千三百八兩六錢，於原發賞功銀內開銷。陣失營馬，行准開除。臣將升賞等項，備造核冊，賫部聽候照例覆議外，臣看得插套二酋交訌爲患。已經屢挫，共斬有九百餘級，而大〔一二二〕羊之狂逞未已也。延鎮三路幾無寧宇，幸仗皇上威靈，督撫鎮道於屢捷之後，備益嚴，同心戮力，共計前後斬首四十三顆，亦足以少破氈裘之膽，大揚中國之威矣。將士血戰之勞，夫何可泯？但系零功，文武各官遵例免議。經該道查勘前來，相應具奏，伏乞勅下兵部，將册開獲功首從傷亡官軍升賞、應恤員役覆議上請，行臣遵奉施行等因。

　　崇禎七年六月二十一日奉聖旨："兵部知道。"欽此欽遵。於本月二十二日抄出到部，送司案呈到部。查得題准事例內，開陝西各邊官兵二人共擒斬一名顆，係強壯，爲首者升，實授一級。不願升者，每實授一級，賞銀五十兩。爲從，俱給賞。又開旗軍舍餘陣亡，有子有父，願刀者升，實授一級。不願升者，賞銀三十兩優恤。又開二人共斬小頭目首級一顆，爲首願升應升，實授二級。不願升者，賞銀一百兩。又開軍功賞賜等格，在給賞旗軍人等，每名銀二兩、布二匹。又開廩膳生員獲功，實授一級，准令入監。又查凡賞功銀兩，奉有神宗皇帝聖旨"萬兩以下者，行禮部關請，內庫給發"各等因在卷。

　　今照崇禎六年小蒜澗等地方，陸續斬獲首級四十三顆，該按臣覈勘，內願升爲首陳其璋、陳奇瑚、王朝宧、王宗本四名，各斬強壯虜首一顆，各照例升，實授一級。願賞爲首馮安等三十九名，每名該賞銀五十兩，共銀一千九百五十兩。升、賞二項爲從杜世山等四十三名，照例每名賞銀二兩、布二匹折銀四錢，共銀一百三兩二錢。陣亡官丁九員名，內有子願升中軍燕翼、千總張應星，各應於子職上升，實授一級。有父子母妻願賞王廷什等六名，每名該賞銀三十兩，共銀一百八十兩。全無家屬一名白素，照例追贈一級。重傷回營身故郭名、餘貴二名，每名照例賞銀一十五兩，共銀三十兩。重傷軍丁胡興等三十四名，每名照例賞銀一兩，共銀三十四兩。輕重傷軍丁孫虎一十八名，每名照例賞銀五錢，共銀九兩。千總張永賢郭[一二三]功七顆，照例賞銀二兩、布二匹折銀四錢，共銀二兩四錢。賞功、優恤、湯藥銀通共二千三百八兩六錢，應聽該撫按照例賞給，於原發賞功銀內開銷外，所有獲功願升四名，及陣亡有子願升二名，應照例升授。

既經按臣覆勘前來，相應覆請，合候命下，將廩增生陳其璋、陳奇[一二四]瑚照依條例，聽禮部查覈廩增的確，分別准授。其王朝窨、王宗本，各升一級，應升小旗。中軍燕翼、千總張應星子職上各升一級，應升小旗。行文該衙，遵奉施行。

緣系恭報斬獲插套虜級，以少挫狂鋒，奠安邊圉事理，未敢擅便，謹題請旨[一二五]。

崇禎七年七月十九日[一二六]　署司事員外郎馮起綸

兵部為恭報斬獲插套虜級等事奉旨咨行稿[一二七]

兵部為恭報斬獲插套虜級等事，該本部題云云等因，崇禎七年七月二十八日太子少保、本部尚書、仍加俸一級張等具題。八月初五日奉聖旨："是。"欽此欽遵，擬合就行。為此，合咨前去，煩照本部題奉欽依內事理，欽遵查照施行。

奴騎縱橫等事疏[一二八]

太子少保、兵部尚書、仍加俸一級臣張鳳翼等謹奏，為奴騎縱橫日甚，邊臣偵禦全疏，謹據實直糾，仰乞聖明裁鑒事：

照得自逆奴發難以來，申嚴邊備之旨蓋無日不下，亦無地不周。至宣、大單虛，尤為聖明所注念。往歲議分常兵以備守，揀精兵以待戰。該督撫亦既自認精兵四萬矣。迨臣入部，又請募鋒兵二萬，亦蒙皇上俞允。合兩鎮精鋒，計數六萬，而常兵十萬不與焉，干揓不可謂不厚也。且別營勤練，久奉嚴綸，厚集策援。重煩明旨，該撫監嘗身親教訓，自謂有勇知方，簡除不可謂不早也。無論平時戒飭，臣部穎禿唇焦，即自報奴渡河以來，題請馳飭已十餘次。六月十二日具《逆奴大舉情真乞救各督撫極圖剿禦》一疏，奉有"宣、雲等處尤宜嚴備固守，不得少有疏懈"之旨；十六日又具《奴□[一二九]西行已久官兵遠哨全疏》一疏，奉有"按賊所犯，立置重典"之旨，申令不可謂不嚴也。乃今奴四路紛來，至牆下而始覺。所謂偵探者安在？任遊騎之抄掠，無能設伏殲除，所謂訓練者安在？無事則若稱缺向[一三○]，有警又自處無兵，組練無聞，衹勤呼籲，所謂精鋒者又安在？臣等反覆思之，誠不得其解也。更可异者，九邊之額兵莫多於宣、雲兩鎮，兩鎮相應如左右手，乃不能自衛而望救於鄰，薊、遼、真、保，何處不當防乎？祖宗設三重臣於二百里內，原欲其首尾擊應，呼吸相通，今竟成關格焉。其何以聯指臂而張撻伐之靈哉！破壞封疆，法均無貸。茲惟養銳以乘驕氣，出奇以擊惰歸。保我城池，全我人畜。急奮澠池之翼，用冀桑榆之收。少建微功，或贖前罪。不然者，其何解於三尺哉？臣部與邊臣一體，請先就司敗之獄，庶邊臣有所創耳。臣無任激切待命之至。爲此，謹具奏聞。

崇禎七年七月二十一日奉聖旨："邊防屢旨嚴申，遇警仍無備禦。該督撫鎮道何所辭責？姑各著戴罪圖功，剿賊自贖。如有疏誤，必罪不宥。卿等還悉心運籌，以副委任，該部知道[一三一]。"

塘報緊急夷情事疏[一三二]

太子少保、兵部尚書、仍加俸一級臣張等謹題，爲塘報緊急夷情事：

職方清吏司案呈，奉本部送，據宣鎮總兵官張全昌塘報前事内稱，七月十七日辰時據東路永寧管參將事、都司張國威稟稱，本月初十日，據卑職遣差哨丁翟應武等稟稱，哨見賊夷在上北路赤城南楊家墳扣〔一三三〕營。十一日，又據哨丁陳天續等稟稱，哨見賊夷在下北路馬牙山扎札，哨馬搶掠青羅口。卑職復差夷漢哨丁張應選等往北路哨探，至十二日黎明時，撞遇哨馬達子，應選等與賊對射，見賊眾兩股趕來，隨即回報。本日巳時賊夷繇馬牙山黃家口入犯永寧，至本日午時，有騎馬達子，一股繇舊縣堡往西行，一股繇白廟小屯西山往南行走。兩股合湊一處，在常家營扎營三個，約有一萬騎。賊夷遍路皆有撥兒馬，阻路難行，卑職欲差馬上稟報，途中遇賊，不便行走。差步行長哨登山，沿阜賫稟等情。本日申時，又據該路稟稱，十三日自巳時有騎馬達子三百餘名，前來城外，更番迭換，周圍看試，意似來攻之狀，尤若誘敵之計。卑職與永寧縣督同、坐營、旗鼓、千把總、紅旗及防守、印補等官李維翰等督侹〔一三四〕軍民，盡守城垣，多備火器。又親諭軍丁并力相機放炮，打重〔一三五〕賊夷數多，眼見落馬，眾見拉去，未得割級，得獲達馬二匹。隨撤兵，奔搶村屯。見小堡預先收歛，不得所掠，恨燒房屋。惟呂庄堡賊夷圍困，用好言誘哄堡人，李秀才等百餘名開門投順。又伯老屯住人邢二、王業興、袁天祥等迎接夷王，倡人投順。二堡人領著達賊往東山牧牛羊之處赶搶，路過永寧，卑職督軍城頭，放炮打重〔一三六〕數夷落馬，眾夷拉去，未得割級。酉時，賊夷回營。至十四日卯時，差人哨探，哨至巳時回稱，賊夷回營，往西行走。卑職料夷有南犯之機，其火石嶺等口當防等情到職等因。

又據本官爲塘報緊急夷情事，案照奴虜攻圍上北路所屬赤城，火炮打退，分犯雕鶚、樣田緣縣，已經塘報外，七月十八日辰時，據下北路參將管鳴珂報稱，卑職遵奉分巡道行文，立刻統領官兵，續尾跟賊找探，馳至雕鶚堡，即令坐營劉勉帶領兵丁星馳登塘前探去後，十四日五更時分，據劉勉差家丁牧有山口報，有坐營帶領兵丁，行至地名二炮兒，突從溝内跑出撥馬賊夷二十餘騎，本官督并家丁劉永威、管隊象武等一齊奮勇，用炮打傷賊夷二名落馬，就彼斬獲强壯首級二顆，餘賊肆散奔跑去訖。重傷軍丁一名李重躍等情。本日時[一三七]，又據該路與中權營參將孔登科、東協新兵營游擊王道行公同塘報内稱，今奉分巡道行文，職等公同各統官兵尾後跟賊，相機追剿。於本月十六日午時，同到長安嶺，賊已過嶺。探至沙城、保安一帶屯扎，當據該嶺把總王維岳等禀稱，十三日辰時，有達賊大舉，不知其數。從北，滿山滿溝至嶺攻城。至未時，賊從東西兩山夾攻，拆墻進城，將守備江騰龍捉至教塲砍死，掌印巡捕鄧國昌、徐文魁俱已傷亡。仍將各官軍下家眷盡行擄去，房屋燒毁，止將江守備老母存留放回，又殺死軍民男婦幼小甚多。至十四日午時，起營往南去訖。其傷亡人數待查明另報。職等收兵暫回雕鶚駐防外等情據報到職。爲此，理合塘報等因到部送司，案呈到部。看得賊窺宣東，懷來、延慶、土木、沙城等處，屢屢挫其狂鋒，獨舊保安與長安嶺相繼失陷。雖城守之不力，而守備江騰龍竟以身殉，情亦可憫。以視吕庄堡青衿降虜，士節掃地者，大徑庭矣。保安守備州官存亡未卜，并應查明另議。經塘報前來，理合具本題知。

　　崇禎七年七月廿二日　郎中鄒毓祚

　　　　　　　　　　　陳祖苞

　　　　　　　　　　　鄭覲光[一三八]

兵部爲塘報緊急夷情事奉旨咨行稿

　　兵部爲塘報緊急夷情事等因，崇禎七年七月二十三日[一三九]奉[一四〇]子少保、兵部尚書、仍加俸一級張等具題，二十三日奉聖旨："江騰龍等死事可憫，著與查恤。王維岳何故獨存，并保安守備州官作何下落，俱著查明具奏。”欽此欽遵，擬合就行。爲此：

一、宣大總督、宣府巡撫、宣鎮監視，合咨手本前去，煩照明旨内事理，限八月中旬，將前項事情查明具奏。

一、札張全昌，合札該鎮，遵照明旨内事理欽遵施行。

一、行都察院，合咨貴院，煩爲轉行宣、大巡按，照依明旨内事理將長安嶺失事□□〔一四一〕各官查明，於八月中旬查明具奏。

崇禎七年七月日〔一四二〕　郎中鄒毓祚

兵部飛報夷情事疏〔一四三〕

太子少保、兵部尚書、仍加俸一級臣張鳳翼等謹題，爲飛報夷情事：

職方司案呈，覆懷隆兵備道張維世塘報，崇禎七年七月二十三日奉聖旨：“孫元力保孤城，且傷賊頗衆，勇奮可嘉，著即與紀録有功員役俱查明優叙。據難民口供，賊窺蔚州，狡謀巨測。紫馬等處倍宜萬分嚴毖，調援各兵，通再飛檄督催，星速前去。仍著丁魁楚將到關日期馳奏。吳襄、尤世威聯絡出關、設奇、邀擊事宜。著督臣悉心調度，毋失機會〔一四四〕。”

飛報夷情事疏〔一四五〕

太子少保、兵部尚書、仍加俸一級臣張等謹題，爲飛報夷情事：

職方清吏司案呈，奉本部送，據宣府懷隆兵備道張維世報稱，本月二十一日午時，據右翼營游擊顏重耀稟稱，□□二十日，原差□□哈哈布扮作夷人，深入虜營哨探。至午時分，續據本丁報稱，大營達賊見今渡河，有河水泥濘將夷人頭畜多有陷住。本職一聞，即刻率領守備鄁承胤、楊一杰、王宗禹、千把總王嘉功、土國威、孫崇輝、胡世功、張問政，各領輕騎追赶至黃庄河下，大營已經渡河。所有收後賊夷正在半渡。本職親身督陣，官兵奮勇與賊對敵。賊見我兵追赶，夷賊齊級入桑乾河，溺死者甚多。當陣，本職下紅旗金棟健、丁劉林斬獲首級一顆，守備王宗禹率領親丁王尚孝、張東羊斬獲首級一顆。三部軍丁奪獲馬、牛、騾、驢共三十五匹頭隻，得獲羊五十餘隻。救回難民男婦董臣等四十餘名口，俱散歸各處等情到道。據此，爲照新保安城大軍少，"守"之一字亦所難言，幸頗游擊領兵先期而至，料理井井有條，賊始不敢迫視。今復尾賊之後，小有斬獲，其功亦未可泯也。除報兵部、兵科、薊、遼軍門、陵監、監三院、總鎮外，理合塘報等因到部送司，案呈到部。看得游擊頗重耀用夷探夷，乘賊半渡桑乾，率輕騎擊之，斬首二顆，溺死無數。奪獲頭畜，救回難民。此一將者，不獨有守城之功，而且有尾擊之奇，所當紀錄，事平優叙者也。既經塘報前來，理合具本題知。

崇禎七月廿三日　　郎中鄒毓祚

兵部爲飛報夷情事奉旨咨行稿

兵部爲飛報夷情事等因，崇禎七年七月二十三日太子少保、兵部尚書、仍加俸一級張等具題。十四日奉聖旨："據報，頗重耀守城有功，且輕騎擊情亦見勇奮。准與紀錄，賊平優恤。"欽此欽遵。抄出到部送司，案呈到部，擬合就行。爲此：

一、手本宣府太監，咨宣府巡撫、懷隆道張全昌，合咨札前去，遵照明旨內事理欽遵施行。

崇禎七年七月日[一四六]　　郎中鄒毓祚

飛報夷情并捉獲奸細事疏[一四七]

太子少保、兵部尚書、仍加俸一級臣張等謹題，爲飛報夷情并捉獲奸細事：

職方清吏司案呈，奉本部送，據宣府懷隆兵備道張維世報稱，本年七月二十二日申時據保安新城守備陶問政稟報：本月十五日酉時，據本城居民王推車子，王涼在地看瓜，被賊夷於十一日搶掠在營，頭髮割去。十三日，賊進舊保安，得空跑出到城。十六日寅時，又據哨探軍劉升報稱，十三日，賊夷申、酉二時，攻擊舊保保[一四八]，自東北角，俱用蜀秫作杆作梯，上城亂殺，城關俱不守等情。又據該備稟報，本月十四日亥時，盤獲一行奸細三名：尚貴即白言紅，遼東寧遠人；孟倉、陳學政係西馬營人。隨發保美巡捕彭國將、朱時勛，審得尚貴係遼東人，被賊擄去，於崇禎元年三月內，有插漢下季筆寫氣約[一四九]，每月與役工食銀三兩，假以投降，到新河口食糧。糾合孟倉、陳學政每月給與插漢打報一次，已經通往六年。於本年三月內打報說"膳房堡路平好行"等語。言定七月初旬進口，差貴等先行東路探聽，約共發奸細三十餘人，其餘在宣城。供說可攻城堡新舊保安、延慶州南山、難攻永寧。因新保安添設鋒兵，以投兵□爲名，借此以爲内應。公同頗游擊、掌印牛應璧等，春元孟習孔、生員寧承寵、李世勛等，復審是的，不便久羈，即梟斬示衆訖。到道，查得此報係十六日所發，二十二日方投到道，蓋因賊衆阻路故也。據此，爲照奴酋攻陷城池，未有不緣奸細内應者。使新保安無右翼一營兵馬先期而至，其不爲舊保安之續者幾希矣！尚貴等業經該備審明梟斬，稍快人心，理合塘報等因。又據本官塘報，爲飛報夷情，本月二十二日卯時，據右翼營游擊頗重耀報稱，本月二十二日，據原差哨丁董國孝等二名報稱，役於十九日前往沙城哨探，被賊搶去，跟隨營内，於二十二日從灰窑子脱空跑出，說稱賊夷起營要往蔚州、大同等處聚齊，說在八月終仍回宣府一帶攻圍等情，具報到道。據此，爲照逆奴犯順，未大得志於宣，懷恨復逞，情似逼真。謹具塘報，請乞通行飭備施行。除報兵部、兵科、陵監、薊、遼軍門、三院監視、總鎮外，理合塘報等因到部送司，案呈到部。看得逆奴犯順，攻陷城池，未有不緣奸細內應如尚貴等，詐投新河食糧，與插漢打報，每月一次，六載於茲矣。據供三十餘人，布散宣府等處，凡我之邊垣兵馬強弱情形，何者不在虜目中哉？至難民報稱，賊拔營往蔚、會，群醜回宣再逞，情似近真，且云"在八月終"，計時尚久。內地詎堪蹂躪？薊、遼援兵以次鱗集，合敕督臣鼓衆西行，與宣、大督撫鎮合兵，以圖大挫，務使單騎不返可耳。既經各塘報前來，理合具本題知。

崇禎七年七月廿四〔一五〇〕日　郎中鄒毓祚

兵部爲飛報夷情等事奉旨咨行稿

兵部爲飛報夷情等事等因，崇禎七年七月二十四日太子少保、兵部尚書、仍加俸一級張等具題。二十五日奉聖旨："據報，奸諜詭伏宣城尚有多人，著該撫監鎮嚴行密緝，毋滋內釁。且賊謀再逞，屢經難民供報，愼防不得刻疏。援兵出關，聯絡合剿，已有屢旨了。"欽此欽遵，擬合就行。爲此：

一、咨薊、遼、宣、大各總督，宣府巡撫、宣鎮太監，札懷隆道張全昌、吳襄，合咨札手本前去，煩照明旨內事理欽遵施行。

崇禎七年七月日〔一五一〕　郎中鄒毓祚

塘報兵馬前進事疏〔一五二〕

太子少保、兵部尚書、仍加俸一級臣張等謹題，爲塘報兵馬前進事：

職方清吏司案呈，奉本部送，據團練總兵官吳襄塘報內稱：

照得本職於二十四日，差副將孟道等統領兵馬二千趨赴懷、隆，案[一五三]經塘報外，近偵奴賊舍宣府而犯蔚州，爲謀最狡。本職奉旨援剿，若駐懷隆，去虜較遠，將火器步兵留守岔道，於二十五日寅時本職盡統馬兵，繇懷隆并前發兵馬直趨蔚州。視賊所向，會同宣鎮兵馬，協力決一大創。其續調遼兵，星催出關，聯絡策應，以壯聲援。

爲此，理合塘報等因到部送司，案呈到部。看得吳襄一旅，宣鎮望之不啻雲霓，催促出關，亦屢煩明旨。今據塘報，於二十五日寅時西發，視賊所向，會宣兵，圖一大創。我之軍聲既振，賊之膽氣自靡。此一役也，定可挫狂鋒矣。惟是前茅既出，後勁當嚴。祖大弼一軍應聯絡干掫，用張神氣。是在敕督臣悉心調度，早奏膚功耳。又師行糧從，萬難枵腹。并敕户部多方接濟，無使臨敵有庚癸之呼可也。既經塘報前來，理合具本題知。

崇禎七年七月廿五[一五四]日　郎中鄒毓祚

兵部爲塘報兵馬前進事奉旨咨行稿

兵部爲塘報兵馬前進事，該本部題等因，崇禎七年七月二十五日太子少保、兵部尚書、仍加俸一級張等具題。二十六日奉聖旨："吳襄援宣趨蔚，必須後勁策應，還著嚴催、續調遼兵抵關，聽督臣調度，聯絡進發，務收萬全。毋得輕率，致有疏虞。爾部馬上馳諭。"欽此欽遵，擬合就行。爲此：

一、咨薊、遼總督，山永、宣府、順天，遼東各巡撫。

一、手本宣鎮、寧、錦各監視，札張全昌、祖大弼、吳襄，合咨札手本前去，遵照明旨内事理欽遵施行。

崇禎七年七月日[一五五]　郎中鄒毓祚

陳祖苞

鄭覲光

飛報緊急夷情事疏[一五六]

太子少保、兵部尚書、仍加俸一級臣張等謹題，爲飛報緊急夷情事：

職方清吏司案呈，崇禎七年七月二十三日奉本部送，兵科抄出，宣鎮監視太監王坤題稱，本年七月十六日辰時據分巡口北道劉象瑶手本内稱，七月十五日辰時準中權營參將孔登科手本内稱：本月初八日，東奴大舉入犯，本職統兵戰守打退，已經塘報外，今據本營守備張承恩、陳萬善等查得，在陣與賊對敵，賊衆我寡，并用火炮打死夷賊約有一千餘，俱被拉埋火化。在陣奪獲戰馬三匹，次有前探撥哨家丁斬獲賊級三顆。陣亡把總官二員趙登第、賈權，紅旗頭目、軍」張印等共八百餘名。陣折馬騾共四百餘匹頭。重傷把總二員竇維轅、焦旺，輕重傷頭目、軍丁白國賢等四百餘名，見今醫治，不至傷生。照得鋒兵之設，原爲禦奴，經年教練，人有敵愾之心，故一聞傳烽，即操戈向前，奮不顧身。雖賊勢甚衆，未獲大勝，而勇敢殺賊，亦足以少挫賊鋒。所有陣亡官軍，俱血膏原野，而志猶吞胡者也。且收兵而回，攖城死守，保龍門數萬生靈之命，鋒兵之力居多，皆闔城士民所共晰記。伏乞垂憐優恤，以慰血戰之魂，以作三軍之氣等因到道。准此，看得中權日在龍門操練，一聞本邊傳烽，未有不報旅以出者，但初值夷騎千餘，互相對敵，不意蜂擁而至者，且二萬有餘也。急收回城，竭力死守，使賊之鈎梯皆不能入，而城得以全，闔城文武士民無不共頌中權之功者。至於對陣互多殺傷，則衆寡强弱勢不能免，而官軍血戰辛苦，奮勇幽魂，似應垂憐加恤，并以鼓地方一時敵愾之氣者也。理合塘報等因。本時，又據中權營參將孔登科禀報相同。

本時，又准本道手本内云：本年七月十五日辰時，下北路參將管鳴珂手本内稱，本月十三日未時，據樣田堡防守張榜稟稱，十一日辰時分，有大舉從赤城下來，滿川滿山，如蟻群實擁前來，行至堡前，四下周圍，先差一賊夷到城下，插令箭一枝，口稱城上不必動火炮，我兵借路一行。卑職將火器備禦暫停，言說我既不動火器，你兵馬不可臨城，被[一五七]虜賊往後暫回。有一賊夷上前言說，叫卑職下城親見，卑職不肯下去，達兵往前，亦擁城上。軍民男女號哭不止，無可奈何，有一住民董懋替卑職下城，窺探達賊消息。下去，内有奸細認的不是實，著卑職去下，仍又要本堡鄉官秀才下去，卑職再四不從。他營中來一夷，口稱是一將官，係遼東人，姓王，到城下，發弘誓願，不害性命，你下來見王爺，討與你令箭一枝，饒你一堡生命。有本堡生員張國玘、張國璸兄弟二人民餘[一五八]劉餘德、尚應星，四人下城討令箭。他又不允，定要卑職下去。四面雲梯鉤杆無數，向前齊撲攻城。比時城上軍民大慌，人心將變。卑職萬不得已，捨身下城，救一堡生命。弔至城下後，有掌房梁進賢，號令白坤、家人崔榮，軍[一五九]張三、許臣文同見，達賊審問：你堡多少人馬？多少槍炮？卑職言，城上大神器業有百十餘位，軍民甚多。被他不容分訴，將卑職等一干人縛殺。不料將頭髮盡行剃了，與卑職令箭一枝，馬一匹，差達賊六名，押至城下，叫卑職令上城[一六〇]開門，卑職見是誘哄不祥，高叫城上軍民固守城池，我捨命報國，自將令箭抹顙落馬。衆夷擡回要殺，有衆人哀告王通官說，你發誓哄我等下城，今將我防守官逼死，又不放我等，還要攻城殺害，你無良心，犯誓何如！有王通官半晌無言，連稟三次，傳令上馬起營。行至半里，將卑職等放回。拉去軍[一六一]張山、崔榮二人往南去訖。於十二日戌時分，有崔榮寅夜逃回到堡等情稟報到職，具報到道。理合塘報等因。本時，又據深井堡守備孫維垣稟報，本月十一日卯時，奴騎三萬有餘，分兵五股，繇新開道、白梁子、石門鎮口路等處直抵深井西北二面。卑職即點大炮、三眼等槍衝打。至巳時方退，分爲二股，一股南行，一股見在海子屯札。伏乞速撥應援人馬，追剿施行等因。

本日午時，又准總兵官張全昌塘報，爲塘報奴虜大肆攻圍，官兵奮力哨剿事。案照奴衆環圍宣城，火炮擊退，起營兩路行走，使我寡兵不及分追緣繇已經塘報外，續報西南探撥千總賈棣回報，奴賊攻圍深井堡數次，該堡設備嚴固，又有本鎮預調團練防兵，以炮火打死達賊無數，仍打死穿紅蟒甲頭目一名，衆夷方退，尚在本堡迤南札營等情。據此，隨該本鎮會同監撫議，照得奴兵大肆攻城，雖今炮火打退，但恐復攻，合急發兵，隨賊向相機哨剿。即令正兵團營都司黄應選、左翼營游擊杜維棟、內哨守備李汝清、督同鋒兵守備賈梧、把總傅興等各統領內丁、鋒兵五百名，馳赴西南哨剿去後，今於七月十五日酉時分，據各官回營報稱，十三日，蒙差職等統兵前往南路哨剿。十四日未時，哨至地名八盤山、紅唐兒迤西，見得前面已有奴賊撥夷人，約百拾餘騎，護衛車輛西行，接聯大營不遠，職等奮不顧身，率兵直前，撲砍一處，就陣斬獲首級一十二顆，奪獲達馬三匹，鞍轡俱全，騾二頭，夷盔二頂，弓二張，箭二十二枝，刀二口，撒袋一副，兀喇一雙，夷炮三位。餘賊俱奔大營去訖。衆寡不敵，收兵露野札營。次於十五日，有撥探把總張承惠口報，哨得奴虜從地名渡口起營，仍分二股，一向西走，一往南下。又見舊保安一帶烟火不絶，我兵不能前探，仍留後撥哨賊向往，職等收兵前來報驗等情回報到鎮。據此，看得奴勢固衆，我兵策援追剿，雖斬後哨夷級，似可少挫賊鋒。除發鎮兵相機哨剿外，理合塘報等因。

本時，又據趙巡撫標下中軍游擊趙之蘭稟，爲捉獲奸細事。七月十五日午時，據標下聽用試百户宋國屏稟稱，蒙趙巡撫分付，奴酋雖云移營向南路、東路，分兵去訖，誠恐張家口、寧遠站等處尚有奸細潛藏窺探鎮城情形，諭令卑職出城巡緝。卑職隨帶家丁，行至八里鋪地方，忽見秋稭地内青葉閃動，似有人形，卑職即令家人四下圍定，向裏搜尋，果有夷人男婦三名口，隨用繩捆綁，解撫夷守備尹來春譯審。三夷，一名色令，一名板定，夷婦名喚塔兒什，俱是東奴遺留奸細。藏入秋苗内，令人不覺，暗妁[一六二]城中兵馬糧草火藥數目，以圖復逞。隨該卑職稟撫按兩院詳審外等因具稟到臣。據此，隨會同撫按，將原夷譯審明白，梟示正法外，十七日辰時又據下西路參將查國寧稟報，本月十五日未時，據卑職下撥兒馬軍丁宋玉口報，十三[一六三]探得夷人在北口搶掠攻寨，被炮火衝退保全，只將店房俱燒毀。又十五日，探得夷在順聖川地名太師梁樺稍營，札營二個，哨馬達子往西、往東一帶探去等因口報到職。據此，理合塘報等因。本日巳時，又據懷安城守備侯銘胤稟報，本月十四日，據卑職差撥哨探家丁李大京等稟稱，役等探至本城南山地名黃土嶺，遇虜賊數十名劫掠居民頭畜百餘。卑職等與同居民馮登海、馮應魁、馮堂、池登，奮勇趁至東城所管地方竹林寺，與虜對敵，打死夷人原騎馬一匹，隨鞍一坐，兀喇一雙，達帽一頂，夷箭九枝。十五日，又據探報家丁李大京等稟稱，公同何家窑居民張科、何承宰、師天受，趁回夷騾一頭，夷帽一頂，箭一枝。夷賊跑脫，將原失頭畜一并趁回。擬合稟報等因。

本時，又據上東路參將張國威稟報，竊於崇禎七年七月初十日，卑職遣差哨丁翟應武等稟稱，哨見賊夷在上北路赤城南楊家墳札營，四散搶掠村屯。於本月十一日，據哨丁陳天續等稟稱，哨見賊夷在下北路馬牙山札營，哨馬搶掠青羅口，卑職隨即復差夷漢哨丁張應選等往北路哨探。至十二日黎明時，撞遇哨馬達子，張應選等與賊對射，見賊衆兩股赶來，隨即回報。本日巳時，賊夷縂馬牙山黃家口入犯永寧，至本日午時，有騎馬達子一股繇舊縣堡往西行，一股繇白廟兒小屯西山往南行走，兩股合湊一處，在常家營札營三個，約有一萬騎。賊夷遍路皆有撥兒馬，阻路難行。卑職欲差馬上稟報，途中遇賊，不便行走。今差步行長哨沈三、徐來慶，著令二役登山沿阜賫稟等情。

本日午時，又准宣府巡撫焦源清塘報，崇禎七年七月十六日申時，據鋒兵右翼營游擊頗重耀稟報，據原差哨丁楊州等同新保安陶守備下鄉導陳進九報稱，十三日，有賊夷攻圍舊保安北面，城上火炮亂擊，賊夷稍退。復攻東關城，自申至酉，城上火炮攻打不退。後放萬人敵，不意城頭失火，賊夷隨上東關，其城内軍民墜城者甚多。又遇逃民，説稱舊城已失。賊夷攻城用鈎杆雲梯，每夷哨秋稭一捆，墊成馬道，隨即上城等因稟報到職。據此，除一面撥塘探確另報外，請祈速催援兵，以救危急。理合先馳塘報，各等因塘報到臣。

准此，理合塘報等因，崇禎七年七月二十三日奉聖旨："據報，龍門陣亡官丁，失事不小，是否僅止此數，還著確查具奏。傷亡員役并與查恤張榜。身入賊營，失節辱國，著革了職，并張玘等，該撫按拿問。仍一面嚴飭各路，將嬰城固守，待援合剿。不得怠疏取罪。餘已有旨了。兵部知道。"

一、行都察院，轉行宣、大巡按、宣府巡撫，合咨前去，煩照明旨内事理，嚴飭各路將多方固守，待援合剿，不得怠懈。仍將陣亡官丁員役并張榜等。身入賊營各緣繇，限本年八月中旬確查具奏。

崇禎七年七月日[一六四]　郎中鄒毓祚

校勘記

〔一〕此爲影印本《總匯》第16册，第1291號，第98頁。編者擬題爲"兵部尚書張鳳翼等爲流賊突入鄖境急請發兵赴援事題行稿（尾缺）　崇禎七年正月二十一日”。原件首頁首行有明廷兵部檔案號“玄字又十九號”，題目右上面有“補行”二字，下一行有小字“題”字、大字“題”“行”二字。再下一行有“七年正月廿八日行訖”等字。最下是人名“李璞”。

〔二〕“復”，據文意當爲“數”，涉下而誤。

〔三〕“褚元功”，“褚”當從“衣”，原件從“示”，爲訛字，今徑改，以下此類錯誤徑改，不再出校。

〔四〕“輙”，據文意當爲“輒”，形似而誤。

〔五〕其下原件有兩行小字，甚潦草，蓋爲提要，今附錄於此：“緣係微臣發兵赴援，流賊突入鄖境，還師自救，單窘難支，呼助，雖有同心，應手實無兵餉。急轉。”

〔六〕原件下闕日期及簽押者職名。

〔七〕此爲影印本《總匯》第16冊，第1292號，第118頁。編者擬題爲“兵部尚書張鳳翼等爲東賊由澠池突犯漸及商洛急籌軍糈事題稿（尾缺）〔崇禎七年正月二十九日〕”。原件首頁闕明廷檔案號。題目下一行有小字“題”字、大字“題”字。再下一行有“限初六”三字。最下是“車駕司”，緊接是雙行小字，第一行爲“吏錢可觀”，第二行亦四字隱約可見“書章建隆”（參下《恭報東賊突犯情形等事疏》）四字。“吏”與“書”當是職務簡稱，“錢客觀”與“章建隆”分別爲人名。車駕司，即奏疏開頭之“車駕清吏司”，其下之雙行并列“吏”“書”爲職務簡稱，皆爲版印字，人名則爲手寫字。實爲省事省時而爲。下文同此者只列出實際情形，不再仔細説明。

〔八〕“動□”，二字原件皆破損，“動”作人名，疑爲“勛”字。“□”字據文意當爲“率”或“帥”字。

〔九〕“□□”，原件漫漶不清，據文意并參殘留字迹疑當作“之勢”。

〔一〇〕“該”後，據文意疑脱一“撫”字。

〔一一〕原件下闕年月日及管理檔案、簽押人員職名。又，本疏後有小字提要，今附錄於此：“兵部尚書臣張謹題，爲恭報東賊突犯情形等事。該陝西巡撫練國事題前事，臣等看得賊自澠池渡河，所至屠掠，漸及商雒。該撫分布防守，可保無虞。惟是所留站銀，事關急需，臣部豈容有靳？但節裁銀兩，原爲買馬之資。查該省三年之内共留銀二十四萬有餘，此孰非岡寺之額金？矧屢次報功，刻下需賞功銀二十餘萬兩，亦當取給於岡，合無將該省站銀留爲賞功之用，其軍糧不足，聽該撫另爲設處。謹題。”下一行：“的限初六日上。”

〔一二〕此爲影印本《總匯》第 16 册，第 1301 號，第 168 頁。編者擬題爲“兵部尚書張鳳翼等爲原右軍都督府僉書杜弘域病痊仍以原官起補事題稿　崇禎七年三月十八日”。原件題目上面有“七年二月二十六日，奉‘是’，欽此”等字。左行有“覆杜弘域起補”等字。下一行有小字“題稿”二字、大字“題”字。再下一行有“二月廿三抄訖”等字。最下是人名“沈文”。

〔一三〕原件後面有小字提要，今附錄於此：“兵部尚書臣張等謹題，爲恭謝天恩等事：照得右府僉書今病痊杜弘域奏前事，該臣部查杜弘域原係右軍都督府添注僉書，於崇禎四年五月内因病疏請乞休，該本部覆准回籍調理，候病痊再議起用在案。今本官病既痊，可自思報效，赴闕奏請供職。相應照依原題，仍令本官添注右府僉書。謹題。”其下一行有大字“十一行”三字。

〔一四〕此爲影印本《總匯》第 16 册，第 1303 號，第 179 頁。編者擬題爲“兵部尚書張鳳翼等爲薦張國梁頂補山西都司軍政掌印員缺事題行稿　崇禎七年二月十九日”。原件首頁無明廷檔案號。題目下一行上面有小字“題稿”二字，下一行有大字“題”“行”二字。再下一行有大字“題”字。又下一行有“七年二月二十日上”等字，其下有“月日具稿”等字，最下爲人名“胡禮”。本疏後有小字提要，今附錄於此：“兵部題爲缺官事：照得山西都司軍政掌印李國英員缺，從公推舉。得山西都司軍政僉書張國梁爲正，湖廣興都留守司軍政僉書吳選爲陪。俱各堪任，伏乞聖明簡用。謹題。”其下有草書“六行”二字。

〔一五〕此爲影印本《總匯》第 16 册，第 1304 號，第 184 頁。編者擬題爲“兵部尚書張鳳翼等爲薦宋世惠等堪補神機營大號頭等員缺事題行稿　崇禎七年二月二十三日”。原件首頁無明廷檔案號。題目上面有“行”字。下一行上面有小字“題”字，下一行有大字“題”“行”二字。再下一行有"七年三月十四日行訖"等字。最下是人名"馬兆基"。

〔一六〕"量加佐擊職銜，管神機營大號頭事""量加坐營職銜，管神機營坐營副號頭事"，字迹大而草，皆爲後填字，其右側分別有相應小字。

〔一七〕"廿三"二字右側有小字"十三"二字。

〔一八〕"初十"二字右側有相應小字。

〔一九〕此爲影印本《總匯》第 16 册，第 1035 號，第 192 頁。編者擬題爲"兵部尚書張鳳翼等爲東賊突犯及陝撫通融軍餉一萬以濟授剿之需事題稿　崇禎七年二月二十九日"。原件題目下一行有小字"題稿"二字、大字"題"字。其下有一行"車駕清吏司郎中王裕心看訖"。再下一行有"車駕司吏錢可睹、書章建隆"。其中"吏書"二字爲從右往左讀（按傳統讀法）。詳細説明見校勘記〔七〕。

〔二〇〕"廿九"二字右側有小字"二十八"三字。

〔二一〕本疏最後有小字提要，今附錄於此："兵部尚書臣張等謹題，爲恭報東賊内犯情形等事：該本部覆陝西巡撫練國事題前事，臣等查得秦省節裁議允賞功之用者，蓋指七年分見存五萬八千九百六十九兩零而言也。因該省屢報斬獲虜級三千八百有奇，賊級三萬六千六百有奇，約須銀二十餘萬兩，故以解同節裁抵作賞功。不期近日賊勢披猖，前議七年見存站銀盡留賞功。今既軍餉告詘，合聽該撫於内通融一萬，以濟援剿之需。事完，册報核銷。謹題。"

〔二二〕此行稿當在第 1035 號奏疏（題稿）之後，《總匯》編者誤編於此。原件題目下一行有小字"行稿"、大字"行"字。再下一行有版印小字"日上"，其下有版印字"車駕司吏書"五字，其中"吏書"爲平行右左讀，疑當左右讀作"書吏"。其下則爲人名"朱文賓"（右）、"章建隆"（左）。

〔二三〕此爲影印本《總匯》第 16 册，第 1308 號，第 200 頁。編者擬題爲"兵部尚書張鳳翼等爲薦鄭爾基等堪補錦衣衛南鎮撫司僉書事題行稿　崇禎七年三月月二十四日"。題目下一行有小字"題稿"二字、大字"題""行"二字，再下一行有大字"題"字。再下一行頂格有"三月廿五抄訖"。其餘模糊字可見爲武選司刻板印製的有固定格式之奏疏首頁稿紙。

〔二四〕按前後文常例，此兩人職銜"錦衣衛衣中所指揮同知""錦衣衛衣中所署都指揮僉事"當爲小字，此疏則字號與正文同，而兩人名則比正文字號更大，亦未標明"正""陪"。又，"鄭爾基"右側旁批"近故"。

〔二五〕原件破損，只見"旨軍"字迹，據文意當爲"指揮"二字。

〔二六〕本疏後有小字提要，今附錄於此："兵部題爲缺官事：照得錦衣衛南鎮撫司僉書餘輸員缺，從公推舉，得指揮同知鄭爾基爲正，署都指揮僉事張世孫爲陪。俱各堪任，伏乞聖明簡用。謹題。"其下有草書"六行"二字。

〔二七〕本移行稿當在前第 1301 號奏疏（《總匯》第 168 頁）之後，《總匯》編者誤編於此。其擬題爲"兵部爲謝恩臣病幸瘥奉旨事行稿（首缺）　崇禎七年三月"，且不屬張鳳翼名。今按行稿內有"本部尚書張等具題"說明，收入張鳳翼奏疏內。

〔二八〕"謝"，於文意欠通，據文意於明廷奏疏文例當作"該"。

〔二九〕"日"字前原件空白。

〔三〇〕此爲影印本《總匯》第 16 册，第 1313 號，第 216 頁。編者擬題爲"兵部尚書張鳳翼等爲恭陳近日防勦情形事題本　崇禎七年四月二十日"。題目下有草書"即行"二字。下一行有刻印大字"崇禎七年四月廿一日到"（其中"七"字、"廿一"爲手寫後填字，"日"字前空白幾乎占稿紙半行）。空白處加蓋刻印字："崇禎七年四月二十一日抄送，奉旨五日爲期，應本月廿二日咨行。"其中數字與"咨行"二字皆爲手書後填。這是一種最清晰的題本稿紙式樣。下一行頂格有"兵部呈於兵科抄出"兩行字，格式與前所錄類似稿相同。最下爲人名"王元"。

〔三一〕本疏最後無日期并無簽押者職名。

〔三二〕此爲影印本《總匯》第 16 册，第 1314 號，第 217 頁。編者擬題爲"兵部尚書張鳳翼等爲議除粤東海寇鄭芝龍接濟澳夷等弊事題行稿　崇禎七年四月月二十二日"。原件首頁首行有明廷檔兵部案編號"玄乙百十二號"。題目前一行有小字"五月初二日□□"等字。題目上面有大字"題"、小字"行"二字。下一行有小字"題"字、大字"題""行"二字。

再下一行有小字"七年五月十四日行訖"等字。其下有"仲主事稿"四字。最下爲人名"李璞"。

〔三三〕"訴",據文意當作"訴",形似而誤。

〔三四〕"□",破損,僅餘左側立人旁及左上角"夫"字,據文意當爲"借"字。

〔三五〕"販",疑有誤。原件該字右側有一"x",或當是"犯"字。

〔三六〕"踪",原件該字右側又寫作"𥅿",似爲改正之字,但正文"踪"字未圈掉。據文意,"𥅿"是。

〔三七〕"饋",原件正文爲"跪",右側又寫作"饋",當爲改正之字,然正文亦未圈掉。

〔三八〕"廿二"二字右側有小字"廿二"二字。

〔三九〕本疏後面有提要,足見科臣之概括能力,今附録於此:"兵部題爲粤東有三可憂等事:該陜西道御史胡平運題前事,臣部看得粤東僻在海隅,奸夷爲梗,臺臣所稱大憂大害,自言言真切,惟有驅弭而已。如澳夷之害,禁閩商番哨以杜之;洋寇之害,絶奸民接濟以斃之;裏賊之害,緝窩主、飭鄉保以除之。惟在當事者查形禦備,相機擒制,海邦之民受消弭之福也。鄭芝龍,閩疆係其信地,不得逾南澳騷擾。謹題。"其後有草書"九日"二字。

〔四〇〕"張士第",前疏末尾題"張世第",當有一誤。

〔四一〕此爲影印本《總匯》第16册,第1315號,第235頁。編者擬題爲"〔兵部尚書張鳳翼等〕爲請將遺失公文之陳士美二年徒贖事題行稿(首尾缺) 崇禎七年四月二十六日"。原件開頭本書事由及題奏者闕失,今從遺存末尾之年月日,可確定其上奏時間。奏疏後之聯名簽署大臣名字,其中有"太子少保兵部尚書仍加俸一級張",而都察院三名官員皆注明其名字,唯獨兵部尚書和兵部左侍郎只書姓,不書名;又奏疏後所附奉旨咨行文首稱"兵部爲遵旨",故可確認爲張鳳翼之作。

〔四二〕從文中提到"士美"人名,可知"士"字後脱一"美"字。又,本句前內容有缺佚,唯見右半頁殘留三字"□雖父"。

〔四三〕本句文字疑有脱誤。

〔四四〕"齊"，於文意欠通，參下文有"羅御史差齎（賫）別項公文"句，疑爲"齎（賫）"，形似而誤。

〔四五〕本句文字疑有脱誤。

〔四六〕"都"，疑當作"院"。

〔四七〕"得"，據文意當衍，原件似被圈掉。

〔四八〕"於"，據文意當作"千"，蓋始以形似而誤作"于"，繼而以音同而誤爲"於"。

〔四九〕"陳籠柱"，據上文當作"張籠柱"，其姓氏乃涉上而誤。

〔五〇〕"慰"，據文意并參上文同一語當作"懸"，乃因形似而誤。

〔五一〕"折"，據文意疑爲"拆"字之誤。

〔五二〕"折"，同上。

〔五三〕"常"，據文意當爲"嘗"字之誤。蓋本以避諱"常"字，應書"甞"，以木疏超長，抄寫者力疾（前言"筆秃"），反致迷惑而誤。

〔五四〕"覈"，據文意當爲"覆"字之誤。

〔五五〕以下原件闕失。

〔五六〕此爲影印本《總匯》第 16 册，第 1320 號，第 303 頁。編者擬題爲"兵部尚書張鳳翼等爲督臣業已臨戎方略應有成算并請懲前毖后事題本奉旨　崇禎七年六月初八日"。按題中"后"字應爲編者誤書，原文作"後"。原件題目上面有"本部題"三字。題目後有刻印固定格式稿紙首頁版印大字"崇禎七年六月初七日到"（初七二字在左側，以空出版印小字地步），日前中間空處，照例有版印小字"崇禎七年六月初七日抄送，奉旨五日爲期，應本月初八日咨行"等字，其中"初七""初八"爲手書填寫。清晰地表明每一道程式（抄發存檔）的負責人留下的證據。從上文關於陳士美、孫大爵等案件中的反覆查證中，尤足以見得這種程式登記的重要性。下一行頂格有"兵部呈於兵科抄出"兩行字，最下是人名"王元"。

〔五七〕本疏最後無日期，并無簽押者職名。

〔五八〕此爲影印本《總匯》第 16 册，第 1321 號，第 304 頁。編者擬題爲"兵部尚書張鳳翼爲插酋舉衆西犯鎮臣赴援陣亡請敕部極議長策事題本奉旨　崇禎七年六月初七日"。原件題目左側有大字版印字"崇禎七年六月初八日到”，又加蓋小字版印字“崇禎七年六月初八日抄送，奉旨五日爲期，應本月初九日咨行”等字。正文前有“兵部呈於兵科抄出”八字。該行最下是人名“胡軒”。

〔五九〕“戍”，據文意當作“戌”，形似而誤。

〔六〇〕本疏最後無“欽此欽遵”等内容及日期，亦無簽押者職名。

〔六一〕此爲影印本《總匯》第16册，第1323號，第308頁。編者擬題爲“兵部尚書張鳳翼等爲薦陳一魁頂補陝西行都司僉書員缺事題行稿（尾缺） 崇禎七年六月初十日”。原件題目上面有大字“題”字，下一行有小字“題稿”字、大字“題”“行”二字。再下一行有“六月十二日”等字，其下是“行”字。

〔六二〕原件“陳一魁”“彭國器”二人名字下面分别空出，後填兩人名字大字行書。

〔六三〕“甘州”，前後文皆言“肅州”，此處疑有誤。

〔六四〕“撫”前，據下接“李起元”并上文言李起元爲督撫事，當有“督”字。

〔六五〕“以”，原稿與“題以”相連，并删除，按文意“以”字不當删。

〔六六〕本奏疏後附有提要，今錄於此：“兵部題爲缺官事：照得陝西行都司軍政僉書顔圖慎員缺，從公推舉，得甘肅肅州道中軍守備陳一魁爲正，甘肅寧遠堡守備彭國器爲陪，俱各堪任。伏乞聖明簡用。謹題。”其下有草書“六行”二字。

〔六七〕以下内容原件闕失。

〔六八〕此爲影印本《總匯》第16册，第1327號，第325頁。編者擬題爲“兵部尚書張鳳翼等爲推張文照等補神機各營官缺事題行稿 崇禎七年八月十八日”。原件題目上面有“題”字，下一行有小字“題稿”二字（“稿”字模糊）、大字“題”字。再下一行最下是人名“馬兆基”。

〔六九〕“張文照”前所屬職銜，按例當爲小字，此件與正文字號同。

〔七〇〕“十六”，《總匯》編輯所標日期爲“十八”，原件爲草書連寫，儻爲“十八”，“十”字竪劃當不必右拐。待考。

〔七一〕此爲影印本《總匯》第 16 冊，第 328 頁，《總匯》編者不編號碼，亦不入目錄。蓋本疏連下面三疏最後咨行稿爲一個，故編者以一疏處理。但原件是分別上疏皇帝的，只是最後咨行文爲一個，不宜當作一封奏疏處理。今分別錄出。原件題目上面有"題"字，下一行有小字"題"字、大字"題"字。隔行最下爲人名"馬兆基"。

〔七二〕原件在趙應魁上有"正趙應魁"四字，在石應雷上面有"陪石應雷"四字。

〔七三〕《總匯》編者所署日期爲"二十六日"，原件則是草書"十六"，無"二"字。以下二疏日期書寫同此，不再出校。

〔七四〕原件題目上有"題"字，下一行有小字"題"、大字"題"二字。隔兩行最下是人名"馬兆基"。

〔七五〕原件"張鳳羽""岳可"分別頂格書寫，在其上分別有"正張鳳羽""陪岳可"。

〔七六〕原件題目上有"題"字，下一行有小字"題"、大字"題"二字。隔兩行最下是人名"馬兆基"。

〔七七〕原件"張鳳羽""丘守仁"分別頂格書寫，在其上分別有"正朱秀徵""陪丘守仁"等字。

〔七八〕"十六"，《總匯》編輯所標日期爲"十八"，原件爲草書連寫，儼爲"十八"，"十"字竪劃當不必右拐。待考。

〔七九〕原件題目上有"題"字，下一行有小字"題"、大字"題"二字。隔兩行最下是人名"馬兆基"。

〔八〇〕原稿李國柱位居第一，爲"正"，劉永壽爲"陪"，居第二。後改劉爲"正"，李爲"陪"。其名字上面分別有"正李國政"、"陪劉永壽"，右側前後分別有小字"據改爲陪""據改爲正"。

〔八一〕按原件中無關於朱尚鑒薦補之奏疏，該件當闕失，《總匯》編者蓋未檢視完全。

〔八二〕原件"七"與"初二"旁，俱有相同小字。

〔八三〕本行人名原件分兩行書寫，一行三個人名。

〔八四〕此爲影印本《總匯》第 16 冊，第 1328 號，第 344 頁。編者擬題爲“兵部尚書張鳳翼等爲薦娶可教頂補神樞營右副將員缺事題行稿　崇禎七年六月初二十六日”。原件首頁首行有明廷兵部檔案號“京字五十二號”。題目上面有大字“題”字，下一行有小字“題”、大字“題”“行”三字。再下一行最下是人名“馬兆基”。

〔八五〕“□”，原件殘缺，據文意并參殘留字迹疑當作“營”。

〔八六〕兩“兵”字，疑有一衍。

〔八七〕“廿八”，《總匯》爲“廿六”，原件爲草書，作“廿八”與作“廿六”似皆可，但下文奉旨咨行稿云“七月二十七日，太子少保兵部尚書仍加俸一級張等具題”，則管理冊庫員外郎簽收日期，只能在二十七日之後，作“廿八”是。

〔八八〕“日”前原件空白。在上一頁末行最左側對應此空白處，有小字“十五”二字，則此空白處當填入“十五”二字。

〔八九〕“初二”，原文草書，右側有小字“初九”，疑“初二”有誤。

〔九〇〕此爲影印本《總匯》第 16 冊，第 1329 號，第 350 頁。編者擬題爲“兵部尚書張鳳翼等爲薦魏永福等頂補五軍四營遊擊將軍等二員官缺事題行稿　崇禎七年六月三十日”。原件首頁首行有明廷兵部檔案號“京字五十四號”。題目上面有“補行”二字，其下有小字“題”、大字“題”“行”三字。隔兩行最下有人名“馬兆基”。

〔九一〕“官”字極草，據文意當爲“管”。

〔九二〕“鄭道直”“魏永福”兩人名上分別有“正鄭道直”“陪魏永福”。

〔九三〕此爲影印本《總匯》第 16 冊，第 353 頁，編者未編號，亦不見於目錄。原件題目上有“題”字，下一行有小字“題”、大字“題”二字。隔兩行最下是人名“馬兆基”。

〔九四〕原件正文人名上面分別有“正王埏”“陪蘇時潤”等字。

〔九五〕“日”字前原稿空白，其旁右側有小字“十五”二字，是爲應填日期。

〔九六〕前疏爲推舉兩員，任用一員，其中王埏爲“正”、蘇時潤爲“陪”，沒有魏永福的事。再前疏才是推薦魏永福的奏疏。可見兵部是把兩個請補缺官之任命寫成一個下發的行文稿了。

〔九七〕"日"字前空白，空白右側有小字"初九"二字，是爲應填日期。

〔九八〕此爲影印本《總匯》第 16 冊，第 1333 號，第 365 頁。編者擬題爲"兵部尚書張鳳翼等爲將收復遼東登城有功加銜之張韜等員按例注府事題行稿　崇禎七年七月十九日"。原件題目上面有"七年七月奉聖旨：'是。欽此。'"，其下有"題""行"二字。下一行有小字"題稿"二字、大字"題""行"二字。其下有"張韜等注府"五字。再下一行有"七月廿四"四字，其下有"廿一""廿四"等字。又下是"署司事員外郎馮起綸具稿"，最下是人名"陳國憲"。

〔九九〕"張韜""金良棟"名字右側分別有小字"左"。

〔一〇〇〕"董克勤""王憲""張鳳翔"三人名字右側皆有小字"后"（蓋爲"後"之簡體）。

〔一〇一〕"劉邦域"名字右側有小字"前"。

〔一〇二〕"張韜""金良棟"名字右側分別有小字"左"字。

〔一〇三〕"祖大弼""吳三桂"名字右側分別有小字"左"字。

〔一〇四〕"柏永馥""祖寬"名字右側分別有小字"前"字。

〔一〇五〕"董克勤""王憲""張鳳翔"三人名字右側皆有小字"后"（蓋爲"後"之簡體）。

〔一〇六〕"張時杰"名字右側有小字"后"（蓋爲"後"之簡體）"。

〔一〇七〕"尤弘勛"名字右側有小字"前"字。

〔一〇八〕以下原闕。原件本頁後面一頁有本疏提要，今附錄於此："太子少保、兵部尚書、仍加俸一級臣張等謹題，爲注府事：照得關寧副總兵等官張韜等，以恢登等功各加都督職銜注府一節，遼東撫院方一藻咨送，并各官具呈前來，俱查與職方司連送相同。應准照例將張韜等注左軍都督等府同知、僉事等官帶銜。其柴薪俸糧，俱照題准事例該鎮關支。謹題。"後署"馮起綸"。

〔一〇九〕"連"，據文意疑當作"速"。

〔一一〇〕此爲影印本《總匯》第 16 冊，第 1334 號，第 372 頁。編者擬題爲"兵部尚書張鳳翼等爲陝西寧夏鎮斬獲虜級并升賞官員事題行稿（缺行稿）　崇禎七年七月十九日"。原件題目上面有"題"字，下一行有小字"題"字、大字"題""行"二字。再下一行有大字"行"字。又下一行有"八月初二抄堂稿訖"兩行字。其下有大字"廿二"二字。其下有"郎中謝雲虬具稿，員外馮起綸封訖"兩行字。最下是人名"馬廷相"。

〔一一一〕"把"，據文意并參上文"把總范愛衆"當脱"總"。

〔一一二〕"總"，據同前校所記脱"把"字。

〔一一三〕"子"前，據下文所述同一内容當脱"一"字。

〔一一四〕"劉天璽"，上文作"劉天雲"，兩者必有一誤，不知孰是。

〔一一五〕"子"前，據上文所述同一内容當脱"父"字。

〔一一六〕原件下闕。又本奏疏下一頁後附有提要，今録於此："太子少保、兵部尚書、仍加俸一級臣張等謹題，爲年終類報零功事：照得陝西寧夏鎮崇禎四年分功級，今崇禎七年六月十九日奉旨到部。據奏，斬獲虜首一百五顆，擒獲奸細二名。内斬恰首二顆，願升，李正榮等照例升二級，各升總旗。斬强壯首級，願升一十顆，孟述孔等一十名及陣亡有子哈賽一名，俱升一級，應各升小旗。其餘願賞應賞并優恤湯藥銀，通共五千五百五十二兩一錢。内除撫賞銀兩動賞外，尚該未賞銀五千一百九十七兩二錢，係萬兩以下，咨禮部開請内庫給發。謹題。"後書"寫訖"二字，其上有草書"十二日"。又，整個提要下面有人名"馮起綸"。

〔一一七〕此爲影印本《總匯》第16册，第1335號，第390頁。編者擬題爲"兵部尚書張鳳翼等爲陝西延綏鎮斬獲插套并升賞官員事題行稿（尾缺）　崇禎七年七月十九日"。原件題目上面有大字"題""行"二字，下一行有小字"題稿"二字、大字"題""行"二字。再下一行有"堂稿訖"三字。再下一行有"七月廿八"等字，其下有"廿二日上"四字，其中"日上"爲版刻印刷字。再下是"郎中謝雲虬具稿、員外馮起綸封訖"兩行小字，最下是人名"馬廷相"。

〔一一八〕"中"字後當脱一"軍"字。該句應該是"統領中軍、千把總燕翼、張應星、張永賢"（下文言燕翼爲中軍，張應星、張永賢爲千把總）。

〔一一九〕“其”，據上下文當作“琦”，下文同此，不再出校。

〔一二〇〕“千”，據前文當作“軍”。又下文“各應於子職上升賞”，則此處當不止“燕翼”一人，當漏張應星，此句當作“領軍中軍官燕翼、千總張應星”。

〔一二一〕“張永吳”，據上文所述同一人名當作“張永賢”。

〔一二二〕“大羊”，據文意當作“犬羊”。

〔一二三〕“郭”，前文無郭功者，此字當作“部”。

〔一二四〕“奇”，據上下文所述同一人名當作“琦”，屬涉下而誤。

〔一二五〕原件下闕。

〔一二六〕原件“十九日”右側有小字“初九”二字。又本疏最後附有提要，今錄於此：“太子少保、兵部尚書、仍加俸一級臣張等謹題，爲恭報斬獲插套虜級等事：照得陝西崇禎六年分功級，今崇禎七年六月二十一日奉旨到部，具奏，小菻澗等地方斬獲虜級四十三顆，內除願賞應賞、優恤、湯藥銀通共三千三百八兩六錢，聽該撫按照例賞給，於發賞功銀內開銷外，所有願升四名陳奇瑜等各升，實授一級。內查陳奇璋、陳奇瑜開係廩增生應照依條例，聽禮部查覈，廩增的確，分別准授。其王朝宦、王宗本各升一級，應升小旗。又陣亡中軍燕翼、千總張應星，子職上各升一級，各應升小旗。謹題。”其下有草書“十二行”。

〔一二七〕此咨行稿疑爲草稿，緣其既無所咨單位，又無最後日期及簽押者職名。今姑錄於此。

〔一二八〕此爲影印本《總匯》第 16 冊，第 1337 號，第 411 頁。編者擬題爲“兵部尚書張鳳翼等爲奴騎縱橫日甚邊臣偵禦全疏事題本　崇禎七年七月二十一日”。原件題目下有草書“行”字。後面有大字刻印字“崇禎七年七月廿二日到”，其中“廿二”爲後填手書。再下一行下是小字“上號行訖”。又下一行頂格并列兩行“兵部呈於”“兵科抄出”，下接正文。該行最下是人名“方應春”。

〔一二九〕“□”，原件漫漶不清，據文意並參殘留字迹疑當作“夷”，下文有“奴酋”，或當作“酋”。

〔一三〇〕“向”，據文意當作“餉”。

〔一三一〕原件下闕。

〔一三二〕此爲影印本《總匯》第 16 册，第 1341 號，第 424 頁。編者擬題爲"兵部尚書張鳳翼等爲塘報緊急夷情并保安長安嶺相繼失陷事題行稿　崇禎七年七月二十二日"。原件首頁首行有明廷兵部檔案號"宿字一百七十號"。題目上有大字"題"字。其下有"寫堂訖""文書寫訖"兩行字。下一行有小字"題"、大字"題"。其下有三行小字"二炮兒地方斬級二顆。長安嶺被陷江騰龍死難，在七月十三日失"。再下一行有"有貼黄，内有與此撫同"等字，其下有"行訖"二字。最下是人名"葉應中"。

〔一三三〕"扣"，據文意當作"扎"。

〔一三四〕"佪"，據文意當作"促"。又下文有"督併（并）"一詞，或當作"併（并）"，形似而誤。

〔一三五〕"打重"不辭，當作"中"，音似而誤。

〔一三六〕"重"，同上。

〔一三七〕"時"前，據文意當脱一時辰字。

〔一三八〕本疏末附有提要，今附録於此："兵部題爲塘報緊急夷情事：據宣府總兵張全昌塘報，臣部看得賊窺宣東，懷來、延慶、土木、沙城等處，屢挫其鋒，獨保安、長安嶺相繼失陷，守備江騰龍竟以身殉，視吕庄堡青衿降虜大徑庭矣。保安守禦州官存亡未卜，應查明另議。謹題。"

〔一三九〕"二十三"，據前疏日期，當爲"二十二"之誤。

〔一四〇〕"奉"，據文意當爲"太"之誤。

〔一四一〕"□□"，據殘留部分及文意，當作"死難"。

〔一四二〕"日"字前，原件空白，未填日期。

〔一四三〕此爲影印本《總匯》第 16 册，第 1342 號，第 436 頁。編者擬題爲"兵部尚書張鳳翼等爲飛報夷情事題本奉旨　崇禎七年七月二十三日"。原件題目下一行有"不應抄傳"四字。再下一行有小字"題"字。其下有刻印固定格式印版"崇禎七年七月二十四日抄送。奉旨'五日爲期'，應本月即日咨行"等字，其中月日"本月即日咨行"爲書寫填入字。又有草書"廿四"二字。隔一行頂格有"兵部呈於兵科抄出"兩行字，下接正文。該行最下爲人名"方惠"。

〔一四四〕原件下闕。

〔一四五〕此爲影印本《總匯》第 16 册，第 1343 號，第 437 頁。編者擬題爲"兵部尚書張鳳翼等爲宣府懷隆右翼營遊擊頗重耀斬獲夷人有功題行稿　崇禎七年七月二十三日"。原件題目上面有"題"字。其下有"堂寫訖"、"文書寫訖"兩行字。下一行有"題"字，其下有"頗重耀奉旨准與紀録事平優叙"三行字。再下一行有"有貼黄"三字，其下有"行訖"二字。其下又有"桑乾河斬級二顆"一行字。

〔一四六〕日期前空白。

〔一四七〕此爲影印本《總匯》第 16 册，第 1344 號，第 443 頁。編者擬題爲"兵部尚書張鳳翼等爲塘報宣城夷情并捉獲奸細事題行稿　崇禎七年七月二十四日"。原件首頁首行有明廷兵部檔案號"宿字一百八十四號"。題目下右側有"堂寫訖"三字。下一行有小字"題"字、大字"題"字。其下有"陶間政捉獲奸細" ·行字。下一行最下有"寫訖"二字。再下一行有"旨下行訖"四字。其下有"文書寫訖"四字，再下一行最下有人名"葉應中"。

〔一四八〕"保保"，後一"保"字當作"安"係後來補入時涉上而誤。

〔一四九〕"氣"，當爲"契"字之誤。

〔一五〇〕"廿四"右側有小字"廿四"二字。

〔一五一〕日期前空白，其右側有小字"廿七"二字。

〔一五二〕此爲影印本《總匯》第 16 册，第 1347 號，第 461 頁。編者擬題爲"兵部尚書張鳳翼等爲援宣兵馬視賊所向直驅蔚州并嚴催續調兵進發事題行稿　崇禎七月二十五日"。原件首頁首行有明廷兵部檔案號"宿字一百八十九號"。題目右下側有"文書寫訖"四字。下一行有小字"題"字、大字"題"字。再下一行最下有"寫訖"二字。又下一行有"行訖"二字，最下是人名"葉應中"。

〔一五三〕"案"，疑當作"業"字。

〔一五四〕正文"廿五"右側有小字"廿五"二字。

〔一五五〕"日"字下原件空白，空白處右側有小字"廿七"二字。

〔一五六〕此爲影印本《總匯》第 16 册，第 1348 號，第 467 頁。編者擬題爲"兵部爲官兵宣府中權營等處與奴酋激戰請速催援兵幷有旨事行稿　崇禎七年二十五日"。按此稿原件署名張鳳翼，當屬張鳳翼名下。《總匯》編者所擬題目誤。原件首頁首行有明廷兵部檔案號"宿字一百八十五號"。題目下一行上面有"行"字。其下有"寫訖"二字。再下一行有"中權營斬級三顆，陣亡官丁八百餘名，失馬四百餘匹"三行字。隔一行中間有"行訖"二字。最下又是人名"葉應中"。

〔一五七〕"被"，據文意疑爲"彼"，形似而誤。

〔一五八〕"餘"，據文意疑蒙下衍。

〔一五九〕"軍"，據文意後疑脱"丁"字。

〔一六〇〕"上城"，據文意當爲"城上"誤倒。

〔一六一〕"軍"，據文意後疑脱一"丁"字。又"張山"，上文言"張三"，當有一誤。

〔一六二〕"妨"，據文意疑爲"訪"字之誤。

〔一六三〕"十三"後據文意當脱一"日"字。

〔一六四〕原件日期空白，其空白左側有"廿五"二字。

遼師再調援宣等事疏〔一〕

太子少保、兵部尚書、仍加俸一級臣張等謹題，爲遼師再調援宣，彈壓必資大帥，極請聖明裁敕，以便迤發，以壯軍威事：

職方清吏司案呈，崇禎七年七月二十六日午時奉本部送，御前發下紅本，該寧錦監視太監高題前事内稱：本年七月二十日，該臣行次中右，忽接兵部手本，爲欽奉聖諭事，職方清吏司案呈，崇禎七年七月十三日奉本部送，該司禮監傳出聖諭："前續調遼兵五千，其起行日期與進次何地，如何未見奏報？兵部即馬上差人馳催，仍一面回奏。近傳困奴之策在堅壁清野，爾部亦即行確議來奏。"欽此欽遵。恭捧到部送司，案呈到部。除堅壁清野，會同科臣另本具奏外，查得七月初四日臣等《覆撫臣方大帥悉簡精銳》一疏内云："該鎮前後共調兵一萬，隨輜重二千，應以六千駐薊，以六千分駐通、昌。"初五日，奉有"續調兵馬赴薊，專爲厚集策援。若分駐通、昌，力薄節遠，是否便計，還著確議速奏"之旨，臣部即於本月初七日議覆，遵照"兵力貴厚"明綸，仍議并駐薊州時賊未報犯宣，薊鎮適中，可以東西策應故耳。今宣、雲告急，續調之兵俱應赴援。未奉旨先，已差官孫耀先持令箭催督，既奉旨後十一日，差官陸守仁。十三日，又差官侯申檄催起行。該撫鎮義切纓冠，簡蹄蒐乘，計且不信宿至矣。又臣部昨覆科臣常自裕疏，再調遼兵一萬，奉有"整勵以備策應"之旨，未言駐札何地，統率何人。合勑祖大弼星率前來，駐札通州，庶幾緩急有所恃耳等因。

崇禎七年七月十四日，太子少保、兵部尚書、仍加俸一級張等具題，本日奉聖旨："續調遼兵伍千，既差官屢次督催，如何起行日期尚無回奏？還著飛檄，刻期抵關，不得少延。其再調一萬，依議著祖大弼統領，星速赴通，以便相機策應。仍著該撫鎮遵旨倍加嚴毖。毋令賊夷伺瑕突逞。"欽此欽遵等因到臣。該臣卷查續調五千，於本月十二日就道西行，已經題報訖。及備繹"再調一萬，依議著祖大弼統領，星速赴通"之旨，仰見聖謨宏遠，睿慮悠深。厚集防援，誠哉有備無患也！臣即飛會撫鎮道臣，遵旨如數挑選，到期待發去後，但援師至萬，彈壓需人。祖大弼既現領續調五千，已過永平，似有專責，欲令其轉攝一萬之衆，恐顧此失彼，就中大有不便者。復查本月十七日，臣等《爲密奏軍機事》一疏，内有"飛檄鎮臣祖大壽節制馳赴"之請，實有見大壽恩威久已孚衆，勇略足可制奴。儻蒙重以事權，命之徵剿，料其必有一段先聲，可奪賊魄，此臣等信之最真而後敢言者也。今部臣因科臣止言再調一萬，而未及統率何人，是以求勅祖大弼星率馳通。查此旨乃本月十四日所奉臣等密奏軍機之疏，始於本月十七日拜發，可見臣等前疏，此時尚未達御覽，即部臣亦未之知也。況遼兵盈萬步行，時值暑雨，沿途之統轄鼓勵刻不容緩，而謂可少一大帥乎？臣等念切剿奴，審機揆勢，故不禁瑣眂[二]上黷。伏乞聖明極賜裁奪，敕令鎮臣祖大壽，速督再調壹萬遼兵，整旅入關，共襄剿禦，其於封疆未必無小補也。臣謹會同遼東巡撫、地方提督軍務、都察院右僉都御史加服俸一級方一藻合詞具題，伏乞聖明勅下該部，議覆施行等因。

崇禎七年七月二十六日午時奉聖旨："奴謀叵測，關外正當戒嚴，鎮臣不得輕動，已有屢旨。續調遼兵、統馭事宜，兵部酌議速奏。"欽此欽遵，恭捧到部送司，案呈到部。看得續調遼兵一萬，臣部請以祖大弼統馭援宣而不及大壽者，蓋恐奴聲東擊西，關外固不可無重鎮也。前據西協監臣疏奏，奴聚兵十萬，要於八月終搶東協馬蘭，今據鎮臣祖大壽捷報稱，大康口外有賊夷萬餘騎內犯。然則鎮臣何可一日離寧錦哉？誠有如明旨所云"不得輕動"者。至速調兵一萬，既乏人統馭，亦未可率易入關，應令該撫整搠以待，相內外情形緩急再爲徵發，兵機呼吸异形，又不容膠柱者也。既經奉旨酌議速奏，相應覆請，合候命下，遵奉施行。

　　崇禎七年七月廿七日　　郎中鄒毓祚

兵部爲遼師再調援宣等事奉旨稿〔三〕

　　兵部爲遼師再調援宣等事等因，崇禎七年七月二十七日太子少保、兵部尚書、仍加俸一級張等具題。二十八日奉聖旨："調到援兵，除分防紫馬外，恐不能綴奴援宣。今續調遼兵一萬，又以乏人統馭暫緩。爾部還有何調度，著再確議速奏。"欽此欽遵。

　　崇禎七年七月日〔四〕　　郎中鄒毓祚

欽奉上傳事疏〔五〕

　　太子少保、兵部尚書、仍加俸一級臣張等謹題，爲欽奉上傳事：

　　職方清吏司案呈，崇禎七年七月二十七日午時奉本部送，該內閣傳出聖諭："昨張面奏軍狀一事，卿等傳他，即將失事等官覆實參處。"欽此。案照崇禎七年六月十五日，該臣部題爲奴衆西行已久，官兵遠哨全疏，懇乞聖明嚴飭邊臣，確探賊情，無誤剿禦事等因。奉聖旨："哨探最關軍機，屢旨嚴飭，乃各鎮仍同故事，即屢報賊踪，徒事懸揣，全未得要領，成何哨法？依議，著各該督撫，嚴責各路將，簡選銳丁，多方遠探，務得剿奴聚伏窺伺確耗，不時馳報，得實者先加賞賚，成功即與首叙。如仍前玩泄，以致疏誤，按賊所犯，立置重典。一面取該將備軍狀、職名報部，以憑查覈。爾部速行馳飭。"欽此欽遵。

臣部即飛檄薊、遼宣、大各督撫監鎮，嚴飭各路將備，簡銳遠探，務得奴耗，不時馳報。仍取各該將備軍狀、職名，定限文到，星速報部去後，隨據薊、遼兩鎮將備等官，具有軍狀、職名報部。其宣、大二鎮，尚未開報案呈到部。看得奴犯内地，三股并進，縣得勝、鎮羌入雲，二堡相機失陷者，參將李全、守備許平虜之地也。縣膳房堡、張家口入宣，經萬全右衛而莫當者，守備王國禎、張一龍、高進忠，參將王浚之地也。縣獨石、龍門入犯宣東，而舊保安、長安嶺因以不守者，守備陳上表、李承勛、徐國泰、江騰龍之地也。長安嶺守備江騰龍罵賊殉節，奉旨議恤。得勝堡參將李全，保安知州閆生斗、守備徐國泰傳聞已死，未見的報，應行查明外，如鎮羌堡守備許平虜應從被賊攻圍城寨，不行固守而輒棄去律擬斬。王國禎等六員，應照守備不設，被賊侵入境内，擄掠人民頭畜律擬軍。督撫鎮道欽奉聖諭，申飭徒勤，玩泄如故，誰司表率，不得不爲法受過。按臣米助國據實糾參一疏，引其端於宣府，而大同之律凛如矣。惟是賊方深入，驅除正藉師武臣力，臨敵易將，兵家之忌。合無將許平虜提問，其餘各降三[六]級，戴罪殺賊，立功自贖，俟事平另議。是又皇上使過之機權，非臣等所敢擅議者也。既經奉諭參處，相應題請，伏候命下，遵奉施行。

崇禎七年七月廿八[七]日　郎中鄒毓祚

兵部爲欽奉上傳事奉旨咨行稿

兵部爲欽奉上傳事等因，崇禎七年七月二十八日太子少保、兵部尚書、仍加俸一級張等具題。二十九日奉聖旨："這得勝等堡失事各官偵備全疏，拒守不力，俱當從重論治。念兵事正殷，姑依議。許平虜著革了職，該巡按御史提問究擬。王國禎等都降三級，戴罪殺賊，立功自贖。督撫鎮道已有旨了。李全等還查明具奏。"欽此欽遵，擬合就行。爲此：

一、咨宣府巡撫、宣大總督、大同巡撫，宣府、大同各監視，合咨前去，煩照明旨内事理，行令鎮道一體欽遵施行。

一、咨都察院，合咨貴院，煩爲轉行宣、大巡按御史，照依明旨内事理，將許平虜提問究擬，限本年月旬[八]具奏。

崇禎七年八月日[九]　郎中鄒毓祚

趣發援兵等事疏[一〇]

太子少保、兵部尚書、仍加俸一級臣張等謹題，爲趣發援兵，以便相機調度事：

職方清吏司案呈，崇禎七年七月二十六日戌時奉本部送，御前發下紅本，該薊遼總督傅[一一]題稱，崇禎七年七月二十五日寅時准兵部咨，該本部題，爲飛報夷情事。奉聖旨："孫元力保孤城，且傷賊頗衆，勇奮可嘉，著即與紀録，有功員役俱查明優叙。據難民口供，賊窺蔚州，狡謀叵測。紫、馬等處倍宜萬分嚴毖。調援各兵通再飛檄督催，星速前去。仍著丁魁楚將到關日期馳奏，吳襄、尤世威聯絡出關、設奇邀擊事宜，著督臣悉心調度，毋失機會。"欽此欽遵。移咨到臣。該臣查得，自聞宣警，奉旨調發者，關、寧兵各一萬，薊、密兵各五千。今薊兵五千已赴防紫荊矣。密兵五千，已分二千赴防馬水矣，餘三千隨臣暫駐昌平。此外，度居庸者，僅吳襄所領之五千有奇耳，寧兵續發之五千尚未抵通，王應暉所領關兵計期可以抵通，尚未有文具報。尤世威所領五千，臣差夜役執令箭守催，亦未有文具報。至於關寧再調各一萬何日點發，尚未准兩撫臣之咨會也。吳襄寥寥一旅，寧能獨出當賊乎？伏乞主上敕部，速催山、永監視内臣張國元及尤世威所統關兵、寧錦監視内臣高起潛所統寧兵俱刻期抵昌，容臣與諸臣面商機宜，聯絡剿擊。其再調之二萬，點發若干，於何日起程，乞敕令撫臣楊嗣昌、方一藻速行回奏。庶微臣得藉諸臣同心之助，以少逭溺職之辜。至於王應暉所領五千，即在尤世威一萬數內，若復發之防紫、馬，則關兵之力又單矣。雖部疏已奉明旨，然楊嘉謨之五千，原以抵王應暉五千之數，臣疏業已題明，亦奉有俞旨矣。臣謹檄行應暉，於通州暫休一日，即赴昌平。蓋紫、馬防兵已多，而援宣之兵太少，不得不稍加劑量，非敢與該部相左，仰惟聖明鑒原。臣先於二十二日檄行吳襄，令以三千騎付之孟道等馳入懷來，以通宣鎮氣脉。旋於二十四日接得懷隆道臣張維世一禀、一揭，苛詆吳襄，且徑遺書於吳襄誚讓之，謂寧兵不必駐懷，襄憚之，僅發二千騎而已，臣竊不勝浩嘆。賊來則望援師之至，賊去則拒之，該道僅從一隅一時起見耳。若賊返而攻宣，或攻懷，該道能且援且守乎？援師出關，不於懷駐足，將焉往乎？臣無秋毫之力於宣，何敢爲責備主人之語？然封疆事重，不得不言。乞主上敕諭該道，多辦芻粟，以贍援兵。勿因奴騎偶南，遂作閉門之想。臣爲道臣，非爲援兵也。謹因趣發援兵而并及之，臣可勝激切待命之至等因。

崇禎七年七月二十六日戌時，奉聖旨：“尤世威、祖大弼援兵，即著張國元、高起潛速催，刻期抵關，以便策援王應暉貼防紫、馬。昨張國元疏稱，傅宗龍有硃票令箭，嚴趣前往，今又檄令赴昌。軍機如此游移，成何調度？還著遵前旨行。其關、寧各再調一萬，應否盡赴援宣，兵部確議速覆。張維世阻遏援兵，是何緣故？著自行回奏。宣東新經殘破，糧芻措辦亦難全責懷來，著戶部差去司官，同心料理，熟籌接濟，毋得諉卸，致誤急需。該部知道。”欽此欽遵。恭捧到部送司，案呈到部。除催援兵及調度事宜，飛檄各該督撫鎮道遵行，并札張維世，將阻遏援兵緣繇自行回奏，接濟芻糧，移戶部，札司官熟籌料理外，看得賊犯宣、雲，衆號十萬，非厚集干撊，不能制其死命，故臣部議調寧錦兵一萬，又調山、永、薊、密兵各一萬聯絡援宣，嗣因科臣常自裕題爲夷虜已進口內等事，臣部覆再調寧錦兵一萬，奉有"仍著寧錦撫鎮簡選精銳一萬，整勵以備策應"之旨。七月十七日，臣部覆薊、遼總督傅宗龍，題爲護陵援宣、決策宜審等事，奉有"再調關兵一萬，聽督臣酌量衝緩，分布設防"之旨，則此二萬之數，一則以備策應，一則分布設防。原來煞定專主援宣，今關外有警，且降丁尚未寧戢，寧兵合應自顧，未可輕移至關門。新舊兵八萬，爲力獨厚，故不妨再調一萬，以五千防中協，以五千防西協，用備不虞。庶不至顧遠失近，墮賊狡謀也。既經奉旨"確議覆"，相應覆請，合候命下，遵奉施行。

崇禎七年七月廿九日　郎中鄒毓祚[一二]

遼師再調援宣等事疏[一三]

太子少保、兵部尚書、仍加俸一級臣張等謹題，爲遼師再調援宣，彈壓必資大帥，極請聖明裁敕，以便遄發，以壯軍威事：

職方清吏司案呈，崇禎七年七月二十九日奉本部送，兵科抄出，該本部題前事等因。崇禎七年七月二十八日奉聖旨："調到援兵，除分防紫、馬外，恐不能綴奴援宣。今續調遼兵一萬，又以乏人統馭暫緩。爾部還有何調度，著再確議速奏。"欽此欽遵。抄出到部送司，案呈到部。看得援宣之兵，督臣原請三萬，用吳襄、尤世威、楊嘉謨統領。及紫、馬告急，督臣遂檄嘉謨領薊兵五千，又遣李淮、杜桂林領密兵二千赴防矣。其實在出關者，有吳襄等所統寧錦兵一萬，尤世威等所統山永兵一萬，又密鎮標兵三千，共計兵二萬三千。再合宣、大精鋒兵數萬，以之野戰，雖不足以之綴奴，凡出奇設伏，擊惰追亡，則不爲少矣。至楊嘉謨，夙稱戰將，提兵紫荆，亦非畫地自守。合與保撫丁魁楚酌議，簡精銳直趨浮圖峪、廣昌等處，相機邀截，使賊首尾受敵，勢窘就殲，總在督撫鎮運用之妙耳。臣部不能代爲謀也。既經奉旨"確議速奏"，相應覆請，合候命下，遵奉施行。

崇禎七年七月廿九[一四]日　郎中鄒毓祚

兵部爲遼師再調援宣等事奉旨咨行稿

兵部爲遼師再調援宣等事等因，崇禎七年七月初一日太子少保、兵部尚書、仍加俸一級張等具題。初二日子時奉聖旨："關寧援兵二萬并密標兵三千，俱係簡練精銳，與宣、雲聯絡犄角，審勢設奇辦賊。尤世威、祖大弼兵著再行檄催督臣，一面熟籌勝算，密約兩鎮，戮力驅剿，務出萬全。其紫、馬防援邀截事宜著該撫鎮相機力圖，毋少弛諉。爾部即行馳諭。"欽此欽遵，擬合就行。爲此：

一、咨薊、遼總督、山永、保定巡撫，遼東、大同各巡撫、宣府寧錦太監。

一、札付尤世威、祖大弼、董用文、楊嘉謨，合咨手本札前去，遵照明旨内事理欽遵施行。

崇禎七年八月日[一五]　郎中鄒毓祚

捉獲真正奸細事疏[一六]

太子少保、兵部尚書、仍加俸一級臣張等謹題，爲捉獲真正奸細事：

職方清吏司案呈，奉本部送，准宣府巡撫焦源清塘報前事内稱，崇禎七年七月二十五日准宣府總兵官張全昌塘報前事，本月二十三日據正兵營千總賈寶棣報稱，據家丁楊堂等在於水泉兒地方捉獲奸細一人，供稱的名劉雲，年二十九歲，係新保安人。原於崇禎六年六月内往娘子山探親，撞遇插漢夷賊搶出口去，起夷名乞太，向在夷營隨往。今有東奴將插酋部落調合一營，於本年七月初八日，從龍門邊進口，叫我頭前引路，從隆門關搶至灰窰子。又差我等五人打細，劉雲分探東路新保安、懷來岔道等處，其四人分探北路延慶州、永寧、四海冶、龍門、赤城、雲州、獨石、馬營。人馬要從蔚州犯搶大同回來，約定八月初一日要攻宣府，攻了宣府，然後徑上北京。如打聽的實，賞我牛羊，還與地種。仍有大旗一杆，上寫"順夷八年"等情到鎮，塘報到職。

據此具報間，本月二十六日，又據分巡口北道劉象瑤稟爲夷情事，本月二十五日，據鎮安堡守備李胤夒稟報，二十三日戌時，大庄窠等墩沿邊放炮，有哨夜陳世杰口報，賊夷二十餘騎扒墻圍攻本邊大庄窠墩，見墩上舉火放炮，無掠而去。卑職即差通夜梁仲才等出邊，登高密探得馬步賊夷約有一百餘騎，在於邊外地名石門兒溝，往南行走，乃牧馬堡邊界等情。又據金家庄堡防守劉光威報稱，二十四日午時據出口長哨王希昶等報稱，本日辰時，哨見穿白衣有馬夷人二百餘騎，從龍門邊外大西溝口徑往正西溝行走去訖等情。本日又據分守口北道范鑛報，爲緊急夷情事，本月二十六日未時，據南路通判屈必昌稟稱，本月二十二日巳時，奴兵萬餘從西城徑過，據逃回難民宋梅，係桃花堡人，口稱，於本月十七日虜至桃花，十八日，將堡門誘開，防守并軍民盡行擄去，房舍放火，容查明另報等情各報到職。據此，看得賊營欲從大同復來犯宣，處處供吐如出一口。而邊外夷人又復窺伺，屢有形踪。宣鎮兵力豈能分應？況鎮安、牧馬一帶逼近敖目巢穴，猶爲宣東隱憂也。非大發援兵，何以鎮其逆萌？桃花堡爲南路遠僻之區，被誘情形俟查明另報。係干軍情，理合塘報等因到部送司，案呈到部。

看得奴騎先後西行，昨圍蔚州，旋亦解去，則屢報往西合營之說近真。今奸諜劉雲所供，果謀從西東犯，且桃花堡已破，賊勢方熾，宣鎮前遣頗重耀尾擊之兵未足大創，當令吳襄援兵與張全昌刻期西會，協圖堵剿，更無容濡滯爲矣。既經塘報前來，理合具本題知。

崇禎七年七月廿九^{〔一七〕}日　郎中鄒毓祚

兵部爲捉獲真正奸細事奉旨咨行稿

兵部爲捉獲真正奸細事等因，崇禎七年七月二十九日太子少保兵部尚書仍加俸一級張等具題。八月初一日奉聖旨："報內事情已有旨了。"欽此欽遵，擬合就行。爲此：

一、咨宣府巡撫、宣鎮太監，札張全昌，合咨札前去，煩照明旨內事理欽遵施行。

崇禎七年八月日^{〔一八〕}　郎中鄒毓祚

遣兵遠哨事疏^{〔一九〕}

太子少保、兵部尚書、仍加俸一級臣張等謹題，爲遣兵遠哨事：

職方清吏司案呈，奉本部送，准薊、遼總督傅咨前事，內稱，本月二十九日據團練鎮總兵官吳襄塘報，本月二十四日蒙本部院憲牌行令本職，傳令副將孟道等挑選精鋭，前往雞鳴、宣府等處哨探等因。奉此，即於本日飛檄該將去後，今於二十八日據副將孟道回稱，職會同副將柏永馥、吳三桂、參游楊國柱、祖堯勇、楊倫、竇浚，於二十五日共選精鋭兵七十名，騎牽馬匹，責令守備顧有功帶領，前往宣府哨探，業經塘報外，於二十八日未時分據顧有功等回懷稟稱，役等二十五日到新保安，二十六日從雞鳴驛徑到宣府，并無奴賊情形。本日申時分至宣府南關外，彼處官兵不容進關，役等説稱，我係遼兵，來宣哨探，有撫監稟帖。彼兵接去，不多時，傳役等進南關，蒙頒犒。二十七日發出回書一封，役等討示，欲往南探奴賊的情，蒙撫監説，賊已往大同地方搶掠，離此甚遠。役等遂連夜回懷稟報等情到職。又蒙撫監與本職手書，屢報奴賊於七月二十二日已過西城，抵大同許家庄，近又至山陰應州矣。張大將軍久候貴營兵馬不至，亦先從東城、西城入雲中界矣。乞行旌從舊保安，繇深井而東西城應援雲中，庶聲勢可相聯絡也。塘報到職，隨於本日該本職又差內丁千總周遇吉等，帶領各營夷漢丁七十三名，牽騎馬匹，同懷來游營嚮導二名齊至懷來教場，賞以酒肉，前往大同、應州一帶等處遠哨，務得向往情形，星馳回報，請令進止，理合塘報等因到部送司，案呈到部。看得賊往大同，張全昌提兵西援，自是纓冠之義。使吳襄兵聯絡并進，綴賊之後，擊其尾撥，則賊必有所顧，而不敢長驅，應、朔、雁、寧之急可解。今株守懷來，徒以七十餘騎偵賊所向，偵探雖審，於策應無濟也。合敕吳襄、王應暉、尤世威、祖大弼，聯絡并進，前矛[二〇]、中權、後勁相望於途，庶幾有律之師。不然，俟其齊而後進，賊去愈遠，亦豈計之得哉？既經塘報前來，理合具本題知。

　　崇禎柒年捌月初一[二一]日　　郎中鄒毓祚

　　　　　　　　　　　　　　陳祖苞

　　　　　　　　　　　　　　鄭覲光

兵部爲遣兵遠哨事奉旨咨行稿

　　兵部爲遣兵遠哨事，該本部題云云等因，崇禎七年八月初二日太子少保、兵部尚書、仍加俸一級臣張等具題。初三日奉聖旨：“據報，宣東無賊，必合力犯雲。西援將士著速聯絡并進，綴奴夾擊，以收全勝。宣鎮尤宜嚴加偵備，不得因賊緩少弛。爾部即行馳諭。”欽此欽遵。恭捧到部送司，案呈到部，擬合就行。爲此：

　　一、咨宣府巡撫，煩照明內[二二]內事理，行令鎮道將領，一體欽遵施行。

一、手本宣府監視，咨薊、遼總督，札王應暉、尤世威、祖大弼、吳襄，煩遵照明旨内事理欽遵施行。

崇禎七年八月日〔二三〕　　郎中鄒毓祚

夷情事疏〔二四〕

太子少保、兵部尚書、仍加俸一級臣張等謹題，爲夷情事：

職方清吏司案呈，奉本部送，准宣府巡撫焦源清塘報前事内稱，崇禎七年七月二十七日據中路參將周紹先稟報，本月二十五日未時據龍門城守備李承勛稟稱：二十四日卯時，忽從本邊北火路傳烽，有騎馬達子三名驟至平路口墩下，有本墩軍人用槍對打，賊原路歸回訖等情具稟到職。據此，於二十五日稟報外，今本月二十六日申時，又據守備李承勛稟稱，二十五日申時，據原差長哨尚科、王一臣報稱，二十四日五更時分，有馬步賊夷二百餘名從極衝石門墩東空大舉進口之處而入，止有哨馬達子三名撲入許家衝攻墩。本墩傳烽，賊夷將守墩軍人周丢兒嘴岔重傷一箭，撲至地名平路口墩下，亦被墩軍持槍對打。賊知我兵追剿，回原路出口，往大北溝一帶去訖。塘報間，二十八日，又據上西路副總兵王浚稟報，本月二十五日據萬全右衛守備張一龍稟稱，二十六日午時分據通哨李尚孝等進口報稱，二十五日戌時分，哨至羊圈溝，有步夷十名，役等向前追趕，地名雙山去訖。二更時分，又在羊圈溝哨有騎馬達子六十餘名，從東北前來，往西行走。稟報間，二十六日寅時，據膳房堡守備王國禎差人口報，有第二臺出境夜役楊慶等報稱，哨見羊圈溝有騎馬夷人六七十名，近邊往西行走。隨督令軍丁赴邊堵回，往西北去訖。欲要深追，惟恐賊夷有詐，一面傳諭墩軍加謹瞭望，一面差哨役跟續找探外等因到職。

據此，除復行沿邊各道將倍加偵防外，本日又據分守口北道范鑛呈稱，本月二十七日據本道門下聽用官錢一桂報稱，蒙差往桃花堡探看。職等於二十六日進堡，至南面上查看，草塲內見堆草一大垛、一小垛，俱未動。南面垛口塌倒三個，北面塌倒一個，東面稍塌一處。西小倉鎖劃被劈損，糧俱未動。東倉洪字廒糧未動。燒毀四廒，兩廒有糧，兩廒是空的。局庫空，所存器械在城上，銅佛郎機一杆，小母炮一個，銅炮一位，鐵炮二十六位，三眼槍二十七杆，夾把槍八杆，閘刀一口，盔甲九十五副，鐵炸炮二百六十個，鐵子一盔。燒毀大察院後房一進。卑職據虜營放回本堡人朱繼果稱，達子十八日攻堡，脅誘百戶丁鎮下城，講說後，眾夷同鎮到門，誘門，一擁入堡，將該堡豐富之家逐門拷財。住夜，次日起營，將防守霍耀并弟霍三擄去，其耀妻女投井，丁鎮妻并甥武大、武二盡擄。堡中燒毀民房十五六處，約三百餘間，見在堡中潛藏老小并扒來民約五十人。深井操練回堡軍十四名，達營扒來軍十餘名，陸續來到。今將探來情形回報等因到道，轉報到職。據此，理合塘報。

本日又准本官爲官丁襲剿奴虜斬獲首級事，內稱，崇禎七年七月二十八日辰時，准宣府總兵官張全昌差夜役，賫火牌飛報前事，內稱，本職帶領各營官丁尾賊後勁，繇桃花口南下，至蔚州川等處，於二十四五等日遇虜哨撥，對敵節次斬獲強壯虜首二十顆，奪獲達馬五匹，盔甲六頂副，達弓十五張，夷箭三百二十枝，大刀十二口，奪獲牛羊二百一十三隻，仍督各官丁尾賊截剿外，理合先行飛報等因到職。

據此，係干襲剿斬獲首級，理合塘報等因各到部送司，案呈到部。看得賊破桃花堡在七月十八，塘報在七月二十八。張全昌報稱投順，王坤報稱誘開，偵探疏緩，情形不侔，固宜明旨之詰責也。今據撫臣焦源清塘報，賊攻該堡，脅誘百戶丁鎮講話，一擁而入，焚掠之慘遍及一堡，鎮之內豈足食哉？獨霍耀之妻女投井，凜凜節義可愧鬚眉丈夫，所當查明旌表。至於繇桃花口南下至蔚州川等處，我兵遇虜哨撥，節次斬級二十顆，差強人意，并當確查匯叙者也。既經塘報前來，理合具本題知。

崇禎柒年捌月初一日　郎中鄒毓祚

兵部爲夷情事奉旨咨行稿

兵部爲夷情事，該本部題云云等因，崇禎七年八月初二日太子少保、兵部尚書、仍加俸一級張等具題。初三日奉聖旨：“據報，桃花堡失事情形明係投順，殊可痛恨。該堡人民作何招集？墙垣、倉庫、糧料、器甲作何收拾修葺？該撫道速委勇幹官員上緊料理，不得弛玩。霍耀妻女准與查旌。其哨撥零級，俟賊平查明匯叙。”欽此欽遵，抄出到部，擬合就行。爲此：

一、咨宣府巡撫、宣府監視。

一、札張全昌，合咨札前去，煩照明旨內事理欽遵施行。

崇禎七年八月日[二五]　郎中鄒毓祚

偵探夷情的確據實報聞疏[二六]

太子少保、兵部尚書、仍加俸一級臣張等謹題，爲偵探夷情的確據實報聞事：

職方清吏司案呈，奉本部送，據聽用都司仲師孔稟報，本月二十一日，蒙差宣府赤城賫捧聖諭。二十二日至土木，據回鄉人康元口稱：奴賊自吐，我當日攻瀋陽、遼陽唾手可得，攻此土木、沙城、羊圈堡子，攻打三日，費我若許精兵、火器、雲梯、弓箭等物，是你奸細引路不當，將此人隨即斬訖，土木南關、西關房屋□□□[二七]。□[二八]守丘萬良腿中三矢，堡內傷亡壯丁□[二九]餘名。□炮□□□□□□□□[三〇]，將尸骨用木椽俱燒毀無存。沙城操守孫元左手中一箭。南關西關房屋燒毀。火炮打死奴賊百餘，尸骨盡行燒毀無存。傷亡本堡守城人五六十名。二十三日至雞鳴驛，見張總兵捉獲奸細一名，解送宣府。途間遇他，背〔三一〕審他緣繇，他招稱，係宣府人，二十一歲。本年二月内，共發我等一百奸細，妝扮和尚、道士，潛入城内，打探城内虛實。兵至城下，亦爲城夫，即爲内應。我在舊保安東城上笑喝：“上來了，上來了！”令人落膽，所以城失。宣府還有二十名奸細，仍使我入宣府作内應，不期被他們捉了。我們大兵共八萬，十個王子統領，宣、大分爲兩股，大同用事者、麻登雲、鮑承先、孟副將、楊副將、孔有德、耿二、尚四。宣府替奴用事者，乃王世選、黄士英、劉朋、曹副將，搶□一帶與大同賊合營住居。蔚州川精兵練兵，其弱兵收秋，預備糧料。待至十月時候，從五臺山、雁門關犯南搶北京等情。

　　本日未時入宣府，焦巡撫、范兵備等跪接聖諭畢，隨即布散遵行，取要回文。焦巡撫面諭説，深井堡打死王子一個、賊夷無數。二十四日，從宣府前往赤城。一路傳烽，探係從鎮安堡達賊入口，約有一百七八十騎在雲州樣墩下扎營。本日晚，至龍門城外草塲内宿。次早二十五日，奔至赤城，到南城樓上見劉兵道取回文。劉兵道著都司劉炳業、守備於廷輔沿城遍看，每垛口安設大炮三位，三眼槍、钁頭槍極多。每座城樓内俱有火藥、火器、鉛子、鐵子，取之不竭，用之不盡。造射賊箭二萬餘枝，做箭□□□。劉兵道替滿城人大拜四拜，央告説：“如此孤城，爾等用力護守。”劉炳業四面提調運籌，井井有條。攻打二日，傷亡奴賊極多，盡行燒毀。攻打二日，城内未傷一軍一民。二十六日，從赤城至雕鶚。奴賊從堡西出川，本堡操守劉永亨奮力用火炮弓箭射打，斬獲首級二顆，戰馬三匹。奴賊至長安嶺，從東山、西山邊墻而入，一堡軍民盡壞，江守備全家被戮，止遺八十

歲孀婦，掠去，行至半途，其婦滾崖欲死，將腿跌折。此一番到
處，軍民俱有壯志，奴賊傷折甚多，即在宣府下營時，將稭黍稭
妝成人形，站立營内，虛張聲勢。又據回鄉人報說，賊箭已無，
火藥、鉛、鐵子俱盡，其馬已乏等情到部送司，案呈到部。

看得奴賊此番入犯，勢分氣弱，所在折傷，視昔年攻陷遼、
瀋，其凶焰迥殊，亦繇我城守官軍頗懷壯志耳。如仲師孔所控土
木、沙城二小堡，果能擊殺三百餘人，若深井堡則所斃尤多，殲
其王子，而龍門道將之賈勇斬獲、長安江弁之殉節捐軀，與各報
皆同，良足紓華夏之氣已。今彼矢盡馬疲，至聞束草爲人，峒疑
虛喝，且多用奸叛以爲腹心，歷歷供吐如一，則乘機用間、用
襲，皆無容以少緩者。應悉催調援兵，將與宣兵聯絡追擊，務期
蕩掃狂氛，毋徒恃攖城之固，使蔓延無已時也。既經稟報前來，
理合具本題知。

崇禎七年八月初一日　郎中鄒毓祚

陳祖苞

鄭覲光

兵部爲偵探夷情的確等事奉旨咨行稿

兵部爲偵探夷情的確等事，該本部題云云等因，崇禎七年八
月初二日太子少保、兵部尚書、仍加俸一級張等具題。初三日奉
聖旨："報内逆賊多用奸民，自二月已入鎮城，全無詰察，至保
安即充役登陴一呼城陷，皆繇守將疏庸，坐令狡逞。賊營束稭作
隊，引我炮箭。回鄉供矢盡馬疲，誘懈軍心，此行兵詭套，明白
易見，何得輕信？該部馳諭軍前，益加嚴飭。"欽此欽遵。抄出
到部送司，案呈到部，擬合就行。爲此：

一、咨薊、遼總督、宣大總督、大同巡撫、宣府巡撫、大同
監視、宣府監視，合咨前去，煩照明旨内事理，行令鎮道將領一

體欽遵施行。

　　崇禎七年七月〔三二〕日〔三三〕　　郎中鄒毓祚

缺官事推補守備宣府長安嶺堡地方江騰龍員缺疏〔三四〕

　　太子少保、兵部尚書、仍加俸一級臣張等謹題，爲缺官事：

　　職方清吏司案呈，照得守備宣府長安嶺堡地方江騰龍，近該本部題報殉節，奉旨查叙恤。所有員缺合當推補，案呈到部。臣等從公推舉，得恢復四城叙功，題加守備候補田國珠〔三五〕，恢復四城叙功題加把總候補陳應武〔三六〕，俱各堪任。伏乞聖明於内簡命一員，量升署指揮僉事，守備前項地方。如用田國珠，照例以都指揮體統行事。候命下之日，本部備查。原擬責任，札令欽遵任事。

　　計開擬堪守備宣府長安嶺堡地方官二員：

　　田國珠，年四十四歲，係宣府懷安衛鎮撫。崇禎三年七月，恢復四城叙功，題加守備，該薊鎮總管俞安性薦一次。崇禎五年春試技勇優等。

　　陳應武，年四十歲，係保鎮加衛官。崇禎四年三月，恢復四城叙功，題加把總。五年春試技勇優等。

　　崇禎七年八月初六日　　郎中鄒毓祚

　　　　　　　　　　　　　　陳祖苞

　　　　　　　　　　　　　　鄭覲光

兵部爲缺官事奉旨咨行稿

　　兵部爲缺官事，該本部題云云等因，崇禎七年八月初七日太子少保、兵部尚書、仍加俸一級張等具題，初九日奉聖旨："有點的依擬用。"欽此。内田國珠有點，抄捧送司，案呈到部，擬合就行。爲此，除札仰田國珠定限本年本月日〔三七〕到任外，

　　一、咨宣府巡撫，合咨前去，煩照本部題奉欽依事理，行令

本官，欽遵到任。仍將到任日期同原奉本部札付并履歷緣繇呈報巡撫衙門，繳部查考。如或過違，照例參究施行。

一、咨都察院，合咨貴院，煩爲轉行宣、大巡按御史，照依本部題奉欽依事理，行令本官依限到任，如或過違，照例參究施行。

一、咨宣大總督，合咨前去，煩照本部題奉欽依事理欽遵查照施行。

一、札田國珠。

崇禎七年八月日〔三八〕　郎中鄒毓祚

飛報大捷事疏〔三九〕

太子少保、兵部尚書、仍加俸一級臣張等謹題，爲飛報大捷事：

職方清吏司案呈，奉本部送，八月初九日辰時據宣府巡撫下差官張寧、總兵下差官劉英執令箭口報：初三日，總兵張全昌提兵入大同境許家庄，初四日，差撥兒馬到西安堡圪塔頭一帶出探，見虜賊搶掠，總兵挑選馬兵五百名追赶前去。初五日，與賊對敵，斬獲十餘級。賊四面伏起圍我，前兵飛報，總兵親提人馬二千名，於渾源州與賊鏖戰，前後就陣斬獲首級共一百二十餘顆。內有穿紅蟒甲夷人，衝鋒迎敵，當即斬獲。奪獲達馬三十餘匹，器械盔甲無算。重傷官兵百十餘人，俟查明另報。又恐眾寡不敵，總兵收兵。二更時候，回至桑乾河，扎營河北等情。

口報到部送司，案呈到部。看得奴自入犯，我兵未與交鋒，間有斬獲，非嬰城之炮擊，即零騎之邀截，從未有臨陣斬級至百以外者，有之自張全昌始。且以少擊眾，可謂能出奇者矣。今大兵西出，該鎮之膽氣益壯，而一戰奏捷，我軍之先鋒益張，奴之殄也其有日矣。有功員役、傷亡將士俱應速查叙恤，以鼓士氣可耳。既經口報前來，理合具本題知。

　　崇禎七年八月初九[四〇]日　郎中鄒毓祚

　　　　　　　　　　　　　　陳祖苞

　　　　　　　　　　　　　　鄭覲光

兵部爲飛報大捷事奉旨咨行稿

　　兵部爲飛報大捷事，該本部題等因，崇禎七年八月初九日太子少保、兵部尚書、仍加俸一級張等具題，初九日奉聖旨："據報，渾源州與敵鏖戰，斬級百餘，具見該鎮勇略，官丁用命，著速行敘賚，傷亡將士一并查恤。大兵雲集，張全昌益協謀奮銳，動必萬全，毋得狃勝少懈。"欽此欽遵，擬合就行。爲此：

　　一、咨宣府巡撫，合咨前去，煩照明旨內事理，將有功員役及傷亡將士一并查明，限文到五日內回奏，以憑敘恤施行。

　　一、咨宣大總督，手本宣鎮監視，札付張全昌，合咨、手本、札前去，遵照明旨內事理，欽遵施行。

　　一、咨都察院，合咨貴院，煩爲轉行宣、大巡按御史，遵照明旨內事理，將有功員役及傷亡將士一并查明。限文到五日內回奏，以憑敘恤施行。

　　崇禎七年八月日[四一]　郎中鄒毓祚

　　　　　　　　　　　　陳祖苞

　　　　　　　　　　　　鄭覲光

缺官事推補宣府保安舊城地方守
備徐國泰員缺疏[四二]

　　太子少保、兵部尚書、仍加俸一級臣張等謹題，爲缺官事：

　　職方清吏司案呈，照得守備宣府保安舊城地方徐國泰久報陣亡，所有員缺合當推補，案呈到部。臣等從公推舉，得宣府懷來衛鎮撫王家裕，已推守備職銜、管保鎮倒馬關右部千總事、署指揮僉事候補王承業，俱各堪任，伏乞聖明於内簡命一員，照例以都指揮體統行事，守備前項地方。如用王家裕，量升署指揮僉事。候命下之日，本部備查原任責任，札令欽遵任事。

計開擬堪守備宣府保安舊城地方官二員：

王家裕，年四十一歲，係宣府懷來衛鎮撫。崇禎五年二月敘目敘功，題加守備，該宣府巡撫焦源清等薦七次。

王承業，年三十八歲，係宣府前衛武舉，署所鎮撫。天啓三年四月，推守備，管保鎮倒馬關右部千總事，因缺裁別用。崇禎七年春試，技勇優等。

崇禎七年八月初十日　郎中鄒毓祚

陳祖苞

鄭覲光

兵部爲缺官事奉旨咨行稿

兵部爲缺官事等因，崇禎七年八月十一日太子少保、兵部尚書、仍加俸一級張等具題。十三日奉聖旨：“有點的依擬用。”欽此。内王家裕有點，抄捧送司，案呈到部，擬合就行。爲此，除札仰王家裕定限本年本月廿二日〔四三〕到任外，合咨前去，煩照本部題奉欽依事理，行令本官依限到任。仍將到任日期同原奉本部札付并履歷緣繇呈報巡撫衙門，繳部查考。如或過違，照例參究施行。

一、咨都察院，合咨貴院，煩爲轉行宣、大巡按御史，照依本部題奉欽依事理，行令本官依限到任。如或過違，照例參究施行。

崇禎七年八月十六〔四四〕日　郎中鄒毓祚

陳祖苞

鄭覲光

遣人廣布聖諭等事疏〔四五〕

太子少保、兵部尚書、仍加俸一級臣張等謹題，爲遣人廣布聖諭，用間密勾叛將事：

職方清吏司案呈，奉本部送，准宣府巡撫焦源清塘報前事內稱：自奴酋未犯宣鎮時，職因叛將王世選家屬住居柴溝，每與監視計議，欲寄一信，以感動其心，未得其便。及賊虜突至鎮城沙嶺，職隨諭令下西路副將查國寧，安慰其妻子，并查問其姓名。據查副將開報妻妾子女共九名口，隨於七月二十五日監視差旗鼓搬入鎮城覊養外，二十六日，密喚伊素所親信旗牌陰得春到官，職同監視按院多方奬諭，令其務入虜營，相機誘勸伊主，早圖歸正。春遂慨然願去，職等厚給安家路費，將聖諭數道令藏衣內，并帶王世選妻妾私書，再差標下旗牌官張強，帶領道丁陳善政等護送前去。今年八月初七日，據張強等稟稱：小的等於二十八日午時到許家庄，連夜步走，二十九日到禿角寺。此路并無人馬踪迹，村人也無一個行走。八月初一日巳時到西安堡，有本堡劉守備言稱，達賊撥兒馬見在河南三五里之地，大營離本堡十餘里，你等又無馬匹，緣何哨探？再三阻攔，不允前行。小的等回稱："我們奉差，要見虜賊行迹，你若阻我，我等憑甚回話？劉守備方允小的等即時起行。過桑乾河南，午時到地名新橋堡。堡內并無一人。離西安堡十里，離河岸五里，絶無一人行走。又望見達賊撥兒馬十數匹來行走。又遇逃回難民姓趙，係下花園人，說稱王世選見在東營，曾問他的妻妾。得春與小的等商議，咱們離大營二三里，可以去得，就是撥兒馬撞見著我，我亦有話回他。說訖泪下。"又說："我身著小綿襖，內縫聖諭，咱既知王世選營在東壁，我從此去，可以正撞。"又說："咱們相約在高家店等，若過三日，不必等我延誤。申未時分，得春與小的等分別往正南撲營去訖，小的等正望間，忽遇來降男子一人，説稱達賊已攻破東關，明早人馬過河，又攻大同。小的等即時過河，回高家店。初二日巳時，達賊哨馬過河，到西安堡地方搶掠，小的等見得各村堡慌亂，人民東西奔走，有放槍炮者。小的等亦從高家店奔走一晝夜，至明，初三日辰時，方到許家庄"等情到職。據此，又接在京原任總兵黑雲龍移送監視并職密書四封，乃專致麻、鮑諸叛將者，其中言言皆愷切勸化之語。職與監視六次差人業盡布入虜營矣。又有鎮城王胤，久在東奴寨内，近聞亦隨大營入犯。職已覓伊女婿李本固，携帶聖諭，并差健丁護送，亦向虜營找尋王胤，多方感動，令其歸正矣。俟有次第，另行飛報。

事干夷情，理合先行塘報等因到部送司，案呈到部。看得叛將王世選家屬九名口，住居柴溝，該撫收以入城，慰藉備至。而又遣親信陰得春，密齎聖諭及伊妻子私書徑投虜營，與黑雲龍手扎及陷虜王胤之女婿，亦潛入虜營，多方布搆，儻邀皇上之威灵，間諜得行，叛逆悔禍，内外合應，殲奴端在此舉。既經塘報前來，理合具本題知。

崇禎七年八月十一[四六]日　郎中鄒毓祚

　　　　　　　　　陳祖苞

　　　　　　　　　鄭覲光

兵部爲遣人廣布聖諭等事奉旨咨行稿

兵部爲遣人廣布聖諭等事等因崇禎七年八月十一日太子少保、兵部尚書、仍加俸一級張等具題。十三日奉聖旨："知道了。張强等既係相約，何又遽回？并所稱六次差人果否得布入賊營？還著購募死士，務期必達，確得實情，以便接應。仍將有何機遘先行馳奏。新橋堡并無一人，及賊破東關，失事情形，報内殊未詳晰，并著確查奏明。"欽此欽遵，擬合就行。

爲此：

一、行宣大總督、宣府巡撫、宣府監視，合咨前去，煩照明旨内事理，限文到五日内確查具奏。

崇禎七年八月日〔四七〕　郎中鄒毓祚

陳祖苞

鄭覲光

緊急夷情事疏〔四八〕

太子少保、兵部尚書、仍加俸一級臣張等謹題，爲緊急夷情事：

職方清吏司案呈，奉本部送，准宣府巡撫焦源清塘報前事内稱：案照八月二十九日，據駐防懷安城鋒營游擊頗重耀等禀稱，奴賊哨馬攻犯懷安，被西洋炮打退，不敢臨城，往東行走，已經塘報外，今本月三十日未時，據塘馬家丁口報，奴賊哨馬從舊懷安紅塘溝直到左衛地方，見我撥哨接續前去，隨於閆家堡外扎營，離鎮城三十餘里，未敢東向，等情口報到職。據此看得奴賊哨馬耽耽閆家堡外，即前犯懷安被炮擊退之虜，今復敢近鎮城，想其大營聯絡不遠。隨一面嚴督慎固城守一面會同宣鎮、寧錦兩監視，督發主客官兵，在於鎮城西門外安營堵截外，再照高監視所統官兵已駐大城之内，兹當夷氛孔棘之時，恐難以譏察，且倉場、庫局最宜嚴謹，後有續來援兵到鎮，仍令南關駐宿，免致他虞。職等蓋爲根本重地非敢异同也，係干緊急夷情，理合塘報等因到部送司，案呈到部。爲照陽和、大同之賊，以屢挫東趨，緜懷安左衛進逼宣鎮，賊之伎倆不過如斯，而我兵不以此時整隊出城，奮懔殲賊，更復何待？極應如議，即敕高起潛所統援兵并續到援兵，分營城外關廂，互爲犄角，以便合剿可也。既經塘報前來，理合具本題知。

崇禎七年閏八月初三〔四九〕日　郎中鄒毓祚

陳祖苞

鄭覲光

兵部爲緊急夷情事奉旨咨行稿

兵部爲緊急夷情事等因，崇禎七年閏八月初三日太子少保、兵部尚書、仍加俸一級張等具題。初四日奉聖旨："援兵犄角策應，自當分營城外，協力奮剿，已有屢旨。爾部再行馳飭。"欽此欽遵，擬合就行。爲此：

一、咨宣府巡撫、薊、遼總督，手本寧錦太監、宣鎮太監，合咨手本前去，遵照明旨内事理，欽遵施行。

崇禎七年閏八月初六日　郎中郎中鄒毓祚

陳祖苞

鄭覲光

斬獲首級奪回難民事疏〔五○〕

太子少保、兵部尚書、仍加俸一級臣張等謹題，爲斬獲首級、奪回難民事：

職方清吏司案呈，奉本部送，准宣府巡撫焦源清塘報前事内稱，本年閏八月十二日辰時據上西路新開口堡守備司進惠稟報前事：本月初九日，卑職差任丁高現表等二十名，俱騎卑職自養戰馬，令其出口尾哨東奴去向遠近，間有監視標下聽用官楊科來堡，因弟楊舉出哨，科亦願同去，於初九日辰時從本邊紅崖臺出口去訖。今於初十日巳時進邊稟稱，役等尾奴哨路，往東北行走，至戌時到於興和東北，離邊約遠六七十里，瞭見東夷後撥，約有五六十名，在彼團坐造飯。役等商議夷多寡，對敵不利，不若待夷睡熟劫營方可。是以各役伏於深溝之内，於亥時分，各役上馬，一齊吶喊撲砍夷人，營内夷果不曾准備，措手不及。又見夜黑，不知我兵多寡，四散奔逃。乘機各役拼命死戰，就陣斬獲首級五顆，奪回難民男婦楊文等一十七名口。因在邊外，各役不敢久停，連夜回走。至初十日進邊内。查得監視聽用官楊科親斬首級一顆，弓一張，刀一口，箭十一枝。卑職任丁高現表爲首，任丁閆[五一]舉爲從，斬級一顆。任丁張科爲首，健丁閆唤爲從，斬級一顆。得夷槍一杆。健丁霍希光爲首，任丁黄仲武爲從，斬級一顆，弓一張，箭七枝。健丁張茂益爲首，健丁韓士寅爲從，斬級一顆。查驗俱係壯級。又查得輕傷家丁鄒三等二名，射死卑職自養戰馬一匹。其難民卑職暫行收養。稟報到職。據此，看得楊科等勇往邊外，黰夜斬級，驚散群夷，奪回難民，亦足以折逆虜復逞之萌。除將有功員役量行賞賚示勸，難回[五二]查明，聽主認領，及飛行各邊，一面搜剿，一面嚴防外，理合塘報等因到部送司，案呈到部。看得賊夷東遁，後撥尚詭伏近邊，楊科等僅以三十人，出口遠哨夜襲，致驚奔散亂，斬級五顆，奪回男婦十七名口，可稱奮勇。而司進惠之所遣得人，亦有足多者。雖未能大有俘馘，而較之皇皇王斾者，不啻霄壤矣[五三]。應查加賚，以示激勵。既經塘報前來，理合具本題知。

崇禎七年閏八月十四[五四]日　郎中鄒毓祚

陳祖苞

鄭覲光[五五]

兵部爲斬獲首級等事

兵部爲斬獲首級等事等因，崇禎七年閏八月十五日太子少保、兵部尚書、仍加俸一級張等具題。十八日奉聖旨："已有旨了。"欽此欽遵，擬合就行。爲此：

一、咨宣府巡撫，合咨前去，遵照先今明旨内事理欽遵查照施行。

　　　　　　　　　　　　　陳祖苞

　　　　　　　　　　　　　鄭覯光

鹵簿大駕告成等事疏〔五七〕

　　太子少保、兵部尚書、仍加俸一級臣張等謹題，爲鹵簿大駕告成，群臣宜叙彙題，懇乞聖明均加恩典，以彰皇仁優渥，共效涓埃事：

　　武選清吏司案呈，奉本部送，准工部咨前事稱：營繕清吏司案呈，內開鹵簿大駕告成，例有錫予，以昭在事之勞，以普同天之慶，至巨典也。向閱司設監疏，以爲例所必收，便爲恩不容已。故依照原題，分別擬議。乃皇上率繇舊章，以皇祖六年叙例示臣簡照，臣敢不遵奉？合於例者極爲收之，違於例者極爲汰之。即如錦衣衛，是始終其事者。今據來文痛自裁抑。官已汰去三十二員，役已汰去六名，其餘照揭列叙。該衛既實見得效勞，於工不敢遺置，臣等又何敢過侁而不以之上聞？

　　內一擬應首叙官一員：錦衣衛掌印王世盛；一擬應并叙官三員：錦衣衛僉書官鄒之有、吳孟明、陳居恭；一擬升級，指揮千戶等官十一員：鄭世英、王吉士、王永善、陸世標、曹化雨、李國禧、倪金善、李承廳、許世蕃、田祥、金世賢；一擬升一級，東廠旗尉十二名：朱廷卿、艾士俊、鄭遇明、常恩紀、常新、魏埴、蔣文舉、蔡如松、曹爲之、朱國光、李芳春、田家慶；一擬升一級錦衣衛旗尉十二名：錢有經、李國光、杜際科、李文、魏允祥、左邦啓、卞承祿、呂允達、劉君受、蔣濱、劉國光、李時芳等因具題。

　　崇禎七年八月二十八日奉聖旨："這鹵簿造完，各官效有勤勞，周士樸、王世盛各賞銀三十兩、紵絲二表裏。李遇知、程紹各賞銀二十兩，紵絲一表裏。鄒之有、吳孟明、陳居恭各賞銀二十兩，紵絲一表裏。黃孫茂、湯一湛、呂一經各賞銀十兩。馮敬舒、任宣李各賞銀五兩。鄭世英等各升一級。薛紹賢、薛良標各升一級。朱廷卿等、錢有經等各升一級。吳致美等各賞銀三兩。王愛等各賞銀二兩。其餘准選升級、升俸、冠帶，俱依擬。”欽此欽遵，抄出到部送司。奉此，除移咨吏部外，所有錦衣衛并東廠員役事隸兵部，相應咨會案呈到部，擬合就行，咨會前來。於閏八月初六等因到部送司。內除錦衣衛欽賞各官，已經奉有明旨，無容議覆外，其奉旨升一級各官、旗、尉、力相應擬升，隨准錦衣衛經歷司開送應升各官、旗、尉、力姓名所司前來。查得題准事例，凡指揮僉事升一級者，該升指揮同知；正千户該升指揮僉事，副千户該升正千户，實授百户該升副千户，試百户該升實授百户，總旗該升試百户，小旗該升總旗，較尉該升小旗，力軍、力士俱該升較尉。謹按該部咨中開列名次，逐一查明，叙升不敢以職之大小爲序，蓋照咨中前後名次，不敢更對也。通查案呈到部，看得鹵簿大駕告成，錦衣衛、東廠效勞員役經工部題叙升級，奉有明旨到部，又准錦衣衛經歷司開送職級、姓名前來，該司查對明白，相應照邦政條例題請，合候命下臣部，將後開指揮、千百户、旗、尉、力鄭世英等各升一級，移文錦衣衛知會施行。

緣係鹵簿大駕告成，群臣移叙匯題，懇乞聖明均加恩典，以彰皇仁優渥，共效涓埃事理，未敢擅便，謹題請旨。

計開應[五八]升官、旗、尉、力共三十五員名：

鄭世英，係衣左所正千户，應升指揮僉事；

王吉士，係衣前所正千户，應升指揮僉事。查案原降三級照舊，今應仍帶降三級，照舊管事；

王永善，係衣中所副千户，應升正千户；

陸世標，係衣中所署副千户，應升署正千户。查案原降三級
照舊，今應仍帶降三級，照舊管事；

曹化雨，係衣右所指揮僉事，應升指揮同知；

李國禧，係衣左所指揮僉事，應升指揮同知；

倪金善，係衣中所旛幢司試百户，應升實授百户；

李承廕，係衣左所正千户，應升指揮僉事；

許世蕃，係衣左所戈戟司實授百户，應升副千户；

田祥，係衣前所副千户，應升正千户；

金世賢，係衣左所指揮僉事，應升指揮同知；

朱廷卿，係衣後所班班[五九]司較尉，應升小旗；

艾士俊，係衣後所扇手司較尉，應升小旗；

鄭遇明，係衣左所戈戟司力士，應升較尉；

常恩，係衣前所戈戟司力士，應升較尉；

紀常新，係衣中所班劍司較尉，應升小旗；

魏埴，係衣中所旛幢司力士，應升較尉；

蔣文舉，係衣左所旌節司較尉，應升小旗；

蔡如松，係衣中所戈戟司小旗，應升總旗；

曹爲之，係衣中所扇手司小旗，應升總旗；

朱國光，係衣後所扇手司力軍，應升較尉；

李芳春，係衣右所戈戟司力士，應升較尉；

田家慶，係衣左所斧鉞司力士，應升較尉；

錢有經，係衣後所弓矢司總旗，應升試百户；

李國光，係衣左所馴馬司總旗，應升試百户；

杜際科，係衣前所扇手司較尉，應升小旗；

李文，係衣右所鑾輿司小旗，應升總旗；

魏允祥。係衣左所戈戟司總旗，應升試百户；

左邦啓，係衣左所旛幢司力士，應升較尉；

卞承祿，係衣前所扇手司較尉，應升小旗；

吕允達，係衣中所戈戟司較尉，應升小旗；

劉君受，係上左所力士，應升較尉；

蔣濱，係衣後所戈戟司較尉，應升小旗；

劉國光，係衣左所班劍司總旗，應升試百户；

李時芳，係衣後所擎蓋司小旗，應升總旗；

崇禎柒年閏捌月十八日　郎中李若愚[六〇]。

兵部爲鹵簿大駕告成等事奉旨咨行文

兵部爲鹵簿大駕告成等事，該本部題云云等因，崇禎七年閏八月二十日太子少保、兵部尚書、仍加俸一級張等具題。二十二日奉聖旨："曹化雨、李國禧、金世賢各升指揮同知。鄭世英、王吉士、李承廕各升指揮僉事。王吉士降級照舊。王永善、田祥各升正千户。陸世標升署正千户，降級照舊。許世蕃升副千户。倪金善升實授百户。錢有經、李國光、魏永祥、劉國光俱升試百户。蔡如松等四名升總旗。朱廷卿等八名升小旗。鄭遇明等八名升較尉。俱依擬。"欽此欽遵，擬合就行。爲此，速送該司，仰行錦衣衛經歷司呈衛，轉行該所官吏，照依本部題奉欽依内事理欽遵查照行。

崇禎七年閏八月廿六日　郎中李若愚

缺官事推補四川行都司軍政掌印
范祖文員缺疏[六一]

太子少保、兵部尚書、仍加俸一級臣張等謹題，爲缺官事：

武選清吏司案呈，照得四川行都司軍政掌印范祖文，近該四川巡撫劉題，仍以游擊留管巡撫標下中軍事務，本部覆奉欽依訖。所有員缺，合當推補，案呈到部。臣等從公推舉，得已推都司僉事職銜、管保鎮天津橫海營尤吉將軍事、署都指揮僉事候補黄定儀、原任浙江温處參將、署都指揮僉事降補顔國泰〔六二〕，俱各堪任，伏乞聖明於内簡命一、員。如用黄定儀，仍以都司僉書職銜，管四川行都司軍政掌印事；如用顔國泰，降補都司僉書職銜，管前項事。緣係缺官事理，未敢擅便開坐，謹題請旨。

計開擬堪四川行都司軍政掌印官二員：

黄定儀。年四十六歲，係湖廣黄州衛武舉，署所鎮撫。萬曆四十八年二月，推湖廣郴桂守備。天啓三年二月，推江西軍政都司軍政僉書。四年十二月，該湖廣巡撫薛貞參革，崇禎四年十月起補都司僉書職銜，管貴州貴陽總兵標下中軍坐營事，未任，因員缺議裁。六年十二月，仍以原官補管保鎮天津橫海營尤吉將軍事，因員缺題補周天命，本官回部另用。兹值前缺，相應推補。

顔國泰。年三十二歲，係山西寧武所武舉，署所鎮撫。天啓二年四月，推陝西分巡關内道中軍守備。六年二月，推萬全都司軍政僉書，因員缺題補李時新，本官另用。五月，題補中都留守司軍政僉書，管領京操春班官軍事務。十二月，題加尤吉將軍職銜，照舊管事。七年九月，題加參將職銜，照舊管事。十月，調浙江温處參將。崇禎二年二月，本部題參。三年九月，本官奏辯部覆，以都司僉書降用。四年二月，浙江叙功，照降級起用。六年春試，技勇優等。兹值前缺，相應降補。

崇禎七年閏八月廿四日　　郎中李若愚〔六三〕

兵部爲缺官事奉旨咨行稿

兵部爲缺官事，該本部題云云等因，崇禎七年閏八月二十日太子少保、本部尚書、仍加俸一級張等具題，二十七日奉聖旨："有點的依擬用。"欽此。黄定儀有點，欽遵擬合就行。爲此，除仰本官定限次年正月初三日到任外，合咨前去，煩照本部題奉欽依内事理欽遵查照施行。

一、咨四川巡撫。

崇禎七年閏八月初三日　　郎中李若愚

本部題奴孽猖狂等事奏疏[六四]

太子少保、兵部尚書、仍加俸一級臣張鳳翼等謹奏，爲奴孽猖狂未戢，微臣溺職殊深，懇乞聖明極賜處分，以厘邊政事：

本部題，崇禎七年閏八月二十八日奉聖旨："籌邊制勝，責在中樞。目今賊夷狂遁，綢繆宜極。凡選將、練兵、繕城、儲器一應事宜，卿等著悉心區畫。務期提衡各鎮，力洗蒙玩積習，圖後蓋前，不必合詞引罪。該部知道。"

校勘記

〔一〕此爲影印本《總匯》第17冊，第1350號，第1頁。編者擬題爲"兵部尚書張鳳翼等爲再調遼兵一萬援宣并令撫臣整搠以待事題稿 崇禎七年七月二十七日"。原件首頁首行有明廷兵部檔案號"宿字一百九十四號"。題目下有"文書寫訖"四字，其右側有"寫訖"二字。下一行上面有小字"題"字。再下一行有"旨下"二字，其下有"陳中郎稿"四字。最下是人名"葉應中"。

〔二〕"晭"，據文意當作"聒"。

〔三〕本件在前奏疏後，似移行稿，但僅錄聖旨，沒有處理意見和結果，又似未完稿，姑擬此題。

〔四〕原件"日"字前後空白。

〔五〕此爲影印本《總匯》第17冊，第1354號，第28頁。編者擬題爲"兵部尚書張鳳翼等爲遵旨覆實參處薊、遼失事將領事題行稿 崇禎七年七月二十八日"。原件題目上面有大字"題"字，其下有"文書寫訖"四字。下一行有小字"題"字、大字"題"二字。再下一行有大字"即刻上傳"四字。其下有"行訖"二字。最下是人名"葉應中"。

〔六〕"三"字，原件右側有"叁"字，然"三"字未刪。

〔七〕"廿八"右側有小字"廿八"。

〔八〕"月旬"各字前俱空。

〔九〕"日"字前空白，右側旁有"初一"二字。

〔一〇〕此爲影印本《總匯》第17册，第1359號，第68頁。編者擬題爲"兵部尚書張鳳翼等爲賊犯宣、雲調兵協防事題稿　崇禎七年七月二十九日"。原件首頁首行有明廷兵部檔案號"宿字二百〇九號"。題目上面有大字"題"字，其下有小字"題"字、大字"題"字，其下有"寫訖"二字。右側有三行小字："其再調寧兵一萬，關外有警，未可輕動。今再調關門兵一萬，以五千防中協，以五千防西協。"下一行有小字"有貼黄""行訖"等字。最下是人名"葉應中"。

〔一一〕原件"傅"後空兩格，據後文疏當作"宗龍"。

〔一二〕原件本奏疏後有提要，今附録於此："兵部題爲趣發援兵等事：該薊、遼總督傅宗龍題前事，臣等看得賊犯宣、雲，衆號十萬，非厚集干撤，不能制其死命。故臣部議調寧錦兵一萬，又調山、永、薊、密兵各一萬，聯絡援宣，嗣因覆科臣常自裕疏，再調寧錦兵一萬；又覆督臣傅宗龍疏，再調關兵一萬，此二萬之數，一則以備策應，一則分布設防。原來專主援宣，今關外有警，且降丁未寧，合應自顧。至關門新舊兵八萬，爲力獨厚，不妨再調一萬，分防中西兩協，用備不虞。謹題。"

〔一三〕此爲影印本《總匯》第17册，第1360號，第80頁。編者擬題爲"兵部尚書張鳳翼等爲遵旨確議統帥再調援宣、遼師之將領事題行稿　崇禎七年七月二十九日"。原件首頁首行有明廷兵部檔案號"宿字二百一十三號"。題目上面有大字"題"字，其下有小字"寫訖"二字。下一行有小字"題"、大字"題"二字。其下有"吴襄遼兵一萬，尤世威領關兵一萬，薊督標下密兵三千，俱出關援宣。楊嘉謨薊兵五千，李淮等密兵二千，貼防紫、馬等處。"下一行有草書"即上速速"四字。其下有"行訖""文書寫訖"等字。最下是人名"葉應中"。

〔一四〕"廿九"右側有小字"廿九"。

〔一五〕"日"字前當有數字，原件空白。

〔一六〕此爲影印本《總匯》第17册，第1361號，第87頁。編者擬題爲"兵部尚書張鳳翼等爲捉獲插漢奸細所供夷情屬實并已派援兵會剿事題行稿　崇禎七年七月二十九日"。原件首頁首行有明廷兵部檔案號"宿二百一十二號"。題目右側有"十四日總督俱□"等字，題上面有大字"題"字，其下有小字"題"、大字"題"二字。其下有"捉奸細劉雲""寫訖"等字。下一行有"有貼黃""陳郎中稿""行訖""寫訖"等字。最下是人名"葉應中"。

〔一七〕"廿九"右側有小字"廿九"。

〔一八〕"日"前空白，空白右側有小字"初二"二字。

〔一九〕此爲影印本《總匯》第17冊，第1368號，第134頁。編者擬題爲"兵部尚書張鳳翼等爲遣兵遠哨探得奴賊已抵大同事題行稿　崇禎七年八月初一日"。原件首頁首行有明廷兵部檔案號"宿字二百一十八號"。題目下有"寫訖"二字。下一行有小字"題"、大字"題"二字。隔行中間有"行訖"二字。其下有草書"文書寫訖"四字。最下是人名"葉應中"。

〔二〇〕"矛"，據文意當作"茅"，音同形似而誤。

〔二一〕"初一"右側有小字"初一"二字。

〔二二〕"內"，據文意及本書所收奏疏文例當作"旨"。

〔二三〕"日"前空白，右側有小字"初三"二字。

〔二四〕此爲影印本《總匯》第17冊，第1369號，第142頁。編者擬題爲"兵部尚書張鳳翼等爲官兵於宣府桃花堡與達子交戰失事事題行稿　崇禎七年八月初一日"。原件首頁首行有明廷兵部檔案號"宿字二百一十九號"。題目右側有小字"十四日總督報同"等字一行。下有"文書寫訖"四字。下一行有小字"題"、大字"題"二字。其下有"蔚州川等處節斬級二十顆。桃花堡在七月十八日失陷"兩行字。其下有草書"寫訖"二字。下一行有"有貼黃""行訖"等字。最下是人名"葉應中"。

〔二五〕"日"字前空白。

〔二六〕此爲影印本《總匯》第17冊，第1370號，第154頁。編者擬題爲"兵部尚書張鳳翼等爲官兵於宣府沙城堡等處與達子交戰情形事題行稿（首缺）　崇禎七年八月初一日"。原件闕失首頁。

〔二七〕"□□□"，原件字形殘缺，據文意及參殘留字跡當作"行燒毀"。

〔二八〕"□"，原件殘缺，據上文文意及參殘留字迹當作"操"。

〔二九〕"□"，原件殘缺，據文意及參殘留字迹當作"百"。

〔三〇〕"□□□□□□"，原件殘缺，據下文文意及參殘留字迹全句當作"火炮打死怒賊約二百餘"。

〔三一〕"背"，據文意疑當作"皆"。

〔三二〕"七月"，原件前文明白説明爲"八月"，此落款月份顯然有誤。

〔三三〕"日"字前原件空白。

〔三四〕此爲影印本《總匯》第17册，第1376號，第198頁。編者擬題爲"兵部尚書張鳳翼等爲薦田國珠頂補宣府長安嶺堡守備員缺事題行稿　崇禎七年八月初六日"。原件首頁首行有明廷檔案號"宿字二百四十號"。題目上面有大字"題"字，下一行有小字"題"、大字"題"二字。其下有"田國珠"三字。再下一行最下是人名"葉應中"。

〔三五〕原件"田國珠"上頂格有"正田國珠"四字。

〔三六〕原件"陳應武"上頂格有"陪陳應武"四字。

〔三七〕"日"字前空白，行間前頁當空白處有小字"十六"二字，當爲應填日子。

〔三八〕"日"字前空白。

〔三九〕此爲影印本《總匯》第17册，第1378號，第210頁。編者擬題爲"兵部尚書張鳳翼等爲官兵於大同渾源等處與虜賊鏖戰大捷事題行稿　崇禎七年八月初九日"。原件首頁首行有明廷兵部檔案號"宿字二百卅九號"。題目下右側有"入堂稿"三字。下一行有"題"字。隔兩行有"有貼黄"三字。其下有草書"文書寫訖"四字。下一行最下是人名"葉應中"。

〔四〇〕"初九"二字右側有小字"初九"二字。

〔四一〕"日"字前空白，右側有小字"初十"二字。

〔四二〕此爲影印本《總匯》第17册，第1381號，第224頁。編者擬題爲"兵部尚書張鳳翼等爲薦王家裕頂補宣府保安舊城守備員缺事題行稿　崇禎七年八月初十日"。原件首頁首行有明廷兵部檔案號"宿字二百四十四號"。題目上面有大字"題""行"二字。下一行有小字"題"、大字

"題""行"三字。該行最下有小字"王家裕"三字。隔兩最下有"文書寫訖"四字。再下一行最下是人名"葉應中"。

〔四三〕"廿二"二字右側（在影印件上一頁）有"二十二"三小字。

〔四四〕"十六"二字右側有"十六"二小字。

〔四五〕此爲影印本《總匯》第17册，第1382號，第230頁。編者擬題爲"兵部尚書張鳳翼等爲宣府遣人携帶聖諭潜入虜營感化叛將歸正事題行稿　崇禎七年八月十一日"。原件題目下一行頂格有小字"題"、大字"題"二字。其下有"差叛將王世選親信陰得春賣聖諭，又差陷虜王胤女婿李本固賣聖諭并黑雲龍書，往虜營招諭各叛將"四行小字。下一行有"十二早上"四字。其下有"有貼黄"三字。再下有"行訖"二字。最下是人名"葉應中"。人名右下方有草書"文書寫訖"四小字。

〔四六〕"十一"二字右側有小字"十一"。

〔四七〕"日"字前空白，右側有小字"十五"二字。

〔四八〕此爲影印本《總匯》第17册，第1396號，第334頁。編者擬題爲"兵部尚書張鳳翼等爲奴賊欲犯宣府懷安鎮城急需援兵嚴守倉場重地事題行稿　崇禎七年閏八月初三日"。原件首頁首行有明廷兵部檔案號"宿字二百八十五號"。題目下有小字"與總督同六"等字。下一行有小字"題"、大字"題""行"三字。下有小字草書"堂寫訖"三字。隔一行有小字"有貼黄"三字，最下是人名"葉應中"。

〔四九〕"初三"，原件爲草書，其右側有小字"初三"。

〔五〇〕此爲影印本《總匯》第17册，第1408號，第393頁。編者擬題爲"兵部尚書張鳳翼等爲楊科等夜襲賊營斬獲首級奪回難民應查加賚事題行稿　崇禎七年閏八月十四日"。原件首頁首行有明廷兵部檔案號"宿字三百廿號"。題目上面有大字"題"字。下一行有小字"題"字、大字"題"字。其下有小字"新開口邊外興和地方斬首五顆"一行字。下一行有大字"題"字。下有小字草書"文書寫訖"三字。隔一行有小字"有貼黄"三字，最下是人名"葉應中"。

〔五一〕"閏犖"，前文爲"楊犖"，爲楊科之弟，此處"閏"字誤。

〔五二〕"難回"，當作"奪回難民"。

〔五三〕按本句原件有修改。原文爲"雖未必能折虜復萌，而較之皇皇師旅旋旆翔翔者霄壤矣"。

〔五四〕"十四"，原件爲行草大字，右側有旁批楷書小字"十四"。

〔五五〕本奏疏後有提要，今附錄於此："題爲斬獲首級等事：准宣府巡撫焦墉報前事，臣部看得賊夷東道，後撥尚詭伏近邊，楊科等僅以三十人出口遠哨夜襲，致驚奔散亂，斬級五顆，奪回男婦十七名口，可稱奮勇。而司進惠之所遣得人，亦有足多者。應查加賚，以示激勵。謹題。"

〔五六〕"日"字前空白，其右側有楷書小字"廿一"，當爲應填日期。

〔五七〕此爲影印本《總匯》第17冊，第1411號，第412頁。編者擬題爲"兵部尚書張鳳翼等爲鹵簿大駕告成遵旨加俸并續開懇請加俸名單事題行稿　崇禎六年閏八月初三日"。原件題目有"七年閏八月二十二日題"一行字。其左側有"聖旨"二字。下有大字"題"字。下一行有小字"題稿"、大字"題""行"三字。下一行有大字"題"字。下一行有"二十日"、"行"等字。其下有小字"郎中李若愚具稿，員外馮起綸封訖"兩行字。最下是人名"沈文"。

〔五八〕"應"字右側有草書小字"七八"，又似"十六"，蓋爲書辦抄寫時間已晚，中間停頓的記號。

〔五九〕"班班"，據文意當爲"班劍"之誤。下文有"班劍司"可證。

〔六〇〕本疏後有提要，今附錄於此："太子少保、兵部尚書、仍加俸一級臣張等謹題，爲鹵簿大駕告成等事：照得工部咨稱，鹵簿大駕告成，錦衣衛、東廠效勞各官、旗鄭世英等，各升一級，已經該部題叙，奉有明旨到部。又准錦衣衛經歷司開送職級、姓名前來，相應照依該部咨中開列名次，逐一查明叙升。合將鄭世英等照依款開，各升一級。內王吉士、陸世標查案原降三級照舊，今應仍帶降三級，照舊管事。謹題。"

〔六一〕此爲影印本《總匯》第17冊，第1416號，第435頁。編者擬題爲"兵部尚書張鳳翼等爲薦黃定儀頂補四川行都司軍政掌印員缺事題行稿　崇禎七年閏八月二十四日"。原件首頁首行明廷兵部檔案編號缺損。題目上面有大字"題"、"行"二字，下一行有小字"題稿"、大字"題""行"二字。再下一行有大字"題"字。再下一行有"八月二十四日上"

等字。

〔六二〕原件於兩人名字上面頂格分別有"正黄定儀"、"陪顔國泰"。

〔六三〕本疏後附有提要，今附録於此："兵部題爲缺官事：照得四川行都司軍政掌印范祖文員缺，從公推舉，得已推都司僉書職銜、管保鎮天津橫海營尤吉將軍事候補黄定儀爲正，原任浙江温處參將降補顔國泰爲陪，俱各堪任，伏乞聖明簡用。謹題。"又該提要後有草書"七行"二字。

〔六四〕此爲影印本《總匯》第17册，第1418號，第452頁。編者擬題爲"兵部尚書張鳳翼等爲溺職懇請處分事奏本　崇禎七年閏八月二十八日"。原件題目左下側有"存"字。下一行有"崇禎七年又八月廿九日到"等字，其中"七""又八""廿九"等字爲手寫填空，其餘爲版刻大字。下一行最下爲人名"王元"。正文前有"兵部呈於""兵科抄出"兩行字。

第一八册

本部鎮臣勇怯不同等事疏〔一〕

太子少保、兵部尚書、仍加俸一級張鳳翼〔二〕等謹題，爲鎮臣勇怯不同，功罪亦异，處分無别，恐灰戰士之心，謹昧死陳言，仰乞圣明裁鑒事：

本部題，崇禎七年十月二十日奉聖旨："奴賊西犯之信已久，廟堂申飭不止再四。兩鎮竟疏防禦，絶無偵哨。及賊同時進邊，僅倉皇自守，坐視數百里内任意攻殺，慘不忍聞。至賊去遠，方逡巡尾之。據其斬獲，又多遺孼降難之類，以此爲功，後來各鎮效尤，將置我封内赤子於何地？是豈朝廷設鎮保邊之義？張全昌、曹文詔勦寇前勞固不可泯，兩鎮失事之罪亦難姑息。爾部即遵旨確議，速奏候奪。仍一面速推官往代，不得再延〔三〕！"

夷情事疏〔四〕

太子少保、兵部尚書、仍加俸一級、今聽議處，臣張等謹題夷情事：

職方清吏司案呈，奉本部送，准宣府巡撫陳新甲塘報，本年十一月二十九日辰時准新推宣府總兵官盧抱忠手本内稱：十一月二十八日辰時，據西陽河堡守備王國臣稟稱，本月二十五日，有插酋下騎馬二夷，一名昂損，一名羊忽大，到邊稟稱，王子在大西邊已死，遺下部落還有萬餘，有東奴差頭目二名傳調，俱願歸奴，一行把兔兒著囊帶領馬步達子二千有餘，從西陸續往東行走，要到張家口。先講貨賣，後要講賞，就要在各邊口駐牧。西邊還有許多達子等情。本日午時，又據守備王國臣稟稱，本月二十六日巳時，據復遣丁哨孫達子等進口報稱，役等哨至境外西北青山迤西紅花林地方，哨見夷帳二十餘頂，馬、騾、駱一百有餘，夷人二百餘名在彼駐牧，離邊約遠八九十里。役等馳馬回還，等情稟報到職。

據此稟報間，本日未時，又據接探丁哨張子名等進口報稱，見有騎馬騾、駝夷人五十餘騎從西北前來，徑奔本邊墻下，稟報到職。小的隨領任健軍丁，馳至本邊鎮靖臺，見得來夷果是前數[五]墙下與小的叩頭番，稱係插酋下部落，内有前報一夷昂損并後來頭目啞净、七慶、宰生。又稱，我們在西邊，因王子死了，俱順了東奴。今有東奴差頭目挈調我們，著我們在邊口駐牧，就要貨買茶米，另聽調遣。後邊大營達子不日起身，俱要往東北行走。小的與各夷説稱："我這邊又不係市口，自你家王子往西去後，販茶客人都回南去了。堡中并無茶米，縱有些須茶米，我未奉明示，不敢擅便貨易。就是各上司未奉明旨，也不肯擅自容你貨買。你家草地，王子也有法度，與我中朝一般。"衆夷俛首無言。小的量給酒餅，吃畢，起往西北原帳去訖等情稟報到鎮。據此，看得插部稱已投奴，即奴，非插也。今突有騎夷至邊，又續有牲帳停駐，雖口稱貨買，嘗我窺我，情俱叵測。本鎮雖未受事，係干夷情，機務關切，除分遣内哨通丁，督同各路東西偵探，仍量選發鎮兵赴西陽河駐防外，但篆函未啓，不便塘報，伏乞貴院俯賜達部等因到院。准此，除前二十五日，西陽河堡守備王國臣稟報緣縣已經塘報外，其續探情繇正擬具報間，本日申時又據下西路參將石應雷報稱，本年十一月二十八日辰時，據洗馬林堡守備徐自紳稟稱，本月二十七日申時，據遠探通哨趙國明、邢定中報稱，哨至邊外地名古城川，瞭見夷人一百有餘，馬牛三十餘匹頭，隨馱帳房，從西徑往正北去訖，離邊約遠一百餘里等情各報到職。

據此，除嚴行各道將，明烽遠哨，厲秣兵馬，相機剿禦，倍加防備外，係干夷情，理合塘報等因到部送司，案呈到部。看得插夷突入邊口，旋即堵回，臣部已經具報。今西陽河堡守備王國臣報稱，夷人昂損等二人聲言，達子二千有許[六]，欲於市口講賞。又洗馬林堡守備徐自紳報稱，夷人百餘隨帶馬牛帳房，從西往北行走，與入口之夷後先同報，則部落之衆可知。該鎮將領極須偵探，相機圖剿，毋致闌入內地可耳。既經塘報前來，理合具本題知。

崇禎七年十二月初二[七]日　郎中鄒毓祚

兵部爲夷情事奉旨咨行稿

兵部爲夷情事云云等因，崇禎七年十二月初三日太子少保、兵部尚書、仍加俸一級張等具題，初六日奉聖旨："已有旨了。"欽此欽遵。擬合就行，爲此，

一、咨宣府巡撫，合咨前去，煩照明旨內事理，欽遵施行。

崇禎七年十二月十二日　郎中鄒毓祚

員外郎王驥

緊急夷情事疏[八]

太子少保、兵部尚書、仍加俸一級、今聽議處臣張等謹題，爲緊急夷情事：

職方清吏司案呈，奉本部送，准宣府巡撫陳新甲塘報，本年十二月初三日辰時，據標下撫夷都司郝效忠稟稱："本月初一日，蒙差卑職星馳前赴張家口，稟見監視武中軍，請示密諭，卑職隨帶守備尹來春、千總滿雄、把總杜虎到於市口墻外查看。果有夷人十六名騎馬三匹，駝一十三隻。卑職覆設法譯審犵夷，乃馬大等奸謬，不肯真吐順從。卑職自辰審至申時，供吐：原係插酋下守口吃賞舊夷人，先年懼奴西奔，躲至甘州邊後住牧。後因插王

出痘疹死了，止丟下一個小王子，隨帶二十一個宰生，前後隨帶二三萬馬步夷人，其餘夷人各處奔投。小王子因西邊住札不定，仍往東來。到歸化城，已知東奴進邊犯搶。出口往東去的日期明知道，不敢跟投他去。差兩個大宰生，會合哈喇哈、好兒慎，兩個王子，情願與我們合兵，要與奴酋撕殺。小王子聞説合兵，先差我們到兔木河，偷換些茶麵等物，不敢做大買賣。又説，張家口是宣、遼大市口，叫我們來求見上司稟安，討做買賣。宣鎮上司若肯依換，你快來，我差宰生去易買；若不依，那邊山大，水草也方便，你們就在東山住牧，料想奴酋且不來。待過年，總他來，我們三家的兵馬也不怕他。我們已討將示下來了，若上司准不准，説一句實話，我們好回去，再無別的話説等語。卑職假以緩言，撫諭狡夷，方憑准信，將夷人內摘三名，引同把總杜虎等三名，出口到營，偵探虛實。其夷人大營俱在興和城一帶住牧，其牆下夷人，已收進市圈，諭令守備安插覉候外，探有別項情繇，另行稟報等因到職。

　　據此，看得宣府古上谷地，一牆而外，即是大漠。成祖時之三犁其庭，此虜耳。浸至世宗時之擁衆入犯，此虜耳。暨隆、萬初年之受我戎索，此虜耳；種類原繁，與東奴原係仇敵。崇禎五年，插虜西徙，東奴乃敢豕突宣、雲，然猶曰在彼有鷸蚌之持，我可得收漁人之利，更不意插與奴合而爲虎添翼也。大都插酋既死，部落無統，不能竊據於河套，勢必返牧於故巢。然又憚奴之強，不能自立，其相率東投，亦勢所必至耳。本職履任後，即會同監視，嚴行偵哨。今一月之內，如膳房堡、西陽河堡、洗馬林堡、新河口堡、新開口、渡口等堡俱陸續塘報，其中情形非云東奴差頭目來調，則云各頭目率衆投東；非云不願投東，欲討舊賞，則云原係屬夷，欲行貨買。今果有十六夷徑到市口，又云隨後有二三萬夷人，且云要與中國合兵，與奴酋撕殺。夷情叵測，

駕馭實難，此時欲暫示羈縻之策乎？堂堂天朝，未有聽其倏忽揚
去，倏忽懷音者。此撫之斷不可也。欲一舉殲滅之乎？犬羊匪
類，東西未定，多寡未審，且山後之地形未諳，新殘之士馬未
張，何能徒步裹糧，邀戰數百里之外？且异日令彼有詞，釁自我
開。此剿之勢不能也。舍此，惟有嚴以拒之一法。然拒之，彼非
憤然東投，仍必盤踞口外。盤踞而無衣無食，勢必跳梁，防禦偶
疏，猘獪立至，其可憂固大；投東則必與奴爲嚮導而捲土重來，
其可憂更大。是拒之又不便也。撫不可，剿不能，拒不便，將何
法而可想？聖明神武，自有睿裁；謀國老成，自有遠慮。本職日
來不食不寢，髮半絲，齒三落，惟知拼此七尺，爲皇上扞此危
疆。但邊臣實有未敢自專者，現十六夷羈候市口，據撫夷都司郝
效忠等禀請裁奪，除一面密遣夷丁出境，再偵確情，又一面埋伏
鎮兵於扼要處所，如有竊犯情形，即行堵剿外，煩乞兵部即行奏
請，以聽聖裁。或敕下閣部科，會議妥確，以便邊臣遵奉施行。

　　係干緊急夷情，理合塘報等因，到部送司，案呈到部。看得
插夷投奴，屢經塘報，今接踵邊口，不曰市買，則曰討賞，而復
詭其詞曰要與中國合兵，與奴撕殺。斯語也，豈故爲大言以誇我
乎？抑包藏禍心，以愚我乎？此等情景，不問而知，非懷我好音
者矣。據該撫報稱，撫不可，剿不能，拒不便，誠老成籌邊至
慮，乃臣部竊計之，目前備禦到底不外於三策也。夫倏揚忽附，
撫不可矣。若彼以馬來，我何不可以金繒易之？是不撫之撫也。
裹糧邀戰，剿不能矣。若彼關弓相向，我何不可以出奇擊之？是
不剿之剿也。憤則東投，激則立狷，拒不便矣。然哈、好二酋投
奴已久，即插亦因奴傳調而來，拒固投，不拒亦投也。嚴兵以
待，其來講市，以觀其意。羈縻與振勵并用，是在邊臣相機行之
耳。督撫權假便宜，廟堂原不中制，況夷情呼吸遞變，若欲閣部
科持議，恐隔遙度之見，未免刻舟矣。

崇禎七年十二月初五^{〔九〕}日　郎中鄒毓祚

員外郎王驥

兵部爲緊急夷情事奉旨咨行稿

兵部爲緊急夷情事等因，崇禎七年十二月初七日太子少保、兵部尚書、仍加俸一級張等具題。初九日奉聖旨：“這制虜機宜爾部還遵前旨，密與邊臣商酌行。”欽此欽遵，擬合就行。爲此：

一、咨宣大總督、宣府巡撫、宣鎮監視，札盧抱忠，合咨札前去，煩照本部題奉及先今明旨内事理密行商酌施行。

崇禎七年十二月十一^{〔一〇〕}日　郎中鄒毓祚

員外郎王驥

缺官事推部標營參將劉承德員缺疏^{〔一一〕}

太子少保、兵部尚書、仍加俸一級臣張等謹題，爲缺官事：

職方清吏司案呈，照得部標營參將劉承德，近該本部題奉欽依，推升協守薊鎮西路地方副總兵。所有員缺合當推補，案呈到部。臣等從公推舉，得尤吉將軍職銜、管神樞二營練勇參將事、都指揮僉事楊繼文^{〔一二〕}，尤吉將軍職銜、管天津海防南將尤吉標下中軍守備事、署都指揮僉事平登雲，俱各堪任，伏乞聖明於内簡命一員，充前項部標營參將，統領官軍操練行事。

計開擬堪部標營參將官二員：

楊繼文。年三十四歲，係金吾右衛都指揮僉事。天啓七年六月，推神樞營付號頭。崇禎三年三月覃恩，題加坐營管事。十月，推佐吉，管神樞營大號頭事。六年三月，推尤吉，管神樞二營練勇參將事。該巡視京營科道王家彦等薦二次，歷俸一年十一個月。

平登雲。年三十八歲，係保鎮天津右衛三科武舉官。天啓三年八月，推天津海防南將尤吉標下中軍守備。七年十月，東江叙功，題加都司僉書管事。崇禎四年三月，天津城守叙功，題加尤吉管事。該天津巡撫鄭宗國薦一次，歷俸四年。

崇禎七年十二月初九日　　郎中鄒毓祚

缺官事推神樞四營沈應乾員缺疏 [一三]

太子少保、兵部尚書、仍加俸一級臣張等謹題，爲缺官事：

職方清吏司案呈，照得神樞四營游擊將軍沈應乾，近該本部題奉欽依，推升分守宣府葛峪堡地方參將。所有員缺合當推補。案呈到部。臣等從公推舉，得都司僉書職銜、管京城巡捕營旗鼓守備事、署都指揮僉事李國柱 [一四]，神樞九營佐吉將軍、署都指揮僉事趙學禮 [一五]，俱各堪任，伏乞聖明於內簡命一員，充神樞四營尤吉將軍，各 [一六] 統領官軍操練行事。

計開擬堪神樞四營游擊將軍官二員：

李國柱。年三十四歲，係錦衣衛衣後所百户、應襲一科武舉。天啓七年二月，巡視京營科道虞廷陞等題推京城巡捕營旗鼓。崇禎三年三月覃恩，題加守備管事。十一月，京營城守叙功，題加都司僉書管事。該巡視京營科道王家彦等薦四次，歷俸四年四個月。

趙學禮。年四十三歲，係羽林左衛鎮撫。崇禎元年四月，推遼東寧遠户部中軍守備。四年三月，撫寧叙功，題加都司僉書管事，因員缺，改委沈圖，本官別用。五年六月，改補神樞九營佐吉。該巡視京營科道常自裕等薦二次，歷俸二年八個月。

崇禎七年十二月初九日　　郎中鄒毓祚

兵部爲缺官事奉旨行文稿

兵部爲缺官事，該本部題云云等因，崇禎七年十二月十三日太子少保、本部尚書、仍加俸一級張等具題。十五日奉聖旨："有點的依擬用。"欽此欽遵。內楊繼文、李國柱有點，抄捧送司，案呈到部，擬合就行。爲此，除札仰各官俱定限本年十二月　日 [一七] 到任外，

一、行京營總提協，合用手本前去，煩照本部題奉欽依事理

行令各官，依限到任施行。

一、札付楊繼文、李國柱。

崇禎七年十二月十九日　　郎中鄒毓祚

協贊員外郎仲嘉

册庫員外郎王驥

遵旨查明回奏事疏〔一八〕

太子少保、兵部尚書、仍〔一九〕加俸一級臣張等謹題，爲遵旨查明回奏事：

武選清吏司〔二〇〕案呈，奉本部送，兵科抄出，加俸一級、今住俸〔二一〕楊一鵬題稱，崇禎六年四月二十一日，準□□〔二二〕咨，該本部題覆薊、遼總督傅宗龍題前事，内開鳳陽右衛指揮何衛國、懷遠衛指揮霍惟忠，統領班軍□〔二三〕信缺少，應議降調緣繇，奉聖旨："何衛國等領軍到信□〔二四〕無一二，降調豈足蔽辜，還著究明賣放情因，確議具奏。"欽此。移咨到臣。該臣隨經備札并檄行潁州道嚴提審□□□次行催去後，崇禎七年七月初三日，據該道副使申爲□〔二五〕招詳，前來一問，得一名何衛國，年二十七歲，原籍直隸揚州府江都縣人。狀招：衛國一世祖何興，乙未年歸附從軍，破中丞水寨等處，克復宜興陣亡。二世祖何清，補役，取婺州等處；克諸暨、紹興，跟朱元帥收常熟，殺敗陳寇；跟曹國公應〔二六〕應昌，選充驍騎右衛小旗；跟李指揮徵進雲南等處，跟馬都督徵北大山等處，克運花、龍海、楊林寨，取大理等處地方，屢次徵進收蠻，歷升鳳陽右衛世襲指揮使。高、曾祖父沿襲，俱故。衛國襲授前職，回衛到任。狀招：崇禎四年十二月内，衛國與鳳陽中衛指揮、委官懷遠衛京操在官霍惟忠俱奉文管領。崇禎五年，春班操軍隨同已問結留守王應乾赴京工操，衛國本衛各所伍原額官軍一千二百三十員名，奉文裁革哨官二員。舊例，開除年遠故絕軍人三百一十八名，實該上班官軍九百一十名，奉例折半，班軍四百五十五名，糧銀例解户部，實在上班官軍四百五十五名。蒙兵部科道點退老弱軍人六名，實在官軍四百四十九名。懷遠衛領操指揮霍惟忠下原額官軍一千一百八十六員名，奉文裁革哨官二員。舊例，開除年遠故絕軍人四十五名，實該上班官軍一千一百三十九員名，奉例折半，班軍五百六十九名，糧銀例解户部，實在上班官軍五百七十員名。蒙兵部科道點退老弱軍人二十名，實在上班軍五百五十名。衛國與霍惟忠俱統領各軍至京，俱已蒙兵部堂點明白，續蒙將衛國所領操軍内撥三百二十六名，將霍惟忠所領操軍内撥三百三十九名，赴邊修築邊墻。各軍因畏邊工艱苦，米薪甚貴，所領糧銀不敷度用，俱不肯赴邊。比衛國與霍惟忠各不合故違中都各衛領班官原額，京操班軍有不到者八分以上降二級調衛事例，不行約束，以致各軍多行逃回，致蒙兵部嚴查，具本奏。奉聖旨："將領班留守王應乾拿究問。"隨蒙監視邊工鄧内監題奉欽准，領操各官雇募修築。衛國與霍惟忠各遵依雇募修築間，續蒙潁州兵備申副使奏，爲邊墻修築當急，班軍名數多虛，積弊甚深，懇恩嚴飭事，奉聖旨："已有旨了。何衛國等著查明具奏。該部知道。"欽此欽遵。

　　崇禎五年九月初十日，蒙兵科抄出到部，咨行薊、遼曹總督，煩照明旨内事理，即將何衛國等班軍的於何日到信，沿途有無脱逃情弊，詳細查確，定限十月中旬具奏。隨蒙薊、遼曹總督牌行密雲道查確去後，蒙薊、遼傅總督接管，嚴檄密雲道，查明速報。續蒙密雲道兵備馮副使呈稱，案查，先蒙曹總督憲牌，仰道即查鳳陽右衛領班指揮何衛國、懷遠衛指揮霍惟忠係何日到信，所統班軍原額若干，沿途有無脱逃，在信有無賣放，查確明白，立等呈報等因。蒙此，該本道隨行古、曹二路備查去後，續准古北路參將石柱國手本内稱，查得鳳陽右衛指揮何衛國於四月初二日到信修築，其所統班軍過堂，因爲無軍，領兵將官王應乾奉旨拿去，見在止有本軍劉守義等一十八名，其應修城工俱係寫立合同，雇到攬頭劉嘉興、王立言、鄭祚第、張鷟四名包修工程，見今派修古北路落潮河川正關東山岡一等磚城二十六丈，已全完訖。又查懷遠衛指揮霍惟忠，令旗總張應科、唐尚義、王奇三名在路，亦覓前項攬頭劉嘉興等四名寫立合同，包修全完訖。又准曹家路都司鍾鳴高手本内稱：查得懷遠衛指揮霍惟忠派修曹家路工程，其將官王應乾，原領兵一千六百七十八名，於三月二十三日在密雲，於監視府過堂，時本官未到。至四月十三日，霍惟忠同黃廷誥二官方始到路，應工軍士九百二十二名，止帶有實在軍三十一名，其餘俱云山路崎嶇，不肯來邊，沿途脱逃，及至到路之後，而三十一名之内，又逃回二十八名。其中有無賣放情弊，不能悉知。所有該營應修工程，前蒙本道及監視慮恐邊工遲誤，行令本路督率中千蒯尚往、朱宸正等嚴催黃廷誥、霍惟忠雇募攬頭夫匠，修築前工，今已如數修理完固訖。各移報到道，於崇禎五年十月二十五日呈詳部院。看得何衛國、霍惟忠有分領班軍之責，自宜查點實數，督押赴邊，乃恣意作奸，盡行賣放，到信者僅百之一二，且有甫到信而復逃者。衛國等即喙長三尺，亦何以自解免乎？今工程包修告竣，而領班之王應乾既已奉旨逮治，則二弁之罪薄乎云爾？應敕法司擬議，仰請定奪者也。再查此案，已經該道呈詳，適舊督臣離任，倥傯未及回奏，則經承之罰治似無可施，應乞俯從寬宥等因。於崇禎六年二月初一日奉聖旨："該部知道。"欽此欽遵，抄出到部送司。看得何衛國等事係王應乾一案，究擬該移原疏，請敕下法司擬議，則事隷刑部，相應移咨經覆等因備咨到部送司。看得何衛國、霍惟忠即分領班軍，以拮据邊事，則刻期赴信，確覈嚴督，不誤工程，乃其應盡之職也。奈之何任各軍之脱逃？誰司約束，而疏縱若此！謂無賣放情弊，其誰信之？但念其包修告竣，而統班之王應乾業已逮問擬戍，則罪宜稍從末減。查例，凡領班都司及衛所官將原領軍數查點督發，赴班缺少者八分以上降二級，調衛。而衛國、惟忠罪實相符，據例示懲，亦足蔽厥辜矣。其該道轉詳之候，適督臣解任之期，回奏稍稽，非敢怠緩，似應俯從寬宥，伏候聖裁等因案呈到部，覆核無異，相應題請等因。於崇禎六年二月初三日具題，初八日奉聖旨：“何衛國等領軍到信，百無一二，降調豈足蔽辜？還著究明賣放情因，確議具奏。”欽此欽遵。抄部送司，該本司郎中王椿呈堂，咨行薊、遼傅總督處，將何衛國、霍惟忠賣放情因究明，確議具奏等因。

　　續蒙本部送，准該督撫咨稱：看得鳳陽右衛指揮何衛國等已於崇禎五年冬回衛去訖，官屬隔省，不便拘提審究，相應咨回，會行彼處撫按究擬等因到司，案呈到部，蒙本部移咨前任李撫院確議回奏。除備札另行外，蒙看得班政最爲嚴飭，軍缺例有明條，胡頑弁習玩縱之潛遁，致廑明旨詰責查究？罪寧容寬？合行提審等因到道，牌仰本府照牌備蒙憲牌內事理，即將何衛國、霍惟忠二弁嚴提到官。查照原咨事理，所領軍數，因何逃缺多名，其中賣放情弊，一并確究明白，速具妥招詳道，以憑覆核，報院回奏。此係部限七月，慎勿延徇。又蒙刑部移咨都察院，札行巡按饒御史，遵奉明旨內事理，即將何衛國、霍惟忠嚴提正身，究明賣放情因，定限本年七月內確議回奏。事干欽案，慎勿遲緩等因。隨蒙巡按饒御史按行本道，札行本府，照札備奉明旨內事理，即將何衛國、霍惟忠二弁立刻多差的役，速拿收禁，一面嚴究賣放情弊，限十日內取具妥確，招詳報道，以憑覆核轉報。事干奉旨回奏，毋容時刻遲緩等因。本府遵行間，續蒙本道札付，抄蒙前任李撫院札付，爲休息外衛京操官軍事，准兵部咨，該本部題，職方司案呈，崇禎六年正月二十六日奉本部送，兵科抄出，總督京營戎政李襄城伯等官題稱，鳳陽右衛領操指揮何衛國、懷遠衛領操指操[二七]霍惟忠，以上各衛所見班軍人到完，隨軍糧銀并絕軍糧銀俱已解到。各軍調撥修邊并無脱逃者，領操官員均當獎賞，但查各官已經回衛，似應停免等因。崇禎六年正月二十五日奏，奉聖旨：“兵部知道。”欽此欽遵。抄出到部送司。查得領操指揮何衛國、霍惟忠，該京營總提協、科道各官題稱已經回衛，以上各官俱應免議。既經總提協、科道各官會題前來，相應覆請等因。崇禎六年三月初二日本部張尚書具題，初七日奉聖旨：“這領操各官賞賫免議，分別罰治等項俱依擬。其糧銀未到的，各該州縣及衛所管糧官通行住俸，限三個月以裏解完以後，點發選汰、月糧起解等事宜俱著嚴飭行。”欽此欽遵。

　　咨行前任李撫院，札行到道，備札本府，遵依拘審間，又蒙本道批，據鳳陽右衛指揮何衛國呈，爲邊工極苦，先完免議等事蒙批。何衛國既有免議之文，仰府速查詳報。隨據何衛國、霍惟忠連名呈，爲邊工極苦，告完免議等事奉有明旨，懇乞電豁，以全蟻程事。竊照各衛班事繁難，官軍凋瘵，已悉洞鑒之，中塞於崇禎四年十二月内，奉文管領。崇禎五年分，春班操軍赴京，當即關領安家糧銀，刻期到京。二月二十三日，蒙兵部會同巡視科院點收。内汰老弱百僅二三，聽候過營操練間，突有築邊明旨，各軍之奔逃者十且八九矣。蓋班軍月糧日不過八厘，即在京工操尚苦凉薄途遥，不能糊口，況在窮邊甌脱之地，米珠薪桂，南北勁脆不同，邊方工做更苦，職等世受國恩，萬難規避，只得勉力赴邊。而各軍貧愚，望望掉臂，職安能以一手一足而挽回此衆心哉？該本司領班王留守代將前情實稟監視兩協邊工鄧内監，即蒙題准雇募完工。本司所轄八衛操軍僅止八員，内鳳陽中衛指揮倪金章、留守左衛千户王世階與王留守先經參送刑部，餘官如周留守等俱准帶罪完工，王世階亦隨監斃，其洪塘所千户裴直言、西海所千户張武臣、邳州衛千户尤承祖，俱已累極自縊，止餘職等三人，分一司邊工，撐持修築。往年京工俱准接撥，尚有暫歇之日，邊工常川應當。往日邊工俱三十二人築墻一丈，班軍止准十六人，人少工倍。除職各將員下俸鈔家產，指揭京債，畫則出邊采樵，夜則創窯燒磚，胼手胝足。天雨連綿，損壞物料。拮据終年，萬死一生。僅將原派各衛所邊工丈尺報完，當經西協監視鄧太監查驗，題報完工，准將工折罪，擊有印批及告明執照回衛訖。隨於崇禎六年正月二十六日，該總督京營戎政李襄城伯等官具題，爲休息外衛京操官軍事，內開除留守左衛千户王世階等俱在京，故鳳陽中衛指揮倪金章見在緣事。其留守周甘雨、鳳陽右衛指揮何衛國、留守中衛指揮黃廷誥、懷遠衛指揮霍惟忠已經回衛。以上各官俱免議等因具題。該兵部於本年四月初二日題覆，奉聖旨："這領操各官賞賚免議，分別罰治等項俱依擬。"欽遵在卷。

案查未奉之先，該薊、遼傅總督於十二月內具奏，爲遵旨查明回奏事，內開鳳陽右衛指揮何衛國、懷遠衛指揮霍惟忠等將班軍盡行賣放，王應乾業已問戍，則二弁之罪薄乎云爾，乞勅法司擬罪。則本部遙擬職等降二級調衛，於三月初二日具題，奉聖旨："何衛國等領軍到信百無一二，降調豈足蔽辜？還著究明賣放情因，確議具奏。"於本月四月〔二八〕，通行到府，見奉提審。職等思得，班政雖云廢弛，邇來功令嚴肅，本年實軍頗多，委因邊工窮苦，并無賣放情弊，況今實告太府，奉旨帶罪，雇募修築完工。職等孖孖三官，勞苦一年，代完一司公事，自惴微勞，尚堪優録，告明回衛。喘息未定，突奉提審。同事周留守、李都司俱經復職，職等事同一例，況確議之旨在先，免議之旨在後，懇乞電鑒，仰遵後旨，俯准超豁，庶草芥與蟻程兩全，而職等世世厘祝不既矣等因呈辨到府。該本府顏知府看得，何衛國、霍惟忠各統領崇禎五年分春班操軍赴京，此中離長安遙遠，職何能知其詳？惟是據二弁訴[二九]稱，職等班軍糧銀俱各解到，緣各軍忽撥修邊，愁苦萬狀，而又月糧日不滿一分，置之邊塞之地，無以糊其口，脫逃誠有，謂職等賣放情弊，則天日可對。且各將員下俸鈔家產揭揭京債，業已雇募完工矣。其兩奉明旨，先後煌煌天語，敢分毫遮飾，自重罪愆等情。該職再四思維，二弁世受國恩，承委班軍，何敢公然賣放？且即欲賣放，何不於在途之日，而乃於既到京之後？此萬萬可必其無者。況邊工業已雇完，告有執照回衛，胼胝拮据之勞盡可贖其班軍脫逃之罪，及查薊、遼傅總督具題“確議”之旨委係在先，兵部張尚書具題“免議”之旨，委係在後。二弁提審到庭，訴詞甚苦，其情事亦甚實如此。隨經具繇呈詳兵備申副使，覆看得鳳陽右衛指揮何衛國、懷遠衛指揮霍惟忠管領五年春班操軍赴邊缺額，奉檄查擬賣放情繇業已屢行鳳陽府究問矣。今查該府嚴訊，以二官統軍赴京，解交錢糧，收點不缺。祇因南軍不諳邊工，驚駭逃遁，二官固能人人擊[三〇]維之而使之前進，此則其情近真，焉肯以到京之軍目擊查點，嚴密若此，而尚敢賣放耶？幸蒙題明，准代募完工。二官遂極力措處，雇湊修築，竭效勤渠，竣工回南，蓋冀以贖前愆耳。及後奉有“免議”之旨，二官仰賴聖仁，是以曉曉泣求上臺恩豁也。既經該府審明，具詳前來，相應呈請，或遵後旨。念二官以拮据完工，委無賣放情弊，俯從免議。或遵前旨，仍行究議招詳等因。

　　呈詳撫按，兩院照詳間，續蒙巡按饒御史批詳，候咨部院定奪繳[三一]。又蒙前任李部院詳批，查何衛國等，奉“究明賣放情因”之旨，在兵部覆“免議”之後，咨文相去一月，似難執“完工仰批”爲辭。仰道“覆訊明確，速議具報”，蒙本道案仰本府查照批詳內事理，即將何衛國等速再虛公訊確，具詳報道，以憑轉報等因。蒙此，又蒙漕撫楊部院憲牌，仰府官吏查照節行，即將何衛國等一案火速提審，取具確招。限三日内，一面詳道，一面報院，以憑回奏，慎毋一刻再遲。又蒙本道案驗，抄蒙漕撫楊部院，札付准刑部咨催前事，合咨貴院，煩爲查照節催事理，即將何衛國等嚴提到官，究明賣放情因，確議明白，再立限本年五月内回奏，幸勿再遲等因到院，札行到道，備案行府。又蒙本道火牌，抄蒙巡按劉御史案驗，奉都察院勘札，亦准刑部咨催前事，票行本道，嚴催本府，遵依行提何衛國、霍惟忠到府。究審間，二弁執詞苦辯，該本府顏知府查審得，指揮何衛國、霍惟忠原統班軍赴京操，備續奉撥發，修築邊工，各軍多行脱逃，因蒙兵部具奏，奉聖旨查究。前蒙院道行府查審，據二弁苦執班軍俱各解到，各軍聞撥邊工，畏苦逃回，安敢賣放？且後蒙監視西協邊工鄧内監題，奉欽准雇募修築，各將員下鈔俸家産揭債，雇募完工。續蒙總督京營戎政李襄城伯具題，蒙兵部覆，奉欽依免議，訴詞甚苦，本府隨爾具詳回報。今蒙復駁，原奉“查究賣放”之旨在兵部覆“免議”之後，咨文相去一月，似難執“完工印照”爲辭，仍行詢議。查大明律内，凡受財賣放軍役者以枉法論。開刑條例：賣放軍人五名至十名分等降級，若正軍至二十名以上罷職充軍。二弁所犯，奉旨按法似應以此究擬。但二弁仍前苦辯，執詞不服，情儘可原。係干軍職，本府未敢擅便，相應具詳，請乞本道上裁定奪等因，呈詳本道，蒙批：何衛國、霍惟忠屢奉嚴催，今且拿究經承矣，既有應坐之條，何尚游移請詳耶？事干欽件，不便據轉，仰府再嚴確究招，即日内報奪。

本府遵依，行提何衛國、霍惟忠到府。該本府顏知府看得，何衛國、霍惟忠二弁情罪，職業已兩請伏候上裁定奪矣。今蒙再批，職敢不遵依聖旨，按律究擬？惟是查受財賣放者以枉法重論，今班軍每日行糧不及一分，況從鳳陽至京，道路一千八百餘里之遙，貧軍糊口尚且不給，豈有贏餘糧銀可以買求賣放？但既領以行，自當鈐束惟謹，二弁輒[三二]敢漫不經心，照管不嚴，以致各軍乘而逃走，出押之罪安所逭責？何衛國、霍惟忠合應仍依刑部原擬。蓋軍雖逃而財無受，三尺之法不能爲二弁寬，亦難爲二弁苛繩。本府遵依呈擬，未敢擅便，伏候憲奪。各仍原擬，具招呈詳。本道蒙批：何衛國等奉旨究明賣放情因，乃僅以“鈐束不嚴，致軍逃去”爲辭，豈是確覆？仰刑廳速再嚴審，即日確招報。隨該本府張推官遵依，通提何衛國等到官。衛國與霍惟忠各仍前執辯，逐一覆審，前情無異。看得指揮何衛國、霍惟忠領軍赴京操，備蒙撥修築邊墻，各軍逃竄，致蒙題參，奉旨究明，豈容隱微不剖？但據各弁苦稱，各軍赴京，已蒙兵部點名不缺，後因撥修邊工，米薪甚貴，日用不足，更加以不服水土，邊工苦難，潰散逃避，原非賣放。切思人即至愚，時方查核甚嚴，豈肯舉伍賣放，而自取罪戾乎？況嗣後業已捐俸稱貸，雇募修完。但賣放無贓可據，工完有文可憑，此所以得南歸回衛也。今奉旨查究，安能藉免議之旨脫然無議？如本府責以鈐束不嚴，致軍脫逃，即刑部初詳，亦無受財之迹，引例降調，亦法止是耳。各應原擬，具招呈詳到道，該本道申副使覆核無異。看得何衛國、霍惟忠其領軍入衛也，乃不鈐束部伍，及撥修邊之後，二衛軍士率皆逃逸，不知二弁所司何事，而玩愒一至此也？脫非監視內監設法貸雇，安能奏邊工之底績乎？夫班操一事，至廛聖衷，近奉功令[三三]森嚴，二弁敢於違悖，以故部擬降調，而明旨猶以“豈足蔽辜”，□[三四]敢爲二弁寬？但經屢審，辯稱工操事畢，准放還南，部文印照則已班班可據。覆經駁勘，各官細加研訊賣放情因，則又茫無贓據，合無引擬違制之律，仍從降調之條，情法非縱，取自憲裁。依招：罪犯一名霍惟忠，年六十四歲，原籍直隸真定府曲陽縣人。始祖霍景，洪武元年歸附，充鳳陽衛小旗。十四年，迤北徵進，調營州中護衛中所總旗。故二世祖霍敬，代役調北京，奉天徵討鄭村、霸州，取廣昌、蔚州。攻圍大同白溝河，大戰全勝。攻圍濟南，克滄州、東昌、夾河、藁城等處。大戰，攻克西水寨、東河、東平、汶上縣等處。齊眉山、靈璧縣大戰，全勝。至泗州，過淮河，克盱眙縣，至儀真、揚州等處歸順。渡江，攻克金川門。歷升甘州右衛世襲指揮僉事。故三世祖霍能，宣德元年隨徵武寧州，欽賞人口，除授鳳陽中衛世襲指揮僉事。高、曾祖父沿襲，俱故。惟忠承襲前職，回衛管事。招與何衛國招同。

一、議得何衛國所犯。何衛國、霍惟忠俱合依"凡奉制書有所施行而違者，律杖一百。有大誥及遇蒙熱審恩例，通減二等，杖八十"。俱指揮，各照例納米，折價贖罪。仍照原議：領班軍，缺少班軍八分以上，例降二級調衛。緣二犯俱係軍職，應論功定議，請旨定奪。未敢擅便，伏候詳示施行。

一、照出何衛國、霍惟忠各官紙銀三錢，各贖罪米價銀四兩俱追貯鳳陽府官庫，取庫收繳，餘無再照等因呈詳到臣。

該臣看得班政久已廢弛，邇者稽核嚴毖，其所以□□雇替，防潛逃者，臣業不啻三令五申，蓋期以實部伍而濟工作也。詎意指揮何衛國、霍惟忠領軍赴京，有督押之責，乃漫無鈐束，以致撥軍修邊，逃逸甚衆。迨奉嚴綸，究明賣放情因，極應置之重典，以正厥辜，安能爲二弁寬也？惟是屢經駁勘，逃伍之衆，緣畏赴邊，而賣放之因，委無贓據。即二弁所執放回印照，未可爲憑，然拮据工完，揆之免議之旨，則又法無可加者。今引違制之律，杖贖示懲，仍照部議□〔三五〕降，按之情法，差足以儆頑弁而肅班政矣。既經該道具詳□□該臣覆核明確，謹會同巡按淮陽等處監察御史劉興□〔三六〕乃合詞上請，伏乞敕下該部議覆，行臣等□□施行等因。崇禎七年閏八月初一日奉聖旨："該部知道。"

欽此欽遵。於□□〔三七〕初三日抄出，到部送司備查。鳳陽右等衛指揮何衛□〔三八〕、霍惟忠各職級明白。及查武官調衛，江北直隸調山海宣□□□□□□□□□□□□〔三九〕。看得鳳陽右衛指揮何□□、□□□□□□□□□，□□〔四○〕班軍赴工修築，責任匪□□□□□□□□□□□俾襄乃事，奈何一任其□□□□□□□□□□□□□□〔四一〕

遵旨另議速奏事〔四二〕

太子少保、兵部尚書、仍加俸一級、今聽議處臣張等謹題，爲遵旨另議速奏事：

職方清吏司案呈，該本部題前事，崇禎七年十一月二十一日奉聖旨："封疆關係其重，道將各有失事，核實議處，屢旨已明，何得仍執前議，概從寬假？俱著另議速奏。張文昌、曹文詔、眭自强并尤世威、吳襄，著會同刑部確議。許平虜等著該撫按速行訊結奏奪。尤世威、吳襄先著革了任，員缺速推堪任的來任。"欽此欽遵。抄出到部送司，案呈到部。除孔登科張榜，馬貴、閻可久、侯大節俱俟該按勘到另議，及許平虜、董夢吉，咨該撫按速行訊結。其張全昌等并行刑部確擬外，看得封疆失事，道將各有攸責，處分誠不宜寬。然畢竟事權與撫鎮不同，故其情罪亦與撫鎮有別，況駐札本城，被虜侵入者已從重擬，若漫無差等，一概連坐，恐本城疏失之條亦且窮於例也。恭繹明旨，核實議處，何得仍執前議，概從寬假？仰見我皇上於飭法之中寓明允之意，臣等查大明律一款：凡守邊將帥守備不設，若被賊侵入境內虜掠人民者，杖一百，發邊遠充軍。又查條例一款：凡沿邊、沿海及腹裏府州縣與衛所同住一城及衛所自住一城者，若遇大虜及盜賊生發攻圍，不行固守而輒棄去及守備不設，被賊攻陷城池，劫殺焚燒者，衛所掌印與專一捕盜者，俱比照守邊將帥失陷城寨者律，斬府州縣掌印并捕盜官；與衛所同住一城及設有守備官駐札本城者，俱比照守邊將帥被賊侵入境內虜掠人民律，發邊遠充軍；其兵備守巡官駐札本城者，罷職爲民。若非駐札處所，兵備守巡及守備官俱降三級調用。又據按臣疏稱，兩鎮之蹂躪也，罪在不能堵之於入口之際，攻陷次之，出口又次之。謹將各道將罪狀按律例分別議處，開列於後。計開：懷隆道戴罪張維世，失陷所轄保安一處。據塘報，虜逼懷來，本官開南門，出橋西，與郭秉忠合兵，擊死紅甲夷酋三名，落馬者甚多，虜遂不敢東犯。又兵科題，爲該道能固守出奇等事，奉有“張維世、寶可進事平查叙”之旨，似應從寬，以信明旨。

分守口北道、降三級戴罪范鑛，虜從所轄膳房堡出入，失陷左衛、桃花二處。據按臣稱，其晝夜乘陴，東西調發，且輸輓努糧，製辦〔四三〕火藥，扒浚沙濠，葺城列石，莫可殫述。

分巡口北道、降三級戴罪劉象瑶，虜從所轄龍門獨石入口，失陷長安、伴壁二處。據按臣稱，其造買盔甲、大炮、朗機、三眼、鳥槍、弓刀數千，硝磺一十六萬〔四四〕，鉛、鐵彈三萬餘，皆不費公帑。

分巡冀北道、今革職張抑之，虜從所轄得勝、鎮羌拒墻出入，失陷得勝、鎮羌、靈丘、王家莊四處。據按臣稱，其夜出西門，炮擊夷營，斃賊無數，亦有微勞。

以上四員，失事多寡不同，俱非駐札處所，例應降三級調用。除張抑之別案革職外，其范鑛、劉象瑶，原議加等降五級，今奉嚴綸，應從重革任。內張維世原奉旨“查叙”，初擬免議，今仍照例降三級調用。應否如議，伏候聖裁。

上北路參將馬明英，虜從獨石口入，即本官駐札處所，又失陷所轄伴壁店，陣亡軍丁十六名，失馬九十匹。部斬四級。

中路參將周紹先，虜從龍門入，即本官駐札處所，陣亡軍丁六名，失馬十三匹。

龍門守備李承勛，虜從本處入，即本官駐札處所，陣亡軍丁六十八名，失馬騾四十九匹頭。

獨石守備陳上表，虜從本處入，即本官駐札處所，没傷官軍十員名，失馬三十四匹。部斬四級。

膳房堡守備王國禎，虜從本處入，仍從本處出，即本官駐札處所，傷亡墩軍五名，失馬三匹。查本官親斬五級，部斬七級，救回難民八十四名口。

以上五名俱系駐札處所，被虜侵入，應照守備不設律擬戍。內馬明英、李承勛、陳上表應發邊遠。周紹先地方無失，王國禎頗有斬獲，故準附近。伏候聖裁。

懷來游擊郭秉忠，失陷所轄保女一處，據塘報，虜逼懷來，本官列營城外，與張維世合兵，擊死紅甲夷酋三名，落馬者甚多，虜遂不敢東犯□□□□□□□□□上□□參將王浚虜〔四五〕

本部飛報緊急夷情事疏〔四六〕

太子少保、兵部尚書、仍加俸一級、今降三級戴罪臣張鳳翼等謹題，爲飛報緊急夷情事：

職方司案呈，覆陳新甲塘報，崇禎八年四月二十六日奉聖旨：“已有旨了〔四七〕。”

本部哨探夷情事疏〔四八〕

太子少保、兵部尚書、仍加俸一級、今降三級、戴罪臣張鳳翼等謹題，爲哨探夷情事：

職方司案呈，□〔四九〕陳新甲塘報，崇禎八年四月二十六日奉聖旨：“已有旨了〔五〇〕。”

本部飛報緊急夷情事疏^{〔五一〕}

太子少保、兵部尚書、仍加俸一級、今降三級戴罪臣張鳳翼等謹題，爲飛報緊急夷情事：

職方司案呈，覆宣府巡撫陳新甲塘報，崇禎八年五月初二日奉聖旨："已有旨了。狨夷屢報突犯，將領偵禦全疏，且清泉等堡闌入賊哨僅二百餘，正值該鎮巡防，何未見設奇扼剿？有此失事。還著該監按嚴查馳奏^{〔五二〕}。"

傳報夷情事疏^{〔五三〕}

太子少保、兵部尚書、仍加俸一級、今降三級戴罪臣張等謹題，爲傳報夷情事：

職方清吏司案呈，奉本部送，准宣府巡撫陳新甲塘報前事内稱：本月初六日，據上北路參將丘守仁報稱，據獨石守備丘萬良呈，差夜不收姚一科等於四月十六日出境，哨得邊外地名三間房、鄧海子等處，有夷人二千有餘，趁草駐牧，離邊一百七八十里。又據馬營守備寧致中呈，差夜不收李江等亦於十六日出境，哨得邊外地名老鴨嵯等處一帶，有夷人一千有餘駐牧，離邊一百六七十里。俱於五月初一日入境等情到路，轉報到職。該職飛檄沿邊將備，皷銳確偵，嚴加收保，秣厲以待去後，續於本月十二日，又據丘守仁塘報，爲哨探事，案照前探，馬營邊外老鴉嵯等處駐牧夷人一千有餘，獨石邊外、鄧海子等處駐牧夷人二千有餘。隨差通夜分投出境，聯絡偵探，已經塘報外，今五月初十日午時分，據卑職原差通丁楊登科等并守備丘萬良下丁夜趙進等，跟同總鎮下官通楊一元等進口稟稱，役等哨至地名跪禿不列，登高瞭見前報鄧子海^{〔五四〕}等處駐牧夷人二千有餘，起移正北地名馬欄兔一帶趁牧，離邊二百三四十里，各山頭皆有瞭高夷人等情。

禀報間，本日申時，又據通丁王友等并馬營守備寧致中下丁夜王應登等進口禀稱，役等哨至地名老鴉嵯，瞭見前報夷人一千有餘，起往西北行走去訖等情。各報到職。據此，復差哨丁趙孟林并守備丘萬良下丁夜呂尚智六名，跟同總鎮下官通大張官一員，共八員名，於本月初十日從北柵子出口偵探外，俟探有別情另報。

前此各等因到職，據此，理合塘報等因到部送司，案呈到部。看得獨石、馬營邊外一二百里，皆有夷人駐牧，其狎我也至矣；各山頭又有瞭望之虜，其防我也周矣。我既不能先事以伐其謀，又不能出奇以挫其銳，第據二三偵騎曰今日在某處，明日往某處，何益於勝負之數乎？轉眼秋高，勢必狂逞，爲鎮將者將何以收萬全哉？乞敕該督撫鎮多方籌算，以固吾圉，毋任其偪處，遂可偷旦夕之安也。既經塘報前來，理合具本顯知。

崇禎八年五月十四日　郎中鄒毓祚

兵部爲傳報夷情事奉旨咨行稿

兵部爲傳報夷情事等因，崇禎五月十四日，太子少保、兵部尚書、仍加俸一級張等具題。十六日奉聖旨："已有旨了。"欽此欽遵，擬合就行。爲此：

一、咨宣府撫監[五五]

爲援兵已抵岔道事疏[五六]

太子少保、兵部尚書、仍加俸一級、今降三級戴罪臣張等謹題，爲援兵已抵岔道事：

職方清吏司案呈，奉本部送，准宣府巡撫陳新甲咨前事內稱：崇禎八年五月十一日，據遼東西協副總兵祖寬呈稱，於本月初七日本職遵旨，遣發騎兵左翼等營副參、游擊李輔明、祖克勇、劉仲文、劉正杰、高桂等五營官兵二千一百五十二員名出防岔道，仍將發兵日期并塘報兵部，知會、面諭差官云：「職這等勇將，如何不作前鋒？萬一舛錯，咎將誰諉？」本職遵蒙，率領副將楊倫、官兵一千餘員名，亦出岔道，合兵援剿訖。爲照岔道地窄山險，馬兵三千，屯集一處，不惟兵艱於居，抑且馬無錐立。查得榆林驛相距岔道未及二十里，至於所援兵馬，一半駐之岔道，一半栖之榆林。萬一有警，歸并截殺，東則有事以東應，西則有事以西應，務收大功，務保萬全矣等情到職。據此看得，岔道斗大一城，又當京、宣孔道，實是地窄民貧，貴部洞燭於此，故有先發兵馬二千之議，俟居址既定，再發步兵一千。今該協既盡以三千馬兵出關，亦見勇敢。但據稱屯集一處，苦於無栖，時當溽暑，人馬兩俱不便，議欲分駐一半於榆林。蓋以相去僅二十五里，呼吸可以相通，有警亦易歛集相應。從其所請。但此師係奉旨駐岔、護衛陵寢者，職未敢輕議，相應咨請等因。

又據遼東監紀、督餉同知袁國棟揭，爲裕餉休兵以勵戰守事內稱：照得國家設士馬以衛疆場，設糧餉以騰士馬。故兵强則圉固，食足則兵强，此定理也。否則，枵腹荷戈，氣已先餒，復强其運糧輸草，轉展於山徑之艱危，奔走於長途之炎瘴，將見人瘏馬痡，何暇爲戰守計哉？卑職於本月初七日，協同副將李輔明、祖克勇等伍營有馬官兵共二千一百伍十餘名名〔五七〕，駐防岔道，初九日，副將祖寬續率副將楊倫二營，共馬兵一千餘員名分防榆林，各矢捐軀圖報，磨礪以須矣。惟是糧餉草束者，士馬之命脉，職釋鞍即首爲訊及，已備悉缺乏光景、自運之情形，而未敢爲各兵聞也。隨即閉户削藁，呼籲於諸上臺之前，詎意各兵已先悉其詳，舉踵接〔五八〕蜂擁而蹙額相告矣。職思二軍對壘，戰勝攻克者兵之力，能勝能克者兵之氣，而追奔逐北，趨剿赴援，則馬之功居多。今各兵千里來宣，衝炎冒雨，兵丁之疲困人見於色，而馬匹之倒死固靡日不報聞也。釃酒椎牛以修養之，猶恐積衰之難振，顧責其朝而運糧，夕而搬草，可乎？不可乎？計居庸岔道，一去一來，路有六十里之遙，抵暮始可往返，況蹊澗倍艱，蘊隆特甚，此在平常無事之秋，腹內優閑之地，或者其庶幾耳，今日何時？岔道何地？而反可泄泄視之耶？兵法有云：「靜待動，飽待饑，逸待勞。」今本靜也而故動之，本飽也而故饑之，本逸也而故勞之，致勝之道竊恐未必爾也。即謂米豆暫那借於延慶岔堡似矣，而草束更屬急需，計馬、騾、牛、駝三千五百有奇，則日需草三千五百餘束，此三千五百草束非一人一騎可挾之而走也明甚。又謂草束原議折色，獨不思折色能果馬腹否？況邊徼荒涼，一飯無可買處，而村莊寥落，四望有若晨星。去秋成之期已杳，安得許多草束以供許多馬匹？即有草矣，而兵丁赴鄉貿易，又安得人躡其後而禁其不滋擾乎？職每再四躊躇，折乾之說似斷有不便行者。且自奴雛犯難而來，今日募兵，明日市馬，不知費多少金錢。即就職督守岔道者論之，三千兵馬，行糧坐糧、馬價草料，計所費亦不貲矣。酌輕重而提衡，何不加此三十里之脚價，覓車馱運，使士馬騰驤鼓舞，以效死力而收功於一戰哉？職，糧官也，亦兵官也。在兵言兵，在糧言糧，緊要著數，大聲疾呼，固有萬不獲已者。懇乞熟察防剿之情形，俯鑒兵馬之疲乏，酌發脚價，專官責成，務將昌、庸米豆、草束速運貯八達嶺、岔堡二處，以便附近支領，庶士得宿飽，馬免奔斃，三軍未戰而氣已百倍，且亦免騷擾之虞矣。卑職分係犬馬，偶有管見，輒詡詡入告，可否并祈明示，庶下吏有所持循，冥行不致顛躓，裹革圖報，敢有諉耶等因各到部送司，案呈到部。

　　看得遼兵三千駐岔，奉有明旨。副將祖寬以岔道城小，難容三千之眾，議以一半駐岔道，以一半駐榆林驛，兩處相去僅二十餘里，呼吸可通，於護陵便，而潦暑分居於兵民尤便。相應如議。惟是兵民雜處，囂凌易起，該將合遵屢旨及臣部禁約，約束士卒，無致禦暴爲暴可耳。至於士馬修養待戰，萬無責其運糧搬草之理。今據遼東監紀督餉同知袁國棟揭稱，駐岔各兵苦於搬運糧草，無不蹙額相告，將來何以責其用命？合敕户部，行該餉司，將昌、庸米豆、草束運至八達嶺、岔道二處，以便就近支領，庶使士馬飽騰，禦虜、護陵端有賴矣。既經咨揭前來，相應題請，合候命下，遵奉施行。

崇禎八年五月十五日　郎中鄒毓祚

員外郎仲嘉

王驥

兵部爲援兵已抵岔道等事奉旨咨行稿

兵部爲援兵已抵岔道等事等因，崇禎八年五月十六日太子少保、兵部尚[五九]、仍加俸一級張等具題。十七日奉聖旨："遼兵三千分駐岔道、榆林驛，依議。還著祖寬遵旨，嚴申紀律，務使兵民相安，毋致騷擾。其督運糧料事宜已有旨了。"欽此欽遵，擬合就行。爲此：

一、咨宣大總督、宣府巡撫，手本天壽山太監、宣府太監，札祖寬，合咨、手本、札前去，煩照明旨内事理欽遵施行。

崇禎八年五月十九[六〇]日　郎中鄒毓祚

員外郎仲嘉

王驥

缺官事推補鎮守宣府總兵官盧抱忠員缺疏[六一]

兵部等衙門、太子少保、尚書等官仍加俸一級、今降三級戴罪臣張等謹題，爲缺官事：

照得鎮守宣府等處地方總兵官盧抱忠，近該監視宣府太監盧維寧題參，奉旨"從重議處"，所有員缺合當照例會官推補。臣謹會同後軍都督府掌府事、左柱國、太傅、成國公臣朱純臣等，兵科都給事中、加俸一級臣常自裕，從公推舉，得原任鎮守陝西等處地方總兵官、左都督起補[六二]錢中選，大同南協付總兵、署都督僉事李國梁，俱各堪任，伏乞聖明，於內簡命一員，充總兵官，挂印鎮守前項地方。候命下之日，兵部備查原擬責任，請給制、敕各一道，賚付本官，欽遵任事，合用符驗、旗牌、印信，照例就彼交代，具繇回奏。

計開擬堪鎮守宣府等處總兵官二員：

錢中選。年四十三歲，係大同左衛指揮僉事。萬曆四十四年十二月，推大同高山城守備。四十八年二月，推都司僉書，管大同入衛尤吉。於天啓元年九月，推宣府東路尤吉。二年十二月，推通州中營參將。三年正月，調宣府南山參將。四年四月，推天津付總兵。七年四月，推候署都督僉事，五軍營右付將。九月，寧錦叙功，題加署都督同知。覃恩，題加都督同知。崇禎元年正月，會推鎮守陝西總兵官。二年三月，本部題參，回衛聽勘。三年正月，陝西巡按吳焕勘回免議。三月，册立，題加右都督。四年三月，京營城守叙功，題加左都督。

李國梁。年四十歲。係延綏榆林衛百户。萬曆四十一年十二月，推遼東鎮靜堡守備。四十六年閏四月，推都司僉書，管遼東右屯城尤吉事。四十八年四月，咨調，管遼東大清堡尤吉事。天啓元年四月，該遼東巡撫薛三才參革。四年三月，起都司僉書，管宣府紫溝堡參將事。六年三月，推薊鎮松棚路尤吉。七年六月，推山東臨清參將。崇禎四年六月，推付總兵，管大同井坪城參將事。七年閏八月，題加署都督僉事。八年四月，宣大總督楊嗣昌題調大同南協付總兵。該大同撫按官胡沾恩等薦四次。歷俸四年二個月。

崇禎八年五月日[六三]

兵部爲缺官事奉旨稿

兵部爲缺官事等因，崇禎八年五月十七日兵部等衙門、太子少保、兵部尚書等官、仍加俸一級張等具題。十八日奉聖旨："虜警方殷，宣疆鎮臣關係甚重，還確推堪任的來用。"欽此。

崇禎八年五月日　郎中鄒毓祚

員外郎仲嘉

王驥

衝邊大帥乏人等事疏[六四]

太子少保、兵部尚書、仍加俸一級、今降三級戴罪臣張等謹題，爲衝邊大帥乏人，密請聖裁，以便推補事：

職方清吏司案呈到部，照得宣府缺總兵官，該臣等於本月十七日以原任陝西總兵錢中選、見任大同副總兵李國梁會推，十九日奉聖旨：“虜警方殷，宣疆鎮臣關係甚重，確推堪任的來用。”欽此欽遵。臣等因通盤打算：南北邊海計總兵官共二十四員，自去年四月會推甘肅總兵柳紹宗後，至今共推過各處總兵一十四員，凡在任在籍著有聲望者俱已推戤盡矣。今宣鎮員缺，奉旨再推，較之他鎮更難。其人投閑者，輿論既多未協，新進者名位又輒不符，再四思維，惟有酌量衝緩，就近更調之一法而已。如天津總兵巢丕昌才識老練；昌平總兵陳洪範氣概沉雄，俱堪衝鎮。雖丕昌奉命防守龍固，洪範奉命選練健丁，俱未可輕動，但頃據二臣揭報，駐防募丁之事俱將就緒，移內之次衝，當外之極衝，一更調間，朝拜命而夕受事，是亦計之便者。又原任山西總兵尤世禄，智勇足備，威望素隆，先鎮寧夏，有親擒干兒駡之功，其次入衛，有恢復灤永之功，後調山西，本官請告歸田。前督臣張宗衡調剿流寇，人多訾其淫縱，又克復遼東，止一子，中流矢死焉。臣廉知其人，實未有甚過舉，猶堪建大將旗鼓，謹列名疏末，以備采擇。

故事，會推正、陪，例止二員，恐儉於數，且本內應推緣繇亦難盡説，恐無當聖明敲推，故謹先具疏上聞，伏乞皇上於內欽定一員下部，容臣等會同府部等衙門另本會推。緣係奉有“確推堪任"之旨，相應密請聖裁，恭候命下，遵奉施行。

崇禎八年五月廿^{〔六五〕}日　郎中鄒毓祚

員外郎仲嘉

王驥

兵部爲衝邊大帥乏人事奉旨稿

兵部爲衝邊大帥乏人等事等因，崇禎八年五月二十日本部具題，即日奉聖旨："昌鎮，陵寢重地，何云次衝？即龍固扼防，亦難輕動。卿部職在選將，還著確覈推舉，不得但以請裁卸責。"欽此欽遵。

崇禎八年五月廿一^{〔六六〕}日　郎中鄒毓祚

員外郎仲嘉

王驥

大帥一時難得等事疏^{〔六七〕}

太子少保、兵部尚書、仍加俸一級、今降三級戴罪臣張等謹題，爲大帥一時難得，會推僉議宜同，謹據實奏聞，仰乞聖鑒事：

照得宣府總兵盧抱忠被論，奉有"著府部從重議處，員缺速推堪任的來用"之旨，臣部隨會同五府兵科，於十七日推原任總兵錢中選爲正、副總兵李國梁爲陪，俱未蒙俞允。臣部念奴謀叵測，剿禦方殷，求曾經戰陣者，一時實難其選，因請調陳洪範、巢丕昌移緩就衝，而終之以閑將尤世祿，謂猶堪建大將旗鼓，具疏，恭候聖裁，當奉聖旨："昌鎮，陵寢重地，何云次衝？即龍固扼防，亦難輕動。卿部職在選將，還著確覈推舉，不得但以請裁卸責。"欽此。臣部方在擬議，二十一日，復承皇上召對，蒙諭："昌、津二鎮難以輕動。"臣因奏：尤世祿昔在寧夏，生擒酋首干兒罵，及入衛，又有恢復灤永之功，後調任晋中，人有言其縱兵淫掠者，遂請告歸田，嗣總督張宗衡檄之剿賊，旋克復遼州。身帶重傷，其一子中流矢而死。實爲戰將，業面奏於聖明。因於二十二日約五府兵科循例會推，擬用尤世禄爲正，王應暉爲陪。時成國公朱純臣等俱至朝房，候取齊僉薦，而兵科都給事中常自裕不至，且聞有糾疏上聞矣。夫部科一體，今科臣既有异議，自合停推。但選將係臣部執掌，且封疆利害攸關，臣非實見其勇略可用，亦何敢推轂於聖明之前，而以衝邊爲嘗試哉？伏祈皇上俯賜睿斷。如臣所言不謬，乞將世禄簡任，俾捍巖疆。如謂科臣持論有因，不宜起用，乞敕下部，會府科另行推舉，仍先將臣斥處，以爲不能知人之戒。臣無任悚息待命之至等因。

崇禎八年五月二十三日本部具題，二十三日奉聖旨："已有旨了。選將固係卿部職掌，然封疆事重，自宜虛公商酌，何遽激詞求斥？如果有確見，即會同府科推舉，仍將堪任緣繇明白具奏。"欽此。

崇禎八年五月廿三[六八]日

遵旨明白具奏事疏[六九]

太子少保、兵部尚書、仍加俸一級、今降三級戴罪臣張等謹題，爲遵旨明白具奏事：

本月二十三日該臣等具題，爲大帥一時難得，會推僉議宜同，謹據實奏聞，仰乞聖鑒事。二十四日奉聖旨："已有旨了。選將固係卿部職掌，然封疆事重，自宜虛公商酌，何遽激詞求斥？如果有確見，即會同府科推舉，仍將堪任緣繇明白具奏。"欽此。臣恭捧明綸，不勝悚息，謹據實爲皇上陳之。

先是，盧抱忠被論，臣部思宣鎮昔爲款地，即雍容緩帶者，皆可登壇。今係戰塲，非勇略軼群者未宜受脈。因屬職方司郎中鄒會兵科都給事常自裕面相商酌。科臣謂錢中選可用，臣部遂首登啓事，而以李國梁爲陪，不虞俱未當聖衷。隨取在任在籍者，一一敲推。或威望未孚，或功績未著，或新經論劾，或久注衰庸，殆靡有勝任而愉快者。弗獲已，就近調補，而并以閑將尤世祿附請聖裁。蓋以大帥未易數數，不得不短中求長耳。茲以科臣有言，蒙皇上諭臣明白具奏。

臣查寧夏洪廣叙功一案内稱，干酉披戴金龍盔甲，率精健頭目千餘，騎馳出陣前，尤總兵率參將高鵬等血戰一處，干酉將尤總兵馬射中一矢，尤總兵用鐵簡將干酉打落馬下，即被親丁尤擒胡、尤躍龍等斬首在地。此巡按御史吳煥所覈奏者也。又恢復四城一案内稱，灤州之役，總理馬世龍、總兵尤世祿、楊麒、楊肇基、吳自勉、干承恩協力合攻，炮矢齊發。至今一望城頭，破樓敗堞猶然在目，就中楊麒之大炮、尤世祿之射中更爲矯矯。此兵科給事中張鵬雲所覈奏者也。又攻克遼州一案内稱，原任總兵尤世祿分發副將李卑、參將陶進、戴罪游擊尤養鯤、都司韓斗、王國臣攻打南門，游擊白安等攻打東門，猛如虎、虎大威、和應詔等攻打南門一角，參將王忠、游擊張守印攻打西門，都司賀人龍攻打北城兩日夜，勇氣倍增。又亂箭射死賊頭一名老張飛。二十九日半夜陷門逃散，我兵四面堵截，共斬級一千二百八十八顆，生擒六名。陣亡軍丁三十七名，重傷軍丁一百六十二名。此巡按御史李嵩所覈奏者也。至淫掠事情，事在崇禎五年，時臣卧病里門，聞之亦爲痛恨。會寧武道胡沾恩過臣視疾，詢其所以，據稱，世祿家眷坐轎數乘赴任。前列家丁婦女兩行，動十不閑鼓樂，招搖於道，事誠有之。人言其擁娼妓酣飲帳中，曾同宋撫院出不意，乘單騎突入其寓，見所居僅有屋三穩，中爲客舍一間，貯什物一間。有掾役數人，并無婦女。此寧武兵備胡沾恩所親道者也。

臣念將才不易，妄欲資其一臂。今科臣謂斬干兒罵係誘殺，恢遵、永，係因人成事，復遼州賊出城西而世祿方至，且強脅鄉紳室女淫之。果爾，則罪不容於死矣，尚可建旗鼓於巖疆哉？科臣爲朝廷耳目之官，職司封駁，一經論列，即見任者亦當去位，況投閑自廢之兜鍪乎？臣本虛公，絕無滯念，世祿既多訾垢，萬無再推之理。伏乞敕下臣部，會府科各舉所知，以備聖明之采擇。臣無任悚息待命之至。緣繇遵旨"明白具奏"事理云云等因。

崇禎八年五月二十五日，太子少保兵部尚書仍加俸一級張等具題，二十六日奉聖旨："覽卿奏尤世祿戰功，屢經查覈，淫掠尚屬風聞，但強脅紳女罪應誅，若無的據，豈得妄加？還著常自裕等指實具奏。宣缺，一面虛公會推堪任的來看。"欽此欽遵。

崇禎八年五月日^{〔七○〕}　郎中鄒毓祚

員外郎仲嘉

王驥

宣營體制全乖等事疏^{〔七一〕}

太子少保、兵部□□^{〔七二〕}、仍加俸一級、今降三級戴罪臣張等謹題，爲宣營體制全乖，微臣酌陳一得，仰候聖明裁鑒畫一，以便戰守永遵事：

職方清吏司案呈，崇禎八年六月初一日奉本部送，兵科抄出，監視宣府太監盧維寧題稱：臣按《武侯法》云："善將者，因天之時，就地之勢，依人之利，則所當者無敵，所擊者萬全。"蓋宣鎮荒徼之區也。以言天時，凶歉多而豐^{〔七三〕}稔少，不藉屯種，而只藉外解；以言地勢，丘阜多而平衍少，故不宜車戰而只宜馬步；以言人利，游食多而精悍少，故不利擊刺而只利固守，此定勢也。聞之夷馬驕健，一旦^{〔七四〕}雙騎，我馬駘駑，我兵脆弱，加之貫甲持器，平居尚難舒展，而欲與之并氣角力乎？以故每臨邊警，懦者因馬而墜，狡者因馬而逃。值年荒歉，外解不敷，不第爲饑軍計，而且爲餓馬計也。臣偕督撫按按鎮商酌經制，見議馬戰兵額十居七八，步戰兵額十少二三。緣以舊日經制如此。臣諳邊務未深，歷見未收馬戰之益，近多失馬之害，因於此酌見團練步卒火營二法，實於營務大有倚賴。何以在事諸邊臣俱置不講乎？古來破虜得功，莫如岳家兵矣，而多以步卒短兵制敵取勝。即曰悍馬利鏃，夷技銳勇難當，而神火槍炮之外，尚有長矛狼筅，防牌利器可以抵定。且置之死地，前後無生，方肯拼命用力。其馬兵止便接援、剽掠、安營、聲擊之用，何以設額反多？此惟步兵手器習嫺未熟，膽志積弛未振，以致脚跟站立不定，卒多潰敗如此。殊不知火營有戰器、有埋器、有攻器、有守器、有陸器、有水器，用不得宜，乃致於敗。戰器利於輕捷，則兵不疲力而銳氣充。埋器利於爆擊易碎，火烈烟猛，則兵可助勢。攻器利於機巧堅麗，常移不壞，則可恃而奮勇。守器利於遠擊，取火長而氣毒。陸器遠近長短相間，分番叠出。水器穿河過泊，微妙莫測。火炮、火銃、火箭皆長器、遠器也。宜與長槍、大刀相間。火槍、火罐、火球、火磚皆短器、近器也，宜與强弓硬弩相間。此皆步兵之妙。營伍貴練而不貴多，法器貴利而不貴重。果有良將一員，火器三千，繕而用之，足抵强兵十萬矣。臣實見宣之形勢、實利，此著所以偶有一得，不敢不爲皇上陳也。或臣隅見未及周知，妄爲摹揣，亦祈聖恩鑒宥狂瞽。如果芻蕘可采，合候敕下內外邊計諸臣商酌妥確，如鎮城各營馬兵應設若干，步兵火器映射若干，三協九路應各設若干，務期馬步相兼，如法團練，以便裁入經制，永爲遵守，以俾實用。邊氓幸甚，封疆幸甚等因。

崇禎八年五月二十九日，奉聖旨："該部看議速奏。"欽此欽遵。抄出到部送司，案呈到部。看得兵法貴用我之所長，攻敵之所短。如奴所長者鐵騎，以我駑駘當彼驍騰，弗勝也；所長者弓矢，以我脆弱當彼勁健，弗勝也。監臣有見於此，欲仿宋將岳飛破虜法，易騎以步，而多用火器手。夫步何以能禦騎也？彼騎所利者衝突耳，步兵各持長矛、狼筅，其集如林，馬來未有不却步者，而又間一人執搪箭牌以捍衛之，則我兵先立於不敗，而脚跟已站定矣。火器何以能勝弓矢也？彼弓矢制人，在四五十步之內，亦一發制一止耳。火器之大者能擊人於數里之外，小者亦能擊人於百步之遠。且一發而數十人立化爲齏粉，神妙無窮，故稱神器。而雜置於長矛大戟之中，捍敵有人，司火者得以相機點放，斷無忙亂虛發之慮矣。此步勝騎、火勝射之法，鑿鑿可行，似無容再計而決矣。然則馬遂可廢乎？非也。每戰，步兵當前，俟火炮、火箭、强弓、毒弩更迭舉發，敵不能當，勢必却走，然後縱馬追逐，以收俘斬之功。相提而論，步兵宜居十之七，馬兵宜居十之三。行之各邊，歲可減馬價銀若干，草料銀若干，即以贏餘厚步兵之餉，誠今日强兵制虜第一急著，所當敕下各該督撫鎮，商酌妥確，再行奏奪者也。既經奉有"看議速奏"之旨，相應覆請，合候命下，遵奉施行。

　崇禎八年六月日〔七五〕　郎中鄒毓祚
　　　　　　　　　員外郎仲嘉
　　　　　　　　　　王驥

兵部爲宣營體制全乖等事奉旨咨行稿

　兵部爲宣營體制全乖等事，該本部題云云等因，崇禎八年六月初六日太子少保、兵部尚書、仍加俸一級張等具題。初八日奉聖旨："各邊見有火步等營，原來概用馬兵，惟日久法弛，俱以老弱充數，陣法火器復廢置不講。今須整頓練習，務期馬步兼精，實堪殺奴。爾部即馳諭各該督撫鎮商酌妥確具奏。”欽此欽遵，擬合就行。爲此：

一、咨宣、大、陜西、薊、遼總督，大同、宣府、山西、山永、遼東、順天、延綏、寧夏、甘肅、固原各撫鎮，大同、宣府、山西中東西三協，遼東各監視，合咨、手本、札前去，遵照明旨内事理於文到五日，商酌妥確，具奏施行。

崇禎八年六月十一[七六]日　郎中鄒毓祚

員外郎仲嘉

王驥

本部遵旨查明具奏事疏[七七]

太子少保、兵部尚書、仍加俸一級、今降三級戴罪臣張鳳翼等謹題，爲遵旨查明具奏事：

職方司案呈，覆宣府太監盧維寧，崇禎八年二月初九日奉聖旨：“石應雷著降一級，戴罪管事。徐自紳、梁光遠各紀録[七八]。”

宣鎮需將甚急等事題補宣府總兵
盧抱忠員缺疏[七九]

太子少保、兵部尚書、仍加俸一級、今降三級戴罪臣張等謹題，爲宣鎮需將甚急，屢推未蒙欽依，僅就偏裨中再申前請，仰祈聖鑒，俯賜簡用，以無誤巖疆事：

照得自盧抱忠被參議處，奉有“員缺速推堪任的來用”之旨，臣部於五月十七日同府科諸臣以錢中選、李國梁會推。十八日奉聖旨：“虜警方殷，宣疆鎮臣關係甚重，還確推堪任的來用。”欽此。又該臣部於五月二十日題爲衝邊大帥乏人等事，密請聖裁，以巢丕昌、陳洪範改調，即日奉聖旨：“昌鎮，陵寢重地，何云次衝？即龍固扼防亦難輕動。卿部職在選將，還著確覈推舉，不得但以請裁卸責。"欽此。又該臣等於六月初二日會推王嘉春、王應暉。初三日奉聖旨："宣鎮總兵官此時責任何等艱巨！必實著勛績，練曉虜情，方堪邊寄，這員缺還再另推來看。"欽此。同日，又該臣部題為將材止有此數等事，奉聖旨："知道了。偏裨中果有勇略，實堪大將的，即著確覈推舉，不必盡拘職銜。"欽此。又該臣等於本月初七日會推艾萬年、祖寬。初八日奉聖旨："宣鎮總兵責任艱巨，前旨甚晰。員缺還著另推來看。"欽此欽遵。

臣等恭捧明綸，仰見我皇上為嚴疆擇將，其難其慎至意。臣部夾囊中果儲有材，何敢不舉所知？以仰副聖明拊髀，無如將材之不數數何也！在籍廢閑者既如彼，既見任偏裨著有勛績、練曉虜情者亦指不多屈。惟昨所推艾萬年生長延綏，祖寬遼人，俱熟知虜情，且各有剿寇禦虜之功。頃見督臣楊嗣昌《宣帥屢推未定》一揭，內稱"為今日計，不得大將、名將而用之，得真正行伍戰將，曾經破敵衝鋒者斯可矣"等語。又見大同撫臣葉廷桂《酌議更調協將》一揭，內稱"李國梁，戰將也，渾身是膽。一段朝氣，英英逼人"等語。臣部參睹督撫疏、揭，衡量三將才品，艾萬年，謀將也。睹其今歲二月《條議剿寇》一疏，著著中窾，合之行間戰績，將略已見一班。祖寬、李國梁，戰將也。去歲虜圍井、坪，國梁嬰城擊退，具見智勇。祖寬援雲，虜尾其後，本官率六百旅，與虜戰於城外，殺傷甚多，虜懼，退走十里。救全關廂避難男婦數萬。其他紫裹山、郵馬山、埋喇素，各有斬虜功級，而解萊、復黃、恢登不與焉。督臣疏稱"真正行伍戰將，曾經破虜衝鋒"者，無逾於寬。此外副將如李昌齡、方懋功，曾著戰績，然皆遠在數千里外。其餘率皆勛績無聞者，臣部安敢妄推？昨據關門撫鎮塘報，奴拔營西行，似有犯宣光景。得非偵知舊鎮議處，新鎮無人，意在乘我之虛？言念及此，即艾萬年亦屬西江之汲，無濟燃眉。伏乞皇上於前推祖寬、李國梁二員內簡用一人，勒令刻期受事。其於禦虜固疆端有賴矣。緣係云云。

崇禎八年六月初十〔八〇〕日

兵部爲宣鎮需將甚急等事奉旨咨行稿

兵部爲宣鎮需將甚急等事等因，崇禎八年六月初十日太子少保、兵部尚書、仍加俸一級張等具題。十一日奉聖旨："李國梁著以原官充總兵官，挂印鎮守宣府等處地方。寫制敕與他，著即刻受事。"欽此欽遵，抄出到部送司，案呈到部，擬合就行。爲此，除札仰李國梁定限本年月日〔八一〕到任外，

、咨宣府巡撫、宣大總督、宣府監視、大同巡撫，合咨前去，煩照明旨內事理，催促本官作速依限到任，不許延遲。仍將到任日期同原奉本部札付并履歷緣繇行令繳部查考，如過限不到，及不繳部札，定照近題事例參究施行。

一、咨都察院，合咨貴院，煩爲轉行宣、大巡按御史，遵照明旨內事理，催促本官作速依限到任，不許遲延。如或過違，照例參究施行。

一、札李國梁，合札該鎮，通照明旨內事理依限到任外，仍將到任日期同原奉本部札付并履歷緣繇，限本年月日〔八二〕繳部查考施行。

一、合具揭帖，差主事齎赴內府翰林院，請寫制敕施行。

計開：請制敕官一員，鎮朔將軍、鎮守宣府等處地方總兵官、署都督僉事李國梁，查得本官責任，務要操練軍馬，修理城池，督瞭墩臺，防禦賊寇，撫恤士卒，保障居民，凡一應邊務須與巡撫、都御史計議停當而行。尤須持廉秉公，正己率下，仍要振揚軍威，制服虜寇，以副委托。或有因循債事，責有所歸。及

查得萬曆二十一年三月內，該宣鎮督撫官蕭大亨等題，爲仰仗天威，招回屬夷內附，謹議安插事宜，以弭邊患事，該本部覆議以後，督撫鎮道將領應請敕書內增入撫防屬夷責任，各在當人之身，務保久安，毋貽釁孽等因。節奉神宗皇帝聖旨："這撫處屬夷俱依議。"欽此欽遵，在卷所有前項撫防屬夷事務相應一并增入。

崇禎八年六月十四[八三]日　　郎中鄒毓祚

員外郎仲嘉

王驥

本部宣鎮須將甚急等事[八四]

兵部尚書張鳳翼等謹題，爲宣鎮需將甚急，屢推未蒙欽依，謹就偏裨中再申前請，仰祈聖鑒，俯[八五]簡用，以無誤嚴疆事：

本部題，崇禎八年六月十一日奉聖旨："李國梁著以原官充總兵官，挂印鎮守宣府等處地方。寫制敕與他，著即刻期受[八六]。"

校勘記

〔一〕此爲影印本《總匯》第18冊，第1434號，第39頁。編者擬題爲"兵部尚書張鳳翼等爲鎮臣勇怯不同功罪亦异須分別處分事題本奉旨　崇禎七年十二月二十日"。原件題目後一行爲大字版刻"崇禎七年十月廿一日到"等字（其中"七"、"十"、"廿一"爲手寫後填字）。大字版印後，又加蓋小字版刻字"□□（崇禎）七年十月二十一日□□□旨五日爲期應本□□□□□□議奏"。正文前有"兵部呈於兵科抄出"兩行字。

〔二〕"張鳳翼"前奪一"臣"字，此在封建社會奏疏爲大不敬。

〔三〕本疏最後無日期，亦無簽押者職名。

〔四〕此爲影印本《總匯》第18冊，第1457號，第141頁。編者擬題爲"兵部尚書張鳳翼等爲宣府西陽河堡等處夷情事題行稿　崇禎七年十二月初二日"。原件首頁首行有明廷兵部檔案號"宿字四百廿六號"。題目右下側有小字"入堂稿"三字。下一行有小字"題"、大字"題""行"二字。隔一行有"旨下行"三字，其下有"有貼黃"三字。最下是人名"徐淳"。

〔五〕"數"字後疑脱一"日"字。

〔六〕"許"，疑當作"餘"。

〔七〕"初二"右側有小字"初二"二字。

〔八〕此爲影印本《總匯》第18冊，第1458號，第151頁。編者擬題爲"兵部尚書張鳳翼等爲夷人接踵邊口預籌剿撫之策事題行稿　崇禎七年十二月初五日"。原件首頁首行有明廷檔案號"宿字四百卅一號"。題目上面有楷書"行"字。下一行最下有小字"寫訖"二字。再下一行有小字"題"、大字"題""行"三字。其下有三行小字："後附王坤題同□事，奉旨'部科酌議'，因此報已題奉旨，老爺分付：'不必覆。'"又下一行有"旨下行訖"四字，最下是人名"徐淳"。

〔九〕"初五"右側有預批小字"初五"二字。

〔一〇〕"十一"右側有小字"十一"二字。

〔一一〕此爲影印本《總匯》第18冊，第1462號，第172頁。編者擬題爲"兵部尚書張鳳翼等爲薦楊繼文等頂補部標營參將等二員官缺事題行稿　崇禎七年十二月初九日"。原件首頁首行又明廷檔案號"京字八十六號"。題目第二行最下有"七"字。下一行有小字"題"、大字"題""行"二字。隔一行有小字："十二月廿二日行訖。"最下是人名"馬兆基"。

〔一二〕正文"楊繼文"名字上頂格有"正楊繼文"四字。

〔一三〕此爲影印本《總匯》第18冊，《總匯》編者未編號，蓋以爲後面的咨行稿將本疏與前疏合并爲一個咨行稿，但畢竟是兩次奏疏，今分別録入。原件題目下一行有小字"題"、大字"題"二字。隔一行最下爲人名"馬兆基"。

〔一四〕正文"李國柱"上面頂格有"正李國柱"四字。

〔一五〕"趙學禮"下面，有"陪趙學禮"四字。

〔一六〕"各"，疑衍。

〔一七〕"日"字前原缺具題數字。

〔一八〕此爲影印本《總匯》第18册，第1468號，第204頁。編者擬題爲"兵部尚書張鳳翼等爲遵旨查奏何衛國霍惟忠奉撥修築邊工所班軍脱逃事題稿（尾缺）　崇禎〔七年〕"。原件本頁題目以上右上角至正文第一行部分損壞，今將僅存字迹録於下：隔一行有"愚具稿，馮起綸封訖"三字（"愚"字前當爲"李若"，"起"字前當爲"馮"字，見前文1411號）。下一行有固定格式版刻小字"日具稿武選司"等字，最下是小字人名"陳國憲"。

〔一九〕"尚書仍"三字，原件損壞，今據前文固定格式字補。

〔二〇〕"吏司"二字，原件損壞，今據前文固定格式字補。

〔二一〕"加俸一級、今住俸"前原有職銜，後勾去：欽差總督漕運提督軍務、鳳陽等處地方兼理海防、户部尚書兼都察院右副督御史。

〔二二〕"□□"，原件漫漶殘缺，據前後文并參殘留字迹當爲"户部"。

〔二三〕"□"，原件損壞，據文意及下文重出當爲"到"字。

〔二四〕"□"，原件損壞，據文意及下文重出當爲"百"字。

〔二五〕"□"原件殘損，據《崇禎長編》卷五十六、《江南通志一百三》并參殘留字迹疑當作"憲"。

〔二六〕"應"，據文意並參《明名臣琬琰録》卷二《曹國李公岐陽武靖王神道碑銘有序》疑當作"克"，因涉下地名"應昌"而誤。

〔二七〕"操"，據文意疑當作"揮"。

〔二八〕"月"，據文意當作"日"。

〔二九〕"訢"，據文意疑爲"訴"字之誤。

〔三〇〕"擊"字，據文意疑當作"繫"。

〔三一〕"繳"，此句難通，疑"繳"字衍。

〔三二〕"輙"，據文意當作"輒"。

〔三三〕"今"，據文意疑當爲"令"之誤。

〔三四〕"□"，原件殘缺，據文意並參殘留字迹疑當作"誰"。

〔三五〕"□"，原件殘缺，據文意並參殘留字迹疑當作"調"。

〔三六〕"□"，原件殘缺，據文意並參殘留字迹疑當作"秀"。

〔三七〕"□□"，原件殘缺，據文意並參殘留字迹疑當作"八月"。

〔三八〕"□"，原件殘缺，據文意並參殘留字迹疑當作"國"。

〔三九〕凡"□"符號，皆爲本頁損壞字，其數量按前頁每行字數而補，但各行數量未必一致。下同。

〔四〇〕此處缺十二字，據文意疑當作"衛國、懷遠衛指揮霍惟忠管領"。

〔四一〕以下内容，原件全部損毁。此處十三字據文意蓋爲"各軍之脱逃，誰司約束？二疏縱若此"云云。

〔四二〕此爲影印本《總匯》第18冊，第1469號，第245頁。編者擬題爲"兵部尚書張鳳翼等爲遵旨議奏封疆失事道將張維世按律例分别議處事題稿（尾缺）　〔崇禎七年〕"。原件首頁首行有明廷兵部檔案號"宿字四百一十六號"。本頁題目下有"宣、大道""罪緣繇"，下一行有人名"郭秉忠"。其上有"題"字，其下有"五次覆"三字。下一行有"有□冊"三字。隔　行有"宣府科"二字，其下是人名"徐淳"。

〔四三〕"辨"，據文意似當作"辦"字。

〔四四〕"萬"後，據文意當脱一量詞。

〔四五〕以下内容原件缺失。

〔四六〕此爲影印本《總匯》第18冊，第1478號，第308頁。編者擬題爲"兵部尚書張鳳翼等爲非報緊急夷情事題本奉旨　崇禎八年四月二十六日"。原件首頁首行最下有明廷兵部檔案號"一百卅九號"。本頁題目下有"存"字。下一行是版刻印大字"崇禎八年四月廿七日到"，其中"八""廿七"爲手寫字。其左側有小字"上號"二字。正文前隔一行頂格有"兵部呈於兵科抄出"兩行字，下緊接正文。

〔四七〕本疏最後無日期，亦無簽押者職名。

〔四八〕此爲影印本《總匯》第18冊，第1480號，第325頁。編者擬題爲"兵部尚書張鳳翼等爲哨探夷情事題本奉旨　崇禎八年四月二十六日"。原件首頁首行最下有明廷兵部檔案號"百卅六號"。本頁題目下有"存"字。下一行是版刻印大字"崇禎八年四月廿七日到"，其中"八""廿七"爲手寫字。正文前隔一行頂格有"兵部呈於""兵科抄出"兩行字，下緊接正文。又，本疏同前疏，字迹甚小。本疏最後無日期。

〔四九〕“□”，此字按前後文例，當爲“覆”。

〔五〇〕本疏最後無日期，亦無簽押者職名。

〔五一〕此爲影印本《總匯》第 18 册，第 1485 號，第 342 頁。編者擬題爲“兵部尚書張鳳翼等爲飛報緊急夷情事題本奉旨　崇禎八年五月初二日”。原件首頁首行有明廷兵部檔案號“一百五十五”。本頁題目下有草書“行”字。下一行是版刻印大字“崇禎八年五月初二日到”，其中“八”“初二”爲手寫字。又有小字覆蓋於大字版刻上，漫漶不清，可識別字爲“崇禎八年五月初二日抄送”下一行可識別者爲“本月初二咨行”。正文前隔一行頂格有“兵部呈於”“兵科抄出”兩行字，下緊接正文。又本疏最後無日期，亦無簽押者職名。

〔五二〕本疏最後吳日期，亦無簽押者職名。

〔五三〕此爲影印本《總匯》第 18 册，第 1501 號，第 378 頁。編者擬題爲“兵部尚書張鳳翼等爲探得宣府獨石馬營邊外有夷人駐牧事題行稿（尾缺）　崇禎八年五月十四日”。原件首頁首行有明廷兵部檔案號“列字一百八十八（號）”。題目下一行天頭處有“宣”字。再下一行有小字“題”字、大字“題”“行”二字。該行最下地脚處有“訖”字。隔一行有“限即日寫”、“有貼黃”等字。最下是“書辦徐淳”。

〔五四〕“子海”，前文作“鄧海子”，此處當乙。

〔五五〕内容原件以下闕失。

〔五六〕此爲影印本《總匯》第 18 册，第 1503 號，第 396 頁。編者擬題爲“兵部尚書張鳳翼等爲援兵遼師已抵岔道以護京陵事題行稿　崇禎八年五月十五日”。原件首頁首行有明廷兵部檔案號“列字一百八十七號”。題目下一行有小字“題稿”、大字“題行”。該行最下邊欄線外外有“訖”字。隔一行有“限十六”“有貼黃”等字。最下是“書辦徐淳承”。

〔五七〕“名”，據上下文當爲“員”之誤。

〔五八〕“接”字，據文意後疑有脱字。

〔五九〕“尚”後，據文意當有“書”字，此誤脱。

〔六〇〕“十九”右側有小字“十九”二字。

〔六一〕此爲影印本《總匯》第 18 册，第 1505 號，第 420 頁。編者擬題爲"兵部尚書張鳳翼等爲推選錢中造等頂補宣府總兵人員缺事會題稿崇禎八年五月十七日"（題中"錢中造"當爲"錢中選"之誤）。此稿首頁版印較清晰，首行爲明廷檔案編號"列一百九十一號"（"列"下應有"字"字，今磨損）。其下爲"一件"二字，題目即填於"一件"下空白處。下一行上面爲大方框，内有"稿"字，其上填"會題"二字。其下一格填寫"錢中選、李國梁"二人名。再下一行刻印"限日上"，"日上"前爲空白。其下一行最下刻印"書辦承"，其中"承"上空白處填寫人名"書辦徐淳"。又，本疏後面附有提要，今附錄於此："兵部等衙門、太子少保、尚書等官、仍加俸一級、降三級戴罪臣張等謹題，爲缺官事；照得鎮守宣府總兵官盧抱忠員缺，會推得原任鎮守陝西總兵官起補錢中選爲正，大同南協付總兵李國梁爲陪。俱各堪任，伏乞聖明簡用。謹題。"

〔六二〕照前文文例，"得"字後、人名前之職名當是小字，此疏均與正文字號相同，今照原件寧號錄入。

〔六三〕"日"字前空白，右側有小字"十七"當爲應填日期。又，最後無郎中簽署職衡姓名。

〔六四〕此爲影印本《總匯》第18册，第1506號，第427頁。編者擬題爲"兵部尚書張鳳翼等爲遵旨舉薦宣府總兵人選以補衝邊事題行稿　崇禎八年五月二十日"。此稿首頁當與前文同，但原來格式已模糊。原件首頁首行有明廷兵部檔案號"列（字）一百九十二（號）"（括號内字原缺）題目下一行有小字"題稿"、大字"題""行"二字。最下邊欄線外有小字"訖"字。隔一行頂格有"紅本"二字。該行最下是"書辦徐淳承"。本疏末附有提要，今附錄於此："題爲衝邊大帥乏人，密請聖裁，以便推補事：臣部照得宣府缺總兵官，以原任總兵錢中選、副總兵李國梁會推，奉有'確推堪任'之旨，再四思維，惟有酌量衝緩，就近更調之一法而已。如天津總兵巢丕昌、昌平總兵陳洪範，俱堪衝鎮，又原任山西總兵尤世禄，臣廉知其人，列名以備采擇。謹題。"

〔六五〕"廿"字右側有小字"廿"字。

〔六六〕"廿一"右側有小字"廿一"二字。

〔六七〕此爲影印本《總匯》第18册，第1508號，第440頁。編者擬題爲“兵部尚書張鳳翼等爲五府兵科會推宣府總兵缺乞簡任尤巨禄事題稿　崇禎八年五月二十三日”（題内“尤巨禄”，當爲“尤世禄”之誤）。原件首頁首行有明廷兵部檔案號“列字一百九十三號”（“字”“號”二字磨損，今據前文例補）。題目下一行有小字“題稿”、大字“題”字。最下邊框外有小字“訖”字。隔一行有草書“即”，其上隱約刻印“限”字。該行最下是人名“書辦徐淳”，其下隱約可見刻印“承”字。

〔六八〕“廿三”右側有小字“廿三”二字。又本疏日期後無職銜人名。

〔六九〕此爲影印本《總匯》第18册，第1511號，第457頁。編者擬題爲“兵部尚書張鳳翼等爲尤世禄既多疵垢不宜再推宣鎮總兵事題稿　崇禎八年五月二十五日”。原件首頁首行有明廷兵部檔案號“列（字）一百九十六（號）”。“列”字上稍左右“宣”字。題目下一行有小字“題”、大字“題”字。最下有小字“訖”字。隔一行最下是人名“徐淳”。又本疏後附小字提要，今附録於此：“兵部題爲遵旨明白具奏事：臣等看得盧抱忠被論，先以錢中選等首登啓事，未當聖衷。隨取在任在籍者一一敲推。靡有勝任者。弗獲已，請就近調補，而并以閑將尤世禄附請聖裁。兹以科臣有言，謹遵旨明白具奏。世禄既多訾垢，萬無再推之理。伏乞敕下臣部，會府科各舉所知，以備聖明采擇。謹題。”又，該提要下部有大字兩行，前一行是“還著當自”四字，下一行是“的來看欽”（其中“的”字僅存下半部），可能是本頁下部分缺損，影印者影印時，將前頁襯於此頁下所致（字的内容及大小與前頁悉同）。

〔七〇〕“日”字前空白，右側有小字“廿五”，當爲應填日期。

〔七一〕此爲影印本《總匯》第18册，第1512號，第467頁。編者擬題爲“兵部尚書張鳳翼等爲陳述宣營體制宜改之見并請敕下商酌妥確事題行稿　崇禎八年五月二十五日”。原件題目左下有“寫堂稿訖”四字。下一行有小字“題稿”（“稿”字爲版刻字）、大字“題”“行”二字。最下有小字“訖”字。隔一行有“限即”二字（“限”字爲版刻字），其下有小字“有貼黄”三字。最下有“書辦徐淳”（“書辦”及空白後之“承”字爲版刻字）。

〔七二〕“□□”，原件缺損，據全編奏疏通例當爲“尚書”原件缺損，按前文例，當爲"尚書"二字。

〔七三〕"豐"，據文意當作"豐"。

〔七四〕"且"，據文意當作"旦"。

〔七五〕"日"前空白，其右側有小字"初四"，當爲應填日期。

〔七六〕"十一"右側有預批小字"十一"。

〔七七〕此爲影印本《總匯》第 18 册，第 1515 號，第 484 頁。編者擬題爲"兵部尚書張鳳翼等爲遵旨查明具奏事題本奉旨　崇禎八年六月初九日"。原件題目下一行有小字"題"字。題目左側蓋有大字版刻印字"崇禎八年六月初十日到"，又有小字版刻印字三行，已漫漶不清，可識別字："崇禎八年六月初十日抄送""期本月""咨行"。其中"八""六""初十""咨行"爲手寫後填字。正文前有"兵部呈於兵科抄出"八字。

〔七八〕本疏原件至此，下闕。

〔七九〕此爲影印本《總匯》第 18 册，第 1517 號，第 486 頁。編者擬題爲"兵部尚書張鳳翼等爲另薦李國梁頂補宣府總兵員缺事題行稿　崇禎八年六月初十日"。原件首頁首行有明廷兵部檔案號"列（字）二百一十二（號）"。題目下有"登堂稿訖"四字。下一行有大字"題"字，又下一行有小字"題稿"字、大字"題""行"二字。該行最下是兩個人名"李國梁、祖寬"。隔一行最下爲"書辦徐淳承"。

〔八〇〕"初十"二字右側有小字"初十"二字。又，本疏日期後，無職銜署名。

〔八一〕"月日"前空白，其空白處右側分別有小字"六""廿八"，當爲應填月份日期。

〔八二〕"月日"前空白，其空白處右側分別有小字"七""初六"，當爲應填月份日期。

〔八三〕草書"十四"右側有楷書小字"十四"。

〔八四〕此爲影印本《總匯》第 18 册，第 1518 號，第 500 頁。編者擬題爲"兵部尚書張鳳翼等爲宣鎮需將甚急屢推未蒙欽依謹就偏裨中再申前請事題本奉旨　崇禎八年六月十一日"。原件題目左下有草書"行"字。題目後與正文之間空白處有版刻印字："崇禎八年六月十二日到。"正文前有

“兵部呈於兵科抄出”等字。但此稿與前文所附之提要相同，所有疏文通例應有之首頁諸文字，此處并無，上文所録正是本疏正文。是《總匯》編者誤編。今姑照《總匯》編者之意，以正文形式照録。

〔八五〕“俯”後，據文意後當脱一“賜”字。

〔八六〕以下原件闕失。

衝邊責成之法既重等事疏[一]

太子少保、兵部尚書、仍加俸一級、今降三級戴罪臣張等謹題，爲衝邊責成之法既重，激勸之典宜隆，仰徼聖恩，以收實效事：

職方清吏司案呈，崇禎八年六月初五日奉本部送，兵科抄出，監視宣府太監盧維寧題稱：竊惟宣疆爲陵京之屏翰、夷夏之藩籬，地逼而衝，事繁而巨，惟根本所係，則與他鎮大不相侔矣。以是，文武臣工非才品超卓、智勇足備者，未易勝此。況今奴、插合逞，而我閉關絕款，一味爲固圉折衝之謀，日無暇晷。若諸臣奉行未力，稍有疏虞，即無辭於三尺，故以若時而當若地，正臣子奮庸熙載之日，亦救過不暇之秋矣。第彰善癉惡，固刑政之大典，我朝制度無不正直公平，盡善盡美，但念宣鎮各府佐有司所轄巒[二]疊嶂，力既疲於奔命，又爲屯鹽招買平糴諸務捉禁[三]露肘，拮据心勞，有鞠躬盡瘁之念。其在武臣，枕戈臥鐵，有馬革裹尸之心。蓋誠迫於時局，於地什一爲福，什九爲灾，不得不以身命殉封疆者。乃至考績叙功，猶然與腹裏無异，亦何以勸勞而勵節哉？臣謂自道臣以上，其超擢出自聖衷，若府佐有司果能於當日任內，自樹卓異者，惟望皇上賜以特典，例得行取考選。其次升轉者亦得叙援[四]從優，而他處不得援例也。以至武臣各將佐，凡有退縮規避即按以法，而片善必取，微勞必錄，賚賞必渥，亦惟皇上加之[五]意耳。且本鎮有三協九路，當一面之寄，皆副參爲之，而其職掌或稽考錢糧，或提飭兵馬，或塘報夷情，皆屬吃緊要務，然歷來未須印信，俱用空文，似無足據。臣請給以關防，爲可取信之爲便也。然臣更有説焉：臣叨監視一鎮，春秋巡歷各路，例應操閱，在鎮又不時查核兵馬，一經閱操即應示之以勸懲，未有用罰廢賞之理。臣查各鎮，皆有監視操賞，獨宣鎮未經具題，臣請敕於撫臣操賞項下議增若干。俾臣得會同撫臣，均行賞格。凡此，皆係激勸人心、鼓勵世風之大典，臣愚不識忌諱，冒干上請，伏乞皇上敕下該部，於本鎮府佐有司考績之時俾以行取優擢，武臣加厚賞賚，并須各協九路應得關防。再乞敕部酌臣操賞，以鼓勵將士。如是則賢不肖曉然知所向風，而疆場之事可不勞餘力矣等因。

崇禎八年六月初四日奉聖旨："奏內事項，該部看議速覆。"欽此欽遵，抄出到部送司，案呈到部。除府佐有司文職，聽吏□[六]覆外，看得宣鎮巖疆逼鄰虜穴，官茲地者，惴惴焉郙越是懼，非有責成之法，則事權不重，故監臣有關防之請。查該鎮舊止一協，去歲十一月該撫監會題，應增兩協，共爲三協。臣部十二月具覆，奉有欽依。今該鎮尚未舉行，所請關防應俟營制定日，即與鑄給者也。又積弛之後，非有鼓勵之法，則人心不奮，故監臣有操賞之請。查去歲十一月，撫臣陳新甲有《酌請操賞銀兩》一疏，隨該戶部議覆，於撫賞銀內每月動銀一百兩，計一年該銀一千二百兩，奉有欽依。今議於撫臣操賞項下議增若干，應否准從，事屬戶部爲政，合敕下該部酌議者也。既經奉有"看議速覆"之旨，相應覆請，合候命下，遵奉施行。

崇禎八年六月十一日　郎中鄒毓祚

員外郎仲嘉

王驥

兵部爲衝邊責成之法等事奉旨咨行稿

兵部爲衝邊責成之法等事等因，崇禎八年六月十六日太子少保、兵部尚書、仍加俸一級張等具題。十八日奉聖旨："是。該鎮操賞銀兩，前有旨，於追完撫賞銀內暫支原屬撫監各半公用，不得議增。"欽此欽遵，擬合就行。爲此：

一、咨宣府督撫、監，合咨前去，煩照明旨內事理欽遵施行。

一、吏部、禮部。

崇禎八年六月廿一〔七〕日　　郎中鄒毓祚

員外郎仲嘉

王驥

鎮臣雖已謝事等事疏〔八〕

太子少保、兵部尚書、仍加俸一級、今降三級戴罪臣張等謹題，爲鎮臣雖已謝事，內丁尚可衝鋒，酌議更補健丁，以省新鎮另募事：

職方清吏司案呈，崇禎八年六月初五日奉本部送，兵科抄出，宣府巡撫陳新甲題前事內稱：本年五月二十四日，准宣鎮總兵、今候議處盧抱忠手本會稱，爲更補健丁未就，舊糧循例開除，會請裁示，以便遵行事，案照本鎮隨任例糧，夷漢通丁四百一十四名，并原設本鎮標下鋒兵一千名，共一千四百一十四名，前因經制議搏，已經會請，更補健丁數內至今猶食舊糧，未經收造新餉。今照本鎮不日交代所有前項兵丁，如照舊規，悉以交代之日爲始，大開名糧，俟新鎮另募。茲因議補健丁，本鎮未敢遽然開除，相應請會，伏乞裁示遵行等因到臣。政議覆問，二十八日又准鎮臣手本，會同前事會稱，五月二十七日申時准宣府監視盧維寧手本，准本鎮手本前事等因備移到監。准此，爲照健丁一千四百一十四名未經收造新餉，今乃議在交代之日爲始，除舊補新，更希移文撫院，裁酌行之耳等因移復到鎮，復會到臣。

該臣看得，鎮臣奉旨另募健丁五千，欲其名名堪以殺賊。盧抱忠已募過一千三百餘名，屢經臣點驗，氣概委亦驍雄，但膽力尚須簡練。抱忠雖已謝事，前丁皆給以衣裝，授以刀劍，得來者所當名名存留，交代與新鎮臣接管，萬萬無疑。惟鎮臣標下，舊隸有鋒兵一千，又例有內丁四百餘，舊鎮臣張全昌離任之日帶去內丁四百，又開去鋒兵數百，比時以奉旨剿寇，皆爲國家效力，臣未敢強留也。及抱忠到任，合內丁、鋒兵共募足一千四百餘，亦屢經臣點驗，頗堪禦虜衝鋒。臣前酌定經制，以內丁無處著腳，均係鎮臣新募，議即調補。奉旨："入健丁五千數內。"制已成而鎮臣蒙斥矣。今抱忠欲循例開除，臣以爲抱忠乃宣鎮人也，一千四百餘丁開於何去？畜之何用？且新鎮臣不日即事，安知其一麾而遂羅若許健兒於幕下乎？亦當名名存留，交代與新鎮臣接管，即以充健丁五千之數，不惟可省新鎮召募之苦，亦以抱忠報國之心，想抱忠犬馬戀主之忱不容辭也。伏乞敕部速覆，并祈天語，申飭鎮臣盧抱忠新募健丁一千三百名倍加照管。舊募內丁一千四百餘一體護持，盡交與新鎮臣，以日爲歲，簡教而訓練之，疆事尚可爲也。臣可任悚懼待命之至等因。

崇禎八年六月初四日奉聖旨："兵部即與議覆。"欽此欽遵。抄出到部送司，案呈到部。看得宣鎮奉旨募健丁五千，專以禦奴虜。抱忠僅募過一千三百，尚餘三千七百未足。今抱忠見在議處，旋當解任，其舊募內丁一千四百名既已桓糾堪用，即應留充健丁之數，奈何欲循開除之例，置此衝鋒於何地乎？舊丁一千四百，新丁一千三百，俱應如議，并交新鎮接管，以收健兒之用者也。緣係奉有"即與議覆"之旨，相應覆請，合候命下，遵奉施行。

崇禎八年六月十一日　郎中鄒毓祚
　　　　　　　　　員外郎仲嘉
　　　　　　　　　　　王驥

兵部爲鎮臣雖已謝事等事奉旨咨行稿

兵部爲鎮臣雖已謝事等事等因崇禎八年六月十一日，太子少保、兵部尚書、仍加俸一級張等具題。十三日奉聖旨："是。還著新鎮臣速募驍勇，務足五千之數。"欽此欽遵，擬合就行。爲此：

一、咨宣府巡撫、宣大總督、宣府太監，札盧忠[九]。合咨、札前去，煩照明旨內事理欽遵施行。

崇禎八年六月十六[一〇]日　　郎中鄒毓祚

員外郎仲嘉

王驥

缺官事推補宣府舊保安守備王家裕員缺疏[一一]

太子少保、兵部尚書、仍加俸一級、今降三級戴罪臣張等謹題，爲缺官事：

職方清吏司案呈，照得守備宣府保安舊城地方王家裕，近該宣府監視太監盧維寧題參不職，所有員缺合當推補，案呈到部。臣等從公推舉，得韓僧叙功，題加守備候補劉勉[一二]，大同天城衛千戶應襲一科武舉羅映壇[一三]，俱各堪任。伏乞聖明於內簡命一員，量升署指揮僉事，守備前項地方。如用劉勉，照例以部指揮體統行事，候命下之日，本部備查原擬責任，札令欽遵任事。

計開擬堪守備宣府保安舊城地方官二員：

劉勉。年三十六歲。係延綏榆林衛總旗應襲。崇禎六年二月，擒韓僧叙功，題加守備，該宣、大撫按官焦源清等薦二次。近該宣府巡撫陳新甲咨補。

羅映壇。年二十歲。係大同天城衛千戶應襲一科武舉，崇禎八年春試，技勇優等。

崇禎八年六月十二日　　郎中鄒毓祚

員外郎仲嘉

王驥

兵部爲缺官事奉旨咨行稿

兵部爲缺官事等因，崇禎八年六月十三日太子少保、兵部尚書、仍加俸一級張等具題。十五日奉聖旨："有點的依擬用。"欽此。内劉勉有點，抄捧送司，案呈到部，擬合就行。爲此，除札仰劉勉定限本年月日〔一四〕到任外，

一、咨宣大總督，宣府巡撫，合咨前去，煩照本部題奉欽依事理，行令本官依限到任。仍將到任日期同原奉本部札付并履歷緣繇，呈報巡撫衙門，繳部查考。如或過違，照例參究施行。

一、咨都察院，合咨貴院，煩爲轉行宣、大巡按御史，照依本部題奉欽依事理，行令本官依限到任。如或過違，照例參究施行。

一、札劉勉。

崇禎八年六月十九日　　郎中鄒毓祚

員外郎仲嘉

王驥

塘報夷情事疏〔一五〕

太子少保、兵部尚書、仍加俸壹級臣張等謹題，爲塘報夷情事：

職方清吏司案呈，奉本部送，準大同巡撫葉廷桂塘報，崇禎八年六月十四日辰時據右衛路參將張致雍塘報，本月十二日未時據殺胡堡守備藺守憲禀稱：本日午時據本堡原差通丁葛進寶等入口報稱：役等同本路參將下通丁陳一元、王庫，協守侯副將下通

官忽藍大等出邊偵哨至虜歸化城，探得奴酋兵馬并牧服插漢妻男及陝西土霸吉囊等夷男婦大約萬餘，營盤自鐵令移在新城西南地名半截塔迤東，相離本口約遠二百餘里趁草駐牧，各夷俱無食用，摘令馬步精強一半沿邊搶掠盤費，一半隨營，有卜子習令台吉仍在新城住牧。役等回還，至地名羊答木板升，路遇哨馬，東夷打兒漢、惱言等將役等捉拿，著令散夷羈絆三晝夜。乘夷睡熟，役等得便脫走入口等情到備，具稟到路，塘報到職。據此看得賊虜移營到新城之西南半截塔，離殺胡、平虜各二百餘里，乃不傾營入犯，而以一枝突入平虜，似欲搶掠吃食，非有深入之謀。其威遠等處，已有總鎮大兵并協、路各將相機追剿，猶恐助馬等處復有闌入。前發標兵并火攻營兵馬見今住防，又續發陽和節制營白安之兵以策應之。職東西兼顧，計慮當周。除行各官協力追剿外，爲此理合塘報等因，到部送司，案呈到部。看得奴駐牧於新城西南，與助馬相近，而以一枝入困平虜，東西牽制，便於搶掠，計甚狡矣。撫臣以助馬一帶孤懸，已發兵防禦，復遣白安一旅西馳策應。然賊夷聲擊靡恒，尤宜相機伐謀，毋專事一隅，致顧此而遺彼也。既經塘報前來，理合具本題知。

崇禎捌年陸月十八日　郎中鄒毓祚

協贊員外郎仲嘉

冊庫員外郎王驥

兵部爲塘報夷情事奉旨咨行稿

兵部爲塘報夷情事，該本部題云云等因，崇禎八年六月十八日太子少保、本部尚書、仍加俸一級張等具題。二十日奉聖旨："已有旨了。賊夷聲擊靡恒，還著該撫相機剿剿，毋得顧此遺彼。"欽此欽遵。抄出到部送司，案呈到部，擬合就行。爲此：

一、咨大同巡撫，煩照明旨事理欽遵施行。

崇禎八年六月日〔一六〕　郎中鄒毓祚
　　　　　　　　　　　協贊員外郎仲嘉
　　　　　　　　　　　册庫員外郎王驥

營伍整練宜極等事疏〔一七〕

兵部等衙門、太子少保、尚書等官、仍加俸一級、今降三級戴罪臣張等謹題，爲營伍整練宜極，鎮臣杜門可虞，臣謹據實密奏，仰祈聖裁，以重衝疆事：

職方清吏司案呈，崇禎八年五月十五日奉本部送，兵科抄出，監視宣府太監盧奏前事内稱：竊惟朝廷設官分職，各有專司。放錢糧既總括於餉臣，而兵馬必提掇於大將。在平居預爲臨陣之計，早圖殲虜之方。火器如何設施，刀箭如何演習；議伏用奇，坐作進退，無不訓以紀律，儻遇聞警，出師無異平時，自不致手忙脚亂。此見抹〔一八〕馬屬兵，正在閑習也，況宣地逼臨虜穴，業已剝床及膚。煌煌明旨屢屢申飭，必在萬分嚴毖，保此金甌，使驕酋震慴，莫敢近邊，以抒皇上宵旰，而鎮臣盧抱忠當此大任，自是寢不貼席，食不下咽之秋，豈忠素厭整兵、憚於訓練？是以臣與撫臣陳新甲再三促之，總欲忠勉力虛衷，使兵將一心，同滅此而後朝食，奈忠之置若罔聞何！不得已，臣會同撫臣，擇於本月初十等日，約至演武塲較閱，正欲鎮臣心不自安，或策勵視事。其先一日即回覆曰："總督已有參疏，自宜静聽。"臣復規以封疆爲重，小節當輕。差役者再，畢竟不允。是日臣等齊集，而忠且猶然杜門如故也。夫宣鎮何地，此日何時，總鎮何官，而泄泄若此！萬一有警，忠即慷慨出戰，而不簡不練之兵，不幾以地方爲孤注乎？且大將受閫外之寄，只知有敵、有兵、有法而不知有身，只知有君命、有職守、有封疆而不知顧忌，乃不負其任。使臣不識抱忠是誠何心，豈得以督撫之議爲推諉脱卸地，悠游暇豫而不及邊計乎？臣既與共事而不言，與忠何異？臣欲候查勘鎮寧、青泉虜入情形，繕疏匯奏。今勢在燃眉，不得不直陳於皇上之前，伏祈聖明，早爲封疆大計，敕下該部議處，速推廉勇鎮臣一員，刻期任事，庶戎務不致久弛，而危疆亦有攸賴矣等因。崇禎八年五月十四日奉聖旨："據奏，盧抱忠玩視邊計，借端規卸，著府部從重議處。員缺速推堪任的來用。"欽此。

又該宣府總兵盧抱忠奏，爲遵旨據實回奏并陳任事苦衷，懇祈聖鑒事内稱，崇禎八年五月十六日辰時奉兵部札付，爲宣疆賊夷叠入，鎮道塘報難憑，臣謹具實上聞事，職方司案呈，奉本部送，兵科抄出，宣大總督楊嗣昌題前事等因。崇禎八年五月初十日奉聖旨："宣鎮所報斬奪傷亡及搶掠失事多少已有旨，著該監按查覈，仍速催確勘，不許隱徇。盧抱忠受事許久，未 閱邊，召募健丁纔一千三百，所司何事？著自行回奏。兵部知道。"欽此欽遵。抄出到部送司，案呈到部。合札該鎮遵照明旨内事理，限文到三日内回奏施行。本日又奉兵部札付，爲奴孽蓄謀叵測，健丁募練無期，請祈天語嚴申，極圖竣事，以收勝算事，該本部題前事等因。本年五月十三日奉聖旨："四鎮健丁奉旨已久，本折錢糧俱已接濟，何尚無成效？缺額的，曾否續募充營，已募的果否訓練精勇，串營虛冒等弊有無盡革，馬匹器甲果否騰壯堅利，著各監視速查，據實具奏，不許隱徇。盧抱忠昨已有旨了，著催他回奏。"欽此欽遵。合札該鎮，遵照先今明旨内事理，限文到三日内一并回奏施行等因。備札到臣，臣奉此欽遵。竊思臣駑駘下乘，自甘淪棄，蒙皇上隆恩特拔，謬司閫寄，誓捐髮膚，以殉疆場，猶未能竭報於涓埃，況夷氛孔熾，睿慮深殷，更臣子臥薪嘗膽之日，苟頃刻偷安，真萬死不足贖其罪！

臣自去年十二月受事，政當强虜蹂躪之後，又緣久款忘戰，一經殘破，武備靡不耗弛，士馬器備如理亂絲、塞漏舟，茫難措手，日與撫監往復商榷，力行料理。凡一切補伍、練營、繕器悉備不遺餘力，祇遵旨條畫。帑金甲械，天閑上駟，蒙皇上并時沛發，臣益思殫竭愚鈍，期無負任，使數月以來，朝營夕慮，食不下咽，寢不遑寐，但拮据未見有成，旦夕未遑取效，臣即嘔心無以見諒，泣血難以自明，凛凛滋懼者非一日矣。前督臣閱歷宣疆，即面責臣不巡邊，臣殊感佩之不暇。及臣備述竭蹷下情，督臣業已寬諒。今日閱邊之役獨後於諸臣，健丁之募尚稽於取盈，臣材實譾，臣心實未嘗敢少偷逸也。督臣以怠緩責臣，蒙皇上寬臣斧鉞，容臣面奏，敢不據實剖陳？臣於年杪受事，親謁督臣，稟承方略，旋鎮料理，擬稍得頭緒，便當履疆巡備。緣撫臣先臣到任，即東西互閱，嗣監臣到任，亦復巡歷一周，雖兩臣念切時艱，減除騶從，自裹食用，不費地方分毫物力，然而重臣行邊，哨備防衛不得不需士馬之追隨，使臣於此時復迫行巡閱，不益重之以疲困乎？況臣生長宣陲，頗諳地利，稍俟兩臣旋鎮，而臣始步其後塵，不惟紓士馬之力，且一番查飭，人心自有兢惕，正不妨先後參錯，旌麾相望於邊陲耳。豈有撫監不遑啟處，而臣獨敢晏然寧居乎？況武臣職宜戮力於原，又何憚於驅馳，不急一臨邊也？臣於四月二十二日北巡，而按臣以陵寢為念，已先一日出閱，臣至葛峪相晤；按臣東行，臣即北往，隨巡親丁慮縻行糧，僅帶三百人耳。一見亂柳撥之報，即檄調鎮兵。至小白陽，忽傳虜犯鎮寧，相距尚百六十里，及臣馳至隆門關，而赤城守備劉炳業報虜已出口矣。所調兵馬，時猶未至，臣即飛騎，亦不能相及矣。至二十八日青泉遇敵，力戰情繇具載塘報，不敢復為煩瀆。第臣詣閱赤城，聞警之刻即嚴督將士，自辰至申，不逾四時，追逐一百二十餘里。臣身親對敵，僅距虜一射之地，敢自恇怯？祇苦疲卒羸馬久不習戰，勢不相格。即有新募健丁千餘，訓練日淺，暨臣之任丁，其數幾何？臣念封疆任重，功令森嚴，計不及顧，惟倡敢先登。幸虜鋒少挫，即日出口。臣家丁多負傷，地方護保無虞。巡撫中軍趙之蘭、監視旗鼓李志耀、加銜都司魏大壽，并差隨各丁在臣左右，目睹最確，胡可掩也？部覆謂臣塘報哨虜二百不能扼剿，原係臣撥馬與賊撥突然相遇對砍，去臣大隊尚遙，豈馳麾所能猝及？非臣以大衆遇二百哨馬而不能一創之也。其士馬之傷亡，營將有未盡報明者，已聽監按查勘。至於召募健丁，向奉明旨嚴切，一丁不堪殺奴，總兵當罪，又何敢以脆弱充數？每募一丁，必擇其技勇、果堪衝鋒者始准入伍。間或數十人應募，拔其尤者不過二三人。猛士殊未易得，即思取銳於遠方，又四鎮一時并募，多方招至，勢亦不能遽集。皇上軫念封疆，加恩武臣，厚以爪牙，俾之敵愾奏功，臣何敢自後於諸臣？現在相繼充募，而鰓鰓過計，未敢以苟且報竣者，臣之愚也。又有隨任親鋒丁，前鎮臣張全昌帶去數多，臣捐資搬取舊才，陸續召募，已得一千四百名。合兩項兵丁言之，臣自任事來，已募過二千七百餘名，不知費幾許心力矣。況臣所藉以策援突衝之用者，豈容以怠緩從事，自取愆誤也？

　　然臣猶有說焉，不敢不明告之皇上：近報奴部擁衆西行，名雖剪插，還必句連入犯，思飽欲於中國，時不旋踵，爲患滋大。真寇在門庭，不暇爲未雨之綢繆，當問治標之藥石，計將何所出而後可？又目前潛聚獨石邊外者忽東忽西，倏遠倏近。在彼之鷗逞無時不思闌入，在我之沙磧長垣又處處堪虞。各路兵丁值此凶歲，多忍餒負戈，裸體立壘間，有款段僅存皮骨，督撫監所目擊心傷，已屢形章奏，臣何敢重爲臚列，以取諉卸之譴？然臣所恃以東西馳突者，僅此兵馬耳。將相機慎重，迹類逗怯，咎謗必騰；將不諒彼已拼死直前，又慮付疆事於一擲，即死有餘辜，更臣所日夜撫膺，莫知所出者也。臣蒙上特簡，世受國恩，即肝腦塗地，在所不顧。至於利鈍得失，恐非臣之所敢必也。臣職短材疏，積弛積怯，不能一時振起，總屬臣曠瘝之罪。其何以自逭於天誅！虜報方殷，臣一面料理，聞警即馳，席藁以候皇上處分。臣疏在回奏，詞實逾限，并望皇上鑒宥等因。

崇禎八年五月二十三日奉聖旨："盧抱忠受任怠事，邊防日久未閱，召募僅及一半，玩泄已甚，且既稱寇在門庭，何又托詞不出料理？這回奏語多支飾，著即從重議處，不得延徇。該衙門知道。"欽此欽遵。通抄到部送司，案呈到部。臣等謹會同後軍都督等府掌府事左柱國、太傅成國公等官朱等看得，鎮臣盧抱忠，世受國恩，身膺重鎮，宜何如簡蒐振飭，以副聖明委任之心。乃履任半年，巡歷幾同空谷；募兵數月，健丁尚屬子虛。以致軍氣不揚，邊防愈廢。赤城、青泉之役，奴騎闌入，如蹈無人之境，擄去牲畜二千有餘，無怪其聞言喪氣，杜門而不出也。此一弁者，按以"守備不設，被賊突入境內，搶掠頭畜"之條，應發邊遠充軍。但該堡將領各有信地，更自有當其罪者，總兵官似應遞減。恭繹明綸，"如奴來不堪剿殺，或數目短少，總兵當罪"之旨，盧抱忠應照"不操練軍士"律加等革任，發邊遠立功，三年滿日回衛，帶俸差操。查係世職，此出皇上浩蕩之恩，非臣等所敢擅也。奉有"從重議處"之旨，相應會議覆請，合候命下，遵奉施行。

崇禎捌年陸月十九日〔一九〕

兵部為營伍整練宜極等事奉旨咨行稿

兵部為營伍整練宜極等事等因，崇禎八年六月二十二日太子少保、兵部尚書、仍加俸一級張等具題。二十四日奉聖旨："盧抱忠著革了任，仍革去流衛，發邊遠立功。滿日回衛，帶俸差操。"欽此欽遵，擬合就行。為此：

一、咨宣府巡撫，合咨前去，遵照會覆明旨內事理行令盧抱忠邊遠立功，仍將立功處所希於文到三日覆部，以便查考施行。

一、咨宣大總督，手本宣鎮太監，合咨、手本前去，遵照會覆明旨內事理欽遵查照施行。

崇禎八年六月廿七日　郎中鄒毓祚

　　　　　　協贊員外郎仲嘉

　　　　　　冊庫員外郎王驥

糾核不職將領等事疏 [二〇]

太子少保、兵部尚書、仍加俸一級、今降三級戴罪臣張等謹題，爲糾核不職將領，以肅邊政事：

職方清吏司案呈，崇禎八年五月二十六日奉本部送兵科抄山，宣、人巡按梁雲構題稱：竊惟宣、大二鎮弛玩已久，臣入境受事以來，飲冰懷惕，因念羽書旁午，舍車據鞍，并日巡閱。凡將領之賢不肖，固不敢毫有瞻徇，以誤邊防；亦不敢過爲吹求，以博風力。所有耳聞目睹，如蠹壞封疆者，則大同助馬參守劉邦域等業已題參外，今復訪得贓私狼籍，怯懦無爲者，謹據實上聞。

其一爲宣府深井堡守備孫維垣：

一、本官紈綺驕子，素不知韜鈐爲何物。去歲奴騎卒至，倉惶無措，閉門悲啼，幾亂軍心。幸有原任標兵坐營郝光國等代爲號召丁壯，固守退虜後光國中流矢死難，未蒙恩恤，而本官冒功加銜都司，徒短壯士之氣。闔堡軍民趙俊杰等證。

一、本官崇禎六年六月內上任，聽掌房張德政、書識史化林收受六年屯糧，每兩加七八收銀不等，餘地二頃，并屯糧銀四百餘兩，共多收銀二百一十餘兩。經管書識徐明、花户劉仰宇、杜官等證。

一、本官奸霸發來守罪賊徒張輔妻郭四兒爲妻，財禮銀分文不償，將輔趁趕在外，至今骨肉無踪。陳剛、張友等證。

一、本官差伴當任鎮同、家人吳登舜，各堡散糧頭銀三錢，每堡要狐皮一二張不等，七十二屯堡糧頭將價銀繳回，各屯堡交狐皮共八十餘張。吳登舜、張全、宗奎等證。

一、本官領崇禎七年召買銀一千七百餘兩，通同張德政差吳登堯、王進禄等，散本堡各行户季友才、王思登、任當鋪、董本義、叚〔二一〕凌等，計四十五家，每一家散銀三十兩，止與銀二十七兩，共短少銀一百二十餘兩，每兩時估要細米上倉。蔣守廉、范重進等證。

一、本官差夜役餘洪、宗魁各屯堡散花户李英、鄭寬等召買銀二三十兩不等，各堡共散銀一千餘兩，每百兩止與九十兩，共短少銀一百餘兩，每兩時估要細米五斗，各屯堡農民自備盤費，顧頭畜腳運送深井堡倉内交盤。張德政、任應乾收證。

一、本官盜支墩臺司逃、故軍二名馮章、韓見，每月盜支糧銀一兩二錢，六年八月起，八年二月止，計十九個月，共銀二十二兩八錢。經識張文衝等證。

一、統兵三十餘人，冤捉郭寡婦門氏，苦拷，拾指皆斷，詐銀五十兩。裴登雲過付案證。

一、本官自到任以來，取過各鋪户布匹、油、酒、麵等項，約有百十餘兩，至今虧價，分文不償。買辦張三、李貴，酒行李仁，麵户羅近新并賬證。

其一爲龍門中權營中軍守備張承恩、練兵守備陳萬善：

一、崇禎七年三月内，本營差委官李棟萬億庫領出買馬銀一千兩，止與委官孫尚智銀五百兩，至今不買馬匹入伍，婪官張承恩、陳萬善二人侵吞分使，委官李棟并紅領證。

一、上北路通支官庫内發銀三百三十餘兩，與衆丁置買馬鞍，并無置買。張承恩詭計串通陳萬善、周應虎、王之靈四人均分，侵吞肥己，假作軍名造册回報。有馬軍朱洪、施文貴等證。

一、閏八月糧銀，每軍剋扣銀一錢五分四厘，共軍二千二百有零，共剋扣銀三百六十餘兩，褻官陳萬善、張承恩等二人分使。糧册并字識劉從會、王明奉、郭應魁等證。

一、崇禎七年七月起，至十月止，節次倒馬、騾九十四匹，每匹料銀四錢，共料銀一百九十兩，褻官陳萬善、張承恩、楊志寧、謝白友串同分使，至今營馬缺伍。銀單并糧册李棟證。

一、陳萬善於崇禎六年八月內到任，占各項門下人役姚虎山、張武等一百六十餘名，每名索要見面禮銀三錢，共銀四十八兩。陳萬奇收過，明秀等證。

一、陳萬善請假回城，嫖娼張三哥與銀三十四兩、青緞、白綾各一匹。張學、張錢婆等證。

其一爲大同中權營守備馬呈圖：

一、本官販來稻米散給本營軍丁七百餘名，每名二升，扣糧銀一錢四分，約多扣銀三十兩。管隊尚保官、號令張奉，家人劉顯明收證。

一、本官奉文每軍置壯帽一頂，用藍白布二尺，時價值銀六分，本官每軍扣銀一錢，計軍一千三百名，共多扣銀五十兩。號令張三名交納并本官收單證。

一、本官借親眷名色，放債與牢伴軍四十名，每一名每月銀一錢，收本息銀一錢四分。總管蘇三名、陳明、裴時玉證。

以上四官治旅無聞，剥軍有據。當此剿禦奴賊之際，安容此貪淫懦弱之將以玷戎行？均當褫[二二]革重處者也。相應具題，伏乞敕下兵部，再加查訪。如果臣言不謬，將孫維垣等分別議處，遺下員缺速推廉勇，勒限任事，庶軍中積蠹可破，而塞上庸弁知警矣等因。

崇禎八年五月二十五日奉聖旨：“兵部知道。”欽此欽遵，抄出到部送司，案呈到部。看得守備孫維垣，身任衝邊，罔恤軍苦。徵屯糧、散召買，多收少發，贓至四百餘兩。取酒麹、派皮張，有取無償，怨騰百十餘家。至於冤拷寡婦，霸奪徒妻，則酷而濟之以淫。豈其狃於去秋禦虜之役，遂爾舉趾高乎？乃試問閉門悲啼者爲誰？而伐設方略者又誰？垣即強顏冒功，清夜捫心，亦必愧死無地矣。張承恩、陳萬善狼狽爲奸，虛冒滋弊，侵馬價，分鞍銀，尅軍餉，没朋椿，計一千三百餘金，其他索陋規，包娼婦，尤其小者耳。馬呈圖，給米剥軍，放債倅利，壯帽一頂計值幾何，而亦攫及，則又鄙瑣之極矣。

以上四弁，除馬呈圖贓私未甚狼籍，應革任回衛，孫維垣應革職[二三]，張承恩、陳萬善應革任[二四]，俱提問追贓究擬者也。既經具題前來，相應覆請，合候命下，將孫維垣革職，張承恩、陳萬善革任，俱行該撫按提問追贓。馬呈圖革任回衛[二五]。內孫維垣係武進士，張承恩、陳萬善、馬呈圖俱係世職。

崇禎六月十九日[二六]　郎中鄒毓祚

　　　　　　　協贊員外郎仲嘉

　　　　　　　冊庫員外郎王驥

兵部爲糾核不職等事奉旨咨行稿

兵部爲糾核不職等事等因，崇禎八年六月二十四日太子少保、兵部尚書、仍加俸一級、今降三級戴罪張等具題。二十六日奉聖旨："孫維垣著革職。張承恩、陳萬善革任。俱著該撫按提問追贓。馬呈圖革任回衛。"欽此欽遵，擬合就行。爲此：

一、咨大同巡撫、宣大總督、宣府巡撫，合咨前去，煩照明旨內事理欽遵施行。

一、咨都察院，合咨貴院，煩爲轉行宣、大巡按御史，照依覆奉明旨內事理，將孫維垣等限七月終提問具奏。

崇禎八年六月廿九日　郎中鄒毓祚

仲嘉

王驥

爲缺官事疏〔二七〕

太子少保、兵部尚書、仍加俸一級臣張等謹題，爲缺官事：

職方清吏司案呈，照得五軍三營參將費克謙，近該本部題奉欽依推升副總兵職銜，管五軍八營參將事。所有員缺合當推補，案呈到部。臣等從公推舉，得尤吉將軍職銜，管五軍七營練勇參將事、署都指揮僉事孫尚鑒，尤吉將軍職銜，管神機二營練勇參將事、署都指揮僉事張鳳羽，俱各堪任。伏乞聖明於內簡命一員，仍以原官尤吉將軍職銜調管五軍三營參將事，統領官軍操練行事。

計開擬堪五軍三營參將官二員：

孫尚鑒。年四十一歲，係南京錦衣衛三科武舉官。天啓七年十二月，咨推坐營，管神機營副號頭事。崇禎三年三月，覃恩，題加佐吉管事。十二月，咨調管五軍營大號頭事。五年八月，推督治昌平兵部標下左營尤吉，因缺裁別用。七年六月，填補尤吉，管五軍七營練勇參將事。該巡視京營科道阮震亨等薦二次，歷俸一年二個月。

張鳳羽。年四十一歲，係宣府前衛會武署所鎮撫。天啓五年二月，推昌鎮總兵標下旗鼓守備。崇禎四年三月，昌平城守叙功，題加都司僉書管事。五年正月，改調神機五營佐吉。七年六月，推尤吉，管神機三營練勇參將事。該巡視京營科道阮震亨等薦二次，歷俸一年二個月。

崇禎捌年陸月十九日　郎中鄒毓祚

兵部爲缺官事奉旨行札稿

兵部爲缺官事，該本部題云云等因，崇禎八年六月十九日本部具題。二十三日奉聖旨：“有點的依擬用。”欽此欽遵。內孫尚鑒有點，抄捧到部，送司案呈到部，擬合就行。爲此，除札仰

本官定限本年六月日〔二八〕到任外，

一、行京營提、總、協，合用手本前去，煩照本部題奉欽依事理，行令本官依限到任施行。

一、札付孫尚鑒〔二九〕。

本部糾劾不職等事疏〔三○〕

兵部尚書張鳳翼等謹題，爲糾劾不職將領，以肅邊政事：

職方司案呈，覆按臣梁雲構本。崇禎八年六月二十六日，奉聖旨："孫維垣，著革職。張承恩、陳萬善，革任。俱著撫按提問追贓。馬呈圖，革任回衛。"

地方盜息民安事疏〔三一〕

太子少保、兵部尚書、仍加俸一級、今降三級戴罪臣張等謹題，爲地方盜息民安事：

職方清吏司案呈，崇禎八年六月十三日奉本部送，兵科抄出，宣府巡撫陳新甲奏稱：卷查先准兵部咨，爲歲終類報江洋盜賊，敘錄文武職官，以飭江防事，該本部覆議，各省直撫按衙門督行所屬地方各官，遵照節經題奉欽依事理，凡有盜賊生發、事情重大者，不時奏聞，設法剿捕。其餘强竊盜賊，通計一年之內照依捕盜條格事例，類於《地方盜息民安疏》內備將軍衛有司、掌印、巡捕及守備、兵巡等官分別功罪，會本具奏。總兵官不必會題，守備官不必自奏。其本內有功當敘者，止列拿獲盜賊起數，不必另爲薦語。其功罪相准者，止開已獲、未獲盜賊起數、名數。其當參者，止開城內、城外及無城去處各起數，分別應降、應調、應罰治，不必另爲參語。其已、未拿獲盜賊盜賊起數簡明文册，止造某府州縣或某衛所城內若干起、城外若干起、無城去處若干起，每起各若干名，系某月日掌印某官、巡捕某已盡獲若干起，通未獲若干起，某起內已獲若干名，未獲若干名，各於某月日，系某官拿獲。年終查核明實，照本部發來册式，類造隨本奏繳清册，送部查考。不得概列奏疏，徒滋煩瑣，尤不得隱匿不報，致生欺玩等因，題奉欽依，備咨前來，通行遵照在案。

今據守巡口北懷隆兵備道副使、仍戴罪張維世、僉事、帶降三級張守約，僉事胡福弘呈稱：遵照節行明文，嚴督各該守備、操防、掌印、巡捕官兵、地方保甲，晝夜巡邏緝捕。仍令各路將領，沿途安設窩鋪，派撥軍士來巡警。但聞盜賊竊發，即行分頭訪拿，除拿獲者按法問擬，未獲者勒限嚴緝。今將崇禎六年分，各城堡衛所强盜已獲起數、名數并各官職名開報到臣。謹會同宣、大巡按等處監察御史梁雲構議照，宣鎮設在極邊，村落寥闊，居民稀少，干揪之令雖嚴，而萑苻之警時有。據各道會報，一年之內各城堡衛所强盜起數、已、未獲名數前來。臣等查得捕盜條格：一、各處民間被賊打劫，即時擒獲者，不分城內、城外，各掌印、巡捕等官俱免罪。一月之外不獲，通行住俸，候拿獲一半以上方准開支。若中間能獲別起，及別府州縣真正强盜，及各越獄重囚，亦准抵數，但不許將照捕名數朦朧捉拿，以圖抵飾。仍通計一年之內，除起數拿獲及拿獲一半以上免罪者不計外，城內積至五起，城外及無城去處至十起以上，不分軍衛有司，掌印、巡捕等官參究問罪，俱降一級。文官送部，武官於本衛所各調兵備守巡官分別罰治等因，已經通行欽遵外，今照各該官員：

分守口北兵備道、革職右參政范鑛所屬城內一起未獲，不知名數；城外强盜二起，已獲一起四名，未獲一起三十餘名，不知姓名。宣府前衛指揮使楊樞、巡捕指揮使張友璧下，城外强盜一起四名，盡獲。分巡口北兵備道革職右參議劉象瑤所屬城外强盜一起三名，已獲二名，未獲一名。雕鶚堡升任防守試百戶劉永亨下，城外强盜一起三名，已獲二名，未獲一名。懷隆兵道降調右布政使張維世所屬城外強盜四起九名，盡獲。懷來城升任守備王之屏、見任巡捕指揮僉事孟進忠下，城外強盜一起一名，盡獲。保安舊城虜賊傷死守備徐國泰、巡捕指揮使易繼勛下，城外強盜一起四名，盡獲。美峪所升掌印指揮使喬良棟、巡捕副千户朱時勛下，城外強盜一起二名，盡獲。岔道城升任守備楊中元下，城外強盜一起二名，盡獲。

以上各官始雖設防欠嚴，以致盜賊生發，然隨犯隨捕，功過亦足相準，例應免究。惟分守道范鑛所屬宣府鎮城宣府右衛見任掌印指揮同知曹如參、革任巡捕指揮僉事陳尚儒下，城內強盜一起，不知名數，未獲。順聖川西城革任守備閻可久、見任巡捕試百户李芳、已故巡山把總蔚州衛指揮使邵胤禎下，城外強盜一起三十餘名，不知姓名，未獲。五官限外不能獲賊，但查止一起，不及城內五起、城外十起之數，例應住俸緝拿。再查陳尚儒、閻可久已經革任，邵胤禎已故，俱應免究。伏乞敕下兵部，再加查議。覆請將范鑛等一十三員照例免究。其未獲強盜，將曹如參、李芳等住俸，勒令同該地方官軍上緊緝拿，務在盡獲，庶勸懲明而人心知警，盜賊寧息，地方少安矣。

爲此，今將查過各城堡衛所城內、城外強盜起數，已、未獲名數及應免究、應住俸官員職名，遵照原發冊式備造文冊，謹具奏聞等因。崇禎八年六月十二日奉聖旨："兵部知道。"欽此欽遵。抄出到部送司，案呈到部。看得宣府一鎮，村疃寥曠，崔苻易生。官其地者不能彌盜安民，奚以逭咎？今據撫臣陳疏，開守巡兵備各道守備、印捕各官，所當分別覆議。內查道臣范鑛、劉象瑤，已經革職，保安守備徐國泰死難，右衛巡捕指揮僉事陳尚儒、西城守備閻可久已經革任，巡山把總邵胤禎已故。任內失盜有全獲者，有未獲者，有獲不及數者，然非革任、革職，即已物故，俱無容再議。至於懷隆道張維世、雕鶚堡升任防守試百户劉永亨、懷來城升任守備王之屏、見任巡捕指揮僉事孟進忠、宣府前衛指揮使楊樞、巡捕指揮使張友璧、巡捕指揮使易繼勛、美峪所升任掌印指揮使喬良棟、巡捕副千户朱時勛、岔道城升任守備楊中元等，失盜有三四起者，一二起者，俱限內盡獲。即劉永亨城外失事一起，計盜三名，已獲其二，功過亦足相準，均應免議。惟順聖川巡捕試百户李芳，因强寇邀劫王糧一案，已經追賠，而盜未獲。該臣部於崇禎七年十一月二十日議以住俸緝賊，奉有“李芳著另行議處，仍立限責令緝賊”之旨，今逾半載，仍無緝獲，則其玩泄無能可知，相應革其管事。若夫曹如參失事一起，漫無所獲，合行住俸緝拿，以示創懲者也。既經具題前來，相應覆請，合候命下，將張維世、劉永亨、王之屏、孟進忠、楊樞、張友璧、易繼勛、喬良棟、朱時勛、楊中元，功過相準，俱免議[三二]。曹如參住俸[三三]緝賊。李芳革任[三四]。

　　崇禎八年六月廿八日　　郎中鄒毓祚

　　　　　　　　　　　員外郎仲嘉

　　　　　　　　　　　　　王驥

兵部爲地方盜息民安事奉旨咨行稿

　　兵部爲地方盜息民安事等因，崇禎八年七月十五日太子少保、兵部尚書、仍加俸一級張等具題。十七日奉聖旨：“是。曹如參著住俸緝賊，李芳革任。”欽此欽遵，擬合就行。爲此：

　　一、咨宣府巡撫，合咨前去，遵照明旨內事理欽遵施行。

　　崇禎八年七月廿[三五]日　　郎中鄒毓祚

　　　　　　　　　　　員外郎仲嘉

　　　　　　　　　　　　　王驥

遵旨確查闈鎮邊墻等事疏^{［三六］}

太子少保、兵部尚書、仍加俸一級、今降三級戴罪臣張等謹題，爲遵旨確查闈鎮邊墻墩臺完缺數目，謹備陳脩葺次第，以請聖裁，以固邊防事：

職方清吏司案呈，崇禎八年六月十九日奉本部送，兵科抄出，宣府巡撫陳新甲題稱：崇禎八年五月十五日准兵部咨內開，該本部覆臣題前事等因。本月初十日奉聖旨："依議。各道工費多寡不等，該撫還確覈奏明。仍一面興作邊腹墩臺，應修葺的，責成道將督勵速竣奏報。"欽此欽遵，抄出到部，備咨到臣。隨行各道將，一面作速興工邊腹墩臺，嚴督報竣，仍將各道工費不等情縣確查。所修邊墻或係因險藉力，或係平地創起，或系全石，或係土築，或係磚包，或用軍修，止給鹽菜；或催官攬，應給工灰價值，逐一分晰明白，以憑具奏去後，因分守懷、隆二道臣有事漕運，分巡道臣查核夷情尚稽回覆，容臣另行具奏外，今據分守口北道右參議、仍戴罪張維世呈，據上西路同知胡士棟呈，本年五月初七日蒙本道批，據本職呈稱：查得張家口堡所管未修邊墻一千一百四十四丈五尺，新開口堡未修邊墻九百七十一丈七尺，新河口堡未修邊墻二千九百二十七丈三尺，以上三堡共該未修墻五千四十三丈五尺。每丈約該工灰價銀十兩，共該工灰價銀五萬四百三十五兩。遵照憲示，今歲以三分之一，則三堡墻工五千四十三丈零，該修一千六百八十一丈一尺，約該工灰價銀一萬六千八百一十餘兩。前已奉文，在於萬全都司官庫領到班價四千三百九十九兩，在城廳庫領到裁減銀五百八十九兩四錢零，二項共領過銀四千九百八十八兩四錢零。已經分散各堡，工灰攬頭興工修砌外，但查今歲米價騰貴，儻前銀用盡，價銀不給，各工又將停手，本職不得不預爲申請。伏祈俯念邊工急務，早發價銀數千兩，庶邊工早得完局矣。備繇呈詳本道，蒙批，都司班價支銷已盡，而續解杳然，本道亦徒有仰屋，仰候轉請撫院咨催班價，該廳仍查有無堪以那借銀兩報奪。蒙此，又爲前事蒙本道案驗。本年五月十二日辰時蒙本院批，據本道呈，據本職呈請，修過錢糧緣繇到院，蒙批，該廳如有堪動銀兩，或不妨借支，班價候催題行繳等因，備案到職。

蒙此，爲照本路未修邊工，前蒙本院題揭，內開今歲興下路牆工，務要修完二千六百二十四丈之數。但本路張家、新開、新河三堡未修者獨多，以五千四十三丈零，該修一千六百八十餘丈，大約該工灰價銀一萬六千八百餘兩，除領過四千九百八十餘兩給散外，尚該未領銀一萬一千餘兩。已經申請，隨蒙憲批，廳庫查有堪動銀兩那借，本職敢不遵奉？但細簡路庫，止存宣賞銀八千八十餘兩，此外并無堪動之銀，似難借處。即今各堡攬頭屢屢告討，將備嚴催至急，苦無借代[三七]之處。日每赴職縲擾，不得不再爲申請，伏祈俯念限工緊急，早爲措發，庶邊工不致停手，而夫匠免得星散矣等因，具呈到道。據此，爲照華夷之限，止靠此數仞之墻，已岌岌乎殆矣！乃并此版築之物力，亦茫無措處，其盼望班價也，有如西江之汲，而廳庫如洗，又借無可借，此時米價日騰，荷畚者餬口不給，稱貸無門，欲其子來趨事，百堵皆興，其將能乎？本道再四躊躇，爲權宜濟急之著，惟有萬億、上西路兩庫見貯之遼賞、宣賞、駁價等銀，各尚以數萬千計，或可於內暫借萬餘金，俟催河南班價到日照數補還，庶可以責速效而課成功耳。但事關錢糧重大，非奉題請，決不敢擅行那借也。既經胡同知具呈前來，擬合呈請，恭候本院詳示，以便遵行等因，具詳到臣。該臣看得宣鎮未修邊墻二萬四千四百餘丈，應動班價一十六萬九千六百餘兩。臣因庫藏如洗，抑且勢難卒辦，始議以三年爲率，每年修三分之一，工程既可漸次加增，班價亦可源源接濟。已蒙聖明俯采芻蕘，此正邊臣手足胼胝之日也。臣嚴行三道，務期刻日鳩工，而分守道所屬上西一路，則以班價無措請矣。一路如此，三路可知；一道如此，三道可知。事事掣肘，處處維壘。臣亦抑何法以點金也？

及查河南班價，自天啓元年起，至崇禎七年止，壓欠共六萬九千兩。又崇禎八年分，該銀一萬七千餘兩。屢檄催解，迄今杳然，除見貯班價四千九百八十餘兩給發上西一路外，餘當問之西江矣。值此晝長土潤之際，正未雨綢繆之時，若不那移措處，轉盼秋深，朔漠早寒，即有萬鎰南金，不禁一朝北圮。臣展轉思維，心血幾竭。今據守道呈請，查得上西路廳庫收貯宣賞銀一萬八千八十餘兩，除奉旨蠲賑一萬兩，尚餘八千八十餘兩，可以暫那。再查萬億庫，見貯遼賞一十四萬五千八百四十餘兩，內有追完駁減貨價銀三萬三千八百餘兩，於內暫借一萬兩，分發各道，以應目前急用，其餘俟解到再發，并照數補還庫銀，此亦萬不得已之計也。即或謂壓欠之數驟難取盈，而現年之一萬七千金，恰可完補。臣僅會同監臣盧維寧合詞上請，懇祈皇上軫念危疆，俯賜俞允，行臣等遵奉暫那宣賞八千兩、遼賞一萬兩，分發三道施行。至於河南歷欠與現年班價銀，共銀八萬六千兩，伏乞勅下該省撫按嚴督催徵，次第追解，庶邊工得以依期報竣，而前借亦可補還正項矣等因。崇禎八年六月十八日奉聖旨："這修邊議借宣、遼兩項賞銀，該部看議速奏。河南未完班價，著勒限嚴催。"欽此欽遵，抄出到部送司。除河南未完班價隨經本部移咨河南撫按勒限嚴催外，看得宣、遼撫賞錢糧原屬戶、兵兩部，今該撫議借宣、遼撫賞一萬八千八十餘兩以爲修工之用，似亦通融便計，業奉有"看議速奏"之旨，可否借給，相應極咨戶部，酌妥，庶便會奏。已經本部移咨戶部去後，今於六月二十六日准戶部咨回前事内稱，邊餉司案呈，本月二十一日奉本部送，准兵部咨前事，會覆宣撫議借宣、遼撫賞，借給修工緣繇等因到部。奉批：司速議覆咨，送司。

奉此案查，崇禎七年六月内，據原任宣撫焦源清題，爲極議修邊錢糧等事，議將東路廳庫先年牆工節省銀一萬三千一百六十五兩零，都司庫貯監視王坤題裁充餉各項工費銀九千五百四十六兩零，又收貯原任巡撫李養衝題留存剩馬價銀四千一百五十兩二錢零，又在城各倉附餘米豆變價及餉庫附餘銀，共六千九百三十四兩零，那爲修工之費。本部隨即具覆，將牆工節省各項公費存剩馬價銀兩，准其動用，奉有欽依在案。今該撫具題，復借上西路廳庫收貯宣賞支剩銀八千八十餘兩，又萬億庫貯追完駁減貨價銀三萬三千八百餘兩，於内暫借一萬兩，通共該銀一萬八千八十餘兩，議以河南七年以前拖欠班價及八年見解班價一萬七千兩照數補還。修邊自有正項，目今夷情叵測，邊患正殷，宣賞額銀豈容輕動？至駁減貨價一項，查原案應追銀數共止一萬三千五百七十八兩零，本年二月内據該撫揭報，止追完銀八千六兩零，今疏内却稱追完三萬三千八百餘兩，不解何故？合無姑念牆工緊急，工料缺費，准將疏開追完駁價銀借動一萬兩，限以三月内補還，仍將駁價銀兩數目查明，不得影借名色動及別項也。相應移咨兵部，主稿會覆等因呈堂，蒙批照行，奉此案呈到部，擬合就行。爲此，合咨兵部，煩爲查照主稿會覆施行等因，到部送司，案呈到部。看得宣鎮邊工之費，議借撫賞銀一萬八千八十餘兩，臣部以事隸户部，移咨酌議。今據回稱，修邊自有正項，賞銀未可輕動，止議將追完駁價銀量動壹萬，應目前之急。限三月内，於班價解到扣還。此亦權宜緩急之計，相應如議。至於駁價數報參差，仍應查明具奏。既經奉有"看議速奏"之旨，相應覆請，合候敕下，遵奉施行。

崇禎八年六月廿九日　　郎中鄒毓祚

員外郎仲嘉

王驥

兵部爲遵旨確查闖鎮邊墻等事奉旨咨行稿

兵部爲遵旨確查闖鎮邊墻等事等因，崇禎八年六月三十日太子少保、兵部尚書、仍加俸一級張等具題。七月初三日奉聖旨："宣鎮邊工乏費，著將追完駁價銀一萬兩借支應急，依限於班解到扣還。其駁價數報參差，仍著查明具奏。"欽此欽遵，擬合就行。爲此：

一、咨宣府巡撫、宣大總督、宣府太監，合咨前去，煩照明旨内事理欽遵施行。仍將駁價數目參差查明，於文到三日内具奏。

崇禎八年七月初六[三八]日　　郎中鄒毓祚

員外郎仲嘉

王驥

酌改赤城信地等事疏[三九]

太子少保、兵部尚書、仍加俸一級、今降三級戴罪臣張等謹題，爲酌改赤城信地，議更鎮寧守備，以便責成，以無誤封疆事：

職方清吏司案呈，崇禎八年六月二十八日奉本部送，兵科抄出，宣府巡撫陳題前事内稱：崇禎八年六月二十日據分巡口北道僉事、帶降三級張守約呈稱，本年六月十六日申時蒙本院批，據本道呈，據上北路同知阮維岳呈稱，照得鎮寧堡防守，雖屬赤城管轄，分土分民久矣，但赤城大邊在西北一帶，長二十二里零，離城八九十里，而鎮寧一堡則包於其中，其二邊在鎮寧之西北者爲西栅，在鎮寧之東北者爲東栅，皆赤城所管。故必越鎮寧而後能到兩栅，又必越兩栅而後能到大邊，其照管甚難。且大邊墩軍多在兩栅居住，皆系鎮寧之人。以其去鎮寧近而去赤城遠也，各憲臺巡邊至此，每議大邊應改鎮寧，該堡應改守備。止因官改軍增，民去地隨，事因中止。今邊定經制之日，慮其推委誤事，孰若歸一責成，合無將赤城守備原管大邊、二邊墩臺軍士以及東西二栅地畝居民俱屬鎮寧，就近管轄，可稱一巨城。但防守原非欽依，相應題改守備職衔，以便彈壓。再照赤城之邊改屬鎮寧，其任最重，若不加以大糧壯丁，何以濟其緩急？除經制見定三十名外，再加壯丁七十名，就於赤城守備下軍丁改撥，共足百名。查兩栅舊有馬營防守二十名，今并議裁，即補壯丁月糧之數，一便也。且俸廪即在防守養廉地内取給，并不加贈錢糧，又一便也。此亦通便之急著，惟望裁酌施行。緣縣具呈到道。看得事有不費於地方而有利於封疆，即變易而紛更。若鎮寧之改守備然者，鎮寧在赤城之西，赤城之邊又在鎮寧之西，邊垣近百里之遥，赤城若馬腹之及。今一改撥間，軍丁取足於赤城，於原額不增；俸廪取足於養廉，於公帑不損。哨探以改而清，烽火以改而明，收欽以改而便，胥有當也。相應呈請，恭候具題，以便遵行。緣縣具呈照詳。蒙此，據詳赤城大邊往返必越鎮寧之界，殊不便照管，今以西北長邊二十二里，并二邊墩臺軍士以及東西兩栅地畝軍民俱改屬鎮寧，委屬妥便如議。即於赤城撥軍一百名，以歸鎮寧。其兩栅馬營防軍二十名即與議裁，守備即與具題，俸廪照舊，俱如議行。惟徵糧改撥尚無定數，再查報。

　　蒙此備行上北路同知覆查去後，本年陸月初八日申時，又蒙本院憲牌，亦爲前事備仰本道查照來文内事理，立刻將赤城原管墩臺并軍夫數目，今分撥鎮寧管轄。大邊墩臺若干座，二邊墩臺若干座，火路墩若干座，各原設軍若干名，仍留赤城大邊與墩臺軍夫各若干，務要分合相同，開揭飛送本院，以憑查算經制，毋得刻緩。又硃批：撥去鎮寧邊二十二里外，赤城尚有邊若干，凡申詳俱要詳明速速。蒙此，并行阮同知查報。今該本官呈稱，查得赤城所管大邊墩臺二十七座，原設軍一百八十九名。二邊墩臺二十七座，原設軍一百三十七名。兩邊在鎮寧西北，俱應改撥鎮寧。腹裏火路墩五十二座，每墩約設軍四名，共軍二百四名。内東栅口墩一座，名東栅子墩；西栅口墩三座，名寧静墩、永静墩、西栅子墩，俱在鎮寧之西，亦應改撥鎮寧。以一烽火仍撥軍一十六名，隨墩守瞭傳烽，尚該火路墩四十八座，墩軍一百八十八名，應留赤城所管。再查東西兩栅有餘地七十一頃四畝七分一厘，赤城守備花户朱尚武等承種，每年共徵折色銀七十兩七錢九分五厘六毫六絲，解交都司官庫。又東西兩栅有守口夷人，撫賞荒地四十頃，守備并花户朱松等承種，每年納銀八十兩，在守備衙門經管，爲賞本邊守口夷人支用。

緣縣呈報到道，查得赤城大邊、二邊墩臺軍士與夫東西兩栅餘地、荒地俱改撥鎮寧，其兩栅居民自當屬其統轄，徵解折色、撫賞等銀并修邊、防邊等事庶有責成。俟題准之日，行令兩堡遵守。再查赤城大邊墩二十七座，設軍一百八十九名。二邊墩二十七座，設軍一百三十七名。又東栅口墩一座，西栅口墩三座，設軍一十六名。前三項墩改歸鎮寧，即應撥軍三百四十二名，與前議壯丁七十名共歸鎮寧，永定爲制，庶免推委其守備。伏乞即賜題請等因到臣。該臣看得，赤城設自國初，因去邊八十里而遥，續添鎮寧一堡，以接聯烽火。立法未始不善，但法久漸弛，勢反中格。每遇有儆，互相推委。如四月二十三日奴騎竊犯，赤城借口堡烽之中斷，而鎮寧歸咎邊燧之無傳，可鑒也。該道以事窮則變，變則通，議改赤城大邊二十二里并邊墩二十七座，原設軍一百八十九名；二邊墩二十七座，原設軍一百三十七名。又東西栅火路墩四座，設軍一十六名，與夫兩栅居民、屯地盡改隸鎮寧，使鎮寧有節短之勢，赤城無鞭長之憂，誠一舉兩得，所當准從者也。惟是鎮寧既已改辟，恐非欽依守備不能彈壓。查防守朱日昌已經會參候旨，因地方衝險，臣已委原任總鎮張全昌標下、在秦剿寇功升游擊白邦政署之。看得白邦政久經戰陣，志意驍雄，以守衝邊，定能勝任。臣謹會同監臣盧維寧合詞具控，伏乞勑下該部議覆，將赤城大邊墩軍與兩栅軍民、地土改歸鎮寧，仍將白邦政以游擊管鎮寧守備事。其軍丁即於赤城改撥，俸廩即於養廉取資，不煩另設而通變宜民，所關邊政非淺鮮也等因。

崇禎八年六月二十七日奉聖旨："該部看議速奏。"欽此欽遵。抄出到部送司，案呈到部。看得赤城邊長百里，該備鞭不及腹，故設鎮寧防守，以便東西分攝，法甚善也。然畢竟該堡邊界迤邐鎮寧之西，又非防守所得問，每遇有警，反致彼此推委。如近日奴賊竊犯，烽火不傳，其事可鑒。該撫集衆議，更改其制，以赤城大邊墩二十七座，軍一百八十九名，二邊墩二十七座，軍一百三十七名，又東栅口墩一座，西栅口墩三座，軍一十六名，與夫兩栅居民屯地，盡改隸鎮寧，易防守爲守備，而以功升游擊白邦政領其事。在鎮寧有并峙之勢，在赤城無委脱之虞。且即於赤城守備下軍丁撥七十名，合之見在軍丁三十名，共一百名，作部下壯丁。兵不煩增設，其俸廩即取給於養廉地內，糧不必另加。一轉移間而信地分轄，各有責成。事之利於封疆而便於軍民者，此類是也。所當如議者也。既經奉有"看議速奏"之旨，相應覆請，合候命下，將白邦政以原官游擊管鎮寧堡守備事。

崇禎八年六月卅[四〇]日　郎中鄒毓祚

員外郎仲嘉

王驥

兵部爲酌改赤城信地等事奉旨咨行稿

兵部爲酌改赤城信地等事等因，崇禎八年七月初一日太子少保、兵部尚書、仍加俸一級張等具題，初三日奉聖旨：“是。白邦政依擬用。”欽此欽遵，擬合就行。爲此，除札仰白邦政定限本年月〔四一〕日到任外，

一、咨宣大總督、宣府巡撫、宣府太監，合咨前去，煩照題奉欽依事理，行令白邦政欽遵任事施行。

一、咨都察院，合咨貴院，煩爲轉行宣、大巡按御史照依覆奉欽依事理，行令白邦政依限到任。如或過違，照例參究施行。

一、札白邦政。

崇禎八年七月初六日　郎中鄒毓祚

員外郎仲嘉

王驥

本部口報緊急夷情事疏〔四二〕

兵部等部、太子少保、尚書等官仍加俸一級、今降三級戴罪臣張鳳翼謹題，爲口報緊急夷情事：

職方司案呈，本部題。崇禎八年七月初二日奉聖旨：“劉敬、劉炳業、劉光忠、朱日昌，俱著發邊遠衛所，充軍終身。丘守仁降一級管事。張守約該按查明議奏，於廷輔免議〔四三〕。”

特糾規避庸弁等事疏〔四四〕

太子少保、兵部尚書、仍加俸一級、今降三級戴罪臣張等謹題，爲特糾規避庸弁，以肅軍政，以振積弛事：

職方清吏司案呈，奉本部送。崇禎八年六月三十日，兵科抄出，宣府巡撫陳新甲題前事内稱：照得宣鎮虜患剥膚，凡屬兜鍪

宜何如枕戈待旦，以快同讐。若無事吸軍潤橐以偷安，有警借題避難以脫卸，而又暗設機關，巧飾詞語，以爲它日復然之地，即終朝三褫^{〔四五〕}，猶恨其遲，而可容一刻厠足行間，以貽誤封疆哉？若下西路參將石應雷是已。

查得本弁，洗馬林零賊入口一案，奉旨降級，戴罪管事，浩蕩皇恩，無非開人以自新之路也。本弁不自悔禍，輒輒投一稟於臣，中多怏怏不平語，該臣嚴批叱責之，冀其痛自省改，以圖澠池之奮。乃於本月十二日，據該弁呈，爲夙疾陡發難支事內稱：卑職歷任邊圉，先年因在保蔚馳援禦虜，臥薪嘗膽，守蔚恢復，建有微績。因勞傷過度，致染舊疾。今濫膺下西，半載有餘，如蚤負山，所有一切廢弛矢心整頓，夙夜焦勞。今於本月初十日舊疾舉發，風痰湊起，喘息不寧，服藥罔效。切思衝邊何地，當此虜警告急，則沉病之軀實難支持，萬有錯誤，卑職一身亦何足惜，而封疆爲重，懇乞俯准解任歸里，另選賢能代理。庶卑職得調殘喘，儻全狗馬微生，再圖後效等因到臣。臣即欲以白簡從之，姑念借病求斥，其實熱中，爲弁流故套，臣批詳云“奴警方殷，本官方奉旨薄降，政戮力報國之時，何得遽以病請？仰照舊，即出供職。寇在門庭，毋自貽伊戚也”去後，是時東西雖已告急，而胡騎尚未寇邊，猶可言也。至十三日，臣北巡，次金家莊，得大同迎恩敗胡入犯之報，臣中心焚剌。苗頭少東即是該將信地，臣當發令箭，差官申飭該弁，大略云“奴入雲中，政與下西接壤。仰該將一面偵探確情，申嚴城守，一面星速收保，仍整秫以待”等語。是臣提掇之責，望之可謂嚴且切矣。及臣十八日回鎮，意該弁抖搜精神，不知何如拮据，以稍分微臣百結之憂。及拆該弁一呈，仍是請病情詞。臣閱未竟，而髮上指矣。何物庸弁！寇已震鄰，災將及身，而不憚功令，不畏簡書，如是之悍且愚哉！總之，蟲臂鼠肝，談虎色變，惟恐奴氛之迫而思脫韁去耳。臣再批該詳云：“奴入雲中，盤踞數日。政與該將信地接連，未見作何偵探，作何收保，而近日請病，明日請辭，邊疆抑何用此規避怯懦之將爲哉！”正批發間，又據分守道臣呈稱，本月十六日辰時蒙總督軍門楊嗣昌批，據參將石應雷呈，爲夙疾陡發難支等事，詞語同前。蒙批：石應雷先投一稟，詰盧帥陰私，隨投一呈告病，想借題避難之計決矣。衝邊何地何時，容此奸弁閃爍！仰該道即日查祥，立等立等！

蒙此，爲照下西路參將石應雷參守無大訾議，而才具實僅庸常。即其領兵五百駐防洗馬，原以虜情孔棘，先事毖備，用戒不虞耳，乃於四月十一日，數十零竊黑夜深入洗馬之南，本官全無知覺，及天明聞警，猶逡巡不敢出，出而不敢追剿，坐視虜騎搶掠而去，始終不聞以一矢相加遺，則本官之恇怯無能，委非邊料，亦可概見矣。前經本道查核，據實呈報，初未嘗敢有一字爲本官隱諱，卷案具在，可復按也。祗因移會監視，稍遲一日，未及入疏，遂奉有“該道何無體訪，仍據路將申報移會始不究”之旨，是本道亦幾爲本官累矣。今本官因前案奉旨鐫級，不自愧悔則亦已矣，反憤憤不平，托疾求去，其爲借題避難，軍門蚤已洞見其肺肝。念此，何地何時而可容此闒茸之輩托疾尸位，貽誤封疆乎？擬合呈請，恭候本院詳示等因到臣。

該臣看得，人即恇怯，未有若應雷之首尾者；人既規避，未有若應雷之狼狽者。而所云“狗馬微生，再圖後效”，是又臣所謂“暗設機關，以圖他日復燃之計”，可謂懦而且奸矣。臣謹會同監臣盧維寧合詞以糾。伏乞勑下該部，即賜斥逐，仍從重議處，永不叙用，以爲聞警規避者之戒，庶兜鍪其知聳惕乎！然臣即有請焉：寇在腹心一刻，不容疏懈。必候部覆部推，恐噬臍無及矣。臣等議以原任南路副將、新奉旨降三級調用之馬貴補之。馬貴之嬰守西城已載在臣前疏，而一時膽魄謀略似無出其右者。

并乞勅下該部，如臣所舉不謬，乞即降補該路，以便刻期受事。是亦救時之一急著也等因。

崇禎八年六月二十九日奉聖旨："石應雷著兵部從重議處。調補即與具覆。"欽此欽遵，抄出到部送司，案呈到部。看得下西路參將石應雷當零賊竊犯，不聞一矢加遺，及大虜入雲，輒思托病規卸。枕戈無能，脫蛻有術，嚴疆何地而可容此奸弁爲哉？所當革職，永不叙用。所遺員缺，該撫以馬貴議補。查馬貴原以副總兵署都督僉事管南路參將事，別案奉旨降三級調用。該撫稱其膽略實勘衝邊，爲地擇人，必有攸當。所當如議者也。既經具題前來，相應覆請，合候命下，將石應雷革職，永不叙用〔四六〕。係流官。馬貴以游擊職銜〔四七〕管宣府下西路柴溝堡參將事。

崇禎八年七月初二〔四八〕日　　郎中鄒毓祚
員外郎仲嘉
王驥

兵部爲特糾規避庸弁等事奉旨咨行稿

兵部爲特糾規避庸弁等事等因，崇禎八年七月初五日太子少保、兵部尚書、仍加俸一級張等具題，初七日奉聖旨："石應雷著革了職，永不叙用。馬貴依議調用。"欽此欽遵，擬合就行。爲此，除札仰馬貴定限本年月日〔四九〕到任外，

一、咨宣府巡撫、宣大總督、宣府太監，合咨前去，煩照覆奉明旨内事理，行令馬貴依限到任。仍將到任日期同原奉本部札付并履歷緣繇呈報巡撫衙門，繳部查考。如或過違，照例參究施行。

一、咨都察院，合咨貴院，煩爲轉行宣、大巡按御史，照依覆奉明旨内事理，行令馬貴依限到任。如或過違，照例參究

施行。

一、札馬貴。

一、合具揭帖，差主事賫赴內府翰林院，請寫敕書施行。

計開：請敕官一員，游擊將軍職銜、管分守宣府下西路柴溝堡等處地方參將事、署都指揮僉事馬貴，查得本官原擬責任駐札柴溝堡，專防柴溝、洗馬、懷安、渡口、李信屯、西陽河六城堡，兼援新平等三堡，務將新增兵馬二千及各該城堡官軍無事之時嚴加訓練，一有警報，統領截殺應援。其城池、墩臺、險隘、壕塹仍要及時修理，共圖保障。軍中應行事宜，聽總督、鎮巡官節制。尤須持廉秉公，約己愛士，不得貪黷恣肆，貽害軍人，廢弛武備。國典具存，難以輕貸。及查得萬曆二十一年三月內，該宣鎮督撫官蕭大亨等題，爲仰仗天威招回屬夷內附，謹議安插事宜，以弭邊患事，該本部覆議以後，督撫鎮道將領應請敕書內增入「撫防屬夷責任各在當人之身，務保久安，毋貽釁孽」等因。節奉神宗皇帝聖旨：「這撫處屬夷俱依議。」欽此欽遵在卷。所有前項撫防屬夷事務，相應一并增入。

崇禎八年七月初十〔五〇〕日　郎中鄒毓祚

　　　　　　　　　　　員外郎仲嘉

　　　　　　　　　　　　　王驥

本部酌改赤城信地等事疏〔五一〕

太子少保、兵部尚書、仍加俸一級、今降三級戴罪臣張鳳翼等謹題，爲酌改赤城信地，議更鎮寧守備，以便責成，以無誤封疆事：

職方司案呈，宣府巡撫陳新甲本，崇禎八年七月初三日奉聖旨：「是。白邦政依擬用〔五二〕。」

本部哨探夷情事疏〔五三〕

太子少保兵部尚書仍加俸一級、今降三級戴罪臣張鳳翼等謹題，爲哨探夷情事：

職方司案呈，宣府巡撫陳新甲塘報。崇禎八年七月初三日奉聖旨："據奏宣鎮邊外賊夷瞭高火光情形，顯有潛伏突逞狡謀。著該將備預行收保，秣礪以待，毋得因賊西犯致有疏懈〔五四〕。"

本部特糾規避庸弁等事疏〔五五〕

太子少保、兵部尚書、仍加俸一級、今降三級戴罪臣張鳳翼等謹題，爲特糾規避庸弁，以肅軍政，以振積弛事：

職方司案呈，覆陳新甲本，崇禎八年七月初七日奉聖旨："石應雷著革了職，永不叙用。馬貴依擬調補〔五六〕。"

急扒壅沙以固城守等事疏〔五七〕

太子少保、兵部尚書、仍加俸一級、今降三級戴罪臣張等謹題，爲急扒壅沙，以固城守，酌請鹽菜，以安人心事：

職方清吏司案呈，崇禎八年七月初四日奉本部送，兵科抄出，宣府巡撫陳新甲題稱：崇禎八年六月二十三日，據分守口北道副使、仍戴罪張維世呈，本年四月十八日，蒙本院案驗，准戶部咨，該本部題覆前事，内開該府巡撫陳新甲題前事等因。本年四月初一日奉聖旨："城墙豈宜壅沙？據稱崇禎五、七兩年，節經扒除，何復壅積？明係虛飾糜費。今既議分派興工，著上緊率作竣事，務期盡除墙外，以圖永久。鹽菜事宜，該部酌議速奏。"欽此。隨該本部議覆等因。本年四月初八日奉聖旨："是。"欽此欽遵，備咨到院，案行本道遵照題准，將裁減公費銀兩動支給犒扒沙軍民。每名每日一分，量充鹽菜等因到道。蒙此，除欽遵督率分派扒除，於本年三月二十五日起工，六月十八日止，共用過鹽菜銀兩數目緣繇呈報到院。蒙批扒沙一案奉有"盡除墻外"之旨，據報"扒除通完"，未顯墻內墻外字樣，何爲"通完"？當詳悉開報，以便具題，豈可以報驗文書了局？仰該道再查報。

蒙此，該本道查得興工之初，原議先除城根脚下壅沙，以防虜警。今自三月二十五日興工起，至今六月十八日止，纔報完前工訖行。據宣府前衛經歷曹三略開報，賞過標正等營扒沙軍夫銅錢共四十三萬八千五百三十文，每銀一錢換錢七十一文，共折銀六百一十七兩六錢五分。又據宣府右衛經歷嚴爾和開報，賞過衛所扒沙民夫銅錢共五十七萬九千一百四十文，每銀一錢換錢七十一文，共折銀八百一十五兩六錢九分等因到道。以上共用過銅錢一百一萬七千六百七十文，折銀一千四百三十三兩三錢四分。據此，爲照壅沙之爲宣鎮患也，蓋亦有年矣。在昔承平無事，不妨爲怡堂之燕雀，而值茲封疆多故，宜極爲曲突之徙薪，況奉有"務盡除墻外，以圖永久"之明旨，敢不督率軍民竭蹷從事，爲一勞永逸之計，使屹屹重鎮鞏太山而四維之乎？但撲壅沙之勢，酌宜人之力，有非可以歲月成功而三千金責實效者。計沙之長可十餘里，寬可百餘步，高厚則夷而平之，均可二丈，甚至有半於城垣者。亦不下數十處。先因虜情孔棘，急則治標，故議扒除其近城者，以杜憑陵之患，然三閱月而沙之離城脚者纔三丈許耳，計鹽菜之費已一千四百金矣。如必欲盡除墻外，非再得半年工程不可。而轉盻風霜栗烈，斷難驅軍民以畚插之役，又不得不需之來春矣。然使人力可與風伯爭勝，而除之墻外者不復飛入墻內，則何愛此胼胝，惜此小費，而不爲重鎮久遠計乎？朔漠之地無日不風，風起沙飛，無物可障，窮一日之力，不能當一夕之風，而去者已復返矣。五七尺之土墻，其如此滔天震地之風沙何哉？況今禾稼被野，戎馬生郊，軍方修我戈矛，民且奄觀銍艾。近城之壅沙既除，聊可以固吾圍矣。是役也，不可以已乎？

　　再照沙患除矣，而事更有急於扒沙者，則南關之城牆不可不修也。蓋南關爲大城屏蔽，勢若唇齒，而城牆之傾圮者殆盡，幾令登陴者無容足之地，而欲其嬰守勿去，不幾以卒予敵乎？估修工費以千二百金計，而庫藏如洗，無可那動之金錢。今版築已興，而工價無措，合無於扒沙所餘之鹽菜銀兩移緩救急，以早竣斯役，則屏蔽堅完，大城又添一重金湯矣。乃本道更有憂者：大城西北二面，城磚久爲風沙所浸蝕，强半剥落。向爲沙埋不覺，而今則明示人以瑕矣。徹桑土而戒衣袽，正此其時。然工費浩大，卒難措辦，又本道所徒廑仰屋而空抱杞憂者也。敢因扒沙報竣而并及之，擬合呈請，恭候詳示，以便遵行等因到臣。該臣看得扒沙一役，城西一面，城北半面，壅積幾於城等，而離城十五丈許舊有短牆一道，原爲屏沙而築也。臣初意謬欲盡力除之牆外，以圖一勞永逸。約軍民五千四百餘，以兩月爲率，可得告竣。及奉有“盡除牆外”之旨，嚴行該道，率作興工。時正插部臨邊之候，該道議先除城脚積壅，以防虜患。餘漸次疏運出牆，以遵明旨。不意數十年之沙磧一旦銖銖而移之，真如向風揚塵，隨手旋轉。五千軍民，櫛沐三月，僅得扒除城根一道，約三丈寬。然高者已夷之使平，有二丈深矣，城下石脚盡現矣，短牆且爲沙覆矣。即未能盡除牆外，而意外憑陵之患萬萬無虞。臣同監道諸臣登陴環視，欲報罷，而懼違“盡除牆外”之旨；欲再作，而微有皮盡毛附之謡。且工未及三分之一，而三千餘鹽菜已約費其半。臣躊躇審處，不得不中更其説，以姑待來年也。至於城磚壅淤已久，一旦淤者除而處處蠱裂，破綻難縫。欲補苴之不得，欲創起之不能。動以數萬金錢計，是在廟算酌定，非臣之所敢知也。然臣附有請焉：城外有東土關，形廓勢圮，所當歸并無疑，惟南關雖係磚包，而裏口不下二三尺，臣久同監按道臣議，覓攬頭幫築多方措借，已完十分之五，然亦須千二百金。總之，六十年款地，不啻萬孔千瘡，一旦遽處綢繆，無米何炊？勢又不得不那扒沙之餘爲築土之費。想聖明自爲封疆計，或不責邊臣轉聒爲也。臣謹會同監臣盧維寧合詞具題，統祈勅下該部，速賜議覆施行等因。

崇禎八年七月初三日奉聖旨："該部看議速奏。"欽此欽遵。抄出到部送司，案呈到部。看得宣鎮扒沙一役，原奉有"盡除牆外"之旨，第以數十年沙磧，三月人工，即欲除之使盡，恐不能如此神速。且虜警方殷，又當修我戎作，需之來年竣事。審時量力，不得不如此耳。據稱，壅沙離城根者已三丈遠，二丈深，可使無憑陵之患。則此一役也，大於捍禦有裨。至於南關牆圮，若不及時修築，則乘墉可慮。合從撫臣所請，以扒沙之餘供築土之役，移緩就急，總從封疆起見，自無煩再計者也。既經奉有"看議速奏"之旨，相應覆請，合候命下，遵奉施行。

　　崇禎八年七月初七[五八]日　郎中鄒毓祚

　　　　　　　　　　　　員外郎仲嘉

　　　　　　　　　　　　　　王驥

兵部爲急扒壅沙等事奉旨咨行稿

兵部爲急扒壅沙等事等因，崇禎八年七月十五日太子少保、兵部尚書、仍加俸一級張等具題。十七日奉聖旨："是。南關幫築工程著上緊儧修，務期堅固，不得延縻。"欽此欽遵，擬合就行。爲此：

一、咨宣府巡撫、太監，合咨前去，煩照明旨內事理欽遵施行。

　　崇禎八年七月廿[五九]日　郎中鄒毓祚

　　　　　　　　　　　　員外郎仲嘉

　　　　　　　　　　　　　　王驥

本部題爲注銷事疏[六〇]

太子少保、兵部尚書、仍加俸一級、今降三級戴罪臣張鳳翼等謹題，爲注銷事：

職方司案呈，本部題。崇禎八年七月初八日奉圣旨："本内已前过限未完及七年分易完不完事件，經承各官照例罰俸、住俸督催，依議仍行。該撫按速查罰过職名報部，以憑類題。違延，一體參治。其畢茂康前所條陳奉旨製造數件，并書進覽，何得開入難完項内？著即速催製進[六一]。"

本部爲遵旨奏明事疏[六二]

太子少保、兵部尚書、仍加俸一級、今降三級戴罪臣張鳳翼等謹題，爲遵旨奏明事：

職方司案呈，崇禎八年七月十二日奉聖旨："知道了[六三]。"

稽查銀兩犒賞事疏[六四]

太子少保、兵部尚書、仍加俸一級、今降三級戴罪臣張等謹題，爲稽查犒賞銀兩事：

職方清吏司案呈，奉本部送，據昌平道戈尚友呈前事内稱：奉兵部札付職方清吏司案呈前事，仰道將前項所剩銀兩尚貯州庫，抑作何項動支，火速報部，以憑銷算施行。奉此，遵該本道備行昌平州查報去後，續據該州知州文運衡申稱，查得崇禎七年八月初二日，蒙本道火票，蒙軍門傅宗龍發下安家銀二萬兩寄庫，於本年八月十三日蒙本道憲票，蒙軍門傅宗龍動部發安家銀三千二百九十兩，給標下中軍王副將差人領回頒給。再動一千九百八十六兩，給領兵參將李准并貴州忠義營守備杜桂林、鄭永瑚差官領回分給等因到州。此時本州止發三千二百九十兩，付軍門

標下委官張虎臣領去訖，其一千九百八十六兩未曾給發也。實存
安家銀一萬六千七百一十兩在州庫。八月十六日，蒙軍門傅宗龍
憲票，取賞功銀二萬兩，但賞功銀未曾解到。本州隨將寄庫安家
銀一萬六千七百一十兩付標下中軍王副將差官領運訖。八月十九
日，蒙軍門傅宗龍憲票，仰州俟兵部差官解到賞功銀二萬，即撥
一萬六千七百一十兩抵還安家項下。其參將李准并貴州忠義營未
領銀一千九百八十六兩，仍於此中動給外，存銀三千二百九十
兩，另貯以備賞功之用。本州遵奉，即將後解到賞功銀二萬兩內
撥一萬六千七百一十兩，抵還安銀貯庫矣。尚有賞功銀三千二百
九十兩，亦貯州庫。其安家銀一萬六千七百一十兩，於八月二十
一日蒙本道火票，批發八百六兩，係軍門標下督兵參將李准領
出，給軍安家、犒賞用訖。八月二十二日一票，批發五百九十二
兩，係貴州忠義右營守備杜桂林領出，給軍安家、犒賞用訖。閏
八月初八日一票，批發五百八十八兩，係貴州忠義左營守備鄭永
瑚領出，給軍安家、犒賞用訖。共發過一千九百八十六兩矣。閏
八月十五日，又蒙本道火票，批發二十三兩，給軍門標下中軍官
差人領回，補給奇、振二營騾兵安犒之用。閏八月初一日，蒙軍
門傅宗龍憲票，取銀八千八百六十八兩五錢，給山永撫院差官董
光裕等領用訖。五次通共發過安家銀一萬八百七十七兩五錢，淨
存安家銀五千八百三十二兩五錢，又存賞功銀三千二百九十兩，
二項共九千一百二十二兩五錢在州庫。本年十月二十三日，蒙昌
平餉司劉員外票取前銀，本州即將九千一百二十二兩五錢差倪俊
解訖，獲批附卷。據此，復該本道移會餉司衙門備查。昌平州解
貯前項犒賞、安家銀兩作何動支去後，續准餉司王主事手本會
稱，查得兵部原發安家、犒賞銀二萬兩，內除昌平州支放數目與
本部無涉外，於崇禎七年十月二十三日該前任劉員外收貯昌平州
解到犒賞銀三千二百九十兩，安家銀五千八百三十二兩五錢。以

上二項共銀九千一百二十二兩五錢，即於本年十月二十三日因湯、左二副將赴防晉豫，共放過犒賞銀二千六百兩，業經查飭。太府王希忠題明在案外，尚該仗銀六千五百二十二兩五錢。此係本部收放實在之數也，准此擬合呈報。爲此，備繇具呈，伏乞照驗施行等因，到部送司，案呈到部。

案照去年七月内，該本部題，爲照例請發安家等事，請動節裁銀二萬兩，以爲關寧、宣薊、密援兵安家之用。八月初一日差官李應魁解赴薊督，轉發昌平道貯庫給散。又該薊督傅宗龍題爲乞勅樞部速發犒金等事，該本部議覆，准發賞功銀二萬兩，於八月十四日差官王際明解發該督，轉發該道，收貯州庫。前後共四萬兩，以二萬兩爲安犒，以二萬兩爲賞功。據該道稱，用過安犒一萬四千一百六十七兩五錢，又用過賞功銀一萬六千七百一十兩，二項共用過三萬八百七十七兩五錢，尚預餘九千一百二十二兩五錢，内又十月内給發過湯九州、左良玉二副將赴防晉豫犒賞銀二千六百兩，實存剩銀六千五百二十二兩五錢，應即解還囘寺，以銷欽件者也。既經呈報前來，相應具題。伏候勅下，遵奉施行。

　　崇禎八年七月十四〔六五〕日　郎中鄒毓祚

　　　　　　　　　　　　　　　員外郎仲嘉

　　　　　　　　　　　　　　　　　　王驥

兵部爲稽查犒賞等事奉旨咨行稿

　　兵部爲稽查犒賞等事等因，崇禎八年七月二十五日太子少保、兵部尚書、仍加俸一級張等具題。二十七日奉聖旨：“餘銀著太僕寺查收。”欽此欽遵，擬合就行。爲此：

　　一、札太僕寺，合札該寺，遵照題奉明旨内事理，俟該道解到前項餘剩銀兩，照數查收施行。

一、札昌平道，合札該道，遵照題奉明旨内事理，即將前剩銀兩照數解交囷寺。仍具繇報部，以憑查考施行。

崇禎八年八月初二[六六]日　郎中鄒毓祚

　　　　　　　　　員外郎仲嘉

　　　　　　　　　王驥

遵旨回奏事疏[六七]

太子少保、兵部尚書、仍加俸一級、今降三級戴罪臣張等謹題，爲遵旨回奏事：

職方清吏司案呈，崇禎八年六月二十六日奉本部送，兵科抄出，監視宣府太監盧維寧題稱：崇禎八年四月二十一日准兵部手本，爲密奏審據回鄉口供奴虜情形事，職方清吏司案呈，本年四月二十日酉時奉本部送，御前發下紅本，該宣、大巡按御史梁雲構題前事等因。崇禎八年四月二十日酉時奉聖旨："據王登清口供，賊情近確，宣、大、山西、昌、保、薊、遼各鎮，通著萬分偵備，不得刻懈。尚有別隱，還詳加審詰，并入口疏防員役查明具奏。嚴緝奸諜，諭旨屢申。奏内辯驗事情，兵部再通行密飭。"欽此欽遵，抄捧到臣。本年五月初一日又准兵部手本，爲申報事，職方清吏司案呈，奉本部送，兵科抄出，該臣監視宣府衙門，具題前事等因。本年四月二十六日奉聖旨："據審王登清口詞，較梁雲構疏報反略，是何緣故？賊中情形還著遵旨再加詳訊奏奪，疏防員役查明議處，侯銘胤准與紀録。兵部知道。"欽此欽遵。抄行到臣，准此遵行，即具手本，備行該管分守口北兵備道仍戴罪張維世查遵明旨内事理，即將王登清再加詳訊，并將疏防員役查明議處。通詳速覆，以憑會訊，具疏回奏等因。該道即准臣手本，節行分巡口北兵備道僉事張守約手本回稱。准該道手本，隨將押來回鄉王登清，一轉行下西路通判，一轉行上北路同知查勘去後，本年五月十九日申時蒙巡撫宣府右僉都御史陳新甲批。據馬營守備寧致中呈，爲巧計脫罪，無端溷賴事，本月十三日據滅胡墩軍人何廷臣口報，獨石不知名解軍四名押到本堡，不知是夷是漢，解軍手指本墩西空："是這裏，是這裏。"夷人并無一語，隨即領回。口報到職，據此，爲照數日前，卑職聞懷安收獲降夷一名，業已口供從獨石邊進入，人所共耳而目之者，今一旦不同，本堡提調、把總、小守暗領本邊原夷，又未出一語，解軍乃敢平空懸坐？查獨石一百二十里長邊，豈無披塌低矮可進處所，而獨領馬營邊界？且馬營邊長一十七里，而墩軍名名在信。提調、小守晝則瞭望，夜則唱空傳籌，而卑職復遣得力家丁往邊稽查，從何而入？夫既領馬營，或兩地守備，或兩邊把總預日知會，公同押看，又何默默無語，一味用巧賄唆降夷盡托解軍，溷指馬營？似此平日防邊不力，遇事溷賴，成何邊政？伏乞細查真偽，庶不墮奸邪狡計，而守邊者亦不隳盡職若〔六八〕心緣繇具呈到院。蒙批：前懷安所獲乃漢人，而非降夷也。入口之界，本人豈不知之？仰分巡道速確查報。

　　本月二十四日辰時，又蒙本院批，據獨石守備丘萬良稟稱：本年五月十三日，有宣府西路韓通判差解軍押解難民一名王登清前來查認原進邊口，赴邊沿墻挨墩逐臺細認，從本邊查至西交界止。據難民公同原來解軍說，這邊上俱無我原進邊口，找至馬營邊，認明原進邊口，難民王登清并原解三名回營，走至赤城迤北，有馬營守備寧致中差軍丁與難民王登清銀五兩、銅錢一錢，教說在別城邊堡進口，你在本道衙門回話畢，我就與銀五兩。難民王登清不敢依從，被差軍丁將難民亂行采打，難民赴本道首出前情，并驗傷明白。今寧致中心生奸謀，掣魂頂死，無辜誣賴。卑職所管邊墻并無進口形跡，難民見在可審。今將前項始末緣繇具稟，請乞洞察前情，詳審難民，不致溷賴等因俱稟到院。蒙批：仰分巡道究報。蒙此，即備行上北路同知，督同獨石守備丘萬良、馬營守備寧致中親詣邊口，同王登清查勘明白。其兩守備不得互相推卸，捏架虛情。即日回報，急等轉呈。隨該同知阮維岳呈稱，卑職即公同二守備丘萬良、寧致中，難民王登清，親詣邊墻查勘入口處。所查及獨石、馬營接界之處，有披塌墻一處，東爲獨石接界墩空，西爲馬營滅胡墩空。登清於此留盻躊躇，恍然認其從入。獨石小守姚思變、墩軍楊宰，馬營小守金林、墩軍吳青，黑夜昏惰，失於覺察。兩備致〔六九〕此始無以置喙也。已經兩家對認，無容再研。先將實情具繇於本年六月十一日申報到道。據此看得，丘萬良、寧致中司有邊防，則當嚴以譏查，封疆何地，聽其疏忽？難民之入而猶然罔覺，瞭望夜巡之謂何？雖小守、墩軍懈弛之罪乎？責不自認，詞且互諉，更罪之尤矣。除呈撫院外，擬合移會手本，前去裁酌轉呈等因。於本月十五日并難民王登清會送到道。

准此卷查，先爲申報事，本年四月十九日辰時，蒙巡撫陳新甲批，據本道塘報報稱，本年四月十六日辰時，據懷安城守備侯銘胤稟前事等因緣繇轉報到院，蒙批。據王登清所供，則大奴已到獨石邊外矣。聽候老王子明示，待馬草茂盛，始行犯搶。情似不虛，但所稱繇遼往西，則已越遼薊而入我宣、雲界矣。經過何地，王子隨行幾名，東夷若干，西夷若干，原搶南朝人是否遼人，或係宣人，該備所審未見明悉。本院一面發塘報，仰該道親提面審，務得奴中情形。如肯實供，仍與厚賞。如敢含糊，即行正法。限一日内報。蒙此，隨行懷安城守備侯銘胤，提解去後，續據本官將王登清呈解到道。據此，隨該本道審得王登清供，係大同城西王家園人，父王兆，兄王登平、王登官。去年七月初八日被達子擄入營內，聞説營內有個鮑游擊，達子説是南朝人，請與他磕頭，見他是個高漢，有白鬍子，身穿蟒挂〔七〇〕，與兩個王子同坐。後來帶往山西崞縣攻開城，一路只與他喂馬。八月初八日，隨達子出口，分在遼陽城散達子卜落太名下喂馬。今於三月初一日，自遼陽起身，不知要犯搶何處，共有達子八萬，都是有馬的。中國人有一萬，西達子不知多少。聞説達子隨著三四個月吃食。我從今年四月初三日夜，從獨石邊口子扒入，夜黑不知叫何地名，入口投一村中討飯吃。沿路止投村莊，不敢入大城堡。走了十日，方到懷安被捉等情供吐到道。看得王登清言語閃爍，大似奸細，但不刑審必不肯承認。據供，從獨石進口，墩臺全無覺察。恐煩明旨詰問，須押本犯挨查原進邊口，故不便加刑。除發懷安城守備侯銘胤押令王登清，從懷安起往獨石，沿路登清歷過村屯，認於何口進入，俟其查明，回日另加研審外，已於本年四月二十二日呈報撫院訖。今准前因，隨該本道覆審得王登清供稱，原進邊口委實是這個口子，原無受賄情節。又審得王登清供稱，去年被虜到彼，只在遼陽城裏住，并不曾見奴酋王子，只知道鮑將官在遼陽住。又稱，有鮑將兒子在大同，被達子不認得他砍了兩三刀。後來，床臺[七一]著跟他父往東去，見今養的好了。又供，這番來聽的説有兩個王子，鮑將官也來了。別的不知，領的兵馬，人都説有八萬，也不知是實不是。餘情與前無異。仍用刑審奸細情弊，再三不肯招承。該本道看得王登清語言便利，且多閃爍，似是爲奴作細行徑。乃屢加研訊，硬口不招，終難懸坐。至於進口處所，獨石、馬營兩備互相推卸究竟。得阮同知跟同兩備，親押登清遍認，而始得其真實處所，兩備方各緘口無詞。則疏玩之罪均不能爲兩備寬矣。

　　既經巡道會解前來，除呈詳撫按衙門外，擬合移會手本，并解難民一名王登清到監。臣恐關切夷情，宛轉審據情詞不無缺略，隨拘王登清，嚴加詳駁。登清供被擄情節與前無異。但聞奴酋差來進口打細者俱弄猴、卦算、髡黥之屬，臣因疑清在虜脱逃，辯垂何以頓去。復供，在彼脱身，隨用磁砭割去。其髮稍果亦參差，情亦可信。及查登清入口處，所供稱委從獨石城西、馬營接界二號墩邊扒墻進口。初不認是何地，時當四月初三日黎明扒進，今押查認識，記憶猶真。有馬營守備寧致中下管邊把總張弘道許銀五兩，先與錢一錢，邊軍與布褲一條，教説從別邊進口，若説此處就呈上司砍你等語。委係真實，念因投生，何敢受人賄囑，改口污陷等情。據此看得，王登清貌似村童，口殊便捷。出蛇豕之穴而閃入巖邊，迹固類於詭細，但不刑而吐露實確，并無游移變幻之詞，則逃生避死關頭，又當爲難民寬一解也。或其秉質素非痴蠢，而還鄉乞命實其本心。奸宄之迹不覺符同，究竟中藏實無异念，則從前百轉疑關應可泮然釋矣。假使登清果頑鈍比同木石，又何能脱狡虜之糾纏，而抽身遠遁乎？況刑餘尪瘠之羈囚，殘喘僅延於朝夕，即叵測其腹，亦難必爲復然之灰也。且供稱家屬具在大同，似非無根萍蒂。合無轉解大同撫院，再行查實，安插一夫獲所，亦大造之無垠也。

至如邊備疏防，獨石與馬營接壤之處，彼此應加緊毖飭。至黎明有人扒越，而各懵然不知，失守之罪，丘萬良與寧致中均似不能逭也。第致中不反己懟，既多一番賄嚇之迹，又多一番飾詐之詞，則致中之情與罪，更又浮於萬良數倍矣。合候勅下該部，將寧致中、張弘道、丘萬良等分別輕重議處，以爲邊防疏玩之戒也。除臣一面先行申飭各邊，加緊毖防，將一應弄猴、卦算、髡黥之屬，嚴爲躧緝外，凛承嚴旨駁問，臣謹據實詳查具奏。仰候皇上裁鑒施行等因。

崇禎八年六月二十五日奉聖旨："是。入口疏防員役既經查明，寧致中、丘萬良俱著分別議處。兵部知道。"欽此欽遵。抄出到部送司，案呈到部。看得難民王登清從獨石城、西馬營接界之處扒墻入口，守邊官丁毫無覺察，有信地之責者均無詞於疏縱。但張弘道多一番賄嚇，寧致中多一番飾卸，則益重其罪矣。按律，凡越度緣邊關塞守把之人失於盤詰者，杖一百。張弘道應斥逐，寧致中應降一級并杖，丘萬良免降仍杖，附過還職，以爲邊防疏玩之戒。既經具題前來，相應覆請，合候命下，將張弘道斥逐[七二]，係札委官。寧致中降乙級，照舊管事[七三]。丘萬良免降。已上俱杖贖[七四]。

崇禎八年七月十四日　郎中鄒毓祚

員外郎仲嘉

王驥

兵部爲遵旨回奏事奉旨咨行稿

兵部爲遵旨回奏事等因，崇禎八年七月二十五日太子少保、兵部尚書、仍加俸一級張等具題。二十七日奉聖旨："張弘道斥逐。寧致中降一級，照舊。丘萬良免降。俱杖贖。"欽此欽遵，擬合就行。爲此：

一、咨宣府巡撫、宣大總督、宣府太監，合咨前去，煩照明旨內事理欽遵發落施行。

崇禎八年八月初二[七五]日　郎中鄒毓祚

員外郎仲嘉

王驥

本部口報緊急夷情事疏[七六]

太子少保、兵部尚書、張鳳翼等謹題，爲口報緊急夷情事：

職方司案呈，本部題。崇禎八年七月十五日，奉聖旨："杜維棟、龔化龍，著革任。王道行等三員，各降一級，照舊。李春白，斥逐。丘守仁、丘萬良，俱免議。王詔等五員，准紀錄。王大純，司禮監紀錄[七七]。"

本部急扒壅沙等實疏[七八]

太子少保、兵部尚書、仍加俸一級、今降三級、戴罪臣張鳳翼等謹題，爲急扒壅沙，以固城守，酌請鹽菜，以安人心事：

職方司案呈，覆陳新甲本。崇禎八年七月十七日，奉聖旨："是。南關幫築工程，著上緊償修。務期□□，□[七九]得延靡[八〇]。"

本部地方盜息民安事疏[八一]

太子少保、兵部尚書、仍加俸一級、近降三級戴罪臣張鳳翼等謹題，爲地方盜息民安事：

職方司案呈，覆陳新甲本。崇禎八年七月十七日奉聖旨："曹如參著住俸緝賊。李芳革任[八二]。"

懦帥避賊不擊等事疏[八三]

太子少保、兵部尚書、仍加俸一級臣張等謹題，爲懦帥避賊不擊，大負皇恩，懇乞聖明立賜處分，以肅軍紀事：

職方清吏司案呈到部，照得奴插合謀，潛窺三鎮，皇上特簡王樸、尤弘勸，授以節鉞，又不惜厚餉，購募健丁，雲鎮五千，晋鎮三千，專以備奴。一切馬匹、犒賞、器械等項，有呼即應。廟堂之上，爲嚴疆計者，亦既無餘力矣。二帥受皇上知遇，感恩圖報，當奴孽闌入之後，謂宜瀝血勵師，勢不與賊俱生。或扼要出奇，或乘夜掩擊，務使片甲不還，庶幾雪耻除凶，可藉手以逭罪戾，而奈何其不然也？

計賊六月十一日入口，繇迎恩而平虜、威遠、井坪、朔州等處，四日內，據按臣疏稱，掠過村屯八十三處，殺死男婦八十九名口，搶去男婦二百四十二名口，牛、羊、馬、騾七千三百九十六匹頭隻。俱屬王樸轄地，未聞一矢相加。及賊送所掠人畜出口，正好伏兵邀之，亦未聞發一旅截擊。至賊扎營忻口，又不與寧武兵合營，甫至關即藉口無糧，掉臂以去。厥後，賊自定襄拔營東返，時樸在崞縣，則避之雁門；賊至雁代，則避之應州；賊至應州，又避之迎恩。最可憾者，自許於迎恩設伏待賊，先期馳至，意定計於早慮，未必墮陷阱，大創一番，爲中國吐氣。乃僅僅令張守印夜撲其營，斬級一顆，我兵且多傷亡，而又飾報大獲全勝。此王樸之罪案也。

賊入晉地在六月十五日，時弘勛防河，聞報返鎮，未能堵禦，情猶可原。然而蹂躪忻、定、五臺、崞、代、繁峙者二十餘日，其驅趕我牲畜，捆載我子女者又不知幾十倍於雲中矣。聞北虎村之戰，猛虎二將用槍炮退虜，而弘勛先潛身趙生員之書室；山陰之役，鄉勇猶能夜入虜營，制挺擊賊，而弘勛徒有事於嬰城，時時退縮，處處追隨。未嘗與虜敢交一鋒。故撫臣吳甡延兵已入晉境一疏，內有"恨不請尚方劍，立斬懦將頭，以勵其餘"，蓋爲弘勛而發。此尤弘勛之罪案也。

而或者曰："虜勢重大，兵寡不足敵乎？"屢據難民活夷供稱，奴精騎不滿五六千，餘皆西夷餓卒，合兩鎮主客精銳以擊之，數且倍。又或者曰："奴僄悍异常，我兵不敢嚮邇乎？"胡以王忠四百騎拒之於代，追亡二十里，鄉勇十餘人襲之於應，尋拔營西遁？亦非不可擊也。可擊而不擊，坐視飽揚，甘同兜鍪於巾幗，斯不亦負簡書而羞大將旗鼓乎？恭繹選募健丁明綸"如奴來，不堪剿殺，總兵當罪"，與近日所奉"如但事尾追，縱賊飽掠出口，定行重論"及"如有縱軼觀望，重論不宥"，與夫"不能殺賊，縱令飽揚出口，當罪不宥"之屢旨，煌煌天語，炳若日星。今二帥逗怯玩泄若此，盧抱忠之榜樣方新，其將何以自寬也？伏乞皇上先將王樸、尤弘勛降級、戴罪料理，行該督撫、監按，勘明議處奏奪。庶懦將知所懲創，於以振肅軍紀，整飭嚴疆，關係非淺鮮矣。緣係云云。

崇禎捌年柒月十七〔八四〕日　郎中鄒毓祚

兵部爲懦帥避賊不擊等事奉旨咨行稿

兵部爲懦帥避賊不擊等事，該本部題云云等因，崇禎八年七月二十一日奉聖旨："尤弘勳已有旨了。王樸惶怯避賊，據報轄地擄掠數多，又入晋逗遛，藉口飾報，縱賊飽揚，仍從舊路出口，著該督監按詳查始末情形奏奪。"欽此欽遵，抄出到部送司，案呈到部，擬合就行。爲此：

一、咨宣大總督。

一、咨都察院，轉行宣、大巡按御史，照依明旨内事理將始末情形詳查，具奏施行。

一、手本大同監視〔八五〕。

缺官事推補宣府左翼營游擊將軍
杜維棟員缺疏〔八六〕

太子少保、兵部尚書、仍加俸一級、今降三級戴罪臣張謹題，爲缺官事：

職方清吏司案呈，照得宣府左翼營游擊將軍杜維棟，近該監視宣府太監盧維寧題參不職，本部覆奉欽依革任。所有員缺合當推補，案呈到部。臣等從公推舉，得河南叙功題加尤吉將軍、署都指揮僉事候補薛四什、杜其矜，俱各堪任，伏乞聖明於内簡命一員，充前項尤吉將軍。候命下之日，本部備查原擬責任，札令欽遵任事。

計開擬堪宣府左翼營游擊將軍官二員：

薛四什。年三十九歲，係延綏綏德衛百户。崇禎二年三月，推薊州户部中軍守備。三年七月，恢復四城叙功，題加都司僉書管事。五年三月，調管薊鎮羅夕谷守備事。十一月，該順天巡撫傅宗龍參革。七年五月，河南叙功，題加尤吉。八年春試，技勇優等。

杜其矜。年三十三歲。係金吾右衛正千户。崇禎三年九月，京營城守叙功，題加守備。七年五月，河南叙功，題加尤吉。該巡視京營科道阮震亨等〔八七〕二次。八年春試技勇優等。

　　崇禎八年七月廿日　郎中鄒毓祚

　　　　　　　　員外郎仲嘉

　　　　　　　　　　王驥

缺官事推補宣府總兵下團操坐營
龔化龍員缺疏〔八八〕

太子少保、兵部尚書、仍加俸一級、今降三級戴罪臣張等謹題，爲缺官事：

職方清吏司案呈，照得守備職銜管宣府總兵下團操坐營事龔化龍，近該監視宣府太監盧維寧題參不職，本部覆奉欽依革任。所有員缺合當推補，案呈到部。臣等從公推舉，得山西北樓口叙功、題加守備候補黄鼎元，京營城守叙功、題加守備候補梁應元，俱各堪任，伏乞聖明於內簡命一員，量升署指揮僉事，照例以都指揮體統行事，以守備職銜管前項團操坐營事。候命下之日，本部備查原擬責任，札令欽遵任事。

計開擬堪宣府總兵下團操坐營官二員：

黄鼎元。年三十八歲，係山西加衛官。崇禎七年八月，山西北樓口叙功，題加守備，近該本部題奉明旨："黄鼎元著速補用，希令近邊□效。"

梁應元。年三十五歲，係忠義前衛正千户。崇禎三年七月，京營城守叙功，題加守備。該巡視京營科道阮震亨等薦六次。八年春試，技勇優等。

　　崇禎八年七月廿日　郎中鄒毓祚

　　　　　　　　員外郎仲嘉

　　　　　　　　　　王驥

兵部爲缺官事奉旨咨行稿

兵部爲缺官事等因，崇禎八年七月二十一日太子少保、兵部尚書、仍加俸一級張等具題。二十四日奉聖旨："有點的依擬用。"欽此。内薛四什、黄鼎元各有點，抄捧送司，案呈到部，擬合就行。爲此，除札仰薛四什定限本年月日、黄鼎元定限本年月日[八九]，各到任外，

一、咨宣大總督、宣府巡撫，合咨前去，煩照題奉欽依事理，行令各官依限到任。仍將到任日期同原奉本部札付并履歷緣繇呈報巡撫衙門，繳部查考。如或過違，照例參究施行。

一、咨都察院，合咨貴院，煩爲轉行宣、大巡按御史，照本部題奉欽依事理，行令各官依限到任。如或過違，照例參究施行。

一、札薛四什、黄鼎元。

崇禎八年七月廿八[九〇]日　　郎中鄒毓祚

　　　　　　　　　　　　　員外郎仲嘉

　　　　　　　　　　　　　王驥

本部哨探事疏[九一]

兵部尚書張鳳翼等謹題，爲哨探事：

職方司案呈，覆總兵李國梁塘報，崇禎八年七月二十一日奉聖旨："著該撫鎮遵旨堤備，毋得疏懈[九二]。"

本部缺官事疏[九三]

太子少保、兵部尚書張鳳翼等謹題，爲缺官事：

職方司案呈，宣府總兵下團操缺坐營，推黄鼎元；宣府左翼營缺游擊，推薛四什；大同鎮邊堡缺守備，推羅映壇；山西草垛山缺守備，推馮三省；大同雲石堡缺守備，推李三才。崇禎八年

本部遵旨回奏事疏〔九五〕

太子少保、兵部尚書、仍加俸一級、今降三級戴罪臣張鳳翼等謹題，爲遵旨回奏事：

職方司案呈，覆盧維寧本。崇禎八年二十七日奉聖旨："張弘道斥逐。寧致中降一級，照舊。丘萬良免降。俱杖贖〔九六〕。"

本部稽查犒賞等事疏〔九七〕

太子少保、兵部尚書、仍加俸一級、今降三級戴罪臣張鳳翼等謹題，爲稽查犒賞銀兩事：

職方司案呈，本部題，崇禎八年七月二十七日奉聖旨："餘銀著太僕寺查收〔九八〕。"

雲寇雖經北遁等事疏〔九九〕

太子少保、兵部尚書、仍加俸一級、今降三級戴罪臣張等謹題，爲雲寇雖經北遁，胡馬正報東來，布置粗周，襟肘畢露，謹請再留遼兵，以護皇陵，以保萬全事：

職方清吏司案呈，崇禎八年七月二十八日午時奉本部送，御前發下紅本，該宣府巡撫陳新甲題稱：該臣於本月二十二日席藁杜門，拜疏請旨，即報遼將西援入城，臣以舊屬誼延見之，皆以未能斬將搴旗爲恨，且以未能除凶謝臣爲恥。臣細扣之，云："十一日始入平虜，而賊已出迎恩矣。十二日追至迎恩，而賊已盡出邊外矣。"且云："奉督臣務保萬全之檄，故不敢深入窮追。"及臣諭以督臣務保萬全之意，近之留以防宣護陵，遠之將以援剿歸遼。自有一段深心，非爾等可測，而諸將始覺色舒。未幾請臣："仍示岔乎？將還遼乎？"臣諭以防陵屢塵聖憂，撤回未奉明旨，仍應住岔，聽臣再請旨定奪。二十三歇馬一日，二十四振旅還信矣。一路鷄犬無驚，宣民萬口可問也。臣方擬具疏籲留，於二十五日准督臣咨，內開爲會酌護陵要務事，照得奴賊此番入犯山西大同，雖有一月之久，札營攻打日少，來奔走時多。所掠村疃牛羊而外，未有子女玉帛之饒也。以故雖遁出口，而耽耽再逞，未忘薊、宣。在薊兵力之厚數倍於宣。山川險易、邊垣堅瑕亦未可同日而語。我所恃以防宣護陵者，惟遼兵三千是賴。本部院出入山大，初不敢擅調此兵。既奉明旨部文調之，而猶審思萬全，不令輕付一擲者，無非認定護陵緊要，非此兵不可。設有蹉跌，使人心膽俱寒。再圖補救，噬臍何及？此非獨臣子寸心以鳳陽爲炯戒，亦軍機宜爾也。

近接邸報，遼東告警，請撤援兵，節奉聖旨："遼師正在援剿，事平即撤回。"欽此。是此兵不日將撤矣。萬一奴賊不道，大舉傾巢直窺宣境，我宣之兵力，果能抵敵否乎？城堡村屯，可云家戰戶守，勉强撑持。咫尺皇陵，保如風之騎不狂嘶乎？嚮來説者皆曰"宣、雲殘敝，奴不再來"，而今已再來雲矣，保其不再來宣乎？即曰宣、雲而外，尚有宣薊、密，然明暗等酋與三十六家俱向奴酋討下口子，彼中即不允從，奴賊猶有希覬講賞之一著，宣東則無此著矣，彼不長驅直搗乎？四海冶原無市口，明酋使來看路，猶曰"投稟"，猶曰"貨換"，其他有隙可乘、導奴直入者又何憚而不爲乎？本部院深爲此懼，保固遼兵不敢輕用之追窮遏歸者，正將重用之防宣護陵，有當萬一也。而今遽撤，則突有緩急，將誰望援？是不可不深長思之也。祇緣拜疏席藥，不敢再瀆聖明，又恐緊要機宜瞬眼錯過，擬合會酌。爲此，合咨前去，煩請查酌妥當，徑自具題施行等因到臣。

該臣看得，宣之當備，陵之宜防，與夫寇之不可玩，已經督臣娓娓言之，臣復何贅？惟是夷情叵測，卜插既爲奴，并是我不能以夷攻夷。聞入寇半皆叛將，奴且以中國攻中國矣。兵法“避實擊虛”，奴豈不知之？而聲東擊西，尤其恒態。今日之寇雲、晉，固昔日之所報犯靈州、犯兔毛河者，譬如已潰之癰，針砭無用。而屢據遼、永、薊、密督撫奴騎西行之報，非但憑鄉之口供，且得諸哨丁之目擊。數萬踪迹、十二三里營盤，豈盡化爲清風冷煙乎？即所稱七月十五以後，馬兵搶關門、步兵困松錦之報，又安知非虛聲於東，而欲實擊於西乎？此際正如棋者然，雖能侵我、分我，而穩著在我，猶能用劫取勝。皇上據遼中撫監撤兵之請，遂有“事平撤回”之旨。臣豈不知宣、遼均係朝廷封疆，敢過自張皇而久假人師？但以臣愚妄揣，奴決不敢虎視遼東，再下困凌〔一〇〇〕辣手。九華山突如其來，非以綴遼師之入關，即以用撤師之反計耳。遼師留以備關外緩急，即不敢輕動，而援師原以固皇陵根本，萬不該輕撤。萬一狡奴偵知撤師，而鷙伏薊、密邊外者風雨飄忽而至，又將何以應之乎？臣刻下商同監鎮道諸臣，凡宣邊衝要處所，非不增兵貼防，非不那緩就急，到底有限兵力，不免捉襟露肘，即遼兵一枝，亦遽未能陷陣摧鋒，而先聲尚可奪氣，陵後可恃無虞。督臣咨中所云“臣子寸心以鳳陽爲炯戒”，言及此，真不覺心膽俱裂，而邊臣無計周旋。想聖明仁孝存心，視微追往，當不待臣言之畢矣。臣謹會同督臣楊嗣昌、監臣盧維寧、按臣梁雲構合詞上控，伏乞皇上敕下該部，遼兵五千仍住宣、昌，以防陵寢，直待草枯水合，始議班師。儻仰仗天威，今秋倖叨平定，遼兵即遲遲其歸，非過也。《詩》云：“豈不懷歸？畏此簡書。”其今日籲留遼兵之意乎？事關軍機，臣即席藁，不敢冒昧上陳，仰祈聖明鑒宥施行等因。

崇禎八年七月二十八日未時，奉聖旨：“兵部詳議，即日具覆。”欽此欽遵，恭捧到部送司，案呈到部。看得奴毚雲犯晉，入內地月餘，搶村疃百十餘處。雖飽揚而去，然鷙伏於歸化城者實煩有徒。據塘報，有云"昂邦病愈，復進宣府口子搶掠"者，有云"報知四酋起兵，前來接應，不必回巢"者。目下秋高弓勁，一旦矯焉[一〇一]狂逞單虛，上谷萬分可虞，況切近陵京，安可不厚集兵力，以爲先事伐謀之計？故關寧撫監屢有撤援之請，臣部未敢輕議者，良以根本重地防護宜周。今該督撫合詞請遼兵留戍，實係綢繆勝算，所當如議。俟逆奴拔帳東歸，彼時議撤，未爲晚也。

緣係奉有"即日具覆"之旨，相應覆請，合候命下，遵奉施行。

崇禎八年七月日[一〇二]　　郎中鄒毓祚

兵部爲雲寇雖經北遁等事咨行稿

兵部爲雲寇雖經北遁等事等因，崇禎八年七月二十八日太子少保、兵部尚書、仍加俸一級臣張等具題。八月初一日未時奉聖旨："陵京重地，防護宜周。原調遼兵依議留戍，候事平撤回。"欽此欽遵，擬合就行。爲此：

一、咨宣大總督、宣府巡撫，手本宣府、寧、錦太監，合咨、手本前去，煩照明旨内事理欽遵施行。

一、咨薊、遼總督，合咨前去，煩照明旨内事理轉行遼東巡撫，一體欽遵施行。

一、札祖寬，合札本官，遵照明旨内事理欽遵防禦施行。

崇禎八年八月初二[一〇三]日　　郎中鄒毓祚

員外郎仲嘉

王驥

哨探夷情事疏[一〇四]

太子少保、兵部尚書、仍加俸一級、今降三級戴罪臣張等謹題，爲哨探夷情事：

職方清吏司案呈，奉本部送，准宣府巡撫陳新甲塘報内稱：崇禎八年七月二十七日辰時據標下撫夷都司郝效忠稟稱，本月十三日卑職遵蒙本院傳諭，復選摘通官并内夷丁我兒太等十名，牽騎馬十二匹，於本月十六日，從本口出邊遠哨，業已通報外，至於本月二十六日，據遠哨夷丁克什兔等稟稱：役等出口，哨至地名馬肺山，從白海子往西，木松太、哈喇太、折落地不送，瞭見汾州灘，轉向至歸化城，往大青山西尾，又至黑河頭。哨見達子大營火光約有四五十里寬，役等是十九日瞭見。至二十一日申時，從大同鎮邊堡進口，有新設北協杜副將賞銀五錢，回至陽和，在軍門上回話，甚是喜歡，賞銀三兩。役等領訖，徑往宣府各衙門回話訖。據此稟報到職。爲照前聞，據拿獲夷人口供“虜賊還要入犯宣邊”等語，惟慮夷情叵測，卑職除節續督發步哨，該路轉報訖，今仍於本月二十七日又差有馬漢夷内丁劉尚禮、卜落等出口偵探遠哨外，理合先行稟報等因到職。

看得撫夷都司郝效忠，乃領職所發標兵三百貼防來遠堡地方者也。職恐各路將備哨探不實，故責令效忠犒遣標兵遠偵密探，有儆馳報報[一○五]，以便策應。今據報，從張家口出口，直越宣、雲北界，將哨至歸化城。其大營火光未動，明係潛住邊外，再候東來之夷，合謀入犯可知。除行九路將備萬分偵防外，理合塘報等因。又該本官爲哨探事内稱：本年七月二十七日卯時，據上北路參將丘守仁塘報前事報稱，案照前差通丁哈代等二名、守防官丘萬良等下通夜沈伏等六名，跟同總鎮下輪班官通張天才等二員名，共一十員名，騎正駄馬一十一匹出口哨探，已經塘報外，今據各官通進口稟稱，役等哨至地名盃退不列，登高瞭望，瞭見套兒城從西有騎馬夷人六七十騎，前後兩夥，向東北行走，離邊約遠二百五十餘里，等情到職。據此，復差通丁撒記等二名、守防官丘萬良等下通丁、通夜趙進伏等六名，跟同總鎮下輪班官通張張洪等二員名，共一十員名騎正馱馬一十一匹，從獨石北柵子出口偵探去訖，俟探有確情另報等因。

同日時，又據丘守仁塘報，爲哨探夷情事報稱，案照前有宣府中協張副將，差隨任守備高文舉等一十員名，騎正馱馬一十五匹到獨石城。卑職添差通丁楊登科等二名、守備丘萬良下丁夜韓倉等三名，共五名，撥給正馱馬六匹，跟同出口哨探，已經塘報外，今據各官通進口稟稱，役等哨至地名耳鄧，瞭見有騎馬夷人七十餘騎，從西往東行走，離邊約遠三百餘里等情到路，轉報到職。據此，理合塘報等因，到部送司，案呈到部。看得奴賊於七月十二日出口，今哨丁於十九日猶瞭見歸化城火光，約寬四五十里。又報有六七十騎往東行走，則其大營尚爾屯聚，而零騎東行，似有合謀再犯情形，此時秋高馬健，正孽酋狂逞之時，在雲、在宣各處隘口更宜萬分愆防耳。既經塘報前來，理合具本題知。

崇禎八年七月廿九[一〇六]日　郎中鄒毓祚
員外郎仲嘉
王驥

兵部爲哨探夷情事奉旨咨行稿

兵部爲哨探夷情事等因，崇禎八年八月初一日太子少保、兵部尚書、仍加俸一級張等具題。初三日奉聖旨："據報，奴賊大夥屯營未遠，且有零騎東行，合謀再犯可虞。速諭各該將領嚴行偵備。各處隘口倍加堤防。"欽此欽遵，擬合就行。爲此：

一、咨宣府巡撫、宣府太監，合咨前去，煩照明旨內事理，速諭各該鎮道將備，一體嚴加偵備施行。

崇禎八年八月初七〔一〇七〕日　郎中鄒毓祚

員外郎仲嘉

王驥

遵旨奏明事疏〔一〇八〕

太子少保、兵部尚書、仍加俸一級、今降三級戴罪臣張等謹題，爲遵旨奏明事：

職方清吏司案呈，查先該山東巡按王道純題，爲微臣東歷昌濰等事，崇禎五年三月初七日節奉聖旨：「今後凡係軍機奉旨馳飭者，該部還將發行及到彼日期奏明。」欽此。又該臣部題，爲遵旨設法嚴禁泄漏等事，崇禎五年三月十二日，奉聖旨：「知道了。明注日時奏報方略俱依議。督撫等官果能實心幹辦，邊事自當改觀。其有無成效顯然易見，月奏不必行。」欽此欽遵。在卷等因到部送司，案呈到部。爲照回奏發行到彼日時以奉旨之日爲始，馳諭傳飭者，除自崇禎五年三月二十日起，至崇禎八年六月二十日止，先經奏報外，今自六月二十一日起，至三十日止。此十日內止有一處繳回原行封套一個，計一件，理合奏明。其未繳回者，俟到日陸續另奏。既經奉旨查明，理合具本題知。

計開：

一件，奴騎久聚間陽等事，兵部題撤回遼兵緣繇。崇禎八年六月初九日奉聖旨：「緩急機宜爾部既有確議，中西二協及宣、大、山西極宜戒備。祖寬領兵見駐岔道，榆林、懷來，聽宣督調遣。高勛等調駐馬蘭，仍聽薊督酌量衝緩，犄角策應。祖大壽所統三運兵馬相機進止，如虜騎盡西，兩協告急，仍星馳入關。爾部馬上馳諭，其該協一應扼伏事宜，一、并嚴飭〔一〇九〕。」

前件六月初九日恭捧到部，即日行宣、大、薊、遼各總督，順天、山、永、宣、大、山西、遼東各巡撫，中西二協、宣、大、山西、寧、錦各監視，札總兵楊嘉謨、祖大壽，副總兵祖寬、劉承德訖。六月十三日辰時到大同巡撫衙門，原封繳回見在。

崇禎八年七月初十日具題，十二日奉聖旨："知道了。"欽此。

崇禎八年七月日　郎中鄒毓祚

員外郎仲嘉

王驥

校勘記

〔一〕此爲影印本《總匯》第19冊，第1521號，第17頁。編者擬題爲"兵部尚書張鳳翼等爲於宣鎮撫臣操賞銀項下議增若干以重監視之權事題行稿　崇禎八年六月十一日"。原件首頁首行有明廷兵部檔案號"列（字）二百廿二號"。題目上有版印字"一件"，左下側批注"登堂稿"三字。下一行有小字"題"字，大字"題"字。隔一行有版印"限某日上"字樣，下接"有貼黃"三字。最下於版印"書辦"與"承"之間填寫人名"徐淳"。

〔二〕"彎"前，據文意疑脱一"重"字。

〔三〕"禁"，據文意當作"襟"。

〔四〕"援"，據文意當作"拔"。

〔五〕"加之"，據文意疑當作"嘉之之"。

〔六〕"□"，原件漫漶不清，據文意當作"部"。

〔七〕"廿一"二字右側有小字"二十一"三字。

〔八〕此爲影印本《總匯》第19冊，第1522號，第28頁。編者擬題爲"兵部尚書張鳳翼等爲請仍用解任宣府總兵所募健丁事題行稿　崇禎八年六月十一日"。原件首頁首行有明廷兵部檔案號"列（字）二百一十六號"。題目左下側有"當堂稿訖"四字。下一行有"題""行"二字。再下一行有小字"題稿"二字，大字"題""行"二字。下一行有"拾貳日送本科"六字。又下一行有"有貼黃"三字。其下有"十三日上訖"五字。該行最下版印字"書辦"，下簽人名"徐淳"。

〔九〕"盧忠"，據上文所述當爲"盧報忠"，當脱一"抱"字。

〔一〇〕"十六"，草書"十六"右側批注楷書小字"十六"。

〔一一〕此爲影印本《總匯》第 19 册，第 1523 號，第 39 頁。編者擬題爲"兵部尚書張鳳翼等爲薦劉勉頂補宣府舊保安守備員缺事題行稿 崇禎八年六月十二日"。原件首頁首行有明廷兵部檔案號"列（字）二百一十七（號）"。題目左下側有"登堂稿訖"四字。題目上面有大字"題""行"二字。下一行有小字"題"字、大字"題""行"二字。其下有"劉勉"名字。隔一行最下爲書辦者徐淳簽名。

〔一二〕"劉勉"上面頂格有"正劉勉"三字。

〔一三〕"羅映壇"上面頂格有"陪羅映壇"四字。

〔一四〕"月日"前分别空白。

〔一五〕此爲影印本《總匯》第 19 册，第 1526 號，第 63 頁。編者擬題爲"兵部尚書張鳳翼等爲塘報夷情相機御（當是"禦"字之誤）剿事題行稿 崇禎八年六月十八日"。原件首頁首行有明廷兵部檔案號"列（字）三百二十（號）"檔案號最上有小字"十八"二字。題目上有"補行一件"四字。下一行有小字"題稿"二字、大字"題"字。其下有小字六行，原件有損壞，可辨識者録於下："葉廷桂塘報：通官出邊，探得奴酋兵馬牧服□夷及黃陝西土霸吉囊大約萬餘俱無食用，摘令一半沿邊搶掠，一半隨營台吉仍在新城住牧"。隔一行有小字"有貼黃"三字，該行末刻印字"書辦"下簽"陸堯賓"。

〔一六〕"日"字前空白。

〔一七〕此爲影印本《總匯》第 19 册，第 1527 號，第 70 頁。編者擬題爲"兵部尚書張鳳翼等爲遵旨從重議處募兵久不足數之宣府總兵盧抱忠事題行稿 崇禎八年六月十九日"。本件奏疏用紙首頁較清晰，首頁首行有明廷兵部檔案號"列字二百廿九號"。檔案號上面有"八"字。檔案號下與題目之間有"一件"二字。下一行上面大格子裏有兩行字，一行大字"題"字，左側一行有小字"會題稿"三字、大字"題"字、"行"字。與題目同格内左側有"有貼黃"三字。"會題稿"左側一格有"□限廿一日上"

等字。其下一格有草書"速寫"，該格最下是職銜人名"書辦徐淳"。

〔一八〕"抹"，據文意疑當作"秝"。

〔一九〕本疏最後無書辦等簽押職名。

〔二○〕此爲影印本《總匯》第19冊，第1528號，第96頁。編者擬題爲"兵部尚書張鳳翼等爲議處克扣軍餉之宣府深井堡守備孫維垣等員事題行稿 崇禎八年六月十九日"。本件首頁首行有明廷兵部檔案號"列字二百卅號"。檔案號上面有"五"字。奏疏題目上一行有大字"題""行"二字。下一行有小字"題稿"二字、大字"題""行"二字。其下有四行四個人名"孫維垣、張承恩、陳萬善、馬呈圖"。再下一行頂格有小字"廿收""廿一""有貼黃"等字。最下是職銜人名"書辦徐淳"，其中"淳"字右半邊殘損。本疏後面有小字提要，今附錄於此："兵部題爲糾核不知將領等事：該宣、大巡撫梁雲構題前事，臣部看得守備孫維垣徵屯糧、散召買，多收少發；取酒麪、派皮張，有取無償。張承恩、陳萬善侵馬價、分鞍銀、尅軍餉、沒朋樁，計一千三百餘金。馬呈圖給米剝軍，放債牟利。以上四弁，除馬呈圖贓私未甚狼籍，應革職回衛，其孫維垣應革職，張承恩、陳萬善應革任提問，追贓究擬。謹題。"

〔二一〕"叚凌"，據姓氏用字當作"段"，"叚"爲形似而誤。

〔二二〕"禠"，據文意當作"褥"，形似而誤。

〔二三〕"革職"二字筆迹顯爲另一人後填，其右側批有小字"革職"。

〔二四〕從"革任"至"追"，亦爲另一人後填，其右側批有相同小字。

〔二五〕"革職回衛"四字，同上。

〔二六〕"日"字右側批有小字"十九"。

〔二七〕此爲影印本《總匯》第19冊，第1529號，第113頁。編者擬題爲"兵部尚書張鳳翼等爲薦孫尚鑒頂補五軍三營參將員缺事題行稿（尾缺） 崇禎八年六月十九日"。本奏疏原件首頁首行有明廷兵部檔案號"京字廿九號"（"號"字下有原稿紙版印"號"字）無題目，今按明人所編《樞政錄·策寇》所擬題目擬。原件於明廷檔案編號左側有大字"題"字。下一行有小字"題稿"、大字"題""行"二字。隔一行有小字"七月初三日行訖"等字。最末版印字"書辦"下當有書辦人名，已缺損。

〔二八〕"日"字前空白，其右側有小字"二十九"，當爲應填日期。

〔二九〕以下原件闕失。

〔三〇〕此爲影印本《總匯》第 19 冊，第 1532 號，第 134 頁。編者擬題爲"兵部尚書張鳳翼等爲糾劾不職將領以肅邊政事題本奉旨 崇禎八年六月二十六日"。本奏疏原件題目右下側有小字草書"行"字。大字版印"崇禎八年六月廿七日到"，小字版印漫漶不清，可識別字爲手寫所填"八""六""二十七""寒六""期限本月廿八咨行"。正文前有"兵部呈於兵科抄出"八字。本疏後面無日期，全疏用小字書寫，類似前文提要。

〔三一〕此爲影印本《總匯》第 19 冊，第 1536 號，第 146 頁。編者擬題爲"兵部尚書張鳳翼等爲遵例匯奏宣府獲盜情節并議張維世等功過官員事題行稿 崇禎八年六月二十八日"。原件首頁首行有明廷兵部檔案號"列字二百四十八（號）"，上標草書"五"。題目下隔一字有"不"字。下一行有小字"題"字、大字"題""行"二字。隔一行有"有貼黃"三字。該行最下是人名"徐淳"。

〔三二〕"免議"二字，字迹與其他正文不同，顯爲後填字，其右側有小字"免議"二字。

〔三三〕"住俸"二字，情形同前校。

〔三四〕"革任"二字，情形同前校。

〔三五〕"廿"字，從筆迹看，爲後填字，其右側有小字"廿"字。

〔三六〕此爲影印本《總匯》第 19 冊，第 1537 號，第 164 頁。編者擬題爲"兵部尚書張鳳翼等爲遵旨確覈修葺宣鎮邊墻墩臺工費事題行稿 崇禎八年六月二十九日"。原件首頁首行有明廷兵部檔案號"列（字）二百卅五（號）"。題目上方標序號"七"，下一行有大字"題""行"二字。下一行有小字"題"字、大字"題""行"二字。再下一行有小字"叁拾送本科"等字。又下一行版印"限"字下有草書"即日"二字，其下有"有貼黃"三字。該行最下是人名"徐淳"。

〔三七〕"代"，據文意疑當作"貸"。

〔三八〕"初六"二字右側有小字"初六"二字。

〔三九〕此爲影印本《總匯》第 19 冊，第 1538 號，第 187 頁。編者擬題爲"兵部尚書張鳳翼等爲酌改宣府赤城信地并更調鎮寧守備以便責成事題行稿　崇禎八年六月三十日"。原件首頁首行有明廷兵部檔案號"列（字）二百卅六（號）"，其上有"六"字。題目下一行有大字"題""行"二字。再下一行有小字"題"字、大字"題""行"二字。再一行是版印"限"字下有大字草書"即日"二字，小字"有貼黃"三字。該行最末是版印"書辦"，其下是人名"徐淳"。

〔四〇〕"卅"字右側有小字"卅"字。

〔四一〕"月日"前分別空白。"月"前空白處右側有小字"七"字，"日"字前空白處右側有小字"十六"二字。

〔四二〕此爲影印本《總匯》第19冊，第1541號，第223頁。編者擬題爲"兵部尚書張鳳翼等爲口報緊急夷情事題本奉旨題行稿　崇禎八年七月初二日"。原件首頁首行有明廷兵部檔案號"列字二百四十一號"，上標草書序號"四"。題目下左側有草書"行"字。其後有大字印版字"崇禎八年七月初三日到"（其中"初二"二字爲後填字）。小字印版，可識別字："崇禎八年七月初三日抄送期應本月初五咨行"。正文前有"兵部呈於兵科抄出"八個字。

〔四三〕本疏原件字迹甚小，後無日期，亦無咨行稿。"該按查明議奏。於廷輔免議"原件爲雙行小字。

〔四四〕此爲影印本《總匯》第19冊，第1542號，第224頁。編者擬題爲"兵部尚書張鳳翼等爲遵旨議處借病避難之宣府下西路參將石應雷等事題行稿　崇禎八年七月初二日"。原件題目下一行有大字"題"字，左一行有小字"題稿"二字、大字"題""行"二字。隔一行版印"限"字下有草書"明"字。其下有"貼黃"二字，缺"有"字。該行最下簽書辦人名"徐淳"。

〔四五〕"褫"，據文意當作"褫"。

〔四六〕"革職永不敘用"後填大字，其旁有預批小字"革職永不敘用"。

〔四七〕"以游擊職銜"後填大字，其旁有預批小字"以游擊職銜"。

〔四八〕"初二"爲後填，其旁有預批小字"初二"。

〔四九〕“月日”前均空白，其空白處右側分别有小字“七”字、“廿”字，當爲應填月份日期。

〔五〇〕草書“初十”右側有預批小字“初十”。

〔五一〕此爲影印本《總匯》第19册，第1543號，第244頁。編者擬題爲“兵部尚書張鳳翼等爲酌改赤城信地議更鎮寧守備以便責成事題本奉旨　崇禎八年七月初三日”。原件題目下有草書“行”字。題目左側有大字印版字“崇禎八年七月初四日到”等字。正文前有“兵部呈於兵科抄出”八字。

〔五二〕本疏後無日期、無簽押人職名，極似前疏提要。

〔五三〕此爲影印本《總匯》第19册，第1544號，第245頁。編者擬題爲“兵部尚書張鳳翼等爲哨探夷情事題本奉旨　崇禎八年七月初三日”。原件題目下有草書“行”字。題目左側有大字印版字“崇禎八年七月初四日到”等字。又有小字印版字，漫漶不清，可識别字“崇禎八年七月初四日抄送”“本月初五咨行”。正文前有“兵部呈於兵科抄出”八字。

〔五四〕疏後無日期、無簽押人職名。

〔五五〕此爲影印本《總匯》第19册，第1553號，第266頁。編者擬題爲“兵部尚書張鳳翼等爲特糾規避庸弁以肅軍政以振贖弛事題本奉旨　崇禎八年七月初七日”。原件題目下有草書“行”字。題目左側有大字印版字“崇禎八年七月初八日到”等字。正文前有“兵部呈於兵科抄出”八字。

〔五六〕本疏最後無日期，亦無簽押人職名。

〔五七〕此爲影印本《總匯》第19册，第1554號，第267頁。編者擬題爲“兵部尚書張鳳翼等爲遵議宣府急扒壅沙以固城守事宜事題行稿　崇禎八年七月初七日”。原件首頁首行有明廷兵部檔案號“列（字）二百五十（號）”上標草書序號“五”。題目下一行有大字“題”字。再下一行有小字“題稿”二字、大字“題”“行”二字。隔一行有“初八日”三字（其中“初八”爲手寫後填字）。其下有“有貼黄”三字。該行最下爲人名“徐淳”。

〔五八〕草書“初七”右側有預批小字“初七”。

〔五九〕草書“廿”右側有預批小字“廿”。

〔六○〕此爲影印本《總匯》第19冊，第1555號，第284頁。編者擬題爲"兵部尚書張鳳翼等爲注銷事題本奉旨　崇禎八年七月初八日"。原件題目爲"本部注銷事"，過於草率，今按明人慣例加二字，原件題目下左側有草書"行"字。下一行爲大字版印字"崇禎八年初九日到"（其中"初九"爲後填草書字）。又有小字版印字，可識别者："崇禎八年七月初九日抄送""期""初十""咨行"（後四字爲草書）。正文前有"兵部呈於兵科抄出"八字。

〔六一〕本疏後無日期，亦無簽押人職名。

〔六二〕此爲影印本《總匯》第19冊，第1559號，第316頁。編者擬題爲"兵部尚書張鳳翼爲遵旨奏明事題本奉旨　崇禎八年七月十二日"。原件題目左側有"不應抄傳"四字。其下有"十三日到"四字。隔一行有小字"題"字。正文前有"兵部呈於兵科抄出"八字。

〔六三〕本疏前無抄寫書辦姓名，後無日期及簽押人職名。

〔六四〕此爲影印本《總匯》第19冊，第1561號，第319頁。編者擬題爲"兵部尚書張鳳翼爲稽查昌平州給軍犒賞安家銀兩事題行稿　崇禎八年七月十四日"。原件首頁首行有明廷兵部檔案號"列（字）二百五十五（號）"。題目左側一行有大字"題"字。再下一行有小字"題"字、大字"題""行"二字。其下有"十五日送本科"六字。隔一行有小字"廿四日上訖"五字。其下有"有貼黄"三字。該行最下是人名"徐淳"。

〔六五〕草書"十四"右側有預批行書小字"十四"。

〔六六〕草書"初二"二字右側有預批行書小字"初二"。

〔六七〕此爲影印本《總匯》第19冊，第1562號，第331頁。編者擬題爲"兵部尚書張鳳翼爲議處疏防宣府獨石馬營邊口官員事題行稿　崇禎八年七月十四日"。原件首頁首行有明廷兵部檔案號"列（字）二百五十六（號）"。其上有"八""宣"二字。題目下有小字"十一個"三字。下一行有小字"題"字、大字"題""行"二字。隔一行有小字"十五""即"三字。其下有"有貼黄"三字、"廿五日上訖"五字，右側下有"行訖"二字。該行最下是人名"徐淳"。

〔六八〕"若"，據文意當作"苦"。

〔六九〕"致"，據文意疑當作"至"。

〔七〇〕"挂"，據文意疑當作"掛"。

〔七一〕"臺"，據文意疑當作"擡"。

〔七二〕"斥逐"爲原空後填字，其右側有預批小字"斥逐"。

〔七三〕"降乙級照舊管事"七字爲原空後填字，其右側有小字"降一級照舊管事"。

〔七四〕"免降已上俱杖贖"七字爲原空後填字，其右側有預批小字"免降已上俱杖贖"。

〔七五〕"初二"二字右預批側有小字"初二"。

〔七六〕此爲影印本《總匯》第19冊，第1563號，第357頁。編者擬題爲"兵部尚書張鳳翼爲口報緊急夷情事題本奉旨　崇禎八年七月十五日"。原件題目下有小字草書"行"字。其左側爲大字印版字"崇禎八年七月十六日到"。又加蓋小字印版，漫漶不清，可識別"崇禎八年七月十六日抄送奉旨""日爲期""應本月""咨行"等字。正文前有"兵部呈於兵科抄出"八字。

〔七七〕本疏最後無日期及簽押人職名。

〔七八〕此爲影印本《總匯》第19冊，第1565號，第365頁。編者擬題爲"兵部尚書張鳳翼爲急扒壅沙以固城守酌請鹽菜以安人心事題本奉旨　崇禎八年七月十七日"。原件題目左側爲大字印版字"崇禎八年七月十八日到"。又加蓋小字印版，漫漶不清，可識別"崇禎八年七月十八日抄送""旨""日爲期""應本月""□□""咨行"等字。正文前有"兵部呈於兵科抄出"八字。

〔七九〕"□□□"，原件缺損，據文意並參前《兵部爲急扒擁沙等事奉旨咨行稿》當作"堅固不"。

〔八〇〕本疏最後無如期，亦無簽押人職名。

〔八一〕此爲影印本《總匯》第19冊，第1566號，第366頁。編者擬題爲"兵部尚書張鳳翼爲地方盜息民安事題本奉旨　崇禎八年七月十七日"。原件題目左側爲大字印版字"崇禎八年七月十八日到"。正文前有"兵部呈於兵科抄出"八字。

〔八二〕本疏最後無日期，亦無簽押人職名。

〔八三〕此爲影印本《總匯》第19冊，第1570號，第373頁。編者擬題爲“兵部尚書張鳳翼等爲特派赴剿怒插之帥王樸等員怯懦避賊請降級事題行稿（尾缺）　崇禎八年七月十七日”。原件首頁首行有明廷兵部檔案號“列（字）三百九十四（號）”。題目下有“訖”字。下一行有小字“題”字、大字“題”“行”二字。其下有大字草書“訖”字。隔一行最下有人名“陸堯賓”。

〔八四〕“十七”二字右側有預批小字“十七”。

〔八五〕本咨行文最後無日期，并無簽押人職名。

〔八六〕此爲影印本《總匯》第19冊，第1575號，第423頁。編者擬題爲“兵部尚書張鳳翼等爲薛四什等頂補宣府左翼營游擊將軍等二員官缺事題行稿　崇禎八年七月二十日”。原件首頁首行有明廷兵部檔案號“列、（字）行五十四（號）”。題目上有大字“題”字。下一行有小字“題”字、大字“題”“行”二字。其下題目左側有并列兩人名“薛四什、黄鼎元”。隔一行有“九月二十九日止行黄鼎元咨札”等字。該行最下是人名“徐淳”。

〔八七〕“等”後，按文意及前文例當脫一“薦”。

〔八八〕此爲影印本《總匯》第19冊，編者與前疏并爲第1575號，擬題爲“兵部尚書張鳳翼等爲薛四什等頂補宣府左翼營游擊將軍等二員官缺事題行稿　崇禎八年七月二十日”。原件題目上面有大字“題”字，下一行有小字“題稿”二字、大字“題”“行”二字。隔一行最下是人名“徐淳”。

〔八九〕以上兩人到任日期（月日）俱空白。其“月”前空白處右側有小字“八”字；“日”前空白處右側有小字“初六”二字，均爲應填時間。

〔九〇〕“廿八”二字右側有預批小字“廿七”，與草書填寫異。

〔九一〕此爲影印本《總匯》第19冊，第1576號，第433頁，編者擬題爲“兵部尚書張鳳翼等爲哨探事題本奉旨　崇禎八年七月二十一日”（按大小字印版皆爲“二十二日”，編者所擬日期誤爲“二十一日”）。原件題目下有草書“行”字。左側爲大字印版字“崇禎八年七月廿二日到”。又加蓋小字印版，漫漶不清，可識别字："崇禎八年七月二十二日抄送，奉旨□□爲期""本月廿二日咨行"。正文前有"兵部呈於兵科抄出"八字。本疏無兵部推薦書，前所録已有關於黄鼎元、薛四什推薦書及奉旨咨文，此稿多李三才一人，且文稿前無明廷檔案序號，疑爲作廢草稿。

〔九二〕本疏無落款日期，亦無簽押人職名。

〔九三〕此爲影印本《總匯》第19册，第1580號，第446頁，編者擬題爲"兵部爲推黄鼎元補宣府總兵下團操等缺事題本　崇禎八年七月二十一日"。原件題目下左側有"行"字。其左側大字印版爲"崇禎八年七月廿五"，其餘皆已漫漶。正文前有"兵部呈於兵科抄出"八字。

〔九四〕本疏最後無日期，亦無簽押人職名。

〔九五〕此爲影印本《總匯》第19册，第1583號，第454頁，編者擬題爲"兵部尚書張鳳翼等爲遵旨回奏事題本奉旨　崇禎八年七月二十七日"。原件題目下左側有"行"字。其左側大字印版爲"崇禎八年七月廿八日到"，小字印版字迹漫漶，可識别字爲"崇禎八年七月二十八日抄送，奉旨□日爲期""應本月廿九（日）咨行"。正文前有"兵部呈於兵科抄出"八字。

〔九六〕本疏最後無日期，亦無簽押者職名。

〔九七〕此爲影印本《總匯》第19册，第1584號，第455頁，編者擬題爲"兵部尚書張鳳翼爲稽查犒賞銀兩事題本奉旨　崇禎八年七月二十七日"。原件題目下左側有"行"字。其左側大字印版爲"崇禎八年七月廿八日到"。正文前有"兵部呈於兵科抄出"八字。

〔九八〕本疏最後無日期，亦無簽押者職名。

〔九九〕此爲影印本《總匯》第19册，第1586號，第459頁，編者擬題爲"兵部尚書張鳳翼等爲議請將遼兵留戍以防護陵京重地事題行稿　崇禎八年七月二十八日"。原件首頁首行有明廷兵部檔案號"列行五十八號"。題目左側一行有小字"題稿"二字，大字"題""行"二字。隔一行有"廿八日上訖"等字，其下有"行訖"二字。該行最下版印"書辦某承"，空中填寫人名"徐淳"。

〔一〇〇〕"淩"，據文意疑當作"陵"。

〔一〇一〕"焉"，據文意當作"馬"，形似而誤。

〔一〇二〕"日"字前空白，其右側有預批小字"廿八"二字，當爲應填日期。

〔一〇三〕"初二"二字右側有預批小字"初二"二字，當爲應填日期。

〔一〇四〕此爲影印本《總匯》第19册，第1588號，第479頁，編者擬題爲"兵部尚書張鳳翼等爲探得歸化達子大營屯聚并有零騎東行似有合謀再犯事題行稿　崇禎八年七月二十九日"。原件首頁首行有明廷兵部檔案號"列（字）二百五十九號"。題目左側一行有小字"題稿"二字、大字"題""行"二字。隔一行版印"限某日上"下有"有貼黄"三字，該行最下是版印"書辦某承"，空中填人名"徐淳"。本疏後附有小字提要，今附錄於此："兵部題爲遵旨奏明事：臣部查得回奏發行到彼日時，奉旨馳諭傳飭者，自崇禎八年六月二十一日起，至三十日止，十日内繳回原封一個，計一件。謹題。"

〔一〇五〕"報報"，據文意後一"報"字蓋衍。

〔一〇六〕"廿九"二字右側有小字"廿九"二字。

〔一〇七〕"初七"二字右側有預批小字"初七"二字。

〔一〇八〕此爲影印本《總匯》第19册，第1590號，第495頁，編者擬題爲"兵部尚書張鳳翼等爲遵旨奏明交回馳諭傳飭者原封一個事題稿　崇禎八年七月"。原件首頁首行有明廷兵部檔案號"列字二百四十六號"。題目左側一行有小字"題稿"二字，隔一行版印"限某日上"下有"有貼黄"三字，該行最下簽署"書辦徐淳承"。

〔一〇九〕"嚴飭"後有字漫漶，仍可辨認爲"欽此欽遵"四字，疑爲寫後又刮去。

本部哨探夷情事疏[一]

太子少保、兵部尚書、仍加俸一級、今降三級戴罪臣張鳳翼等謹題，爲哨探夷情事：

職方司案呈，覆陳新甲塘報。崇禎八年八月初三日奉聖旨："據報，奴賊大夥屯營未遠，且有零騎東行，合謀再犯可虞。速諭各該將領嚴從[二]偵備各處隘口，倍加堤防[三]。"

缺官事推補分守宣府上東路永寧等處地方參將黃應選員缺疏[四]

太子少保、兵部尚書、仍加俸一級、今降三級戴罪臣張等謹題，爲缺官事：

職方清吏司案呈，照得都司僉書職銜、管分守宣府上東路永寧等處地方參將事黃應選，近該宣大總督楊嗣昌題參不職，本部覆奉欽依革任。所有員缺合當推補，案呈到部。臣等從公推舉，得已推宣府左翼營尤吉將軍、署都指揮僉事候補薛四什，河南都司僉書、管領邊操春班官軍事務、署都指揮僉事燕元禎，俱各堪任。伏乞聖明於內簡命一員，如用薛四什，仍以原管尤吉將軍職銜管分守前項地方參將事；如用燕元禎，量升尤吉將軍職銜管事。候命下之日，本部備查原擬責任，請敕一道，行令本官欽遵任事，合用符驗旗牌，照例就彼交代，具繇回奏。

計開擬堪分守宣府上東路永寧等處地方參將官二員：

薛四什。年三十九歲，系延綏綏德衛百户。崇禎二年三月，報薊州户部中軍守備。三年七月，恢復四城叙功，題加都司僉書管事。五年三月，調管薊鎮羅文谷守備事。十一月，該順天巡撫傅宗龍參革。七年五月，河南叙功，題加尤吉。八年七月，填補宣府左翼營尤吉，因題改經制，本官別用。

燕元禎。年三十九歲，係大同平虜衛指揮僉事。天啓七年十一月，推大同將軍會堡守備。崇禎五年二月，推河南都司僉書，管領邊操春班官軍事務。該順天撫按官張鵬雲等薦四次，歷俸三年八個月。

崇禎八年八月十四日　郎中鄒毓祚

兵部爲缺官事奉旨咨行稿

兵部爲缺官事，該本部題云云等因，崇禎八年八月十六日太子少保、兵部尚書、仍加俸一級張等具題。十八日奉聖旨："是。有點的依擬用。"欽此。內楊維翰、薛四什各有點，抄捧送司，案呈到部，擬合就行。爲此，除札仰楊維翰，定限本年月日，薛四什定限本年月日[五]各到任外，

一、咨宣大總督、宣府巡撫，合咨前去，煩照本部題奉欽依事理，行令各官依限到任仍將到任日期同原奉本部札付并履歷緣繇，呈報巡撫衙門，繳部查考。如或過違，照例參究施行。

一、咨都察院，合咨貴院，煩爲轉行宣、大巡按御史，照依本部題奉欽依事理，行令各官依限到任。如或過違，照例參究施行。

一、合具揭帖，差主事齎赴內府翰林院，請寫敕書施行。

計開：請[六]敕官一員，游擊將軍職銜、管分守宣府上東路永寧等處地方右參將事、署都指揮僉事薛四什，查得本官責任，務要操練軍馬，修理城池。遇有警報，相機戰守。凡軍中一應合行事宜，須聽總督鎮巡衙門節制。尤須持廉秉公，圖副委任。如或貪黷害人，廢弛武備，國典具存，必不輕貸！及查得萬曆二十一年三月內，該宣鎮督撫官蕭大亨等題，爲仰仗天威，招回屬夷內附，謹議安插事宜，以弭邊患事，該本部覆議以後，督撫鎮道將領應請敕書內增入撫防屬夷責任，各在當人之身，務保久安，毋

貽釁孽等因。節奉神宗顯皇帝聖旨："這撫處屬夷俱依議。" 欽此欽遵，在卷所有前項撫防屬夷事務，相應一并增入。

一、札楊維翰、薛四什。

崇禎八年八月廿七[七]日　郎中鄒毓祚

員外郎仲嘉

王驥

兵部等部覆登島太監魏題爲遵旨另擬具奏事疏[八]

兵部等部、太子少保、尚書等官、仍加俸一級、今降三級戴罪臣張鳳翼等謹題，爲遵旨另擬具奏事：

職方司案呈，監視登島太監魏相[九]。崇禎八年八月十八日奉聖旨："王運隆發邊衛，充軍終身，仍准世襲。王文翁學案候另結[一〇]。"

本部缺官事疏[一一]

太子少保、兵部尚書、仍加俸一級、今降三級戴罪臣張鳳翼等謹題，爲缺官事：

職方司案呈，宣府上東路永寧等處地方缺參將，推薛四什。大同右衛城地方缺參將，推王戎。崇禎八年八月十八日奉聖旨："是。有點的依擬用[一二]。"

遵旨查明議奪事疏[一三]

太子少保、兵部尚書、仍加俸一級、今降三級戴罪臣張等謹題，爲遵旨查明議奪事：

職方清吏司案呈，崇禎八年八月十七日奉本部送，兵科抄出，宣、大巡按梁雲構題前事內稱：崇禎八年七月十一日，奉都察院巡按口北五千六百九十七號勘札，准兵部咨、該本部題，本年七月初二日奉聖旨："劉敬、劉炳業、劉光忠、朱日昌，俱著發邊遠衛所，充軍終身。丘守仁降一級管事。張守約該按查明議奏。於廷輔免議。"欽此欽遵。移咨備札前來，奉此，該臣又密行檄訪，其前道臣張守約呈報出入搶掠情形數目犬[一四]約無异。該臣議得，邊疆之上朦隱之局久矣，堅不可破。故向拒門之役，臣參劉邦域等，而并及道臣鄭之尹，爲其所報若彼，而臣之密訪乃如此，是以糾其蒙耳。赤城、鎮寧之役，虜退二三日，臣即按部其地，恐朦局仍昔，假之左右，又恐左右之欺臣，臣乃中夜微服，止以率二人從，遍歷賊夷入犯搶掠地方，曲詢諸牧竪、耕夫、僧道、兒童，俱得其詳。午後乃抵獨石，又詢諸文武吏識，又密行同知阮維岳、通判趙世爵等一一相照，乃嚴飭道臣張守約，嚴查確報。如破朦徇之局，即可寬疏失之議。如毫有朦，即白簡從之。及守約查駁再四，而後報其出入之形，搶掠之數，與臣所聞，一一相符，臣即爲入告。此所以遍糾將領而未及守約，以信臣之言也。若因其能破朦局，則守約似可及乎寬政，以倡後來。若遡其未能弭釁，則守約仍當處以常法，以肅邊備。伏惟聖明裁鑒施行等因。崇禎八年八月十六日，奉聖旨："該部看議具奏。"欽此欽遵，抄出到部送司。案查先該宣、大巡按梁雲構所題，爲朦局之釁來已漸等事，奉有"該道曾否覆報也？著查明議奏"之旨，本部覆議道臣張守約曾否覆報，應行該按查明議奏。業奉明旨，隨經移文該按，查明具奏去後，今准該按查明議奪前來，相應具覆，案呈到部。看得封疆失事，文武將吏率多欺隱，以致釀禍不淺，法應參處示懲。今赤城、鎮寧之役，按臣於虜退之後，微服私行，遍歷其地，曲詢密訪，已得其詳。乃嚴飭道臣張守約，詳查確報，而該道亦凜凜功令，再四駁查其出入情形與搶掠之數目，原與該按訪聞一一相符，則守約之無欺隱亦既彰明，應從免議者也。既經具題前來，相應覆請，合候命下，遵奉施行。

崇禎八年八月廿七[一五]日　郎中鄒毓祚

員外郎仲嘉

王驥

兵部爲遵旨查明議奪事奉旨咨行稿

兵部爲遵旨查明議奪事，該本部題云云等因，崇禎八年九月初一日太子少保、兵部尚書、仍加俸一級臣張等具題，初三日奉聖旨："張守約，免議。"欽此欽遵，擬合就行。爲此：

一、咨都察院，轉行宣、大巡按、吏部、宣大總督、宣府巡撫，合咨前去，煩照覆奉欽依事理欽遵查照施行。

崇禎八年九月初六[一六]日　郎中鄒毓祚

員外郎仲嘉

王驥

遵例補牘年終等事疏[一七]

太子少保、兵部尚書、仍加俸一級、今降三級戴罪臣張等謹題，爲遵例補牘年終甄別武職官員事：

職方清吏司案呈，崇禎八年八月二十二日奉本部送，兵科抄出，宣府巡撫陳新甲題前事内稱：卷查先准兵部咨，該本部覆議通行宣、大、山西巡撫衙門，每歲秋防事竣，將所屬副、參、游、守等官，以該路武備之修否分別舉劾。又爲甄別練兵官員，以照勸懲、以勵人心事，准總督軍門咨，准兵部咨，該本部題議，通行薊、昌、保定、宣、大、山西、延、寧、甘固各督撫衙門，於年終甄別疏内，將本鎮額定實在官兵及馬騾、軍火、器械有無增損召補，果否修舉廢弛，俱照遼東甄別練兵疏例開注，以議功罪、定賞罰等因。題奉欽依，備咨前來遵行外，案照崇禎二年秋防事竣，該前撫臣楊述程於崇禎三年九月内題，爲上歲秋防逾期，舉劾循例暫止等事，奉聖旨："每歲秋防，各宜懲勸。去秋舉劾逾期，除已升已糾外，還著細查功過，斟酌補牘，但勿拘往例臧否取盈。該部知道。"欽此欽遵在案。

今照崇禎六年秋防告竣，所有本鎮各該將領例應甄別。因七年秋奴虜入犯，前撫臣未即舉行。今該臣接管，謹遵明旨，補牘以示激勸。行據守巡口北、懷、隆兵備道副使、仍戴罪張維世，僉事、帶降三級張守約，僉事胡福弘，將該年各營路簡練過兵馬、器械數目，造冊呈報到臣。除前項文冊咨送兵部查考，所有該年内貪殘庸懦，若上西路參將王浚，下西路參將石應雷，左翼營游擊杜維棟，正兵團營龔化龍，新河口守備侯大節，懷安城守備侯銘胤，萬全左衛守備蕭守智，赤城守備於廷輔，深井守備孫維垣，保安舊城守備王家裕，中權營守備陳萬善，張承恩等，已經臣等先後論劾，無庸再贅，其賢能任淺，或細過可原者，臣等徑行獎戒外，中有勞績久著穢迹昭張者相應循例舉劾。

臣謹會同總督宣、大、山西軍務、兵部右侍郎楊嗣昌查得，協守宣府副總兵、降一級管事張懋功，胸有甲兵，目無夷虜，防範赴邊既多斬獲，大敵壓境復能剿追，蓋勇自廉生，可登壇坫者。臣標下中軍游擊趙之蘭，沉雄説《禮》敦《詩》，壯偉鷹揚虎賁，而整搠標兵，調攝士馬，一洗武夫競躁之氣。新游兵營游擊、降二級王之屏，固圍計周，陰雨防胡，氣净氛塵，力振疲營，罔辭勞瘁。臣標下旗鼓加銜都司姚道顯，傳宣令肅風雷，撫馭恩敷雨露，且才情軒豁，志意淡恬。監視標下旗鼓守備李志耀，猛氣霄騰，英姿嶙挺，而嬰城拒虜，夙夜匪懈，一往直前之概，萬夫莫當。懷隆道中軍守備魏邦綸，清慎之守，朴茂之姿，斤斤集木小心，表表穿楊絶技。分巡道中軍守備董正官，家傳黄石，匣吼青萍，而出邊斬馘，守城著勞，可當一面。臣標下撫夷守備尹來春，三寸能調異類，百折不憚勞心，律己恤卒，兩擅其優，有用才也。萬全右衛城守備張一龍，技勇絶倫，才識出衆，而巖城捍衛以安，足徵膽力。岔道城守備閻師龍，地當衝劇，守有執持，事多任怨任勞，政亦克威克愛。蔚州稱守備楊大武，整捌嚴三關虎豹，崇墉壯萬里河山，弁流中杰出者。四海冶守備胥有詔，英英壯志，矯矯宏猷，豹韜可借一籌，猿臂頻穿七扎。馬營堡守備寧致中，鳩工則無曠日，練士未有虚時，而事事精詳，人人悦服，衝堡迄今奠於長城。雲州堡守備董正誼，駿骨昂藏邁俗，虎軀果敢絶群，該堡以疲弱之區刻刻料理，竟能轉弱爲强。鎮安堡守備李胤爕，一夫軒昂，五中洞豁，每枕戈待旦，北門無警。滴水崖堡守備沈俊猷，徹土惟勤，卧薪罔懈，而志切吞胡，衝邊賴之。張家口堡守備高進忠，骯髒氣概，櫛沐勤劬。市口與虜僅隔一垣，而防禦堪資保障。左翼營守備李國棟，撫摩部伍春濃，訓練塞門秋肅，修繕防禦，屢著勤勞。原任周四溝守備、今升舊游營游擊高崇讓，心惟報國，志急安邊。惠軍茹苦分甘，持己捧盈執玉。原任分守道中軍、今升萬全巡捕都司馮時春，函牛之器，貫虱之能，一段英氣逼人，足稱干城上選。原任萬全掌印都司、今現升下北路參將岳可，馴謹持身，寬和御衆，請纓夙抱遠略，緩帶雅稱儒風。

以上各官，共二十一員，偵備訓練均於秋防有裨，所當一體薦揚，以示激勸者也。查前撫臣五年秋防薦舉二十四員，而臣今縮於數内者，非以俸不及期，則以七年大案處分殆盡，故不敢多薦以開濫觴。内如張懋功，七年大案降一級，查本官五年三月内、六年二月内，兩從張家口出邊，斬級十顆；七年四月内，膳房、新開等處出邊，斬級十四顆；五月内，馬營出邊，斬級五顆。奉旨："據報，獲功員役與傷亡官丁查明，分别叙恤。"欽此。至今未蒙叙録，是本官功過委可相准，前降一級應與開復，以示鼓舞。如王之屏，以七年東城樓失火降級，圖功自贖，今困衡期月，嬰城著勞，前級亦應開復，以期後效。以上各官皆從封疆起見，絶無一毫私徇於其間也。

又訪得原任正兵營團操坐營、今升東路永寧都司、管參將事黃應選，賄買團營不滿谿壑之欲，躐升路將日聞淫縱之聲。一本官六年内，任團營事務，門下旗掾、傅相、李官等各項人役二百餘名，每名索見面禮二三錢不等，共詐銀四十餘兩，傅相田子金收證。一本官索各路將領守操高進忠等每員銀一二兩不等，九路約九十餘兩。田子金、武尚才等證。一本營千把總趙希鼎、邢弘捷、王問臣等并五哨、十司，每員送賀禮銀一二兩不等，共銀二十餘兩。劉舉、張一奎等證。一本官恃勢仗財，包娼呂苑哥子，差家人馬科公將大轎搬接公衙，奸包半載，嚇騙宿錢。馬科、劉廷相等證。以上臣所廉皆防内穢迹，雖於軍餉錢糧未聞科尅，而即其荒淫婪縱，豈勘禦虜？查係世職，所當革任回衛者也。

伏乞勑下兵部，再加查訪，如果臣等所言不謬，將張懋功等紀録擢用。内張懋功、王之屏前降職級，准與開復。黃應選褫革回衛。庶甄別明而人心知奮，嚴疆攸賴不淺矣等因。

崇禎八年八月二十一日奉聖旨："兵部知道。"欽此欽遵。抄出到部送司，案呈到部。看得宣鎮嚴疆去歲奴騎闌入，各官秋防，甄別未及舉行，然失事將領悉行議處，間有防禦著勞及練兵有效者似難概泯。今該撫補牘舉刺，除薦舉等官張懋功等二十一員，臣部附簿紀録、循資擢用外，其張懋功以去年議罪一案，曾降一級，查本官五、六、七年先後從張家口、膳房、新開等處出邊，共斬虜級二十九顆；又王之屏，曾以七年東城樓失火降級，圖功自贖，今困衡日久，而嬰城又著有勞，功過相准，俱應開復。至於黃應選貪淫敗度，業經督臣楊嗣昌疏參革任回衛，臣部覆奉欽依，無庸再議。既經具題前來，相應覆請，合候命下，將張懋功、王之屛各復原降職級。

　　崇禎八年九月初四^{〔一八〕}日　郎中鄒毓祚

　　　　　　　　　　　　　員外郎仲嘉

　　　　　　　　　　　　　　　　王驥

兵部爲遵例補牘等事奉旨咨行稿

　　兵部爲遵例補牘等事等因，崇禎八年救護而十六日，太子少保、兵部尚書仍加俸一級張等具題。二十四日奉聖旨："張懋功、王之屛，原降職級俱准開復。"欽此欽遵，擬合就行。爲此：

　　一、咨宣大總督、都察院，轉行宣、大巡按御史、宣府巡撫，合咨前去，遵照覆奉明旨內事理，行令各官欽遵任事施行。

　　崇禎八年九月廿八^{〔一九〕}日　郎中鄒毓祚

　　　　　　　　　　　　　員外郎仲嘉

　　　　　　　　　　　　　　　　王驥

糾劾不職將領等事疏^{〔二〇〕}

　　兵部等部、太子少保尚書等官、仍加俸一級、今降三級臣張等謹題，爲糾劾不職將領，以肅邊政事：

　　職方清吏司案呈，崇禎八年七月二十三日奉本部送，兵科抄出，宣府巡撫陳新甲題稱：崇禎七年十一月三十日准兵部咨，該本部題覆宣、大巡按米助國題前事等因。本年十一月二十二日奉聖旨："查國寧著革了職，該撫按提問追擬。蔣可聖、郭英革任回衛。張九德革職回籍。"欽此欽遵。備咨到臣。該臣按行分守口北道將查國寧革職提問去後，於崇禎八年七月十一日據分守口北道副使、仍戴罪張維世呈稱，一問得一名查國寧，年四十六歲，係直隸寧國府涇縣人。繇丁未科武舉歷升宣府下西路參將。

状招：

国宁素有腿疾，时常举发，每有呻吟之态，原非足跛不能上马。崇祯七年八月三十日，有短贼六七十骑，乘机入犯，传烽，国宁领兵剿，行急，被马前蹶落马，原非遇夷坠马。在官健丁范朝卿供证。

国宁不合指称公中使用，每遇领到月粮，将在官军丁王大保等三十二名每军尅扣银五七分一钱各不等，计四年，共尅扣银一百四十六两是实，原无全扣军粮情繇。王大保证。

比有在官军人刘保，应充参将下伴当常川听差，比刘保不合指称催差，需索守操等官酒食，原无与所属守操送香扇，每堡酬银七八两不等情繇。在官魏标供证。

该将衙门额设健丁赵思诚等一百名，内丁张庭贵等五十名，每名月食粮银九钱一分。崇祯七年七月内，比国宁又不合指称做号衣名色，每名扣银二钱，计一百五十名，共扣银三十两，先存今故旗牌张大京，欲送入己，原无勒逼每军扣银三钱，亦无众军不忿，于本衙门首放炮情繇。在官常信供证。

国宁偶因生子，雇倩在官宁朝相不在官妻白氏入衙乳子十日，赏梭布一匹，遂将白氏发出，原非宁朝相顶食军粮。本役自吐证。

在官刘岩系防守军，逯堂系看仓守仓斗级，俱在各项应差，原非绣匠食粮名色。各役自吐证。

在官李昚儿系援兵军丁，国宁时常差出打牲，实系见在军丁之数。在官苏荣系防守军，原无李昚儿等十五名充园头、瓜头及逯堂等七名专供打牲情繇。比国宁在任时，节次得获达马四匹，俱经塘报解验各上司讫，原无龙王堂道人收获夷人马匹等项情繇。在官秦进禄与王道人即王堂春各供证。

比有在官把总何中顺，奉文赴万亿库领买马价银二千二百一十七兩五錢八分五厘七毫零，除不在官千把總并小委張國臣、田秀領去銀一千三百八十九兩五錢七分，買完馬七十六匹，各准價銀不等，共准過銀一千二十七兩三錢，尚該未買馬三百六十二兩二錢七分，向在何中順、田秀、張國臣等名下收存，陸續買馬銀解驗外，仍有前項分存銀八百二十八兩一分零向未買馬。復蒙前巡撫焦都御史[二一]明文催將前銀買馬，比國寧責差四散，陸續買完馬騾四十八匹頭，節經解驗，單准實價銀六百零二兩五錢，仍該前存未買銀二百二十五兩五錢一分，國寧又不合不行速爲買馬，任意花費。國寧自吐及何中順等質證。

國寧原係南籍，不諳邊事，且剝削軍士有聲，致蒙巡按米御史訪得國寧穢狀，具疏題參，部覆，奉聖旨：「查國寧著革了職，該撫按提問追擬。蔣可聖、郭英革任回衛。張九德革職回籍。」備奉明旨，案行本道，查照本部覆奉明旨內事理，即將查國寧行提到官，虛公研審，限十二月終旬確招，具詳兩院，以憑會奏施行。又蒙巡按米御史案驗，奉都察院巡按口北五千三百三十三號勘札，前事備行本道，遵照明旨內事理，即將查國寧先行革職，嚴提到官追擬明白。具招通詳兩院，以憑奏施行。依蒙行提查國寧一干人犯到道，逐款研審前情明白。看得原任參將查國寧，貌似昂藏，才實闒茸。腋軍需而潤囊，恣意貪狼；遇虜警以張皇，貽譏墜馬。市駿百般延緩，侵漁一味糊塗。且二竪爲祟，一籌莫展。止工染指之術，全無折衝之能。褫斥未足蔽辜，徒配始可示懲。劉保但嗜口頭之饞，原無入手之贓，姑付薄杖，法不爲縱，問擬國寧管軍官科歛軍人錢糧入己者計贓，以枉法論。一百二十貫，律絞，係雜犯，准徒五年，照例納米折銀贖罪。劉保不應事重，遇例減杖六十的決於查國寧名下追贓銀一百七十六兩，還官馬價銀二百二十五兩五錢一分，於本年六月十九日具招通呈。

蒙本院詳批，據詳，查國寧以虜儆張皇墜馬，原非跛不能履，此可得之皮相者似矣。原參所云“冒占侵尅，以致饑軍激變”，種種有據，而僅以科歛擬徒，是否合律，委否蔽辜，事關題奏，仰分守道再確查另招，限五日內報。又蒙巡按梁御史詳批，候撫院會疏具題徵依。蒙該本道行提一干犯證到官，覆加研審，各執前情無异。及審“激變”一節，衆口一詞，皆稱實無此事。看得查國寧，老而無爲，在得不戒。剝軍之罪，即本官無以自解，而“激變”之事乃衆口均稱子虛。及查原參單款，亦稱放炮，飾稱試槍。竊思放炮果係激變，則亂形已著，必當群起譁矣，何一炮之後，便已寂然，而反飾稱試槍耶？果爾，則侵尅情固逼真，而激變事屬烏有。科歛徒配似伏其辜，仍照原擬非縱也。具招覆詳。

又蒙本院批，據詳，查國寧以剝軍擬雜犯滿徒，似矣。惟一款未買馬銀二百二十五兩五錢一分，原詳既稱“國寧任意花費”，國寧自吐并何中順等質證，其應追之國寧無疑，乃國寧又頂詳呶呶致辯，稱領銀有委官，駁價有原案，今日只宜問之原委，或攤之合營，誓不服陪補前價，何也？仰分守道再照批詳內事理確查原委，驗准馬價之外，其駁減者委應何項抵補，抑果該將花費而故假駁減以希圖委卸。非再集原委并搜原案一質證之，恐不足以服其心而箝其口。該道再覆查，限三日內報。

本日時又蒙本院批，據原任下西路副將犯官查國寧呈前事，蒙批，仰分守道再查報，蒙此，隨提犯官查國寧到道，再四覆審馬價銀一節，見據下西路參將石應雷手本開稱：崇禎四、六兩年，前任查參將任內責令委官何中順赴萬億庫，領到馬價銀二千二百一十七兩五錢八分零，除分發坐營千把總并小委張國臣等，共領過銀一千三百八十九兩五錢七分，節次買完馬、騾七十六匹頭，各准價銀不等，共准過價銀一千二十七兩三錢，未買銀三百六十二兩二錢七分，俱在委官千把總何中順、田秀、張國臣等名下收存，後蒙前撫院焦都御史明文，嚴催各委監追交庫，尚未完結。以此，該查參將見得邊方多事，需馬甚急，將前領銀八百二十八兩一分零差人四散，分投尋買，已經買完馬、騾四十八匹頭。節次解驗，單准價銀六百零二兩五錢，尚該前存未買銀二百二十五兩五錢一分等因在卷。查得本道初審時，曾令本官與委官何中順等面質，其係委官經領銀兩，召買馬匹，凡有駁價，俱何中順等認追還官，其係查國寧經手召買者，皆本官家人及門下旗牌家丁之類，與何中順等毫無干涉。各自招認分明，未有异詞。彼時國寧曾具一單，開載買馬家丁四十餘名，查皆差遣牽馬人役，意欲扳扯，代伊陪補前銀，求本道提審。本道嚴詞拒之，謂此皆窮軍，豈堪無干陪累？且本内無名，亦不便提審。本官又云：“舊規，路將領銀買馬，或有減駁價值，俱攤派各軍，於月糧内扣補。”求本道替他攤派，本道復嚴詞拒之，曰：“爾因扣剋軍糧，方纔被參，今事敗至此，猶想攤扣軍糧，替你完賦，有是法乎？”本官始語塞而去。今招案已定，得從末減爲幸，而曉曉置辯，謂“領銀有委官，駁減有原案，今日只宜問之委官”。此言近似有理，及簡參將石應雷手本，委官何中順等領銀有數，買馬有數，駁價亦有數。查國寧自差家人買馬，與何中順等原非一案，安能牽扯？今蒙前因，本道復唤本官面訊，亦復不能妄扳委官，而但伏地稽首，哀求攤派各軍，此其剋軍之肺腸真至死刷洗不净者也。此萬萬不可徇之請，不可徇之法，惟在本院斧斷，非本道所敢再議也。

　　將國寧等取問罪犯外，結得銀每兩值鈔八十貫，招結是實一名劉保：年三十六歲，係柴溝堡軍。招同一十一名：范朝卿等，二十八歲；王大保，三十四歲；常信，五十六歲；魏保兒，三十七歲；李咎兒，三十四歲；蘇榮，四十五歲；逯堂，三十歲；劉岩，三十二歲；王亨，三十四歲；王常春，三十六歲；寧朝相，五十歲，俱援兵營軍，各供同一。

議得查國寧等所犯，查國寧合依管軍官科歛軍人錢糧入己者計贓，以枉法論，一百二十貫，律絞，係雜犯，准徒五年，審有力，照例納米折銀贖罪。劉保，依不應得爲而爲之事理，重者律杖八十，有大誥及遇蒙熱審恩例通減二等，杖六十。係軍審無力，依律的決，完日，與供明魏保兒等各發著伍差操。緣係欽依提問人犯，伏候請旨定奪。

一、照出魏保兒等供明免紙。查國寧該納官紙米五斗，劉保民紙米二斗，共七斗。查國寧又該贖罪米五十石，共五十石七斗，每石折銀五錢，共銀二十五兩三錢五分。查國寧又扣尅各軍月糧銀一百四十六兩，又指做號衣科歛銀三十兩，俱係主衆不齊之贓，合追入官。案發，理刑推官樊曜照數追解萬億庫，聽候轉解公用。其查國寧原收馬價銀二百二十五兩五錢一分，照數追貯廳庫，聽候買馬開銷。贓罪銀兩，遵照新例追解，餘無照等因，具招到臣。臣等覆查無異。謹會同宣、大巡按梁雲構看得，原任參將查國寧力能飾詐，才惟濟貪。官軍王大保等月餉即未全扣，而五七分誰非軍糈？乃敢假公以潤私；牢役劉保逐堡雖未遍詐，而三十兩誰非國課？復敢因人以入己。至馬價八百二十八兩係其承領，餘銀二百二十五兩任其花費，而猶借駁減以諉彎，仍希攤派以漏網，不亦貪而濟之以奸也？激變既無實據，科歛不啻盈谿。查係流官，褫其職而追科贓一百七十六兩，而馬價二百二十五兩零，按律，雜犯滿徒非縱也。劉保杖之。既經反覆駁查，據該道招擬前來，相應依擬奏奪，伏乞聖裁，勅部施行等因。

崇禎八年七月二十二日奉聖旨："該部覆擬具奏。"欽此欽遵。抄出到部送司，案呈到部。臣等會同刑部尚書馮英等議得，原任參將查國寧齲技窮於墜馬，黽行穢於營蠅。曾軍糈之無恤，而婪其錙銖；且馬價之留餘，而任意花費。雖未有激變之實，已難逭尅軍之條，按律革職，追贓，滿徒。國有常憲，不能爲若輩寬也。劉保照杖。既經具題前來，相應覆請，合候命下。將查國寧准徒五年，審有力，照例納米折銀贖罪[二二]。係流官。劉保杖六十。審無力，的決[二三]。係堡軍。其贓罪銀兩追完發落施行。

　　崇禎八年九月初十日　　郎中鄒毓祚

　　　　　　　　　　員外郎仲嘉

　　　　　　　　　　　　王驥[二四]

兵部爲糾劾不職等事奉旨咨行稿

　　兵部爲糾劾不職等事等因，崇禎八年九月二十六日太子少保、兵部尚書、仍加俸一級臣張等會同刑部尚書馮等具題。二十八日奉聖旨："查國寧准配贖。劉保的決。贓著嚴追。"欽此欽遵，擬合就行。爲此：

　　一、咨都察院，轉行宣、大巡按、宣府巡撫，合咨前去，遵照明旨内事理，將查國寧贓罪銀兩限十一月中追完發落，報部查銷施行。

　　崇禎八年九月卅[二五]日　　郎中鄒毓祚

　　　　　　　　　　員外郎仲嘉

　　　　　　　　　　　　王驥

遠哨事疏[二六]

　　太子少保、兵部尚書、仍加俸一級、今降三級戴罪臣張等謹題，爲遠哨事：

　　職方清吏司案呈，奉本部送，准宣府巡撫陳新甲塘報前事内稱：本月二十一日該職巡歷東路，至周四溝地方，據新調獨石參將頗重耀塘報前事，報稱，案照前差通丁李國臣等二名、守防官丘萬良等下丁夜康元等六名、跟同總鎮下輪班官通胡三省等二員名，共一十員名，騎正駄馬一十一匹，於初十日午時從獨石邊北柵子出口偵探。已經塘報外，今本月十七日申時，據各官通進口稟稱，役等哨至正北地名哱落記一帶，離邊約遠二百五十餘里，登高瞭望，并無夷人情形，回繇地名東石柱，瞭見正東地名明沙灘迤東山林内有百步寬大火光，離邊一百餘里等情，稟報到職。據此，查得正東山大樹林叢集，騎馬不能行走，隨復差步行通夜蒿來等一十二名，於本日出口找探火光情形去訖。俟探明明[二七]確，另行稟報。除稟報督按衙門外等因。塘報到職。據此理合塘報等因。又據宣府總兵官李國梁塘報同前事等因，各到部送司，案呈到部。看得獨石邊外迤東突有火光百步寬大，必有賊夷鷙伏，此中情形叵測，該鎮將備極宜確偵馳報，一面加謹堤防，毋得玩泄，致有疏虞。既經塘報前來，理合具本題知。

崇禎八年九月廿三[二八]日　郎中鄒毓祚

員外郎仲嘉

王驥

兵部爲遠哨事奉旨咨行稿

兵部爲遠哨事等因，崇禎八年九月二十□[二九]日太子少保、兵部尚書、仍加俸一級張等具題。二十□日奉聖旨：“據報，獨石邊外火光，賊夷鷙伏，情形叵測，著該撫鎮嚴飭將士，萬分慜備。仍一面確偵馳奏，毋得隙弛。”欽此欽遵，擬合就行。爲此：

一、咨宣府巡撫，札李國梁，合咨、札前去，遵照明旨内事理萬分慜備，確偵馳奏施行。

崇禎八年九月廿九[三〇]日　郎中鄒毓祚

員外郎仲嘉

王驥

爲遼將統馭無紀總兵淫掠等事疏[三一]

太子少保、兵部尚書、仍加俸一級、今降三級戴罪臣張等謹題，爲遼將統馭無紀，總兵淫掠非常，據實奏聞，懇祈聖斷事：

職方清吏司案呈，奉本部送，兵科抄出，天壽山守備太監王希忠題前事內稱：頃惟奴孽西犯，我皇上以陵寢封疆計，調來遼兵五千員名有馬之兵，分駐岔道、榆林、懷來三城防守，而步兵二千則駐昌城西關外。臣曾奉"軍丁有無騷擾"，著臣"密行體訪，不時馳奏"之旨，乃屢行告戒，庶幾安靜無譁。嗣報奴騎南行，則馬兵悉赴西援，步兵分發渤海、黃花兩處，各一千防守。然榆、岔之間連因戎馬疲敝，近兼宣、雲糧運之役，正在瘡痍，仰仗皇上之威靈，奴方遁去。小民幸復安堵，而驚魂猶未定也。即今農事告成，穀黍登場，則煢煢赤子父母妻兒尚存樂生之一綫耳。督臣楊嗣昌昨因奴逼，仍令遼兵歸防懷來、榆、岔信地。不意於本月初二日，有滹沱村鄉民孫景春等五名爬山數十里到關，號入臣署，稟爲叩乞急救衆命事。據稱，遼東劉參將及千總蔡仲發下兵丁獵圍，流害莊村，不分男婦，任從欺辱，踏毀田苗。見今打傷鄉民倒臥，無法無天等情。

臣未敢遽然偏聽，隨差標下旗鼓姜瓖馳至滹沱村查勘。果有重傷一人，輕傷一人，衆民繞瓖號泣，指視馬踏踪迹，見存馬糞遍地，其豆科盡食穎蔓。回報到臣，臣據此爲照滹沱彈丸村落，禾黍盈疇，豈堪圍獵人馬蹂躪？在地者喂馬無餘，登場者任馬一飽。復各填囊而去。鄉愚攖拒，輒加毒毆，則萬二、王仲武之傷可驗。且調戲良民婦女，雖未成奸，而揢擰凌賤，已屬非法，使夫妻子母莫相救顧。坐索飯食，馬後猶帶所掠高糧[三二]、穀[三三]穗，二料兜被民轉藏，赴臣勘驗見在。此景春等之口供，姜瓖之目擊，并臣面質之情形也。

再照步營副將鄭一麟，奉督臣丁魁楚調領步兵一千赴防渤海所之時，竟不歛兵，在信聽其散漫，擾害村疃。臣差硬弓張應鶴往查行糧鹽菜果否足給，因諭客兵居住，仍詰其何不至信。一麟云：「信地甚苦，俟有事方去。」且聞村民訴其兵眾，雖謄有空房，亦不肯住，必欲溷於有婦人之家，以圖熱鬧耳。夫此地民少軍多，主兵盡赴邊防，所遺妻子悉爲遼兵所擾，致在邊主兵聞風俱懷內顧之憂，咸欲歸探，無心防守。臣稔知其兵驕慣譁，恐激成亂，姑且諄諄勸諭而已。岔道馬兵既已西發，臣隨會總兵陳洪範，調一麟領兵往岔駐防。今以馬兵旋岔，乃於七月二十五日復調一麟回昌西關外駐札矣。而參將李楨亦領步兵一千防黃花城。兵民安戢，絕無紛囂。何三將之優劣懸殊若此哉！

臣念調到遼兵所以護陵寢，衛邊民也，反滋暴虐甚於夷虜，顧鄉民辛苦半年，望此田禾不啻起死之丹。忍令一旦盡於馬吻？驚惶數月，幸奴方遁，甫得寧帖之時，肯甘母妻辱於兵手乎？且朝廷大俸榮之，豐餉豢之，安用此庸將悍兵爲也？如劉正杰、蔡仲發、鄭一麟三弁者，統馭無方，有干國典。臣仰遵前旨，據實奏聞，伏乞天語申飭施行等因。

崇禎八年八月初六日奉聖旨：「劉正杰等著兵部議處。淫掠兵丁還著該督撫查明正法。」欽此欽遵。抄出到部送司，案呈到部。看得劉正杰部兵，縱馬作踐鄉民苗稼，因而相毆，律紀謂何？正杰議處，兵丁查明正法，俱奉有明旨。第查大明律例一款，凡軍丁沿途劫奪人財，殺傷人命，占奪車船，作踐田禾等項，許被害之人赴所在官司具告，拿解兵部，轉送法司究問。除真犯死罪外，徒罪已上俱調發邊衛充軍。今該兵作踐田禾，應敕下該督撫擬罪奏奪。至於劉正杰，近統兵南徵，束伍有法，奉有

"劉正杰夷漢一丁未逃紀律，可嘉，并與褒叙"之旨，相應免議。千總蔡仲發見在剿賊，著圖功自贖。鄭一麟兵不守信，何詞疏縱？然亦未聞有淫掠之事，量行罰俸可也。既經具題前來，相應覆請，合候命下，將劉正杰免議，蔡仲發圖功自贖。鄭一麟罰俸叁個月〔三四〕。

　　崇禎八年九月廿五〔三五〕日　　郎中鄒毓祚

　　　　　　　　　　　　　　　　員外郎仲嘉

　　　　　　　　　　　　　　　　王驥

兵部爲遼將統馭無紀等事奉旨咨行稿

　　兵部爲遼將統馭無紀等事等因：崇禎八年九月二十八日太子少保、兵部尚書、仍加俸一級張等具題。九月三十日奉聖旨："是。劉正杰姑免議。蔡仲發圖功自贖，如剿賊不效，一并追論。鄭一麟罰俸三個月。"欽此欽遵，擬合就行。爲此：

　　一、咨薊、遼總督，合咨前去，煩照覆奉明旨内事理，轉行遼東巡撫，一體欽遵施行。

　　一、札祖寬，合札本官遵照覆奉明旨内事理行令各官一體欽遵施行。

　　崇禎八年十月初三〔三六〕日　　郎中鄒毓祚

　　　　　　　　　　　　　　　　員外郎仲嘉

　　　　　　　　　　　　　　　　王驥

本部糾劾不職等事疏〔三七〕

　　兵部等部、太子少保、尚書等官、仍加俸一級、今降三級戴罪臣張鳳翼等謹題，爲糾劾不職將領，以肅邊政事：

　　職方司案呈，覆陳新甲本。崇禎八年九月二十八日奉聖旨："查國寧准配贖，劉保的決，贓著嚴追〔三八〕。"

缺官事推補浙江都司軍政掌印楊式武員缺〔三九〕

太子少保、兵部尚書、仍加俸一級臣張等謹題，爲缺官事：

武選清吏司案呈，照得浙江都司軍政掌印楊式武，近該本部題奉欽依，推升廣西昭平參將。所有員缺合當推補，案呈到部。臣等從公推舉，得都司僉書職銜、管浙江總兵標下中軍坐營事、署都指揮僉事黃裳，都司僉書職銜、管南京小教場坐營事、署都指揮僉事鄧光汴，俱各堪任。伏乞聖明於內簡命一員，詮注浙江都司軍政掌印管事，遺下員缺另行推補。緣係缺官事理，未敢擅便開坐，謹題請旨。

計開擬堪浙江都司軍政掌印官二員：

黃裳。年三十五歲，係南直隸鎮海衛百戶。天啓七年六月，推浙江定海把總。崇禎四年十二月，推都司僉書職銜，管浙江總兵標下中軍坐營事。該浙江撫按官陸完學等奏保五次，歷俸三年十一個月。

鄧光汴。年三十七歲，係福建泉州衛武舉，署付千戶。天啓六年十月，推守備江西饒南地方。崇禎五年五月，推都司僉書職銜，管南京小教場坐營事。該南京兵部尚書等官呂維祺等奏保四次，歷俸三年六個月。

崇禎八年九月廿九日　郎中賀鼎

兵部爲缺官事奉旨咨行稿

兵部爲缺官事，該本部題云云等因，崇禎八年十月初二日太子少保、兵部尚書、仍加俸一級張等具題。初五日奉聖旨：“有點的依擬用。”欽此。黃裳有點，欽遵擬合就行。爲此，除仰本官定限本年十二月初七日到任外，合咨前去，煩照本部題奉欽依內事理，欽遵查照施行。

一、咨浙江巡撫。

崇禎八年十月十一日　郎中賀鼎

本部遼將統馭無紀等事疏〔四〇〕

太子少保、兵部尚書張鳳翼等謹題，爲遼將統馭無紀，縱兵淫掠非常，據實奏聞，懇祈聖斷事：

職方司案呈，覆天壽山太監王希忠本。崇禎八年九月三十日奉聖旨：“是。劉正杰，姑免議。蔡仲發，圖功自贖，如剿賊不效，一并追論。鄭一麟，罰俸三個月〔四一〕。”

宣鎮營制已定請給協領關防等事疏〔四二〕

太子少保、兵部尚書、仍加俸一級、今降三級戴罪臣張等謹題，爲宣鎮營制已定，請給協領關防，以便綜核，以嚴責成事：

職方清吏司案呈，奉本部送，崇禎八年九月二十二等日兵科抄出，宣府巡撫陳新甲題前事内稱：案照崇禎八年六月二十四日准兵部咨，爲衝邊責成之法既重，激勸之典宜隆，仰徼聖恩，以收實效事，職方司案呈，該監視宣府太監盧維寧題前事内開一款，本鎮有三協九路，當一面之寄，皆副參爲之。而其職掌或稽考錢糧，或提飭兵馬，或塘報夷情，皆屬吃緊要務。然歷來未頒印信，俱用空文，似無足據。請給以關防，爲可取信之爲便也等因。奉聖旨：“奏内事情該部看議，速覆。”欽此欽遵。

隨該本部覆稱，宣鎮巖疆，逼鄰虜穴，官兹地者惴惴焉郎越自惧，非有責成之法，則事權不重，故監臣有關防之請。查該鎮舊止一協，去歲十一月該撫監會題應增兩協，共爲三協。臣部十二月具覆，奉有欽依，今該鎮尚未舉行，所請關防應俟營制定日即與鑄給者也等因。覆奉欽依，備咨前來，遵行在案。今該臣於本年七月内，題爲全宣經制既厘，關鎮將領宜酌謹矢公矢慎，議調議改，仰請聖裁，以全器使，以重邊防等事。奉旨：“下部議覆。”欽此。

隨該本部題覆臣前事，奉聖旨：“王道行等十一員，俱依擬用。甄奇杰赴部改用。黃應選革任。”欽此欽遵，抄捧到臣。臣謹會同督臣楊嗣昌、監臣盧維寧、按臣梁雲構看得，宣鎮自總兵而下，舊止協將一員，奉有欽降關防一顆、旂牌四面桿，此外，當一路之寄者一切羽書皆以白文傳遞，倉卒慮有詐訛。先該監臣言之甚悉，臣等不敢復贅。祗緣部覆內有“所請關防俟營制定日，即與鑄給”之議，今營制已定矣，將領已更矣，關防之請似不可緩。查得舊協關防一顆，內篆九字：“協守宣府副總兵關防”。今既改爲西協，無煩再給，其東、中二協，相應各給關防一顆，旂牌四面杆，以肅軍容。再查該鎮原分九路，爲中路，上、下西路，上、下北路，上、下東路，南山，南路。該臣細查九路，原各給有旂牌三面桿，第無關防。今經制因地立名，改中路爲葛峪路，上西路爲右衛路，下西路爲柴溝路，上北路爲獨石路，下北路爲龍門所路，上東路爲永寧路，下東路爲懷來路，南山路爲柳溝路，南路爲西城路，相應各給關防一顆，亦因地篆文，更覺直截。至於撫鎮各標正、奇等營，雖經厘定，似與三協九路有信地之責者稍間，不敢一概請給也。伏乞勅下禮、兵二部，一面議覆，一面鑄造，頒發前來，臣等轉發該協、路將等官掌管，不獨可嚴責成，而後前蒙局一旦予以維新，未必不可收兔置之實效也等因。又該宣、大巡按梁雲構題同前事等因。崇禎八年八月二十五等日俱奉聖旨：“該部知道。”欽此。

又該宣大總督楊嗣昌題，爲將備各有專司印記，理宜通給，臣謹補牘上聞事，竊照宣、大二鎮，因臣請定經制，業奉明旨遵行，一切協、路、營將守備操防，管信地兵馬錢糧，莫不從頭厘正，井井有條，其應給關防條記，兩撫臣亦具題請，先後知會到臣。臣查宣鎮微有未備，仍當補牘上聞，請勅通行須給者，何也？大凡邊鎮有一城堡，然後設一守備操防之官。此一官者即是一城一堡之司命，而所管之邊腹墻垣、墩臺、器具，與其官軍、馬匹、廩糧、料草無不係焉。平時承上接下，一切文移俱無印記，白頭片紙，已爲非體，而每一月造冊支糧，亦猶是白頭片紙也，每一官上下交代亦猶是白頭片紙也。以至凡有夷情，責之遠哨，其出此口，入彼口，手執文憑，亦猶是白頭片紙也。再遇倉卒，虜入戰守，其報此處、報彼處機密重情亦猶是白頭片紙也。如是者，雖有虛冒相承、奸詐相踵，沿習朦朧，總難詰問。不幾以邊疆爲兒戲乎？臣是以前任關門創陳末議，力請關防條記。始自關門，及於東協，而後中西二協與京營各官皆援例以請，不以臣言爲非。是蓋稽覈兵馬錢糧、申嚴邊腹信守，無論官之大小而皆不可無，即如文職內有倉巡、驛遞，遠至海澨山陬，而莫不有印記之給，其理同也。今查宣府撫臣陳新甲止請三協、九路，而不及撫鎮、標營并各城堡守備等，殊爲未盡，是用補牘以請。懇祈敕部鑄給宣鎮撫標營、宣鎮健兵左營右營、正兵營、奇兵營、城守左營右營、兵機營，共關防八顆。其萬全左衛城、萬全右衛城、膳房堡、張家口堡、新開口堡、新河口堡、寧遠站堡、來遠堡、柴溝堡、洗馬林堡、西陽河堡、懷安城、渡口堡、李信屯堡、順聖川西城、順聖川東城、深井堡、蔚州城、靈昌城、黑石嶺、桃花堡、鷄鳴驛、獨石城、馬營堡、鎮安堡、雲州堡、赤城堡、鎮寧堡、青泉堡、松樹堡、貓兒峪堡、君子堡、龍門所城、滴水涯堡、長安嶺堡、牧馬堡、樣田堡、長伸地堡、寧遠堡、雕鶚堡、葛峪堡、龍門城、三岔口堡、金家莊堡、常裕口堡、青邊口堡、羊房堡、大白陽堡、小白陽堡、趙川堡、隆門關堡、保安舊城、保安新城、懷來城、延慶州城、靖胡堡、周四溝堡、岔道城、四海冶堡、礬山堡、大山口、沙城堡、土木堡、劉斌堡、黑漢嶺堡、永安堡、黑峪口堡、榆林堡、柳溝城，共條記六十九顆。每顆之上，仍各冠以"宣鎮"二字，庶與他鎮無混。

是更正經制、清厘兵食之一大關鍵也等因。

崇禎八年九月十二日奉聖旨："兵部一并酌議具覆。"欽此欽遵。通抄到部送司，案呈到部。看得宣鎮議增協守，更置營路，無非期於戰守有神。今經制已定，壁壘改觀，關防之請誠不容緩。撫臣陳新甲疏稱，舊協改爲西協，原有宣府副總兵關防一顆，無煩更給，其東、中二協副總兵應各給關防一顆、旗牌四面桿。該鎮所轄九路爲中路、上、下西路等名色，今經制改爲葛峪等九路，委覺直截，每路應各給關防一顆。督臣楊嗣昌復請宣鎮撫標營及宣鎮健兵左、右、正奇等營關防八顆。以上將領各有軍馬之司，事權宜專，俱應議給。至於并請城堡條記六十九顆，内查寧遠站、來遠堡、渡口堡、李信屯堡、黑石嶺、桃花堡、鷄鳴驛、青泉堡、松樹堡、貓兒峪堡、君子堡、牧馬堡、樣田堡、長伸地堡、寧遠堡、雕鶚堡、三岔口堡、金家莊堡、常裕口堡、青邊口堡、羊房堡、大白陽堡、小白陽堡、趙川堡、隆門關堡、礬山堡、大山口、沙城堡、土木堡、劉斌堡、黑漢嶺堡、永安堡、黑峪口堡、榆林堡、柳溝城，共三十五顆，俱係該撫鎮札委操防之官，若概給條記，似覺濫褻，相應免給。其萬全左衛城、萬全右衛城、膳房堡、張家口堡、新開口堡、新河口堡、柴溝堡、洗馬林堡、西陽河堡、懷安城、順聖川西城、順聖川東城、深井堡、蔚州城、靈昌城、獨石城、馬營堡、鎮安堡、雲州堡、赤城堡、鎮寧堡、龍門所城、滴水涯堡、長安嶺堡、葛峪堡、龍門城、保安舊城、保安新城、懷來城、延慶州城、靖胡堡、周四溝堡、岔道城、四海冶堡，共三十四顆，俱係欽依將領守備之官，其條記均應并給，仍各加以"宣鎮"二字，以專責任。乞敕禮部如議，速爲鑄給。其東、中兩協旗牌，應聽工部照例給發可也。既經具題前來，相應覆請，合候命下，遵奉施行。

崇禎八年十月初五日　郎中鄒毓祚

員外郎仲嘉

王驥

兵部爲宣鎮營制已定等事奉旨咨行稿

兵部爲宣鎮營制已定等事等因，崇禎八年十月初九日本部尚書張等具題。十一日奉聖旨："近來關防請給太多，著再行酌量。九路等處准與條記，萬全各城堡應否并給，俱著覆議具奏。"欽此欽遵，擬合就行。爲此：

一、咨宣大總督、宣府巡撫、都察院，轉行宣、大巡按，合咨前去，煩照覆奉明旨内事理，希將萬全各城堡條記應否并給，速爲酌議具奏施行。

一、咨禮部、工部，合咨前去，煩照覆奉明旨内事理欽遵鑄給，給發施行。

崇禎八年十月十七^{〔四三〕}日　署司事員外郎仲嘉

册庫員外郎王驥

天險輿圖如故等事疏^{〔四四〕}

太子少保、兵部尚書、仍加俸一級臣張等謹題^{〔四五〕}，爲天險輿圖如故，歸并□□□^{〔四六〕}懇乞聖明，仍復分置古縣，以便民情，以固邊疆事：

職方清吏司案呈，崇禎八年九月三十日奉本部送，兵科抄出，山西大同府蔚州靈丘縣民李景陽、杜國望等奏前事内稱：竊惟大同靈丘縣□隸蔚州，廣昌其隣邑也，相距百里。東拱□，西通陝，南連真、保，北界胡虜，爲倒馬等三關之要衝，乃十七隘口之喉咽。以言地利，則有崇山□^{〔四七〕}嶺之險固；以言生聚，則有雞鳴犬吠之相聞。自商周以迄今，歷數千年之提封，并無改設歸并之异議。非惟祖制不敢變更，抑與民情有大不便也。無語往昔以來，至□□□□燕京，以幽冀爲肩臂，而雲中益重。是以□□〔四八〕仍爲一縣，令佐全設，又置參將等官，文□□〔四九〕民，武以禦虜。承平日久，士民咸賴。嗣後，因承平而議裁參將，而武備弛矣。次裁驛站，而國脉壅矣。人事有乖，天降示儆。昔年地震异常，亘古奇變。靈邑城垣傾陷，人民六畜死亡，幾無孑遺。又值胡虜大舉入犯，靈丘空邑，其何能保？傷心慘目，燕巢林木，塞草連□，言之於邑。往歲劉監視親至踏勘，目擊殘□凋敝之狀，視爲廢地。因議歸并廣昌，以爲附庸，將廣昌下縣并靈丘合爲一州。此雖出一時濟變之微權，終非萬古不易之定制。比時督撫按道奏疏内"歸并之議尚俟後之君子"，則知此議，終屬未妥。况□□〔五○〕久定，一旦紛更，以縣并縣，以縣改州，此非細事。若於土俗民情不便，安可輕舉？臣等生長習熟於地方之利病可否，咸知詳悉，如并之便，何云□可并之不可？臣等不得不冒死合詞，哀籲於聖明之前，爲宗社萬年計，又爲臣等子孫世守計，非祇爲一身一家計也。歸并之不便，非一廣昌之户口錢糧差役與靈丘參差，道路阻隔，輸納窵遠，耳目不及察，鞭長不及馬腹，强暴横行，賊盗易起。此之不便尚在民間，儻山林嘯聚，又乘虜賊交訌，出没於靈丘，巢穴於舊地，議戰則無官兵之堵截，議守則無城垣之憑倚。長驅靈丘，何有於蔚、廣？是撤藩籬而開户牖也。其禍滋大，能必三關不騷動，各隘口之不爲賊衝也耶？民情如彼，地利若此，歸并之議雖成，及今州印未頒，縣印未繳，輿圖如故，册籍如舊，機宜易□，臣等即僻處邊鄙，耳聆□□□□□三皇不足四，五帝不足六，必不忍靈丘灾□□炭，古邑歸并，以更祖制也。臣等匍匐千里，連名叩閽，情非得已。伏乞□□軫念一方生齒，邊圉安危所係，仍照□□□□爲一縣。極□□□□轉行撫按，揀賢能膽略者，即除授縣令原有驛官，前來整頓安戢。又仍復設□參將員缺，增置軍兵，以資防守。庶民心順而天意回。使流離俱歸故土，地方不致紛擾。上下恬熙，皇圖鞏固於萬年矣等因。

崇禎八年九月二十九日奉聖旨[五一]："歸并奉旨已久，這本何又稱不便并？舊參將等官係何年裁革？應否復設？該部查□具奏。"欽此欽遵，抄出到部送司，案呈到部。□□□[五二]同一郡，除附郭外，僅有六縣，大者不□[五三]八九里，小者止四五里，惟靈丘一縣十里，蓋劇邑也。戰國時趙武靈王取威定霸實基於此，今其丘陵尚在，故曰靈丘。其地西北距平型關七十里，東南距廣昌縣九十里，中間有廣川□□□峻嶺崇崗，乃畿輔之藩屏，三雲之扼塞也。國初設參將守備，與知縣同城而守，嗣因虜款，參將於萬曆初年議裁，止餘守備一員，領兵數百，用資防禦。天啓六年地震，城垣屋宇皆頹。崇禎七年，虜犯雲中，直入其內，居民殺擄者甚衆。該監臣因城池破壞，閭巷蕭條，遂建議歸并廣昌。夫廣昌僅四里耳，以四里之輿圖□益十里之生齒，人稠地狹，安置何方？其爲不便者一。若仍住原疆，責以遠供賦稅，而不爲之計居處，恐非王者勿施與聚之道，其不□□□[五四]。即令民霜栖露宿，幾倖旦夕之安。儻虜騎突臨，能棄家業而奔避於百里外乎？其不便者三。縱邊警不聞，民安作息，然囂陵訴訐，俗習之常，不有縣官，誰爲治理？其不便者四。況此地西通山、陝，東達□礦□磐礴於中，大盜時爲竊發，控制無官，是導之亂也。其不便者五。目今縣官裁并，廣昌守備移王家庄駐札，中間二百里無人照□□□驛馬嶺上下往往殺人而取其貨，行□幾爲不通，此誰非歸并之害。其不便者六。夫皇上建中興大業，即西南夷土且盡入版章，而地在郊關者欲付諸甌脫，豈計之得乎？該督撫□謂"歸并之議，尚俟後之君子"，蓋有深意存□王□本乎民情，未有民不願而强爲者，故臣等以爲復之便。儻謂垣墉傾圮，備繕惟艱，臣鳳翼嘗經歷其中，見甓砌猶存，什□□□一半便可成城，或稍縮雉規，更爲易舉，合勑督撫按詳查酌議。至增兵復將，恐措餉爲難，但將原設守備官兵復歸本縣，即可以資防守。若選除縣令，係吏部職掌，非臣部所能越□〔五五〕也。緣奉有"查議具奏"之旨〔五六〕，相應覆請，合候命下，遵奉施行。

　　崇禎捌年拾月初五日　　郎中鄒毓祚

　　　　　　　員外郎仲嘉

　　　　　　　王驥

兵部爲天險輿圖如故等事奉旨咨行稿

　　兵〔五七〕部爲天險輿圖如故等事云云等因，崇禎八□□□〔五八〕初五日，太子少保、本部尚書、仍加俸一級張等具題。初十日奉聖旨："是。打靈丘歸并既屬不便，其酌覆一應事宜，該督撫按詳查確議具奏。"欽此欽遵，抄出到部送司，案呈到部，擬合就行。爲此：

　　一、咨大同巡撫，

　　一、咨〔五九〕都察院，轉行宣、大巡按御史，照依□□□□□丘酌復，一應事宜，定限文到十日□□□□確議具奏施行。

　　一、咨宣大總督〔六〇〕

遵旨奏明事疏〔六一〕

　　太子少保、兵部尚書、仍加俸一級、今降三級、戴罪臣張等謹題，爲遵旨奏明事：

　　職方清吏司案呈，案查先該山東巡按王道純題，爲微臣東歷昌濰等事，崇禎五年三月初七日節奉聖旨："今後凡係軍機奉旨馳餉者，該部還將發行及到彼日期奏明。"欽此。又該臣部題，爲遵旨設法嚴禁泄漏等事，崇禎五年三月十二日奉聖旨："知道了。明注日時，奏報方略俱依議。督撫等官果能實心幹辦，邊事自當改觀。其有無成效顯然易見。月奏不必行。"欽此欽遵，在卷等因到部送司，案呈到部。為照回奏發行到彼日時以奉旨之日為始，馳諭傳飭者，除自崇禎五年三月二十日起，至崇禎八年九月二十日止，先經奏報外，今自九月二十一日起，至三十日止，此十日內共有三處繳回原行封套，共三個，通計三件，理合奏明。其未繳回者，俟到日陸續另奏。既經奉旨查明，理合具本題知。

計開：

一件，流賊復闖入豫境等事，兵部覆兵科都給事中常自裕題會剿緣繇，崇禎八年八月二十一日奉聖旨："據奏，商雒夥賊盡數奔豫，除防豫各兵外，近調李重鎮所領關兵及董用文領兵，聽豫撫調度；倪寵、劉澤清、牟文綬各領兵分信防剿，聽東撫調度；淮撫移鎮潁、亳，楊御蕃扼截英、陸隘口，毋使一賊闖入南直地界。蜀兵九千，前調各兵，該督悉檄赴軍前，視賊所在調度殲剿，毋仍零星分派，以致單薄。各省直該撫嚴督道將協力防剿，并遵前旨，責成郡縣募練鄉勇，保守關城，毋得但恃督臣卸責取罪。爾部馬上馳諭。隨地選兵募將事宜，還著從長確議具奏。各兵行糧，戶部作速議奏。"

前件八月二十二日抄出到部，即日行五省總督，總理河南、鳳陽、應天、鄖陽、山西、山東、保定、陝西各督撫鎮按訖。本月二十八日到保定巡撫衙門，原封繳回見在。

一件，官兵遍害瘟災等事兵部題原任山海總兵、今遣戍剿寇尤世威塘報，病兵令劉肇基統領緣繇，崇禎八年八月二十一日奉聖旨："據報，狡賊窺逼盧氏，著董用文領兵馳赴彰、懷，李重鎮星速渡河夾擊。尤世威暫著調理。劉肇基、羅岱統領兩營兵丁，聽督撫調度合剿。疫傷官丁查明優恤。楊芳查明下落具奏。

兵部馬上馳飭。"

前件八月二十二日抄出到部，即日行五省總督、河南、保定各督撫鎮訖。九月初一日酉時，到保定巡撫衙門，原封繳回見在。

一件，流寇披猖日甚，剿兵不宜太分等事，兵部題剿兵不宜分派緣繇。崇禎八年八月二十九日奉聖旨："洪承疇、盧象昇務調度聯絡，厚集兵力，以掃狂氛。一應糧芻已有屢旨。各府州縣務期接濟，監軍道臣嚴行催辦。各處防河扼隘，地方官上緊料理。如少疏誤，罪有所歸。不得以剿兵分派，還著馬上馳諭。"

前件八月三十日抄出到部，即日行五省總督，總理河南、山東、鳳陽、保定、鄖陽、陝西各督鎮按，并札監軍各道訖。九月初四日辰時到保定巡撫衙門，原封繳回見在。

崇禎八年十月日〔六二〕　署司事協贊員外郎仲嘉

册庫員外郎王驥

題宣鎮營制已定等事疏〔六三〕

太子少保、兵部尚書、仍加俸一級臣張鳳翼等謹題，爲宣鎮營制已定，請給協領關防以便綜核，以嚴責成事：

職方司案呈，覆宣府巡撫陳新甲題，崇禎八年十月十一日奉聖旨："近來關防請給太多，著再行酌量九路等處准與條記。萬全各城堡應否并給，俱著覆議具奏〔六四〕。"

本部題遵旨查明具奏事疏〔六五〕

太子少保、兵部尚書臣張鳳翼等謹題。爲遵旨查明具奏事：

職方司案呈，覆宣府巡撫陳新甲題，崇禎八年十月十六日奉聖旨："劉宗玉假哨婪利，配未足蔽辜，并張滿等还著確擬具奏〔六六〕。"

極補衝邊守備等事疏[六七]

太子少保、兵部尚書、仍加俸一級、今降三級戴罪臣張等謹題，爲極補衝邊守備，以重保障事：

職方清吏司案呈，奉本部送，准宣府巡撫陳新甲咨前事內稱：照得東路周四溝守備孫元才既闒茸，性復疏憒，已該職於再述東巡情形疏內題參，難以視事，但此堡地迫皇陵，路當衝要，極須廉能之才及時整頓，誠不容一日乏人者。查得宣府左衛指揮同知、管東路黑漢嶺防守事遲國柱腹富韜鈐，勇超賁、獲，屢登薦剡，歷俸四年。本職巡歷其地，見城垣器具無不燦然可觀，且相距周四溝僅止三舍，其山川險要久已寓目注胸，以之就近推補，誠爲駕輕就熟，相應咨請。爲此，合咨兵部，煩請查照來文事理，將黑漢嶺防守遲國柱速賜題補周四溝守備，庶朝拜命而夕受事，扞禦皇陵，非淺鮮矣。等因到部送司，案呈到部。看得守備孫元已經該撫參革，見在議覆外查得，周四溝乃衝險要地，防守需人，據咨，遲國柱原係世職，先經宣、大巡按白士麟保薦，登壇昇骨，吞虜雄心，足備將選。今准咨稱，熟諳地勢，且精於城守，相應就近推補，以資捍禦者也。既經咨補前來，相應題請，伏候命下，將遲國柱以守備職衙管周四溝地方事[六八]。

崇禎八年十一月初五[六九]日　署司事員外郎王驥

兵部爲極補衝邊守備等事奉旨咨行稿

兵部爲極補衝邊守備等事等因，崇禎八年十一月初八日本部尚書張等具題。初十日奉聖旨："遲國柱依擬用。"欽此欽遵，抄出到部送司，案呈到部，擬合就行。爲此，除札仰遲國柱定限本年月[七〇]日[七一]到任外，

一、咨宣大總督、宣府巡撫，合咨前去，煩照本部題奉欽依

事理，行令本官依限到任，仍將到任日期同原奉本部札付并履歷緣繇呈報巡撫衙門，繳部查考。如或過違，照例參究施行。

一、咨都察院，合咨前去，煩爲轉行宣、大巡按御史，照依本部題奉欽依事理，行令本官依限到任如或過違，照例參究施行。

一、札遲國柱。

崇禎八年十一月廿九日　署司事員外郎王驥

缺官事推補大同平虜城參將韓斗員缺疏^[七二]

太子少保、兵部尚書、仍加俸一級臣張等謹題，爲缺官事：

職方清吏司案呈，照得都司僉書職銜、管分守大同平虜城地方參將事、降四級韓斗，近該大同巡撫葉廷桂題參不職，奉旨革任提究。所有員缺合當推補，案呈到部。臣等從公推舉，得山海鎮城右營尤吉將軍、署都指揮僉事楊邦澤，昌鎮右車營尤吉將軍、署都指揮僉事、今降一級盛國忠^[七三]，俱各堪任。伏乞聖明於内簡命一員充參將，分守前項地方。如用盛國忠，仍帶降一級管事。候命下之日，本部備查原擬責任，請敕一道賫赴本官，欽遵任事。合用符驗旗牌關防，照例就彼交代，具繇回奏。

計開擬堪分守大同平虜城地方參將官二員：

楊邦澤。年四十歲，係遼東加衛官。天啓七年九月，鎮守遼東太監紀用咨加實授都司。崇禎二年二月，題補都司僉書，管山海左部正武右部營尤吉事。閏四月，養善术^[七四]叙功，題加尤吉。五年七月，監視薊鎮東協太監張國元，題調山永巡撫標下中軍尤吉。十月，題調山海鎮城右營尤吉。該山永巡撫楊嗣昌薦一次，歷俸六年十一個月。

盛國忠。年四十五歲，係金吾左衛會武署指揮僉事。萬曆四十七年九月，推薊鎮三屯營守備。天啓元年十二月，推大寧都司僉書。三年三月，保定巡撫張鳳翔參革。崇禎四年三月，京營城守叙功，題加尤吉。五年十二月，起補昌鎮右車營尤吉。七年十二月，天壽山太監王希忠題降一級管事。該順天撫按官張鵬云等薦三次。歷俸三年二個月。

崇禎八年十一月十六日　署司事員外郎包鳳起
管理册庫員外郎王驥

兵部爲缺官事奉旨咨行稿

兵部爲缺官事，該本部題云云等因，崇禎八年十二月二十六日太子少保、本部尚書、仍加俸一級張等具題。二十九日奉聖旨：“是。有點的依擬用。”欽此。内楊邦澤有點，抄出到部送司，案呈到部，擬合就行。爲此，除札仰楊邦澤定限本年二月日〔七五〕到任外，

一、咨大同巡撫，合咨貴院煩照本部題奉欽依事理，行令本官依限到任。仍將到任日期同原奉本部札付并履歷緣繇呈報巡撫衙門，繳部查考。如過限不到及不繳部札，定照近題事例參究施行。

一、咨都察院，轉行宣、大巡按御史，照依本部題奉欽依事理，行令本官依限到任。如或過違，照例參究施行。

一、咨宣大總督。

一、札付楊邦澤。

崇禎九年正月日〔七六〕　署司事員外郎包鳳起
管理册庫員外郎王驥

缺官事推補宣府東協副總兵楊維翰員缺疏〔七七〕

太子少保、兵部尚書、仍加俸一級、今降三級戴罪臣張等謹題，爲缺官事：

職方清吏司案呈，照得宣府東協副總兵楊維翰，近該江西道御史張孫振題參不職，奉旨革任拿問。所有員缺合當推補，案呈到部。臣等從公推舉，得分守保鎮紫荆關地方參將、署都指揮僉事羅映

垣〔七八〕、參將職銜、管三屯鎮標下左營尤吉將軍事、署都指揮僉事王之貴〔七九〕，俱各堪任，伏乞聖明於内簡命一員，充前項地方付總兵，候命下之日，本部備查原擬責任，札令欽遵任事。

計開擬堪宣府東協地方副總兵官二員：

羅映垣。年四十二歲，係天城衛指揮同知。天啓三年十二月，推大同靖虜堡守備。七年十一月，推山西行都司僉書。崇禎三年九月，推尤吉，管大同西路參將事。五年十二月，推保鎮紫荆關參將。該保定督撫按官丁魁楚等薦三次。歷俸三年一個月。

王之貴。年三十八歲，係湖□〔八〇〕武昌衛百户。崇禎三年四月，馬蘭叙功，題加都司僉書。本月填補都司僉書，管薊鎮寬佃峪〔八一〕守備事。六月，咨調，管薊鎮羅文裕守備事。八月，大安口叙功，題加參將管事。五年正月，告病回衛。六年六月，起參將，管三屯鎮標下坐營尤吉事。該順天撫按官張鵬云等薦二次。歷俸二年七個月。

崇禎八年十一月十七日〔八二〕

兵部爲缺官事奉旨咨行稿

兵部爲缺官事，職方清吏司案呈，該本部題云云等因。崇禎八年十一月十九日，本部尚書張等具題，二十日奉聖旨："有點的依擬用。"欽此。内羅映垣有點，抄捧送司，案呈到部。擬合就行。爲此，除札仰羅映垣定限本年月〔八三〕日〔八四〕到任外，

一、咨大同總督、宣府巡撫，合咨前去，煩照欽依内事理，行令本官依限到任，仍將到任日期同原奉本部札付并履歷〔八五〕緣繇，呈報巡撫衙門，繳部查考。如或過違，照例參究施行。

一、咨都察院，合咨貴院，煩爲轉行宣、大巡按御史，遵照欽依事理，行令本官依限到任。如或過違，照例參究施行。

一、札付羅映垣。

崇禎八年十一月廿六〔八六〕日　署司事員外郎王驥

哨探夷情事疏〔八七〕

太子少保、兵部尚書、仍加俸一級、今降三級戴罪臣張等謹題，爲哨探夷情事：

職方清吏司案呈，奉本部送，據宣府總兵官李國梁塘報内稱：本年十一月二十七日申時據東路永寧管參將事、游擊薛四什禀報，本月二十五日辰時據靖胡堡守備劉永亨禀稱，本月十八日蒙本路票文，蒙總鎮牌文，准分守道手本，蒙撫院憲牌，爲據報東奴西渡申飭邊防事，備仰各官等因。蒙此，卑職遵照來文内事理，選差親丁哨夜施大雄等六名，犒給吃米□〔八八〕炒，諭令必赴虜縣之處，日哨新行踪迹，夜哨烟燷火光。已於本月二十日從本邊東河西口出境，哨探緣縣已經呈報本路外，今於本月二十四日戌時，據原差丁夜等三名進境報稱，役等於二十日出口，哨至地名羊木林；二十一日，至慶陽口；二十二日，至刀代地方，離邊約遠二百餘里，哨有新行踪迹。役等六名分投跟踪找探，前行不遠，哨有步夷二十餘名，各帶弓箭，趕牛三隻，從西北順黑河往東南行走。役等三名因人少，不敢跟趁，仍從舊路回還禀報，其段中等三名未知去向等語禀報到職。據此，除一面嚴謹邊備，仍選差卑職下親丁劉寶等四名、哨夜李友等一十六名分投找探去訖，俟有情形另行禀報等情具禀到職。據此，除行沿邊所屬守防等官胥有詔等，一面多差丁哨，遠出偵探，比常倍加謹慎，嚴明烽火，俟該備復差丁哨劉寶等找探情形進口，另行禀報等情轉報到職。據此，理合塘報等因。

到部送司，案呈到部。看得據報步夷二十餘名縣西往東南行走，雖爲數無多，而插部勾奴，沿邊散處，乘間竊發，在在堪虞。除該路遠哨嚴防，所當萬分堤備，倍加謹飭外，仍宜再行申飭，毋墮狡謀可也。既經塘報前來，理合具本題知。

崇禎八年十二月初一〔八九〕日　署司事協贊員外郎包鳳起

　　　　　　　　　　　　管理册庫員外郎王驥

兵部爲哨探夷情司奉旨咨行稿

　　兵部爲哨探夷情事：該本部題云云等因。崇禎八年十二月初三日本部尚書張等具題。初五日奉聖旨："據報，步夷僅二十餘名，何未見接應扼剿，止以找探塞責？還著該路將多選鋭丁，遠偵嚴備，以伐狡謀。爾部即行馳飭。"欽此欽遵，抄出到部送司，案呈到部，擬合就行。爲此：

　　一、咨宣府巡撫，

　　一、札李國梁，合咨札前去，煩照明旨内事理欽遵施行。

崇禎八年十二月初七〔九〇〕日　署司事協贊員外郎包鳳起

　　　　　　　　　　　　管理册庫員外郎王驥

本部題遵旨查明具奏事疏〔九一〕

　　太子少保、兵部尚書張鳳翼等謹題，爲遵旨查明具奏事：

　　職方司案呈，宣府巡撫陳新甲題，崇禎八年十二月初六日奉聖旨："董繼宗著降一級戴罪，該城工責令修完。其左衛及長安嶺城工，張承芳、田國珠各住俸督修。節减銀兩，户部酌議速奏〔九二〕。"

再述東巡情形疏〔九三〕

　　太子少保、兵部尚書臣張鳳翼等謹題，爲再述東巡情形，特糾闒茸庸弁，并冒死直陳，陵後關係之重，斗膽倡言陵邊久遠之圖，以請乾斷，以質廷議事：

　　職方司案呈，覆宣府巡撫陳新甲題。崇禎八年十二月初七日奉聖旨："該鎮邊牆，調軍修築依議，於原定河南班軍之數次第興工。皆用磚包，以圖永計。孫元，著革任回衛〔九四〕。"

校勘記

〔一〕此爲影印本《總匯》第 20 冊，第 1592 號，第 2 頁，編者擬題爲"兵部尚書張鳳翼等爲哨探夷情事題本奉旨　崇禎八年八月初三日"。需要説明的是，本篇原件首頁所蓋版印較全，填寫較全，也比較清晰：小字版印爲兵部填寫，在前；大字版印爲兵科填寫，在後。所以小字版印被大字版印覆蓋。此前版印及版印内容，均可以此爲參照。原件題目下左側有草書小字"行"字。其左側爲大字印版"崇禎八年八月初四日到"。又有小字印版，其字漫漶，可識别者爲"崇禎八年八月初四日抄送""（奉）旨五日（爲期）（應）本月五日咨行"。正文前有"兵部呈於兵科抄出"八字。

〔二〕"嚴從"，據文意疑當作"從嚴"。

〔三〕本疏最後無日期，亦無簽押者職名。

〔四〕此爲影印本《總匯》第 20 冊，第 1602 號，第 24 頁，編者擬題爲"兵部尚書張鳳翼等爲薦薛四什等頂補宣府上東路永寧參將員缺事題行稿崇禎八年八月十四日"。原件首頁首行有明廷兵部檔案號"列（字）二百六十一（號）"。題目左側有"薛四什"三字。上方有大字"題"字，下一行有小字"題稿"二字、大字"題""行"二字。隔一行最下是人名"徐淳"。

〔五〕以上兩處"月日"前，正文皆爲空白，其右側有預批小字"九"。"初二"，當爲應填日期。

〔六〕"請"字下爲空行，隔六格有横寫"僉名"二字。

〔七〕"廿七"二字右側有預批小字"廿七"二字。

〔八〕此爲影印本《總匯》第 20 冊，第 1605 號，第 36 頁，編者擬題爲"兵部尚書張鳳翼爲遵旨另擬具奏事題本奉旨　崇禎八年八月十八日"。原件題目下左側有草書"行"字。其左側有大字印版字"崇禎八年八月十九日到"。正文前有"兵部呈於兵科抄出"八字。

〔九〕"監視"句前，據文意并參奏疏通例當脱"覆"字。

〔一〇〕本疏最後無日期，亦無簽押人職名。

〔一一〕此爲影印本《總匯》第20冊，第1606號，第37頁，編者擬題爲"兵部尚書張鳳翼爲缺官事題本奉旨　崇禎八年八月十八日"。原件題目下左側有草書"行"字。其左側有大字印版字"崇禎八年八月十九日到"。正文前有"兵部呈於兵科抄出"八字。

〔一二〕本疏最後無日期，亦無簽押人職名。

〔一三〕此爲影印本《總匯》第20冊，第1615號，第59頁，編者擬題爲"兵部尚書張鳳翼等爲遵旨查宣、大道臣張守約并無侵隱夷情免議事題行稿　崇禎八年八月二十七日"。原件首頁首行有明廷兵部檔案號"列（字）二百六十五（號）"。題目下一行有小字"題稿"二字，大字"題"字、"行"字。隔一行版印"限某日上"，空白處填"廿八"，其下標"有貼黃"三字。該行最下版印"書辦某承"空白處填人名"徐淳"。

〔一四〕"犬"，據文意疑當作"大"。

〔一五〕"廿七"右側有預批小字"廿七"。

〔一六〕"初六"右側有預批小字"初六"二字。

〔一七〕此爲影印本《總匯》第20冊，第1622號，第104頁，編者擬題爲"兵部尚書張鳳翼等爲協守宣府副總兵張懋功等圖功自贖請改原職降級事題行稿　崇禎八年九月初四日"。原件首頁首行有明廷兵部檔案號"列（字）二百七十（號）"。題目下一行有小字"題"字，大字"題""行"二字。隔一行有"初五"二字，其下有"有貼黃"三字。該行最下是人名"徐淳"。

〔一八〕"初四"右側有預批小字"初四"二字。

〔一九〕"廿八"右側有預批小字"廿八"二字。

〔二〇〕此爲影印本《總匯》第20冊，第1628號，第147頁，編者擬題爲"兵部尚書張鳳翼等爲遵旨革職克扣軍款之原任宣府下西路參將查國寧等事題行稿　崇禎八年九月初十日"。原件首頁首行有明廷兵部檔案號"列（字）二百七十三（號）"。題目下一行有"行"字。再下一行有小字"會題"二字，大字"題""行"二字。又下一行有"查國寧"三字。再一行有大字"十一"二字，其下有"有貼黃"三字、"廿六"二字。該行最下是人名"徐淳"，其下右側有"抄"字。

〔二一〕"巡撫"與"焦都御史"，應是兩官，或作"巡撫焦、都御史"，亦是兩官，而文意當是一官，下文云"撫院焦都御史"，是，則此處"巡撫"當是"巡按"之誤。

〔二二〕"准徒五年審有力照例納米折銀贖罪"十五字，其右側有相應小字。

〔二三〕"杖六十審無力的决"八字係草書，其右側有相應楷書小字。

〔二四〕本疏後面附有大字刑部、兵部等部尚書及左右侍郎等職名，今并損毀，只剩有"刑部尚書馮題"及左侍郎字迹一半。又，本疏後面附有提要，今附録於此："兵部等部題，爲糾劾不職等事：該宣府巡撫陳新甲題前事，臣等議得，參將查國寧齬技窮於墜馬，擅行穢於營蠅，雖無激變之實，難逭尅軍之條。准徒五年，納米贖罪。劉保，杖六十，的决。贓罪銀兩追完發落。謹題。"

〔二五〕"卅"字右側有預批小字"卅"字。

〔二六〕此爲影印本《總匯》第20册，第1639號，第248頁，編者擬題爲"兵部尚書張鳳翼等爲遠哨探得宣府獨石邊外突有火光必有夷伏事題行稿　崇禎八年九月二十三日"。原件首頁首行有明廷兵部檔案號"列（字）二百七十二（號）"。題目下一行有小字"正月二十日查七件"，此八字似後來貼附，將二草書署"題"字覆蓋，祇留邊緣筆畫。其下有"行"字。再下一行有大字"行"字。隔一行有版印"限某日上"，空中填草書"即"字。其下有小字"廿四"二字。該行最下是人名"徐淳"。

〔二七〕後一"明"字疑衍。

〔二八〕"廿三"二字右側有小字"廿三"二字。

〔二九〕"十"字後空一字，下一行"二十"後同此，顯爲起稿者忘記具體日子，暫空。

〔三〇〕"廿九"二字右側有小字"廿九"二字。

〔三一〕此爲影印本《總匯》第20册，第1640號，第254頁，編者擬題爲"兵部尚書張鳳翼等爲遵旨查明并請正法統兵無紀之遼將事題行稿　崇禎八年九月二十五日"。原件首頁首行有明廷兵部檔案號"列（字）二百七十四（號）"。題目下一行"題"字，又下一行有小字"題稿"二字，其下有大字"題""行"二字。隔一行有"限廿六日上"字。其下有小字"有貼黄"三字。該行最下是"書辦徐淳承"五字。

〔三二〕"糧",據文意當作"梁"。

〔三三〕"穀",據文意當作"穀"。

〔三四〕正文中"免議""圖功自贖""罰俸五個月"三處,其右側對應皆有相同楷書小字,祇有"叁"對應者爲"五"。

〔三五〕"廿五"二字右側楷書預批有小字"廿四"。

〔三六〕"初三"二字右側有預批楷書小字"初三"。

〔三七〕此爲影印本《總匯》第20册,第1641號,第268頁,編者擬題爲"兵部尚書張鳳翼爲糾劾不職將領以肅邊政事題本奉旨 崇禎八年九月二十九日"。原件題目下左側有草書"行"字。其右側爲大字印版字"崇禎八年九月廿九日到"。又有小字印版字,漫漶不清,可識字爲:"崇禎八年九月二十九日抄,奉旨五日爲期,應本月卅日咨行。"正文前有"兵部呈於兵科抄出"八字。"兵部呈於"一行末尾有人名"嚴曰垣"。

〔三八〕本疏最後無日期,并無簽押人職名。

〔三九〕此爲影印本《總匯》第20册,第1642號,第269頁,編者擬題爲"兵部尚書張鳳翼等爲薦黄裳頂補浙江都司軍政掌印員缺事題行稿 崇禎八年九月二十九日"。原件題目上面有大字"題"字,下一行有小字"題稿"二字。其下爲大字"題""行"二字。隔一行有小字"八年十月初二"。最下的抄寫者書辦的職名俱漫漶不清。本疏後附有提要,今附録於此:"兵部題爲缺官事:照得浙江都司掌印楊式武員缺,從公推舉,得都司僉書職銜、管浙江總兵標下中軍坐營事黄裳爲正,都司僉書職銜、管南京小教場坐營事鄧光汴爲陪,俱各堪任,伏乞聖明簡用。謹題。"該文末行下有草書"七行"二字。

〔四○〕此爲影印本《總匯》第20册,第1643號,第274頁,編者擬題爲"兵部尚書張鳳翼等爲邊將統馭無紀縱兵淫掠非常事題行稿 崇禎八年九月三十日"。原件題目下有草書"行"字,題目左側有印版大字"崇禎八年十月初一日到",又有印版小字:"崇禎八年十月初一日抄送,奉旨五日爲期,應本月初三日咨行。"正文前有"兵部呈於兵科抄出"八字。其最下是人名"胡軒"。

〔四一〕本疏無落款日期，亦無簽押人職名。參前校，本疏上奏時間似爲崇禎八年十月初一日。又本疏排序當在《兵部爲遼將統馭無紀等事奉旨咨行稿》前，爲《爲遼將統馭無紀縱兵淫掠等事疏》後續題奏。

〔四二〕此爲影印本《總匯》第 20 册，第 1648 號，第 300 頁，編者擬題爲"兵部尚書張鳳翼等爲舊協已改西協請給協領關防事題行稿　崇禎八年十月初五日"。原件首頁首行有明廷兵部檔案號"列（字）二百七十六（號）"。題目下一行有小字"題"字，大字"題""行"二字。隔一行有"初六"二字。其下有"有貼黄"三字。其最下是人名"徐淳"。

〔四三〕"十七"二字右側有預批小字"補十七"。

〔四四〕此爲影印本《總匯》第 20 册，第 1649 號，第 320 頁，編者擬題爲"兵部尚書張鳳翼等爲大同府靈丘縣歸并不便事題行稿（尾缺）　崇禎八年十月初五日"。原件首頁首行有明廷兵部檔案號"列（字）六百卅一（號）"。題目右側有草書"初五上"三字。左側有草書"訖""訖"二字。下一行有大字"題"字。再下一行有小字"題"字。又下一行有大字"題"字（殘缺，據前文例補）、"行"字。隔一行最下是人名"陸堯賓"。

〔四五〕以上兩句中"太"字、"題"字，原件缺損，今據前文例補。

〔四六〕"□□□"，以上三字缺損。本奏疏下文仍有缺損處，概用"□"號標出，不再出校。

〔四七〕"□"，按文意顯爲"峻"字。

〔四八〕"□□"，據文意並參殘留字迹當作"靈丘"。

〔四九〕"□□"，據下文文意疑當作"以化"（連起來爲"文以化民，武以禦虜"）。

〔五〇〕"□□"，據文意疑當爲"經制"。

〔五一〕"聖旨"，原闕，據前文文意并參殘留字迹補。

〔五二〕"□□□"，據前文文意，疑當作"看（照）得大"。

〔五三〕"□"，據文意應爲"過"字。

〔五四〕"□□□"，原件漶漫不清，據文意并參殘留字迹查上下文，當是"便者二"。

〔五五〕"□"，疑當出自成語"越俎代庖"之"俎"字。

〔五六〕"旨"，原件損壞，今據文意補。下文"請""合""命"三字同此。

〔五七〕"兵"，原件缺損，據文意及前文文例補。本稿缺損處一如前疏，凡缺損處皆以"□"號標出。

〔五八〕"□□□"，原件殘損，據前疏落款所記年月日當作"年拾月"。

〔五九〕"一咨"，原件缺損，據文意及前文文例補。

〔六〇〕原件下闕。

〔六一〕此爲影印本《總匯》第 20 冊，第 1650 號，第 336 頁，編者擬題爲"兵部尚書張鳳翼等爲遵旨奏明交回馳諭傳餉者原封事題稿　崇禎八年十月初九日"。原件首頁首行有明廷兵部檔案號"列（字）二百七十五（號）"。題目下一行有小字"題稿"二字。再下一行有小字"十月初九日送本科"等字。又下一行最下是人名"劉宗謨"。本疏後附有提要，今附錄於此："兵部題，爲遵旨奏明事：臣部查得回奏發行到彼日時，奉旨馳諭傳餉者，自崇禎八年九月二十一日起，至三十日止，此十日内，共繳回原封三個，通計三件。謹題。"其後一行有草書"高遠"二字，其下有草書"六行"二字、"寫訖"二字。

〔六二〕"日"前空白。

〔六三〕此爲影印本《總匯》第 20 冊，第 1651 號，第 346 頁，編者擬題爲"兵部尚書張鳳翼等爲宣鎮營制已定請給協領關防事題本奉旨　崇禎八年十月十一日"。原件題目下左側有"行咨再覆"四字。其左側有大字版印字："崇禎八年十月十二日到"。又有小字版印字，最後三字被大字遮蓋，其餘字爲："崇禎八年十月十二日抄送，奉旨五日爲期應本月□□□咨行議奏"。正文前有"兵部呈於兵科抄出"八字。該行最下爲人名"方爵"。

〔六四〕本疏後面無落款日期，亦無簽押人職名。

〔六五〕此爲影印本《總匯》第 20 冊，第 1652 號，第 347 頁，編者擬題爲"兵部尚書張鳳翼等爲遵旨查明具奏事題本奉旨　崇禎八年十月十六日"。原件題目下左側有"陳爺"二字。下一行最下有"十月十七日抄送，應廿一日擬奏"等字（兩行）。其左側有大字版印字："崇禎八年十月十七日到"。應有小字版印字，今俱磨損不存。正文前有"兵部呈於兵科抄出"八字。該行最下爲人名"方爵"。

〔六六〕本疏後面無落款日期，亦無簽押人職名。

〔六七〕此爲影印本《總匯》第20册，第1655號，第355頁，編者擬題爲"兵部尚書張鳳翼等爲請令遲國柱急任皇陵路衝邊宣府東路周四溝守備事題行稿　崇禎八年十一月初五日"。原件首頁首行有明廷兵部檔案號"列（字）二百八十號"。題目左側一行有小字"題稿"二字，其下有"題"字、"行"字。隔一行版印"限某日上"空中填草書"初八"，下寫"有貼黄"三字。最下是人名"劉宗謨"，其版印"書辦承"銀隱約可見。

〔六八〕"以守備職銜管周四溝地方事"爲草書，右側有相應楷書小字，其中"管周"二字缺損。

〔六九〕"初五"，右側有楷書小字"初五"。

〔七〇〕"月"字前，正文空白，空白處右側有"次"字，當爲應填月份。

〔七一〕"日"字前，正文空白，空白處右側有"初十"二字，當爲應填日期。

〔七二〕此爲影印本《總匯》第20册，第1656號，第352頁，編者擬題爲"兵部尚書張鳳翼等爲薦楊邦澤頂補大同平虜城參將員缺事題行稿　崇禎八年十一月十六日"。原件題目上面有"張""九"二字，疑爲明廷兵部檔案號"張字九號""字""號"俱缺損。下一行有小字"題稿"、大字"題"。其下題目左側有"楊邦澤"。隔一行有"十七"版印"限某日上"隱約可見。最下是人名"陸堯賓"，版印"書辦某承"隱約可見。

〔七三〕"盛國忠"名字上面頂格有"陪盛國忠"四字。

〔七四〕"養善术"，據《明史·梁夢龍傳》，此地名當作"養善木"，其中"木"字乃因形似而誤。

〔七五〕"日"字前空白，其右側有小字"初二"二字。

〔七六〕"日"字前空白，其右側有小字"補初七"三字。

〔七七〕此爲影印本《總匯》第20册，第1658號，第377頁，編者擬題爲"兵部尚書張鳳翼等爲薦羅映垣頂補宣府東協副總兵員缺事題行稿崇禎八年十一月十七日”。原件首頁首行有明廷兵部檔案號“列（字）二百八十四（號）”。題目上面有小字“行”字、大字“題”字。下一行有小字“題”字、大字“題”“行”二字。隔兩行最下是人名“劉宗謨”。

〔七八〕“羅映垣”上面有“正”字。

〔七九〕“王之貴”上面有“陪”字。

〔八〇〕“□”，原件草書難於辨識，似爲“廣”字。

〔八一〕“寬佃峪”，據地名常例疑問當作“寬甸峪”。《明史·梁夢龍傳》四庫本有“寬甸”，而中華書局點校本《明史》作“寬奠”，莫知孰是。

〔八二〕本疏最後無簽押人職名，蓋以下面咨行稿署名，此處遂從略。

〔八三〕“月”前空白，其右側有小字“次”，當爲應填月份。

〔八四〕“日”前空白，其右側有小字“初十”，當爲應填日期。

〔八五〕“履歷”，原件“履”字上下分離，且遮蓋“限”字上半部，其右側又有小字“僉”。

〔八六〕“廿六”爲草書填寫，右側有預批小字“廿六”。

〔八七〕此爲影印本《總匯》第20册，第1664號，第410頁，編者擬題爲“兵部尚書張鳳翼等爲宣府靖胡堡多差遠哨偵探西渡東奴情形事題行稿　崇禎八年十二月初一日”。原件首頁首行有明廷兵部檔案號“列（字）二百八十八（號）”、題目下一行有小字“行”字，下一行有小字“題”字，其下有大字“題”“行”二字。隔一行最下是人名“劉宗謨”。

〔八八〕“□”，原件作左“火”右“其”結構。

〔八九〕“初一”，右側有小字“初一”二字。

〔九〇〕“初七”二字右側有小字“補初七”三字。

〔九一〕此爲影印本《總匯》第20册，第1666號，第423頁，編者擬題爲“兵部尚書張鳳翼等爲遵旨查明具奏事題本奉旨　崇禎八年十二月初六日”。原件題目左側有“户部外抄”四字。左側有版印大字：“崇禎八年十二日到”等字。又有版印小字：“崇禎八年十二月十二日抄送奉旨五日爲期應本月十二日咨行”等字。其左側有草書“即行”二字。最下是人名“王元”。正文前有“兵部呈於兵科抄出”八字。

〔九二〕本疏原件此下闕。

〔九三〕此爲影印本《總匯》第20册，第1668號，第433頁，編者擬題爲"兵部尚書張鳳翼等爲再述東巡情形糾參庸弁并陳陵邊久遠之圖事題本奉旨　崇禎八年十二月初七日"。原件題目破損。止剩"形等事"三字，今據前文例補。題目最下有"請訖"二字。左側有版印大字："崇禎八年初八日到"等字。又有版印及填寫小字，已漫漶不清，可識別字有"八""十二""初八""五日爲期""本月十九日""咨行"，按前文例，當是："崇禎八年十二月初八日抄送，奉旨五日爲期，應本月十九日咨行。"其左側有草書"即行"二字。最下是人名"方爵"。正文前有"兵部呈於兵科抄出"八字。

〔九四〕本疏最後無落款日期，亦無簽押人職名。

照例三年類奏緝獲功次等事疏[一]

太子少保、兵部尚書、仍加俸一級臣張等謹題，爲照例三年類奏緝獲功次，懇乞恩升，授有功官旗，以彰激勸事：

武選清吏司案呈，奉本部送，兵科抄出，欽差總督東廠官旗辦事、司監禮太監李承芳題稱：崇禎五年十一月内起，至崇禎八年十一月終止，臣三年類奏緝獲過犯人一百一十五起，總計犯人五百二十名口，要將有功官旗馬惟直等循例升授等因。於崇禎八年十二月初三日奉聖旨："輦轂重地，詰奸戢暴最屬要務。李承芳總督官旗，緝訪有功。王永祚先經辦事，夙著勞勩，著各廕弟侄一人，與做錦衣衛百户，還各賞銀三十兩，紵絲二表裹，羊二隻，酒二十瓶，新鈔三千貫。今後還著用心詞察，加意厘飭，以副委任。鄭之惠不准叙官旗、尉、力。馬惟直等俱照例升授。兵部知道。"欽此。於本月初四日抄出，到部送司。

又該提督東司房官旗辦事、錦衣衛掌衛事、都督僉事、今降一級鄒之有題，爲遵例三年類奏，懇乞聖恩，升叙有功官旗，以彰激勸，以勵人心事内稱：崇禎五年十二月起，至崇禎八年十一月終止，又值三年類奏，緝獲過輕重罪犯共七十二起，計二百四十四名口，要將有功官旗祁春膏等照例授等因。於崇禎八年十二月初五日奉聖旨："鄒之有提督官旗，緝獲有功，著復原級，還賞羊二隻，酒二十瓶，新鈔三千貫。以後還著用心體訪，遵諭行事。本内祁春膏等俱照例升授。兵部知道。"欽此。於本月初六日抄出，到部送司。

又該提督西司房官旗掌事董琨題，爲遵例三年類奏，懇乞聖恩升授有功官旗，以彰激勸，以勵人心事内稱：崇禎五年十二月起,至崇禎八年十一月終止,時值三年類奏,緝獲過輕重罪犯共五十八起,計二百一十一名,要將有功官旗陸述等照例升授等因。崇禎八年十二月初七日奉聖旨:"董琨提督官旗,緝獲有功,但任淺降新,著賞羊二隻,酒二十瓶,新鈔三千貫。還著用心巡緝,肅清奸宄。鄒之有已有旨了。陸述等照例升授。兵部知道。"欽此欽遵,於本月初八日抄出,到部送司。

除將總督東廠太監李承芳等應廕弟姪先經照例另本題廕外,并提督東司房鄒之有著復原級,提督西司房董琨以任淺降新給賞毋容議覆外,所有官旗、尉、力照例呈堂,移咨刑部查勘。馬惟直、祁春膏、陸述等緝獲過輕重罪犯起數,并原問案卷去後,今奉本部送,准刑部咨,開送廠衛、官旗、尉、力姓名、罪犯起數文册前來。又該東廠手本移稱,理刑千户馬惟直、原任理刑、今升北鎮撫司副千户喬可用,俱授賞不升外,其旗尉范可武等,俱照例各升一級。又准錦衣衛經歷司手本開稱,除軍政處分并壞事尉、力不開外,將應叙官旗祁春膏、陸述等開送所司職名等因到司,相應照例升授。案呈到部,看得東廠錦衣衛緝捕有功官旗、尉、力馬惟直、祁春膏、陸述等三年類奏有功,升級一節,既經該廠衛具題,又經行准刑部覆實造册前來,該司查理明白,相應照例題請,合候命下,將馬惟直、喬可用給賞,祁春膏等照依後開款目各升一級。行文該衛,遵奉施行。緣係照例三年類奏緝獲功次,懇乞天恩,升授有功官旗,以彰激勸事理,未敢擅便,謹題請旨。

計開東廠[二]官旗、尉、力二十三員名:

理刑[三]正千户一員馬惟直,照例給賞銀五兩[四],段一匹。

原任理刑、今升北鎮撫司副千户一員喬可用,照例給賞銀五兩[五],段一匹。

實授管伍總旗二名:范可武,衣前所扇手司;高文極,衣中所擎蓋司。俱應升試百戶。

實授小旗五名：蔣文翚，衣右所旌節司；徐文耀，衣右所旛幢司；趙崇光，衣中所扇手司；盛葵，衣左所弓矢司；王應科，衣右所扇手司。俱應升總旗。

廠尉八名：李夢麟，衣右所擎蓋司；閔世勛，衣中所旌節司；龐從善，衣左所馴馬司；徐邦泰，衣前所班劍司；陳自柱，衣右所戈戟司；李明善，衣中所旌節司；鄒尚龍，衣右所斧鉞司；梁樸，衣右所班劍司，俱應升小旗。

力士六名：李登翚，衣後所斧鉞司；李貞，衣中所弓矢司；李起鳳，衣後所鑾輿司；何夢熊，衣前所鑾輿司；蕭國柱，衣左所扇手司；路豸，衣右所弓矢司。俱應升廠尉。

東司房官旗、尉、力二十五員名：

正千戶一員祁春膏，衣中所，應升指揮僉事。

實授百戶一員：朱接桂，衣左所鑾輿司，應升副千戶。

試百戶一員：史可傳，衣後所斧鉞司，應升實授百戶。

實授總旗七名：李應科，上中所；張代增，衣中所班劍司；李時芳，衣後所擎蓋司；夏文光，衣右所扇手司；王鐸，衣右所擎蓋司；翟維登，衣後所戈戟司；楊良樫，衣中所班劍司。俱應升試百戶。

實授小旗四名：韓德潤，衣中所戈戟司；杜際科，衣前所扇手司；田九德，衣中所斧鉞司；卞承祿，衣前所扇手司。俱應升總旗。

衛尉七名：耿正臣，衣後所弓矢司；馬龍，衣左所斧鉞司；劉光祖，衣右所旌節司；袁宗明，衣右所擎蓋司；李尚俊，衣前所扇手司；蔣之鸚，衣後所旌節司；王世德，衣左所旌節司。俱應升小旗。

力士四名：賀兆臣，上右所五伍；孫一方，衣左所戈戟司；

趙之璧，衣後所旌節司；王之璐，中後所。俱應升衛尉[六]。

遵旨確酌奏事疏[七]

太子少保、兵部尚書、仍加俸一級臣張等謹題，爲遵旨確酌具奏事：

職方清吏司案呈，崇禎九年正月初一日奉本部送，兵科抄出，大同巡撫葉廷桂題稱，臣於八年十一月初八日准兵部咨，爲遵旨查明擒斬陣亡軍民，奏祈聖鑒事，該本部覆宣大總督楊嗣昌奏前事，內開，看得虜犯雲、晉，躪蹂內地一月，文武諸臣不能剿禦，業經奉旨處分，惟是雲鎮將領如童朝儀、焦升，臣部擬欲降級留任，此因督臣疏參所部健兵逃盜蒙飾，遂議斥革。今督臣稱，迎恩之戰二弁微有可原。健兵將領甚難其人，仍欲酌量留任。合當將童朝儀、焦升各降三級，照舊管事，仍令戴罪圖功自贖。王喜言原係札委，并聽該撫鎮酌議去留。其陳如棟係錦衣衛三科武舉，崇禎四年三月京營城守敘功，題加都司僉書。五年春試，技勇優等。六年七月，填補大同總兵標下管旗鼓守備事。七年五月，該宣、大巡按白士麟奏保；本年八月，該大同巡撫胡沾恩奏保。臣部以爲，歷任嚴疆，薦語優異，就近推補，必能勝其任使，孰知更屬不堪，何該撫按之揄揚若此？可否仍舊留任，該鎮旗鼓應行該撫查覈奏奪可也等因。

本年十月二十四日，奉聖旨："是。童朝儀、焦升，著各以原官降三級，照舊管理大同健兵營事務，仍戴罪圖功自贖。王喜言、黃世鳳、閆士衡，該撫鎮確酌去留奏奪。楚繼雄，贈署都督僉事。馬英贈副總兵。胡連等俱贈參將。裴相等俱贈游擊將軍。以上共四十六員，各廕一子總旗世襲。杜振江等二百九十二名，各恤銀拾兩。不願領銀的，准小旗世襲。朱拱臣回籍候考別用。陳如棟，行該撫查覈奏奪。健丁缺額、坐府家丁選補，依議。"

欽此欽遵。備咨前來。准此，除降級、贈官、廕恤及事關別鎮者，聽各另行外，其王喜言、陳如棟移會鎮守總兵官酌酌[八]去後，今本年十二月十七日，准鎮守大同總兵官王樸手本內開，查得王喜言督陣領兵，額中一箭，頗稱勇敢。此昭昭在人耳目者，故軍門復有此請也。似應仍令隨徵，俟有相應員缺另議填補。其陳如棟歷俸甚久，練達老成，然領兵原非其任，但經推升游擊，似難復任旗鼓，本鎮又無見缺可補，或應聽兵部另推相應腹裹員缺，以酬積薪。至本鎮旗鼓一官，乃傳宣全鎮軍務，刻難乏人。及查聽用官榆林衛百戶梁承爵，青年勇壯，技藝優閑，相應以應得職銜管旗鼓事務，庶朝聞命而夕受事，本鎮得左右手之依矣等因到臣。

該臣看得，邊陲將領所關良重，將領有勇怯，而一軍象之，亦盂圓水圓、盂方水方之說也。故偏裨得人，而大將旗鼓亦為增色，則選將猶練兵之本也。雲鎮新設健兵，原期期[九]堪殺賊。則領兵之官自應加意掄選。鎮臣王樸於原設各弁外，復取驍健如王喜言者而用之，實欲資其一臂。不謂健兵脫伍，竟挂督臣之議。茲奉明旨，令臣等撫鎮確酌去留，而鎮臣稱其饒有膽勇，堪用，且係札委官，仍應聽其隨徵，以觀後效。其旗鼓陳如棟，傳宣備歷辛勤，而領兵實非所長，況以馭新設之健兵，即彼且惴惴焉以不勝任為恐。但既以遷秩，難復留任，改補腹裹，亦器使之道也。所遺員缺，鎮臣以聽用官陝西榆林衛百戶梁承爵，擬以應得職銜填補。蓋亦真見其人之可用而用之，非有所阿私於其間也。臣謹遵"確酌查覈"之旨，據實上聞。伏乞敕下兵部，再加查議，覆請聖裁施行等因。

崇禎八年十二月三十日奉聖旨："兵部即與議覆。"欽此欽遵，抄出到部送司，案呈到部。看得王喜言原係札委之官，該鎮稱其勇敢，無容議汰。陳如棟領兵既非其長，當此多事之時，何地可容藏拙？合無准其冠帶閑住，所遺旗鼓之缺，該鎮擬用百户梁承爵。查承爵既係世職，而該鎮又稱其青年技勇，以任傳宣，必得其一臂之用。相應加升守備職銜，填補管理者也。既經具題前來，相應覆請，伏乞敕下，將王喜言聽該鎮留用，陳如棟冠帶閑住[一〇]。查係三科武舉。梁承爵，加升[一一]守備職銜，管大同總兵標下旗鼓事務。

　　崇禎玖年正月初六日　署司事員外郎包鳳起

　　　　　　　　　　　　管理册庫員外郎王驥

缺官事推補保鎮紫荆關參將羅映垣員缺疏[一二]

　　太子少保、兵部尚書、仍加俸一級臣張等謹題，爲缺官事：

　　職方清吏司案呈，照得分守保鎮紫荆關地方參將羅映垣，近該本部題奉欽依，推升宣府東路地方副總兵。所有員缺合當推補，案呈到部。臣等據咨推舉，得保鎮真定標左營尤吉將軍、署都指揮僉事袁尚仁[一三]，署參將職銜、管昌鎮總兵標下中軍坐營事孟承寵[一四]，俱各堪任。伏乞聖明於内簡命一員充參將，分守前項地方。候命下之日，本部備查原擬責任，請敕一道行令本官欽遵任事，合用符驗旗牌照例就彼交代，具繇回奏。

　　計開擬堪分守保鎮紫荆關地方參將官二員：

　　袁尚仁。年三十八歲，係府軍左衛指揮使。天啓三年四月，推神樞備兵營坐營。六年四月，題加都司僉書管事。七年九月，推福建都司掌印。十二月，該本部參革。崇禎三年五月，督治通州兵部左侍郎范景文，咨起標下左營尤吉。四年五月，該督治通州兵部左侍郎范景文參革。七年二月，起保鎮真定標左營尤吉，該保定督撫按官丁魁楚等薦三次，歷俸二年一個月。新准巡撫張其平咨稱，本官堪補紫荆關參將。

　　孟承寵。年四十一歲，係燕山右衛指揮同知。萬力[一五]四十六年十二月，京城内東頭班巡捕把總。天啓二年正月，推薊鎮董家口提調。三年十月，該薊鎮督撫官王象乾等參革。崇禎元年四月，降起皇城左東把總。三年五月，題加守備管事。四年三月，題加都司僉書管事。七年二月，推尤吉，管昌鎮總兵標下中軍坐營事。十二月，天壽山太監王希忠題，加署參將管事。

崇禎九年正月初八日　署司事員外郎包鳳起

員外郎王驥

兵部爲缺官事奉旨咨行稿

兵部爲缺官事，該本部題云云等因，崇禎九年正月初九日本部尚書張等具題。十二日奉聖旨："是。有點的依擬用。"欽此。內袁尚仁有點，抄捧送司，案呈到部，擬合就行。爲此，除札仰袁尚仁定限本年月〔一六〕日〔一七〕到任外，

一、合具揭帖，差主事任中□〔一八〕賫赴內府翰林院，請寫勅書施行。計開請勅官一員，分守保鎮紫荆關參將、署都指揮僉事袁尚仁，原擬責任專管本關并沿河馬水、磐石、奇峰、烏龍潭等口及烏龍溝總起，至白石口總止，各地方操練軍馬、修築城垣、整飭器械、申嚴號令，晝夜用心守把，防禦賊寇，盤詰奸宄，遇有警急相機戰守。其倒馬關、浮圖峪守備官改隸新設參將統領。爾查照密雲事體，凡事與易〔一九〕州兵備官協同計議而行。一應軍中事宜，悉聽總督、鎮、巡官節制。其本關并奇峰等口俱坐落易州地方，時令軍兵巡緝把截。凡遇礦盜生發，一面先行馳報該衙門，一面并力擒捕，不許隱匿寬縱。敢有坐視推諉，聽巡按官查照所分守信地，指名從重參究。爾須持廉奉法，撫恤軍士，不許役占尅剝，致生嗟怨。如違，必罪不宥。

一、咨都察院，合咨貴院，煩爲轉行順天真定巡按巡關御史，照依本部題奉欽依內事理，行令本官依限到任。如或過違，照依參究施行。

一、咨薊遼總督，合咨前去，煩照本部題奉欽依內事理，轉行保定巡撫衙門，行令本官依限到任。仍令將到任日期同原奉本部札付呈報巡撫衙門，繳部查考施行。

崇禎九年正月十五日　署司事員外郎包鳳起

員外郎王驥

缺官事推補大同平虜城守備馬化蛟員缺疏〔二〇〕

太子少保、兵部尚書、仍加俸一級臣張等謹題，爲缺官事：

職方清吏司案呈，照得守備大同平虜城地方馬化蛟，近該大同總兵王樸題參不職，所有員缺合當推補，案呈到部。臣等從公推舉，得甲戌科第三甲第二十八名武進士、山東青州衛前所署實授百戶丁大武，甲戌科第三甲第四十九名武進士、保鎮天津衛後所署實授百戶李廷獻，俱各堪任。伏乞聖明於內簡命一員，量升署指揮僉事，照例以都指揮體統行事，守備前項地方。候命下之日，本部備查原擬責任，札令欽遵任事。

計開擬堪守備大同平虜城地方官二員：

丁大武。年三十一歲，係山東諸城縣武舉，中甲戌科第三甲第二十八名武進士。授青州衛前所署實授百戶。

李廷獻。年三十歲，係保鎮天津衛武舉，中甲戌科第三甲第四十九名武進士。授本衛後所署實授百戶。

崇禎九年正月初八日　署司事員外郎包鳳起

冊庫員外郎王驥

兵部爲缺官事奉旨咨行稿

兵部爲缺官事，該本部題云云等因，崇禎九年正月十七日太子少保、本部尚書、仍加俸一級張等具題。二十日奉聖旨：“有點的依擬用。”欽此。內丁大武有點，抄出到部送司，案呈到部，擬合就行。爲此，除札仰丁大武定限本年月〔二一〕日〔二二〕到任〔二三〕，

一、咨大同巡撫，合咨前去，煩照本部題奉欽依事理，行令本官依限到任。仍將到任日期同原奉本部札付并履歷緣繇呈報巡

撫衙門，繳部查考。如過限不到及不繳部札，定照近題事例參究施行。

一、咨都察院，轉行宣、大巡按御史，照依欽依事理，行令本官依限到任。如或過違，照例參究施行。

一、咨宣大總督。

一、札付丁大武。

崇禎玖年正月廿七^[二四]日　署司事員外郎包鳳起

　　　　　　　　　　　冊庫員外郎王驥

請將領關防條記等事疏^[二五]

太子少保、兵部尚書、仍加俸一級臣張等謹題，爲極請將領關防條記，以重戎務事：

職方清吏司案呈，崇禎八年九月初八日奉本部送，兵科抄出，大同巡撫葉廷桂題稱：臣接管，卷查崇禎八年四月初七日准兵部咨，爲略陳西閱大同的實情形第三事，該宣大總督楊嗣昌題前事。本部議覆，看得大同八路四面皆衝，非各將領官相救如左右手，一處有警，處處皆潰決矣。督臣按犄角之勢，酌道里遠近，議改四協以管八路，防守應援節節靈應。極應如議所請，傳敕臣部照例具揭內府翰林院，撰寫其關防條記，移咨禮部鑄給等因。本年三月二十九日題，奉聖旨："是。"欽此欽遵。

備咨前來，又准總督軍門咨同前事。行間，本年六月十六日又準總督楊嗣昌咨開各路將領、守備、操防等官，除四協八路已經請給關防外，其節制勝、健等營應給關防，城堡守操等官應給條記者，通爲查議妥確，徑具題請等因俱經備行該道查理去後，今本年八月十五等日據兵備守巡冀北道副使竇可進、丘民仰、右參議聶明楷、寇慎各呈稱，會同鎮守大同總兵官王樸查得，本鎮將領除四協八路已經請頒關防不議外，其軍門標下節制中營、節制左營、節制右營，巡撫標下勝兵營，總兵標下健兵左營、健兵右營、火攻左營、火攻右營、正兵中營、正兵左營、正兵右營，大同南路遊兵營以上，每營各給關防一顆，計一十二顆。其邊腹守備如陽和城、天城、靖虜堡、守口堡、鎮門堡、瓦窑口堡、新平堡、平遠堡、保平堡、鎮羌堡、拒墻堡、鎮虜堡、弘賜堡、鎮川堡、鎮邊堡、渾源城、聚落城、王家莊堡、左衛城、右衛城、破胡堡、殺胡堡、鐵山堡、助馬堡、拒門堡、滅虜堡、威虜堡、寧虜堡、威遠城、雲石堡、威胡堡、高山城、平虜城、迎恩堡、井坪城、滅胡堡、將軍會堡、朔州城、馬邑城、山陰城、應州城、懷仁城、大水口堡，計四十三城堡，操防如鎮口堡、鎮寧堡、永嘉堡、樺門堡、鎮河堡、許家莊堡、廣靈城、靈丘城、得勝堡、馬堡、殘胡堡、雲陽堡、牛心堡、黃土堡、三屯堡、保安堡、破虜堡、雲西堡、雲岡堡、威平堡、祁家河堡、敗胡堡、阻胡堡、乃河堡、西安堡，計二十五城堡，以上各城堡各給條記一顆，共六十八顆，通共關防條記八十顆，合無具題請給等因俱呈到臣。

又經移咨督臣楊嗣昌會查，隨准咨稱，關防條記武職原無，本部院前任關門創議請給，已而薊鎮中、西二協與京營俱比例行之，所以責成將備稽覈兵馬錢糧，莫要於此。今大同一鎮，除西協、八路業請欽頒外，應續具題者，節制勝、健等營，每營各給關防一顆。其撫鎮中軍職主傳宣，與營將有异。至撫鎮旗鼓并各道中軍，俱不必議給者也。其邊腹城堡，無分守備、操防，但有經管兵馬、領支錢糧與防守信地者，皆不可無條記之給。若無條記，則月支錢糧無欽給印記，誰代爲之鈐蓋册領乎？此不惟其官，惟其地可也等因備咨前來。准此，該臣看得，關防條記實屬國家信符，查覈兵馬，支領錢糧各該衙門有所憑據，以爲稽考者也。雲鎮大小將備素無印記，一切文移冊領祇用白頭申呈，儻有奸弊，誰其辨之？用是督臣題請業奉俞允，則查明請頒，無容再計矣。既經各道呈報前來，相應題請，伏乞敕下禮部，議擬鑄給施行等因。

崇禎八年九月初七日奉聖旨："著兵部酌議具覆。"欽此欽遵。本年十二月初八日，又准宣大總督、今丁憂楊嗣昌咨同前事內稱，崇禎八年九月初二日，准大同巡撫葉廷桂揭帖，內據大同兵備守巡四道同總兵官呈，大同鎮節制勝、健等營，應給關防，城堡守、操等官應給條記。該撫已經具題訖等因移揭到部院。准此，除撫鎮標下營將關防及守、操等官條記，聽候另發外，所有本部院標下節制中營、節制左營、節制右營關防三顆擬合咨請。為此，合咨兵部，煩將節制三營關防三顆題給領餉委官吳鋐齎領前來，以便給發該營，鈐用施行等因，各到部送司，案呈到部。看得邊疆多事，置將領以重扞圍之寄，則有錢糧之支銷，士馬之查覈，與夫上下文移、前後交接，曾無印記以稽覈之，而僅以白楮從事，誠有未便者。第國家符信關係最重，概無所憑，則以積玩而輕，若濫有所給則以滋繁而亦輕。前四協八路，已如請而遄給矣。今所續請者至八十顆之多，凡守、操等官俱請鑄給，將毋來纍纍若若之譏乎？於政體亦甚褻矣。合無將領等官責重而務劇，准與查給，如宣大總督標下節制中、左、右三營游擊關防三顆，大同巡撫標下勝兵營游擊關防一顆，大同總兵標下健兵左、右二營參將關防二顆，應行禮部鑄給，發營鈐用。其守備、操防等官自應聽上指撝，無容濫給。此亦名器所係，不得不嚴者也。既經具題移咨前來，相應覆請，伏候敕下，遵奉施行。

崇禎玖年正月初九[二六]日　署司事協贊員外郎包鳳起
　　　　　　　　　　　　　　管理冊庫員外郎王驥

兵部爲極請將領關防條記等事咨行稿

兵部爲極請將領關防條記等事：該本部題云云等因。崇禎九年正月十一日，太子少保、本部尚書、仍加俸一級張等具題。十四日奉聖旨："是。"欽此欽遵，擬合就行。爲此：

一、咨宣大總督、大同巡撫、都察院，轉行宣、大巡按御史，照依欽依內事理，欽遵查照施行。

一、咨禮部，煩照欽依事理，希即鑄給施行。

崇禎玖年正月十八日　署司事協贊員外郎包鳳起

管理册庫員外郎王驥

議補極衝路將等事疏[二七]

太子少保、兵部尚書、仍加俸一級臣張等謹題，爲議補極衝路將，以固疆圉事：

職方清吏司案呈，奉本部送，准大同巡撫葉廷桂咨稱，崇禎八年十二月十九日准鎮守大同總兵官王樸手本內開，照得助馬一路地勢平衍，接聯得勝右衛，稱本鎮第一衝劇，連年以來，虜賊屢報竊犯，此其明驗也。今經制新定，飭練甚切，舊將李定以病廢軍政論斥，若待新推，不惟人地之未必相宜，恐西江取汲之難待。查得隨任功升參將、加服俸一級王承勛，久歷戎行，屢著戰功，且近在雲鎮，熟諳地方情形，若以本官咨部題補，豈直得駕輕熟之益，兼有朝聞命夕受事之效矣。已經會議僉同，相應咨補等因到職。該職看得，助馬一路係極衝重地，邊外直通豊州[二八]城等處，巨川大墅一望無際。虜賊大舉零竊多從此入，以故連年突犯，此其必經之地。參將一官肩任匪輕，該路自劉邦域被論提問，遺缺旋補李定，不謂本官潦倒不堪，老憊臥病，在事半載，戎伍日見廢弛，昨於軍政澄汰議斥。此時再不以朝氣英發之人當之，則邊政益不可爲矣。兹鎮守擬以王承勛填補，查本官以榆林衛百户服官，中外歷著戰功，叙升參將，仍加服俸一級，乃其功次在樞部必有册卷可按，且見其一往朝氣勃勃動人，弓馬技藝裒然出衆。以之推補助馬路參將，不惟朝聞夕受，當必整頓有方等因。

又該本官咨，爲議補衝要守備，以重疆圉事内稱，照得井坪城守備張所樂貪殘縱肆，剥軍蠹伍，已經職等軍政糾參，聽候部覆矣。惟是該城逼臨邊徼，南北要衝，去歲今秋兩經奴犯蹂躪，實三關門户、兩鎮咽喉也。捍防固圉更須得人，儻以貪庸剥削之夫處此孤衝危險之地，鮮有不敗者。直待其敗而糾之，封疆已受其害矣。今查職標下聽用加銜守備宋民仰，起家行伍，自職監軍秦中時即隨職從戎，以至今日。其人渾身是膽，而更有智謀，雅能馭軍，而衆皆愛戴。至於弓馬武藝，更是絶倫。昔隨總兵曹文詔垣曲等處剿賊，久歷戰功。嗣住防河津部，斬流首三十四級。河津、稷山馬跑泉等處剿寇，斬級一百零八顆。仍親斬賊首一名謙四。又於河津、忻、崞、五臺等處督兵，斬級三十九顆，擒獲賊首陳三等一十七名。久效功績，未膺實授。今隨雲鎮聽用，市駿設防更得其力。職擬以本官填補井坪城守備員缺，蓋真見其人之可用，又真見此地之必須此人而總之，爲地擇人，非爲人擇地也。擬合咨請，爲此合咨兵部，煩請軫念衝邊需人最急，俯從所議，極爲具題。合無將宋民仰填補井坪城守備，勒限任事，庶重地得人，而緩急有賴矣等因，各到部送司，案呈到部。

看得邊關堵禦急需將備之力，今助馬參將被糾，井坪守備亦以軍政參處，要衝之地誠不可旦夕無人。在助馬參將，該鎮欲以王承勛填補，查本官功加游擊，未便遽補參將，合無仍以游擊管助馬參將事。在井坪守備，該撫擬以宋民仰填補，查民仰不係實職之官，既稱謀勇堪資，難以盡拘常格，合無准以署守備職銜，管井坪守備事。庶二弁可宣力巖疆，而撫鎮亦得臂指之藉矣。既經移咨前來，相應題請，伏候敕下，將王承勛以游擊[二九]管分守大同助馬路參將事，宋民仰以署守備職銜管大同井坪城事備事[三〇]。

崇禎玖年正月初九日　署司事協贊員外郎包鳳起
　　　　　　　　　　册庫員外郎王驥

兵部爲議補極衝路將等事奉旨咨行文

兵部爲議補極衝路將等事，該本部題云云等因，崇禎九年正月初九日太子少保、本部尚書、仍加俸一級張等具題。十三日奉聖旨："王承勛、宋民仰俱依擬用。"欽此欽遵，抄出到部送司，案呈到部。擬合就行。爲此，除札仰王承勛定限本年月日到任、宋民仰定限本年月日[三一]到任。

一、咨大同巡撫，合咨貴院煩照欽依事理，行令各官依限到任。仍將到任日期同原奉本部札付并履歷緣繇呈報巡撫衙門，繳部查考。如過限不到及不繳部札，定照近題事例[三二]

兵部爲遵旨確酌具奏事奉旨咨行稿[三三]

兵部爲遵旨確酌具奏事，該本部題云云等因，崇禎九年正月初七日太子少保、本部尚書、仍加俸一級張等具題。十壹日奉聖旨："王喜言准該鎮留用。陳如棟冠帶閑住。梁承爵依擬用。"欽此欽遵，抄出到部送司，案呈到部，擬合就行。爲此，除札仰梁承爵定限本年月日[三四]到任外，

一、咨大同巡撫，煩照欽依事理，行令本官依限到任仍將到任日期同原奉本部札付并履歷緣繇呈報巡撫衙門，繳部查考。如過限不到及不繳部札，定照近題事理參究施行。

一、咨都察院，轉行宣、大巡按御史，照依欽依事理，行令

本官依限到任。如或過違，照例參究施行。

　　一、咨宣大總督。

　　一、札王樸、梁承爵。

崇禎玖年正月十七日　署司事員外郎包鳳起

　　　　　　　　　　册庫員外郎王驥

缺官事推補大同南協副總兵馮舉員缺[三五]

　　太子少保、兵部尚書、仍加俸一級臣張等謹題，爲缺官事：

　　職方清吏司案呈，照得大同南協地方副總兵馮舉，近該兵科都給事中等官常自裕等拾遺題參前任不職。所有員缺合當推補，案呈到部。臣等從公推舉，得付總兵職銜、管分守大同新平堡地方參將事、署都指揮僉事張守印，署付總兵職銜、管分守山西太原地方參將事、署都指揮僉事猛如虎，俱各堪任。伏乞聖明於內簡命一員，仍以原官充前項地方付總兵。候命下之日，本部備查原擬責任。所有不坐名傳敕并關防照例就彼交代，具繇回奏。

　　計開擬堪大同南協地方副總兵官二員：

　　張守印。年四十歲，係大同前衛百户。崇禎元年四月，督師尚書王之臣題推標下六營都司僉書。三年十月，宣大總督魏雲中題調，管大同正兵營尤吉事。五年九月，推大同巡撫標下右營尤吉。六年十一月，調管山西北樓口參將事。七年正月，大同巡撫胡沾恩題加參將，管標下右營尤吉事。八年七月，調大同新平堡參將。八月，紅河叙功，題加付總兵管事。

　　猛如虎。年四十一歲，係寧夏衛材官。崇禎三年七月，恢復四城叙功，題加守備。三年十一月，寧夏干兒罵叙功，題加尤吉。六年九月，推山西澤潞參將。七年五月，山西巡按馮明炌題戴罪立功自贖。八年四月，山西巡撫吳甡題調山西太原參將，免其戴罪。五月，題加署付總兵管事。十一月，山西巡撫吳甡題加署都督僉事。

崇禎玖年正月廿一日　署司事員外郎包鳳起

　　　　　　　　　　管理册庫員外郎王驥

兵部爲缺官事奉旨咨行稿

兵部爲缺官事，該本部題云云等因，崇禎九年正月二十日本部尚書張等具題。二十三日奉聖旨："是。有點的依擬用。"欽此。内張守印有點，抄出到部送司，案呈到部，擬合就行。爲此，除札仰張守印定限本年月日[三六]到任外，

一、咨大同巡撫，煩照欽依事理，行令本官依限到任。仍將到任日期同原奉本部札付并履歷緣繇呈報巡撫衙門，繳部查考。如過限不到及不繳部札，定照近題事例參究施行。

一、咨都察院，轉行宣、大巡按御史，照依欽依事理，行令本官依限到任。如或過違，照例參究施行。

一、咨宣大總督。

一、札付張守印[三七]。

特糾怠玩守備等事疏[三八]

太子少保、兵部尚書、仍加俸一級、臣張等謹題，爲特糾怠玩守備，以警積玩，以振新猷事：

職方清吏司案呈，崇禎八年十二月二十七日奉本部送，兵科抄出，鎮守大同總兵官王樸題稱：竊照去冬臣謬叨簡命，召對平臺，荷蒙皇上天語諭臣"糾參不職偏裨"，欽此。臣抵雲受事，即欲廉訪舉行，目擊雲中情狀，因六十年承平，數十番抽調，奴插兩經蹂躪，頻年疊遭飢荒，殘破已深，釐剔非易。昔賢如子路尚謂"比及三年，可使有勇、知方"，若繩縛太嚴，何異不教而殺？臣不敢也。又念經制未定，名實未孚，徒加責成，無益興革。是以仰候經制，奉有俞綸，然後通行協、路、營、備等官，如鋒、哨、戰、守等兵，邊垣馬匹器械分列項款，循名責實，限三個月整飭齊備，聽臣等親自查閱，以别殿最。昨巡查屆期，臣

躬親遍歷，除稍見改觀、違誤未甚者不敢臚列外，如平虜城守備馬化蛟，履任已經三年，百務曾無整飭，藐玩不遵，法難輕貰。又軍士程景庫一人也，既點於營，復點於邊，顯有虛冒情弊。再如鐵山堡守備葉文煥、威胡堡守備田梁柱，嚴行已逾三月，伍軍尚缺三十餘名，且邊墩修補未完，燈火雞犬尚缺，事屬玩泄，法應并懲。臣所歷邊堡各官，俱以地方殘破、整理苦難，多甘回衛。臣於是曉之曰：「朝廷養士三百年，效用惟在今日。自古忠臣名將全在苦難處建勛業，儻人思規避，致身之義謂何？必爾等抖擻精神，盡其心力，何事不可爲？何功不可建？」各官始唯唯。臣巡歷既周，敢不據實上聞？伏乞敕下兵部，再加查訪。如果臣言不謬，將馬化蛟革任，永不叙用。葉文煥、田梁柱降級，戴罪圖功自贖。

蓋天之生人，固多中才，本不相遠，特是做與不做、盡心與不盡心耳。果實心做事，即三分才可辦十分事；若不實心盡職，即具十分才，曾何益於緩急之數？因念去舊以更新，即來者賢，計非半年不能洞悉機宜，未免廢時失事，恐來者未必如舊，反多地方一番迎送幫貼之苦。嚴邊刻難乏人，臣是以請量加降戒，用懲既往，以勵將來。名將如李靖、郭子儀、岳飛、戚繼光等，多起於罪釋之餘，俱能建掀揭而光史冊。嘗記唐臣陸贄之言曰：「人之才行，自昔罕全。苟有所長，必有所短。故錄長棄短，則天下皆可用之人；若摘短捨長，則天下皆可棄之士。」此臣之所以量做積習，冀振新猷者也。臣請再限兩月，復赴沿邊巡查，如果修舉完備，煥然改觀，容臣奏請紀錄，久任以底成迹，特加超擢。如再因循玩泄如故者，臣會同撫臣糾參拿問，不止以革任回衛，聽其倖圖自便已也。

再照一鎮之中，邊長千里，城堡七十餘座，必上下同心合力，事乃有濟。如一協將專司兩路，一路將統轄五六城堡，果協、路盡心經營於下，臣等細心提衡於上，何患弊習有不振哉？第見各將習多瞻徇，事每荒怠。再限周巡，臣首以協、路爲責成，此亦提挈領、畢群力，以奏實效之一端也，敬因糾參而并及之。

今歲民運解到不滿十分之二，致沿邊軍馬缺餉三月，嗷嗷待哺，情最迫切。至馬匹瘦損待斃，更屬可惜。撫臣已具疏，奉旨嚴催。臣若不先行奏明，倘遇調遣，馬匹瘦弱，臣罪何辭？謹一并題知，伏乞聖明鑒察等因。

崇禎八年十二月二十六日奉聖旨："兵部知道。協、路各將有瞻徇怠泄的，該鎮即指實參處。餘已有旨了。"欽此欽遵。抄出到部送司，案呈到部。除札行該鎮，如協、路各將有瞻徇怠泄，即指實參處外，看得雲鎮洊被虜氛，自宜倍加振飭。馬化蛟歷任三年，百無一舉，且有虛冒情弊，革任元宜。其葉文煥、田梁柱，伍缺而不補，墩圮而未完，姑令降級，戴罪圖功自贖，亦策勵積弛之一道也。既經鎮臣覈奏，所當飭行，以肅邊政者耳。相應覆請，伏候敕下，將馬化蛟革任回衛，永不叙用[三九]。係世職。葉文煥、田梁柱各降乙級，戴罪圖功自贖[四〇]。

崇禎九年正月廿二[四一]日　署司事員外郎包鳳起
　　　　　　　　　冊庫員外郎王驥

兵部爲特糾怠玩守備等事奉旨咨行稿

兵部爲特糾怠玩守備等事，該本部題云云等因，崇禎九年正月二十八日太子少保、本部尚書、仍加俸一級張等具題。二十四日奉聖旨："馬化蛟著革任回衛，永不叙用。葉文煥、田梁柱各降壹級，戴罪圖功自贖。"欽此欽遵，抄出到部送司，案呈到部，擬合就行。爲此：

一、咨宣大總督、宣府巡撫、都察院，轉行宣、大巡按御史。

一、札王樸。

遵照明旨内事理欽遵施行。

崇禎玖年貳月初六[四二]日　郎中王升

　　　　　　　協贊員外郎包鳳起

　　　　　　　册庫員外郎王驥

缺官事推補山西河曲縣參將冷允登員缺疏[四三]

太子少保、兵部尚書、仍加俸一級臣張等謹題，爲缺官事：

職方清吏司案呈，照得分守山西河曲縣地方參將冷允登，近該兵科等衙門都給事中等官常自裕等拾遺題參不職。所有員缺合當推補，案呈到部。臣等據實推舉，得宣大總督標下左披營尤吉將軍、署都指揮僉事劉欽[四四]，甘肅鎮夷堡尤吉將軍、署都指揮僉事竇鳴鳳[四五]，俱各堪任。伏乞聖明於内簡命一員，仍以原官尤吉將軍職銜調管分守前項地方參將事。候命下之日，本部備查原擬責任，請敕一道賚付本官，欽遵任事。合用符驗旗牌照例就彼交代，具繇回奏。

計開擬堪分守山西河曲縣地方參將官二員：

劉欽。年四十一歲，係大同加銜官。崇禎七年十月，宣大總督張宗衡咨加守備，管標下左披營千總事。八年九月，宣大總督楊嗣昌題加尤吉管事。十一月，咨補標下左營尤吉。近該宣、大總督[四六]梁廷棟咨調。

竇鳴鳳。年四十二歲，係陝西西安前衛指揮僉事。崇禎元年六月，推陝西清軍兵道中軍守備。五年三月，推都司僉書，管陝西西固城守備事。八年十一月，推甘肅鎮夷堡尤吉。

崇禎九年正月廿五日　署司事員外郎包鳳起

　　　　　　　管理册庫員外郎王驥

兵部爲缺官事奉旨咨行稿

兵部爲缺官事，該本部題云云等因，崇禎九年正月二十七日太子少保、本部尚書、仍加俸一級張等具題。二月初一日奉聖旨："是。有點的依擬用。"欽此。内劉欽有點，抄出到部送司，案呈到部，擬合就行。爲此，除札仰劉欽定限本年月日〔四七〕到任，

一、咨山西巡撫，煩照欽依事理，行令本官依限到任。仍將到任日期同原奉本部札付并履歷緣繇呈報巡撫衙門繳部查考。如過限不到及不繳部札，定照近題事例參究施行。

一、咨都察院，轉行山西巡按御史，欽依〔四八〕事理，行令本官依限到任。如或過違，照例參究施行。

一、咨宣大總督。

一、札付劉欽。

崇禎玖年貳月初六〔四九〕日　　郎中王升

協贊員外郎包鳳起

册庫員外郎王驥

天險輿圖如故等事奉旨咨行稿〔五○〕

兵部爲天險輿圖如故，歸并祖制有更，懇乞聖明仍復分置古縣，以便民情，以固邊疆事：

職方清吏司案呈，奉本部送，准户部咨山西清吏司案呈，崇禎九年正月二十日奉本部送，户科抄出，該本部題前事等因。奉聖旨："這修復靈城係嚴疆急務，還著會同兵、工二部確議具奏，不得但以自行設處諉卸。"欽此欽遵，抄出到部送司。奉此，相應移咨兵、工二部，將修復靈城事宜再行確議咨會，以憑具覆。案呈到部，擬合就行。爲此，合咨兵部查照明旨内事理，煩爲速行確議，咨覆過部，以便會題施行等因到部送司。奉此看得，本

部惟脩築邊牆例有工犒，其他城工不與焉。今靈丘原係城工，本部不應工犒，但奉有"嚴疆急務"之旨。靈丘地在衝邊，合無照邊牆分認工犒，後不爲例。其鹽菜物料等費，應聽戶部及工部酌議。案呈到部，擬合就行。爲此：

一、咨戶部，合咨貴部煩爲查照，議覆施行。

崇禎玖年正月廿六日　署司事員外郎包鳳起

册庫員外郎王驥

缺官事推補山西廣武站守備沙廣雄員缺疏 [五一]

太子少保、兵部尚書、仍加俸一級臣張等謹題，爲缺官事：

職方清吏司案呈，照得守備山西廣武站地方沙廣雄，近該大同巡撫葉廷桂題參，奉旨革職，追贓究擬。所有員缺合當推補，案呈到部。臣等從公推舉，得登州叙功，題加守備候補山東青州左衛指揮同知丁秉忠，已推山西五寨堡防守、以都指揮體統行事、署指揮僉事候補宋良卿，俱各堪任。伏乞聖明於內簡命一員，守備前行地方。如用丁秉忠，照例以都指揮體統行事，命下之日，本部備查原擬責任，請敕一道，行令本官欽遵任事。

計開擬堪守備山西廣武站地方官二員：

丁秉忠。年三十二歲，係山東青州左衛指揮同知。崇禎六年十一月，登州叙功，題加守備。八年春試，技勇優等。

宋良卿。年四十三歲，係大同鎮虜衛千户。崇禎二年閏四月，注選山西五寨堡防守，因缺裁別用。

崇禎玖年正月廿七日　署司事員外郎包鳳起

册庫員外郎王驥

缺官事推補分守山西河東道中軍員缺疏 [五二]

太子少保、兵部尚書、仍加俸一級臣張等謹題，爲缺官事：

職方清吏司案呈，照得分守山西河東道中軍守備札委員缺，近奉明旨，通改部選，所有前缺相應推補，案呈到部。臣等從公推舉，得恢復四城叙功，題加中軍候補陳養昇、燕山左衛百户舍人李興茂，俱各堪任。伏乞聖明於内簡命一員，量升署指揮僉事，以小把總職衛管前項中軍守備。候命下之日，本部札令欽遵任事。

計開擬堪分守山西河東道中軍守備官二員：

陳養昇。年三十九歲，係保鎮天津衛籍。崇禎四年三月，恢復四城叙功，題加中軍。八年春試，技勇優等。

李興茂。年二十六歲，係燕山左衛百户舍人。崇禎八年春試，技勇優等。

崇禎九年正月廿七日　署司事員外郎包鳳起

册庫員外郎王驥

兵部爲缺官事奉旨咨行稿

兵部爲缺官事，該本部題云云等因，崇禎九年二月初一日太子少保、兵部尚書、仍加俸一級張等具題。初四日奉聖旨：“是。有點的依擬用。”欽此。内丁秉忠、陳養昇各有點。抄出到部送司，案呈到部，擬合就行。爲此，除札仰丁秉忠定限本年月日到任，陳養昇定限本年月日〔五三〕到任，

一、咨山西巡撫，煩照欽依事理，行令各官依限到任，仍將到任日期同原奉本部札付并履歷緣繇呈報巡撫衙門，繳部查考。如過限不到及不繳部札，定照近題事例，參究施行。

一、咨都察院，轉行山西巡按御史，照依欽依事理，行令各官依限到任，如或過違，照例參究施行。

一、咨宣大總督，煩照欽依事理，欽遵施行。

一、札付丁秉忠、陳養昇。

崇禎玖年貳月十二〔五四〕日　郎中王升

協贊員外郎包鳳起

册庫員外郎王驥

敬陳安邊定論等事疏〔五五〕

太子少保、兵部尚書、仍加俸一級臣張等謹題，爲敬陳安邊定論，仰祈聖斷，以建萬年之業事：

職方清吏司案呈，崇禎九年正月二十九日戌時奉本部送，御前發下紅本，該宣大總督梁廷棟題稱：竊照宣、大昔年備卜酋，其後備插酋。今卜、插皆亡，所備惟東奴。則薊、遼、宣、大當通力合作，方足以制奴之死命。制之之道，臣以兩言決之，曰"急用登、遼之海，大修宣、雲之邊"而已。按國家建置宣府、直隸、京師，而以遼鎮隸之東省，原有深意。蓋鑒於前代遼人之犯中國多繇山後，而中國之取遼東必繇登州。故宣府比於畿甸，示不與邊鎮等。而通山東海道爲遼左上游之勢。昔人所謂"守宣、大，如護腦後風；通登遼，如過枕上師"，言所繫之重也。

今奴酋逼處瀋陽十餘年，朝廷費數百萬金錢擲之關、寧。既不用海，亦不渡河，坐守坐困，任其來於山後，無所不闌入，而我遼陽一鎮，東西南北，截爲四斷，遂成掉轉不靈之局。臣在樞部時，建議築大凌、實旅順，以通遼海之氣脉，籌恢剿之機括。經營若就，自喻祖宗之版章可復。而繼臣者以臣爲不祥，不敢執臣之説，遂舉二城拱手送賊。猶幸各島未失，關、寧無恙。進取著數，尚有可圖。儻委用得人，提掇有法，使關、寧、登、島打成一片，如呼吸之相應，如指臂之相使，不約師期即以奴之動静爲期，不分兵路即以奴之進退爲路。勢險節短，更番極肆，使之欲戰不得，欲走不能，不出三年，其別部必離，馬雲、葉旺之功可復許也。

至於修邊，則先臣餘子俊、翁萬達皆有遺憾。蓋子俊事當創始，未免懷"欲速"之心。而萬達志存廓大，未深求設險之道。尹耕有云："邊不附險，與無邊同；堡不近邊，與無堡同。"此城塞之格言也。今宣、大雖有邊墻，多在出口平坡，不得地利。如榆關設於山海阨要之間，故以捌里之墻爲神京壹重門限。若近東幾拾步、近西幾拾步，南北相去，便成窵遠，雖數萬人守之，不足限虜馬矣。趁今卜、插俱亡，邊外無賊，臣臆欲於衝要邊口可通大舉者，就山陬之中，橫築邊臺。其制度略仿薊鎮而高厚過之，大約兩鎮不過二三十處，寬者數十里，窄者數里，以三萬人修之，日給米三升，大破三年所費，不過百萬餘金，而遺封疆萬世之永賴，度亦聖明之所鑒允也。臣鄉黨自好之士，本不知兵，誤蒙皇上任使，不敢不竭其愚誠。見今日民窮盜起，脊脊多故，若不上緊收拾，恐事變沓來，愈不可爲。臣考祖宗朝制虜固圉皆不避大險而卒成大功，不惜大費而卒成大省。今食遼餉者，坐視海內之敝，不羞定大計，宣、大年年修邊，不過補苴塗塈，甚至樽[五六]節軍餉，以佐板築。以此支吾歲月，苟免刑罰則可耳，謂之邊政，臣所未解。伏乞敕下該部覆議，如以邊當實修，臣言可采，臣便會同撫鎮，選委甲科推官親行相度，務期一勞永逸。然必與用海并舉，庶奴酋牽制不來，不至蹈大凌之覆轍也等因。

崇禎玖年正月二十五日奉聖旨："該部看議速奏。"欽此欽遵。恭捧到部送司，案呈到部。看得用海修邊，委屬制奴長策，顧邇來出海之舉，已有成議，是在撫鎮諸臣務相聯絡照應，如督臣"關、寧、登、島打成一片"之説，臣部已密行各撫鎮，責以同心戮力，諸臣仰體皇上除凶之意慮，無不相矢共濟也。惟是宣、大邊垣多在坡原漫衍之地，不如薊門一帶層巒疊嶂，密邇相聯，可以因勢修築者。今督臣欲就山陬之中橫築邊臺，略仿薊鎮之制，以爲萬年永賴，其議誠善，但止言規度大略，而就中山形地勢、里道工程尚未詳明開列。作事謀始，不厭周咨，合無仍敕督臣親自行邊閱視，果否山險，在舊邊以外，在舊邊以內；兩鎮應修二三十處，宣府確有幾處，大同確有幾處，某處係其地名，寬者數十里，窄者數里，其寬窄里數從何處起，何處止，一一查勘詳悉，悉繪圖進覽，仰候聖裁。

若夫應用夫三萬人當於何頃派撥，日給米三升當於何處關支，而一切磚石工料動何物力措辦，皆宜計議停妥，庶鳩工集事之日，免致周章。果其一勞永逸，鞏固金湯，則以大費而成大省，百萬金錢亦非廟堂之所吝惜也。緣奉有"看議速奏"之旨，相應覆請，伏候敕下，遵奉施行。

崇禎玖年正月廿七[五七]日　署司事員外郎包鳳起

册庫員外郎王驥

兵部爲敬陳安邊等事奉旨咨行稿

兵部爲敬陳安邊等事，該本部題云云等因，崇禎九年正月二十八日太子少保、本部尚書、仍加俸壹級張等具題。二月初二日奉聖旨："奏内因險横築邊臺事宜，著該督即將兩鎮山形地勢、里道工程逐一閱勘，熟籌詳明，繪圖進覽。其應用夫料錢糧，俟有定議另行奏奪。并'用海勢險節短'等語，亦未見實著，有何機宜還遵前旨密奏。"欽此欽遵，恭捧到部送司，案呈到部，擬合就行。爲此：

一、咨宣大總督[五八]

奴酋疊犯朔郡等事疏[五九]

太子少保、兵部尚書、仍加俸一級臣張等謹題，爲奴酋疊犯朔郡，極在孤衝，懇乞聖明極圖扼要，議兵設將，以杜奔突之路，以保孤城，以奠三晉門户事：

職方清吏司案呈，崇禎九年正月二十二日奉本部送，兵科抄出，大同巡撫葉廷桂題稱：臣於崇禎八年十月十五日准兵部咨，該樂昌王薅鈝奏稱，慨自奴酋客歲入犯，飽揚而去，今乃横熾而復來，則虜衆狂逞，無處不被蹂躪。然兵火屢遭，窮民思亂，朔郡彈丸小邑，勢難固守，震驚之恐岌岌矣。六月十一日，虜從井坪路迎恩、敗胡堡邊界進口，連傳烽火不絶，臣失措靡寧。至十四日黎明，臣登城瞭望，只見北坡劉家口一帶塵土遮天，自寅至酉，大舉賊擁，直薄城下，四面圍繞。幸本城守備季國祚、中軍王澤等用火炮多方擊賊，城東北角打死奴賊數多，俱被拖尸而去，頃刻離城南下陽方口矣。至七月初四日，旋回代茹越口出，到應州境。至初九日，從朔郡城北坡劉家口原路遁迄。如此守禦，雖無決戰，亦可少挫其鋒鋭，似應紀録，以責後效。

臣切謂，虜之鴟張，視朔郡爲孔道，便爲熟境之路，突來突往，在之内地堤防綢繆，宜預時刻，不容緩懈。然此朔郡之兵能有幾何？儻臨時猝無可調，又何所恃以無恐乎？臣查本州古額設在城援老二營馬步軍一千七百名，今除各項抽調占役止存在伍不滿六百名，近議撥山陰二百名矣。按查城頭垛口炮眼二千有餘，即此軍數其何以守禦，壯城聲靈？臣因是久以爲朔郡單弱空虛，惟有急宜增兵設將，把截扼要計耳。不然，悠悠忽忽，殘殺之餘生不堪再誤。臣曾前疏入告，朔郡極在孤衝，與晉相連，大非無事之區。議請發紅夷大炮，兼整刷兵馬，修理城池濠塹等項，以壯晉之門户，迄今杳然無聞，竟不知部議作何覆請。伏乞皇上敕下該部，酌議關係，區處何者最急，兵宜增加；何者略緩，兵宜裁減。統計籌畫，庶可濟用。

抑臣更有慮者，方今奴虜蹂躪之後，本城貧宗擁臣府門，啼饑號寒，甚有死而無葬者，令人目不忍見，情固可憫，事實可慮。查崇禎六年九月，宗禄欠至七千七百兩，每年額禄缺欠二千有奇。奉有明旨“議處抵補”，經今二載，雖部文極催如雨，藩司尚未議定。幸而七年分蠲免之禄糧近蒙聖恩以餘地租銀抵充，而八年分分毫未給。衣食計窘，無所不至。臣見州庫如洗，凑濟無術。目今斗粟五錢，西成之日已是如斯，過此以往，冬春雨雪，薪米桂珠，哀此宗盟，不死於兵戈，便死於捐瘠矣！興言及此，臣每淚盡而繼之以血矣！臣查山西布政司庫貯有無礙商稅一項，向充本處支用，計銀一萬二千七百三十兩，正可抵補欠祿。又貯有補祿鹽課一項，計銀四千餘兩，正堪每年撥給二千兩，以充額祿。再照鎮城貧宗貧民去歲被虜之後，俱蒙聖恩軫恤，普施賑濟，獨朔郡貧宗苦於無告，未獲沾恩。切思朔地比鎮城更極邊疲，且二次被虜，困苦尤甚，則此輩貧宗不無望恩之想，儻非泣籲聖慈，昭蘇枯槁，則臣下真是點金無術，臣亦萬不獲已，不得不爲控陳。伏惟聖明鑒察，急敕該部酌議，速奏施行等因。

崇禎八年九月二十八日奉聖旨：“覽奏所請，該州增兵及宗祿賑濟事宜，該部看議速奏。”欽此欽遵。除宗祿賑濟事宜聽戶部議覆外，看得朔州一城與山西陽方口接壤，素號孤衝，去歲今年兩經奴虜窺伺，兵力單虛，不足捍禦，誠爲可虞。樂昌王目擊心驚，故有增兵之請，蓋爲思患預防計似不容已。惟是雲鎮經制已定，增兵必須議餉。當此內外匱詘，勢難議增，合敕撫鎮酌量全鎮緩急，摘撥兵丁數百名赴彼防禦，庶餉不加增而孤城恃以無恐，計亦便耳等因。

本年十月初七日奉聖旨：“朔州孤衝，據原疏額設營軍今僅存三分之一，是何緣故？還著該督撫查明，將增補事宜酌議奏奪。”欽此欽遵。備咨前來，又准總督軍門咨同前事，准此俱經備行該道查議去後，今崇禎九年正月初四日，據分守冀北道右參議、今致仕寇慎呈稱：隨經移會鎮守及行南路查議去後，今據該路通判王秉哲呈稱，查得本城老家營原額旗軍七百三十一名，內除天啓六年奉文，大同調去鐵匠并募丁幫糧一十四名，糧隨大同前衛造支，崇禎六年奉文，改撥平虜右翼營銚兵軍三十名，糧隨平虜衛造支，總鎮鄉導一名，哨備守墩軍士八十四名，走遞長夫二十五名，共一百五十四名，見在守城五百七十七名，儘數俱派城上炮眼防禦賊虜，此向來本城老家營守備所轄之軍數也。再查本城另有援兵一營，原額旗軍九百七十名，係繇井坪路參將所轄，有事屢調防邊，不係守備所管。新定經制將援兵營裁去，改入本城守兵軍四百二十五名，連前守備所管老家營軍，共足新制一千一百一十一名，内設馬兵四十名，塘撥十二名，守兵八百名，走遞軍二十五名，哨備墩軍八十四名，又打造局軍一百五十名，此今日新定經制守備所轄之軍數也。總計軍有定數，合用之則見其多，分用之則見其少。援兵一營額設雖在朔城，乃井坪路所轄左哨，防邊修工，不時調援，惟本城老家營原額旗軍七百三十一名責專城守，向亦屢調工作。除改撥等項四十五名外，墩軍各有信守長夫，止供走遞，其餘撥探賊情、把守門禁、倉塌火藥等等緊要用不可少。但城上垛口三千有零，分派炮眼委不敷用。去歲今年奴虜連犯，雖幸保全，然時報東奴西行，城守爲重，此樂昌王目擊心憂，有增兵設將之請也。

今新定經制，本城守兵及哨備共軍九百六十一名，惟局軍一百五十名見供打造，若事竣盡令入伍操練，不增餉，不溢額，就新制以收實效，亦爲便計等因。又准總兵王樸手本，查得先年雲鎮全鎮官兵一十三萬五千七百七十八員名。即萬曆末年間，猶有八萬五千三百員名，是以各城堡兵數俱廣。年來遞減遞裁，今歲新定經制，減至七萬七千一百五十員名，故朔州一城開派一千一百一十一名。今樂昌王所奏，因城守不足請增兵士，洵維城極務。案查去年舊額，原係七百三十一名，昨因藩封重地，故經制内增數四百有餘，若欲再添兵伍，必須再議餉。時詘舉贏，勢難再舉，合無凡遇有警，將新設山陰城游擊帶領兵六百四員名貼守朔城。如果無事，在原信訓練；有警，不待調遣，星赴策援。庶餉制不溢，重地亦可保無虞矣。等因到道。

爲照朔州城援兵營原額軍九百七十名，係井坪路左哨之軍，然營伍雖在朔州設立，而調援繫於井坪參將也。至如老家營原額軍七百三十一名內大同調去鐵匠幫糧一十四名，改撥平虜鋒兵三十名，總鎮鄉導一名，哨備墩軍捌十四名，走遞長夫二十五名，共一百五十四名，彼時虜犯之日，而援兵營軍士盡調於井坪路屬城堡防範，止有老家營見在城軍五百七十七名，盡數派守炮眼。此援老二營額軍僅存三分之一故也。再照樂昌王所奏增兵設將之請，原爲思患預防之計，及查老家營舊額軍士，除調去鐵匠幫糧改撥鋒兵外，實在六百八十六名。今新定經制將援兵營裁去，改入老家營軍四百二十五名，共合一千一百一十一名。然欲增兵，必須增餉。值今日內外匱詘，勢難舉行，不若將山陰新設游兵游擊統兵六百名，遇有事赴朔貼防，無事在彼訓練。斯兵餉不溢額外，而孤城亦足恃賴矣等因解詳到臣，時值督臣梁廷棟尚未履任，該臣議照朔州一城，肩背平、井，壤接寧、代。虜騎闌入，多繇斯地，原屬極衝要區。該城額設二營：一曰援兵，計軍九百七十名，雖居此城，向屬井坪參將調遣，一曰老家，計軍七百三十餘名，隸之守備統轄，去歲奴犯迎恩，路將調援兵分防邊堡，所遣老家軍，除哨備、長夫等項，止存五百七十有奇，派守雉堞，不足捍防。三分存一，職此故耳。樂昌王目擊城守單危，所以有增兵設將之請。今查新定經制，裁去援兵，改入老家營四百二十餘名，總計該城實有一千一百有奇之兵矣。除打造、哨備外，亦足以守。脫有警急，山陰游兵去朔百里，馳援貼防可資一臂。增設兵將之議，似無煩再計爲也。相應題請，伏乞敕下兵部，查照施行等因。

崇禎九年正月二十一日奉聖旨："兵部看議速覆。"欽此欽遵。抄出到部送司，案呈到部。看得朔州處極衝之地，而止老家營軍伍百柒拾柒名登陴防守，此外雖有援兵營玖百柒拾名，然隸於井坪參將，且屢調防邊，該州不得賴緩急焉。此樂昌王所以有增兵設將之請也。今業新定經制，援兵改入老家者四百二十五名，合哨備、長夫等項，共軍壹千壹佰有奇，亦可以資干撥而固牧圍矣。況又有山陰游兵六百名，統以游擊一員，聞警可以策應，則兵不增而有兵，將不設而有將，於以省餉餉備，均有攸賴。相應准從，無煩更議者也。既經奉有"看議速奏"之旨，相應覆請，伏候敕下，遵奉施行。

崇禎玖年正月廿九[六〇]日　署司事員外郎包鳳起

册庫員外郎王驥

兵部爲奴酋疊犯等事奉旨咨行稿

兵部爲奴酋疊犯等事，該本部題云云等因。崇禎九年二月初三日太子少保、本部尚書、仍加俸一級張等具題。初六日奉聖旨："據奏，老家營兵新定經制已增山陰游兵，臨警可以策應。該藩所請兵將不必更議。"欽此欽遵，抄出到部送司，案呈到部，擬合就行。爲此：

一、咨宣大總督、大同巡撫、都察院，轉行宣、大巡按御史，照依明旨内事理欽遵施行。

崇禎玖年貳月十一日　郎中王升

協贊員外郎包鳳起

册庫員外郎王驥

備弁鑽營有玷官箴乞敕立賜褫斥等事疏[六一]

太子少保、兵部尚書、仍加俸一級臣張等謹題，爲備弁鑽營，有玷官箴，乞敕立賜褫斥，另行推補，以示儆戒事：

職方清吏司案呈，崇禎八年十二月十七日奉本部送，兵科抄出，大同巡撫葉廷桂題稱：臣於本年八月二十七日准督臣楊嗣昌咨開，鎮門堡守備劉承惠在任本無他過，近因遊棍安寰乞恩青目，本部院提到親審，安寰乃真定府人，曾在關、寧抄寫前鋒小報者，輒敢指稱門下之官，希圖誆騙。承惠與之交結，捏寫乞恩書稟，此其目中寧知有三尺乎？安寰重杖究懲，承惠法當褫斥。此本部院義不敢私，立批革任意也。至於員缺推補，則屬通鎮之官，應聽巡撫為政。煩請咨部推補等因到臣。

該臣查得劉承惠交結非人，捏投書刺，雖經批革，仍當參題，開缺另推。隨行該道，據法擬參呈詳，日久未報。又經行催劉承惠鑽營始末情繇易於完報，如何遲遲，該道立刻詳報去後，今本年十二月初二日，始據陽和兵備道副使竇可進呈，據大同府東路同知鄭獨復呈稱，遵將官犯劉承惠行提到官，審得劉承惠供稱，係大同左衛右所實授百户職級，管大同東路參將所轄鎮門堡都司管守溝事務。有安寰係直隸真定府民，先年間在關、寧抄寫前鋒小報，投謁前任關撫、今升宣、大軍門楊嗣昌門下。於崇禎八年八月初十日出京，十六日到鎮門堡。彼時承惠在邊上查邊，安寰隨寫一書，內云：“久慕雄資，武英魁首，弟會此一面。”及承惠事畢，回堡相見，寰口稱“要與乞恩青目”，承惠説：“軍門從來不依情，一説便壞事，我不敢。”安寰説：“我是舊門下，看言語方便間稟説不妨。”承惠面推脱，安寰説：“我又不要你東西，如何固執到這個田地，怎麼做官？”承惠説：“憑你罷。”以致安寰於十七日投見，輒自書寫稟帖，帶投軍門，“乞與承惠青目恩顧”等語。當經軍門楊嗣昌將安寰重杖責治，將承惠即批褫斥等因到職。

看得劉承惠歷事邊疆，本無他過，止於安寰乞恩青目一事，始而力阻，稱軍門比不允情，是已後乃隨從，則骨力之不堅也。繼果軍門即批革任，而不至挂彈章者。以其誤聽安寰書寫青目稟帖，而審無賄求鑽營之實，或姑寬之，以開自新之地耳。又查，本官以客歲奴入，親斬首級一顆，有功，已經軍門題奉明旨，准加署銜一級，樞部近復陪推，棄之不無可惜。今或以功過相准，鐫其加級而調簡腹裏，庶使過使功兩得其平等因呈詳到道參。看得劉承惠歷任守備，實無他過，軍門亦鑒之即安寰以投禀青目之言娓娓説之，而初不爲動，不謂“我不要你東西”之言出，而該弁遂成否聽之矣。安寰假軍門之舊役，以愚該弁，而該弁以不相照管之意而自愚其身，則骨力之未堅也。第查本無營賄之情，且有斬獲之功，情可原也，而功亦相準，或姑開一面，如路議鐫其加級，量調腹裏。斯亦使過之一端乎等因到臣。

該臣看得，劉承惠平日居官雖未聞有顯纇可指，其交結捏寫書禀之言已見之於督臣咨文之内，則就中妄希速化之情，恐不能曲爲之諱也。即此一事便與官箴有玷，已爲督臣立批革任。而道、廳量調腹裏之議何須又爲本官下一轉語，留一餘地也？胡不思“鑽營”兩字大干功令？安寰以風馬牛不相及之人，果未營賄，無故輒與乞恩，積猾遊棍不應若是之愚也。據法褫革，已爲介胄鑽營之戒，相應題請，伏乞敕下兵部，再加查議。合無將劉承惠革任回衛所，所遺員缺極行推補，庶武弁知儆，奔競之風可少杜矣等因。

崇禎八年十二月十六日奉聖旨：“兵部知道。”欽此欽遵。抄出到部送司，案呈到部。看得守備劉承惠，官守弗恪，妄聽乞請，雖曰向有首功，夙無他過，然胡不自愛其鼎，而爲棍徒安寰一面游詞所煽也？拒之不堅，致干督府，即無賄營之實，已冒鑽托之嫌，該弁亦何以自解乎？相應如議，革任回衛，令其悔過自新者也。既經題參前來，相應覆請，伏候敕下，將劉承惠革任回衛[六二]。查係世職。緣係備弁鑽營，有玷官箴，乞敕立賜褫斥，另行推補，以示儆戒事[六三]。

崇禎玖年貳月初七^{〔六四〕}日　郎中王升

協贊員外郎包鳳起

册庫員外郎王驥

兵部爲備弁鑽營有玷官箴等事奉旨咨行稿

兵部爲備弁鑽營有玷等事，該本部題云云等因，崇禎九年二月初九日太子少保、本部尚書、仍加俸一級張等具題。十一日奉聖旨："劉承惠著革任回衛。"欽此欽遵，抄出到部送司，案呈到部，擬合就行。爲此：

一、咨宣大總督、大同巡撫、都察院，轉行宣、大巡按御史，照依明旨内事理欽遵施行。

崇禎玖年貳月十五日　郎中王升

協贊員外郎包鳳起

册庫員外郎王驥

極議就近酌補等事疏^{〔六五〕}

太子少保、兵部尚書、仍加俸一級臣張等謹題，爲極議就近酌補協將，以便整練新營事：

職方清吏司案呈，崇禎九年二月十四日奉本部送，兵科抄出，大同巡撫葉廷桂題稱：臣所轄大同一鎮，昔分八路，每路各以參將統之。近更經制，以騎兵一營、鋒兵三營改設四協，每協各管二路。東協駐札天城，分轄新平、天城。南協駐札平虜，分轄井坪、平虜。其職掌同、關係同也。獨是東協之兵，乃三鋒營所分撥集合之兵，營伍初立，整頓爲難，且地疲人窮，統馭非易。以故，立營之後，軍士旋補旋逃，馬匹器甲强半未就。臣方鰓鰓爲此協憂，而該協副將鍾宇以軍政罷斥，且分轄之天城參將羅俊杰久未抵任。兹新平參將張守印又升南協副將，是一協兩路俱無人矣。

臣反復思維，有可得而言者：新平距天城僅六十里，其地近也。新平、天城土壤相接，軍務邊情不相懸殊，人情習也。新平極處山後，一綫崎嶇，逼處虜地，與平虜緩急亦無分也。張守印勇略可用，樞臣用之南協，稱得人矣。竊東協、南協皆臣所屬地方，守印用之南協於用之東協皆可隨地效用，而臣則以爲守印與其用之南協，不若就近用之東協，所謂朝聞命而夕受事者正此也，所謂駕輕車而就熟路者正此也。蓋用守印於南協，而東協另推，則兩處皆成新嘗；用守印於東協，而南協另推，則省便已思過半。況均之協守，職無軒輊，而略加轉移，非有窒礙。在樞部或因南協缺出在前，故急以守印補之。若同時缺出，未必不又有一番化裁也。且樞部以本鎮之官推補本鎮之缺，原從就近就便起見，若再以本協之官改補本協之缺，近莫近於此，便莫便於此矣。儻以苦難論，則東協爲甚，守印必不樂以此易彼。臣爲地方計，不爲本官計也。臣謹會同兵部右侍郎總督宣、大山西軍務梁廷棟合詞上請，伏乞敕下兵部，再加查議。合無將張守印即補東協副將，其南協副將另行推補。儻東協新推有人，即用以補南協，一轉移間，其有裨於嚴邊者不淺矣等因。

崇禎九年二月十三日奉聖旨："兵部知道。"欽此欽遵，抄出到部送司，案呈到部。看得大同東西兩協將先後并缺，臣部以南協出缺在前，故極以新平參將張守印補之。此以本鎮之官補本鎮之缺，已爲近便。今該撫又請以東協之官補東協之缺，更爲輕熟，此不過略加轉移，實無窒礙。伏乞敕下臣部，即將張守印改升東協副總兵，遺下南協員缺容臣部另行推補。既經具題前來，相應覆請，合候命下，遵奉施行。

崇禎九年二月十六[六六]日　郎中王升

　　　　　　協贊司事員外郎包鳳起

　　　　　　管理册庫員外郎王驥

兵部爲極議就近酌補等事奉旨咨行稿

兵部爲極議就近酌補等事，該本部題云云等因，崇禎九年二月十九日太子少保、本部尚書、仍加俸一級張等具題。二十二日奉聖旨："是。"欽此欽遵，抄出到部送司，案呈到部，擬合就行。爲此，除札仰張守印限定本年月日到任外，

一、咨大同巡撫，合咨前去，煩照本部覆奉欽依事理，行令本官依限到任。仍將到任日期同原奉本部札付并履歷緣繇呈報巡撫衙門，繳部查考。如過限不到及不繳部札，定照近題事例參究施行。

一、咨都察院，轉行宣、大巡按御史，照依本部覆奉欽依事理，行令本官依限到任。如或過違，照例參究施行。

一、咨宣大總督。

一、札付張守印。

崇禎玖年貳月卅日　郎中王升

　　　　　　　協贊員外郎包鳳起

　　　　　　　册庫員外郎王驥

奴報甚急等事疏〔六七〕

太子少保、兵部尚書、仍加俸一級臣張等謹題，爲奴報甚急，標將乏人，乞敕兵部速推，以便策應事：

職方清吏司案呈，崇禎九年二月二十日奉本部送，兵科抄出，宣大總督梁廷棟題稱：照得臣標下三營專爲應援三鎮而設，兵皆戰兵，將皆戰將，時刻不可缺人。今左營游擊劉欽推升河保參將，遺下員缺尚未見推，忽接密雲小報，奴酋不知其數，隨帶盔甲車輛，從東往西行走，已過薊鎮義院口，則入犯宣、雲只在數日之間矣。若候新官，恐援不及事，合無仍令本官管理營務，

虜過之日再議升遷。如以陝西有奴酋之報，防河亦在所急，則原任參將方裕崑見在標下聽用，可以就近推補。蓋本官先任新平參將，當插酋初逐卜酋之時，乘勝闖邊，擁入新平，本官殺貴英恰等百級，虜氣始折，一時稱爲奇功快事。後因款事告成，斥革本官以謝插酋，雲中將吏人人憤惋。今插勢已敗，奴焰方張，正須果毅殺賊之將爲勇敢之倡。事急矣，伏乞敕下兵部，或仍留劉欽，或起用方裕崑，即日具覆，刻期任事。庶臣指臂有人，得效禦侮之力也等因。

崇禎九年二月二十日奉聖旨："兵部即日具覆。"欽此欽遵，抄出到部送司，案呈到部。看得，督臣標下左營游擊劉欽，員缺已推甘肅洪水堡游擊張際填補。此督臣在西寧時，素所賞識，平時極稱其驍果善戰，故即以應督臣之用。今聞奴報甚棘，恐本官未能刻期到任，欲仍留劉欽料理營務，臣部以兩弁俱奉俞旨，不便屢更，不如暫留劉欽管事，俟催張際到日，交代可耳。若原任新平堡參將方裕崑，有殺貴英恰一案，實爲奇功。今新平現缺參將，正難其人，即起用本官填補，其感奮更當倍也。既經具題前來，相應覆請，伏乞敕下，將劉欽暫留管事[六八]，方裕崑起補新平堡[六九]參將。緣奉有"即日具覆"之旨，因科抄戌時到部，燈下繕寫，遂致越宿，統祈聖明鑒宥。

崇禎九年二月廿[七〇]日　郎中王升

協贊司事員外郎包鳳起

管理册庫員外郎王驥

兵部爲奴報甚急等事奉旨咨行稿

兵部爲奴報甚急等事，該本部題云云等因，崇禎九年二月二十一日太子少保、本部尚書、仍加俸一級張等具題，本日奉聖旨："是。方裕崑依擬起補。"欽此欽遵，抄出到部送司，案呈

到部，擬合就行。爲此，除札仰方裕崑定限本年月日[七一]到任，

一、咨大同巡撫，煩照欽依事理，行令本官依限到任。仍將到任日期同原奉本部札付并履歷緣繇呈報巡撫衙門，繳部查考。如過限不到及不繳部札，定照近題事例參究施行。

一、咨都察院，轉行宣、大巡按御史，照依欽依事理，行令本官依限到任，如或過違，照例參究施行。

一、咨宣大總督。

一、合具揭帖，差主事賫赴内府翰林院，請寫敕書施行。

計開請敕官一員，分守大同新平堡地方參將、署都指揮僉事方裕崑。查得本官原擬責任駐札本堡城，管轄新平、保平、平遠三堡，并保平以東、西陽和迤東等處地方，務照信地修理墩臺、補鑿墻塹、操練軍馬、撫恤士卒，按伏險要，防剿虜寇。有警，與天城參將互相策應。如賊勢重大，分傳兩鎮援剿，仍聽總督鎮巡官節制。須持廉奉法，以副委任，毋得因循怠玩，自取罪愆。

一、札方裕崑、劉欽。

崇禎玖年貳月廿四[七二]日　郎中王升

　　　　　　協贊員外郎包鳳起

　　　　　　册庫員外郎王驥

遵旨具奏事疏[七三]

太子少保、兵部尚書、仍加俸一級臣張等謹題，爲遵旨具奏事：

職方清吏司案呈，崇禎九年正月二十一日奉本部送，兵科抄出，大同巡撫葉廷桂題稱：臣於崇禎八年八月初十日准兵部咨，爲奴報東西并急，認兵已試成虛。驚接部咨，猶指去年虛數，責臣調度，臣不敢不明請聖裁事。該臣具題宣大總督楊嗣昌題簡練戰兵緣繇。前事本部議覆内開：看得雲鎮官軍經制八萬五千有

奇，崇禎四年間，該鎮於内認精兵二萬，前歲又選募鋒兵一萬。去年以奴虜入犯之後奉旨“除精鋒名色改爲戰兵，期於實堪剿禦”隨行餉查，舊十一月内，該前監視劉文忠題，認堪戰精鋒兵四萬八千七百九十名。後督臣楊嗣昌謂其數盡子虚，再奉旨查覈。今撫臣葉廷桂奏稱，於各營路挑選，止得戰兵一萬四百名，合之監臣所報之數，少去三萬八千三百九十名矣。

惟是臣部前歲議設鋒兵一萬，皆食雙糧，給有馬匹。迄今未逾二年，盡化烏有，殊爲可駭。如以此一萬之數俱屬鋒兵，則前此二萬精兵又歸烏有。二者必居一於此矣。至於新募健丁五千，專以備奴，奉有“數目短少，總兵當罪”之旨，近監臣魏國徵親詣教塲，逐名點過，四千三百零二名，未足額者，止六百九十八名耳。昨王樸禦奴於迎恩，塘報中僅疲丁一千五百，其餘健丁不知又歸何處。即撫臣所報一萬四百名戰兵，亦不隨鎮臣剿賊。所謂“養兵千日，用在一朝”者，竟安在也？伏乞敕下該撫監嚴加查覈：精、鋒兵原報三萬，因何止存一萬四百，健丁點過四千三百二名，因何御奴止一千五百。逐一查究明白，按籍募足，上緊訓練，無致奴來興嘆於束手，庶巖疆之振勵猶可期也等因。

本年七月二十六日奉聖旨：“前精、鋒兵覈查盡係虚數，殊可詫恨！乃新募健丁，該監所報，親經查點，四千三百餘名；昨禦迎恩又止稱疲丁一千五百，是何緣故？即各行奏明。還著該撫監按鎮會同，嚴加查覈，實點實報，務按籍募足，上緊訓練，毋得少玩！”欽此欽遵，備咨前來。除健丁迎恩禦虜僅疲丁一千五百緣故及五千健丁之實報，臣與監臣魏國徵查覈點明，已各具疏回奏外，其精、鋒兵今報與原報短少情繇又經備行各道，會同總兵官詳查另報去後，今崇禎八年十二月二十日，據山西布按二司兵備守巡冀北道副使竇可進、丘民仰，右參議聶明楷，右參議降四級管事寇慎會呈，行准鎮守大同總兵王樸手本回稱，查得前撫監鎮將全鎮各營衛所共選報戰兵四萬八千七百九十名，因去歲大虜入犯，戰兵未得實用，其名實未孚可知，且空全鎮七十城堡之兵，以湊四萬八千餘堪戰之數，恐脫有緊急，城守乏人。是以軍門楊嗣昌鑒前毖後，有戰兵屢試成虛之題，因今春奴報西來，有先選戰兵一萬調援之行，此先後所報戰兵多少互異之根因也。至於新定經制，全鎮各城堡共額戰兵二萬五千五百四十六名。見今循名責實，嚴行督課，如遇有警，亦權衡於戰守緩急，相機調遣，固未敢盡檄各邊以虛守，亦未敢勢分力寡以薄戰，又在臨時調度耳等因。移文各道，會呈到臣。該臣看得，雲鎮額兵八萬五千乃舊制也，前因逃亡事故，多不滿額，節任督撫諸臣，率因其數而止，原未求滿其額。至崇禎六年，添設鋒兵一萬，半取舊伍，半召新募，僅及八萬五千，非溢於舊制額外也。崇禎七年奴虜入犯，前項兵丁在於原設城堡守禦，難於一時聚集，所謂"未得實用"者也。本年十一月內，奉旨責成監臣將見在新舊各兵實數查奏，於時監視劉文忠將全鎮兵額除去守城、守墩及幫糧缺額、逃、故、見召之數，見在應出戰者，通計軍門左右并標正、游兵八路、各城堡奇援、衛所團操、鋒兵總共四萬八千七百九十名具疏上聞，有冊在部。此舉全鎮各營城堡應出徵戰大數而言也。至後軍門將左右二營并東京入衛一營改爲節制三營，割去戰兵三千五百餘名，即在監視原題數內及樞臣舉全數而責督臣楊嗣昌拒敵，而督臣因以認兵已試成虛入告，豈是四萬八千軍丁盡屬子虛？蓋或改爲節制，或散諸城堡，不能團集一處以尅大敵，所以有此言也。繼該督臣行文總兵王樸，先挑馬步精兵一萬，并何將統領，以備調度衝鋒，仍將堪備二次調遣者續報，以爲後繼。鎮臣即挑戰兵一萬四百名，擬用參將張守印等統領，聽督臣調遣。其餘實在數目見定花名，聽鎮臣統領應援。此臣之題報原據鎮臣手本，先挑一萬四百名，非以此而盡雲鎮之戰兵也。樞臣見前後所報多寡懸殊，烏得無言？其實軍丁散之於各城堡，監視已先言之，督臣復後言之，而先挑之一萬四百與繼後備調者未曾剖悉詳明，此其所以致樞臣之疑，而請嚴綸之查究，仰塵聖明之詰問也。兹更定經制，除去節制三營與夫健兵二營，而西協八路各營城堡僅得戰兵二萬五千五百四十六名，則前此之四萬八千爲闔鎮城堡之全數益彰明較著無疑矣。惟是經制既定，戰守臚分，苟得糧餉如期，士馬果腹，臣等督率將領著實訓練，用以捍邊圉而壯軍威，是則臣等之職分，敢不昕夕圖維，仰副我皇上責成委任？而從前情事謹據實奏明，伏祈聖慈垂鑒等因。

崇禎九年正月二十日奉聖旨："兵部確覈具奏。"欽此欽遵。抄出到部送司，案呈到部。看得雲鎮戰兵除改爲節制即散諸城堡，實得二萬五千五百四十六名，鎮臣曾先挑一萬四百名，此已有確數可據者矣。其堪備後繼者，亦有實在數目，見定花名，此聽督臣不時調遣，爲鎮臣統領應援者。查覈已確，不容再有影借。從此督率訓練，必人人善戰，惟敵是求，某協有警即謀協策應，不至臨期推諉，庶不負一番整頓至意耳。既經奉有"確覈具奏"之旨，相應覆請，伏候敕下，遵奉施行。

崇禎九年二月廿一[七四]日　郎中王升
　　　　　　　協贊司事員外郎包鳳起
　　　　　　　管理册庫員外郎王驥

兵部爲遵旨具奏事奉旨咨行稿

兵部爲遵旨具奏事，該本部題云云等因，崇禎九年二月二十七日太子少保、本部尚書、仍加俸一級張等具題。三十日奉聖旨："雲鎮戰兵除改節制及健丁外，實得二萬五千五百有奇。既稱有確數可據，著該撫鎮嚴加訓練，務期實堪殺賊。如臨時仍以單弱卸飾，定行重治不貸！"欽此欽遵，擬合就行。爲此：

一、咨宣大總督、大同巡撫、都察院，轉行宣、大巡按御史，照依明旨事理欽遵施行。

一、札付王樸，遵照明旨內事理嚴加訓練，務期實勘殺賊。如臨時仍以單弱卸飾，定重治不貸。

崇禎九年三月初五[七五]日　郎中王升

協贊員外郎包鳳起

冊庫員外郎王驥

虜衆内附等事疏[七六]

太子少保、兵部尚書、仍加俸一級臣張等謹題，爲虜衆内附、邊患稍寧，乞及時大修邊政，以永圖治安事：

職方清吏司案呈，案照隆慶五年七月内該内閣撫臣具題前事，乞要嚴敕各該邊臣，趁此閑暇之時，將邊事大破常格，著實整頓。此後每年特差才望大臣，或風力科道，分投閱視。要見錢糧比上年積下若干，險隘比上年增修若干，兵馬比上年添補若干，器械比上年整造若干，其他屯田、鹽法以及諸事俱比上年拓廣若干，明白開報。若果著有勞績，當與擒斬同功。若果承襲故常，當與失機同罪等因。奉穆宗皇帝聖旨：“邊境既寧，邊政正宜及時修舉。覽卿等奏，具見爲國深遠忠猷。著兵部看議來行。”欽此。隨該本部覆議。候隆慶六年十月以後，分遣才望大臣閱視等因。奉穆宗皇帝聖旨：“都依擬，著實舉行。”欽此。續該本部條議薊、遼、保定三鎮與大同[七七]、山西、延、寧、甘、固，七鎮事體相同，通行閱視等因。奉穆宗皇帝聖旨：“依擬行。”欽此。又該萬曆三年正月内本部題議，以後三年，奏請閱視著爲定規等因。奉神宗皇帝聖旨：“是。”欽此。又查得萬曆十二年五月内該廣東道御史連格條陳“增閱限以周詢察”，本部覆議，以後遇差遣閱邊官員之時，查照原限各寬一月。在延、寧、甘、固限以十一個月。在宣、大、薊、遼，限以六個月，使其遍歷邊地，核實邊圖等因。奉神宗皇帝聖旨："是。"欽此。本年十月內該戶、兵二部會題，議將閱視事宜合無遵照前旨，仍三年一次，差遣或大臣、或科臣，或并責巡按、巡關兼理，俱聽兵部臨期奏請定奪等因。奉神宗皇帝聖旨："是。"欽此。十二月內該本部遵例具題，節奉神宗皇帝聖旨："各邊鎮事務全在督撫得人，平時用心整飭，及巡按御史隨事稽查。這三年閱視差官漸成虛套，反滋勞擾，今次且罷。著寫敕與各該巡按御史，遍關所屬地方邊備。"欽此。隨該本部具題請勅各邊巡按、巡關御史，閱視訖。又查得十八年十二月內該本部條議："一寬閱視之限；一定市賞之額；一敘在事之臣；一遵會同之旨"四事等因。奉神宗皇帝聖旨："是。"欽此。又查得二十一年閏十一月內該本部題，爲虜衆內附，邊患稍寧，乞及時大修邊政以永圖治安事，奉神宗皇帝聖旨："近年專遣閱視官，未見有益邊防，或反激變。今後只照舊例寫敕與各該巡按御史，用心稽查，從實具奏。其有邊臣飾虛弛備，御史不行糾舉，該科一并參來重治。"欽此。隨該本部遵旨照例具題，請勅八道。遼東、宣、大、山西、甘肅各巡按御史閱視本鎮所屬地方，薊鎮巡關御史會同巡按御史閱視宣薊、密、永昌、保定地方，真定巡按御史閱視龍固邊關等處，陝西巡按御史閱視延、綏、固原地方，巡按御史分閱寧夏一鎮。俱以勅到之日爲始，先完者，先行奏報，未完者，各以事完爲期，大約不過本年之內。惟其詳，不惟其速等因。

又查得，二十三年七月內該陝西總督李汶題，爲極塞時事孔棘，敬陳切要事宜等因，內條議臨洮改設總兵。又查得，三十八年正月內戶部先後兩疏，深慨錢糧耗盡，兵食匱乏，請復先年欽遣閱視，業經本部覆議，奉有欽依。隨該宣、大巡按吳亮題，爲邊疆宿弊宜袪，閱視新議未悉，敬陳愚慮，仰贊睿謨事。該本部

覆，奉神宗皇帝聖旨：“是。”欽此。又查得，四十二年三月內
該户部題，爲欽奉聖諭，詳查各邊增餉之故，悉議諸務可行之
實，仰祈聖明省覽，責成以收實效事，條議七款，內開三年閱
視，又宜妙選風力之臣，將此七事嚴爲查核，要見屯鹽等項果否
修舉，三年奏報是否虛實，總計功罪，以示勸懲。除八事册造報
外，此七事另造一册報本部等因。奉神宗皇帝聖旨：“是。邊餉
匱乏，內外各該管官皆當悉心料理。爾部既議擬詳悉，務要著實
遵行。如有仍前怠玩、虛文塞責的，著該科不時參奏。其隆慶元
年後加添兵餉緣繇，著督撫官詳細開明具奏。”欽此。又查得，
四十五年二月內該户部等部會題，爲欽奉明綸，從長會議兵餉要
務，仰祈聖明嚴飭諸司，交修實政，以維積虛之國計，以定久安
之廟謨事，內一款議講求屯田，照得屯田給餉古今良法，故七事
考成册內首及之。其言屯田之法，如清舊屯、墾新屯，立號紙開
載見種、荒蕪、侵漁三款，按籍而求，及歲終奏報，分別優升，
於法亦甚詳備矣。然猶有可講者：大約屯田之弊，莫甚於有田之
名無田之實。或投獻於勢家，或養廉於貪弁，彼久視爲故業矣。
欲一旦清出，小之飛詭難稽，大之蜚語四起，故屯卒不可行。今
一切立爲限制，養廉田地總兵止許二頃，副總兵止許一頃五十
畝，參將、游擊、都司、僉書止許一頃。坐營都司、守備，止許
七十畝，又止許課收子粒，不許占軍耕種。有限外多占一畝、擅
撥一軍者，即以贓論。其法一。各邊腴田既多豪强占種，撥軍開
墾，軍必垂涎見種無糧之田，故於開墾逾不著力。必有實心任事
之臣不辭怨勞，須明示見種之田止照例入糧，不許軍人奪種。其
法二。將官賣放一軍，歲得銀三四兩，若撥軍一百種田，便歲奪
其三四百金矣。則管田文官誰非怨府？故必於撥軍種田之將官院
道不時揭部，即與優升。其有田可耕、有軍可撥，而將官不肯撥
種者，聽督撫指名論劾。其法三。又如召人開墾者，自費功力開

種成田，將官及豪强之人便欲奪種，誰肯費無益之力，爲他人作計乎？故凡召人墾田者，即給帖令永遠爲業。其法四。既報成田之後，雖計畝徵糧，然遇水旱亦聽該管衙門題請，爲議蠲、議折，以蘇屯之力。屯糧徵納之日，隨其多寡，報部另貯一項，以減買之數以驗積貯之實，不必盡抵年例。其法五。至如屯種之制，當采近日參議吳儁謙所言，不論田之公私、地之高下，略仿古井田遺意，講明溝塗封植，或數百畝，或數千畝，相度地勢遠近、風土水旱相宜，深浚溝渠，高築圩埂，以資蓄泄。可一井則一井，可二三井則二三井，繇此類推。其砂磧不堪者，多種植榆柳棗栗等樹，可以備采薪，可以杜戎馬。凡屯種田地，只令經界分明，聽其隨土所宜，或黍或稻，不必盡責以水田。其法六。以上頭緒多端，須經管各官實心曲計，力爲督率。歲終匯報，聽戶部查覈。如積穀米豆十倍常數者，即照題准明例，道臣備巡撫缺用，同知升知府，通判升三級，副參、游、守等官加升二級，務在必信，以示激勸。大抵資之以屯田者，軍也。而不利於屯、頻爲屯害者，將官也。又屯官將已完之糧，每每侵使拖延，不知顧忌，則其責要歸於該道總兵矣。每年各邊道總，各匯造一冊，開送兵部，兵科移會戶部，户科載入考成。如開屯果多，將無役軍，軍無惰力，官無侵糧，則該道總兵議功；屯無實軍，軍無實效，甚或謠言煽惑，則該道總兵議罪。會同參處。庶乎賞罰明而規條備，於修屯之實逾大有裨益矣。

又一款，汰溢占兵馬，通行各鎮撫按，一以十九年閱視之數爲准。其鎮軍若干，家丁若干，馬騾若干，軍雖不足，不許以家丁有餘者抵數。造冊四本，分送戶兵部科，其溢額者，責成該道總兵官，有缺勿補，投降夷人收充家丁而故者勿補。將官隨任家丁，率多有名無實，行撫按照依官之大小議定額數，冊報部科，不許多冒一人。其月糧半許一石五斗，半許一石，不許概食雙糧。其遼東諸將隨帶家丁，行令山海關主事逐兵驗放出關，果係年力精壯者方準食糧，一面將驗准之數報餉司收糧，一面報兵部查考。入關之日，亦逐名點驗，移文開報。每年終，各鎮總兵官備開本鎮原額軍丁馬騾若干，本年銷過有缺不補者若干，具結報部科查考。如有溢而無銷，則總兵之貪廉可知，重則參論，輕則甄別，大閱俱不許薦舉等因。奉神宗皇帝聖旨：「朝廷立法期於必行。若奉行無人，徒法何益？這所議屯、鹽諸款比前七事更加詳確，深於邊計，有裨內外，各官都要著實遵守，盡力舉行，不許視爲泛常，仍前因循怠玩。年終奏報，有實效可紀的，爾部及該科據實疏聞，以憑優處。違者，指名參奏重治，務使積弊盡更，軍儲永賴，稱朕裕國安邊之意。」欽此。俱經通行，欽遵在卷迄今。

查崇禎六年正月起，至八年十二月終止，時滿三年，例當閱視，應遵照先次明旨，請敕各該御史，專閱所屬地方。又查遼東地方未經全復，兵馬雖調入援，仍駐寧前等處，應照崇禎五年事例，令巡關御史帶敕兼攝，猶存閱視之典。其遼東按差，俟恢復之日再行議處。呈乞題請，案呈到部。爲照邊備以積弛而壞，軍政以振刷而修，故三年閱視，八事責成，夙有嚴規。茲當閱視屆期，適值奴虜告警，更兼潢池未靖，在在可虞，正各邊戒備之事，一切邊政巡閱，尤不可緩。既經該司查例具呈前來，相應題請，合候命下本部，將九邊各該御史備查上閱，原擬責任各請敕諭。仍咨都察院，轉行各官，查照先今題議事理，將一應邊務應查閱者一并查閱，應議請者從長議請。要見某官八事修舉，某官八事廢弛，某官八事修廢相半，某官八事全未修舉，務在簡明詳覈，毋得草率朦朧，虛應故事。及查各年閱視，有一官一年即完者，有經數官數年不完者，將吏之賢否或以更代難明，邊垣之工程或以修圮難定，軍馬之强弱或以前後互推，錢糧之收放或以甲乙相混，或後官蒙前官之過，或見任掠去任之美，悉緣巡閱愆期，又按臣屢易之故也。竊謂各巡閱御史既奉坐名敕書，務令事完方許奏繳。中有按期將滿，亦要寬限覆命。若別有事故，亦須急請題差，以便速完。若一時缺人，而地方有兼差者，都察院不妨題請，就近接閱，期於畢事，庶閱務早竣，諸弊盡除。統惟聖明裁定，敕下臣部，咨行都察院及各該督撫一體遵照，并咨吏部知會。計開閱視各邊御史，共請敕八道：

兼攝遼東巡關御史王肇坤閱視本鎮一道；

巡關御史王肇坤會同巡按御史閱視宣薊、密、永、昌、保定、天津一道；

真定巡按御史李右讜閱視所屬龍固邊關等處一道；

宣、大巡按御史林銘球閱視所屬地方一道；

山西巡按御史張孫振閱視本鎮一道；

陝西巡按御史錢守廉閱視所屬延綏固原一道；

巡茶御史趙繼鼎閱視寧夏鎮一道；

甘肅巡按御史黃希憲閱視所屬地方一道；

崇禎玖年貳月廿二〔七八〕日　　郎中王升

協贊員外郎包鳳起

册庫員外郎王驥

兵部爲虜衆內附等事奉旨咨行稿

兵部爲虜衆內附等事，該本部題云云等因，崇禎九年二月二十九日太子少保、本部尚書、仍加俸一級張等具題。三月初二日奉聖旨："是。還著嚴飭各按悉心查覈，據實奏報。有玩泄虛飾的即行指參，徇隱并論。"欽此欽遵。查得各官原擬責任，將一切邊鎮事務矢心秉公，從實查閱。要見錢糧之外有無妄費節省，險隘緊要之工有無冒破堅完，兵馬隨營比閱果否精煉，殘缺者作

何召補？器械逐件演試是否犀利，應毀者作何更造，屯田有無開
墾虚報，鹽法有無疏通壅滯。胡馬給軍者必查其有無實用，逆黨
解散者必查其果否叛逆。至於京盤錢糧及撫賞市貨，俱當一并詳
覈。或某事修舉已完，卓有明驗；或某事修舉將半，須待時日；
某事全未修舉，廢弛仍舊，一切應行事宜，查照先今題議一一親
履其地，設法稽查，惟以事完爲度。如委用官員，須擇廉慎，不
得濫委，至生偏害。其所閲事務照依年分，定以崇禎六年正月
起，至崇禎八年十二月終止。三年以前者不許追叙，以滋冒濫之
奸；三年以後者不許預叙，以啓覬覦之念。邊臣果能著實修舉，
著有勞績，與踵襲故套塘塞者俱從實具奏，以憑賞罰。凡册内舊
管、新收、開除、見在，惟據實造報，分別明白。有則曰有，無
則曰無，不必拘泥舊套，草率了事。仍須安静省約，正己飭下，
痛湔夙弊，斯稱任使。若遠避嫌怨，依違曲護及功罪不明、奏報
不實者，責有所歸。

　　及查得天啓三年五月内准户部咨，爲查盤邊儲錢糧事内稱，
除浙江、江西等處移文内府翰林院，請給各巡按御史敕書，悉心
查覈倉庫外，其宣、大、山西、陝西延、寧、甘、固、遼東等邊
鎮各將京盤敕書，照例免請。即於閲視年分委官，并將京盤年分
一概細查。但屬錢糧，摘出另造文册報部，以憑覆核。其各該經
管官員并商民人等曾經歲盤問過罪者，京盤不得再擬；京盤問過
罪者，歲盤不得復究。如承委司、道官推諉躲閃，各御史指名參
究。司、道及府、州、縣官已承檄即遇升遷，必候事完方准離
任。其各項應查錢糧文册，該管衙門止造一本，送巡按印發委
官。查盤事畢，繳還各將領等官，不必重復造册。合用紙札工食
呈動官銀，毋得科歛軍士、里甲。御史事完，主兵另造一，送部
備查。仍將盤過實在的數案發司、道，以爲下次查驗。底案應奏
黄册，止開大總，不必細造花名。節省煩費，永爲定規等因。奉

聖旨："是。"欽此欽遵在卷。所有前項邊儲錢糧事宜相應一并增入。案呈到部，擬合就行[七九]。爲此，

一、合具揭帖，差主事[八〇]賫赴內府翰林院，請撰敕書，賫赴各官，欽遵施行。

計開閱視各邊御史，共請敕八道：

兼攝遼東巡關御史王肇坤閱視本鎮一道；

巡關御史王肇坤會同巡按御史，閱視薊、密、永昌、保定、天津一道；

真定巡按御史李右讜閱視所屬龍固邊關等處一道；

宣大巡按御史林銘球閱視所屬地方一道；

山西巡按御史張孫振閱視本鎮一道；

陝西巡按御史錢守廉閱視所屬延、綏、固原一道；

巡茶御史趙繼鼎閱視寧夏鎮一道；

甘肅巡按御史黃希憲閱視所屬地方一道；

一、咨九邊督撫衙門。

一、咨吏部。

一、咨都察院，合咨貴院煩照本部題奉明旨內事理，轉行各該閱視御史悉心查覈，據實奏報。務期修舉得宜，有裨邊政。

崇禎九年三月初八日　郎中王升

協贊司事員外郎包鳳起

管理册庫員外郎王驤

缺官事疏[八一]

太子少保、兵部尚書仍加俸一級臣張等謹題，爲缺官事：

武選清吏司案呈，照得錦衣衛堂上僉書李自浴軍政自陳，該本部覆奉欽依革任。所有員缺合當推補，案呈到部。臣等從公推舉[八二]簡命一員，銓注錦衣衛堂上僉書事，遺下員缺另行推補施

行。緣係缺官事理，未敢擅便，謹坐謹題請旨。

計開擬堪錦衣衛堂上僉書官二員：

王鵬衝。年二十八歲，直隸長垣縣人。係恩廕正千户，歷升署指揮同知。崇禎六年二月，推南鎮撫司僉書。

段暄。年三十五歲，雲南劍川州人。係恩廕正千户，歷升署指揮同知。崇禎七年七月，推南鎮撫司僉書。

崇禎九年二月廿三日　郎中賀鼎

哨探夷情事疏〔八三〕

太子少保、兵部尚書、仍加俸一級臣張等謹題，爲哨探夷情事：

職方清吏司案呈，奉本部送，准大同巡撫葉廷桂塘報，崇禎九年二月十五日辰時據得勝路參將寧寵報稱：先蒙總鎮遣差前探守備杜士祥等并有馬健哨内丁四十餘員名，騎牽槽上大馬，從得勝邊出口，遠探五百餘里，務探東奴動静情形。於本月初十日晚出口，離邊三百餘里，看見從東往西馬步踪五道。又探至大青山，離邊約遠五百餘里，并無火光營盤，插牌簽爲記。欲往前探，被天降大雪，不能前行。於本月十四日寅時進口等情。

本月十八日辰時，又據威遠路參將毛鑌稟報，本年二月十四日申時，據威遠城守備趙承憲稟報，本月十三日午時，據監邊把總唐堯宰稟稱：本月初四日午時，蒙本路差哨丁柳貴等公同本邊哨丁温柏枝等，賫拿“循”字木簽，從本邊三墩出墙，前去偵探。至十二日申時，仍從本邊三墩進墙。據各役報稱，探至地名舊大邊迤外樓草墻等處，離本邊約遠三百二十餘里，哨見西北大青山底烟棚一處，將“循”字木簽插在樓草墻地方，仍將“環”字木簽換回等情。又據雲石堡守備李三才稟報，蒙本路差騎馬哨丁石貴等公同卑職下哨丁孟洪等，於本月初四日從本邊暗門出口，前去偵探。至本月十二日巳時進口，各役報稱，哨至地名圓山兒等處，仍將“循”字木簽換回。離本邊約遠三百四十餘里，哨見有馬步夷人腳踪二十餘道，從西往東等情。

又據威胡堡守備田梁柱稟報，本月初四日，蒙本路差哨丁胡滿等與同卑職下哨丁張文宦等，於本日未時從本邊三墩出牆哨探去後，於本月十三日申時從本邊三墩進牆，齎執“循”字木簽報稱，役等哨至大邊迤外地名黃化山，約離本邊三百餘里，哨見正西烟棚一處等情。本日本時，又據帶管井坪路參將吳文耀稟報，本年二月十一日申時，據署減胡堡守備事、把總閔儒稟報，本月初六日，責差哨丁張甫等七名，從本邊觀音山暗門出口哨探去後，於本月初十日從原口進入。報稱，探至地名破虎溝，離邊約有三百餘里，在於高阜去處四野瞭望，哨見西北火光一處，步夷腳踪三道，馬蹄四道，從東往西去訖。本月十二日未時，據將軍會堡守備李進忠稟稱，本月初六日，傳令把總劉玉責差原設健丁苗管生等七名出口，遠行哨探。初十日晚進口回稱，哨至地名雙墩子，約離本邊三百三十餘里，瞭見西南火光一處，約在山西草垛山邊外地方，各緣繇具報到路等情，各報到職。據此看得，各哨所報邊外烟棚、火光、來踪迹，似有東西會合之謀。除行沿邊協、路等官，明烽遠哨、倍加嚴防外。為此理合塘報等因。

又據大同總兵王樸塘報同前事，各到部送司，案呈到部。看得哨丁所報口外踪迹，有從東而西者，亦有從西往東者，奴虜合謀情形益著。凡防禦要著，總在該撫鎮親駐衝口，晝夜申儆，將士自不敢偷安誤事也。除臣部屢行申飭外[八四]，既經塘報前來，理合具本題知。

　　崇禎玖年貳月廿四[八五]日　郎中王升

　　　　　　　　協賛員外郎包鳳起

　　　　　　　　冊庫員外郎王驥

兵部爲哨探夷情事奉旨咨行稿

兵部爲哨探夷情事，該本部題云云等因，崇禎九年二月二十五日太子少保、本部尚書、仍加俸一級張等具題。二十七日奉聖旨："據各哨所報，邊外烟棚、火光及東西來夷踪，顯系奴虜合謀，情形叵測。著該督撫鎮嚴飭道將，萬分愼備。仍多方確偵，不時馳奏，毋得少有疏泄。"欽此欽遵，抄出到部送司，案呈到部，擬合就行。爲此：

一、咨宣大總督、大同巡撫，煩照明旨内事理，欽遵嚴飭施行。

一、札王樸，遵照明旨内事理，嚴飭將領，萬分愼備。仍多方確偵，不時馳奏，毋得少有疏泄。

崇禎玖年貳月廿八[八六]日　郎中王升

　　　　協贊員外郎包鳳起

　　　　册庫員外郎王驤

兵部恭報造完闖鎮懸簾等事疏[八七]

太子少保、兵部尚書張鳳翼等謹題，爲恭報造完闖鎮懸簾，并量請開銷價值，以資防禦事：

職方司案呈，覆宣府巡撫陳新甲題。崇禎九年二月三十日奉聖旨："趙之蘭、邢弘捷、王問臣著該督撫獎賞。阮維岳、趙世爵吏部紀録[八八]。"

兵部題爲遠哨事[八九]

太子少保、兵部尚書臣張鳳翼等謹題，爲遠哨事：

職方司案呈，奉本部送，准宣府巡撫陳新甲塘報。崇禎九年三月初五日奉聖旨："哨役動稱出邊數百里，及賊至，未見預行偵報，明屬虛飾。狡夷糾合窺逞，時刻宜防，不得以并無夷踪致有疏懈〔九〇〕。”

缺官事推補大同將軍會堡守備李進忠員缺疏〔九一〕

太子少保、兵部尚書、仍加俸一級臣張等謹題，爲缺官事：

職方清吏司案呈，照得守備大同將軍會堡地方李進忠，近該宣、大巡按梁雲構題參不職，本部覆奉欽依革任回衛。所有員缺合當推補，案呈到部。臣等從公推舉，得大同天城衛指揮僉事高之蛟〔九二〕，大同後衛付千戶宋德明〔九三〕，俱各堪任。伏乞聖明於内簡命一員，照例以都指揮體統行事，守備前項地方。如用宋德明，量升署指揮僉事。候命下之日，本部備查原擬責任，札令欽遵任事。

計開擬堪守備大同將軍會堡地方官二員：

高之蛟。年三十二歲，係大同天城衛指揮僉事。崇禎七年等，該大同巡按白士麟等薦三次。

宋德明。年四十四歲，係大同後衛付千戶。崇禎七年等，該宣、大巡按白士麟等薦三次。

崇禎玖年叁月初六日　　郎中王升

協贊員外郎包鳳起

册庫員外郎王驥

缺官事推補大同應州城守備吳從周員缺疏〔九四〕

太子少保、兵部尚書、仍加俸一級臣張等謹題，爲缺官事：

職方清吏司案呈，照得守備大同應州城地方吳從周，近該本部題，奉欽依推升都司僉書職銜，管五軍四營尤吉將軍事。所有員缺合當推補，案呈到部。臣等從公推舉，得大同後衛付千戶吳承志〔九五〕，大同左衛正千戶劉承愛〔九六〕，俱各堪任。伏乞聖明於内簡命一員，量升署指揮僉事，照例以都指揮體統行事，守備前項地方。候命下之日，本部備查原擬責任，札令欽遵任事。

計開擬堪守備大同應州地方官二員：

吳承志。年二十九歲，係大同後衛付千户。崇禎九年等，該宣、大巡按梁雲構等薦四次。

劉承愛。年五十二歲，係大同左衛正千户。崇禎七年等，該大同巡撫胡沾恩等薦四次。

崇禎九年四月初六日　郎中王升

協贊司事員外郎包鳳起

管理册庫員外郎王驥

缺官事推補大同拒門堡劉顯忠員缺〔九七〕

太子少保兵部尚書仍加俸一級臣張等謹題，爲缺官事：

職方清吏司案呈，照得守備大同拒門堡地方劉顯忠，近該宣、大巡按梁雲構題參不職，永不叙用。所有員缺合當推補，案呈到部。臣等從公推舉，得大同高山衛試百户李懷仁〔九八〕，大同前衛實授百户賈應試〔九九〕，俱各堪任。伏乞聖明於内簡命一員，量升署指揮僉事，守備前項地方。候命下之日，本部備查原擬責任，札令欽遵任事。

計開擬堪守備大同拒門堡地方官二員：

李懷仁。年三十九歲，係大同高山衛試百户。崇禎六年等，該大同巡撫胡沾恩等薦五次。

賈應試。年二十六歲，係大同前衛實授百户。崇禎七年等，該大同巡撫胡沾恩等薦三次。

崇禎玖年肆月初六日　郎中王升

協贊員外郎包鳳起

册庫員外郎王驥

兵部爲缺官事奉旨咨行稿

兵部爲缺官事，該本部題云云等因，崇禎九年五月初八日太子少保、本部尚書、仍加俸一級張等具題。十二日奉聖旨："有點的依擬用。"欽此。內高之蛟、吳承志、李懷仁各有點，抄出到部送司，案呈到部，擬合就行。爲此，除札仰高之蛟定限本年月日到任，吳承志定限本年月日到任，李懷仁定限本年月日[一〇〇]到任：

一、咨大同巡撫，煩照欽依事理，行令各官依限到任。仍將到任日期同原奉本部札付并履歷緣繇呈報巡撫衙門，繳部查考。如過限及不繳部札，定照近題事例參究施行。

一、咨都察院，轉行宣、大巡按御史，照依欽依事理，行令各官依限到任。如或過違，照例參究施行。

一、咨宣大總督。

一、札高之蛟、吳承志、李懷仁。

崇禎玖年伍月十六[一〇一]日　郎中王升

協贊員外郎王驥

兵部題塘報夷情事疏[一〇二]

太子少保、兵部尚書臣張鳳翼等謹題，爲塘報夷情事：

職方司案呈，奉本部送，准宣大總督梁雲構塘報。崇禎九年三月初十日奉聖旨："據報，敖酋射我哨丁，附奴窺逞無疑。著該撫鎮設奇殲剿[一〇三]。"

塘報隔鎮夷情事疏[一〇四]

太子少保、兵部尚書、仍加俸一級臣張等謹題，爲塘報隔鎮夷情事：

職方清吏司案呈，奉本部送，准宣大總督梁廷棟塘報，崇禎九年三月初八日據岢嵐兵備道盧友竹塘報，本年二月二十九日准河保參將冷允登塘報開稱：本年二月二十五日，據署河會守備劉顯祚稟報，據原差陝西黃甫川探報寫字張登塘報，本月二十四日有清水營守備王顯章稟報，參將李國璋據原差通官潘奉等口報，從正川臺出邊，哨至大岔，離邊三十里，遇見熟夷推砍點燈明枝柴，因話探問東夷情節。有熟夷說稱，努兒哈赤四個頭目帶領部落達子，於二月內已到山西邊外新城地方住牧。離黃河走三日，又有同來大頭目七情憨帶領多人，從山後欲要殺黑達子家眷去，如不去，就在三四月間，往陝西套裏來。前日專差人來，與我們達子傳說事情，近日纔去了。奉等備問前事，未敢深入，旋回等情塘報到職，具報到路，緣繇到道。准此看得，所報夷情，雖係隔省夷人之口，未盡足憑，但有備無患，刻難疏懈，我沿邊一帶不得不加意設防。除行沿邊將備等官比常萬分嚴謹堤備外等因塘報到部院。據此看得，山西邊外新城即所謂歸化城也，離邊不及三百里，而黑達遠在山後數千里之外，狡奴窺利乘便，必不舍近取遠，則雲、晋之當戒更急於延、寧矣。除本部院飛檄總兵官王樸、王忠確偵嚴防，如果臨邊散收[一〇五]，機會可乘，便當選銳襲擊，未必非先發制勝之一法也。理合塘報等因到部送司，案呈到部。

看得薊、宣屢次塘報，但言賊騎西行，未灼知是何部落，何處結聚。乃延鎮所報，則歷數頭目，又知住牧新城。以此見東西哨探，皆不如延鎮熟夷之爲確也。賊志將因糧於我，必不舍近圖遠。若能選銳襲擊，先奪其氣，誠爲快舉。督臣鼓勵有方，知必有敢死士願效奇功者。既經塘報前來，理合具本題知。

崇禎玖年叁月十一[一〇六]日　郎中王升

協贊員外郎包鳳起

册庫員外郎王驥

兵部爲塘報隔鎮夷情事奉旨咨行稿

兵部爲塘報隔鎮夷情事，該本部題云云等因，崇禎九年三月十一日太子少保、本部尚書、仍加俸一級張等具題。十四日奉聖旨："據報，奴酋結聚新城，離雲鎮不三百里，窺犯情形殊屬叵測。著該督相機設奇，鼓勵殲剿，以遏狂鋒。仍確偵嚴備，毋少疏虞。"欽此欽遵，密抄到部送司，案呈到部，擬合就行。爲此：

一、咨宣大總督、大同巡撫。

一、札付王樸、王忠〔一〇七〕。

兵部題哨探夷情事疏〔一〇八〕

太子少保、兵部尚書張鳳翼等謹題，爲哨探夷情事：

職方司案呈，覆宣大總督梁廷棟塘報。崇禎九年三月十二日奉聖旨："據報，該督稱爲東奴探路之夷，昨該撫又謂確係敖目，是何不侔？總係哨丁未敢遠偵，蒙朧回報，成何哨法？還著多選的當哨役，確偵夷部馳報，一面秣礪嚴防，毋得少疏〔一〇九〕。"

循例舉劾武職事疏〔一一〇〕

太子少保、兵部尚書、仍加俸一級臣張等謹題，爲循例舉劾武職事：

職方清吏司案呈，崇禎九年二月初五日奉本部送，兵科抄出，福建巡按張應星題稱：臣按閩已周，凡寨游將領以及營備諸弁亦既耳而目之矣。方今四郊多壘，鄉大夫之恥。臣竊欲物色一大將材，以備掃蕩之用，乃卒不可得，然就閩衡閩，亦有可屈指而數者。或以廉著，或以智稱，或以勇藝聞，據實指陳，絕不敢以虛譽市也。至若謀勇無聞，貪冒有聲，寧得輕爲徇庇，令墮我軍實乎？一一摘其罪狀，罔貸焉。或妍或媸，各如其面，請爲我皇上言之。

計開薦舉武職官二十三員：

泉南游游擊張永産，謀而能斷，廉以生威。舊績已著摧鋒，新猷尤徵犁穴。去歲料羅之戰，擒級焚舟，今者田尾之捷遣將屬兵，登壇飛將，專閫名流。

五虎游游擊、加升副總兵鄭芝龍，雄經百戰，勇冠三軍。乘宗愨之長風，履伏波之越險。遏狂除患，烽燧烟銷。昔著料羅之捷，今收田尾之功，蓋名將材也。

分守南路副總兵高應岳，矢口譚兵，推心撫士。不規潤於營伍，胥共武以翼嚴。昔賴孤城之克保，兹遏海寇之陸梁，皆其撫綏勤而訓練素也。

巡撫標下游擊祁黃裳，壯志千尋，雄心百練。帷幄謀堪拔幟，戎行惠浹投醪。將苑蜚聲，師垣碩望。

署海澄游守備袁德，謀勇兼備，識膽俱超。強敵必摧，險地不避。所向無不奏捷。今者田尾之捷，獨當一面，而斬馘獨多，信水戰之名將也。

銅山寨把總黃斌卿，膽雄氣壯，指顧風生。紅夷之戰，香寇之殲，皆其爛然足紀者。

都司屯局僉書陳維藩，黃石素研將略，青錢得雋武闈。談兵聚米，八方之陣成圖；籌海驅鯨，九地之機破的。卓然可稱名將。雖經升任，尚在臣屬，例應予荐者。

汀漳守備鄧良藩，智勇俱備，才守兼全。馭寇夙著戎行，勛伐屢經紀録。師稱長子，品足冠軍。

巡撫標下中軍、今升都司僉書陳其蘊，操嚴捧篳，才騁運斤。備海久著請纓，分閫自堪借箸。今雖升任，尚在臣屬，例當予荐者。

福建浙營把總朱之鼎，學富青箱，謀探黃石。更多勇介之概，往往著有奇勛。

福寧左右營守備李朝煒，妙技穿雲入彀，雄風揮日冠軍。一段忠勤之壯志，尤諸弁之迥不可及。

署五虎游擊事、守備陳鵬，俠骨三軍讓勇，捷功百戰摧鋒。而斬叛收降，更饒智計。

巡撫標下贊畫、原任都司僉書安國賢，熟於海上情形，深知軍中機略。饒有借箸之風，亦多據鞍之概。

南日寨把總林察，勇堪虎視，志奮鷹揚。海上屢奏膚功，師中允稱戰將。

興化右營把總朱永年，革陋規，夙有廉名；撫疲卒，能鼓壯志。修緝營房，屯宿兵士。種種俱見廉能之概。

建寧右衛指揮使高元極，膽略粗壯，氣概沉雄。廉靜不擾諸軍，練達堪提一旅。

巡撫標下副中軍、福州中衛指揮使郭柯，俠骨氣凌霜日，兵符略洞秋雲。軒爽英標，騰驤壯志。

漳州西門營守備李元勛，勵一介不取之操，負百折不回之志。甘苦推誠，部卒用命。福澔之捷，其較著者也。

巡撫標下中軍、福州左衛指揮僉事古宗孔，入幕動有奇謀，傳宣具見英概。七尺可捐，千人必往。

總兵標下中軍、平海衛指揮同知丘大年，騎射可以號猿，驍雄堪足破敵，更有一種炯炯出群之智。

總兵標下坐營官歐陽瑞曾，訓練萬竈風雷，撫摩一軍醽醁，有一種慷慨任事之氣。

福州左衛指揮僉事張世爵，才猷詳敏，品局端凝。沉毅不露鋒穎，有儒將風。

泉州衛指揮僉事唐錫夔，才鋒英敏，膽氣沉雄。青年有志，而堪備馳驅者。

應劾官三員：

巖前守備李榜，本官推任。巖前原係創立衙門，一到地方，自當備禦賊盜，綏安軍民，乃其職也。何以饑虎出林，見人即搏；饑蠅赴羶，遇穢即嗜？致令一時鼎沸。巡簡汪文元被人牽告於鎮平縣[一一]，何與渠事？乃差哨官二名，帶兵堯梅先、何德信、溫蘇等共十二名，排闥鎖拿，希圖嚇詐。及不遂意，仍行毆打仆跌，當時嘔血身死。不知守備是何衙門，乃敢鎖拿職官。文武原不統束，卒令身死其手而不之恤。見有汪嘉泰告詞、武平縣申文可據也。然穢迹多端，不止於此。聞其上任后，即出示放告，逢三六九日濫准民詞，拘提人犯。如張欽告丘扳文奸情，夾鎖迸加，而扳文之八金入囊矣。如李壽告羅華所爭灰，原、被各銀五兩入囊矣。高成見證。如此類者甚多也。聞出牌挨查地方，見有老實百姓，即行指賊嚇騙。如楊滿孜之銀三兩并湖羅二端，呂道行之銀二兩七錢，杜君選、王成德等或一兩，或五錢，不可勝記，而各鄉畏恨入骨。賴國旺、羅克賢等其證也。且私領長汀縣兵糧二百兩，入己自肥，不給各兵。彭書手可問矣。又革兵王鼎新等二十名，日久不補而月糧盡入私肥。彭書手可問矣。又在營兵哨多放歸私家，每照名扣糧，侵以自潤。致令營伍空虛，地方可虞。通營有可問矣。又將巖前城鄉內外凡各匠作俱拿認月錢，如銀匠、皮匠、篾匠并各行，限每月納銀若干，俱以手藝爲差等，而人人飲恨矣。又上任勒取各哨贄禮，共得銀三十兩。溫觀龍、餘應虹等有可問矣。又於本年七月十五日私起馬會，招江西、廣東、福建買賣馬匹，每一匹抽稅銀一錢五分。把總王明舉等所共見者。夫馬會原爲盜藪，賊馬於此而賣，賊馬於此而買。巖前在萬山之中，惟恐逐盜賊而不去，寧得招盜賊而使之集乎？恐嘯聚之雄，又自今日而橫矣。此一、者所當革職提問者也。

福寧衛掌印指揮同知沈鷹揚，貪穢多端，侵冒有據。五年之剥削已盈，三軍之飲恨何已！

一、本官春冬二汛，藉名選撥，賣富差貧，每名索銀三錢、四錢、五錢不等，每年計銀四百零，四年共計尅銀一千六百餘。通衛軍及百户楊守迎、鄭士榮可證。

一、春汛點撥墩軍，分別好歹遠近墩臺，每墩每軍索銀三錢、四錢不等。掌印四年，計銀一百二十有餘。墩旗軍劉世芳、張治本證。

一、乘墩官更委，索提調千户平萬年銀三十兩。本官證。

一、於七年七月二十八日，見尅索邊海徵軍行糧裹價銀六十兩，奸書童日宏六兩，衙蠹張禮六兩，鄭一波歛送，姚子秋投證。

一、指清軍軍總二册謄造紙張，除舍餘外，每軍尅銀一錢，計通衛軍一千二百有餘，計得銀一百二十餘兩。原兵識張依中證。

一、謀占軍人楊巨茂屋不遂，誣盜杉木，非刑毒拷。又謀瞽民人王玄吾屋。故將軍人李文調撥守墩，乘其得報至衛，摭捏違誤，用軍法重治，勒各獻契。又强吞軍丁虞國光田契不償。兩經州告審斷，藉勢無田，仍霸奪。各稱冤證。

一、問發充軍到衛，將軍發禁鎮撫司，勒令長解索取拜見，并收管用印銀八兩、十兩，有饋送者即代發伍，如無刁難萬狀，致長解有窮年不得回文，乞丐糊口者。本軍半載不能造糧，枵腹當差者。軍人吳興賢、汪正達、鄒明等證。新軍汪正達於本年七月内饋銀十二兩，係鄭邦興過付，竟放本人回籍去訖，其妻子見在州中。

一、因起造衙宇，擅用軍夫扛擡木石。如不赴工，尋事撥其苦差。索責工雇雇人，又占絶軍園業，强砍生員林可發風水樟樹。本生證。

一、收補軍餘，單發到不與造支，每名勒索用印印米價銀二兩，幼者加一等，俱銜蠹張禮六[一一二]代進。又索小包禮二錢，朱世寧證。

一、聽奸識熊埠將軍弔起百名，糧盡歸己。識楊於國登記廒口支領出倉，可證。

此一官者所當提問追擬者也。

銅山營守備孫胤武，防禦無能，侵尅日著。鄙屑實足貽譏，貪怯何能振旅？

一、本官本年三月初六日到任，本府發本年二三月糧并七年八月糧，依例派扣每兵月糧五分。計兵二百四十名，隊長二十四，雲霄隊兵在外。告案證。

一、本府發本年四月分糧，本官受債戶私囑，必驗單發糧，各兵以單當借者概不理，以致囂然。見告案證。

一、本官查哨長駱高重匿兵糧五封，嚴追出入己。駱高證。

一、哨官朱壽包兵朱尾一名，本官追銀入己。朱壽證。

一、前紅夷焚毀營房，各兵搬散者本官追出自用。各哨兵證。

一、本官索高招、朱興等，旗手陳相等六名，本官自認銀共三兩。本兵證。

此一官者所當照例革褫者也。

以上諸臣，賢不肖開具分數，或得之目遇，或得之耳聞，一毫私心所不得而參也。伏乞敕下兵部，再加查訪，如果臣言不謬，將張永產等需次擢用，將李榜等分別議處，或亦激勸之一微權也等因。

崇禎九年二月初四日奉聖旨：“兵部知道。”欽此欽遵，抄出到部送司，案呈到部。除張永產等二十三員附簿紀錄內高應岳近該南京兵科等科署科事、南京吏科給事中戈允禮等拾遺題參，不敢概録外，看得守備李榜，不思創立衙門，專以禦賊，而婪橫以累地方，甚於賊焉。如鎖拿巡簡，致殞其身；濫准民詞，恣肥其橐；誅及手藝，詐及鄉愚；私領兵糧，私抽馬税，此不可一日貸者，應行撫按提問。指揮沈鷹揚，五年朘削，贓累二千有奇。其他吞踞軍産，新軍幼軍無不被害，既貪且暴，是弁中之窮奇也。并行提問，仍追擬盡法。守備孫胤武，懦怯無能，侵牟可鄙。蠅營狗苟，纖屑不堪。立示三黜，詎寬一面？從此一番激勵，庶壁壘新而貪恣者膽落矣。既經具題前來，相應覆請，合候命下，將李榜革職，行該撫按提問[一一三]。查係流官。沈鷹揚革任，行該撫按提問追擬。查係世職。孫胤武革職回籍。查係流官。

　　崇禎九年三月十六[一一四]日　　郎中王升

　　　　　　　　　　　　　員外郎包鳳起

　　　　　　　　　　　　　　王驥

兵部爲循例舉劾武職事奉旨咨行稿

　　兵部爲循例舉劾武職事，職方清吏司案呈，奉本部送，兵科抄出，該本部覆福建巡按張題前事等因。崇禎九年四月初一日奉聖旨："李榜著革職。沈鷹揚革任。俱著該撫按提問追擬具奏。孫胤武革職回籍。"欽此欽遵，抄出到部送司，案呈到部，擬合就行。爲此：

　　一、咨福建巡撫，合咨前去，煩照本部覆奉明旨内事理，即將李榜革職，沈鷹揚革任，俱提問追擬明白。定限本年月[一一五]，具奏施行。

　　一、咨都察院，合咨貴院，煩爲轉行福建巡按御史，照依本部覆奉明旨内事理，將李榜革職，沈鷹揚革任，俱提問追擬明白。定限本年月[一一六]，具奏施行。

崇禎九年四月初四^{〔一一七〕}日　郎中王升

員外郎包鳳起

王驥

兵部題哨探事疏^{〔一一八〕}

太子少保、兵部尚書張鳳翼等謹題，爲哨探事：

職方司案呈，奉本部送，准宣府巡撫陳新甲塘報。崇禎九年三月二十二日奉聖旨："哨報參差，明係撥丁不敢遠探，僅以遥望臆揣塞責。頗重耀等著即議處。該撫鎮仍申嚴哨法，務得確情馳報^{〔一一九〕}。"

兵部題糾劾不職將領等事疏^{〔一二〇〕}

太子少保、兵部尚書張鳳翼題，爲糾糾^{〔一二一〕}不職將領，以肅邊政事：

職方司案呈，覆宣府巡撫陳新甲本，崇禎九年三月二十二日奉聖旨："張承恩、陳萬善、周應虎俱著發邊方立功。滿日还職回衛，帶俸差操。餘依擬，贓各照數嚴追^{〔一二二〕}。"

兵部題哨探夷情事疏^{〔一二三〕}

太子少保、兵部尚書臣張鳳翼等謹題，爲哨探夷情事：

職方司案呈，奉本部送，准宣府巡撫陳新甲塘報，崇禎九年三月二十五日奉聖旨："賊夷鷙伏突逞，是其狡態。這所報止見野火，并無夷踪，殊不足憑。還著該撫鎮確偵嚴備，毋得狃懈^{〔一二四〕}。"

兵部題爲遵旨議奏等事疏^{〔一二五〕}

太子少保、兵部尚書張鳳翼等謹題，爲遵旨議奏仰請圣裁事：

職方司案呈，覆宣府巡撫陳新甲題。崇禎九年三月二十六日奉聖旨：“馮舉著革去署府衘，仍降二級，以游擊照舊管事[一二六]。”

遵例舉劾班捕官員以肅戎務疏[一二七]

太子少保、兵部尚書張鳳翼等謹題，爲遵例舉劾班捕官員，以肅戎務，以飭捕政事：

職方司案呈，覆巡視京營朱國棟本。崇禎九年三月二十七日奉聖旨：“徐光時著降一級，依限緝賊自贖。張好學等十一員俱革任回衞。許定國等十二員俱革職回籍[一二八]。”

地方失盜事疏[一二九]

太子少保、兵部尚書、仍加俸一級臣張等謹題，爲地方失盜事：

職方清吏司、管理督捕事務、署員外郎事、主事吳其馴案呈，崇禎九年三月初六日奉本部送，准兵科抄出，巡視京營禮科等衙門、左給事中等官宋之普等題前事内稱：臣等查得二月二十九日夜，有東城朝陽等地方居民被强盜劫財，該管把總不即呈報，臣等隨嚴行巡捕中軍都司馬應乾親往該地方查勘失盜形迹。及行提本處夜巡委官、番役，查究間，至三月初二日臣等入署辦事，始據東北巡捕把總王文貞報稱，地方開酒鋪石大家失盜衣飾，有賊數人二更時分從墻垣入室，四更出去，兩鄰皆言不知，中間難以盡信等因到臣。臣等復又嚴限五日内緝獲速報去後，今據中軍馬應乾回稱，查得二月二十九日夜二更時分，有不知名數强賊一夥，進於酒店石大房内，劫去銀錢衣飾數十餘件，至四更時，衆賊將火焚燒衣服方去。又查驗得失主二層住房有砍碎門窗并燒壞衣服三件，又遺棄行凶木棍三根。隨傳失主及委官、軍番，呈解到臣。該臣等又審，據失主供稱，二月二十九日二更時分，被强賊十餘人各持刀棍入室，拿住本主并掌櫃等五人，俱用繩綁縛，仍用火將本主烤逼，劫去銀錢、首飾、衣服、綢匹數十餘件。開有失單見在。至四更時，各賊又將舊衣放火焚燒出去等情。

據此看得，京城内外軍民雜處，盜賊乘間，常有竊發。臣等受事以來，每每申飭巡捕官軍，務要加謹防邏，不啻嚴切。乃該總〔一三〇〕王文貞先事既不能巡緝預防，事後又復思掩飾不報，如此疏玩，捕務何賴？除該坊官聽巡城御史查參外，伏乞敕下該部，將把總王文貞從重議處，以爲怠緩溺職之戒，仍勒限一月內務獲真賊正法，庶捕官知警而地方嚴愍矣等因。崇禎九年三月初五日奉聖旨："王文貞著兵部議處，仍勒限緝賊務獲。"欽此。

又該巡視東城福建道試監察御史姚士恒題，爲地方失盜事，本月初一日，據朝陽關坊副指揮李模呈稱：據二牌一鋪總甲孫福稟稱，戶人石仲金於前月二十九日二更時分，有不知姓名賊人，從後墻扒入，將仲金捉住，燒破綿襖一件，肚上去皮二塊。當盜去銀八兩、銅錢一萬六千文并借來珠箍首飾與各項衣物，從大門散去等情。備呈到臣，臣即批本官確查去後，於初二日隨據本官審明，連人呈解到臣。石仲金復以大盜劫殺等項情詞并粘失單具告到臣，該臣審與前情無异。臣奉札巡視東城，詰奸緝盜，倍加嚴督。每戒司坊各官，惟期地方安静，不意石仲金家被賊扒墻而入，雖四鄰俱不聞聲，賊即散去，但事積微而成巨，法習玩而愈弛。臣職司巡視，事無大小，不敢欺隱。除一面行令司坊嚴緝真盜外，坊官李模既膺地方之責，何辭疏失之愆？相應罰治，以儆將來者也。把總王文貞應聽京營衙門查參外，爲此具題，伏候皇上申飭施行等因。

崇禎九年三月初五日奉聖旨：“李模著該部議處，仍勒限緝賊務獲。王文貞已有旨了。”欽此欽遵，通抄到部送司，案呈到部。除坊官應聽吏部議覆外，看得石仲金之失盜，把總王文貞身當其責，既不能堤備於未事之先，事後未聞捕獲。玩泄若此，鐫級何辭？既經科臣具題前來，相應覆請，伏候命下，將王文貞降乙[一三一]級，勒限乙[一三二]月內獲賊自贖。

崇禎九年三月廿八[一三三]日　督捕員外郎吳其馴

兵部爲地方失盜事奉旨咨行稿

兵部爲地方失盜事，該本部題云云等因，崇禎九年三月二十九日本部尚書張等具題。四月初三日奉聖旨：“王文貞，著降一級，依限緝賊自贖。”欽此欽遵，抄出到部送司，案呈到部，擬合就行。爲此：

一、咨付巡捕提督，合札本官，遵照本部覆奉明旨內事理，行令本官依限緝賊自贖。如過限不獲，另行參處。

崇禎九年四月初七[一三四]日　督捕員外郎吳其馴

兵部題考選軍政官員事疏[一三五]

太子少保、兵部尚書臣張鳳翼等謹題，爲考選軍政官員事：

職方清吏司案呈，宣府巡撫陳新甲本。崇禎九年三月二十九日奉聖旨：“馬貴、郝效忠、李定、劉承惠、郭邦銳俱著革任回衛，李守義、李韞奇俱革職回籍。張所樂革了職，該撫按提問，追擬具奏[一三六]。”

兵部題再陳安邊定論等事疏[一三七]

太子少保、兵部尚書臣張鳳翼等謹題，爲在陳安邊定論，仰祈聖斷，以奠萬年之業事：

職方司案呈，崇禎九年三月十八日奉本部送，兵科抄出，宣大總督梁廷棟奏。崇禎九年四月初一日奉聖旨："修邊自屬要務，但工費浩煩，錢糧措辦有何長策，还著會同九卿科道熟商確議具奏[一三八]。"

兵部題哨報火光事疏[一三九]

太子少保、兵部尚書張鳳翼等謹題，爲哨報火光事：

職方司案呈，覆宣大總督梁廷棟題，崇禎九年四月初二日奉聖旨："賀贊依擬用，以後不得援以爲例[一四〇]。"

兵部爲缺官事疏[一四一]

太子少保、兵部尚書、仍加俸一級臣張等謹題，爲缺官事：

武選清吏司案呈，奉本部送，兵科抄出，該本部題，本司案呈，照得錦衣衛南鎮撫司僉書張世孫、楊景旭、李培寅、王鵬衝各員缺，推舉文繼志、劉永灝、劉應捷、馬國珍各頂補前缺等因。崇禎九年三月十四日奉聖旨："這員缺著查原額具奏。"欽此欽遵。於本月十五日，抄出到部送司，案呈到部。查得錦衣衛各官《會典》初無成額，卷查崇禎三年二月内該本部題爲欽奉聖諭事，該内閣傳上面諭："傳兵部，將内外武官《會典》額設員缺及今見在員缺各造一册，進呈御覽。"該臣部隨查錦衣衛堂上舊設掌印提督東司房一員、西司房一員、提督街道房一員、僉書四員；世廟南幸承天額設僉書十員、扈從嗣役或五六員，或七八員；萬曆十三年申飭六員，十六年、十七年、十九年二十三員，俱□□[一四二]；□□元年無官直宿，本衛具題覆添一員。三年以覃恩加升二員。六年類奏加升二員。南鎮撫司舊設掌印□□□□□□，天啓元年添注二員，三年添注一員，□□□□□員。查現在錦衣衛堂上掌印提督東司房一員，□□□司房一

員，提督街道房一員，堂上僉書八員。南鎮撫司見在掌印一員，僉書十[一四三]

遵旨回奏大同賊情等事疏[一四四]

太子少保、兵部尚書張鳳翼謹題，爲遵旨回奏大同賊情并報擒獲劫官、劫探兩案賊黨，仍請分別賞罰，以昭國憲，以鼓人心事：

職方司案呈，覆宣府巡撫陳新甲本。崇禎九年四月初三日奉聖旨："楊大武著革了職，該巡按御史究擬。胡升、侯永寧據准復原級。姜名武准量復一級，仍責令緝賊，務期□□□維世，姑免罰[一四五]。"

兵部題不時糾劾貪怯等事疏[一四六]

兵部等部太子少保、尚書等官張鳳翼等謹題，爲不時糾劾貪怯武職官員，以肅軍紀，以振積弛事：

職方司案呈，覆宣、大巡按梁雲構題。崇禎九年四月初三日奉聖旨："侯銘胤准配贖。餘依擬。贓銀照數嚴追[一四七]。"

欽奉上傳事疏[一四八]

太子少保、兵部尚書、仍加俸一級臣張等謹題，爲欽奉上傳事：

職方清吏司管理督捕事務、署員外郎事、主事吳其馴案呈，案照崇禎三年六月十六日奉上傳："聞各處盜賊生發，京畿尤甚。在内錦衣巡捕，在外昌、涿、通、灣等處鎮、參、守備等官，凡係緝捕之責俱著用心訪拿。仍將捕過起數按月奏報，并著該部通行傳飭。"欽此欽遵，按月奏報遵行已久，今昌平等處報到崇禎九年二月分失事有無情節合行奏聞。據鎮守昌平總兵巢丕昌呈稱，據黄花路參將盛國忠、居庸路參將姜瑄、鎮邊路參將巢拱極、昌平管守備事都司馮承隆、署鞏華城守備姜瓖、懷柔城守備咸貞吉，各報稱，二月分所屬地方嚴責巡兵，日夜加謹巡緝，盗賊原無可乘生發，亦無捕過起數等因。又據游擊、管涿州參將事馮顯祚呈稱，今查本年二月初一日起，至三十日止，設法嚴防道路，并無疏虞，亦無緝有强竊等因。

又據通州參將葉洪春呈稱，今據都司僉書、管舊州守備事田里報稱，九年二月初十日捉獲偷驢賊犯二名李光德、王三。審據本犯供稱，於崇禎八年十一月二十四日偷盜事主薛孔訓家驢二頭，德與王三均分。其王三賣錢花費訖，德又拐毛登妻李氏，同驢騎回深州家中，被毛登同捕快躧緝拿獲等情審明，呈解霸州道正罪訖。

又據本官報稱，十七日陣獲强賊一名胡應庫，審據本犯供稱，於本月十七日黑垈地方截劫事主劉時茂銅錢、被套、衣服，當被守堡快手追至西紅門地方，滚馬上海子梯進牆内，被捕快拿獲審明，呈解霸州道正罪訖。

又據崔黄口守備郭永寧、張灣守備程大遠、總巡都司蕭應魁、通州等五衛巡捕指揮王應魁、陳至獻、仲一魁、吳承業、於承恩各結稱，二月初一日起，至月終止，地方并無盗賊捉獲等情到職。據此，卑職恐有隱飾情弊，復行駁查去後，隨據本官揭報相同外，擬合呈報等因，各呈報到部送司，案呈到部。看得近畿多盗，責令昌、涿、通將備緝捕，以靖萑苻。今據各鎮呈報，二月分獲盗有無情節到部，查舊州守備田里獲賊二起，其餘各官俱無擒獲，亦無疏失。及臣部密訪，各地方頗稱寧謐。或衆弁惕於功令，加意防範，留心緝捕，而盗賊不能肆毒耳。既經呈報前來，理合具本題知。

崇禎九年四月初五日　督捕員外郎吳其馴

兵部爲欽奉上傳事奉旨札行稿

兵部爲欽奉上傳事該本部題云云等因，崇禎九年四月初六日本部具題。初十日奉聖旨："知道了。還通著嚴加巡緝，爾部仍不時查訪，毋得聽其玩泄隱飾。"欽此欽遵，抄出到部送司，案呈到部，擬合就行。爲此：

一、札付通州參將、昌平總兵、涿州參將，合札本官，遵照題奉明旨内事理，嚴督所屬將領，加意巡緝，如有玩泄隱飾，本部訪出，定行從重參處。

崇禎九年四月十三〔一四九〕日　　督捕員外郎吳其馴

遵旨商酌具奏等事疏〔一五〇〕

太子少保、兵部尚書、仍加俸一級臣張等謹題，爲遵旨商酌具奏，以祈聖鑒事：

職方清吏司案呈，案照先該本部覆保定總兵董用文題前事内稱：崇禎八年二月内該户部議覆具題。十一日奉聖旨："這挑兵增餉事，宜即著該鎮會同撫、道餉司，從長酌議妥確速奏。"欽此欽遵，備札到臣，隨即移文巡撫保定右僉都御史臣張其平共議前事。臣等面相商酌，轉會到臣劉鎬、孔聞詩、陳六翰、閻夢夔、餉臣李升吉知照外，例得會題，以覆明旨。惟照保鎮縮兵就餉暨選練一節，屢經前任撫鎮條畫，數年以來日費敲推，欲其足兵足食不可得也。蓋因承平已久，糧減兵消，又以多半修工，無兵可練。馬則頻年缺額而不補，兵則節年逃、故而不勾，糧則經歲壓欠而不催，餉又單薄，廢弛已極。前任巡撫、今督臣丁魁楚始增保鎮選鋒一營，以二千爲率。年來援東防薊，禦虜徵流，稍稍振起。前鎮臣劉國柱以《四難四急》一疏爲請，而監紀謝文舉亦以《保兵不堪辦賊》一疏爲言，俱謂糧薄兵單。

去秋臣用文於未任之初，預有《微臣謬膺重寄》一疏，略言兵單馬缺、器敝餉壓。蒙皇上洞念單虛，奉有"鎮七巡三"之旨，旋有"練兵一萬"之議。去秋虜犯宣、雲，一墻爲限。有犯紫馬，直闖茨溝，無處不窺，諸口皆到，而扼要守險，轉危復安。今賊合謀叵測，狡詐非常，越薊、遼而西犯宣、雲，窺平、雁而南圖畿、晉，保邊之危不在宣、雲之下。督臣丁魁楚任畿撫時，欲拔班軍以增營卒，蓋就餉於經制之內，餉不別求；拔兵於班營之中，兵止縮額。誠爲救時急著，以斷未了葛藤。臣等奉旨會商，再四酌議，務求餉足兵添。苦無他取，不過力爲清查，從頭打算。或保鎮何餉之應加、何兵之可汰、何營之應并、何將之應增，既欲整頓一番，必求官軍得所。臣等不得不立爲定制，議成確妥，敢一一爲皇上陳之。如保鎮必實一萬之兵，須立五營名色，如真定撥來左營今改爲保定標左營，前營今改爲保定標右營。每營原設游擊一員，中軍一員，把總四員，軍二千名，馬六百匹。每營每軍糧料銀兩俱係真定州縣，前已請更，奉旨"准保定府庫支給"。兵尚未更，糧亦未至，俟臣等會催，無容再議矣。

目今之應加餉者，如保定標營二千今改爲保定標中營，都司一員，中軍一員，把總二員，廩最薄而責效同，應照真定例加廩者也。軍士二千，以一千爲城守，一千爲應援，則應援者應於每名每月餉加九錢。把總二員訓練援兵，而城守應添把總一員，月廩所當議之。又如選鋒一營今改爲保定標前營，除中、千各官月廩額設外，新設游擊一員，已奉部推，添廩所當議加也。除見在一千六百名之外，應於班兵拔補四百，額以二千，其百總、書掾月餉所當增之再議。拔班兵二千，改設爲保定標後營，亦添游擊一員、中軍一員、把總四員，馬六百匹，其糧餉草料所當議增者也。

以上五營共兵一萬，除標左、標右原有應設真餉歸保庫外，惟標中營該增加廩餉等銀共四千九百七十六兩六錢，標前營應增加廩餉等銀四千六百三十五兩六錢。標後營係新設者，應增加廩餉草料銀兩，該銀二萬五千八百二十七兩六錢，俱應就餉於通融闔鎮班軍缺額之內也。臣標下旗鼓守備一員，向隨標營帶廩，較之真定旗鼓職同而廩薄，尤當查例并加。又臣之漢夷內丁，奉旨前三百名加給京運，後二百名仍選鋒空額四百所并。夫以五百內丁日爲訓練，應增統丁內司千總二員，月廩及寺馬三百匹，雖借食各營缺額馬料亦要清查，應可增加。但五營既設，內司已分，而東西應援，南北堵防，則聽用旗牌官全然無廩，均應比照各鎮之例添設可也。聽用將官二員、守備二員、指揮等官四員以儲偏裨之選，旗牌一十八員以爲監營督陣之需，其將官、指揮、旗牌月廩通共四百三十二兩，亦在班軍缺額之內議增者也。外如保屬騎、車、左、忠順四營將領中、把等官，同一經制題請，真、保互異，真營則食全廩，保營則食半廩，當議俱照真定例給之。如騎營則游擊一員、中軍一員、把總二員，除原廩外共歲增廩銀二百五十兩八錢，車營都司一員、中軍一員、把總二員，除原廩外共歲增廩銀二百九十二兩，坐營都司一員、中軍一員、把總二員，除原廩外共歲增廩銀一百九十二兩，忠順營都司一員、中軍一員、把總三員，除原廩外共歲增廩銀二百二十兩八錢，均應於各營班兵缺額內加增者也。總計保鎮撥出班兵二千四百，分立左、右、中、前、後五營，共兵一萬，餉俱九錢，通該加餉以及官廩并馬料，歲共增銀三萬九千四百九十九兩四錢，皆如督臣丁魁楚所議，於各營之內選其見在，汰其缺額以充此數，可爲定制矣。蓋各營班軍祖制一年一防，或隔年一防。防後或援或練，不失營伍規制。今則二月去，十月來，經年在外，稱爲版築，不知行伍。官則日事鳩工，從無訓練。若以一防而盡一防之工，一營而竣一邊之事，又何患班軍少減？惟在限軍計工，該關主守者稽查之也。今闒鎮經制無甚缺額，不得不搜之班軍。臣等議得易州道屬保定騎、車、左、千等營，共拔選丁一千三十名，裁汰去缺額官軍七百九十八員名，共選汰出餉銀一萬一千五百二十九兩四錢九分四厘。內有一千營官軍八百二十一員名，原皆各營拔出，向無將領，近在修工，軍多隱玩，官是札委，通同貓鼠，難以稽查。況今歲寧城告完，亦無藉此以資混冒。議將一千營盡行裁革，以充選兵者也。天津道屬河間各營共拔出選丁五百一十一名，汰去缺額軍四百四十一名，選汰出餉銀四千四百一十一兩五錢六分八厘。井陘道屬真定、定州各營共拔選丁一千八百四十名，汰去缺額軍八百六十二名，共選汰出餉銀一萬八千二十五兩四錢一分。大名道屬德州春秋兩營共拔選丁一百九十名，汰去缺額軍一百一名，共選汰出餉銀一千三百一十二兩五錢二分四厘，均可抵充軍餉者也。又若修防各營向俱有馬，設之無用，近且倒死殆盡，制餉尤存補額，不能汰之極妥，除各營量留見在者給與將領中、千騎坐，餘則盡行裁去。如易州道屬保定各營共汰額馬九百四十一匹，共銀二千六百二十五兩三錢九分。天津道屬河間各營共汰缺額馬五十匹，共銀一百三十六兩六錢四分。井陘道屬真定各營共汰缺額馬三百八十五匹，共銀一千五百四十五兩八錢四分，亦可抵充軍餉者也。總之，四道所屬汰出糧料通計共銀三萬九千五百八十六兩八錢六分六厘，以之抵充萬丁之餉，尚餘銀八十七兩四錢六分六厘作正支銷，況於各營不失仍爲班兵之修防。在於保鎮，增添得足一萬之數目，拔其見在一軍，尤充一萬之實用。汰其缺額，一、糧仍有一、糧之支銷。金錢不加於新餉，而部無空匱之言；增餉不派於民間，而人無加增之怨。以就餉而實兵，因縮兵而厘餉。臣與撫臣通盤打算，徹底清查，技實止此。當此三空四盡，而欲增餉添兵，搜求至極，創始爲艱，嫌怨何辭？尚無頭緒，非請嚴旨申飭，敕部立行，則臣等之議恐終付東流，而保鎮之兵實難振起也。至若營伍既成，軍餉已定，京民屯運毫忽無餘，而各軍閏月雖有小盡半月，其他取自何所？臣等查班軍俱屬祖軍，必有軍屯以資軍食，茲保、真、河、定各營班軍之缺額者，餉益選丁矣而未補。各軍之屯地今屬何人佃種？佃地之租，獨不可輸之於官，以爲三軍之潤餉耶？當行大寧都司，盡法清查，銷算得出，以爲閏月之備，俟當另行具奏。

臣等因議，更有説焉：夫議拔班軍，上遵明旨，下信督臣之條奏，更了練兵一萬之宿案。通鎮打算，止不過減去各營班軍三千有餘，而增出選丁二千四百，調之東援西剿、防禦三關，亦可藉其一臂也。若云汰及班兵缺額頗多，而缺額之軍無處清勻，缺額之餉詢充閏月。今閏月既以清查絶軍地土補之，正所以移其有餘而補其不足也。儻諸臣執以班軍爲版築急需，勢難縮額，即臣等亦不敢以難行之事而必欲議行，以難結之局而頓欲議結。惟祈敕下該部，保鎮兵馬止以見在爲額，照常訓練。而縮兵就餉，臣等亦不敢强爲之增汰也。今將備造應增應汰清册一本，并呈御覽，臣謹會同保定巡撫張其平，合詞回奏，統祈皇上垂察等因。崇禎八年七月十五日奉聖旨：“兵部從長確議具奏。”欽此欽遵。抄出到部送司。照得鎮臣所議縮兵就餉，增足保鎮一萬之數，查其所縮者，皆關、薊版築之軍，若依議汰之，則班額缺矣。萬一邊工需人，將何以應？是在總督臣從長計議。咨部覆奏，案呈到部。隨咨薊、遼總督，即將縮兵就餉一節從長計議，希於文到三日內查議妥確，咨部具覆去後，隨准薊、遼總督丁魁楚咨前事內稱：爲照薊、遼一帶逼鄰虜穴，所恃爲華夷之限者，惟臺垣是賴；而傾頹無時，所恃爲版築之役者，惟班軍是藉。本部院前任恒撫曾具《東奴闌入已深右輔綢繆宜豫》一疏內，於增餉款內有“量拔保軍”之議，蓋擬於新設之選鋒，增餉於九錢之外，而公私告匱，措處惟艱。故就本軍之糧，益以選鋒之餉，可足一兩二錢之數。然所議拔，原止選鋒之二千餘人，斯亦不得已之極思也。及户部題覆，以真餉難加，則保餉不宜獨异，旋以仍舊覆奏。是此二千之保軍，亦可無拔矣。今據該鎮疏稱，拔選裁汰共計五千七百有奇。邇來工多軍少，修築靡遑，一旦縮額如許，寧不缺軍誤事？恐保鎮内地未受增兵之益，而薊、遼衝邊先受縮軍之害，抑豈計之長乎？先是，保定撫院張其平以鎮稿相示，本部院已移書再商，乃該鎮卒爲是請，所以爲一鎮則得矣。本部院叨任總督，東西皆其轄屬，固欲爲保鎮增標選之額，亦當爲薊、遼規久遠之圖，不待各撫之争執而後知其不便也等因。咨覆到部送司，案呈到部。看得保鎮營兵向有"鎮七巡三"、"練兵一萬"之議，畿南重地，非厚集兵力不足建威銷萌耳。鎮臣董用文奉旨"酌議"，故有縮兵就餉之請。欲拔薊、遼版築之班軍，增足保鎮一萬之數，餉不加而兵有增，所以自爲計者誠便矣。第薊、遼地逼虜衝，僅限一垣之隔，城臺墻堡工役歲時不停。今議所拔班軍，如易州道騎、車、左、千等營，拔出選丁一千三十名，汰去缺額七百九十八名。天津道各營共拔選丁五百一十一名，汰去缺額四百四十一名。井陘道定州各營，共拔選丁一千八百四十名，汰去缺額八百六十二名。大名道德州兩營共拔選丁一百九十名，汰去缺額一百一名。通計四道共拔去五千七百七十三名，合之班軍原額二萬，已去四分之一矣。無論年來工多軍少，一旦縮額，薊、遼撫鎮必且争執，而廢邊工以充營伍，撤外防以嚴内衛，顧彼失此，甚非計之得也。當經臣部移咨督臣商酌，今准回咨，確見以爲不可。此兼顧全局長算，所當如議。再照保鎮標鋒兵八千一百六名，視一萬之數雖少一千九百，若能訓練精强，儘堪壯虎豹當關之勢，無徒騖多不實爲也等因具題。

崇禎八年十月初九日奉聖旨："拔選班軍原係丁魁楚創議，今何遽稱不便？又該鎮稱一千營官軍修工向多溷冒，自宜清厘。

還著再行確議具奏。"欽此欽遵，抄出到部，隨咨薊、遼總督丁魁楚再行核議。咨部以憑覆核具奏去後，今准薊、遼總督丁魁楚咨前事内稱：准兵部咨，該本部題前事，奉聖旨："拔選班軍，原係丁魁楚創議，今何遽稱不便？又該鎮稱一千營官軍修工向多溷冒，自宜清厘。還著再行確議具奏。"欽此欽遵，移咨到本部院。准此，爲照保鎮班軍派隸關寧修築者居多，可否選汰，擬合咨會關、寧二撫查酌去後，今准山永撫院馮任回稱，看得關鎮班軍向止六營，去年議留真定車營一營，邊工不無耽誤。況今年題築中前月城，而燕、建一帶急修工程較多，尚當於六營之外再求增益。若欲於中爲之抽用，儻邊垣未備，致有他變，誰執其咎？此萬萬不可行者也。惟祈主持前議，勿因内備而疏外藩，其裨補封疆非淺矣等因。又准遼東撫院方一藻回稱，看得遼鎮首當虜衝，城垣臺堡無一不資修繕，矧明王設險，守在四夷，未有撤邊防而疏自治者。且班軍赴邊修工，歲有定例，崇禎四年題定，以通、津、瀋陽、河、大、保定騎、千，天津左、右七營班軍一萬四千名派發遼鎮，歲以爲常。自大凌損失後，缺額過多，年來從事畚插止八千餘名，乃去歲復議暫留，通、津保騎二營各就彼鎮修築，計抵信僅四千八百餘名，以故寧遠外城欽工包砌已歷三期，尚遺北面未獲底績。政擬咨請，轉行各營將領，派班軍一萬四千名勾補足額，勒限依期赴邊，匪直用竣寧遠欽工，將欲遵旨次第興築連山、高橋等堡，增修松山、錦州頹敝垣墻。即使如額赴工，方以爲存乎見少，不謂保鎮復有議拔一千營之請，撤外防而廢邊工，不將視巖疆爲兒戲耶？惟祈垂念首衝，照舊修築，不□□遼雉堞崇，於以鞏畿輔而制夷虜，胥有攸利矣等因各到本部院。准此看得，保鎮選鋒一營原係本部院經制增設者，每兵月餉九錢，援真兵例也。乃越兩鎮而募補未全，往往以餉薄爲苦，因於防虜之後議增月餉内，於選鋒一營有抽拔班軍之議，蓋欲就班軍之舊餉耳，然亦止二千餘名也。及部覆以餉額已定，勢難遽增，而真、保之兵俱隸鎮標，兵同餉異，恐開觖[一五一]望之端，自宜仍照前數，以示畫一。是在該鎮之多方招集，加以簡練而已。業已具題在案，奉有“該部酌議速覆”之旨。今該鎮仍理前議，雖於餉數未加，而選汰班軍至五千七百有奇，增兵移餉自是整摒苦心，第關、寧二撫每以工多軍少爲慮，且遼左之松、連、高橋，關門之月城、老邊又新議修繕，移咨督催，而惟恐各營之借端觀望者，豈能撤衝邊版築之役作内地兵食之用耶？大抵事關封疆，緩急宜籌，何敢自執隅見？故前日之議旋以部覆而止，況該鎮之選汰爲數更多，恐爭持之餘致誤邊防，固不如仍舊之爲便矣。

既經該撫移覆前來，擬合咨覆，煩請查照，覆酌施行等因到部送司，案呈到部。看得邊垣附山修築，勢險水激，歲有崩圮。近來虜無歲不窺邊，邊因無歲不議修，而臣部題准保定各營班軍分派關、寧、薊、密各鎮，以供畚插。然常苦工浮於人而人不足以供工，非一日矣。往督臣丁魁楚有“抽拔班軍二千餘名，以增選鋒月餉”之議，此其撫畿南時之言也。計部以額餉難以异同，已費斟酌，況減班營五千七百餘名以實保鎮，則各邊版築之役已去四分之一。此所以督臣打算全局，不能復執前議，而關、寧各撫自計封疆之責，俱力持以爲不可者也。夫防外所以安内，顧此不無失彼，則班軍仍宜照舊赴邊，以無誤興作。至於一千營修工果有混冒，自當嚴飭將領，預行清補。待赴邊之時，邊臣一體查核。如有虛冒，參處重懲，則宿弊可以盡厘，不必防其冒而遂議撤其伍也。若夫保鎮標鋒已有八千一百餘名，爲數不爲不多，但當實心訓練，以成勁旅。不得以增足一萬之說輒使班軍脫伍，付邊工於膜外耳。既經該督撫確議前來，相應覆請，伏候[一五二]

校勘記

〔一〕此爲影印本《總匯》第 21 冊，第 1681 號，第 27 頁，編者擬題爲"兵部尚書張鳳翼等爲東廠總督李承芳按例題報三年緝獲功次并開列名單事題稿（首尾缺）事題本奉旨　崇禎八年"。原件首頁首行有明廷兵部檔案號"張字十六號"。其餘部分俱已殘缺，題目不存，今按明人編輯奏疏例擬題。

〔二〕原件於"計開"右上方有小字"十七"二字；下文"東廠"右上方有"十六"二字。

〔三〕原件於"理刑"右上方有小字"十五"二字。

〔四〕原件"馬惟直"至"一匹"一行字，另起一行，今接排。下文職務與人名賞賜皆如此，今俱接排。

〔五〕原件"馬惟直"至"一匹"另起一行，今與上文職務員數接排。下同。

〔六〕下文闕失（包括咨行稿）。

〔七〕此爲影印本《總匯》第 21 冊，第 1685 號，第 48 頁，編者擬題爲"兵部尚書張鳳翼等爲遵旨確酌雲鎮將領王喜言等去留事題行稿（缺行稿）崇禎九年正月初六日"。原件首頁首行有明廷兵部檔案號"張字十六號"。題目右下方有"初七日上"四字。下一行有小字"題稿"二字，其下有大字"題""行"二字。最下有三行小字，分別爲"王喜言留用""陳如棟閑住""梁承爵填改"。隔一行爲草書"即"字，該行最下是人名"陸堯賓"。

〔八〕"酌酌"，據文意當作"確酌"。

〔九〕"期期"，兩字均係後改，據文意并參改前原文殘迹，後一"期"字當作"實"。

〔一〇〕"冠帶閑住"四字爲草書，其右側有相應楷書小字批注。

〔一一〕"加升"二字，其右側有相應楷書小字批注。

〔一二〕此爲影印本《總匯》第 21 冊，第 1686 號，第 60 頁，編者擬題爲"兵部尚書張鳳翼等爲薦袁尚仁頂補保鎮紫荆關參將員缺事題行稿　崇禎九年正月初八日"。原件首頁首行有明廷兵部檔案號"成（字）十三（號）"。題目左一行有小字"題"字，其下有大字"題""行"二字。下一行有"九年正月"四字，其下一行有"限即日上"四字（其中"即"字爲草書，"即""日上"爲版印字），其下有"正月廿七日發揭帖科"等字。
最下是人名"魏應泰"。

〔一三〕"袁尚仁"，原件其上有"正袁尚仁"四字。

〔一四〕"孟承寵"，原件其上有"陪孟承寵"四字。

〔一五〕"萬力"，顯爲"萬曆"之誤。

〔一六〕"月"字前空白，其右側有小字"二"，當爲應填月份。

〔一七〕"日"字前空白，其右側有小字"初二"，當爲應填日期。

〔一八〕"任中□"三字爲原件正文空白右側小字。"□"字原文模糊。
按本疏所錄咨行文凡提到"責赴內府翰林院請寫勅書"者，一律不寫主事
人名，此處例外。

〔一九〕"易州"，據《明史·地理志一》當作"易州"。下文重出者同
此，不再出校。

〔二〇〕此爲影印本《總匯》第21冊，第1687號，第69頁，編者擬題
爲"兵部尚書張鳳翼等爲薦丁大武頂補大同平虜城守備員缺事題行稿　崇
禎九年正月初八日"。原件首頁首行有明廷兵部檔案號"張（字）卅二
（號）"。題目左一行有小字"題"字，其下有大字"題"字、"行"字。
本行最下有"丁大武"三字。隔一行版印"限某日上"空內填有草書
"即"。其下有"大同科"三字。該行最下是人名"陸堯賓"。

〔二一〕"月"字前空白，其右側有小字"次"，當爲應填月份。

〔二二〕"日"字前空白，其右側有小字"二十"，當爲應填日期。

〔二三〕"任"後，依前文文例，當脫一"外"字。

〔二四〕"廿七"右側有楷書小字"補二十七"。其下有"字"字并阿
拉伯數字"23"，蓋爲編號。

〔二五〕此爲影印本《總匯》第21冊，第1688號，第75頁，編者擬題
爲"兵部尚書張鳳翼等爲大同八路四面皆衝極請將領關防條記事題行稿
崇禎九年正月初九日"。原件題目左一行有小字"題稿"二字，其下有大字
"題""行"二字。隔一行有"限初十日上"五字（其中"限"、"日上"
爲版印字）。其下有"大同科"，最下是人名"陸堯賓"。

〔二六〕草書"初九"右側有預批楷書小字"初四"。

〔二七〕此爲影印本《總匯》第 21 册，第 1689 號，第 91 頁，編者擬題爲"兵部尚書張鳳翼等爲請將王承勛以游擊參將填補大同助馬要衝員缺事題行稿（尾缺）　崇禎九年正月初九日"。原件首頁首行有明廷兵部檔案號"張（字）十七（號）"。題目左一行有小字"題稿"二字，其下有大字"題""行"二字。該行最下、題目左側有人名（分兩行）"王承勛"、"宋民仰"。隔一行有"限初十日上"五字（"限"字、"日上"二字爲版印字）。該行最下是人名"陸堯賓"。

〔二八〕"豐州"，據明代地名及《明史》所稱，當作"豐州"，此處以形似而誤。

〔二九〕"以游擊"三字爲草書，右側有相應楷書小字。

〔三〇〕此句中"以署守備職銜"六字爲草書，右側有相應楷書小字。又，"事"，據文意及前文所言當爲"守"，以音近之誤。

〔三一〕以上兩處"月日"前，原文皆爲空白，王、宋二人平齊并列兩行，對應空白處有小字"二"和"初十"，即兩人同爲本年二月初十日到任。

〔三二〕以下原文闕失，據前文文例，當有"參究施行"一句，最後當有年月日及簽押者職名。

〔三三〕此爲影印本《總匯》第 21 册，第 1690 號，第 102 頁，編者擬題爲"兵部爲著王喜言留用該鎮等事奉旨事行稿（首缺）　崇禎九年正月十七日"。按《總匯》編者認爲此件缺兵部上疏皇帝之題稿，只剩此咨行稿，實則前所錄 1685 號（本册第 48 頁）《遵旨確酌雲鎮將領王喜言等去留事》疏，即此"行稿"之所據"題稿"。原檔案本該將此咨行稿置於題奏稿之後，今錯置於此，遂誤以爲"首缺"矣。

〔三四〕"月日"前原文皆空白，對應空白處分別有小字"二""初十"，當爲應填月份及日期。

〔三五〕此爲影印本《總匯》第 21 册，第 1691 號，第 105 頁，編者擬題爲"兵部尚書張鳳翼等爲薦張守印頂補大同南協副總兵員缺事題行稿（尾缺）　崇禎九年正月二十一日"。原件首頁首行有明廷兵部檔案號"張字卅四（號）"。題目上面有小字"補行"二字。其左下有小字"張守印"

三字。左一行有小字"題稿"二字、大字"題""行"二字。隔一行有依稀可辨識版印"限某日上"。其下有"大同科"三字，最下是人名"陸堯賓"。

〔三六〕"月日"前原文皆空白，對應空白處分別有小字"次""初十"，當爲應填月份、日期。

〔三七〕下闕日期及簽押者職名。

〔三八〕此爲影印本《總匯》第 21 冊，第 1692 號，第 111 頁，編者擬題爲"兵部尚書張鳳翼等爲遵議參處怠泄之雲鎮協路各將并特糾馬化蛟等員事題行稿　崇禎九年正月二十二日"。原件首頁首行有明廷兵部檔案號"張字四十號"。題目下面左側有有小字三行"馬化蛟"（其下有更小字"永不叙用"）"葉文焕""田梁柱"（其下有更小"降一級"）。下一行有小字"題稿"二字、大字"題""行"二字。隔一行有"限廿二日上"等字（其中"廿二"爲手寫後填字，其餘三字爲版印字）。其下有小字"大同科"三字字。再下是職名"書辦陸堯賓"五字。又本疏後面附有提要，今一并附録於此："（前缺）題，爲特糾怠玩守備等事，該大同總兵王樸題前事。臣部看得，雲鎮洊被虜氛，自宜倍加振飭。馬化蛟歷任三年，百無一舉，且有虛冒情弊，應革任回衛，永不叙用。其葉文焕、田梁柱，伍缺不補，墩圮未完，應各降一級，戴罪圖功自贖。謹題。"文末有草書"七行"二字。

〔三九〕"革任回衛，永不叙用"，與正文字迹不同，爲後填草書，其右側有相應楷書小字。

〔四〇〕"各降乙級，戴罪圖功自贖"，與正文字迹不同，爲後填草書，其右側有相應楷書小字。又，文中"乙"字，相應小字作"一"。

〔四一〕"廿二"爲後填草書，其右側有相應楷書小字"二十二"。

〔四二〕"初六"爲後填字，其右側有預批小字"初六"。

〔四三〕此爲影印本《總匯》第 21 冊，第 1693 號，第 125 頁，編者擬題爲"兵部尚書張鳳翼等爲薦劉欽頂補山西河曲縣參將員缺事題行稿　崇禎九年正月二十五日"。原件首頁首行有明廷兵部檔案號"張（字）卅九（號）"。題目下面左側寫所推薦補缺的人選"劉欽"。下一行有小字"題"

字、大字"題""行"二字。隔一行有"廿六"二字。該行最下是版印"書辦某承"空中填寫"陸堯賓"。

〔四四〕"劉欽"上面頂格有"正劉欽"三字。

〔四五〕"竇鳴鳳"上面頂格有"陪竇鳴鳳"四字。

〔四六〕"總總"，衍一"總"字。

〔四七〕"月日"前原文并空，對應空白處，依次有"二"字、"二十八"三字。

〔四八〕"欽依"前，據文意及前文文例，當缺損"煩照"二字。

〔四九〕"初六"，爲後填草書，其右側有預批行書小字"初六"。

〔五〇〕此爲影印本《總匯》第21册，第1694號，第131頁，編者擬題爲"兵部爲請遵議修復靈城事宜事行稿　崇禎九年正月二十六日"。按此件當爲前文所録1649號（崇禎八年十月初五日）關於靈丘縣歸并問題的延續。原件首頁首行有明廷兵部檔案號"張（字）卅一（號）"。題目左側上面有小字"三號"二字，其下有小字"行"、大字"行"二字。隔一行最下是人名"陸堯賓"。本件爲"題行"合一稿，於明人奏疏中罕見，蓋因延續前一年有關事件之處理使然。

〔五一〕此爲影印本《總匯》第21册，第1695號，第135頁，編者擬題爲"兵部尚書張鳳翼等爲薦丁秉忠等頂補山西廣武站守備等二員官缺事行稿　崇禎九年正月二十七日"。原件題目上面有"補行"二字，左下方有兩人名（分兩行）"丁秉忠""陳養昇"。左側一行有小字"題"字、大字"題""行"二字。隔一行最下是人名"陸堯賓"。

〔五二〕此爲影印本《總匯》第21册，第1695號同題同時所上奏疏，編者擬題爲"兵部尚書張鳳翼等爲薦丁秉忠等頂補山西廣武站守備等二員官缺事行稿　崇禎九年正月二十七日"。故《總匯》編者列爲同一編號，不另列題、號。原件題目左一行有小字"題"字、大字"題"字。隔一行最下爲人名"陸堯賓"。

〔五三〕兩處"月日"前，原文并空白，各對應空白處分别各有小字"三"字、"初三"二字。即定限兩人於本年三月初三日到任。

〔五四〕"十二"爲後填行書，右側有預批楷書小字"補十二"。又，本疏後面有兩行字："敕官一員，守備山西廣武站地方，以都指揮體統行事指揮同知丁"。

〔五五〕此爲影印本《總匯》第 21 册，第 1696 號，第 146 頁。編者擬題爲"兵部尚書張鳳翼等爲陳大修宣、雲邊臺以禦奴酋已見事題行稿（尾缺）　崇禎九年正月二十七日"。原件首頁首行有明廷兵部檔案號"張（字）三十六（號）"。題目右側有"正月廿八日"五字。左一行有小字"題"字、大字"題""行"二字。隔一行版印"限某日上"空白處有"廿八"，其下有"大同科"三字。最下爲於版印"書辦某承"空白處填寫人名"陸堯賓"。

〔五六〕"樽"，據成詞"撙節"之義，當作"撙"。

〔五七〕"廿七"爲後填草書字，右側有預批楷書小字"廿七"。

〔五八〕原件下闕。

〔五九〕此爲影印本《總匯》第 21 册，第 1697 號，第 160 頁。編者擬題爲"兵部尚書張鳳翼等爲大同奴酋疊犯朔郡要衝極需添兵設將事題行稿　崇禎九年正月二十九日"。原件首頁首行有明廷兵部檔案號"張（字）四十（號）"。題目右側有"書册寫訖"四字。左一行有小字"題"字、大字"題""行"二字。隔一行有版印"限某日上"依稀可辨，其空白處"初二"二字，最下爲版印"書辦某承"漶漫，其空白處填寫人名"陸堯賓"。

〔六〇〕"廿九"爲後填草書，其右側有預批小字"廿九"。

〔六一〕此爲影印本《總匯》第 21 册，第 1698 號，第 185 頁。編者擬題爲"兵部尚書張鳳翼等爲請將聽信詿騙之大同鎮門堡守備劉承惠革任回衛事題行稿　崇禎九年二月初七日"。原件首頁首行有明廷兵部檔案號"張（字）五十一號"。題目右側一行有"書册寫訖""對訖""二月□□"（其下二字漫漶，疑當作初九）等字。題目左下有小字"劉承惠革任"五字。其左一行有小字"題"字、大字"題""行"二字。隔一行有版印"限某日上"，空白處填草書"初八"，其下有"大同科"三字，最下爲人名"陸堯賓"。

〔六二〕"革任回衛"四字爲後填草書，其右側有預批楷書小字"革任回衛”。

〔六三〕“緣係備弁鑽營，有玷官箴，乞敕立賜褫斥，另行推補，以示儆戒事”，原件爲小字，今按正文字號排出。

〔六四〕“初七”爲草書填寫，其右側有小字“十五”二字，與下文咨行日期相應。

〔六五〕此爲影印本《總匯》第 21 册，第 1700 號，第 200 頁。編者擬題爲“兵部尚書張鳳翼等爲請將張守印即改升大同東協副總兵及就近酌補事題行稿　崇禎九年二月十六日”。原件首頁首行有明廷兵部檔案號“張（字）六十四（號）”。題目右側有草書“對訖”二字，其下有“有書册”三字。題目左側有小字人名“張守印”。隔一行有模糊可辨認“限十七日上”等字（其中“限”“日上”爲版印字）。其下有“大同科陸堯賓”。

〔六六〕“十六”爲後填草書，其右側有預批楷書小字“十六”。

〔六七〕此爲影印本《總匯》第 21 册，第 1701 號，第 211 頁。編者擬題爲“兵部尚書張鳳翼等爲宣、大虜情甚急請暫留升遷之左營游擊劉欽事題行稿　崇禎九年二月二十日”。原件首頁首行有明廷兵部檔案號“張（字）六十一（號）”。題目右側有“書册寫訖”四字，其上有“補行”二字。其下有殘留草書“訖”字。題目左側有小字“題”字、大字“題”“行”二字。該行最下題目左下有小字人名“劉欽”、“方裕崑”（分兩行）。隔一行版印“限某日上”漶漫不清，有“廿一”二字。其下有“大同科陸堯賓”。

〔六八〕“暫留管事”四字右側有相應小字。

〔六九〕“堡參將”三字右側有相應小字，此前“新平”二字當亦有相應小字，今原件磨損不見。

〔七〇〕“廿”字右側有小字“二十”二字。

〔七一〕“月”“日”前皆空白，其右側分别有用户皮“三”“初二”，當爲應填月份和日期。

〔七二〕“廿四”爲後填草書，其右側有預批楷書小字“廿四”。

〔七三〕此爲影印本《總匯》第 21 册，第 1702 號，第 221 頁。編者擬題爲“兵部尚書張鳳翼等爲虚報兵額并遵旨查覈確數事題行稿　崇禎九年二月二十一日”。原件首頁首行有明廷兵部檔案號“張（字）六十九（號）”。最右一行頂格有“對訖”二字。題目左一行有小字“題”字、大字“題”“行”二字。隔一行有小字“練兵”二字，其下“限某日上”漶漫不清，空白位置有草書“廿二”二字。該行最下列人名“陸堯賓”。

〔七四〕“廿一”爲後填草書，其右側有預批楷書小字“二十一”。

〔七五〕“初五”爲後填草書，其右側有預批楷書小字“初五”。

〔七六〕此爲影印本《總匯》第 21 冊，第 1703 號，第 240 頁。編者擬題爲“兵部尚書張鳳翼等爲邊患稍寧各邊臣按例閱示大修邊政事題行稿崇禎九年二月二十二日”。原件首頁首行有明廷兵部檔案號“張（字）七十四（號）”。題目左一行有小字“題”字、大字“題”“行”二字。隔一下半行行有小字“大同科陸堯賓”。

〔七七〕“大同”，據下文“七鎮”并參“大”字與“宣”字重疊，當作“宣大”。

〔七八〕“廿二”，右側有預批楷書小字“廿二”。

〔七九〕“合”“行”，其左側分別有小字“鄧”“謙”，似對應下文空白處。

〔八〇〕“主事”後有空白，空白處右側有小字人名“鄧謙”。

〔八一〕此爲影印本《總匯》第 21 冊，第 1704 號，第 277 頁。編者擬題爲“兵部尚書張鳳翼等爲薦王鵬衝等堪補錦衣衛堂上僉書員缺事題行稿（缺行稿）　崇禎九年二月二十三日”。原件較清晰爲奏疏稿紙首頁，題目在下一欄首行。左側隔一行印有兩行字，可辨識版印字右邊一行爲“月日司”（各字前前皆有留空）。其下緊接“月日説堂（“月日”前皆留空）”左邊一行可辨識字“月日具稿武選司吏書承”（“月日”前亦留空，“吏書”爲雙行小字格式。“承”字前當爲具稿人或書辦職名，俱缺損）。上一欄有小字“題”字、大字“題”“行”二字。其左側一行有“廿四日上”四字（其中“廿四”爲手寫草書）。又，本疏後面附有提要，今附錄於此：“爲缺官事：照得錦衣衛堂上僉書李自浴員缺，從公推舉，得南鎮撫司僉書、署指揮同知王鵬衝爲正，南鎮撫司僉書、署指揮同知段暄爲陪。俱各堪任，伏乞聖明簡用。謹題。”

〔八二〕原件此下有闕文。

〔八三〕此爲影印本《總匯》第21冊，第1705號，第280頁。編者擬題爲“兵部尚書張鳳翼等爲探得邊外火光及東西來夷踪顯系奴虜合謀事題行稿　崇禎九年二月二十四日”。原件首頁首行有明廷兵部檔案號“張（字）六十七（號）”。題目左側一行有字“題”字、大字“題”“行”二字。隔一行版印“限某日上”（缺損空白處）有“廿四”二字，其下有“大同科陸堯賓”。

〔八四〕“臣部屢行申飭外”一句爲後加文字，筆迹與正文不同，蓋爲張鳳翼所補者。

〔八五〕“廿四”爲後填草書，右側有預批小字“廿四”。

〔八六〕“廿八”爲後填草書，其右側有預批楷書小字“補二十八”。

〔八七〕此爲影印本《總匯》第21冊，第1706號，第291頁。編者擬題爲“兵部尚書張鳳翼等爲恭報造完宣鎮所用懸簾并量情開銷價值事題本奉旨　崇禎九年二月三十日”。原件題目左側有大字版印字“崇禎九年三月初一日到”等字。又加蓋小字版印字，雖漫漶，猶可識別：“崇禎九年三月初一日抄送，奉旨五日爲期，應本月初二日咨行。”其中“九”“三”“初一”“初二”“咨行”爲後填手寫字。正文前有“兵部呈於兵科抄出”八字。該行最下爲人名“嚴天寵”。

〔八八〕本疏最後無日期，亦無簽押人職名。

〔八九〕此爲影印本《總匯》第21冊，第1707號，第292頁。編者擬題爲“兵部尚書張鳳翼等爲遠哨事題本奉旨　崇禎九年三月初五日”。原件題目左側有大字版印字“崇禎九年三月初六日到”等字。又加蓋小字版印字，雖漫漶，猶可識別：“崇禎九年三月初六日抄送，奉旨五日爲期，應本月初七日咨行。”其中“九”“三”“初六”“初七”“咨行”爲後填手寫字。正文前有“兵部呈於兵科抄出”八字。該行最下爲人名“嚴天寵”。

〔九〇〕本疏最後無日期，亦無簽押人職名。

〔九一〕此爲影印本《總匯》第21冊，第1709號，第297頁。編者擬題爲“兵部尚書張鳳翼等爲薦高之蛟等頂補大同將軍會堡守備等三員官缺事題行稿　崇禎九年三月初六日”。原件首頁首行有明廷兵部檔案號：“張

（字）一百五十一（號）”，其上有“世職”二字。題目排兩行，其上有小字“補行”二字。“補行”左側有大字“題”字。下一行有小字“題”字、大字“題”“行”二字。題目下左側有三行人名“高之蛟”“吳承志”“李懷仁”。隔一行有“大同科陸堯賓”“余麟”。

〔九二〕“高之蛟”上面頂格有“正高之蛟”四字。

〔九三〕“宋德明”上面頂格有“陪宋德明”四字。

〔九四〕本疏緊接前疏末尾，且前疏題目左下側所書三人名字，即前疏、本疏與下一疏分別所題推補正、陪人選，此三疏乃同時上奏，故《總匯》編者把三疏編爲一個號碼。原件題目分列兩行，第二行最下有小字“大缺”二字。下一行有小字“題”、大字“題”字。隔兩行最下是人名“余麟”。

〔九五〕“吳承志”上面頂格有“正吳承志”四字。

〔九六〕“劉承愛”上面頂格有“正高之蛟”四字。

〔九七〕本疏與前二疏同時上奏，合爲一件。又，題目上面有大字“題”字。下一行有小字“題”字、大字“題”字。隔一行最下有人名“余麟”。

〔九八〕“李懷仁”上面頂格有“正李懷仁”四字。

〔九九〕“賈應試”上面頂格有“陪賈應試”四字。

〔一〇〇〕以上到任月日前俱空，對應空白處左側分別各有小字“六”“初十”。

〔一〇一〕“十六”爲後填草書，其右側有預批楷書小字“十六”。

〔一〇二〕此爲影印本《總匯》第21册，第1711號，第311頁。編者擬題爲“兵部尚書張鳳翼等爲塘報夷情事題本奉旨　崇禎九年三月初十日”。原件題目左側有大字版印字“崇禎九年三月初十一日到”等字。又加蓋小字版印字，雖漫漶，猶可識別：“崇禎九年三月初十一日抄送，奉旨五日爲期，應本月十□□咨行。”其中“三”“十一”“十”“咨行”爲後填手寫字。正文前有“兵部呈於兵科抄出”八字。

〔一〇三〕本疏最後無日期，亦無簽押者職名。

〔一〇四〕此爲影印本《總匯》第21册，第1712號，第312頁。編者擬題爲"兵部尚書張鳳翼等爲努爾哈赤四頭目已於山西邊外新城住牧事題行稿（尾缺）　崇禎九年三月初十一日"。原件首頁首行有明廷兵部檔案號"張（字）九十（號）"。題目右下側有草書"對訖"二字。下一行有小字"題"字、大字"題""行"二字。隔一行版印"限某日上（原件因墨迹淺淡，年久消失，故今看上去没有顯示）"處有"十一"二字，其下底端列"大同科陸堯賓、余麟"（兩人名字爲雙行小字）。

〔一〇五〕"收"爲後改字，據文意疑當作"牧"。

〔一〇六〕"十一"爲後填行書，其右側有預批楷書小字"初十"。

〔一〇七〕下闕。

〔一〇八〕此爲影印本《總匯》第21册，第1713號，第320頁。編者擬題爲"兵部尚書張鳳翼等爲哨探夷情事題本奉旨　崇禎九年三月十二日"。原件題目左側有大字版印字"崇禎玖年叁月初十三日到"等字。又加蓋小字版印字，雖漫漶，猶可識别："崇禎九年三月十三日抄送，奉旨五日爲期，應本月十四日咨行。"其中"九""三""十三""十四""咨行"爲後填手寫字。正文前有"兵部呈於兵科抄出"八字。該行最下爲人名"胡軒"。

〔一〇九〕本疏最後無日期，亦無簽押者職名。

〔一一〇〕此爲影印本《總匯》第21册，第1716號，第351頁。編者擬題爲"兵部尚書張鳳翼等爲循例舉劾閩省武職并議處守備李榜等員事題行稿　崇禎九年三月十六日"。原件首頁首行有明廷兵部檔案號"字（字）七十八（號）"。題目左一行有小字"題稿"，"稿"爲版印字。大字"題行"。再下一行有小字"有貼黄"三字。又下一行有小字"廿九"二字。又下一行有大字"十七"二字。其下有"前府科"三字。其最下是人名"周之鼎"。又，本疏後面附有提要，今附録於此："兵部題，爲循例舉劾武職事：該福建巡撫張應星題前事。臣部看得，李榜鎖拿巡簡，致殞其身，濫准民詞，恣肥其橐；誅及手藝，詐及鄉愚；私領兵餉，私抽馬税；此不可一日貸者，應行撫按提問。沈鷹揚五年胘削，贜累二千有奇。既貪且暴，是弁中之窮奇也。并行提問，仍追擬盡法。孫胤武懦怯無能，侵牟可鄙。蠅營狗苟，纖屑不堪。立示三黜，詎寬一面？謹題。"最後一行左下方，有草書"九行"二字。

〔一一一〕"鎮平縣"，據下文"武平縣申文可據也"，當作"武平縣"。參《福建通志》，巖前墩在福建，武平縣亦屬福建，而鎮平縣則屬河南，與此無涉。

〔一一二〕"張禮六"，據上文言"張禮六兩"（被勒索銀六兩），此處人名非"張禮六"，疑"六"字衍。

〔一一三〕"革職行該撫按提問"與下文"革任行該撫""革職回籍"三處均屬草書，其右側皆有相應小字。又照理"革任行該撫"後面草書"按提問追擬"也應有相應小字，大約因原件墨迹淺淡，年久墨迹散盡，故原件呈白紙原貌，不見痕迹。

〔一一四〕"十六"爲後填草書，其右側有精闆楷書小字"十三"。

〔一一五〕"月"字前空白，其右側亦無小字標出。又，依咨行稿通例，"月"字空白處當有"日"字。

〔一一六〕同前校。值得注意的是，該行左側下面有"列 6"二字符，則明末已用阿拉伯數字矣（此前亦見一例），但未見官方正式文件使用。

〔一一七〕"初四"爲後填草書，其右側有預批楷書小字"初四"。

〔一一八〕此爲影印本《總匯》第 21 册，第 1720 號，第 386 頁。編者擬題爲"兵部尚書張鳳翼等爲哨探事題本奉旨　崇禎九年三月二十二日"。原件題目下面有草書"即寫稿"三字。題目左側有大字版印字"崇禎玖年三月廿三日到"。又有後加蓋小字版印字及填寫文字，參照前文尚可辨識處："崇禎九年三月二十三日抄送，奉旨限五日爲期，應本月廿四日咨行。"正文前有"兵部呈於兵科抄出"八字。其最下面是人名"胡軒"。

〔一一九〕本疏最後無日期，亦無簽押人職名。

〔一二〇〕此爲影印本《總匯》第 21 册，第 1721 號，第 387 頁。編者擬題爲"兵部尚書張鳳翼爲等糾參不職將領以肅邊政事題本奉旨　崇禎九年三月二十二日"（題目中"爲等"，乙，但奏疏正文中無"等"字，只有"張鳳翼"，當爲蒙前衍）。原件題目左側有大字版印字"崇禎玖年三月廿三日到"等字。又有後加蓋小字版印字，參照前文，尚可辨識"崇禎九年三月廿三日抄送奉旨限五日爲期應本月廿四日咨行"等字。正文前有"兵部呈於兵科抄出"八字。

〔一二一〕"糾糾"，據題意並參此類奏疏通例，後一"糾"字當作"核"，乃涉上而誤。

〔一二二〕本疏最後無日期，亦無簽押人職名。

〔一二三〕此爲影印本《總匯》第21册，第1724號，第391頁。編者擬題爲"兵部尚書張鳳翼等爲哨探夷情事題本奉旨　崇禎九年三月二十五日"。原件題目左側有大字版印字"崇禎玖年三月廿六日到"等字。又有後加蓋小字版印字，參照前文尚可辨識爲："崇禎九年三月二十六日抄送，奉旨限五日爲期，應本月廿七日咨行。"正文前有"兵部呈於兵科抄出"八字。該行最下是人名"嚴天寵"。

〔一二四〕本疏最後無日期，亦無簽押人職名。

〔一二五〕此爲影印本《總匯》第21册，第1726號，第393頁。編者擬題爲"兵部尚書張鳳翼等爲遵旨議奏事題本奉旨　崇禎九年三月二十六日"。原件題目左側有大字版印字"崇禎玖年三月廿七日到"等字。又有後加蓋小字版印字，參照前文，尚可辨識爲："崇禎九年三月廿七日抄送，奉旨限五日爲期，應本月廿□日咨行。"正文前有"兵部呈於兵科抄出"八字。該行最下是人名"王元"。

〔一二六〕本疏最後無日期，亦無簽押人職名。

〔一二七〕此爲影印本《總匯》第21册，第1727號，第394頁。編者擬題爲"兵部尚書張鳳翼等爲遵例舉劾班捕官員事題本奉旨　崇禎九年三月二十七日"。原件有大字版印字"崇禎玖年三月二十八日到"。又有後加蓋小字版印字，參照前文，尚可辨識者爲："崇禎九年三月廿八日抄送，奉旨限五日爲期，應本月廿九日咨行。"正文前有"兵部呈於兵科抄出"八字。按本疏原件缺題，此題目爲依照正文內"爲……事"而擬（此亦明人政府公務書記人員編輯公文提要之慣例）。

〔一二八〕本疏最後無日期，亦無簽押人職名。

〔一二九〕此爲影印本《總匯》第21册，第1728號，第395頁。編者擬題爲"兵部尚書張鳳翼等爲京營東城居民失盜并議處巡捕把總王文貞事題題行稿　崇禎九年三月二十八日"。原件首頁首行有明廷兵部檔案號"成（字）八十三（號）"。題目上面有"補行"二字。下一行有小字"題"字、大字"題""行"二字。隔一行版印"限某日上"位置有大字"四月"二字。其下有小字"有貼黄。二十八日付本科、關津科"。最下是人名"魏應泰"。

〔一三〇〕"總"前據上下文對該職官稱呼，疑脱一"把"字。

〔一三一〕"降乙"爲草書，其右側有楷書小字"降壹"。

〔一三二〕"乙"右側有楷書小字"壹"。

〔一三三〕"廿八"爲後填草書，其右側有預批楷書小字"廿七"。

〔一三四〕"初七"爲後填草書，其右側有預批楷書小字"補初七"。

〔一三五〕此爲影印本《總匯》第21册，第1729號，第407頁。編者擬題爲"兵部尚書張鳳翼等爲考選軍政官員事題本奉旨　崇禎九年三月二十九日"。原件有大字版印字"崇禎□年四月初一日到"等字（"□"處原件爲空白，據本件抄送時間當作"九"）。又有後加蓋小字版印字，參照前文，尚可辨識者爲："崇禎九年四月初一日爲抄送，奉旨限五日爲期，應本月□□日咨行。"正文前有"兵部呈於兵科抄出"八字。該行最下是人名"潘俊"。

〔一三六〕本疏最後無日期，亦無簽押人職名。

〔一三七〕此爲影印本《總匯》第21册，第1732號，第412頁。編者擬題爲"兵部尚書張鳳翼等爲再陳安邊定論仰祈聖鑒以奠萬年之業事題本奉旨　崇禎九年四月初一日"。原件有大字版印字"崇禎九年四月初二日到"等字。又有後加蓋小字版印字，參照前文，尚可辨識："崇禎九年四月初二日抄送，奉旨限五日爲期，應本月初□日議奏。"正文前有"兵部呈於兵科抄出"八字。

〔一三八〕本疏最後無日期，亦無簽押人職名。

〔一三九〕此爲影印本《總匯》第21册，第1733號，第413頁。編者擬題爲"兵部尚書張鳳翼等爲哨報火光事題本奉旨　崇禎九年四月初二日"。原件有大字版印字"崇禎九年四月初三日到"等字。正文前有"兵部呈於兵科抄出"八字。該行最下是人名"王元"。

〔一四〇〕本疏最後無日期，亦無簽押人職名。

〔一四一〕此爲影印本《總匯》第21冊，第1735號，第417頁。編者擬題爲"兵部尚書張鳳翼等爲遵查錦衣衛各官員缺情形事題行稿（尾缺）

　〔崇禎九年四月〕初三日"。原件爲奏疏稿紙首頁，版印清晰，題頭頁分上下兩欄，題目在下欄，題目上面（亦在下欄）有"一件"二字（其中"一"字爲手寫後填），"一件"二字上面有大字"題""行"二字（"題"字在上欄，"行"字跨欄）。下一行上欄有小字"題稿"二字、大字"題""行"二字（"行"字寫在上下兩欄横綫上）。上欄最後一行是"初三日上"四字（其中"初三"爲手寫草書後填，"日上"爲版印小字）。下欄題目隔一行一格内有兩行版印小字"月日司"（每一個字前皆空出），其下緊接"月日説堂"（"月日"每一字前皆空出，"日"後緊接"説堂"）。左邊一行爲"月日具稿武選司吏書"（"月日"前空出。"吏書"爲雙行小字格式），其下空出簽名處，最底下有"承"字。

〔一四二〕"□□"，據文意疑當作"天啓"。

〔一四三〕以下原闕。

〔一四四〕此爲影印本《總匯》第21冊，第1736號，第421頁。編者擬題爲"兵部尚書張鳳翼等爲遵查回奏大同賊情并報擒獲賤黨事題本奉旨

　崇禎九年四月初三日"。按此題目内"賤黨"當是"賊黨"之誤。原件題目左側有大字版印字"崇禎九年四月初四日到"。又有加蓋小字版印字，漫漶不清，可識别字有："崇禎九年四月初四日抄送，奉旨五日爲期，應本月初□□咨行。"正文前有"兵部呈於兵科抄出"八字。該行最下是人名"朱貞"。

〔一四五〕本疏最後無日期，亦無簽押人職名。

〔一四六〕此爲影印本《總匯》第21冊，第1737號，第422頁。編者擬題爲"兵部尚書張鳳翼等爲不時糾劾貪怯武職官員事題本奉旨　崇禎九年四月初三日"。原件題目左側有大字版印字"崇禎玖年肆月初四日到"等字。應有加蓋小字版印字，但已全部消失。正文前有"兵部呈於兵科抄出"八字。該行最下是人名"胡軒"。

〔一四七〕本疏最後無日期，亦無簽押人職名。

〔一四八〕此爲影印本《總匯》第21册，第1740號，第433頁。編者擬題爲"兵部尚書張鳳翼等爲遵報二月分昌平等處獲盜情形事題行稿　崇禎九年四月初五日"。原件首頁首行有明廷兵部檔案號"成（字）八十八（號）"。題目上有小字"行"字。下一行有小字"題"字、大字"題""行"二字。隔一行有"四月""初六""有貼黄"，最下是人名"單思仁"。又本疏後面附有提要，今附錄於此："太子少保題，爲欽奉上傳事：該本部題，臣等看得近畿多盜，責令昌、涿、通將備緝捕以靖崔符。今各鎮呈報二月分獲賊有無情節到部，查舊州守備田里獲賊二起，其餘各官俱無擒獲，亦無疏失。臣部密訪，頗稱寧謐。或衆弁惕於功令，加意防範，留心緝捕，而盜賊不能肆毒。謹題。"該提要後面有草書"九行寫訖"四字。

〔一四九〕"十三"爲後填草書，其右側有預批楷書小字"十三"。

〔一五〇〕此爲影印本《總匯》第21册，第1741號，第443頁。編者擬題爲"兵部尚書張鳳翼等爲班軍照舊赴邊及保鎮標鋒當實心訓練事題稿　崇禎九年四月初六日"。原件首頁首行有明廷兵部檔案號"成（字）八十四（號）"。題目左一行有小字"題"字、大字"題"字。隔一行有大字"四月"二字。其下有小字"有貼黄"三字。再下面有"關津科魏應泰"。又本疏後面附有提要，今附錄於此："太子少保兵部尚書，爲遵旨商酌具奏等事，該本部題前事，看得保定各營班軍，分派關、寧、宣、薊、密，以供備插。常苦工浮於人而人不足以供工。往督臣任保撫時有'拔班軍二千，以增選鋒月餉'之議。計部以額餉難以异同，已費斟酌，而况減班營五千七百餘名，以實保鎮，則各邊版築之役□□（已去）四分之一。督撫諸臣自計封疆之責，俱力持以爲不可，則班軍仍宜照舊赴邊，以無誤興作。至於一千營果有混冒，當嚴飭將領預行清補，赴邊時邊臣查核。如有虚冒，參處重懲。若夫保鎮標選已有八千一百餘名，爲數不爲不多，當實心訓練，以成勁旅。謹題。（郎）中王升、包鳳起、王驥"按文中括號内字爲校點者按正文中應有字所補。又，提要後面一般無日期，亦無簽押人職名，此提要後面之人名，從字迹之大小、風格上看，大不類於提要字迹，按慣例，當是疏文正文後面的簽押者姓名，但名字前損壞日期及職銜。"包鳳起"
"包"字上有"郎"字。其上又有草書"十三行"三字。

〔一五一〕"觥"，原作"觫"，據文意改。

〔一五二〕原件下闕。

循例舉劾武職官員事疏 [一]

兵部等部太子少保、尚書等官、仍加俸一級臣張等謹題，爲循例舉劾武職官員事：

職方清吏司案呈，崇禎九年正月二十八日奉本部送，兵科抄出，真定巡按吳履中題前事内稱：崇禎八年五月初九日，奉都察院勘札，准兵部咨，該真定巡按周堪賡題前事等因。奉聖旨："兵部知道。"欽此。該本部覆題，奉聖旨："周炳芳著革了職，該撫按提問。"欽此欽遵，到部，移咨巡撫張、右僉都御史，并咨都察院，札行到臣。該臣隨會同撫臣案行該道，將周炳芳革職提問及屢催去後，今於本年十二月十七日，據井陘道兵備副使孔聞詩呈詳，問得一名周炳芳，年三十八歲，係錦衣衛籍三千户所千户。狀招：炳芳，崇禎元年襲授前職，二年十月内哨探奴酋有功，加升都司僉書，管密雲道中軍事務。七年正月内升真定標中營游擊，本年三月二十三日到任。本年七月内推升倒馬關游擊，管參將事，本月十九日到任。後炳芳就不合居官不簡，見事生貪，贓私有據，穢迹招 [二] 彰。本年十二月内蒙巡按周御史糾參，炳芳闇懦無能，金鼓之聲不振；貪饕有癖，科歛之術偏工。應照軍政議處等因，題奉欽依。該兵部覆題，奉欽依到部。移咨保定巡撫張、右僉都御史，并咨都察院，札行巡按吳御史，俱案行井陘道，轉行真定府李知府，移關本府清軍戴同知，會同理刑祝推官，將炳芳革職，并款内有名干證，移文倒馬關及標中營將何守才等通提解前來，同詣公署。查照原疏内參炳芳：

一、先任標中營，指修理衙門并傘扇等物，每兵扣銀一錢五分，共銀一百餘兩。管隊百總證前件。審得在官管隊百總張善教供稱，本營修理衙門，原該銀二十兩，在本府支領，炳芳修理衙門在先，止用銀七兩，尚餘銀十三兩，炳芳又不合指整製傘轎等項，將銀收入自肥。營中舊有招旗，因年久碎壞，營兵一千七百名，每名扣銀二分，共扣銀三十四兩，炳芳又不合妄指修做招旗，將銀索收。張善教并在官蘇鎮芳供證。

一、每日點兵，一名不到，納銀一錢，方銷一卯。每卯罰銀五七兩不等，共得銀五十餘兩。魏漣證前件。行提魏漣不到，據該營回稱，魏漣係先任前部千總，已經革任離營，日久無憑拘攝。

一、新收兵七十餘名，每名索常例銀三兩，方准發伍食糧。王加增等證前件。審得在官王加增供稱，先任中軍陳騰蛟召募新兵七十名，每名索常例銀五錢，方准發伍食糧，各兵共湊銀三十五兩，送與炳芳作贄見禮，又不合徑行索收。王加增供證。

一、私放兵丁回家，每名索銀一兩。共放四十餘名，約得銀四十餘兩。馬掾房等證前件。審得在官馬掾房即馬登先供稱，放兵四十名，各給假二十日，炳芳又不合索每名放班禮錢六百文，共索得錢二十四千文。馬登先供證。

一、騾馬應給兵丁騎用，每匹索銀一兩，方准給兵，共得銀五十餘兩。崔增強證前件。審得在官崔增強供稱，因本營缺馬，增強等各兵斂銀五十兩，送與炳芳，呈詳討馬匹騎坐。後因虜犯宣、雲，撫院無馬發營，前銀未送，本官未得。崔增強供證。

一、任倒馬關事，受各口官參見常銀五十餘兩。中軍魏靖等證前件。查審即後款吳守備并狼牙口各口官事。

一、指稱巡關索插箭嶺吳守備銀三十兩，狼牙等各口共攤湊銀二十兩。馬登先等證前件。審得馬登先供稱，炳芳巡關，有先任守備吳休徵折程儀十兩，狼牙等各口共折程儀二十兩饋送，炳芳又不合徑行收受。馬登先供證。

一、私坐倒馬關牢伴等役一百餘名，每名每月科班錢三百文，伴當頭證前件。審得在官伴當頭何守才供稱，七年七月十九日炳芳到任，查點軍丁有牢伴何守才等一百名，曠役不到，炳芳於八月朔逐一拘來，每名罰小好錢三百文，共錢三十千，炳芳又不合索收入己。何守才供證。

一、指種園私坐軍丁二十餘名，每名銀六兩。園頭李二證前件。查該關回稱，本關園頭無李二名字，審馬登先供稱，本營種園軍丁二班，共十二名，係是舊例。本官七月十九日到任，即遇虜警，所有園軍盡發守關，後虜平軍回，亦曾查例復撥，隨報本官被論舊例，坐派園丁支收軍糧六兩，并未私坐。

一、私坐插箭嶺并狼牙等口家丁十餘名，共得銀一百餘兩。中軍魏靖證前件。提魏靖不到，據家屬生員魏景呈稱，伊胞兄魏靖，先告病辭任，後往南京未回，無憑擬坐。

一、指布施姑子德元，每兵科銀一錢，共銀百餘兩。伴當頭并闔營證前件。審得伴當頭何守才供稱，本官自捐俸錢十千與姑子德元請經，衆軍丁間有施捨者，係軍丁各發善心，本官毫不禁止。姑子未到，伴當頭何守才供證。

一、指查倒馬所索掌印蕭百戶銀二十兩，本官證前件。審得在官倒馬所掌印百戶蕭育才供稱，本官到任，例有贊見禮十八兩饋送，炳芳又不合徑行索收。蕭育才供證。

逐一再三訊鞫前情明白，問擬炳芳，監臨官挾勢求索部內財者律徒罪。招解府道審參無異，招呈撫按兩院，蒙巡撫張、右僉都御史詳批，仰候會奏行繳。又蒙巡按吳御史詳批，周炳芳需索扣尅種種不法，據招殊多未確，該道再一嚴訊，速報批道行府，移文本府，巡捕帶管清軍李同知會同祝推官，將炳芳等一干犯證復提到廳，遵照批駁情節，逐一照款細加嚴訊，與前審情詞無異。覆審會看得，犯官游擊周炳芳，其逐羶貪穢，吮軍膏而敗官箴者。諸如尅減破冒、抽扣折贖、受遺請騎、狎尼脫伍，種種不法，寧直失大將之威名，且貽債帥之訕笑矣。初訊，憾其毀坊蕩閑、營私剥下，業對款直求，似無遺漏矣。猶恐炳芳詭秘彌縫、支吾藏伏，再加推鞫，炳芳稱無遁情，即張善教、馬登先等亦供前贓，已和盤托盡，雖不嫌爲到底之窮，而實無調匿之詐，將若之何？贓迹初案已明，罪律仍從原擬。此嚴經勘對，而不敢苟、不敢縱者，非爲既灰稿[三]弁求賁免也。周炳芳允宜徒革外，餘犯魏靖、李二出防，無證難以懸擬，仍照原擬取供備招。

於本年十二月初四日連人關牒，本府李知府處覆審無异。看得犯弁游擊周炳芳暗籌邊之略，工攫取之巧。無在不肆侵漁，罔顧名節；苟可索其常例，寧知官箴？贓私質證有口，本犯業已俛首。兹復奉文駁訊，再爲窮詰。如指修造妄行侵扣，良心喪矣！而募兵放班，吞噬何忌！借巡視曠役，恣意濫受，法紀蕩矣！而贈施賄請，廉隅安在？種種弊端，初供已確，覆審無异。除犯佐魏靖、李二出防未到，似難懸坐外，仍照原擬徒革，允乎厥辜。

具招連人呈解到道覆審，看得犯官周炳芳身任重寄，既無韜略以籌邊；行甘墨斷，惟踵陋弊以誅求。當原題諸款，如脩整冒破、查點抽扣、縱班折贖，以至巡行關嶺，濫受饋儀、贈施脱伍、請騎需索，爲利幾何？本官始任染指，竟不覺察，以致劣行種種。初時窮詰質證，業已伏辜，今蒙憲駁，猶恐詭計彌縫，多方對款研鞫，再無遺漏。方今一一傾吐，了無遁情。總之，此弁見事生貪，名節已失，攫取術工，廉隅安在？是豈攝關大將所可爲耶？除犯證出防，難以懸坐外，歷經三復情確，面訊俛首無詞。本弁仍照原擬徒懲，以儆官邪，無庸再計取問罪犯外，結得銀每兩、錢每千，各值鈔八十貫，招結是實十二名：張善教年五十一歲，蘇鎮方[四]年四十五歲，王加增年三十一歲，馬登先年五十三歲，崔增強年四十四歲，何守才年三十八歲，蕭育才年三十一歲，聶秉忠年三十八歲，康國卿年四十五歲，董思白年四十五歲，張文袍年三十三歲，崔宗堯年三十二歲，各供同一。議得周炳芳所犯，合依監臨官挾勢求索部內財者，計贓准不枉法論，有祿人一百二十貫之上，律杖一百、流三千里。有大誥減等，杖一百，徒三年。係革任游擊，審周炳芳有力，照例納米折銀贖罪，完日帶俸差操。供明張善教等，各省發寧家當差，合候呈詳，會題允示施行。

一、照出周炳芳官紙銀二錢五分，贖罪米三十五石，折銀十七兩五錢，貯真定府官庫聽候類解。其周炳芳妄指脩做招旗，扣軍士銀三十四兩；指脩衙門，收餘銀十三兩；索新兵贄見禮銀三十五兩；指放班共索錢二十四千文，每百易銀一錢，共易銀二十四兩；指巡關索吳休徵折程儀銀十兩；狼牙等各口折程儀銀二十兩；查點軍丁曠役，共罰錢三十千文，每百易銀一錢，共易銀三十兩；又受倒馬所掌印百戶蕭育才銀十八兩，俱係求索之贓。合追入官貯庫，聽候提解，通取庫收繳報，別無再照等因。

具招呈詳到臣，該臣會同保定巡撫張其平看得，犯官游擊周炳芳貪鄙武弁，受朝廷豢養之恩，無竭蹶報效之義。其任倒馬關也，一籌莫展，惟利是圖。脩衙宇、造旗幟，藉爲侵扣之媒；募新卒、放班軍，恣其抽索之術。巡關嶺有折程之入，拘牢伴行濫罰之苛。百戶常例必需，多口交譏罔畏。除犯證出防，不便懸坐，即此贓私狼藉，已爲三尺所不貸矣。按法擬配，夫復何辭？

既經道府歷訊明確，議詳前來，相應依擬具奏，伏乞敕下兵部覆議，上請定奪施行等因。崇禎九年正月二十七日奉聖旨："該部覆擬具奏。"欽此。又該保定巡撫張其平題同前事等因。奉聖旨："已有旨了，該部知道。"欽此欽遵。通抄到部送司，案呈到部。臣等看得，周炳芳身任關將，籌邊之策未聞，扣尅之工偏巧。指修衙置器爲潤橐之緣，借募卒放班恣需求之欲。托巡視而受遺，四知罔畏；點曠役而濫罰，不顧官箴。種種贓私，歷訊有據。按律擬配，允當厥辜。查該弁係三山所千户應襲，原非實職。贓罪完日，竟聽回籍。緣奉有"覆擬具奏"之旨，謹會同刑部尚書馮等合詞覆請，伏候命下，將周炳芳杖乙百，徒三年。係游擊，照例折贖，贓罪完日回籍。查係應襲[五]。

崇禎玖年四月初七[六]日　郎中王升

　　　　　　　　員外郎包鳳起

　　　　　　　　　　王驥[七]

兵部爲循例舉劾武職官員事奉旨咨行稿

兵部爲循例舉劾武職官員事，職方清吏司案呈云云等因，崇禎九年四月二十九日本部具題，五月初三日奉聖旨："周炳芳准配贖，追贓完日回籍。"欽此欽遵，抄出到部送司，案呈到部，擬合就行。爲此：

一、咨都察院，合咨貴院，煩爲轉行真定巡按御史，依照本部覆奉明旨内事理，即將周炳芳贓贖銀兩勒限文到月[八]内通追，完日回籍。

一、咨保定巡撫，合咨前去，煩照本部覆奉明旨内事理，即將周炳芳贓贖銀兩勒限文到月[九]内通追，完日回籍。

崇禎九年五月初六[一〇]日　郎中王升

　　　　　　　　員外郎王驥

狡寇遁踞深山等事疏[一一]

太子少保、兵部尚書、仍加俸一級臣張等謹題，爲狡寇遁踞深山，進剿宜籌勝著，再報宛襄堵禦之略并及地方困苦之情，兵食艱難之狀，以祈聖鑒事：

職方清吏司案呈，崇禎九年四月初八日申時奉本部送，御前發下紅本，該總理盧象昇題稱：頃因大寇闖塌天等奔突鄖、襄，微臣等自南陽鄧州等處馳詣襄中，會同楚撫督剿。而豫撫陳必謙仍親率將士，以剿内、淅未盡之寇。雖隔漢江，南北乃宛、襄臨界，猶是始終夾擊之意也。業於三月初四日具疏奏聞矣。今自三月初五日以至本月十五日，轉盼又經十日，臣於剿事晝夜圖維，不敢苟安片刻，雖兩目浮腫，一身委頓，亦未敢調攝片時。惟督鎮將兵丁，視賊所向。均、穀、襄陽西北一帶，山勢峻險陡窄，皆懸崖峭壁，鳥道羊腸，兵馬艱於前進，即火攻等營亦多騾駝載運，利行平地，難陟深山。臣與撫臣王夢尹面議，及移札按臣商榷，發祖寬、李重鎮之兵，繇宜城荊門以達荊州，防賊奔荊襄内地，即可截而殲之。又檄總兵官秦翼明并副將楊世恩、雷時聲，各統步兵，整捆齊備，爲深入各山之計。兼慮内、淅一帶兵力尚單，仍調援剿總兵祖大樂，繇光、鄧前往夾剿。隨准豫撫咨文，内云“内、淅之賊，已經陸續分竄郿、均、嵩、廬等山去訖，境内已無賊踪。且淅川四面深山窄徑，絕嶝深谿，賊易埋伏，馬難馳逞，營難安插，糧難裹運。即昨日王、周、劉、陳四營兵馬已是技窮力竭，徒疲人馬，斬獲無多。祖鎮一枝，純是騎兵，此地尤非其勝塲明矣。本院惟將四營人馬分駐内、淅、鄧、南之間，休息調習，以俟調遣。其祖鎮兵將宜隨貴院部徵剿。即目前稍休而令蓄鋭，荊襄伺便而動，必可有爲”等因。

准此，臣思援剿之兵惟祖大樂、祖寬所統遼丁爲最勁，殺賊亦最多，正、二兩月屢奏大捷。迄今江北、河南漸底寧宇，其功不可誣也。惟是闖王等賊殲散雖多，而闖塌天等賊奔突漢江以南，出沒大山之内，目前狡計避兵，實欲乘虛再逞。臣方凛凛於“速奏蕩平”之明旨，更兢兢於“師老財匱”之嚴綸，誓以身先激勵衆志。會同撫臣王夢尹，集鎮、道將領而深籌熟計之，庶幾慮出萬全，於以制賊死命。而自襄、穀、均、郿以達房、保、二、竹、漢、興等處，綿亘數千里，叢林密箐，絕巘深溝。弓矢無所見長，匹馬不能馳驟，糧料無從轉輸。夷漢兵丁人人摩勵以需，不免望而却步。蓋賊在内地平原貴於急剿，利用騎兵。賊奔山險負固，貴於相機，利用步卒。急剿則騎兵計日追逐，所經州縣，不過支一二日芻糧，力猶易辦。即夷丁剽悍，其於地方不留行、不久住，士民猶或堪之。一至深山，而賊之出没無常，兵之進止難定。馬兵既不能入，勢必於沿山州縣徐觀聲息，濡滯日時，豈特餉金供應浩繁？萬難姑待。且今豫、楚、宛、襄之間饑荒异常，民間多剥樹皮、嚼青草以度日，甚而人相食者所在有之。兵馬所需米豆草料，一顆一束，買辦爲難。物力既窮，釁端易起。此臣所晝夜焦心而不得一當者也。日需本折錢糧州縣不能應，而洶洶脊脊、脱巾呼癸，固多意外之虞。州縣即勉應而措折色，不能措本色，各兵亦紛紛攘攘，尋草覓料，仍滋地方之擾。近據監軍道臣王維謨稟帖，謂祖大樂營兵多染病者，草豆如桂如珠。官給已竭，兵買尤難，馬臕日削。職惟極力撫循，少安兵心等因。復接監軍道臣苗胙土稟帖，内言，職同總兵祖寬等官兵至麗陽、荆門等處，見其營馬饑瘦眷[一二]穿，十病五六等因。又據各監軍、監紀等官屢番稟報，謂地方百姓與遼兵多不相安，皆望風逃避。竊思群寇未滅，而徵剿之勁兵人病馬病，天時水土交相厄之，且夷性難馴，所過不無煩擾。撫摩禁戢，臣已三令五申，而一切情形則不敢不據實告之皇上者也。

目今江北賊盡，河南賊少，大夥俱在秦、楚萬山之中，鄖、襄、漢、商之地，如督臣自漢、興南剿，臣即當自鄖、襄北馳；督臣自潼關東來，臣即當自豫、雒西擊。豫、楚、秦、蜀、鄖、陽各撫臣，亦視漢、興、鄖、襄、潼關、豫、雒緩急，戮力同心，相與扼防堵剿，庶可收掃蕩之功。所大費區劃者，只是入山之賊馬兵實不能追剿，而遼丁尤苦非宜。剿賊之兵糧料實不能隨營而入山，尤難措手，臣前疏曾迫切陳之矣。況豫、楚、秦三省年來寇患兵荒，又是從前未有，日日用兵，日日辦餉。以秦餉供秦兵而告竭，以楚、豫之餉供楚、豫之兵而告竭。今賊畏兵狡遁，負固依山，臣與督臣俱當隨賊徵剿。若秦兵入豫、楚，豫、楚之兵入秦，其艱難必有十倍於今日者。事機籌劃宜周，軍旅豈容常試？除將剿兵剿餉再一通盤打算確議，責成另疏會題外，所有遼鎮祖大樂、祖寬及火攻營李重鎮等兵，目下既難於入山徵剿，又不便坐守分防，應當作何調遣，伏候聖明敕下兵部，從長酌覆，速賜施行等因。

奉聖旨："據奏，狡賊遁踞深山，會剿機宜著會同督臣從長區畫，相機設奇。并豫、楚、秦、蜀、鄖各撫務同心協力，扼防堵截，速奏蕩平。其遼兵既稱難於入山，又不便坐守分防，作何調遣，兵部看議，即日具覆。"欽此欽遵。恭捧到部送司，案呈到部。除行總理會同總督從長區畫，相機設奇，并行河南、湖廣、陝西、四川、鄖陽各巡撫，同心協力，扼防堵截外，看得遼兵驍勁，恃在弓馬，平原馳擊是其所長。今春於江北、河南，屢奏大捷，厥功甚偉。迨繇豫入楚，則剿賊竄入深山。據稱，絕巘叢林，馬匹不能馳驟，糧料無從轉輸，且風土不宜，人多染病，兼以夷丁獷悍，與地方不甚相安。理臣躊躇於防剿之間，商酌調遣之法，衷良苦矣。臣部前因奴警頻聞，原欲檄之還鎮，緣寇氛正熾，未便撤回。今光景如斯，留之恐以饑疲釀釁。若徑行議撤，不惟各路兵心搖動，且恐依山之賊乘虛復出，又橫決於中原。似應密諭理臣，相賊勢盛衰，察兵心離合，某應極去，某應暫留。將關、寧兵姑以換班爲名，次第遣發。仍先期約會保、豫二撫，沿途州縣預備芻糧，勿使窘迫，致生意外之虞。

至剿兵勢孤力薄，又當檄取川師。查原調譚大孝等之九千，見入秦中，應會督臣洪承疇督發出關，以圖合剿。如不足，或於施辰鎮算就近調用。惟取其土風相習，於民間不擾，斯蒐獮分防或得其濟矣。總之，此時第一急著尤在准留新餉，以消亂萌耳。

原奉有“即日具覆”之旨，因紅本申時到部，燈下繕寫，遂致越宿，伏乞聖明鑒宥施行。

崇禎九年四月初九^{〔一三〕}日　郎中王升

員外郎包鳳起

狡寇遁踞深山等事奉旨咨行稿^{〔一四〕}

兵部爲剿寇遁踞深山等事，職方清吏司案呈，奉本部送，御前發下紅本，該總理盧題前事等因。奉聖旨：“據奏，狡賊遁踞深山，會剿機宜著會同督臣，從長區畫，相機設奇，并豫、楚、秦、蜀、鄖各撫務同心協力，扼防堵擊，速奏蕩平。其遼兵既稱難於入山，又不便坐守分防，作何調遣，兵部看議，即日具覆。”欽此欽遵，恭捧到部送司，案呈到部，擬合就行。爲此，除遼兵調遣事宜，聽本部議覆外，

一、咨總理，合咨前去，煩照題奉明旨內事理，希即會同總督，從長區劃，設奇剿賊施行。

一、咨河南、湖廣、陝西、四川、鄖陽各巡撫，合咨前去，煩照題奉明旨內事理，希即同心協力，扼防堵擊施行。

崇禎九年四月初九日　郎中王升

員外郎包鳳起

王驥

兵部糾劾不職將領等事疏^{〔一五〕}

兵部等部、太子少保、尚書等官臣張鳳翼等謹題，爲糾劾不職將領，以肅邊政事：

職方司案呈，覆宣府巡撫陳新甲本。崇禎九年四月初十日奉聖旨：“孫維垣准配贖。餘俱依擬，贓銀照數嚴追^{〔一六〕}。”

兵部題哨探事疏^{〔一七〕}

太子少保、兵部尚書張鳳翼謹題，爲哨探事：

職方司案呈，覆宣府巡撫陳新甲塘報。崇禎九年四月十四日奉聖旨："知道了。嚴行偵備，已有屢旨。爾部还不時馳飭^{〔一八〕}。"

兵部題缺官事疏^{〔一九〕}

太子少保、兵部尚書張鳳翼等謹題，爲缺官事：

職方司案呈，宣府蔚州城地方缺守備，推許承式。分守薊鎮馬蘭路缺參將，推慕繼勛。崇禎九年四月十七日奉聖旨："是。有點的依擬用^{〔二〇〕}。"

盤獲奸細事疏^{〔二一〕}

太子少保、兵部尚書仍加俸一級臣張等謹題，爲盤獲奸細事：

職方清吏司案呈，崇禎九年二月二十七日奉本部送，兵科抄出，保定巡撫張其平題前事内稱：崇禎七年八月十二日准兵部咨，該前巡撫保定右副都御史丁魁楚塘報前事。該本部看得：趙文玉奉差解銀，於土木被虜，爲日無幾，豈遂貪虜之餌，甘心爲用，棄父母妻子而不思爲蟬蛻計耶？把關人役以獲奸細爲功，不知聖諭有"歸正赦免"之旨。此一犯者，情在矜疑，所當行原籍薊州，查有無父母妻子，奏奪者也。至於供報，賊雖西去，謀實在東紫馬一帶，倍爲戒嚴可耳等因。題奉聖旨："趙文玉口供探聽事情，明係奸細，何得妄引'歸正'，輒議矜疑？著該撫按再研訊明白正法。仍嚴飭各隘口，萬分慇備，毋得少疏。"欽此欽遵。

備咨前撫臣丁魁楚，隨案行該道，嚴加確查去後，今於崇禎八年十月十二日，據密雲兵備、帶管易州道事、副使劉鎬呈，據保定府管關通判官撫極呈稱，依將趙文玉始末文案行提到官。查審間，本年九月十七日蒙本道憲票，蒙前撫院批，據薊州人趙二具狀告，爲懇乞超憐三命事，批行到道，備行關廳，并審得趙文玉之爲薊州快役無疑也。乃以解銀宣、大，不幸而歸途遇虜，從虜營而誆言打聽兵馬，以遂其思歸之念，或亦謬計乎？其兄趙二諄諄以解批未到之故羈其母與妻於囹圄爲言，則部覆所云“矜疑”亦原情而論，但邊疆多事，防緝自宜嚴飭。聖旨“正法”政防邊遠慮也。伏乞憲裁等情，具呈到道、轉詳前撫院，蒙批，准移咨宣撫繳，隨蒙本院移咨巡撫大同焦都御史處，續准回咨，內稱：照得順天撫院投解銀咨者，趙文玉也。至爲薊州快手，順天咨內并未言出本鎮不知也。且本役果否爲邢萬民之銀，奉差俱行該州，一查而自確矣等因回咨到院，備行到道，隨蒙本道關會薊州道，該薊州兵備崔副使回關內稱，據薊州申稱，趙文玉原係薊州民壯也，本年六月內奉文差同馬蘭路家丁韓虎押解撫賞銀前往大同交納。今銀已交，庫收已獲，韓虎已到路矣，但有民壯趙文玉被虜，割髮逃出，行至浮圖峪，被守備疑當奸細拿獲等情到道，則趙文玉確係差解邢萬民之銀，薊州原詳甚悉等因關覆到道。准此，爲照趙文玉一案，查勘再三，而薊州道關文與薊州申文屢關、屢稱文玉確係薊州民壯，實係差解撫賞銀兩，若此則文玉似有可原等情。具呈巡撫保定張、右僉都御史處，詳批：“趙文玉係奉旨‘訊明正法’，豈容輕釋？仰道仍照案覆審確擬，總叙一詳速報，以憑會奏。立俟立俟！”

蒙本道票仰刑廳查照抄詳并批駁情節，再提取趙文玉及關廳浮圖峪前後案卷，逐一覆審確擬，總叙一詳呈解本道，以憑覆審，轉報該廳，依蒙備行易州，將趙文玉人卷提到，再四刑審。

又據文玉口供，文玉實係薊州民壯，於崇禎七年六月十二日，奉文與馬蘭路家丁韓虎起解原任副將邢萬民先欠撫賞銀一百九十二兩，往赴大同撫院衙門交納，掣有批迴庫收，比韓虎收有庫收一本，文玉收有庫收九本。行至土木地方，撞遇達虜，時韓虎先得逃脱，文玉當被擄去，批收俱被搶失，在營割髮打柴。比文玉思欲逃歸，無計可施，只得假言進口打探消息，方得脱身。至本年七月二十七日行至浮圖峪，被守備拿住等情。據此看得，薊州民壯趙文玉，奉差解銀，歸途被虜，屢經覆核，明且確矣。今查本役於六月十二日出差，歸至浮圖峪則七月二十七日，同差韓虎取有庫收回銷，則文玉之在虜巢亦爲日無幾，且母妻兄弟群然在家，寧肯甘心爲虜？使部覆以"矜疑"議免，誠有見及此者。再審據供被虜之後，脱身無策，詐言爲入關打聽，以遂逃歸之謀，無聊之計，情頗近真。唯是卑瑣下役心腸叵測，未敢以忠義之心而輕信之此輩也。伏候裁奪等因。

具繇連人申解到廳，除覆審相同外，看得趙文玉其爲薊州民壯無疑也，其解銀大同無疑也。被虜削髮，駐虜營纔四十餘日耳，虜未必心腹托也，即文玉亦未必實爲之用。思父母妻子兄弟而來歸，自是真情。被捉奸細，覆查再四，竟無的據。即云詐言入關打探，亦小心狡脱之常。奸人固不敢輕出疑獄，又何敢輕入哉？部覆"矜疑"，誠有所見，况聖旨"訊明正法"，必訊必明。仰見聖明好生之德，意則文玉或可以"矜疑"請者也。

緣繇呈詳到道，據此看得，趙文玉薊州民壯也，與馬蘭路家丁韓虎同解撫賞銀赴大同撫院，銀已交完，批收已掣，行至中途，旋遇虜難，虎即逃脱，而文玉被擄矣。家有母妻弟兄，思歸念切，故詐言代爲入口探聽消息，以爲脱身之謀。非久在虜營、受其厚餌，甘爲虜使者。及闖入浮屠關口，把守人役以其削髮可疑，恐爲奸細而捉獲，解報。今准薊州道屢次關文，又據關、刑二廳并易州再四覆審，皆以"情可矜疑"代爲詳請。恭繹明旨"訊明正法"，必期嚴訊明確，無枉無縱，用示聖恩好生之德。該州廳再四覆請矜全，亦以仰體聖諭有"歸正赦免"之恩耳等因。呈詳到臣，該臣會同巡按順天等處監察御史潘倬看得，趙文玉以解銀旋歸，遇奴被擄，照查已明其爲薊州民壯，無疑也。至若髡髮從虜，入關探聽，反覆嚴訊，不過苟免一時之死，巧爲脫身之計耳。況伊母妻兄弟具在，焉肯捨之弗顧，甘爲虜用之人哉？大抵逃回是實。至若部覆"矜疑"，仰遵聖明"歸正赦免"之旨，亦以廣皇上好生之恩耳。伏候裁奪。既經該道查議前來，相應具題，伏乞敕下兵部，覆議施行等因。崇禎九年二月二十六日奉聖旨："兵部覆議具奏。"欽此。

又該順天巡按御史潘倬題同前事等因。奉聖旨："已有旨了。該部知道。"欽此欽遵。通抄到部送司，案呈到部。看得趙文玉解銀大同，事竣而返，不幸隻身陷虜，而母妻兄弟具在，未免有情，能一日忘歸計哉？則入關探聽，詭詞脫身，未可過爲文玉責。夫文玉固有繫於薊而無戀於虜者也。業經訊明，家屬俱有著落，相應酌行釋放，仰遵"歸正赦免"之旨，亦以廣好生德意也。原奉有"覆議具奏"之旨，相應覆請，伏候命下，遵奉施行。

崇禎九年四月廿日　郎中王升

員外郎包鳳起

王驥

兵部爲盤獲奸細事奉旨咨行稿

兵部爲盤獲奸細事，職方清吏司案呈云云等因，崇禎九年四月二十四日本部尚書張等具題。二十八日奉聖旨："趙文玉既審明，准釋放。"欽此欽遵，抄出到部送司，案呈到部，擬合就行。

為此：

一、咨都察院，合咨貴院，煩爲轉行順天巡按御史，照依本部覆奉明旨内事理，欽遵查照施行。

一、咨保定巡撫，合咨前去，煩照本部覆奉明旨内事理，欽遵查照施行。

崇禎九年伍月初四〔二二〕日　郎中王升

員外郎包鳳起

王驥

塘報隔鎮虜情事疏〔二三〕

太子少保、兵部尚書、仍加俸一級臣張等謹題，爲塘報隔鎮虜情事：

職方清吏司案呈，奉本部送，准宣大總督梁廷棟塘報，崇禎九年四月二十一日岢嵐兵備道副使、今降級盧友竹塘報，本月十六日據河會守備慎其志塘報，本月十五日巳時據原差陝西探報，寫字張登禀稱，昨據長哨康宗益聽得黃甫川來市套夷説稱：東達子領兵許多，已到山西境外地名新城住牧日久，離草地黃河路程三日有餘，傳來叫我們在黃河北套多備船隻接渡，要往西來。見今插酋躲避，離邊許多，我們裏邊忙亂甚緊。又説：有頭目古樓黃台吉已差塘馬探去，如若有西來消息，我們還要跟隨接去等情。

又據清水營守備王憲章塘報，近據正川墩臺通夜潘奉口報：蒙差推砍椽木，出境行至守口，熟夷帳内聽得各夷説稱，東奴帶領多人，因尋黑達子，俱到山西境外地方日久，離黃河三四日住牧，先教我們河東、河西套裏達子造備船隻。已打完六十，在於渡口預備接應，過河往西，但不知何日到來。各夷俱説得一樣話詞，禀報到職，塘報到道等因到部院。據此，爲照節據哨報，奴虜已遣多夷至新城等住牧。今又稱令套夷備造船隻，欲渡河而西，以尋黑夷。則大河東西皆爲奴酋之人矣。狡謀聲西擊東，窺犯逼真，在我沿邊及太原等一帶不可不嚴爲備者。除行鎮將等官，晝夜防守，廣行確偵，相機以伐狡謀外，理合塘報等因。

又准延綏巡撫、降一級高斗光塘報爲夷情事内稱：本年四月十五日據署孤山副將事、聽用參將王永祚塘報，四月十一日據黄甫路參將李國璋塘報，據清水營守備王憲章塘報，四月初三日據差去通夜潘奉口報：行至守口，熟夷帳内聽得各夷説稱，東達子多人俱到山西境外地方，離黄河五日住牧，教我們河東河西套裏達子造備船隻，已打完船六十隻，在於渡口預備接應東達子過河，不知何日到來。各夷據説一樣話等因到職。塘報間，四月初七日又據黄甫川操守胡來貢塘報，本月初六日據原發長哨通夜板不善等報稱，善等於初五日量拿酒餅假看夷人卜圪兔兒，到夷帳内誘問虜中情形，本夷説稱，東奴領兵許多，已到山西境外地名新城住牧，離黄河三日有餘。傳來教我們在黄河北套多備船隻，接渡東虜。我們頭兒差塘馬渡河東探，果有西來消息，頭兒親去迎接。如若起身，本夷親自密稟。據此看得，語出夷口，雖真僞難憑，但往往夷言多有實而非誑者。卑職思得本套古樓黄台吉等等酋自西而回，兼之連年荒歉，甚是貧窮，又且大賞，奉旨裁革屢討，未敢輕允，無有衣食之藉，所以造船將東奴接過。本套借仗奴勢，在五六月間勢必犯搶挾賞。我之兵馬節年抽調一空，不惟不能戰，且不能守等情到職。該職看得，延之西路虜與賊交訌情形，前已塘報訖，而今東路套夷又接奴虜，犯在斯須。職雖竭蹶籌畫，其如兵馬單弱、行糧無措何！除一面申嚴各該道將多防設備，相機撫剿外，伏乞貴部裁發行糧，庶職得飼勵饑軍，以保垂危殘疆於萬分之一耳。爲此理合塘報。等因各到部送司，案呈到部。

看得虜住新城已久，其徘徊未進者，知我宣、雲有備，未可長驅，而渡河入套，則東西皆可馳騁，於是令套虜備造船隻，爲接渡之計。據報，已造完六十隻，且又差塘馬東探，公然爲之嚮導矣。此時延之東路與山西之水泉營及偏、老、保德一帶，皆爲赴壑之勢。大抵虜耽耽思逞，先晋而後延。延、晋撫鎮皆當移駐要害，親督道將，多備火器，扼險嚴防。仍行各地方官，遵照前旨，預爲清野，毋臨時惶錯，致有疏虞。該督臣當整搠師干，隨宜策應。其所需糧餉，應救户部亟爲接濟者也。既經塘報前來，理合具本題知[二四]。

缺官事疏[二五]

太子少保、兵部尚書張鳳翼題，爲缺官事：

本部題，崇禎九年五月初四日奉聖旨：“朱純臣著總督京營戎政，寫勅與他。本内稱會同部九卿，何不列名？还著奏明[二六]。”

地方失火燒毀群樓事疏[二七]

太子少保、兵部尚書臣張鳳翼等謹題，爲地方失火，燒毀群樓事：

職方司案呈，奉本部送兵科抄出，京營總督李守錡題。崇禎九年五月初七日奉聖旨：“楊國材、章成畝著各罰俸半年[二八]。”

密奏軍機事疏[二九]

太子少保、兵部尚書仍加俸一級臣張等謹題，爲密奏軍機事：

職方清吏司案呈，崇禎九年五月初六日辰時奉本部送，御前發下紅本，該大同總兵王樸題稱：去歲逆奴犯搶河套道，經宣、雲邊外，於五月間欽奉明旨：「著督撫監鎮相機行間。」臣仰遵聖諭，擬麻登雲、王世選家書貳封，内云「你屢有信來，説衆王子恨老酋，將四王子做酋，衆王子不得受用，意欲謀害報功自立，如何久不見信」等語，令遍布夷中。隨將全書抄送督撫監諸臣存案，訖今監臣魏國徵見在御前，其原擬間書必具在可問。嗣臣於九月十六日叩具密奏，因前《切要機宜》一疏内云：「奴衆本少，所收南北西夷諸部數倍於奴，且老酋以四孽爲長，諸兄弟時爲不平。又復厚夷薄虜，觖望成仇。加以東西華夷之不相統，兄弟叔侄之不相下，此時若能大施作用，巧布機宜，骨肉齏食，部伍穴鬥，將有執諸酋爲天朝獻者勢所必至。」原疏在御前，可覆按也。

臣於本年正月起連接邸報，見遼東撫監諸臣奏稱，據回鄉馬大口供，四酋將三酋全家并所部攏言兒達子盡行殺死，載尸壹拾陸車，衆王子俱閉門不出。又據降夷刀兒計所供相同各等情。臣捧閱未竟，舉手加額，切見我皇上勵精圖治，一誠格天，是以天厭穢惡，以肇滅奴恢疆之兆。然猶未敢深信者，恐其事在有無真假之間，故未敢遽以入告也。今據錦州解到回鄉難民薛坤，審係臣屬天城衛薛鳳堡人。七年七月十八日被東奴搶去，閏八月初六日從宣府膳房堡出口，至河東孔有德下全將官處，跟隨在蓋州住札。每日打柴，受苦不過，於九年正月十五日夜晚從蓋州越墻逃出。本月二十四日至左衛塲進口，本臺軍送至桑圍子撥兒王千總收下，報松山將官，轉報祖總兵，起文歸鄉。又據説稱，八年十二月内，四王子將三王子連家口并牛鹿孤山攏言兒達子盡都殺了，將金銀家事著衆王子分，衆王子說：「我們不分，他也是王子，我們也是王子，你把他殺了，我們分了他的金銀家事，你要惱了，把我們也殺了。」四王子怒惱説：「你們不分，將金銀家事我俱收了。」四王子與大王子各自生心不和，晝夜不離好達子一枝防衛。又説"馬好的，值一百二三十兩，次些的值八九十兩。小米一斗二錢，好牛值六七十兩"等語。取有供詞在卷，是前後各降夷、難民所供似俱吻合，則其骨肉內變無疑矣。

臣非敢牽合前言，妄貪天功，私有歆冀。惟是四酋部落雖衆，其父子不過四人；各酋部落雖寡，父子兄弟不下一二十人，兵釁一開，勢不兩立。祖分左右，上下危疑，正我乘機搆巧，以終間局之時。伏乞密敕遼東監視內臣高起潛，會同撫鎮，速遣親信，遍布間諜，謂諸孽子曰："爾衆憤恨老奴誤立，不忿四酋掌事，必欲謀害，今果三酋鼉殺。唇亡齒寒，不如獨力潛圖，永享富貴。或合謀殲殛，免被傷殘。"又間四酋曰："三酋一誅，彼衆家同氣一心，爾一人孤危獨立，固當時時謹備。猶須漸行剿除，以免禍害。"再密諭諸陷將相，乘機勢取事，以贖前愆，立膺爵賞。大略使諸酋彼此相猜，搆嫌成隙，危疑驚側，各不相安。水火既成，禍害立至。彼插酋自也先來，以百五十年之生聚，號三十萬者，非不衆強，而天實滅之，不半載而星飛雲散，妻子不保，奴亦何難銷滅乎？東江一水可通，鎮臣陳洪範見駐海上，旁無掣肘，得以展布所當，并爲密敕行事。蓋其地所接渡之難民來者甚多，不必多有言説，只以二語播傳，便有許多得力，使兩下之隙日深，會見兩虎共鬥，而我可坐收漁人之利。惟在精心巧思，隨事圖維，即未得旦晚誅滅奏功，而彼內相猜搆，焚爭角逐，自顧不遑，敢復他圖？但得邊患一歲少寧，我得多少收拾，多少便宜！俟寇患一平，以全力圖奴即易，況未有弟兄叔侄乖異猜殺而不速滅亡者，理固然也。機不再來，時不可失，是在遼海諸臣細心而加意也。臣嘗謂我皇上龍飛初年，邊患有肆，則東奴、西插、黔奢、蜀安是已，今已滅亡其三，止區區一奴，尚逭天誅？今又自相戕害，或亦天心厭亂之會乎？我之兵力日強，而奴之災釁日甚，在邊臣愈當戒嚴，在奴孽將必爲亡插之續矣。

敬因來降難民口供而直抒款款之愚，伏惟聖明采擇施行等因。

崇禎九年五月初六日辰時奉聖旨："兵部密切看議速奏。"欽此欽遵。恭捧到部送司，案呈到部。看得奴賊骨肉相殘，各懷疑忌，情實有之。在我用間之法，須有綫索而後可以潛通計，惟麻登雲、王世選未忘中國，機有可乘，而家書傳遞之後，亦未見有何信息。近據宣鎮降夷口供，我官兒東歹青拾了南朝油箭籠内諭帖，本官送與四酋，未聞看了有甚話説。則此事終在有意無意之間，未可認爲實著。若令遼東撫鎮速遣親信，一説諸孽，一説四酋，使其兩虎相鬥，其言非不靡靡可聽，然親信可達奴地者爲何人？古來行間大都通使來，相機行事。今河東西一水之隔，我中國人久不問津，即一墙之外，哨探未能及遠，而欲責人直入奴營，彼此游説，此皆飄空議論，其誰任之？惟陳洪範疏中所云"蓋州緊逼遼瀋，勾納難民、降將以爲内應"，其説猶切實可行。今宜敕其及早出海，廣爲招徠，擇其中機警有膽智者，遣爲細作，通書諸陷將，令其圖功自拔，是或一策。在雲鎮宜一意料理邊防，爲自强之計。毋但以説客伎倆誘之關外，而自弛戒備也。既經奉有"密切看議速奏"之旨，相應覆請，伏候敕下，遵奉施行。

　　崇禎九年五月初七[三〇]日　　郎中王升

　　　　　　　　　　　　　　員外郎王驥

兵部爲密奏軍機事奉旨咨行稿

兵部爲密奏軍機事，該本部題云云等因，崇禎九年五月初九日酉時奉聖旨："用間亦屬兵機，總在各督撫鎮預募勇幹，隨時相機密行，并陳洪範出海招約降將、難民事宜，爾部通行馳諭。其各鎮自强要著，尤當恪遵屢旨，上緊飭備，實圖戰守長策，不得少有弛懈。"欽此欽遵，恭捧到部送司，案呈到部，擬合就行。

爲此：

一、咨宣大總督、大同巡撫、宣府巡撫、山西巡撫、遼東巡撫、登萊巡撫、薊、遼總督。

一、手本關寧監視。

一、札付王樸、王忠、沈世魁、祖大壽、陳洪範。

崇禎玖年伍月初十[三一]日　郎中王升

員外郎王驥

遵旨奏明事疏[三二]

太子少保、兵部尚書張鳳翼等謹題，爲遵旨奏明事：

職方司案呈，本部題。崇禎九年五月初八日奉聖旨："既稱'例應會同'，且先經傳單，如何臨推仍多未到？殊屬玩泄！以後有不到的，科道官據實參奏[三三]。"

衝邊兵備等事疏[三四]

兵部爲衝邊兵備需人最急，乞敕就近升補，以重巖疆事：

職方清吏司案呈，奉本部送，准吏部咨，內開分巡冀北道聶明楷升山西按察司副使，仍帶降三級，管大同兵備道事務，頂吳暐員缺。□□□□□[三五]道吳暐仍以山西按察司副使調管岢嵐道事務。兼管陝南神木、榆林、潼關道沿河一帶地方，頂盧友竹員缺。盧友竹升山西布政使司右參政兼按察司僉事，仍帶降壹級，管分巡冀北道事務，頂聶明楷員缺，移咨請敕等因到部送司，案呈到部，擬合就行。爲此：

一、合具揭帖，差主事齎赴內府翰林院，請寫敕書施行。計開請敕官三員。

山西按察司副使、仍帶降三級，駐札左衛，整飭邊備聶明楷，除前卷查不開外，查得原擬責任，駐札左衛，專一經理左、右、雲、玉、威遠五衛，仍管分守道原管助馬等邊堡，務要整飭邊備，撫恤軍士，操練兵馬，修理城堡，防禦寇盜，收斂人畜，保障地方，一應錢糧、獄訟悉屬統攝。凡是務與協守副總兵計議而行。所有兼管屯田、牧馬事務相應增入。及查得天啓三年十月內該山西督撫按官王國禎等題，爲婪弁流毒，一方軍民飲恨等事，該本部覆議，以後各道敕書開載中軍犯有罪過，分別重輕，參題究治等因，奉聖旨：“是。”欽此欽遵在卷。所有前項統轄中軍事宜相應一并增入。

以上原係歷來舊稿，今查得崇禎二年二月內，該刑科署科事右給事中劉懋題，爲清屯田以贍軍餉等事，該本部覆，奉聖旨：“屯田屢奉明旨，未見奏效。今後責成該管守巡道臣，凡升除各官，一應操種事宜俱著載入敕書，著爲官守，俾加意料理，蚤期底績。你部還與戶部議確行。”欽此欽遵在卷。所有前項屯田事宜相應增入。

又查得崇禎八年九月內，該本部覆江西道監察御史梁雲構等題，爲繼獻伍畫以資廟算事，內開，一議考額人才之多寡，視地方之大小，除兩都設有武學免議外，其各省直大州縣歲進四十名，中三十名，小二十名，各邊衛所以是爲差。初試縣州縣衛所，再試縣府邊衛所，無府者以清軍同知代考；三試則以備兵使者董之，無兵道者以守、巡、道代之。其取者入州縣衛儒學，不必分入府學。有司以禮相待，仍量免其差徭。凡從前未經考較、濫竽名色衣巾者，盡行汰革，務使途徑一清。其各兵備等道敕內應增較武一款等因。奉聖旨：“武生名數著再減半，大縣止許十名，中縣八名，小縣五名。務得真正材勇，毋事虛飾。餘俱依議行。”欽此欽遵在卷。所有前項較武一款相應一并增入，惟內閣定奪施行。

山西按察司副使吳暐，查得本官責任，近該督撫官題稱，要將岢嵐道所轄老營守備邊垣一截三十里，并長林堡一座，俱改撥寧武道管轄，該部議覆相應。今命本官整飭岢嵐兵備，駐札偏頭關，管轄岢嵐、保德州、興縣、嵐縣、河曲五州縣。除前項改撥寧武道地方外，其岢嵐、河曲各守備、西路參將、老營游擊地方兵馬照舊管理。平時則專一督修該路墻墩，整飭兵馬，計處錢糧。防秋則各照信地監督將領巡視邊寨，收斂人畜。查革奸弊、紀驗功罪一應事干，有司軍衛悉聽施行。仍照户部題准事理，兼管屯田。邊內荒蕪田土若有冠豪勢要侵占，逐一查明，分給屯丁，量給牛種，俟三年後如果成熟，准令各軍自食其力，免給月糧。若有多餘田土，亦要設法招種，照前免科。年終通將開墾過田畝數目造冊，奏繳青[三六]冊，送司查考。本官受兹委任，須持廉秉公，修政任事，務使邊防寧謐，寇盜屏息，斯稱任使。如或因循怠忽，致誤邊事，責有所歸。及查得天啓三年十月內，該山西督撫按官王國禎等題，爲婁弁流毒一方等事，該本部覆議，以後各道敕書，開載中軍犯有罪過，分別重輕，參提究治等因。奉聖旨："是。"欽此欽遵在卷。所有前項統轄中軍事宜相應一并增入。

以上原係歷來舊稿，今查得崇禎二年二月內該刑科署科事右給事中劉懋題，爲清屯田以贍軍餉等事，該本部覆，奉聖旨："屯田屢奉明旨，未見奏效。今後責成該管守巡道臣，凡升除各官一應操種事宜俱著載入敕書，著爲官守，俾加意料理，蚤期底績。你部還與户部議確行。"欽此欽遵在卷。所有前項屯田事宜相應一并增入。

又查得崇禎八年九月內該本部覆江西道監察御史梁雲構等題，以資繼獻伍畫以資廟算事，內開一議：考額人才之多寡，視地方之大小，除兩都設有武學免議外，其各省直大州縣歲進四十名，中三十名，小二十名，各邊衛所以是爲差。初試縣州縣衛所；再試縣府邊衛所，無府者以清軍同知代考；三試則以備兵使者董之，無兵道者以守巡道代之。其取者入州縣衛儒學，不必分入府學。有司以禮相待，仍量免其差徭。凡從前未經考較、濫竽名色衣巾者，盡行汰革，務使途徑一清。其各兵備等道敕內應增較武一款等因。奉聖旨："武生名數著再減半，大縣止許十名，中縣八名，小縣五名。務得真正材勇，毋事虛飾，餘俱依議行。"欽此欽遵在卷。所有前項較武一款相應一并增入，惟內閣定奪施行。

山西布政使司右參政兼按察司僉事、仍帶降一級、分巡冀北道盧友竹，查得本官責任，駐札大同鎮城、專管整飭大同鎮城聚落、城北東路鎮邊等堡、渾源、蔚州、大同、靈丘、廣昌、廣靈六州縣兵備，務要體恤軍士，點閱兵馬，繕修城堡，防禦寇盜，收斂人畜，保障地方，稽查錢糧，問理刑名，禁革奸弊。所有兼管屯田牧馬事務相應增入。本官受茲委任，須持廉秉公，正己率下，綏民禦虜，以收實用。如因循怠忽，責有所歸。

及查得天啓三年十月內，該山西督撫按官王國禎等題，爲婪弁流毒一方等事，該本部覆議，以後各道敕書開載中軍犯有罪過，分別重輕參題究治等因。奉聖旨："是。"欽此欽遵在卷。所有前項統轄中軍事宜相應一并增入。以上原係歷來舊稿，今查得崇禎二年二月內該刑科署科事右給事中劉懋題，爲清屯田以贍軍餉等事，該本部覆，奉聖旨："屯田屢奉明旨，未見奏效。今後責成該管守巡道臣，凡升除各官，一應操種事宜，俱著載入敕書。著爲官守，俾加意料理，蚤期底績。你部還與戶部議確行。"欽此欽遵在卷。所有前項屯田事宜相應一并增入。

又查得崇禎八年九月內該本部覆江西道監察御史梁雲構等題，爲繼獻五[三七]畫，以資[三八]

哨探夷情事疏〔三九〕

太子少保、兵部尚書、仍加俸一級臣張等謹題，爲哨探夷情事：

職方清吏司案呈，奉本部送，准宣大總督梁廷棟塘報，本年六月十五日，據大同總兵王樸塘報，本月十一日辰時據威遠路參將毛鑌禀報，本月初九日申時據威遠、威胡、雲石守備李三才等禀報：五月二十九日卯時，蒙差總哨吳禄等公同哨丁賀守信、仝合、張汝美等三十六名，從雲石邊暗門出口，分撥探至地名樓草簷等處，離邊約遠三百餘里。於六月初四日哨見有馬夷人七八十騎，從東北往西行走，役等跟踪找至初六日，登山瞭望，各夷亦往西去訖，再無夷人。其更班哨丁在外接連偵探，役等於初九日卯時，從本邊暗門進口等情。本月十四日辰時，又據右衛路副將王戎禀報，六月十二日戌時，據殺胡堡守備甄奇英禀報，本日酉時據原差通丁以速代等入口報稱：役等探至地名黑河岸，約離本邊二百餘里，迎遇卜部舊夷討托等，密説有東夷三十餘名，至歸化城各溝岔瞭望，不知向往何處，亦不知後邊還有無東夷。本夷又説，哈夷哨馬至啞虜板升，拿去卜部舊夷一名老撒前去問話，緣係探問夷言未委虛的。役等急回禀報等情到路，各報到職。

據此看得，前報奴賊北行離邊稍遠，今報東夷復至，潛伏溝岔，來瞭望，明有乘機突逞情形，除行將備等官，遠偵密探，嚴加堤備，相機剿禦外等因塘報到部院。據此理合塘報等因，又准大同巡撫葉廷桂、總兵王樸塘報同前事，各到部送司，案呈到部。看得威遠路哨丁報稱，樓草簷等處有夷騎七八十，從東往西，而殺胡堡哨丁亦傳有東夷三十餘名，至歸化城各溝岔瞭望。又傳哈夷哨馬至啞虜板升，拿卜部舊夷問信，則知東西合謀，固無刻忘情於我也。秋風一動，在在宜防，而雲晋之間尤當枕戈以

待，不可一刻疏飭也。除行該□〔四〇〕操加意堤備外。既經塘報前
來，理合具本題知。

　　崇禎九年六月十八〔四一〕日　郎中王升

　　　　　　　　　　員外郎王驥

兵部爲哨探夷情事奉旨咨行稿

　　兵部爲哨探夷情事，該本部題云云等因，崇禎九年六月十八
日太子少保、本部尚書仍加俸一級臣張等具題。十九日奉聖旨：
"據報，夷虜東西來瞭探情形，合謀窺逞叵叵〔四二〕測。沿邊一帶
在在宜防，雲、晉尤宜惢備。著各該督撫鎮屬兵秣馬，枕戈以
須，毋令隙疏刻懈。仍選銳確偵，不時馳奏。爾部再行申飭。"
欽此欽遵，抄出到部送司，案呈到部，擬合就行。爲此：

　　一、咨宣大總督、大同巡撫、山西巡撫。

　　一、札付王樸、王忠。

　　崇禎玖年陸月二十〔四三〕日　郎中王升

　　　　　　　　　　册庫員外郎王驥

遵旨馳奏事〔四四〕

　　兵部爲遵旨馳奏事，職方清吏司案呈，奉本部送，兵科抄
出，山西巡按張孫振題稱，崇禎九年五月二十二日接邸報，前按
臣餘城題，青衿恣肆蔑法，見經鞫究，乞敕嚴勘，以端士風，以
肅法紀事等因。奉聖旨："奏内郭宗敏等毆宗事情，餘城不即題
參，至出境乃始奏聞，殊屬徇玩。著回道嚴加考覈，幷閻序等俱
著嚴究，確擬奏奪。其軍人放炮幷牛角尖墻外零夷打回，有無隱
匿失事情形，著新按臣確查馳奏該部知道。"欽此。隨差人檄行
岢嵐道確查去後，續於本年六月初七日據該道呈稱，蒙本院憲
牌，嚴查軍人放炮幷牛角尖墻外零夷有無隱匿失事情形，據實速

報，以憑馳奏。此係奉旨確查事理，毋得隱匿，自干功令。蒙此，該本道副使盧友竹查得一款軍人放炮，本道於崇禎八年十二月親詣沿河一帶防河，偏關軍士因糧餉久缺，於初九日二更初在城外教塲放炮。據報，本道兼程回關，料爲此者必無多人，然此亂軍也，不嚴行懲治尤而效之，漸不可長。即小引大，恐致出別事。即行密訪嚴拿，果查止是五人，内二人逃走未獲，拿獲三人審明，本道即捆打各一百二十棍。一爲首者斃而梟之，一時人心震叠，地方帖然安靜，法行而奸宄潛消，迄今無一譁者。再查樓子營守備界牛角尖墻外，隔黃河係陝西套虜，往年防河，虛應故事，本道嚴督將備沿邊設備，搭蓋窩棚，愍飭防範。又每年各水口不過垛砌一二尺。去年樓子營守備李可榮將各水口垛砌一丈四五尺，堅固如法。本道仍將各防河官兵調發原派信地，晝則常川瞭望，夜則壘火傳籌支更。本道不時單騎巡查，又發本道中軍馬世榮帶健丁晝夜來巡防。至本年二月，被套虜窺見，河冰漸解，謂防兵已撤，而不知尚未撤也。乘夜過河，拆口間，守口墩軍知覺，隨傳各官兵，有馬中軍李守備正在附近設防，即領健丁赴牛角尖墻上，望外箭石槍炮，隨時打回，至明看見墻底血踪。各官兵見口未拆開，隔河難以出剿，因原無進口失事情形，并未通行塘報，止具禀於前院。餘御史見各官防河退虜之功，原未失事，未敢一毫隱匿也等緣繇呈報到臣。

除郭宗閔[四五]等檄行按察司嚴究確擬，俟詳到日另疏具奏外，該臣看得偏關軍士因久缺糧餉，於去年十二月初九日二更時在教塲放炮，意欲鼓譟，尚未大逞。該道查實，得五人焉。内逃走二人，仍行嚴緝，其三人業已審明，隨各捆打，將爲首杖斃者梟示儆衆矣。再照牛角尖係樓子營李守備屬介，僅隔黃河。本年二月内，套虜窺見河冰已泮，乘夜窃渡，纔欲拆口，爲防守官兵所覺，隨即打回，并未進口，亦無失事。臣更旁詢博訪，實是如此。儻有別情，決不敢自甘隱徇，爲該道分過也。既經覆查前來，相應具題，伏乞聖鑒施行等因。崇禎九年六月二十八日奉聖旨："知道了。脱逃的仍著嚴緝正法，該部知道。"欽此欽此〔四六〕欽遵，刑科外抄，到部送司，案呈到部，擬合就行。爲此：

一、咨都察院，轉行山西巡按御史，照依明旨事理嚴緝正法施行〔四七〕。

緊急夷情事疏〔四八〕

太子少保、兵部尚書、仍加俸一級臣張等謹題，爲緊急夷情事：

職方清吏司案呈，奉本部送，據昌平總兵巢丕昌塘報，本月二十八日據居庸關參將姜瑄禀報：探得賊虜從大白陽舊五臺進口，到趙川堡，滿川是虜，不知數目，分五股往東南去訖。查居庸鎮邊一帶，正與宣鎮接壤，賊既進邊，則昌鎮一墻之外皆奴騎也。且處處可通，大舉陵寢重地，關係匪輕，曷敢一時疏虞！本職即統領家丁并火器兵星夜馳赴居庸關，分布防禦，相機堵剿外，理合塘報等因。又據居庸關參將姜瑄塘報同前事內稱，六月二十九日午時據八達嶺守備李遇節報稱，本月二十九日午時有督烽軍人張驢兒口報稱，達子本日黎明從黑峪口進來，不知其數，在永寧東北舊縣北扎營未動，哨馬達子往西南哨探，禀報到職。據此，理合塘報，各到部送司，案呈到部。

看得虜報入口，臣部以宣、昌接壤，係陵寢重地，於六月二十八日申刻業馳檄巢丕昌，令其提兵出防鎮邊矣。據報，亦已聞警戒行，若扼險而守，賊自不能飛渡。今居庸參將姜瑄又報，奴從黑峪口進邊，扎營於永寧東北，然則賊且分頭入犯居庸一帶，蓋在在堪虞也。該鎮將宜萬分愸備，務以匹馬不入爲功。儻有隙疏，法無所貸。既經塘報前來，理合具本題知。

崇禎九年七月初一〔四九〕日　郎中王升

員外郎王驥

兵部爲緊急夷情事奉旨咨行稿

兵部爲緊急夷情事，該本部題云云等因，崇禎九年七月初一日太子少保、本部尚書仍加俸一級張等具題。初二日奉聖旨："已有旨了。該鎮道著恪實祗遵，萬分嚴備，如縱一騎闌入，必不輕貸。爾部再行馳飭。"欽此欽遵，密抄到部送司，案呈到部，擬合就行。爲此：

一、咨薊、遼總督、順天巡撫。

一、手本天壽山太監；

一、札付巢丕昌、姜瑄；

一、札昌平兵備道。

崇禎玖年柒月初一〔五○〕日　郎中王升

冊庫員外郎王驥

兵部爲欽奉聖諭事札行稿〔五一〕

兵部爲欽□〔五二〕聖諭事：

職方清吏司案呈，奉本部送，兵科抄出，大同總兵王樸題稱，崇禎九年七月初六日申時，奉兵部札付前事，備札到臣，遵照聖諭事理，即將各邊衝隘如何扼防，火器如何整備，垣塹曾否修浚，糧糗見積若干，烽哨果否嚴明，戰兵果否簡練，守兵果否強壯足額，附近村莊□〔五三〕某應當歸并，聯絡聲援作何特〔五四〕角，即刻赴邊星夜料理。定限文到三日，將到邊日期并料理事宜逐款星馳具奏，毋得少有疏虞等因。

奉此，切照奴孽久已西行，一切防禦自宜預備。除儲積糧糗係餉司專職外，臣仰遵屢旨，備將雲鎮沿邊衝要，業經派令協守副將侯拱極應援全鎮，以張犄角，路將新平路則方裕崑，天城路則羅俊杰，得勝路則寧寵助，馬路則王承勛，右衛路則王戎，威遠路則毛鑌，平虜路則楊邦澤，井平路則張國梁，各率領官兵駐防訖。至於槍炮火器，悉行整備，俱各安設。城堡壕塹自撫臣葉廷桂與臣到任以來始爲挑掘修浚，未敢比別鎮事例請調班軍，惟以見在邊軍於哨瞭耕種之暇督令挑浚，已完其半。若邊墻則六十年圯傾土垣，原非薊鎮磚墻可比，故督臣有修築磚墻之請。烽哨亦屢經嚴飭，橫堅[五五]務要遠偵確探。近日哨報亦頗稱明，戰兵久經簡練，頗堪殺賊。守兵選擇壯强，數將足額。至村莊大小不一，城垣有無不同，俱經先期歸并附近有城處所，聯絡聲援，用資犄角。臣未奉明旨之先，已馳邊逐一料理，自出塞搗剿後，聞宣鎮虜犯，即旋鎮整頓兵馬，預備應援。況大同離邊僅四十里，南可援渾、蔚，西可援右、威，北可援得、助，居中調度，以便四應。且奉有督臣兩次申飭，一謂大白楊之賊已過舊保安，有西犯蔚、渾之意，過蔚即爲雲境。一謂據宣鎮協將張懋功報稱，新開口邊外哨見夷騎從東往西行走。新開而西亦即雲境，又與臣鎮哨探助馬、殺胡邊外火光灰塵相同，明係東夷被創，句[五六]衆報復情形，臣已秣厲以需。無論宣、雲東西，惟當視賊夷向往緩急，先就賊衆勢急之地，即統大兵星馳援剿，務戮力剿禦外，謹具疏先行馳奏，以仰慰聖懷。伏乞聖明鑒察等因。

崇禎九年七月十五日奉聖旨："知道了。賊奴深入，王樸著遵旨統率精銳，星馳入衛，協□[五七]殲掃。不得刻延。兵部知道。"欽此欽遵，擬合就行。爲此：

一、札王樸，遵照明旨內事理，統率精銳，星馳入衛，協力殲掃，不得刻延。

崇禎九年七月十六日　郎中王升

員外郎王驥

塘報事疏〔五八〕

太子少保、兵部尚書、仍加俸一級臣張等謹題〔五九〕，爲塘報事：

職方清吏司案呈，奉本部送，准鄖陽撫治苗胙土塘報前事内稱：本院恭報荆門賊情，繕疏已畢，因行間奔走未及拜上。時鎮將各兵以半月内往返追賊，以一千四百里爲從前所未有，而諸兵熱極病多，每仆地輒死。賊聚於南漳，本院□分派諸兵扼於宜城襄陽，暫□□□□□□□赦使適至承天，本院扁舟入鄖，□□□□就撫〔六〇〕按兩院商定剿散、兵食諸大計，駐鄖半日，六月二十二日揚帆北上，兩日夜行逆流四百里，途次，接分巡下荆南道僉事周六一報稱，六月二十日據襄陽縣報稱，本月十九日酉時，據本縣偵快楊奉臣等報稱，前往舊縣鋪打探賊情，探得十七日老營在宜城地方占旗營放火殺人。十八日往龍陂堰楊家集扎營，歇宿一晚。十九日早到方家集、童家溝、五羊堰等處，燒毀鄭燦宇等多家房屋，離舊縣鋪十里。本日哨馬到舊縣鋪打撈頭，向西北行，係南漳地方等情。

據此，同日又據南漳縣報前事，本月十七日亥時據打探民壯張一鳳、涂良八報稱，蒙差往武安鎮等處偵探賊信，探得流賊在□破□明寺、廖家河、朱家嘴等處搬運糧草，賊□〔六一〕已至本縣地名武安鎮、方家堰、石澗衝等處，離縣五六十里等情報道，理合轉報。同日又據分巡道、帶管監軍道僉事周六一報稱，本月十九日據襄陽府報稱，本月十九日午時據均州報稱，本月十五日據打探民壯袁思魁、孫令功報稱：探得死賊分爲二哨，一哨住□□□〔六二〕方梅□〔六三〕鋪；一哨住淅川地名白驢街。發哨馬□〔六四〕十餘匹，在州地名曹家店、岩屋溝、連三坡、火龍關等處搬糧，止離州五十里等因報府，轉報到道。

　　據此，二十日又據鎮篳營領兵守備孫懋昭報稱，本月十六日卑職差令塘報四路偵探，隨據去役回稱，死賊數萬，老營已扎河北岸地名石岩。探馬至至〔六五〕槐樹關，離州四十里。四鄉劫掠，殺人放火，士民紛紛奔州。卑職奮加兵丁，遠哨偵探，防範堵剿。賊勢眾大，情形狡猾，未知奔往何處。卑職之兵寡少，僅四百六十有奇等因報道，理合轉報。同日，又據襄陽府報稱，本月十九日午時據均州報稱，本月十五日據打探民壯袁思魁、孫令功報稱，探得死賊分爲二哨，一哨住鄖陽地方梅家鋪，一哨住淅川地名白廳街。發哨馬百十餘匹，在州地名曹家店、岩屋溝、連三坡、火龍關等處搬糧，止離州五十里等因報府，理合轉報。同日，又據武昌府加升運同監紀張大經稟稱，職自〔六六〕憲臺後，遂分付張平撥塘四哨，查狡賊離城僅二十里，自新店河及廖家河、蓮花塘、裴家營，今見在郭家集一帶。捉獲從賊營走出難民蕭重一供稱，賊往下走，欲轉荆州等情。同日，又據本院標下中軍游擊李玉華報稱，本月初十日報，賊來犯南化等處，賊馬已抵黃範、柿子河、香爐山，離城止二三十里。

　　職與兩廳議間，誠恐百姓春耕之際若不救援，難民樂業，秋成失望，即會同左營都司秦良憲、後營副旗鼓李茂春，各挑選官兵并前、中二營共一千五百有奇，是日趕至黃範。賊聞，即移營黨家河，職等即發哨馬探至彼地。次夜，賊又移營。至韭菜坪內一小路竊進，其路最險，高山深菁，各賊俱入林內，候官兵一進兩山，壘石如雨。各營俱放火炮連天，朝上攻打賊，遂連戰數次。天晚，俱撤回營扎住。未至半夜，據把總寇相策報到，鄖陽府監紀姚推官據白桑關巡簡報稱，大賊奔關不遠，其賊眾無數，鄉民驚奔鎮城。職等接此塘報，恐賊狡詐，乘機來犯鎮城，只得回鎮料理。該職查得死賊數股，鰩潼關而下，一枝出內、淅，被豫兵阻轉，一枝出胡狄衝，分途南化來犯。各賊知本院公出兵出，職等大彰聲勢，偵探堤防堵剿外，理合塘報等因各報到院，據此，是鄖、襄之間四面皆賊，本院渺爾一身，支撑幾何？本院今所用，皆借來官兵，他路有警，便當撤去，仍是空拳搏虎。且錢糧諸務事事棘手，安能克濟？亦惟有盡力拮据耳。緣繕疏不及，理合塘報等因到部送司，案呈到部。

看得賊繇潼關而下，耽耽鄖、襄，流毒未艾。然南化之犯，聞官兵追擊，旋兩次移營，則兵威克壯，原足奪膽。該撫職司調度，當鼓勵郡縣，簡練鄉勇，整搠固壘，協應以圖堵剿。若借援容兵，原來無定，況今虜氛告急，凡屬邊關精銳，將悉撤以固疆圉而護神京，正不得藉應援而誤本地之綢繆也。既經塘報前來，理合題知。

崇禎九年七月十九日　郎中王升

員外郎王驥

兵部爲塘報事奉旨咨行稿

兵部爲塘報事，職方清吏司案呈，奉本部送，兵科抄出，該本部題鄖陽撫治苗塘報前事等因，崇禎九年七月二十一日具題。二十三日奉聖旨："狡賊復窺鄖、襄，著該撫鼓勵地方將士，并簡練鄉勇，奮圖剿禦，不得專恃援兵，致有疏誤。"欽此欽遵，抄出到部送司，案呈到部，擬合就行。爲此：

一、咨鄖陽撫治，合咨前[六七]去，煩照本部題奉明旨内事理，希即鼓勵將士，簡練鄉勇，奮圖剿禦施行。

崇禎九年七月廿六[六八]日　郎中王升

員外郎王驥

道臣海上驗船遭風失敕等事疏[六九]

太子少保、兵部尚書、仍加俸一級臣張等謹[七〇]題，爲道臣海上驗船，遭風失敕，謹據簡舉情繇題請敕部補給事：

職方清吏司案呈，崇禎九年七月十五日奉本部送，准禮部咨前事，內開儀制清吏司案呈，奉本部送，禮科抄出，兩廣總督熊文燦題前事內稱：崇禎九年二月十五日據□□□□□呈□□批，據分巡惠□〔七一〕道□□〔七二〕□□□□□□□惠、潮先因香賊盤踞，道將被留，地方危急，人心洶洶。職以糧道賷捧到京，奉旨改調，今職領到坐名敕書一道，兼程前來到任，殫竭料理，以圖報稱。潮屬法紀久弛，將懦兵疲，船朽器壞。職從頭整頓，事事躬親。揀賢將，汰老弱。改造大船，繕製銃器，□〔七三〕日□□□□□□做之。香賊□□□□〔七四〕□□□□□□□官兵以捍禦之，自狗噉就降及擒海賊范阿賢等之後，潮海安瀾，民獲有寧宇。崇禎八年十二月內，據報，福建有劉禎殘黨，突出掠劫，飄犯叵測。而柘林為全粵門戶，守備林宏新到，船器甫議脩造，中哨兩遊打造未畢，又歲暮，人心懈弛，職鰓鰓過計，不得不時時躬□〔七五〕稽督，□□□□□〔七六〕□□□□〔七七〕巡歷□□□□□柘林點兵畢，驗船器。該寨福烏船隻高大，放泊水深之處，離岸里餘，一望汪洋。因取小舟渡上大船。先驗捕盜郭勇之船，其餘以次查驗。驗畢，日色已晚，隨下小舟回岸。狂風驟發，職與隨從員役同在舟中，人衆，擠小舟幾覆。一時數人被風墮〔七八〕水而背□□□□□□□□□□□敕官江淮失□□□□□□□□□□□□□背之敕已脫落，被風飄去。急呼衆船趕撈，并大船起矴追尋。無奈風愈狂怒，浪湧黏天，日暮昏暗。輕浮之物隨風飄入海洋。職再懸賞，多方募撈，緣大海茫茫，無處尋覓。迄今數日，杳無踪迹。伏睹《大明律》一款，凡制書因水火盜賊□□□□□〔七九〕者不坐。□□□□□風水□〔八〇〕□□□□政但煌煌簡書，天威咫尺，弗敢屑越，謹據實簡舉，席藁以待，詳請定奪題補，以便安心任事等緣繇，奉批："仰布政司查報。"并奉本部院批：“據按察司呈詳，分巡惠、潮道□^{〔八一〕}副使，循例簡舉□□□□□敕干係重務□□□□^{〔八二〕}定奪題補緣繇。奉批，仰布政司查例報繳。”

奉此，該本司左布政使王世德查，看得潮州與閩接壤，海寇出沒無時，分巡惠潮道副使嚴爾珪蒞任之後，正值劉香殘黨游魂不定之時，選將練兵，修船製器，凡一切兵戎巨細之務靡不躬親料理。去年十二月內，報香賊弟劉禎窺伺粵海，本官慮乘風□□□欺飾誤事，乃□^{〔八三〕}巡沿海，點驗船器^{〔八四〕}。□□^{〔八五〕}至柘林寨，公事甫竣，適值日暮，狂風驟作，波濤洶湧，舟小人衆，致衆役堕水，捧敕官江淮與焉。雖人幸登岸，而敕書則隨風飄没，無從尋覓，致本官有此請也。伏查律文有云：“制書因水火盜賊毁失有顯迹者不坐。”今本道原領坐名“敕書因水所失”，與例吻合，合請代題補給，俾本道有所遵守等因□□^{〔八六〕}。□□^{〔八七〕}會同廣東巡按劉呈瑞，看得分巡惠潮道副使嚴爾珪，心常在海，躬不憚勞。其先事之綢繆與及時之整備因見向來積玩，惟欲百事振刷，以查驗爲實著也。不期狂風驟發，致飄敕書。偶出意外之遭，實符清補之例。既經該□□^{〔八八〕}報前來，理□□□^{〔八九〕}□□^{〔九〇〕}敕下該部，覆議上請，行臣等遵奉施行等因。

崇禎九年六月初五日奉聖旨：“該部知道。”欽此欽遵，抄出到部送司，查得前項巡道敕書，事隸兵部，應行兵部覆議，案呈到部，擬合就行。爲此，合咨前去，煩爲查照施行等因到部送司，案呈到部。看得朝廷敕書煌煌天語，凡出巡必差官背捧，罔敢失墜。今惠、潮副使嚴爾珪，以巡海舟遭颶風，捧敕官堕水，致敕書飄没，洪濤中無踪可覓，變出意外，此與“因水火毁失”之律確相符也。據該撫按查明，具題前來，相應上請，伏乞俯允補給，庶本官官守有據，而得恪^{〔九一〕}

兵部爲道臣海上驗船等事奉旨咨行稿

兵部爲道臣海上驗船等〔九二〕□〔九三〕，□□□□□〔九四〕案呈，奉本部送，兵科抄出，該本部覆禮部咨前事等因，崇禎九年八月初四日奉聖旨：“嚴爾珪已經升任，所失敕書不必補給。”欽此欽遵，抄出到部送司，案呈到部，擬合就行。爲此，

一、咨兩廣總督，合咨前去，煩照本部覆奉明旨內事理，欽遵查照施行。

崇禎九年八月十三日　郎中王升

員外郎王驥

遵旨確查據實回奏事疏〔九五〕

題〔九六〕，爲遵旨確查據實回奏事：

職方清吏司案呈，崇禎九年七月初六日奉本部送，兵科抄出，大同巡撫葉廷桂題稱：崇禎九年二月十七日准兵部咨，爲未雨之牖戶宜周，窮軍之枵腹可憫，謹遵聖諭，□□□□，懇乞速□□□□嚴鎖鑰，以壯軍□□□□□□□□□糧犒操練等事。御馬監太監鄭良輔具奏，查勘過大同東北二協城垣、邊臺、軍馬、糧草、火器、火藥等項緣繇前事。本年二月初七日奉聖旨：“這查勘大同東北二協情形知道了。據稱，鎮邊得勝、鎮羌等處經虜殘破，城垣、邊臺尚未修□〔九七〕□□〔九八〕塹或有或無，殊屬□□〔九九〕。□□□〔一〇〇〕□□□□贏缺，顯有虛冒。□□□□□□□□〔一〇一〕查，據實奉奏，以憑議處。并其餘邊牆低窄坍塌、餱糧無備、料草缺乏、槍炮不堪、器藥未足的通著上緊，責成各該道將估計修築，簡補訓練，添設置造，務期實資戰守。閆維禎拖欠料豆，著查革追擬。民運遵旨嚴催，不得一任藉口兵荒，仍致延誤。并京運也著按期給發，以濟急需。該□□□〔一〇二〕道。”

欽此欽遵。備咨前□〔一〇三〕。□□□□□□□□咨□前事，准
此，除民運□□□□□□〔一〇四〕明旨，節經差官持檄守催外，
隨將城垣邊臺、軍馬糧草、火器火藥等項督并道將等官，估計修
築，簡補訓練，添設製〔一〇五〕造，并將楊維禎拖欠料豆行提追擬
去後，今本年六月十七日，據大同陽和分巡冀北三道右布政使劉
永祚、副使今降三級竇可進、右參議今降二級聶明楷會呈，行據
大同□□□中路通判陰德□〔一〇六〕□□□□□□□□□□□本行據
□□□□□□□□□□□查得本堡原係土邊築，自嘉靖初年，所費
軍夫銀兩無算。虜款之後六十餘年，沙土既鬆，北風又厲，六百
里長邊皆漸坍塌，不獨鎮邊一堡。自虜拆口之後，去年議修，值
奴入犯，堡并派防及出口興工旋苦霜凍。近該院鎮疏請補修，見
今本道親閱督工，但工程浩大，堡軍除□□□遣外，赴工不
過□□□□□□□□〔一〇七〕

校勘記

〔一〕此爲影印本《總匯》第22册，第1745號，第1頁。編者擬題爲
"兵部尚書張鳳翼等爲議處需索克扣銀兩之道將周炳芳事題行稿　崇禎九年
四月初七日"。原件首頁首行有明廷兵部檔案號"成字七十九（號）"。題
目上面有"行"字。左一行有小字"會題稿"三字、大字"題""行"二
字。隔一行有大字"四月"二字（其下有模糊可辨之版印字"限日"，
"限"後有空白）。其下有"有貼黄"三字。該行最下是人名"單惠仁"。

〔二〕"招"，據文意當作"昭"，形似而誤。

〔三〕"稿"，據文意當作"檔"，形似音近而誤。

〔四〕"蘇鎮方"，前文作"蘇鎮芳"，"方""芳"必有一誤。

〔五〕"杖乙百，徒三年。係游擊，照例折贖，贓罪完日回籍。查係應
襲"等字位草書，其右側（其下頁在左側）有相應楷書小字，其中"乙"
字作"壹"。

〔六〕"初七"二字右側有小字"廿九"二字。

〔七〕本疏最後另一頁有并列職名"刑部尚書馮題、左侍郎朱題、右侍郎蔡題、太子太保兵部尚書仍加俸一級今降三級戴罪張"等大字。

〔八〕"月"字前空白，其右側有小字"壹"字。

〔九〕"月"字前空白，其右側有小字"壹"字。

〔一〇〕"初六"爲後填草書，其右側有楷書小字"初六"。

〔一一〕此爲影印本《總匯》第22册，第1747號，第42頁。編者擬題爲"兵部尚書張鳳翼等爲遵議宛襄堵禦遁踞深山狡寇之略事題行稿（缺行稿）　崇禎九年四月初九日"。今按，《總匯》編者所謂"缺行稿"，實誤。本疏後面緊接之題目《剿寇遁踞深山等事》即是本疏之咨行稿（見下文校勘記）。原件首頁首行有明廷兵部檔案號"字（字）八十四（號）"。題目下一行有小字"紅本題"三字、大字"題""行"二字。

〔一二〕"眷"，據文意疑當作"脊"，形似而誤。

〔一三〕"初九"爲後填草書，其右側有預批楷書小字"初八"。

〔一四〕本咨行稿本爲前疏奏請皇帝後，奉旨由兵部發給同級地方政府機構之咨行稿，《總匯》編者誤以爲此前之奏疏缺行稿，并把此行稿編爲第1748號（《總匯》第59頁），擬題爲"兵部爲剿賊遁踞深山著豫楚秦等撫協力會剿奉旨事行稿"。其誤乃因慣例：一般咨行稿兵部管理文件的官員（或即書辦）不加題目，但此稿却是例外，不但加了題目（《剿寇遁踞深山等事》），而且還有兵部奏疏的檔案編號（字八十二），此其一。本咨行稿題目下一行頂格專門標出一"行"字，此其二。隔題目一行有"前府科"三字，該行最下是人名"周之鼎"，此其三。其四，從正文看，一般緊接奏疏題本的咨行稿，一定有"該本部尚書張鳳翼等具題"之套語，本咨行稿却没有。究竟何以違例，尚待考查，而從内容看，則實實在在爲前一奏疏之咨行稿無疑。

〔一五〕此爲影印本《總匯》第22册，第1749號，第62頁。編者擬題爲"兵部尚書張鳳翼等爲糾劾不職將領以肅邊政事題本奉旨　崇禎九年四月初十日"。題目左邊有大字版印字"崇禎九年四月十一日到"，又有小字版印字，據前文依稀可辨："崇禎九年四月十一日抄送，奉旨五日爲期，應本月□□咨行。"正文前有"兵部呈於兵科抄出"八字。該行最下爲人名

“潘俊”。

〔一六〕本疏最後無日期，亦無簽押者職名。

〔一七〕此爲影印本《總匯》第 22 册，第 1753 號，第 87 頁。編者擬題爲“兵部尚書張鳳翼等爲哨探事題本奉旨 崇禎九年四月初十四日”。題目左邊有大字版印字“崇禎九年四月十五日到”，又有小字版印字，據前文依稀可辨：“崇禎九年四月十五日抄送，奉旨五日爲期，應本月□□咨行。”正文前有“兵部呈於兵科抄出”八字。該行最下爲人名“朱貞”。

〔一八〕本疏最後無日期，亦無簽押者職名。

〔一九〕此爲影印本《總匯》第 22 册，第 1757 號，第 97 頁。編者擬題爲“兵部尚書張鳳翼等爲缺官事題本奉旨 崇禎九年四月初十七日”。題目左邊有大字版印字“崇禎九年四月十八日到”，小字版印字已全然缺損。正文前有“兵部呈於兵科抄出”八字。

〔二〇〕本疏後面無日期，亦無簽押者職名。又，從最後這句話看來，此前當有兵部爲缺官推舉之疏，今闕。

〔二一〕此爲影印本《總匯》第 22 册，第 1762 號，第 127 頁。編者擬題爲“兵部尚書張鳳翼等爲遵旨訊明被俘歸逃之丁并非奸細請釋放事題行稿 崇禎九年四月初二十日”。原件首頁首行有明廷兵部檔案號“成（字）九十七（號）”。題目上面有“行”字。左邊一行有小“題”字、大字“題”“行”二字。隔一行有“四月二十”四字。其下有“有貼黃。二十一日發本科”等字，該行最下是人名“魏應泰”。又，本疏後面附有小字提要，今附録於此：“太子少保、兵部尚書題爲盤獲奸細事：該保定巡撫張其平題前事，臣部看得，趙文玉解銀大同，事竣而返，不幸隻身陷虜，而母妻兄弟具在，能一日忘歸計哉？則入關探聽，詭詞脱身，未可過爲文玉責。夫文玉固有繫於薊，而無戀於虜者也。業經訊明，家屬俱有著落，相應酌行釋放。仰遵‘歸正赦免’之旨。謹題。”該提要後面有小字草書“九行”二字。

〔二二〕“初四”爲後填草書，其右側有預批楷書小字“初四”。

〔二三〕此爲影印本《總匯》第 22 册，第 1772 號，第 195 頁。編者擬題爲“兵部尚書張鳳翼等爲探得東奴已到山西境外欲渡河事題行稿（尾缺）

〔崇禎九年四月〕”。原件首頁首行有明廷兵部檔案號“張（字）一百卅八（號）”。題目上面有草書“書訖”二字。左邊一行有小“題”字、大字“題”“行”二字。隔一行有“即”字。其下有小字“大同科”、“西□府科”等字（兩行），該行最下是人名“余麟”（“麟”字漫漶，依前文補）。

〔二四〕原件下闕。

〔二五〕此爲影印本《總匯》第 22 冊，第 1777 號，第 267 頁。編者擬題爲“兵部尚書張鳳翼等爲缺官事題本奉旨　崇禎九年五月初四日”。按原件正文開頭只言“張鳳翼題”，無“等”字。原件無題目，正文右側有大字版印字“崇禎九年五月初五日到”。又有小字版印字，依稀可辨爲“崇禎九年五月初五日抄送奉旨五日爲期應本月□□奏覆”等字。正文前有“兵部呈於兵科抄出”八字。該行最下是人名“朱貞”。

〔二六〕本疏最後無日期，亦無簽押者職名。

〔二七〕此爲影印本《總匯》第 22 冊，第 1780 號，第 272 頁。編者擬題爲“兵部尚書張鳳翼等爲地方失火燒毀群樓事題本奉旨　崇禎九年五月初七日”。原件無題目，首行頂端有“十號”二字，下行有大字版印字“崇禎九年五月初八日到”。小字版印已缺損。正文前有“兵部呈於兵科抄出”八字。該行最下爲人名“嚴天寵”。

〔二八〕本疏最後無日期，亦無簽押者職名。

〔二九〕此爲影印本《總匯》第 22 冊，第 1781 號，第 273 頁。編者擬題爲“兵部尚書張鳳翼等爲密議欲借奴酋相殘之機潜入事題行稿　崇禎九年五月初七日”。原件首頁首行有明廷兵部檔案號“張字百四十五（號）”。題目下緊接有“紅本”二字。下一行有小字“題稿”二字、大字“題”“行”二字。下一行有版印“限某日上”空白處填寫草書“初八”。其下有“大同科”三字。該行最下是人名“余麟”。

〔三〇〕“初七”二字右側有小字“初七”。

〔三一〕“初十”爲後填草書，其右側有預批楷書小字“補初十”。

〔三二〕此爲影印本《總匯》第 22 冊，第 1783 號，第 295 頁。編者擬題爲“兵部尚書張鳳翼等爲遵旨奏明事題本奉旨　崇禎九年五月初八日”。

原件一頁，無題目，其首行有明廷兵部檔案號"十一號"，前當缺"某字"。其左側有大字版印字"崇禎九年初九日到"等字。又有小字版印字，依稀吧辨識爲："崇禎九年五月初九日抄送，奉旨五日爲期，應本月初十日咨行。"等字。正文前有"兵部呈於兵科抄出"八字。無書辦人名。

〔三三〕本疏最後無日期，亦無簽押者職名。

〔三四〕此爲影印本《總匯》第22冊，第1784號，第296頁。編者擬題爲"兵部爲聶明楷頂補大同兵備道等員缺并請寫敕書事行稿（尾缺）崇禎九年六月初二日"。因此疏開頭并沒有提到張鳳翼的名字，所以編者沒有把本疏作爲張鳳翼的作品，但本疏首頁首行有明廷兵部檔案號"張（字）三百卅五（號）"，按明廷檔案編號慣例，其編號題"張字"，肯定是兵部尚書張鳳翼名下的奏疏，然而本疏確實例外地在奏疏前面沒有提到張鳳翼的職名。今姑照録於此。其原來的題目亦怪，作"衝邊兵備等事請左衛道聶明楷等敕書緣繇"，不知所云，殊不類題目。檔案號左側有大字"崇禎九年，一百件，大同"分列三行。題目左側有大字草書"行"字。緊挨正文靠下有"大同科"三字。

〔三五〕"□□□□□"，據文意當作"管大同兵備"。

〔三六〕"青"，據文意疑當作"清"。

〔三七〕"五"，上文兩處皆作"伍"，疑有誤。

〔三八〕以下原件闕失。

〔三九〕此爲影印本《總匯》第22冊，第1786號，第317頁。編者擬題爲"兵部尚書張鳳翼等爲探得大同夷人東西來合謀事題行稿　崇禎九年六月十八日"。原件首頁右上部缺損，本業能見者爲：題目左側有大字"崇禎九年"。其左側有大字"行"字，再左側是大字"大同"二字。再左側上面原本是奏疏首頁之版印"限日上""日"字前空白處草書"即刻"二字。其下是"大同科""余麟"。其餘內容皆缺損。

〔四〇〕"□"，原件"不可一刻……堤防外"，爲後加一行文字，字迹潦草，此字漶漫難識。

〔四一〕"十八"爲後填草書，其右側有預批楷書小字"十八"。

〔四二〕"叵叵"，後一"叵"字衍。

〔四三〕"二十"爲後塡草書,其右側有預批楷書小字"補二十"。

〔四四〕此爲影印本《總匯》第22册,第1787號,第325頁。編者擬題爲"兵部爲遵旨查奏山西岢嵐道軍人放炮等事確情行稿(尾缺)　〔崇禎九年六月〕"。原件首頁首行有明廷兵部檔案號"張(字)二百二十五(號)"。題目下一行有小字"行"字、大字"行"字。再下一行底端有"大同科余麟"。本行稿因開頭無張鳳翼及張氏職名,編者没有把該行稿算在張鳳翼名下,但從檔案號爲"張字"來看,應該是張鳳翼所擬,今録於此。

〔四五〕"閔",上文作"敏",當有一誤。

〔四六〕"欽此欽此",後一"欽此"當爲衍文。

〔四七〕原件以下闕失。

〔四八〕此爲影印本《總匯》第22册,第1788號,第333頁。編者擬題爲"兵部尚書張鳳翼等爲探得達虜已入邊扎營居庸關宜嚴備警戒事題行稿　崇禎九年七月初一日"。原件題目上有明廷檔案號"張二百廿二"。題目下有小字"書訖"二字。題目左側有小字"題稿"("稿"後爲版印字)、大字"題行"。下一行版印"限某日上"位置有"即"字,該行最下有人名"余麟"。

〔四九〕"初一"爲後塡草書,其右側有預批楷書小字"初一"。

〔五〇〕"初一"爲後塡草書,其右側有預批楷書小字"初三"。

〔五一〕此爲影印本《總匯》第22册,第1791號,第349頁。編者擬題爲"兵部爲大同總兵王樸遵奏各邊衝隘拒防事宜題行稿　崇禎九年七月十六日"(題中"衝"字當作"衝")。原件首頁首行有明廷兵部檔案號"張字二百五十七號"("號"字原件殘缺)。下有版印"一件"隱約可見。蓋《總匯》編者以爲此稿不屬張鳳翼所作,因本疏開頭未及"兵部尚書張"等内容,今仍以原件檔案號爲"張字"姑作張氏疏録於此。題目左一行有小字"行稿"二字、大字"行"字。緊挨正文一行版印"限某日上"只殘存"限"字,最下是人名"余麟"。

〔五二〕"□",據文意并參殘留字迹當作"奉"。

〔五三〕"□",據文意并參殘留字迹當作"某"。

〔五四〕"牸"，據文意疑當作"牷"字。

〔五五〕"堅"，據文意當作"豎"。

〔五六〕"句"，據文意當作"勾"，然"句"、"勾"古本通用。

〔五七〕"□"，原件改寫筆畫淆亂，不可識別，按下文當爲"力"。

〔五八〕此爲影印本《總匯》第22册，第1792號，第357頁。編者擬題爲"兵部尚書張鳳翼等爲探得鄖襄之間已四面皆賊事題行稿　崇禎九年七月十九日"。原件首頁首行有明廷兵部檔案號"字（字）一百五十六（號）"。題目上有"行"字，其左側有草書大字"題行"，下一行有小字"題稿"及草書大字"題"。

〔五九〕此處有缺損，"俸一級臣張等謹"等字俱不見，此據前文補。

〔六〇〕"□□□□就撫"，除"就"字剩一半可辨，"撫"字殘缺，連下文可補，其餘并已破損。下文出現類似問題不再出校。

〔六一〕"□"，據文意并參殘破剩餘部分（左半邊爲清晰之"豆"），疑當作"頭"字。

〔六二〕"□□□"，據下文同一內容當作"鄖陽地"。

〔六三〕"□"，原件漫漫殘缺，據下文當作爲"家"。

〔六四〕"□"，原件漫漫殘缺，據下文當作爲"百"。

〔六五〕"至至"，前一個"至"字有不明顯的小圈，似應圈掉。

〔六六〕"自"字，前文言"加升運同紀綱"，此句當言其到監紀任即"憲臺"以後事，故"自"當爲"至"之音近而誤。

〔六七〕"咨前"，原件漫漫，據咨行稿通例并參殘留字迹確認。

〔六八〕"廿六"爲後填草書，其右側有預批楷書小字"廿六"。

〔六九〕此爲影印本《總匯》第22册，第1793號，第373頁。編者擬題爲"兵部尚書〔張鳳翼等〕爲廣東惠潮道臣海上遇風敕書遺失懇請補給事題行稿　崇禎九年七月二十六日"。原件首頁首行有明廷兵部檔案號"字（字）一百六十一（號）"。題目上有大字草書"題"。其左側有小字"題稿"、大字草書"行"。下一行有損壞大字，只剩草書"咨"字於右上一角。通常首頁的其餘內容一并缺損。又，本疏後面附有小字提要，今一并附錄於此："兵部題爲道臣海上驗船，遭風失敕等事，准禮部咨前事，臣部看得惠潮副使嚴爾珪，以巡海□□□（據本疏正文依次當作"舟遭颶"）風捧敕官墮水，致敕書飄没洪濤中，無踪可覓。變出意外，此與'因水火毁失'之律確相符也。據該撫按查明，具題前來，伏乞俯允補給，庶本官官守有據，而得恪恭乃職矣。謹題。"其後有草書小字"九行寫訖"四字。

〔七〇〕"級臣張等謹"五字，原件已全部損壞不見，此處按前文行文慣例補。

〔七一〕"□"，原件漶漫殘缺，據下文當作"潮"。

〔七二〕"□□"，原件漶漫殘缺，據文意并參殘留字迹當作"副使"。

〔七三〕"□"，原件漶漫殘缺，據文意並參殘留字迹當作"無"。

〔七四〕"□□□□"，原件漶漫殘缺，據文意並參殘留字迹當作"雖殲餘孽"。

〔七五〕"□"，原件漶漫殘缺，據文意並參殘留字迹當作"躬"或"身"。

〔七六〕"□□□"，原件漶漫殘缺，據文意並參殘留字迹當作"月十九日"。

〔七七〕"□□□□"，原件漶漫殘缺，據文意當作"馳巡沿海"。

〔七八〕"墮"，原件褶皺難識，極似"壓"字，"壓水"難通，據後文補作"墮"。

〔七九〕"□□□□□"，據下文同一内容當作"毁失有顯然迹"。

〔八〇〕"□"，據文意并參殘留字迹疑當作"所"。

〔八一〕"□"，原件殘損，依下文當是"嚴"。

〔八二〕"□□□□"，原件漶漫殘缺，據文意并參殘留字迹似當作"擬合詳報"。

〔八三〕"□"，據殘留字迹與文意看，當是"躬"字。

〔八四〕"船器"，原件殘損，此據殘留字迹識補。

〔八五〕"□□"，據上文文意疑當作"巡歷"。

〔八六〕"□□"，據文意并參殘留字迹疑當作"到司"。

〔八七〕"□□"，據文意并參殘留字迹疑當作"該臣"。

〔八八〕"□□"，據文意并參殘留字迹疑當作"臣詳"。

〔八九〕“□□□”，原件殘損，據前文行文例疑當作“合具奏”。

〔九〇〕“□□”，據文意并參殘留字迹疑當作“伏乞”。

〔九一〕以下原件闕失。據疏後所附之提要，當爲“恭乃職矣”。但提要簡練，雖内容不誤，而語句或有删節。又，因貼黄覆蓋，僅剩簽押者名“升”“驥”，蓋爲“郎中王升”“員外郎王驥”。

〔九二〕“海上驗船等”，原件漶漫殘缺，據文意并參殘留字迹及前疏文意補。

〔九三〕據文意并參咨行文文例疑當作“事”。

〔九四〕“□□□□□”，原件漶漫殘缺，據文意并參咨行文文例及殘留字迹，疑當作“職方清吏司”。

〔九五〕此爲影印本《總匯》第22册，第1793號，第373頁。編者擬題爲“［兵部尚書張鳳翼等］爲遵查估修殘垣邊墻等事題行稿（尾缺）［崇禎九年七月］”。按，此題目漏一“旨”字。本疏正文首行即缺損，何以判斷爲張鳳翼所題，編者不曾説明。蓋《總匯》編者以爲本件首頁首行有明廷兵部檔案號“張字三百十號”（其中“字”“號”漶漫不清，但隱約可見。又“十”字被小字版印墨迹所蓋），故確認爲張鳳翼稿。今將首頁所見情況録於下：首行有明廷檔案號“張字三百十號”。題目分兩行第一行接檔案號下只一“遵”字，下一行因是“旨”字，故提行。“遵”字下有小字“書訖”二字。題目上有大字草書“題行”。下一行有小字“題”字、大字“題”。最後一行下面書辦職名皆已漫漶不清。

〔九六〕“題”字前原件闕，蓋爲草稿，前面空一行，題行稿所有最前面的套語暫省略。

〔九七〕“□”，原件殘損，據文意當作“葺”。

〔九八〕“□□”，據文意并參殘留字迹疑當作“其壞”。

〔九九〕“□□”，據文意并參殘留字迹疑當作“玩泄”。

〔一〇〇〕“□□□”，據文意并參殘留字迹疑當作“伍馬多”。

〔一〇一〕“□”，據文意并參殘留字迹疑當作“確”。

〔一〇二〕“□□□”，據文意并參殘留字迹疑當爲“兵部知”。

〔一〇三〕“□”，據行文例當爲“去”字。

〔一〇四〕此處按下一行字數姑標七個闕字符號，但下行首字爲"明旨"抬頭，則該行底於何處，不可遽斷。

〔一〇五〕"製"，聖旨内作"置"，兩字當有一誤。

〔一〇六〕"□"，據殘留字迹疑爲"類"。

〔一〇七〕原件以下闕失。

吴侍御奏疏

〔明〕吴　玉　撰

張志江　點校

點校説明

《吴侍御奏疏》一卷，明吴玉撰。

吴玉（1586—1640），字之璋，一字和璞，號昆峰，明山西壽陽縣人。父成美，貢生。吴玉生而才氣横溢，與代州孫傳庭爲布衣交。天啓元年（1621）舉人，次年舉進士。初任博野縣令，調蠡縣。崇禎元年（1628），内遷廣西道監察御史，以彈劾禮部尚書兼東閣大學士劉鴻訓加級并敕建坊，賜"忠讜"二字。後丁父艱回鄉。執政者經過皆懾伏，曰："壽陽今卧一虎矣。"服闋，數年不被起用。後流民起義，盜賊充斥，中州羽檄旁午，饋餉紛紜繁雜，忌者欲中傷之，乃外遷河南道參議，專督糧儲。吴玉至任，痛時事之不可爲，憤恚而卒，時崇禎十三年，終年五十有五。

《吴侍御奏疏》今有清道光十六年（1836）祁寯藻刻本，1996年齊魯書社《四庫全書存目叢書》曾予影印。該書内容爲崇禎初年吴玉任广西道監察御史時所上部分奏疏[一]，計十一篇，其中彈劾魏忠賢餘黨者四，彈劾内閣輔臣者一，彈劾兵部尚書者三，彈劾泄旨中書者一，請清核積弊者一，懇辭加級者一，從中既可以領略吴玉嫉惡如仇、耿直不阿而忠於職守、功成不居的品格，也可以窺見明末朝政之一斑，具有一定的文獻價值。

本次點校以清道光十六年祁寯藻刻本爲底本。明蔡思順《傃庵野抄》十一卷崇禎刻本，1997年北京出版社《四庫禁毀書叢刊》曾予影印。其卷九收有吴玉的兩篇奏疏，爲《御史吴玉論媚璫疏》和《御史吴玉論楊維垣等疏》，分别對應本書《請嚴斥媚璫奸臣疏》和《糾同惡邪臣疏》，兩者文字略有不同，也予以對校以見其異同。

校勘記

〔一〕清汪楫《崇禎長編》卷之二十一："崇禎二年閏四月丙辰朔，逮原任宣府巡撫李養冲，以御史吳玉劾其侵撫賞庫逆璫建祠銀七萬餘兩，及永寧洗馬林匿報江沙梁冒功諸狀也。"彈劾李養冲之疏不見《吳侍御奏疏》，以此知吳玉當有多篇奏疏未收入集中，或祁寯藻刊刻前已有所散佚。

侍御吳公奏疏序

自古國家養士之典，至明爲極隆；而士之所以報其國家者，亦至明爲極盛。迨萬曆、天啓之末，奸臣當國，閹黨擅權，士之所以受其摧挫而誅滅者，亦至此爲極慘，而直言讜論之風未嘗少衰，乃釀其禍，沿至東林，亦何酷烈之甚也！當其時，國家之養士仍未嘗不厚，而卒至是者，豈人主之過哉？皆以士之滅天理而汩其良心者，自相戕賊以傷其類之過也。往者予備員《明史》館，凡一代忠義節烈以及直言敢諫之士，并匹夫匹婦之能以節義殉國者，罔不留心加意搜羅，詳載其事而慨嘆焉，亦謂可無遺憾矣。

比奉命來壽邑，訪世之故家舊族，以求鄉先生之歿而可祭於社者，多不概見。獨余丁酉同年吳錫九先生，諱延齡，其曾祖侍御公諱玉者，以忠讜見旌於朝，邑之士夫皆以大家首推。而先生已早逝，因得睹其二子，長曰昈，次曰俊，皆爲邑名諸生。昈游京師，爲文穎館校錄官，皆能世其家學。一日，出其高祖侍御公疏稿一冊以求序於余。余受而讀之，其所爲奏疏者凡十篇，而參劾奸臣者八，清核各款者一，懇辭加銜者一，觀其一字一句皆由忠肝義膽披誠而出。爲之三復熟讀，乃作而嘆曰：“如公者，誠不愧忠讜名臣矣哉！”

方莊烈帝御極之初，百務振新，群奸殲戮，中外臣民咸皆引領以爲中興之主矣；而多明寡斷，善不盡勸，惡不盡懲。公乃侃侃悉陳，頻頻叠奏，必求上之聽從而後已。即如一楊維垣也，揭其義子孩兒之名以恥辱之，加以孝子國士之報以詈罵之，而使趙興邦、阮大鋮、徐大化、周大成、孫之獬等黨惡之罪以彰，并使楊、左諸人及韓爌、文震孟、鄭鄤等沉冤之恨以雪。此忠臣明於賢奸之辨以首啓聖聰者也。一王在晋也，因其冒濫軍功，叨竊世襲，一糾不已至再，再糾不已至三，直至嚴諭以革職、明示以寬貸而後止。此忠臣嚴於除奸之心以求聖斷者也。一劉鴻訓也，始則以其新政可觀，遂因高捷之狂吠而仗義直討；終則以其納賄有據，遂因張慶臻之贓緣而據實直陳。非公之愛憎懸殊，由鴻訓之初終易轍也。蓋其忠義之心勿貳勿疑，因物付物，無所徘徊，無所迴護，直道而行，有如是焉爾。其於周大成也，則以楊維垣雖已革職，阮大鋮等雖已回籍，而周大成逃躲票擬，獨爲漏網。此忠臣正氣所爲憤激而不能平者也。其於張星也，則因館選之職、未下之旨敢於轉相遞洩以市私恩。其辭雖指斥內閣，而其意實責在輔臣，以爲履霜堅冰之戒。此忠臣之苦心所爲彈劾而不能緩者也。至如清核七款，深謀遠畫以籌國計，蓋此時兵餉所關甚急，省一分浮費即增一分軍需。此更忠臣實心爲宗社、邊疆之計，非平日言利之臣營營於損下益上之私也。至若懇辭加級一疏，只以職在言官，分所當盡，但知有神國家，豈願邀榮一己，以開小人希寵之漸。此更忠臣實心所爲，愧遜不遑，非故爲謙退之詞也。觀公之十疏，雖窺一斑，已睹全豹，實一代忠讜之臣，其愛君憂國之心已可爭光日月，此上諭所以有"忠讜"之褒也。固宜不次擢用，以輔弼王室，豈不足以成中興之美？乃僅以河南參議終，不大可惜哉？

　　及考之《明史》，未嘗專爲立傳，僅以其行事附於李標、劉鴻訓、王在晋三傳之內。《標傳》稱，劉鴻訓以增敕事爲御史吳玉所糾，帝欲置鴻訓於法，標辨其納賄之誣，帝不從，鴻訓遂以增敕戍等語。《劉鴻訓傳》稱，給事中張鼎延、御史王道直咸言慶臻行賄有迹，不知誰主使，御史劉玉言主使者劉鴻訓也。鴻訓乃謫戍代州，王在晋、苗思順削籍，張慶臻以世臣停祿三年，玉等以直言增秩一級等語。《王在晉傳》稱，在晉遷兵部，坐慶臻事削籍歸。是三傳者皆公實迹也，而《劉鴻訓傳》誤稱劉玉，此豕亥之訛耳。考之全史，有兩劉玉，其一爲孝宗時進士，萬安人，贈刑部尚書，一爲武宗時磁州人，歷副總兵，則《鴻訓傳》內所載劉玉者，可不辨而知其爲公矣。合觀三傳，與家藏奏疏所載無異，惜公之履歷與生平行事未嘗獨立一傳，若非詳加校勘，則《鴻訓傳》所載之劉玉者，又孰知其即爲公也。是故史館纂修之事必不獨取之內府實錄等書，即外而野史家乘，亦必搜羅殆遍，且合諸傳而成於一人之手，前後互校，細加討論，方無訛誤。故古人每出一書，而正訛、訂誤、考異之書不旋踵而疊出，非作者之學識不及後來，特以篇帖浩繁，未暇校訂，殆不獨此一書而已。余讀公奏疏而略序其概，他日仍當爲公立家傳，示其後人，以傳不朽也。是爲序。

乾隆八年，歲在癸亥，仲夏上浣之吉，賜進士第、翰林院庶吉士、欽點《三禮》《明史》兩館纂修官、保舉博學鴻詞、前《欽定古今圖書集成》館纂修官、原任山西壽陽縣知縣後學江都金門詔頓首拜撰

糾同惡邪臣疏

廣西道監察御史臣吳玉謹奏：爲直糾同惡邪臣，以清仕路，以維新政事。

竊惟國家去邪之典與用賢之典原并重，故《書》稱"勿貳"，隨繼以"勿疑"，誠以邪不去則賢不得任，有不得姑息爲[一]者，況以巨奸之盤據爲群奸[二]之綫索者乎？巨奸者誰？楊維垣是也。群奸者誰？趙興邦、阮大鋮等是也。臣謹[三]爲皇上直陳之。

維垣，天啓三年一例處之死灰耳，值逆璫銜怨楊、左諸人[四]之際，先諸媚臣[五]認爲義[六]子，故孩兒之結納、中旨之起用俱自維垣始，君子已於是知[七]履霜矣。乃維垣遭逢既偶，辣手橫施，一時正人君子，百方羅織，殺竄殆盡。迄今迴想當日諸臣所遭光景，朝衣冠而暮楚囚，酸盡路人之鼻；尸流蛆而血化碧，慘傷忠義之心。則維垣之肉其可食，維垣之皮其可寢耶！幸天祚皇明[八]，神聖御宇，一切魑魅之徒，如日當空無處躲閃。乃維垣早爲知覺，猛爲抽身，以爲不尋一絕好題目以占後來地步，則護身之符[九]不靈；不參一絕大奸回[一〇]以爲逆璫出脱，則冰山之倚易倒。遂舉從前惡狀盡委罪於逆崔，而於忠賢則段段獎譽[一一]，字字揚詡，舍元凶而問羽翼，意欲何爲？然[一二]猶曰維垣爲忠賢也子，則宜爲忠賢也諱，不忍翹其親之過以爲名[一三]，幹蠱之道宜爾也。迨巨璫殲而衆怨雪[一四]，奸焰冷[一五]而泰運新，維垣之面目既經一番脱換，則維垣之肚腸亦宜[一六]加一番洗濯。孰知梟性到底難除，鷹眼終久不化。把握[一七]朝政，毫不放鬆；虎視廷臣，堅持己見。非我族類，竟爾加膝升天；是吾正人，立見擠淵下石。試舉維垣管察時之所行，孰非植黨之圖而排陷之巧也者？故四凶是列之趙興邦起客卿矣，九尾狐媚之阮

大鋮登啓事矣，老於[一八]殺人之徐大化、透信通靈之周大成騰薦
牘而補中書矣[一九]，清直[二〇]有執之韓爌重抑以非賢，表表詞林
之文震孟、錚錚史館之鄭鄤厚誣以莫須有矣。諸如此類，未易更
僕。豈[二一]維垣好惡之性獨與人殊，抑亦其孝於忠賢，與孟莊子
合，故不改其臣、不改其政耶？猶又曰：“忠賢以國士遇之，故
維垣以國士報之，以愧天下[二二]爲人臣子之懷二心者也。”至世
局乃無著之宇，則左右之祖原自可以不分；朝事非一家之私，則
營壘之説豈必從頭提起。且皇上消融意見之諭再三，不啻醇[二三]
切，何猶以魔話鬼語弄影於白日青天[二四]也耶？想其閑[二五]中籌
畫，必[二六]舉海内名賢，滿盤打算一番，用[二七]以供刀俎之用，
冀我皇上一時誤聽之，隨拿出舊日手段，爲此時一番新著，必且
曰：“某某爲三千諸佛也，某某爲五百羅漢也，某某[二八]爲八大
金剛也，某與某傳衣鉢，某與某圖享受西方極樂世界也。”將見
昔以點將諸録殺之尚餘碩果者，兹以無端妖言殺之，必無燋類
矣，清流白馬之禍尚忍言哉？今維垣雖數[二九]經彈射，然止聽部
議，尚在不白不黑之間；而諸奸又一概藏頭，并未經摘發，
必[三〇]爲然灰捲土之計。興言至[三一]此，良可寒心。伏祈皇上大
奮乾剛，立施睿斷。削維垣以泄衆怨之鬱，不必滋部議之藤
葛[三二]；罷諸奸以快輿論之公，立清其[三三]群枉之糾纏：庶朝蠹
清而新政光矣。

　　抑臣更有慨焉。邇來魏腥崔污不獨濁[三四]人耳目，抑且染人
肺腸。即如《要典》一書，倪元璐以虛公之見奏請欲毁，而孫
之獬伏闕上疏，與閣臣力爭不可，甚至破涕以道，何耶？無論毁
《要典》非可哭之事，君門非痛哭之所，而册封之際更非宜哭之
時，之獬乃附[三五]膺欷歔，不幾病狂喪心也耶？且忠賢以[三六]
《要典》一書殺盡天下幾許名賢，之獬不聞涕泣以道，乃哭《要
典》一書[三七]也，則非哭《要典》也，哭忠賢耳[三八]。哭《要

典》不能以假借之威靈庇忠賢於昔日[三九]，更不能以遺留之墙壁護今日之忠賢耳。此其爲逆瑺私人，不問可知，統祈[四〇]聖明嚴處焉。臣不勝激切待命之至。

崇禎元年五月初七日具題，奉聖旨："楊維垣革職，阮大鋮、孫之獬各引疾，已有旨了。趙興邦原未起用，徐大化久回籍，不必深究。該部知道。"

再糾同惡邪臣疏

廣西道監察御史臣吳玉謹奏：爲再糾無法奸臣，以伸言路之氣事。

臣於本月初七日題直糾同惡邪臣一疏以劾楊維垣，而隨及趙興邦、阮大鋮、徐大化并周大成、孫之獬等。蓋以諸奸俱係維垣私人，繩繩引動，既欲招類以呼朋，而且著著存心，更欲翻天而覆地，爭世界消長關頭甚鉅也。乃奉聖旨："楊維垣革職，阮大鋮、孫之獬各引疾，已有旨了。趙興邦原未起用，徐大化久回籍，不必深究。該部知道。"欽此。夫寬處奸臣而不爲削除，已非臣請劍之初意矣，而獨周大成者三穴深藏，百足強固。臣言自峻，躲閃如不聞聲；彼身自綿，票擬毫不貼體：則觸邪之羊幾不敵憑城之狐矣。以皇上聰明天縱，一切邪類刈夷無留，孰能於青天白日作魔弄鬼？而大成乃敢玩言官於掌股，取票旨於袖中，藏身於非刺不到之地，自寬其罪，以爲諸奸臣寬。倘不一爲重究，則前日之以矯旨伏辜者不將笑人哉？伏祈皇上查臣所劾奸臣六人，而大成乃爾獨遺處分，是何神通施此伎倆，立爲正法，以爲閣中近臣舞文自庇之戒。

至大成瞳朽睛楛，玷內翰之清班；剩魄殘魂，爲崔、魏之餘穢。暮夜暗投二千金，始進身於何人？早晚密傳五綸音，通消息於何地？臣固不必縷縷言之也。臣止言此逃躲票擬一事，而其罪已不勝誅矣。臣於此而又爲相臣規焉，撲席之地，一切票旨爲天下持平，乃幺麼屬官且不能毅然一剖，而驕子怙之，其又何能爲皇上斷乃公事以剚割天下也？臣願相臣自今以後當竪起勁骨，洗清柔面，於惟公惟斷中尋千秋相業之隆，不宜於且濡且染內負一代聖明之主，庶天下不足平而聲施竟無極矣。臣謹因論大成而并爲相臣效他山之石者以此。臣無任激切待命之至。

崇禎元年五月十一日具題，奉聖旨：「楊維垣、阮大鋮已有旨了。趙興邦在籍未起，徐大化閑住，姑免議。周大成冠帶閑住。該部知道。」

糾臺臣高捷疏

廣西道監察御史臣吳玉謹題：爲臺臣躍冶不祥，微臣仗義直討，懇祈聖明嚴爲處分以保全盛治事。

慨自魏、崔擅權以來，一切邪媚之徒盡出其門。及殲滅之後，抱頭鼠竄者固多，而脫換胎骨、矯語人世者亦復不少，世道仍於此爭消長矣。幸賴我皇上聰明天縱，是非去留，參以睿斷，而輔臣劉鴻訓復力爲主持，故陰翳世界如疾風之掃秋葉，不獨義子、孩兒之輩無處安身，抑且藏頭露面之夫没法躲閃矣，詎不爲亙古中興景會也哉？而何獨有懷捲土之謀，圖背城之借，彌京兆五日之輔臣以威劫百官，肆辣手千刀之脣吻以箝制萬口，如臣同官高捷其人，繼袁宏勛而狂吠者乎？夫輔臣鴻訓非簡在帝心、望隆天下者耶？彼其卓識定力，中外臣民胥引領丰采。何竟來此讒人之口，前茅漫爲吠影，後勁復爾吠聲，使斷斷休休之品蒙以萋菲貝錦之譏，更且倒翻清議，變亂白黑，舉明旨所處分楊維垣等諸臣，俱代爲極口稱冤，豈以諸臣悉皆品係忠良而無端受輔臣摧折耶？

試再一提衡而論：楊維垣則以攻局護局幾成鐵筒山河矣，張訕則以殺人媚人變做羅織世界矣。始附逆璫，繼附維垣，人稱九尾神狐者，非阮大鋮乎？先博璫喜，後挑璫怒，眾誚百足怪物者，非霍維華乎？出脫崔賊，釀成覆地翻天禍胎；伏尸逆璫，嘔出乾兒義子心肝。請修三案以定諸臣罪案，爲出死力以斷眾正生機，而李恒茂、孫之獬、楊所修、謝啓光之行徑又歷歷如譜也。止有一賈繼春嫉邪破黨，差強人意，而《要典》一疏終不能復藏其短以自解於正人。而捷乃以出脫群奸之口爲反噬輔臣之舌，必欲翻案見奇何爲也耶？則是西市銷魂、圄圉落魄施之忠義不爲慘，而褫職天朝、投閑林壑施之奸佞便爲刻也；則是砥節峻者被罪亦宜峻，操行奇者受禍亦宜奇，而殺人多者議罪宜得減，轉身捷者擯斥宜得遲也。豈不於王道、人情兩相悖哉？

更可異者，以借題殺人之刑書而獎以維持慈孝，竟誰憐化碧之忠魂；以宸衷獨斷之明旨而輒曰焚毀綱常，殊不異乘輿之指斥。試迴想當時楊、左諸人，何以肢體流蛆蟲而出戶？何以冤魂遙棘木以悲鳴？何以幽囚數載，凄其羞對南冠？何以謫伏林泉，夢想不到魏闕？則《要典》一書非審囚之錄、黨人之碑也哉？而乃謂毀《要典》毀綱常也。天下有此殺人之綱常也哉？且君道止仁，父道止慈，子道止孝，原并重於天下。逆璫假《要典》爲題目，恣行殺戮，先帝之仁受傷實多。捷乃以爲倫理所係，是不識仁。既不識仁，焉識慈孝？不識慈孝，焉識綱常？而乃謂毀綱常也，不止坐井觀天，竟是癡人說夢矣。蓋捷與宏勛原俱係魏、崔嫡派，彼見維垣墜其家聲，已不勝色慘而心悲；又見諸子俱爲零落，更不禁兔死而狐泣。遂借輔臣爲發難之端，假摧折爲反間之計，硬射天山之矢，瞋揮反目之戈，欲掀翻株守之小窩巢，以恢復滔天之大局面耳。寧知其事之不濟也哉？

今宏勛之處分已大快人心，而捷止薄罰示戒，無論不足服宏勛之心，恐此輩實繁有徒，目目相伺，眈眈欲逞，天下事尚有不可知者。語云：“兩葉不去，將用斧柯。爲虺不摧，行將爲蛇。”言念及此，則力爲屏除，無使滋蔓，當不待臣辭之畢矣。伏祈皇上鑒臣剴忠，削此奸佞，庶清明之宇宙不驚，餘燼之狂逞自戢，而主持之輔臣且不至奪於楚咻，得以砥柱中流矣。

崇禎元年五月二十七日具題，奉聖旨：“輔臣鴻訓識力肝膽，克佐新猷，朕毗倚方殷。高捷隨聲狂吠，顯干清議，昨示薄罰，尚寓愛惜言官之意，本當重處，念既回籍，姑免究。該部知道。”

請清核積弊疏

廣西道監察御史臣吳玉謹題：爲錢糧三空四盡，弊竇百孔千瘡，懇祈聖明亟爲申飭以清積弊事。

竊惟今天下財匱極矣。以小民言之，加派頻仍，極目盡蕭條之景；水旱叠罹，到處懷懸罄之憂：是源頭之涸也。以司農言之，四方輸運中梏，恨點金之無術；九邊陳乞若雨，苦攢眉以相煎：是立盡之藏也。以各邊言之，年例積欠甚多，頻穿望梅之眼；窮軍瘠痍不起，時興庚癸之呼：是肢體之匱也。有此三窮，而不早爲籌畫以裕於不涸之藏，徒以漠不相聞者塞大聲疾呼之耳，以零星措發者應脫巾告匱之求，此即居平無事猶且不可，而況在南北稱兵、東西交訌之際乎？然論財於今日，亦生無可生，不得不以節其冒濫者爲生。若弊竇之不塞而而[四一]泥沙之濫用，是以惟正之賦供尾閭之泄耳，欲以裕國用而實京坻，其可得耶？而弊竇無窮，臣請爲皇上歷陳之，可乎？

一曰冗官之太多也。稽古唐虞三代，建官甚簡。我朝設官幾至萬餘，而今且何如也？廝襲濫觴，幾同關內之侯；貂蟬滿座，塞破監廠之席。至於挂銜之武弁，食粟之閑曹，內閣之中書，視國初之官制無慮十數倍。問其官爵，居然王朝之名器也；問其職掌，則如鳧鳥之在水中，自浮自沉，於國家一無緩急焉。此誰非倉廩之米蟲乎？是不可一爲清汰乎？

一曰冗役之太繁也。夫吏胥服役於官以辦事耳，而役多則費必不貲。此即富國猶能食之使貧，況貧至於旦夕不支者乎！今錦衣衛、文思院、太醫院、光禄寺等役累千累萬何爲者耶？雖清汰之明旨屢爲申飭，而濫觴之餘習猶夫固然，此誰非財用之耗蠹乎？是不可一爲減汰乎？

一曰冗費之太濫也。夫不獲已之費，費之可耳。至於以國家之公帑修寒暄之私情，獲已乎？不獲已乎？每見撫按、道府諸臣取禮州縣以修候問之忱，不曰動無礙銀兩，則曰取堪動官銀。夫盡是公家泉貨，誰爲無礙？誰爲堪動也者？致使正項錢糧半充禮儀之用，而清楚官府濫開透借之名，胥此階之屬也。是是〔四二〕所當力爲嚴禁者也。

一曰兵餉之侵冒宜核也。夫食之餉兵以克敵耳，非欲委之於無用之地也。今象人象馬，空糜有用之金錢；乳臭衰夫，濫充貔貅之兵籍：是有兵與無兵等耳。然不止此也。書識有占役而千把總復然，千把總有占役而都司等官復然，推而上之，遞爲隱瞞，則營中之行伍竟成虛套，司馬之軍册半爲鬼名矣。是所當著實清查者也。

一曰招買之侵剋宜稽也。夫公家之貿易與私家等耳，乃私家之價常廉而公家之價常奢者何也？則以發銀之時出一層衙門受一番剥削，而交納之時入一層衙門費一番打點，是本源之地已自不清，商民安得不冒濫？官價安得不騰涌乎？至於撫夷諸物，大家俱視爲奇貨，買辦者每用五以開十，而總成者率見十以扣三，互相隱瞞，牢不可破。一稽查之，而留於公帑者無算矣。

一曰興作之冒破宜核也。夫修築之費已自不貲，然稍一節省，便自無算。每聞各邊修理估工之時，先自虛冒其中，而動工之際遂自侵欺。其內一切工食任其扣除，有暗曠，有明曠，有小月曠，有落雨曠，甚至工已歇而費猶未止，役已散而食猶冒支，必將其所佶之銀盡瓜分而後已。至於在内修理諸役，其冒破視外爲尤甚，一開十而十開百，盡屬南陽不可問。一嚴核之，而省於公帑者鉅萬矣。

一曰侵盜之積弊宜核也。夫書役人等，嗜利類剖腹藏珠，舞文可役神使鬼。每有解納未到庫倉，而冒取、收管、支領不啻萬千而茫同逝波。借透支、借支之名色而恣意開消，假小民拖欠之口實而任情乾没。故一遇綿軟之官，便貓鼠以同眠；忽一遭精明之吏，又東西以互扯。此等情弊，不可究詰。若用心清查，何難水落石出乎？

以上七弊，皆百餘年積玩而成，以致奸人之腹日飽，國用之額日縮，加派之賦日增一日，而匱乏之象亦日甚一日。語云："琴瑟不調，必取而更張之，乃可以鼓。"又云："窮則變。"今正更張、變通之時也。伏祈皇上嚴敕内外當事諸臣，打起精神，洗開情面，當以徹底清楚者塞百千漏卮之孔，毋以苟且因仍者誤軍國永遠之籌；當以同舟共濟者合力清核以留有餘不盡之藏，毋以互相觀望者彼此推委以掣清查任事之肘：庶司農無仰屋之嘆，而士馬有騰飽之象矣。

崇禎元年六月二十八日具題，奉聖旨："邇來東西交訌，度支匱乏，所奏清核七款深裨國計。冗臣冗役，内著各衙門恪遵祖制，清查開奏，外著撫按官查明報部奏革。兵餉等項侵欺虛冒種種耗蠹，務要徹底一清，盡法裁禁，嚴塞漏卮。本内數款，要著實申飭行。該部院知道。"

請勘問泄旨中書疏

廣西道監察御史臣吳玉謹奏：爲直糾泄旨之人，以重政本以定罪案事。

　　頃新進小臣張星等借用同鄉公銜具館額蒙恩再加一疏，中間妄引未下之旨，率意瀆奏，致我皇上震怒，召問詰責旨從何來，蓋已洞鑒縣內泄外，定自有人借訛諱真，當別有故。隨嚴譴列銜之張士範，而并懲輕瀆之張星，天威震叠，臣工悚懼。日來恭繹明旨，知聖意所重原在泄旨之人，於士範、星等初非有意於過督也。臣密偵博訪，業得其人，惟是此中曲折尚未透知，是以不敢倉皇入告。近閱邸報，見張星認罪一疏及發抄一揭滿盤托出，與通國之論印合不爽，臣始知疏雖草自張星，而授星以引入之旨，實進士葛逢夏也。逢夏又得之郭永泰，永泰又得之蔡有聲，而有聲固內閣中書周承禹之館賓而永泰之心交也。當日輔臣票擬之後，或一時未及慎防，承禹以爲好音而竊得之，有聲以爲先著而亟傳之，永泰與逢夏咸謬爲真確而從臾之，張星等之公疏於是旦暮不能待矣。夫館選公典，猶可共諒其無他；倘軍國重情，豈宜輕爲之外市？自非皇上超然遠覽，灼見弊源，將輕泄者盤據於覺察不及之地，而輕信者又巧遁於彼此交卸之關，不幾於南陽不可問，而叢神反可假乎？伏乞皇上立賜乾斷，將周承禹、蔡有聲、郭永泰、葛逢夏、張星及張士範并下法司，細細勘問，務使直窮到底，庶幾水落石出，則有罪者不至漏網，而無辜者可免代僵，其有裨新政匪淺鮮也。

　　抑臣更有請焉。中書爲內翰清班，外吏羨若登仙。乃邇來市井之徒夾雜其中，非以文學取，非以事例進，巧爲夤緣，希爲代題，朝游棍而暮冠裳矣。名器之褻越莫此爲甚。臣前日有三空四盡一疏，欲汰冗員，而隨及內閣中書，夫非止爲司農塞耗蠹，實欲爲綸扉清匪類也。今泄旨之人果在中書，豈非此輩無賴小人不自愛惜之一證也耶？臣以爲清華要選關係匪輕，人固以官重，官猶以人重，莫若定其員數，考孝廉、恩選之有文行者始爲題補，更中外一體升轉，庶人皆自愛其鼎，而要地之奸類清矣。臣謹因論承禹而并及之，伏惟睿照施行。

奉聖旨："增館一事，前輔臣在平台面奏，稱係東閣閒傳，後又查出泄旨之人，似此冗聚喧傳，轉相遞泄，甚非所以肅禁扉而嚴政本也。張士範列名疏首，乃在朕前遮飾，佯爲不知，情屬欺侮，已并張星、周承禹等下法司擬罪來看。今後事干處分，諸臣惟宜静聽。吴玉明參暗救，輒起紛囂，姑不究。該部知道。"

糾王在晉濫冒軍功疏

廣西道監察御史臣吴玉謹奏：爲樞臣叨冒不相干涉之功，掩飾無可推委之罪，謹據實直糾以正法紀事。

竊惟國家所以鼓舞豪杰、整肅區宇者，無過賞罰二端。倘賞得濫膺，罪得倖免，雖聖帝無以治天下。所以古來英明之世，無功者雖敝袴必惜，有罪者雖愛妃不免，法紀之所在原有毫不可假借者也。乃有叙功則恣其冒濫，有罪則任其遮飾，若樞臣王在晉者可異焉。臣請先言其叙功之濫觴，而後言其邊情之隱匿，可乎？

夫當時奢酋發難，勢甚猖獗，賴川中文武將吏戮力同心，滅此朝食，西南半壁乾坤重爲奠造者，胥此諸武臣力也。而在晉當日不聞發何奇策，運何操縱，兹當叙功之時，乃厚自誇詡，攘錦衣之世襲，叨爵賞之殊恩，且舉年月不相涉、封疆毫無與者濫爲加廕加級加賞，以爲一己解嘲。似此無功之賞，即旁觀者且代爲愧矣。夫逆瑠時走一狂奴而封廕滿朝，到今遺爲笑柄。而在晉復祖其故智，叨冒無慚，不幾令今之笑逆瑠者未已，而復令後日轉相笑哉？即在晉所執以爲名，不過曰奢酋狂逞之日，正其備員樞貳之時，職掌所係，自應爾爾。然臣正以職掌所在，未有可與邊徼共功而不與邊徼共罪者，且在晉既以局外之功濫叨其寵靈，豈得以局中之罪顯逃其斧鉞？乃今夏大同之失事豈小衂耶？插酋入犯，橫肆殺戮，血色變雲土成殷，尸骸同燕山共積，慘傷之狀，從來未有，數百年生聚一朝殆盡，計人畜之所屠擄不下二十餘萬。而正在晉正位樞席之日也，自矜爲應運有千端者安在耶？且失事之後不聞席藁待罪，更於皇上召對之日，親在御前極力爲督撫鎮臣掩飾，言大同城外擄掠無多，使果有屠戮別情，臣必不敢互爲隱匿。一時群臣無不共聞，今其言猶在耳也。乃大同殺戮之慘亦既彰彰較著矣，則在晉爲隱匿乎？非隱匿乎？昔楊國忠云南之役覆師二十萬，更以捷聞，唐祚遂以中衰。然云南去唐都萬里而遥，更在玄宗倦勤之日，國忠乃敢肆其欺瞞。今我皇上日昃不遑以親庶政，而大同爲神京門户，去天咫尺，在晉乃於面奏之時以相欺瞞，其視邊事爲何如事？皇上爲何如主哉？又何誅乎遐方之將吏無功則粉飾，有罪則欺隱也？伏祈皇上赫然震怒，責其川功之叙是否冒濫，大同之衂是否欺隱，樞臣即百喙何辭矣？

抑臣更有慨焉。邇來欺冒之弊習以成風，牢不可破。即如考察一事，四年四月已定爲例矣，今春二月考選，高捷止三年半俸耳，楊維垣受其重賄，把持朝政，虚冒軍功，遂爾考授台列。今河間府推官馮名世俸更不及二載，亦復施此伎倆，以川功自陳，俄而取旨，俄而部覆矣，轉盻之間，非省即台。躍冶不祥，莫此爲甚。總之，錢神原自有靈，情面遂爾大熱，誰肯爲皇上存此一段公道也？更祈嚴諭，今次考選除崔、魏摧折者不妨從公優異，餘俱以實俸爲主，不得概爲減免，以滋倖竇，違者許言官參奏，庶法紀明而新政肅也。

崇禎元年八月二十一日奉聖旨："邊事廢弛日久，樞臣方拮据料理，未可苛求。考選一主實俸，曾經摧折者稍減三兩月用示優異，其餘何得疏徼？馮名世查川功虚實奏覆。該部知道。"

再糾王在晋疏

廣西道監察御史臣吳玉謹奏：爲樞臣欺隱甚明，飾辨非法，謹再爲糾參以祈聖鑒事。

臣前月二十一日有樞臣叨冒一疏，以糾川功之濫觴并大同之欺隱，蓋深咎其無功受賞則賞不爲勸，有罪得隱則法不爲平，爲我皇上整肅法紀，意甚殷也。奉聖旨："邊事廢弛日久，樞臣方拮据料理，未可苛求。"夫不咎其隱匿，而止言其拮据，皇上之待樞臣可謂寬矣。乃接邸報，見樞臣夙疾轉增一疏，讀之不勝駭異，是何敢於無容辨處飾辨，業已欺後復欺也。臣請再就其言一折之，可乎？

夫錦衣世襲，原非尋常恩賚，必有邊功始可廁及，祖制原甚嚴也。川功之叙，在晋以攝符數月者叨此異數，如使正席中樞，終始三案，又將何以賞之耶？此而猶爲減抑，謂誰爲叨冒耶？至於所叙加級加賞，如苗思順等，有到任在去年者，有到任在今年者，一概叙之，豈一叙之力即爲功耶？此而猶非冒濫耶？又言拮据艱辛之狀，微臣不知，乃微臣今始知之矣。知其摧鋒陷陣，戮力封疆；豐功偉烈，高出寰宇。區區一錦衣世襲，豈足以酬之？必如魏忠賢，上公之錫，三爵之加，始足以答元勳耳！臣之茫昧，臣甘任受之矣。至大同之失事在五月晦日，我皇上之召對在六月二十七日，相距幾及一月，插酋慘殺之形狀通國盡知，而在晋當日面奏時果言其屠戮二三百里乎？果言其血成川而尸成山乎？果言撫鎮諸臣當治罪當正法乎？乃曰非欺隱，其誰信之？

即以記注論，在晋所奏，言大同一帶地方果被搶殺，自著按臣從實勘奏。今遺却"按臣勘奏"一語，以"果被搶殺"四字爲不隱匿，似此伎倆，不獨欺隱，而又支吾矣。又奏曰"大同城外，虜至不及收斂，搶掠人口、頭畜事誠有之"，此即臣疏中搶戮不多之話頭。復云"幸城郭得完，所全實多"，又即臣疏中爲督撫鎮臣極力遮飾之明證。至後一段，"如有殺戮別情，臣必不敢互爲隱匿。彼處鄉官御史李柄見在，皇上試一召問，便自可知"等語，記錄中盡皆刪去，總括以"語至數十有言"一語，在晋其忘之耶？御史李柄豈不可問耶？"數十有言"又何語耶？想我皇上於當時召對光景尚自可遙憶也，而在晋謂以彼爲欺瞞，彼不敢任，又誰任受也？夫出於在晋之口，入於諸臣之耳，事之暴白於大庭者尚如此百爲粉飾，而大同之邊情無怪乎敢爲遮匿而不明白剖陳也。總之，在晋彌縫術工，欺匿膽大。始之欺，欺我皇上之所不知也，尚爲罪臣畏法之私；今之欺，又欺我皇上之所知也，益爲奸臣支吾之巧。其能逃我皇上之明鑒哉？至於邊情之隱欺是爲何情，撫鎮之庇護是爲何故，臣更不必深言之也。謹就其辨疏再爲參駁，伏祈聖鑒施行。

崇禎元年九月初二日具題，奉聖旨："秋防正嚴，武場屆期，王在晋著速出料理，吳玉不得苛求。該部知道。"

復糾王在晋疏

廣西道監察御史臣吳玉謹奏：爲復糾罪樞以質公論，仰祈聖斷，無誤封疆事。

臣邇者憤大同失事，數十萬生靈肝腦塗地，樞臣王在晋隱匿不報，致皇上詰問，猶諱言殺掠，敢於面欺，臣兩疏糾之，奉旨以"秋防正嚴，武場屆期，著速出料理"，臣因靜聽。今又月餘，闈〔四三〕、秋防次第告竣，而未聞在晋或閉閣思過，或束身引退也。近見職方郎余大成塘報訛寫一字，猶且奉旨降處，豈在晋失事隱匿，罪乃在大成下哉？且皇上以在晋爲何如人也？在晋所哆口者，不過以昔曾經略榆關耳。比因解經邦以力辭削籍，故不得不勉强一往；然實無他略，止議建重關於八里鋪，費百萬之帑金，恢八里之疆土，今猶傳作笑柄也。後被孫承宗閱邊撤回，因交結魏廣微爲同鄉，起南冢宰，垂涎中樞不得，遂借寧錦之役極頌魏忠賢，丹衷定力、偉略深籌、心膂重臣一疏，娓娓不勝乞憐矣。夫奸逆如忠賢，而頌其丹衷定力，則在晋之丹衷定力可知也；頌其偉略深籌，則在晋之偉略深籌可知也；頌其爲心膂重臣，則其爲逆璫之心膂更可知也。又恐九卿公疏不能獻媚，立取内召，乃於公疏中自稱壬戌收復關外五城，各堡嗣後未聞拓地，今又恢寧遠以東百三十里之封疆。夫在晋在關時，惟中前所一城、八里鋪一堡，止安哨馬。而妄認承宗及袁崇焕等等癸亥所恢寧遠以西者以爲己功，乙丑所恢寧遠以東者以爲忠賢之功，陽以媚璫，陰圖爲己，在晋之心，路人知之矣。忠賢遂矯旨，有“奏内所條預防事理，節節中款，語語訏謨”等語，則在晋之中樞已定於忠賢之心，特以熹廟上賓，故未及耳。

　　忠賢殛後，在晋并宜竄斥，乃乞媚邪黨楊維垣等全力推舉，仍踐中樞。秉樞以來，不聞何策殲奴，何計禦插，惟傳一諭帖，遣一王喇嘛而已。而公子親家壟斷長安，恣罔市利，至使人言聖主中興之際，拊髀思將，而兵部推官反甚於崔、魏之時。臣不暇枚舉，即如張慶臻，富甲公侯，謀京營總督二十餘年，人不敢推。崔呈秀利其三萬金，欲用之，而忠賢尚不肯從。今在晋與職方合謀，遂補忠賢之所不爲，且聞移手本内閣，代其求增敕書。噫！亦極可駭矣。臣不知在晋倚爲泰山者爲誰，而毫不引罪於至尊之前也。

　　目前奴、插交訌，將懦兵驕，致煩皇上傳諭召對，獨憂社稷。而在晋坐司馬堂，料理安在？猶尋舊葛藤，與孫承宗鬥口，且動以張春、馬世龍、茅元儀三人爲拒言之塘牌，爲蓋罪之護身符。臣讀其近疏，如開國元勛，此忠賢所不敢攘竊者也，而在晋居之不疑。如時局不容，此廣微設此二字爲阱，殺戮當日言官者也，而在晋復踵其故智。如插酋飽掠而去，中外所切齒者也，而在晋乃諱言其一矢之不加，而歸功於喇嘛之有口。斯其妄自矜詡，肆爲奸險，工爲粉飾，尚可一日容於堯舜之世哉？何乃頑鈍不靈，靦顔無恥，甘作耐彈之綿花也？

臣見連月以來天變迭示，主上憂勤，風霾晦日，是爲蔽象，乃在晋之多方隱匿豈非蒙蔽？太白經天，是爲兵象，而在晋之媚骨荏柔豈能銷兵？地震示異，是爲阢杌不安之象，在晋之挑激饒有機鋒，幹事殊無實著，豈能鎮定？因是不識忌諱，輒敢補牘再陳，伏惟聖明立斷施行。

崇禎元年十月　日題，奉聖旨："這疏内事情，著王在晋逐一回奏。該部知道。"

糾輔臣劉鴻訓疏

廣西道監察御史臣吳玉謹題：爲據實陳貪輔受賄主使根因以祈聖斷事。

臣前日蒙皇上召對文華殿，令臣自讀參王在晋、張慶臻疏。臣疏中有"在晋倚爲泰山者爲誰"一語，原暗指輔臣劉鴻訓而言也。蒙皇上洞察增改敕書之由，閣臣不能無罪，臣遂以鴻訓主使對，班行中不謀而合，儘多是臣之言者。今諸奸業蒙奉旨回話，臣似可以無言。然諸奸強口佞舌，誰肯善自供招？臣謹就當日過付之確證一一爲皇上陳之，可乎？

夫鴻訓每在上前力保在晋爲可用，在晋感荷入骨，兩人從此結爲至交，凡一切推升，無不密相商確。適京營總督梁世勛罷去，慶臻富可敵國，鑽刺其缺，遂托心腹管家張宜夏串通在晋之子，與其周親家，於在晋處關説，言定在晋與鴻訓各一萬三千金，職方苗思順六千金。在晋依允，隨與鴻訓、思順通知。慶臻遂以食盒固封，假以送果品爲名，投各宅收訖。而抬盒諸人無不訝其盒中物甚重，而私意嘖嘖也。一時長安道上，縉紳以至走卒，誰不知且聞者。此其情節千真萬真，故於召對時，即鴻訓同鄉張鳳翔且有不能爲之諱，而謂臣之言確有的據矣。賄賂既飽，便爾推用，則主使增添敕書，非鴻訓而誰？今兵部合無量爲增益之手本、慶臻歷查往例之揭貼現在御前，豈其招閣批發時五色迷目，而中書獨慧眼高懸，會其個中之意，遂爾輒爲增改哉？四月來，外議騰沸，鴻訓已膽落心驚，忽聞臣疏指及此事，遂托病不敢入朝。此鴻訓自知之明，自供其狀也，病根乃在"增敕書"三字刺其膏肓，而豈真二竪爲侵矣？

且其貪婪是其本色，驕橫是其故態。聞其欽取就道時，每過一驛，使家人斂取多金瓜分。行至雄縣地方，大使張養性貧無以應，其家人遂將養性繩縛樹上，鞭朴亂施，血流遍體。縣官不得已，借庫中數十金與之，始爲解放。養性痛苦不過，因而仰藥身死。縣官爲其明冤申府，參語中有"以辱藥苦官，倏作吞聲恨鬼。天理人情，難爲公道；皇天后土，實可鑒隣[四四]"等語，斯其貪黷自恣，草菅人命，又其受賄主使之明證也。

今三輔臣既欲保全閣體，而周道登又與在晉香火情濃，與鴻訓師弟誼切，面奏時且以臣言爲未必盡實，而謂受賄爲莫須有，則臣真不知死所矣。然幺麼中書，豈敢擅專筆削？主使夫非鴻訓其又爲誰？道登既以臣言爲未實，則主使之人伊當明白聲説以祈聖度包容，毋以不明不白、東推西扯之話頭嘗君父而寬鴻訓也。臣非不知鴻訓之勢焰足以殺臣竄臣；然臣報主念切，顧忌心微，即罹凶鋒，所甘心矣。謹將當日納賄主使情節直陳以聞，伏祈聖斷施行。

奉聖旨："閣部大臣所望表正百僚，共襄治理，乃有敗類負國，如劉鴻訓、王在晉二臣者！鴻訓納賄，擅增敕書，欺君説謊，遵照律令，即應肆市。朕不過守祖宗三尺，有何成心？但卿等會議至再，輔臣面祈揭救，稽八議之説，覽合辭哀懇，饒他一死，發去邊遠充軍。王在晉徇私受囑，隱匿面欺，斥革不盡其辜，亦爲卿等寬貸，并苗思順都放回原籍去。張慶臻行賄鑽營，紊亂舊制，念係勛庸之後，著罰俸禄三年。田佳璧等，法司議罪具奏。科道官吳玉參劾有據，加銜一級。方宏瓚問刑肆慢，屢褻嚴旨，降三級，革任回衛。今將大略明告臣僚，朕御極以來，此爲首犯，尚染頽靡，未經振飾，故再四思維，姑從寬典。以後大小文武，各秉公廉，務保身名，慰朕愿望。若彼欺專貪隱，有一於此，朕必按律加刑，寬難再施，毋得希此爲例。前旨遺一'旨'字，查明懲處。該衙門知道。"

懇辭加級疏

廣西道監察御史臣吳玉謹奏：爲君恩隆重，揣分難堪，謹叩闕控辭以安愚職事。

臣家世業儒，名節自好，每誦"事父母能竭其力，事君能致其身"兩語，期終身砥礪，以求不愧於臣子。幸蒙皇上拔臣言路，職司糾彈，即頂踵髮膚皆爲皇上殫竭，膽肝肺腸皆爲皇上披瀝，猶懼不能酬皇上高厚之恩於萬一也。前因劉鴻訓納賄行私，據實入告。仰荷聖明采納，今劉鴻訓等罪狀已暴白於天下矣。恭承皇上特恩寬宥，得從薄譴，聖德好生，直堪媲美堯舜。而臣以參劾有據，有加銜之欽命。臣跪讀聖諭，不勝感激，不勝惶汗，不勝祇栗。伏念臣皇上耳目之官也，有言必盡，不過本等職業，尋常建白，此人人之所當言，亦人人之所能言者，曷敢濫叨皇上特達之遇，獲此非分之榮哉？臣反覆籌度，萬萬不敢祇承者也，謹薰沐具詞控籲。懇祈皇上鑒臣犬馬樸忱，情非矯偽，容臣辭免，以安臣職，以杜仕路競躁之端。臣不益感皇上罔極深恩，砥礪初志，以效事君勿欺之誼哉！

崇禎二年二月初一日奉聖旨："吴玉著遵旨加銜，不准辭。該部知道。"

請嚴斥媚璫奸臣疏

廣西道監察御史臣吴玉謹奏：爲嚴斥媚璫諸奸以清新政事。

夫今之極力攻之者，非逆魏耶？臣以爲忠賢目不識丁，當楊、左諸人〔四五〕連章糾參之際，業已氣短，使外廷諸人盡不從風而靡，則迫於公論，亦自竄伏不敢動，雖百忠賢何能爲？無奈無骨之徒倒身下〔四六〕拜，竟以生殺大權拱手奉之，以修怨於諸臣，假邪黨爲題目，借王安、汪文言爲口實，削奪逮繫，竟無虛日，使忠臣之血化而爲碧，清修之産變而成贓。追贓則累萬累千，株連則及親及友，甚至秦晋、吴楚之墟虛無人焉。而各奸復自誇澄清，以驕語於人世，以取媚於逆璫，亦太慘矣愚矣！後來逆璫之勢焰愈熾，而各奸之媚態彌巧，有驅除異己以取容悦者，隨有無端羅織、殺人媚人者；有稱功頌德并耦先帝者，復有進爵加封、擬帝擬王者；有請建祠堂、請守祠堂者，又有認爲義子、認爲乾孫者；有搗蒜燒葱、不羞奴顏婢膝者，復有拜行三叩頭禮、呼稱九千歲者；有以金玉珠寶結璫歡心者，更有打金溺器自書其名、金美人書其妻之名者。嗟嗟！讀聖賢書，所學何事？而無廉恥〔四七〕至此極耶？

幸賴宗社有靈，篤生聖主震世，權璫一朝正法，雖古堯舜之去四凶何以加此？而一時共事諸臣謂宜洗心滌慮，以副聖主平明之治，而何猶有未盡〔四八〕者乎？請尚方之劍者以崔、魏爲刺骨之談，而懷一朝之忿者乃以崔、魏爲修怨之具；鯁骨不容之儔以獲罪爲昭雪之名，而頑鈍耐彈之輩却以獲罪爲護身之符；惜才爲心者借起廢以羅拔名賢，背公行私者又借起廢以招號邪黨；持精核之慮者以慎重而杜群枉之蠹，懷反覆之思者又以慎重而塞方正之門。是玄黃之戰猶未歇，水火之形猶未清也，豈不負明時而羞聖主耶？臣以爲宇宙共一虛舟，臣子皆有血性，一腔肝膽自當付之修職修業，全副精神豈宜用於爭人爭我？至於以“門户”二字暗中挑激，多方布置，以圖翻[四九]局者，正伎倆百出之怪物也。此等險詐小人有目共見，豈能逃於睿照？伏祈皇上敕諭諸臣，將從前窩巢[五〇]盡爲打破，今後意見力爲洗刷，以報國念頭易徇私肚腸。倘此輩仍或不悛，弄鬼態於白日，布殺機於清時，傷我皇上平明之治，即嚴爲處分，其於光昭新政豈渺小哉？

　　崇禎元年五月初十日具題。

　　蔡士順曰：“魏前魏後，情事逼真。”

　　此疏在《傃庵野抄》卷之九第五十九、六十頁，抄列二篇，其一即《直糾同惡邪臣》首一篇也，文俱相同不異。但原文言五月初七日具題，抄文言五月十九日具題，微有不同耳。鈔本元校語

校勘記

　　〔一〕“爲”，《傃庵野抄》作“焉”。

　　〔二〕“奸”，同上書作“邪”。

　　〔三〕“謹”，同上書無此字。

　　〔四〕“人”，同上書作“臣。”

　　〔五〕“先諸媚臣”，同上書作“先媚逆璫”。

　　〔六〕“義”，同上書作“父”。

　　〔七〕“已於是知”，同上書作“於是已知”。

　　〔八〕“皇明”，同上書作“我皇上”。

　　〔九〕“符”，同上書作“衙”。

　　〔一〇〕“奸回”，同上書作“巨奸”。

　　〔一一〕“譽”，同上書作“借”。

〔一二〕“然”，同上書無此字。

〔一三〕“名”，同上書無此字。

〔一四〕“巨”，同上書作“逆”。“殯”，同上書作“殄”。

〔一五〕“冷”，同上書作“盡”。

〔一六〕“既經一番脱換則維垣之肚腸亦宜”，同上書無此十四字。

〔一七〕“握”，同上書作“持”。

〔一八〕“於”，同上書作“手”。

〔一九〕“通靈”，同上書作“盡通”。“騰”，同上書作“謄”。

〔二〇〕“直”，同上書作“真”。

〔二一〕“豈”，同上書無此字。

〔二二〕“天下”後，同上書有“後世”二字。

〔二三〕“醇”，同上書作“真”。

〔二四〕“白日青天”，同上書作“清天白日之下”。

〔二五〕“閑”，同上書作“用”。

〔二六〕“必”，同上書作“爲”。

〔二七〕“用”，同上書作“欲”。

〔二八〕“某”，同上書訛作“寒”。

〔二九〕“數”，同上書無此字。

〔三〇〕“必”後，同上書有一“且”字。

〔三一〕“至”，同上書作“及”。

〔三二〕“必”，同上書無此字。“藤葛”，同上書作“葛藤”。

〔三三〕“其”，同上書無此字。

〔三四〕“濁”，同上書作“厭”。

〔三五〕“附”，同上書作“拊”是。

〔三六〕“以”，同上書作“刊”。

〔三七〕“一書”，同上書作“之毀”。

〔三八〕“耳”，同上書無此字。

〔三九〕“哭”前，同上書有一“因”字。“假”，同上書作“矯”。

〔四〇〕“統祈”，同上書作“伏乞”。

〔四一〕“而而”，據文意疑衍一“而”字。

〔四二〕“是是”，據文意疑衍一“是”字。

〔四三〕“闈”前，據文意疑脱一“武”字。

〔四四〕“隣”，據文意疑當作“憐”。

〔四五〕“人”前，同上書有一“正”字。

〔四六〕“下”，同上書作“投”。

〔四七〕“耻”前，同上書有一“無”字。

〔四八〕“盡”後，同上書有一“然”字。

〔四九〕“翻”，同上書作“番”。

〔五〇〕“巢”，同上書作“窠”。

跋吳侍御奏疏[一]

　　此稿向無刊本，寯藻於道光乙未居里，得之公族孫生員京家，篇帙斷爛，恐遂湮没，因借鈔付梓。前邑令金侯爲撰序并家傳。其傳略云：公諱玉，字之璋，一字和璞，號昆峰，壽陽縣人。父成美，貢生。公生而才氣雄偉，與雁門孫白谷尚書爲布衣交。中天啓辛酉舉人，壬戌進士。初任博野令，調蠡縣，內遷廣西道監察御史，以劾長山加級并敕建坊，賜“忠讜”二字。丁外艱歸里。當道過者咸懾伏，曰：“壽陽今卧一虎矣。”服闋，數年不起用。迨盜賊充斥，中州饋餉紛沓，羽檄旁午，忌者思中之，乃外遷河南道參議，專督糧儲。公至任，痛時事不可爲，憤恚卒，時崇禎十三年，年五十有五，崇祀鄉賢祠、忠義孝弟祠。子二：運隆，廪生；運泰，庠生。隆子二，蘭、蕙，并國學生。蘭子延齡，舉人。蕙子嵩齡，庠生。延齡子二：昤，文穎館修書，候選州同；俊，廪膳生員。嵩齡子蟲，廪膳生員。金侯序已弁疏首，其傳即刺取疏文而成，別有刊本。兹撮其家世、履貫序所未詳者附之書後。

　　丙申冬十一月里後學祁寯藻謹識

校勘記

　　〔一〕“跋吳侍御奏疏”，據文意加。

書吴侍御奏稿後

壽陽祁淳父侍郎謀梓鄉先生吴侍御奏稿，而瀛暹任校讎之役。工既竣，客或告曰：“侍御丁勝國末造，不畏强禦，忠悃欞欞直哉！獨惜其抨擊長山過當，令千古下與覺斯、鼎延、道直輩同類而共譏之也。”余應之曰：“是不足爲侍御累。夫長山固賢者，然侍御不嘗賢之乎？當是時，奄黨餘焰集矢長山，或誣以使朝鮮，滿載貂、參歸矣袁宏勛；或誣以納田仰賄，用爲四川巡撫矣田時震。流言藉藉，皆緣賄起，市有虎，曾參殺人，聽爲禜矣。至改敕書一案，長山明言‘都中神奸狄姓，詭誆慶臻千金’，兵部揭又明有長山批西司房語，則空穴之風實非無因而來。昔廬陵之於龍圖、武襄也，晋原之於潞國也，眉山之於伊川也，兩賢或相阨矣，後世不以損其名，况長山薆昧之迹本有不能解免者乎？大抵好爲攻訐者，明代之習氣也；喜於醜詆者，諫官之習氣也。習氣未融，斯不免於逞臆而不顧。然以視低首下心，伈伈睍睍，任人斥爲啞御史，不敢一置可否，一則立仗之馬也，一則要駕之駿也，孰良孰駑，必有能辨之者。”既答客，爰次其語，以爲奏稿後跋。

道光十有六年九月朏平定張瀛暹書

瀛又考吴梅村撰張鼎延墓碑云：其劾張慶臻也，上怒慶臻勛舊掌京營，行金主書，竄易詔草。文華召對，事連長山相劉公鴻訓。劉賢相，其曲意慶臻有端，受取事未得考實。公雖糾擿慶臻無所避，終不欲傅上怒，致大臣辟，故與御史吴玉持論并剴正而公微爲持平。按梅村中明崇禎四年進士，距長山罷相纔二年，聞見較真，故其論最爲平允，特以爲鼎延撰碑不能不少回護耳。然猶必引侍御爲重，則侍御之風采可知，而《明史》"吴"誤作"劉"之謬，此尤其炳據矣。故附箸之。